El Consejo Integral

Pablo Polischuk, Ph.D

DEDICACIÓN

A los pastores llamados a apacentar la grey de Dios,
cuyos consejos pueden guiar a los fieles que transitan los senderos de Dios;
y a los terapeutas Cristianos, quienes se dedican a asistir, proveer aliento, y fortalecer
a los necesitados de ayuda emocional y a los quebrantados de corazón,
a través de su perspicacia y sabiduría espiritual, su entrenamiento clínico,
y su experiencia puesta al servicio del Señor

CONTENIDO DEL LIBRO

Nota:

La portada del libro presenta una imagen del acueducto de Cesarea, el medio usado para suministrar el agua proveniente de la región del monte Carmelo a la ciudad fundada por Herodes. En un sentido, su significado metafórico nos da a entender que el consejero no es el dador del agua de vida, sino un canal por medio del cual las bendiciones de Dios fluyen a favor de las personas en necesidad del consejo integral.

RECONOCIMIENTOS

Agradezco el apoyo de mi esposa Frances, quien ha brindado su aliento, refuerzo, y sus sugestiones constructivas a lo largo de mi existencia. También agradezco a mis estudiantes latinoamericanos, quienes a través de muchos años, cursando estudios graduados y de posgrado en diferentes lugares y contextos culturales, han proporcionado el ambiente y contexto académico, clínico, y ministerial, dentro del cual la formación de conceptos, paradigmas, y asuntos pragmáticos que saturan las páginas de esta obra han sido forjados. Su retroalimentación, sugerencias, desafíos, y críticas, han servido de ayuda en el diálogo continuo, desarrollado durante las experiencias educativas de las cuales han sido parte. Mis colegas académicos hispanos, quienes trabajan en las esferas de la teología, la ética, y los estudios antiguo- y neo-testamentarios en el Gordon Conwell Theological Seminary, han aportado su encomio y aliento amigable a lo largo de mis labores. También agradezco la contribución de Kenneth Polischuk, quien diseñó la cubierta del libro, y junto a Agustín Giovanini, ambos asistieron en los asuntos técnicos de las ilustraciones que forman parte del contenido de esta obra.

PREFACIO

El objetivo del cuidado pastoral es el de ayudar a las personas que experimentan problemas, desavenencias y dilemas en sus vidas. Sean éstos de carácter personal, interpersonal o situacional, tales problemas son traídos al ámbito pastoral para ser abordados y esclarecidos, para luego ser provistos de guía y dirección. La consejería busca encaminar o encauzar a las personas hacia un mejor vivir. En algunos casos, las personas se acercan con el propósito de experimentar un cambio de carácter y conducta. En tales casos, el propósito del consejo integral es no solamente tratar de ayudar a las personas a solventar sus problemas, sino también enfocar hacia la posibilidad de edificar su carácter y promover la actualización de sus potenciales. Las capacidades intrínsecas o las características del ser –sus facultades cognitivas, emotivas, motivacionales y conductivas– han sido diseñadas originalmente por Dios, pero han sido afectadas por el pecado. El consejero se enfrenta continuamente a las situaciones paradójicas del ser humano en sus dilemas al experimentar sufrimientos. Habiendo sido creado a la imagen de Dios para luego ser afectado negativamente por las consecuencias del mal y del pecado, el ser integral presenta un desafío ontológico, filosófico y teológico al consejero – en asuntos relacionados a su naturaleza, a su estado actual, a su capacidad de logros y a su potencial de actualizar la voluntad de Dios. La pregunta antigua, "Por qué sufre tanto el ser, si su creador es bueno y todopoderoso?" se presenta en la consejería muy a menudo. El dilema del sufrimiento humano ha sido el objeto de consideración de los eruditos a lo largo del derrotero humano. El narrativo bíblico acerca de la redención y el propósito de reformar, transformar, y conformar al ser creyente a la imagen original, es presentado en esta obra con el propósito de proporcionar bases para acrecentar la vislumbre y el entendimiento acerca del ser problemático. ¿Quién es esta persona a la cual se aconseja? ¿Sobre qué bases se aconseja? ¿Con qué acercamientos y estilos? Tales cuestiones y muchas otras son abordadas en esta obra.

Las funciones ministeriales tratan con varios aspectos del desarrollo global de las personas. Entre las tales figuran la predicación, la enseñanza, la guía spiritual, y el consejo apropiado. También se incluyen los aspectos de reconciliación de las personas con Dios, con sus semejantes, y consigo mismos. Tal reconciliación permite desarrollar un sentido de rumbo o dirección en la vida, como también un sentido de cadencia o ritmo en su andar cotidiano en el Espíritu. El ministerio enfoca sobre la restauración de la Imagen de Dios en el ser humano, sujeto a las vicisitudes y al estrés de la vida, a las tentaciones pecaminosas, y a los efectos naturales del ecosistema ambiental y sus presiones entrópicas. El apacentar pastoral incluye el sostén moral, ético, y spiritual de las personas siendo ministradas.

El ministerio del consejo integral es introducido como parte funcional del cuidado pastoral, ya que representa un aspecto vital del servicio de ayuda al ser en conflicto. Las tareas realizadas en el desarrollo de las funciones ministeriales pueden ser abordadas y contar con una integración psicológica y teológica sin menguar la adherencia a las Escrituras y la confianza en el poder del Espíritu Santo en acción. El proporcionar un consejo adecuado es visto como una dimensión de tal cuidado, utilizando una variedad de procesos de ayuda interpersonal en lo referente a la salud emocional y espiritual. En tales aspectos ministeriales se enfatiza la utilización de recursos cognoscitivos, emocionales, y conductivos que las personas poseen. Se busca evocar, aguzar, y reforzar la perspicacia, y la sabiduría necesaria para ayudar a los aconsejados a atravesar los problemas a fin de que ellos puedan enfrentarlos de manera más adecuada, madura, o funcional.

La tarea es desafiante, sin duda alguna. Se invita al lector a la reflexión y al escrutinio de la posibilidad de integración, haciéndolo con una mente abierta, y considerar el escrutinio de las diversas investigaciones hechas al respecto en el campo de la psicología clínica, social, experimental, y del desarrollo humano. Esta obra enfatiza los conceptos teológicos subyacentes a la ontología del ser y a la interacción cultural-ambiental. El lector podrá cotejar el hecho que las proposiciones e ideas presentadas en esta obra, al estilo académico, reciben el apoyo de las referencias y citas de investigadores y autores con las fechas de sus publicaciones. El autor da crédito a los investigadores, pensadores, y pragmatistas que entre las disciplinas cotejadas han proporcionado contribuciones y desafíos conceptuales y teóricos. Muchas cuestiones y preguntas son presentadas con el propósito de suscitar el interés del lector, y despertar las ansias de investigar las Escrituras pertinentes, como así también proveer aspectos referentes a las ciencias sociales que enfocan al ser humano como objeto de estudio.

En retrospectiva, al publicar el libro *El Consejo Terapéutico* en 1994, las preguntas surgieron por parte del ministerio: "¿Por qué llamar el nombre de tal libro con el título "El Consejo Terapéutico"? ¿No es acaso una obra con énfasis hacia la pastoral? ¿Qué tiene que ver Atenas con Jerusalén? ¿Podemos acaso equiparar los conceptos "consejo" y "terapia" como entes sinónimos, o distinguirlos en alguna manera categórica? La respuesta en común a estas cuestiones es simple: En esta obra, se establece una diferencia (en términos legales) al consejero pastoral que presta servicios a la comunidad cristiana dentro de la iglesia (sea sobreveedor, obispo, anciano, o pastor –términos usados sinónimamente en las Escrituras) y el terapeuta profesional (psiquiatra, psicólogo) prestando servicios a la comunidad en general. Sin embargo, Apelando a la etimología del término "terapeuta", se considera al ministro o servidor que aconseja como una especie de terapeuta que se dedica al "cuidado de almas" o de las personas integrales.

Una reseña al respecto de la etimología del término *terapeuta* ayudará a definir el ministerio del consejo como un proceso sanador. El término proviene del griego (θεραπεύω) y tal palabra ocurre varias veces en el Nuevo Testamento (16 veces en Mateo, 6 veces en Marcos, 13 veces en Lucas, una vez en Juan, 5 veces en el libro de los Hechos de los Apóstoles, y dos veces en el Apocalipsis de Juan). Se traduce al castellano como "servir, curar, restaurar a la salud" por parte del "therapon" o terapeuta. Tal palabra ha sido usada desde los tiempos de Homero (850 AC) hasta el Nuevo Testamento en el sentido de proporcionar sanidad integral, y aparece el doble de veces comparada a otra palabra para denotar sanidad (*iaomai*), la cual es relacionada más específicamente a la sanidad divina.

Si preguntásemos, ¿Quién tiene facultades para servir como tal agente sanador? Por supuesto, en la medicina, y siguiendo la tradiciones de Hipócrates, Galeno y las escuelas Griegas (cuyo dios de la medicina era Asclepios, con su equivalente Romano Esculapios) el término "terapeuo" ha sido utilizado en contextos de sanidad o restauración hacia la salud por medio de sus guías médicos. La función terapéutica, desde entonces, se acopló a los médicos, atendiendo a la sanidad corporal de las personas. Al introducir la psicología y psiquiatría al mundo moderno, los "terapeutas del alma", o psicólogos, (*psyche-logos* o personas que se dedican a utilizar *tratados acerca del alma*) han reemplazado en cierta manera a los pastores, ancianos, sobreveedores, u obispos de la iglesia. No solo han tratado de descartar a su oficio, pero más aún a la definición de la psicología, la cual en términos modernos y posmodernos ha sido definida como "la ciencia que estudia la conducta de los organismos", descartando al alma de sus consideraciones.

En cierta forma, el llamar al consejo pastoral un consejo terapéutico integral es reclamar etimológicamente el derecho, el privilegio, y la obligación de ser agentes sanadores, especialmente con respecto al alma y a las cosas espirituales que afligen al ser humano. De modo que el término "consejo integral" se basa en los conceptos de carácter escritural, teológico, ontológico, y psicológico. El libro dedica capítulos a los aspectos biológicos, neuropsicológicos, psicológicos y filosóficos, aparte de los bíblicos y teológicos. Las expectativas y esperanzas en proporcionar este escrito es que todo pastor que aconseja, lo haga con la perspicacia, la sabiduría y el propósito de sanar a las personas que vienen en busca de ayuda emocional o espiritual.

Este libro trata con la ontología del consejo; es decir, con su esencia, sus bases subyacentes o sub-estructurales, teológicas, y psicológicas. Abarca los fundamentos bíblicos para establecer bases teológicas para las labores ministeriales. Su meta es la de enfocar el tema a manera de un arquitecto en lugar de un albañil, dando pautas acerca de los planos, las estructuras, el diseño, las funciones y la visión de la obra a ser conformada a un modelo integral, escatológico. No se desmerece la obra a ser realizada concretamente con ladrillos en sí, ya que la misma es necesaria para edificar al ser. Simplemente se apunta un poco más alto, teniendo en mente que el consejero pueda llegar a ser una especie de perito arquitecto –aquel que en virtud a su preparación, tiene una visión más amplia y contundente de la obra de Dios a ser actualizada en la vida de las personas. Pablo el apóstol se denominó un perito arquitecto (1 Cor 3:10), y su afán era el de presentar "perfecto o maduro en Cristo" a todo creyente (Col 1:28). Siendo seguidores de buenos modelos, los pastores pueden animarse a seguir tal derrotero también, esforzándose en su entrenamiento para ello.

Esta obra es el resultado de las labores ministeriales, académicas, y clínicas, recogidas de las enseñanzas y del entrenamiento práctico en el campo de la psicología clínica y pastoral, entre profesionales y líderes en el campo ministerial del pueblo Hispano y Latinoamericano en Estados Unidos, como así también en otros países Latinoamericanos. El privilegio y el desafío de trabajar entre personas dedicadas a la tarea ministerial, buscando incrementar sus conocimientos en lo referente al consejo terapéutico y pastoral, ha suscitado el interés en presentar un tratado que represente un paradigma ontológico, teológico, y terapéutico, al cual se suman los aspectos básicos del proceso de aconsejar y sus aplicaciones prácticas.

La restructuración y expansión de esta obra ha nacido de la necesidad de equipar a las personas que se han unido a la hueste de trabajadores que laboran en el campo de ayuda al necesitado. A tal fin, se expanden las bases conceptuales con capítulos dedicados a las bases escriturales, teológicas, y psicológicas. También se incluyen investigaciones corrientes realizadas en el campo clínico, y capítulos que tratan con situaciones concretas o temas de importancia que desafían a los consejeros en sus asesoramientos a las personas que sufren. Los temas no son exhaustivos, sino representativos de las posibilidades que surgen y son vertidas en las peticiones de ayuda en los casos de consejería.

Muchos libros existentes tratan con la materia en manera directa y práctica, pero parcial y con criterios que a veces no se dan a entender en cuanto a sus bases filosóficas, sus principios psicológicos, ni sus premisas teológicas. En muchos casos, los escritos desarrollan estilos y técnicas, proveyendo sugerencias y direcciones en cuanto a "cómo hacer" la tarea sin necesariamente aludir a la ontología, a la epistemología, o a las fuentes de tales acercamientos. Esta obra trata de suplir la ausencia de las bases subyacentes al proceso de consejería o de asesoramiento.

El lector acostumbrado a los acercamientos concretos y prácticos notará que en las páginas siguientes, el enfoque a la materia se hace desde un punto de vista teórico, filosófico, apelando a las investigaciones en el campo de la salud mental, y dando lugar a los postulados presentados por personas en tal campo de labor que han aparecido a través del tiempo. Rogamos su paciencia al leer tales capítulos, y apelamos a su interés de lograr un entrenamiento efectivo.

La revisión y ampliación del manuscrito ha sido cíclica y constante, y a través de los años, diferentes aspectos que tratan con la materia pertinente al consejo terapéutico han sido agregados, editados, y vertidos en paradigmas más adecuados y corrientes. La versión actual es realmente una obra renovada, sobrepujando a la anterior. Aún así, lo que se presenta en estas páginas es evolutivo e imperfecto, en estado fluido, expresado con la esperanza de suscitar interés, y despertar el ánimo hacia la erudición y la capacitación de las personas que buscan aumentar su nivel de preparación en la administración del consejo terapéutico integral.

El acercamiento a la materia consta de dos partes teóricas y de una parte práctica con aplicaciones que parten de las bases de las dos primeras secciones. La última sección trata con la persona que aconseja: su motivación, su gebnuinidad, y su ética. En primer lugar, se presentan aspectos ontológicos básicos, estructurales, consideraciones teóricas, y recapitulaciones de lo que se ha investigado al respecto del ser humano. En segundo lugar, se enfoca sobre aspectos conceptuales que tratan con el consejo, la terapia, y las proposiciones de índole integradora. En tercer lugar, se enfatizan los aspectos prácticos, teniendo en mente a la persona que sufre, como así también a la persona que aconseja, y el desarrollo del trabajo interactivo entre ambas. Aspectos meta cognitivos-dialógicos acoplados al entendimiento teológico y ministerial son enfatizados.

Esta obra es un libro de texto para estudiantes graduados a nivel seminarista, pero en forma más amplia incluye a estudiantes de colegios bíblicos, pastores quienes aconsejan, líderes de iglesias que trabajan con personas en relación al discipulado, y a profesionales que trabajan en el campo de labores terapéuticas quienes pudieran ser interesados en la integración de la psicología y la teología. El libro puede ser utilizado en institutos de enseñanza bíblica, sirviendo de base para las temáticas y las discusiones en cursos de consejería, y en aspectos prácticos a ser desarrollados en talleres de entrenamiento. La parte práctica de este libro ofrece algunas indicaciones en cuanto a la necesidad de desarrollar las habilidades, las estrategias, los estilos y la atención hacia los pormenores aplicables en las actuaciones terapéuticas.

Introducción

Los pensamientos son frustrados donde no hay consejo; mas en la multitud de consejeros se afirman.
El hombre se alegra con la respuesta de su boca; Y la palabra a su tiempo, ¡cuán buena es!
Proverbios 15:22-23

El responder al llamado de prestar servicios hacia personas en necesidad es digno de reconocimiento y honra. El asunto es, ¿Cómo percibimos al consejo en relación a la obra total de Dios? ¿Cómo definimos nuestra actuación al prestar servicios de consejería? Entre personas de habla castellana, y especialmente entre los trabajadores en el campo de la salud mental, existen muchos niveles de actuación, desde lo formal –psiquiátrico, psicológico– hasta lo informal, prestando oído a las personas que sufren como lo haría un consejero, amigo, o una persona pastoral que agrega tal función a sus labores ministeriales.

En algunos círculos se trata de animar a las personas a brindar su ayuda consejera como un agregado práctico, y se apela a escritos o manuales de consejería que ayudan en tales labores a manera de "recetarios" concretos. A veces, se espera que tales fuentes de ayuda den pautas de cómo aconsejar sin necesariamente encuadrar tal labor en un marco de referencia mayor (teológicamente paradigmático, o bíblicamente conceptual). El desmerecer la preparación en este campo y apelar a los acercamientos precarios es como animar a una persona a construir un edificio y darle un folleto acerca de cómo poner ladrillos uno encima del otro, y luego agregar otros folletos con figuras de cómo poner cañerías de plomería, o ajustar ventanas, etc., sin necesariamente vislumbrar la necesidad de ser arquitectos. No hay nada malo ni deshonroso en ser albañil, plomero, o carpintero; pero si se desea tener una vislumbre total del edificio antes de comenzar a poner los cimientos, se puede apelar a la necesidad de tener a un perito arquitecto, o un maestro mayor de obras para hacer un buen trabajo. El labrar vidas y dar consejos puede asumir diversos niveles de actuación, desde los concretos a los más conceptuales. En lenguaje figurado, Pablo el apóstol, aunque sabía cómo poner ladrillos, se denominó un "perito arquitecto" por alguna razón. Su ambición era crecer a la altura de la estatura de Cristo, y no quedarse corto en el camino.

Para aquellas personas interesadas en un folleto de "como aconsejar" tal vez este libro no sea adecuado. Puede leer la tercera parte, donde se enfatiza la praxis. Sin embargo, esta obra puede ser catalogada de paradigmática, conceptual, y enfocada hacia personas que desean ser labradas en el ministerio del consejo con la ambición de tener pautas, conceptos, principios y experiencia ministerial que va más allá de lo concreto o recetado. Aun corriendo el riesgo de ser tildado de elitista, repetimos que el ministro o consejero que busca superarse en lugar de tomar caminos cortos y evitar su preparación adecuada, debe ver su mayordomía ante Dios como la oportunidad de hacer lo mejor para el Señor. Se trata de presentar "perfecta en Cristo" a toda persona, como Pablo lo añoró cuando les escribió a los Colosenses acerca de su ambición santa (Col 1: 28-29).

Esta obra procura preparar y educar a consejeros que prestan servicios a las personas, las parejas, y las familias que pertenecen a la comunidad cristiana. Las culturas hispanas han abogado por la familia y la comunidad en lugar de enfatizar el individualismo acérrimo de otras culturas. La mutualidad y cohesión familiar no son vistas como una masa amalgamada o una maraña atrapante, sino como un sistema de soporte y sostén del individuo. La diferenciación y la autonomía del ser en las familias Latinoamericanas no necesariamente llegan a los extremos del alejamiento del sistema, carente de afecto natural, o al aislamiento solipsista. Las perspectivas culturales que enfatizan la comunidad y la familia como contexto del ser humano pueden ser cotejadas con el punto de vista bíblico acerca de la familia. También pueden ser vistas a la luz del contexto del mundo mediterráneo antiguo, como lo ha hecho Bruce J. Malina (1981), al analizar a la personalidad del primer siglo de la era cristiana en su contexto comunitario. Otras culturas que se asemejan a las Hispanas o Latinoamericanas han delineado al ser anclado en su comunidad, tales como la cultura japonesa en la cual las relaciones sociales sobrepujan al individuo, y la cultura india, donde el ser universal toma prioridad sobre el ser personal (Nakamura, 1964).

Sin embargo, el énfasis comunitario y familiar no descarta el narcisismo y el egoísmo presente en cada ser humano –visto como una consecuencia de la entrada del pecado y en necesidad de redención. En los ámbitos políticos, económicos, y sociales, muchas personas en las comunidades hispanas parecieran ser animadas de un narcisismo caracterizado por la vanidad, el afán de controlar, y usar a otras personas como sus lacayos, siervos, súbditos, o entes a ser manipulados. Tal vez aún entre líderes religiosos se note la existencia de tales tendencias y actitudes. Las corrientes ambientales y contextuales de este siglo afectan a la persona, aún cuando vive en comunidad –siendo que la comunidad como entidad puede ser encauzada en las corrientes prevalecientes en el cosmos. Personas animadas por una filosofía narcisista e individualista reclaman sus derechos más que el atenerse a sus responsabilidades. El concernir propio e inmediato sobrepuja a los aspectos comunitarios; el empuje hacia la autonomía, la independencia, y la satisfacción propia desmerecen el sentido de la mutualidad, el bienestar, o el porvenir de los demás. En el cosmos, la identidad de la persona se define en términos de sus logros, de sus posesiones, de su posición social, entre otros factores, y no tanto en su carácter o estado ante Dios. La comunidad cristiana no es invulnerable a tales corrientes, ni exenta de la presión social que moldea a las mentes grupales.

La psicología y el ambiente cristiano

En el campo de integración psicológica-teológica existen ciertas preocupaciones nacidas de los esfuerzos de aquellas personas dedicadas a las áereas de cotejar y aplicar los principios y conceptos derivados de ambas disciplinas. Existe la posibilidad de que tal movimiento produzca desavenencias en las filas de los que trabajan en las áereas ministeriales de la iglesia, provocando ciertas tensiones conceptuales. La esfera secular es regida por filosofías seculares, empíricas, y no dan lugar a las proposiciones derivadas de lo revelado por Dios. La teología y los principios derivados del pensamiento cristiano basado en proposiciones trascendentales no se ajustan a los moldes seculares. Los que integran ambas esferas están conscientes de tal tensión y buscan un terreno en común desde el cual abordar sus funciones terapéuticas.

Las regulaciones seculares de carácter ético y legal aplicables al campo profesional de los terapeutas por un lado, y las expectativas de adhesión fiel a la ortodoxia y a la práctica religiosas por el otro, muchas veces parecieran estar en conflicto. Asuntos que involucran la confidencialidad, las demandas de mantenerse dentro de los límites de su entrenamiento académico y profesional, de su experiencia, y de la adhesión a las normas vigentes en los organismos psicológicos que acreditan las credenciales de los terapeutas deben ser tenidos en mente al practicar dentro de la esfera eclesiástica, la cual tiene sus propias normas acerca de las creencias las y prácticas denominacionales aplicables en cada caso.

Otra preocupación es que el movimiento podrá "ocupar", secularizar o influir demasiado a la iglesia en cuanto a filosofía de acción. A mi criterio, tales aprehensiones deben ser atendidas con sobriedad, esmero, y dedicación, ya que si no se afina la teología de muchos acercamientos terapéuticos considerados cristianos, o si no se respeta la investigación científica debidamente, no podrán lograrse los atentados integradores. Tal vez la inquietud pareciera ser un poco exagerada, ya que si "las puertas del infierno no prevalecerán" contra la iglesia, tampoco lo hará la denominada psicología cristiana desde adentro. Sin embargo, la historia de la iglesia está llena de eventos y procesos que demuestran que el acomodo al molde secular, la asimilación de las nociones desafiantes y extrañas a la revelación de Dios, y la adaptación de las corrientes seculares sin escrutinio adecuado en el ámbito cristiano, han diluido o tergiversado aspectos considerados fundamentales a la revelación y la fe. En la actualidad y en el futuro inmediato de la corriente integradora deberá enfocarse sobre tal secularización con redefiniciones que tratarán de reinterpretar el significado de la fe y las prácticas cristianas. Tal proceso debe ser asesorado paulatinamente, para mantener una perspectiva clara acerca de lo que se presenta en forma explicativa, normativa, y esperada en cuanto a la personalidad, la conducta, y las relaciones de las personas con problemas emocionales.

Para poder hacer una crítica veraz, constructiva y funcional de la psicología, se necesita conocerla "desde adentro" y discernir cabalmente sus bases y principios filosóficos, más allá de sus conjeturas y sus reclamos. Muchos psicólogos seculares atacan a la religión, a la Biblia, y a los postulados de teología sin saber lo que están atacando. A los tales, se aplican las palabras de Jesús desde la cruz: "Padre perdónalos porque no saben lo que hacen". El cristiano que también es psicólogo, necesita asesorar sus bases de fe, sus creencias básicas y sus interpretaciones particulares. A pesar de los esfuerzos hacia la objetividad y hacia la adherencia ortodoxa, tales interpretaciones tácitas, personales y particulares nunca dejan de aparecer en la escena debido a los filtros naturales con los cuales la persona interacciona, descubre, aprende, y asimila la verdad revelada.

Las preguntas que se suscitan son importantes, ya que se debe asesorar a qué grado tal corriente afectará al futuro de la iglesia en cuanto a definiciones y énfasis. Por ejemplo, asuntos que tratan con la naturaleza humana, con la herencia y la genética combinadas con el medio ambiente para arrojar carácter y hábitos considerados patológicos, aberrantes, o carentes de salud mental, podrán ser objeto de estudio pero también proporcionarán terreno para debates y controversias. Asuntos de aberraciones definidas como pecados vs. psicopatología, su correlación, y sus causas, así como las soluciones ofrecidas, deberán ser esclarecidas. Todo lo que se refiere a la exégesis (el extraer el significado real de las expresiones bíblicas) y a la hermenéutica (la aplicación de los principios de interpretación de las Escrituras), necesitará ser cotejado, ya que en materia de opiniones y conjeturas, los cristianos evangélicos hemos sido muy libres para presentar versiones de la verdad a manera idiosincrática, cultural, o denominacional.

Otra pregunta es si la corriente integradora será considerada como un componente vital propio del ministerio, o si será vista como una añadidura adjunta, lateral, y en necesidad de cotejado constante. El atentado de considerar la integración de lo religioso y lo secular como trabajo válido ha sido cuestionado, ya que por muchos siglos sólo lo revelado y aceptado en fe ha sido la base de las consideraciones eclesiásticas en cuanto al ministerio. A menudo la desconfianza pastoral hacia la psicología ha funcionado en manera preventiva, protectora o defensiva, debido al hecho que tal disciplina está basada en consideraciones humanistas, evolucionistas, seculares o naturales. Aparte, la psicología ha reclamado la primacía en cuanto a la definición de la realidad y ha relegado a la religión como algo primitivo, neurótico, o estupefaciente.

Muchos pastores se han unido a las corrientes psicológicas admitiendo que sus congregaciones tienen cierto apetito por lo considerado "en boga" en la actualidad. A criterio del autor, muchas de las prácticas integradoras han seguido la filosofía expresada en el dicho "Ya que estamos en el baile, bailemos". A veces, han seguido corrientes populares sin discernir sus premisas básicas ni asesorarse de sus resultados finales. A juzgar por las propagandas vertidas por varias organizaciones religiosas, muchos feligreses están ensimismados con los asuntos psicológicos. El grado de popularidad que gozan los esfuerzos dedicados a reuniones que enfocan sobre la sanidad emocional interior es innegable, considerando la cantidad de conferencias, programas de televisión y escritos sobre el tema. Muchos se reúnen por su cuenta y vuelcan su atención hacia el "niño herido" yacente en su fuero interno subconsciente y en necesidad de sanidad, formando grupos terapéuticos de sostén y apoyo paralelos a los grupos de encuentro, de alcohólicos anónimos o enfocados en el sostén mutuo.

Entre iglesias anglosajonas en Estados Unidos, la popularidad no solo se nota en los aspectos clínicos, sino también en los educativos. En las escuelas dominicales las personas están interesadas en los aspectos cognitivos-afectivos presentes en los escritos paulinos, y se reúnen para tratar de sonsacar conceptos psicológicos de las Escrituras. Abundan talleres, exposiciones, y esfuerzos educativos en los cuales los tópicos de estima propia, las motivaciones inconscientes en el llamado de Dios, las adicciones y su tratamiento, etc., aparecen como exitosos juzgando desde el punto de vista en cuanto a asistencias y dedicación a la materia. Tales actividades y esfuerzos son los que preocupan a muchas personas que piensan que la intrusión y la presencia de los aspectos psicológicos al campo ministerial pueden ser más nocivas que saludables.

La Ontología del Consejo Integral: Un Modelo Trialógico

Esta obra tiene como premisa mayor el hecho de que el consejo pastoral o terapéutico es un ministerio o servicio administrado por cristianos dotados de la gracia, la sabiduría, y la investidura del poder de Dios a favor de las personas en necesidad de ayuda emocional, espiritual, y clínica. Tal proceso es realizado en la presencia y en coparticipación con la persona del Espíritu Santo. Tal proceso busca el encuentro y el trato con Dios, quien es realmente el sanador, el redentor, el que enviste con poder para hacer lo deseable y adecuado en su voluntad. El ministro o consejero es el medio utilizado en manera relacional, trayendo a la realidad concreta la postulación que el Espíritu Santo en persona, con poder, y presente en las tratativas, es quien utiliza el triálogo (tres entidades entablando una interacción: el consejero, el aconsejado, y el Espíritu Santo presente) como una oportunidad para efectuar cambios en el carácter, la conducta o las relaciones del ser problemático.

Esta obra presenta un modelo conceptual, incorporado, e integrado, extrayendo de las categorías fundamentales de la teología, tales como la presencia divina del Espíritu Santo, la coparticipación humana-divina en materia de actualización de los potenciales con los cuales Dios ha creado y dotado a sus criaturas, dentro del contexto de la koininía del Cuerpo de Cristo –la iglesia como comunidad sanadora. Los principios derivados de la psicología clínica y la investigación empírica en materia de psicopatología son cuidadosamente integrados, para finalmente compaginar un modelo ontológico o esencial, en contraste a la mayoría de tratados contemporáneos que presentan elementos funcionales o pragmáticos de consejería. No hay nada más práctico que un modelo conceptual adecuado guiando los pormenores concretos de la vida.

Por ontología entendemos el estudio de la realidad en sus elementos esenciales, sub-estructurales, o fundamentales. Tratamos de sondear y nos arraigarnos sobre las bases subyacentes de los procesos cognitivos, emotivos, y motivacionales que afectan la conducta del ser humano. Los procesos cognitivos (pensamiento, razón, atención, percepción, juicio, atribución de significado, formación de actitudes, aprendizaje, memoria) y los procesos emotivos (sentimientos, emociones, empatía, sensibilidad), como también las motivaciones que nacen de los valores tenidos por la persona en su fuero interno, parten de tales bases ontológicas o substanciales. El sondear tales bases provee más perspicacia, más entendimiento cabal, y fomenta la adquisición de sabiduría en la conducción de los asuntos ministeriales que tratan con el consejo terapéutico.

El concepto teológico de la unión con Cristo o el estar "en Cristo" es acoplado al concepto del "ser descentrado", dialógico, o relacional (a contraposición del ser narcisista, egoísta, individualista), ambos esenciales para entender la coparticipación humana-divina en el proceso terapéutico sanador. El ser ha sido creado no simplemente como un ente lógico, pero más bien dialógico (Polischuk, 1999). Es capaz de relacionarse con Dos, con sus semejantes, y consigo mismo a través de la interacción comunicativa que trasciende el tiempo y el espacio. El Dios trinitario es el agente primario de sanidad, redención, restitución, y cambio adecuado en el ser –sea su carácter, su conducta, sus relaciones, o sus luchas internas. La unión con Cristo no es simplemente una metáfora conceptual, ni tampoco un principio esotérico, pero una experiencia real, mediada a través de la persona, la presencia, y el poder del Espíritu Santo, quien actúa como agente primario de la relación entre el Cristo celestial (vivo, ascendido, y sentado a la diestra del Padre, quien intercede por nosotros), y el consejero terrenal prestando servicios terapéuticos. El consejero se constituye en el agente sanador secundario, ministrando bajo los auspicios del Espíritu Santo. Por otra parte, el mismo Espíritu Santo se relaciona a la persona que busca ayuda, como su agente primario sanador. En tercer lugar, es el Espíritu Santo quien actúa como el interlocutor entre el diálogo que toma lugar entre el consejero y el aconsejado –lo cual se constituye en una relación trialógica, actuando sobrenaturalmente en el proceso natural de consejería, actualizando en manera concreta el potencial sanador dentro de un marco de referencia en el espacio y el tiempo, aquí y ahora.

De manera que, el modelo ontológico enfoca la atención sobre el estado fundamental del ser en unión con Cristo, en comunión con el Dios trino, desde el cual todos los aspectos concretos y particulares en los servicios ministeriales prestados parten y asumen un significado real. La identidad del consejero, su integridad y su eficacia se derivan de la unión con Cristo en el poder del Espíritu Santo. Sus actuaciones se dirigen hacia la meta final: el dar cuentas a Cristo de su mayordomía terrenal (2Cor 5:10). Las actuaciones ministeriales tienen un tinte teleológico, direccional, y condicionado por "Aquel Día". Partiendo desde una teología que enfatiza una escatología en proceso de realización, el consejero vislumbra sus actuaciones presentes con la intención de llevar a la persona siendo aconsejada a tener un encuentro más profundo, más verídico, y más significativo con Cristo. En sí, el consejero mismo trata de acrecentar su unión y su arraigamiento en Cristo para ser transformado en su ser a medida que avanza hacia su cometido final.

El modelo ontológico-trialógico enfatiza el ser, no solo el actuar o el ejercer funciones ministeriales. Aún cuando se espera que exista un trasfondo educativo en las disciplinas tales como la teología sistemática y la psicología pastoral, la identidad esencial, ontológica, o fundamental del consejero no estriba solo en sus actuaciones, en sus papeles formales, ni en las credenciales o los títulos colgados sobre la pared de su oficina, sino en su ser, en su relación al Dios trino, en su unión con Cristo y en el ser lleno del Espíritu Santo. Además, como consejero, el ser no funciona independientemente, sino compenetrado en el Cuerpo de Cristo, en unión con el organismo vivo donde mora el Espíritu Santo, para ser un agente extendido de tal koinonia contextual. De eso trataremos más adecuadamente en los capítulos subsiguientes.

El énfasis de esta obra también apunta a la necesidad de renovar y actualizar las actuaciones del consejo terapéutico pastoral que han sido afectadas por las corrientes seculares en cuanto a (1) la distancia entre la teología académica y el ministerio pastoral; (2) las influencias sociológicas y psicológicas seculares que se han entrometido en el campo de labores ministeriales, y durante las últimas décadas, han dado forma a las prácticas de la consejería pastoral; (3) la individualidad y el alejamiento emocional entre las personas dentro de las culturas pos-modernas; y (4) la separación entre laicos y clérigos en cuanto a las funciones sanadoras dentro del Cuerpo de Cristo.

Este libro, a pesar de tener un tinte teológico, ontológico, y psicológico, busca atender las necesidades del pueblo que cree en la virtud sanadora del Espíritu Santo. Según las estadísticas compiladas, el 75% de la iglesia latinoamericana es de índole carismática. Los movimientos de renovación que impactaron a los países latinoamericanos en la década de 1960 y han continuado en cierta forma hasta el presente, han contribuido al énfasis acerca de la persona, la presencia y el poder del Espíritu Santo. Tal persona y presencia han sido estudiadas en el desarrollo del cristianismo post-apostólico de los dos primeros siglos (Dunn, 1977; Morgan-Wynnbe, 2006). Sus alcances y efectos sobre la iglesia a través de las edades han sido objeto de consideración (Burgess & McGuee, 1988; Hollenweger, 1977). El gran enciclopedista del pentecostalismo, Stanley Burgess, ha producido una obra estupenda acerca del desarrollo del mover del Espíritu Santo a través de las edades, presentando una síntesis de los documentos y textos desde el primer siglo hasta el presente. Su libro *Christian Peoples of the Spirit: A Documentary Reader* (2011) es una buena base para vislumbrar el presente en vista al contexto histórico de la corriente pentecostal, su teología y praxis. Gordon Fee (1996, 2000, 2009) ha producido varios escritos relacionados al Espíritu Santo, entre ellas una voluminosa e importante obra exegética acerca de la poderosa presencia del Espíritu Santo en la teología paulina. Otros autores han proporcionado las bases teológicas que subrayan el pentecostalismo (Menzies & Menzies, 2000). De modo que, no partimos de la experiencia para lograr "hacer teología", acomodando y patrocinando ideas, sino de la teología consciente, enmarcada en el contexto histórico y basada en las Escrituras. La Palabra viva de Dios leída ante la presencia del Autor, cuya iluminación y discernimiento buscamos para captar y entender, se considera sin negar la experiencia personal y comunitaria.

Teniendo al Espíritu y las Escrituras, uno pregunta, ¿Hace falta el consejo? Mucho del contenido del consejo pastoral proporcionado por ministros latinoamericanos ha enfocado sobre la atención hacia las necesidades de personas que se han convertido, han dejado vicios y costumbres pesarosas, caracterizados por maltratos y disfunciones en sus relaciones. Tales personas necesariamente tienen que aprender nuevas normas de vida y labrar su carácter y conducta. A juzgar por el consejo dispensado por muchas personas quienes, aún bien intencionadas, se dan a la tarea de desvirtuar aquello que comenzó al "nacer del Espíritu" y colocar a las personas necesitadas de ayuda en un molde estrecho, legalista, encuadrado en una serie de prohibiciones y mandatos en lugar de dispensar un servicio basado en gracia y misericordia. Si bien se busca lograr un nivel de madurez o perfección en su estilo de vida, se enfatiza que tal transformación es efectuada por el Espíritu actuando en cooperación con la fe y la obediencia humana.

El consejo muy a menudo se ha centrado sobre el discipulado que enfatiza el labrado de vidas, el crecimiento espiritual, y especialmente la santidad de vida que agrada a Dios. En el afán de hacer una buena tarea, muchos consejeros se asemejan a las personas mencionada por el apóstol a los colosenses quienes en sus mandatos y regulaciones, trataban de santificar a las personas con edictos u ordenanzas tales como "no manejes, no gustes, ni aun toques" esto u lo otro. (Col 2: 16-23). Los mandatos negativos, el evitar el ser conformado a este mundo, ha sido un énfasis especial en círculos fundamentales, y el ministerio pastoral en tales esferas ha manifestado la tendencia de enfocar sobre la santidad como siendo un estado acoplado a trivialidades de índole externa, con prohibiciones relacionadas a la usanza de ciertos atuendos, adornos, o a la prohibición de la manifestación de conductas triviales consideradas "mundanas" definidas de acuerdo a ciertas estipulaciones idiosincráticas o culturales.

Tal enfoque externo ha pasado por alto la posibilidad de ver que muchas prácticas organizacionales en la conducción de sus negocios y la administración de sus esquemas pueden seguir las corrientes de este siglo, o estar atrapadas en sus estructuras y funciones en moldes definidos por los cuales son aceptados sin mucho escrutinio o discernimiento. El no ser conformados a las corrientes de este siglo no solo involucra las minuciosidades externas mencionadas, sino más aún, a la posibilidad de seguir incautamente modelos y prácticas adoptadas de carácter secular subyacente, acopladas a las maneras particulares de establecer y conducir los asuntos de una congregación local o una denominación. El ajuste continuo a la cultura vigente, acoplada a la cultura de origen (acarreada subconscientemente por las personas) demanda cierto acomodo y asimilación, lo cual puede afectar y cambiar la dirección e intención divinas: Muchas de las prácticas congregacionales no surgen ni se desarrollan desde las bases de la revelación, o desde la proposición que viene de arriba, por así decirlo, sino que se originan "desde abajo", desde las experiencias humanas idiosincráticas y culturales a las cuales las Escrituras a menudo se acomodan y se aplican para corroborar o estampar su aprobación o validez. El problema de "hacer teología" emergente, nacida de la experiencia personal, tribal, o cultural, estriba en adoptar ciertos textos que parecieran proveer las bases para apoyar ciertas prácticas establecidas.

Esta obra trata de proveer bases teológicas y ontológicas en el desarrollo del proceso del consejo, tomando a las Escrituras como base y patrón de cotejado a todas las proposiciones, a los postulados, y a los principios que subrayan la práctica pastoral de consejo. Se trata de promover un servicio desarrollado ante la presencia del Espíritu Santo, cuya persona, presencia, y poder se enfatizan en las actuaciones ministeriales.

Parte I

Consideraciones Básicas

El libro consta de cinco secciones. La parte inicial trata con las bases fundamentales de la consejería cristiana, presentadas dentro del entorno histórico del movimiento de consejería pastoral. El trasfondo presentado en el Capítulo 1 sirve de contexto para el desarrollo del texto en cuanto a su contenido, su énfasis, sus aspectos teológicos, y la praxis a ser desarrollada en las labores cotidianas. Los conceptos terapéuticos son presentados en el Capítulo 2, proveyendo definiciones y vocablos que ayudan a la comprehensión del libro. El Capítulo 3 enfatiza las bases escriturales que subyacen, ilustran, e "inmergen" la consejería denominada cristiana. El término es acuñado en esta obra para denotar la interpenetración dinámica y la unión de la persona creyente con el Cristo resucitado. Tal unión es actualizada a través de la infusión, el llenado, y la coparticipación del Espíritu Santo inter-penetrando el espíritu humano sumiso, creyente y rendido a Dios, siendo capacitado para acatar su voluntad, y dedicado para hacer su obra. La fusión es dinámica, sin desmerecer ni anular la diferenciación divina-humana que entran en juego.

Esta sección da énfasis a la persona, la presencia, y la coparticipación del Espíritu Santo en el consejo proporcionado, siendo el tema del Capítulo 4. El consejero no trabaja solo ni por su cuenta. Es parte vital del Cuerpo de Cristo, dotado de dones para ministrar ante Dios a favor de las personas necesitadas. Como tal, se presta al servicio de Dios, consciente de la presencia del Espíritu Santo –quien es el que realmente sana, liberta, redarguye, convence, anima, enviste, guía, y realiza todas las potencialidades del ser humano, disminuidas o arruinadas por el pecado, las malas decisiones, las ofensas de otras personas, o las aberraciones naturales como consecuencias de existir en un mundo sujeto a la vanidad.

Una reseña de la teología pastoral y práctica es presentada en el Capítulo 5, prestando atención a la antropología bíblica en cuanto al ser humano, creado a la semejanza de Dios. El libro presenta un paradigma en el cual el ser ha sido pre-formado por Dios en su diseño eterno; luego, formado del polvo de la tierra. La caída en el pecado lo torna como un ente deformado en necesidad de atención redentora. El ser es informado acerca de su condición pecaminosa y al mismo tiempo, informado acerca de la gracia salvadora que lo rescata de tal estado. El ser es re-formado (renacido, regenerado) para ser resocializado por el Espíritu Santo. De tal manera que, el ser puede ser transformado, y también conformado a la imagen de Jesucristo otra vez. La meta final es presentada en las Escrituras: El ser humano será glorificado para entrar a la eterna presencia der Dios. Tanto el concepto de un ser pre-formado como también un ser finalmente glorificado representan aspectos que escapan a los límites del tiempo cronológico. El ser formado, deformado, informado, reformado, transformado, y conformado pertenece al tiempo supeditado al cronos, a la existencia "debajo del sol" con todos su desafíos.

Capítulo 1

Trasfondo Histórico Contextual

El ministerio del consejo pastoral con tinte terapéutico puede ser visto como algo nuevo, pero en realidad, aconsejar terapéuticamente (en el sentido de un consejo sanador) no es una invención moderna. Varias fuentes de información existen que nos dan a entender que las actuaciones ministeriales de consejo formaban parte de las funciones ministeriales desde la antigüedad, expresadas en varias maneras y en diversos estilos. Una breve reseña al principio de esta obra es provista para enmarcar nuestras consideraciones posteriores, al tratar de integrar las disciplinas de la teología y la psicología en manera conceptual y práctica.

La Teología Pastoral en Perspectiva Histórica

Varios autores se han dado a la tarea de esclarecer el desarrollo de las funciones ministeriales a través de las edades (Pelikan, 1971; Davis, 2011). El cristianismo comenzó con los apóstoles, profetas, evangelistas, pastores, y maestros establecidos por el Espíritu Santo luego de la resurrección y ascensión de Jesucristo. Los diáconos fueron agregados a los apóstoles (Hechos 6), y a los ancianos o sobreveedores (presbíteros) del primer siglo. Jaroslaw Pelikan (1971) ha notado el hecho que desde el año 100 al 600, la mayoría de teólogos eran obispos de la iglesia; desde el año 600 hasta el 1500, los teólogos eran monjes recluidos en sus claustros; y desde 1500 hasta la actualidad, los teólogos se han resumido a las universidades con departamentos de religión o a los seminarios protestantes como profesores, con tinte académico más bien que pastoral.

Los denominados "padres de la iglesia" nos han dotado de sus ejemplos luego que la iglesia creciente neo testamentaria fue sucedida por generaciones de discípulos en el contexto del mundo antiguo, experimentando desafíos doctrinales y necesidades de renovación constante para expandirse, y al mismo tiempo mantener su originalidad, ortodoxia, y vitalidad. Tales "padres" eran personas interesadas en asuntos de fe y vida cristiana; sin embargo, escribieron con perspicacia acerca de la naturaleza humana, el alma, y la sanidad interior. Personas como Tertuliano y Atanasio enfatizaron la teología aplicada al cuidado de almas. Gregorio de Niza ha dejado sus huellas teológicas con su escrito *In Defense of His Flight to Pontus*. Juan Crisóstomo en el año 380 daba sus consejos en una carta a una viuda joven. Tales consejos trataban con aspectos globales de la conducta humana, enfocando sobre los dilemas espirituales del alma. Para una mejor vislumbre de su énfasis eclesiástico en la teología pastoral, véase su obra, *Seis Libros Sobre el Sacerdocio*. Gregorio el Grande colocó el cuidado pastoral y la teología en manos de los sacerdotes, dentro del seno de la iglesia, en un contexto confesional.

Los padres de la iglesia que residieron en Egipto, Siria, y Palestina fueron buscados por los cristianos de los siglos IV y V, ya que fueron considerados "hombres santos" cuyos consejos espirituales eran apreciados. La mayoría de tales personas sabias y espirituales enfatizaron los peligros de transitar la vida sin guía o dirección espiritual. No eran tan autoritarios, sino que enseñaron con su ejemplo y con la Palabra. Entre ellos, Evagrius Póntico (345-399 AD) y Casiano (360-430 AD) aparecen como dos representantes de tal tradición. Ellos nos dejaron escritos acerca de las órdenes monásticas que aparecieron entre los monjes, y sus reglas aplicables para lograr el vivir santo ante Dios.

En manera especial, Casiano trató con el fenómeno de la acedia, o letargo espiritual, considerada como el síndrome de la depresión en nuestros días. Los monásticos residentes en Alejandría en Egipto en el siglo IV, dedicados a refinar su santidad, descubrieron que a pesar de sus esfuerzos, la pereza espiritual se apoderaba de ellos. Experimentaron el desgano, el cansancio moral, y el letargo abrumador y devastador, con resultados negativos. Se sintieron culpables de no ser perfectos, y se les ocurrió culpar al diablo. Toda la comunidad monástica experimentó diversos grados de acedia, especialmente a la mañana y en su peor momento, al mediodía. A tal fenómeno lo llamaron "el demonio del mediodía", basados en el Salmo 91:6 (*"Ni de pestilencia que ande en oscuridad, Ni de mortandad que en medio del día destruya"*). Es curioso que el antídoto que descubrieron para salirse de tal pesar tuvo dos elementos: La alabanza devocional por medio de sus cánticos, y el trabajar en su jardín. Tales factores en realidad les ayudaron a salir de su estado depresivo, y aún desde un punto de vista moderno tienen su lugar: El desafiar los pensamientos negativos y el letargo con alabanza, cánticos, y oraciones enfocadas en Dios, y el ejercicio manual animado con esperanza y con miras concretas de hacer crecer algo verde en medio del desierto, han sido muy buenas avenidas para conquistar el letargo y promover una manera funcional de ayuda —comenzando conductivamente y asumiendo una actitud mas positiva para lograr cambiar las emociones.

En el ámbito secular, el movimiento psicoanalítico, centrado en la introspección y el escrutinio propio ante una analista como comenzó a principios del siglo pasado, buscando remediar situaciones problemáticas de carácter emocional afectando al ser humano viviendo bajo el sol. Sin embargo, en el ámbito cristiano, San Agustín, en sus confesiones introspectivas escritas entre 397 y 398 AD, nos ha dejado un modelo de escrutinio propio ante Dios, tratando de poner las cosas en orden dentro de un nivel más trascendental. En manera abierta, franca y penetrante, arrojó sus confesiones con remordimiento, reconocimiento de sus pecados ante Dios y sus ansias de perdón, absolución, restitución, y libertad. Muchas de tales "confesiones" toman lugar en el consejo terapéutico, al entablar un diálogo entre personas que proporcionan el ambiente dentro del cual una especie de catarsis toma lugar. Los aspectos terapéuticos de la confesión son innegables, ya que a veces, la persona experimenta la necesidad de ser perdonada en la presencia de otro ser humano quien, sin juzgar, tildar, o desmerecer, proporciona un eco y ayuda al pecador a arrepentirse, a confesar, a aceptar la gracia de Dios, y a creer por fe que sus pecados son perdonados y cancelados, para poder caminar en libertad y dignidad.

Influenciado por Agustín, Santo Tomás presentó en manera sistemática y cabal cuestiones problemáticas que acosan al ser tales como los apetitos, la voluntad, los hábitos, las virtudes, y los vicios humanos. El pensamiento, las emociones, la memoria, y el intelecto fueron meticulosamente presentados en sus deliberaciones, las cuales se podrían colocar en la actualidad en un tratado de psicología cristiana. Su obra magna, Suma Teológica, llegó a ser la fundación de muchos de los dogmas eclesiásticos y del pensamiento teológico católico romano por muchos siglos.

Gregorio el Grande, en el siglo VI, presentó principios de cuidado pastoral que establecieron criterios que fueron adoptados por más de mil años en el seno de la iglesia romana. Por su parte, en la iglesia ortodoxa griega, el papel de guía espiritual fue establecido como una avenida de cuidado pastoral y formación espiritual de los feligreses. Doroteo en el siglo VII proporcionó direcciones en el entrenamiento espiritual de los discípulos (Doroteo, citado por Leech, 1977). Tal tradición se estableció y arraigó por mucho tiempo, incluyendo las practicas de los ancianos sabios en el clero de Rusia, considerados guías pastores de la grey en el siglo XV. Tales guías espirituales trataban de imitar al Buen Pastor, con la disposición de amar y de sufrir vicariamente por otros.

Durante la Edad Media, varios pensadores concentraron sus esfuerzos en indagar acerca del cuidado del alma, incluyendo a San Bernardo de Clairvaux, San Anselmo, y Tomás de Kempis, entro otros. Sus escritos, según McNeill (1951) y Oden (1989) demostraron un énfasis sobre la esencia del alma, la esencia del conocimiento espiritual, y el desarrollo espiritual de la persona humana a través de la experiencia personal con Dios y su amor. Tales pensadores y místicos influyeron sobre el énfasis eclesiástico acerca del cuidado de almas.

Tal vez, el cambio radical entre el obispado y el profesorado tomó lugar con la creación de las universidades europeas, con el re-descubrimiento de los escritos griegos de Aristóteles y sus efectos en transformar la sabiduría espiritual monástica hacia los atentados académicos colegiales. La lógica y la dialéctica penetraron las aulas medievales, llegando a ser las bases para el estudio de la teología. Santo Tomás Aquino tradujo el pensamiento aristotélico a la iglesia medieval, y muchos otros siguieron su énfasis. Tal énfasis se acrecentó al correr del tiempo, hasta nuestros días.

Durante la época del Renacimiento y de la Reforma (con su correspondiente contra-reforma), personas como Lutero y Calvino, partiendo desde sus bases reformadas, trataron con asuntos de la naturaleza pecaminosa del ser, de la gracia, del conocimiento, de la fe, y de la obediencia a Dios. Por otra parte, desde el ámbito católico, Santa Teresa de Ávila, San Juan de la Cruz e Ignacio de Loyola se dedicaron al desarrollo espiritual en acercamientos pastorales al ser. Lutero (1520) escribió acerca del consuelo a los afligidos y cargados de problemas, enfatizando puntos esenciales volcados en consejos y en acercamientos de ayuda espiritual. Los siglos XIV y XV fueron en general los tiempos de más énfasis en el cuidado de almas a través de los guías espirituales.

Luego del Concilio de Trento (1545-1563), la práctica del cuidado de almas llegó a ser estrechamente definida, enfocando sobre las decisiones acerca de las vocaciones religiosas en particular. Los cambios en las prácticas del cuidado de almas y de la guía espiritual ocurrieron en la iglesia católica, centrándose en el rebaño en necesidad de defensas contra las herejías, y permitieron el desplazamiento de la cura de almas hacia elementos terapéuticos seculares. Los guías espirituales se retrajeron hacia la ortodoxia y su mayor preocupación fue la de proteger a la iglesia contra las herejías y los movimientos místicos de la época. Como ejemplo de tales esfuerzos, Ignacio de Loyola, en el siglo XVI, nos dejó sus ejercicios espirituales como bases para vivir una vida sana y contemplativa.

Durante la Reforma, tanto Lutero como Calvino se dieron a la tarea de tratar con asuntos pastorales acoplados a sus proposiciones teológicas. Entre los protestantes, el énfasis sobre el sacerdocio de todos los creyentes enunciado por Lutero y el lugar de las Escrituras en la salvación y en el crecimiento del ser humano convertido, fueron ejemplificados en los escritos de Martin Bucer, especialmente en su tratado *Concerning the True Care of Souls* (1538). En tal obra, las tareas ministeriales dedicadas al cuidado de almas fueron asignadas dentro de un contexto bíblico, enmarcadas en las doctrinas de la iglesia, desarrolladas dentro de la comunidad de fe, y en comunión con el Cuerpo de Cristo. Su énfasis fue tomado del libro de Ezequiel 34:16, *"Buscaré la perdida, haré volver la descarriada, vendaré la herida y fortaleceré la enferma; pero destruiré la engordada y la fuerte. Las apacentaré con justicia"*. Basado en tal pasaje, el sistema de guía enfatizó varias ponencias: Guiar hacia Cristo a las personas separadas de su amor, encaminar a los extraviados de vuelta hacia Dios, fortalecer a los cristianos débiles y enfermos, enmendar la vida de los que caen en pecado, preservar a los cristianos sanos y fuertes, y urgir a todos en toda cosa buena hacia el derrotero final –el juicio de Dios.

Con el advenimiento del movimiento puritano en Inglaterra, Richard Baxter proporcionó una obra considerada clásica en el campo de la teología pastoral, *The Reformed Pastor* (1659). Su programa incluyó la visitación a los hogares, el catequismo administrado a las familias de su parroquia, reflejando el hecho que la predicación desde el púlpito no era suficiente para lograr el crecimiento y el discipulado de los creyentes. Otros puritanos como John Owen y Jonathan Edwards en USA enfocaron sobre el ser, bordeando los asuntos psicofísicos y psicológicos, tales como la melancolía (hoy día la denominada depresión) y la ansiedad. Tales condiciones fueron definidas y abordadas dentro de la esfera teológica aplicada a las funciones ministeriales.

El fundador del metodismo, John Wesley, en el siglo XVIII enfatizó la santidad de vida, pero a través de la predicación, con el énfasis sobre la acción de Dios en la vida del creyente, y con el llenado del Espíritu Santo. Tal énfasis sigue la línea de Wesley, quien enfatizó la dependencia sobre la Palabra expuesta y el poder actuante del Espíritu Santo. En su estimación, el depender de Dios resultaba en una menor necesidad de consejo y dirección en la vida de los creyentes. Es obvio que entre los predecesores protestantes, el énfasis espiritual-teológico en atender al cuidado de almas ha sido un énfasis de carácter innegable. De manera que, si existen personas en el ámbito secular que tratan de desmerecer los acercamientos eclesiásticos sobre la materia, tales personas no han considerado los factores históricos pertinentes al caso del consejo pastoral. Son como aquellos que piensan que han descubierto la pólvora por su propia cuenta y comienzan a hacer planes para aprender a usarla, ignorando el hecho que los chinos ya la descubrieron hace cinco mil años y han dado pruebas tangibles de su utilización. Como diría un argentino, "cuando vos aprendistes a escribir, yo ya borraba".

El movimiento de psicología pastoral comenzó en su antigüedad con los escritos de Gregorio el Grande, como ya se ha aludido. También Richard Baxter, en su libro *El Pastor Reformado* publicado en 1656, dejó criterios prácticos a ser seguidos en el desempeño de funciones pastorales. Con el advenimiento de la psicología moderna al principio del siglo XX, las ideas psicoanalíticas, conductistas, humanistas, y transpersonales, añadieron al pensamiento y a las actividades terapéuticas. Tres corrientes de pensamiento protestante surgieron, las cuales trataron de defender el derecho de canalizar las corrientes existentes, o de amalgamar las filosofías y prácticas corrientes de consejo pastoral. Tales movimientos fueron el Puritanismo Norteamericano, el Pietismo Alemán y el Cristianismo Reformado. Por un lado, pensadores y religiosos con actitudes liberales, adoptaron las nuevas filosofías provenientes del campo de la psicología, mientras que otros con carácter conservativo surgieron para contrarrestar las amalgamaciones y mantener el carácter teológico pastoral.

En el siglo XIX, varias obras pertinentes a la teología pastoral aparecieron, tales como las de A. Vinet, *Pastoral Theology: The Theory of the Evangelical Ministry* (1854); J. M. Hoppin, *Pastoral Theology* (1884); P. Fairbairn, *Pastoral Theology: A Treatise on the Offices and Duties of the Christian Pastor* (1875); W. G.T. Shedd, *Homiletics and Pastoral Theology* (1873); y W. Gladden, *The Christian Pastor and the Working Church* (1898). Tales obras reflejan un énfasis funcional más bien que paradigmas teológicos. Tal énfasis siguió dominando el panorama en el siglo XX. Una obra clave ha sido la provista por Seward Hiltner, *Preface to Pastoral Theology* (1958), en la cual definió a la teología pastoral como una sub-división de la teología, trayendo la perspectiva pastoral a las actuaciones eclesiásticas del ministro y la congregación, para luego sacar conclusiones teológicas que parten de tales observaciones y se basan sobre la experiencia práctica. En tal caso, la teología pastoral es simplemente centrada en la praxis, en la operación o función ministerial, llegando a ser una expresión existencial (al estilo de Tillich en Harvard). Aún más, Hiltner trató de integrar la teología nacida de la praxis con la psicología, la psiquiatría, la antropología, y otras fuentes. Su énfasis ha afectado mucho de lo que se define como teología pastoral protestante en USA.

Influencias Seculares en la Teología Pastoral Posmoderna

En el ámbito cultural anglosajón, podemos considerar el contenido de las obras posmodernas acerca de las prácticas ministeriales o pastorales. La administración de los asuntos de la iglesia, los estilos de adoración y alabanza, la enseñanza y la predicación, la formación de discípulos, y la consejería, en general, parecen ser procesos afectados por la cultura vigente. Tales procesos han sido afectados y parecieran seguir los dictados de "las corrientes de este siglo", a juzgar por los ejemplos vertidos en los escritos de James D. Berkley (2007); Norman Shawchuck y Roger Heuser (1996); Gary L. McIntosh (2004); Daniel L. Mead and Darrel J. Allen (1978) y muchos otros. Tales escritos proveen técnicas y estrategias muy útiles, pero no necesariamente se integran significativamente a un marco de referencia teológico u ontológico. Nacen de la experiencia, de los procesos de modelaje observacional, afectados y siendo sujetos a las corrientes en boga. A un observador analítico de procesos y estructuras, tales esquemas aparecen como siendo paralelos y re-enmarcados dentro de las prácticas y estrategias empleadas en las actividades terapéuticas y en la administración de negocios o empresas seculares.

El individualismo y narcisismo secular han afectado en cierta manera a la comunidad cristiana. La literatura acerca del individualismo, de la autonomía, de la expresión propia, etc. afectando a las estructuras y a las funciones eclesiásticas es muy extensa. Escritores que han dedicado esfuerzos a pintar este cuadro incluyen a Inglehart y Oyserman (2004); Bellah (1985); Riesman (1966); Lasch (1979); Gergen (1991); Taylor (1989); y Cushman (1995). Dennis P. Hollinger (1983) ha provisto un análisis ilustrativo acerca de las corrientes históricas y culturales afectando al individualismo de los evangélicos en Estados Unidos. Tales corrientes no aparecen ni se aíslan simplemente en un continente norteño, ya que el cosmos en sí ha llegado a ser una villa mundial. Desde el Río Grande hasta la Patagonia, tales corrientes han afectado a las estructuras y las prácticas de la iglesia protestante.

Las corrientes sociales vigentes afectan el desarrollo del pensamiento y las prácticas comunitarias. En un sentido idiosincrático, la "cultura cristiana" es comunitaria y ha reflejado aspectos tribales (léase "denominacionales") a través del tiempo. La filosofía comunitaria, participante, e interdependiente de la iglesia del primer siglo ha sido vertida en la expresión "los unos a los otros" (52 referencias en el NT) subraya la forma de actuar, pensar, sentir, y teologizar. Pablo nos recalca que "somos el Cuerpo de Cristo", pero también, "miembros en particular" (1 Co 12:27). Hay diversidad en la unidad, enfatizando la "común-unidad" sin desmerecer lo personal, ya que según las Escrituras, cada uno deberá comparecer ante el tribunal de Cristo para dar cuentas por sí mismo de lo que hubiera hecho —bueno o malo— ante el Señor (2 Co 5:10). Así como "los unos a los otros" pueden persuadirse y llevarse a los desvíos, al empleo de hermenéuticas idiosincráticas y mancomunadas expresadas en herejías tribales, también pueden encauzarse los unos a los otros hacia lo correcto y verdadero.

Haciendo un análisis crítico del ámbito evangélico de las últimas décadas, David Wells (un colega que ha trabajado muchos años como profesor de teología sistemática en el Gordon Conwell Theological Seminary) en sus escritos *No Place for Truth* (1993) y *God in the Wasteland* (1994) presenta su crítica constructiva del ambiente cristiano vigente en USA, con un llamado a la reflexión. Su enfoque enfatiza la necesidad de recuperación y manutención de las bases escriturales teológicas, y de las prácticas del ministerio basadas en una interpretación evangélica. También los escritos de Purves (2004, 2007) han provisto un análisis sociológico y teológico de las prácticas ministeriales de USA haciendo críticas constructivas. Ian Bunting proporcionó las mismas nociones en su obra *"El Cuidado Pastoral al Final del Siglo XX"*. Holifield (1983) ha analizado las influencias seculares durante la época moderna sobre el cuidado pastoral, con el desplazamiento del énfasis teológico acerca de la salvación o redención hacia la realización o actualización propia. El afán de tales escritores ha sido el corregir la tendencia de ser atrapados en los moldes y seguir las corrientes de este *aion*. Su concernir y llamado de atención se dirige a la comunidad cristiana con el fin de resguardar las labores pastorales de los desvíos hacia las corrientes netamente administrativas y psicológicas en lugar de mantenerse fundamentadas en las Escrituras y la teología.

Otro colega académico del autor ha provisto un recuento de tal movimiento en forma sintética (Davis, 2011). En su análisis, alega que con el advenimiento de las universidades europeas, especialmente en Alemania, el modelo teológico se redujo a conjeturas académicas, desplazando a la iglesia en sus reclamos o funciones escolásticas. En manera influyente, Friedrich Scheiermacher categorizó al estudio teológico en cuatro rubros: El entrenamiento ministerial se definió como el curso de estudios progresivos, partiendo desde lo exegético, yendo a lo histórico, luego a lo sistemático-filosófico y finalmente a lo práctico. Lo denominado "teología práctica" o "teología pastoral" caracterizó a las funciones ministeriales dentro del seno de la parroquia, a las tareas del cuidado pastoral de las iglesias locales. En realidad, al categorizar de tal manera, permitió el desplazamiento de lo práctico y lo teórico, fomentando una distancia entre el estudiante de teología y el pastor. El conocimiento especializado, fragmentado y sistematizado entre los teólogos acrecentó las diferencias, las particularidades, y los reclamos de los eruditos quienes desde sus aulas académicas, se aislaron del seno de la iglesia en cuanto a su comunión, participación e influencia. Al no tener una conexión vital ni dar cuentas de su mayordomía a la iglesia en sí, los académicos se hicieron "un rancho aparte" para derivar y proliferar un sinnúmero de ideas, postulados y teologías, con una gama de tonalidades abarcando un vasto panorama, desde lo sublime hasta lo hereje.

Autores como Thomas Oden (1982, 2009) argumentaron que los acercamientos existenciales, pragmáticos, y amalgamadoras con las fuentes seculares, corrían el peligro de perder sus raíces bíblicas y sus bases teológicas nacidas del escrutinio de la revelación de Dios. Cabe decir que si bien la teología pastoral de Oden sonsaca de los conceptos derivados de la tradición bíblica y patrística, aún así, se centra en las funciones del ministro más que en la estructura doctrinal.

Otro crítico de la corriente amalgamadora ha sido Andrew Purves (2004, 2007), quien argumentó que la teología pastoral moderna ha sido más influenciada en la práctica por las ciencias sociales que por la teología propiamente aplicada. El resultado ha sido que los objetivos, las estrategias y las técnicas seculares empleadas en la práctica del cuidado pastoral han predominado en lugar de las bases teológicas. La relegación de las doctrinas tales como la Cristología, soteriología, pneumatología, el pecado, etc., han resultado en una teología pastoral que enfocó sobre el funcionamiento humano aceptable en lugar del discipulado, y sobre la actualización propia o realización del ser en lugar de la salvación de la persona, o el hacer la voluntad de Dios. Las Escrituras, las ordenanzas, la comunidad, y la disciplina eclesiástica, en muchas maneras, han sido desplazadas y reemplazadas por lo secularmente clínico. Purves ha desafiado a ambas ramas, tanto a la teología pastoral como al movimiento de consejería pastoral a no ignorar las ciencias sociales, pero sí a reorientar tales disciplinas en manera tal que lo bíblico y cristiano no se pierda de vista o carezca de poder sanador.

La iglesia siempre ha tenido que evitar ser atrapada por las corrientes prevalecientes en cada época. Sea en lo estructural como en lo funcional, en las áreas administrativas o en la consejería, lo secular se ha inmiscuido en las maneras de ver y hacer las cosas en el seno de la iglesia. Es notable que William G.T. Shedd, un teólogo del siglo XIX, quien enseñó por espacio de muchos años en Union Theological Seminary in New York, enfatizó ambas, la teología sistemática y la teología práctica, en una integración interdisciplinaria. Tal integración desapareció en el siglo XX, debido al énfasis hacia la especialización y al profesionalismo de las disciplinas teológicas y prácticas. Hoy día, tal institución goza del prestigio de ser una de las más liberales de país. Lo procedente de las corrientes seculares en materia estructural y funcional cobró más auge, y saturó a las prácticas institucionales en términos de administración y de actividades terapéuticas en la teología pastoral.

El desplazamiento de las bases teológicas hacia las concretamente prácticas o funcionales puede notarse al hacer un análisis del énfasis manifestado en los escritos de varios autores: Citamos como ejemplos a G.W. Bromiley (1959); Martin Thornton (1958); Lawrence O. Richards y Gib Martin (1981); Thomas F. O'Meara (1983); y David Hansen (1994). Las corrientes de pensamiento reflejaron cambios de lo teológicamente abstracto hacia lo contextualmente práctico, especialmente en su expresión cultural. La teología de liberación es un ejemplo del vaivén del péndulo teológico adoptado por los teólogos latinoamericanos como Gustavo Gutiérrez (1988), en su teología de liberación. También, en los escritos de José Miguez Bonino (1975), quien buscó corregir lo considerado abstracto e irrelevante destilado del legado de los teólogos europeos y norteamericanos, embebidos en sus contextos sociopolíticos. Tales teólogos, en la opinión de los latinos, se aislaron de la realidad contextual y perdieron su solidaridad con el pueblo necesitado de liberación concreta, postulando sus categorizaciones desde sus torres de marfil hamacándose en sus sillas. Miguez Bonino escribió desde el ángulo sociopolítico y pragmático ambiental, *haciendo teología en un contexto revolucionario*. Él énfasis pasó del *ser teólogos* o *pensar teológicamente* hacia el *hacer teología*.

Tal teología ha nacido de las experiencias en las trincheras sociopolíticas y culturales de la experiencia humana luchando bajo sistemas opresivos en necesidad de liberación. Rubén Alves, Luis Segundo, Lucio Gera, y otros se plegaron a las maneras existenciales y prácticas de hacer teología, partiendo de la experiencia concreta y encuadrando sus interpretaciones de las Escrituras con lentes categóricos culturales. En escritos posteriores, Bonino (1977) reconoció la fuerza emergente del pentecostalismo con su énfasis popular y social. El Dr. Justo González, historiador y teólogo, quien ha actuado como educador y conciliador ecuménico, ha provisto un balance excelente a la teología latinoamericana con sus escritos, dando lugar al Espíritu y al mimo tiempo enfatizando la responsabilidad social y pragmática (González, 1990, 1996).

También, notando la ausencia de lo trascendental y del Espíritu Santo como agente de cambios en la teología de la liberación, Eldin Villafañe, un teólogo, profesor de ética social puertorriqueño y colega académico, ha vertido una teología hispana pneumatológica (*El Espíritu Liberador*) dando lugar y énfasis a la persona, presencia y poder del Espíritu Santo en las prácticas pastorales (Villafañe, 1993).

Las Corrientes Terapéuticas y el Campo Integrador

Es significativo el hecho que el campo teológico propiamente dicho ha sido dividido en cuanto a las bases teológicas y la práctica pastoral. En su afán de ayudar en manera concreta, muchos escritores modernos han provisto a la iglesia numerosos libros funcionales, prácticos, cuyos títulos comienzan con "Cómo hacer..." esto y lo otro. Tales obras no necesariamente se basan en una teología sistemática sino que responden a las necesidades ambientales, situacionales o tribales, con interpretaciones y énfasis particulares. En contraposición a tales esfuerzos, esta obra trata de presentar las bases ontológicas y teológicas integradas a conceptos y principios derivados de la psicología, a ser cotejadas y analizadas en su epistemología y su teleología, para luego servir de bases a las actuaciones ministeriales en el consejo.

El movimiento del consejo pastoral en USA transformó la "cura de almas" en lo que modernamente se denomina psicoterapia o consejo pastoral. El comienzo de tal movimiento se ha fijado en 1905 entre el grupo episcopal de la iglesia Emanuel de Boston, Massachusetts. Las recomendaciones para el entrenamiento de aquellas personas dedicadas a tales propósitos, en lugar de basarse sobre la tradición, se basaría en la ciencia. Congregacionalistas, presbiterianos y algunos bautistas se legaron al movimiento, y llegaron a publicar su periódico *Psychotherapy* (Benner, 1988).

Los que practicaron tales formas alternativas en Nueva Inglaterra a principios del siglo XX, tenían preocupaciones pastorales y argumentaron acerca de la necesidad de darse a la tarea de involucrar métodos mentales, morales y espirituales en su terapia. Cabot (1906) fue un promotor de los aspectos espirituales dentro de las tareas de los servicios médicos. Entre las actividades desarrolladas en el Hospital General de Massachusetts en Boston durante la primera década del siglo XX, se enfatizó el entrenamiento de pastores como capellanes, para atender a las necesidades de los enfermos utilizando el consejo pastoral terapéutico.

Un USA, los principios del movimiento psicológico se caracterizaron por un tinte liberal. William James, el fundador del departamento de psicología de Harvard, escribió sus libro *Variedades de la Experiencia Religiosa*, y G. Stanley Hall, el presidente de Clark University, primer presidente de la Asociación Americana de Psicología, y editor del primer Jornal, ambos examinaron a la religión desde el punto de la teología liberal y de la psicología moderna. En su fundación y comienzos, 25% de los miembros de la APA eran cristianos de diversas persuasiones. Otros se plegaron a los esfuerzos de considerar a la psicología profunda como una ayuda en los asuntos eclesiásticos (Clinenbell, 1966; Oates, 1962). En 1956 se formó una asociación denominada Clinical Pastoral Education (Educación Pastoral Clínica), en la cual se entrenaron centenares de ministros y capellanes con persuasiones liberales, y aún posmodernas.

Las primeras publicaciones desde el punto de vista evangélico incluyeron las obras de Hiltner (1949), Cross (1952), y Oates (1959), las cual trataron a la psicología filtrada a través de los lentes de las Escrituras. Cristianos desde la teología Reformada interesados en la psicología y como sus investigaciones se relacionan con la fe, fundaron una asociación denominada CAPS (traducida al castellano, Asociación Cristiana para Estudios Psicológicos). Un pionero en la labor integradora, Clyde Narramore (1960) se dedicó a irradiar programas radiales combinando su fe y la psicología con tinte analítico. Narramore escribió un texto de bastante alcance en 1960; uno de los mentores del autor, Donald Tweedie, dedicó esfuerzos en integrar los pensamientos de Viktor Frankl, el fundador de la Logoterapia con la práctica cristiana terapéutica; Tweedie fue funcional en la fundación de la escuela de psicología clínica dentro del Fuller Theological Seminary en 1964 (la primera de su índole en USA). Durante los mismos años, Paul Tournier (1965) en Suiza, ofreció su perspicacia en sus escritos pioneros de psicología profunda a la luz de las Escrituras y la fe.

La década de los 1960 se caracterizo por la canalización de tales ideas en manera más formal, propulsadas con la fundación de programas de psicología de Fuller y Rosemead (conectada con Biola University en 1969). Personas como Donald Tweedie, Newton Malony, Neil Warren, Archibald Hart, y Lee Travis dieron ímpetu al movimiento integrador desde sus posiciones en Fuller, atrayendo un número de estudiantes e investigadores que dedicaron esfuerzos a los aspectos integradores entre la teología y la psicología. Por su parte, Adams propulsó la creación del Christian Counseling and Education Foundation en el Westminster Theological Seminary en 1968. Adams publicó su obra *Competent to Counsel* en 1970, lo que dio origen al denominado consejo *noutético* (término proveniente del griego *nouthesis*, o exhortación, tomada de Col 3:16). Tal acercamiento propuso que todo consejo o terapia debe ser basado netamente y exclusivamente en la Biblia en lugar de tomar prestado de las filosofías paganas, y fundó la asociación de consejeros "noutéticos".

Una división surgió entre las corrientes integradoras de las Escrituras y del pensar psicológico por un lado, y la consejería con reclamos bíblicos exclusivos por el otro. La línea crítica de Adamas hacia el movimiento integrador, enfatizando el consejo puramente bíblico como el ideal, ha continuado hasta el presente (McArthur, Powlison, y Welch, entre otros). Como suele suceder, al defender una ponencia en cuestión, se descartan posibilidades que no necesariamente son aberrantes, o se desmerecen esfuerzos en lograr una perspectiva adecuada acerca del ser humano complejo. Muchos integradores han vertido sus escritos con la conciencia de haber sondeado la Palabra profundamente, para luego ver hasta qué punto las investigaciones en el campo de las labores clínicas han arrojado luz acerca de la naturaleza del ser y el comportamiento humano.

Por otra parte, varios cristianos terapeutas e investigadores cuestionaron la línea propuesta por Adams, considerando su sistema limitado a cristianos que aprovechan y responden óptimamente a un acercamiento de exhortación directa, confrontando al ser con la responsabilidad de acatar las Escrituras y con un consejo directamente extraído de las Escrituras, sin ninguna apelación a las investigaciones o a los descubrimientos en el campo de la psicología clínica o experimental. Según las experiencias clínicas, tal estrategia no pareciera trabajar bien con las personas sumamente depresivas, temerosas, ansiosas, o con personas que demuestran desórdenes de carácter. También, los integradores consideraron el consejo *noutético* como un sistema inadecuado para tratar a pacientes fuera de la iglesia, en hospitales, y clínicas. Los que defendieron el principio integrador trataron de refinar sus reclamos y sus conceptualizaciones con autoconciencia y dedicación a las investigaciones empíricas, sin dejar a un lado las bases teológicas y bíblicas. Críticas de ambos lados surgieron y refinaron las premisas, los razonamientos, y la apologética en cada caso. El campo está dividido entra las facciones que apoyan la integración de ambas disciplinas, y aquellas que rechazan cualquier conglomerado que no se ajuste al reclamo que sólo la Biblia es el texto de consejería.

Varios autores se sumaron a las corrientes terapéuticas en el ámbito cristiano, actuando desde diversas perspectivas. James Dobson, Larry Crabb y Gary Collins entre los psicólogos; Frank Minirth y Paul Meier lo hicieron entre los psiquíatras; algunos formaron sus propias fundaciones en diferentes lugares de USA. La integración de la fe cristiana y la psicoterapia ha recibido un ímpetu muy grande en los últimos años, a juzgar por los escritos de terapeutas e investigadores (Véase R. Anderson, 1990; Jones & Butman, 1991; McMinn, 1996; N. T. Anderson, Zuhelke & Zhuelke, 2000;; Clinton & Ohschlager, 2002; Clinton, Hart & Ohschlager, 2006; Yarhouse, Butman & McRay,2005); I. F. Jones, 2006; G. Collins, 2007; Malony & Augsburger, 2007; McMinn & Campbell, 2007; Stevenson, Eck & Hill, 2007; Yarhouse and Sells, 2008; Tan, 1996, 2001, 2011).

Las críticas internas dedicadas al movimiento psicoterapéutico dentro del protestantismo evangélico aparecieron paralelamente a las proliferaciones integrales. Debido a las corrientes que amalgamaron lo secular y lo escritural en forma incauta, varias personas se dieron a la defensa de la fe y ortodoxia cristianas con sus críticas constructivas, con advertencias y con tesón. En el extremo defensivo, Bobgan y Bobgan (1987) han caracterizado de "psico-herejía" a los atentados integradores, aludiendo a la idea que el cristianismo ha sido seducido por la psicología tentadora. Desde su punto de vista, la integración no es necesariamente aconsejable ya que la psicología secular y sin bases escriturales puede ser dañina, caracterizada por la falta de esperanza y de ayuda verdadera.

Considerando el ambiente actual, la psicología enfocada con lentes cristianos no pasará a la historia inconsecuentemente, ni tampoco disminuirá en su énfasis como una corriente pasajera. En USA, varias escuelas teológicas se han dedicado al desarrollo de programas de psicología clínica a nivel doctoral agregándose a Fuller, tales como Rosemead, Fox, Pepperdine, Wheaton, y muchas otras a nivel de licenciatura (Masters' level). Como ya hemos mencionado, el autor ha participado en la fundación del programa de psicología a tal nivel en el Gordon Conwell Theological Seminary en South Hamilton, Massachusetts. Centenares de graduados de tales escuelas han sido preparados en ambas disciplinas, integrando a nivel académico conceptual o teórico, como también en el entrenamiento clínico. En defensa de su posición, el autor aclara que su integración ha partido desde las bases escriturales, teológicas, y psicológicas, recordando al lector que su trayectoria ha incluido trabajos evangelísticos desde su adolescencia, trabajos pastorales por muchos años, y trabajos educativos en escuelas, seminarios, y talleres pastorales basados en las Escrituras, con experiencias múltiples en entornos que enfatizan a la persona, la presencia, y el poder del Espíritu Santo.

En la iglesia protestante hispanoamericana o latina en USA, la actitud hacia la psicología ha sido tradicionalmente negativa. En general, en el mundo secular las personas han evadido la necesidad de definir problemas psicológicos por su nombre. Es más fácil agrupar todas las quejas en términos médicos o fisiológicos que reconocer aspectos mentales, por miedo a ser etiquetados de "loco" o como que "la mente le ha fallado" a uno. Si tal aprehensión existe en el mundo hispano en general, mucho más se nota en las facciones de la iglesia, descartando a la psicología como un ente indeseable. Tal vez, tal aprehensión es justificada en entornos que han aceptado a las ponencias seculares freudianas o lacanianas sin mayores críticas ni erudición en materia teológica. En términos simples, al enfrentar problemas psicológicos, es más fácil suponer que la persona que sufre no tiene fe, no depende del Espíritu, no ora por su liberación o que está pagando consecuencias por sus pecados. Por otra parte, algunas facciones cristianas han sido más abiertas a las posibilidades de integración de la teología con las ciencias sociales y las humanidades, haciendo hincapié en las bases escriturales-teológicas y en las investigaciones empíricas.

Entre sudamericanos, hubo personas argentinas como Jorge León (1978, 2009) que integraron sus labores pastorales con la psicología, cuyo libro en castellano *Psicología Pastoral Para Todos los Cristianos* por mucho tiempo fue una de las pocas fuentes de lectura en el campo integrador. Siendo oriundo de ese país, el autor ha cotejado las obras de tales integradores, incluyendo a Tinao (1972, 1976); Schipani (1975); y Gattinoni (1977). En años recientes, otros autores hispanoamericanos han contribuido a la integración (Inhauser y Maldonado, 1988; Palomino, 1996; Agüero, 2001; Zaragoza, 2007, y Stamateas, 2008).

Los investigadores que desean escudriñar los asuntos y ver las desavenencias entre las disciplinas, tratan de ser objetivos y "retener lo bueno" aún cuando los postulados son pronunciados por personas descartadas de antemano como inconsecuentes. Tales escudriñadores recalcan el hecho que Dios se valió de Faraón para corregir a Abraham, de Ciro para tratar con los israelitas, y aún de un asno para hablarle a Balaam. ¿Puede Dios valerse de personas científicas para hacernos saber ciertos aspectos de la realidad revelada? ¿Es la verdad descubierta (si es verdaderamente o esencialmente la verdad) menos valiosa que la verdad revelada? ¿Es la verdad extraída de las investigaciones en el campo de lo creado (revelación general) análoga a la verdad extraída de las Escrituras (revelación particular)? Tales preguntas merecen ser abordadas con sinceridad y sobriedad.

La premisa de esta obra es que la verdad revelada y extraída exegéticamente, interpretada hermenéuticamente, y aplicada a las situaciones problemáticas en manera consciente y racional, toma precedencia sobre las consideraciones naturales o seculares, sin desmerecer los avances empíricos en el campo investigativo. Como una nota editorial, el autor le recuerda al lector que la teología en su esencia no es un ente revelado (las Escrituras lo son), sino el resultado del pensamiento cristiano, interpretado a través de lentes humanos, sea quien fuese su interprete. De tal manera que, las teologías (en plural) son reflexiones humanas diversas acerca de Dios, y del ser humano, y nunca llegan a equiparar en forma ex-catedrática a las expresiones directas que provienen de la boca de Dios.

La psicología clínica es la ciencia social que subraya las actuaciones terapéuticas basadas en la observación y definición de problemas mentales, su asesoramiento, su diagnóstico (una especie de etiquetado de lo considerado patológico o anormal) y su tratamiento. En otras palabras, la psicología clínica es el arte de adquirir perspicacia y entendimiento acerca de la conducta humana en necesidad de ayuda a fin de establecer criterios de actuación terapéutica. El desarrollo sistemático de terapias o sistemas de consejería efectivos depende de un entendimiento cabal y profundo de las variables que suscitan, establecen, cambian y mantienen la conducta humana.

Lo que llamaríamos "ciencia psicológica" trata con las fundaciones y orígenes filosóficos de los sistemas de pensamiento que dieron origen a las diversas formas de acercamientos, investigaciones y prácticas clínicas disponibles. Varios "ismos" aparecen en la escena: Desde el estructuralismo original propuesto por Wundt en Alemania, pasamos al empirismo, al pragmatismo, al funcionalismo, al existencialismo, a la fenomenología y al humanismo. Se enfatizan las bases biológicas, antropológicas, sociológicas y filosóficas de tal esfera. En resumidas cuentas, la psicología a ser integrada a la teología debe ser definida, esclarecida y presentada en forma objetiva en cuanto a sus principios, bases, conjeturas, alcances y limitaciones.

Varios modelos, agrupados en diversas maneras por diferentes autores, han aparecido en la escena, con los cuales tratamos en el capítulo 7. Entre los que han provisto una especie de meta-análisis, Eck (1996) ha provisto una síntesis abarcando veintisiete modelos, agrupados en tres grandes categorías: El paradigma no-integrador; el paradigma manipulativo (una disciplina subyugando a la otra con procesos transformadores o reconstructivos); y el paradigma no manipulativo utilizando procesos correlativos y unificadores.

A mi parecer, no se puede ni se debe forzar un conglomerado simplemente funcional, ni tampoco rebajar los estandartes bíblicos al examinarlo todo y tratar de conveniente o simplemente retener lo bueno para lograr cierto equilibrio entre la teología y la psicología. Hace falta indagar, lograr adquirir perspicacia y discernimiento para entonces utilizar los recursos disponibles con sabiduría. Dependiendo del grado de convicción teológica, de la sofisticación psicológica, y de las intenciones presentes ante Dios al darse a esta tarea, la integración de principios teológicos-psicológicos puede ser factible, apropiada, deseable, y aplicable a las necesidades humanas.

El Consejo en el Contexto de la Iglesia

Tal vez el impulso hacia el movimiento psicoterapéutico, sea de carácter netamente bíblico o integrador, en cierta manera se ha inmiscuido o aún desplazado a las intenciones originales que han considerado al discipulado dentro de la comunidad de la iglesia como la función labradora de ayuda, atendiendo al alma de las personas (Crabb, 2001). Los trastornos de la persona muchas veces tienen que ver con el estado de su ser, de su alma, y espíritu. Al redefinir tales trastornos globalmente como algo simplemente psicológico, y necesitando de expertos desconectados con la comunidad –quienes no necesariamente emplean las Escrituras y la persona, la presencia y el poder del Espíritu Santo– se corre el riesgo de simplificar algo complejo. En algunos círculos liberales, la comunidad ha sido relegada a un contexto de soporte a la "verdadera tarea" de ayudar terapéuticamente, y la confesión de pecados, el arrepentimiento, la subyugación al señorío de Cristo, y el hacer lo recto ante Dios han sido desplazados con el enfoque hacia las interacciones verbales terapéuticas, con la mira de efectuar una catarsis emocional sanadora. En cierta forma pedante, algunos terapeutas creen que su trabajo es mayor o de más importancia en relación al discipulado, estableciendo una especie de alternativa a la práctica que lleva siglos de acatamiento a la gran comisión de Jesucristo. El énfasis sobre las estrategias, los acercamientos, o las "herramientas" psicológicas, pareciera sobrepujar a la fe, la esperanza, y la práctica de la presencia del Espíritu sanador.

Esta obra trata de volver al cauce de las actuaciones ministeriales que enfatizan al acercamiento teológico, ontológico, trialógico, y práctico derivado del estudio de las Escrituras y la realización de la persona, la presencia y el poder del Espíritu Santo en el consejo proporcionado en el nombre de Jesús. El entrenamiento, la adquisición de las disciplinas, estrategias, y prácticas necesarias para efectuar un buen trabajo no se descartan, sino se acoplan a la premisa propuesta en este párrafo. Lo importante es reconocer que la persona humana es polvo con aliento divino, un tesoro en vasos de barro, y que debe ser tratado como el complejo "materia-espíritu". Como tal, el ser está sujeto a las vicisitudes cargadas de entropía y a las leyes naturales del cosmos creado, como así también es capaz de relacionarse con Dios en espíritu y en verdad. Sin desmerecer lo divino, lo sobrenatural, lo extraordinario, lo milagroso, y lo revelado, en esta obra se da lugar al énfasis sobre los aspectos ordinarios, naturales, y corrientes en las actuaciones humanas debajo del sol.

Capítulo 2

Conceptos Terapéuticos

Partiendo desde el punto de vista que enfatiza el consejo terapéutico como un ministerio necesario, válido, y bíblico, necesitamos de una definición de términos para establecer criterios a seguir en tal servicio. Varias preguntas surgen: ¿A qué nos referimos cuando hablamos de consejo? ¿Existe una clase definida a la cual podemos denominar "Terapia Cristiana"? ¿A qué nos referimos cuando hablamos de consejo bíblico? ¿Podemos alegar que lo que actualmente se enfatiza en cuanto a consejo terapéutico es una continuidad del ministerio de cuidado pastoral a través de los siglos? ¿Cuál es la diferencia entre el consejo pastoral y la psicoterapia? En la opinión del autor, el consejo terapéutico puede ser visto como un ente complejo que abarca una variedad de acercamientos con la intención de ayudar a otras personas dentro del contexto de una relación caracterizada por un consentimiento positivo. Tal definición abarca una gama de posibilidades, desde las conversaciones amistosas informales hasta la psicoterapia de profundidad que apunta hacia la reestructuración del ser de la persona.

En una definición breve, el consejo cristiano integral competente es constituido por tres factores integrados: (1) El *consejo* es la provisión de guía, dirección, apoyo, o sostén, fomento de perspicacia, encomio al crecimiento, y oportunidades terapéuticas, con el fin de ayudar a la persona a ser y hacer las cosas como Dios lo ha diseñado; (2) Es *cristiano*, porque se basa sobre las premisas mayores derivadas de las Escrituras que postulan a Dios como el sanador, restaurador, sustentador, y renovador del ser; a Cristo como el Hijo redentor, salvador, intercesor, y prototipo de perfección a ser seguido; cuenta con la presencia del Espíritu Santo en las sesiones, actuando como agente sanador, restaurador, y transformador. (3) Es *integral*, porque enfatiza la preparación de la persona que aconseja en cuanto a su propio discipulado y su crecimiento o madurez espiritual; también enfatiza su capacitación en el campo de ayuda terapéutica, enmarcado en valores éticos y morales, y en su alineado con la comunidad de la iglesia; además se enmarca en las exigencias sociales y legales que se aplican en el servicio social a las personas necesitadas en busca de ayuda.

Muchas personas se han dado a la tarea de ayudar. Aparte de los pastores, ministros, rabinos, y sacerdotes ordenados al ministerio eclesiástico, existen psicólogos, psiquiatras, trabajadores sociales, consejeros familiares y matrimoniales, capellanes de hospitales y cárceles, y para-profesionales que se dan a la tarea de ayudar a sus semejantes. En manera amplia, el arte de aconsejar incluye no solamente los objetivos inmediatos y presentes, prescriptivos, y guiadores, sino también otros aspectos que incluyen consideraciones futuras. Tales consideraciones pueden ser temporales y circunscriptas al vivir cotidiano, o trascendentales y concernidas con lo eterno.

Conceptos en Consejería

Las siguientes maneras de conceptualizar han sido sintetizadas de los escritos en la materia, proporcionando varias definiciones o puntos de vista. Autores como Adams, Tournier, McLemore, Collins, Crabb, Clinebell, Oates, Malony, y Hurding, entre muchos otros, son considerados en sus referencias, haciendo una síntesis que permite la agrupación de los conceptos terapéuticos de la siguiente manera:

1. Apoyo. La terapia o el consejo actúan como sostén temporal. A diferencia de las terapias de profundidad, que enfatizan la restructuración de la persona a través de acercamientos analíticos de larga duración, los acercamientos de apoyo son más concisos, breves, y de enfoque hacia el "aquí" y el "ahora". Las personas en crisis materiales, espirituales, o emocionales acuden a pedir ayuda a fin de tener un punto de apoyo social-humano y poder atravesar sus vicisitudes con más aplomo. Los problemas pueden ser situacionales, personales o interpersonales, de toda índole. Se trata de prestar ayuda emocional con el propósito de establecer una mejor base para el sostén de los valores apropiados, de los pensamientos y razonamientos adecuados, y de las emociones que pueden fluctuar y desbordar los límites de la capacidad racional de las personas en crisis. Los gauchos solían decir "Siempre es bueno tener un palenque donde rascarse". O también, "Un árbol donde acobijarse" en tiempos de calor. El utilizar a personas consejeras es como apelar a ciertas muletas o bastones cuando una pierna se quiebra, hasta que uno pueda caminar mejor y sin dolor.

2. Cambio Constructivo. La terapia o el consejo sirve como orientación al cambio de la conducta y de la personalidad. En el proceso terapéutico, se trata de enseñar nuevas maneras de conducirse a las personas que han perdido su rumbo, que se han desviado, o que se han estancado en el camino. Como el apóstol Pedro recalcó, se trata de cambiar "la vana manera de vivir, la cual aprendisteis de vuestros padres". La conducta indeseable puede categorizarse como excesiva o coma defectuosa, con acciones "por demás" o "sin alcanzar la norma". Se busca la modificación de los pensamientos, de las emociones y de la conducta en lugar de lograr un análisis del ser, algo enfatizado en el enfoque psicodinámico. Las acciones observables, los hábitos indeseables, o las repeticiones conductivas que apresan, disminuyen, o proporcionan problemas crónicos, son enfocados en manera concreta. Se enfatiza el aprender nuevos hábitos y la eliminación de los malos hábitos a través del refuerzo positivo de lo apropiado, y la extinción de lo inapropiado. Se debe agregar que esta forma de aconsejar no es simplemente el establecimiento de un legalismo acérrimo, sino mas bien la orientación a través de la objetivación de las variables a ser tenidas en mente en el proceso de cambios. Se busca asesorar la frecuencia, la intensidad, la duración, los antecedentes y las consecuencias de la conducta humana a fin de ver con certeza qué es lo que la mantiene, y que es lo que la disminuye a fin de lograr un mejor control sobre la misma. Si se amplía la definición integral, además de un enfoque conductivo, y de restructuración cognitiva-emotiva, se enfatiza la personalidad como un ente en necesidad de reestructuración, de cambios constructivos en la manera de ser y de relacionarse.

3. Catarsis. La terapia se considera como un método de liberación de afectos. Muchas personas llevan emociones "embotelladas," reprimidas, o bloqueadas a través de muchos años. Tales personas experimentan dificultades en reconocer y expresar sus afectos. Una consejería que les permita el aprender a liberar sus emociones, y hacerlo sin experimentar consecuencias negativas, puede ser un proceso provechoso. Si la expresión propia de los afectos y de la sensibilidad es parte de una existencia actualizada, la oportunidad terapéutica puede proveer el terreno donde la catarsis pueda ocurrir. Los ejemplos abundan: Hay personas iracundas que no pueden dar una expresión apropiada a su ira porque deben estar supuestamente "siempre en control". También hay personas ansiosas que no pueden confesar sus temores porque tal compartir podría ser considerado como su "falta de fe". Otras personas viven angustiadas pero se obligan a pensar que "deberían estar siempre gozosas" y reprimen, suprimen, racionalizan, o niegan sus sentimientos a fin de aparecer como estando bajo su dominio propio. Tales individuos pueden encontrar alivio al encontrar aceptación a través de la consejería, y ser provistos de un terreno más propicio para desahogarse, liberar sus emociones, o aceptar su humanidad sin por ello dejar de ser fieles, fuertes, o espirituales. El ventilar lo reprimido, el "destapar la olla que hierve" o el confesar faltas o debilidades, pueden ser asuntos a ser considerados con empatía. En contraposición a las nociones culturales que abogan por la supresión o represión, tales procesos demuestran una señal de fortaleza y de aceptación propia. También la libertad emocional facilita las relaciones interpersonales, ya que no hay necesidad de elevar tantas barreras ni defensas, como tampoco de presentar fachadas ni pretensiones. El consejero promueve la honestidad y la transparencia, reforzando el concepto propuesto por Jesús en cuanto a su propio quebrantamiento: *"Si el grano de trigo no cae a tierra y muere, solo queda, pero si lo hace, mucho fruto lleva . . ."* (Jn 12:24). El quebrantamiento, la capacidad de reconocer sus angustias (como Jesús lo hizo ante sus discípulos en Getsemaní, *"Mi alma está muy triste . . . hasta la muerte"* [Mt 26:38]), y la confesión, acoplada a la fe en la presencia, la persona y el poder del Espíritu Santo presente en la sesión, harán que se produzca una mejor expresión de vida, a ser compartida y alistada para realizar una comunión con Dios.

4. Adquisición de Perspicacia. La terapia o el consejo pueden ser vistos como la adquisición de perspicacia, lograda en el descorrido de los sentidos embotados, abriendo paso a la iluminación de la mente encerrada en sus conjeturas lúgubres y densas. Como se indica en los Proverbios, se debe buscar conocimiento, entendimiento, y sabiduría a fin de vivir como Dios manda. Muchas personas carecen de la intuición adecuada para vislumbrar "más allá de sus narices" cuando se ven atrapadas por las pruebas de la vida. Carecen de la perspicacia debida en tiempos de crisis o apuros, la cual puede ayudarles en encarar sus desafíos y a entender mejor, no solo los asuntos que suceden a su alrededor, sino captar y elaborar sus propias facultades de responder a la vida con aplomo, entereza, y fe. La perspicacia puede ser definida como la habilidad de adquirir conocimiento real o cabal de las cosas, a la cual se añade el entendimiento de tal realidad, y la adquisición de la sabiduría necesaria para llevar a cabo una vida adecuada y de agrado a Dios. El conocimiento de los hechos reales debe ser la base para un entendimiento o un discernimiento apropiado. La utilización de tal entendimiento se torna en sabiduría aplicada a la vida en manera concreta. El desarrollar o poseer perspicacia significa tener la capacidad de penetrar los asuntos, las relaciones, las intenciones, y las motivaciones subyacentes a la conducta humana. Por falta de discernimiento, muchas personas carecen de la sabiduría necesaria para desarrollar estrategias para vencer sus tentaciones, llevar a cabo sus planes, o relacionarse debidamente con Dios, sus semejantes, o consigo mismas.

El asesorarse de sus propios errores es una tarea difícil. David oró a Dios a fin de que se le descubriera lo que era oculto a su percepción. El analizarse a sí mismo es tarea imposible, ya que las defensas del Yo siempre estén listas a no permitir la perspicacia honesta y profunda. Al punto de dolerse, el Yo se defiende "a zarpazos" y no deja lugar a la vulnerabilidad, o al escrutinio que pudiera ser devastador a la justicia propia. El arte de aconsejar trata de proporcionar bases para vencer el temor al ridículo, a la desaprobación, o al rechazamiento. El sondear la historia, tanto familiar como personal, y descubrir el legado que la tradición, la cultura familiar, y el desarrollo personal han proporcionado, puede ser un proceso valioso para el crecimiento espiritual y emocional. El pasado afecta a las personas, con mucho arrastre innecesario de cargas pesadas, subconscientemente alojadas y luego vertidas en impedimentos o bloqueos que afectan el proceso del crecimiento espiritual. El pasado con sus memorias negativas puede evocar las defensas subconscientes, las cuales reprimen, suprimen, racionalizan o justifican al ser en sus atentados de contrarrestar la ansiedad de aceptar una realidad que pudiera afrontar y desafiar la integridad de su ser.

La terapia dinámica o intra-psíquica enfoca sobre el desarrollo de la perspicacia. El discernir es imprescindible, ya que un conocimiento más cabal de la realidad, de las intenciones y motivaciones de la persona pueden ayudar a proporcionar más libertad en el ser y en sus actuaciones o relaciones humanas. Uno puede buscar las raíces de sus problemas en lugar de colgar frutos que no quedan en pié cuando las sacudidas de la vida ocurren. Con el desarrollo de la perspicacia, la persona cambia sus atribuciones corrientes del significado de la realidad, y su manera de ver las cosas, incluyendo su teología, Dios, sus semejantes, su propia persona, la iglesia, y las circunstancias que la rodean. Al alterar el significado y el valor de sus percepciones, la persona puede corregir sus minimizaciones de lo que para Dios es importante, y disminuir sus atribuciones exageradas de lo que realmente no es importante ante Dios. En otras palabras, corrige su manera atributiva de valorar a la realidad. Esta clase de acercamiento al crecimiento humano necesita tiempo: "Los hongos crecen en un día, y las calabazas en tres meses; un roble necesita más tiempo".

5. Un proceso de re-socialización y re-incorporación. A medida que las personas crecen, van incorporando estilos de vida y maneras idiosincráticas personales y familiares. El aprendizaje observacional, derivado del modelado de aquellos agentes socializadores considerados como ejemplos durante el desarrollo humano, es innegable. Se captan actitudes, valores, y conductas; se internalizan voces, percepciones, y maneras de vivir, las cuales son incorporadas al punto de amalgamarse con la personalidad del ser en desarrollo, en cuanto a sus estructura, procesos y funcionamiento. El apego con objetos primarios – seguro o inseguro, funcional o disfuncional – entra en juego. Los atributos de otras personas significativas llegan a formar parte de las características personales, con huellas profundamente establecidas, nacidas de los contactos sociales alojados, sedimentados, y considerados parte íntegra de los procesos y las estructuras del ser. En muchas ocasiones, las personas significativas han dejado impresiones negativas, maneras vanas de vivir, habito indeseables, y características en necesidad de reestructuración,o renovación, y cambio.

El consejo integral puede proporcionar experiencias a través de la interacción terapéutica, a fin de dejar que procesos transferenciales ocurran, con la probabilidad de mejores introyecciones establecidas en el presente. En todo discipulado, se busca el imprimir el carácter de Aquel quien primeramente trató con las personas que luego se dan a discipular: "Sed imitadores de ml, como yo de Cristo," dijo San Pablo. Luego de "nacer de nuevo," los discípulos deben "crecer de nuevo". El ser humano, formado por Dios y deformado por el pecado, debe ser re-generado o re-nacido. Luego, debe ser re-socializado a la manera de Dios, a través de los auspicios, la guía, y la dirección del Espíritu Santo. A tal punto, la consejería puede proporcionar perspicacia y entendimiento acerca de las maneras de sentir, pensar, y accionar que necesitan reestructuración y re-incorporación de modelos más adecuados y superiores. El desarrollar la mente de Cristo, el sentir que hubo en El, el re-incorporar una imagen paternal más benevolente, amorosa, con gracia, y desafiar al cosmos moldeador a favor de una renovación constante, son objetos de tal acercamiento.

Necesitamos reconocer el hecho que la terapia o el consejo no santifica a nadie; es el Espíritu Santo quien lo hace, valiéndose de su persona, presencia y poder para conducir a la persona hacia el crecimiento espiritual y la madurez; a tal fin, usa a las personas dotadas en el ministerio como sus coadjutores, o siervos en la labranza de vidas a través del discipulado. Las Escrituras son las bases para tal resocialización, y el modelo digno de ser imitado es Jesucristo mismo (Heb 13:1; Flp 3; Ef 5:1-2).

6. Crecimiento y actualización de potenciales. La terapia o el consejo pueden considerarse como el cultivo del crecimiento natural y espiritual. A través de la intervención terapéutica, las personas pueden permitir un mejor cultivo de sus potencialidades humanas. Muchos escritores se han dado a la tarea de enfatizar tales potencialidades (entre ellos Rogers, Maslow, Allport, May, y Ellis), proponiendo sistemas de acercamiento no-directivos, fenomenológicos, existenciales, y humanistas. Tales esfuerzos han sido dedicados hacia la actualización del potencial que las personas pudieran poseer. La facilitación del crecimiento natural a veces es descartada en círculos cristianos porque se ha enfatizado el dicho "Lo que es nacido de carne, carne es" (Jn 3:6). En el ámbito cristiano, a veces el énfasis puesto sobre la naturaleza humana caída, en pecado, sujeta a la corrupción, y sin la capacidad de bastarse a sí misma, pareciera descartar cualquier intento de fomentar un cultivo natural. Sin embargo, la experiencia y la razón han demostrado que aún n a pesar de la caída y de los efectos cumulativos del pecado en la humanidad, los vestigios de la imagen de Dios estampada en el ser humano permanecen y son capaces de aflorar si se da lugar al desarrollo positivo de las características creativas, nobles, socialmente apropiadas y siguiendo los dictámenes de la conciencia originalmente establecidas por Dios.

Lo dicho aquí no necesariamente alega que una persona sea categóricamente "salva" en términos cristianos ortodoxos, pero simplemente recalca la sencilla verdad que el ser creado a semejanza de Dios, aún en su condición precaria y pecaminosa, puede hacer aflorar potencialidades dignas de cultivo. La expectativa cristiana es que al entrar a la esfera de la salvación, de la redención, y de la restauración a través de la gracia de Dios, el ser humano sea capaz de potenciar y cultivar sus dotes en coparticipación con el Espíritu, quien produce frutos de carácter y conducta deseables. Tales frutos, debidos a la energía, la dirección, y la investidura proporcionadas por el Espíritu, se desarrollan más allá de los esfuerzos naturales. El ser humano tiene la potencialidad de nacer de nuevo y de crecer de nuevo. El objetivo del consejo es ver dónde la potencialidad humana se estanca, se ofusca, se pervierte, o se deja arrastrar por las tendencias que se acomodan al cosmos, o al espíritu de un mundo que no necesariamente obedece a los dictados de Dios.

De tal manera, el consejo puede ser considerado como un vehículo de crecimiento espiritual. A través de la perspicacia, se hace posible el desarrollo del escrutinio de los asuntos que atañen a las personas en cuanto a su crecimiento espiritual. El observar asuntos con claridad, el razonar con mente abierta, y el juzgar de acuerdo a un discernimiento más profundo de la realidad, proporcionan mejores bases para el desarrollo espiritual. El asesorarse de los factores subyacentes en lugar de ser influido por las apariencias es imprescindible, si una persona desea adquirir un conocimiento cabal, un entendimiento adecuado, y la sabiduría necesaria para vivir de acuerdo a los mandatos de Dios. El consejo con perspicacia y entendimiento espiritual – dotado con dones tales como la palabra de sabiduría, la palabra de ciencia, o el discernimiento de espíritus – puede ser un catalizador, permitiendo que "los ojos del entendimiento" del aconsejado sean abiertos para ver mejor su derrotero y proseguir en ser conformado hacia Cristo.

7. Un proceso de ayuda hacia el cambio de los valores de la persona. Muchas personas sufren psicológicamente porque sus valores están desalineados o invertidos, o sus preferencias y deseos mal dirigidos. Entre los humanos, existen orientaciones básicas, factores intrínsecamente tenidos en el fuero interno, denominados "valores" porque representan lo más valioso o importante en sus consideraciones o en su existencia. Entre tales valores, se postulan los materiales, personales, sociales, ocupacionales, y espirituales. Tales orientaciones se definen y actualizan en cuanto a la utilización del tiempo, de los recursos, y de las relaciones. De manera tal que, la persona que acude a buscar consejos, puede estar en perplejidades de cómo realizar sus valores hacia lo material en contraposición a lo espiritual. También puede experimentar desavenencias entre sus ansias de satisfacer lo propio o lo personalmente deseable, lo cual entra en juego en asuntos interpersonales o familiares con demandas y exigencias que desafían al ser. Las maneras de actuar consideradas éticas y morales pueden entrar en pugna en el fuero interno del ser, con el rechazo de tales consideraciones al buscar el satisfacer sus ansias narcisistas o manipulativas. El respeto, la dignidad, y la mutualidad son valores adecuados entre las personas; sin embargo, las aberraciones existen, dando lugar a la violencia, a la degradación o al vituperio interpersonal, necesitando un cambio drástico no solo de la conducta sino de los valores de la persona en tales casos.

Podemos citar el hecho de que en un extremo se encuentran las personas que no tienen reparos en actuar en maneras antisociales, pensando egoístamente en sus intereses propios. En el otro extremo están las personas que masoquistamente se niegan toda clase de privilegios o derechos, al punto de ser denigrados por sus propios complejos. Negando cualquier clase de gratificación, al reforzar la conducta de sus abusadores, o manipuladores, tales personas sufren a causa de su propia privación. Tales personas pueden ser aconsejadas con el propósito de lograr adquirir y establecer un equilibrio adecuado en sus maneras de enfatizar lo personal y lo mutuo en relaciones, a fin de tener una existencia más acertada y sana. Podemos presentar casos en los cuales el interés desmedido de una persona hacia una dada esfera de actividad arruina sus relaciones, su vida espiritual o su balance emocional. Por ejemplo, en el caso de volverse adicto a ciertas substancias que si bien satisfacen a la persona, traen consecuencias negativas y funestas en sus relaciones familiares y sociales. O aún en el caso de personas decentes quienes al perseguir cierta meta personal elevada, descuidan a su familia por completo, sin atender a sus necesidades.

El tratar de aconsejar a fin de establecer criterios para que los valores sean establecidos adecuadamente tiene coma propósito el lograr que las personas tengan respeto, honra, y dignidad hacia sí mismas y hacia los demás. En esta definición debemos aclarar que no se trata de confundir el arte de aconsejar con el moralismo dogmático prescriptivo y juzgador. El consejo dado con la intención de cambiar ciertos valores expuestos como siendo inadecuados no pretende restringir la capacidad de ejercer el libre albedrío de la persona, sino que ofrece la libertad necesaria, el ambiente objetivo, y la oportunidad de asesorar los efectos negativos o positivos que tales valores ejercen en la práctica, y llegar a tener resultados mejores debido al discernimiento de los mismos.

8. Un proceso de facilitación de relaciones personales. Muchas personas necesitan de ayuda terapéutica porque no son capaces de vivir en armonía con sus semejantes. No han dado pautas de resolución de conflictos en cuanto a su capacidad de establecer buenos contratos con sus semejantes. El consejo proporcionado con este enfoque se aplica a problemas interpersonales entre amigos o familiares, como así también entre patrones y empleados, o maestros y alumnos. Las fallas en relaciones humanas pueden ser descubiertas en factores presentes en una o ambas partes, tales como la herencia, el aprendizaje, las condiciones desfavorables del desarrollo social, o cualquier vicisitud que tergiversó la capacidad de ser mutuos, flexibles, amorosos, amistosos o sociales. Según el psiquiatra Sullivan, algunas personas lo enferman a uno, y uno debe buscar a otras personas que lo sanen. En consejería se trata de ver qué es lo que concierne al aconsejado en materia de relaciones rotas, disfuncionales, o abusivas, prestando atención a lo que sucede en la tratativa. Se trata de asesorar la pugna por el control, la manipulación de las partes en pugna, la necesidad de aprobación, de apoyo, de ventilación, de validación, de sabotaje, de provocación, de desafío, etc. Es importante buscar establecer la relación entre el significado de las peticiones, de las quejas, y de las demandas y las necesidades personales y sociales del aconsejado.

El Proceso Terapéutico y el Ser Restaurado

La teología evangélica afirma que la redención (redimir: volver a comprar por precio algo que se perdió, y devolver la herencia a su dueño original) altera las percepciones, definiciones y postulaciones acerca del ser humano. La redención efectuada por Jesucristo abarca la restauración de la imagen de Dios en el ser caído en el pecado

- El ser que oye las buenas nuevas de redención acepta por fe la proposición de Dios, y el influir del Espíritu lo hace nacer de nuevo (incuba, hace germinar o suscita, despierta las capacidades originales o la esencia de asemejarse a la imagen de Dios
- La redención no solo trata con el pago de la deuda ante Dios, sino que restaura las bendiciones divinas, tratando al ser redimido como heredero de Dios y coheredero de Cristo. La transformación del ser toma lugar – un proceso de santificación – y su conformado a la imagen original se desarrolla a través del Espíritu Santo
- La redención restaura la capacidad moral para hacer el bien, y rechazar el mal. Restaura la unión hipostática-extática con Dios, y promueve la relación horizontal entre seres que imitando a Dios, aman a su semejanza, como "mímicas" o imitadores de sus maneras de ser y actuar
- La redención restaura la capacidad funcional de administrar el dominio de Dios, en una mayordomía consciente, racional, y con propósito eterno

En su nuevo desarrollo, el ser entra en un proceso de reestructuración o alineado cognoscitivo-emocional-conductivo hacia los propósitos originales para los cuales fue postulado. Bajo la dirección del Espíritu, el ser da sus pasos, "andando en el Espíritu" (Gálatas 5). Tal andar es designado con dos vocablos: uno definiendo el sentido de rumbo o dirección, y el otro el sentido de compás, ritmo, o cadencia. El ser se dirige hacia los propósitos de Dios, atraído por el llamado de su postulador, con la cadencia adecuada y necesaria en su desarrollo humano, ajustándose a las exigencias éticas, morales, y sociales apropiadas.

La restructuración del ser, en cuanto a la resocialización de sus valores, actitudes, motivaciones, y disposiciones, se logra en el proceso del andar en el Espíritu bajo el patronato de Dios, quien se ofrece en relación primaria como agente proveedor de empatía, amor, paz, y seguridad. En relación profunda, provee un sentido de bienestar al ser en desarrollo. Las palabras de Jesús nos recuerdan que, no solo de pan vive el ser, sino de toda palabra que sale de la boca del Padre. El "tragar" y "masticar" la Palabra es su "comida" lo cual como premisa mayor, permite al ser realizar la voluntad de Dios. Como "recién nacido, bebe de la leche espiritual" y luego "vianda sólida" al madurar en su derrotero. Tales metáforas sirven para ilustrar que, como lo hemos mencionado anteriormente, luego del nuevo nacimiento, se enfatiza un nuevo crecimiento y desarrollo espiritual. En tal proceso, el consejo, o la terapia con bases escriturales y espirituales, proporciona oportunidades para vislumbrar con perspicacia la posibilidad de actualizar la ontología del ser en relación a Dios.

Aspectos Pastorales del Consejo Terapéutico Integral

Pastores que aconsejan necesariamente tratarán de imitar al Gran Pastor – el Señor mismo. El Salmo 23, tan conocido, citado, y memorizado por generaciones, es un pasaje escritural paradigmático del cuidado pastoral digno de ser imitado. Dios es presentado como el pastor de Israel, su pueblo. El Salmo ofrece ocho promesas de cuidado pastoral como un prototipo de atención al pueblo de Dios:

- Tiene al pueblo en mente y trabaja por y para ellos como su pastor (Sal 23:1; Tit 3:4-5)
- Provee para sus necesidades (Sal 23:2)
- Restaura al caído, al menesteroso, al necesitado (Sal 23:3; 37; 42; Pr 24:16)
- Guía por sendas rectas, niveladas, de justicia (Sal 23:3; Pr 14:12; Is 53:6)
- Protege del mal y de los enemigos; calma sus ansiedades y sus temores (Sal 23:4; 2 Co 5:8)
- Sana sus heridas ungiéndolas con aceite (Sal 23:5)
- Procura y persigue fielmente a las personas extraviadas, perdidas, y errabundas bajo su cuidado (Lc 15); lo hace con el bien y la misericordia (Sal 23:6)
- Provee seguridad eterna (Sal 23:6)

En resumen, podemos alegar que las intervenciones terapéuticas pretenden abarcar los aspectos de necesidades humanas de alivio de los problemas emocionales. Además, se enfatiza el crecimiento emocional y espiritual, el alineado o la re-incorporación de modelos adecuados de ser y de conducirse, y la restructuración cognoscitiva-afectiva de la mente y el corazón. La meta final de hacer que las personas se parezcan a Jesús en carácter, conducta e influencia, guía tanto las consideraciones de las personas que son aconsejadas tanto como las de aquellas que aconsejan. La posibilidad de apoyar, exhortar, confortar e iluminar a las personas se acopla al sentido de prestar ayuda hospitalaria en tiempo de necesidad. El consejo terapéutico busca ayudar a las personas en cualquier o en todos los aspectos: Emocionales, cognoscitivos, psicológicos, sociales y espirituales.

Capítulo 3

Las Bases Escriturales del Consejo

El consejero cristiano considera a las Escrituras como la base de fe y de conducta para todo creyente. La persona que presta ayuda terapéutica a las personas necesariamente apela a tales bases para desarrollar sus nociones y ejercer sus labores. Todo lo referente a la ontología, a la epistemología y a la teleología del consejo, se deriva de las Escrituras. La esencia del consejo, la ayuda proporcionada en base del conocimiento y de la perspicacia acerca de las Escrituras, y la vislumbre guiadora del futuro deseado que aguarda a la persona siendo aconsejada, se arraigan en la Palabra de Dios. En este capítulo se presentan las Escrituras como la base para desarrollar el paradigma de consejería integral. En un capítulo posterior, se presentan maneras en las cuales las Escrituras se utilizan en la suministración o la práctica del consejo.

Tanto el énfasis teológico como así también el práctico se derivan de la Palabra de Dios, extraída e interpretada dentro de un contexto considerado protestante, y principalmente evangélico. Personas de otra persuasión pueden cotejar las proposiciones enunciadas y asesorar en qué manera tales principios pueden ser utilizados en su propio marco de referencia. Las estrategias y técnicas promulgadas en este libro se enmarcan en un trasfondo escritural como fuente epistemológica del conocimiento acerca del ser humano, de la condición humana sujeta al pecado, capaz de ser redimida y restaurada, de los procesos de ayuda terapéutica, y de la dirección adoptada en la administración de tal consejo.

El Consejo Ejemplificado en el Antiguo Testamento

La necesidad de consejo en el pueblo de Israel surgió como resultado de atender a los dilemas de conducir a un pueblo en peregrinación y expuesto a muchas peripecias. Las quejas, las desavenencias, los conflictos interpersonales, etc., del pueblo obligaron a desarrollar ciertas avenidas de ayuda por parte de Moisés. Su figura sobresale en el Antiguo Testamento como el legislador y el mediador entre Dios y el pueblo de Israel. Además de ser guía, intercesor y legislador, Moisés se sentó a juzgar al pueblo y proveer consejo (Ex 18). Día a día el pueblo estuvo delante de Moisés, desde la mañana hasta la tarde, acudiendo a su persona para pedir consejo en muchas materias relacionadas a su vida en comunidad. Su suegro Jetro, viendo la actividad desarrollada por Moisés, cuestionó sus maneras de trabajar con el pueblo, juzgando que sus intervenciones diarias eran mucha carga para un solo consejero.

Su atención "pastoral" involucró el prestar oído a sus conflictos, proporcionar guía en sus negocios, y mediar muchos pormenores relacionado a sus problemas interpersonales. Moisés los aconsejaba declarando y apelando a las ordenanzas de Dios y sus leyes, como una especie de consejero para todo un pueblo. Las demandas de la situación necesitaron una reestructuración de su metodología. El consejo dado por su suegro le recalcó que si seguía esa línea de trabajo, el mismo desfallecería del todo, porque el negocio era demasiado pesado para su persona. Moisés recibió el consejo de su suegro, quien le señaló que Dios estaría con su persona y presente en su ministerio. Además, Jetro le aconsejó que eligiese de entre todo el pueblo varones de virtud, temerosos de Dios y que aborrezcan la avaricia, a los cuales constituyera sobre el pueblo de Israel para ayudarle en el consejo.

De tal texto se desprende la noción o el principio que enfatiza la calidad de carácter y conducta necesaria para ser un consejero entre el pueblo de Dios. Siguiendo el consejo de su suegro, Moisés eligió setenta varones a los cuales delegó sus funciones. Las personas reclutadas por Moisés prestaron ayuda administrativa, consejo, y resolución de conflictos entre el pueblo de Israel. Tal metodología fue muy práctica durante la época del éxodo, funcionando adecuadamente entre el pueblo hasta que los que no cayeron en el camino, llegaron a la tierra prometida. Tal narrativo nos permite tomar el ejemplo mencionado y aplicarlo en nuestra actualidad, para evitar el agotamiento de los líderes y facilitar las actuaciones ministeriales en el Cuerpo de Cristo. Tal vez el ejemplo antiguo en cuanto a la selección y el entrenamiento de personas que ayuden como coadjutores en lo referente a los asuntos personales y a los procesos comunitarios en necesidad de atención pueda servir de ayuda a la comunidad actual. El autor describe tal proceso en un artículo dedicado al reclutado y entrenamiento de laicos para el ministerio del consejo (Polischuk, 2010). La misma noción aparece en la obra de Tan, *Lay Counseling (Consejo Laico)* (Tan,).

Los libros poéticos del Antiguo Testamento proporcionan un caudal de consejos a los que se dan a la tarea de aconsejar. Tanto los Salmos como Job y Eclesiastés proporcionan nociones básicas a ser tenidas en mente al aconsejar. La recomendación del salmista es guardar los mandamientos de Dios, observar sus estatutos, y acatar su voluntad. El Salmo 119 representa un paradigma de la necesidad de atesorar la Palabra de Dios para adquirir entendimiento y sabiduría, andar en rectitud, y hacer la voluntad de Dios. La utilización adecuada de las Escrituras en el consejo será tratada más adecuadamente en un capítulo posterior. Lo que aquí se enfatiza, es que la palabra de Dios en la base desde la cual parten todas las actividades que involucran el consejo pastoral.

El libro de Job presenta nociones muy penetrantes pertinentes al consejo. Siendo objeto de las peripecias y vicisitudes de la vida, habiendo perdido todo y aún su salud, en pleno dolor y en desgracia, Job recibe la visita de tres amigos. Elifaz, Bildad, y Sofar, al considerar su condición precaria, vinieron juntos a condolecerse de él y a consolarle. El capítulo 2 de Job narra la historia, describiendo su asombro y su respuesta: alzando los ojos desde lejos, no lo conocieron; lloraron a voz en grito, y cada uno de ellos rasgó su manto, y esparcieron polvo sobre sus cabezas hacia el cielo. Tales conductas representaban la solidaridad, mutualidad, y coparticipación en el sufrimiento entre personas de la época; eran manifestaciones culturales de duelo, de apoyo, y de presencia mancomunada y sostenedora. Se equipararon a su nivel, se sentaron con él en tierra por siete días y noches, y en silencio respetuoso ninguno atinó a dirigirle la palabra porque atestaban que su dolor era muy grande (Job 2:11-13).

Aprendemos del relato de Job que al tratar de ayudar a una persona en su congoja, debemos demostrar empatía, solidaridad paciente, y presencia longánima, escuchando a las quejas en manera respetuosa y silenciosa. Debemos recordar que el primer deber del amor es escuchar, y permanecer o "estar ahí" sin dar tantas prédicas ni tratar de ofrecer explicaciones estereotipadas. Observamos que el permanecer en silencio antes de proporcionar consejos es una buena postura en el ministerio al doliente. Es interesante notar que mientras los tres amigos permanecieron callados, su presencia fue más terapéutica que cuando abrieron su boca para volcar sus filosofías y razonamientos explicativos acerca de su congoja y miseria. Los

Proverbios nos dicen que aún un necio es contado como sabio si es capaz de callarse la boca de vez en cuando (17:28). Santiago nos recuerda que todo ser debe ser presto para oír y tardo para hablar (1:19). Aún cuando enfatizamos el arte de dar consejos, también enfatizamos la admonición bíblica de prestar presencia empática, solidaria, y respetuosa del dolor humano sin necesariamente ametrallar con clichés, opiniones inadecuadas, o textos memorizados aplicados en forma automática.

Otras nociones escriturales que apuntan a las bases sobre las cuales podemos aconsejar se hallan en el libro de los Proverbios. En tal escrito se presentan cápsulas de sabiduría que encierran verdades prácticas referentes al prestar un consejo adecuado. El énfasis en adquirir conocimiento, entendimiento, y sabiduría es acentuado, proporcionando bases para definir un estilo de vida adecuado. La introducción del libro presenta las razones por las cuales se ha escrito: Los Proverbios son suministrados para entender sabiduría y doctrina; para conocer las razones prudentes, para recibir consejos de prudencia, justicia, juicio y equidad; para dar sagacidad a los simples, y a los jóvenes inteligencia y cordura. El autor recalca que "oirá el sabio, y aumentará el saber, y el entendido adquirirá consejo. El principio de la sabiduría es el temor de Dios. Son los insensatos quienes desprecian la sabiduría y la enseñanza (Pr 1:1-33).

Proverbios 2 comienza con consejos "paternales" *("Hijo mío, si tomares mis palabras . . .")*. Como lo dijo José Hernández en su poema Martín Fierro, "un padre que da consejos, más que padre es un amigo". Los consejos son proporcionados, especialmente a los jóvenes, en una forma proactiva para prevenir la insensatez, y buscar las maneras sabias de conducirse. Acto seguido, Proverbios 3 continúa enfatizando la necesidad de adquirir sabiduría, la cual permite el desarrollo de un estilo de vida del ser humano apropiado. El resto del libro proporciona sabiduría en cápsulas que sintetizan muchos temas cotidianos, al alcance del pueblo, utilizando metáforas, similitudes, ilustraciones, y consejos prácticos.

El libro de Eclesiastés presenta premisas de sabiduría en cuanto al significado de la vida, proveyendo ocasiones para reflexionar, meditar, y sonsacar conclusiones filosóficas aplicables a la existencia "debajo del sol" (Ec 1:1-2). La existencia humana puede ser atrapada en círculos viciosos caracterizados por la vanidad y la futilidad debajo del sol, a menos que se introduzca un punto de vista trascendental que provea significado al ser. Sea el afán de trabajar duro, de acumular riquezas, de obtener sabiduría, o de vivir la vida con el máximo placer, tales esfuerzos terminan en futilidad y carecen de significado real, a menos que se enmarquen en un estilo de vida con propósito y significado. En una manera educativa y global, el autor presenta un consejo mayor a su audiencia: Tener en cuenta que al fin y al cabo, se dará cuentas a Dios de todo lo que se ha realizado en la vida debajo del sol (Ecl:12-14). Al considerar anticipadamente ese día, teleológicamente hablando, el ser humano puede vivir sabiamente su presente cotidiano, trayendo a memoria y siendo consciente del hecho que sus actividades, relaciones, trabajos, y todo esfuerzo bajo el sol, es asesorado por un sobreveedor absoluto a quien se le dará cuentas al final.

Referencias al Consejo en el Nuevo Testamento

En el Nuevo Testamento se dan muchas pautas acerca del ministerio del consejo. Las expresiones que se aplican al tema son tenidas en consideración. Un texto fundamental para nuestras deliberaciones se encuentra en la epístola de Pablo a los Colosenses (3:16),"*La palabra de Cristo more en vosotros abundantemente, para poder amonestaros los unos a los otros en toda sabiduría*". La palabra *amonestar* en tal texto ha sido objeto de atención por parte de Adams (1970), quien se basó en la expresión paulina para desarrollar un acercamiento directo y aún confrontador, denominándolo un "consejo noutético". Desde su punto de vista, el consejo considerado "puramente bíblico" (en contraposición al consejo integrado con la psicología) era la única manera adecuada, deseable, y ortodoxa de prestar ayuda a las personas necesitadas. Adams proporcionó otras obras (Adams, 1973, 1979), y en la actualidad ha expandido su alcance, pero siguiendo la misma tonada, apelando a las Escrituras como fuente exclusiva de consejo, basado en interpretaciones dentro de la esfera de la teología reformada, y siendo particular en cuanto a su audiencia.

El enfoque de Adams ha sido dirigido a la comunidad cristiana, y a su estilo, el consejo debía ser proporcionado por pastores y otras personas bajo su autoridad. En su énfasis, la temática de 2 Timoteo 3:15 regula toda actividad, basada en las Escrituras. Siendo que las Escrituras son la fuente de la verdad, todo lo demás (proveniente de los estudios de la psicología) se considera como algo sacado de "cisternas rotas" que no pueden almacenar agua potable. Por muchos años, tal acercamiento ha sido empleado por sus seguidores en el consejo pastoral siguiendo una línea confrontadora y directiva. Una persona que ha sido muy prolífica en proporcionar escritos siguiendo esta línea de pensamiento es Powlison, a quien se considera como el promulgador del sistema denominado "consejo bíblico sistemático" (Powlison, 1997).

El énfasis original sonsacado de Colosenses 3:16 se basó en la exégesis de la palabra *"noutheteo"*, traducida como amonestación o exhortación, o manera directa de abordar los asuntos en el ámbito del consejo pastoral. La expresión proviene del vocablo griego *"nous"* que significa *mente*, considerada como el asiento de la conciencia que reflexiona acerca de la realidad y que involucra las facultades de percepción, de entendimiento y razonamiento y juicio, acopladas a los sentimientos y a las motivaciones a tomar decisiones. Tal vocablo se encuentra 11 veces en el Nuevo Testamento, 10 de las cuales son atribuidas al apóstol Pablo. (Véase por ejemplo 1 Ts 5:12-13; Col 1:28; 3:16; y una a Lucas, compañero de Pablo en sus viajes y ministerio (Hch 20:3).

En este capítulo ampliamos las bases para aconsejar, aludiendo a muchas otras escrituras que nos dan entender las diferentes facetas del trabajo ministerial. Varias reseñas han sido proporcionadas en cuanto a las diversas expresiones neo-testamentarias, recopilada por autores como Tan (2010), y Clinton & Ohlschlager (2002). La mayoría de consejeros bíblicos e integracionistas han apelado a las Escrituras como base para sus reclamos en el trabajo práctico de la consejería. Podemos presentar escrituras claves las cuales al ser interpretadas en su contexto, pueden proveer bases más amplias para nuestras deliberaciones.

Un vocablo griego que ocurre 109 veces en el Nuevo Testamento es *parakaleo*, cuya etimología nos da a entender que es un proceso o servicio prestado en el cual una persona es "llamada a estar a nuestro lado para ayudarnos en todo tiempo". De tal vocablo se deriva un término especial –*Paracleto*, nombre asignado al mismo Espíritu Santo. El llamar a una persona para ayudar en todo tiempo nos da a entender una función que incluye el sostén y el conforte, la consolación, la apelación a hacer lo correcto, el implorar o rogar, el pedir o actuar como intercesor o abogado (Ro 12:8; 2 Co 7:6; Flp 2:1; 4:2; 1 Ts 3:2; 4:10; 1 Ti 1:3; Heb 13:19, 22, entre muchos otros textos). La noción de ayudar incluye muchos aspectos que van más allá de dar consejos directos, confrontadores o exclusivamente dirigidos a cristianos. Tales elementos involucran la empatía con la cual se presta servicios a las personas en necesidad, imitando a la acción del Espíritu Santo quien es el Paracleto por excelencia. De tal manera que el consejero no simplemente abruma con textos como si fueran un diluvio, o inunda a la otra persona cognitivamente. El consejero puede ser testigo del actuar del Espíritu, quien realmente es la fuente de bendición sobre su vida, y como la lluvia temprana y tardía, hace germinar la Palabra en la mente y corazón, y prepara su plantío para una cosecha espiritual. Tal vez el Espíritu elija actuar en forma más silenciosa, aludida a la obra de Dios hacia su pueblo por el profeta Oseas (*"Yo seré a mi pueblo como el rocío"*), actuando en manera refrescante y cotidiana, como el rocío de la mañana sobre la tierra, para evitar la sequedad espiritual y dar pautas de una renovación continua.

Cuando hablamos del consejo terapéutico, nos referimos al cuidado pastoral en el cual uno trata de presentar alicientes y promover la sanidad emocional y spiritual de las personas necesitadas de ayuda. Un término griego que aparece el nuevo testamento repetidas veces es *"terapeuo"*, el cual se traduce como cuidar, tratar, sanar, y servir en alguna manera adecuada a la persona en problemas. De tal vocablo se derivan los términos *terapia* y *terapeuta*. Es una lástima que en la actualidad tal designación se refiere a los asuntos clínicos a diferencia del cuidado pastoral, cuando en realidad el significado real provisto en las Escrituras es que, en realidad, el cuidado de almas y la ayuda sanadora en el cuerpo de Cristo son funciones terapéuticas. El nuevo testamento utiliza el término en pasajes relacionados a sanidades físicas o médicas, como también así a las curas milagrosas (Mt 4:23-25; 8:7, 16; 9:35; 10:8; Mc 1:34; 3:2, 19; Lc 5:15; 6:7, 19; 9:1, 6). En la opinión del autor, la experiencia terapéutica se realiza por una persona prestando ayuda a otra en la presencia del Espíritu Santo sanador, libertador, restaurador, a quien se considera el agente de todo cambio hacia la sanidad interior, y aún la sanidad física de la persona.

Otro término asociado al concepto terapéutico es *"iaomai"* (usado en pasajes tales como Mt 8; 13:15; Mc 5:29; Lc 5:17; 6:19; 17:15; Jn 4:47; y Hch 9:34; 10:38). El contexto de tales textos denota un sentido de salud corporal o física, tal vez aplicable en cierta manera a la sanidad espiritual o moral de las personas.

Muchas veces las personas experimentan duelo y angustia por las pérdidas en sus vidas, y tales personas necesitan de un consejo adecuado. Las escrituras nos presentan otro término, *paramutheomai*, traducido como consuelo, alivio en el proceso de animar a una persona descorazonada, cabizbaja, depresiva, o carente de paz. Tal vocablo se encuentra en el narrativo bíblico en el cual varias personas trataban de consolar a María, cuyo hermano Lázaro había muerto (Jn 11:19, 31). Otros pasajes en los cuales tal palabra aparece son Flp 2:1; y 1 Ts 2:11-12. En tales casos, las Escrituras presentan alternativas en las maneras y estilos de prestar ayuda: "Así como sabéis de qué modo exhortábamos y consolábamos y a cada uno de vosotros, como el padre a sus hijos, y os protestábamos que anduvieseis como es digno de Dios". Notamos que Pablo hizo ambas cosas: exhortaba y consolaba. A veces, hay que proporcionar un consejo directo, hablando la verdad en amor; otras veces, hay que consolar con la misma verdad y con el mismo amor. Un acercamiento directo y confrontador a la persona decaída, acongojada, o en duelo, pareciera estar fuera de serie y no ser tan apropiado para tales ocasiones. Por otra parte, un acercamiento respetuoso, empático, solidario, y calmo, pareciera ser más apropiado.

En la epístola a los Gálatas, Pablo aconseja a los discípulos a que lleven las cargas los unos de los otros (Gl 6:1-2). El hacerlo así cumple la ley de Cristo –la ley del amor. El término *antechomai* se refiere al soporte proporcionado a una persona débil o frágil a fin de ayudarle a sobrevivir las peripecias. La noción de tomar interés en la persona que sufre y en prestar atención a su estado precario con el propósito de ayudar emocional y espiritualmente, se basa en las Escrituras (Mt 6:24; Lc 16:13; Tito 1:9).

En el trato con las personas en busca de ayuda el consejero debe demostrar paciencia y longanimidad, tolerancia hacia la frustración y la ambivalencia. La palabra usada en el NT es *"makrotumeo"* la cual significa longanimidad, o paciencia a largo plazo. Pablo recalca a los Tesalonicenses (5:14) a "ser pacientes (o sufridos) para con todos". Habrá casos en los cuales debido a las demandas repetitivas, a las cargas impuestas sobre una persona que ayuda, la impaciencia y el desgano se apoderen de la persona que aconseja. A tal punto, la persona debe recordar que es simplemente un agente al servicio de otras personas, y que en sí mismo no tiene la facultad de resolver todas las cuestiones a su alrededor, ni proporcionar sanidad alguna de su parte, porque tal proceso es realizado por el Espíritu Santo. El término *makrotumeo* no implica la noción negativa de tener paciencia sufrida con tonos de martirio, codependencia, falta de asertividad o de aplomo, masoquismo, o debilidad de carácter. Más bien implica perseverancia al enfrentar desafíos y esperar la realización de los eventos en la voluntad de Dios, en lugar de forzar su propia voluntad haciéndolo de una manera impaciente (Stg 6:7; Heb 6:15).

Las terapias de tipo analítico e introspectivo, enfatizan la catarsis como medio de liberación de afectos para lograr que la persona en busca de ayuda pueda desahogarse y tratar con su sentido de culpabilidad, con su dolor, su ira, y sus tratativas incompletas. La catarsis permite el descargue de las cargas emocionales que embargan a la persona en el presente, las cuales son arrastradas del pasado. El término *"catharizo"* significa purificar o limpiar. Es usado en el Nuevo Testamento en contextos médicos físicos – como en el caso de la limpieza de un leproso, y también en términos espirituales, aplicables a la sanidad interior (véase Mt 8:2; Mc 1:40-41; Lc 5:12). La limpieza moral y espiritual del ser interior es la obra de Cristo a través del Espíritu Santo (Ef 5:26). De modo que, cuando hablamos de catarsis, no estamos forzando los conceptos escriturales en el consejo pastoral haciéndolos caber en un molde psicoanalítico, sino que tenemos en mente el reclamo de los textos mencionados y meditamos sobre los mismos para poder aplicar tales principios de sanidad en el ministerio con las personas necesitadas de limpieza y de liberación emocional y spiritual.

Si hemos de ser bíblicos en nuestro acercamiento, recordemos que las Escrituras enfatizan la persona, la presencia, y el poder del Espíritu Santo en las actuaciones ministeriales. Según Juan, *"El os enseñará todas cosas, y os recordará todas las cosas que os he dicho"* (Jn 14:26). Es el Espíritu Santo prometido por Cristo a sus discípulos quien debe participar en nuestro ministerio (Jn 15:26-27). La promesa del Padre, en proveer un nuevo pacto hecho en el Espíritu y realizado en la venida del Espíritu, es actualizado en términos de dar entrada y lugar al Espíritu Santo en el ministerio. En la promesa de Jesús, figura el aspecto formativo del Espíritu, alegando al hecho que, cuando El viniere, redargüirá al mundo de pecado, y de justicia, y de juicio. En el narrativo, Jesús dió a entender que aunque tenía muchas cosas que decirles a sus discípulos, se retrajo de hacerlo porque ellos no estaban a la altura de captarlas. Sin embargo, agregó también que, cuando viniere el Espíritu de verdad, El los guiaría a toda verdad; porque no hablaría de sí mismo, sino como un enviado del Padre. El Espíritu ". . . os hará saber las cosas que han de venir. El me glorificará . . . porque tomara de lo mío, y os lo hará saber" (Jn 16:8-15).

El proporcionar consejos bíblicos carentes de la presencia del Autor y de su poder sanador, es simplemente usar las Escrituras como un árbol de ciencia, o más aún, como Pablo alegó, como un instrumento de condenación, repitiendo el error legalista de aquellos que utilizaron los decretos y edictos de Dios para "matar" con la letra a los que no podían realizar la voluntad de Dios en sus propias fuerzas. Lo hicieron apoyados en su propia voluntad, siendo carentes del Espíritu quien da vida. El ministrar en el Nuevo Pacto es diferente al ministerio escrito en piedra, efectuado legalistamente y sin el poder y la virtud del Espíritu Santo. El ministerio del Nuevo Pacto es realizado ante la presencia divina, contando con el Espíritu Santo presente para guiar, enseñar, redargüir, compungir, suavizar, consolar, etc. (2 Co 3:6; Heb 4:12).

Hemos considerado a las Escrituras como las bases para las actividades ministeriales. El leer, escudriñar, alojar, meditar, y consolidar las Escrituras en los procesos cognitivos y emotivos, hará que nuestras maneras de pensar y sentir se ajusten teológicamente y se compenetren en la mente y al corazón de Dios. Más allá de simplemente conocer la palabra, se debe entender y adquirir perspicacia para lograr conseguir la sabiduría espiritual necesaria en el desarrollo y las funciones del ministerio. Las mismas Escrituras llegan a ser "el consejero del consejero". Como lo expresó el salmista, "Tus testimonios son mis deleites, y mis consejeros" (Salmo 119:24).

Las consideraciones que siguen al establecimiento de las Escrituras como base apuntan a la necesidad de estar en lo correcto en cuanto a la extracción del significado original (exégesis) en el cual fueron dadas, y le interpretación debida (hermenéutica), enmarcada en el contexto histórico, cultural, y ambiental, para entonces establecer una contextualización en su trasfondo como base para hacer interpolaciones hacia nuestro presente. El significado real, adjudicado por el Autor, muchas veces se ha tergiversado a causa de las traducciones, y más aún, por la interpretaciones sujetas a filtros tribales y pos-modernos que han distorsionado las intenciones, las motivaciones, y los propósitos con los cuales las Escrituras nos han sido legadas.

Por otra parte, la compilación de los 66 libros a través de la iglesia, nos hace pensar en las maneras en las cuales el cotejado, los debates, la finalización del canon, y su aceptación final han tomado lugar. No podemos ignorar por un lado los mecanismos humanos que han jugado sus papeles en el proceso. Tampoco podemos negar la supervisión, la autoridad, y la provisión de protección espiritual, proporcionada por el Dios eterno, quien a través de las edades ha patrocinado el desarrollo de su voluntad. Dios ha hablado, a través de su creación, de las tablas de la Ley, de los escritos de los profetas, en la persona de su Hijo, y finalmente habla a través del Espíritu Santo y de las Escrituras.

Capítulo 4

El Espíritu Santo en el Consejo

El papel crucial del Espíritu Santo en el consejo es postulado como esencial a nuestras consideraciones. Las escrituras describen al Espíritu Santo como el consolador, el confortador, el ayudador, y el abogado intercesor ante Dios por nosotros. El Espíritu Santo está presente en las situaciones terapéuticas, como hemos recalcado en los capítulos introductorios. En realidad, en el modelo trialógico, hay tres personas en operación interactiva: La persona siendo aconsejada, la que aconseja, y el Espíritu Santo. Toda actuación terapéutica es realizada ante la presencia de su persona, quien proporciona vida, salud y esperanza. Actúa en el nombre de Cristo, coparticipando en coparticipación con la persona que aconseja o proporciona terapia. Es necesario que la persona que aconseja realice tal verdad. Es esencial que cuente con tal presencia y su poder sanador en cada situación, con un entendimiento básico bíblico y experiencial de tal realidad.

A veces, pareciera ser que la Trinidad es definida como Padre, Hijo y el Libro Santo, con las Escrituras reemplazando a la persona, la presencia, y el poder del Espíritu. No se trata de profanar ni menguar el valor intrínseco de la Palabra viva y eficaz de Dios; ni se trata de desmerecer el lugar que las Escrituras ocupan en la teología, la fe, y la conducta cristianas. El énfasis reformador se ha concentrado en postular axiomas tales como "sola scriptura" o "sola fide" y desmerecer el hecho que es a través del Espíritu Santo (solo Spiritu) que las Escrituras han llegado a ser vertidas a los creyentes, y que a través de su llamado es que la fe es proporcionada. Por otra parte, el enfoque enfático demostrado por ministros pentecostales y carismáticos sobre la experiencia personal o comunal con el Espíritu Santo pareciera relegar las Escrituras a un ente funcional interpretado en maneras personales o idiosincráticas, desmereciendo los siglos de interpretaciones teológicas y batallas denominacionales que han tomado lugar a través de la historia de la iglesia cristiana. Un enfoque balanceado incluye y exalta al Espíritu mientras que reverencia y emplea la Palabra de Dios como agentes de cambio, siendo las bases de la fe cristiana y de las prácticas ante Dios. El dar lugar al Espíritu Santo en las deliberaciones teológicas cristianas logra establecer el criterio que subraya la presencia del Dios Trinitario, para que ni la fe ni las Escrituras se sientan tan "solas".

La Trinidad – un concepto difícil de abarcar y definir – ha sido objeto de mucha consideración, especialmente en la era formativa del canon de las Escrituras. Varios eruditos se han dado a la tarea de presentar la doctrina de la Trinidad, vertida en teologías sistemáticas (Pearlman, 1992; Moltman, 1993; Boff, 1988; Torrance, 1966; Davis, 1984; Erickson, 1998;

Sanders, 2007; Gruden, 2009, entre otros).últimas décadas, los escritos acerca de la tercera persona de la Trinidad han cobrado más auge, partiendo desde ambos enfoques, el popular-experiencial, y el académico-teológico. Esta obra sigue la línea teológica a fin de establecer las bases para una praxis que depende de la presencia y el poder de la persona del Espíritu. El lector puede consultar las obras de Fee (1994; 2000, 2009), Menzies (1983), Menzies & Menzies (2000), Pinnock (1996), Moltmann (1997), Karkkainen (2002), y Davis (2010), entre otros.

Partiendo de las consideraciones relacionadas a los dos primeros siglos (pos-apostólicos) el autor anima a los lectores a considerar los asuntos carismáticos no como algo nuevo, sino algo pertinente a los comienzos del cristianismo (Dunn, 1975; Morgan-Wynne, 2006). Ampliando el abarque temporal, varios autores han cubierto los primeros ocho siglos de la era cristiana con referencias a las manifestaciones del Espíritu en la historia de la iglesia (McDonnell y Montague, 1991). En forma particular, se ha notado el énfasis centrado en la persona y obra del Espíritu Santo por parte de Lucas en su evangelio y en Los Hechos (Stronstad, 1984). Contrario a los estereotipos pasados acerca de las experiencias pentecostales como partiendo de la emoción y sin base, estudios exegéticos serios acerca de las teología paulina en referencia al Espíritu Santo han sido proporcionados por autores como Gordon Fee (1996, 2000, 2009) y Menzies (2000), quienes han provisto premisas que subyacen a tales movimientos.

La Psicología Denominada Cristiana y el Espíritu Santo

En las décadas recientes, psicólogos cristianos también se han dado a la tarea de enfatizar el papel del Espíritu Santo en el consejo o la terapia administrada (Gilbert & Brock, 1985, 1988; Vinning, 1995; Pugh, 1988; Parker, 1998; Ingram, 1996; Vinning & Decker, 1996; Coe, 1999; Dodds, 1999; Decker, 2002; Tan, 1999; 2011; Coe & Hall. 2010). Tal énfasis representa un aliento nuevo, prometedor, e importante en el campo terapéutico.

La premisa básica en la consejería es que el Espíritu Santo es *el* agente de cambio. En forma categórica, debemos establecer el criterio que enfatiza la simple verdad que el consejero no puede "usar" al espíritu Santo como un agente (o un ente añadido como parte de una estrategia espiritual) sino que más bien es usado por la persona del espíritu Santo en su ministerio. El Espíritu Santo no es una adición a su labor ni tampoco una "herramienta" sujeta a la manipulación del trabajado. El Espíritu es quien efectúa y promueve los cambios en el carácter, la conducta, y los valores de la persona siendo servida en la consejería. Las maneras de conceptualizar la coparticipación del Espíritu Santo pueden ser descriptas de la siguiente manera:

- Considerar a la persona del Espíritu Santo, no como una fuerza, una influencia, un flujo esotérico, o un sentir místico, sino como una *persona que anhela relacionarse en manera profunda*
- En forma metacognitiva, ser plenamente consciente de la presencia de tal persona en las actuaciones ministeriales
- Contar con el poder y las obras del Espíritu Santo en el proceso de la consejería. Uno trata; el Espíritu es aquien sana y liberta
- Emplear principios bíblicos basados en la verdad expresada en las Escrituras, autenticada, y actualizada por el Espíritu como autor, coadjutor, y actualizador de la

palabra de Dios, la cual produce rasgos y maneras características de ser y de obrar según la voluntad expresa de Dios, revelada en las Escrituras.

La Persona del Espíritu Santo

Más allá de ser una influencia, o una presencia esotérica, el Espíritu Santo es una persona. Las Escrituras presentan atributos personales al Espíritu, como también lo denominan con pronombres personales. Consideramos la Trinidad como copartícipe en todas las actuaciones –creación, redención, transformación, sustento, etc. Las Escrituras presentan al Padre como creador y diseñador, presente como renovador y sustentador en toda actuación del universo. El Hijo es aquel que vino a ser encarnado para cumplir el diseño del Padre, como salvador o redentor, muriendo en la cruz para luego resucitar y ascender a la presencia del Padre. Desde ese lugar actúa como intercesor perenne y es el que ha enviado al Espíritu Santo para ser su vicario en la tierra. El Espíritu Santo es uno con el Padre y con el Hijo, la persona que da poder, está presente en todos los aspectos del diseño de Dios en el aquí y el ahora. El Espíritu Santo es el vicario de Cristo hasta la segunda venida del Señor. De manera tal que, el Espíritu Santo no es simplemente un poder abstracto al cual se apela en manera mágica, sino la persona que realmente efectúa los cambios y la transformación en las labores terapéuticas.

Basilio de Cesarea y Gregorio de Nisa articularon la deidad del Espíritu Santo en las deliberaciones que tomaron lugar durante el concilio de Constantinopla en el año 381. Para definir y elaborar el concepto trinitario simplemente recopilaron toda la información pertinente, escudriñando las Escrituras a la luz de la historia de la iglesia hasta sus días, ayudando al concilio a enunciar el dogma de la Trinidad. La persona del Espíritu – ontológicamente o esencialmente Dios – es acoplada a los aspectos pragmáticos y económicos de la Trinidad, ejerciendo su poder en coparticipación con la persona que cree y obedece a Dios. No se trata de "real-izar" un concepto (hacer real algo abstracto, imaginario, o ficticio), ni consolidar una construcción, o de dogmatizar una noción producida por la ficción filosófica de pensadores. Se trata de conceptualizar y dar a entender algo difícil de abarcar con los sentidos y la inteligencia natural, y proveer una definición a la realidad espiritual revelada.

Es importante considerar que cuando Jesús prometió enviar al Espíritu, lo hizo denominándolo como "otra persona". Al partir hacia el Padre, alguien semejante a El mismo tomaría su lugar para continuar y aplicar la obra de redención (Jn 14:16-17). Los aspectos ontológicos y relacionales son presentados en las Escrituras, alegando a su intelecto, emoción, y voluntad. Lucas el evangelista no solo recalca la presencia, el poder, y las actividades de la persona del Espíritu en su primer escrito, sino que continúa haciéndolo en su segundo tomo, el libro de Los Hechos de los Apóstoles.

En cuanto a sus atributos personales, las Escrituras presentan narrativos en los cuales el Espíritu Santo manifiesta rasgos considerados como dimensiones cognitivas en el discurso antropomórfico: piensa, habla, recuerda, guía, y enseña (Jn 16:7-14; ; 1Ti 4:1; Heb 3:7; 10:15; Ap 2:7,11, 17, 29; 3:6, 13, 22). El Espíritu es presentado como la persona que escudriña lo profundo del ser humano, y puede "traducir" y conectar sus expresiones con el Padre, intercediendo a su favor (Ro 8:36). También, es descripto como que tiene aspectos personales emotivos, al cual se puede contristar (Ef 4:10), mentir, e incurrir en su ira. El caso de Ananías y Safira demuestra tales facultades (Hch 5:3-11). El Espíritu manifiesta aspectos personales de motivación y voluntad, al repartir dones a su criterio (1 Co 12-14); puede guiar a toda verdad (Jn 14:26), convencer al mundo de pecado, justicia, y juicio (Jn 16:8-11). El Espíritu guió a

47

Simeón en su encuentro con la esperanza de Israel (Lc 2); y prohibió a Pablo a encaminarse a Bitinia (Hch 16:6, 7). Muchas otras citas pueden ser cotejadas, corroborando el hecho que el Espíritu Santo debe reconocido, actualizado y honrado com persona –no simplemente una influencia o sensación experimentada.

La Presencia del Espíritu Santo

La presencia divina es un tema que corre a lo largo del Antiguo Testamento, y continúa en el Nuevo. Las alusiones son hechas a la presencia de Dios entre los seres humanos, como en los casos de Moisés, Josué, y algunos profetas. La presencia corporal de Jesucristo se hizo notar en manera concreta y tangible, testificada por sus apóstoles y discípulos en las Escrituras. Luego de la partida de Jesucristo, el Espíritu Santo, según la promesa del Padre, descendió en el día de Pentecostés, para inaugurar un nuevo pacto, residir, y actuar en la era presente hasta la segunda venida de Cristo.

Desde el relato que trata con la caída en el pecado en Edén, cuando Dios apareció a nuestros padres originales en la tormenta del día –la primer teofanía en Génesis 3:8– la gloria de Dios ha sido devastadora al ser humano. Aún Juan, el discípulo amado, cayó como muerto ante la resenciua del Cristo resucitado (Ap 1:17). Cuando Dios apareció en el Sinaí para dar sus decretos y traer a su pueblo a una relación pactual, su presencia santa fué una experiencia abrumadora. Sin embargo, Dios prometió levantar un profeta mayor que Moisés entre su pueblo. Tal profeta sería su propio hijo Jesucristo (Hech 3:22-23), quien un día diría, "El que me ha visto, ha visto al Padre" (Jn 14:9). Dios ha solventado el problema de la separación que el pecado ha causado, y aminorado la experiencia abrumadora y devastadora de entrar a su presencia y permanecer en comunión. Lo hizo al enviar a su Hijo para ser encarnado y habitar entre nosotros (Jn 1:14). Su encarnación marcó el comienzo de nuestra redención, llegando a ser nuestro salvador en la cruz, e intercesor-mediador luego de haber resucitado. Desde su trono, el Cristo resucitado ha enviado al Espíritu Santo para que el creyente sea investido de la presencia, el poder y la gloria de Dios, en npaz y sin temor. La solución total aparecerá en la segunda venida de Jesucristo, cuando seamos glorificados a su semejanza, y su presencia, en lugar de ser abrumadora o devastadora, será interpenetrada y mancomunada con sus redimidos, quienes resplandecerán en su presencia, reflejando su gloria eternamente (Mt 13:43). El Espíritu Santo hoy representa la garantía de tal promesa.

La presencia divina es registrada por Lucas en su evangelio, aludiendo al hecho que Juan el Bautista fue "lleno del Espíritu Santo" desde su nacimiento (Lc 1:15). Tal presencia personal se posó sobre Elizabeth (Lc 1:41); y especialmente sobre María, engendrando partenogenéticamente al Hijo de Dios en su seno. El Espíritu se hizo presente en la vida de Simeón, el cual bajo su influencia (Lc 2:25) fue dirigido hacia el Mesías, la esperanza de Israel. El bautismo de Jesús se registra con el Padre y el Espíritu presentes en el acto inaugural de investidura de su ministerio (Mt 3:16-17; Jn 1:32). Luego, el Espíritu lo llevó y acompañó al desierto para ser tentado por el Diablo (Mt 4:1). Su ministerio fue saturado del Espíritu, actuando ante el Padre en todo tiempo. Se ofreció – por el Espíritu – como el sacrificio per el pecado, y el sacrificio por la culpa; también como el sacrificio de paz; como la ofrenda fragante, y finalmente como la ofrenda totalmente quemada ante el Padre. Las cinco ofrendas levíticas (símbolos multidimensionales del alcance de la redención) se cumplieron en una sola en Cristo (Heb 10:5-10, 14). Luego de dar su vida como cordero pascual, fue levantado como una primicia de entre los muertos por el Espíritu. Ascendió a la diestra del Padre, quien luego de aceptar el sacrificio multidimensional del Hijo, envió el Espíritu Santo sobre los creyentes en el día Pentecostés (Hch 2:1-4). Tres fiestas judías – símbolos y figuras de la realidad del diseño divino – tuvieron su cumplimiento en la obra de Jesucristo.

En términos fenomenológicos, el "llenado" del ser humano con el Espíritu Santo es presentado como un "bautismo" – un sumergimiento bajo la autoridad, jurisdicción, poder, y capacitación del Espíritu (Jn 1: 33; Hch 1:5). El ser lleno es más que simplemente un concepto abstracto; las proposiciones Escriturales registran hechos trascendentales-reales que han tomado lugar en tiempos kairóticos y en espacios terrenales. Tales expresiones son de carácter experiencial, sensacional, y real, utilizando términos fenomenológicos. Como lectores, podemos hacernos preguntas acerca de ¿cómo interpretar las expresiones de Lucas acerca de ser "lleno" (Hch 2:4; 4:8, 31), o discernir el hecho registrado acerca del Espíritu Santo como "cayendo sobre" (Hch 2:17; 10:45; 18, 33), o "derramado sobre" las personas? Las expresiones utilizadas para comunicar experiencias espacio-temporales aluden a estados de ser, o dimensiones de la realidad espiritual considerada desde varios niveles de análisis.

Lucas narra los hechos de los apóstoles bajo la unción (término escritural utilizado para denotar el derramamiento de aceite sobre la cabeza de reyes, sacerdotes, y profetas para inaugurarlos en sus capacidades y servicios) y el poder del Espíritu, presente en la vida y los negocios de la iglesia, y obrando como lo hizo Jesús, continuando su ministerio a través de sus seguidores. El llenado de los 120 en Jerusalén es acoplado con la expresión que Pedro, quien a su vez lleno del Espíritu, predicó bajo su unción y en su presencia (Hch 4:8). Lo mismo se dice de Esteban, varón "lleno del Espíritu Santo" (Hch 7:55), y de Felipe (Hch 8:29; 39). Los discípulos reunidos experimentaron tal presencia (Hch 4:31). La declaración de Pedro en su cargo contra Ananías y Safira, quienes al considerar el acto dadivoso de Bernabé – quien vendió sus posesiones y puso todo el dinero a los pies de los apóstoles – quisieron ser vistos en la misma luz, expresaron que dieron toda la ganancia de su venta, pero en realidad se guardaron la mitad de las ganancia para ellos. Ellos, según el registro de Lucas de las palabras de Pedro, al responder a la indagación acerca de su dádiva, le mintieron, no tanto a los apóstoles sino al Espíritu Santo (Hch 5:3, 9).

El narrativo bíblico acerca de la selección de los primeros diáconos alega a los calificativos de carácter que debían poseer aquellos que fuesen elegidos. Tales personas debían ser "varones llenos del Espíritu Santo y de sabiduría" (Hch 6:1-6). El narrativo acera de Esteban, el primer mártir de la iglesia, lo define como una persona llena del Espíritu Santo, quien murió apedreado vislumbrando a Jesucristo recibiéndolo en gloria (Hch 7:55). La inauguración de la entrada de los gentiles al reino se registra en Hechos 10, con el Espíritu Santo interrumpiendo el sermón de Pedro, "cayendo sobre" o "llenando" a Cornelio y su casa, replicando las experiencias de los judíos en Pentecostés con manifestaciones innegables de su presencia y poder.

El Espíritu Santo se hizo presente en Samaria, luego de la obra pionera de Esteban, al aparecer Pedro y Juan entre los discípulos (Hch 8:12-17). Las experiencias de Pentecostés se registraron en tal localidad, en tiempo y en espacio. Lo mismo ocurrió en Éfeso, con el Espíritu descendiendo sobre los discípulos cuando Pablo les impuso las manos para que "recibiesen" tal don prometido por el Padre (Hch 19:1-7).

La conversión, el llamado, y el ministerio de Pablo fueron la obra de Jesús mismo, quien se le apareció en manera especial, y del Espíritu Santo presente en el camino a Damasco (Hch 9:17). La misma presencia personal se nota en Antioquia, con la expresión del Espíritu, *"apartadme* a Bernabé y a Saulo… para la obra que *yo los he llamado"* (Hch 13:2). El trabajo misionero fue auspiciado por el Espíritu Santo, y los convertidos eran *"llenos de gozo y del Espíritu Santo"* (Hch 13:52). A veces, el Espíritu Santo prohibió el derrotero de Pablo hacia ciertas regiones (Hch 16:6-7); otras veces, le advirtió de los sufrimientos que le aguardaban en el camino (Hch 20:23). Las Iglesias fundadas por Pablo experimentaron tal presencia, caracterizada por "frutos" o manifestaciones de carácter redimido, y dones espirituales (Gl 5:22-23; 1 Co 12-14).

El Espíritu Santo estuvo presente en el primer concilio de la iglesia de Jerusalén (Hch 15), y coparticipó en el trazado de la primera encíclica enviada por los discípulos a todas las Iglesias. Su presencia y poder fueron obviamente registradas en Corinto (1 Co 12-14), donde los discípulos manifestaron el ejercicio de los dones –a veces hasta con excesos y aberraciones.

En fin, podemos seguir aludiendo a tal presencia divina en la era apostólica. La pregunta surge: ¿Acaso tal presencia se ausentó luego de la muerte del último de los apóstoles? Tal es el reclamo de los que en su interpretación afirman que las operaciones del Espíritu han cesado. Los carismáticos, por otra parte, enfatizan que tal presencia nunca se ausentó, sino que permanece activa hasta el día de hoy. Después de todo, la promesa del Espíritu es "para vosotros… para vuestros hijos… para todos aquellos que el Señor llamare "(Hch 2:39).

Basado en las consideraciones expuestas en este capítulo, la persuasión del autor es que el Espíritu Santo es el vicario de Cristo en la tierra, y que tanto su persona, su presencia, como sus actuaciones poderosas son presentes y vigentes. Podemos contar con su poder para sanar, para usar misericordia, proveer palabra de ciencia y sabiduría, y darnos perspicacia en el consejo que administramos ante Su presencia.

El Poder y las Obras del Espíritu Santo en el Proceso Terapéutico

El poder del Espíritu Santo es esencial en la vida del cristiano, y especialmente en el ministerio, incluyendo el consejo. El testimonio, la predicación, la enseñanza, el ejercer dones de sanidad, etc., todo se ubica bajo la jurisdicción del Espíritu Santo. El llenado inaugural (Hechos 1:8), es extendido al mandato de estar continuamente llenos del Espíritu (Ef 5:18). En consejería cristiana, debemos contar con tal poder para realizar nuestras tareas en coparticipación con Dios. El Espíritu obró sobre Jesús al ser gestado, al nacer, al ser bautizado, al ministrar, al morir y al resucitar. El Espíritu obró en la iglesia con maravillas y milagros, con salvación y sanidad; llamando, ungiendo y capacitando a personas humanas para realizar el trabajo de Dios. El Espíritu Santo dota a los que ministran el Cuerpo de Cristo, atestado por pasajes tales como 1 Corintios 12-14. Otros pasajes que mencionan tales dones y otros agregados son Romanos 12:6-8 y 1 Pedro 4:10-11. Los dones auspiciados y proporcionados incluyen la fe, los milagros, las sanidades, la palabra de ciencia, la palabra de sabiduría, el discernimiento de espíritus, y el usar misericordia. Mucho de lo que sucede en la administración del consejo necesita de tales dones para efectuar la labor copartícipe en el triálogo que toma lugar en las sesiones del consejo. El Espíritu Santo obra en diversas maneras. Lo hace implícita y explícitamente. Se proporciona una exposición de las maneras en las cuales el Espíritu Santo puede obrar en el ministerio del consejo:

1. Presente y actuando en forma implícita o susceptiva. En primer lugar, lo hace implícitamente, en forma susceptiva, cuando la relación terapéutica es analíticamente enfocada en las interacciones de sondeo yendo hacia la búsqueda de significado, perspicacia, y crecimiento espiritual. No se trata de fomentar un clima sensacionalista, o una súper-espiritualidad forzada. La persona que aconseja puede guiar a la persona siendo aconsejada con la perspicacia de reconocer meta cognitivamente la persona del Espíritu presente en las sesiones, como Aquel que suministra energía a la persona problemática cuyos anhelos, sueños, desencantos, frustraciones, o temores han devastado su vida. La terapia de carácter cristiano puede proporcionar un sentido de dirección y significado a la persona que ha entrado a un proceso de restructuración y transformación, siendo conformado a la imagen de Dios por el Espíritu. El Espíritu (presente) puede ser experimentado plena y conscientemente, con un entendimiento esclarecido, y como Paracleto, "abrir los sentidos" y ayudar al ser que siente aislamiento, desánimo, depresión o que experimenta un letargo spiritual en necesidad de renovación. Le da pautas acerca de que todas las cosas ayudan a bien (o que es el Espíritu quien usa todas las cosas) para conformar su vida a Su voluntad. Terapeutas cristianos han escrito acerca de este tema integrador (Kunst & Tan, 1996; Terrell, 2007; S. Rogers, 2007; S. Pugh, 2008; Parker, 2008; Tan, 2011).

2. Guiando en el asesoramiento y la impresión diagnóstica. En segundo lugar, el Espíritu Santo puede proporcionar entendimiento y guiar a la persona que aconseja en el asesoramiento del caso, proveyendo palabra de ciencia o de sabiduría, para arribar a una impresión o diagnosis del problema en forma copartícipe. Puede suscitar internamente el entendimiento de las causas de los dilemas, de la etiología de la condición mental, o de la problemática de la persona siendo aconsejada. Como lo indicó Crabb (2003), la persona puede entablar una conversación más profunda a nivel del alma y espíritu en sus propias deliberaciones en la sesión. En el proceso de investigación del estado mental de la persona y de sus problemas, el consejero en forma trialógica puede implícitamente acudir al Espíritu en un proceso paralelo, con un sentir metacognitivo que apela al Espíritu con peticiones espontáneas o esporádicas, buscando ser guiado acertadamente hacia la diagnosis y el consejo a ser dado. Tal proceso paralelo es distribuido en funciones que se definen como dos diálogos simultáneos: entre el consejero y el aconsejado, y entre el consejero y el Espíritu Santo; se espera y ora para que el diálogo entre el Espíritu Santo y el aconsejado se efectúe simultáneamente también, para completar el triálogo enunciado en el modelo de esta obra. Lo que se vislumbra es la capacidad de realizar ambas, la atención a la persona y al contenido de sus expresiones por un lado, y al proceso que se desarrolla por el otro. Recalcamos el hecho que es el Espíritu Santo quien efectúa los dones que actúan en el proceso del consejo proporcionado, y que está presente en todas las deliberaciones.

3. Proveyendo dirección espiritual en el proceso. En tercer lugar, el Espíritu Santo puede proveer dirección espiritual a ambas personas en relación, experimentando la unidad en el trazado de metas, objetivos, y en la exploración de los asuntos traídos a consideración. El "andar en el Espíritu" involucra el adquirir y tener conciencia de dirección enfocada en lo que agrada a Dios como meta suprema ("Hágase tu voluntad en la tierra…"). Las sesiones de consejería no solo se centran sobre el contenido de los problemas, sino también en la persona que los trae, la cual necesita cierto rumbo y dirección en la búsqueda de soluciones. Sea implícita o explícitamente, el Espíritu puede aunar los esfuerzos hacia el crecimiento espiritual, el reconocimiento de errores, la necesidad de renovación, o cualquier temática pertinente a la necesidad de consejo.

4. Irrumpiendo y actuando en el curso de la vida de aconsejado. En cuarto lugar, el Espíritu Santo puede irrumpir, actuar en el tiempo y el espacio en el cual el ser habita la persona siendo aconsejada. Puede darle experiencias de perspicacia espontánea, de revelación actual de lo que necesita hacer, hablarle al corazón acerca de dejar lo indebido, de hacer lo correcto, de vislumbrar un camino libre y dejar su adicción, o cualquier otro tipo de cambio repentino (tipo quantum). El Espíritu Santo puede actuar en manera *kairótica* (*kairos*: tiempo cualitativo, extraordinario, transformador, de captación y aprendizaje personal), a diferencia de tiempo cronológico (*cronos*: tiempo corriente y naturalmente ordinario). Las oraciones, los ayunos, la lectura de la Biblia, los ejercicios espirituales de adoración, alabanza, etc., pueden ser factores que en numerosos agregados de "bits" y piezas concretas, son aglomeradas, congregadas y encapsuladas abstractamente, y manifestadas como una iluminación o perspicacia repentina, esporádica, catalizada por el Espíritu Santo en un paréntesis temporal, kairótico, significativo y aún transcendental. Se considera una especie de experiencia tipo "Eureka!", o "Ajá!". Es la experiencia del hijo pródigo, quien "volviendo en sí", entabló un diálogo interno, se persuadió con retórica interna, y decidió volver al padre (Lc 15:17-20). Tales experiencias profundamente espirituales se suman paulatinamente para llegar a representar un conocimiento tácito, subyacente, metacognitivo y arraigado en las bases ontológicas del ser. Una especie de "conocimiento personal" que nada ni nadie puede desarraigar. "Porque yo sé a quién he creído, y estoy seguro…" como Pablo lo recalcó en su segunda carta a Timoteo (1:12); o como lo dijo en su carta a los Romanos, "El Espíritu mismo testifica a nuestro espíritu que somos hijos de Dios" (8:16).

5. Labrando el carácter de las personas en relación. En quinto lugar, el Espíritu Santo puede trabajar profundamente en el conformado de ambos, consejero y aconsejado, hacia la imagen de Jesucristo (Ro 8:28-30). El Espíritu Santo puede provocar al amor y a las buenas obras, estableciendo criterios para desarrollar las disciplinas espirituales (tales como la lectura de la Palabra, la oración, el ayuno, la adoración y alabanza, la simplicidad, la solitud en meditación, el servicio abnegado a Dios y a los semejantes, la participación en la comunidad, el testimonio y la participación con personas necesitadas de la gracia de Dios, etc.). Muchas de tales disciplinas llegan a ser el objetivo del trazado de metas, de asignaturas entre las sesiones de consejería, para iniciar, mantener, aumentar y consolidar tales prácticas en la vida del aconsejado. En ocasiones, la persona aconsejada puede sobrepasar al terapeuta o consejero en su espiritualidad, en su abnegación, en su estatura espiritual, o en su servicio. Es el gozo de un consejero ver que sus aconsejados lo sobrepasan en tales manifestaciones de hacer la voluntad de Dios. Es un desafío para el consejero el vislumbrar que sus aconsejados le dan pautas de ser y vivir como Dios manda, para aprender mutuamente a crecer. Después de todo, no es el consejero quien se da el honor ni la gloria de sanar, restaurar, madurar o hacer más eficaz a la persona siendo aconsejada. El consejero simplemente trata; el Espíritu Santo es el que hace la obra.

6. Liberando de la opresión. En sexto lugar, el Espíritu Santo puede esclarecer asuntos y dar pautas acerca de la posibilidad de la influencia demoniaca en la vida del aconsejado. Uno de los dones mencionados en 1 Corintios 12:10 es el discernimiento de espíritus. Entre carismáticos, existen diferencias de opinión acerca de la actividad, la influencia, o posesión demoníaca. Desde la perspectiva de esta obra, es cuestionable si el cristiano puede ser "poseído" por los demonios, ya que el creyente, si está lleno del Espíritu Santo en su fuero interno, a pesar de sus debilidades y debido a la gracia salvadora y protectora de Dios, no comparte su ser con otras entidades antagonistas. Sin embargo, no se puede negar la influencia o la "demonización" de las huestes espirituales bajo el dominio de Satanás en el cosmos acosando al ser humano — incluso al creyente. Es necesario ahondar la teología bíblica y sistemática en estos asuntos, para no ser guiados por conjeturas o experiencias que dan lugar a interpretaciones erróneas.

La mención de la guerra espiritual (Ef 6:10-18) nos deja pensar que en muchas ocasiones, la persona aconsejada esta bajo cierta opresión, influencia, o "bombardeo" espiritual en su contra. Es necesario discernir asuntos de esta índole, para no caer en la trampa mencionada por C. S. Lewis: o no se cree en tal fenómeno, o se da demasiada importancia y crédito a lo demoniaco, desvirtuando el hecho que mayor es el que está en nosotros que el que opera en el cosmos. El don del discernimiento de espíritus puede ser de particular ayuda a los consejeros cristianos, especialmente en sus decisiones de asignar una diagnosis diferencial entre lo que bien pudiera ser una demonización, o simplemente un desorden de carácter mental, emocional, o de carácter.

Pueden darse casos en los cuales la demonización y las aberraciones mentales coexistan. Las personas que sufren de trastornos mentales pueden estar más accesibles o propensas a la influencia demoniaca. El Espíritu Santo puede dar poder al consejero cristiano para establecer una oración efectiva para la liberación de las "ataduras" espirituales experimentadas por las personas, y la protección contra los embates demoniacos. Estos son casos sensitivos, porque demandan un consentimiento mutuo por parte de los aconsejados y los consejeros para entablar tal proceso. Muchos consejeros cristianos no están preparados para lidiar con las huestes espirituales, y hacen mejor en referir tales casos a personas consideradas exorcistas o personas más acostumbradas a la materia, actuando como aquellos que en el Cuerpo de Cristo, se dan a la tarea de echar fuera demonios. Otros consejeros parecieran compartir la misma fenomenología en sus interpretaciones, usando los mismos conceptos, términos, y significado compartido en el campo interactivo. De tal manera que, hablando el mismo idioma en particular, pueden ayudar de una manera funcional a los oprimidos.

Recordemos que la Iglesia de Roma al principio tenía exorcistas en sus filas ministeriales para servir entre las comunidades para efectuar sus tareas pastorales de esa índole. En su obra, *In the Name of Jesus: Exorcism among Early Christians*, Twelftree (2007) trata con tal materia. En la actualidad, no solo los pentecostales y carismáticos enfatizan tal ministerio, sino que se nota una resurgencia en la iglesia católica romana, con posturas oficiales y re-definiciones de los ritos exorcistas. En todo caso, si la persona que aconseja experimenta dudas al respecto, puede remitir, transferir o enviar a la persona oprimida a personas más adecuadas, quienes con más experiencia puedan tratar con tales eventualidades.

7. Actuando como interlocutor e intercesor. La teología paulina presenta al Espíritu Santo como persona que ayuda en las intercesiones y oraciones del ser en dificultades, encrucijadas, o perplejidades buscando alguna solución. La persona terapeuta a menudo no posee una perspicacia cabal o debida al abordar los asuntos problemáticos que se le presentan. Además, mientras aconseja a otros puede experimentar sus propias angustias o atravesar por sus peripecias personales. La persona siendo aconsejada que se encuentra en un callejón sin salida, o se topa con un paredón imposible de atravesar, a pesar de los consejos proporcionados puede carecer de una vislumbre de solución a sus angustias. Muchas veces, el ser humano carece de una perspicacia educada, o de una percepción cabal de la realidad que lo abruma y apesadumbra. Aún cuando acude a la oración, en tales ocasiones, la persona puede carecer de palabras adecuadas para pedir, rogar, o interceder adecuadamente. Es allí, cuando el entendimiento racional, consciente, y natural llega a sus límites, es admirable el reconocer la ayuda intercesora del Espíritu (Ro 8:26), quien conoce al ser humano en todas sus dimensiones y a todo nivel de procesado. El Espíritu sondea las profundidades de su composición, asesora sus estructuras y procesos, y traduce la angustia humana en gemidos indecibles (súper-conscientemente) ante el Padre. Podemos considerar al Espíritu intercesor como el interlocutor por excelencia, quien conoce profundamente (a nivel ontológico o esencial) al ser humano en sus complejidades, y al mismo tiempo es uno con el Padre y el Hijo, compenetrado y aunado en propósito e intención divina hacia el ser creado y redimido. El apóstol Pablo hace alusión a tal proceso intercesor, en el cual el Espíritu se inmiscuye y coparticipa con los procesos cognitivos-afectivos del ser humano, a fin de interceder por el mismo. Presentamos un gráfico ilustrativo al respecto (Figura 4.1).

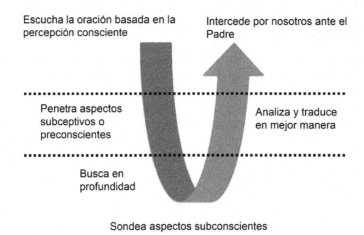

Figura 4.1. El Paracleto Intercesor

El orar con entendimiento tiene su lugar; el orar en el espíritu (1 Co 14:15) también tiene su lugar. La capacidad dialógica entre el ser humano y Dios puede ser entablada a ambos niveles de operación, sin violar categorías espirituales ni ser psicológicamente irracional.

El Espíritu de Verdad

La verdad de Dios registrada en las Escrituras es actualizada por el Espíritu como autor, coadjutor y actualizador de la palabra de Dios. El Espíritu produce entendimiento, perspicacia, y sabiduría en el ser humano, el cual oye, lee, capta, consolida y atesora la verdad en una coparticipación fiel. Al estar compenetrado en las Escrituras, el consejero cristiano se apoya en la verdad cotejada ante Espíritu Santo, quien le ayuda a desarrollar una mente cuyos pensamientos se alinean con lo bíblico, con atribuciones de significado y con sabiduría espiritual para trabajar. Su cosmovisión, sus percepciones acerca de la salud mental. y de las aberraciones que pertenecen a ese campo, pueden estar iluminadas y ser consistentes con la perspectiva eterna de Dios, revelada en su Palabra. Tal pensamiento bíblico espiritual/racional, cuya adjudicación de significado a la realidad es cotejada por y ante el Espíritu, acrecienta el entendimiento, la perspicacia, y la sabiduría espiritual necesarias para actualizar un ministerio de consejería balanceado hacia la persona integral.

En un mundo caracterizado por filosofías posmodernas y sus "verdades múltiples" o idiosincráticas, el Espíritu Santo conduce a la adquisición y la guía de *la verdad revelada, según Dios*. Nos recuerda de las cosas que Jesús ha enseñado, ilumina el entendimiento, y redarguye, exhorta, convence, trae convicción de pecado y arrepentimiento, al mismo tiempo que afianza la fe, la esperanza, y produce fruto en el carácter del ser –amor, gozo, paz, etc. (Jn 14:26; 16:13;

Ro 5:5; Gá; 5:22-23). En las palabras de Jesús, *"conoceréis la verdad, y la verdad os libertará"* (Jn 8:32). El Autor de la verdad está presente –asiduamente, y en especial, su presencia es actualizada por el creyente en el momento de citar, de sondear, de atesorar la Palabra de verdad para alojarla y tener amplio espacio para que more en el ser interior (Col 3:16). La palabra alojada que mora, interacciona, y coparticipa con los procesos cognitivos, emotivos, y conductivos del ser, afianza el conocimiento, el entendimiento, y la sabiduría espiritual de la persona. Tales son propiedades que emergen, se acoplan intrínsecamente, se arraigan, y se consolidan en la mente y el corazón del creyente. Si la palabra de Cristo tiene amplio lugar y mora permanentemente en el ser, tal persona puede darse al consejo sabio, "hablando la verdad en amor", lo cual exhorta y edifica a la persona en busca de ayuda (Col 3:16; Ef 4:15).

¿Usando o Siendo Usados por el Espíritu?

El énfasis hacia la espiritualidad. En la actualidad se nota un énfasis acerca de la espiritualidad de las personas que ayudan en la provisión de consejos –consejeros, terapeutas, guías espirituales, directores espirituales, y ministros de iglesias enfatizan la espiritualidad de los creyentes. Los cristianos solemos entrar en línea con las corrientes que están en boga, acoplándonos a lo que pareciera dominar el panorama del momento. El "zeitgeist" o el denominado "espíritu de la época" parece influenciar a personas que son provocadas a pensar y actuar en maneras grupales contagiosas, pensando en cómo plegarse a la nueva ola que impacta y arrastra a personas ansiosas de pertenecer o ser definidos como parte de movimientos vigentes. A criterio del autor, varios movimientos que enfatizan la espiritualidad entre cristianos evangélicos en la actualidad parecieran fomentar un neo-monasticismo pietista, con énfasis en la guía espiritual a cargo de personas consideradas como teniendo mejores visiones, conexiones, acceso, o investidura espiritual que los creyentes comunes no poseen –una especie de neo-gnosticismo, integrado a un misticismo personal y grupal.

Cabe decir que, la espiritualidad ha sido definida en diversas maneras, y practicada en diversos estilos. El "redescubrimiento de la vida espiritual", como lo denominaron ciertos autores (Clinton & Ohlschlager, 2002) ha enfocado sobre las disciplinas espirituales como "las herramientas de la gracia" (Willard, 1988) para labrar las vidas de los discípulos. Podemos definir la espiritualidad como el afán de mostrar una atracción hacia Dios y su santidad, de lograr y poseer discernimiento espiritual, demostrar un carácter recto, y desplegar una conducta caracterizada por la integridad. El énfasis sobre la espiritualidad personal y comunitaria era algo que los místicos a través de las edades han tratado de establecer, desde los monjes de Alejandría en el siglo IV (Cassiano y Evagrius) hasta los creyentes de Nueva Inglaterra bajo la dirección de Jonathan Edwards, quien enfatizó el ser llenos del Espíritu Santo, demostrando frutos y tener un impacto sobrenatural.

Los pentecostales enfatizaron la espiritualidad como una característica denominacional desde sus comienzos, a principios del siglo XX. Doctrinalmente, la espiritualidad fue colocada bajo los auspicios de la persona, presencia, y poder del Espíritu Santo, cuyas manifestaciones carismáticas eran buscadas como evidencias de la acción reformadora, renovadora, y santificadora de Dios. Sin embargo, en sus maneras prácticas, el liderazgo pentecostal a menudo ha empleado las prohibiciones legalistas en el afán de ayudar en el proceso de la perfección y espiritualidad de los creyentes. Las prácticas vertidas en un pietismo personal, acoplado a las experiencias de carácter efusivo y aún extravagante, y a las tendencias ascéticas, recibieron muchas críticas por parte de las denominaciones tradicionales.

Si bien al principio los pentecostales –a causa de sus estilos y prácticas espirituales han sido desvirtuados por las demás denominaciones con toda suerte de definiciones negativas, a través de los años esa nueva ola ha penetrado y permeado a la mayoría de las congregaciones en América Latina, Asia, y África, para luego ser redefinida en corrientes neo-pentecostales y carismáticas sucesivas. Luego de la "democratización" de las experiencias espirituales, ha surgido una nueva corriente en el ámbito religioso. Es interesante notar que en círculos anglicanos, episcopales, y neo-carismáticos, un nuevo énfasis hacia la guía espiritual bajo el tutelaje de mentores o guías ha resurgido, abogando por las experiencias meditativas, los retiros espirituales, y el desarrollo de disciplinas sistemáticas (tales como la oración, el ayuno, la meditación), las cuales han sido encarriladas en métodos que buscan oír la voz de Dios y practicar la presencia de Dios. Es de notarse que el mover hacia la promoción de una espiritualidad genuina ha surgido entre aquellos en el campo de labor integradora, con personas eruditas, profesionales, académicas, y terapeutas escribiendo sobre el tema e instando a su práctica (Clinton & Ohschlager, 2002; Tan, 2011).

Varios autores se han dado a la tarea de enfatizar las disciplinas espirituales. Una obra clásica en el ámbito evangélico es el libro de Foster, *Celebración de la Disciplina: Hacia una Vida Espiritual Más Profunda* (Foster, 2009, original en Inglés, 1978). Whitney lo hizo en su obra *Spiritual Disciplines for the Christian Life* (1991). McMinn en su obra *Psychology, Theology and Spirituality in Chistian Counseling* (1996) presentó varios principios de crecimiento en la vida espiritual acoplados a la práctica de la terapia integrada. Otros, se han dado a la tarea de aguzar el tema en manera más sistemática y programada. En su escrito, Willard (1988) separó a las disciplinas en dos categorías: (1) de abstinencia –soledad, abstinencia, sacrificio, austeridad, y ayuno; y (2) de participación –estudio, adoración, oración, servicio, y comunión. Foster enfatizó la celebración de las disciplinas categorizadas en tres rubros: (1) internas, tales como la meditación, la oración y el ayuno; (2) externas, tales como la simplicidad, la soledad, y el servicio; y (3) corporales, expresadas a través de la confesión, la celebración, y la adoración.

Por su parte, Tan y Gregg (1997) enfatizaron la importancia de las disciplinas espirituales definidas como las "conexiones poderosas" con el Espíritu Santo, quien capacita a la persona a crecer espiritualmente. En tal esquema, las disciplinas capacitan a la persona a tener acceso a la presencia y al poder del Espíritu Santo, cuyo ministerio es el ser el consejero divino y ayudador en el proceso del consejo cristiano. Estos autores sugirieron tres grupos de disciplinas: (1) la práctica de la soledad, con un acercamiento personal a Dios, dándose a escuchar, estudiar, y meditar; (2) el rendimiento a Dios, cediendo y ofreciendo su persona a Dios en arrepentimiento, sumisión, ayuno, y adoración; (3) el servicio concreto, alcanzando a otros a través de la comunión, la simplicidad, el testimonio y servicio abnegado. Siendo pastor y psicólogo, Tan, en su obra *Disciplines of the Spirit* (1997) abogó por la integración explícita entre las Escrituras y las disciplinas espirituales en el consejo proporcionado, adjudicándoles un papel central en su trabajo.

El psicólogo cristiano McMinn (1996) alega que el ser humano es incompetente en materia espiritual, a menos que desarrolle su entrenamiento espiritual con la convicción de ser un pecador redimido, y dependiente de Dios para sus actuaciones. Enfatiza la integración de la teología bíblica cristiana y la psicología, a ser realizada experiencial y personalmente. De la misma manera, Crabb ha desafiado a la iglesia a establecer un énfasis más activo en la conectividad entre los unos y los otros en la comunidad cristiana, a ser ejemplificada en el trabajo pastoral hacia las personas (Crabb, 2001). En su redefinición actualizada de lo que el consejo cristiano es debe ser, Crabb enfatiza la interpenetración mutua entre las personas espirituales, y el discipulado asiduo como factores que proporcionan ayuda al crecimiento espiritual de las personas, más aún que el consejo propio.

Desde su lugar de influencia entre los miembros de la Asociación Americana de Consejeros Cristianos (AACC), Clinton y Ohlschlager (2002) enfatizan las disciplinas espirituales desde seis ángulos: (1) la adoración en el Espíritu –en comunión diaria con el Espíritu Santo, viviendo ante su presencia (Sal 100:2); el consejo no se debe basar en dictámenes legalistas, y debe respetar el estilo de adoración empleado por la persona con problemas; (2) la oración e intercesión en el Espíritu –acercándose at trono de gracia (Heb 4:16), orando sin cesar (1 Ts 5:17), y orando los unos por los otros (Stg 5:16), sin desmayar (Lc 18:1-8); recomienda el orar con las personas aconsejadas en maneras contemplativas, y meditativas; (3) el estudio bíblico y la meditación –leyendo, escuchando, estudiando, memorizando, y meditando en la Palabra– como factores necesarios tanto en la vida del consejero como en la persona siendo aconsejada; (4) el practicar la soledad y escuchar al Espíritu –el aprender a estar quietos y escuchar la voz de Dios; (5) la confesión y el arrepentimiento –si la persona que aconseja ha de tomar seriamente su función de guía espiritual en cuanto a sus aconsejados, debe estar consciente de los efectos del pecado, y de la necesidad de arrepentimiento y confesión durante las sesiones; y (6) la simplicidad, la vida en comunidad y la dedicación al servicio ministerial –el establecer prioridades en la vida, creando espacio y tiempo para Dios y las cosas espirituales, fomentando la comunión con otras personas y el servicio a Dios a las personas.

Todas estas temáticas, vertidas en los escritos de psicólogos cristianos en USA, tienden a volver al cauce original –llamémoslo *discipulado* en lugar de terapia– dando lugar a las actividades pastorales diseñadas por Dios en las Escrituras, para ser conscientes de trabajar en la presencia de Dios, y dependiendo del Espíritu Santo en las actuaciones ministeriales.

Mucho de lo que se enfatiza y practica en la esfera de la guía espiritual es una redefinición de lo que ha sido siempre el acatamiento de la Gran Comisión de Jesucristo (Mt 28:18-20) –de hacer discípulos de todas las naciones, enseñando todas las cosas que El nos ha mandado. La elaboración de métodos y estrategias, de prácticas y de énfasis, son simplemente re-descubrimientos de lo originalmente dado por el Señor. Tal vez, es la necesidad humana de re-inventar la rueda. De todas maneras, la cosa es seguir rodando con un buen sentido de dirección y de cadencia o ritmo.

Es menester mantener las prioridades en cuanto al énfasis que anima la formación espiritual de los creyentes y no confundir los medios utilizados con las metas trazadas. La historia de la iglesia ha demostrado que el énfasis en la metodología, en las estrategias, en las disciplinas estratificadas, consolidadas en categoría, y practicadas asiduamente, ha replicado muchas de las prácticas fariseas del tiempo de Jesús: El énfasis en las disciplinas externas, en lo ceremonial y pomposo, prestando atención a las minuciosidades reguladas con un legalismo acérrimo, y a las costumbres rituales establecidas dentro de una codificación disciplinada –aún bien intencionadas– en alguna manera desvió el cometido original , y desplazó el enfoque sobre las metas hacia los medios utilizados. Tales disciplinas, patrocinadas y reguladas por los guías del pueblo no sirvieron de mucha ayuda en cuanto a preparar al pueblo a recibir a su Mesías. No sirvieron de ayuda alguna cuando se trató de reconocer, aceptar, y conectarse al Hijo de Dios habitando en su medio. Cuando los guías espirituales están "fuera de foco" y las disciplinas en boga se tornan metas en sí –como en caso de los religiosos de la época de Jesús– constituyéndose en leyes, expectativas, y demandas, las tales llegan a ser instrumentos de subyugación, control, y manipulación.

A su pueblo erróneamente guiado, en la ocasión de la fiesta de los tabernáculos, durante el postrer día (según la tradición, el gentío esperaba a una persona que traía un cántaro de agua del estanque de Siloé, para derramarla ante el altar del templo, conmemorando la peregrinación en el desierto, y la provisión de agua por parte de Dios), Jesús clamó a gran voz, diciendo: "¡Si alguno tiene sed, que venga a mí y beba! De aquel que cree en mí, como dice la Escritura, brotarán ríos de agua viva" (Jn 7:37-38). La nota editorial de Juan añade: "Con esto se refería al Espíritu que habrían de recibir más tarde los que creyeran en él. Hasta ese momento el Espíritu no había sido dado, porque Jesús no había sido glorificado todavía"(Jn 8:39)

Teniendo en mente todo lo dicho, las preguntas que surgen de todas estas consideraciones es: ¿Puede el Espíritu Santo hablar hoy día? Suponiendo que sí, lo hace, ¿De qué manera lo hace? Puede el Espíritu Santo guiar día las actuaciones en el consejo actual? Si lo hace, ¿cómo nos asesoramos de tal realidad? Si el Espíritu Santo es el vicario de Cristo hasta su segunda venida, entonces puede actuar hoy y aquí, y guiar el derrotero del consejo administrado ante su presencia. Sin embargo, "no es oro todo lo que reluce" y debemos tener en cuenta que muchas exageraciones con reclamos idiosincráticos han saturado el ambiente cristiano dentro de la esfera de las manifestaciones particulares. Debemos aclarar que el Espíritu Santo no está sujeto a nuestra manipulación, y que no se supedita a nuestros estilos, o a nuestras maneras idiosincráticas de actuar. No queremos apelar a algo ficticio, espurio, o fabricado, sino realmente buscar que la persona, la presencia, y el poder del Espíritu Santo actúe en nosotros, con nosotros, a través de nosotros (y a veces, a pesar de nosotros).

El libro de los Hechos de los Apóstoles nos recuerda que el Espíritu Santo actuó a pesar del etnocentrismo inicial de Pedro y de sus excusas o aprensiones en lo referente a su ministrar a los gentiles (capitulo 10). El Espíritu Santo cayó sobre los que oían su sermón mientras el apóstol les predicaba (ni siquiera esperó a que termine sus tres puntos!). De manera que, aprendemos que nosotros no "hacemos caer" al Espíritu, no lo manipulamos, no le decimos cuando ni como obrar, ni lo supeditamos a nuestros planes, agendas, o caprichos, sino que reconocemos su presencia y su actuación cuando experimentamos ambas realidades. Por lo tanto, debemos reconocer que por medio de la fe creemos, confiamos, y esperamos que actúe como lo hizo entre los creyentes a través de los siglos. Debemos reconocer, realizar, y actuar en su presencia actual, aquí y ahora.

En este capítulo enfatizamos la persona, la presencia, y el poder del espíritu Santo en la conducción de nuestros asuntos ministeriales, y en manera especial, el consejo a ser provisto. Aprendamos que para nuestro trabajo, una inmersión profunda en las disciplinas espirituales es necesaria para desarrollar nuestro propio carácter, y aún más, tener acceso al poder del Espíritu Santo que actúa en, y a través de nosotros, capacitándonos para realizar nuestras tareas entre las personas en necesidad. Más allá del empleo de técnicas o estrategias a ser utilizadas, tales como la oración y la Palabra —definidas no tanto como recursos o herramientas, sino como expresiones existenciales e intrínsecas de nuestra manera de ser, de pensar, y de actuar en la comunidad— el compartir el consejo es administrar una dimensión interpersonal de la gracia de Dios, provista en forma concreta, y para el beneficio de aquellos que necesitan de nuestros servicios.

El Espíritu Santo "In-mergente"

El énfasis dado a la persona, presencia y coparticipación del Espíritu Santo no descarta ni disminuye la necesidad de realizar un trabajo natural, ordinario, y corriente en el transcurso de una sesión terapéutica o de consejería. Lo importante es reconocer meta cognitivamente la oportunidad de entablar un triálogo —saber que uno está consciente del desarrollo de las interacciones, captando el contenido del diálogo, observando el proceso que se desarrolla concretamente, y al mismo tiempo estar consciente de la presencia del Espíritu Santo en la sesión.

Definiendo el Proceso Inmergente. Permítame el lector acuñar una palabra que, en la opinión del autor, debería figurar en la lengua castellana: *Inmergencia.* El "sumergir" es colocar un ente bajo un medio líquido; por otra parte, decir que algo "emerge" es referirse a un proceso en el cual un ente "surge" de otra entidad subyacente. Un proceso "in-mergente" es definido como un ente infiltrando a otro, o como la infusión de una sustancia que es introducida y permea a otra sustancia. Un saquito o bolsita de té es *sumergida* en agua caliente, y la infusión de tal elemento permea o "in-merge" a su medio ambiente, permitiendo el cambio en la estructura, la función, y el sabor del brebaje. Dado el hecho de entrar en una comunión real, y de actualizar la presencia del Espíritu Santo (infuso o inmergente en el fuero interno, o el ser interior), y realizar su presencia copartícipe en medio de las actuaciones ministeriales, puede ampliar y proporcionar más perspicacia y sabiduría al entablar diálogos naturales en consejería.

Esta obra ha recalcado el hecho de haber sido formados por Dios con intenciones y propósitos, pero que el ser humano, debido a la caída en el pecado, ha sido deformado, degradado, distorsionado, y desviado de la voluntad de Dios. Sin embargo, a través de la redención, el ser humano puede experimentar un nuevo comienzo, retornando a Dios y a su voluntad. El "nacer de nuevo", o el ser re-generado, significa el ser infundido del mismo Espíritu que animó al ser creado según el narrativo bíblico. A través de tal proceso, la re-infusión del Espíritu puede re-capacitar al ser humano para que se ajuste nuevamente al diseño divino y al derrotero trazado por Dios. Las propiedades potenciales, latentes luego de la caída, "emergen" luego de haber sido "sumergidas" (o bautizadas) en el Espíritu Santo, quien propulsa desde adentro la actualización de potenciales, frutos, y dones originalmente planeados. No solo el Espíritu sumerge y permite la efusión emergente de frutos, sino que también "inmerge" al ser: Se aloja en su fuero interno, afectando su mente, corazón y voluntad en forma copartícipe. Los procesos cognitivos, afectivos y volitivos del ser "lleno del Espíritu Santo" son compenetrados, transformados, y renovados constantemente bajo la persona, la presencia, y el poder del Espíritu, llegando a ser alineados y conformados al diseño del Padre.

El proceso "inmergente" puede ser definido como la compenetración, el influjo o el llenado del Espíritu de las estructuras y los procesos del ser humano creyente y obediente, sin menguar, desvirtuar, anular o descartar su calidad de ser diferenciado, individualizado y particular. Es la acción penetrante del creador a su criatura, para re-componer, re-generar o re-socializar su carácter y conducta desde su fuero interno hacia sus manifestaciones externas. El proceso de llenado continuo mencionado por el apóstol Pablo (*"Sed llenos del Espíritu Santo"*) no se refiere a un acto (o evento) sino más bien a un proceso paulatino (a juzgar por el verbo aoristo en griego), en el cual Espíritu trabaja a manera de escultor o labrador de su obra maestra. Sin perder de vista la integridad humana, el Espíritu Santo se amalgama o influye intrínsecamente al ser sin desvirtuar su diferenciación ni sus particularidades. No lo hace un títere ni un autómata, sino que realza sus capacidades creativas, actualizadoras, de eficacia, y de logros. El proceso inmergente denota la compenetración del Espíritu con el ser humano sin menguar su sentido de responsabilidad, sino más bien aguza y proporciona poder a su sentido de ética, de moralidad, y a su dedicación a hacer el bien.

En el aspecto relacional, la inmergencia del Espíritu hacia el ser humano promueve la capacidad hipostática-extática, re-activando la intención original de haber sido creado para la gloria de Dios, para amar a Dios sobre todas las cosas y al prójimo como a sí mismo. En alguna manera renovadora, promueve la capacidad análoga a la *pericoresis* divina (término usado por Gregorio de Niza, aplicado por teólogos como Baxter Kruger, Jurgen Moltmann, Miroslav Volf, Juan Zizioulas y John Davis), denotando la *interpenetración* entre las personas, a semejanza de la Trinidad. La inmergencia es el proceso que permite la actualización de la oración de Jesús en Juan 17: "Que todos sean uno; como tú, oh Padre, en mí, y yo en ti, que también ellos sean uno en nosotros..." (v. 21).

En cuanto a dirección o flujo, la inmergecia es un proceso que parte desde el Espíritu hacia el ser. Desde el definidor al definido; desde lo alto hacia lo terreno. El hecho de asesorar las Escrituras que declaran que el Espíritu Santo "llena" o "enviste" al ser, y que lo hace "desde lo alto", indica semánticamente (en forma metafórica, analógica) que es un proceso ejecutado por un agente superior y ejecutivo, haciéndolo "desde arriba", como definidor de lo creado, y su Señor. Las ansias de ser autónomo, libre de exigencias divinas o superiores, o de ajustarse a la voluntad de Dios, ha hecho que el ser humano caiga en su solipsismo, narcisismo, y egoísmo. Si embargo, escrituralmente hablando, el ser humano no es un ente auto-postulado, sino que deriva su existencia y significado al verse arraigado en el terreno de su existencia –en Dios. Su actualización plena se logra al encuadrarse en el diseño y la voluntad de Dios. Para ello, el Espíritu da forma, labra, y perfecciona al ser a través de su influjo e inmergencia. El ser inmergido del Espíritu promueve la realización del proceso de crecimiento espiritual, el desarrollo retro-alimentador en el cual el ser humano, en virtud de ser investido en su fuero interno, puede emanar virtudes semejantes a las de su creador. A causa de ser lleno del Espíritu, la persona creyente puede producir el fruto del Espíritu (Gal 5:22-23), actualizar los dones otorgados por el Espíritu (1 Co 12-14) y ministrar ante su presencia.

Del Diálogo Interno al Triálogo con el Espíritu.

Un triálogo es una conversación entre tres entidades, el cual ocurre sin obstrucción, con consciencia plena, y entablado en un proceso paralela, con funciones distribuidas entrelazando a los dialogantes. La posibilidad de entablar un triálogo se da en ocasiones en las cuales las deliberaciones internas del ser apelan al Espíritu, quien inmerge y es testigo de los atentados conscientes de la persona que mientras dialoga consigo misma, apela a su persona y poder con el propósito de vislumbrar una posibilidad de ayuda, socorro, resolución, o encomio. Si bien el término "pericoresis" (coreografía inter-penetrante dentro de un perímetro definidor) es usado en teología para denotar la interpenetración entre el Padre, el Hijo, y el Espíritu Santo en la Trinidad, el término "inmergente" es utilizado para denotar la unión vital y real entre el ser humano y el Espíritu Santo, quien mora en su ser y establece una comunión profunda.

La persona que aconseja con tal discernimiento metacognitivo, realiza que en realidad, se relaciona con dos entidades a la vez –la persona problemática presente, y el Espíritu quien también está presente– en un diálogo bidireccional, sea de carácter tácito y subliminal, o consciente y deliberado. Tal triálogo ocurre a lo largo de un proceso paralelo, con funciones distribuidas. La persona que aconseja presta atención al aconsejado por un lado, y depende de la guía del Espíritu a la vez, sin perder la temática abordada, ni ser desviado de su enfoque o su derrotero terapéutico.

El Espíritu Santo que ha actuado en la conversión (haciendo nacer de nuevo, regenerando al ser) y luego invistiendo con poder (bautizando, sumergiendo, capacitando con virtud y dones), está disponible en la sesión de consejería para corroborar los esfuerzos ministeriales en el nombre de Jesús. La terapia realizada de tal manera llega a ser trialógica, sujeta al asesoramiento metacognitivo, y realizada con la consciencia de prestar ayuda como un asesor, copartícipe, coadjutor, o siervo que asiste a las personas humanas. El que sana, liberta, o soluciona los pormenores de la persona necesitada es el Espíritu Santo. Aún en el caso en el cual la persona aconsejada no sea creyente, o no tenga una relación personal con Dios, se establece un diálogo entre la persona que aconseja, y el triálogo resultante se debe al hecho que por lo menos la persona que aconseja está en comunión con el Espíritu presente. De modo que, aunque no se trate de realizar un balance equidistante entre ambas personas y el Espíritu, el hecho de tener a un lado del triángulo establecido (el consejero y el Espíritu) al relacionarse con la persona que busca ayuda, establece un triálogo desbalanceado, pero real para el consejero. A veces, es el Espíritu quien redarguye y convence al inconverso de su condición en necesidad de salvación, además del solventar de sus problemas emocionales. Si la persona aconsejada también tiene un diálogo similar con el Espíritu (tácito o consciente), se da la ocasión para que un triálogo propiamente adecuado tome lugar.

Conclusión

Muchos términos utilizados en el Nuevo Testamento dan a entender la supremacía y la jurisdicción que el Espíritu Santo ejerce sobre los componentes de la iglesia. El ser "investido de lo alto" o el estar sujeto a un agente ejecutivo que viene "desde lo alto" o quien "desciende sobre"(Hch 10:44; 19:6), o quien es "derramado sobre" (Hch 2:17; 10:45; 18:33) o bautiza (sumerge) al ser humano, son expresiones espacio-temporales analógicas para dar a entender tal verdad espiritual. El ser "llenos del Espíritu Santo" (Hch 2:4; 4:8; 4:31) es una expresión que denota la preponderancia, la investidura, y la capacitación espiritual suministrada por el Espíritu para realizar la presencia de Dios entre los seres humanos en relación.

La facultad inmergente o inter-penetrada es demostrada por personas en relación en la consejería (entrelazadas por el Espíritu Santo), lo cual puede facilitar la empatía, la perspicacia y sabiduría necesarias para hacer un trabajo de acuerdo a la voluntad de Dios, con la presencia del agente sanador e interlocutor supremo en medio de ellos. El Espíritu Santo como agente sanador puede actuar invistiendo, redarguyendo, esclareciendo, recalcando la verdad de Dios, guiando al arrepentimiento si es necesario, afirmando, confortando y labrando a las personas en relación. Tal calidad relacional permite el ministerio del Cristo viviente a ser actualizado, con el Espíritu Santo proporcionando poder, envistiendo, testificando al espíritu de ambas personas, esclareciendo asuntos, redarguyendo, edificando, y coparticipando en el proceso como interlocutor y actualizador de los resultados de la redención lograda por Cristo.

Capítulo 5

La Teología y el Consejo

La teología en su definición más simple es el pensamiento racional acerca de Dios, vertido en categorías y postulaciones. Ampliando el término, la teología es la ciencia de las cosas divinas y trata con el problema de describir, sistematizar el conocimiento acerca de Dios, su naturaleza, atributos, relaciones, y designios. La religión, por otra parte, trata con varios aspectos de la conducta humana tales como (1) sistemas de creencias acerca de Dios y de sus maneras de actuar hacia los humanos; (2) códigos de ética que guían a las personas en sus relaciones interpersonales; (3) filosofías que dan forma a las percepciones propias de las personas y de su lugar en la creación; (4) maneras de adorar, servir, conducirse en cultos, o participar en la vida eclesiástica; y (5) aspectos sociales y morales, filosofías de vida, y maneras de servicio.

La teología recibe sus calificativos distintivos, para esclarecer el énfasis con el cual se encuadran las deliberaciones, o el marco de referencia dentro del cual se razona. Como ejemplos, tenemos enfoques vertidos en abstracciones –la teología bíblica, o sistemática; o caracterizada por interpretaciones hermenéuticas –calvinista, arminiana; o teñidas con un tinte político –teología de liberación, mujerista; o descriptiva de ciertas ramas eclesiásticas –católico-romana, ortodoxa, o reformada. En la actualidad, ha surgido una teología pentecostal que busca explicar los fenómenos del Espíritu Santo y los dones carismáticos, como también dar razones acerca de la autenticidad de la sanidad divina (es de notar que hasta no hace mucho tiempo, en esta esfera denominacional, ha existido cierta aprehensión al estudio racional de los asuntos teológicos, por miedo a ofender al Espíritu al dar auge a la erudición humana). En las últimas décadas, eruditos como Gordon Fee (1996, 2009), Edith Blumhofer, Russ Spittler, Grant Wacker (1999)., y Eldin Villafañe (1993), entre otros, han dejado su huella e influencia académica-intelectual en sus volúmenes, sin perder su pasión, su énfasis en la persona, la presencia, y el poder del Espíritu Santo en la comunidad y en la vida personal de los creyentes.

En este capítulo enunciamos una teología práctica. Es decir, el tratado acerca de Dios y las cosas espirituales es visto en su aplicación a la vida cotidiana, y en especial, a las sesiones en las cuales los consejeros actúan sobre las bases de su entendimiento razonable, amplio, y arraigado en sus mentes y corazones. De la abundancia del corazón puede hablar la boca del consejero. Históricamente hablando, las doctrinas cristianas siempre aparecieron como una respuesta a los desafíos herejes y al pensamiento secular. Los credos, los dogmas y las tradiciones siempre han tratado de contrarrestar los embates seculares que han tratado de desvirtuar la fe cristiana. Los desafíos propuestos en el pasado por corrientes tales como el arrianismo, el apolinarianismo, y el nestorianismo, propulsaron los esfuerzos conciliares que trataron con la naturaleza de Cristo, permitiendo que tal conocimiento fuese esclarecido más debidamente a través de los debates. La naturaleza de la iglesia y la naturaleza de la expiación fueron debidamente abarcadas a causa de las controversias de los siglos III y IV. La Reforma hizo que la redefinición de las Escrituras, la salvación por la fe, y el lugar de los sacramentos fuesen enfatizados más acertadamente. De la misma manera, la naturaleza del ser humano ha sido enfocada de una manera más pronunciada, debido al desafío de las ciencias sociales.

Abarque Teológico Aplicado a la Consejería

La teología trata con diversos aspectos –muy numerosos para presentar en esta obra. Los pastores que han cursado cursos educativos en escuelas bíblicas tienen el conocimiento básico en cuanto a la gama de teologías disponibles, desde el calvinismo reformado, el wesleyanismo, hasta a las doctrinas de las Asambleas de Dios (Pearlman, 1981; Menzies, 1993), y la teología de liberación (Gutiérrez, 1972; Alves, 1968; entre otros). Para los pastores que no han sido expuestos a cursos formales, existen recursos tales como el aprendizaje a distancia, patrocinados por sus denominaciones. Por supuesto, tales entrenamientos no se equiparan a las interacciones entre profesores y alumnos en un aula, frente a frente y con las oportunidades de desafiar, preguntar, proveer alternativas, y un sinnúmero de interacciones en la presencia comunitaria. Como alternativa, en muchos lugares de Latinoamérica, cursos por correo y por el Web se han facilitado para las personas carentes de oportunidades de educación formal, lo cual ha ayudado a tener nociones básicas en mente para hacer un mejor trabajo. Pero es de advertir que también, cuando una persona estudia sola y no es asesorada, desafiada, cotejada o provista de retroalimentación durante el proceso de aprendizaje, puede desarrollar sus propias teologías con reclamos idiosincráticos. De todos modos, se supone en esta obra que los pastores tienen una mejor vislumbre y una base más establecida en el campo teológico, a comparación de su entrenamiento en la psicología. Lo proporcionado en estas páginas es simplemente una síntesis del panorama teológico amplio para introducir el concepto de integración. Como reseña, se presentan los siguientes principios básicos:

1. La Teología, propiamente hablando, trata con Dios. La temática abarca su naturaleza, su esencia, sus atributos, su unidad, sus obras, sus pactos y sus decretos. La Trinidad es tratada como un ente denominado "hipostático-extático" (tres personas de la misma esencia, en relación íntima, en unicidad). Es Dios quien cambia a las personas en consejería, y como creador, redentor y sustentados tiene derechos sobre la persona; sin embargo, apela en gracia proveyendo la oportunidad para que la persona sea reconciliada, esté en comunión, y llamada para hacer su voluntad. En la manera que el aconsejado tiene fe, conoce, respeta y obedece a Dios, el consejero puede tener más o menos afinidad con la persona para trabajar. Las percepciones y atribuciones de la persona hacia Dios pueden dar a entender si su carácter y conducta dependen y se aferran de El, o rechazan y dudan de su voluntad. Su manera de pensar y de razonar pueden denotar su motivación a crecer en conocimiento, sabiduría, y fe, y dedicar su servicio a Dios. De esta consideración surgen preguntas en consejería, dando a entender los pensamientos, razonamientos, percepciones y juicios implícitos de la persona:

- *"¿Acaso le interesa a Dios lo que me está pasando? Pareciera ser que no le interesa mi dolor"*
- *Y a propósito, ¿Por qué sufro tanto cuando mi vecino parece no tener tantas peripecias? ¡Es mucho mas pecador que yo, pero todo le va tan excelente!"*
- *"¿Dónde estaba Dios cuando mi mayor catástrofe ocurrió? Pareciera ser que Dios es bueno y me*

guarda solo cuando yo me porto bien..."

- *"¿Sabe acaso Dios lo que cuesta dejar el vicio?"*
- *"¿Tendrá Dios en cuenta lo que hice .... años atrás, como para castigarme?"*
- *"Mis hermanos opinan que mi accidente ha sido por causa de mi pecado. ¿Qué dice Ud. de ello?"*
- *"Pienso que he cometido el pecado imperdonable.... Y ahora, me da lo mismo el pecar que no pecar, si total Dios ya determinó que yo me pierda..."*

Tales conjeturas, cuestiones, y preguntas son clásicas en sesiones con personas que realmente tienen una visión pobre, limitada, o distorsionada acerca de Dios. La lógica linear, de causa y efecto, parece determinar las deliberaciones mentales, encajonando a Dios. El determinismo parece saturar una filosofía implícita de muchos creyentes. La necedad en las atribuciones de significado a los sucesos de la vida cotidiana es notable. En fin, la consejería puede asesorar e integrar aspectos de la teología implícita presente en la mente del aconsejado, con empatía y discernimiento, a fin de apoyar, desafiar, encomiar, encauzar, etc. las necesidades o los problemas con mejores perspectivas. No se trata de debatir o discutir en el consejo dado, pero en dialogar. Tal diálogo puede entablarse en forma socrática, para llevar a la persona a un mejor entendimiento de Dios y a desarrollar una perspicacia acerca de su voluntad. También se pueden vislumbrar mejores soluciones, arribar a determinaciones mas sabias, y fomentar mejores motivaciones parta realizar cambios necesarios en el carácter o la conducta de las personas, teniendo en mente la teología expresada, o tenida tácitamente por la persona.

2. La Cristología: La persona de Jesucristo. La teología trata con su carácter eterno, su encarnación, sus dos naturalezas, su unión hipostática-extática con el Padre y el Espíritu, considerando su vida impecable, sus obras y su muerte, su resurrección y ascensión, como bases salvíficas a ser aceptadas por medio de la fe. Su señorío actual y su segunda venida, son aspectos claves a ser tenidos en mente. Sus oficios –profeta, sacerdote, y rey, son acentuados en referencia a su relación y sus obras hacia la humanidad redimida. El reconocer el señorío actual del Cristo vivo sobre la vida del creyente es esencial, demostrando la necesidad de vivir bajo su autoridad y acatar su palabra en la vida cotidiana.

En consejería, se trata de asesorar el conocimiento que la persona en busca de ayuda posee acerca del Jesucristo, y su afinidad y relación personal con el Señor, su dedicación y obediencia hacia el acatar su palabra, y hacer su voluntad. Tales factores asumen importancia en decidir a qué nivel de entendimiento el empleo teológico en el consejo es factible. De tal modo las interacciones ocuren en el marco de referencia dentro de tal entendimiento, y la experiencia terapéutica es compartida a la luz de la sujeción y el goce del señorío de Cristo por parte de ambas personas.

3. La Pneumatología: El Espíritu Santo. La teología enfoca sobre el Espíritu Santo considerado como la tercera persona de la Trinidad. Su persona y sus obras son tratadas en referencia a su eternidad, su participación en la creación, en la redención y restauración del ser humano, la investidura con poder y la producción de frutos en el carácter cristiano. Además, se considera la dádiva de sus dones para ministrar y hacer las obras de Dios. Hoy día, vivimos en la era del Espíritu Santo, quién satura al Cuerpo de Cristo con su presencia y su celo, propulsando a los creyentes a evangelizar, a enseñar, a discipular, a sanar y a ayudar a las personas en sus luchas cotidianas. Es a través del Espíritu Santo que el consejero cristiano labora, con el afán de ministrar de tal manera que se transforma en un agente de liberación de la esclavitud del pecado, de los vicios, o del estilo de vida fútil, ayudando a las personas a reconciliarse con Dios y con su prójimo, cambiando su carácter, su conducta, y su influencia social a través de la coparticipación con el Espíritu Santo y su poder.

4. *Las Escrituras*. La Biblia se considera como la fuente de la cual proviene nuestro conocimiento (epistemología) acerca de la realidad divina y humana en relación. El estudio sistemático de las Escrituras –su texto, contexto, intención, significado teológico, aplicación a la comunidad de fe, y a la vida personal del creyente– se basa en la premisa que considera la palabra como la revelación e inspiración divinas, dadas originalmente en manera inerrante o infalible, como base de la fe y de la conducta humana. El alojar la Palabra (Col 3:16) en las estructuras y procesos cognitivos-emotivos-motivacionales hace que la consejería cristiana se defina como un proceso derivado del conocimiento, la perspicacia, el entendimiento, y la sabiduría provenientes de la Biblia. La consejería no es simplemente un recitado de versos de memoria, sino un diálogo saturado, compenetrado, embebido en los principios, en las ponencias bíblicas, dando lugar y confiar en el poder limpiador, edificador, y sanador de la Palabra. Al aconsejar, la persona trae a mente y cita las Escrituras en presencia del autor que inspiró a los escribas humanos –el Espíritu Santo, quien está presente en la sesión para actuar de acuerdo a la voluntad del Padre, en el Nombre del Hijo, honrando la medida de fe depositada por ambas personas en interacción (o por lo menos, la fe de la persona que aconseja a otra persona que aún no conoce al Señor). La utilización de las Escrituras en consejería es enfocada en un capitulo posterior. Aquí damos una reseña de los principios a ser aplicados:

a. *Exégesis*. A través de la exegesis, sonsacar el significado de la Palabra de Dios –las expresiones registradas en su medio original, el examen gramático, semántico, retórico, histórico, y contextual del contenido. Si el acceso a las lenguas originales no es factible, se trata de acudir a las herramientas que existen (gracias a la erudición de aquellos que se dieron al trabajo de extraer, sonsacar, escudriña exegéticamente el texto a través de la historia de la iglesia), para tener una traducción adecuada y veraz de lo que Dios inspiró como original. Preguntas que surgen deben ser abordadas: ¿Cuál es el lenguaje empleado en el original, y su significado de acuerdo al contexto de la época en la cual se escribió? ¿Cuál es el género que el escritor humano empleó, y que uno cita en la actualidad, o establece como base a ser utilizada en referencia al consejo? Tener en mente que la utilización de la exégesis es esencial, para extraer lo que Dios realmente dijo, y no decir lo que uno quiere decir basado en sus propias ansias de ser reforzado por Dios en sus expresiones.

b. *El contexto de los textos citados o agrupados*. Es necesario situar el texto en su cultura o entorno original, y en la época en la cual fueron dadas. Se debe tener en mente las condiciones del período histórico –social, cultural– en el cual se escribió, y considerar las maneras en las cuales una aplicación en la actualidad es factible, para no aplicar indebidamente la Palabra. Las expresiones que ocurren en el texto dirigido a la gente y situación vigente en el entorno original que pudieran aplicarse como equivalentes funcionales a la cultura contemporánea y la situación presente, deben ser escrudiñados, ya que muchas veces pueden estar sujetos a distorsiones. El estudiante o lector, aún con las mejores intenciones, puede extraer buenas pautas, pero que no necesariamente corresponden a la realidad original ni a la intención divina expresada en la Palabra. El contexto es esencial para entender el texto.

c. *El sentido teológico*. Se debe asesorar a través de las abstracciones y de las interpretaciones derivadas del estudio de las Escrituras cual es la categoría, la temática, o el significado del texto en su enseñanza central, compaginados sistemáticamente y de acuerdo al tenor general de las mismas. La teología bíblica y sistemática busca encuadrar y proveer categorías abstractas significativas vertidas en cápsulas que permitan derivar principios a ser utilizados en el entendimiento cabal de las Escrituras. Tal sentido teológico representa el terreno de las aplicaciones a la vida cotidiana. De tal manera se extraen las bases que subyacen el estilo de vida del cristiano y de la práctica de su fe en acción.

d. La audiencia original. Tener en mente a quién se dirigió el escrito –a Timoteo, a Tito, a los Corintios, a los Efesios, etc. ¿Quiénes eran estas personas? ¿Por qué se les envió la carta? ¿Qué pormenores existían en ese entonces, y cuáles eran los problemas o necesidades prevalecientes? Asesorar la intención, el propósito, los alcances locales particulares y definidos de tales audiencias, para no apelar a textos que no necesariamente se aplican a la persona en consejería en el tiempo presente.

e. Aplicación actual. Finalmente, teniendo en mente los cuatro aspectos anteriores, ¿Cómo se aplica este texto a la persona en necesidad, o a la situación que confronta a la persona que aconseja? ¿De qué manera las Escrituras vivientes se dirigen o le hablan a la persona en problemas, o a la persona que aconseja en este momento? Estas indagaciones son simplemente puntos de partida para recalcar el hecho de escudriñar y atesorar las Escrituras para que la Palabra de more en nosotros abundantemente, para luego poder aconsejar en toda sabiduría a las personas que vienen a pedir ayuda, guía, o consuelo.

4. La Antropología bíblica. El ser humano es abarcado desde un ángulo revelado-bíblico. El origen del ser humano es enfocado a la luz de las Escrituras con los postulados que afirman que (1) es creado por Dios; (2) ha experimentado la caída desde un estado o condición original con consecuencias negativas –deformado en cuanto a su sentido original, en condenación; (3) ha sido informado acerca de ambas, su condición pecaminosa y la oportunidad de redención; (4) ha sido redimido o re-formado por la obra de Cristo en la cruz, dándosele la oportunidad de recuperar el intento original, y actualizar las potencialidades para las cuales ha sido creado; (5) puede ser transformado a través de la renovación de su entendimiento; y finalmente (6) ser conformado a la imagen de Jesucristo, glorificado para entrar a una comunión eterna con Dios.

Como ser creado, necesita reconocer su dependencia y arraigamiento en su postulador. Como caído, necesita reconocer su necesidad de rescate y emplear su fe para establecer una relación vital con su redentor. Como ser redimido. Necesita ver los alcances de tal redención, en cuanto a los aspectos negativos (la cancelación de las deudas, los yerros humanos y pecados cometidos) y los positivos (el goce de la paz con Dios, la libertad interior, la actualización de los efectos saludables de la salvación integral, la recepción y la actualización de los dones del Espíritu, y las posibilidades de prestar un servicio libre en amor a Dios y al prójimo).

La naturaleza del ser (a ser abarcada más plenamente en el capítulo 6) es considerada en referencia a la imagen de Dios. Su propósito y destino son enmarcados en la voluntad de Dios, expresada en las Escrituras. El tener nociones de la persona humana según las definiciones de la Palabra de Dios, ayuda a tener una mejor perspectiva de la tarea de aconsejar a un ser complejo: animados del amor de Dios, de su gracia y misericordia, poder asesorar, discernir, y captar las necesidades de la persona, para arribar a formulaciones y diagnosticar adecuadamente sus problemas, sin prejuicios ni distinciones. El saber las capacidades e incapacidades a las cuales el ser esta sujeto, o lucha por actualizar o vencer, es una ventaja enorme. El ver a la persona no simplemente atrapada en su pecado, pero capaz de ser redimida por Dios, y de actualizar la voluntad de Dios en fe y obediencia, hace que la consejería se conduzca con un sentido de esperanza.

5. La Hematología. Esta materia trata con el pecado, considerado como el problema que afecta a la naturaleza humana. Los sistemas seculares de terapia y consejería han desplazado y desechado esta materia en sus consideraciones pertinentes al ser humano. En esta obra, la naturaleza del pecado, su origen, su universalidad, su imputación al ser humano, su abarque y sus consecuencias son considerados como parte esencial de la antropología bíblica, con la consecuente necesidad de redención y restauración hacia el diseño original de Dios. En cierta manera, nada debería sorprender al consejero que escucha los efectos del pecado traducido en el carácter, la conducta, y las relaciones de la persona problemática. Por otra parte, el ser consciente de su propia condición, y su propia necesidad de gracia, hace que el consejero no tenga un concepto indebido de sí mismo, y que dependa de Dios para realizar su trabajo adecuadamente.

Los aspectos interactivos entre el pecado y la psicopatología deben ser tenidos en mente, a ser abordados en un capitulo posterior. También, deben considerarse las atribuciones y las razones teológicas que afectan las posturas, las creencias, y las interpretaciones aplicables a la formulación de un caso, a su diagnosis, a sus causas y a las soluciones o estrategias a ser utilizadas. La teología expresada o subyacente de la persona que aconseja, invariablemente subraya sus deliberaciones y atribuciones a las causas de las enfermedades mentales tales como la ansiedad, la depresión, las psicosis y los desórdenes de carácter. Preguntémonos: ¿Son las enfermedades mentales causadas por el pecado? ¿Habrá alguna relación entre la psicopatología que aumentó el caudal pecaminoso de la persona, o que lo hizo más pecador que cuando estaba sano? ¿Es la depresión causada por el pecado? ¿Es pecado tomar una medicina que ayude a un depresivo a tener una mejor vida? Una buena teología acerca del pecado no es simplemente útil, pero imperativa para mantener la humildad, la renovación, y el escrutinio de sus propias motivaciones en consejería.

6. La Soteriología. Esta temática trata con asuntos de elección, llamado, y salvación por parte de Dios, basada en la obra de Jesucristo en la cruz, apropiada por medio de la fe, con las connotaciones de arrepentimiento y fe, obediencia, y aceptación de la gracia de Dios por parte del creyente. La conversión, la regeneración, la justificación, la adopción, la santificación, y la perseverancia del creyente, son los tópicos a ser considerados en esta esfera. El razonamiento acerca de los alcances de la salvación en la vida del ser problemático ayuda al consejero a siempre actuar en gracia, en fe, y con un sentido diplomático, como un embajador de la reconciliación posible con Dios.

Una pregunta importante es, ¿En qué forma y de qué manera puede el consejo proporcionado relacionarse a los asuntos redentores de Dios en la persona? El consejo no salva, sino que ayuda a la persona que necesita salvación, o que es salva y experimenta problemas. A veces, el consejo es pre-evangelistero, como en los casos de personas que aún no conocen al Señor, las cuales deben ser atendidas en situaciones de consejería. A veces, el consejo es concurrente al inicio de la vida cristiana, y se acopla al nuevo crecimiento a manera de re-socialización adjunta al discipulado. Muchas veces, el consejo se presta a personas que han andado bastante tiempo en los caminos de Dios, pero quienes debido a diversas peripecias, han sufrido pérdidas de fe, de esperanza, y son tentadas a regresar a su pasado. Tales personas necesitan ser animadas con cierta redirección, renovación, y restablecimiento en su vida espiritual.

7. La Eclesiología. Este aspecto teológico trata con la iglesia como comunidad contextual dentro de la cual se desarrolla el carácter y la conducta de los discípulos. La naturaleza de la iglesia, su fundación y su desarrollo a través de las edades son elaboradas en la teología para dar pautas acerca de la comunidad que Dios tuvo en mente desde la fundación del mundo, llamando un pueblo para su nombre y gloria. La misión de la iglesia, sus dones, y su ministerio, son vistos dentro del ámbito universal como también el local, o comunitario. Los sacramentos de la iglesia (Bautismo, Santa Cena o Eucaristía) son vistos como parte vital en el servicio al Señor de la casa, y a la casa del Señor. El consejero no se ve como un ente aislado e independiente, pero como un miembro vivo del Cuerpo de Cristo, sirviendo con su consejo a otros miembros del mismo cuerpo. En sus actuaciones consejeras, siempre tiene en mente el marco de referencia de "los unos a los otros" en teología relacional, para anclar, apoyar, ayudar, etc., a través de la comunidad a la persona que necesita tal contexto como parte vital de su sanidad, liberación, sentido de pertenencia, y validación.

8. Los ángeles. La teología también abarca el estudio de los ángeles como seres creados, considerando su origen y sus funciones, sus obras y su propósito en cuanto a Dios y a los seres humanos. En nuestros días, tal vez pareciera difícil ver el ministerio de los ángeles hacia los escogidos de Dios, pero las Escrituras apuntan a tal hecho. El razonamiento lógico acerca de la existencia y de la protección de las huestes espirituales buenas debe compensar al énfasis colocado sobre la guerra espiritual librada en contra de los espíritus malos. Mucho se dice y hace con respecto a los demonios, pero no se da bastante crédito a los seres de carácter impecable, fuerte, y servicial, utilizados en acatar la voluntad de Dios a favor de sus escogidos. En cuanto a proporción, las huestes fieles sobrepasan en gran manera a las huestes maliciosas; en cuanto a poder, también tienen una ventaja admirable. De manera que, si se da lugar a la noción bíblica que trata con esta materia, tal conocimiento y creencia puede ayudar contundentemente a los creyentes que viven en temor a las huestes malignas, para verse en libertad y con dignidad, como objetos del amor y la protección de Dios.

9. La Demonología. No podemos prescindir de esta temática en la consejería cristiana, y especialmente el consejo o guía provisto entre carismáticos o pentecostales que han dado mucho auge a tales huestes en sus consideraciones ministeriales. Muchas cuestiones se relacionan a las actividades demoniacas como siendo causativas del malestar, de la aflicción y de la destrucción de la salud física, mental, y espiritual dentro de la esfera humana. La demonología trata con las fuerzas espirituales bajo el dominio de Satanás o el Diablo, con sus huestes batallando en contra de Dios y los seres humanos. El origen de Satanás, su naturaleza y sus obras son vistas en relación a las aflicciones humanas, y a los problemas relacionados a la "demonización" (término alternativo al empleo del concepto "posesión" usado en casos cristianos). Mucho de lo que los consejeros cristianos en nuestros países latinos enfrentan, se relaciona a este rubro. Casos de depresión, ansiedad, esquizofrenia, psicosis aguda, entre muchos otros, ofrecen desafíos a los pastores, quienes de acuerdo a su teología, fenomenología, y experiencia, tildan de posesión demoníaca. Esta obra trata de proveer pautas para hacer un escrutinio racional a fin de discernir y de llamar las cosas por su nombre, sin negar los efectos demoníacos por un lado, pero sin tampoco negar la necesidad de una buena diagnosis que incluye las causas naturales de las enfermedades o problemas mentales de carácter psiquiátrico o psicológico. Tales causas han sido investigadas empíricamente, y establecidas como agentes etiológicos en el terreno natural, actuando sobre el organismo humano con interacciones complejas entre varios factores –genéticos, neurobiológicos, bioquímicos, psicológicos, sociales, y situacionales. Sin embargo, teniendo en mente la esfera natural, no debemos desechar la esfera espiritual que nos rodea. Así como "no solo de pan vivirá el hombre", tampoco no solo de tales agentes naturales morirá (o fenecerá, mermará, o disminuirá en sus potenciales) el hombre, sino también de causas transcendentales –hay un mundo espiritual al La persona que aconseja puede asesorarse de tal teología a fin de poder ser de ayuda a las personas, sin que sus percepciones, atribuciones, o creencias lleguen a ser un impedimento en el proceso.

10. La Escatología. El estudio de las cosas que han de venir, especialmente la Segunda Venida de Cristo, como así también el acercamiento a las resurrecciones y los juicios venideros, también son abarcadas por el pensamiento cristiano teológico. El problema de Israel y los gentiles, su destino, el reino venidero y el estado final entrando a la eternidad, son consideraciones al respecto. Este rubro de teología es el que más se usa en casos de sepelios y funerales por consejeros que atienden a los que están de duelo con las esperanzas de la resurrección. Sin embargo, el alcance teológico de la segunda venida puede actuar como punto de referencia, el punto "omega" al final del narrativo de la historia humana.

"Aquel día" en el concepto paulino acondiciona y provee pautas de buen vivir en *este* día. Teniendo en mente el advenimiento de Cristo y su tribunal (su asiento juzgador, o *bema*) en su segunda venida (*Parousía*), hace que algunas personas –a causa de su estilo de vida pecaminoso– estén paranoicas y ansiosas, mientras que otras –a causa de su fe y obediencia a Dios– esperen con gozo la liberación total y la redención cabal de sus vidas. La lógica y el razonamiento acerca de la teología de la segunda venida es sumamente importante para todo aquel que da consejos, en cuanto a su anclado, dedicación, sentido de dirección, y trazado de metas en el aquí y ahora en vista de ese día.

En síntesis:

Todo lo mencionado en los párrafos anteriores tiene su sentido y lugar si se trata de integrar la teología a la psicología, especialmente en el escrutinio, el asesoramiento, y el trato de las disfunciones, las aberraciones, los problemas mentales, o las enfermedades psicológicas y psiquiátricas. La causa de tales problemas, como así también el desarrollo de los mismos, y los acercamientos que pretenden ayudar a las personas que sufren de tales condiciones, no se deben ignorar en el enfoque terapéutico pastoral.

Recalcamos que, si se trata de integrar aspectos teológicos a las intervenciones psicológicas, se debe esclarecer y definir cuáles aspectos mencionados arriba (la lista no es exclusiva, sino mas bien ilustrativa de los que la teología abarca) son tomados como variables o entidades a ser integradas. La mayoría de los sistemas integrados de psicología-teología toman en cuenta solo segmentos parciales de la gran variedad de tópicos, temas, y asuntos teológicos. En manera especial, la psicología toma elementos de antropología bíblica-teológica, sin abarcar aspectos varios tales como la cristología, la pneumatología, la demonología, y muchas otras temáticas. Recalcamos en esta obra que todo intento actual de integración es simplemente parcial, segmentado, angosto y resumido al abarque funcional-focalizado con respecto a la función consejera hacia la naturaleza humana en problemas.

La Teología Subyacente a la Consejería

Los aspectos básicos, funcionales, y necesarios en la conducción de las sesiones terapéuticas propuestas en esta obra derivan de las nociones expuestas. Tales premisas aparecen a veces en una forma subyacente y tácita, y otras veces en una forma saliente y directa, animando a las expresiones comunicativas de la persona que aconseja. Basado en su teología, la persona puede sonsacar lo eficiente, necesario, pertinente, y aplicable a la ocasión siendo abordada. Debemos aclarar que cada teología (sea reformada, calvinista, o arminiana, wesleyana, etc.) ofrece principios cuyo énfasis aplicado puede ayudar o empeorar la problemática del ser que busca ayuda, dependiendo no solo del grado de empatía, aceptación en gracia, dispensación de misericordia, y de concernir respetuoso hacia tal persona, sino también de la aplicación de principios bíblicos utilizados en maneras particulares, legalistas, o idiosincráticas. Los principios teológicos subyacentes al consejo deben ser tenidos en plena conciencia, y utilizados con un discernimiento metacognitivo, hablando la verdad en amor, a fin de asesorar su impacto positivo, su función libertadora, o su énfasis sanador. En breve, es necesario utilizar la teología en consejería considerándola como un árbol de vida, y no simplemente un árbol de ciencia del bien y del mal. Utilizarla, no como un molde que fuerza a la persona a ser encajonada en nuestro diseño, sino como una base subyacente al diálogo sanador que toma lugar. Para ello, es necesario vislumbrar el objeto de la atención ministerial: la persona, no solo su problema.

1. *¿Quién es esta persona?* La antropología bíblica viene al caso; la naturaleza humana creada y formada a la imagen de Dios, caída y deforme en pecado, re-formada, restaurada, transformada, siendo conformada, etc. ¿A qué altura y de qué manera esta persona cree, obedece o esta a tono con Dios? ¿Qué desarrollo ha tenido, y como ve su historia en el contexto de la voluntad de Dios? ¿Qué clase de luchas interiores experimenta? ¿Qué clase de teología subyace y anima a las deliberaciones de tal persona en el contexto de sus problemas? ¿Qué teología subyace y anima a la persona que aconseja, en cuanto a sus definiciones del problema, de su asesoramiento, su acercamiento, y de la ayuda que dispensa?

2. *El problema presentado.* El consejero puede definir el problema en su forma natural, y estar consciente de su teología al enmarcarlo en sus formulaciones, para luego deliberar y acercarse a una solución. ¿Es el problema natural, debido a aberraciones genéticas, fisiológicas, o de herencia? ¿Es el problema debido a causas naturales de mayordomía pobre, de elecciones equivocadas, de entrelazados negativos con otras personas? ¿Es el problema debido a algún pecado en la vida de la persona? Me atrevo a decir que muchos pastores que aconsejan pasan por alto todas las deliberaciones naturales y directamente, debido a su teología, atribuyen todo mal, todo problema, al pecado del ser (cubierto o descubierto, obvio o latente, de comisión u omisión, etc.). Otros, le dan crédito a los demonios, considerando toda aberración humana como producto de los mismos. Sea una condición psicótica, o un dolor de cabeza, o una adicción al alcohol o a las drogas, o un abuso físico, sexual, o emocional, muchos pastores consejeros adjudican tales males a los demonios y se dan a la tarea de echar fuera tales "espíritus" sin prestar una ayuda empática hacia las personas que sufren. No descartamos la actividad demoniaca entre los humanos, ya que son emisarios del maligno para afligir, destruir, y corromper al ser humano, sus relaciones y actividades. A veces lo hacen en manera sutil, otras veces en forma más grosera. Sin embargo, así como no es oro todo lo que reluce, no es demoniaco todo lo que es aberrante y opaco. Es necesario que la persona que aconseja, tenga un discernimiento espiritual para tratar con los casos sin encerrar a las personas en sus moldes preconcebidos.

3. *El desarrollo del problema y sus consecuencias.* La teología del consejero puede ayudar a ver el transcurso de los problemas y su desarrollo en la vida del ser problemático. Una persona acondicionada por una teología calvinista puede definir y enmarcar mucho de lo que le sucede al ser humano en el designio soberano de Dios, el cual se cumple inexorablemente, ya que ha sido predestinado con tal propósito. Por otra parte, la persona armada de una teología arminiana tiende a considerar los problemas emocionales y mentales como consecuencias relacionadas a causas pecaminosas, debido a la libre voluntad del ser y sus decisiones.

Por ejemplo (humorísticamente hablando), si una persona se cae de una escalera y se rompe un hueso, las tendencias a ver la razón de tal accidente por parte de un consejero calvinista pueden ser diferentes a las de su vecino arminiano. Imaginemos la reacción, justificación, y racionalización empleadas en explicar tal caída, considerada desde dos extremos: El calvinista acérrimo se cae, y se rompe un hueso; se levanta, da gracias a Dios porque tal vicisitud predestinada ya pasó, y en su perseverancia se dirige hacia el hospital para ser atendido. El arminiano, luego de su caída y la rotura de su hueso, se pasa las horas conjeturando acerca del *por qué* le pasó tal cosa, cuál ha sido la causa esta vez, y (si es carismático) se pregunta si fue Satanás o algún demonio quien lo hizo tropezar; o tal vez, considera que ha sido su propia falta de consagración la razón de la caída, o algún pecado no confesado siendo castigado con su caída en particular. Aún así, a pesar de sus deliberaciones y diálogos internos, no tiene la certeza de conectar la causa y el efecto, pero por lo menos trata por varios días de tener cierta justificación en su explicación. Aunque el ejemplo es una caricatura en ambos casos, hay cierta verdad en la ilustración: De acuerdo a nuestra teología, tendemos a adjudicar razones y causas a las cosas que nos pasan.

Sería bueno ampliar con gracia nuestras deliberaciones, ciertamente en los casos que sufren, y no necesitan que los tildemos de pecadores, o que los abrumemos aún mas con nuestras conjeturas teológicas. Sería bueno escuchar con atención a la teología latente, subyacente, implícita, o tácita de la persona que viene a pedir ayuda, para dialogar (no argumentar) a fin de llevarla a una mejor perspectiva, si es que sus atribuciones lo llevan a dudar, de alejarse de Dios, de cuestionar sus caminos, o de encerrarse en un callejón sin salida. Como terapeutas humanos, no tenemos siempre la vislumbre total de la realidad, y andamos por fe y no por vista. Vemos como por un espejo ahora, hasta que veamos realmente la realidad definida en la presencia de Dios.

Podemos errar en ambas direcciones: Ser teológicamente dogmáticos, catedráticos, armados con opiniones prejuiciadas, o ser personas quienes consideran los problemas humanos en forma indagadora y tentativa, asesoran con gracia y misericordia, y "por las dudas", dispensan mas empatía y amor que juicio y condenación. El ministerio del Nuevo Pacto no es "letra que mata", sino "Espíritu que da vida" (2 Cor 3:6). Entonces, si como humanos falibles vamos a errar de todas maneras, tratemos de errar mostrando misericordia, gracia, y amor a las personas que sufren. La consejería se asemeja más al oficio sacerdotal que al profético, ya que en tal proceso no se predica tanto, sino que se aboga a Dios a favor de las personas en problemas. Si tal noción es válida, la primera cualidad buscada entre los sacerdotes, según las Escrituras, es que sean misericordiosos, y que se compadezcan de los que caen —porque ellos mismos están rodeados de debilidad— y deben ofrecer sacrificios por ellos mismos antes de hacerlo por los demás (Heb 5:1-3).

4. La formulación y el diagnóstico teológicos. Luego de asesorar el problema, sus posibles causas, la historia del desarrollo del problema y de sus ramificaciones, necesario establecer la vislumbre del sentido de responsabilidad que posee la persona que busca ayuda, su motivación para hacer los cambios posibles, y su disposición a ser ayudada. Luego de tal asesoramiento, la persona que aconseja puede arribar a cierta formulación, impresión, o diagnosis del caso —una impresión acerca del problema en vista a sus antecedentes, incluyendo los factores considerados como contribuyentes al problema, la disfunción, o el malestar, con la explicación de sus posibles fuentes de origen, y la atribución prestada acerca de sus causas— para finalmente elegir un curso de acción terapéutica.

Todos los procesos mencionados hasta aquí están saturados de ambas corrientes: La natural y la teológica. Podemos enfocar a la persona y sus problemas a tres niveles de análisis: Lo que aparece a la vista —lo natural, los eventos, los síntomas, la conducta y los trastornos problemáticos obvios. Luego, sondear hacia los procesos subyacentes de carácter *cognitivo* –el pensar, el razonar, el atribuir significado, y el juzgar de la persona; *emotivo* –su sensibilidad, sus emociones y afecto; y *motivacional o decisivo* –la actitud, la disposición y la motivación de la persona hacia al cambio de su conducta, su estilo de pensar, o sus actitudes negativas. Tal nivel es subyacente a lo que se asesora "por vista" en manera concreta. Finalmente, al nivel más profundo, es necesario asesorar al ser en su ontología, en sus aspectos temperamentales, o caracterológicos, a fin de percibir sus bases, sus valores, su actitud de fe, y sus convicciones espirituales.

La formulación del caso es hecha a través de los filtros de la teología y del entendimiento psicológico de la persona terapeuta. De acuerdo a su punto de vista, el consejero tiende a mirar a través de sus lentes teológicos-psicológicos, y atribuir cierto sentido y significado a lo que observa y define. Consejeros con tinte fundamentalista, animados con una lógica linear de causa-efecto, tienden a ver en manera simple la conexión que, en su opinión, es la única posible: Este trastorno se debe a (1) algún pecado que la persona cometió; (2) a Satanás o a los demonios; (3) la persona es perseguida a causa de la justicia; o (4) la persona tiene que aprender algo que Dios le enseña con tal aflicción. Consejeros un poco más abiertos y empáticos, que reconocen que no tienen todos los pormenores como para hacer un juicio cabal de la situación, se retraen de pronunciar veredictos que degraden o aflijan a la persona problemática. Tales consejeros tratan de formular una hipótesis tentativa, una impresión diagnóstica que guíe al proceso de ayuda.

No descartamos la posibilidad de que el pecado o los demonios entren en juego en la ecuación diagnóstica. Simplemente ampliamos las posibilidades de las causas del sufrimiento humano. En una conferencia dictada en el Veritas Forum de Harvard, el autor presentó varias posibilidades acerca de las razones por las cuales el humano sufre: (1) la sujeción de la humanidad a la maldición pronunciada por Dios hacia el cosmos a causa del pecado, afectando en manera general, universal a todos los sistemas, especialmente en lo referente al ser humano –las estructuras subyacentes a la bioquímica, la genética, la fisiología, etc., las cuales no carecen de aberraciones en un mundo imperfecto; (2) causas naturales –catástrofes, accidentes; (3) el pecado de otros –abusadores, criminales, familias disfuncionales, etc.; (4) las decisiones equivocadas en cuanto a seguridad, protección, actuando fuera del sentido común; (5) una mala mayordomía del tiempo, del comer, del dormir, del manejo del estrés cotidiano, de las energías disponibles, etc.; (6) algún pecado con consecuencias negativas; (7) la voluntad de Dios en cuanto al permiso a ser quebrantado, probado –para pulir el carácter, la conducta, o aprender maneras de confiar a pesar de las circunstancias, etc.; y (8) la demonización –en manera sugestiva, afectante, o poseyendo a la persona. El estudiante o practicante del consejo, partiendo desde su enfoque teológico, debe tener una mente abierta, sin prejuicios ni dogmas actuando de antemano, para poder asesorar caso objetivamente, y arribar a una diagnosis apropiada.

*5. El estilo, la modalidad y el tiempo necesario para aconse*jar. Luego de ver el asunto en perspectiva, de asesorar el problema, ver sus pormenores, y diagnosticarlo, surge la necesidad de emplear cierta modalidad o estrategia apropiada al caso. Se considera la clase de cambios son necesarios en el caso, y cuanto tiempo se tomará en lograr los objetivos propuestos. Los cambios a nivel trivial son más fáciles de abordar y ejecutar. El tinte teológico empleado en asesorar el problema, y de considerar las maneras en las cuales la voluntad de Dios puede ser realizada en la vida del ser atravesando sus dilemas entra en juego: ¿Espera la persona que ocurra un milagro? ¿Se le impondrán las manos y se orará para que se sane al instante? ¿Será tal ocasión en la cual se echará fuera un demonio? ¿Es el dilema algo crítico o pasajero? ¿Es este caso semejante al aguijón de Pablo, para instar a la persona a orar tres veces y ver que pasa luego? ¿O es esto algo crónico, y que inste a este Timoteo moderno a tomar un poco de vino en vez de agua? ¿Se empleará una consejería de profundidad o de apoyo? ¿Habrá que confrontar o consolar a la persona? ¿Será la intervención a corto plazo, o necesita una atención a largo plazo? En fin, las preguntas abundan en cuanto a qué hacer con el caso, aún cuando sabemos de dónde viene, y por qué existe.

En muchos casos, se vislumbra la necesidad de un cambio –de carácter, de conducta, de disposición, de hábitos, de relaciones, o de hábitos en necesidad de intervención inmediata. Los cambios a nivel trivial son relativamente fáciles de lograr y no toman tanto tiempo. Los cambios a nivel de procesos –cognitivos, emotivos, motivacionales y activos, son más difíciles de lograr. La re-estructuración de la mente, la re-atribución de significado, el cambio en el juicio o la capacidad de hacer decisiones, son asuntos que toman tiempo y esfuerzo para ver cambios reales y consecuentes. Los moldes y estereotipos consolidados en la mente y corazón no son tan fáciles de cambiar, y necesitan de un prolongado consejo con cotejado y retroalimentación constante. Aún más, el cambio de carácter y temperamento y sus disposiciones básicas reflejando los valores espirituales del ser, son mucho más difíciles de lograr, y toman mucho más tiempo que cambiar una conducta. Analógicamente hablando, es como hacer crecer algo en nuestro terreno: Podemos crecer hongos en pocas horas. Podemos cultivar zapallos o calabazas en cuatro meses. Pero si queremos hacer crecer un roble, tal objetivo toma mucho tiempo.

En Resumen:

En este capítulo hemos enfatizado el hecho que la teología debe ser parte de la consejería, no siendo considerada como una herramienta a ser empleada, sino como un ente vital, compenetrado en el carácter, los procesos, y las actividades de la persona que aconseja. El consejero es un ministro del Nuevo Pacto, una persona que no apela a las tablas de piedra a ser cotejadas exteriormente, sino que actúa según los dictados de Dios alojados en su mente renovada y en su corazón sensible, siendo investido del Espíritu para funcionar en gracia, misericordia, y poder.

Recodemos que el Nuevo Pacto nos hace ministros competentes, para ser *unilaterales* (con empuje hacia las personas, con una iniciativa sanadora, y una actitud libre de motivos creados); *incondicionales* (no supeditados a la necesidad de ver que nuestras demandas, condiciones o expectativas sean satisfechas primero, ni a las demandas o a las expectativas de ser provistos de equidad, refuerzo, o reconocimiento de los esfuerzos que hacemos); *proactivos* (sin esperar ser suscitados, evocados, provocados, o a reaccionar a las circunstancias; planear de antemano el hacer el bien, y provocando a las buenas obras); *llenos de gracia* (dar lo que las personas no merecen); *llenos de misericordia* (no castigar con actitud o conducta a las personas que nos ofenden, aún cuando el castigo puede ser merecido); y llevando a las personas a encuentros íntimos con Dios.

Capítulo 6

Antropología Bíblica

Definimos al ser humano como creado en la imagen de Dios. Luego, caído en el pecado, redimido, y dado el privilegio potencial a ser restaurado ante Dios, quien apela a su fe y obediencia, para finalmente ser conformado a la imagen perfecta de Jesucristo y relacionarse con su postulador eternamente. Tales proposiciones axiomáticas necesitan ser ampliadas en aspectos descriptivos. La utilización del término *Tásele Elohim* (*Imago Dei* en Latín) es diversa, pero enfatiza la relación a Dios como básica al entendimiento del ser humano.

Bases Escriturales: Consideraciones Acerca de la Imagen de Dios

Los eruditos nos dejan saber que el término "imagen" (*Tselem*) es usado 13 veces en Hebreo (Gn 5:3; Nm. 33:52; 1 S 6:5 ; 2 R 11:18; 2 Cr. 23:17; Sal 39:7; 73:20; Ez 7:20; 16:7; 23:12-17; Amós 5:26). El término es usado cuatro veces en relación a la imagen de Dios, una vez en relación a Set como imagen de Adán (Gn 5:3), una vez en relación a una pintura sobre una pared (Ez 23:14); tres veces en relación a figuras de oro (1 S 6:45, 11), y siete veces en relación a ídolos. En Daniel, el arameo *salem, selem o salm*, es usado en referencia a ídolos (2:31; 32, 33, 34, 35; 3:1, 2, 3, 5, 7, 14, 15, 18, 19). En el idioma acadio, *salmu* (equivalente a *tselem*) es usado como verbo para denotar el edificar, manufacturar, erigir, dibujar, o inscribir una imagen. El término hebreo *damut* (semejanza) es basado en pasajes tales como 2 R 16:10; 2 Cr 4:3; Sal 58:5; Is 13:4; 40:18; Eze. 1: 5, 10, 13, 16, 22, 26 (3x), 28; 8:2; 10:1, 21, 22; 23:15; y Gn 51:1, 3, incluyendo el pasaje paradigmático de Gn 1:27. El significado no es explicado plenamente en el texto, sino que ambiguamente se interpreta de diversas maneras. Anderson and Reichenbach (1988) dan nociones acerca de la imagen de Dios, interpretada a través de lentes humanos, con diversos significados. En todas las referencias, lo que resalta es la noción de ser intrínsecamente relacionados a Dios en su imagen y semejanza. Las escrituras referentes a tal imagen, de interés a nuestras consideraciones, se encuentran en los siguientes pasajes:

1. Génesis 1:26,27; 5:1-3. La imagen (*Tselem Elohim*) es introducida paralelamente a los conceptos de humanidad presentes en la creación como hombre y mujer, dándoles una identidad sexual, en relación, mutualidad, y diferenciación. Sin embargo, el uso de *Tselem Elohim* va más allá de la sexualidad, ya que los animales también fueron creados como hembras y machos, sin necesariamente llegar a ser la imagen de Dios. En el contexto bíblico, aún en su sexualidad, los humanos son definidos como entes diferenciados en cuanto a calidad y significado superlativo en la creación del sexto día. Aún así, tal hecho no es la expresión total

de su semejanza al creador (Gn 1:27; 2:18-25). La imagen también involucra aspectos mutuos, complementarios, íntimos, y relacionales entre personas semejantes a Dios, siendo contrapartes de sí mismos.

El lenguaje de Génesis indica el uso ordinario de analogías para introducir conceptos tales como el ser un espejo, una reflexión, o una iluminación cognitiva, para dar a entender cierta correspondencia, y no necesariamente una larga lista de características o rasgos humanos. El ser humano es colocado como un representante de Dios, reflejando al creador en su mayordomía sobre lo creado. El ser humano encuentra su definición e identidad al entablar contacto, dialogar, adorar, y servir a Dios.

La imagen incluye características relacionales, con similitud en diferenciación, sin necesariamente atribuir un género sexual a Dios, pero si enfatizar la compenetración social en establecer una comunión íntima natural. Tanto el hombre como la mujer reflejan, exaltan, y representan a Dios en su estado ontológico original, y ambos dependen de Dios en cuanto a su definición, sus capacidades de administración, y el cumplimiento de su diseño. El narrativo del capítulo 1 de Génesis se conecta con el siguiente capítulo, con el énfasis sobre el "dejar padre y madre y unirse a su mujer para ser una sola carne", postulando la relación matrimonial como unidad básica para las bases sociales que siguen en cuanto a comunidad, sociedad, y humanidad en general. Sin embargo, debemos recordar que antes que Adán fuese un marido, o antes de Eva llegar a ser su mujer, ambos fueron creados por Dios y para Dios, como criaturas –hijo e hija de Dios. Tal definición antecede al matrimonio, y debe ser vista como algo primordial, reflejado también en la finalidad del diseño divino, en el cual tanto hombres como mujeres entran a la eternidad como hijos e hijas de Dios –no como maridos, mujeres, padres, hijos, etc.

El "conocer" en términos bíblicos, y el "llegar a ser una carne" denotan la capacidad humana para el éxtasis (vocablo griego compuesto, ec-stasis: salirse de uno mismo, dirigirse hacia el objeto de amor, en un movimiento positivo del ser hacia la otra persona). Tal capacidad encierra aspectos de intimidad y comunión, de compenetración relacional, como expresiones análogas a la capacidad divina de trascendencia, de unión, de fe, de paz, de armonía y de amor interpersonal. Las alusiones sexuales del pasaje indican que, como criaturas de Dios, los seres en relación conyugal están supeditados a su diseño y voluntad; hombre y mujer se conocen íntimamente ante su presencia para dedicarse exclusivamente el uno al otro, dentro del marco de referencia de la voluntad de Dios en cuanto a su mayordomía corporal. Cabe enfatizar el hecho que a través del narrativo del Antiguo como así también el Nuevo Testamento, la unión heterosexual es sancionada ontológicamente como un ente diseñado, adecuado, esperado, normativo, y fundamental al matrimonio.

La cultura vigente ha aceptado la posición que alega que el género o la preferencia sexual es un asunto genético, y como tal, inamovible y dejado a su destino natural. Además, la cultura vigente apoya la libre elección personal en adjudicase el género de su agrado y voluntad. Sin embargo, Génesis 1:27 se aplica a todos los contextos culturales, y aún si existen posibilidades de aberraciones, distorsiones o malfuncionamiento genético subyacente al desarrollo de las personas en un cosmos sujeto a las deformaciones causadas por el pecado, existe un diseño ontológico revelado al cual el creyente obedece. No cabe duda que la cultura vigente empuja, sanciona, y refuerza las definiciones abiertas y carentes de adherencia a las Escrituras en cuanto a la sexualidad y las prácticas, las maneras, los estilos, o las preferencias relacionales íntimas en tal esfera. En esta obra, se busca el sondear la voluntad de Dios expresada en las Escrituras y tratar (no simplemente aceptar alternativas) al diseño ontológico de Dios como un paradigma relacional. Las interpretaciones varían entre diferentes sectores del cristianismo, a veces basadas en una hermenéutica de participación social o cultural, o en la experiencia particular de personas que sufren de tales problemas, y buscan acomodar su teología a su experiencia personal.

2. Génesis 9:6. Sin hacer alusiones a la sexualidad, las dimensiones morales son enfatizadas, indicando que la posesión de la imagen y la semejanza de Dios involucra la santidad de vida. Por santidad, entendemos que el ser humano es separado, dedicado, inaugurado, y ungido por y para Dios. También implica una existencia limpia, clara y meridiana, agradable a Dios. Tal definición enfatiza el valor y el significado que realmente tiene la existencia del ser humano ante Dios. El pasaje indica que el quitar la vida a un ser humano es la negación de la imagen de Dios (latente o expresa) en la otra persona. En el Nuevo Testamento, el maldecir a otro ser es afrontar y denigrar la imagen divina (impecable o distorsionada) que intrínsecamente está presente en tal ser (Stg 3:9). En el sentido ontológico, en esencia, el odiar al hermano es ser homicida (1 Jn 3:15). El atacar a un semejante y matarlo, ha sido considerado en el Antiguo Testamento como un equivalente a atacar la imagen de Dios en el ser, y como consecuencia, la pena de muerte era administrada al asesino.

El término "imagen" se refiere a la relación sanguínea, hermanada, y comunitaria con personas hechas a la imagen de Dios. La imagen es un reflejo o expresión de la capacidad y la oportunidad de relacionarse en amor con otra vida, con otro ser semejante. Es un reflejo de la relación profunda de correspondencia entre Dios y sus criaturas representativas. El enfatizar una relación entre padre-hijo es traída a la mente. Sin embargo, preguntamos, ¿Por qué no se usa el término *ben Elohim* para denotar al ser humano como la imagen de Dios y como "hijo" de Dios? ¿Tal vez sea porque el término no incluye la realeza de la intención divina.? *Tselem Elohim* indica no solo una imagen relacionada íntimamente, pero también realeza, adopción, enfatizando el hecho que el ser humano es definido como un hijo amado, como un heredero, con afinidad familiar —todo en un término.

3. En el Nuevo Testamento, vocablos griegos para denotar imagen son utilizados por Pablo (1 Co 11:7; Ef 4:2; Col 3:10). En tales ocasiones, se enfatizan las dimensiones morales de la imagen. El "revestirse del nuevo hombre" es el dar reconocimiento y decidir a coparticipar con el Espíritu en el proceso de santificación para "devenir" o llegar a ser semejante a la imagen divina, ser como Dios en su justicia y santidad, y renovar la semejanza en el sentido de seguir los mandatos éticos de Dios. La imagen es una especie de reflejo, expresión, o mímica del Creador en sus atributos morales, éticos, y relacionales.

Interpretaciones Clásicas de la Imagen de Dios (*Tselem Elohim*)

En el ámbito teológico y eclesiástico, existen varias interpretaciones acerca de la imagen de Dios en el ser humano. Podemos delinear tales definiciones a continuación.

1. La imagen es definida *ontológica y sustancialmente*, con atributos "poseídos" por el ser creado, en virtud de desplegar la semejanza en cuanto a las características que definen las capacidades cognitivas-intelectuales, emotivas-afectivas y volitivas del ser. Aún cuando el pecado ha hecho estragos en la imagen, la persona puede manifestar características, dotes, rasgos, y actuaciones que dan a entender su procedencia trascendental.

2. La imagen es definida *moralmente,* con capacidades racionales para razonar y sentir a lo largo de las deliberaciones y connotaciones que entran en juego en el proceso de elegir entre el bien y el mal. La capacidad de actuar en base a la conciencia como ente regulador de los procesos racionales con alusiones hacia la equidad, la justicia, y ajustarse a las expectativas de hacer lo bueno y evitar lo malo, parten de esta consideración.

3. La imagen es definida *relacionalmente,* con énfasis en la comunión vertical con Dios y en la relación horizontal entre seres extáticos. Así como Dios dialoga eternamente como un ser trinitario, el ser dialoga con Dios, con otras personas y consigo mismo. La humanidad puede ser vista como "hijos e hijas" de Dios, o criaturas de Dios. En particular, Israel consideró a Dios como su padre (Ex 4:22-23; Dt 32:6; Is 63:16; Jer 3:19; Os 2:1; 11:1; Mal 2:10).

4. La imagen es definida *funcionalmente,* en virtud de la autoridad delegada por el Dueño y Señor a sus hijos e hijas, para que ellos funcionen como mayordomos sobre la creación.

5. En términos absolutos, *Jesús es la única expresión real y total de la imagen de Dios.* Aparte de Jesús, no hubo ni habrá otra persona que incorpore la deidad en su plenitud (Col 1: 15, 19; Heb 1:2-3).

Sumando lo dicho hasta aquí y teniendo en cuenta que Jesús es la persona que por excelencia refleja, denota, expresa, e incorpora la imagen de Dios, damos énfasis a las definiciones sustanciales y relacionales que se aplican al ser humano en general, y al creyente en particular.

Acercamientos Sustanciales

El *ser* lque aparece a la vista es el ente que conocemos fenomenológicamente, la criatura que medimos empírica y objetivamente a través de variables que tratan de encerrar características de la denominada "personalidad". En cierta forma, y para asuntos naturales enfrentados en consejería con los humanos en general, tales consideraciones representan definiciones funcionales y adecuadas del ser. Sin embargo, visto desde el plano natural, "lo que es nacido de la carne, carne es." No negamos la condición natural –personal, social, familiar, o cultural. En antropología bíblica, sin embargo, otras preguntas se añaden: ¿En qué forma la caída en el pecado y el continuo errar al blanco propuesto por el Creador distorsionan las definiciones y la naturaleza del ser? ¿En qué forma la redención y sus alcances afectan la definición del ser sustancial, quien es mortal y sin embargo tiene un futuro que trasciende su entierro? La cienciua abarca al ser dentro del marcio de referencia físico, empírico, y temporal. La teología sobrepasa tales límites e ilustra la verdad proposicional acerca del ser creado a la imagen y semejanza de Dios.

Las características del ser y sus actuaciones están supeditadas a los efectos que la caída y los yerros proporcionan, con las consiguientes aberraciones psicopatológicas de carácter, conducta, y relaciones. Pero si tales elementos negativos se suspendiesen, se corrigieran, se transformasen, o se sobrepujen, se daría la oportunidad y la posibilidad de desarrollar aspectos concordantes a las intenciones originales del Diseñador de la existencia humana. Tal posibilidad se postula como dependiendo de la redención del ser, provista por Dios quien desafía al ser a "nacer de nuevo," a ser "re-generado" y ser justificado ante su presencia, libre de su condición sujeta al pecado. Siendo que el ser en su esencia es incapaz de lograr tal condición o estado, la gracia de Dios, la intervención del Espíritu generador, santificador, y capacitador con poder entran en juego para lograr tal fin.

El problema de los antiguos griegos con su concepto *ousia* (sustancia, esencia) y la versión monista de la realidad forzó a los teólogos a enfatizar la diferencia entre Dios y la creación en realidades espirituales y materiales. Las deliberaciones de la iglesia en el concilio de Calcedonia arribaron a la formulación de un credo, enfatizando las "dos naturalezas" de Jesucristo unidas sin confusión (Jesús –su nombre Salvador entre los humanos; Cristo –el ungido de Dios, su título mesiánico eterno). La ontología griega influyó a los teólogos en sus percepciones y formulaciones de la *sustancia objetivada* del ser humano (*"natura"* en latín). La idea aristotélica de *entelequia* (ser con potencialidad racional) es citada como trasfondo a tales consideraciones. La teología "natural" enfatizó la "natura" del hombre, con "entelequia", y capaz de conocer y relacionarse con Dios. En tales formulaciones, la gracia es condicionada y la *Imago Dei* es preservada aún después de la caída. Tal definición del ser enfatiza la capacidad humana para ser y llegar a ser lo que Dios desea. La iglesia ortodoxa enfatizó que la imagen se manchó, pero no necesariamente se extinguió o destrozó con la caída como consecuencia de la desobediencia y del pecado.

En la teología clásica, los acercamientos sustanciales ontológicos ocuparon el lugar más preponderante. San Agustín trató con la *Imago Dei* como refiriéndose al alma racional, con características de memoria, entendimiento, y voluntad. Santo Tomás agregó que la semejanza es analógica en cuanto a las virtudes divinas, y ontológica en cuanto a las capacidades racionales o intelectuales del alma. Los reformadores como Juan Calvino enfatizaron que el asiento de la imagen divina estaba en el alma, en su expresión y manera espiritual. Como tal imagen representaba las características singulares humanas, se la identificaba con las bases ontológicas del raciocinio humano y su intelecto, presentes en el alma.

En el pensamiento de Agustín, el ser ha sido formado con propósito, deformado por el pecado, y reformado por Dios. En su condición actual es transformado y conformado a la imagen original –abarcado por Dios en su totalidad. La definición del ser ontológico abarca los conceptos "éxtasis" e "hipóstasis" sin división. El modo de su existencia (hipóstasis) es única, diferente y sin repetición. No es simplemente "algo" o una "cosa" presente a la vista, ni tampoco una sustancia carente de arraigamiento. El significado del concepto "hipóstasis" experimentó cierta evolución. Por mucho tiempo, la ontología aristotélica igualó "hipóstasis" con "sustancia". En el cuarto siglo, se sumó la definición de "persona" (del latín: *"máscara"*). En lugar de ser *ousia* se la identificó con "estado de ser" o "condición existente de ser persona". Por ello, se confunde muy a menudo el concepto de "personalidad" con el ser ontológico. La cuestión ontológica no se resuelve simplemente al enfocar al ser existente en sí mismo, dentro de sus límites, y como poseyendo sus atributos, pero más bien considerar a un ser que rompe tales barreras en éxtasis, en su capacidad relacional en amor. La comunión es constitutiva y parte de la definición del ser.

El reclamo ontológico supremo fue el pronunciado por Dios: *"Yo Soy el que Soy"* en comunión extática-hipostática, como Trinidad eterna existiendo en amor. En parte, el gran problema de tratar de postular y entender la noción de "Trinidad" se basa en el hecho que se tiene la "sustancia" en mente, la división apostática e individualidad de la esencia, en lugar de la postulación de la comunión de tres personas (*hipóstasis*) compartiendo una sustancia divina (*ousia*) relacionadas en amor (*éxtasis*) e inter-penetradas (*pericoresis*).

La teología reformada señala que la *Imago Dei* experimenta cambios radicales a causa de la caída, y que el estado pecaminoso existe. El ser humano no solamente es *capaz de pecar*, pero que está *predispuesto inexorablemente a pecar*. La gracia incondicional es necesaria a causa de la incapacidad humana para llegar a ser como Dios. Si se preguntase "¿Cuánto contribuye la persona a su salvación y santificación?" La respuesta de la teología natural sería: "Algo, nacido de la preservación de la imagen de Dios (*capax Dei*). La teología reformada, por otra parte, diría "Nada". La imagen caída, en tal premisa, necesita restauración total. El ser debe "nacer de nuevo" y comenzar por ser resocializado por Dios en un proceso de santificación en gracia. Los procesos de conversión (*metanoia*) y transformación (*metamorfosis*) son necesarios para que un cambio radical sea posible, esta vez alineándose con las postulaciones del Creador.

Acercamientos Introspectivos de Carácter Sustancial

Los acercamientos introspectivos tratan de ver al ser como un agente autónomo (Tertuliano) y como poseyendo un Yo (Agustín) con complejos psicológicos, poseyendo sustancia con entelequia (Escolásticos). El pensamiento agustiniano influyó al mundo teológico occidental, alegando que el ser tiene individualidad racional, conciencia propia, y experiencias psicológicas (*naturae rationabilis individua substantia*). Es un individuo con cualidades morales y psicológicas alojadas en el procesado consciente. Siendo consciente de sí mismo y de la existencia de otros, el ser reconoce su autonomía en cuanto al pensar, decidir, actuar, y producir resultados.

En estudios comparativos entre los organismos vivientes, y enfocando sobre sus propiedades, rasgos, o características, cuanto más próximas se encuentran las familias en una tabla taxonométrica ascendente (desde las amebas hasta el ser humano), más similitudes en estructuras y funciones se registran. La evolución recalca la similitud entre los humanos y sus "primos" inmediatos, los chimpancés, al punto de compartir 97% de su ADN. Sin embargo, el ser humano, aún cuando fue formado en el mismo día (cabe decir que tal término ha sido interpretado en diferentes maneras), es la única criatura que ha sido invitada a la comunión con Dios en el séptimo día, reflejando su imagen y gozando de su presencia con conciencia plena. El ser humano se encuentra por encima de las comparaciones estadísticas o empíricas naturales, en cuanto a su capacidad de reflexión propia, en el análisis de su historia, en la ansiedad en cuanto a su futuro, en su creatividad artística y poética, y en un sinnúmero de "propiedades" o capacidades que lo colocan en la cúspide de la creación. En su enfoque al ser humano, los métodos de las ciencias sociales tales como la antropología, la sociología, y la psicología, se basan en movimientos introspectivos (sustanciales, considerando al ser "en sí" mismo) o sociales (relacionales, colocando al ser en relación a otros). Las tendencias actuales en tales ciencias enfatizan su desarrollo evolutivo, a veces empleando una manera reduccionista, y otras veces postulando complejidades de carácter neurobiológico, genético, bioquímico, etc., acopladas a los procesos cognitivos-emotivos y conductivos. A menudo se ha comparado al ser con una súper-computadora compleja que ha evolucionado al punto de poseer propiedades emergentes, las cuales se constituyen en una agencia capaz de ejercer funciones ejecutivas de alto grado y nivel. En resumidas cuentas, la psicología secular ha reducido al ser humano a un ente que ha evolucionado con capacidades metacognitivas, reemplazando los conceptos trascendentales cristianos tales como el alma o el espíritu.

Varias teorías psicológicas acerca de la personalidad humana han apuntado hacia cierto cometido teleológico del ser, yendo más allá del egocentrismo. Tales teorías han postulado la posibilidad del ser a "llegar a ser totalmente analizado", enfatizando el proceso de crecimiento natural, en el cual la persona se desarrolla de acuerdo a un principio epigenético y es capaz de actualizar sus potenciales. En sus deseos finales, tanto Allport, Maslow, y Rogers, como otros humanistas, dejaron vestigios velados de sus esperanzas de ser "transpersonales" y no solipsistas, enfatizando la capacidad del ser dedicado a un interés social descentrado. Sin embargo, tales intenciones humanistas no llegan a la altura de lo esperado en el ámbito de la fe. El psicólogo cristiano, además de tener un conocimiento de la materia secular en cuanto a la persona humana, postula la intención divina de transformar y conformar al ser a la imagen de Jesucristo, animado con la esperanza de la vida eterna en comunión con su creador.

En el caso antropológico-bíblico, las características o facultades esenciales del ser incluyen a las variables extraordinarias, sobrehumanas, o espirituales. En su desarrollo natural, no cabe duda que el ser humano –según principios epigenéticos y sociales– se desarrolla en un medio que involucra causas y efectos, estímulos y respuestas, siguiendo dictados causativos de las expresiones de su carácter. Diversas teorías acerca del desarrollo y de la conducta humana han proporcionado un caudal de conocimiento acerca del ser en relación a su pasado, desde el psicoanálisis hasta el conductismo y las ciencias cognitivas. Por otra parte, el ser se desarrolla de acuerdo a principios teleológicos, dirigido por metas o logros a ser realizados, como lo enfatizan los humanistas y existencialistas. Más allá de las teorías seculares, el acercamiento integral alega que el ser debe ser visto, no solo a la luz de su capacidad relacional a las realidades sociales y ambientales, sino a la luz del Dios creador, quien ha postulado al ser humano como siendo su imagen, y le ha trazado un propósito eterno a ser cumplido. El ser natural es invitado a participar de la comunión con su creador, quien postula su existencia en amor y libertad, y ha fijado un destino para que el ser no sea atrapado por las vicisitudes y embates de la vida, sino que llegue a ser como Jesucristo en su derrotero ascendente hacia el encuentro final con su creador (1 Jn 3:1-2; Ro 8:29; Fil 3:8-14).

La antropología bíblica y teológica presentada en estas páginas recalca el hecho que el ser humano no es independiente, autónomo, o derivado al azar, sino diseñado por Dios desde su principio hasta su fin, dependiendo de su poder redentor, sustentador, y renovador. En vista a estar compaginados dentro del paréntesis divino encerrando la existencia del ser, notamos que al principio, el primer hombre, Adán, ha sido formado en vista al último Adán teniendo como modelo anticipado al segundo hombre, Jesucristo (quien en realidad es el principio, el alfa, el primogénito de la creación). El apóstol Pablo alega que Jesucristo es el *"último Adán"* porque Jesucristo reunió todo lo referente al primer prototipo: Adán. Siendo su sustituto, Jesús cargó el pecado de toda la raza humana deformada sobre sí mismo y lo clavó en la cruz, para terminar con el pecado ante Dios (1 Co 15:45). De manera que, no hay lugar para un "segundo Adán" (ya que tal hecho daría lugar a un tercero… o a un millonésimo Adán). Al denominarlo "último" el apóstol enfatiza el hecho que nuestra historia natural, derivada del primer Adán, terminó en la cruz. Por otra parte, Pablo también recalca que Jesucristo es *"el segundo Hombre"* (1 Co 15:47) y no el último, porque es el prototipo de una nueva creación (2 Co 5:17) compuesta de millones de personas de toda estirpe, etnicidad, y lengua. Jesucristo es el autor y consumador de nuestra fe (Heb 12:1-2), el pionero que luego de su muerte, resurrección, y ascensión entró al lugar santísimo de Dios para interceder por nosotros, al cual todos seguimos y somos conformados a su imagen (Ro 8:29). Multitudes de personas entran a su reino en virtud de lo que Jesucristo ha consumado en su redención, para seguir en pos, y andar en el Espíritu (Gl 5:16,25), o correr la carrera propuesta por Dios.

El ser es dotado de la *capacidad para la libertad y la dignidad*. La desobediencia y caída en el pecado propulsó al ser humano hacia la individualidad, resultando en distanciamiento y contraste entre seres humanos. La caída en pecado resultó en forcejeos entre seres centrados en sus propias necesidades, con apelación al oprobio y a la manipulación interpersonal, estableciendo jerarquías y subyugaciones entre seres iguales. Al verse precarios y al descubierto, los seres humanos apelaron a la necesidad de vestirse con sus cubiertas propias, y al empleo de defensas y barreras para evitar la ansiedad de ser visto en su condición básica. La desnudez de los seres caídos en pecado y conscientes de su condición, obligó a que se taparan con hojas de higuera. El narrativo de Génesis da pautas acerca de la defensiva humana que surge como una reacción natural al ser confrontados por Dios, (excusas, proyecciones, justificación propia, racionalización), al ser descubiertos y ser conscientes de su condición precaria.

En un estado no-caído, el conocer y el amar eran idénticos. La caída acarreó la introversión del éxtasis (un cambio en la dirección y empuje del amor, volcándose al egocentrismo en lugar de centrarse en la otra persona), e hizo que se dé prioridad a lo cognitivo (racional, intelectual, académico, explicativo, etc.) sobre lo emocional o amoroso (la empatía, el concernir, la pasión). En lugar de fomentar la unidad, la mutualidad y el concernir social, se dio lugar a las luchas por el control destructivo y egoísta. En el estado caído del ser, existe un énfasis hacia la observación, la descripción, la evaluación y el análisis entre humanos, con la distancia entre el conocer y el amar, entre la persona y la naturaleza, entre el pensamiento y la acción en amor.

En el estado carente de redención y restauración del intento original de comunión extática-hipostática, se desarrollan las defensas entre los seres en relación. Las "hojas de higuera" y el "escondite entre árboles" son símbolos de los mecanismos utilizados neuróticamente por seres que quieren tapar su mortalidad, su apostasía, su egoísmo, su falta de comunión, y de amor. La racionalización, la proyección, y la negación de la realidad, se suman a la falta de apertura, de honestidad, y de transparencia. La proyección de culpabilidad en lugar del reconocimiento de sus yerros, así también como el atribuir a Dios las causas de sus desvaríos, también tienen su comienzo en el narrativo de Génesis 3. Mucho de lo estudiado en la psicología analítica tiene que ver con estas maneras de evitar el impacto de la ansiedad debida a la posibilidad de verse separados de un objeto de amor, cuidado, o protección. La pérdida de un apego adecuado y funcional con el creador, a menudo es transmitida y proyectada hacia la búsqueda de apegos humanos caracterizados por el neuroticismo, la codependencia, el temor a ser rechazados y a experimentar desavenencias.

El ser postulado por Dios llegó a ser pervertido, pero no extinguido. Anhelando un significado, los seres caídos buscan en la idolatría la sustitución de objetos de amor para ejercer su éxtasis bajo el sol. Al dejar la fuente de su existencia y significado, los seres buscaron "cisternas rotas" incapaces de retener lo vital. La libertad y dignidad (ambos términos fueron descartados por Skinner, conductista de Harvard, quien los consideró algo ficticio debido a la determinación natural de la conducta al cual el ser es sujeto) son las formas más paradójicas del ser en su negación extrema. El ser es libre para rehusar su propio ser: Puede elegir el llegar a "no ser" (suicidarse); puede "llegar a ser una cosa" (objetivarse); o puede actualizar su potencialidad al arraigarse en Dios y simplemente "ser" (reconciliarse con Dios y vivir en su voluntad).

En su afán de llegar a ser como Dios por su propia cuenta, el ser sacrificó su capacidad ontológica de relacionarse con su creador, individualizándose en conjunto y participando con su pareja (también individualizada) en su actitud y predisposición desobediente, sin necesariamente eliminar su deseo de comunión con su fuente de origen. El compañerismo con otros seres caídos y la apostasía conjunta hacia Dios, añadidos a la individualización hipostática, se entrelazaron paradójicamente en el proceso que culminó en el acto desobediente y sus consecuencias. Dios permitió la continuidad de la dignidad humana al dejar al ser en libertad para el bien y el mal, para crear y destruir, y para hacer constar su capacidad de poder aceptar su incapacidad. Aún en su condición caída, el ser permanece como un ser, sea feliz o satisfecho en sus propia esfera relativa, o infeliz en el sentido absoluto. ¿Es el ser capaz de ser y hacer lo que Dios manda? Paradójicamente, el ser tiene capacidad para realizar logros de carácter relativo y efímero, mientras que demuestra su incapacidad para lograr o conseguir lo absoluto y eterno. En cuanto a la finalidad de hacer lo que Dios desea, sea que postulemos la capacidad potencial y latente del ser humano "*a pesar* de su propia incapacidad", o la capacidad potencial "*dentro* de su incapacidad", el ser humano puede ser ni hacer lo que Dios es y hace. Sin embargo, a tal capacidad "dentro de su incapacidad", apeló Dios cuando anticipó los hechos funestos de Caín. Enojado con su hermano por haber sido aceptado por Dios mientras que su propia ofrenda fue rechazada, y lleno de ira, maquinó contra su hermano Abel. Dios lo confrontó con la advertencia: "*el pecado está a la puerta*" (Gn 4:7). La analogía apunta al hecho de ser acechados por el pecado o la tentación, teniendo la libertad de escoger si acceder a su fuerza o a resistir la tentación: "Con todo, a ti será su deseo, y tú te enseñorearás de él".

Tanto el existencialismo de Sartre el filósofo, como el de Rollo May el psicólogo, afirman que el ser está "condenado a ser libre". Inclusive el no elegir es elegir el no hacerlo. El neo-analítico Fromm declaró que la libertad puede ser temible, por eso el ser huye de la misma y prefiere la subyugación bajo entidades a las cuales delega su sentir y pensar –sean las botas de un general, o la sotana de un clérigo; en ambos casos, le da su mente a otras personas para que piensen por él y elijan su destino. El cristiano afirma con Jesús*: "Conoceréis la verdad, y la verdad os hará libres"* (Jn 8:32). La capacidad e incapacidad humana para la libertad y la dignidad no son "posesiones" de la *natura* o de la *ousia* pero derivados ontológicos del estado de ser anclado en Dios. La libertad no es simplemente un ejercicio cognitivo-afectivo, pero un movimiento extático de comunión con Dios en amor, hacia el prójimo y hacia uno mismo. La dignidad consiste en el ser estampado, sancionado, investido, o rubricado por el Postulador de la existencia humana, y ajustarse a sus normas, reflejando Su ser.

La imagen de Dios en la persona humana tiene que ver con el hecho que el hombre, como reflejo de Dios, existe en una relación que constituye la realidad de su existencia. Teniendo tal capacidad, el ser puede ser considerado como una criatura que puede ejercer la dádiva gratuita de su existencia para responder a Dios cuando es llamado por su Creador. Como Barth indica, si el ser pregunta "¿Quién soy?" no está preguntando ¿Qué le pertenece? ¿Qué es lo que quisiera ser? ¿Qué pretende ser? O, ¿Qué es lo que ha hecho de sí mismo? Cuando tales preguntas aparecen, las respuestas deben ser vistas dentro del marco de referencia del entendimiento que el ser tiene de sí mismo a la luz de Dios, acatando el llamado de su Palabra creativa.

Si el ser trata de postularse a sí mismo, negando su derivación del creador, encuentra que su propia percepción puede considerarse antagonista a los propósitos de Dios. Jeremías recalcó que "engañoso es el corazón del hombre, por sobre todas las cosas" (Jer 17:9). David cantó, "En tu luz veremos la luz" (Sal 36:9). La introspección humana tiene límites, y puede conducir a la experiencia de incapacidad cognoscitiva, y a la frustración, como Kierkegaard y Agustín lo demostraron en sus análisis existenciales de la realidad. San Juan de la Cruz (1542-1591) en su poema *La Noche Oscura del Alma* nos ha dejado el anhelar patético de la presencia de Dios desde un ángulo oscuro, depresivo, y experimentado como una "ausencia" existencial. Sin embargo, en su relación a Dios, en éxtasis, el ser puede llegar a conocer "como es conocido por Dios" quien lo postuló, y quien lo invita a arraigarse en amor hacia su persona.

El ser un "ser" no es ser una entidad estática, pero como ya afirmamos, una unión extática-hipostática en proceso. La imagen de Dios en el ser es relacional, con capacidad para la comunión en amor. El ser puede permanecer en pié, ser diferenciado, y estar listo para la comunión. Bonhoeffer recalcó que los que pueden pararse sobre sus propios pies están listos para la comunión, y los que viven en comunión pueden bastarse solos (*Life Together*, 1978).

Acercamientos y Definiciones Relacionales

Además del concepto sustancial/ontológico, el ser humano es definido en términos relacionales. La mayor diferencia entre el ser humano y el resto de la creación del sexto día se basa en la invitación que el Creador le hace para que participe en el ambiente relacional, hipostático-extático del séptimo día. Es decir, Dios invita al ser creado a participar de su descanso y de su presencia, arraigado en amor y en relación íntima. Al ser humano se le invita a comenzar su derrotero en la presencia de Dios. La vida del ser comienza en el descanso de Dios. El ser va más allá del resto de la creación, porque ha sido diseñado a expresar la gloria de Dios y a gozar de su presencia en comunión relacional, a ser su mayordomo, a ejercer dominio sobre la creación, a imitar a Dios en sus actos creativos, redentores, sostenedores, y renovadores. Siendo invitado a participar del descanso del séptimo día como preámbulo a sus actuaciones subsiguientes, el ser humano puede proceder hacia la actualización de su potenciales para administrar sus tareas, incluyendo sus relaciones íntimas y sociales.

El ser humano es dependiente/derivado/arraigado en Dios. El pequeño "yo soy" se define otológicamente y relacionalmente como un ser arraigado en el gran "YO SOY", y no como un ente auto postulado. La capacidad creativa de Dios no solo se manifiesta en las cosas que se ven, sino en la verdad de que las cosas existentes han partido de las que no se ven. Las cosas son demostrables a la mente empírica a través de las sensaciones, las percepciones, y el asesoramiento cognoscitivo. El ser ontológico es demostrable a través de las relaciones en comunión y amor (éctasis). Existencialmente hablando, podemos experimentar la "presencia en ausencia" de una persona, como lo recalcó Sartre: Si tenemos una cita con una persona en un café a cierta hora, y estando en el café a tal hora indicada notamos que la persona no está presente, tal ausencia es más notable, se hace presencia introyectada en nuestra mente por no estar allí. La ausencia nos hace conscientes de nuestra capacidad de "ser-en-relación" a la persona ausente, y en ese lapso interino entre la fe/esperanza y la realización de la visita, la persona está "más presente" en nuestra mente que si estuviese en el café. Cuando la persona viene, es "presencia en presencia", y puede ser considerada como un objeto relacional en el café. La ausencia recalca el ser como siendo más que un objeto: *es ser-en-relación* a pesar de no tener los datos corporales empíricos referentes a la persona, asesorados en su presencia.

Dios se ha manifestado en muchas maneras, y lo hace constantemente en términos que pueden ser definidos como "presencia espiritual-real en ausencia corporal". Dios, en su omnipresencia, está ahí, aún cuando el ser humano no lo percibe empíricamente, o cuando no lo siente palpablemente. Dios está presente –a pesar de no ser registrado con los sentidos, o captado dentro del foco fenomenológico– y desafía al ser humano a fijar su vista más allá de las cosas visibles, captando espiritualmente el concepto de ser ontológicamente un ser que existe en relación a Dios, quien lo tiene en mente y corazón, y le infunde la presencia del Espíritu Santo. Recibe el testimonio profundo y personal en su espíritu, proporcionado por el Espíritu, que es un hijo, una hija de Dios (Rom 8). El atribuir "ser" conectado con su fuente de origen, y existir anclado en Dios, refleja la propiedad ontológica de ser-en-relación: Uno debe simplemente reconocer tal hecho por la fe.

Dios llama las cosas que no son como si fuesen, ya que posee en sí la capacidad creativa de postulación. El ha hecho lo que se ve de lo que no se ve. El ser humano debe aceptar las cosas que no son como si fuesen por la fe (Ro 4:17). El consejo paulino a los corintios fue de "mirar a las cosas que no se ven" como realidades eternas a contraposición de las que se ven, y que son terrenales y perecederas (2 Co 4:18). La persona humana en su ser ontológico es realizable a través del éxtasis como presencia a ser conectada y relacionada. Pero también su particularidad es establecida a través de los límites de su cuerpo y de los alcances de sus procesos cognoscitivos-afectivos, moldeados en interacción con otras personas. El teólogo Barth ha notado que en el relato de Génesis, se enfatiza "hagamos" al hombre a "nuestra semejanza" con referencia a la sociedad divina en lugar de individualismo. Tal vez debemos apelar al término acuñado en esta obra en referencia a la Trinidad – *emergencia:* La interpenetración de tres personas en una unidad vital; la fusión hipostática-extática sin pérdida de diferenciación entre el Padre, el Hijo y el Espíritu Santo. La distinción entre hombre y mujer fue hecha, y la relación entre ambos provee las bases para el entendimiento de la imagen de Dios. La relación de encuentro entre la Trinidad es reflejada en el encuentro entre seres humanos coma hombres y mujeres, dentro de la comunidad. Las marcas de la verdadera humanidad son las capacidades relacionales verticales con Dios y horizontales con los semejantes.

En vista a la revelación de Dios, Barth rechaza las proposiciones que definen al ser humano desde las bases del análisis propio, derivadas de la introspección, de la percepción empírica, o de las conjeturas filosóficas. Declara que solo Jesús puede revelar definitivamente la naturaleza humana en su cabalidad. Las declaraciones hechas por Jesús son las que han proporcionado las convicciones más profundas acerca de la existencia del ser como alma viviente, como ser espiritual, y dando pautas de la totalidad integral del ser con su propia resurrección corporal.

Pensadores integrales como Zizioulas (1975) y Anderson (1972) trataron con el concepto la imagen divina en el ser como un ente relacional en maneras indagadoras. La "personalidad" es el complejo de rasgos, características o cualidades naturales, psicológicas, y morales que se atribuyen al individuo, y que tienden a permanecer más o menos constantes a través del tiempo. Tales características son consideradas "suyas" y "estables", o "contenidas" en el ser. El "estado de ser", por otra parte y ontológicamente hablando, implica un flujo con abertura del ser hacia otros, sin ser una entidad estática pero más bien dinámica. La condición y la capacidad para el éxtasis son vistas como un movimiento hacia la afinidad, la mutualidad, y la comunión con otro ser, siendo partes integrales de la definición relacional que trasciende los límites individuales del ser. La definición relacional incluye la libertad en amor para ir más allá de los confines de la corporeidad y a la capacidad de expresar hipostáticamente su naturaleza en su totalidad, y su carácter "extático" en manera integral, sin división.

Un Paradigma de Abarque total: Vistos Desde el Diseño de Dios

En la perspectiva del autor, el ser humano es presentado como un ente a ser estudiado como objeto del amor de Dios en el espacio y el tiempo, pero más aún, como un sujeto, un ser dinámico, enmarcado en un proceso, siendo abarcado por Dios desde su formación hasta su cometido final. La siguiente es una reseña que coloca al ser humano creyente en un panorama que lo abarca desde Génesis 1 hasta Apocalipsis 22. De tal panorama se desprende un paradigma relacional dinámico programado por Dios, abarcando su existencia desde su origen hasta su destino final:

- *Pre-formado* por Dios –antes de la fundación del mundo
- *Formado* por Dios –del polvo, con aliento divino
- *Deformado* por el pecado –con sus consecuencias funestas
- *Informado* acerca de su condición caída y provisto de buenas nuevas
- *Reformado* -regenerado, renacido
- *Transformado* –a la semejanza de Jesucristo en el aquí y el ahora
- *Conformado* –a ser glorificado a la semejanza de Jesucristo en su venida

El desarrollo de la persona que entra en comunión con Dios a través de la fe y de la obediencia, puede ser trazado en el tiempo (*cronos*) y el espacio, visto desde un ángulo superior, trascendental, "desde arriba", y colocado dentro del tiempo cualitativo de Dios (*kairos*). El considerar al ser encuadrado en el plan de Dios –trazada antes de la fundación del mundo, en una manera proactiva, unilateral, incondicional, y poderosa– define al ser humano no como un ente que emerge al azar, sino como el objeto especial, como la cumbre o epítome del amor de Dios, animado con un propósito y destino.

1. Dios ha pre-formado al ser. El hablar de un ser pre-formado pareciera ser un concepto extraño; y lo es, si hablamos en términos espacio-temporales dentro del orden natural. Sin embargo, las Escrituras nos dan a entender que el propósito eterno de Dios hacia el ser humano no comienza en la creación del orden natural, sino que antecede al mismo (Ef 1:4). El elegir a sus criaturas para bendecirlas en lugares celestiales antes de crear al universo presupone una intención antecedente o anticipada a la actualización de tal designio, nacida de las deliberaciones de un Dios trascendental, proactivo, unilateral, y omnisciente, quien existe fuera del paréntesis temporal cronológico. Las Escrituras declaran que *"el cordero de Dios ha sido inmolado (sacrificado) antes de la fundación del mundo"* (1 P 1:20; Ap 13:8). Es decir, el plan de salvación hacia el ser caído no fue una consecuencia surgida del evento catastrófico en el jardín del Edén, sino un antecedente al origen del ser en primer lugar. Cuando el hombre pecó en el huerto, Dios tuvo que "inmolar" un animal para luego con su piel, cubrir la "vergüenza" del ser y reemplazar sus cubiertas propias, precarias, e ineficientes (hojas de higuera). En otras palabras, fue necesario que un animal fuera "inmolado" para cubrir (propiciar) el pecado o la vergüenza del ser. En la opinión del autor, y según el pensamiento de Ireneo, la creación del ser humano se efectuó en vista al prototipo ideal, a la medida o estatura del varón perfecto (Ef 4:13), el primogénito de toda creación (Col 1:15-17).

Es digno considerar la posibilidad de postular que Adán fue compaginado en la mente de Dios en manera antecedente y formado en vista al prototipo perfecto de la humanidad, Jesucristo –el primogénito de toda creación. En tal caso, hablamos de Jesucristo siendo encarnado como un ser humano, y pre-formado en la eternidad (en el sentido de ser el unigénito Hijo de Dios) por el Padre, de acuerdo al concierto eterno trinitario, trialógico, y establecido como prototipo perfecto, para luego aparecer en el cumplimiento del tiempo y venir a nacer de mujer en forma humana semejante a Adán (Gl 4:4). Cabe la noción de una reciprocidad superpuesta entre ambos en el plan divino como "cabezas federales" representativas de la humanidad: el primer hombre y el segundo, el primer Adán y el último (Ro 5:12-21; 1 Co 15: 45-49). Podemos referirnos a Adán, no como un ente evolucionado al azar y perfeccionado en su complejidad ascendente hasta lograr etiquetarlo como la imagen de Dios, sino como un ente cabal que reflejaría a Dios en su ontología, sus relaciones, y su administración –todo ya existente en la mente de Dios antes de fundar al mundo, y en esa forma, pre-formado antes de su existencia corporal ser actualizada en el cosmos creado.

2. Dios ha formado al ser (del polvo, con su Espíritu). Esto es, ha generado vida a través del aliento divino permeando la materia inerte (Gn 1:26-27). Las Escrituras narran el proceso creativo en términos analógicos-metafóricos que traducen lo incomprensible a nuestra comprensión humana. Partiendo de la materia (del polvo, tal vez un término expresivo de lo físico, lo material en cuanto a elementos, a partículas animadas con electromagnetismo, a química inorgánica, etc.), Dios forma al ser, energizando al polvo con su Espíritu –el aliento divino, algo metafísico. Las propiedades que emergen de tal interacción entre los ingredientes que entraron en juego en la "receta" divina usada en compaginar al humano, con el más bajo y natural recibiendo el influjo del más alto y trascendental), hace que tal interacción resulte en un alma viviente. El ser humano es un ente animado con neurobiología, fisiología, y bioquímica compleja por un lado, y con capacidades metafísicas y ansias espirituales de relación a Dios por el otro. La energía proveniente para su sustento, manutención, y revitalización, proviene de dos fuentes: la natural y la espiritual. De allí se desprende la definición relacional (anclada y basada en Dios) del ser creado, en cuanto al sustento de su existencia, "No sólo del pan vivirá el hombre, sino de toda palabra que sale de la boca de Dios" (Mt 4:4).

Dios, quien llama las cosas que no son como si fuesen, abarcando el *cronos* experimentado por los humanos en su *kairos* eterno, ha compaginado al ser dentro de su plan trascendental, que va más allá de las experiencias concretas abarcadas en el espacio y el tiempo. Es difícil comprender el hecho que Cristo es el *"cordero de Dios, inmolado antes de la fundación del mundo"* o los asuntos de la predestinación divina en contraposición o en paradoja con la elección y el libre albedrio otorgado a los humanos. Reconociendo nuestra precariedad humana en discernir la mente de Dios (1 Co 1:16; Ro 11:34), podemos postular nuestro entendimiento del ser humano en vista a la exégesis y la hermenéutica para sonsacar e interpretar el significado de haber sido formados a la Imagen de Dios. El ser formado por Dios nos da a entender que somos su hechura, su obra de arte (Ef 2:10).

3. El ser ha sido deformado por el pecado. Una vez destituido de su relación original con Dios, el ser humano ha llegado a ser depravado, carente de la gloria de Dios, y sujeto a la vanidad debajo del sol. En sus expresiones psicológicas, ha experimentado cambios disfuncionales, degradantes, y distorsionados en su carácter, su conducta y sus relaciones. La tentación satánica buscó arruinar la imagen divina, distorsionando sus facultades, sus rasgos, sus capacidades, y sus intenciones. El apelar a "la codicia de los ojos, de la carne, y a la soberbia de la vida", atravesó las defensas del ser, haciendo contacto con las ansias de saber y adquirir conocimiento del bien y del mal, de saborear los frutos prohibidos, y de hacer su propia voluntad, desechando a Dios y su designio. La desobediencia del no solo erró al blanco propuesto por Dios para su bien, haciendo caso omiso a sus propósito, sino que también traspasó sus límites, pisoteando su voluntad expresa.

El pecado arrojó un saldo negativo, dejando al ser en un estado vulnerable, expuesto a las vicisitudes debajo del sol, a las presiones ambientales, y sujeto a los desvíos disfuncionales, a la degradación de su estado natural, y por sobre todo, a la destitución de la gloria de Dios. En tal estado deformado, el ser humano ha llegado a ser una caricatura de la Imagen, afectada por su propia naturaleza propensa a pecar, por las tentaciones satánicas, y por las presiones eco sistémicas de la vida. La mente natural, según la Escrituras, es corrupta (Tit 1:15); es reprobada

(Ro 1:28); es vana, fútil (Ef 4:17); es obtusa, lenta, velada (Lc 24:45); es incapaz de conocer a Dios (1 Co 2:14); es incapaz de entender sus caminos (1 Co 2: 14); está cautiva a la ley del pecado (Ro 7:25); sigue los dictados de la carne (Ro 8:6); y es hostil, enemiga de Dios (Ro 8:7). Con tales características, podemos asegurar que el ser deformado necesita tratamiento divino para su arreglo y composición.

4. El ser ha sido informado. Dios ha provisto pautas acerca de su condición pecaminosa luego de su caída, a través de tres fuentes de información: Su conciencia, su semejante, y Dios. Su propia conciencia, nacida de la abertura de sus ojos, de su conocimiento del bien y del mal, ha testificado de su estado, acusándolo y redarguyéndolo con culpabilidad y vergüenza por el pecado cometido, proveyendo un sentido de distinción categórica de alejamiento, aislamiento, y separación, y llevándolo a la necesidad de apelar a cubiertas defensivas precarias. Su compañera semejante le recuerda de su estado al unirse solidariamente en su escape, emprendiendo la huida a causa de su culpabilidad, y participando de sus defensa en común — haciéndose delantales con hojas de higuera para cubrir su vergüenza conjunta. Más allá de su propia conciencia y de su semejante, Dios mismo es quien le informa o declara su condición, de su posición caída y alejada, y de las consecuencias de su pecado. Le informa acerca de las maldiciones aplicables a su caso, y de los resultados funestos en cuanto a su mortalidad, sus sobrevivencia a ser lograda por medio del sudor de su frente, y a sus labores administrativas en referencia a un cosmos que le produce espinos; la generación de su descendencia es caracterizada por el dolor y el sufrimiento desde su nacimiento. El ambiente eco sistémico contextual del ser humano ha sido sujeto a la vanidad y a la entropía degradante, con la promesa de una redención final (Romanos 8:16-30). Las consecuencias naturales de tales maldiciones se entrelazan en manera compleja en cuanto a la psicopatología —los problemas mentales, las disfunciones, las aberraciones genéticas, fisiológicas, cognitivas, emocionales y relacionales afectadas por el ambiente cultural y social, sujetas al "dios de este siglo".

El ser también es informado acerca de la redención a través de la simiente de la mujer (Gen 3: Gal. 3). Si bien la mujer dio lugar a la tentación, cediendo ante la oferta satánica de *tomar y comer*, alargando su mano y en solidaridad con el hombre cayó en la tentación, el relato recalca que la simiente de la mujer —Jesucristo, sería el redentor quien ofrecería el remedio, o el rescate final de la maldición acarreada. Le costaría su vida, pero sería capaz de sobreponerse a la oferta satánica tentadora con una mejor proposición, registrada en asociación a su sacrificio en la cruz por el pecado, la culpa, y la paz: *"Tomad y comed… este es mi cuerpo que por vosotros es partido…. Tomad, bebed, esta es mi sangre que por vosotros se derrama"*. El ser informado de tal manera por Dios, puede arrepentirse de su pecado, creer, obedecer, tomar, y comer del árbol de la vida.

5. El ser puede ser reformado. El ser formado por Dios, y deformado por el pecado, es informado. Recibe la información divina a través del evangelio —las buenas noticias acerca de su salvación. El evangelio es el poder de Dios para la redención del que cree y acepta el desafío de Dios (Ro 1:16). El ser en su condición pecaminosa ha sido considerado como el objeto del amor de Dios (Juan 3:16), quien le da la oportunidad de ser *reformado* —rescatado de su condenación, de su pecado, de su vana manera de vivir (1 P 1:18). La posibilidad de tal rescate se debe al hecho que Dios envió a su Hijo para ser el sustituto del ser pecador (2 Co 5:21), el *kapporeth* (cubierta propiciatoria) (Ro 3:25) y lograr su expiación —el pago completo de sus deudas, hasta el último centavo. El ser ha sido redimido a precio de sangre (Ro 3:24), para ser reconciliado Con Dios (Ro 5:10), justificado ante su presencia por la fe (Ro 5:1), llegando a tener paz con Dios. El ser es re-generado, re-nacido, y adoptado por Dios en virtud de ser justificado por la fe.

6. El ser puede llegar a ser transformado. Luego de su justificación por la fe y su obediencia a Dios, el ser tiene entrada a la gracia de Dios y es *transformado* por la acción del Espíritu. Tal proceso (*metamorfosis*, o cambio radical de estructuras y funciones) se logra mediante la rendición del ser a Dios, evitando ser amoldado a las corrientes de este siglo, y aceptando el reto de ser transformado mediante la renovación de su mente, coparticipando con Dios en su santificación (Ro 6:1-23, 12:1-2; 2 Co 3-4). En una manera dinámica relacional, el ser es desocializado de su condición natural y re-socializado por Dios hacia una nueva manera de ser, actuar, y desarrollar su estilo de vida. A tal proceso se lo denomina comúnmente "santificación" –el ser separado, dedicado, limpiado, consagrado, e inaugurado para vivir ante, y prestar su servicio a Dios.

7. El ser puede ser conformado a la imagen de Jesucristo: El prototipo de la humanidad. El ser formado, reformado, y transformado por Dios, alinea su derrotero bajo el sol hacia su meta con una mirada escatológica hacia su destino: el ser *conformado* a la imagen de Jesucristo, para finalmente llegar a ser glorificado o transfigurado a la semejanza de Cristo (Ro 8:29-30; 2 Co 3:18 ; 1 Jn 3:1-3). El ser es definido, arraigado, y desarrollado sobre las bases de su conexión al Dios. En lugar de ser aislado o disgregado, el ser es constreñido por el amor de Dios, encuadrado en el marco de referencia divino, y alineado con la imagen de Jesucristo, siendo transformado y conformado a su semejanza. La figura 6.1 presenta gráficamente lo enunciado en este capítulo en cuanto al ser humano:

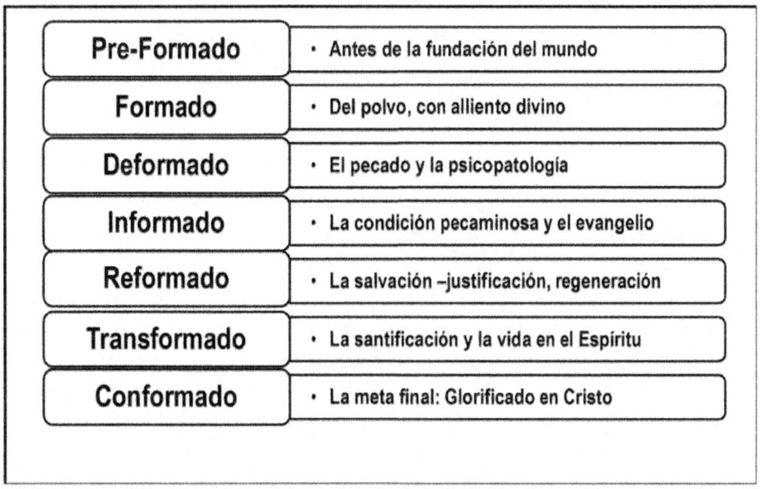

Pre-Formado	· Antes de la fundación del mundo
Formado	· Del polvo, con aliento divino
Deformado	· El pecado y la psicopatología
Informado	· La condición pecaminosa y el evangelio
Reformado	· La salvación –justificación, regeneración
Transformado	· La santificación y la vida en el Espíritu
Conformado	· La meta final: Glorificado en Cristo

Figura 6.1. Antropología Bíblica-Teológica

En resumen, hemos presentado siete postulados en referencia al ser humano abarcado en el plan eterno de Dios. Cabe decir que tal vislumbre escapa a la mayoría de los seres humanos atrapados en el pecado, quienes permanecen cegados a la verdad acerca de su condición y de las posibilidades de redención. Al permanecer en su estado natural e irredento, el ser experimenta su existencia bajo el sol en forma entrópica o disminuida, dándose a las quejas, culpando a Dios, a las circunstancias, o a sus semejantes por sus problemas, y viviendo precariamente como una caricatura de la Imagen de Dios. El ser en su estado natural no percibe las cosas de Dios (1 Co 2:14). La mente humana natural es ciega a tal verdad, obtusa, carente de perspicacia y de entendimiento espiritual. La necesidad mayor del ser es la de ser informado de su condición deformada, con la invitación de volver al cauce del designio de

Dios quien lo formó con propósito, quien al verlo deformado lo puede re-generar y reformar como objeto de su creación, para transformarlo y conformarlo a su semejanza otra vez. Como Juan lo afirma, *Seremos "como El" (no El)*; seremos *conformados a su imagen como reflejos*, no usurpando su ser o estado. El permanecerá como Hijo único, sobre todos, aún cuando por nuestra culpa y causa tomó nuestra semejanza (Heb 2: 10-18).

Integrando Conceptos en Consejería

Cómo aplicamos esta antropología y teología bíblica a las intervenciones terapéuticas? ¿En qué manera pueden estas deliberaciones acerca del ser humano ayudar a los que trabajan en las labores dedicadas a atender las complejidades y problemas humanos? La intervención terapéutica que parte de las definiciones sustanciales, busca cambiar "algo" dentro del ser —algo perteneciente a su carácter o a sus eventos, a sus procesos o estructuras profundamente arraigadas. Para ello, es necesario situar al ser en el derrotero expuesto en este capítulo, y asesorar si la persona ha experimentado la información de Dios y aceptado sus reclamos, con la consecuente reformación de su ser, para coparticipar en el proceso de su transformación. De otra manera, la persona es considerada en su estado natural, y necesitada de un encuentro kairótico con Dios para ser tratada con gracia y perdón. Luego de asesorar su ubicación en el panorama divino-humano, podemos asesorar sus actitudes e intenciones en cuanto a cambiar, crecer, coparticipar en el proceso de labrado de su carácter o conducta, etc. El asesorar a una persona en tal proceso puede ser algo positivo, neutral, o negativo, dependiendo de factores tales como las intenciones, la capacidad, la disposición, la motivación, y la dedicación de tal persona hacia los cambios postulados.

El éxito en tal empresa es medido en maneras cualitativas, en referencia a los cambios sustanciales de su naturaleza, siendo ésta asesorada ante el patrón perfecto, Jesucristo hombre. Los logros terapéuticos también se asesoran a través de las medidas concretas (frecuencia, intensidad, duración, y consecuencias) relacionadas al ser en su proceso de resocialización, enfocando sobre sus obras, sus frutos, o los resultados vistos como consecuencias de ser guiado, encomiado, y reforzado a seguir el camino de Dios. Tanto el enfoque sustancial como el relacional recalcan la transformación paulatina del ser, manifestada en cambios necesarios y adecuados, acumulando más lo debido y desechando lo indebido en cuanto a los rasgos de su carácter, y la manifestación del fruto del Espíritu en su conducta cotidiana.

Las intervenciones terapéuticas que parten de las bases relacionales, tienen en mente todos los aspectos involucrados en las tratativas interpersonales —el ser en relación a Dios, en relación a sus seres queridos, su amigos, sus grupos comunitarios y sociales. Lo dicho acerca de la unión hipostática-extática se aplica en manera concreta, al asesorar la calidad de su empatía, de su afinidad y amor demostrados en relaciones. La imitación de Dios como hijo amado que resulta de los alcances de la redención, se asesora en las maneras en las cuales la persona vive en términos de un nuevo pacto, expresadas en términos unilaterales, incondicionales, proactivos, perdonadores, encomiadores, y libertadores en las relaciones humanas. La consejería matrimonial y familiar asesora la restauración de la imagen relacional de Dios en el ser en cuanto a la demostración concreta de respeto y dignidad manifestados en las tratativas conyugales y familiares.

Capítulo 7

Enfocando al Ser: Diversas Perspectivas

En el campo de la psicología, abundan las teorías acerca de la personalidad del ser humano. El concernir acerca del ser data desde la antigüedad, a juzgar por los escritos de teólogos, filósofos, dramaturgos, médicos y otros pensadores, mucho antes de que las ciencias sociales o clínicas hicieran su debut. Últimamente, la neurobiología interpersonal ha provisto muchos datos acerca del desarrollo del cerebro en sus funciones autobiográficas e interpersonales, siendo afectado y afectando a su contexto social. El énfasis ha cambiado de lo filosófico a lo biológico, evolucionista, y en cierta forma, amalgamado a la teoría psicoanalíticas que han resurgido en términos integrados a la ciencia cognitiva. Para comenzar, damos una reseña acerca del ser, vista como un objeto de investigación filosófica, haciendo las siguientes preguntas:

- ¿Cual es la naturaleza, la esencia del ser humano?
- ¿Cuáles son las estructuras subyacentes consideradas como las bases de los procesos, las características, los rasgos, o las funciones del ser?
- ¿Cuál es la energía motivadora actuando en el desarrollo del ser?
- ¿Qué es lo que propulsa o anima al ser a desarrollarse o crecer?
- ¿Es la personalidad un ente estático (un "ser") o un proceso dinámico (un "devenir" o "llegar a ser") a lo largo de su existencia?
- ¿Cuáles son los mecanismos de cambio en el desarrollo de sus capacidades?
- ¿Qué factores son responsables o promueven las diferencias individuales manifestadas por el ser a comparación de otros seres?
- ¿Cómo se relaciona la persona a otras entidades semejantes o diferentes?
- ¿Qué motiva a la persona al dirigirse hacia una meta futura?
- ¿Cuáles son sus capacidades de relación hacia su entorno, sus semejantes, o hacia lo trascendental o espiritual?

Para nuestras deliberaciones, y debido a la multiplicidad de enfoques investigativos, este capítulo se dirige hacia el ser desde el punto de vista cristiano, haciendo referencias al ser ontológico –en lugar de "tener" o "lograr adquirir" una personalidad como un ente o atributo agregado– creado por Dios, con cierto propósito y destino. El autor se concentra en las cuestiones relacionadas a las posibilidades de integración psicológica-teológica expuestas en los capítulos de esta obra. Los lectores pueden cotejar el contenido, la intención, y el aporte particular de cada capítulo en una manera deductiva, mientras que tienen en mente tales aportaciones un contexto global, con referencia al tema central –el consejo integral– y sintetizar en una manera inductiva.

Nociones Antiguas Acerca de la Persona

Diez siglos antes de Cristo, los antiguos hebreos se dieron al escrutinio del ser con preguntas hechas en sus expresiones poéticas: "¿Qué es el hombre para que tengas de él memoria?" (Ps 8). Muchas expresiones de la misma índole aparecen en los Salmos, apuntando a la fragilidad, a la dependencia, a las pasiones, etc. del ser y sus perplejidades bajo el sol. Por otra parte, cinco siglos después los filósofos griegos se dieron al sondeo pensativo acerca del ser. Entre ellos, Sócrates, consideró a la persona como un ente social. Aristóteles nos dejo la noción que el ser comienza su existencia como una *tabula rasa* sobre la cual los socializadores inscriben sus caracteres, y la resultante total de las impresiones es lo que denominamos persona. Su acercamiento fue empírico, considerando que nada existe en el intelecto que no ha sido alojado en las sensaciones primarias inscriptas sobre la tableta en blanco.

Platón propuso que el ser humano tiene cuerpo y alma; considero al cuerpo como una especie de prisión al alma, siendo esta inmortal, actuando como el asiento del intelecto cuyas ideas son copias de la realidad, naturalmente alojadas en su potencial humano. La creación de los liceos para instruir discípulos era simplemente el lugar de evocación, suscitación provocativa para que el ser vierta lo que ya estaba en su potencialidad.

Hipócrates (460-370) enfatizo las diferencias entre las personas postulando cuatro temperamentos asociados a los elementos, luego categorizados por Galeno. Su hipótesis era que ciertos humores o sustancias corriendo por el cuerpo provocaban las manifestaciones de la personalidad. El melancólico era el temperamento depresivo, debido a la sustancia negra (melan) corriendo por su ser. El colérico (energético, pasional, ambicioso, iracundo, rabioso) estaba supeditado a la hiel corriendo en su organismo; el sanguíneo, a la composición roja relacionada a la sangre (asertivo, social, creativo, sensitivo); y el flemático (tranquilo, apaciguado, contento en sí mismo) bajo la influencia de la flema presente en su ser. Las nociones griegas primitivas eran precursoras del énfasis fisiológico y neuroquímico que notamos en el presente, dando lugar a las explicaciones de la persona o su carácter en términos de las sustancias bioquímicas conocidas como neurotransmisoras (como la dopamina, la serotonina, la adrenalina, etc.) presentes en su cerebro. Es curioso que un escritor cristiano (Tim LaHaye) haya tomado tal base para postular los cuatro temperamentos entre cristianos, tratando de amoldar a los personajes bíblicos en una especie de formulaciones psico-históricas.

Varios siglos después, surgieron otros pensadores cristianos quienes amalgamaron la filosofía con la teología, tales como San Agustín (354-430), quien enfatizo la noción que Dios creó al ser con un alma inmortal (paralelo al concepto platónico) y un cuerpo terrestre perecedero a su servicio (énfasis naturalista aristotélico) cuyas propiedades incluyen lo racional e inteligente para que el humano sobrepuje al resto de las criaturas en sus capacidades y funciones. El alma posee cualidades racionales e independientes, capaz de establecer contacto con Dios. Sin embargo, en su estado caído y debido al pecado, *homo sapiens* es también *homo curvato* (ser doblado, curvado hacia la tierra).

Por otra parte, en el mundo árabe de los siglos XI y XII, aparecieron pensadores quienes consideraron la tabula rasa de Aristóteles luego de 1000 años de oscuridad en la materia. El filósofo y médico musulmán Ibn Sina (980-1037), conocido como Avicena en Latín, argumentó que el intelecto humano al nacer es una hoja en blanco, potencial a ser actualizado a través de la educación, y cuyo conocimiento se logra con la familiaridad con los objetos del mundo conceptualizados abstractamente, a través de silogismos y razonamientos.

El filósofo árabe andaluz Ibn Tufail (1105-1185) conocido como Abubacer en Latín, enfatizó el concepto de *tabula rasa* como un experimento en el pensar con un escrito novelesco (traducida como *Filósofo Autodidáctico* en 1671) en el cual el carácter principal es un niño feroz cuyo desarrollo mental ocurre en una isla desierta, aislado de la sociedad. Tal desarrollo cognitivo es mediado a través de la experiencia. Tal escrito influyó sobre John Locke, el fundador del Empirismo Británico. Otra novela árabe islámica del siglo XIIII trató en manera similar a la obra de Abubacer, pero dando énfasis al contacto social en lugar del proceso autodidáctico del niño feroz.

Entre los pensadores cristianos, Santo Tomás (1225-1274) consideró al ser humano como una unidad psicofísica cuyo componente material es el cuerpo y su esencia energética y animante es el alma (hilomorfismo). Tomás fue influenciado no solo por los filósofos griegos como Aristóteles, pero también por escritores musulmanes como Avicena, en contraposición del pensamiento platónico enfatizando al alma como pre-existente antes de influirse al cuerpo. El alma anima al cuerpo como entidad racional creada por Dios y cuyos aspectos primarios incluyen las sensaciones, el entendimiento, la nutrición y el movimiento del ser. El alma es estratificada con jerarquía en la cual lo sensitivo es subordinado a lo intelectual y lo nutritivo es subordinado a lo sensitivo. Para Tomás, el intelecto es definitivo del ser humano creado a la imagen de Dios en contraposición al resto de la creación. Cabe decir que otros cristianos como San Buenaventura (1221-1274) se opusieron a los conceptos agustinianos, con argumentos a favor de las ideas platónicas acerca del alma.

El Renacimiento y los Tiempos Modernos

Durante la época del Renacimiento, Descartes enfatizó la esencia del ser como siendo arraigada en el poder racional, el asiento de la razón (el entendimiento, la imaginación y la sensación). En su método sistemático, comenzó dudando de la existencia de la realidad, excepto que al dudar, postuló la existencia de la mente que duda. Su razonamiento: "Puedo dudar de la existencia de todas las cosas, pero no puedo dudar de la mente que duda. Yo dudo, por lo tanto pienso. *Yo pienso, por lo tanto soy*". Tl razonamiento es encapsulado en su famosa frase: *Cogito ergo sum*. La mente posee cualidades tales como el entendimiento, la razón, las emociones, y la voluntad.

El empirismo Británico tuvo a personas como Locke (1631-1704), su fundador, como así también a Hume y Berkeley, sus expositores principales, quienes enfatizaron la necesidad de asesorar empíricamente al ser. Siguieron la línea aristotélica y su *tabula rasa* recibiendo las inscripciones de la realidad externa, cuyas impresiones se constituyen en los caracteres guías en la formación de la persona. Las impresiones de la realidad a través de los sentidos llegan a ser agregados actuando como bases de las estructuras y de los procesos cognitivos, efectivos y volitivos del ser. Esta escuela recibe el crédito de enunciar la frase: *"Si un árbol se cae en el bosque y no hay quien lo perciba, hará ruido?"* En otras palabras, si uno no ve o percibe aspectos de la realidad que suceden fuera de su alcance sensorial, tal experiencia no se registra y tal realidad no existe para la persona. Entre hispanos, el refrán *"Ojo que no ve, corazón que no siente"* parece seguir tal línea empírica.

Locke enfatizó cl dictamen *Nihil est intellectu quod non fuerit in sensu* (nada existe en el intelecto que no haya sido registrado en los sentidos primeramente). El impacto de las sensaciones y las asociaciones de ideas simples aumenta hacia la complejidad que caracteriza los procesos cognitivos del ser. Hume fue más allá, con un subjetivismo extremo, encapsulado en una frase: *"El mundo no existe aparte de mí"*. Es decir, lo que uno experimenta y procesa es su única realidad; lo demás es hipotético.

Berkeley, siendo empírico, también era un obispo de la iglesia cristiana y razonó de otra manera: Aunque no haya un humano percibiendo el árbol que cae en el bosque, tal hecho no descarta la posibilidad de la existencia de Aquel que percibe en absoluto, cuya percepción cabal registre tal evento, y lo comunique a través de interlocutores quienes pueden traer la noticia de tal evento al resto de aquellos que no percibieron el evento, pero pueden aceptarlo por la fe. Si el Absoluto en percepción lo dice, y los mensajeros son fidedignos, una persona – actual o posterior al hecho, puede creer aún sin ver o registrar empíricamente tal realidad.

Otros como Leibniz también dieron crédito a la mente que piensa al percibir la realidad. Para Leibniz, *Nihil est intellectu quod non fuerit in sensu —excepto el intelecto en sí*. Siguiendo el innatismo platónico, consideró a la mente o al intelecto como siendo perpetuamente activo en su propio derecho, dedicado a solventar problemas y predispuesto a manipular datos e información, actuando como un procesador activo a fin de hacer sentido de la realidad.

El advenimiento del idealismo y de la crítica realista que apareció con la filosofía de Kant, alegó que la persona experimenta su propio estado consciente (sus pensamientos, emociones y deseos) a los cuales atribuye la influencia de algo absoluto. Sin embargo, el ser no puede conocer o experimental la realidad absoluta, sino que la traduce hacia sus ideas o razones en forma subjetiva y fenomenológica. Kant criticó a Descartes y a su racionalismo, especialmente a su noción *cogito ergo sum*. Para Kant, tal noción lleva al apercibimiento del ser incapaz de ser conocido en forma real, el cual funciona como una entidad trascendental de apercibimiento metacognitivo, como un sujeto existente en sí en lugar de ser un objeto de percepción introspectiva. El ser posee cierto lente a través del cual percibe, asesora y provee significado a la realidad. Tal lente, o imperativo categórico, filtra la experiencia de la realidad inalcanzable a los sentidos (*noúmeno*) con sus percepciones y atribuciones fenomenológicas (*fenómeno*: lo que pareciera ser y estar allí). Para Kant, la naturaleza del ser era positiva y buena, con capacidad moral de distinguir entre el bien y el mal, enfrentando los conflictos desafiantes. Kant consideró a Jesús como la personificación de la perfección moral ideal, y animó a sus oyentes a seguir su modelo aún cuando no llegó a ser creyente.

Las teorías de personalidad modernas nacieron de las consideraciones filosóficas consideradas anteriormente. Rychlak (1981) las agrupó en tres rúbricas: (1) Platónicas (y en tiempos modernos, filosofías siguiendo a Leibniz y a Kant); (2) Aristotélicas (y en tiempos modernos, siguiendo a Locke y a los empiristas); y (3) combinando ambas corrientes. En el primer grupo, se encuentran Maslow, Rogers, y Allport, entre muchos otros humanistas y existencialistas. En el segundo grupo figuran Skinner, Bandura, Mischel, con su empirismo, conductismo, y el movimiento psicométrico (Costa & McRae, Eynseck, Catell, entre otros). En el tercer grupo aparecen Freud, Jung, Adler, quienes combinan elementos de Platón, Aristóteles, Kant, y Liebniz, en sus bases filosóficas, dando lugar a las corrientes innatas como así también a la socialización, al aprendizaje humano, y a las experiencias que forjan la persnalidad.

Antes de darnos a la tarea de integrar, debemos asesorar las bases sobre las cuales trabajamos. Existen muchas influencias psicológicas que se han introducido al campo de las actuaciones terapéuticas, y es necesario tno solo tener cierta vislumbre de su validez y aplicación, sino también escrutinar las teorías prevalentes con ciertta perspicacia. Si bien podemos "despojar a los egipcios de su oro" para erigir un tabernáculo para Dios, como lo recalcó Crabb (1977), debemos agregar que "no es oro todo lo que reluce". La admonición del apóstol Pablo a los Efesios se aplica: Examinadlo todo; retened lo bueno.

Aunque podamos extraer los conceptos que aparecen como verdaderos a través de la revelación general, cuando asesoramos tales conceptos a la luz de la revelación en particular que Dios nos ha dejado, podemos discernir si su consistencia y su brillo son aspectos aparentes, transitorios y precarios, o si representan aspectos realmente dignos de ser aceptados y utilizados en nuestras labores. Si la verdad descubierta empíricamente es realmente verídica ante Dios, en el sentido esencial, no debería haber problemas en aceptarla y utilizar sus ramificaciones y alcances para hacer el bien.

El problema existe cuando a un científico descubre ciertos aspectos que parecieran dar crédito a su hipótesis, y considera que su descubrimiento es final o cabal, su tendencia es la de solidificar tal "verdad" y defenderla "a muerte". Boring (1929), en su libro *A History of Experimental Psychology*, recalca que "la ciencia no progresaría si los científicos no se mueren," ya que la tendencia es la de apresar lo descubierto como final, ignorando que la ciencia en sí, trata de descubrir la verdad (con v minúscula) en manera constante en lugar de encerrarse en parcialidades inconclusas e imperfectas. A esta altura, recalcamos que la revelación de Dios *es* Verdad (con V mayúscula), pero que nuestras interpretaciones a veces la distorsionan o acomodan a nuestros lentes particulares.

Lo que se presenta en estas páginas es una reseña de las contribuciones nacidas del campo de la psicología y que han influenciado el pensamiento moderno y posmoderno. Desde sus comienzos en Viena, un número extenso de terapias han debutado en las últimas décadas del siglo pasado y se han proliferado hasta el presente (superando 400 tipos). Una reseña de las tales se puede cotejar en las obras de Prochaska & Norcross, 2010); otros han abarcado docenas de sistemas (Corsini & Wedding, 2008). Entre cristianos, las obras de Yarhouse, Butman & McRay (2005), Anderson, Zuehlke & Zuehlke (2000) han provisto un asesoramiento y critica a las terapias modernas con sus alternativas cristianas.

En este capítulo, trataremos con las tres corrientes o fuerzas que han aparecido en la escena terapéutica sucesivamente: El sistema psicoanalítico, el conductivo (y luego tornado en cognitivo-conductivo), y el humanismo-existencialismo. Otras corrientes actuales se acercan a la materia en manera narrativa, posmoderna.

El Acercamiento al Ser en la Teoría Psicoanalítica

La aparición de Freud a la escena de nuestras consideraciones lo presenta como un reaccionario al énfasis del renacimiento, a la iluminación idealista, y al romanticismo. Freud enfatizó los aspectos inconscientes, la naturaleza negativa del ser humano, y el sondeo analítico para descubrir las aberraciones humanas y la psicopatología.

En primer lugar, el movimiento psicoanalítico de Freud proporcionó una teoría de la personalidad con énfasis a lo estructural, lo topográfico y lo funcional. La psicología analítica de Freud y sus seguidores presentó una definición del ser en términos introspectivos. El "mirar hacia adentro" en tal teoría revela que el ser tiene ciertos niveles topográficos con propiedades a los cuales se atribuyen estructuras, procesos y eventos. El Id, el Yo y el Superyó funcionan con procesos primarios (sin refinar, en bruto, sin socializar, o primitivos) y secundarios (lógicos, intelectuales, socializados). Se atribuyen causas subconscientes e inconscientes, inaccesibles a la percepción corriente, con empuje irracional y animados de energía sexual. Tales estructuras y procesos permanecen "sumergidos" y acumulados por debajo de lo comúnmente visto y asesorado, relacionado a la conducta obvia del ser.

En su topografía, Freud señaló diferentes entidades estructurales con características dadas. Para sus propósitos, acuñó ciertas etiquetas o rúbricas, desarrollando su lenguaje analítico. La postulación de un Id, un Yo y un Superyó ha sido simplemente una manera figurada de nombrar constructos, definidos a manera arbitraria para comunicar sus teorías. Sin embargo, en el sentido popular y cultural, con el corre del tiempo, se ha adoptado tales definiciones como que existen realmente –lo que llamamos una "real-ización" (definido aquí como el proceso de hacer real algo que no existe en realidad) de constructos fabricados en manera hipotética para traducir ciertos procesos, entidades estructurales.

La persona, en la teoría psicoanalítica, fue disgregada en ciertos "componentes" estructurales en pugna constante. El Id era la función o parte primitiva, irracional, con deseos sin refinar y considerada como "el troglodita" que mora en uno. De tal entidad surge el Yo, elaborado a través de la socialización y aprendizaje, respondiendo a procesos secundarios, lógicos y racionales. Es la parte o función ejecutiva que trata de hacer decisiones con respecto a las pugnas entre el Id y el Superyó, considerado como una especie de juez con capacidades de censura. El Superyó como entidad ha sido considerado como el conglomerado o conjunto de voces introyectadas provenientes de los socializadores primarios (padres) y secundarios (maestros, mentores, autoridades), a los cuales se suma el ideal del Yo en sus aspiraciones al crecer. Los conflictos neuróticos se deben a las pugnas por la supremacía de expresión entre la parte irracional e impulsiva del Id y la censura del Superyó, la entidad con capacidades morales.

Entrelazados a tales aspectos topográficos, Freud añadió nociones expresadas como niveles de importancia relacionadas al funcionamiento mental: El consciente, el pre-consciente y el subconsciente o inconsciente. El consciente tiene que ver con la actualización de la realidad en manera clara, reconocida en forma lógica. Para Freud, tal función era como la parte visible de un témpano flotante, siendo una porción mínima de la naturaleza y función de las facultades mentales humanas. El pre-consciente tiene que ver con la esfera de los complejos en oposición a la realidad consiente, y a las emociones, sentimientos, pensamientos y deseos egoístas sin refinar, o las expresiones de procesos que no obedecen a la razón ni a la lógica. El inconsciente es el dominio de los deseos, sentimientos y pensamientos totalmente incontrolados, de carácter primitivo y que no afloran al consciente en absoluto. A través del análisis –un proceso que involucra el remover de las defensas y la disposición de asociar libremente sus sueños, lapsos, conjeturas y temáticas es que se da lugar a la aparición de fragmentos que, luego de haber sido "volcados sobre la mesa" pueden revelar temas y deseos que previamente han sido reprimidos. Es decir, una psico-síntesis sigue al psicoanálisis, con interpretaciones basadas en las abstracciones que emergen de los datos provistos por el ser analizado.

El sistema analítico aboga por la noción que la mayor parte de la conducta humana es regida por factores no necesariamente conscientes. El ser humano es irracional, y funciona la mayoría de las veces ajeno a sus verdaderos impulsos y aspiraciones. El mundo de las personas, en tal filosofía, está lleno de seres determinados por su herencia y socialización bajo el tutelaje de predecesores que también respondieron a dictados irracionales. Jung fue un colaborador de Freud quien llevó tal filosofía hacia premisas más amplias, alegando que el subconsciente es colectivo y que la humanidad está impregnada de arquetipos, sombras, figuras y símbolos que responden al momento de inercia colectivo aumentado a través de generaciones humanas. Como ejemplo, el hecho de ver un archipiélago nos hace pensar en islas aisladas; sin embargo, si profundizamos bastante, realizamos que todas las islas se conectan en la plataforma submarina.

Para Jung, aparte del pre-consciente individual, era importante postular un inconsciente colectivo que mancomuna a los seres y se manifiesta en forma arquetípica, con emanaciones universales y particulares debido a la emergencia de la individualidad diferenciada de la masa humana. El sistema analítico, sea aceptado o no, ha proporcionado un vocabulario extenso a los investigadores, pensadores y terapeutas. Se habla del Id, del Yo y del Superyó con universalidad, definiendo partes de la naturaleza humana que son irracionales, ejecutivas y morales. Los impulsos, la lógica y la censura obedecen a tales descripciones topográficas freudianas.

La teoría de la personalidad psicoanalítica también proporcionó un vocabulario extenso en la etiquetación de mecanismos de defensa utilizados por personas en consejería. Los mecanismos de defensa, elaborados por Anna Freud en su obra *The Ego and the Mechanisms of Defense* (1993, orig. 1936), responden en manera protectora contra la ansiedad experimentada, a favor del Yo en sus luchas cotidianas. Presentamos una breve reseña:

Negación. Cuando la realidad es inaudita, penosa, difícil de aceptar, u ofrece desafíos demasiado grandes al Yo, la persona utiliza defensas de negación de la realidad, pretendiendo que el problema o la crisis no existen.

Conversión. Los conflictos neuróticos son transformados o traducidos a trastornos físicos, como en los casos de histeria. La condición antiguamente denominada "neurastenia" (sensaciones de debilidad, fatiga, falta de apetito, síntomas pertenecientes al sistema nervioso autonómico, depresión, etc.) y la histeria (impotencias totales, desmayos, exageraciones en las reacciones emocionales, parálisis, cegueras funcionales) han sido citados como ejemplos.

Proyección. La proyección es el desvío del sentido de culpabilidad, de censura o adjudicación de responsabilidad hacia otras personas porque uno no puede aceptar sus fallas, derrotas o deficiencias.

Formación reactiva. Cuando un deseo es muy inaceptable al consciente, la persona acude a acciones opuestas a lo que verdaderamente siente. El abrazar a un enemigo para convencerse de que uno "ama" al tal, es un ejemplo.

Regresión. Cuando las dificultades aprietan, la persona puede emplear el mecanismo de defensa llamado "regresión". Es como un retorno a los sentimientos o deseos infantiles de reaccionar frente a las vicisitudes. La persona apela inconscientemente a las posturas y actividades que en el pasado le proporcionaron ciertos refuerzos, tales como el gritar, llorar, fastidiarse, simular enfermedades, proyectar culpas a otros o irse a dormir en una posición fetal, entre otras.

Represión. Una defensa subconsciente, que no permite que las memorias que producen ansiedad o depresión, o cualquier clase de datos negativos afloren a la superficie. No da lugar a tales intrusiones a fin de no lidiar con las mismas. El "olvido "funcional puede ser visto a veces como represión, al no tener en mente factores que son denigrantes, vergonzosos o inaceptables al Yo.

Supresión. La supresión es una especie de olvido activo, un proceso que parte del preconsciente y se suma al consciente que "le pone una tapa a la olla que hierve" al asunto provocador y permite a la persona liberarse de sentimientos indeseables, de anhelos perturbadores, o impulsos inaceptables. De tal forma la persona preserva su integridad sin desmoronarse ante las vicisitudes o las ansiedades devastadoras.

Racionalización. Cuando los pensamientos, sentimientos o conducta son inaceptables a la razón, o cuando la realidad es muy desafiante al Yo, la persona puede falsificar o dar razones idiosincráticas para explicar su reacción o defensa. Es un mecanismo inconsciente que no le permite ver a la persona sus maneras defensivas de actuar, distorsionando la realidad a fin de acomodarla a su necesidad.

Intelectualización. Este término se refiere al proceso que trata de presentar razones lógicas cuando la realidad es difícil de aceptar, o de verter en términos cognoscitivos las cuestiones sentimentales inauditas, devastadoras o desafiantes.

Sublimación. Esta defensa traduce la ansiedad en algo productivo; es la canalización de energías sexuales o libidinales vertida hacia tareas o conducta adecuada, digna de alabanza, noble o creativa. En lugar de seguir los dictados irracionales y deseos desordenados, la persona utiliza la energía en forma mucho más aceptable y digna.

Humor. La energía se canaliza en aspectos positivos en los cuales la persona puede ver el lado liviano, humorístico hacia sí mismo, hacia otros, o hacia las vicisitudes de la vida que pudieran abrumar con ansiedad.

La reseña breve de las defensas del Yo es simplemente un hincapié para presentar nociones que han sido acopladas a la cultura popular, y han llegado a ser vocablos utilizados en el lenguaje de muchas personas. Las influencias analíticas son innegables en la terminología corriente, en las actividades terapéuticas y en las expresiones utilizadas por muchos consejeros. El énfasis sobre los conflictos inconscientes se destaca en esta teoría, y la resolución de los mismos se considera la esencia del tratamiento. Se asume que los conflictos actuales tienen sus raíces en la infancia (mayormente el conflicto de Edipo no resuelto) y se traducen en muchas tratativas de la vida actual, entre esposos y esposas, padres e hijos, empleados y patrones, estudiantes y profesores, etc. Las personas no están necesariamente conscientes de ciertas conexiones entre el pasado y el presente, y tales conexiones pueden influenciar las conductas actuales, las emociones y las percepciones.

El psicoanálisis como método de ayuda al ser. A partir de los estudios realizados por Mesmer, considerado el fundador de la psicoterapia moderna, se ha dado lugar a los factores inconscientes supuestamente presentes debajo del nivel consiente. La mayor contribución al estudio del inconsciente fue realizada por Freud, quien originó el sistema de psicoanálisis. Definimos "psicoanálisis" como (1) Un método de investigación de la mente y de la manera en la cuales pensamos; (2) un conjunto sistemático de teorías acerca de la conducta del ser humano; y (3) un método de tratamiento de las enfermedades psicológicas o mentales.

Su método se basó sobre premisas básicas tales como: (1) Los síntomas son manifestaciones del subconsciente y se dejan ver a través de errores cometidos por el consciente, "lapsos" de expresiones verbales y sueños. (2) El desahogo, la confesión de los conflictos, el desarrollo de la perspicacia a través del análisis de las asociaciones libres, puede eliminar los síntomas. (3) La perspicacia adquirida a través del análisis permite a la persona a estar más a tono con su persona, sus tendencias, sus necesidades, sus asuntos inconclusos, sus relaciones, y da lugar a decisiones consientes adecuadas y funcionales. La teoría de la personalidad según la teoría psicoanalítica es tratada en el capítulo 15 de esta obra. Aquí simplemente proveemos la noción que sus contribuciones han sido influénciales en el campo de labor terapéutica, aún incluyendo la pastoral.

Lo que liberta o sana está basado en el conocer la verdad desde el punto de vista analítico, a través de la introspección, las interpretaciones de una persona con experiencia analítica, y la resocialización que toma lugar en las sesiones de terapia. El proveer consejos con características analíticas necesariamente apela a la necesidad de restructuración, buscando cambios no solo en la conducta o las emociones, ni tampoco en las relaciones presentes en necesidad de un mejor contrato, pero apela a los cambios de carácter. A manera de resocialización, la persona aconsejada transfiere sus sentimientos al consejero trabaja con tal transferencia ayudada por las interpretaciones analíticas, buscando entenderse mejor, componer sus deficiencias, finalizar sus asuntos inconclusos que emergen del pasado, y desarrollar objetividad hacia lo subjetivo en su ser. Tal consejería es de larga duración, y apela al pasado continuamente en busca de perspicacia, entendimiento y libertad emocional.

El sistema de Freud consideró a la naturaleza humana en forma pesimista, negativa, luchando con los instintos sexuales y agresivos del Id por un lado, y con las demandas perfeccionistas y las expectativas del Súper-Yo por el otro. En tal pensamiento, el Yo actúa mediando entre tales fuerzas a fin de lograr un compromiso y aprender a vivir con satisfacción. Las problemáticas mentales se deben también al hecho que el psicoanálisis considera al ser humano como siendo determinado, y sus primeros años de desarrollo lo colocan en una especie de molde inexorable. La perspectiva negativa acerca del ser pareciera correr paralela al concepto bíblico, el cual alega que al ser humano ha caído en pecado y es incapaz de vivir satisfactoriamente según un diseño superior. Sin embargo, tal representación es parcial, ya que el cristianismo también enfatiza la creación del ser a semejanza de Dios (Gen 1:26-27) y aun cuando ha caído en pecado (Ro 3:23), el potencial de ser redimido y restaurado es postulado (Ef 2). En lugar de estar supeditado a un molde determinado en su infancia, el ser experimenta un nuevo nacimiento y es restaurado como una nueva creación (2 Co 5:17).

El énfasis analítico se centra sobre lo inconsciente y la necesidad de perspicacia para adquirir objetividad acerca de lo subjetivamente alojado en forma patológica, a fin de resolver los conflictos intrapsíquicos. Tal noción pareciera ir mano a mano con el concepto escritural que enfatiza el conocer la verdad para ser libres (Sal 57:6; Jer 17:9; Jn 8:31-32). Sin embargo, el énfasis sobre la perspicacia natural es considerado inadecuado en la teología cristiana, debido a la percepción natural sujeta las aberraciones que el pecado ha causado (1 Co 2:14). Además, el énfasis hacia los factores libidinales y agresivos como determinantes de la conducta humana irracional representan una perspectiva parcial. La conducta irracional y subconsciente según la teología cristiana se debe a la naturaleza humana pecaminosa en necesidad de redención. Por otra parte, la conducta positiva o noble es vista en el psicoanálisis mayormente como una reacción a los impulsos naturales negativos, no dando mucho crédito al ser en cuanto a su posibilidad de manifestar filantropía, abnegación o desinterés; en la perspectiva cristiana, la motivación de imitar a Dios como hijo amado (Ef 5:1-2) y de hacer buenas obras puede basarse en su afán de llegar a ser como Jesucristo, de agradar y adorar a Dios, o de servir a su semejante –tales perspectivas siendo no necesariamente ilusorias o patológicas (neurosis obsesiva, anhelos irracionales e ilusorios de tener un padre bueno, etc.) como Freud diría.

Aún en el campo secular, las críticas a la teoría psicodinámica desafían sus bases conjeturales, provenientes de axiomas acerca de la personalidad basadas en las observaciones de casos neuróticos. Un número pequeño de pacientes europeos con problemas brindaron la oportunidad para que Freud, un pensador perspicaz, genial e irreverente, generalizara un sistema con pretensiones de abarcar en general a la población humana en sus nociones, extraídas de su trabajo clínico en Viena. La apelación a los narrativos y experiencias de casos clínicos puede guiar a conclusiones idiosincráticas y no tan verdaderas. Especialmente, si la mayoría de los casos analíticos publicados proporcionó narrativos interpretados por un analista con un molde predeterminado, encerrando y atribuyendo significado a eventos pasados vertidos en recolecciones de la niñez de sus pacientes. La memorias de los adultos neuróticos pueden fallar o simplemente ser narrativos distorsionados por los lentes de la ansiedad, o por la necesidad de absolución, libertad o sanidad.

Por otra parte, algunas proposiciones han tomado la forma de hipótesis sujetas al escrutinio empírico, y han sido validadas (Western, 1988). Mucho de lo que consideramos vida mental es inconsciente (pensamientos, emociones, motivos). La investigación empírica arrojó resultados acerca de la validez de los procesos subconscientes en los cuales las personas tienen representaciones mentales de otras personas y que utilizan mecanismos de defensa para protegerse de la ansiedad. Estudios de la influencia de los motivos muestra que mucho procesado ocurre en la mente antes de que las personas se aperciban de los estímulos que los evocan. El contenido emocional de estímulos subconscientes tiene impacto sobre la conducta y el pensamiento subsecuente. También, las investigaciones en el campo cognitivo demuestran que los procesos mentales ocurren en forma paralela, con emociones conflictivas emergentes hacia una misma persona, o suscitadas en situaciones conflictivas y comprometedoras.

Nisbett and Wilson (1977) han corroborado el hecho de que las personas suelen decir más de lo que saben, y tienen acceso mínimo al subconsciente, aun siendo apercibidas acerca de tal influencia. Bowers and Meichembaum (1984) –ambos cognitivos-conductivos en su trasfondo, atestiguan del papel del subconsciente en el pensar, sentir y conducta en su artículo "The Unconscious Reconsidered." La ciencia cognitiva enfatiza que mucho de la memoria y de los procesos cognitivos en general trabaja al nivel súper-consciente (¿una redefinición del subconsciente proveniente "desde arriba" como función integradora de procesos automáticos, metacognitivos?) al postular dos tipos de memoria implícita: de asociación y de procedimiento. Las motivaciones subconscientes/súper-conscientes aparentemente guían las decisiones más que los reportes conscientes registrados por las personas, medidos con el TAT proyectivo (Mc Lelland, et al. 1989). Las deliberaciones entre procesos primarios (sin refinar, primitivos) y secundarios (socializados) tiene su correlación con lo que a ciencia cognitiva hoy llama procesos automáticos vs. controlados en el procesado de información, y a los procesos paralelos vs. lineales en serie.

La importancia de factores emocionales inconscientes (definidos como procesos fuera del foco inmediato de la percepción) que afectan la selección de la información a ser procesada ha sido estudiada a través del conexionismo de avenidas neurales con co-activación múltiple que facilitan o inhiben el conocimiento que reside en las cadenas asociativas. También, se presta la atención a las condiciones y variables situacionales que entran en juego en la activación y expresión de rasgos y predisposiciones, a manera de "internalización" psicoanalítica, pero en términos cognitivos-afectivos. El "súper-consciente" metacognitivo (en lugar del inconsciente) figura hoy en una teoría cognitiva-afectiva que revisa y pone al día la terminología pasada, traducida a equivalentes adaptivos y funcionales.

El sistema analítico expandido a las relaciones de Objetos. Las corrientes psicoanalíticas experimentaron cambios, haciendo énfasis en los aspectos sociales (Erikson, 19964, 1966; Fromm, 1950, 1965, entre otros pensadores). El énfasis determinante cuyo foco era psicosexual e individual según Freud, se desvió hacia las fuerzas psicosociales en la formación del ser. La interacción con el medio ambiente, y especialmente con objetos providentes de cuidado, empatía, nutrición, amor, etc., recibieron mucha atención, con las postulaciones conocidas como "Object Relations Theory" (la teoría de relación de objetos), con varios proponentes (e.g., Klein, 1924-1963; Fairbarn, 1954), quienes canalizaron muchos aspectos analíticos hacia aspectos más relacionales. La teoría sugirió que la persona es formada a través de sus experiencias en el contexto de otras personas socializadoras, durante la infancia. Imágenes de tales objetos introyectados (personas) se agregan en el subconsciente, y tales objetos son traídos a la madurez como entidades que afectan el carácter y comportamiento del ser en sus relaciones. Tales objetos internos emergen de los esquemas agregados subjetivamente, los cuales pueden ser reales o proyectados. Experiencias posteriores pueden afectar al ser y re-formar sus esquemas, pero los objetos introyectados originalmente ejercen una influencia considerable a través de la vida. Las partes de los objetos pueden se amalgamadas, o ser discretamente dialécticas, y el desafío del ser consiste en integrar sus objetos para lograr tener una identidad adecuada y relacionarse en libertad.

En la actualidad, muchas formas de terapia enfocan al presente en el contexto del pasado, sin necesariamente considerándolo algo determinado, ni negando los factores asociados a la biología o la herencia subyacentes en potencia. Rasgos estables de personalidad comienzan a arraigarse y consolidarse en la infancia, afectando las relaciones en el ser adulto. Las investigaciones de Bowlby (2004) acerca de la conectividad y el apego entre el ser y sus objetos primarios socializadores –apegos seguros vs. inseguros de infancia, revelan cierto valor predictivo en el ajuste interpersonal en los años escolares y en las relaciones matrimoniales. La teoría de Bowlby, aún sin carencia de críticas, nos deja ver que:

1. Los niños entre seis y treinta meses son muy propensos a formar apegos emocionales a sus cuidadores y socializadores, especialmente si los adultos son sensitivos y responden a sus necesidades y comunicación.

2. Los apegos emocionales muestran preferencias hacia gente familiar, los niños buscan la proximidad hacia tales personas, especialmente si están ansiosos o estresados, y su habilidad de usar a tales personas como base segura desde la cual exploran su medio ambiente.

3. La formación de lazos emocionales contribuye a las fundaciones del desarrollo del temperamento o carácter adulto, y la conducta demostrada hacia adultos familiares en la infancia muestra continuidad en la vida relacional adulta.

4. Los eventos que interfieren con la formación inicial de lazos emocionales del infante con sus padres o tutores/encargados familiares, o la incapacidad de los adultos en proveer la sensibilidad, cuidado y cariño durante la socialización primaria, tienen efectos negativos a corto plazo, como así también repercuten en las relaciones problemáticas en la vida adulta en ambas esferas, emocional y cognitiva.

La terapia de parejas enfocada sobre los procesos emocionales (Johnson & Johnson, *Emotion Focused Marital Therapy*, 2004) parte de tales bases y utiliza la teoría en forma práctica. El consejo pastoral terapéutico puede tomar estas pautas para tener una mejor perspectiva para proveer dirección y cuidado a los individuos que han sufrido desavenencias en el establecimiento de lazos emocionales, y entre padres e hijos en necesidad de mejores relaciones, como así también entre los matrimonios que buscan mejorar su vida conyugal. Es sabido que el pastor consejero no tiene ni el tiempo ni el entrenamiento necesario para hacer un buen trabajo analítico, aparte de no aceptar necesariamente las premisas freudianas que a su criterio, no se basan en lo revelado sino en lo conjetural. Sin embargo, consejeros cristianos con perspicacia y entendimiento escritural, pueden vislumbrar un acercamiento analítico si están compenetrados en todas las Escrituras, ya que mucho de lo revelado apela a la indagación, a ser escrudiñados ante Dios desde un ángulo más adecuado, y reconocer como el salmista David o Pablo el apóstol sus limitaciones en cuanto a conocerse a sí mismo, el estar sujeto a fuerzas pecaminosas dentro de su ser, de hacer cosas indebidas, etc. *"Conoceréis la verdad, y la verdad os libertará"* pareciera ser una especie de lema en ambas disciplinas –espiritual y psicológica. En otras palabras, podemos trazar un paralelo entre el adquirir perspicacia para ser libres de las esclavitud o de las trampas del pasado, y la costumbre de "llamar los demonios por nombre para que salgan". O de una manera mejor, adquirir conocimiento, entendimiento, perspicacia y sabiduría espiritual para vivir adecuadamente libres según la verdad de Dios. La cuestión es definir la "verdad" que liberta, y ver desde qué base epistemológica se deriva – conjetural, ficcional, construida fenomenológicamente, empíricamente derivada, o revelada por un Dios verdadero.

La Segunda Corriente Psicológica: El Conductismo

Con el surgimiento del conductismo, la persona ha sido redefinida en sus elementos reducidos y como respondiente a las fuerzas que lo motivan a evolucionar en el cosmos. Aquí es donde los psicólogos en su mayoría se restringen hacia definiciones de "personalidad" sin ir más allá de lo fenomenológico, lo empírico, o lo descriptivo. El énfasis de los teoristas como Thorndike, Pavlov, Watson, Hull, Guthrie y Skinner apuntó hacia lo reduccionista, lo empírico y al aprendizaje, definido en varias maneras como el cambio en la conducta o el actuar del organismo debido a las experiencias.

Ninguno de los pensadores conductistas postuló una teoría de la personalidad formal ni estableció sistemas de terapia. Sin embargo, sus investigaciones han afectado las maneras en las cuales la personalidad del ser humano ha sido tratada debido a su empuje filosófico y empírico. Todos ellos negaron lo "mentalista" o lo espiritual, descartando las posibilidades de integración, rechazando el dualismo de Descartes y de los teólogos. La psicología dejó de ser la ciencia del alma, o de la mente, para llegar a ser la ciencia que estudia la conducta de los organismos.

Desde los descubrimientos de Pavlov, el científico ruso quien trabajando con perros trató de investigar aspectos fisiológicos de las glándulas salivares, el conductismo ha contribuido al entendimiento de la conducta de los organismos. Pavlov descubrió lo que hoy conocemos como "acondicionamiento clásico" en el cual la conducta de los organismos es estudiada en función de sus antecedentes. Ganó el premio Nobel en fisiología en 1904. Luego de muchos años, Thorndike (1874-1949) en Harvard postuló el principio del refuerzo positivo como central en el establecimiento de la conducta deseada en los organismos, estudiando la conducta de pollos corriendo entre laberintos hechos con libros en un sótano de la universidad. Thorndike relacionó la conducta de los pollos con refuerzos positivos, considerados como una consecuencia de sus acciones, y a la vez, la conducta de las aves fue considerada como siendo acondicionada en vista a las posibles consecuencias. Otros como Hull y Guthrie y Skinner siguieron la misma línea.

Skinner (1904-1990) descubrió más adelante los principios que rigen la conducta de los organismos y perfeccionó las definiciones de Thorndike, postulando que toda conducta que es reforzada, tiende a ser repetida y se establece con más posibilidad a comparación a la conducta dejada al azar. Inventó la denominada "caja de Skinner" en la cual ratas operaban ciertos mecanismos que les proveían refuerzo positivo (alimento), conectando su conducta a lo que recibían por medio y como consecuencia de la misma. Los diferentes tipos de refuerzo positivo, las maneras de su administración, y una serie de relaciones entre diferentes variables que entran en el proceso del acondicionamiento denominado "operante" llegaron a tener aceptación universal. La conducta en función de sus consecuencias llegó a ser su tema central. El organismo opera sobre su medio ambiente y espera recibir ciertos resultados del mismo en retorno. El refrán hispano "Por interés, hasta los monos bailan" deduce que si el refuerzo es positivo para el organismo, actuará de alguna manera para obtenerlo.

Muchos elementos funcionales pueden ser sonsacados del sistema conductista: (1) es un sistema amplio y aplicable a diversas poblaciones, pacientes y problemas, de corta duración; (2) es un sistema concreto y específico de terapia enfocando sobre problemas particulares utilizando los métodos más empíricos disponibles, con un monitoreo y asesoramiento del progreso realizado en la terapia hacia el cumplimiento de los objetivos propuestos entre ambos, el consejero y el aconsejado; (3) el enfoque es hacia los cambios funcionales de conducta a fin de resolver, corregir, aumentar o disminuir excesos o deficiencias en necesidad de atención inmediata; (4) refuerza la capacidad de la persona problemática de definir, abarcar y desafiar a sus problemas, con énfasis en su elección y decisión de hacer lo necesario para solventarlos; (5) fomenta un número grande de estrategias y acercamientos "hechos a medida" para ayudar a la persona problemática a tener un mejor manejo en la resolución de sus problemas.

Por otra parte, las críticas constructivas acerca del conductismo se centran en sus limitaciones: (1) su enfoque a los síntomas y problemas concretos, perdiendo de vista a la persona en su ser integral; (2) su énfasis en técnicas y estrategias, en lugar de una relación empática sanadora; (3) no abarca al pasado de la apersona, que bien puede ser la causa de sus dilemas presentes; (4) se limita a lo observado empíricamente y no da lugar a los asuntos inconscientes, dinámicos o existenciales; (5) se centra en el terapeuta experto, quien funciona como un asesor, entrenador, maestro o guía, aún cuando trata de basarse en un empirismo colaborativo.

Desde el punto de vista pastoral cristiano, el conductismo pareciera ser un sistema eficiente pero no totalmente adecuado en el empleo de la consejería, debido a que (1) es determinista y naturalista en sus bases filosóficas; (2) enfoca sobre lo ecosistémico y ambiental como acondicionando a la persona, negando aspectos de libertad y dignidad basados en la capacidad de elección dada al ser humano; (3) enfatiza la eficacia propia al punto de negar la dependencia en Dios y su Espíritu (Fil 4:13); (4) enfatiza técnicas y estrategias más que una relación terapéutica animada por el ágape ministerial; (5) enfoca sobre el presente con cierta dirección futura, pero no abarca el pasado que bien puede tener sus ramificaciones presentes en necesidad de perdón, liberación de culpa, expiación, y otros aspectos ministeriales redentores; (6) enfoca sobre lo concreto y apremiante, sin dar mucho lugar a los asuntos inconscientes, o nacidos de luchas espirituales profundas, o asuntos de "corazón" o "conciencia" enfatizados en el consejo pastoral; (7) su énfasis se centra en lo medible y empírico como criterio de éxito o logro en terapia, cosa a veces difícil de asesorar en el consejo pastoral empleado, como en los casos que involucran asuntos morales, éticos y espirituales, o el medir la consagración de la persona a Dios en referencia a la medida de la plenitud se encuentra en Cristo (un modelo trascendental, santo y eterno); tal vez podemos asesorar ciertos logros en referencia a la conducta cambiada, adecuada o alineada en relación a tal modelo; y (8) excluye conceptos considerados "mentales" o "espirituales", descartando lo esencial en la definición del ser humano formado a la imagen y semejanza de Dios. El consejo no busca solo aliviar cargas o reducir complejos; tampoco enfoca solamente sobre la conducta obvia, sino que trata de animar a la persona a formar su carácter, a cambiar sus motivaciones, a establecer mejores relaciones, y a correr su carrera puestos los ojos en el autor y consumador de su fe.

El aprendizaje social acoplado al conductismo. Una teoría del aprendizaje social como marco de referencia en el desarrollo de la personalidad ha sido propuesta por Bandura (1976). En sus escritos, se postula que la personalidad se desarrolla en un ámbito social, con aprendizaje interpersonal, vicario y a través del modelado de las personas socializadoras. Los modelos que afectan al desarrollo de la personalidad pueden ser también personajes ajenos a la familia, como héroes pasados o actuales; reales o ficticios, actores y actrices, atletas, y un número grande de modelos de carácter y conducta entre los seres humanos.

La interacción entre la persona, el medio ambiente y las respuestas reforzadas se consideran como actuando dentro de un determinismo recíproco entre tales factores. En su teoría, Bandura recalcó que el ser afecta y es afectado por otros. Las cosas que pasan y el medio ambiente afectan al ser, y el ser afecta a las cosas que pasan y a su medio ambiente. El aprendizaje social recibe los datos del entorno, procesados a través del organismo animado por un sistema cognitivo, afectivo y conductivo. Tales procesos son definidos como el apercibimiento de lo que lo estimula, la atención a tales motivadores o activadores de conducta, la percepción, la atribución de significado a la realidad, el almacenaje del aprendizaje, y la activación de las memorias en cuanto a la provisión de respuestas al medio ambiente. La personalidad es vista como en un proceso continuo de interacción recíproca, adquiriendo carácter, conducta, estilos y demás rasgos a lo largo de su desarrollo social. El aprendizaje social incluye aspectos cognitivos y emotivos, vistos como esenciales en el organismo que atiende, capta, elabora y consolida sus esquemas, y es capaz de producir y llevar a cabo sus planes conscientemente, animado de una eficacia personal.

Contribuciones de la Psicología Cognitiva

Este sistema de acercamiento enfatiza un atentado a preservar lo que ha sido demostrado eficientemente desde el ángulo conductivo e incorporar los procesos cognitivos a fin de producir mejores resultados en la terapia. Terapeutas en investigadores como Beck (*Cognitive Therapy and Emotional Disorders*, 1979; *Cognitive Therapy of Depression*, 1989), y Michenbaum (*Cognitive-Behavioral Modification: An Integrative Approach*, 1977), entre otros, enfatizaron aspectos cognitivos entrelazados con la conducta humana y las emociones. Sus consideraciones nacieron de trabajar con pacientes deprimidos, ansiosos, y desesperanzados. Las investigaciones al respecto del funcionamiento cognitivo, afectivo y conductiva de tales personas, y las bases de sus problemas, arrojó una serie de resultados que apuntaron a la necesidad de captar, frenar, desafiar, reestructurar y verter pensamientos, razonamientos y pronunciamientos negativos hacia matices mas positivos y funcionales.

Beck descubrió que las personas tenían una "tríada negativa," compuesta de una especie de pensamientos automáticos indeseables, negativos y repetitivos. Tal tríada consiste en una actitud o percepción negativa de las personas acerca de sí mismas; una actitud o percepción negativa de las circunstancias situacionales y del mundo que los rodea; y una actitud o percepción negativa de su futuro. Luego de repetir las investigaciones y estar en la misma onda, los investigadores-terapeutas decidieron formular principios cognitivos-conductivos en programas sistemáticos presentados en una terapia basada en lo empírico y colaborando con los pacientes en forma entrenadora.

El acercamiento cognitivo enfatiza técnicas que ayudan a identificar y modificar los pensamientos inadecuados asociados a sus cargas emocionales. Tales técnicas incluyen (1) desafiar el significado idiosincrático personal de carácter negativo; (2) cuestionar evidencias; (3) el re-atribuir significado a la realidad; (4) responder racionalmente; (5) examinar opciones y alternativas en su procesado; (6) anticipar las consecuencias a sus pensamientos y acciones; (7) ver ventajas y desventajas en las opciones que existen; (8) tornar desventajas en ventajas; (9) ser guiados en sus asociaciones y descubrimiento; (10) usar exageración o paradojas para descubrir pensamientos automáticos indeseables; (11) ensanchar en una escala más amplia lo considerado angostamente dicótomo, polarizado; (12) entrenarse en instrucción propia, auto sugestiva; (13) frenar o parar sus pensamientos catastróficos; (14) emplear la distracción mental hacia algo más funcional; (15) disputar los pensamientos negativos; (16) nombrar o etiquetar sus distorsiones; etc.

En síntesis, la terapia cognitiva trata de captar, definir, abarcar y tratar con los procesos cognitivos de tinte negativo, irracional o disfuncional, con atentados hacia la reestructuración de pensamientos, razonamientos, percepciones y atribuciones, para así corregir deficiencias negativas, aberrantes y poco funcionales. Es la esperanza de que el cambio cognitivo afecta a las emociones en una manera positiva.

Los acercamientos cognitivos han sido utilizados en el tratamiento de diversos problemas con mucha eficacia, especialmente en los casos de depresión y ansiedad. La terapia enfoca sobre metas específicas, reguladas con retroalimentación acerca de la conducta y de los procesos internos –cognitivos, afectivos y motivacionales. Enfatiza el presente y refuerza a la persona en sus atentados de lograr sus metas. Tal vez una de las críticas al sistema es su carencia de atención al pasado, y a las ramificaciones de los asuntos pendientes pesarosos sin resolución.

Las influencias de los procesos cognoscitivos acoplados a los procesos emotivos en la conducta humana han sido enfatizadas por autores como Ellis (1987), el fundador de la terapia racional-emotiva. Tal sistema enfatiza un acercamiento racional como guía de conducta y cambio de emociones, basada en el hecho que la mente atrapada en pensamientos automáticos y negativos resulta en emociones distorsionadas. A su vez, tales aberraciones cognitivas y emocionales afectan la conducta de las personas. Se busca remediar los problemas con la apelación a la razón y al sentir, en diálogo constructivo entre el terapeuta y su paciente.

Muchos escritores cristianos han seguido las líneas cognitivas propuestas por Beck, Meichembaum, Ellis y otros pensadores del campo psicológico. Libros populares entre cristianos llevan impresos en sus páginas un sinnúmero de aplicaciones conductistas y cognitivas. Entro los tales, los libros de Dobson (*Dare to Disicpline*, 1986; *The New Dare to Discipline*, 1996) han tenido una vasta aceptación entre padres de familia en su administración de disciplina, corrección, establecimiento de conducta deseable, y refuerzos positivos a la misma. Los libros de Archibald Hart (*Adrenaline and Stress*, 1995; *The Anxiety Cure*, 2001; *Unmasking Male Depression*, 2001; entre otras de sus obras) también siguen la línea cognitiva, así como también los de Tan (1991, *Lay Counseling*, 1991; *Counselng and Psychotherapy: A Christian Perspective*, 2010).

En cierta manera, la terapia cognitiva sigue el principio teológico enunciado por Pablo acerca de la necesidad de renovación mental para transformar el ser (Ro 12:1-2), de renovarse en el espíritu de la mente (Ef 4:23) y de enfocar la mente hacia lo positivo (Fil 4:8). También el consejo de Pedro, de "ceñir los lomos del entendimiento" o afianzar a los procesos cognitivos (1 P 1:13). El acercamiento propuesto en este sistema enfatiza la necesidad de no ser atrapado en pensamientos automáticos, razonamientos negativos, percepciones distorsionadas o juicios necios o equivocados por un lado, sino de aprender nuevas formas de pensar, razonar, atribuir significado y decidir con buen juicio.

Las Escrituras nos dan pautas acerca de la mente y sus procesos cognitivos en necesidad de renovación y restauración. La mente natural, antes de ser regenerada, es definida como siendo corrupta (Tit 1:15); reprobada (Ro 1:28); obtusa, densa o ciega (Lc 24:45), cautiva a la ley del pecado (Ro 7:25); incapaz de conocer a Dios o entender sus caminos (1 Cor 2:14); siguiendo los dicados de la carne (Ro 8:6) y hostil hacia Dios (Ro 8:7). Además, es considerada como subyacente al estilo de vida fútil (Ef 4:17), siendo caracterizada como sensual (Col 2:8) y depravada (1 Ti 6:5). En síntesis, no importa cuán brillante o sofisticada la mente natural es, es ajena a Dios y a su voluntad, incapaz de establecer comunión y diálogo con Dios, o conocer su voluntad. Necesita ser renovada.

Desde la psicología cognitiva y sus proponentes (Beck, Ellis, Meichenbaum), aprendemos que la mente natural tiende hacia las inferencias arbitrarias, a generalizaciones falsas, a atribuciones idiosincráticas, subjetivas y erróneas, construyendo su significado en maneras negativas, pesimistas y en necesidad de tratamiento reconstructivo hacia un pensar y razonar más funcional. También, tales investigadores-terapeutas han señalado la tendencia de la mente a minimizar o agrandar la realidad en forma negativa, como lo hacen las personas ansiosas y depresivas (aún cristianos menguan la verdad, el poder de Dios, los mandamientos de Dios, etc., o agradan sus dificultades, sus quejas, o sus trivialidades, dando más valor a las cosas que son realmente invaluables ante Dios). La tendencia hacia desarrollar imágenes inadecuadas de sí mismo, de otras personas, y aún de Dios, es parte de tales disfunciones mentales. Obviamente, la necesidad de las personas problemáticas de ser transformadas a través de la renovación de la mente (Ro 12:1-2) se considera un paradigma de consejo pastoral que bien puede integrar los conceptos desarrollados en estas páginas.

Las terapias de contrato entre matrimonios y familias también han sido influenciadas por tales premisas. En su trabajo con matrimonios, Tweedie (1976) enfatizó su terapia de "pactos" (término que cae mejor entre cristianos) con una integración de la teología y las teorías y técnicas conductistas-cognitivas. Me atrevo a decir que muchos pastores legalistas emplean métodos conductistas en sus consejos, aún cuando nunca han leído a Pavlov, a Watson, o a Skinner.

En la actualidad, el énfasis se ha tornado también a la terapia metacognitiva (Adrian Wells, 2011), donde en lugar de simplemente enfocar sobre pensamientos, emociones o eventos concretos, se apunta hacia los estilos de pensar, razonar, atribuir y decidir en cuanto a las problemáticas. Tal terapia tiene un tinte más profundo y busca establecer la eficacia de la persona en cuanto a vencer sus dificultades al cambiar no solo sus hábitos o repertorios conductivos, sino cambiar sus maneras de procesar la realidad que lo embarga. El autor ha desarrollado un acercamiento cristiano integrativo –denominado terapia metacognitiva-dialógica, presentando vislumbres de tal acercamiento en los capítulos subsiguientes de esta obra.

El Ser y las Corrientes Humanistas

La aparición de la "tercera fuerza en psicología" propulsó teorías de personalidad que enfatizaron la naturaleza positiva y desarrollante del ser humano. Los promulgadores de este sistema de pensamiento abogan por la actualización de los potenciales innatos presentes en el ser. Bajo circunstancias favorables, tales potenciales pueden ser desarrollados o llevados a lo máximo de su capacidad de crecimiento. El ser es definido por Rollo May (1966) como el conjunto de potenciales singulares del individuo a ser desarrollados. Maslow (1962) enfatizó la actualización de potenciales del ser, animado por una naturaleza positiva y capaz de ser socializado a niveles altos de expresión. Delineó los valores y las características del ser en los siguientes términos: El ser puede ser visto en su totalidad, integrado y con tendencias hacia la unidad, simplicidad, organización, orden y estructura. El ser tiene una tendencia innata hacia la perfección, con sentido de necesidad, justicia y deber. Tiene también un sentido teleológico de finalidad, con un sentido de cumplimiento de aspiraciones, de logros de metas o de un destino. Maslow agregó otras características del ser actualizado, tales como la capacidad de establecer justicia, con propiedades de equidad, legalidad y orden. Al encarar los asuntos de la vida, el ser actualizado lo hace con vitalidad, con propiedades de espontaneidad, animado con procesos auto-regulados y con funcionamiento propio.

El pensamiento humanista aboga por darle crédito al ser en su riqueza, complejidad y diferenciación. Al mismo tiempo, se acoplan aspectos tales como la simplicidad, la honestidad, la belleza, la perfección, la bondad y la rectitud. La definición del ser actualizado también incluye aspectos positivos en expresiones tales como el gozo, el humor, la exuberancia, la capacidad de jugar y de entretenimiento. Es de notar que Maslow abogaba por el ser y el hacer sin Dios lo que Dios desea que el ser sea y haga. La suficiencia propia, la autonomía sin necesidad de otra agencia para actualizar sus potenciales, viviendo basado en su propia voluntad y ley, se resalta en contraposición de la dependencia de Dios para manifestar todos los atributos mencionados.

Como observamos, Maslow tuvo una filosofía positivista acerca del ser, considerándolo como capaz de actualización propia. No tuvo en cuenta "la caída" ni las consecuencias del ser capaz de errar a las metas diseñadas por su postulador. Psicólogos como Rogers, May, Allport y Ellis, entre otros, también presentaron aspectos positivos de la naturaleza humana. Algunos de ellos rechazaron su socialización primaria, y aún su fe Cristiana, como lo hizo Rogers, quien creció dentro de un cristianismo fundamental y cursó estudios en Union Theological Seminary en Nueva York, para luego descartar tales premisas a favor de postulaciones humanistas. Rogers enfatizó una teoría de la personalidad postulando la capacidad humana para el hacer bien, con una naturaleza o esencia positiva, animada de un principio de crecimiento innato hacia la perfección. Si se enfatizaran extremos, se podría alegar que los que abogan por un positivismo ontológico del ser, se consideran una especie de "fabricantes de dioses pequeños" o de promotores de la deidad innata en el ser humano. El humanismo, la "nueva era" y otros sistemas positivistas, niegan los alcances negativos del pecado y enfatizan los potenciales humanos para actualizar su realización cabal. Tal "tercer fuerza" en el campo de la psicología apareció para contrarrestar las nociones psicoanalíticas que enmarcaron al ser humano en un molde irracional, negativo y sujeto a sus tendencias subconscientes. Sin embargo, a criterio del autor, el vaivén del péndulo se fue al otro extremo.

¿Podemos rescatar algo de tal sistema? Desde el punto de vista humanista, fenomenológico y existencial, las observaciones proporcionadas con respecto al ser humano como integrado entre lo físico y lo metafísico o mental en forma indivisible puede ser de ayuda funcional. La vislumbre del ser humano integral derivada de las consideraciones de Rogers proporciona una reconstrucción teórica de su sistema que puede servir a nuestras perspectivas acerca del "Yo" a quien tratamos de ayudar con el consejo:

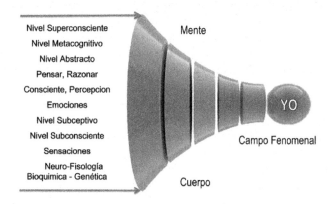

Figura 7.1 El Campo Fenomenal del Ser

La figura nos permite considerar los niveles de funcionamiento que abarcan la expresión del campo fenomenal, vertidos en un modelo integral del ser humano, desde sus estructuras físicas hasta su capacidad metacognitiva. Aunque no aprobemos todos los postulados de tal sistema, podemos extraer conceptos funcionales del mismo que nos ayuden a vislumbrar los diversos niveles de acercamiento al ser integral. Postulamos que el ser humano es autoconsciente, y puede asesorar su existencia, su estado, observar sus propios procesos, y procesar sus pensamientos, sentimientos y motivaciones hasta cierto punto. La perspicacia metacognitiva permite la introspección analítica de su propio ser, aún siendo consciente de su capacidad de defenderse, de negar, reprimir, racionalizar, etc. su realidad mortal.

En cuanto a la terapia con personas necesitadas de ayuda, el sistema de Rogers (*Client Centered Therapy*, 1965) inauguró una avenida nueva en contraposición al sistema psicoanalítico de Freud y al conductismo, con un énfasis no-directivo dedicado hacia la persona que busca ayuda. Reaccionando a su formación cristiana fundamentalista, Rogers enfatizó el aspecto positivo de la naturaleza humana y sus potencialidades para llegar a ser realizadas si se les presenta un ambiente adecuado. En sus teorías, enfatizó la actitud terapéutica de reconocer a los pacientes como seres humanos con dignidad, a ser respetados y atendidos sin prejuicio.

Las condiciones para el desarrollo de la personalidad funcional y adecuada fueron definidas en manera discreta: El terapeuta debe asumir cierta postura hacia el "cliente" (rehusó llamarlo paciente, disminuyendo el etiquetado o la categorización de lo considerado enfermedad mental). En primer lugar, demostrar una aceptación incondicional positiva hacia la persona en busca de ayuda; luego, ser honesto, genuino y congruente en lugar de jugar un papel preponderante "sobre" la persona a la cual se ayuda; y por sobre todo, tener empatía —la capacidad de ver a través de los ojos de la persona, y sentir con la persona, entendiéndola a tal grado de resonar con sus dilemas. La empatía se ha comparado a la metáfora indígena: Es calzar los mocasines de un hermano y caminar un par de millas en ellos, para ver el mundo a través de sus experiencias y su sentir.

Algunos integradores han visto una correspondencia paralela entre el "concernido positivo incondicional" rogeriano y el ágape bíblico (1 Co 13). El mismo Rogers consideró tal equivalencia (Rogers, 1962, p.422). Sin embargo, como lo han alegado Jones & Butman (1991, 270), y también lo hace el autor aquí, el ágape cristiano va mas allá de lo considerado en el sistema rogeriano. El ágape escritural es más profundo, más puro, más acentuado en su forma unilateral, incondicional, con empuje proactivo, lleno de gracia, de misericordia, perdonando y olvidando lo hecho en su contra, descentrándose y proporcionando calidez y amor a su semejante. Todo eso, sin ignorar el mal y lo pecaminoso presente en las tratativas humanas debidas al pecado, y a pesar de ello actuar en maneras empáticas, compasivas y respetuosas hacia la persona problemática.

El tipo de terapia rogeriano se centró en el cliente en lugar del analista. Si se tiene en mente la capacidad natural humana para crecer, desarrollarse y actualizar sus potenciales, lo que hay que proveer es el ambiente mencionado a fin de permitir un nuevo crecimiento que corrija las deficiencias adquiridas en una manera disfuncional en el pasado. En cuanto a estilo relacional y terapéutico, el método socrático es preferido, utilizando preguntas reflexivas y guiando a la persona a descubrir la verdad de su situación, considerando sus posibilidades de adquirir libertad emocional en lugar de proporcionar mandatos o guiar directamente a la persona. El principio socrático enseña que en lugar de decirles la verdad a los discípulos, hay que llevarlos a descubrir la verdad; una vez que la persona descubre la verdad por su cuenta, tal verdad es arraigada en la persona para siempre. Lo que uno le dice, por otra parte, puede entrar por una oreja y salir por la otra. Sin embargo, desde el punto de vista cristiano evangélico, es difícil vislumbrar la posibilidad de suscitar el descubrimiento de la verdad (según Dios) a través de métodos puramente socráticos, ya que siempre habrá un filtrado o impedimento antagonista en el procesado cognitivo debido a la condición de la mente natural, incapaz de entender las cosas de Dios por su cuenta.

Si bien la relación terapéutica es de suma importancia en el sistema rogeriano, la dimensión relacional con el Espíritu Santo presente en la sesión no debe ser descartada. El autor enfatiza un "triálogo" en lugar de un simple dialogo entre dos personas, si se tiene en mente que la persona, la presencia y el poder del Espíritu están presentes en la sesión para sanar al quebrantado. El Espíritu puede "abrir el sentido" o "abrir los ojos" para que la persona capte, entienda y ejecute la verdad de Dios.

A pesar de que muchas escuelas cristianas de preparación ministerial han sido influenciadas, primero por las corrientes analíticas, y luego por Rogers y su acercamiento, es necesario hacer críticas constructivas al respecto. Por un lado, Freud enfatizó la naturaleza negativa, irracional y animal del ser, poniendo en tela de juicio la posibilidad de redención; por otro lado, Rogers enfatizó los aspectos positivos y actualizadores del ser, negando la necesidad de redención. Ambos pueden ser vistos a la luz de las Escrituras como carentes de (1) las definiciones de la Imago Dei; (2) del concepto de la caída en el pecado y sus consecuencias en cuanto a las distorsiones y aberraciones de la Imago Dei; y (3) de los alcances de la redención de la naturaleza pecaminosa, el perdón y la libertad del pecado, la investidura del Espíritu para lograr hacer la voluntad de Dios, y el crecimiento espiritual lidiando con la naturaleza humana día a día.

La proposición de la existencia, el diseño y la voluntad de Dios en cuanto a su relación a lo humano y a la autoridad bíblica han sido aspectos descartados por Rogers, considerándolos innecesarios en su sistema. En su énfasis, la experiencia subjetiva y fenomenológica del ser auto postulado reemplazó a las consideraciones escriturales como fuente epistemológica y de autoridad normativa. Para muchos consejeros cristianos, es difícil ser imparcial al tratar de "examinarlo todo y retener lo bueno" en el caso de las formulaciones de la terapia de Rogers, a quien consideran un apóstata –recordemos que el ser *apostático* (apo-stasis: un mover de alejamiento) le da sus espaldas a Dios y se aleja continuamente de su presencia.

El sistema rogeriano no-directivo, en su afán de respetar, encomiar, reforzar e investir al ser humano con poder autosuficiente, crea cierta autonomía egoísta, o cierto individualismo acérrimo. El sistema busca que la persona decida su propio derrotero, actuando sobre sus tendencias naturales, y carente del apercibimiento de un ser supremo quien ha establecido limites, mandatos y expresiones de hacer Su voluntad (Jer17:9; Ro 3:23). El sistema humanista puede llevar a la persona que es aconsejada como también al consejero a posiciones que afrontan a la voluntad de Dios, considerándose amos de sus vidas. Si ninguna de las dos personas cuenta con la sabiduría divina aplicada al vivir cotidiano, la metáfora de un ciego guiando a otro ciego puede aplicarse. Sin embargo, no se niega la posibilidad de utilizar los postulados rogerianos que trabajan en terapia: El mostrar empatía, el ser genuino, y demostrar un concernir no juzgador a la persona aconsejada es algo lógico y deseable.

Otras personas como Allport y Maslow –ambos humanistas, siguieron en el mismo trecho, enfatizando la actualización de potenciales humanos, y la realización del "devenir"(o llegar a ser) la persona que uno tiene en mente como prototipo. Ambos ofrecen muchas pautas excelentes en cuanto al trato de las personas con un énfasis positivo, encomiador, afirmador y funcional. Sin embargo, caen en el mismo terreno de Rogers, sujetos a las críticas mencionadas.

En psicología humanista se trata de utilizar vocablos tales como "amor," "voluntad" o "actualización propia," en atentados de comunicar más allá del reduccionismo conductista, del espiritualismo, y de los elementos de la psicología considerada científica. La orientación hacia la polaridad "no-racional" y esotérica termina con cierto sentido de misticismo, carente de esperanza eterna, o con la creación de ilusiones en comunicación a través de la utilización de vocablos que denotan asociaciones profundas con una especie de "misticismo sin nadie ahí" vertidos en esquemas sin absolutos. La dialéctica entre la razón y lo esotérico no ofrece soluciones a los dilemas perplejos de carácter espiritual experimentados por los creyentes quienes en sus sufrimientos, buscan integrar su fe y su lógica, sus luchas presentes con la vislumbre de cierta gloria venidera.

Los Acercamientos Existenciales al Ser

La terapia existencial es una actitud filosófica, no un método de investigación o terapia. Es realmente una postura de acercamiento al consejo más que un sistema. Se considera un terreno vasto, no tan homogéneo sino más bien un agregado de pensadores quienes han dejado sus impresiones terapéuticas. Entre los pensadores existencialistas, Kierkegaard figura como el originador de tales líneas de percibir la realidad. Según se lee y se extrae de sus escritos, Kierkegaard era creyente a su manera, y harto de los ritos y de las deliberaciones mecánicas y hegelianas de la iglesia Luterana dinamarquesa de su época, decidió acercarse y adorar a Dios con pasión existencial. La realización de la precariedad humana bajo el sol, y su angustia nacida de contemplar su entropía o mortalidad, hace que la persona decida momento a momento cómo vivir auténticamente en lugar de seguir corrientes inconsecuentes, carentes de significado. Los filósofos que siguieron tal línea existencial demostraron ser menos fieles. A las consideraciones de Kierkegaard, se suman aquellas de las personas como Sartre, Nietzsche, Heidegger, Binswanger, y May, entre otros.

Kierkegaard buscó el enfatizar la paradoja de la encarnación de Cristo, como también la paradoja de Abraham sacrificando a su hijo, en torno al cual todas las promesas giraban. Ante tales perplejidades existenciales –paradojas que resisten una interpretación simplista, animada por un razonamiento de causa-efecto, embebida con lógica linear, o lógica hegeliana dialéctica– Kierkegaard buscó ver más allá de tales acercamientos. Trató de entender las paradojas de la vida del ser humano sujeto a las necedades y vicisitudes bajo el sol, dedicando esfuerzos a tales consideraciones en su obras (*Fragmentos Filosóficos, Enfermedad Hacia la Muerte, Either-Or*). Trató de confrontar las discrepancias entre la resignación y la fe; entre la posibilidad de elegir alternativas y el acatamiento sumiso de la realidad actual. Más allá de lo racional, postuló "el salto de fe" que el ser debe tomar al enfrentar la angustia de su propia imperfección, su mortalidad y precariedad ante el abismo de lo desconocido, para caer en los brazos de un ser superior que lo rescate y que le dé un sentido y significado a su existencia. Propuso la adoración vehemente y existencial de Dios por parte de la persona al considerar su carácter finito, mortal, en angustia y en necesidad trascendental. Varios pensadores cristianos (Finch, Malony, Evans, entre otros) se plegaron a la consideración de tales dilemas. Sin embargo, otros seguidores se desviaron a caminos o callejones "sin salida", como lo hicieron Sartre (*No Exit*, 1989) y Nietzsche (*The Birth of Tragedy and the Genealogy of Morals*, 1956). Desde la búsqueda existencial del Dios vivo hasta la "muerte de Dios", el existencialismo terminó por dar crédito a "tener fe en la fe" más que a la fe subjetiva en Dios quien ha dado revelaciones objetivas de su voluntad.

Otros filósofos que impactaron con su existencialismo han sido el escritor judío Martin Buber (1878-1965) quien enfatizó la conversación dialógica en su obra *I-Thou* enfatizando la autenticidad en las relaciones interpersonales-existenciales; el católico romano Gabriel Marcel (1889-1973) proporcionó su énfasis en el confiar del ser. Desde el campo literario, escritores novelescos compenetrados en dilemas existenciales nos han dejado retratos humanos poderosos acerca del ser y sus relaciones, ejemplificados en las novelas polifónicas y dialogantes de Dostoievski y Kafka.

En el campo terapéutico existencial, Ludwig Binswanger, Medard Boss, Viktor Frankl, Rollo May, James Bugental e Irvin Yalom figuran como expositores prominentes. En el campo teológico Paul Tillich (2000), profesor de Harvard Divinity School, ha sido reconocido por su obra *The Courage to Be –o El Valor de Ser*, un tratado teológico existencial. Binswanger nos ha dejado ideas excelentes en cuanto a cómo la angustia o angst se traduce en la vida. Viene desde el pasado en forma de culpabilidad y vergüenza, afectando el aquí y el ahora; viene del futuro como ansiedad, anticipando lo que no es y comprimiendo el presente. En el presente, la angustia se manifiesta en ira y temor, y termina en depresión al considerar la vida existente coma ser finito y perspicaz de sus limitaciones. Sin embargo, su ejemplo de personalidad actualizada se encuentra en una persona que finalmente se suicida al tratar de encontrar el significado verdadero de su existir. Para tal pensador, la persona eligió el "no ser" como alternativa al ser angustiado y carente de significado.

Callejones sin salida, desesperación y angustia son propiedades humanas auténticas que no necesariamente reciben soluciones factibles o deseadas en el sistema existencialista. En años recientes, se ha desarrollado un acercamiento cristiano-existencial, siendo Finch (1989) su principal precursor. Otros terapeutas cristianos con un leve tinte existencial han sido Newton Malony y Donald Tweedie (ambos han sido mis mentores en el seminario de Fuller y han dejado huellas positivas en mi ser debido a su fe genuina, su carácter, y su conducta ejemplar). En lugar de aceptar el determinismo o el empirismo, Finch (1989) abogó por el conocimiento del ser humano que constantemente y sin tregua persigue su derrotero hacia su autenticidad en Cristo. Enfatizó la libertad de elección, las alternativas nacidas desde la capacidad humana de oír y hacer caso a la voz de Dios en el aquí y el ahora, y a través del conocimiento personal y el existir auténtico basado en la paradoja de la fe y el arrojarse hacia la valentía de ser lo que Dios quiere que uno sea. En cuanto a la búsqueda espiritual del ser, Finch enfatizó la purgación o vaciamiento personal ante Dios, la iluminación espiritual por parte de Dios, y el encuentro íntegro del ser consigo mismo y su relación al postulador de su existencia.

Tweedie abordó el tema de la búsqueda de significado bajo el sol, siguiendo el pensamiento de Frankl, el fundador de la logoterapia. En sus exposiciones, enfatizó el hecho que si bien el ser en el cosmos, sujeto a las vicisitudes puede llegar a la conclusión que todo es "vanidad de vanidades", al invitar lo trascendental a los aspectos triviales de la existencia, hace que su perspectiva cambie radicalmente. Tal ser adquiere un significado personal y relacional ante el postulador de su existencia; es Dios quien provee pautas para desafiar las perplejidades, las paradojas y las vicisitudes cotidianas, animando al ser a adjudicarles un sentido más adecuado. El invitar lo trascendental a lo trivial proporciona significado en la vida.

Las Teorías Narrativas

Si bién las teorías cognitivas-conductivas han acudido a la metáfora del ser computacional –comparado con sistemas de procesado de información– el énfasis narrativo compara al ser humano con un narrador contando su propia historia. Las teoría narrativas del ser postulan la noción que la persona forma su identidad al integrar las experiencias de la vida en una manera internalizada, la cual representa una historia de sí mismo, desarrollada en base a un libreto que le ha proporcionado un sentido de unidad y propósito. El narrativo integra su pasado reconstruido, su presente asesorado y percibido, y el futuro imaginado o esperado. El narrativo puede ser definido como un libreto, un cuento, un esquema literario (que bien puede ser una tragedia o una comedia). Tal narrativo tiene sus caracteres, sus héroes y villanos, sus episodios, contextos, temas, etc. y a menudo se canaliza en los términos de un libreto "clásico": tiene un comienzo inicial, un desarrollo medio con los temas principales caracterizados por cierta coherencia cronológica, causas y efectos, y un final (McAdamas, 2001; 2006; McLean, 2008; McAdams & McLean, 2013).

De acuerdo a McAdams (2001, 2006), la personalidad se desarrolla y auto determina como respuesta a la necesidad de construir su propio significado, y responde a las demandas sociales situacionales. La variabilidad particular de la personalidad dentro de su diseño evolutivo, es expresada en sus esquemas de desarrollo con rasgos, disposiciones, o características adaptivas, los cuales se vuelcan en narrativos particulares y propios, postulando su historia en un marco de referencia social en un contexto cultural. El ser dialógico, postulado por Hermans (1992), sigue la línea constructivista y se basa en los narrativos del ser que parten desde diferentes posiciones internas, además de sus relaciones dialógicas externas, para postular su ser, y desarrollar esquemas adecuados para su vida. Beaudoing (2005) parte de estas nociones para establecer la posibilidad de trazar mapas o libretos a ser desarrollados, editando lo que agentes socializadores le han proporcionado al ser originalmente, para lograr establecer su propio ser en el transcurso de un nuevo narrativo personal. El significado que la persona atribuye a su experiencia puede ser asesorado objetivamente, desafiado, y destruido. Luego, en un proceso positivo, separar su identidad de lo que le ha sucedido o le sucede en la actualidad, externalizando tal realidad, para entonces postular la posibilidad y libertad de articular y volver a construir otro libreto más adecuado para su ser.

Las Corrientes Multidimensionales Integradoras

Varios sistemas de psicología apuntan hacia la diversidad de conceptos pertinentes al ser humano y su conducta. Por ejemplo, se enfatiza la responsabilidad en la conducta humana. Glasser con su "terapia de la realidad", Mowrer con su énfasis en la "integridad" de las personas, y Menninger con su sentido de responsabilidad moral y ético, son ejemplos de tales sistemas. Las advertencias al considerar acercamientos apuntan hacia la posibilidad de definir la pecaminosidad como irresponsabilidad social, o como carencia de salud mental. En círculos liberales, se trata progresivamente de compaginar sistemas que re-interpreten las Escrituras con las investigaciones de las ciencias sociales, aceptando el "aguado" sucesivo de la teología. El término "aguado" se utilizaba en Argentina cuando los lecheros repartían leche por las casas en sus carros tirados a caballo, con las grandes jarras metálicas conteniendo leche, y de vez en cuando paraban en el camino para agregarle agua a la leche para vender un poco más de su mercancía. De la misma manera, algunos en su afán de vender su integración, diluyen lo teológico en atentados que acomoden, asimilen y equilibren sus teorías y práctica. Paul Tillich nos ha dejado una advertencia simple pero penetrante: No queremos llamar al departamento de ciencias dedicados a nuevos descubrimientos, ni tampoco al departamento de estudios bíblicos de nuestras universidades o seminarios dedicados a elaborar nuevas teología cada semana, para averiguar qué es lo que queda digno de ser predicado o creído.

La actualización y la autenticidad de las personas han sido objeto de consideración por autores tales como Rogers, Maslow, Allport, Frankl, and May. Se ha dado énfasis a la naturaleza positiva del humano, a su afán de lograr superarse, a encontrar significado en la vida, a actualizar sus potencialidades y a vivir existencialmente en libertad. Sin embargo, la negación de la caída en el pecado, la fabricación de significado en forma solipsista, la búsqueda del optimismo infundado, o la realización de algún potencial en forma natural, parecieran estar en pugna con las afirmaciones del evangelio que trae buenas nuevas a personas que reconocen su condición y necesitan ayuda porque no pueden bastarse a sí mismas.

Las necesidades de estima propia, de amor, de superación, y de relaciones sociales han sido enfatizadas por autores tales como Adler, Sullivan, Fromm y Horney. Las definiciones del amor, las orientaciones o guía hacia el alcance de la aceptación por parte de otros, y las bases para las relaciones interpersonales sanas, son dadas como ideas paralelas a los conceptos escriturales ontológicos y a las consideraciones acerca de la comunidad descripta como "el Cuerpo de Cristo". Sin embargo, a pesar de tal paralelismo, tales autores han fallado en dar crédito y validez al cotejado escritural y a las verdades espirituales, con las consiguientes repeticiones de conceptos ya estipulados en mejor manera.

Las consideraciones conductistas de Skinner apuntan a los factores ambientales que ejercen su presión sobre los organismos y su conducta. El conductismo aporta nociones de aprendizaje, acondicionamiento de conducta, refuerzos que mantienen y cambian la conducta, y consideraciones sociales de importancia. Sin embargo, el énfasis a veces desmedido hace que se postule un determinismo acérrimo y que se trata de explicar toda conducta en base a estímulos y respuestas a manera reduccionista. Dentro de tal marco de referencia, se niega la libertad y la dignidad humanas, ya que toda realidad se explica en función de las consecuencias de la conducta en manera funcional, respondiendo al medio ambiente.

En enfoques multimodales (Lazarus, 1983; Bandura, 1976) se establece que la personalidad humana es modelada por las asociaciones a través del acondicionamiento (clásico y operante) y por las fuerzas sociales ambientales que ofrecen pautas de imitación, modelado y procesos vicarios. En acercamientos integradores (Stuart, 2003) se combinan los factores conductivos y cognitivos con los psicodinámicos. Aspectos biológicos, afectivos, cognitivos, conductivos y sociales entran en tales deliberaciones terapéuticas.

El dogmatismo y las repuestas predeterminadas no permiten una integración honesta entre la teología y la psicología. Ambas modalidades en el acercamiento hacia una materia (el ser humano en necesidad de ayuda) son posibles sin por ello se pierda la integridad de ambas. Cada acercamiento puede tener su propia manera de definir, categorizar y operar sin desprestigiar a otras formas paralelas. Si se trata de hacer investigaciones, se debe enfatizar el "acercamiento" (proceso investigativo) a una materia, en lugar de las "respuestas predeterminadas" (resultados considerados *a priori*). Si se enfatizan las respuestas establecidas de antemano, o si las conclusiones son tomadas como si fuesen premisas básicas, el atentado de integración es fácilmente contaminada por la mentalidad dogmática y prejuiciada. Partir desde una conclusión hace que todas las deliberaciones, los razonamientos y las conclusiones terminen en la misma base desde la cual se originaron.

Debemos aclarar que, el erigir la ciencia como paradigma absoluto, es realmente una actitud anti-científica que hace de la ciencia la fuente suprema del conocimiento y la meta suprema de su búsqueda en la vida. Si la ciencia es rígidamente definida en términos de metodología, y la revelación bíblica es simplemente un conjunto de expresiones a ser interpretadas al margen de lo consolidado científicamente, no existe la posibilidad de suplementarlas ni integrarlas. Si se dogmatiza la ciencia tanto como la teología, habrá líneas paralelas pero no necesariamente integración. El sintetizador incauto cree que su amalgamación es mejor o más creíble, dándose a la tarea de teologizar la psicología o "psicologizar" las Escrituras, manipulando una disciplina a favor de la otra.

En la percepción del autor, el integrador honesto cree que en manera consciente puede acercarse a la materia partiendo desde varios niveles, y se da con respeto a la búsqueda de la verdad, manteniendo una apertura de mente y propósito en su investigación. El acercamiento clínico (humanista, no-directivo, analítico o de cualquier especie) y el experimental (científico) no descartan el acercamiento existencial, espiritual y de fe en la revelación divina que busca validez experiencial. El lenguaje es un ente simbólico, y la proposición revelada de las Escrituras se incluye en la verificación a través de la validez existencial y el conocimiento personal. Para que algo sea experimentado como siendo existencialmente válido, tal vez baste solo la certeza subjetiva del ser que postula tal validez. Sin embargo, para relacionarse con otras personas quienes razonan y necesitan ciertas bases empíricas, es necesario postular la calidad de la experiencia personal en alguna manera entendible, vertida en elementos concretos.

El marco de referencia de lo que llamamos "validez existencial" es demarcado no solo por lo empírico y explicativo en la conducción de las investigaciones, sino también por el entendimiento, el significado y la experiencia de la persona. El énfasis actual en las explicaciones, en las mediciones, en lo alejado y carente de envolvimiento, y en la abstracción de lo observable, tiende a disminuir la posibilidad de afianzar el conocimiento personal-experiencial. También tiende a disminuir la comunicación total entre individuos, el diálogo interpersonal entre seres existenciales que va más allá de las percepciones parciales, atomistas e irrelevantes.

Si se desea indagar y asesorar las críticas constructivas a todos los sistemas psicológicos por autores cristianos –filósofos, terapeutas, investigadores académicos, se pueden cotejar las obras ejemplares de Roberts (1993, 2007), quien en manera incisiva discute la terapia humanista de Rogers, como así también la propuesta por Ellis en su terapia racional-emotiva, la de Jung y su psicología analítica, y la psicología de Kohut acerca del Ego, entre otras. En sus exploraciones, Roberts advierte a los cristianos que usan tales teorías de la necesidad de asesorarse acerca de las bases epistemológicas y ontológicas de tales sistemas que son opuestas a la fe evangélica. Jones y Butman (1991) también ofrecen una reseña de las terapias actuales con críticas constructivas desde el punto de vista evangélico.

Las Teorías Psicométricas y el Asesoramiento del Ser

Desde el ángulo empírico, han surgido acercamientos hacia la personalidad basados en rasgos medibles o características repetitivas, presentes en manera constante, y que diferencian a la persona como una entidad idiosincrática de los demás, aún cuando existen normas generales dentro de las cuales tal persona puede caber.

Allport (1961; 1975) comenzó con treinta mil rasgos y sintetizó tres mil descripciones de la personalidad, extrayendo de los diccionarios y definiciones léxicas todo lo que pudiera captar los rasgos descriptivos del ser. Catell (1970; 1980) se basó en tales datos para extraer a través de estadísticas factoriales (correlacionando correlaciones entre variables descriptivas de la personalidad) dieciséis factores agrupados en forma abstracta (su prueba de personalidad se denomina Catell 16PF). Otros, como Costa & McRae (1992), realizaron numerosas investigaciones factoriales y llegaron a la conclusión que cinco factores son esenciales y suficientes para describir la personalidad. Lo que en Inglés se conoce como "The Big Five Factor Theory" (La Teoría de los Cinco Grandes Factores) ha sido aceptado por un número grande de investigadores y ha resultado en una prueba de la personalidad utilizada en un sinnúmero de investigaciones. Los factores mencionados son, en sus polos característicos (en contraposición a los rasgos opuestos a tales categorías): (1) Apertura –curiosidad, apreciación hacia el arte, lo emocional, la aventura, a ideas nuevas, a la variedad de experiencias; (2) Conciencia –eficiencia, organización, disciplina, actuar con deber, planeado; (3) Extraversión –energía, con emociones positivas, buscando estimulación, con sociabilidad; (4) Concordia –amistad, compasión, cooperación, y (5) Neuroticismo –sensibilidad, nerviosismo, emociones negativas, ira, depresión y vulnerabilidad.

La Genética y la Neurociencia de la Personalidad

En las últimas décadas, las aportaciones de la neurobiología interpersonal ha arrojado luz acerca de la personalidad en su contexto relacional (Siegel, 1999, 2007, 2010; Damasio, 1998, 1999, 2010). El cerebro es visto como el ente procesador, regulador, y actualizador del ser en su contexto. El sistema límbico, en especial, trata con el asesoramiento de las situaciones negativas y positivas que desafían al ser en su crecimiento. Siendo influenciado por tal asesoramiento, el ser utiliza su corteza medial frontal para crear y decidir el significado de sus eventos relacionales. Las neuronas espejo han sido objeto de investigación, arrojando cierta luz acerca del apego que toma lugar entre el infante en desarrollo en referencia a sus progenitores, especialmente las interacciones maternales en los primeros meses, y luego, los primeros tres años del niño en desarrollo. Los estudios de Bowlby (1971, 1975, 1981, 1988) han sido acoplados a esta teoría, los cuales han corroborado muchas de los resultados de las investigaciones al respecto. El apego seguro proporciona buenas bases para las relaciones humanas en la persona adulta. Por otra parte, los apegos inseguros fomentan la disfunción en las relaciones humanas posteriores. De acuerdo a esta postura evolucionaria, las emociones, la novedad, la repetición, y el aprendizaje toma lugar a través de las experiencias interactivas con semejantes humanos (Siegel (2010). Trataremos con estos asunto de manera más acentuada en el capítulo correspondiente a las aportaciones genéticas y neurobiológicas al ser en su formación.

Crítica a las Teorías

La persona en estas teorías sustanciales o interactivas-relacionales, es un conjunto de rasgos o características que son definidas descriptivamente en abstracciones categóricas. En manera psicométrica, se encierran las complejidades humanas en análisis factoriales con conglomerados y etiquetados sintéticos que dan a entender rasgos generales o nomotéticos. Tales generalidades pierden de vista al ser. Los agregados conjuntos representan atributos, manifestaciones que distinguen a una persona de otras o que la colocan en conjunto con otras que manifiestan tales rasgos. Aun así, no dan a entender quién la persona es en su esencia.

Para nuestras consideraciones, postulamos cierta distinción entre lo que se denomina "personalidad" y el ser ontológico. En la mayoría de los escritos psicológicos mencionados, se trata con aspectos de personalidad con referencia a las características y atributos pertenecientes a definiciones sustanciales o sociales. Las investigaciones corrientes dan énfasis a la evolución –biológica-cultural-social, y el lector debe dar saltos de fe tan grandes como los necesarios para creer en el postulado de ser creados a la *Imago Dei*. La complejidad del ser queda latente o inexplicada en sus atributos mayores o trascendentales. Las definiciones analíticas, sociales, conductistas, y biológicas arrojan luz acerca de la naturaleza del ser, pero no explican debida y cabalmente la manera en la cual la personalidad se auto postula, "llega a ser", o emerge a consecuencia o a través de sus mecanismos y procesos interactivos con el medio ambiente.

Distinguimos entre "personalidad" y "estado de ser". Como hemos visto, el problema se presenta al tratar de definir al ser sustancialmente: Sea el psicoanálisis o el énfasis empírico factorial, hay una entidad que siempre escapa al escrutinio cabal, ya que el fenómeno humano resiste las definiciones desde el punto de vista de sus rasgos, sean éstos "niveles", "propiedades", "atributos" o "cualidades". Los instrumentos de asesoramiento psicológico objetivos, tales coma el Inventario Multifacético de la Personalidad de Minnesota (MMPI), el

Inventario de Personalidad de California (CPI), el instrumento diseñado par Catell (16PF), o el nacido de los Cinco Grandes Factores (Costa & McCrae), al tratar de "medir" la personalidad, simplemente apuntan a un conjunto de rasgos que no necesariamente encierran o abarcan al ser en su totalidad, su experiencia compleja, o su naturaleza esencial.

El ser ontológico pareciera ir más allá de las definiciones basadas en características parciales y segmentadas. Los instrumentos psicológicos diseñados a sondear y sonsacar las proyecciones de la persona, talcs como el Rorschach (basado en manchas de tinta abstractas), o el TAT (Test de Apercepciones Temáticas, basado en respuestas a escenas a las cuales se les proyecta una historia temática) simplemente reflejan deseos, motivos, patología, mecanismos de defensa, o diferentes aspectos de la estructura y del funcionamiento intelectual y emocional de la persona. El que administra el test se asesora de lo que la persona refleja, alega, proyecta, declara, etc., pero no da con el ser en sí. Simplemente capta aspectos del funcionamiento, de las estructuras, de los procesos o de las manifestaciones de la conducta humana: El ser como tal escapa al escrutinio real.

No se desmerece el valor de tales medidas o pruebas Los instrumentos mencionados son muy útiles en el asesoramiento, en la formulación de diagnosis, o en los temas a ser tratados en terapia. El autor ha supervisado varios años a estudiantes practicando clínicamente a nivel doctoral en el Massachusetts General Hospital como instructor en Harvard Medical School, y atestigua acerca de su valor y uso funcional en la diagnosis y el tratamiento de personas con enfermedades mentales. Sin embargo, tales medidas proyectivas de la personalidad no vierten ni proporcionan una imagen totalmente cabal o conclusiva de la ontología, de la esencia o el estado de ser.

Al considerar al ser en su esencia, el lector no quisiera caer en la categoría denominada "teología de las simas" (theology of the gaps) que alega que, mientras uno no se asesora exactamente de la realidad empírica, postula las cosas por fe; cuando las descubre, cambia su interpretación teológica. Desde las consideraciones de Copérnico y Galileo, aceptamos que la tierra es redonda e interpretamos al universo de una manera diferente a los antiguos, sin perder la fe. Sin embargo, en materia del ser humano, todavía no contamos con la instrumentación debida ni la sofisticación adecuada para hacer un asesoramiento investigativo ni un recuento total de la ontología del ser. Lo que todavía nos hace pensar en el hecho de haber sido creados a la imagen de un Dios incomprensible, inexhaustible y trascendental.

Los acercamientos sustanciales enfatizan aspectos de la persona que distinguen al ser de otras entidades creadas. Hablando con bases escriturales reveladas, se presenta el aspecto singular del ser en cuanto a su separación especial en el acto creativo. Se lo coloca a la cúspide, al final del desarrollo de las actividades que originaron todas las entidades reales, en términos cuantitativos o figurados (al sexto día) y cualitativos, como mayordomo sobre los demás seres creados, denominando y llamando las cosas por su nombre (definiendo la realidad como un científico bajo el tutelaje de Dios), y ejerciendo autoridad administrativa sobre las mismas.

Podemos argumentar acerca de lo "racional" que pareciera destacar al ser dentro del contexto de la creación del sexto día, con ciertas conclusiones que apuntan a cierta diferencia en virtud de su conciencia o percepción propia, o en virtud de su capacidad para el aprendizaje "mental". Ensayos e investigaciones con otras especies demuestran acercamientos paralelos en cuanto a aprendizaje, formación de conductas, relaciones sociales, modos de comunicación no-verbal, expresión de emociones, y otros asuntos. Tales investigaciones tienden a desafiar la singularidad del ser en cuanto a su raciocinio, apuntando a las capacidades descubiertas en otras especies en cuanto a estructuras y funciones cognoscitivas. Tolman, en Berkeley, dedicó esfuerzos investigadores para postular que las ratas de sus experimentos con laberintos tenían ciertos "mapas cognoscitivos" en su aprendizaje. Trabajos con orangutanes y gorilas revelan complejas afiliaciones sociales, rangos, y expectativas que bordean lo antropomórfico. Aún cuando comparten mucho del material genético con los seres humanos, tales organismos no representan la calidad existencial y la capacidad relacional con lo trascendental demostrado al nivel humano de comunión, adoración y abnegación a lo divino.

Los psicólogos que se dieron al estudio de la personalidad reconocieron la importancia del ser en su definición (Yo, Ego) apelando a rúbricas, etiquetas, construcciones mentales, etc., sin necesariamente ser cabales en sus postulados. Allport (1937) trató de presentar equivalentes psicológicos al concepto del alma, rechazando la noción de "tener" un "homúnculo" (un ser pequeño dentro del cerebro) y postulando un concepto abstracto en su lugar –el *proprium* (algo pertinente o propio del ser). Para un cristiano que analiza tal vocablo, el reemplazo o la sustitución del alma por otros agentes o procesos es una cuestión de semántica que no necesariamente aclara o define al ser cabalmente. El "proprium" no es algo que podemos captar y encerrar en un tubo de ensayo, sino una construcción mental conveniente y funcional a los esfuerzos de un teorista. Aquellos que se dieron al énfasis cognitivo propulsaron la proliferación de ideas acerca del ser como "poseyendo" esquemas propios (Markus, 1977); conceptos propios (Wylie, 1979); estima propia (Rosenberg, 1979); eficacia propia (Bandura, 1976); y regulación propia (Gailliot et al., 2011). Conceptos relacionados al ser han incluido también su *identidad social* (Erikson, 1950/1963); como también su *identidad cultural* (Cross, 1978). Con el posmodernismo, el concepto del ser propio se ha ramificado al concepto del ser dialógico (Hermans 2001) enunciando sus narrativos internos propios. El lector puede cotejar tales nociones con la crítica de tal concepto hecha por el autor (Polischuk, 1998). La autonomía del ser y su encuadrado en la sociedad, necesitan recibir el influjo de ser definido como Imago Dei, con libertad y dignidad, no solo como agente autónomo en el cosmos, diferenciado e individuado, pero relacionado a Dios –establecido y arraigado en el terreno de su existencia.

La Motivación de la Personalidad

En resumen, si tomamos de las fuentes psicológicas algunas nociones indicativas acerca de la motivación humana, de aquello que empuja, anima y propulsa al ser hacia alguna meta superior, vemos las diferentes fuerzas, energías y teleologías que parten desde este campo. Freud colocó a la motivación al centro de la personalidad, argumentando que toda conducta es motivada, sea por instintos vitales tales como la preservación propia y la energía libidinal o sexual, e instintos agresivos o mortales (el concepto de *thanatos*). Murray (1938) amplió la idea de los motivos a veinte necesidades del ser en busca de satisfacción. Entre los humanistas, Allport (1937) enfatizó la noción del "devenir" (el llegar a ser lo que uno puede ser en camino a su actualización), propulsado con la motivación a llegar a ser un agente con autonomía funcional. Adler enfatizó la resolución de lo inadecuado en la persona o la carencia de eficacia en el ser, con la sobrecompensación y la disposición hacia la resolución de sus desavenencias. Rogers, por su parte, promulgó su noción del deseo de actualizar potenciales como la fuerza motivacional –la capacidad de crear su propio derrotero en forma auto determinada. El ser, para Rogers, es mas bien un proceso (no un ente estático) buscando llegar a realizar su funcionamiento óptimo. Maslow abogó por la actualización propia, siguiendo un derrotero en el cual las necesidades son jerárquicamente abordadas, desde las básicas (fisiológicas), a las de seguridad, albergue, pertenencia, estima propia y amor, culminando en la actualización propia. Desde el ángulo del aprendizaje social, Bandura enfatizó el desarrollo de la eficacia propia como clave para motivar la personalidad a realizarse. Por su pate, los existencialistas enfatizaron las ansias del ser a "llegar a ser auténtico" en un mover dinámico y perseverante hacia tal propósito.

El cristiano —sea filósofo, terapeuta o teólogo, dirige su vista hacia el proceso de llegar a ser como Jesús, y lo que lo motiva es el amor de Dios y su gracia, a la cual responde en un mover positivo de fe, animado por el poder del Espíritu Santo. Tiene en mente que Dios, quien lo formó y lo vio deformado, lo ha reformado para luego transformar su ser y conformarlo a la imagen de Jesucristo —el prototipo de humanidad perfecta. En su motivación de llegar a ser lo que Dios desea, el ser coparticipa con el Espíritu Santo en su derrotero y desarrollo.

Mucho más se pudiera decir en estas páginas, ya que el campo de la psicología es muy vasto, y no podemos abarcarlo en manera simple. Lo tratado en este capítulo es simplemente una reseña de lo que el autor ha juzgado como pertinente a las consideraciones que siguen en los capítulos subsiguientes.

Capítulo 8

Aspectos Genéticos y Biológicos: Una Reseña

El ser humano ha sido tratado ontológica, teológica y filosóficamente en capítulos anteriores. También se lo ha tratado psicológicamente. Este capítulo trata de presentar nociones acerca de su ser físico –sus estructuras y procesos biológicos, fisiológicos y neurológicos que pueden arrojar cierta luz en cuanto a su funcionamiento normal o anormal. Lo brevemente enunciado en estas páginas se basa sobre las investigaciones hechas al respecto en el campo de la biología, la genética, la fisiología y la bioquímica. Aclaramos que las ciencias biológicas aún no han arribado a su cometido final, y que especialmente en materia de circuitos neurales y neurotransmisores, a pesar de dar pasos agigantados, no ha llegado a conclusiones contundentes o finales en sus investigaciones. Debemos recordar que así son las investigaciones científicas: Apuntan al descubrimiento de cómo y por qué las cosas pasan o no pasan.

Históricamente hablando, las observaciones acerca de los casos de desórdenes afectivos tales como la depresión y manía, proveyeron bases para las consideraciones acerca de su etiología, asociando causas biológicas y genéticas con las manifestaciones repetitivas de síntomas tales como dificultades en conciliar el sueño, la actividad motriz, cambios en el apetito y en el deseo sexual, entre otros. Además, se ha notado la incidencia de casos dentro de familias que parecieran seguir una línea hereditaria debido a la composición genética, manifestada en las personas concordantes en términos de la expresión de sus desórdenes mentales o psicológicos. Condiciones como la esquizofrenia, y otras psicosis han recibido mucha atención en el campo investigativo, con la conclusión que subraya la contribución genética y las aberraciones fisiológicas y bioquímicas a la expresión de tales enfermedades.

El consejero pastoral, acostumbrado a ver las cosas desde el ángulo espiritual, tal vez pueda acrecentar sus nociones, prestando atención a los aspectos cognitivos y emotivos que parten de las consideraciones biológicas-psicológicas. Tal vez manifieste cierta aprensión hacia la el concepto que subraya las contribuciones fisiológicas, neurológicas, bioquímicas y genéticas que pueden en muchas maneras ser las causantes de los problemas psiquiátricos. Se apela a su flexibilidad y amplitud para considerar este capítulo como una ayuda a su entendimiento integral, sin descartar las fuerzas negativas actuando en las enfermedades mentales derivadas de las causas espirituales, morales o aún demoniacas. Como hemos visto en los capítulos referentes al ser humano, hay varios niveles de análisis y de expresión desde lo material hasta lo inmaterial, desde lo físico hasta lo metafísico, desde lo carnal hasta el espiritual. Se ruega al consejero cristiano de considerar alternativas en la adjudicación de significado a los entes causativos de la problemática que aparecen en la escena y llegan a ser objeto de su atención. En algunos casos, dada la magnitud y la severidad de muchos problemas mentales, el consejero debe saber trazar sus límites y tener acceso a personas que puedan proveer los servicios adecuados para trabajar en conjunto hacia la sanidad de la persona.

Énfasis Biológico Causativo

Durante las últimas décadas las ciencias médicas han experimentado un empuje enorme y profundo, debido al conocimiento adquirido a través de la investigación científica y clínica. El "Proyecto Genoma" dirigido por el doctor Francis Collins ha revolucionado el entendimiento genético del ser humano. Con el trazado del mapa de todos los genes que componen las unidades vitales básicas del ser humano, la investigación se ha acrecentado con respecto al entendimiento de las estructuras, las funciones, y el despliegue de las características físicas del ser. Luego de tal despliegue de los bloques fundamentales, un gran número de investigadores patrocinados en sus trabajos científicos por agencias gubernamentales y privadas se acercan a la materia de la genética para sondear su relación a las enfermedades transmitidas a través de la herencia.

La biología, fisiología, bioquímica, neurología, y demás materias que atañen a los aspectos físicos del ser son objetos de consideración integral en cuanto a la etiología y al desarrollo de los problemas físicos y presentan nociones desafiantes en cuanto a las enfermedades mentales. El énfasis adjudicado a esta esfera pareciera reforzar el concepto debatible que postula que *la biología es el destino del ser*, y que la genética determina inexorablemente la personalidad, las características y las funciones cognitivas, afectivas y motivacionales.

La psiquiatría, aún cuando ha partido de las ciencias médicas en el pasado y que se encarriló en aspectos mayormente psicoanalíticos, en la actualidad está volviendo el cauce de las consideraciones físicas en cuanto a las enfermedades mentales. La administración de medicamentos ha llegado a ser un factor predominante en el campo psiquiátrico. La proliferación de tales medios aplicables en el campo de la psiquiatría ha sido notable. La introducción de productos antidepresivos, antipsicóticos, y agentes que contrarrestan la ansiedad ha sido un factor preponderante en el tratamiento de las enfermedades mentales a través de los años, y últimamente se ha establecido fuertemente en las terapias médicas.

El Ser Físico

Las Escrituras tomadas como narrativo de los orígenes humanos recalcan que el ser es tomado del polvo y al polvo vuelve. El hálito divino que animó al ser para constituirlo en la imagen de Dios, no descarta la realidad que el ser humano ha sido creado en el sexto día y mantiene mucho en común con el resto de la creación sobre la cual fue puesto como mayordomo. De modo que, aún cuando consideramos al ser desde su punto de vista espiritual, animado de estructuras y procesos cognitivos y emotivos, no desechamos la realidad de sus bases fisiológicas, neurológicas y bioquímicas que subyacen los procesos mencionados. En forma básica y esencial se presentan nociones acerca del sistema nervioso central especialmente el cerebro, el ADN y las neurotransmisoras que entran en juego en los aspectos físicos del ser humano. Un entendimiento de la anatomía, fisiología, y los procesos neurales que entran en juego en la transmisión de los impulsos nerviosos nos hace recapacitar acerca de la condición física del ser humano y sus posibles aberraciones, distorsiones y funcionamiento anormal.

Los estudios biológicos realizados en referencia a los desórdenes bipolares y revelan las diferencias en muchas medidas bioquímicas comparadas con controles normales. También las investigaciones hechas con personas que sufren del denominado desorden afectivo estacional (una depresión que ocurre desde el final del otoño hasta la primavera en muchos países nórdicos) se debe a las interacciones bioquímicas entre la luz diurna y otras contingencias ecosistémicas (medio ambientales) que afectan al ser humano. Estudios realizados con familias de personas que sufren de este síndrome han revelado que desde un 35 a un 69% de los pacientes con tal diagnosis tienen una historia familiar con incidencias de desórdenes afectivos y desde un 7 al 37% de concordancia con familiares que también sufren del mismo mal (Howland & Thase, 1999).

Las manifestaciones psicóticas como la esquizofrenia y la paranoia entre otras, pueden aparecer en la escena como consecuencia de la interacción entre la genética, las predisposiciones de la persona, y los desafíos de la vida con sus golpes y pérdidas. La interacción entre la genética heredada y el medio ambiente actuando sobre el organismo que se desarrolla es compleja; sin embargo, aún cuando hay cierta clonación natural como en los casos de mellizos idénticos, los estudios escandinavos acerca de la esquizofrenia revelaron que la genética contribuye al desarrollo de tal enfermedad, pero no en un sentido completamente determinista. Las incidencias de concordancia (el grado de coincidencia o semejanza entre dos personas que desarrollan la misma enfermedad en comparación mutua) entre mellizos idénticos nunca sobrepasó el 51% de los casos; los mellizos fraternales se relacionaron un 24%, y comparados a la población en general, tales cifras denotan una predisposición genética a la enfermedad, pero no un determinismo acérrimo.

Hay una especie de acuerdo consensual en el cual la predisposición genética puede estar presente, pero necesita de ciertas peripecias o situaciones ambientales que provocan la expresión, o suscitan el potencial "almacenado" y latente dentro del organismo, provocando la aparición de los síntomas que caracterizan a la esquizofrenia. A veces, se dan repentinamente a cierta edad, luego de la adolescencia, o debido a tramas devastadores, o se desarrollan lentamente en forma acrecentada, terminando en condiciones muy devastadoras en cuanto a los desórdenes de pensamiento de tipo psicótico. Lo mismo se puede decir de las investigaciones que enfocaron a la ansiedad, las cuales revelan la presencia de factores genéticos, neuroendocrinológicos, y bioquímicos que interaccionan con el estrés y los desafíos percibidos por la persona.

El Cerebro y sus Funciones

El enfoque hacia las funciones cerebrales, en todas sus complejidades y desafíos, puede ser de interés al consejero. Las capacidades de ver, oír, hablar, gustar, experimentar sensaciones táctiles, como también el experimentar hambre y sed, la necesidad de sueño, y los apetitos sensuales y sexuales, todo es mediado a través del cerebro humano. En sí, el cerebro es una entidad electromagnética, mediada a través de circuitos neurales utilizados por impulsos que navegan a través de sustancias bioquímicas llamadas neurotransmisoras. Las cuestiones de interacción entre el cerebro, su ingeniería genética y las propiedades que emergen de la misma (entre las cuales consideramos a la mente), es un desafío enorme en cuanto al origen de lo denominado "consciente", con facultades de razonamiento, percepción y atribuciones de significado a la realidad.

A nivel de laboratorio, las técnicas de la tomografía computerizada, basadas en el asesoramiento de la emisión de positrones (positron emission tomography o PET), y de la imágenes conseguidas a través de la resonancia magnética (magnetic resonance imaging o MRI), permiten observar y analizar detalladamente las estructuras y el funcionamiento del cerebro en su procesado de información sensorial, cognitiva, o emotiva bajo una diversidad de situaciones experimentales y clínicas. El método empleado en investigaciones que involucran el fMRI (un MRI funcional) permite estudiar las relaciones entre estímulos cognitivos-emotivos y las regiones cerebrales que entran en juego y actúan en tales casos. Tales investigaciones se logran sin invadir quirúrgicamente el cráneo, sino haciéndolo desde la superficie, con el asesoramiento electromagnético de las las estructuras cerebrales y sus procesos en una manera funcional. Estudios con personas depresivas, ansiosas, bipolares, etc. revelan las asociaciones de regiones y circuitos neurales subyacentes y asociados a los procesos cognitivos-emotivos a ser atendidos.

Los avances en las investigaciones de la biología molecular permiten el trazado de las transmisiones genéticas de ciertos trastornos, el trazado de mapas computarizados de las actividades electromagnéticas dentro del cerebro y el desarrollo de técnicas de investigación de las enzimas, los asuntos metabólicos y las sustancias neurotransmisoras que entran en juego en la transmisión de los impulsos nerviosos. Tales investigaciones son ayudadas por una tecnología creciente que permite sondear y enfocar sobre los circuitos neurológicas subyacentes y asociados a los trastornos psíquicos para lograr un panorama de las conexiones entre las anormalidades vislumbradas y los trastornos manifestados.

El desarrollo del cerebro. Los estudios recientes de las estructuras cerebrales permiten el entendimiento del desarrollo del cerebro como siendo pre-programado en detalle. En su plasticidad y capacidad equipotencial, el cerebro funciona como una entidad integral y global; sin embargo, sus hemisferios y regiones específicas dan a entender especializaciones y particularidades en funciones y procesos. Por ejemplo, la corteza cerebral procesa las funciones intelectuales elevadas, como así también las motorices desde lo global hasta lo refinado minuciosamente. La región o el área de Broca (el investigador de procesos del habla cuyo nombre se adjudicó a tal región), ubicada en el hemisferio izquierdo, es responsable por las funciones del habla, y sus disfunciones llegan a provocar afasias o impedimentos en el hablar expresivo o receptivo; también el área de Wernicke (otro investigador en el campo) se relaciona a tales funciones. La región occipital se asocia con las percepciones visuales; la región del lóbulo temporal se relaciona a las anormalidades en percepción tales como las alucinaciones y visiones idiosincrásicas como también a ciertas formas de epilepsia. Los centros que se encuentran debajo de la corteza cerebral, más profundos (el sistema límbico, el hipotálamo), se asocian con sensaciones, emociones, pasiones, deseos apetitivos (gustativos, sexuales). El cerebro tiene una estructura auto reguladora denominada el sistema reticular ascendente que actúa como un transmisor y conector entre los centros más profundos del cerebro y la corteza cerebral, regulando los procesos activadores e inhibidores de energía y su nivel de actividad. También dentro del sistema se estudian las glándulas tales como la amígdala, la cual funciona como reguladora, activadora y propulsora de sistemas y procesos bioquímicos internos que afectan a las emociones, los pensamientos y la conducta humana. En fin, la complejidad es enorme y las investigaciones siguen descubriendo y aguzando el conocimiento acerca de lo maravilloso que el cerebro es.

El sistema nervioso que corre a través de todo el cuerpo humano, puede ser visto desde el ángulo reduccionista. Las células que lo componen y sus estructuras moleculares, atómicas, sub-atómicas, y los campos electromagnéticos en los cuales los electrones danzan en órbitas alrededor de sus núcleos, es algo complejo que desafía a cualquier investigador. En síntesis y a groso modo, podemos decir que las comunicaciones desarrolladas por las neuronas y sus circuitos se ramifican, se entrelazan en formas paralelas con funciones distribuidas, y se acomodan en sus ubicaciones correspondientes, llegando a formar estructuras predeterminadas y dirigidas por los códigos genéticos contenidos en los cromosomas de cada célula humana.

Genéticamente hablando, el cerebro es diferente de las otras estructuras y tejidos del cuerpo humano. Por ejemplo, todas las células tienen los mismos genes, pero sólo fracciones de los mismos son transcriptos o utilizados en los tejidos específicos que componen diversas partes de la anatomía y fisiología corporal. Sin embargo, se estima que la cantidad de genes utilizados por las células de la materia componente del cerebro es de 3 a 5 veces mayor que la cantidad presente en los demás tejidos. Pareciera ser que los genes destinados a ubicarse en el cerebro tienen aspectos identificadores o códigos especiales de discernimiento y dirección genética. Fallas a esta altura focalizada producen problemas mayores que los debidos a fallas en otras regiones corporales periféricas. Por ejemplo, la falta de sangre proporcionando oxígeno y nutrientes al cerebro (debida a derrames cerebrales o a hematomas) produce hemiplejias (parálisis del lado derecho o izquierdo) según el hemisferio afectado. Fallas en la conducción de impulsos que viajan a lo largo de la espina dorsal (debidas a accidentes que cortan la comunicación del cerebro a las regiones del torso, brazos o piernas), también se reflejan en las situaciones catastróficas resultantes tales como la paraplejia o cuadriplejia (parálisis de medio cuerpo o cuerpo entero). Muchos cristianos evitan estas materias relacionadas a lo físicamente natural del ser, prefiriendo ver otras causas de tales condiciones, especialmente los demonios. El lector juzgue por sí mismo y recuerde que, Dios nos ha perdonado y ha removido el pecado que nos separaba, pero no el cerebro; aún lo podemos usar para su gloria.

La información genética es contenida en los pares de cromosomas presentes en el núcleo de cada célula. Desde el encuentro sexual y la activación e interacción entre el espermatozoide y la ova, el intercambio y combinación genética ocurre debido a procesos bioquímicos que permiten el desarrollo del ser desde sus etapas incipientes, con la transmisión de los genes que ambos progenitores contribuyen. La mitocondria es una estructura presente en el citoplasma de las células que provee energía a través de procesos bioquímicos, y permite la transmisión de genes a las generaciones sucesivas a través de la herencia. De tal manera que, muchas características deseables se transmiten de generación a generación; pero también es de notarse que las dotes negativas e indeseables también se tramiten. La predisposición de transmitir patológicamente cierta vulnerabilidad actúa en el desarrollo de enfermedades (por ejemplo Alzheimer, hemofilia, demencia, etc.) como también en la manifestación de trastornos psiquiátricos (depresión bipolar, esquizofrenia, ansiedad, etc.).

Las estructuras claves del cerebro: El cerebro, el cordón cerebroespinal y sus ramificaciones nerviosas es un sistema de comunicación que alcanza hasta últimas células de la piel del cuerpo. Es como un circuito extenso de redes transmisoras que parte de un procesador central de información y retroalimentación. La transmisión de los impulsos nerviosos a través de los circuitos neurales en cerebro ocurre a través de procesos electromagnéticos y bioquímicos. En manera simplificada, se trata de la transmisión de mensajes logrados a través del ARN (ácido ribonucleico) que transmite la información genética y bioquímica tomando de los códigos del ADN (ácido desoxirribonucleico), el componente de las cromosomas cuyas estructuras tipo hélice doble trenzadas han revolucionado los estudios genéticos del ser humano.

La circunvolución cingulada (circunvolución: los relieves que se observan en la superficie del cerebro, separados unos de otros por surcos llamados anfractuosidades) es asociada con las conexiones emocionales a largo plazo, la cooperación social, y la empatía; la región prefrontal medial (central) es responsable de integrar la información sensorial externa y la emocional interna, la motivación y los sistemas de recompensa o refuerzo en la guía de las percepciones, las acciones e interacciones. El hipotálamo media la experiencia consciente y los procesos biológicos tales como el hambre, la sed, y regula los procesos sexuales y la agresividad. La corteza medial insular trata con una gama de emociones, desde el disgusto intenso hasta el amor pasional; la corteza cingulada anterior regula la sensación, el asesoramiento de los estados corporales, y las reflexiones acerca de las experiencias emocionales. El hipocampo se especializa en la organización del aprendizaje y la memoria espacial, secuencial, y emocional. La amígdala juega un papel central en las respuestas a la ansiedad y el miedo, y asesora las situaciones de peligro, iniciando las reacciones automáticas en situaciones desafiantes (de pelea-huida). Otras áreas importantes entran en juego en la regulación de los sistemas sensoriales, motrices, emocionales que entran en juego en el cerebro social que media las consideraciones espirituales.

La neuroplasticidad del cerebro y sus neuronas. El advenimiento de las técnicas que tratan con las imágenes magnéticas de resonancia funcional (fMRI en Inglés) en las últimas décadas, ha permitido a los neurocientíficos desarrollar un mejor entendimiento del cerebro y sus funciones en el curso de la experiencia, observando y registrando sus actividades mientras éstas ocurren. Una gran cantidad de observaciones han demostrado que el cerebro es un ente neuroplástico, y su capacidad de cambio estructural se extiende más allá de lo que se había postulado anteriormente (Lazar et al., 2005). En el centro de los procesos neurales se postula un mecanismo fundamental de integración, el cual puede ser visto a diferentes niveles que van desde lo interpersonal hasta lo neurológico. Tal integración puede ser conceptualizada como el proceso básico que entrelaza toda relación cognitiva-afectiva segura y facilita al promover el bienestar del ser.

El infante nace genéticamente programado hacia la conexión emocional con sus agentes socializadores y proveedores de cuidado, afecto, etc., los cuales se consideran sus figuras de apego. (Cassidy & Shaver, 1999). Aunque el sistema de consolidación del apego pareciera ser programado innatamente en el cerebro, las experiencias del infante le dan forma a la organización de los circuitos y sistemas neurales que se desarrollan. Las experiencias involucran la activación de las neuronas del cerebro, llevándolas a responder a los eventos sensoriales del mundo exterior, o a las sensaciones, imágenes, e introyecciones creadas por el cerebro mismo, suscitadas y mediadas a través de las memorias semánticas y episódicas ya establecidas en forma paulatina (Gazzaniga, 1995; Kandel & Schwartz, 1992).

Las neuronas son las células básicas del cerebro —con su núcleo central, rodeado del citoplasma, y de axones extensores que se ramifican en las dendritas. Tales extensiones se conectan con otras neuronas, aunque no en foma continua sino segmentada. La sima sináptica entre dos neuronas es el espacio donde las neurotransmisoras actúan, a través del pasaje de tales sustancias bioquímicas que conllevan los impulsos nerviosos desde el cerebro hasta las últimas regiones corporales. El mecanismo básico neural se define en breve: el equivalente del flujo eléctrico denominado "potencial de acción" corre a lo largo del axón (la prolongación filiforme de una neurona), por la que esta transmite impulsos nerviosos hasta una o varias células musculares, glandulares, nerviosas y conecta a través de las sinapsis. El impulso eléctrico (mediado a través de acciones químicas acopladas electromagnéticamente al bombeo del mecanismo compuesto de sodio-potasio) causa la liberación de los neurotransmisores (sustancias bioquímicas tales como la serotonina, la dopamina) que fluyen a través de la sinapsis (lugar de encuentro de dos neuronas) para luego activar la neurona recipiente del impulso. Si la neurona es activada por el impacto del neurotransmisor, procede a enviar el impulso hacia su derrotero. Lo impresionante de este sistema es que cada neurona se conecta con otras 10,000; además, se estima que cubren una distancia de tres millones y medio de kilómetros en su recorrido total. Aparte, se piensa que el encendido o apagado de los esquemas que figuran dentro de los circuitos neurales agregan a la complejidad a manera de una telaraña, estimada en unas 10x10x un millón de veces. Vale decir que, a esta altura del partido, no tenemos ni siquiera una remota idea de las complejidades que aparecen en el trazado de los circuitos neurales (conexiones que forman un mapa) de la mente, y de los desafíos que aguardan al campo de labor neurocientífico. De manera que, debemos ser humildes en cualquier clase de reclamos. Por ahora, aún científicamentre hablando, vemos por espejo, oscura, y vagamente. Aquellos que se dan a tales investigaciones, están de acuerdo en cuanto a los modelos de activación neural asociados a agrupaciones de neuronas activadas en esquemas específicos, alegando que tales registros representan en alguna manera las estructuras subyacentes a las creaciones de la mente humana.

La mente —en su término más simple— es definida en este campo como el conjunto esquemático del flujo de energía e información cerebral, la cual emerge de la integración de las dimensiones funcionales estudiadas (Siegel, 1999). Durante los primeros años de vida, los circuitos básicos del cerebro se desarrollan, los cuales llegan a ser responsables por un número de procesos mentales tales como las emociones, las memorias, la conducta intencional, y las relaciones interpersonales (Schore, 1994, 1996, 1997). Tales procesos incluyen la generación regulación de las emociones, la capacidad de responder con alternativas, el empleo de la plena consciencia y de la reflexión, con el desarrollo de la percepción propia —el sentido autobiográfico de ser— y el desarrollo de los narrativos (y metanarrativos) del ser observador-participante activo de sus procesos mentales. También la capacidad de entender e interaccionar con otros, postulando una teoría de la mente —que otras personas tienen las mismas facultades que uno tiene— y poder comunicarse mente a mente.

Los estudios realizados en el campo de labores que tratan con el desarrollo del niño en cuanto a su apego a personas significativas, revelan que las interacciones faciales, verbales y no-verbales tienen un impacto importante en el desarrollo de los procesos mentales mencionados (Cassidy & Shaver, 1999; Toth, Cicchetti, Macfie, & Emde, 1997). Es decir, el desarrollo del cerebro del ser es formado por las interacciones con sus semejantes, experimentando cambios a diferentes niveles. Las sinapsis programadas genéticamente pueden ser alteradas, fortalecidas, debilitadas, o eliminadas a causa de las experiencias. Nuevas sinapsis pueden ser establecidas en respuesta a las interacciones con el medio ambiente, con asociaciones temporales —en el caso de la memoria breve— o establecidas más permanentemente —en el caso de la memoria a largo plazo. La mielinación (mielina: lipoproteína que constituye la vaina de las fibras nerviosas, a manera del aislado de un cable cuyo propósito es el conducir mejor su carga eléctrica) se produce a través de la experiencias repetitivas, aumentando la capacidad de los circuitos neurales de conducir mejores impulsos y la velocidad con la cual éstos son transmitidos.

El papel que la emoción juega en el desarrollo del cerebro ha sido objeto de investigación (Damasio, 1998, 1999); las memorias se consolidan más acertada y profundamente cuanto tal factor entra juego. Tal vez sería interesante investigar el efecto de la relación existencial, profunda, e intencional con la realidad espiritual: la comunión con Dios en el Espíritu (el orar en el Espíritu es registrado en las Escrituras como un proceso que edifica a la persona que ora, según 1 Cor 14:4; Judas 1:20). El renovar de la mente y ser transformados (Ro 12:1-2), y el permanecer arraigados en Cristo (Jn 15:1-17), se acoplan en proceso de el contemplar asiduamente sus rostro, para ser transformados y conformados a su semejanza (2 Cor 3:18; Ro 8:29). Tal vez es un salto grande, el conceptualizar tal realidad, pero no imposible de efectuar por medio de la fe: Al contemplar a nuestro prototipo viviente, dialogar con El, adorarle, servirle, y amarle, alineamos nuestras neuronas espejos con las de nuestro Señor, nuestro objeto mayor de apego y amor.

La predisposición negativa del cerebro. Es interesante notar que los avances en el campo de la neurociencia han revelado el hecho que el cerebro humano es un ente predispuesto particularmente hacia la atención, el procesado, y la retención de loas experiencias y los desafíos y considerados negativos (Kensinger, 2007; LeDoux, 1996, 2002). Tal predisposición, según las teorías naturalistas y evolucionarias se debe a la necesidad de sobrevivencia del ser en su ambiente desafiante. Los peligros a ser evitados o conquistados parecieran ser más importantes en el desarrollo del cerebro que las ocasiones positivas de paz, sosiego, o bienestar. La tendencia negativa según la teología, se debe a la predisposición de la naturaleza caída en el pecado, incapaz de lograr una satisfacción o bienestar natural, aparte de ser reformada, tratada, y en relación con su creador.

De todas maneras, la tendencia de atender a los estímulos y a las experiencias de carácter negativo aparecen a nivel celular y estructural (Siegel, 1999). A nivel celular, las cadenas neurales asociadas con conducta reactiva cargada de afecto negativo desarrollan extensores (axones) más gruesos, con ramificaciones dendríticas más proliferadas, lo cual permite una transmisión más rápida y más intensa, comparadas a aquellas que median la conducta debida a la información pensativa, transmitida desde las regiones de la corteza prefrontal. A nivel estructural, tales cadenas o circuitos neurales se conectan típicamente a la amígdala, en el sistema límbico, la estructura que media y amplifica las reacciones automáticas de pelea-huida, o "congelan" con temor al ser, provenientes del tallo cerebral. El sistema límbico es responsable por las reacciones del ser hacia el peligro, siendo procesadas aún antes que el ser piense racionalmente en cómo reaccionar. La persona reacciona rápida y automáticamente (en un lapso de 180 milisegundos!), antes que la corteza se dé al pensamiento lento (Restak, 2007; Kahneman, 2012). Los investigadores concuerdan en postular que los circuitos neurales empleados en reacciona a los eventos negativos son más numerosos en proporción a aquellos que se asocian y conllevan efectos positivos (Hansen & Mendius, 2009). Además, la eliminación de las sinapsis neuronales puede ocurrir como consecuencia de ser expuestas a las acciones genéticas pre-programadas potenciadas negativamente, a las experiencias traumáticas, o al efecto de sustancias tóxicas entrometidas a tal nivel.

Las consideraciones expuestas en estos párrafos son aplicables a las nociones que permean la terapia metacognitiva-dialógica de la depresión, de la ansiedad, y del estrés postraumático, entre otras condiciones. Las experiencias asociadas con las memorias negativas de carácter semántico o episódico, la exposición a un ambiente negativo, o considerado peligroso, han sido reforzadas a lo largo de la historia de tales personas, las cuales necesitan una restructuración mental y cerebral. El cerebro de tales personas tal vez está súper-compaginado con avenidas neurales que conllevan metanarrativos consolidados difíciles de alterar, al punto de definirse a sí mismas como "personas depresivas" o "personas ansiosas".

El acercamiento metacognitivo y dialógico puede vislumbrar la creación de nuevas avenidas cerebrales-mentales, integrando los descubrimientos de la neurobiología interpersonal, integradas a los principios de renovación mental, de transformación del ser por medio del Espíritu y de la Palabra, en comunión con Dios y con el Cuerpo de Cristo, puede actualizar el trazado metafórico de "súper-carreteras" que tengan un mejor futuro en su derrotero.

La Neurobiología Interpersonal

El campo de la neurobiología interpersonal (NBIP) –un término acuñado por Daniel J. Sieguel, un investigador de la Universidad de California, Los Ángeles– enfoca sobre las maneras en las cuales las relaciones humanas dan forma y transforman la arquitectura y el funcionamiento del cerebro humano. Al presente, las investigaciones han arrojado datos extremadamente importantes, pero los reclamos deben ser humildes, ya que no se conoce a ciencia cierta todos los pormenores involucrados en la plasticidad del cerebro, sus complejas interconexiones, y sus efectos directos sobre los aspectos cognitivos-emotivos del ser humano. Sin embargo, se pueden hacer ciertas conjeturas sofisticadas al respecto. La NBIP adopta varias disciplinas –neurociencia, psiquiatría, psicología del desarrollo, psicología social, psicoanálisis, teoría del sistema familiar, teoría evolucionaria, anatomía comparativa, genética y etología – para investigar las maneras en las cuales los sistemas neurales dan forma a los esquemas de apego, y en forma correlativa dan forma a los circuitos neurales. El proceso del apego y crecimiento, visto en sus interconexiones a nivel neurobiológico interpersonal (Cozolino, 2006). Varios investigadores piensan que el cerebro es un ente adaptivo que se desarrolla en función de las interacciones con personas a su alrededor, al punto de declarar que no hay tal cosa como un cerebro aislado. El cerebro necesita otros cerebros para desarrollarse en forma debida. Así como el proceso neuronal denominado *apoptosis denota* la muerte de las neuronas aisladas, tal proceso en la dimensión interpersonal se puede denominar depresión, duelo, o suicidio (Cozolino, 2006, 11). El cerebro necesita de la compañía de otros cerebros – sanos, funcionales, nutrientes– que permitan el desarrollo adecuado de tal sistema.

Siegel (2007, 5) enfatiza la mente del ser humano, vista como el ente procesador de energía e información, las cuales fluyen no solo dentro del cerebro individual, pero también entre cerebros en relación dialógica y emocional (2006, 248). Las regiones cerebrales estudiadas indican que la corteza pre-frontal y el sistema límbico son importantes en el entendimiento de la dinámica de las relaciones humanas y el desarrollo de la personalidad. Los lóbulos frontales aparecen como más desarrollados en los seres humanos, interaccionando con otros sistemas que guían, las avenidas emocionales, sociales, morales de interaccionar con el mundo exterior. Las estructuras prefrontales median muchas de las funciones consideradas específicas y particulares a los seres humanos, incluyendo la habilidad de regular los sistemas corporales, balancear las emociones, regular el miedo, responder con flexibilidad, demostrar perspicacia, sentir empatía, captar con intuición, y hacer decisiones morales (Siegel, 2007, 34). Un sentido simultáneo de la sensación de ser uno mismo y de tener el sentido de otras personas alrededor, esencial en las relaciones interpersonales, estrategias, hacer decisiones, se debe a una corteza prefrontal bien desarrollada. (Cozolino, 2006, 277).

El sistema límbico esta vinculado con la corteza prefrontal e interviene en una variedad de funciones emocionales, conductivas y registros de la memoria. El hemisferio derecho del sistema está integrado y participa en los procesos socioemocionales y la regulación propia (Schore, 2003a), y según se cree, juega un papel importante en el desarrollo de la empatía y la compasión. La integración neural es importante; cuanto más integrada, más capacidad para balancear las emociones, desarrollar narrativos personales coherentes, poseer consciencia de sí mismo, responder apropiadamente a los desafíos, regular sus funciones fisiológicas, establecer relaciones significativas, responder con empatía.

La neurobiología interpersonal ha tomado los conceptos de la teoría del apego de Bowlby (1982, 1988), tratando de entender al ser humano en su contexto social, en su apego e interpenetración con personas significativas. Los neurocientíficos "pegan un salto" y asocian los constructos teóricos de tal teoría para describir cómo las relaciones positivas de carácter íntimo llegan a ser inervadas y consolidadas en estructuras neurales. Siegel (1999) ha enfatizado la interacción entre la expresión genética y las interacciones y comunicación temprana que toma lugar entre el infante y sus progenitores o proveedores de cuidado, las cuales dan forma a la estructura mental del niño en desarrollo. Las experiencias de empatía, amor, cuidado, etc. se convierten en procesos biológicamente mediados (a manera de un transductor –un sistema instrumental capaz de transformar o convertir una determinada manifestación de energía de "entrada" a otra diferente a la "salida", o dispositivo estimulado por la energía de un sistema para dar energía de otra forma a otro sistema).

Los circuitos neurales que entran en juego en la organización de la conducta racional y las capacidades de manejo en la vida se forman a través de un sinnúmero de interacciones verbales y no verbales en el cerebro del infante y niño que se desarrolla (Schore, 223). El apego seguro, debido al contexto sano, positivo, y adecuado de la socialización primaria se asocia con la capacidad de regulación propia, eficacia, alineado empático con otras personas, percepción propia, optimismo, etc. Por otra parte, apegos inseguros tienden a asociarse a las dificultades en regulación propia, eficacia pobre, carencia de empatía en relaciones, y actitudes negativas hacia la vida. Las dificultades en regular impulsos, de memorizar las experiencias a fin de evitar consecuencias negativas en el futuro, las luchas por mantener objetivos a largo plazo en la mente, dificultades en resolver problemas, niveles altos de culpabilidad y vergüenza alojadas en el ser, entre otras consecuencias.

Aunque el desarrollo y la consolidación de los circuitos neurales que representan los efectos del apego inicial son enfatizados, y tienden a ser replicados a través de las generaciones (genética y socialmente estampados), la evidencia actual es que los esquemas de apego pueden ser cambiados y reformados/transformados a través de las experiencias positivas con seres que brinden amor, empatía, seguridad, encomio, etc. El control personal consciente de tales procesos también entra en juego, desafiando el determinismo genético y social, dando lugar a la renovación de la mente de la persona que se dedica a tal fin. El cerebro no es un ente estático, y no viene totalmente formado al nacer, sino que es dinámico y experimenta una reconstrucción paulatina a través de la experiencia (Cozolino, 2006, 50). Los cambios en las conexiones neurales son inducidos por la experiencia del ser que se desarrolla, crece, y "usa" su sistema nervioso central y autonómico en el proceso de adaptación a su medio ambiente (Siegel, 2006, p.250). El concepto de la neuroplasticidad cerebral permite a los investigadores a declarar las relaciones significativas –madre-infante, padres-niños, matrimonio, familia, amistades, comunidad– pueden reactivar, promover, renovar, y transformar las estructuras del cerebro a través de la integración neural.

Un factor preponderante en la integración de los circuitos neurales funcionales y adecuados es la utilización de la agencia ejecutiva-metacognitiva del ser: su capacidad de estar atender, percibir la realidad momentánea, y estar a tono y a plena consciencia de sus propios procesos reactivos internos, de sus ansiedades, sus sensaciones corporales, su anticipación del porvenir, su recuento del pasado, etc. La función ejecutiva-metacognitiva suscita la capacidad de adoptar una postura objetiva acerca de su subjetividad, de desacoplarse de sus reacciones naturales, y de observarse a sí mismo en el momento presente. Todo ello sin necesariamente apelar a un veredicto incauto, o apelar a un pronunciamiento prematuro, o a juzgarse a sí mismo de una manera negativa, sino reflexionar y darse al monitoreo acerca de lo que le sucede. La función ejecutiva-metacognitiva puede acoplarse al proceso de una manera volitiva, a plena consciencia, apuntando y dirigiendo sus procesos, decidiendo acerca de un curso de acción intencional, a propósito, para responder o actuar en una forma deliberada. Muchos investigadores se dieron a la tarea de definir tal función del ser en su desarrollo (e. g., Aitken & Trevarten, 1997; Cichetti & Tucker, 1994; Cichetti & Rogosch, 1994ª, 1994b; Fonagy & Target, M., 1997). Las investigaciones de Siegel (2006, 250) han proporcionado reclamos interesantes: La interacción positiva con otras personas, y la eficacia propia en responder deliberadamente, crean nuevas neuronas –el proceso denominado "neurogénesis"– como así también nuevas cadenas de entrelazados y avenidas en los circuitos neurales –el proceso denominado "synaptogénesis"–debido a la neuroplasticidad del cerebro, a la neurobiología interpersonal, y a la función ejecutiva-metacognitiva.

Las neuronas espejos y las resonancia neurales. En las últimas décadas del siglo pasado, un equipo investigador italiano (Rizzolatti, Di Pellegrino, Fadiga, Fofgassi y Gallese) de la Universidad de Parma, estudiando la región de la corteza prefrontal del cerebro de los simios observaron que las neuronas de un mono comiendo maní no solo eran activadas cuando el simio lo hacía, pero que también las mismas neuronas eran activadas cuando observaba a otro mono comerse un maní. La alusión a las "neuronas espejo" resultó de tales investigaciones. (Gallese, et al., 1996). Más tarde, siguiendo tal línea de razonamiento, tales neuronas espejo fueron halladas en los humanos (e.g., Iacoboni, Koski, et al. 2001; Gallese, 2007, 2009; Rizzolatti & Sinogaglia, 2008; Oberman, et al., 2007; Borg, 2013), dando lugar a la noción que la mente de una persona crea representaciones de otras mentes (Siegel 2007, 166). Su ubicación en el cerebro –la región frontal y parietal– nos da a entender que las funciones visuales, motrices, y emocionales se entrecruzan en alguna manera. Grupos de neuronas espejo se especializan en responder a las expresiones faciales, a los tonos vocales, a los movimientos corporales, de otras personas. Las expresiones emocionales de otras personas son reflejadas en alguna manera, permitiendo la reflexión interna de los estados emocionales de la persona que percibe tales experiencias, conectando y respondiendo a las expresiones faciales, vocales, y gestos percibidos, y al mismo tiempo apreciando la diferenciación entre lo observado en otros y los estados internos de uno mismo. Tales investigaciones no carecen de críticas constructivas, apelando a la sensatez y la humildad, de no ir más allá de las conjeturas a este punto en el proceso investigativo (Ferrari, et al., 2013). Las formulaciones teóricas derivadas de las investigaciones acerca de las bases neurobiológicas asociadas a la producción narrativa del ser, a la interacción interpersonal, y a los estados mentales, permanecen vagamente establecidas.

Los Investigadores y sus Interpretaciones. En el campo de investigación, se deben declarar las bases desde las cuales un científico parte, ya que los registros, medidas, estadísticas, etc. en sí no conllevan significado. Son las personas que investiga=n quienes dan sus opiniones, interpretaciones y significado a lo que descubren o tratan de medir empíricamente. Si la persona parte desde una filosofía evolucionista acérrima, y descarta a Dios de sus consideraciones *a priori*, sus interpretaciones seguirán tal lógica y se encuadrarán en sus categorías ya establecidas. Por otra parte, científicos como Collins, el director del Proyecto Genoma, quien aún siendo evolucionarios en sus bases, también han confesado su fe en Dios, interpretando sus datos de otra manera (Collins, 2007; 2010). Desde un punto de vista teológico, algunos escritores se han dado a la tarea de interpretar los datos recogidos en las investigaciones del campo de la neurobiología interpersonal, han dado lugar a la espiritualidad también (Hollingsworth, 2008; Hall, 2004). Al repasar tales investigaciones, el autor de esta obra postula las posibles avenidas a ser empleadas en la interpretación de los hallazgos en tal campo, dando lugar a las interacciones interpersonales no sólo con seres humanos, sino también la relación estrecha, profunda, personal, con el Espíritu Santo como interlocutor y agente resocializador del ser humano.

La peresona que cree y acepta por la fe la invitación de acercarse, de entablar comunión, y de dialogar con Dios en oración, en meditación, en reflexión, y en apelación existencial en un flujo corriente experiencial, engra en un estado de formación espiritual. A manera de espejo, contemplando el rostro del Señor por la fe, y na libertad del Espíritu, el creyente es transformado a su semejanza "de gloria en gloria" (2 Cor 3: 18). Tal vez, en el proceso interactivo con el Señor – siendo conformados a su semejanza, y experimentar una transformación ontológica radical – aún en la esfera de la neurobiología interpersonal, las neuronas espejo logran alinearse a nivel estructural, experimentando cambios radicales en sus nuevas conexiones, no solo en sus funciones cognitivas, afectivas, o motivacionales sino en sus bases subyacentes, sub-estructurales, y espirituales.

Un punto de vista integrador. Si la renovación de la mente es un factor preponderante en la transformación del se (Ro 12:1-2)r, y el estar intrínsecamente persuadido de colaborar con Dios, quien hace que todas las cosas ayuden a bien a los que le aman (Rom 8:28-30), y que actúa conformando (o dando una forma adecuada) al carácter del ser, quien es transformado al vislumbrar la faz de Jesucristo por la fe (su prototipo ideal) y relacionarse en la libertad del Espíritu (2Cor 3), cabe la noción de ser reestructurado en su sistema cerebral y su plasticidad. Los factores que entran en juego en la integración neural son:

1. Estar a tono, en armonía, en relaciones íntimas –con personas significativas, su cónyuge, sus padres, hijos, familia, y amistades. En teología, el término *pericoresis* define tal estado: una interpenetración íntima –mutualidad– sin pérdida de diferenciación –individuación– semejante a la relación existente en la Trinidad, en Dios quien postuló la existencia del ser humano a su semejanza. Las relaciones positivas (*koinonia*) con miembros del Cuerpo de Cristo también ayuda en la resocialización y restructuración del ser creyente.

2. La capacidad metacognitiva de estar a tono consigo mismo, de tener una percepción introspectiva clara –intencional, significativa, objetiva– de sus diálogos internos, de sus emociones, de sus motivaciones, y de entablar diálogos con la Palabra viviente que mora en la mente y el corazón; la capacidad de establecer un triálogo entre el ser dialógico –la naturaleza humana en la carne en pugna con el ser redimido en Cristo– y el Espíritu Santo que mora en la mente y en el corazón.

3. Estar (y permanecer) anclado, establecido, fundamentado sobre bases seguras, firmes, sólidas –caracterizadas por mutualidad, fidelidad, respeto, honor, dignidad, y paz– en su sistema relacional. Tal sistema no solo incluye personas allegadas al ser en su sistema familiar y amistoso, sino también la presencia real del Espíritu Santo, quien da pautas al ser de estar y permanecer anclado en fe, dependiendo de la persona y obra de Jesucristo –la roca firme de nuestra fe y estilo de vida.

Sin embargo, a pesar de las investigaciones, las interpretaciones teóricas acerca de la continuidad entre el apego infantil hasta la madurez es especulativa, y no ha sido empíricamente comprobada. Muchas cuestiones pertinentes a causas-efectos entre la neurobiología permanecen desafíos a los investigadores, y tales incógnitas corren a la par del misterio humano: la imagen de Dios no es simplemente reducible a la biología ni a la evolución al azar.

El Cristiano, su Fe y las Medicinas

Es necesario que al considerar los factores biológicos, genéticos, neurales, y bioquímicos, que puedan afectar al ser humano en su carácter, conducta, pensamientos, sentimientos, etc., preguntemos: ¿Es la fe depositada en el poder de Dios y en su Palabra contraria a la utilización de las medicinas? ¿Es la medicina un amigo o un enemigo del creyente? ¿Puede Dios valerse de medios naturales en el cumplimiento de su diseño o voluntad? ¿Puede un cristiano orar por una pastilla de aspirina antes de tomarla para contrarrestar y tener menos dolores de cabeza?

Debido a los extremos en las posturas negativas y rechazadoras adoptadas por algunos cristianos sinceros, tenemos que preguntar tales cosas. Nos hace recordar la pregunta antigua: "¿Qué tiene que ver Atenas con Jerusalén? Tal pregunta nació de los debates acerca de la posibilidad de adoptar o rechazar lo secular, con respecto a la cuestión de integrar el conocimiento proveniente de la filosofía griega a los razonamientos teológicos de los padres de la iglesia. Se ruega al lector a adoptar y tener una mente amplia en considerar tales preguntas. Tal vez, antes de rechazar un asunto, debemos considerar lo que rechazamos, y por qué lo hacemos. Y si aceptamos un asunto, también ser conscientes del por qué lo hacemos.

Los medicamentos utilizados en el campo medico y psiquiátrico para ayudar en situaciones depresivas, ansiosas, de psicosis y otras problemáticas, se extraen de elementos químicos orgánicos (por ejemplo, las amapolas son la base para producir el opio y sus derivados en la producción de calmantes) e inorgánicos (por ejemplo, el carbonato de litio usado en condiciones maníacas) presentes en el orden natural creado por Dios. Tales sustancias —elaboradas o sintetizadas, han sido sujetas a pruebas empíricas y científicas repetidas veces, a fin de establecer su seguridad, su propósito intencional, y su eficacia. La manufactura de tales medicinas ha sido sujeta al escrutinio y asesoramiento por parte de organismos o agencias supervisoras que regulan su elaboración y su dispensación por parte de personas calificadas y aprobadas, sancionadas para tales propósitos. Como resultado, las medicinas pueden ser vistas como el resultado de una mayordomía del tiempo, las energías, la capacidad, las oportunidades y la sabiduría empleadas por personas que actúan como administradores de las cosas creadas para arrojar sustancias cuya intención es ayudar al ser humano a tener una mejor existencia mientras peregrina en la tierra.

Los medicamentos (antidepresivos, antipsicóticos, estimulantes y tranquilizantes, entre otros) tienen diferentes estructuras moleculares y propiedades bioquímicas; producen diferentes efectos farmacológicos sobre los sistemas de los neurotransmisores que funcionan en los procesos de conducción de impulsos nerviosos que corren por el cuerpo, regulados por el cerebro. Algunas sustancias aumentan la capacidad de conducción y mientras que otras actúan como impedimentos o bloquean tal conducción. Entre tales sustancias, la adrenalina, la noradrenalina, la serotonina y la dopamina han sido estudiadas en referencia a sus posibles contribuciones a la depresión, a la ansiedad, y a los desórdenes bipolares, entre otros.

Las sustancias neurotransmisoras tienen estructuras bioquímicas moleculares distinguibles. Modelos computarizados de las moléculas de tales sustancias han sido generados para lograr afinar su "enchufe" o conexión al desarrollar el proceso transmisor a lo largo del derrotero de los circuitos neurales. Tales circuitos o avenidas también han sido objetos de investigación, para lograr establecer los focos de actividad cerebral dentro de la complejidad global del organismo procesador e impulsador central. Los "cables" que llevan toda la información pertinente, desde el cerebro hasta los nervios que acarrean impulsos a las extremidades, no son continuos sino segmentados, con simas o espacios infinitesimales entre las extremidades dendríticas. Los impulsos electromagnéticos que corren por los axones, las neuronas y dendritas, al llegar al final de un segmento, tienen que navegar la cima o el espacio sináptico, desde una dársena a la otra para seguir la corriente. Tal conexión se logra a través de la propulsión y liberación de sustancias bioquímicas –las neurotransmisoras, las cuales navegan el estrecho llevan su carga a la dársena siguiente, para ser retomadas y proseguir el impulso – desde el cerebro a las regiones específicas, determinadas del organismo que son activadas para actualizar su potencialidad. Así es que los pensamientos, los sentimientos y emociones, las motivaciones y decisiones a actuar "viajan" por el organismo humano.

Si el lector sigue esta línea de pensamiento, se dará cuenta que es a esa altura reduccionista donde las medicinas trabajan; los agregados bioquímicos son acoplados a la corriente transmisora "local", por así decirlo, para aumentar o disminuir su capacidad, o bloquear, o retomar material bioquímico, a fin de balancear el sistema para obtener una mejor operación neural que lleva las cargas e intenciones cognitivas, emotivas y motivacionales. Es en las simas sinápticas y lo que ocurre en la facilitación, el impedimento, el reciclado o capacitación de los procesos mediados a través de las neurotransmisoras. Es necesario esclarecer que existen unas 200 clases de agentes neurotransmisores, de las cuales un par de docenas han sido objeto de escrutinio e investigación; además, la combinación y recombinación de tales sustancias teóricamente puede producir una multiplicación geométrica difícil de imaginar o explorar. Sepa el lector que aún a pesar de todos los avances investigativos, tal ciencia está en pañales. Necesita crecer mucho más para ser más precisa y tener mejores reclamos. Sin embargo, el conocimiento actual permite aplicar concretamente los logros alcanzados.

Entre los medicamentos empleados en el campo de la psiquiatría figuran (1) los antidepresivos; (2) los estabilizadores de emociones y conducta; (3) los antipsicóticos; (4) los reguladores de la ansiedad; y (5) los estimulantes, entre otros. Tales drogas han aparecido en el campo a mediados del siglo pasado, y las investigaciones en cuanto a su elaboración, refinado, especialización y aplicación a los casos de desórdenes mentales ha continuado progresivamente, con algunos resultados funcionales.

Los antidepresivos incrementan la serotonina, la norepinefrina, y la dopamina actuantes en la bioquímica presente en los procesos cerebrales en maneras variadas –aminorando los mecanismos que (1) bombean el reciclaje de las sustancias involucradas en la transmisión de impulsos; (2) rebajan las actividades de las enzimas que actúan entre los nervios en comunicación; o (3) afectan la sensibilidad y capacidad de respuesta de los receptores de las neurotransmisoras. La gran variedad de antidepresivos se debe a que sus estructuras moleculares y acción terapéutica varía entre las personas, y deben ser cotejadas por los que las administra a fin de lograr un balance bioquímico en el cerebro de la persona que las utiliza. A esta altura, metafóricamente hablando, la administración de tales medicinas se asemeja más al impacto de un tiro de escopeta en la oscuridad en lugar de apuntar e impactar un blanco definido con un rayo laser. Es decir, algunos balines le dan al blanco, mientras que otros impactan a varios sistemas adyacentes del sistema nervioso, con las consiguientes problemáticas denominadas "efectos adyacentes" o adjuntos de carácter negativo.

Los estabilizadores de las emociones y conducta so utilizados en las condiciones bipolares (depresión alternada con psicosis maníaca). Estas medicinas parecieran estabilizar las membranas de las neuronas y los mensajeros secundarios en la transmisión de impulsos a través de las neurotransmisoras. Dentro de esta categoría una droga que se ha utilizado en el pasado, y aún permanece a la cabeza de la lista de posibles agentes terapéuticos, es el agregado de la sal de carbonato de litio (una sustancia presente naturalmente en el sistema humano), dada la necesidad de un balance adecuado para regular especialmente los episodios maníacos.

Los medicamentos antipsicóticos parecen trabajar sobre los excesos de la actividad de la dopamina al bloquear los receptores de tal sustancia a fin de evitar una súper-estimulación. Se los denomina tranquilizantes mayores por su potencia y capacidad de dopar o bloquear los excesos de las actividades de las neurotransmisoras mencionadas. Tales sustancias fueron descubiertas y elaboradas a mediados del siglo pasado; las adiciones actuales a esta familia de drogas incluyen sustancias que actúan sobre los efectos de la serotonina, y cuyos efectos son menos pronunciados en producir síntomas de carácter negativo acoplados sin intención curativa. Aún cuando su utilización ha reducido dramáticamente los síntomas y el funcionamiento de las personas afectadas por la psicosis, tales medicamentos tienen efectos negativos sobre otros sistemas corporales tales como los espasmos musculares, movimientos automáticos disfuncionales, temblores y tensión muscular, constipados, aumento de peso, etc.

Las medicinas que calman la ansiedad trabajan sobre el cerebro balanceando la actividad de la norepinefrina, incrementando la producción de serotonina, y otras sustancias responsables en provocar reacciones de pánico o de ansiedad. Muchas clases de medicamentos se utilizan en estos casos incluyendo los antidepresivos, los bloqueadores de la recepción de adrenalina, la benzodiacepinas, entre otros. Estas sustancias también tienen sus efectos acoplados de carácter negativo. Los estimulantes trabajan sobre el cerebro a través de la incrementación de la dopamina y la norepinefrina con sus correspondientes actividades. Últimamente se las ha utilizado en el tratamiento de los problemas del déficit de la atención y la hiperactividad. Sus efectos pueden producir insomnio, agitación, tics nerviosos, entre otros. Sin embargo son una alternativa en el caso de niños y adultos que sufren problemas de concentración y atención y necesitan remediar tales anormalidades.

Hemos tratado de presentar brevemente una reseña acerca del uso de la medicina en el tratamiento de enfermedades psicológicas o psiquiátricas. Tradicionalmente, el consejo pastoral ha estado dividido con respecto a esta materia, considerando la medicina como algo enemigo de la fe por un lado, o acoplando tal tratamiento natural a los esfuerzos pastorales de guía y dirección en asuntos espirituales y emocionales por el otro. No podemos negar la efectividad de muchas sustancias bioquímicas que al ser administradas en una manera adecuada, alivian y corrigen las distorsiones y aberraciones que caracterizan a tales condiciones. La medicina en sí no salva ni manicura el carácter, pero ayuda en la manifestación de la conducta, los pensamientos y las emociones que experimentan distorsiones que caracterizan lo anormal en el ser humano.

En la parábola del Buen Samaritano, Jesús incluyó la utilización de aceite y vino en el tratamiento de las heridas de la persona arrojada junto al camino. En su época, el alcohol contenido en el vino pudo haber sido usado como desinfectante para prevenir infecciones, y el aceite como bálsamo de alivio o protección contra las infecciones también. Tales recursos precarios fueron acoplados a la empatía, solidaridad y préstamo de ayuda física y emocional al caído. Es un caso curioso que el apóstol Pablo, habiendo sanado por la fe a muchas personas y cuyos sudarios eran llevados a personas enfermas para ser sanas a través de la imposición de los mismos sobre sus cuerpos, en sus consejos a su mejor discípulo Timoteo, le recomendó que en lugar de agua beba vino a causa de su estómago. Pablo utilizó el sentido común y las prácticas corrientes de su época para dar un consejo no tan espiritual sino natural. Otra vez recalcamos que, la utilización de medios disponibles y adecuados, siendo acoplados al buen consejo, no necesariamente representa una herejía o falta de fe, sino que pueden considerarse como la utilización del sentido común en el tratamiento de las peripecias de la vida cotidiana.

Tal vez en nuestros días, el botiquín de recursos ha aumentado y podemos pensar en maneras razonables de acoplar las medicinas a la práctica del consejo pastoral, coparticipando con otros proveedores de cuidado al ser humano. Para ello, es necesario trabajar en conjunto con personas capacitadas a tal fin. Debemos tener en mente que tanto las hierbas o remedios caseros que provienen de recursos naturales y están a disposición de las personas, pueden estar a la par de medicinas sintetizadas en laboratorios, tomadas de los recursos naturales debajo del sol, elaboradas y suministradas en una manera consciente dentro de la mayordomía de los recursos naturales que provienen de la creación de Dios.

Si la persona siendo aconsejada también toma medicamentos, tal condición no descarta su responsabilidad de pensar, sentir y actuar en formas debidas, bajo su administración y control. Existe cierta particularidad con respecto a la interacción entre la persona que procesa su ingestión y lo que se le agrega a su sistema orgánico. La persona no es un ente pasivo, recibidor de sustancias actuando como estímulos o paliativos, sino que contribuye con sus reacciones, sus sistemas cognitivos-afectivos, su motivación y atribución de significado, para modular los aspectos de su funcionamiento orgánico, especialmente siendo afectado por el estrés. La interacción entre la mente de la persona y su cuerpo es un asunto dialógico; la interacción entre su ser y el medio ambiente, son una especie de avenidas de dos manos, donde el ser afecta su bioquímica y la bioquímica afecta a su ser. El ser afecta a su contexto y el contexto afecta a su ser. También, debemos aclarar que el estrés actúa diferentemente entre las personas, dadas su genética, su capacidad o eficacia acoplada a su predisposición responder al estrés presente en las interacciones con su medio ambiente y sus desafíos.

Efectos del Medio Ambiente

Ejemplos de los efectos ambientales pueden ser considerados a continuación. En la antigüedad las observaciones recogidas a través de las edades con referencia a los efectos de la luna sobre ciertas personas llegaron a catalogarse con términos descriptivos tales como "lunáticos". Se da un caso en el NT donde un muchacho que padece de epilepsia es descripto en términos demoniacos, lo cual ha dado lugar a doctrinas que atribuyen causas espirituales a todo lo que aparece en con síntomas compulsivos, desmayos, perdiendo el control y echando espuma por la boca, etcétera. Las escrituras son inerrantes y verdaderas mientras que las interpretaciones no necesariamente son certeras o infalibles. La tendencia de aquellos que ayudan desde un ángulo pentecostal o carismático ha sido la de agrupar toda manifestación aberrante como siendo procedente de la acción demoniaca. Por otra parte, otras interpretaciones se han dado, alegando que las escrituras usaron el lenguaje y el entendimiento de la época para narrar los sucesos en forma comprensible y adecuada dentro de su contexto. El lector debe realizar que aún cuando se consideran los factores genéticos y biológicos, no necesariamente se descarta lo demoníaco, ni tampoco lo psicológicamente distorsionado en materia cognitiva, afectiva y motivacional que subyace la conducta del ser humano.

Se da otro caso en el Nuevo Testamento en el cual una persona padece de una incapacidad –tiene una mano inoperable, discapacitada o "seca". Jesús lo sanó en presencia de religiosos en un sábado, lo cual atrajo su ira y juicio. En su razonar, Jesús les preguntó algo común y corriente: ¿No desatan ustedes a su asno para que beba agua en un día de reposo? Si es lícito desatar a un animal, por qué no desatar a esta persona, a la cual *"Satanás ha atado por tantos años?"* El asunto de "desatar" o liberar a una persona por parte de Jesús es digno de consideración, ya que presenta desafíos en cuanto a la interpretación del pasaje. La pregunta que se suscita de tal expresión es: ¿Cómo "ata" Satanás? Las ataduras satánicas han sido objeto de conjeturas. Entre las posibles interpretaciones figuran:

1. Satanás lo hace a través de una atadura directa: Entre pentecostales y carismáticos, la noción que ha prevalecido es la que atribuye a Satanás la mayoría de los desórdenes a la actividad demoníaca; la interpretación puede ser metafóricamente o literalmente abordada, pero en todo caso Satanás ata a través de sus trabajadores comunes, los demonios a su cargo, para entrometerse en alguna manera en los procesos físicos y naturales del ser. Cabe decir que en muchos círculos se le da mucho auge y poder en cuanto a su capacidad de posesión, lo cual implica su entrada al espacio físico, cognitiva y emocional de la persona humana, como si fuese un receptáculo en el cual controla "desde adentro" al ser, cosa que otros cristianos descartan dado el hecho que para los tales, el creyente es propiedad de Dios y que el Espíritu mora en su ser.

2. La atadura trabaja en manera sutil y pasiva, o indirecta. En tal caso, Satanás ata a través de la predisposición de la mente humana hacia la sugestión, sujeta a idiosincrasias particulares de personas ansiosas, temerosas, susceptibles a las tentaciones a distorsionar sus pensamientos, razonamientos atribuciones de significado y juicio. Los procesos cognitivos y afectivos son afectados por la el miedo, la ansiedad y las dudas, actuando como una "fe negativa" en su contra, y creando cierta histeria (traduciendo lo emocional a lo físico) o hipocondría (experimentando malestares emocionales sin bases físicas, debido a la interpretación intrapsíquica o subjetiva de sus sensaciones). En una manera psicosomática, se constituye en una atadura que imposibilita a la persona, aún cuando no tenga bases o razones fisiológicas para sentirse o actuar en forma discapacitada.

3. Las ataduras o encierros genéricos ocurren bajo las circunstancias vigentes, afectadas por Satanás. El ser humano es atado, o sujeto a vanidad, a causa de la maldición sobre el cosmos pronunciada luego de la entrada del pecado, como consecuencia de haber seguido el consejo satánico de desobedecer a Dios y transgredir su voluntad. Siendo el dios de este siglo, de un mundo caído en pecado y bajo maldición, Satanás puede movilizar las contingencias como en el caso de Job, trayendo calamidades y fomentando malestares entre los humanos. Su actividad en el caso de la persona con la mano imposibilitada es vista como parte de las peripecias sujetas a la entropía, a la mortandad, a la vanidad que acarrea estorbos y fomenta resultados debidos a los factores que suscitan la predisposición de malformaciones genéticas para que éstas ocurran en el ámbito natural, con el permiso de Dios.

Tal vez el consejero y el aconsejado tengan diferencias en sus interpretaciones y posturas. Sea cual fuese la explicación adoptada por el consejero o el aconsejado, Jesús tiene el poder de sanar, libertar y desatar. Sin embargo, la fe depositada en su persona y su obra deber ser en alguna manera suscitada, aumentada, encomiada y dirigida hacia el sanador por excelencia, Jesucristo. El lector, sin embargo, debe aclarar su punto de vista, ya que en muchos círculos cristianos, todas las enfermedades se ven como producto de la demonización, de la influencia o de la posesión demoniaca.

Si bien la etiología presentada en el caso visto es debatible, el consejero debe tener ciertas pautas acerca de los factores que contribuyen a los trastornos emocionales. Existen causas demoníacas, pero también aparecen las ambientales y psicosociales –familia disfuncional, crisis de desarrollo, abusos y negligencia, traumas experimentados, y un sinnúmero de posibilidades; también se acoplan las causas externas al ser, como las catástrofes, los terremotos, los tsunamis, los accidentes y el terrorismo, entre otras vicisitudes. Este capítulo ha presentado causas físicas –nacidas de la fisiología, la bioquímica, las aberraciones genéticas y las perturbaciones que provienen del ámbito biológico. El entendimiento proporcionado por las ciencias biológicas sirve de base para asesorar las posibles contribuciones desde ese ángulo a los estados mentales y a las aberraciones psicológicas.

Otra vez, podemos presentar un esquema que abarca al ser humano en forma integral, tal como el título de esta obra lo enfatiza. La figura siguiente puede dar pautas acerca de los niveles de análisis, o las dimensiones del ser (Fig. 13.1).

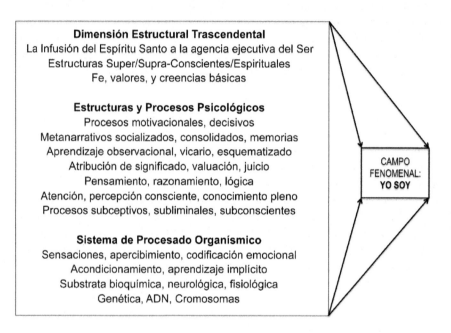

Figura 8.1. El Ser Humano en sus Dimensiones

En resumen, las investigaciones hechas al respecto dan cierto crédito a la hipótesis que la genética y la biología contribuyen globalmente a la etiología y el desarrollo de los desórdenes mentales. La manera en que la contribución es realizada y los mecanismos que permiten la expresión de las anormalidades, es algo difícil de explicar, a pesar de tantos esfuerzos realizados en el campo de la investigación al respecto. Sin embargo, no por ser difícil deja de ser un desafío a ser aceptado con respuestas pastorales adecuadas. A veces, en su propio terreno; a veces, consultando con personas profesionales desde otros terrenos, a ser integrados en manera adecuada y proficiente.

Capítulo 9

La Psicopatología y el Pecado

Para un mejor entendimiento de las consideraciones integrales, presentamos aquí nociones bíblicas-teológicas acerca del pecado y su interacción con la psicopatología. Este tópico no figura comúnmente en el contenido de los tratados de psicología clínica. La psicopatología nos da nociones de lo considerado anormal, aberrante, desviado, o disfuncional en materia de carácter, conducta, y relaciones humanas. Los conceptos son derivados de la práctica clínica y de la investigación, enmarcadas en teorías y postulados. En cuanto al pecado, el concepto es extraído de las Escrituras, a través de la exégesis pertinente, y de las interpretaciones tradicionales, históricas, y eclesiásticas, consideradas en los tratados teológicos.

En una obra interesante, Karl Meninger (1973) desafió a la comunidad terapéutica en su obra, *Whatever Became of Sin?*, desde una perspectiva secular, alegando al hecho que el pecado desapareció del vocabulario profesional, siendo reemplazado por términos tales como disfunción, problemas en el vivir, síntomas de disturbios emocionales, etc. Archibald Hart (2002) alegó al hecho de que Menninger acusó a las profesiones tratando con la salud mental en cuanto a su concentración sobre las enfermedades mentales solamente, ignorando las enfermedades morales y espirituales.

Los teólogos han tratado a la psicopatología desde sus diversos ángulos, aceptando, cuestionando, o rechazando sus méritos y reclamos. En el extremo fundamentalista, se ha descartado el concepto de la psicopatología en un sentido general, considerando sus postulados como un atentado a diluir el concepto "pecado", redefiniéndolo como disfunción, aberración, anomalía, anormalidad, etc. La etiología de las anormalidades ha sido considerada como espiritual en su naturaleza. Dentro de tal marco de referencia, los demonios actúan detrás de las anormalidades, o sobre la persona, y son vistos como las causas de todos los problemas psicológicos. En especial, el pecado (sea cometido por la persona, o por otras personas en su contra) ocupa un lugar preponderante en tales explicaciones, figurando como un ente causativo. También se dan explicaciones lineales animadas de una lógica de causa-efecto acerca de cómo la psicopatología en realidad es la evidencia de ser castigados por Dios por haber cometido algún pecado, o las consecuencias naturales de haber hecho algo malo. Para aquellas personas que no han sido entrenadas en las labores psicoterapéuticas, algunas definiciones son proporcionadas para su beneficio, y aparecen a continuación.

La Psicopatología

El término *psicopatología* deriva del Griego: ψυχή: psyque (alma), y πάθος: pathos (sufrimiento), y originalmente se definía como "el sufrimiento del alma". En la actualidad, es el término utilizado para referirse a las enfermedades mentales, llamando las cosas por su nombre que parte desde un nivel de análisis que enfoca sobre lo aberrante, disfuncional, anormal, carente, o excesivo en la experiencia del ser humano, comparado con ciertas normas consideradas normales o adecuadas. Los yerros, desvíos, y alejamientos de tales normas a veces se asesoran empíricamente, como en el caso de las pruebas de personalidad como el MMPI (Minnesota Multiphasic Personality Inventory), donde las desviaciones calculadas estadísticamente indican o denotan la distancia medible entre los puntajes obtenidos por personas consideradas normales y aquellas denominadas anormales. Otros instrumentos incluyen el Millon Inventory, y el inventario de la depresión diseñado por Beck, entre muchos otros.

Los instrumentos proyectivos usados en psicología clínica incluyen el Rorschach, la Prueba de Apercibimiento Temático (Thematic Apperception Test), entre otros, y su función es la de medir el tipo y el grado de patología basados en las asociaciones pre- y subconscientes de las personas a estímulos ambiguos, reflejadas en sus proyecciones. También en el caso de las nomenclaturas que encontramos en el MED (Manual Diagnóstico y Estadístico de las Enfermedades Mentales) (En Inglés, DSM 5, *Diagnostic and Statistical Manual of Mental Disorders, 5th Edition*), donde a manera de recetario, se busca encuadrar a las enfermedades consideradas mentales en maneras comparativas con lo "normalmente" esperado en cuanto a la presencia de síntomas, su tipo, cantidad, frecuencia y duración. El etiquetado de tales condiciones sigue cierta lógica comparativa con normas consideradas comunes, adecuadas o "normales".

Psicológicamente hablando, el "errar al blanco" funcional por un lado, o el "transgredir" ciertos límites funcionales, adecuados, socialmente sancionados o establecidos, corren paralelos en ciertos aspectos limitados a las definiciones teológicas del concepto "pecado", a diferentes niveles de análisis. Técnicamente (y teológicamente) hablando, tanto "errar al blanco" como el "transgredir normas absolutas" se consideran definiciones etiquetadas como "pecado". En teología, "todos hemos pecado y estamos destituidos de la gloria de Dios" (Rom 3:23). En psicología, (¿humorísticamente hablando o en realidad?) todos –en alguna manera y en alguna ocasión– hemos psicopatológicamente errado al blanco y transgredido la normas absolutas de salud, y estamos destituidos de ser definidos como "normales".

La psicopatología puede afectar, producir, o aumentar la capacidad y la expresión pecaminosa del ser. Varios factores entran en juego al hacer tal asociación: (1) Los aspectos genéticos subyacentes a las expresiones cognitivas, afectivas, y conductivas, carentes de normalidad; (2) los desbalances bioquímicos que afectan pensamientos, razonamientos, percepciones, juicio, etc., y distorsionan los procesos cognitivos, emocionales, y conductivos, con consecuencias negativas; (3) la socialización en la cual la familia disfuncional provee un sinnúmero de conductas, hábitos, interacciones y modelos inadecuados que labran los caracteres faltos de ética, moralidad, sobriedad, etc.; (4) las elecciones libres del ser pueden ser erradas, incautas, necias, o carentes de perspicacia o sabiduría, las cuales acarrean malestares y anormalidades psicológicas resultantes. Con tales "filtros" o imperativos categóricos, una persona afectada por los factores mencionados puede manifestar desórdenes de carácter, depresión, ansiedad, pánico, etc., y a su vez, tales condiciones pueden disminuir su fe, obligarlo a accionar indebidamente, o fallar en alcanzar las metas adecuadas. Más aún, en un estado psicótico, maníaco, profundamente depresivo, o ansioso a nivel de pánico, la persona puede actuar desordenadamente, cometer actos indecentes, ilegales, o dañinos hacia otros o hacia sí mismo. La persona afectada puede llegar a cometer abuso físico o sexual; puede llegar al homicidio, o al suicidio. En tal sentido, la psicopatología afecta, y a veces aumenta las manifestaciones consideradas pecaminosas.

Es necesario notar el hecho que muchas condiciones anormales que los consejeros pastorales encuentran en su ministerio se deben a la genética, a la fisiología, a la bioquímica desbalanceada, y a los accidentes o catástrofes que alteran el funcionamiento de la mente del ser, en cuanto a sus pensamientos, sentimientos, o voluntad. También los aspectos sociales, las peripecias, y las vicisitudes a las cuales el ser es sujeto en su socialización primaria, aportan a tal psicopatología. Agregamos además los traumas a los cuales el ser puede estar supeditado a una manera involuntaria impuesta por otras personas, como se da en los casos de vejámenes, torturas, abusos sexuales y físicos, los cuales arrojan un saldo nefando de víctimas con desórdenes de estrés postraumático. De manera que, un escrutinio del campo de la psicopatología revela que hay fuerzas, condiciones, contingencias, e influencias involuntarias que proporcionan un sinnúmero de consecuencias indeseables pero reales en la vida del ser humano.

Analógicamente hablando, en el campo de la teología racional, también se presentan aspectos de las consecuencias que el ser humano experimenta debido a factores involuntarios, al pecado de sus antepasados, a las consecuencias de los males sociales, al momento de inercia proporcionado por el cosmos, y otros factores. El medio ambiente pecaminoso afecta al mejor de los seres humanos, compenetrándose en su mente y corazón a través de avenidas voluntarias e involuntarias, conscientes e inconscientes, obvias y tácitas. Es necesario tener estas consideraciones en mente al tratar con las personas experimentando problemas, para evitar la posibilidad de pronunciar juicios prematuros o incautos con respecto a las causas de sus males.

El establecimiento de demarcaciones o límites personales también experimenta los efectos de la condición humana natural pecaminosa. La rigidez, la desorganización, la difusión, y la confusión en el establecimiento de relaciones humanas en sistemas familiares a menudo distorsiona los intentos originales de vivir en comunión, y de permanecer íntegros. Los atentados de "conocerse a uno mismo" han recibido un sinnúmero de respuestas seculares presentando nociones *acerca* de la naturaleza del ser, ignorando en su mayoría la condición pecaminosa. Tales atentados han sido objetos de la introspección analítica, considerando a las defensas del Yo, empleadas por el ser con sus mecanismos subconscientes (como lo recalcó Freud, y aún más su hija Anna). La cultura popular por su parte trata constantemente de redefinir al ser, presentando nociones prototípicas o estereotipadas de lo que la persona debe ser. Lo que se trata de recalcar en este obra, es que la teología cristiana ha dado pautas acerca del ser que pueden ser redescubiertas por aquellos que han negado la existencia y los efectos del pecado, a fin de tener un mejor vislumbre de las distorsiones y aberraciones a las cuales el ser puede estar supeditado.

El Pecado Definido y su Efecto en el Ser

Desde las Escrituras y su exégesis, y de las consideraciones hermenéuticas dentro del campo evangélico, emergen varias nociones que en conjunto, dan a entender principios que son importantes a nuestras consideraciones. ¿De dónde parte nuestro conocimiento del pecado? Las Escrituras nos dan a entender que la conciencia moral –la ley escrita en los corazones, acusando o excusando al ser, es necesariamente un punto de partida. Sin embargo, la conciencia humana puede ser confusa, afectada por la socialización y la cultura, o cauterizada por las circunstancias pesarosas y repetitivas. El ser humano no puede percibir plenamente al pecado, debido a estar embebido en el mismo, y tener la mente distorsionada, oscura, trivial, o defensiva. En forma categórica, Dios es el único que define y se opone al pecado en su esencia total. En su Palabra, declara que todos han pecado y están destituidos de la gloria de Dios (Ro 3:23). En la historia de la iglesia cristiana, surgieron dos corrientes de pensamiento que han tratado a la materia con resultados indeseables: (1) Aquellos que negaron la posibilidad de redención del pecado y el mal, colocando la responsabilidad por el pecado y el mal en Dios, y (2) aquellos que negaron la necesidad de la obra redentora de Dios en liberar a la humanidad de la esclavitud del pecado, y del mal.

La tradición protestante se aferró del pensamiento agustino que alega que Jesús determina los límites de la doctrina del pecado, ya que (1) la existencia de un redentor presupone la posibilidad de redención de la humanidad; y (2) la existencia del redentor presupone la necesidad humana de redención. La tentación o prueba original enfrentando al árbol prohibido encuentra al ser en su estado original, relacionándose en amor y comunión libre con Dios y su semejante (Gn 2:16-17). La existencia original, en su estado de libertad mutable, fue caracterizada por las normas de amor, justicia, e igualdad social. En tal contexto, el humano pudiera ser definido como un ser *posse non pecare* –incapaz de pecar, existente en un estado recto pero mutable.

Al ser tentado, el ser tuvo dos opciones: (1) *non posse pecare* –considerarse incapaz de pecar, lo cual resultaría en la posibilidad de poseer una rectitud permanente; o (2) *posse non pecare* –ser incapaz de no pecar, sujeto a la inevitabilidad de su caída hacia la esclavitud al pecado. El pecado entró al mundo a través de Adán y Eva, registrado como un hecho paradigmático en el narrativo bíblico. La negación de la historicidad de la desobediencia humana y de la caída en el pecado lleva a la negación de la realidad postulada acerca de la condición actual: *Lo que hoy es no es lo que debe ser*. Lo que ahora existe y se despliega inexorablemente en su condición entrópica, es la consecuencia de tal evento. En otras palabras, los atentados a negar el pecado niegan la necesidad de redención, y adjudican a Dios todas las causas del mal y de la degradación universal.

El acto de Adán tuvo consecuencias en relación a Dios: Hoy Dios y los humanos existen en un estado de enemistad abierta, caracterizada por la ira y el juicio de Dios hacia el pecado por un lado, y la desobediencia, enajenación, culpabilidad, ansiedad existencial, y temor a la destrucción humana por el otro. Aún más, al desplazar a Dios, el ser ha colocado objetos alternos de adoración en su lugar –el cosmos y su naturaleza, ídolos de diversas formas, o a sí mismo (Ro 1:18-32). Las luchas por establecer control social, emocional, y físico caracterizan a las relaciones En cuanto a las relaciones horizontales, los humanos son propensos a experimentar desavenencias y ser objetos de abuso, negligencia, manipulación, esclavitud, y subyugación interpersonal. La mutualidad, la confraternidad, y la comunidad, son afectadas por el amor propio, el orgullo, la falta de ética, y la inmoralidad. En cuanto a su relación al cosmos, en lugar de una mayordomía consciente, los humanos son propensos a explotar al medio ambiente, sin dar cuentas al creador y dueño de toda la tierra.

El pecado es teológicamente considerado un principio de operación en el ámbito antropológico con bases naturales (legado genético, estructural, subyacente, ontológico) con la consecuencia que todo ser humano acarrea las consecuencias de la separación original debida a la desobediencia a la voluntad de Dios, y a las maldiciones pronunciadas, incluyendo el ecosistema en el cual el ser se desarrolla, crece, y muere. Si bien hablamos del pecado individual, al colocar al ser en relación grupal, el momento de inercia se multiplica, y todo grupo humano, todo conglomerado social, experimenta las deformaciones, distorsiones, y aberraciones debidas al desvío del diseño original. Las definiciones que parten del estudio de las expresiones, las palabras y los conceptos bíblicos-teológicos nos dan a entender que básicamente, el pecado es:

- El rechazamiento voluntario de la autoridad de Dios; la oposición a su justicia; el rechazamiento de su gracia.
- El dudar acerca de su provisión y providencia y el manifestar incertidumbre acerca de su sabiduría y propósito; la actitud o disposición que demuestra una contradicción a su veracidad.
- El errar al blanco propuesto por Dios para nuestra vida. En esta definición, los actos voluntarios tanto como involuntarios que no alcanzan las medidas propuestas por Dios, ni se ajustan a sus designios para el ser, se consideran pecaminosos.
- La violación de las normas de Dios, o transgresión (inconsciente, tácita, o consciente) de sus leyes específicas.
- El egoísmo en el hacer la voluntad propia y no la de Dios, desplazando el asiento y el ejercicio de la autoridad divina hacia su propia capacidad o control.

Además, el concepto incluye la participación individual o conjunta con sistemas que en su naturaleza son desobedientes a los dictámenes de Dios. También, a las actitudes conscientes o inconscientes que no toman en cuenta la seriedad de las demandas de Dios. De tales definiciones, se postula que hay un lado "oscuro" en la naturaleza humana, propensa a pecar por ser solidaria con los primeros progenitores. El pecado es un sistema que abarca a la naturaleza humana y sus relaciones, actividades, cultura, y postulaciones. En los primeros siglos del cristianismo, surgieron controversias en cuanto a la herencia del pecado original y sus alcances en la posteridad. Pelagio propagó sus ideas, alegando al hecho que si bien los primeros padres pecaron, sus descendientes no tenían por qué pagar por su error. Su analogía fue la siguiente: Una pareja comete un crimen y ambos van a la cárcel a cumplir su condena, y mientras están encarcelados tienen un hijo. La pregunta es, ¿será tal hijo participante de la condena? Se le adjudicará la misma sentencia por el crimen cometido cuando el no participó? Pelagio argumentó que cada persona viene a este mundo en un estado neutral, y solo cuando peca luego de tener uso de razón, se le adjudica la sentencia debida.

La ortodoxia cristiana argumentó en contra de tal analogía, yendo más allá de las manifestaciones conductivas del ser pecaminoso. En este marco de referencia, el asunto es ontológico, considerando el hecho que "en Adán", todos pecaron. Es decir, lo que la cabeza federal o representativa hizo, embutió a la raza humana genéricamente. El pecado es parte de la naturaleza creada; es considerada una capacidad innata, y representa las bases subyacentes que inexorablemente hacen que cada persona que viene a este mundo sea propenso a pecar. De modo que, el ser es pecador por naturaleza. No hay que esperar a que actúe pecaminosamente para declararlo pecador. Lutero enfatizó el dictamen: *No somos pecadores porque pecamos; pecamos por ser pecadores.* Cabe decir que el pelagianismo tiene sus adherentes hoy día, y si no se aferran a sus postulados totalmente, tal vez pueden ser catalogados de semi-pelagianos.

El concepto "pecado" ha sido mayormente descartado por las ciencias sociales, por no ser considerado lo suficientemente empírico, y cayendo fuera del alcance o escrutinio científico. En su definición primaria, el pecado es cometido contra Dios, y si tal ser es considerado metafísicamente, el razonamiento acerca de pecar contra su persona no es abarcado por la física ni por lo empírico. Sin embargo, podemos argumentar que, si por empirismo entendemos que se trata de observar, apuntar, asesorar, y medir aspectos de la realidad a ser cuantificados y estadísticamente establecidos, comparados, o replicados, las consideraciones y el verter en términos concretos las categorías abstractas de las variables "depravación" y "pecado" son algo factible y medible.

Definimos "depravación" como la manifestación o resultado de la variable "pecado" en el sentido genérico, ontológico o subyacente de las capacidades humanas para errar al blanco propuesto por su diseñador, o su incapacidad en alcanzar la meta puesta en su derrotero por Dios; también se alude a la transgresión de sus leyes, el hacer lo indebido por parte del ser pecador. Se puede asesorar la frecuencia, la intensidad, la duración, los antecedentes y las consecuencias de muchos actos considerados pecaminosos.

A criterio del autor, la doctrina de la depravación humana es la que recibe mayor validez empírica, a juzgar por las observaciones corrientes y comunes acerca del comportamiento humano en general, y al considerar la problemática nacida de la pecaminosidad de una persona que viene en busca de ayuda en particular. Para ilustrar, basta observar que aún el humanista más acérrimo y que cree en la esencia positiva del ser, cierra sus puertas de noche con llave, no deja su computadora en el automóvil a la vista, y se asegura que los cheques que le paguen sus deudores tengan fondo en el banco. Si le preguntamos por qué necesita asesorar tales actuaciones (consideradas innecesarias si postula y cree en la naturaleza positiva del ser), la respuesta sería alguna racionalización apologética que denota su desconfianza, su protección, o sus defensas contra la posibilidad de ser afectado por el despliegue concreto de la maldad humana probable.

Aparte de idealismos y conjeturas humanistas acerca de la naturaleza del ser, se establece tácitamente el criterio que el humano, después de todo y genéricamente y socialmente hablando, demuestra su capacidad innata para el mal, y arroja connotaciones negativas. Debemos aclarar, sin embargo, que la doctrina de la depravación humana no descarta que el ser puede ser relativamente bueno, y hacer actos de generosidad y filantropía. Lo que se recalca en la doctrina de la depravación humana es que el ser, en su estado natural, no puede consistentemente, inexorablemente, o infaliblemente hacer el bien. Tarde o temprano, peca.

El Pecado Considerado Como Principio Ontológico

El pecado, definido en diversos términos ya abarcados, es para el cristiano una realidad innegable. Se considera un principio inexorable que no admite excepciones Las afirmaciones proposicionales, los narrativos acerca de la naturaleza y de la conducta humana, y los anales de la historia humana, testifican de tal concepto en maneras poco desafiadas hasta el siglo "iluminado", marcado por definiciones humanistas acerca del ente humano como algo neutral o positivo. En las corrientes actuales y posmodernas del cosmos, el término "pecado" se ha romantizado, su conceptualización se ha tergiversado, y sus efectos subyacentes a la conducta humana se han "suavizado", mitigado o descartado completamente.

Aunque el concepto del pecado ha sido visto desde diferentes ángulos en las tradiciones cristianas, el remedio para la sanidad del alma y su cuidado usualmente se ha basado en las prácticas de la confesión y el arrepentimiento. Los pensadores y ministros católico romanos enfocaron primordialmente sobre pecados específicos, comenzando con la recolección de los mismos, para luego ser vertidos en un confesionario. Los atentados a contrarrestar los efectos del pecado tomaron diversas formas, desde las confesiones y sus penitencias prescriptas, a las abstenciones y los ayunos, hasta el enclaustrado monástico, con prácticas ascéticas, penitenciales, y a veces apelando a la autoflagelación.

Aún cuando Lutero publicó sus criticismos de la iglesia en 1520, reconoció el valor de la enumeración de los pecados y en la contemplación acerca de los pecados específicos. Sin embargo, enfatizó mayormente el concepto de la condición pecaminosa a nivel ontológico, considerando la depravación humana como una condición del corazón. Lutero denominó la pecaminosidad como "la curvatura del ser sobre sí mismo" (un ente torcido, encorvado, como lo había descrito Agustín en su definición del ser como un *homo curvato*), incapaz de ser derecho, de confiar en Dios, u obedecerle.

El protestantismo que surgió de la reforma –los pietistas luteranos, los calvinistas reformados, y luego los puritanos, siguieron tal tradición. Más tarde, las corrientes bautistas, carismáticas, y pentecostales también enfocaron sobre el pecado en manera pronunciada, y en ciertas maneras dieron lugar a legalismos para controlar tal condición humana. Para todas estas versiones del cristianismo, el pecado fue un asunto ontológico, y luego demostrado en la conducta concreta, y las relaciones disfuncionales del ser.

En su esencia, el pecado se define en relación a la autoridad de Dios: Es (1) hacer su propia voluntad y desechar o rebelarse contra la voluntad de Dios; (2) oponerse a tal autoridad, en cuanto a las normas, patrones, leyes y demandas, con la contradicción a su veracidad; (3) dudar en cuanto a su persona, sus obras, su gracia y propósito, con incertidumbre acerca de su sabiduría y desconfianza en su diseño; (4) rechazar sus bases y postular bases propias, afirmándose a sí mismo en manera pedante; (5) ignorar voluntaria o involuntariamente, con desdén y pedantería su guía y su participación en la vida cotidiana.

El pecado es parte intrínseca de la naturaleza humana, en un estado de enemistad contra Dios (Ro 8:7). Las Escrituras dan nociones acerca del pecado existiendo antes de la creación de los primeros humanos (véase Gn 2, 3, Sal, 82; Lc 10:18), de manera que, el ser desde su comienzo estuvo rodeado de la posibilidad de pecar. El pecado original trajo el conocimiento (1) de lo que perdimos en cuanto a estado, herencia y participación con Dios, (2) de lo que nos acarreamos en cuanto a consecuencias funestas, y (3) de la condición mortal a la cual estamos sujetos. El pecado resulta en acciones, pero no se origina en los eventos mismos. Los motivos y las inclinaciones naturales de la mente humana deben ser vistos como el terreno donde tales eventos pecaminosos nacen. "Antes de comerse la fruta" ya había dudas, maquinaciones, y planes extraños, alejados de las intenciones de Dios. La tentación precede a los eventos, pero no los realiza necesariamente en forma automática. El dicho atribuido a Lutero nos hace ver que si bien no podemos prevenir o evitar que los pájaros vuelen sobre nuestra cabeza, podemos evitar que hagan nidos sobre la misma.

Como ya lo hemos expresado, una de las doctrinas ortodoxas de la iglesia ha sido la postulación de la depravación humana. La depravación es la condición humana que no permite que la persona sea totalmente capaz de hacer siempre el bien. Tal condición se expresa en la afirmación "somos pecadores, por eso pecamos" basada en el principio universal de la incapacidad de lograr la perfección. *"Por cuanto todos pecaron, y están destituidos de la gloria de Dios".* (Ro. 3:23). Al nacer, crecer y ser socializado en el cosmos, el ser humano se desarrolla en un contexto sujeto a tal condición, con los resultados afectados en cuanto a los atributos y propiedades del ser, sus expresiones personales e interpersonales, y sus relaciones con Dios, con sus semejantes y consigo mismo.

La persona es corrupta no solo en su estado mortal, sujeto a la entropía en cuanto a su bioquímica, su fisiología, y lo físico en general, sino también en su mente y su espíritu. Los actos pecaminosos son manifestaciones del corazón depravado y de la mente (Gn 6:5; Sal 51:5; Pr 4:23; 23:7; Jer 17:9; Mr. 7:20-23; Ro 2, 3, 7). Sean pecados de "comisión" o de "omisión", la condición, el proceso subyacente, los actos, y las consecuencias experimentan la misma condenación (Sal 14:4; Mt. 23:23; Stg. 1:27).

El concepto del pecado aparece vívidamente cuando Dios, en su afán de habitar entre los llamados a ser su pueblo, ordenó la construcción de un tabernáculo en el cual se dispuso a morar entre ellos (Ex 25:8). La pregunta surge: ¿Cómo puede un Dios santo habitar en medio de un pueblo pecador? Para lograr la actualización de tal deseo, Dios imprimió en las percepciones de los israelitas una manera de acercarse: Para hacer factible tal propuesta, un camino sería trazado, con varias barreras interponiéndose entre el Dios santo y el pueblo pecaminoso.

El diseño divino del tabernáculo consistía de un atrio con su cerco actuando como límite externo; una puerta en el atrio funcionaría como única entrada al lugar elegido para ofrecer sacrificios a Dios. Dentro del atrio, un altar para sacrificar animales y una fuente de bronce para lavarse las manos y los pies; luego otra puerta hacia el lugar santo. Dentro del tal lugar, una mesa con doce panes, un candelabro con siete lámparas, y un altar para quemar incienso. Finalmente un velo estableció la separación entre el lugar santo y el santísimo, donde el arca del testimonio con su cubierta, con una vasija con maná, una vara de almendro que reverdeció y produjo frutos, y las tablas de la ley fueron colocadas. Los pecadores se acercaban al tabernáculo, pero paraban a la puerta, para que los levitas y sacerdotes funcionen ante Dios a su favor. Los sacerdotes trabajaban en el lugar santo, atendiendo a los panes, el candelabro, y el incienso, pero todos paraban ante el velo, la barrera hacia el lugar santísimo. Aquí anticipamos el argumento acerca de la redención del pecado: Tal barrera fue rota a la hora del sacrifico de Cristo en la cruz, dejando libre la entrada hacia Dios por el camino nuevo y vivo, trazado por su sangre derramada en la cruz (Mt 27:50-51; Heb 10:19-22).

Todo ello demandaba la conciencia de un camino de acercamiento marcado por las indicaciones de la condición humana y su necesidad de redención. Además, el sacerdocio recordaba al pueblo de la necesidad de intercesión por las ofensas, los yerros, la naturaleza, y los resultados del pecado en el ser humano. Los tipos de ofrendas del antiguo pacto dieron a entender la variedad de símbolos que definen al concepto en sus aspectos multidimensionales. En las ofrendas colocadas sobre el altar del tabernáculo el concepto del pecado fue simbólicamente representado, siendo tratado desde cinco niveles, delineados en Levítico (caps. 1-4): (1) La ofrenda por el pecado –la raíz, o la causa ontológica, por ser pecador; (2) la ofrenda por la culpa –por los actos pecaminosos, los resultados de actuar natural-humanamente; (3) la ofrenda por la paz –entre el ser y Dios, restableciendo la comunión luego de haber ofrecido las ofrendas por el pecado y por la culpa; (4) el presente a Dios –una ofrenda quemada, de olor suave y grato: Una torta de harina amasada con aceite y salpicada con incienso, como un "presente" o una dádiva luego de tener paz; y (5) la ofrenda totalmente quemada –consagrada a Dios, indicando que solo Dios realizó el abarque de las consecuencias funestas del pecado y la necesidad de redención a través de una vida totalmente dedicada a Dios a favor de la humanidad (su propio Hijo). La cubierta del animal era reservada para el que oficiaba el sacrificio –como resultado de haber sido acepto ante Dios.

El conjunto de ofrendas fue un diseño complejo y global, conectado en forma paulatina y sistemática enmarcado en el proceso establecido por Dios. Cinco aspectos de tal sistema ofertorio que, según el Nuevo Testamento (Heb 9:23-26; 10:1-10), representaron una sola ofrenda, eficaz y poderosa –la ofrenda de Jesucristo por el ser pecador. Tales aspectos o facetas establecieron vehementemente en la mente del pueblo llamado el concepto clave: Pecadores no pueden acercarse a Dios por su cuenta; tienen que venir a través del camino trazado por Dios. ¿Por qué? Por culpa de sus pecados. La condición humana pecaminosa necesitó la atención continua hacia la necesidad de su redención.

Niveles de Análisis de la Realidad Pecaminosa

Si consideramos al pecado en sus manifestaciones o sus realizaciones en el ser humano, podemos presentar tres niveles de análisis: (1) A nivel obvio, externo, y medible, las manifestaciones se observan y definen como eventos o actos pecaminosos. (2) Subyacentes a tales conductas o actos pecaminosas, se postulan los procesos cognitivos, emotivos, motivacionales, y decisivos, definidos como procesos pecaminosos –el pensar, el razonar, el atribuir significado, el sentir, la motivación, etc.– que subyacen a la conducta desplegada y observada obvia. Y empíricamente. (3) A nivel profundo, las estructuras cognoscitivas, afectivas y conductivas representan las dimensiones fundamentales del ser, yaciendo a nivel ontológico. Es allí, en tal dimensión esencial donde las creencias metafísicas y los valores de la persona residen, y son consolidadas a manera de meta narrativos pertinentes al "ser interior". A tal nivel es que el ser humano natural, irredento, o inconverso, es definido esencialmente como un ser pecador. El nivel medio – los procesos cognitivos-emotivos-motivacionales-decisivos– tiene la función de emplear defensas de carácter emocional, motivacional, y racional (lógico, apologético, ilógico, idiosincrático, etc.) para mantener y reforzar las creencias, los valores, y las decisiones de adoptar y llevar a cabo un estilo de vida pecaminoso.

Los actos o eventos visibles, las manifestaciones pecaminosas obvias, son como los frutos de un árbol que dan a entender la naturaleza de la raíz de tales males. Los frutos son la evidencia del procesado del ser a niveles subyacentes, considerando a las manifestaciones obvias como siendo elaboradas, procesadas, y transmitidas a través de las conexiones entre la raíz y los frutos. Los procesos cognitivos-afectivos, teñidos y afectados por el pecado (el pensar, el razonar, el atribuir significado, el aprender hábitos, el sentir ciertas emociones, y las demás elaboraciones complejas), en forma continua y retroalimentadora entran en juego, expresándose en la conducta humana natural, desde el acto más simple hasta el más complejo, denotando la naturaleza ontológica del ser que actúa.

En términos eventuales o conductivos, el pecado es considerado a nivel obvio, externo, visible y sujeto a medidas empíricas (tales como frecuencia, intensidad, duración, antecedentes y consecuencias). A nivel estructural, el pecado es considerado como la capacidad intrínseca y esencial del ser humano para errar al blanco de Dios o transgredir su voluntad. La ontología del ser es caracterizada por la depravación, afectada fundamentalmente y permeando sus procesos subyacentes (subconscientes, preconscientes, o conscientes).

Teniendo en mente tales niveles, podemos hablar del ser como "pecador" (estructural y esencialmente en su condición ontológica); como "elaborando o maquinando" sus pecados (procesos cognoscitivos-afectivos-volitivos); o como "pecando" o "cometiendo pecados" (eventos, acciones o conducta manifiesta u obvia por un lado, o tácita, subyacente o implícita por el otro). En términos psicológicos, el ser humano experimenta distorsiones y aberraciones en el proceso de individuación o diferenciación, en su apego, y su separación a sus objetos primarios, carentes de perfección y sujetos a las vicisitudes de la vida en el cosmos.

El egoísmo, el aislamiento y la carencia de afecto natural por un lado, y el apego excesivo, la dependencia neurótica y la falta de aplomo social por otro, son ejemplos o expresiones de las distorsiones en la formación del carácter y de la conducta sujetos a la vanidad de la existencia debajo del sol. Las definiciones de tales condiciones pueden seguir las líneas psicopatológicas en cuanto a desórdenes de personalidad, de actuación conductiva, cognoscitiva, o afectiva; o a las aberraciones en el sentido psicótico, o neurótico. Sin embargo, tales definiciones pueden ser paralelamente ofrecidas desde el punto de vista pecaminoso, en el sentido de errar al blanco propuesto, estar fuera de línea, transgredir ciertas normas de bienestar propio o relacional, o negar aspectos impactantes de la realidad espiritual.

Las Consecuencias del Pecado en el Ser

Un cambio radical de actitud hacia Dios ocurrió al pecar, el cual ha permanecido con la raza humana desde entonces. Un sentido de vergüenza y culpabilidad, acoplado al sentido de ansiedad y miedo, con la predilección hacia las cosas que no agradan a Dios, han caracterizado al ser humano. Por parte de Dios, el narrativo bíblico da a entender que la condenación, la maldición, y la expulsión del ser de la presencia de Dios son consecuencias de la entrada del pecado a la esfera humana. Paradójicamente, tales condiciones existen y continúan siendo vigentes, corriendo paralelamente a la redención consumada. Las consecuencias inmediatas del pecado, relatadas en las Escrituras, apuntan al hecho de que el conocimiento del bien y del mal y la mortalidad son los legados naturales del ser. Tal estado refleja un desafío en cuanto al conocimiento del bien y del mal, y a la demanda acerca de nuestra obediencia a Dios: sabemos más de lo que podemos realizar, administrar, manejar, controlar, o experimentar. Tal conocimiento nos lleva al sentido ontológico de culpabilidad –la consciencia de no hacer el bien por un lado, y hacer el mal por el otro– y de vergüenza –ser descubiertos en nuestra incapacidad de ser y hacer lo que Dios manda.

También el ser experimenta una división entre su percepción propia ideal y su imagen real, entre lo hipotéticamente posible y lo actualmente asesorado, entre el deseo de ser y el "llegar a ser", o actualizar tal existencia. La división entre la verdad y el amor, entre la lógica y el sentimiento, el conocimiento y la pasión, son manifestaciones de tal disonancia cognitiva, o de carencia de afinidad y totalidad emotiva.

En cuanto a su mortalidad, el ser se apercibe de su condición precaria y frágil en el derrotero del tiempo, y en la ocupación de un espacio. Sujeto a la entropía, experimenta la ansiedad de saber que vuelve al polvo del cual fue tomado, y trata de redimir su existencia con actos heroicos con armaduras a las cuales les da cierto brillo, como lo expresó Becker (1974) en su obra *The Denial of Death*. El *angst* experimentado existencialmente por el ser que trata de superar su condición ha sido objeto de las consideraciones de los psicólogos como Rollo May y Binswanger, y de teólogos como Tillich.

Las consecuencias personales del pecado afectan los procesos cognoscitivos del pensar y el razonar, con distorsiones, negaciones, proyecciones, y racionalizaciones. Los mecanismos de defensas postulados por Anna Freud bien pueden seguir las líneas de protección propia utilizadas por el ser en sus atentados de adaptación y sobrevivencia ante la ansiedad de ser o de presentarse ante las demandas de un ambiente hostil presionando al ego. Los procesos de atribución significativa a la realidad llegan a ser distorsionados, proporcionando diferentes construcciones alternativas a las definiciones de la realidad postulada por Dios.

Las actitudes, las creencias, los valores y los juicios del ser son afectados por los yerros y las desviaciones de lo considerado normal y adecuado. De esa manera, en las percepciones del ser natural, las demandas de Dios aparecen como exageradas, imposibles de acatar, o reservadas para los pocos que "fanáticamente" tratan de ser santos a través de la negación o la represión de sus apetitos naturales. Los procesos de aprendizaje y de la memoria pueden ser afectados por el pecado, carentes de perfección y sujetos a los yerros y desvíos naturales de lo creado. Tales consecuencias no son mecánicamente elaboradas ni sistemáticamente expresadas, o experimentadas por los seres humanos, sino que varían en su frecuencia, intensidad, y alcances.

Las consecuencias personales manifestadas en las actuaciones incluyen la predisposición a desarrollar malos hábitos, a los desvíos de la conducta, a las aberraciones en las elecciones y las decisiones tomadas por el ser, y fallas en compaginar las motivaciones del ser con sus expresiones conductivas. La personalidad se desarrolla en un ambiente que satura las estructuras, los procesos, el funcionamiento, y las defensas del ser, manifestando los efectos del pecado ambiental y personal. La cultura —definida como el contexto ambiental, el conglomerado humano que es generado y adquiere un momento de fuerza moldeadora social— llega a ser afectada en sus expresiones económicas, legales, educativas, artísticas, tecnológicas, y muchas otras manifestaciones. Siendo compuesta de humanos que elaboran su medio ambiente y a la vez son afectados en maneras retroalimentadoras, la cultura y sus agencias sociales no son exentas de la influencia pecaminosa, aún cuando pueden realizar labores encomiadoras y positivas a la vez. El hecho que Dios ha juzgado imperios, naciones, y pueblos enteros, y que aún juzgará en el futuro a las naciones (Mt 25), nos da a entender que la sociedad, en una manera global, está sujeta a las presiones de un mundo espiritual que no obedece a los dictados de Dios.

Volviendo a lo personal y clínico, el ser humano experimenta problemas y consecuentes debidos al pecado, en cuanto a su imagen e identidad, a su estima propia, y a su eficacia. La condición natural del ser es afectada en su capacidad de verse como un reflejo de la deidad, o de expresar ontológicamente virtudes semejantes a las de su creador. La forma original no es reflejada, sino que, como una imagen asesorada ante un espejo, aparece en una forma distorsionada. El ser experimenta luchas y problemas de identidad, siendo desarraigado de sus bases postuladoras, alejado de su fuente propulsora. El pecado denigra la imagen de Dios en el ser, rebaja la capacidad de constancia en hacer el bien, y de realizar la voluntad perfecta de Dios. El sentido inadecuado —de culpabilidad, de vergüenza, de ansiedad y de miedo— es acoplado a la depresión, y a la ira, entre muchas otras sensaciones, son manifestaciones del ser finito y mortal, consciente de su condición precaria y desviada de su ideal. Tales factores se inmiscuyen en sus relaciones, y siendo afectado por su egoísmo, o por su tendencia a depender de otras personas, el ser experimenta maneras manipulativas, controladoras, violentas, y disfuncionales en sus actuaciones familiares y sociales.

Sobre Causas, Efectos y Correlaciones

Integrando conceptos teológicos y psicológicos, podemos alegar que existen varias corrientes de pensamiento en cuanto a la relación que hay entre el pecado y la psicopatología. Presentamos tales nociones alternativas, para asesorar las posibles correlaciones que tal vez puedan existir, y la veracidad con la cual puedan ser postuladas. Sería un ejercicio provechoso si los estudiantes aplicaran cada uno de los siguientes postulados, presentando ejemplos, posibilidades, o vertiendo sus conjeturas:

- El pecado causa la psicopatología de la persona que peca
- El pecado no causa, pero afecta, aumenta, y le da su tono a la psicopatología
- El pecado de otras personas causa o aumenta la psicopatología de la persona afectada por ellas
- El pecado es un efecto directo (o indirecto) de la psicopatología
- El pecado se correlaciona, pero no causa ni es causado por la psicopatología, siendo difícil establecer tal relación
- El pecado y la psicopatología son variables independientes, corren en forma paralela, y no tienen nada que ver la una con la otra
- El pecado y la psicopatología son causados por una variable externa a ambas

Algunas experiencias, observaciones y conjeturas pueden permitir que la primera postulación a veces sea aplicable. Por ejemplo, una persona que por salvar su pellejo, miente y falsifica sus documentos, as ajusticiado por la ley. Siendo encarcelado, lee los periódicos exponiendo su caso, y trata de cometer suicidio, ya que no puede enfrentarse a las consecuencias de sus acciones. En alguna manera, su pecado (mentira, falsificado) es causativo de su depresión, y de sus atentados suicidas.

Otro caso se da como ejemplo: cuando el ser humano desafía normas morales y comete adulterio, tales pecados causan a su esposa a reaccionar con una profunda depresión, mezclada con ira, desilusión, pensamientos mórbidos, y síntomas psicosomáticos. La persona que comete adulterio a su vez desarrolla un profundo pesar y culpabilidad, factores que lo llevan al auto castigo, y a pensamientos obsesivos suicidas, ya que no puede enfrentarse a sus amigos, quienes ahora lo rechazan por su actuación irresponsable hacia su esposa. En ambas personas, el pecado puede ser la causa de las muchas manifestaciones psicopatológicas que surgieron consecuentemente.

Una persona adicta al alcohol, en su necedad y estupor, y desplegando una personalidad inadecuada, puede abusar sexualmente a su hija menor. Tal hecho se mantiene en secreto, lo que provoca reacciones en años subsiguientes en ella, sufriendo de condiciones postraumáticas y de estima pobre, depresión, y ansiedad. A su vez, las relaciones de la joven sufren trastornos, o como ha pasado en muchos casos, tales peripecias negativas pueden contribuir y llevar a la joven hacia la prostitución. En cal caso, la psicopatología del padre contribuye a su pecado, y su pecado afecta la psicopatología y los pecados de la hija.

Otra persona experimenta falta de fe, y recurre a sus amigos para mantenerse en un nivel adecuado de salud emocional, llegando a ser extremadamente dependiente, perdiendo su aplomo y entereza personal. En tal caso, es difícil atribuir causas o efectos, ya que ambas variables son correlacionadas (falta de fe, y una dependencia excesiva en otros humanos), ya que se puede argumentar que la falta de fe "causa" la dependencia, o que la personalidad ya viene con cierta predisposición innata de carácter dependiente, y por ello experimenta la disminución de su fe.

En una ocasión (relatada en el evangelio de Juan, capítulo 9) la presencia de patología física, manifestada en forma de ceguera, proporcionó la oportunidad para que el diagnosticador por excelencia pronunciase su veredicto pertinente a la cuestión de las causas de tal malestar. Un hombre ciego desde su nacimiento fue el objeto de indagación por parte de los discípulos. La pregunta que surgió en sus mentes fue: ¿Quién pecó, este o sus padres? Tal cuestión recibió una contestación por parte de Jesús: Parafraseando, la respuesta fue, "Ni la persona que sufre esa dada patología, ni sus padres". Tal eventualidad existía con un propósito trascendental, no declarado obviamente de antemano, ni manifestado en forma correlacionada, sino que respondía a un esquema mayor, el cual escapaba al escrutinio empírico y racional de aquel tiempo.

En vista a lo considerado, se resume el concepto del pecado y su relación compleja a la psicopatología como una realidad básica, afectando todas las esferas personales e interpersonales, individuales y sociales, culturales y universales. En sus alcances, el pecado abarca las estructuras, los procesos y los eventos humanos, inmiscuyéndose en alguna manera a las manifestaciones aberrantes psicológicas. En sus efectos, el pecado afecta los procesos cognoscitivos y emocionales, los voluntarios y los involuntarios, consciente y subconscientes.

Todas las consideraciones y afirmaciones expuestas en este capítulo, en lugar de etiquetar negativa e innecesariamente al humano, simplemente recalcan el hecho de llamar las cosas por su nombre, con las atribuciones proporcionadas por el postulador, sustentador, y redentor del ser humano, dadas a través de la revelación natural (sujeta al empirismo) y de la particular (sujeta a la fe, al escrutinio, y a la percepción e interpretación de lo revelado). Tal definición de la realidad debe ser comprendida y contextualizada en el campo de labor terapéutico, especialmente si una persona pretende trabajar con aquellos cuya fe y práctica se basan en las afirmaciones teológicas presentadas en forma esquemática en las páginas anteriores. Sea que el lector afirme tales postulados o simplemente los asesore a fin de tener un mejor vislumbre del punto de vista teológico, lo que este capítulo ha tratado de presentar es una sensibilización hacia la materia que ha sido mayormente descartada por los escritores en el campo de la psicología clínica.

Acercamientos y Tratamientos Terapéuticos

En el caso de la psicopatología, los tratamientos abundan, desde los modelos médicos-fisiológicos con su énfasis sobre lo evolutivo, lo genético y bioquímico hasta los conductivos, cognitivos, existenciales, y sociales. La "medicalización" de muchas anormalidades consideradas psicológicas ha provisto un énfasis pronunciado en las causas físicas. Las actitudes presentes en tales acercamientos se derivan de las ideas que adjudican las causes de la psicopatología a las anormalidades genéticas, a las aberraciones en las cromosomas, a los desbalances bioquímicos, a las neurotransmisoras, a las anomalías en la excitación fisiológica y a otros antecedentes considerados a nivel concreto. Los tratamientos que parten de tales premisas siguen una línea farmacológica, tratando de remediar los aspectos bioquímicos del ser.

En sus principios, la psicología dinámica o psicoanalítica enfatizó el papel que los impulsos del id, los complejos sin resolver, el desplazamiento de la energía libidinal, y los aspectos irracionales subconscientes juegan en las anormalidades psicológicas. Los tratamientos basados en tal punto de vista siguen la línea del psicoanálisis, buscando esclarecer y proveer perspicacia en el afán de remediar lo anormal. La reestructuración dinámica de la personalidad es el objetivo que guía a las consideraciones psicoanalíticas.

Los acercamientos humanistas y existenciales que adjudican un valor positivo al ser humano y buscan su actualización, tienden a seguir métodos no-directivos, reforzadores o encomiadores, tratando de disminuir el énfasis negativo presentado en modelos analíticos, y más aun, en los basados en premisas teológicas con alusiones al pecado. Tratamientos de la ansiedad o culpabilidad existencial, el *angst* ontológico, y las consideraciones filosóficas que acompañan a tales atentados, tratan de redefinir a los aspectos considerados en este capítulo como provenientes de la esencia pecaminosa del ser y sus resultados negativos. Caber decir que la rama existencial cristiana (seguida por Finch, Malony, Tweedie, entre otros), aún cuando emplea métodos analíticos, cognitivos y no-directivos, no niega los alcances ni los efectos del pecado en la patología existente en ser humano que busca una ayuda psicológica.

Los tratamientos cognitivos buscan el remediar las maneras en las cuales la persona piensa, razona, atribuye significado, juzga, decide y actúa en base a sus procesos cognitivos. El asesoramiento de los pensamientos automáticos y negativos, vistos como procesos que se inmiscuyen y permean las consideraciones mentales observadas en pacientes con depresión y ansiedad, son objeto de atención y de restructuración funcional. El autor ha elaborado un pensamiento que trata los problemas humanos desde una posición metacognitiva-dialógica, enfatizando la necesidad de proveer a las personas cierta postura objetiva acerca de su subjetividad, de verse desde un plano superior –teológicamente definido e investido del Espíritu Santo– para ser capaz de asesorar su condición pecaminosa, desarrollar perspicacia en materia de la redención y sus alcances, entablar diálogos internos, y emplear retórica interna para persuadirse a actualizar la libertad proporcionada por el perdón de Dios, la investidura con poder, y desarrollar el dominio propio necesario para hacer frente a sus dificultades y vivir una vida que agrada a Dios.

Los tratamientos sociales y comunitarios tratan de ver el contexto del ser como en necesidad de reeducación, de restructuración o de cambios funcionales, a fin de remediar los males corporales y grupales que afectan a la persona. El énfasis observado en tales acercamientos puede ser cotejado en cierta forma paralela a los empujes de la teología de la liberación. Se trata de remediar la opresión, la explotación, la objetivación manipulativa entre los seres humanos a fin de "salvar" a la persona, y proveerle un sentido de justicia.

En el campo terapéutico integrado con la teología evangélica, se busca emplear tratamientos que tomen en cuenta la realidad del pecador. Los conceptos de redención tratan con la materia en el sentido de enfatizar la posibilidad de libertad emocional debida a la actuación divina con respecto al ser humano. Entre los tales, (1) El pago expiatorio de las deudas contraídas; (2) la cancelación de la condenación acarreada por el pecado; (3) el sentido de aceptación y validación del ser por parte de Dios y su justificación; (4) la invitación hacia una vida de libertad y de comunión; (5) la posibilidad de desarrollar "frutos" o características de ser y hacer las cosas de una manera más funcional, figuran entre muchos otros aspectos como realidades a ser actualizadas por el ser. Conceptos tales como la expiación ayudan a entender que no hay necesidad de emplear mecanismos de defensas contra la realidad pecaminosa del ser, sino reconocer la condición depravada y al mismo tiempo ver la solución propuesta por Dios al respecto. Conceptos tales como la santificación proveen un sentido de rumbo y compás a la vida, a ser desarrollada de acuerdo at prototipo divino.

Muchas veces es necesario tratar con el pecado que bien pudiera ser causativo de muchas aberraciones y distorsiones problemáticas manifestadas en el carácter y la conducta de las personas que vienen a pedir consejos. En tales casos, se ayuda a la persona a no negar, racionalizar, proyectar, excusar o desmerecer los asuntos que necesitan arrepentimiento, confesión, perdón, y restitución. En el caso de problemas relacionales afectados por el pecado, el paradigma presentado en los evangelios se aplica: Si alguien ha sido afectado por la conducta relacional pecaminosa de otra persona, tal persona afectada debe ir al ofensor y confrontarlo. Si lo escucha y se arreglan las cuentas entre ambos, el asunto puede ser abordado con reconciliación y perdón. Si no lo escucha, puede traer un par de testigos y proseguir con las demandas de reconocimiento, arrepentimiento, restitución, o acuerdo mutuo. Si luego de tal intervención el ofensor permanece en su postura defensiva o no arrepentida, y no está dispuesto a arreglar sus cuentas, la persona afectada puede apelar a la comunidad y los líderes de la misma pueden tomar ciertas decisiones, incluyendo la excomunión del miembro ofensor cuya actitud y postura obstinada no permite la restitución o la reconciliación.

Si se atenta a emplear el consejo terapéutico en relación a los conceptos presentados, existen varias opciones, ya que se puede enfocar sobre las causas a nivel ontológico, sobre los procesos internos subyacentes, o sobre las consecuencias evidentes. Acercamientos ontológicamente basados pueden prestar atención a las estructuras de la persona, a sus creencias metafísicas básicas, o a sus actitudes fundamentales y subyacentes a sus procesos cognoscitivos, afectivos y a sus actuaciones. El papel de la perspicacia y de la adquisición de entendimiento cabal acerca del funcionamiento intrapsíquico, en lugar de ser desmerecido, puede cobrar su verdadera intención e intensidad. Tratando con tales estructuras y procesos, los acercamientos pueden enfocar sobre los asuntos de desarrollo humano, la socialización primaria y secundaria, la adquisición de hábitos y su mantenimiento, las relaciones humanas, y muchas otras áreas pertinentes a cada caso.

El consejo puede servir funciones preparatorias, animando al ser a experimentar cambios en su conducta, en sus actitudes, en sus percepciones, en sus actitudes, y en sus motivos. También puede servir funciones mas "redentoras" o "expiatorias", apuntando a la sanidad de las heridas emocionales, de las memorias indeseables, de los vestigios pecaminosos que aparecen a menudo, y promover la libertad emocional y espiritual del ser. El buscar establecer tanto la paz interior como así también la paz relacional con Dios y con los semejantes, figuran entre los objetivos de tales acercamientos. El consejo puede servir como una preparación anticipatoria, estableciendo demarcaciones de actuación adecuada, elaborando estrategias de utilización de los recursos personales y espirituales para vencer tentaciones y dificultades, manejar el estrés, y estar apercibido de eventualidades negativas a ser solucionadas. En tales casos, el consejo funciona como una "inyección" o una vacunación preparatoria para desarrollar mejores defensas positivas contra las vicisitudes o las inclinaciones a pecar.

Jesús predijo las pruebas futuras en el caso de Pedro, "Pedro, Satanás tratará de zarandearte como el trigo, pero yo ya he rogado at Padre para que tu fe no te falte" (Lc 22:31-34). Tal expresión es un ejemplo de lo que estamos diciendo, actuando proactivamente sobre la mente de Pedro, preparándola para el desafío que aguardaba al discípulo. Es digno de notar que Jesús accedió al pedido de Satanás, y que no libró a Pedro de su prueba, sino que le avisó de antemano que su vida seria zarandeada, pero que también ya había rogado al Padre para que su fe no le faltase. Como consecuencia de tal prueba y aprendizaje bajo el tutelaje del Señor, Pedro escribe en su primera carta, luego de comprobar la eficacia de tal preparación: Narra los sufrimientos de Cristo y luego advierte, *"Armaos vosotros de este pensamiento..."* ¿Qué pensamiento? De la idea que los discípulos irán a sufrir, preparándolos anticipadamente en lo referente a la posibilidad de atravesar por ciertas pruebas en el futuro, sin menguar su fe (1 P 4:1).

En resumidas cuentas, solo los que no entienden el profundo significado de las verdades reveladas y teológicas son aquellos que las descartan y tratan de emplear substitutos humanísticos, los cuales en realidad no alcanzan a proveer un sentido verdadero de libertad, paz, y esperanza emocional a la altura del nivel actualizador espiritual que pretenden vislumbrar. En la actualidad, tales acercamientos van adquiriendo tintes "transpersonales" y "pseudo-espirituales", negando el pecado, y enfatizando la posibilidad de actualización propia, tratando de ser y hacer sin Dios lo que Dios es y hace. Necesariamente, debemos reconocer que la terapia no extirpa al pecado, y que las técnicas de aconsejar no pueden ofrecer absolución del pecado. El consejo terapéutico no puede remover, perdonar, o tratar con el pecado en forma contundente. Tales asuntos no son materia de consejo, sino de conversión, de fe, y de acatamiento a la voluntad de Dios. El ayudar, aliviar los problemas emocionales, o facilitar cambios de conducta, pensamientos o sentimientos, es encomiable. Desde el punto de vista teológico, cualquier estrategia o técnica psicológica que permita tales operaciones, se considera como algo positivo y digno de refuerzo, especialmente si controla en alguna manera el abarque o las consecuencias del pecado en la vida del ser humano. Sin embargo, recalcamos que la psicología clínica no aminora ni rebaja la pecaminosidad del ser ante Dios, ni tampoco la necesidad de arrepentimiento, de fe, y de obediencia.

Capítulo 10

El Problema del Sufrimiento Humano

El dilema del sufrimiento humano ha desafiado a los pensadores, filósofos, y teólogos a través de las edades. El optimismo idealista que caracteriza a las corrientes humanistas ha sido desafiado por las atrocidades e injusticias cometidas en la sociedad por personas carentes de ética, de moralidad, o de escrúpulos. La afluencia de ciertas sociedades o clases privilegiadas pareciera mitigar el problema del sufrimiento debido a que sus componentes tienen acceso a fuentes de satisfacción personal, gozando de un estilo de vida opulento, y poseyendo medios de solvencia bajo su control. Por tales razones. Las personas en tales esferas se asombran o se ofuscan cuando se enfrentan con el sufrimiento, expresando un sentido de frustración al experimentar inconveniencias en su estilo de vida, o al ver su salud comprometida por el dolor o la enfermedad. Por otra parte, personas que viven rodeados de pobreza y no gozan tanto de los placeres terrenales, tal vez están más acostumbradas al sufrimiento. Personas desposeídas, luchando por su sobrevivencia económica, oprimidas por sistemas sociales y carentes de medios de solvencia, pueden ser definidas como "experimentadas en quebranto" y en necesidad de liberación.

No se trata de correlacionar el nivel socioeconómico al sufrimiento en forma incauta. Entre latinoamericanos, podemos decir, "En mi casa no comemos, pero nos reímos". La felicidad no estriba en los bienes que una persona posee, sino en su manera de vivir la vida, con libertad y dignidad. Con todas estas consideraciones en mente, nos acercamos al problema del sufrimiento como algo universal, ontológico, y pertinente al ser humano en su vida bajo el sol.

En el ministerio pastoral terapéutico, el problema del mal y del sufrimiento presenta desafíos: ¿Cuál es el significado del mal y del dolor? ¿Cómo relacionarse a las personas que sufren? Las conjeturas filosóficas se agregan a tales deliberaciones: La presencia abrumadora del mal en el mundo pareciera ser incompatible con la existencia de un Dios bueno. Muchos filósofos y practicantes de ayuda emocional han decidido adoptar la postura agnóstica o atea, en la cual el mal es visto como una evidencia en contra de la existencia de Dios.

En sus escritos, C. S. Lewis ha tratado con la materia alegando que la ponencia tácita o velada del ser humano es esencialmente incauta cuando se trata de considerar el mal en el mundo: Si nos preocupamos a causa del mal en el mundo, ¿por qué no prestamos la misma atención a la bondad que existe sin postular a Dios? El problema del bien debería preocuparnos tanto como el problema del mal. Entre otras consideraciones, el punto final a la existencia humana bajo el sol es la muerte —cosa que pone límites al sufrimiento humano. Pero, por otra parte, si la muerte no es final, ¿cómo habrá de impactar tal punto de vista a nuestro sentido del mal y del dolor? Tal postura, si bien no reduce el problema actual, le da cierta perspectiva.

El Problema Razonado en la Mente del Consejero

Razonando "desde abajo", los pensadores se dan a argumentos silogísticos tales como: (1) La existencia de un Dios omnisciente, bueno y todopoderoso, no permitiría el mal sin sentido; (2) el mal sin sentido existe; (3) por lo tanto, Dios no existe. Sin embargo, el razonamiento puede ser postulado desde otro ángulo: (1) Un Dios omnisciente, bueno y todopoderoso no permitiría la existencia del mal sin sentido; (2) Dios existe. (3) Por lo tanto el mal sin sentido no existe.

Los consejeros de hoy no escapan a la pregunta teodicea: *Si Dios es bueno, justo y todopoderoso, ¿Por qué debemos sufrir?* La publicación de Leibnitz en el siglo XVIII, *Ensayo de Teodicea: Acerca de la Bondad de Dios, la Libertad del Hombre, y el Origen del Mal*, propulsó a los atentados filosóficos tratando de justificar la bondad de Dios y el origen del mal. El término ha llegado a ser sinónimo de la teología natural, la cual trata de probar o "justificar" a Dios y al sufrimiento humano en maneras filosóficas, basadas en la razón. Para los que quisieran entrar en el campo del pensamiento teológico, Werner (2008) ha tratado con la material en su obra *El Sentido Crucificado: Una Teodicea Trinitaria*; Moltman ha provisto su obra *El Dios Crucificado: La Cruz de Cristo Como Base y Critica de la Teología Cristiana*. Haffemann (2011) ha provisto contribuciones exegéticas y teológicas valiosas en cuanto al tema del sufrimiento, expuesto en la 2a. carta a los Corintios. El autor ha presentado sus ponencias sobre el tema "Sufrimiento, Sanidad, Esperanza, y Salud" (Universidad de Harvard, Veritas Forum, 1994), cuya temática se considera en estas páginas.

Wilbert Fordyce (1988) profesor de la Universidad de Washington ha dedicado muchos años a la labor de investigar el problema del dolor, definido como una experiencia distinta al sufrimiento. El problema y la sensación del dolor son asociados al cuerpo humano —a su fisiología, su neurología, y sus sensaciones o percepciones nocivas, registradas en el cerebro. Por "nocivas" entendemos que el cerebro registra sensaciones mecánicas, térmicas, o químicas traducidas a señales provistas al sistema nervioso central a través de los impulsos neurales, los cuales comunican la información, la traducen al cerebro, suscitando, provocando reacciones filtradas a través de procesos cognitivos, emotivos, y conductivos. Tales estímulos negativos son considerados en forma automática, y provistos de un sentido pesaroso, experimentados como eventos aberrantes acompañados de malestar y sufrimiento. El dolor es una sensación que se emerge de la estimulación provocada por algo nocivo (aunque existen los dolores de extremidades fantasmas, que se dan en el caso de tener un pié amputado y aún así registrar en el cerebro un "dolor en los dedos" que no existen). También puede haber un registro nocivo sin manifestar reacciones al mismo, como en el caso de un soldado siendo herido en batalla y no registrar su dolor al estar suma y plenamente concentrado en la lucha, y pelear por espacio de horas hasta que está fuera de peligro, para luego experimentarlo. La conexión entre el registro nocivo y el dolor no es fácil de explicar.

El sufrimiento, a diferencia del dolor físico, puede ser definido como una respuesta emocional o afectiva que es registrada por la persona con su sistema nervioso central y procesada cognitiva y emocionalmente, resultando en una sensación de malestar emocional. El sufrimiento emerge como una sensación, una experiencia existencial, o un estado de ánimo caracterizado por una postura de abatimiento, desazón, perturbación, o angustia. Es activado por eventos nocivos o desafiantes –tal como el perder a un ser querido, el estar atrapado en una situación pesarosa, o vivir bajo circunstancias deplorables. La persona que sufre, experimenta un estado existencial de angustia, de estrés severo, asociado con eventos negativos (actuales o traídos del pasado a la memoria, o anticipados de antemano al considerar un futuro incierto, negativo, o destructivo), los cuales desafían la integridad de su ser. El sufrimiento emocional también puede ser asociado o acoplado al dolor físico experimentado y provisto de un significado negativo. Es importante considerar las percepciones y las atribuciones de la persona que sufre, ya que en realidad, no son las cosas en sí las que turban al ser, sino el significado que la persona les adjudica. La duración de tal fenómeno es asociada al lapso de tiempo en el cual su condición perdura (una crisis, un problema, o algo crónico), su estado emocional o su condición existencial, caracterizada por la anticipación de libertad y paz emocional, o de un desenlace favorable de tal condición, dando fin de su apremio. La conducta (externa, obvia) asociada al dolor o al sufrimiento es de notarse, ya que diferentes individuos y diferentes culturas expresan su dolor o sufrimiento en maneras diferentes, variadas, e idiosincráticas.

Es importante diferenciar las expresiones semánticas: ¿*Tiene dolor o sufre* esta persona? En tal caso, la persona expresa su dolor o sufrimiento como "algo" (una posesión que se le ha agregado o que ha adquirido como una pertenencia. Por otra parte, *¿Es esta persona* sufrida, doliente? En tal caso, la persona personase considera definida como tal en su ser ontológico, se ve como alguien que manifiesta rasgos de dolor o sufrimiento como una característica de su estado emocional. Tal vez las distinciones se notan más acentuadamente en casos críticos (pasajeros, breves) comparados a casos crónicos, en los cuales el dolor o el sufrimiento han llegado a ser ente parte intrínseco del ser, manifestado en sus actitudes, posturas, y su repertorio rutinal.

Berne (1964) ha dividido a las personas que sufren en tres categorías: (1) la persona que no elige ni desea tal experiencia, sino que la rechaza o la considera en forma inadvertida o menguada; tal persona puede elegir el tomar ventajas de la consolación ofrecida por las personas a su alrededor, a la conmiseración social natural que acompaña a su sufrimiento, o rechazar tales esfuerzos dedicados hacia su persona; (2) la persona, aún cuando rechaza su dolor, o trata de menguar su sufrimiento, emplea las demostraciones sociales y la conmiseración a su favor, en forma apreciativa, sea tenue o vehemente; (3) la persona utiliza su dolor o sufrimiento en forma tal que elige deliberadamente su conducta para ganarse la conmiseración de las personas a su alrededor.

La psicóloga Karen Horney ha denominado a las categorías 2 y 3 como siendo manifestaciones de "sufrimiento neurótico". En tales casos, pareciera ser que hay ciertas "ganancias secundarias" acopladas al sufrimiento experimentado por la persona. La atención a su persona y sus necesidades, el esmero demostrado hacia su ser y su condición, la suministración de bienes y servicios, el proporcionar de ciertos privilegios, etc. pueden acompañar al sufrimiento como medios de atención personal. En tales casos, el sufrimiento sirve ciertos propósitos: El de centrar la atención a su persona, el controlar la conducta de las personas en su sistema a través de su condición, el conseguir más afecto o amor, el buscar una revancha mórbida, el manipular con complejos de culpabilidad a personas a su alrededor, etc.

Adler (1920) propuso la noción que el ser humano no puede pensar, sentir o actuar sin tener un propósito en mente, aún cuando la conducta, el sentir y los pensamientos desplegados en las consideradas "ganancias secundaria" acopladas al sufrimiento no necesariamente obedecen a su escrutinio consciente.

En todo caso, la conducta desplegada en las respuestas de la persona que sufre pueden asesorarse, ya que representan cierta forma de comunicación social o interpersonal. El significado de tales observaciones es un desafío particular en cada caso, y el consejero hará bien en no pre-juzgar o estereotipar a las personas en su expresiones, sino mas bien atender a sus necesidades con la intención de ayudarles a ser libres, y a funcionar en maneras más adecuadas. Un axioma que surge de las consideraciones empíricas es: Aquellos que tienen algo mejor en mente a ser conseguido, o poseen un mejor significado en la vida, tienden a sufrir menos, o a menguar/mitigar su sufrimiento, en vista a algo más trascendental. Pueden escapar de la vanidad con una percepción trascendental, sin negar la realidad que los acosa. Su fe "vence" a su vicisitudes en alguna manera. Estas expresiones aparecen como postulados en la "ley" de Fordyce (1988). Un hispano diría, "Sarna con gusto no pica", o "No hay mal que dure cien años, ni pobre que lo aguante", y en algunos casos resignados, "Que será, será".

En resumidas cuentas, el sufrimiento puede proceder (1) de los aspectos físicos (de las aberraciones, distorsiones, heridas, golpes, accidentes, etc. que atañen al cuerpo) –definido como dolor; o (2) de los psicológicos, emocionales (tales como la depresión, la ansiedad, el pánico, experiencias de abuso sexual, etc.); (3) de los aspectos sociales (rupturas en relaciones, divorcio, muerte de seres queridos, etc.) y (4) de los aspectos espirituales (perfeccionismo, culpabilidad, temor a haber perdido su estado ante Dios, etc.). Tanto el dolor el sufrimiento a menudo van acompañados de cuestiones, conjeturas y alegaciones prevenientes de la filosofía o teología de la persona.

El Problema Enmarcado en Teología Pastoral

Hay corrientes teológicas que tratan con el sufrimiento como parte del plan y diseño divinos. El reformador Martín Lutero (1957) trató el problema del sufrimiento como "la teología de la cruz", explicando la forma en la que Dios cuida al ser humano y tiene su mejor intención en vista a la eternidad. Lutero animó a los pastores a que sigan el ejemplo de Jesucristo como varón de dolores y experimentado en quebranto. En su estimación, merece ser llamado teólogo aquel que comprende lo visible y manifiesto de las cosas de Dios a través del sufrimiento y de la cruz, y hace énfasis en el deseo de Dios: de ser reconocido como su hijo/a en el sufrimiento. Otras teologías tratan de enmarcar tal problema dentro de sus moldes positivistas y triunfalistas. Las teologías estoicas-triunfalistas que prácticamente parecieran negar la existencia del mal y del sufrimiento, o las reacciones naturales del ser que sufre, se asemejan a los postulados estoicos antiguos de Marco Aurelio, o al pensamiento de Mary Baker Eddie, la fundadora de la "ciencia cristiana", en la cual el dolor y el sufrimiento son considerados como "errores de la mente mortal y negativa". En tal sistema, el despejar la mente de sus atribuciones negativas, y actuar estoicamente por sobre tales sensaciones y pensamientos, produce la libertad en la persona.

Entre los cristianos que abogan el evangelio de la prosperidad y el triunfalismo, los silogismos idiosincráticos abundan. La dificultad con los tales estriba en que, en realidad, contienen elementos de la verdad, pero distorsionan a la misma con ciertas desviaciones: (1)

Dios es bueno y poderoso y ha provisto redención y sanidad en la cruz. (2) Cristo llevó los pecados y las enfermedades en la cruz. (3) Por sus heridas y su sangre hemos sido sanados y liberados del pecado. (4) De modo que no hay lugar para el sufrimiento (y si se sigue tal lógica, (5) la persona liberada ya no se debería pecar más). El énfasis parcial basado en la 3ª carta de Juan, y tomado fuera de contexto, alega que Dios desea el bien y la prosperidad general de todo creyente. Tal hermenéutica considera a todo creyente como si fuese el amado Gayo, sin tomar en cuenta el contexto de tal persona como un destinatario de la carta, ni tampoco el sentido teológico de tal deseo juanino.

En tal evangelio, se anima al creyente a desechar al sufrimiento como si éste fuera un ente debido al conjunto de mentiras propuestas por Satanás, y a creer y actualizar su salud y sanidad, enmarcados en una escatología realizada. Además, como un libro popular lo encapsuló, se les anima a orar como Jabez lo hizo (1 Cr 4:9-10). A manera de fórmula, popularizada por Wilkinson (2000), quien enfatizó en forma categórica que si tal oración se realiza diariamente ante Dios, se obtendrán los resultados prometidos –prosperidad, ensanche de territorio, y toda cosa buena. Si la fórmula (la oración definida como una especie de mantra) trabaja o no, es cuestión de conjeturas; por lo menos el autor de tal libro ensanchó su territorio, al vender nueve millones de copias. Además, un buen número de objetos comerciales surgieron en los negocios cristianos, relacionados a tal tema, promulgando la onda positivista y triunfalista del evangelio de la prosperidad.

Tal vez, muchos evangélicos triunfalistas no toman el problema del sufrimiento seriamente, al predicar y enseñar una escatología realizada, sin dejar lugar a las posibles alternativas que caben dentro del designio soberano de Dios. Lo cierto es que Jesús sanó y libertó a las personas de sus males y demonios. No se puede negar el poder de Dios para sanar a os enfermos o liberar a los oprimidos. Sin embargo, aún en el tiempo de Jesús, muchas personas permanecieron en sus enfermedades y debieron afrontar sus luchas. El apóstol Pablo aparentemente sufrió en su propio cuerpo, a juzgar por su alusión hecha al respecto en su carta a los Gálatas (4:15; 6:11); también recomendó a su discípulo Timoteo a tomar un remedio popular (controversial para muchos creyentes) a causa de sus continuas enfermedades estomacales. El problema se da cuando se toman pasajes o versos para totalizar, generalizar, pronunciar axiomáticamente que toda persona que tiene fe, debería ser sana y exenta del mal. Tales axiomas marginan a multitudes de creyentes quienes, a pesar de su fe sincera, de su consagración abnegada, de su madurez, y dedicación, sufren o se enferman.

Principios Teológicos a Ser Tenidos en Mente al Aconsejar

El mal, el dolor, y el sufrimiento son realidades innegables. El sufrimiento, en sus causas finales, obedece a ciertas razones. Desde nuestra perspectiva, no siempre entendemos o descubrimos tales razones. Habrá ocasiones que obviamente permiten cierta conexión entre causas y efectos. Sin embargo, muchas veces tales conexiones escapan a nuestro escrutinio. Pasajes de las Escrituras tales como Juan 9 presentan expresiones difíciles de esclarecer. Ante el desafío de tener a su vista a un hombre ciego desde su nacimiento, varias personas le preguntaron a Jesús, "Por qué este hombre ha nacido ciego? ¿"Quién pecó, él o sus padres?" El razonamiento implícito es expresado, con las premisas lineares sobre las cuales se basaban sus nociones, buscando la causa de su mal –el efecto del pecado de alguien. La respuesta de Jesús los dejó pensativos, o aún atónitos: En ese caso, nadie pecó como para tener tal resultado. Ni el ciego ni sus padres. En su manera singular, Jesús dio una respuesta un poco difícil de aceptar: El hombre nació ciego para que la gloria de Dios sea manifestada! Es decir, no hubo una relación directa, de causa y efecto entre el pecado y la enfermedad.

La lógica lineal, silogística, tratando de cotejar la realidad con moldes teológicos predeterminados y de procesar en serie, no se aplicó en tal caso. Como también, no se aplica en muchos casos comunes y corrientes de nuestros días. Es bueno reconocer que Jesús dio una respuesta contundente y certera. Jesús tiene acceso a todo el conocimiento, el entendimiento, y la sabiduría habida y por haber, y asesora la realidad desde todo ángulo. Tiene a su disposición todas las variables, sean temporales, espaciales, o causativas. Tiene en su mente el diseño divino en el cual la persona es pre-formada, formada, vista como deformada por el pecado, renacida y reformada, transformada en su ser, y llegando a ser conformada a la Imagen de Dios. La persona es además informada suficientemente como para afianzar su fe y vivir sobre tal base: Sabe algo —lo suficiente y necesario— acerca del propósito eterno de Dios y su glorificación, a través de todas las cosas y circunstancias. Sin embargo, existe una gran diferencia entre Jesús y el mejor de sus seguidores: Nosotros *no tenemos acceso a todas las variables* como para pronunciar un juicio cabal acerca de la etiología del sufrimiento. Vemos y conocemos en parte, entendemos hasta cierto punto, y nuestra sabiduría tiene límites. Tales factores no se aplican a Jesus, quien dijo, "Yo *soy* la verdad".

Los que aconsejan, pueden tomar nota de tales dilemas. La costumbre humana, aún ilustrada con las Escrituras, es la de culpar a algo o a alguien sin tener un entendimiento cabal de todas las variables que entran en la ecuación del sufrimiento. Si el consejero es muy ávido en su efusividad, y se da a la búsqueda de una conexión directa entre el pecado y el sufrimiento, tal vez encajone o encierre a muchas personas en sus moldes prefabricados. Si bien es cierto que muchas veces el pecado acarrea el mal y la enfermedad, no siempre tal relación puede ser establecida. El consejero que ayuda a las personas que sufren, puede asesorar las explicaciones tácitas presentes en la persona, proporcionadas por la misma en el asesoramiento, y al mismo tiempo permanecer en plena consciencia, metacognitivamente apercibido acerca de sus propias ponencias. Tal vez pueda considerar que el ser humano sufre porque:

- El pecado o los yerros acarrean el mal (como en el caso de Judas)
- La maldad o crueldad de otras personas lo afligen a uno (Jer 12:1; Job 21:7; Ec 4:1-3; 5:8-10)
- Las consecuencias del pecado de sus progenitores o antepasados acarrea ciertas consecuencias que predisponen a la persona a sufrir (como en el caso de los descendientes de David, que sufrieron a causa de sus errores)
- Uno está expuesto a la intemperie, a los "actos de Dios" en el orden natural, como en el caso de una docena y media de personas sobre las cuales la torre de Siloé les cayó encima y los mató (Lc 13:1-5)
- Uno sufre porque de alguna manera, Satanás se ha entrometido en las peripecias (como en caso de Pablo, al cual un mensajero de Satanás afligía)
- Se sufren las consecuencias de ciertas malas decisiones tomadas, o de una mayordomía pobre en el manejo de su vida (como en el caso de Lot, que afligía su alma por haber elegido el ir a Sodoma)
- Resulta del permiso otorgado por Dios —en su soberana voluntad y en sus designios inescrutables— con el resultado del ser humano tener que atravesar por circunstancias penosas (como en el caso de Job, al cual Dios puso como ejemplo de

integridad, y dejó a la merced del diablo para que lo aflija; o en el caso de Pedro, a quien Satanás quiso zarandear con el permiso de Jesucristo).

Las posibles respuestas por parte de la persona que sufre se ubican en ciertas categorías, basadas en: (1) el ateísmo, considerando al ser en el cosmos como un ente mecánico y adaptivo-evolutivo, siguiendo leyes termodinámicas impredecibles, sujeto al azar; (2) un compromiso entre el sufrimiento y el mal por un lado, y la omnipotencia y la benevolencia de Dios por el otro; (3) el deísmo, considerando a Dios como el que originó la realidad del mundo creado, le dio su ímpetu, y lo dejó a su destino, pero quien ahora es remotamente trascendente, o aún más, permanece indiferente a lo que ocurre en el mundo; (4) existe una coexistencia entre el bien y el mal cósmicos, manifestada en la realidad global, y en la experiencia personal del ser humano (maniqueísmo). De acuerdo al nivel explicativo, las personas derivan sus respuestas al sufrimiento experimentado.

Las maneras más personales de responder al sufrimiento parecieran seguir ciertas líneas, de acuerdo a las interpretaciones idiosincráticas del que sufre:

- *"Dios me está castigando por algún pecado que he cometido"*
- *"Estoy siendo perseguido por causa de la justicia"*
- *"Estoy pagando las consecuencias de mis antepasados.... "*
- *"Satanás está detrás de mí, y quiere desviarme de mi cometido, o destruirme"*
- *"Tal vez Dios me está probando, y quiere labrar mi carácter"*
- *"En este mundo uno sufre las consecuencias del mal, dentro de un cosmos sujeto a Satanás"*
- *"Este sufrimiento es una oportunidad para mostrar mi entereza"*
- *Etc.*

En todo caso, al entrar en el campo de esta problemática, se asesoran las actitudes de la persona hacia el sufrimiento. La persona puede (1) manifestar una pose existencial, bajo el *angst* de la vida; (2) pelear o protestar, a manera del judío quien, levanta su mano al cielo con su puño cerrado, y la agita en protesta a Dios, por permitir el sufrimiento en su vida o su pueble; (3) rezongar al estar compenetrado en el idealismo mental que considera la existencia de un mundo libre de problemas, y realizar que las catástrofes ocurren, y que desafían a su utopía, o a su escatología realizada, en la cual el sufrimiento es una cosa fuera de lugar; (4) manifestar cierto estoicismo, en el cual se aguanta sin rezongar, considerando que, después de todo, el destino inexorable impera, y que si uno logra suprimir el dolor o el mal, tales entes no existen, o por lo menos no merecen ninguna respuesta por su parte; (5) manifestar un determinismo en el cual, lo que será, será, y será lo que debe ser.

La respuesta Cristiana postula la presencia divina de Aquel que participó de nuestras peripecias y ha sido definido como un varón de dolores y experimentado en quebranto (Isaías 53). También se aferra de la promesa de la redención final del sufrimiento, de la convicción de la victoria de Cristo sobre el mal, sobre Satanás, y la muerte (1 Co 15:55-56). El cristiano es invitado a participar en el sufrimiento de Cristo, como un agente de transformación (Ap 21:4), en comunión con la multitud que espera la consumación y la redención final de la humanidad quebrantada. El consejero apela al entendimiento de la soberanía de Dios, sin rebajar la responsabilidad humana en hacer algo para contrarrestar el sufrimiento. El vivir con un sentido de responsabilidad es esencial, dándose a la oración de fe, y al estudio de la Palabra, en comunidad, y esperando en Dios y su intervención poderosa (Ro 5:1-5).

El cristiano pensador, al enfrentar el sufrimiento humano, percibe las discrepancias entre la cultura hedonista del cosmos, la cual trata de desechar al no entender el propósito del sufrimiento, y no vacila incluso en optar por soluciones radicales a sus dilemas (por ejemplo, el acudir al aborto, al suicidio, o a la eutanasia como remedios al posible sufrimiento que estos conllevan) con tal de librarse de él. Desde la perspectiva teológica, el sufrimiento es parte intrínseca de la existencia del ser humano, y cualquier atentado de actualización humana debe incluir tal variable en su ecuación. Es a pesar de tal sufrimiento que el ser humano es llamado a vivir por fe, a afrontar sus vicisitudes y a superarlas. El poder de Dios se perfecciona en su debilidad (2 Corintios 4). La persona que aconseja en casos de dolor y sufrimiento, debe mostrar empatía y solidaridad con los damnificados que acuden a pedir consejo.

La redención humana se obtuvo mediante la persona y la obra del varón de dolores, experimentado en quebranto; es a través de la Cruz de Cristo que el sufrimiento ha adquirido su valor supremo, siendo adjudicado un valor redentor. El ser definido por Dios, reformado, y transformado, es conformado a la imagen de Cristo en su sufrimiento, siendo partícipe del sufrimiento redentor en su bautismo –muriendo al pecado, y resucitando a una mejor vida. El verse en Cristo hace que todas las conjeturas y dudas hallen su significado eterno; el cuestionar a Dios sus propósitos al tratar de vislumbrar una respuesta contundente al sufrimiento, con frecuencia lleva a la frustración, a los conflictos mentales, y a menudo a la *apóstasis* –al alejamiento de Dios y la ruptura de su relación *extática* con el Creador.

El sufrimiento a menudo es inescrutable. Sin embargo, no es insensato sino que tiene un significado final, trascendental (en la eternidad). El sufrimiento apunta a realidades más allá del la vida desarrollada debajo del sol. La promesa de Dios es que el justo no sufrirá para siempre. Por otra parte, el pecador irredento y culpable no siempre prosperará. Dios será Dios –justo, y bueno. El significado del sufrimiento será expuesto a la luz por la grandeza de la gloria de Dios en la eternidad. Es digno de notar que los que sufren, al estar atrapados en su dolor, a menudo no son confortados con la apelación escritural al futuro distante, especialmente cuando pasan por pruebas difíciles en el presente. El afán de tener un alivio inmediato pareciera naturalmente cegar a la persona acerca de las posibilidades futuras. O aún más, con justificación proverbial, no desean que se les instigue a alabar, o a dar gracias en sus aflicciones, ya que tal consejo es irritable, y poco provechoso a su entender. Sin embargo, si se les muestra empatía, paciencia, solidaridad, y apoyo, pueden ser capaces de mitigar, ser metacognitivamente animados a modular y regular hasta cierto punto sus frustraciones y sus congojas, y vislumbrar al Dios sostenedor a través de tales peripecias. A su debido tiempo, pueden llegar a ser capaces de aprovechar el conforte que se les brinda al traer sensitivamente tales promesas bíblicas.

Repetimos, al sufrir en el aquí y ahora, el ser humano trata de encontrar significado, y recurre a las diversas maneras explicativas de la cuestión teodicea. Como se ha recalcado en esta obra, los amigos de Job (aún cuando el patriarca se creía justo) lo "consolaron" con sus conjeturas; lo definieron y catalogaron, diciéndole que su sufrimiento debe haber sido el resultado de haber cometido algún pecado grave, apelando a la ley de la siembra y la cosecha (Job 4:8). Cuando su vida se tornó sombría, miserable, y depresiva, sus amigos analizaron su situación con sus moldes atributivos: Bildad declaró, "Sufres a causa de tu pecado (capítulos 8,18, y 25). También lo hizo Zofar (capítulos 11 y 20); y Eliafaz (capítulos 15y 22). Su propia esposa, le recomendó que abandone a Dios, quien le trajo tanto sufrimiento ("Maldice a Dios y muére*te*"). Eliú, al ver la resistencia de Job y su justificación propia, apeló a preguntas confrontadoras: "Quien eres tú, Job? "Dependes de Dios o de tu propia justicia?" (Capítulos 32 al 37).

En su dolor, aumentado por las conjeturas y los pronunciamientos de sus amigos, Job desechó sus percepciones y atribuciones, y proclamó la majestad de Dios (capítulo 37). Finalmente, Dios tomó la palabra (38:1-11 y 40:1-8). Dios aparece en el sufrimiento, y como resultado, Job responde con su silencio, para luego confesar su fe, y su dependencia de la soberanía de Dios. El narrativo declara que en realidad, Job era justo, más que sus contemporáneos, y que en medio de su sufrimiento, era un ser inocente. El narrativo, en lugar de dar explicaciones, presenta el cuadro de un ser humano al cual le tocó asumir una postura de paciencia ante el sufrimiento, como parte del misterio de su existencia —misterio que solo alcanzará su apoteosis a su tiempo, en el Cristo crucificado. Finalmente, el misterio será declarado en la consumación de todas las cosas, en el Reino venidero. La persona de Job ofrece el prototipo del sufrimiento significativo, a pesar de las circunstancias por las cuales el ser atraviesa. Job soportó dolor y la desfiguración; retuvo su integridad, y afirmó su completa confianza en Dios, diciendo: *"Yo sé que mi Redentor vive, y al fin se levantará sobre el polvo; y después de deshecha esta mi piel, en mi carne he de ver a Dios"* (Job 19:25, 26).

Mucho del sufrimiento humano es acoplado o relacionado a la culpabilidad humana, a sus yerros, a sus extravíos, y a sus malas decisiones. El transgredir la ley de Dios, o el errar al blanco (ambas son definiciones del pecado) acarrean consecuencias negativas. Sin embargo, no todo el sufrir humano es definido como castigo divino. En el caso de Job, el sufrimiento es acoplado a la intención de probar su fe, y su entereza ante su acusador, Satanás. Tal narrativo ejemplifica la justicia relativa de su carácter y conducta, en relación a sus contemporáneos, como así también su fidelidad Dios a pesar del torniquete de las peripecias estrujantes por las cuales atravesó. Teológicamente hablando, el sufrimiento tiene un sentido pedagógico o educativo, exponiendo a Job como ejemplo escritural de paciencia y fe. Además, las correcciones divinas aparecen en la existencia humana para fomentar las oportunidades de mostrar misericordia, empatía, y solidaridad entre seres semejantes, y dar acceso a la misericordia de Dios, su capacidad de reestructurar, purificar, y reconstruir un bien destruido por el pecado y sus consecuencias.

Como "varón de dolores" y "experimentado en quebranto" (Is 53:3) Jesucristo experimentó el sufrimiento desde la temprana edad (Lc 2:7; Mt 2:13); su solidaridad con el ser humano es demostrada al atender el sufrimiento de los enfermos, al proveer pan a los hambrientos, al calmar las olas y las turbulencias, a mitigar el estrés de los discípulos, al atender a sus ansiedades, liberando de la opresión demoniaca, etc. En la culminación de su vida, su mayor dolor agónico es registrado en el huerto de Getsemaní (Mt 26: 39-42), culminando en ser abandonado en la cruz, e identificado con el pecado humano (Jn 19:23-30).

El sufrimiento cobra sentido cuando consideramos al prototipo de la fe, y vemos a Aquel que, como ya hemos citado, fue *"despreciado y desechado entre los hombres, varón de dolores, experimentado en quebranto"* y que *"ciertamente llevó él nuestras enfermedades, y sufrió nuestros dolores"* (Isaías 53:3, 4). La pasión de Jesús nos asegura que Él se identifica con nuestros sufrimientos, y que su fidelidad nos preservará durante las inevitables pruebas dolorosas. El "perfeccionado" del Hijo es acoplado a sus sufrimientos en la epístola a los Hebreos, de manera que el labrado de carácter de los demás hijos de Dios, necesariamente involucra cierto sufrir. En la cruz, Dios ha tratado al mal, al sufrimiento, y al dolor en forma seria y contundente. Se ha identificado con las víctimas y con los dolientes al enviar a Jesucristo encarnado. El Hijo ha tomado el castigo por el pecado en nuestro lugar, y como consecuencia de su sacrificio expiatorio, nos otorga su justicia por gracia. Las ramificaciones legales (imputación de justicia por la fe) no excluyen un significado más amplio, un misterio en el cual Dios redimirá al ser del sufrimiento al final, sobrepujando al mismo con cierta gloria eterna.

La teología paulina nos recuerda que si bien participamos con Cristo en sus sufrimientos (Col 1:24), también participaremos en su resurrección (Ro 8:17). El apóstol Pedro alude al mismo principio (1 P 4:13). Pablo hace alusiones a las peripecias y pruebas a las cuales ha sido sujeto (2 Co 4:6-17), para concluir con su esperanza, que la tribulación presente (definida como siendo leve) es correspondida con un eterno peso de gloria a ser manifestada (2 Co 4:17). De manera que, en forma desafiante, llega a la conclusión de gloriarse en su debilidad (2 Co 12:9).

Conclusión

El consejero debe enfrentar la realidad del sufrimiento seriamente, sin tratar de escudar o proteger a las personas quienes necesitan aceptar tal realidad de su condición existencial. Con tal salvaguarda, el consejero se entrega a buscar maneras y estilos de ayudar a las personas que sufren como un aspecto regular del ministerio. También, en lo referente a las desigualdades, desavenencias, abusos, negligencia, u otros factores que contribuyen al sufrimiento experimentado en los tratos entre parejas y familias, tratará de involucrarse en asuntos y procesos que promuevan la justicia, la equidad, el respeto, y la libertad emocional de las personas. En los tratos entre seres humanos (sea en el matrimonio, la familia, las amistades, o en la sociedad) en los cuales los abusos o las injusticias son experimentadas en los contratos, los pactos, o los arreglos entre personas que vienen a buscar su ayuda, y que residen dentro de su esfera de acción, la persona que aconseja debe tener en mente la justicia, no solo el amor de Dios. También, debe estar presente y preparado para lidiar con situaciones pesarosas y cruciales en las cuales se afirma la vida —situaciones de vida o muerte, de atentados al suicidio, de homicidio, o en consideraciones difíciles en las cuales se consideran asuntos relacionados a la eutanasia; o en situaciones que involucran consideraciones abortivas, o cualquier situación urgente que demande decisiones acerca del valer y del significado de la vida, supeditada bajo la autoridad de Dios.

La persona que aconseja, como veremos en los capítulos subsiguientes, no trata de altercar ni debatir teología con las personas que sufren. Al tratar de ayudar a personas en duelo, en situaciones críticas, pesarosas, o crónicas, no hará alarde de sus conocimientos, sino que respetará el proceso en el cual se debe adoptar una postura de silencio para poder escuchar, comprender a la persona y su situación, y anhelar ser una persona cuya presencia es sanadora. Tal actitud y postura deben considerarse como el preámbulo a sus actividades consejeras. Luego, partiendo desde su conocimiento escritural, su entendimiento teológico, y su sabiduría espiritual, podrá dar alicientes y proveer consejos basados en los principios extraídos, interpretados, y dignos de ser aplicados en tales situaciones. El sufrir con los que sufren y el llorar con los que lloran, son aspectos asiduos en el trabajo de consejería. El unirse a las oraciones, intercesiones, y peticiones ante Dios a favor de tales personas, es parte de las labores cotidianas en el ministerio de ayuda compenetrada en las afirmaciones de fe y de esperanza.

Capítulo 11

Trastornos Emocionales y Espirituales

Muchas veces la pregunta surge, ¿Por qué sufrimos, si tenemos la Palabra de Dios, sus promesas, el Espíritu Santo y la iglesia como proveedores de salud? La pregunta clásica también reaparece a menudo: Si Dios es bueno y todopoderoso, ¿Por qué existe el mal y el sufrimiento? Si Dios es bueno, ¿por qué no ayuda? Y si es todopoderoso, ¿por qué no destruye el mal, el dolor y el sufrimiento de una vez? Tales preguntas han sido objeto de desafío a la fe cristiana, especialmente atacada por personas agnósticas o ateas. Las consideraciones acerca del mal, la psicopatología y el pecado, son materia de otro capítulo.

Hemos considerado la relación entre el pecado y la psicopatología, con sus complejidades y pormenores. En este capítulo enfocamos sobre la gama de trastornos emocionales y espirituales que se presentan en las situaciones de consejería que desafían a los proveedores de consejo. El desarrollo humano ha sido enfatizado con alegaciones en cuanto a las bases a ser tomadas en cuenta en la formulación de problemas y la búsqueda de soluciones. Agregamos aquí los conceptos que permiten ver al ser humano como poseyendo características o relacionándose en maneras espirituales, con conciencia de relación a Dios, a sus semejantes y a sí mismo.

Las Distorsiones del Ser y la Psicopatología

No podemos fallar en reconocer que en su estado natural, encontramos al ser que ha caído, y que su éxtasis se convirtió en apóstasis (movimiento negativo, de alejamiento del objeto de amor). Desde ese ángulo, el ser puede tener "personalidad" y un "estado de ser ontológico" que, sin la gracia (la redención y la restauración de las intenciones originales), sufre división, y experimenta el aislamiento, el individualismo, el egoísmo y la patología que conduce a las rupturas en relaciones humanas. La individualización de la personalidad, con aberraciones narcisistas, egoístas, y con distorsiones neuróticas y psicóticas, puede ser vistas a la luz del desvío o deformación de la intención ontológica original. Tales aberraciones dan testimonio a lo que tanto la apóstasis individualizada como también el alejamiento y división presentes en el conglomerado humano con un momento de inercia generado a través de las edades, influyen en las distorsiones presentes en la *imago Dei* trazables en la naturaleza humana. Al rechazar o disminuir la capacidad relacional con Dios, el ser se expone a las aberraciones de vivir esclavo de su naturaleza y sufrir consecuencias patológicas. Al estar fuera de contacto con su verdadera naturaleza, el ser humano vive en ansiedad, en angst. El sentido de "ansiedad ontológica" al cual el psicólogo May y el teólogo Tillich se refieren, puede ser visto como un sentir básico, "vertical" y experimentado cuando las personas se encuentran contra las situaciones límites en sus vidas. Tal es la ansiedad nacida de la culpabilidad de ser humanos, y del sentido de insignificancia o carencia de sentido en el vivir.

Por otra parte, hay una especie de ansiedad "horizontal" que se experimenta neuróticamente en relación hacia otras personas, notando las inseguridades en relación a otros y al mundo. Karen Horney postuló las neurosis como provenientes de las rupturas relacionales entre seres humanos, con el rechazamiento, alejamiento o distanciamiento entre personas como bases de conflictos. La falta de aceptación, la inseguridad, el miedo a la separación de objetos, personas, salud, riquezas, significado, etc. son manifestaciones de tal ansiedad horizontal.

Las distorsiones neuróticas pueden ser vistas en los estilos empleados en "llegar a ser" lo que uno piensa que debe o puede ser. El lector puede cotejar la obra de Shapiro (1965), *Neurotic Styles*, en la cual la nomenclatura utilizada en años pasados con respecto a los estilos neuróticos es elaborada. Tales estilos se manifiestan en los atentados de controlar o predecir el ambiente que lo rodea a uno y en las respuestas a los desafíos a su ser. Los atentados para aliviar la ansiedad y el temor máximo (a no ser, o ser extinguidos) o para establecer un equilibrio con el cosmos, son distorsionados al punto de resguardar al ser a través de defensas, hábitos, obsesiones, compulsiones u otras manifestaciones aberrantes del ser en pugna.

A veces, el ser termina culpable, con atribuciones negativas por haber fallado en ser lo que debería haber sido en su propia manera de postularse. Otras veces, se embarga de ira, con proyecciones hacia aquellos que se inmiscuyen en su territorio cognitivo-emocional, vistas como impedimentos a su expresión o a su actualización. También se deprime, con atribuciones negativas acerca de sí mismo, del mundo considerado hostil, y del futuro incierto. Desarrolla fobias en atentados de proveerse barreras irracionales a fin de no enfrentar realidades pesarosas, penosas o peligrosas a su ser. Desarrolla obsesiones y compulsiones en su afán de tener más control sobre sus circunstancias, de atraerse paz o resolver su necesidad de perfección.

La carencia de buenas relaciones con objetos primarios, la falta de atención, de cuidado, o de afiliación tempranas, afectan la postulación del ser. Mahler (2000), en sus escritos acerca del "nacimiento del ego" ha dejado nociones del desarrollo del ser en sus primeros años, siguiendo una línea trazada desde el autismo primario (madre-infante como una unidad), luego la simbiosis (madre-infante entrelazados con ciertas áreas sobrepuestas y otras diferenciadas) y finalmente la diferenciación (el ego busca ser autónomo, aparte de su objeto de cuidado). Si en tales etapas el ser es expuesto a las aberraciones relacionales, los desórdenes de carácter y las neurosis aparecen como una posibilidad. De acuerdo al grado de aberración y a la etapa en la cual sucede, la patología puede tomar diferentes avenidas y expresarse en diversas maneras. Melanie Klein, Kohut, Fromm, Anna Freud, y muchos otros, han recalcado las relaciones humanas como primarias en el desarrollo de la salud mental y la patología. Varios de tales autores recalcan el papel central que la ansiedad de la separación del objeto de cuidado/apego juega en las distorsiones, aberraciones y patología de los seres.

En la opinión del autor, así como también lo postularon Malony y Tillich, la ansiedad neurótica se basa en la ansiedad existencial ontológica o básica, y los remedios a ser utilizados provienen en parte de las capacidades humanas de interacción social, pero más aún, desde afuera de la situación del ser. Tal solución proviene de la paz que sobrepuja el entendimiento, de la fuente de postulación ontológica humana, más allá de las relaciones interpersonales; la afirmación de seguridad trasciende también los esfuerzos del ser en controlar al mundo físico exterior. La respuesta a su angst viene *extra nous,* y puede ser apreciada por la fe. La dependencia en Dios es esencial para asegurar su ser en un terreno firme. Por más que se trate de reestructurar las relaciones y de controlar las contingencias vigentes, tales esfuerzos propios serán insuficientes para contrarrestar la ansiedad horizontal y mucho menos la vertical. Tal vez se logre cierto acomodo y ajuste, pero sin la paz y seguridad que el postulador del ser ontológico ofrece. En su sencillez, el evangelista parado sobre un cajón de manzanas, gritando en la plaza al aire libre tiene razón: Cristo es la solución total al dilema humano. Es verdaderamente penoso el declarar que el mundo sofisticado, corriendo detrás de las "cosas" y aislado del postulador de su existencia, no lo entiende así.

El ser neurótico recibe el impacto del cosmos y de acuerdo a sus estilos metacognitivos (monitoreo de peligros, aflicción anticipada, razonamiento obseso-compulsivo, etc.), atenta a procesar demasiado su experiencia sensorial, cognoscitiva, afectiva o conductiva. Cuando a tales procesos se agrega el impacto espiritual, las demandas de una vida ética, moral y espiritual supeditada a valores más absolutos y a ideales trazados por conglomerados eclesiásticos que sancionan la conducta humana, el estilo neurótico del ser se catapulta. Es notable que muy a menudo, las personas sinceras, sensibles, espirituales y con deseos de santificación, son capaces de llegar a grados de culpabilidad muy profunda, con un sentido obseso-compulsivo de auto expiación. También, con énfasis perfeccionista, el ser neurótico es fácilmente dirigido hacia el autocastigo, el negativismo hacia sus realces y alcances, con la característica de ansiedad existencial proveyendo la energía para seguir tratando de ir más allá de lo que el humano puede ser.

Por otra parte, el psicótico se resguarda de la experiencia y en forma singular falla en el procesado de la realidad. Se encierra en su solipsismo, se separa del mundo real, desarrolla su lógica idiosincrática y falla en relacionarse con otras personas en forma debida. Sullivan, quien estudió muchas familias esquizofrénicas, llegó a declarar: "La gente lo enferma a uno, y hace falta gente para sanarlo a uno".

La Categorización de los Desórdenes Mentales

Para dar un vistazo a la gama de problemas emocionales, el lector puede asesorar los centenares de etiquetados presentados por el Manual Diagnóstico y Estadístico de los Desórdenes Mentales, 5ª edición (DSM-5) o por el ICD-10 (otro manual, de carácter internacional (International Classification of Disorders). La lista es simplemente un esquema de las condiciones diagnosticadas y categorizadas en un manual. Aquí se da una reseña de los mismos:

1. *Desórdenes vistos primeramente en la infancia, niñez o adolescencia.* Esto desórdenes se manifiestan temprano en la vida, y se dejan ver en los primeros años, tales como el retardado mental, los desórdenes de aprendizaje, los desórdenes comunicativos, desintegrados (Asperger, Autismo, Rett), y los desórdenes de carencia o déficit en la atención (con o sin hiperactividad, conducta desordenada, desafiante u oposicional). También entran en esta categoría los desórdenes en el comer –la anorexia y la

bulimia; los espasmos relacionados al estrés o la ansiedad, y los desórdenes de eliminación urinal o fecal. La mudez electiva, la ansiedad de la separación, entre otros problemas, se agregan a los síndromes de esta categoría.

2. *Desórdenes de carácter demente, amnésico o de impedimentos cognitivos.* Esta clase de problemas aparece en la edad avanzada, con delirium, demencia, Alzheimer, o amnesias asociadas a condiciones traumáticas, médicas o a la intoxicación con drogas o alcohol.

3. *Desórdenes relacionados a abusos de sustancias.* Esta clase de problemas incluye la intoxicación, dependencia o adicción al alcohol o a las drogas.

4. *Desórdenes de carácter psicótico.* Esta clase de problemas incluye la esquizofrenia, los delirios, las paranoias, con aberraciones en percepciones, modulación efectiva y cognitiva, lo cual requiere atención psiquiátrica y medicamentos aparte de terapia.

5. *Desórdenes afectivos.* Esta clase de problemas incluye la depresión (unipolar y bipolar), con manifestaciones melancólicas, suicidas, distorsiones cognitivas, modos abrumados y en el caso bipolar, con manifestaciones maníacas. Tales casos también necesitan ayuda psiquiátrica y medicamentos aparte de terapias de carácter cognitivo-conductivo. Los desórdenes depresivos incluyen el síndrome afectivo estacional, una condición relacionada a la luz diurna y sus interacciones con la persona, como también otras categorías como la depresión ontológica o existencial es de interés a los creyentes, quienes a veces sufren de tal malestar debido a las cuestiones intrapsíquicas de carácter filosófico, perfeccionista, teológico y existencial en combinación.

6. *Los desórdenes de ansiedad.* Estos problemas incluyen los denominados ataques de pánico, con o sin agorafobia (miedo a lugares públicos, abiertos, de gentío o mercantiles). También entran en esta categoría las diferentes fobias sociales o simples (miedo a cruzar puentes, a las alturas, a lugares cerrados, a perros, a arañas, etc. El estrés postraumático es un problema relacionado a reacciones ansiosas conectadas con traumas de guerra, como así también traumas asociados a la vejación, a catástrofes, o a pérdidas grandes en la vida. La ansiedad generalizada es muy común entre los trastornos en esta categoría.

7. *Desórdenes somáticos.* Los problemas de hipocondrías (sensación de malestar físico con múltiples dolores corporales sin base fisiológica aparente), la conversión histérica (la traducción de síntomas emocionales hacia lo psicosomático o físico), como también aberraciones en la percepción y sensación corporal tendías por la persona que sufre, entran en esta categoría.

8. *Desórdenes desasociados.* Las amnesias, las fugas, lo anteriormente denominado "personalidad múltiple" los problemas de identidad, el sentirse despersonalizados, entran en esta categoría.

9. *Desórdenes sexuales y de género.* Los desordenes sexuales incluyen problemas en el funcionamiento general en el área, tales como el problema del deseo sexual bajo o excesivo, los problemas en completar el acto sexual (con emisión prematura o prolongada), o en lograr ser orgásmico. También se incluyen los aspectos dolorosos y los vaginismos, ambos como impedimentos al funcionamiento normal de la

persona. Problemas de potencia han sido objetos de atención entre hombres quienes sufren de tal condición debido a muchas causas fisiológicas, médicas o psicológicas. Esta clase de problemas necesita atención médica, psiquiátrica o de consejería individual y a veces de parejas.

10. *Problemas relacionados al sueño.* Estos desórdenes incluyen el insomnio, la narcolepsia (el dormirse sin querer en cualquier lugar y tiempo), las pesadillas, el terror nocturno, y el sonambulismo.

11. *Desórdenes de impulsividad.* Los problemas en controlar los impulsos, la cleptomanía, la adicción a los juegos de azar, la piromanía, entre otros, entran en esta categoría.

12. *Desórdenes de ajuste en la vida.* En esta categoría, entran las reacciones a circunstancias que llevan a la persona a experimentar desórdenes en sus pensamientos, emociones y conducta y en sus capacidades decisivas. Tales reacciones se asocian a los la necesidad de ajuste a las presiones, los cambios, las vicisitudes inesperadas, o las pérdidas de alguna clase. El ajuste reactivo puede estar asociado a la ansiedad, a la depresión, o a cambios drásticos de conducta.

13. *Desórdenes de personalidad.* Esta categoría incluye los desordenes de carácter, categorizados de diversas maneras: La personalidad puede ser paranoica, esquizoide o antisocial, al borde de ser psicótica, histriónica, narcisista, huidiza, dependiente, obseso-compulsiva o mixta. Tales rúbricas denotan ciertas estructuras subyacentes, con características agrupadas, con procesos y defensas particulares a cada nomenclatura pertinentes a los desórdenes de carácter o de personalidad. Se las coloca en otro eje o nivel acoplado a las diagnosis primarias enunciadas arriba.

La lista no es conclusiva. Simplemente, se presenta un panorama para sensibilizar la percepción del lector acerca de la gran variedad de problemas psicológicos categorizados en forma diagnóstica que se atienden en el campo de la psicología clínica y la psiquiatría, para tener bases para formular acercamientos y estrategias en el tratamiento de las mismas. Cabe decir que muchas de las categorías escapan o están afuera del marco de referencia de muchos consejeros pastorales que no tienen la preparación adecuada en la materia.

Las Causas de los Problemas

Una cosa es categorizar; otra cosa es saber de dónde viene el problema. Preguntas que comienzan con el interrogativo "¿Qué…" tienen que ver con asuntos relacionados a la objetividad, a lo que vemos empíricamente y atendemos en cuanto a la necesidad de la persona —al ver, escuchar, sondear y asesorar la condición problemática. Preguntas que empiezan con el interrogante "¿Por qué…?" o "¿Cuál es la causa? tratan con la etiología, los activadores del problema, sus bases o causas.

En manera reduccionista, muchos consejeros cristianos enfatizan que la causa de todo problema es el pecado. Si tal causa no es lo suficientemente específica, agregan a los demonios como causa directa. En sí, el errar al blanco propuesto por Dios puede constituirse en manera básica coma la premisa mayor, a la cual se agregan premisas menores para arribar a conclusiones lógicas que definen a diferentes aspectos de los yerros humanos. Sin embargo, el reduccionismo no basta ni es apropiado en el caso de definiciones más precisas y completas de la condición humana.

"Quien pecó, este o sus padres?" Tal fue la pregunta que le hicieron a Jesús los que observaron a un ciego nacido con tal condición. La respuesta de Jesús indicó que ni la persona en sí, ni sus padres fueron "la causa" de tal condición. Jesús dio a entender que existen otras alternativas explicativas que están fuera de nuestra percepción y adjudicación de significado. El narrativo bíblico también nos presenta el caso de los consejeros de Job, quienes fueron muy dados a atribuir "causas" pecaminosas a las condiciones catastróficas del sufriente, elaborando filosofías que no necesariamente fueron validadas por Dios.

Las Causas Aparentes de los Problemas:

Si bien la persona con problemas ha experimentado muchas vicisitudes a través de la vida, hay que preguntar ¿Por qué viene ahora? ¿Cuál es la causa que le obliga a pedir ayuda? Existen varias maneras de ver "causas" y de inferir que las tales "producen" los problemas. A veces es muy difícil tener una claridad total en este asunto, ya que muchas causas pueden ser subyacentes, subliminales, subconscientes o escapan al escrutinio sensible o actual. De todas maneras, se puede hablar de "causas" en el sentido de que las tales pueden ser:

Causas primarias. A veces, las causas son obviamente asesoradas, como en el caso de eventos traumáticos, catástrofes inmediatas, vicisitudes que aparecen como gatillando, empujando suscitando o dando lugar a los problemas reportados. Tales causas son básicas y aparecen a la vista sin mayores problemas. Otras causas drásticas se asocian naturalmente a ciertas expectativas que parten del ajuste a tales eventos. Por ejemplo, el divorcio de los padres o el alcoholismo en uno de los padres que puede conducir a la depresión de una persona o al abuso de un niño.

Causas biológicas-genéticas. Se consideran como primarias en el sentido de ser subyacentes a la fisiología, a los pensamientos y sentimientos, a las manifestaciones caracterológicas del ser. Las investigaciones en el campo de la bioquímica, de la neuropsicología y de la fisiología y endocrinología revelan muchas correlaciones y conexiones entre los desbalances bioquímicos (mediados a través de las neurotransmisoras como la dopamina, la serotonina, etc.) que afectan al ser en cuanto a la depresión mayor, los estados afectivos bipolares, los ataques de pánico, la ansiedad, y otras problemáticas en el campo de las enfermedades mentales. La farmacoterapia ha sido empleada en tales casos con cierta efectividad, acoplada a terapias cognitivas y conductivas.

Causas agregadas. Los agentes causativos yacen a lo largo del camino de la persona, siendo acumulados y añadiéndose para finalmente rebosar los límites de aguante, de solvencia o de capacidad de control o manejo de las circunstancias. Por ejemplo, el haber fallado en la escuela, y luego abandonado cierto oficio, no permite el desarrollo de las herramientas para mantener una buena ocupación, causando crisis económicas que luego causan problemas conyugales repetitivos.

Precipitantes evocados. A veces, la persona aguanta hasta cierto punto para luego sucumbir. Si bien la persona con múltiples causas ha solventado ciertas crisis y ha mantenido cierto control sobre las circunstancias, finalmente aparece un evento significativo que rompe el equilibrio. Cabe decir que muchas veces las predisposiciones genéticas aparecen como perturbaciones mentales en la adolescencia, en la juventud o en la vejez, de acuerdo a la evocación del potencial patológico debido a algún estrés activador. Los síndromes bipolares, la depresión, la esquizofrenia, entre otros, aparecen en esta categoría.

Ciclos repetitivos. Muchos problemas aparecen vez tras vez, porque en el sistema individual o familiar existen causas que actúan como reforzadores o activadores continuos de conductas indeseables o disfuncionales. Los hábitos malos, las maneras de retroalimentarse negativamente en forma recíproca dentro de sistemas emocionales familiares, llegan a ser causas perpetuas de crisis y problemas. Hay hogares que se acostumbran a vivir de crisis en crisis, y su nivel "normal" es lo que a ojos de otras personas es obviamente anormal. Las provocaciones, las injurias, la co-dependencia entre alcohólicos y sus familias, la negación (todos saben, pero pretenden que no pasa nada) en el caso de incestos, etc., son ejemplos de tales causas perennes.

Asuntos eclesiogénicos. A veces pareciera que dentro del ámbito eclesiástico cabe la idea que muchas desavenencias existen y que muchos problemas se agravan debido a "causas eclesiogénicas". Es decir, las aberraciones se manifiestan aún más en lugar de experimentar libertad, por diferentes razones. Entre tales razones, podemos alegar las siguientes:

- *Ideales perfeccionistas.* Si bien es cierto que cada persona apunta hacia la madurez, las personas obsesivas-compulsivas que pretenden negar su humanidad y alcanzar un grado de perfección absoluta bajo el sol en el aquí y el ahora, se frustran cuando la realidad de su imperfección los sacude de su ilusión o percepción idiosincrática. Son muy comunes los sentimientos de culpabilidad, de vergüenza y de frustración cuando tal discrepancia es aumentada. La depresión ontológica sigue tal derrotero, como así también la neurosis obseso-compulsiva con negación, supresión y racionalización como defensas.
- *Legalismo.* Las personas que viven encerradas en sus moldes rutinarios, tratando de caber dentro de la horma legalista que se les presenta, pueden experimentar ansiedad, culpabilidad y temor cuando tales esquemas no les proporcionan poder para vencer sus debilidades, sus tentaciones o inclinaciones. La libertad parece ser algo temible, y se prefiere la esclavitud a ciertas normas para tratar de conseguir cierta seguridad dentro de las mismas. Tales personas carecen de espontaneidad, de libertad, de diferenciación de su ser y de seguridad.
- *Interpretaciones particulares.* La falta de una buena exégesis, de una hermenéutica adecuada, y de homilética expositiva con bases escriturales, hace que la teología particular con énfasis dogmático, angosto y personalizado a gusto de los consumidores independientes promueva las interpretaciones aberrantes con tinte anormal. Se ha dado el caso en New Hampshire en el cual los padres de un niño lo metieron al horno para sacarle los demonios porque así lo entendieron de acuerdo a sus interpretaciones. La muerte horrible de tal criatura testifica que las interpretaciones particulares, carentes de contexto sano y equilibrador, pueden llegar a extremos funestos, psicológicamente anormales.

En ámbitos denominacionales, puede darse el caso en el cual la organización entera no crea en medios de ayuda emocional, obligando a las personas a sufrir innecesariamente, aún cuando las tales pudiesen ser beneficiadas a través de ayuda terapéutica. La educación, los medios de ayuda médica y psicológica han sido denigrados muchas veces, socializando multitudes hacia las defensas contra cualquier medios que no sea "puramente espiritual". Tales personas parecen olvidar que el Buen Samaritano no tuvo problemas en usar vino y aceite (medios comunes, ordinarios y corrientes en uso en tal época para la atención a las heridas).

Causas demoníacas. Las Escrituras registran casos en los cuales las causas de las aberraciones han sido denominadas como demoníacas. Sea posesión, sugestión, demonización, u otras definiciones del fenómeno, mucho de lo que sucede en el cosmos es visto como la acción enemiga de huestes espirituales al mando satánico. Desde el primer siglo, la iglesia ha apelado al recurso del exorcismo para lidiar con tales experiencias. Hoy día, la iglesia está dividida en cuanto a las definiciones y la práctica de tal acercamiento. Los que trabajan en el campo misionero como así también los ministros de estirpe carismática, no dudan que muchas disfunciones se deben a estas causas espirituales.

La Variedad de las Causas Posibles

Los problemas pueden tener una variedad de causas, y según se asesore acerca de los factores que entran en juego, se puede alegar tentativamente, a manera de hipótesis las siguientes posibilidades:

1. Quiénes somos espiritualmente. El cristianismo trata con el ser humano en su ontología, no solo en su economía. Aparte de hacer obras, de ir a la iglesia, de participar en actividades consideradas religiosas, la persona "es" espiritual. Tal espiritualidad se trasluce en pensamientos, sentimientos, actitudes, valores, motivaciones, capacidades de relación, características o manifestaciones de actualización de estados de ser con amor, paz, fe, mansedumbre, etc. Tal espiritualidad se hace notar en las reacciones y respuestas a las vicisitudes de la vida, en el enfrentamiento de adversidades y demostración de madurez. Las fallas en "ser" lo que se espera, de alcanzar cierta altura en el recorrido, de estar a tono con lo deseado en materia de crecimiento espiritual o madurez, puede ser definido como "errar al blanco" (pecado). De tal manera, "Todos han pecado y no alcanzan la gloria de Dios". Los problemas se suscitan cuando la persona funciona sin apercibirse de su condición precaria, y falla en ver las causas en su falta de desarrollo, madurez o crecimiento espiritual. La carencia de perspicacia y de entendimiento conduce a yerros, equívocos y a la utilización de recursos inadecuados en el funcionar cotidiano.

Por otra parte, la persona puede ser demasiado consciente de su condición precaria, y con auto derrota se autocastiga con culpabilidad, vergüenza, sentidos de apocamiento, inferioridad o degradación. A veces la persona tiene cierta percepción propia que no concuerda con la objetividad de otros, ni cabe en las definiciones esperadas porque se autosugestiona o convence a sí misma a causa de su longevidad, saciedad y repetición dentro de marcos de referencia religiosos. La persona puede tener muchos años practicando su religión, pero ha fallado en crecer, en aumentar su comunión o conocimiento personal de Dios. Tal vez tiene un vocabulario cristiano, hábitos y acciones rituales que en manera ortodoxa dan a entender que sigue al pie de la letra lo dictado por su tradición, pero falla en vivir renovada y existencialmente su fe. Cuando Jesús "vino a los suyos" los suyos no lo recibieron, porque no captaron en su esencia quién era Jesús, ni qué doctrina traía. Tampoco pudieron llegar a entender qué es lo que sucedía ante sus narices —milagros, sanidades, aún cuando eran religiosos a lo sumo. En suma, podemos alegar que los problemas espirituales se relacionan estrechamente a la posición relacional del ser ante Dios, a su estatura y crecimiento, a su conocimiento, entendimiento y sabiduría espiritual, y al ejercicio concreto de su fe.

2. Cómo funcionamos cognitiva-emocionalmente. La mayoría de los problemas humanos comienzan por formarse dentro del marco de referencia cognitivo y afectivo. El pensar lleva a ciertas atribuciones, a ciertos juicios y percepciones, a la formación de actitudes y valores. Antes de obrar, la persona piensa y siente. Las distorsiones en los procesos cognitivos y emocionales llevan a problemas de diversa índole.

a. Distorsiones en el pensar: Los pensamientos de una persona pueden ser atrapados en esquemas negativos, precarios, carentes de objetividad, carentes de entendimiento, y con distorsiones en cuanto a Dios, a las Escrituras, a las promesas y a la persona misma. La mente sin renovar es propensa a las teologías privadas, a las doctrinas particulares, con atribuciones falsas o idiosincráticas.

b. Distorsiones en el razonar, en las atribuciones de significado a la realidad y a los pronunciamientos o juicios: Muchos problemas se deben a las maneras de ver y de actuar basadas sobre premisas falsas, particulares y sin discernimiento espiritual. Por no discernir, muchos se acarrean problemas innecesarios. Tal hecho se registra en el escrito de Pablo a los Corintios en referencia a su participación en la santa cena: Al no discernir (no comprender su estado, posición, relación al Cuerpo de Cristo y actuar en maneras indebidas, pesarosas y contraproducentes a la gracia y al amor de Dios), muchos comen y beben juicio contra sí, y terminan enfermos o mueren prematuramente.

c. Distorsiones en el sentir: Las emociones, una vez suscitadas, pueden a su vez afectar las maneras de ver las cosas y de conducirse, de reaccionar a la vida y de postular estilos de ser y de relacionarse. El caminar por sentidos y guiarse por las emociones, puede llevar a exageraciones, a maneras idiosincráticas de conducirse y a experiencias particulares. Es a menudo el caso en el cual se alega que uno hace las cosas "porque lo siente así". A veces al actuar personal idiosincrático se le atribuyen causas extra sensacionales, con explicaciones en términos de "sentir la dirección del Espíritu" cuando en realidad pudiera ser que la persona responde a sus propias necesidades inconscientes o irracionales.

3. Carencias o deficiencias personales. En materia física, la carencia de buena nutrición, de ejercicio adecuado, de higiene o de atención a las necesidades del cuerpo, puede resultar en problemas de enfermedades, lesiones, dolencias y deterioros que disminuyen la salud. En materia emocional, la carencia de atención, de sociabilidad, de refuerzos positivos, de experiencias sanas y alegres, de actualización de potenciales humanos, puede conducir a la disminución de la calidad de la vida personal y social. En materia espiritual la carencia de varios factores permite el desarrollo de problemas:

- Falta de conocimiento y entendimiento de Dios, de la Biblia, de las cosas espirituales;

- Falta de nutrición a través de la oración, de la lectura, de la comunión con otras personas, de atención a la vida en comunidad;

- Falta de crecimiento, madurez y progreso hacia la actualización de la santidad, de la vida dedicada y consagrada hacia los efectos espirituales;

- Falta de balance espiritual, con aberraciones y exageraciones hacia extremos en el pensar, sentir o actuar. En tales casos los resultados apuntan hacia el narcisismo, el hedonismo, el ascetismo, el legalismo, el ritualismo obseso-compulsivo, entre otros;

- Falta del fruto del Espíritu, en términos de características personales que resultan de la coparticipación del actuar de Dios y la respuesta humana en fe, con características de amor, gozo, paz, paciencia, bondad, benignidad, mansedumbre, fe, templanza o dominio propio. Agregamos a la carencia de tal fruto la falta de dirección y de cadencia, de metas y de ritmo en el andar en el Espíritu;

- Falta de expresión de dones y ministerios. Así como en el ambiente físico, si se come mucho y no se ejercita ni se queman las calorías, una persona almacena más de la cuenta y engorda, se vuelve sedentaria y débil, en materia espiritual si no se ejercitan los dones, si no se ministra de alguna manera, se estanca y se atrofia la vida espiritual.

4. Carencias comunitarias. La persona humana ha sido diseñada a vivir en comunión con Dios. También ha sido diseñada a vivir en familia, en comunión estrecha con su cónyuge, con sus progenitores y su descendencia. También, a vivir en comunión en la vida corporal del considerado pueblo de Dios, la iglesia. Por último, a vivir en sociedad, con aspectos solidarios hacia la comunidad donde uno vive y actúa como ciudadano responsable. Las aberraciones dentro de tales esferas producen problemas de aislamiento, de distanciamiento y falta de comunión, con las consiguientes pérdidas de soporte, sostén, retroalimentación, mutualidad y solidaridad. Muchos problemas sociales se deben al ejercicio individualista que destruye el amor al prójimo, rebaja la imagen de Dios en otras personas, y denigra el cuidado que se debe tener por los semejantes.

5. Causas externas. La persona vive en un cosmos o contexto global que se inmiscuye y moldea la experiencia humana. Muchas de las presiones ambientales que forjan las vicisitudes y provocan el estrés cotidiano escapan a las decisiones personales. Así como el sol sale sobre buenos y malos, y llueve sobre justos e injustos, las presiones de la vida suceden sin distinción a todo ser humano.

a. Causas naturales: Acontecimientos físicos como las catástrofes, accidentes o eventos calamitosos pueden ocurrir en cualquier parte y no hacer distinción, incluyendo a los buenos, santos, consagrados y dedicados feligreses. Las reacciones a las tales pueden marcar las estrategias, la fe, las actitudes y respuestas y las racionalizaciones empleadas por diferentes individuos. En algunos casos, las personas no pueden "hacer caber" la realidad, y desarrollan negativismo, rabia, alejamiento y apóstasis con resentimientos hacia Dios, la vida, el destino o buscan a quien echarle la culpa de los sucesos.

b. Causas extra-sensoriales o sobre-naturales. Los cristianos aprenden desde temprano que no solo un mundo los rodea, con su espíritu, sus presiones y su secularismo, pero también que hay enemigos espirituales, encabezados por el dios de este siglo, denominado como Satán o el diablo. Los gigantes de la fe han batallado las fuerzas del mal, y los libros devocionales, doctrinarios y dogmáticos están llenos de alusiones a las interpretaciones escriturales que dan a entender que la lucha no es contra "carne y sangre" sino contra "principados y potestades espirituales".

La batalla a veces es intelectual, con confusión, dudas, conflictos doctrinales, pensamientos anti bíblicos, herejías, y atribuciones particulares o idiosincráticas. La batalla también es emocional, con descorazonamientos, depresión, ansiedad, aberraciones en el sentir y el experimentar la vida, influenciadas por los entes espirituales negativos.

La influencia de los demonios en cuanto a opresión, a tentación, a desavenencias o bloqueos, se observa en los escritos que muestran que Jesús trató con los mismos en manera contundente. Los demonios crearon injurias personales, síntomas de carácter semejante o lo psicótico, y sufrimientos intensos en ciertas personas. Luego de los evangelios, el libro de Los Hechos de los Apóstoles no los enfatiza tanto, y las referencias en las epístolas merman el contenido y las referencias a tales fuerzas. Sin embargo, la iglesia en el primer siglo tenía exorcistas en sus rangos con la comisión de libertar a los oprimidos. Las prácticas han variado a través de los siglos, y aún cuando los ritos codificados se han conservado en los anales de la iglesia romana, en raras ocasiones se ha apelado a los mismos (ejemplificados en el film *The Exorcist*). En el siglo IV los monjes se Alejandría culparon al demonio del mediodía por su acedia (pereza espiritual, depresión); el antídoto para tal condición fue emplear el canto litúrgico, y el atender a la jardinería rodeando los claustros en medio del desierto.

Durante la edad media, la posesión demoníaca era tratada en manera corriente y el exorcismo era el tratamiento usual para las aberraciones consideradas bajo tal influencia. Los cristianos establecieron manuales de demonología con etiquetados de demonios a cargo de tentar a los humanos con pecados mortales. Era necesario llamar a los demonios por nombre para echarlos fuera. Tales nociones y prácticas parecieran haber resurgido y tener auge entre carismáticos en tiempos presentes.

Con el correr del tiempo, el entendimiento acerca del funcionamiento humano y de las bases de la conducta y sus aberraciones, han arrojado cierta luz en cuanto a la etiología y al tratamiento de trastornos considerados emocionales, psicóticos, neuróticos y caracterológicos. Tales explicaciones compiten con el reduccionismo simplista que alega que todo mal es causado por los demonios. Tales investigaciones hacen que se atienda con más minuciosidad y sobriedad a las causas del malestar humano, y a la necesidad de discernimiento espiritual, ya que los demonios no han dejado de existir simplemente porque los científicos no creen en su existencia. En nuestro tiempo, lo demoníaco tiende a ser evitado, negado, ridiculizado o exagerado. Por otra parte, en manera especial, el sensacionalismo de algunos predicadores ha hecho que en muchos círculos cristianos, se les dé una importancia exagerada y se viva echando demonios aparentemente presentes debajo de cada arbusto.

Recientemente, el interés por las cosas espirituales negativas y la participación demoníaca en el cosmos se hizo notar en círculos más amplios, extendiéndose más allá del énfasis que tradicionalmente le han dado los creyentes de persuasión pentecostal o carismática. En su libro *Christian Counseling*, Collins hizo observaciones que no negaron la lucha espiritual, con aclaraciones acerca de la necesidad de atención a lo positivo del poder de Dios que actúa en la vida del consejero. C.S. Lewis, en su libro *Screwtape Letters* hizo observaciones muy punzantes e intelectuales, al tratar la materia. Años atrás, en el seminario Fuller, Wagner y Wimber, en sus cursos sobre milagros, sanidades y capacitación para el ministerio misionero, recalcaron la necesidad de provisión de poder espiritual al ir a ministrar al mundo. Los círculos pentecostales han dado un sinnúmero de publicaciones, folletos y aclaraciones acerca de la necesidad de intervención divina en el caso de opresión o de posesión demoníaca. Debemos recordar, sin embargo, que la influencia satánica es limitada y su poder no es eterno, y que Dios nos da la fortaleza y la capacitación de pelear la buena batalla. El dar consejos entre personas afligidas, oprimidas o consideradas bajo la influencia negativa espiritual, demanda la perspicacia, el discernimiento, la capacitación espiritual necesaria para emplear las "armas de nuestra milicia" que responden a la unción del Espíritu Santo y al nombre de Jesús, invocado constantemente en las actitudes y el accionar ministerial.

Factores Espirituales

En muchas maneras podemos decir que es difícil separar las causas y los efectos en los problemas humanos. Las definiciones a menudo son circulares, ya que lo considerado "causa" puede ser un efecto de cosas anteriores, y lo considerado "efecto" puede causar problemas subsiguientes, con retroalimentación continua. Lo importante es simplemente tener en mente que al tomar una porción definida de la conducta humana en el espacio y el tiempo, estamos simplemente particularizando una parte infinitesimal de un flujo corriente, global y continuo de experiencias que se retroalimentan, se suceden contiguamente y producen momentos de fuerza que se aumentan con el correr del tiempo.

Las categorizaciones presentadas por aquellos que se dan a la tarea de asesorar son generalmente abstractas, parciales y arbitrarias. El pecado, las aberraciones debidas al legalismo, al ascetismo, al ritualismo, al dogmatismo, a las interpretaciones herejes, a las distorsiones en el pensar, sentir y actuar, estimulan "más de lo mismo". La suficiencia propia, el narcisismo, el orgullo, la vanagloria, los deseos desordenados, y demás vestigios de sintomatología que procede de la carencia o distorsión espiritual, producen trastornos emocionales a su vez. Tales influencias afectan a los problemas emocionales y espirituales en cuanto a cantidad, calidad, intensidad, duración y consecuencias.

1. Teología pobre, desbalanceada. La consecuencia de vivir bajo las circunstancias, bajo el estrés del cosmos, con el arrastre de la herencia, de la socialización y las experiencias actuales adversas, pueden ser vistas en los conceptos formulados por la persona afectada acerca de Dios, de su Palabra y de su voluntad las cuales a su vez afectan el cotidiano vivir. Conceptos mecánicos, mágicos o manipulativos fallan ante las experiencias adversas, como en el caso de la perplejidad ante un Dios que permite que el dolor exista, o que un hijo se enferme. El sentir de abandono por parte de Dios resulta cuando se percibe que las catástrofes ocurren y no hay un rescate inmediato. La expectativa acerca de milagros continuos hace que en muchos casos, se falle en enfatizar la responsabilidad humana de hacer buenas decisiones, de aguantar las peripecias, o el de dar gracias a Dios en todo. Por otra parte, conceptos convenientes tales como el antinomianismo y la gracia extrema, que fomentan el pecar sabiendo que Dios ya terminó la historia de antemano, permiten la racionalización, la intelectualización y la negación de la realidad.

2. Vida espiritual pobre, desbalanceada. Fallas en la comunión y relación a Dios, con ansiedad, miedo o terror más que amor, paz o solaz. Las actitudes negativas se desarrollan, sin esperanza o sin fe, sin entereza moral ni garbo. Falta de libertad a causa de legalismos, de percepciones de un Dios castigador, inspiran la falta de seguridad y de paz. Muchas condiciones neuróticas se desarrollan con tal filosofía, creando inseguridad, miedo a la separación y al castigo por ser humanos sin perfección, con las consiguientes ansiedades, obsesiones, compulsiones, histerias, negación de cualquier placer y abandono de cualquier intento de relajamiento o de tranquilidad. La carencia de seguridad de perdón hace que muchas personas vivan auto castigándose, sin tregua.

3. Efectos físicos. La tensión psicológica y el malestar espiritual afectan los aspectos fisiológicos de las personas. En años recientes, las investigaciones del campo de la medicina psicosomática han revelado las relaciones entre la ansiedad, la depresión, la tensión, el estrés, con manifestaciones fisiológicas y los trastornos médicos. Las Escrituras nos recuerdan que "El espíritu triste seca los huesos". El desobedecer los mandatos de Dios en cuanto a la mayordomía corporal puede afectar el funcionamiento y las estructuras subyacentes de la fisiología humana.

4. Efectos psicológicos. La carencia de madurez espiritual, la falta de nutrición espiritual, la falta de comunión, de paz, de dominio propio en el manejo del estrés de la vida, pueden dar como resultados la manifestación de trastornos psicológicos. Tenemos aberraciones en la estima y percepción propia. La negación del ser, la percepción propia negativa, la ira sin resolver introyectada o proyectada hacia adentro, o la frustración consigo mismo, pueden ser aspectos psicológicos de una teología pobre y de una vida sin realización espiritual. La estima propia sufre a causa de la falta del sentido de pertenencia, de valor adecuado y de competencia espiritual. La ansiedad puede estar relacionada al miedo a la separación (el pecado hace distinción entre la persona y Dios, pone barreras en la percepción propia y la comunión). La percepción de estar alejados de la perfección demandada, de la altura deseada, del desarrollo o madurez esperados, puede conducir al angst existencial, a la culpabilidad neurótica o a la manifestación de carencia de control personal y de predicción del grado de aceptación ante Dios. La ansiedad también puede estar relacionada a la socialización por parte de padres que han sido rígidos en su manera de ser y actuar, autoritativo y con castigos que no necesariamente correspondieron a la imagen de un Dios de paz, amor, paciencia, bondad o benignidad.

La depresión también puede ser vista como una condición afectada y relacionada a los estilos empleados por la persona en cuanto a sus diálogoc internos y sus aspectos negativos en el pensar y razonar que caracteriza a los metanarrativos alojados en su ser. La falta de centrado en Dios y su voluntad, con desconfianza en sus diseños, puede llevar a la sensación de albergar cierta lástima hacia sí mismo. El almacenaje de la ira pendiente, acoplada a los asuntos negativos que han quedado sin resolver, la culpabilidad acoplada a l falta de ejercitar perdón, y las ansias sofocadas o reprimidas de retaliación, pueden producir la internalización subconsciente del enojo hacia sí mismo, con resultados depresivos. La angostura de la percepción, la falta de fe, la pérdida de paz y seguridad, hacen que la contemplación del futuro sea incierta y poco deseada. La percepción de las consecuencias del pecado (aún cuando el pecado sea gozado en el momento existencial de cometerlo) actúa como un aspecto que suprime el gozo y la expresión de la alegría sana.

Desórdenes caracterológicos y patología más acentuada aparecen como efectos acumulados de la genética y la socialización, con generaciones de personas sujetas a la pecaminosidad, fragilidad, yerros y desvaríos, lo cual hace que la socialización de las personas sea infringida y saboteada por las aberraciones en las relaciones humanas. Las impresiones tempranas, los refuerzos y castigos suministrados de maneras indebidas, la falta de constancia y de seguridad, la falta de manifestación de amor unilateral e incondicional por parte de padres entendidos y funcionales, aportan su colaboración negativa con consecuencias psicológicas en el desarrollo del ser y su patología.

Conclusión

A menudo, personas cuya fe es integral y parte vital de su pensar, sentir y actuar cotidianos experimentan perplejidades ante las dificultades que las enfermedades mentales o emocionales que desafían sus expectativas de salud, prosperidad y bienestar. Aún cuando las personasn son consagradas y se dedican al servicio de Dios, muchas personas pueden experimentar problemas espirituales-emocionales debido a varios factores que no necesariamente se correlacionan a su estatura espiritual o a su consagración a Dios. Tales casos necesitan de la ayuda empática y sensitiva por parte de consejeros que brinden ayuda sin juzgar, tildar, desmerecer, o rebajar la dignidad del ser humano, a pesar de sus desavenencias. Hemos tratado de dar una reseña del vasto campo de los trastornos encontrados en el campo de labor terapéutico. Mucho más se podría decir, pero la síntesis presentada en este capítulo puede ser de ayuda para animar a proseguir en la indagación de la materia por parte de los interesados.

Capítulo 12

La Redención y el Objetivo del Consejo

A juzgar por el título del capítulo, podemos pensar en maneras integradoras, o ser considerados herejes por "añadir" algo extraño a los alcances de la redención. Sin embargo, aclaramos desde el principio de este capítulo que no se trata de reemplazar el concepto teológico de la redención con el proceso terapéutico. Tal intercambio es inaudito en la mente del cristiano que aconseja y tiene en perspectiva tanto las limitaciones de su sistema, como también la eficacia de los alcances de la redención por gracia, apropiada por la fe en la persona y la obra de Jesucristo. Para nuestras deliberaciones, ponemos en perspectiva los aspectos integradores en este campo, partiendo de las definiciones pertinentes.

La Teología de la Redención y sus Alcances

Redimir significa rescatar; es el proceso de "comprar por precio algo que una persona perdió a causa de haber empobrecido, y dárselo de nuevo para que lo posea otra vez". En el Antiguo Testamento, las leyes que regían los asuntos redentores se encuentran en los pasajes de Deuteronomio 24 y 25. El ejemplo de redención por excelencia se encuentra en el libro de Ruth. En los pasajes aludidos, vemos que la redención enfocaba sobre la pérdida de posesiones, o de propiedades a causa de la pobreza. Luego, se trataba con la redención de la esclavitud –la persona que empobreció, no tenía con qué pagar sus deudas, y no solo vendió sus propiedades, sino también se vendió a sí misma, llegando a ser esclava de otras personas. De manera tal que el redentor, no solo pagaba un precio por la herencia perdida, sino también por la persona que se vendió a fin de librarla de su esclavitud. En tercer lugar, la redención trataba con el heredero del muerto; si la persona que empobreció murió sin dejar descendientes, el redentor –aparte de pagar las deudas, y el precio de rescate de la esclavitud– tenía que casarse con la viuda y darle un hijo. Tal hijo no nacía para llevar su nombre ni era su propio heredero, sino que se consideraba heredero de la persona que murió. En alguna manera, se rescataba al muerto por así decirlo, ya que un descendiente era levantado a su nombre, y tal nombre era puesto entre los vivos otra vez. En resumen, la redención es un tema que trata con las necesidades humanas debidas a su condición pobre, esclava, y mortal. La provisión de una persona cuyos esfuerzos redentores actuarían como la solución al problema expuesto, son analogías bíblicas de algo mayor.

La Necesidad de Redención

La necesidad de redención es un tema central en las Escrituras, y apunta a la persona obra de Jesucristo a nuestro favor. La condición humana natural es descripta como creada, y luego caída en el pecado (Ro 2:1-16). De acuerdo a las Escrituras, todos pecaron y están destituidos de la gloria de Dios (Ro 3:23). Como cabeza federal, Adán nos representó a todos ante Dios (Ro 5:12-21); como resultado de la desobediencia, tenemos la separación de Dios, la condenación ante Dios y la muerte. El ser humano es incapaz, incompetente de justificarse o salvarse. De modo que, necesita de un redentor.

Las cualidades del redentor. Para que la persona califique como redentor, debía cumplir ciertas exigencias: (1) Tener el poder o solvencia para redimir –pagar las deudas contraídas por la persona que empobrece; (2) ser un pariente cercano; y (3) demostrar una disposición abnegada, desprendida, y voluntaria para redimir.

El acto de redención. En alguna forma, el redentor "cubría" a la persona descubierta en sus necesidades ante la intemperie. El tema de la cobertura de Dios corre a través de las páginas de las Escrituras: Adán y Eva son cubiertos por Dios cuando sus atentados no sirvieron –hojas de higuera comparadas con la cubierta de un animal que dio su vida y derramó su sangre –una vida inocente ofrecida por la vida de los culpables ante Dios, para darles una mejor cobertura. En el narrativo de Ruth, ella se acercó a los pies de Boaz con la proposición de ser cubierta; si el redentor accedía, daba su asentimiento al proceso, cubriendo a la viuda con su manto, como un símbolo de recuperación de la herencia perdida por su marido muerto en Moab. En forma figurada, el hijo pródigo recibió una nueva cubierta, como símbolo de restitución de la herencia despilfarrada y perdida. Se nos dice en el Nuevo Pacto que nosotros somos cubiertos con la sangre de Cristo ante Dios –a manera de la pascua redentora en Egipto, teniendo en mente a Dios, quien "pasa por alto" nuestros pecados al ver la sangre de Cristo presentada ante su presencia.

El enfoque y los alcances de la redención. La redención enfoca sobre el pago y la cancelación de las deudas contraídas por el pecado. La redención restaura la comunión entre Dios y su pueblo. La redención se entrelaza con otros conceptos que en suma, declaran la obra de Dios por el pecador: Jesucristo el redentor se identificó con nosotros como nuestra *sustitución* –poniéndose en nuestro lugar para representarnos perfectamente ante Dios; nuestra *propiciación* –nuestra cubierta ante Dios; (3) *expiación* –pagó hasta el último centavo; nuestra *justificación* –la imputación de la justicia divina al pecador que no la merece; (5) nuestra *regeneración* –el nacer de nuevo, del Espíritu; (6) nuestra *santificación* –el ser resocializado por Dios, el ser separado por y para Dios, con la apelación hacia la consagración, dedicación, e inauguración a su servicio; (7) nuestra *restauración* –la recuperación de la herencia perdida, como herederos de Dios y coherederos de Cristo; (8) nuestra *transformación* –el cambio radical en el ser, siendo conformado a la imagen de Jesucristo; (9) nuestra *renovación* –el proceso continuo en el cual la mente es alineada, refrescada, e investida con poder por Dios, lo que permite el proceso de la transformación del ser; y (10) nuestra *glorificación* –la redención consumada en la presencia de Dios.

Todas estas "grandes palabras" del evangelio se encuentran en la carta de Pablo a los Romanos. El lector es animado a leer vez tras vez esa epístola para compenetrarse en la obra redentora de Dios por el pecador. La consejería cristiana se basa en los alcances de la redención consumada por Cristo, y en las posibilidades de actualizar tales resultados en las vidas de los creyentes.

El Consejo Terapéutico con Referencia a los Aspectos Redentores

El consejero no es un redentor, ya que por sus dotes humanas, no puede salvar ni rescatar del pecado a sus semejantes. Tampoco puede cambiar a nadie, aparte de cambiarse a sí mismo (a duras penas, y hasta cierto punto). Sin embargo, debido a las ansias de ayudar a sus semejantes en problemas, cabe la posibilidad de que en situaciones o condiciones transferenciales, animadas de una codependencia sin perspicacia, el consejero se autodefina como una especie de rescatador o redentor del necesitado.

La persona que se presta al servicio de aconsejar, tal vez sienta ser llamado por el Redentor para ministrar a favor de otras personas en sus dilemas. Pablo se consideró un "embajador de Cristo" (2 Co 5), rogando a las personas a que se reconcilien con Dios. Para poder representar al Señor, Pablo enfatizó el hecho que debemos estar "revestidos" o "cubiertos" con el Señor (Ro 13:5), sacudiendo o despojándonos del hombre viejo (viciado conforme a los deseos errados) y cubrirnos del nuevo, para ser personas con integridad, y llegar a ser de beneficio a los demás. Pablo recalcó que somos ministros de un nuevo pacto (2 Co caps. 3, 4), a fin de funcionar a favor de las personas en el nombre de Dios.

La consejería puede ayudar en la provisión de perspicacia, de esclarecimiento de los asuntos no percibidos por la persona en su depresión, ansiedad o patología de otra índole. También, el consejo sirve de punto de apoyo y sostén (Gal 6:1,2); de trabajo coadjutor o paralelo a lo que Dios está haciendo en la vida del ser, sin suplantar, desmerecer o usurpar lo salvífico o redentor por parte de Dios. Sería inaudito el pensar que uno se equiparara a lo que solo Dios puede hacer en cuanto a la persona humana. Como ayudador de la persona, el consejero se une al Espíritu (quien es la persona llamada a estar a nuestro lado en toda vicisitud –de allí su nombre, *Paracleto*).

Dios ha dotado al Cuerpo de Cristo con personas llamadas, investidas, y labradas para funcionar. Los ha denominado apóstoles, profetas, evangelistas, y pastores-maestros (Ef. 4:11-13), a fin de equipar (dar forma, preparar para un servicio) a los santos para realizar la obra del ministerio, y para edificar el Cuerpo de Cristo a su vez. Dios ha dotado a personas con el don de ayudas (1 Co 12:28), con la capacidad de proferir palabras de ciencia, y palabras de sabiduría. También, ha dotado a personas con el discernimiento de espíritus, y dones de sanidades. De modo que, en su voluntad, el Padre ha juzgad necesario investir, dotar, capacitar, y energizar a sus hijos para que se ministren los unos a los otros en amor (52 veces las palabras "unos a otros" aparecen en el NT).

La persona que aconseja lo hace como un ente coadjutor, labrador, siervo, ministro, embajador, discipulador, etc., con la mira de agradar a Dios, y de servir a su prójimo. De manera que, con respecto a la redención consumada por Jesucristo y aplicada a sus seguidores, las avenidas a ser utilizadas en consejería pueden llevarse a cabo en forma paralela, colateral, adjunta al ministerio o servicio prestado a la persona que ha creído y necesita crecer en su carácter cristiano, y comportarse de acuerdo a la voluntad de Dios. También puede ser un ministerio anticipado cuya función es la de ablandar el terreno fértil e la persona que por alguna razón, ha experimentado vicisitudes negativas y es reacia al evangelio. Tal ves, su terreno existencial ha sido pisoteado muchas veces y que, a manera compactada como una costra, no permite que la semilla penetre y dé fruto. La consejería puede abordar tales asuntos pasados, removiendo o esclareciendo las defensas y los filtros causados por abusos, negligencias, o abandono, o por cosas que han cauterizado, o desensibilizado a la persona en cuanto a las cosas espirituales. La persona que aconseja puede ser considerada como un coadjutor y colaborador con el ministerio pastoral, especialmente en casos especiales que pudieran exceder la preparación o capacidad pastoral, tales como la depresión, la ansiedad, la hiperactividad, los desórdenes de atención, el alcoholismo, el suicidio, etc. En tales casos el pastor tal vez no esté preparado para lidiar con esos problemas, y puede beneficiarse de trabajar en conjunto con una persona consejera que ha sido preparada a tal fin..

Visto como un ministerio adjunto al proceso de la redención, el consejo integral es importante en (1) la intervención en casos de reconciliación entre personas –esposos, padres e hijos, hermanos, miembros de la congregación, etc., buscando el perdón y la restitución de relaciones rotas, o la reparación de los estragos causados por los abusos domésticos o la negligencia familiar; (2) la provisión de soporte, sostén, y ayuda en las crisis; (3) la provisión de perspicacia, guía, o alternativas necesarias para confrontar los problemas que acosan a las personas; (4) el proporcionar el establecimiento (o restablecimiento) de mejores límites entre las personas, la definición de sus funciones sistémicas familiares, y mejorar el proceso de comunicación entre las parejas y las familias; (5) la promoción del crecimiento adecuado de la persona siendo discipulada –un conocimiento del ser más adecuado, un entendimiento más profundo en cuanto a sus dotes, su defensas, sus asuntos inconscientes, sus motivaciones, etc.– ayudando a lo largo de tal proceso; (6) el asesorar a personas con sensibilidad social, empatía, y concernir descentrado a través de una resocialización, o re-educación necesaria en casos de personas que provienen de hogares disfuncionales; (7) la provisión de reorientación en la vida de la persona, apuntando hacia un mejor empleo de su ser y de sus dones.

Las avenidas empleadas en el consejo adjunto, colaborador, colateral, o de alguna clase funcional, acopladas a la actualización de la redención ya efectuada, pueden ser vertidas en varias maneras: (1) analíticas; (2) cognitivas-conductivas; (3) existenciales; y 4) multimodales e integrales, entre otras posibilidades. Lo que anima al consejero integrador es el panorama en el cual la persona redimida goza de una mejor relación con Dios, es restaurada a la comunión de la iglesia, experimenta buenas relaciones matrimoniales o familiares, y sirve como un ciudadano útil a la sociedad.

Hemos tratado con la redención y con las premisas terapéuticas. Al proseguir, preguntamos otra vez: ¿Qué es lo que se trata de hacer cuando se aconseja? ¿Qué es lo que las personas quieren cuando acuden a un consejero? Las respuestas a tales preguntas son varias, ya que dependen en parte de la clase de problemas de la persona que va en busca de consejo, de sus actitudes, sus motivaciones, y expectativas. Por otra parte, la motivación, los objetivos, y las expectativas de la persona que proporciona las oportunidades terapéuticas también entran en juego.

Los terapeutas cristianos tal vez esperan que las personas les traigan problemas concernientes con dudas espirituales, cuestiones acerca de la doctrina, o con algunas prácticas eclesiásticas tales como la oración o la adoración. Tal vez esperan que les traigan sus sentimientos de culpabilidad o el reconocimiento de la necesidad de perdón acerca de algunos pecados cometidos. Tales peticiones a menudo son las que aparecen en la oficina pastoral. Sin embargo, la mayoría de las veces, las personas traen consigo un sinnúmero de problemas relacionados con conflictos maritales, familiares y personales, con quejas de carácter depresivo, ansiedades, temores, cuestiones sin resolver, y crisis cotidianas de diversa índole.

En muchas ocasiones, la persona preparada ministerialmente se encuentra con el dilema que en su entrenamiento, el curso de sus estudios no trató con tales dilemas. Su exégesis, su hermenéutica, y su homilética le ayudan en la exposición de la Palabra, pero puede sentirse inadecuado en cuanto a enfrentar dilemas que demandan la aplicación de principios que van más allá de la letra. Frente a tales desafíos, se espera que los principios de antropología bíblica, el entendimiento de las complejidades relacionales e individuales, y el espíritu de la letra estén a la disposición de la persona que desea ayudar.

Podemos enfatizar la actitud pastoral hacia las necesidades de los feligreses, suponiendo que las personas a cargo de la guía y del mantenimiento de los mismos tienen la perspicacia debida, y el conocimiento general de lo que los humanos necesitan para crecer espiritual, social, y emocionalmente. Por otra parte, podemos comenzar por preguntar a las personas en necesidad qué es lo que ellas quisieran recibir cuando acuden a pedir ayuda emocional o espiritual.

Las Necesidades Humanas

En el mundo denominado "secular", las personas que necesitan ayuda terapéutica acuden a "compadres" dentro de sistemas familiares extendidos, a clérigos, o personas religiosas, a consejeros, trabajadores sociales, psicólogos y psiquiatras. A veces, lo hacen acudiendo a clínicas de salud mental o a hospitales. Encuestas realizadas hace más de cuarenta años atrás por Padilla, Ruiz, Acosta, y otros investigadores trabajando en universidades tales como la Universidad of California de Los Ángeles (UCLA) y la Universidad de Southern California (USC), han revelado que la mayoría de las personas que sufrían trastornos emocionales no necesariamente utilizaron los recursos de salud mental al alcance en sus comunidades. Las razones presentadas fueron las barreras de lenguaje, la discriminación social, la desconfianza hacia las "etiquetas" que se les podría colocar ("locos"), y la falta de educación acerca de lo que el consejo puede hacer.

Habiendo trabajado en Boston por mucho tiempo, el autor hace alusión a las encuestas realizadas en el Hospital General de Massachusetts por colegas (Lazare y otros, 1975). Los resultados revelaron las diferentes clases de peticiones manifestadas por las personas que acuden a una clínica de salud mental. Se mantuvieron estadísticas acerca de más de 600 personas que accedieron a participar como sujetos de un estudio al respecto. Tales personas eran de trasfondo minoritario y pobre quienes acudieron a la clínica de salud mental, y presentaron sus necesidades a través de varios años. Tal estudio reveló que las personas que venían en busca de ayuda lo hicieron porque necesitaban resolver algunas de las siguientes cuestiones:

- *Peticiones administrativas:* Un reflejo de su necesidad de ayuda en tratar con agencias burocráticas, con sistemas sociales, o comunitarios
- *Consejo:* Buscando una guía especifica con respecto a sus asuntos personales, interpersonales, o situacionales
- Esclarecimiento: Presentando peticiones de ayuda para establecer un mejor entendimiento, o para esclarecer sus emociones, decisiones, y pensamientos
- *Contacto con fuentes de información* acerca de los recursos comunitarios disponibles, evitando los rodeos
- *Confesión:* Buscando cierto alivio, acercándose de una manera confesional, deseando hablar con algún terapeuta discreto acerca de su culpabilidad, y de la necesidad de perdón

- *Control*: Personas temerosas a perder el control sobre sus reacciones hacia las circunstancias, buscaron ser educadas y afianzadas en sus estrategias en establecer su dominio propio, con peticiones enfocadas sobre la necesidad de apoyo y sostén en el uso de las mismas, y en desarrollar estrategias para mantener la calma

- *Establecimiento de límites*: Peticiones acerca de la necesidad de cordura y protección propia, al luchar contra lo considerado desafiante, irreal, o inédito, al lidiar con su estrés, y asesorar sus percepciones negativas acerca de lo que pareciera derrumbarse o desbordarse en sus vidas, a veces manifestando el temor a enloquecerse, o a "perder los estribos"

- *Curación*: La necesidad de ser curados emocionalmente, de tener alivio de los síntomas corporales y emocionales

- *"Nada"*: Personas que vienen para ser ayudadas, pero sin saber por qué lo hacen, ni reconociendo su necesidad, alegando ser empujadas o forzadas por algún familiar hacia tal proceso

- *Perspicacia*: Personas con peticiones de carácter introspectivo, con el afán de apercibirse de sus maneras dinámicas, de sus problemas personales, originados en su infancia o en su pasado. Tales personas querían asesorarse de los efectos de su socialización primaria, del desarrollo de sus personas, sus problemas, sus defensas, y sus relaciones

- *Ayuda psicológica experta*: Personas con la necesidad de ser validados por parte de un experto en la materia, quien pudiera ayudarles a explicar su conducta irracional, o darles pautas de cómo manejar las situaciones difíciles con aplomo

- *Contacto con la realidad*: Peticiones que tienen que ver con la necesidad de estar en contacto con la realidad, basadas en el temor a perder la mente, a ser irracionales, y con la necesidad de sentirse "sanos" y en su juicio cabal

- *Intervención social*: Peticiones en cuanto a la utilización de consejeros para intervenir a su favor, y mediar con otras personas relacionadas en su sistema familiar, en situaciones conflictivas

- *Calidez y aceptación*: Personas que han experimentado desazones, rechazos, y situaciones negativas, con peticiones acerca de recibir un poco de calidez, empatía, conforte, y experimentar un contacto humano benevolente

- *Ventilación*: Personas con mucha represión, con peticiones acerca de la necesidad de verter sus problemas, arrojar sus cuitas, compartir sus cargas, expresar sentimientos indeseables, o ventilar algo que los ha sofocado emocionalmente

Los veinte factores fueron tomados como bases para establecer contratos terapéuticos, considerando a los pacientes coma "clientes" en busca de ayuda específica, dándoles a ellos la oportunidad de expresar la manera de ver sus problemas, y de tener cierta participación en el trazado de planteos y soluciones. Prestando atención a tales necesidades, podemos concluir que la mayoría de las peticiones se relacionaron con el deseo de las personas de satisfacer alguna necesidad personal, para sentirse mejor. El autor, habiendo supervisado los servicios terapéuticos prestados a estudiantes universitarios del Gordon College en Massachusetts por un espacio de diez años, suministró el mismo cuestionario a los estudiantes que acudieron en busca de ayuda terapéutica psicológica. Los proveedores de servicios, a su vez, recibieron el mismo cuestionario, para llenarlo luego de una o dos sesiones iniciales, contestando a las preguntas de la encuesta la encuesta con el entendimiento empático que se esperaba de ellos. En realidad, el autor quiso asesorar su capacidad de asesorar y estar a tono con las personas que venían con sus peticiones, como si supieran lo que sus aconsejados requerían de ellos. Se trató de establecer la concordancia perceptiva entre la persona terapeuta y su cliente. Las peticiones fueron en su mayoría enfocadas en la adquisición de perspicacia, la búsqueda de consejo relacionándose con un experto, sanidad emocional y establecimiento de mejores límites en las relaciones. La concordancia entre terapeutas y aconsejados –asesorada mediante correlaciones estadísticas– alcanzó niveles altos, demostrando el grado de empatía, entendimiento, y afinidad en los casos exitosos, mientras que en casos que no tuvieron mayor alcance, o en casos que no completaron terapia en su totalidad, los resultados revelaron una concordancia más baja.

Los Objetivos y las Necesidades Humanas Vistas en el Consejo

Muchas de las razones dadas por los pacientes del Massachusetts General Hospital se asemejaron a las razones dadas por los estudiantes del Gordon College. Me atrevo a decir que muchas de las peticiones de las personas que acuden a los pastores y a los ministros que aconsejan, pueden ser similares y seguir el mismo tono. Las personas quieren resolver sus dilemas y problemas para sentirse felices o con bienestar. Es importante distinguir entre la gran variedad de las peticiones que pudieran surgir, y averiguar qué es lo que motiva a las personas a buscar ayuda. Podemos agrupar tales problemas en la siguiente manera:

- *Problemas personales*: (a) De carácter intrapsíquico, tales como la depresión, sentimientos de culpa, ansiedad, temor, vergüenza, angustia, preocupación, ira, estrés, agotamiento, colapso; confusión, perplejidades; (b) desbalances químicos que se manifiestan en la patología observada en condiciones tales como la depresión, síndromes bipolares, psicóticos, etc.; (c) adicciones al alcohol, a las drogas; (d) problemas de identidad (sexual); (e) problemas de estima propia, entre muchos otros;
- *Problemas interpersonales:* (a) Matrimoniales; (b) familiares; (c) querellas entre amigos, o entre miembros de una congregación; (d) tratos con agencias escolares, policiales, de trabajo, etc.
- *Problemas situacionales:* (a) Financieros; (b) crisis y catástrofes repentinas; o (c) cambios drásticos en la composición de las unidades familiares;
- *Problemas espirituales:* (a) Personales –de crecimiento, de carácter, de conducta indebida, o conflictos internos doctrinales, interpretativos, y atributivos; (b) personales, de hábitos pecaminosos y prohibidos; (c) interpersonales, causados por rencillas, peleas, abuso, o negligencia marital o familia, o conflictos relacionados a la conducta disruptiva y a los ajustes y problemas que se suscitan dentro de una comunidad.

La lista no es exhaustiva, pero puede ayudar a vislumbrar lo que motiva a las personas a buscar la ayuda de un consejero. Los factores presentes en los objetivos de aquellos que piden ayuda terapéutica pueden ser agrupados de la siguiente manera:

- Perspicacia y entendimiento con relación a los problemas;
- Mejora en la comunicación interpersonal;
- Sostén y ayuda en tiempos de crisis;
- Cambios en conducta indeseable y aprendizaje de lo adecuado;
- Actualización de potenciales humanos y espirituales, crecimiento y madurez.

Por parte de los que aconsejan, pareciera ser que los objetivos del aconsejar pastoral (coadjutor a los aspectos redentores efectuados por Dios en las personas) apuntan a lo siguiente:

- Facilitar los cambios a ser realizados por las personas que buscan maneras mejores de ser, de hacer las cosas, de pensar y sentir;
- Ayudar a las personas a adaptarse a circunstancias difíciles, con asimilación y acomodación, estableciendo cierto equilibrio emocional;
- Ayudar en el crecimiento hacia la madurez espiritual y emocional, de las personas; afianzar las en el logro de la actualización de sus potenciales. Proporcionar perspicacia para que puedan descubrir sus dones espirituales, cumplir su ministerio, y reconocer su ubicación en el plan de Dios para su pueblo.

Tales objetivos responden a la percepción de las personas que aconsejan acerca de las necesidades vertidas por los que acuden a buscar ayuda. El objetivo principal de la consejería pastoral es el promover el bienestar espiritual y el carácter íntegro de las personas, ayudándoles a establecer una experiencia más profunda y significativa de relación, adoración, y servicio a Dios. Las metas en consejería también incluyen aspectos personales tales como el deseo de alcanzar cierta madurez, lograr una adaptación adecuada y manejar el estrés de la vida, forjar un carácter íntegro, y actualizar potencialidades de toda índole (intelectual, social, espiritual, emocional, dones y talentos). Los aspectos sociales se reflejan en el afán de establecer intimidad conyugal, ser útiles y de servir a su familia, a otras personas, de tener comunión con sus semejantes, y de establecer relaciones positivas amistosas en general.

El objetivo no solo trata con lo inmediato de los problemas personales, interpersonales, o situacionales en el aquí y el ahora, pero también con los aspectos pasados y futuros. Lo que es arrastrado del ayer y en necesidad de resolución, es tornado como objeto de consideración, a fin de promover la solución y terminación de los conflictos del pasado que afectan al presente de las personas. A menudo, la búsqueda de paz y tranquilidad interior son metas que responden a la necesidad de liberación del poder que la culpa y la vergüenza ejercen sobre la persona. En tales casos, el sondeo del pasado es necesario, para lograr el desarrollo de la perspicacia de la persona afectada en cuanto a sus efectos. Tal perspicacia es necesaria para que la persona pueda llevar a cabo un proceso de perdón y olvido, y para evitar la repetición de historias negativas en su caso. Si el pasado del ser es pesaroso, pecaminoso, y negativo, el recuento de sus pormenores (a manera de confesión y catarsis) es necesario, para lograr fomentar el arrepentimiento, el remordimiento, y el dolor por haber cometido lo malo. Tales dimensiones son tratadas en la presencia del Espíritu quien redarguye y convence a la persona de su necesidad de arrepentimiento y liberación. Además, la búsqueda de la restitución y restauración en el caso de haber quebrantado o vituperado relaciones íntimas, la reconciliación con otros seres afectados, y la renovación de pactos matrimoniales o familiares, aparecen como metas deseables.

El objetivo del consejo incluye a su vez consideraciones futuras, ya que las personas ansiosas pueden vivir con anticipación, "trayendo el mañana hacia el ahora", y en diversas maneras, malograr su presente a través de ansiedades acerca de lo que todavía no ha sucedido. El anticipar y traer el futuro al presente en forma negativa disminuye la potencialidad de vivir más pausadamente, con tranquilidad, y paz. Por otra parte, en e; trazado de metas positivas, el "devenir" o el llegar a ser lo que uno quisiera ser, es también el objetivo del consejo.

Las Dimensiones en el Proceso de Ayuda al Ser

A fin de establecer criterios de consejo adecuados, necesitamos considerar cuestiones básicas: ¿Quién es la persona? ¿Qué es lo que la persona tiene como ingredientes básicos (capacidades cognitivas, afectivas, conductivas) para entablar un proceso terapéutico? La persona tiene que responder a ciertas preguntas que tratan con su disposición, su voluntad y deseo de cambiar, su prontitud y disponibilidad, y su capacidad parea efectuar los cambios. Los siguientes factores entran en juego en el asesoramiento:

- Necesidades personales básicas: Si han sido satisfechas hasta cierto punto, o aparecen como peticiones o demandas a ser satisfechas (seguridad y confianza persona, albergue, pertenencia, estima propia)
- Necesidades sociales (intimidad, compañerismo, amistades)
- Necesidades espirituales y desarrollo espiritual del ser
- Nivel de aprendizaje, alcances intelectuales
- La disposición, el deseo, y la capacidad de cambiar su carácter (la estructura de su personalidad), sus procesos (pensar, razonar, atribuir significado, aprender, adquirir empatía y sensibilidad emocional, etc.)
- Nivel de motivación para efectuar los cambios necesarios
- Contexto situacional y las influencias del ambiente
- Estilo de vida —funcional o disfuncional, en necesidad de cambios
- Creencias, actitudes y valores que afectan a la conducta personal y social
- Capacidad global de atender, percibir, analizar, sintetizar, y atesorar los principios tratados en forma pertinente en consejería, y aplicarlos en forma concreta y cotidiana

El acercamiento hacia las personas que experimentan necesidades de diversa índole a menudo comienza por asumir proporciones multimodales y polifacéticas. Un enfoque global hacia la salud y el crecimiento de la humanidad diseñada por Dios es un buen punto de partida. También permite la renovación del entendimiento y la habilidad de enaltecer la capacidad de relacionarse con Dios (conocerle, amarle, establecer comunión, adorarle y servirle). Permite la revitalización de lazos íntimos familiares, ayudando a reestructurar limites, papeles, expectativas y dar pautas de renovación interpersonal.

En manera particular, el crecimiento personal puede ser guiado en forma mas singular, enfocando sobre la imagen del ser, su identidad, su intimidad con Dios y con su prójimo. El ser redimido puede ser guiado hacia su servicio social en solidaridad con el sufriente y el regocijante, viendo posibilidades de redención y de rescate del mal, aplicables a otras personas. También los aspectos ecosistémicos pueden entrar en la esfera de la consejería, tratando al ser como parte del cosmos creado y en necesidad del ejercicio de su mayordomía ecológica, con la atención debida a sus diversas instituciones en necesidad de manutención, preservación, renovación, y cambio funcional. El ser humano, como mayordomo de Dios, aunque en forma global no pinte de verde al mundo entero, puede plantar concretamente un árbol en su vecindario.

En especial, el consejo pastoral aboga por la liberación de las personas afectadas por el pecado (definido como "transgresión" de las demandas de Dios, y como "errar al blanco" propuesto por Dios). Se trata de ayudar a las personas a que, por un lado "no pisen la línea demarcadora" trazada por Dios, y por el otro, apunten al blanco propuesto por Dios para sus vidas. Se tiene en mente la redención de los efectos de la caída, tratando a la persona con gracia, con empatía, y brindando hospitalidad como agentes de cambio y reconciliación. La consejería puede ser acoplada al proceso de redención, fomentando la búsqueda de liberación hacia una vida más abundante, más libre de prejuicios, de ataduras inconscientes, de defensas, o barreras que impiden la actualización del carácter reflejante-imitador de Dios. Se busca el acrecentar la competencia, el crecimiento y la madurez, la libertad en el Espíritu, con el afán de irrumpir los quehaceres cotidianos y triviales de la existencia debajo del sol con una meta más trascendental.

Las peticiones de las personas. El énfasis moderno en la consejería secular se coloca sobre la satisfacción personal, el bienestar, y la actualización de potencialidades del ser humano. La promoción de la libertad personal aparece como una meta suprema: el "llegar a ser uno mismo" (devenir) sin vivir supeditado al deseo o al interés de otras personas alrededor. Sin embargo, un énfasis excesivo sobre lo individual a menudo lleva al establecimiento del narcisismo, fomentando el egoísmo, sin mucho concernir hacia sus semejantes.

Lo que los consejeros ofrecen. El consejo pastoral puede atender a las necesidades de satisfacción personal, pero además, pretende enfatizar una meta suprema: Recordando el catecismo de Westminster, el ser humano vive no para sí mismo, pero para Dios, y su propósito supremo es el de agradar y obedecer a Dios. El consejo pastoral apunta hacia la madurez espiritual del ser (y a veces, según el énfasis del ministerio, su madurez emocional y psicológica), con objetivos inmediatos que enfocan sobre el manejo de situaciones concretas actuales, animados con la meta final de llegar a ser como Jesús en carácter, conducta, e influencia, visto como el prototipo de una nueva creación.

A veces, los objetivos de la persona que viene en busca de consejo están simplemente centrados en sus necesidades inmediatas y concretas, mientras que el afán pastoral es el de establecer objetivos más supremos. La discrepancia se observa en tales casos, con expectativas provenientes de diferentes niveles y enfoques, con resultados que pueden ser menores de lo esperado. Aún cuando el consejo pastoral apunta hacia metas elevadas, debe ajustarse a las necesidades de la persona, y "vaciarse" a sí misma, (anonadarse como lo hizo Jesús, quien se despojó de sus prerrogativas, y en forma de siervo, actuó hacia el ser caído con empatía redentora) y alcanzar al aconsejado a su nivel de entrada.

En el narrativo de los evangelios, el encuentro entre diez leprosos y Jesús se registra como un relato de interés a nuestras consideraciones. Jesús tuvo en mente algo más significativo que simplemente sanar a diez leprosos. Los necesitados de ayuda, al recibir la solución a su problema físico, continuaron su derrotero con las ansias de satisfacer todo lo que la lepra les había robado en la vida personal y social. Solo el que volvió se apercibió de un= propósito mayor en su vida: el de reconocer, dar gracias, y adorar a su Señor. El hecho de atender a los diez recalca por un lado, la necesidad de prestar atención incondicional y unilateral hacia el sufriente como una postura esencial y necesaria. Tal postura es innegable en el caso de Jesús, quien sanó sin hacer muchas preguntas ni establecer ninguna condición previa. Por otro lado, como el relato lo indica, se enfatiza que el ser humano necesita algo más que simplemente tener un cuerpo sano y limpio: Necesita afinar su ser espiritual con Aquel que lo postuló y diseñó con propósitos mayores.

Luego de atender a los síntomas, a las quejas inmediatas, y a las necesidades básicas, el consejo pastoral puede extender la invitación hacia un crecimiento que supera lo precario: Desafía al ser humano a buscar el Reino de Dios y su justicia. Cuando el discípulo busca que

Dios impere por la fe en su vida, las "demás cosas" vienen por añadidura. Sin embargo, la persona en aprietos, a menudo no suele tener tal percepción. En general, la persona viene con quejas porque "las cosas" no funcionan, porque no existen, porque carece de ellas, o porque quisiera verlas de otra manera.

Debemos señalar que, las personas humanas, a pesar de "nacer de nuevo" y "crecer de nuevo", están siempre propensas a actuar, pensar, y sentir en forma natural, de una manera que deja translucir los efectos del roce con un cosmos que afecta sus procesos cognoscitivos, efectivos y volitivos. Es decir, las presiones ambientales del mundo que rodea al creyente dentro de su contexto apremiante, desafiante, tentador, desafiador, y moldeador, afectan su mente, su corazón y su voluntad. La renovación constante es necesaria para mantener o preservar la fe, el amor, y las buenas obras. La persona que aconseja debe tener en mente que los creyentes se desenvuelven en un entorno en el cual el proceso de la entropía hace que todo lo creado –incluso el ser humano– vuelva a un estado letárgico y decadente, y a medida que el tiempo transcurre debajo del sol, se desgasta y fenece. Los seres humanos pertenecen, por así decirlo, al sexto día de la creación, y están supeditados a todos los contratiempos y vicisitudes de la creación que funciona inexorablemente supeditada a las leyes naturales.

Las personas humanas, aunque estén llenas del Espíritu y caminen "en luz", siempre tendrán que atender a sus necesidades básicas. En solidaridad con el resto de la humanidad, los discípulos deben reconocer los aspectos naturales de la vida: Que el sol sale sobre justos e injustos, y llueve sobre redimidos y pecadores sin redimir. El roce con las vicisitudes cotidianas de la vida, y la sujeción a las leyes naturales debajo del sol, hace resaltar el hecho que los cristianos se cansan, sudan, experimentan dolores de muelas, tratan con los callos en sus pies, se ponen canosos, se enferman, y participan de los legados naturales del cosmos. Los problemas emocionales también atañen a tales personas, que bien pueden ser víctimas de circunstancias, experimentar sinsabores, luchas y querellas, roturas en sus relaciones y conflictos intrapersonales.

La Salud Mental y el Consejo Pastoral

Debido a la falta de entendimiento o a la carencia de investigaciones más cabales acerca de las posibilidades de integración en el pasado, la psicología se ha descartado como algo que no cabe en el ámbito cristiano. El consejo que incluye nociones seculares e integra aspectos psicológicos desarrollados a través de las investigaciones, ha sido tratado como un ejemplar raro y difícil de aceptar. En algunas instancias, los defensores (a veces auto designados) han atacado a la psicología Cristiana coma un ente anti-espiritual, carente de fe, y hasta de una estrategia demoníaca para confundir y desviar a los creyentes a fin de que estos no permanezcan en la simplicidad y la verdad del evangelio. Cabe decir que en muchas ocasionen, tales cargos han sido relativamente ciertos. Pero también, muchas veces han errado en sus juicios, al no ser equitativos, justicieros, u objetivos en sus críticas.

Es necesario establecer el criterio que la aprehensión y las dudas que muchos cristianos tienen acerca de la materia no carecen de fundamentos. En muchas maneras, los proponentes de acercamientos psicológicos en el ámbito secular han denigrado la fe, o han descartado la religión como "neurosis", con alusiones o proposiciones de abandonar la búsqueda de lo espiritual en materia de salud mental. Por otra parte, el advenimiento de terapias mezcladas con filosofías esotéricas de la nueva era, la amalgamación con prácticas de meditación trascendental, basadas en el la filosofía y las prácticas del budismo tipo zen, han llenado el vacío de aquellos que buscan algo más transpersonal o espiritual.

En la actualidad, los proponentes de sistemas tradicionales analíticos se unen a la diversidad de alternativas esotéricas a las buenas nuevas ofrecidas por Dios, y se consideran una especie de "sacerdotes seculares" con una manera casi-religiosa de mantener su tradición oral y escrita, sus núcleos de entrenamiento exclusivo, sus discípulos, y sus maneras de establecer credenciales, autoridad, y validez ante los "laicos". El control de las definiciones e interpretaciones permanece del lado de los analistas, y cualquier desavenencia es tratada de "resistencia" a la "verdad" estipulada. Se tilda de "herejes" a los que no se ajustan a los pronunciamientos *ex cátedra* de los considerados fundadores. También notamos que durante el fin del siglo pasado, un regreso a la defensa y redefinición de cierta ortodoxia analítica ha tomado lugar, como en el caso de Lacan, quien dedicó sus esfuerzos a reinterpretar, redescubrir, y aplicar cierta exégesis, hermenéutica, y homilética idiosincrática a los dictados analíticos de Freud. Sin embargo, sus esfuerzos a veces han sido esotéricamente aplicados por personas que no son tan eruditas ni filosóficamente preparadas como lo fue Lacan, el fundador del sistema. Por otra parte, la teoría psicoanalítica ha recibido un ímpetu renovado con las investigaciones hechas en el campo de la neurobiología interpersonal. Schore (2006) ha realizado estudios científicos con el propósito de entrelazar la teoría del apego (attachment theory) dentro del sistema analítico de relación de objetos (object relations theory), donde las interacciones entre objetos (madre-infante) son escrudiñadas por medio del asesoramiento de variables (circuitos neurales, mielinación o mielinización de las neuronas espejo, la bioquímica, y endocrinología que entran en juego, etc.), dentro de un marco evolucionario, juegan papeles importantes.

La tarea de integrar tales acercamientos con la teología cristiana es difícil, debido a los reclamos y las postulados de carácter exclusivo en ambas esferas. En su afán de "corregir" lo considerado deficiente (basado en la fe cristiana), los investigadores seculares postulan sistemas que llegan a ser rígidos o dogmáticos en sus reclamos. A menudo se ha atacado la fe cristiana (tomando ejemplos extremos de fanatismo) y se han presentado las creencias fundamentalistas como siendo patrocinadoras de las aberraciones caracterológicas y de los trastornos psicopatológicos, como algo eclesiogénico (originados por aspectos pertinentes a lo eclesiástico). Tal afán ha hecho de la psicología secular y humanista una especie de religión con énfasis y pronunciamientos que pretenden descartar la ortodoxia cristiana. Sin embargo, cabe señalar que la esfera de la salud mental ha recibido un empuje proveniente de lo considerado "espiritualidad", considerada como un factor positivo en el campo de las investigaciones actuales. Varios proponentes de tal integración (aunque definida en formas diversas y no necesariamente concordantes a la fe cristiana) han enfatizado y dado pautas positivas de lo que la fe en algo trascendental, y las prácticas espirituales de diversa índole pueden proporcionar. Aquí ellos investigadores que en realidad se empeñan en buscar la verdad, sea en la esferas científicas, tecnológicas, filosóficas, o religiosas, no se apresuran a descartarse mutuamente, sino más bien tratan de mantener apertura, honestidad y humildad en sus maneras respectivas de investigar.

Este capítulo ha tratado de colocar los esfuerzos terapéuticos como coadjutores al trabajo pastoral, estableciendo criterios redentores por parte de Dios, como así también enfatizando acercamientos terapéuticos que ayudan en forma preliminar, paralela o proactiva en el proceso de crecimiento de las personas creyentes quienes pueden experimentar trastornos psicológicos que les impiden alcanzar un mejor grado de salud mental.

Capítulo 13

El Ser Integral

El objeto de atención en la consejería es el ser humano. De manera que, necesariamente debe ser definido y asesorado en su esencia, en su facultades y funciones. Hemos tratado al ser como imagen de Dios, y expuesto las postulaciones que abarcan su existencia según Dios, y cómo las tales se desarrollan en el plan de Dios desde Génesis hasta el Apocalipsis. Este capítulo enfoca sobre el ser en una manera integrada. El trabajo de consejería trata con la persona humana en necesidad, y como tal, debe ser vista desde un ángulo teológico-psicológico "arquitectural" y no parcial o reducido. Un asesoramiento acerca de quién es la persona a la cual se atiende es esencial para las funciones ministeriales, y de la consejería que enfoca al ser como su centro de atención, o como el área de su trabajo. Para ello, dedicamos esfuerzos que comienzan por definir integralmente al ser y al devenir.

Definiendo al Ser Integral

Es necesario vislumbrar al ser como un ente concreto en el aquí y el ahora, existencial y prácticamente, pero también como ser dinámico, desarrollándose en un proceso de crecimiento en el espacio y el tiempo, en un cosmos sujeto a tensiones, tentaciones, presiones y problemas que en cierta manera, obligan al ser a pedir ayuda. Diferenciamos las perspectivas seculares de las cristianas, con definiciones, principios, y conceptos con la finalidad de integrar a nivel abstracto y paradigmático. Tanto en escritos como en cursos dictados acerca de las teorías de la personalidad, en psicopatología, e integración psicológica-teológica, a menudo surge la pregunta: *¿Cómo definimos al ser humano?* La respuesta propuesta por el autor abarca varios niveles de análisis (vertidos en puntos de enfoque genéricos) en términos a ser explorados en este capítulo. El ser humano es:

1. Un ente biológico-psicológico-social-espiritual. Tomado del polvo y dado aliento divino; capaz de relacionarse con otros seres semejantes y establecer convenios a diversos niveles de intimidad y socialidad.

2. Se desarrolla y despliega en un estado-proceso de existencia dinámica, como un sistema orgánico que nace, crece, se desarrolla, y fenece bajo las contingencias de un

cosmos sujeto a las leyes naturales mientras que permanece como un ente especial ante la vista de Dios, quien lo postuló, lo creó, lo redimió, y lo sustenta hasta que alcance su derrotero final en la voluntad de Dios.

3. Posee/exude/refleja propiedades (a) emergentes a causa de su derivación de Dios (estructuras subyacentes a los procesos expresados en características ontológicas o esenciales –potencialidades epigenéticas y espirituales), y (b) definidas como reflejantes de Su ser (a manera de espejo –en términos éticos, morales, intelectuales, sociales y relacionales).

4. Originalmente creado y diseñado como expresión de la imagen de Dios, (Tselem Elohim) ha experimentado cambios negativos a niveles subyacentes, estructurales, de procesos y conducta –el ser es afectado por las consecuencias de la desobediencia y la caída en el pecado (definido como trasgresión a los dictados de Dios, o el errar al blanco propuesto por Dios), con su consecuente maldición (la cual abarca no solo al ser, sino también a su contexto ecosistémico y sus relaciones); como consecuencia, el ser experimenta el impacto de las fuerzas externas e internas que producen aberraciones, disfunciones, patología y problemas físicos, emocionales, cognitivos y espirituales que se desvían de lo considerado "normal".

5. Tales tendencias son manifestadas en común (compartidas con seres semejantes) como así también diferenciadas de otros entes de la misma estirpe.

6. Las sub-estructuras del ser (su hipóstasis) se consideran como las bases subyacentes a los procesos cognitivos, emocionales, y conductivos. Lo denominado "ser interior" es animado de funciones ejecutivas, consideradas como un agente ontológico, existencial, consciente de su estado y de sus capacidades, capaz de funcionar de acuerdo a sus posibilidades epigenéticas, sus dotes y formación intelectual, social y espiritual.

7. Tales sub-estructuras tienen continuidad en el tiempo y el espacio, y manifiestan rasgos estables a lo largo de la existencia humana.

8. También experimentan variabilidad, la cual es enmarcada dentro de su contexto situacional y cambiante sujeto a las desavenencias, vicisitudes, presiones, demandas y desafíos provenientes de su entorno externo. También pueden experimentar cambios debidos a sus estados internos, afectados por las vicisitudes a la cuales debe adaptarse en la esfera natural de su existencia.

9. Tal estado de existir natural es ofrecido la oportunidad de cambios radicales hacia la reconciliación con Dios, con su prójimo, y consigo mismo, debido a los alcances de la redención (la provisión de un sustituto redentor, propiciatorio y expiatorio, quien pagó el precio de rescate del pecado y ofrece la recuperación de lo perdido ante Dios –estado, posición, alcances y logros; tal salvación es actualizada a través de la obediencia y la fe, en el cual el ser experimenta un cambio posicional y existencial debido a su regeneración o renacimiento, justificación y aceptación por parte de Dios, quien provee las bases para la recuperación de la libertad y la dignidad humana como así también la herencia diseñada en cuanto a la vida en relación a Dios y a la eternidad.

10. El ser es relacional, denominado 'trialógico' por manifestar capacidades hipostáticas-

extáticas, (a) con Dios su postulador, creador, redentor, y sustentador; (b) con su contexto social —su prójimo semejante (familia, comunidad, cultura); y (c) consigo mismo (un ente con diversas posiciones de definición de su "persona" en diálogo interno constante, regulado por funciones ejecutivas, metacognitivas y metaemotivas).

11. Tiene la potencialidad de actualizar tal existencia con significado y dirección teleológica, animado con propósitos.

12. Las propiedades emergentes (rasgos del ser) son expresadas a tres niveles, denominados cuerpo, alma, y espíritu, las cuales pueden ser originadas (a) internamente —orgánica, bioquímica, cognitiva, emocional, o espiritualmente, actuando como activadores de la expresión, o (b) responder a los estímulos ecosistémicos externos que incluyen realidades físicas, sociales, y espirituales —de carácter benigno/positivo, o maligno/negativo.

13. Tales propiedades emergentes no pueden ser entendidos como simplemente el resultado de la biología (genética, herencia, bioquímica, neuropsicología, fisiología) por un lado, ni lo ambiental (social, presiones ecosistémicas situacionales) por el otro.

14. Además, el ser es capaz de trascender (en el sentido natural de la palabra) su existencia presente a través de sus procesos cognitivos-afectivos-volitivos: (a) históricamente —recordando semántica o episódicamente, o yéndose al pasado en su memoria, y (b) escatológicamente, anticipando su futuro.

15. El ser es consciente de su condición entrópica, la cual termina en su "no ser" (mortalidad).

16. En el caso del creyente, el ser es consciente de su estado final ante Dios —su ser-en-relación eterna, siendo conformado por Dios, quien compagina sus vicisitudes cotidianas en manera tal que su moldeado se actualiza teleológicamente hacia el prototipo de su vida —Jesucristo, el autor y consumador de su fe.

17. El ser en sí es más que la suma de sus partes, o de sus expresiones emergentes, considerándose un ser-en-relación a su postulador —sea consciente o inconsciente de ello; tal relación es denotada por un mover extático (un movimiento de acercamiento y amor hacia Dios) o apostático (alejamiento negativo de su fuente de origen y anclado)".

La definición es extensa, e incluye el punto de vista bíblico-teológico que añade a las maneras seculares comunes de definir al ser en el cosmos variables o conceptos tales como el pecado, la redención (sustitución, expiación, justificación, regeneración, reconciliación, y adopción), la santificación, y el devenir o llegar a ser como el prototipo ideal propuesto por Dios como la medida perfecta del ser —Jesucristo, el autor y consumador de la fe cristiana. Tal enfoque se constituye en la meta final hacia la cual el ser humano redimido apunta y se dirige, siendo transformado y conformado a la Imagen de Dios a medida que coparticipa con el Espíritu Santo en el proceso de transformación. El proceso involucra la asimilación de la Palabra, el acomodo hacia la voluntad de Dios, el equilibrio entre el creer y esperar en fe, y el actuar basado en la razón, la perspicacia, y la sabiduría acumulada en el derrotero al ser guiado por el Espíritu hacia la meta final.

El proceso es teleológico, y representado por una curva ascendente asintótica cuyo cometido final –abarcado en la economía del tiempo, nunca alcanza la medida ideal aún cuando se acerca paulatinamente hacia ella. La esperanza escatológica del ser creyente es la redención completa o la glorificación en su resurrección, o en su encuentro con Jesucristo en su Segunda Venida (Ro 8:18-30; 1 Jn 3:1-3).

Desde el punto integrador y considerando los diversos niveles de análisis posibles, existen dos definiciones del ser humano: En su estado natural y "en Cristo". La construcción gramatical "en Cristo" se encuentra 120 veces en el Nuevo Testamento, enfatizando una nueva economía, una nueva definición, una nueva posición, un nuevo estado, y una nueva relación con Dios, dentro de una nueva esfera de actividades, con nuevas capacidades, etc. del ser. Es notable que el apóstol Pablo redefine al ser en su nueva condición (2 Co 5:16-17) alegando que *"desde ahora, a nadie conocemos según la carne"* –es decir, no consideramos al ser en un estado natural, cultural, sino que consideramos al ser regenerado, transformado, y siendo conformado "en Cristo". Para una explicación de las diez interpretaciones surgidas en el campo teológico acerca de tal expresión, véase a Markus Barth en su comentario sobre Efesios (1974). En sus cartas, el apóstol Pablo a menudo se dirige a los creyentes que están en las localidades geográficas tales como Corinto, Éfeso, Colosas, Tesalónica, etc. como seres culturales, pero también como seres definidos, separados, dedicados, y vistos *en Cristo* (1 Co 1:2; Ef 1:1; Fil 1:1; Col 1:2; 1 Ts 1:1).

Los psicólogos de la personalidad han caracterizado al ser humano en varios "tipos". En algunos casos, la tipología pareciera ser prefigurada con cierto tinte (en el caso de Freud, su énfasis sobre lo libidinal, resultando en sus etiquetado oral, anal, fálico, etc.); o en referencia a las maneras en las cuales la persona utiliza sus energías psíquicas hacia afuera o hacia dentro de su ser, resultando en los tipos introvertidos o extrovertidos de Jung. En el ámbito cristiano, el apóstol alegó a cierta tipología con referencia al ser supeditado a fuerzas controladoras o motivadores de las expresiones conductivas, con tres clases de personas en su carta a los Corintios: (1) naturales (personas no redimidas, no creyentes, sujetas a su naturaleza pecaminosa); (2) carnales (*sarkikos*, personas regida por sus deseos carnales a pesar de ser creyentes) y (3) espirituales (*pneumatikos*, personas regidas por el Espíritu) (1 Co 3:1).

La integración teológica trata con las variables y los conceptos enunciados, presentados aquí en forma esquemática, considerados ya en el capitulo referente a la imagen de Dios (*Tselem Elohim, Imago Dei*), y más aún, a ser desarrollados en capítulos subsiguientes. En este paradigma cristiano evangélico, (1) el ser no es producto del azar, sino que ha sido vislumbrado desde antes de la fundación del mundo (*pre-formado* por Dios); para luego ser (2) *formado* por Dios –en Génesis, como también en el vientre humano; (3) ha sido *deformado* por el pecado y la psicopatología; (4) pero ha sido *informado* por Dios que es redimible, llegando a ser *reformado (renacido, regenerado, recreado, justificado y adoptado)* por la obra de Cristo en la cruz, aceptada por fe y en obediencia a Dios; (5) siendo *transformado* por la obra santificadora del Espíritu en su derrotero consecuente a su redención; (6) para ser *conformado* a la imagen de Jesucristo (la redención total hacia Imago Dei).

Dada la complejidad del ser, es difícil sintetizar su naturaleza, sus estructuras, su desarrollo en el tiempo, y sus funciones. Veamos las descripciones de tal definición.

1. *Ser integral*: El ser humano es un ente biológico y psico-socio-espiritual, no reducible a "componentes" cuya totalidad es más que la suma de sus niveles de existir. En su nivel biológico (antepuesto a lo psicológico, social, espiritual) el ser existe en el tiempo y espacio en

el cosmos, formado ("viene del polvo" –tal vez un lenguaje analógico para denotar lo referente a las partículas subatómicas, a electrones danzando en órbitas cargados con energía electromagnética, a la bioquímica con sus neurotransmisoras, al ADN, a la composición celular, a los elementos fisiológicos, etc.); el ser proviene de otros seres semejantes al nacer, existe, y luego vuelve al polvo (Génesis) de acuerdo a las leyes naturales que rigen al cosmos. Si se apela al narrativo de la creación, Génesis recalca el hecho que el ser comparte el sexto día con otras criaturas que ascienden en orden taxonométrico, desde los protozoos hasta los chimpancés, desde sistemas vivientes primitivos hasta los más elevados, aumentando sus complejidades hasta lograr un porcentaje alto (97%) del ADN humano (Amigos investigadores del MIT y de Harvard me recuerdan que también comparte el 50% del genoma de una banana!). El distintivo mayor es que el ser humano es definido como criatura especial, como el único invitado a participar de la comunión con Dios en el séptimo día para dialogar, reflejar, declarar, emitir o administrar las virtudes de su Creador. La vida del ser, anclada y basada en su Creador, comienza en Su descanso, para luego ejercer su mayordomía en el cosmos.

El autor ha sido miembro, ha publicado artículos, y presentado conferencias con la Asociación Científica Americana en USA. Los miembros de tal organización están divididos en varios campos: Hay quienes abogan por una tierra relativamente "nueva" mientras otros la consideran bastante vieja; algunos se consideran creacionistas "puros" y otros creacionistas quienes integran los reclamos de los postulados de una evolución emergente bajo los auspicios divinos sin dejar de creer en un Dios quien ha utilizado tales medios para lograr sus fines. Las interpretaciones del lenguaje empleado en el narrativo son literales por un lado, y por el otro las integradoras apelan al significado metafórico, alegando a la creación como un himno, una oda con lenguaje figurativo, y no un tratado científico. Un ejemplo notable es el Dr. Francis Collins, quien ha sido el director del Proyecto Genoma, y también el director del Instituto Nacional de la Salud en Washington, DC. Manifiesta su fe cristiana evangélica ya la vez escribe su libro, *DNA, The Language of God* (2006) con tinte evolutivo. Muchos otros en el campo de la biología, la genética, la geología, y otras ramas científicas, comparten tal punto de vista sin dejar de dar crédito al Dios creador.

El considerar los elementos básicos del ser a la altura subatómica (donde partículas o electrones danzan en órbitas electromagnéticas), molecular, bioquímica, neural, fisiológica y corporal, no podemos negar que el ser humano está sujeto a las leyes de la física, la termodinámica, la hidráulica, el electromagnetismo, etc. No podemos negar las interacciones naturales del universo, y particularmente de nuestro cosmos. Lo que denominamos el "butterfly effect" o "efecto mariposa" (en un sistema cerrado, el aletear de las alas de una mariposa en Buenos Aires afecta el ecosistema de Córdoba) actúa sobre el ser.

Por ejemplo, en el síndrome denominado "Desorden Afectivo Estacional" (Seasonal Affective Disorder, o SAD), la carencia de luz solar diurna interacciona con los receptores humanos y en alguna manera, afecta al ser con cierta depresión (estudios realizados en el campo muestran que hay una correlación entre la latitud geográfica y la incidencia del problema, desde Finlandia hasta el Caribe; en Massachusetts, en la experiencia clínica del autor, las personas propensas a tal síndrome son más afectadas con la depresión estacional desde Octubre hasta Abril en forma cíclica y repetitiva. Una alegación a las Escrituras puede reflejar cierta conexión entre el ser y su cosmos, al recalcar que "el sol no te fatigará de día, ni la luna de noche". Cualquier persona que trabaja en una sala de emergencia o en una clínica psiquiátrica, puede atestar a la elevación de síntomas y problemas entre personas predispuestas a ciertas enfermedades mentales durante los días de luna llena, desde las manifestaciones leves hasta los episodios psicóticos. De allí que, en la antigüedad, se los denominaba como "lunáticos" a los afectados por la luna.

La ley de la gravedad, la entropía, y las fuerzas naturales actúan sobre el ser y finalmente, hacen que el ser "muerda el polvo" otra vez, para ser "reciclado" según las leyes de la termodinámica. Una baguala argentina nos brinda la estrofa del gaucho cantor amante del vino quien, queriendo compartir su existencia aún después de morir, quería que su sangre y sus cenizas fuesen echadas entre los viñedos, para convertirse en vino para que otros lo beban y lo disfruten. En alguna manera, su canto recalca el hecho que según la formulación original de la segunda ley de la termodinámica, en la naturaleza nada se crea y nada se pierde, sino que todo se transforma (la ley fue revisada para constatar que la negentropía proveniente de afuera del sistema provee vida al sistema entrópico y lo sustenta).

2. El estado-proceso del Ser. Podemos tomar una foto y capturar un momento en la vida del ser, o hacer un video captando el actuar en un tiempo de una persona. Una realidad es estática; la otra es dinámica. El ser humano puede ser definido como un ente en el espacio y el tiempo, como si fuese una imagen captada; pero, como William James lo enunció hace mucho tiempo, la conciencia de ser es experimentada como un flujo, un proceso de "devenir". Entre los psicólogos de la personalidad, Allport recalcó que el ser humano está siempre animado de un proceso proactivo de "llegar a ser" alguien, lo que denomina "devenir".

Como Shakespeare escribió en su *Hamlet*, "Ser o no ser, esa es la cuestión". La cuestión de la existencia humana es la cuestión del ser ontológico, del estado de "ser como puede o debe ser" en sí. Es aquello (o mejor dicho, "aquel") que permanece en pié después que se haga un análisis completo de su experiencia, reducida paso a paso hacia elementos que terminan por perder significado, y menguan en su valor. Freud enfatizó tal análisis, tratando de llevar al extremo el entendimiento de los instintos, los mecanismos de defensa, y los rudimentos elementales del subconsciente. Freud nos ha dejado un paradigma, un tratado psicoanalítico acerca del ser. Sin embargo, a pesar de experimentar y registrar tal proceso, no abarcamos al ser en sí, o en su totalidad ontológica. El ser es lo que existe antes, y lo que queda después de tal análisis. Es el analista quien trata de definir al ser; o el ser mismo quien trata de definirse en alguna manera acertada. Sin embargo, el ser definido o autodefinido no es abarcado exhaustivamente en tales atentados. Las experiencias le suceden al ser que las experimenta, quien puede llegar a ser poseedor de la capacidad metacognitiva de escrutinio propio, de la libertad emocional y objetiva para llegar a apercibirse de las fuerzas que han actuado en su desarrollo, y que en el presente actúan sobre su ser, para luego acomodarse a las mismas, desafiarlas, vencerlas, o darse por vencido.

Desde el punto de vista cristiano evangélico, el "llegar a ser" lo que uno puede y debe ser ante Dios, es el resultado de la coparticipación entre la elección divina, la presencia, el poder, y la investidura del Espíritu Santo en su interacción existencial con la persona, y el libre albedrío de la persona que elige obedecer y rendirse como un sacrificio vivo a Dios. El "devenir" en la antropología bíblica se diferencia a los postulados humanistas de Rogers, Maslow, y Allport, quienes enfatizaron una especie de proceso epigenético de actualización de potenciales existentes en la persona en manera natural, y sin patrón o prototipo guía. En el caso bíblico-teológico el "llegar a ser como Jesucristo", en cuanto a ser-en-proceso, está supeditado a ambas, las vicisitudes del ser (creado, caído en el pecado, redimido por la gracia de Dios), sujeto en su derrotero a los desafíos apremiantes, tentadores, y destructivos de este siglo, debajo del sol por un lado, y por otra parte, a su afinidad, abertura, disposición, fe, y obediencia al redargüir y la guía del Espíritu, quien suscita la capacidad humana para responder al llamado de Dios. En tal proceso, el ser no divaga en sus conjeturas personales o sociales, sino que tiene un prototipo guiador en Jesucristo, el autor y perfeccionador de su fe (Heb 12:1-2).

La idea reflejada por el apóstol Pablo sigue una línea teleológica y descriptiva de su experiencia espiritual, al decir: *"no que ya sea, o que haya alcanzado… pero prosigo al blanco… para ser visto en Cristo"* (Fil 3:12). También alude a su esperanza de ser "revestido" algún día, sabiendo que su habitación terrena (su cuerpo) es decadente y entrópicamente desechable, para resucitar en "Aquel Día" (2 Co 5:1). Su ambición no es llegar a ser un espíritu incorpóreo flotante, liberado de la cárcel de su cuerpo (pensamiento platónico), sino el de resucitar con un cuerpo glorificado –no biodegradable. El autor a los Hebreos corrobora tal concepto al decir, *"corramos la carrera, puestos los ojos en el autor y consumador de la fe"* (Heb 12:1-2). El apóstol Juan también tiene un paradigma en mente: *"Ahora somos… pero todavía no somos… pero cuando El venga, seremos semejantes a él…"* (1 Jn 3:1-3). En cuanto al consejo relacionado con este punto, las personas afectadas por cierta psicopatología, sea de cualquier especie o alcance, experimentan problemas en el "llegar a ser" o "devenir". En tales casos, si se asesoran de su condición, y son capaces de ver posibilidades de sanidad emocional, acuden a pedir ayuda o consejo para tener una mejor posibilidad de actualizar sus potenciales.

3. La ontología del ser. Por ontología, entendemos que las sub-estructuras que subyacen a las propiedades emergentes de Ser son las bases fundamentales sobre las cuales descansa todo argumento y definición. La ontología es la rama de la metafísica que trata con la realidad misma, aparte de la persona que la experimenta, y de los conceptos mentales que se derivan de la percepción. El término fue introducido para designar un campo de pensamiento especulativo entre la filosofía natural que trata con el origen y la estructura de la realidad física, y la filosofía "mental" o psicología. La ontología pretende buscar respuestas a preguntas más básicas que las postuladas por la filosofía natural o la psicología. ¿Es la realidad una entidad manifestada en diversas maneras, o una multiplicidad de entidades? ¿Es la persona una sustancia o varias? ¿Es el ser humano algo definido sustancial o relacionalmente?

La ontología trata con la "esencia", la sustancia, o la "sub-estructura" del ser (las bases que sostienen todo lo que relaciones, se ponga encima o se considere acerca del ser). En términos de "esencia" o sustancia, el valor de la vida humana se postula desde su concepción, basando tal valor en referencia al potencial humano (Jones, 1984). En cuanto al embrión (o al feto que se desarrolla de tal entidad), aún sin ser netamente un ser humano actualizado, tal entidad tiene el potencial de llegar a ser una persona durante el curso normal de su desarrollo. El principio epigenético es actualizado en el desarrollo que toma lugar, y el embrión –si las circunstancias son adecuadas, adquirirá las cualidades de ser humano, hecho a la imagen y semejanza de Dios. Brown (1977) apeló a las Escrituras (Sa 51:5; 139:13-14; Jer 1:5; Lc 1:44) en las cuales Dios se relaciona al incipiente potencial presente en el embrión como siendo humano, en manera personal. Recordemos otra vez, que Dios llama las cosas que no son como si fuesen. Nosotros tenemos que esperar que tales cosas se realicen para asesorar su existencia.

Davis (1993) encontró dificultades al abordar la distinción entre lo potencial y lo actualizado, ya que el crecer continuo obliga a preguntar cuál es la línea de base desde dónde partimos –siempre se puede crecer, o fenecer. La iniciativa divina pareciera personalizar a la criatura siendo desarrollada, y tal relación puede comenzar antes de nacer, como en los casos de Jeremías y Juan el Bautista. En ambos casos, las Escrituras alegan a ciertas funciones diseñadas por Dios que llegarían a ser desarrolladas por tales profetas antes de nacer. El ejemplo máximo de "ser en potencia" es el del prototipo de la humanidad, Jesús, quien siempre tuvo relación con el Padre, aún antes de nacer como humano. Otros siguen tal argumento (Rae & Cox, 1999) comentando acerca de la progresión del ser en el tiempo, adjudicando valor a la vida humana cuando se concibe. La calificación de "existir ante Dios" – quien postuló al ser, fue de extrema importancia para pensadores existenciales como Kierkegaard. Para tal filósofo, el ser en su esencia misma y en su existir, estaban transparentemente arraigados en Dios como el terreno o la base de su existencia. La misma alusión ha sido hecha por Tillich, quien consideró a Dios como "el terreno de la existencia".

En su teología de la persona, Barth enfatizó el principio de la determinación ontológica de la humanidad, presentando a Jesús como el prototipo del ser humano. Tal hombre es sobre todo hombre, y debe ser estudiado en su carácter, conducta, e influencia para tomar nota de la intención original de Dios al crear al ser humano a su imagen y semejanza. El estudiar antropología desde otro punto de partida solo llega a alcanzar el fenómeno de lo humano en su estado natural, pecaminoso, finito, y carente de actualización ante Dios. Si bien el ser puede desplegar ciertos potenciales humanos por su propia cuenta, tal "arribo" a su estado de perfección humana (relativamente hablando, comparando pecadores con pecadores) puede ser caracterizado como una expresión benevolente que refleja a la imagen de Dios –aún en el ser caído en el pecado, o en sus términos aberrantes, reflejar cierta "justicia propia" por parte del ser que en manera pedante, descarta, desmerece y aún más, insulta a Dios. Después de todo, Dios envió a Jesucristo para salvar al pueblo de sus pecados, en vista a la incapacidad genérica de lograr su propia justificación, o su aceptación ante Dios.

4. *El ser pecador.* La definición ampliada en este capítulo declara que *el ser originalmente creado y diseñado como expresión de la imagen de Dios (Tselem Elohim), ha experimentado cambios negativos a niveles subyacentes, estructurales, de procesos y conducta. El ser ha sido afectado por las consecuencias de la desobediencia y caída en el pecado (definido como trasgresión a los dictados de Dios, o el errar al blanco propuesto por Dios), con su consecuente alejamiento de Dios y la penalidad del pecado (muerte y maldición –la cual abarca no solo al ser, sino también a su contexto ecosistémico y a sus relaciones). Como consecuencia, el ser experimenta el impacto de las fuerzas naturales externas e internas que producen aberraciones, disfunciones, patología y problemas físicos, emocionales, cognitivos y espirituales que se desvían de lo considerado "normal".* Tales fuerzas pueden ser definidas en términos físicos (biológicos, fisiológicos, bioquímicos, entrópicos, etc.), como así también en términos sociales (roturas en las relaciones íntimas, familiares, abusos, manipulación, etc.). Dedicamos un capítulo exclusivo a este tema, de suma importancia para el creyente o terapeuta cristiano, como corrección a las corrientes psicológicas que ignoran tal variable, o tal concepto en su totalidad.

5. *El ser en general y en particular.* La psicología general trata al ser como semejante a todo otro ser; la psicología diferencial define al ser como perteneciente a un sistema, grupo, etnicidad, o nacionalidad en particular; la psicología clínica trata al ser como único, diferente a todos los demás. En general, el ser comparte aspectos comunes en el cosmos a pesar de pertenecer a diferentes culturas o continentes. Los estudios de Paul Eckman (2007) demuestran un ejemplo de la universalidad de las emociones categorizadas, expresadas en términos faciales. Por otra parte, las impresiones digitales como así también la personalidad, la idiosincrasia particular es notable en la autonomía y la diferenciación del ser, aún cuando éste vive en mutualidad y en comunidad. El consejero terapeuta, además de ver a la persona en manera general o diferencial, debe considerarla singularmente. Su acercamiento es semejante a un sastre diseñador que hace trabajos a medida, y no como alguien que cubre con una toga genérica a toda persona que entra a su oficina.

6. *Las estructuras subyacentes del ser.* Al considerar a la persona humana, observamos su conducta, escrudiñamos su trasfondo, escuchamos sus expresiones verbales, y asesoramos sus

emociones. Lo que se da a la vista es un sinnúmero de datos visibles, observables, agrupados como relatos de eventos o acciones. Tal nivel de análisis puede ser categorizado como trivial, natural, y sujeto a las observaciones hechas de las evidencias externas. Para conocer al ser un poco más, asesoramos su estado mental y emocional. Para eso, nos damos al escrutinio de sus procesos cognitivos (pensamientos, razonamientos, percepciones, atribuciones acerca de la realidad, juicios, capacidad de aprendizaje, memoria, etc.). También asesoramos sus emociones, su estado de ánimo, su sensibilidad, su empatía, etc. Al escrutinio del estado mental agregamos el asesoramiento de sus motivaciones, su capacidad de decidir, y su voluntad.

Con los datos ya conseguidos, podemos preguntar si realmente conocemos al ser. La realidad es que debemos sondear un poco más, para tener una mejor medida de sus actitudes, creencias, valores y cosmovisión. Más aún, al profundizar, debemos llegar al plano del carácter, de la esencia del ser en cuanto a sus sub-estructuras (su hipóstasis, su naturaleza). A nivel profundo, tratamos de sondear las bases subyacentes a sus actitudes, creencias, o valores que propulsan a los procesos cognitivos, emocionales, y volitivos. Tales consideraciones han sido comparadas en el sistema psicoanalítico con un témpano flotante en el mar. La conducta obvia que resulta de los procesos que parten de las bases subyacentes es la porción del témpano que aflora a la superficie sobre el nivel del mar. Mucho del ser permanece oculto al escrutinio obvio.

7. *La estabilidad del ser*: En la psicología de la personalidad, mucho se ha dicho acerca de los "tipos" como un conglomerado abstracto de rasgos, o características discretas, concretas y definitorias del ser humano. Comenzando con Hipócrates (400 AC), quien categorizó al ser en cuatro tipos (colérico, melancólico, sanguíneo y flemático), han existido varias tipologías hasta nuestros días. El test de personalidad conocido como el Myers-Briggs Type Indicator (Myers & Briggs, 1927) fue diseñado siguiendo el pensamiento de Jung acerca de la Introversión vs. Extroversión, para medir preferencias psicológicas en cuanto a cómo la persona percibe al mundo y cómo hace sus decisiones. A tales variable se agregan aspectos pensativos, intuitivos, sensoriales y de juicio. La prueba conocida como el Minnesota Multiphasic Personality Inventory (MMPI), entre muchos otras, ha sido utilizada como un instrumento para medir factores de personalidad en cuanto a la psicopatología, medida como rasgos característicos agrupados en varias escalas clínicas y asesorados en referencia a normas establecidas; tales rasgos han sido considerados como siendo entes estables. Una de las pruebas más populares en la actualidad es el test que se basa en los "Cinco Grandes Factores" de la personalidad (Costa & McCrae), los cuales son derivados empíricamente a través de medidas basadas en el análisis de factores. Los factores agrupados tratan de describir a la personalidad en cuanto a sus rasgos mayores, considerados como estables en el derrotero de la vida del ser, aún cuando existan fluctuaciones debidas a situaciones y presiones particulares. Investigaciones realizadas longitudinalmente en cuanto a medidas de inteligencia (Wechsler, Stanford-Binet, entre otros), revelan que el coeficiente de inteligencia tiende a ser estable a través del tiempo. De manera que se puede pronosticar la inteligencia de la persona desde su niñez. En fin, como recalcamos en la definición extensa, *Los rasgos o características del ser tienen continuidad en el tiempo y el espacio*, los cuales pueden ser asesorados cuantitativamente, no solo en términos de sus cualidades.

8. *La variabilidad del ser*: A pesar del énfasis en la estabilidad de los rasgos de una persona (factores de personalidad, inteligencia), tales rasgos experimentan variabilidad en el derrotero de la existencia humana, debido a las vicisitudes situacionales a las cuales la persona es sujeta. Mischel ha sido un psicólogo social quien enfatizó la variabilidad y el cambio en los rasgos de la persona debidos a las variables y presiones situacionales, y al efecto temporal agrupado en el cual personas que atraviesan épocas o experiencias en común, tienden a desarrollar

características similares a las de sus compañeros. Por ejemplo, personas que atravesaron por experiencias en un campo de concentración y sobrevivieron, han manifestado ciertos rasgos de tal experiencia tenidos en común. Personas veteranas de una guerra, o sujetas al terrorismo, pueden sufrir consecuentemente ciertas enfermedades mentales, y pueden compartir rasgos en común, considerados como un estrés postraumático.

También, las características del ser cambian con el avance de la edad. Por ejemplo, el nivel de la depresión tiende a aumentar en la vejez; también, la capacidad de la memoria experimenta disminuciones a medida que se avanza en la edad, etc. Como en toda investigación social, las variantes pueden ser vistas como siendo afectadas por el tiempo en el cual la persona ha sido asesorada. Los traumas sociales afectan a los rasgos del ser –casos en los cuales las personas han sido sujetas a vejación, abuso o negligencia, pueden experimentar la repercusión de tales eventos, expresada en los rasgos de las personas quienes originalmente no dieron pruebas de tales manifestaciones. En resumidas cuentas, la manera idiosincrática de conducirse en situaciones diferentes, ante diferentes audiencias, o siendo sujeto a diversas presiones, hace difícil la tarea de predecir las características del ser en su totalidad. El grado o nivel de cambio también varia, con algunos rasgos siendo más acérrimos y aferrados y otros más volátiles. Aún así, podemos reconocer a la persona a pesar de sus altibajos, vaivenes, y variaciones.

9. *El ser redimido*: En contraposición al énfasis acerca del pecado, la maldición, la separación de Dios y la culpabilidad humana, el pensamiento cristiano recalca que el ser tiene la oportunidad de ser liberado de tales efectos y estado negativos. El ser creado –formado, y luego deformado y alejado de Dios por el pecado y las consecuencias de la maldición y condenación, *recibe la oferta de experimentar cambios radicales hacia la reconciliación con Dios, con su prójimo y consigo mismo debido a los alcances de la redención –la provisión de un sustituto redentor, propiciatorio y expiatorio, quien pagó el precio de rescate del pecado y ofrece la recuperación de lo perdido ante Dios (estado, posición, alcances y logros). Tal salvación es actualizada a través de la obediencia y la fe, permitiendo la experiencia de un cambio posicional y existencial debido a su regeneración o renacimiento, justificación y aceptación por parte de Dios. Es Dios quien provee las bases para la recuperación de la libertad y la dignidad humana como así también la herencia diseñada en cuanto a la vida eterna en relación a Dios.* Es decir, el ser experimenta un cambio radical (*metanoia*) si acepta por fe los reclamos divinos, y en obediencia, se entrega a Dios para ser tratado en gracia y misericordia, siendo justificado por la fe. Tal justificación permite el experimentar la paz con Dios. El ser renacido o regenerado es invitado a coparticipar en el proceso de su transformación caracterológica, conductiva, emotiva, y relacional. El proceso de su conformado a la semejanza de la imagen divina toma lugar, bajo los auspicios del Espíritu Santo como agente de cambio. En el campo de la teología bíblica y sistemática, la soteriología es el estudio de tal proceso –enfatiza las bases, los medios, y los alcances de la redención del ser.

10. *El ser trialógico*: En esta obra, la persona es definida como un ser relacional y dialógico, *capaz de entablar diálogos que parten desde diferentes posiciones metacognitivas, y animado de una retórica interna –capaz de persuadirse a sí mismo.* Además, el autor lo denomina 'trialógico' por manifestar capacidades relacionales a la semejanza de su creador. Es decir, la comunión hipostática-extática (término teológico que involucran tres entidades personales en diálogo: (a) Con Dios su postulador, creador, redentor, y sustentador; (b) con su contexto social –su prójimo semejante; y (c) consigo mismo. Tal ser tialógico es capaz de adaptar diversas posiciones, partiendo desde diversos "ángulos" existenciales bajo la jurisdicción de un agente ejecutivo (el ser redimido o re-formado por Dios), entablando diálogos internos constantes, animados de procesos paralelos con funciones distribuidas y regulados por la capacidad

ejecutiva-metacognitiva y metaemotiva del ser redefinido y resocializado en su nueva manera de procesar en coparticipación con Dios.

Mucho se ha dicho acerca del ser por filósofos, teólogos y psicólogos. El autor ha cotejado las diferentes versiones postuladas tales como el *Ser Dialógico* (Hermans y Kempes, 1993); *Semiótico* (Wiley, 1994); *Literario* —autor, compositor (Turner, 1996); *Narrador*, historiador (McAdams,); y *Retórico* (Nienkamp, 2001). El ser —como se ha establecido en esta obra, en cuanto al plano natural, es dialógico en su esencia, poseyendo la capacidad de entablar diálogos con seres/entidades extemporáneas y consigo mismo; su comunicación puede ser verbal, tácita, real o imaginaria. (Véase Polischuk, 1994). El ser existe en relación, estableciendo contactos con seres de su propia estirpe. También, ha sido creado para tener comunión con Dios. Aunque tal relación ha experimentado la rotura a causa del pecado y la desobediencia, la redención ha restablecido (re-ligado) la capacidad de entablar un diálogo con Dios. La definición común a la conversación entre el ser y Dios se ha denominado "oración" (o rezo, en la tradición católica). Al orar, el ser dialoga con Dios. Como tal, la oración no es un monólogo, a manera de recitación de fórmulas esperando que haya alguien del otro lado de la incógnita invisible. No es un servo-mecanismo solipsista centrado en el narcisismo del ser. Es el descentrado, enfocado y moviéndose en dirección hipostática-extática hacia Dios. El alojar abundantemente la palabra de Dios en la mente y el corazón, llegando ésta a formar parte de los procesos y estructuras cognitivas, emotivas, motivacionales, y volitivas, permite al ser a oír la voz de Dios —textual, abstracta, metafórica, o derivada en principios tácitos. El ser vive no solo del pan, sino de toda palabra que sale de la boca de Dios. En el caso de la oración, tal palabra (aprendida, atesorada, memorizada, rumiada, elaborada, y alojada en sus estructuras y procesos) interacciona como interlocutor viviente con la persona que ora, infundida en sensaciones presentes, anticipadas, y en memorias semánticas y episódicas. El postular por fe que Dios existe, y que se relaciona con sus criaturas a través del Espíritu Santo —como persona y presencia poderosa— hace que la persona que ora, entable una comunión existencial, experimentando una conversación a nivel íntimo con Dios. El leer las Escrituras en la presencia del Autor es aconsejable. Al leer las Escrituras, tener en cuenta que el Espíritu Santo está allí, para corroborar lo que se escudriña. El ser dialógico "oye" al Autor e interacciona con la Palabra viva, no muerta. Las palabras de Cristo son, como él mismo recalcó, "espíritu y vida" y no letra inerte.

El diálogo involucra dos partes, de modo que no es solo hablar sino también escuchar. No solo ofrecer ruegos, peticiones, alabanzas, adoración, etc., pero a la vez estar en silencio ante la presencia ante Dios, escuchando su voz —vertida y recordada a través de las Escrituras, y permanecer atento al Espíritu alojado en la mente y en el corazón. El prototipo de la humanidad, Jesucristo, pasó horas, noches, y días en la presencia del Padre, orando. El diálogo no es necesariamente audible en el sentido comúnmente denominado "real" (el relacionarse con otra persona físicamente presente, o comunicarse por medios de transmisión electrónicos), sino real en el sentido de captar, apreciar, y actualizar la realidad espiritual.

El ser dialógico puede establecer una conversación imaginaria, con otros seres en su mente. Tanto las voces audibles y reales (en tiempo y espacio compartido) como las introyectadas, traídas a la memoria, o presentes en ausencia (como la "nube de testigos" que rodea al que corre su carrera en Hebreos 12), son traídas al diálogo. El ser interacciona con asentimiento o rechazamiento, comparación y contraste, adjudicación y asesoramiento, en la coparticipación en la narración de su historia. Acepta la verdad postulada en manera proposicional, pero experimenta la verdad desarrollada en manera narrativa y existencial. A veces, tal narrativo refleja su drama, otras veces su comedia; y a veces se entrelaza en metáforas y aprende de lo figurado y parabólico.

El ser dialógico tiene la facultad de entablar diálogos internos, partiendo desde diversas posiciones de su "Yo". Más aún, el diálogo es "supervisado" por funciones cognitivas ejecutivas "desde arriba" del sistema estructural del ser –lo que llamamos funciones metacognitivas y metaemotivas: Saber que uno sabe, observar sus propias conversaciones mientras uno habla, con un sentido de objetividad hacia su subjetividad, y asesorar su emociones cognitivamente sin dejar por eso de sentir. La lucha interna registrada en Romanos 7 puede ser vista a la luz de este paradigma, realizando que la misma persona es consciente de su naturaleza caída y en necesidad de ayuda por un lado, y su ser renovado, iluminado e investido del Espíritu para hacer frente a sus propias cuitas y querellas por el otro. La dialéctica que se desarrolla en la lucha mental-espiritual de Romanos 7 presenta ambos lados: El ser natural sujeto a la ley del pecado y de la muerte por un lado (queriendo hacer el bien y no realizarlo, o tratando de evitar el mal y cayendo en pecado) y el ser redimido y proporcionado de poder por el otro. Ambas partes en litigio o conflicto puede apelar al mismo Espíritu para salir con victoria y encuadrarse en el capítulo glorioso de Romanos 8, en el cual el ser es más que vencedor en Cristo. El Espíritu Santo puede darnos poder para continuar nuestro propio desarrollo, para practicar lo que predicamos y enseñamos, y para vivir en salud mental y espiritual. Podemos mantenernos abiertos a la erudición de los teólogos y a las investigaciones de los psicólogos para escudriñarlo todo y retener lo bueno, integrando al estilo del modelo presentado en esta obra.

El diálogo intrapsíquico puede ser asesorado cuando uno se habla a sí mismo, como el cantor en el Salmo 42: *"¿Por qué te abates, alma mía... por qué te conturbas dentro de mí?"* El autor del salmo entabla un diálogo deliberativo, conjetural, con lamentos, quejas, y perplejidades en mente. O, como el pródigo, quien luego de tener una experiencia kairótica, recobra sus sentidos y procede a cambiar su mente, con la decisión de volver al padre. A lo largo de su reconocimiento, recapacitación, arrepentimiento y decisión de volver al cauce normal, y anticipando su encuentro con su padre, dialoga virtualmente con la "presencia en ausencia" de su padre: *"Padre, he pecado contra el cielo y contra ti... no soy digno de ser llamado tu hijo..."* (Lc 15:18-19). O como el necio quien *"se dice a sí mismo: 'Nada me hará caer. Siempre seré feliz. Nunca tendré problemas...'"* (Sal 10:6); o el necio quien también *"dijo en su corazón, 'No hay Dios"* (Sal 14:1). El evangelio de Lucas registra las palabras de Jesús aludiendo al caso de la persona que en su afán de enriquecerse, se habla a sí misma acerca de expandir sus graneros: "Y pensaba dentro de sí, diciendo: ¿Qué haré, porque no tengo dónde guardar mis frutos? Y dijo: Esto haré: derribaré mis raneros, y los edificarémayores, y allí guardaré todos mis frutos y mis bienes; y diré a m alma: Alma, muchos ienes tienes guardados para muchos años; repósate, come, bebe, regocíjate". Hasta que Dios –una voz interlocutora entre el diálogo interbno del insensato– le dijo: *"Necio, esta noche vienen a pedir por tu alma!"* (Lc 12:16-20). Repetimos, el ser puede establecer diálogos paralelos, dialécticos, deliberados, y retroalimentadores, al entablar conversaciones "entre sí". Hay casos en los cuales, la posibiiidad existe de tener una tercera voz, la de Dios, inmiscuida entre nuestros diálogos. Dios nos habla a través de su Palabra, de su Espíritu, y a través de nuestra consciencia, si permanece afinada.

El diálogo puede tomar lugar entre el ser y una audiencia imaginaria enfocando sobre un aspecto digno de ser apreciado en la naturaleza, el cosmos. David el artista canta su salmo a una audiencia real o imaginaria mientras tiene en mente e interpreta en forma narrativa a Moisés el legislador. La ley vertida en piedra llega a ser experimentada como la miel que fluye de un panal, o una lámpara que alumbra el camino. Los dichos de Dios escritos sobre piedra se alojan en la mente y el corazón. Una ilustración puede ayudar a captar tales consideraciones, considerando al ser dialógico en triálogo con el Espíritu (Fig. 13.1).

Figura 13.1. Triálogo: El Ser Dialógico y el Espíritu Inmergente

La finalidad de este capítulo es enfatizar el hecho que el ser, aun más allá de ser dialógico, es trialógico: Puede entablar conversaciones mediante un procesado metacognitivo, en paralelo, y con funciones distribuidas. Las ocasiones se dan cuando en crisis agudas, o en momentos catastróficos, la persona no encuentra las palabras razonables para dialogar con Dios. Según el apóstol Pablo, el Espíritu intercede por el ser (Ro 8:26); y lo hace con gemidos indecibles. Tal oración, hecha en el espíritu, sobrepuja en forma supra racional al procesado cognitivo de la persona que ora, siendo que el Espíritu intercesor hace una mejor conexión, traduciendo en forma más eficaz la incapacidad humana al orar. Uno trata de orar; el Espíritu sabe orar.

En tal proceso (orar en el espíritu), el ser trialógico le habla al Padre, pero *en realidad* y en forma paralela es el Espíritu quien le habla al mismo tiempo al Padre. Tres veces el capítulo 8 menciona el acto de gemir —como la manifestación del anhelo de ser liberado de la vanidad, de la maldición, de las circunstancias vigentes, o de las consecuencias del pecado que reinan en el plano natural. El Espíritu se une a la naturaleza que gime (Ro 8:22) y al ser humano redimido pero sujeto a vanidad (Ro 8:23) para gemir ante Dios también (Ro 8:26). La comunicación es paralela con funciones distribuidas entre las personas al unísono. Para el ser que ora en el espíritu, el acercarse al Dios vivo a través y con la coparticipación de la persona del Espíritu Santo (no simplemente su influencia o la sensación experimentada por el ser), presente en tal lugar y tiempo, el triálogo no es imaginario sino real. No se trata de "construir" en forma auto sugestiva ni solipsista tal experiencia, sino que es supeditarse al Espíritu en el encuentro existencial para darse a Dios en sumisión, con fe, actualizando la presencia divina. Pablo aconsejó a los Corintios a orar con el entendimiento (1 Co 14), es decir, a sabiendas, con datos empíricos, y al alcance del intelecto; sin embargo, también les aconsejó que oren "en el espíritu", apelando a la manera supra racional de conectar con Dios. En el pensamiento del autor, tal proceso involucra el proceso trialógico mencionado. Otra ocasión en la cual el triálogo es factible es el estar en comunión con Dios y con otros miembros del Cuerpo de

Cristo durante la Santa Cena. En tal encuentro (1) el participante; (2) su prójimo en comunión; y (3) la presencia de la persona y la comunión del Espíritu Santo presente entablan un triálogo –no verbal, pero de presencia mancomunada, existencial, meditativa, real y poderosa expresada en los sacramentos.

Para los propósitos de este capítulo, el consejo pastoral terapéutico puede ser visto como un proceso trialógico. El diálogo explícito, verbal, entre consejero-aconsejado es paralelo al diálogo de ambos lados con referencia al Espíritu Santo presente. Si la persona problemática no es perspicaz, o no está a la altura espiritual deseada como para estar consciente de tal posibilidad implícita, es de esperarse que por lo menos el consejero se relacione tácitamente con el Espíritu mientras escucha y responde al diálogo de la persona problemática a la misma vez. Aún cuando una de las personas en relación terapéutica entra en diálogo susceptivo o superconsciente con ambos lados de su atención, percepción y comunicación (sea verbal o desplegada en actitudes), se da el caso de un triálogo. La facultad metacognitiva del consejero permite que el mismo tenga la seguridad de trabajar ante la vista del Consejero por excelencia. Una ilustración anterior trató con la retórica interna, y con los diálogos del ser en su fuero interno. Otra ilustración semejante presenta un diálogo entre dos personas y la participación del Espíritu en su medio (Fig. 13.2).

Figura 13.2. Consideraciones Metacognitivas Trialógicas en Consejería

11. El ser en busca de significado: El ser tiene la potencialidad de actualizar tal existencia con significado y dirección (teleológica, con propósito). Varios pensadores trataron de apuntar hacia las ansias del ser a buscar un significado en la vida. Frankl (1988) fundó su sistema de logoterapia a tal fin. Entre los humanistas, Maslow (1968) apuntó hacia la actualización de potenciales del ser humano; Rogers buscó maneras de empujar al ser a realizarse, a manifestar el potencial con el cual es dotado y existe; Allport enfatizó el devenir, el ser en proceso que tiende hacia la funcionalidad óptima. Entre psicólogos existenciales cristianos, Finch enfatizó la idea que el ser humano procura y persigue su autenticidad sin darse tregua; Kierkegaard fue su modelo de anhelo, ahínco y tesón en cuanto a buscar un significado real en la vida en lugar de vegetar.

El apóstol Pablo enfatizó su carrera hacia el prototipo de su fe (Fil 3:14), como así también el autor a los Hebreos, yendo hacia la perfección (Heb 6:1-3; 12:1-3). En otras palabras, el ser *tiene la potencialidad de actualizar tal existencia con significado y dirección (hacia un telos, o un propósito).* En el caso de un cristiano, la persona sabe que aún cuando trate con sus mejores deseos, no logrará su perfección, actualización, o satisfacción total de este lado de la eternidad.

12. El ser tripartito: Las consideraciones acerca de la naturaleza humana varían entre los teólogos, escritores, pastores, y terapeutas. La interpretaciones tradicionales han asumido alguna forma dualista postulando al ser   al ser   como siendo   (1) cuerpo y alma-espíritu (dicotomía), o (2) cuerpo, alma, y espíritu (tricotomía).   Un tópico importante en la antropología bíblica ha sido el alma como objeto de consideración: Si el ser "tiene" un alma o "es" un alma (Murphy, 2006). En cuanto a su origen, muchas preguntas han surgido: ¿Viene embutida en la unión entre el espermatozoide y el huevo? ¿Aparece como una adición infundida por Dios en la concepción? ¿Es el alma dada al nacer, o al tomar el primer aliento, y respirar por su cuenta? ¿Será acaso una propiedad emergente de las potencialidades presentes en el embrión? ¿Será una sustancia, una propiedad, o una capacidad de relacionarse con lo espiritual?

Además, si el asunto de origen es difícil de asesorar, también lo es su destino: ¿Es el alma eterna y se va a la presencia de Dios al morir la persona? ¿Acaso duerme, para levantarse cuando el despertador angelical suene su trompeta?   En sus atentados integradores y conjeturales, Brown, Murphy, y Malony (1998) en su obra *Whatever Happened to the Soul?*, enunciaron su postura conocida como el "fisicalismo no-reduccionista", enfatizando la noción que el alma es sinónima al cuerpo –no una porción/sustancia separada– y muere con el cuerpo, para luego resucitar en el día final juntamente con el cuerpo. Sus esfuerzos han sido dedicados a integrar su teología con la neurociencia. Muchos críticos han aparecido para contrarrestar tal posición, incluso el presente autor (Cooper, 1989; Polischuk, 2000; Beck & Damarest, 2005; Green & Palmer, 2005).

En fin, las conjeturas no faltan. Las Escrituras presentan términos tales como *nephesh* en hebreo y *psique* en griego, utilizando tales expresiones con diferentes significados y usos. Los términos denotan la totalidad de la persona, el aliento, la vida, como también el deseo, los apetitos, la emoción del ser. En ocasiones, la palabra *pneuma* (viento, o espíritu) es sinónimamente usada con *psique.* Aún más, si el teólogo es tricótomo, y acepta al espíritu como una dimensión distintiva y distinguida del alma (Heb 4:12; 1 Ts 5:23), el asunto se complica al extremo. ¿Está el espíritu latente, presente desde el principio de la gestación en forma potencial, o inoperativo, muerto, para "nacer otra vez" del Espíritu? Si la persona nace de nuevo, ¿se le agrega otra esencia o sustancia a su ontología? ¿O se reactiva el potencial latente que existe, presente y capaz de ser actualizado? Estas y muchas otras preguntas abundan, y tienen que ver no solo con la filosofía acerca del ser, sino también con la ética, en cuanto a la manipulación e ingeniería genética, a la clonación, y al descartado de embriones extras en el proceso de fertilización artificial. Para nuestras consideraciones, definimos al ser en forma tripartita, sin necesariamente dividir su totalidad, sino que lo consideramos a varios niveles de expresión o análisis.

Recalcando la definición original de este capítulo, las propiedades emergentes (o las características o rasgos del ser) son expresadas a tres niveles, denominados cuerpo, alma, y espíritu, las cuales pueden ser originadas (a) corporalmente -desde su interior, orgánica, bioquímica, cognitiva, emocional, o espiritualmente, actuando como activadores de la sensación, de lo susceptivo o de la expresión conductiva nacida del sistema nervioso autonómico o del sistema central; (b) responder a los estímulos eco sistémicos externos que incluyen realidades físicas, sociales y espirituales –de carácter benigno/positivo o maligno/negativo; con procesos mediadores cognitivos, emocionales y conductivos; y (c) actuar en manera supra racional, supra consciente al nivel de espíritu, con fe, intuición, teniendo conciencia de lo trascendental.

13. El ser irreducible e inexhaustible: El ser no puede ser entendido como simplemente el resultado de la biología (genética, herencia, bioquímica, neuropsicología, fisiología) por un lado, ni lo ambiental (social, presiones eco sistémicas situacionales) por el otro. A pesar de tener tantos niveles de análisis, y de enfocar sobre la estratificación del ser, debemos concluir en breve que el estudio del ser es inexhaustible. Su aspectos globales e integrados no pueden ser entendidos como simplemente el resultado de la biología (genética, herencia, bioquímica, neuropsicología, fisiología) por un lado, ni lo ambiental (social, presiones ecosistémicas situacionales). El reduccionismo –sea empírico o analítico– a pesar de proveer tanta información, pierde de vista al ser existencial. Las medidas de personalidad, siendo tantas y partiendo desde tantos ángulos, no captan al ser en su totalidad. El ser hechos a la imagen de un Dios inexhaustible, nos hace humildes al reconocer que, aunque tenemos un caudal de información genética, biológica, fisiológica, psicológica y demás, no abarcamos al ser en su integridad personal.

14. El ser trascendental: El ser es visto y definido en su capacidad para la libertad mental y espiritual, siendo apto en desbordar sus condiciones corporales actuales, atrapantes, entrópicas, o limitadoras. El ser trascendental (en el sentido natural de la palabra) es capaz de ir más allá de su espacio y tiempo al pensar, imaginar, soñar, proyectarse hipotéticamente, postular posibilidades, y considerar alternativas a su experiencia sensorial, con lógica divergente, y con creatividad. En cuanto al tiempo, su existencia presente puede ser liberada cognitiva-afectivamente al decidir "hacer memoria" y recordar históricamente –trayendo algo semántico o episódico a la mente, yéndose al pasado, recolectando su narrativo; por otra parte, también puede hacerlo "yendo hacia adelante" y proyectándose escatológicamente, anticipando su futuro, y considerando posibilidades no experimentadas aún.

Tomando en cuenta la capacidad del ser para la historia, la consejería puede aprovechar tal facultad, considerándola esencial en la relación terapéutica: Analíticamente, puede ver al pasado, sus consecuencias, su relación e influencia ejercida, en cuanto al desarrollo –a la formación del Yo, incluyendo sus atributos, su límites y sus defensas– y a la elaboración de los complejos, los problemas, y la patología del ser. Puede conectar su historia con el presente a través de la introspección, de la interpretación, y de la adquisición de la perspicacia, a fin de tener mejores maneras de entenderse a sí mismo, y de actuar libremente en sus relaciones. Creativamente, puede participar en el "hacer historia", ya que no se considera un espectador estático, pero más bien un participante dinámico y activo, con capacidades de impacto social en sus relaciones íntimas, y en su actuación en el cosmos.

En cuanto a su capacidad escatológica, el ser puede ser iluminado, reforzado, y encomiado a enfrentar su futuro al ser desafiado por el mismo, o amenazado por las peripecias negativas que lo conducen a la ansiedad –el llegar a ser "una cosa" insignificante, un "objeto" frágil, o a "no ser" en su muerte. La separación de lo conocido, de lo seguro, de lo predecible, o del cosmos que lo rodea, es puede ser registrada en forma ansiosa y neuróticamente anticipada. El ser trata de "llegar a ser" algo más de lo que es, porque tiene miedo a "ser nada", o ser inconsecuente, y el pensar que simplemente pasa por esta existencia sin ir más allá de lo mediocre, lo rutinario, y carente de lo heroico, lo desafía. Lo entrópico amenaza al ser finito y mortal.

En su éxtasis, el ser natural busca un derrotero con significado, creando cierta presencia ideal en su ausencia, a través de la ficción, de lo imaginario, o de la fe. El ser creyente postula un *telos* en la creación, y necesita resolver el escatón. Al mirar al futuro ejecuta su fe, y gracias a su capacidad extática, puede confrontar "la nada" como una ausencia dolorosa, la cual le hace anhelar la presencia del gran YO SOY. La fe es la posibilidad que permite la confianza de postular tal presencia real a pesar de la ausencia palpable. Es la "certidumbre del ser", la sub-estructura que soporta lo que se deposita encima en cuanto a anhelos y esperanzas (Heb 11:1), y la dirección en cuanto a la búsqueda de "ser hallados en Él" (el postulador de la existencia ontológica) (Fil 3: 9). Tal fe vence al cosmos, y afronta las vicisitudes de la vida con aplomo (1 Jn 5:4).

Tal capacidad para la fe permite la actuación terapéutica con motivación, dedicación, y trabajo significativo, con el propósito de alcanzar metas. El "llegar a ser" es dirigido desde el futuro, y proporciona rumbo al ser dinámico. La teología de la esperanza es postulada, ya que el ser rehúsa ser atrapado en el molde del cosmos, dirigido por la fe en su derrotero incesante hacia su autenticidad en Cristo.

15. El ser mortal: En situaciones más favorables, el ser quiere actualizarse, realizarse, "llegar a ser" algo más de lo que "es" en su propia situación, percepción y análisis. Por otra parte, personas que han experimentado catástrofes, pérdidas, depresión, angst, y problemas que los han desafiado a pensar en términos drásticos, se han hecho la pregunta —tácita o explícitamente: Ser o no ser. En situaciones críticas, al llegar al borde de sus capacidades de manejo de su angustia, el ser puede anhelar a "no ser" o a aniquilarse, como en los casos de depresión profunda bordeando el suicidio. Las Escrituras nos dan referencias al temor a la muerte, que también puede esclavizar al ser en angustia, atravesando el valle de sombras de muerte (Sal 23:4; Heb 2:14-15).

El ser humano puede apelar a la estrategia de vencer el temor a la muerte, disfrazando su precariedad y finitud con armaduras de carácter, definidas por Becker (1973) como defensas contra la ansiedad al realizar su mortalidad; la negación de la muerte (*The Denial of Death*) es empleada como tal defensa. La idea acerca de la capacidad natural para ser inmortal no explica el por qué se teme tanto a la muerte. Si asociamos al ser a su *modo de ser* (hipostáticamente), el asunto tiene más sentido. El miedo absoluto es el de llegar a "no ser", o de ser separados de Dios, o que el alma vaya a un lugar alejado de su presencia. La capacidad para el éxtasis hace la diferencia: El ser introvertido hacia sí mismo (apóstata o alejado de Dios) resulta en la experiencia incremental de su ansiedad y temor existencial. Lo contrario sucede en el caso que la capacidad relacional de éxtasis con Dios provee al ser: La conexión íntima provee seguridad al ser finito y mortal, y en relación a su condición y dilema mortal, atesta a su espíritu con persuasión interna, alegando que su persona redimida vive en la actualidad como estando presente en el cosmos, y ausente del Señor, pero que a la hora de ausentarse del cosmos en su muerte, estará presente con el Señor. Tal evento es considerado por el ser redimido como una "ganancia" crucial. Con su razón intacta, y sin negar su mortalidad, Pablo recalcó: *"Para mí el vivir es Cristo y el morir es ganancia"* (Fil 4:13).

En su escrito *The Courage to Be*, Tillich (1966) afirmó que el ser tiene el "no ser" como algo eternamente presente en forma tácita, innata, dentro de sí mismo y venciendo en el proceso del desarrollo de la vida. El ser se afirma creativamente, venciendo su propio temor de "no ser" con el valor de ser. Cuando Dios se da a conocer como "Yo Soy el que Soy", tal afirmación (en Hebreo) no es pasiva, existente en un estado fluido etéreo, sino un ser viviente, activo, que no solo existe, pero Aquel que *causa* la existencia de las cosas. Podemos añadir que Dios, siendo auto determinado, creativo, y afirmativo, conquista eternamente el "no ser" y postula la existencia de las personas finitas como arraigadas en su presencia, y deriva a sus seres de tal relación.

Las implicaciones a ser tenidas en mente en la consejería o en la terapia cristianas son obvias. Las ansiedades, los temores, y las fobias pueden tener su etiología en la percepción de separación entre el ser y el no ser. Si el temor a la muerte gobierna en forma subyacente muchas de las tales manifestaciones patológicas, el ser ontológico puede recibir la mayor de las promesas, albergar la mayor de las esperanzas, y recibir el mayor de los apoyos en el hecho de ser postulado sobre las bases de comunión eterna con Aquel que desde el futuro lo llama a participar de su presencia. No hay separación, sino afinidad y unidad total, en una relación hipostática-extática con el postulador de la existencia del ser, quien nunca deja de ser en la presencia de Dios. *"Yo soy la resurrección y la vida; el que cree en mí, aunque este muerto vivirá"* (Jn 11:25-26).

16. El ser en perspectiva escatológica. En el caso del creyente, el ser es consciente de su estado final ante Dios —su ser es un ser-en-relación eterna, y en la actualidad, está siendo conformado por Dios. Es Dios quien compagina sus vicisitudes cotidianas, de manera tal que su moldeado se actualiza teleológicamente hacia el prototipo de su vida —Jesucristo, el autor y consumador de su fe. Sabe que esta vida, enmarcada en el espacio y el tiempo, es un anticipo del porvenir eterno trazado por Dios. Sabe que su mayordomía lo sitúa ante Dios para ser galardonado o recompensado por sus labores mientras estaba en el cuerpo (2 Co 5:10). Tiene la esperanza de la vida eterna luego de muerte y su resurrección, de su transformación y su conformado final a la semejanza de Cristo (Jn 3:16; 1 Jn 3:1-3). El mismo Dios que lo postuló, actuará sobre su ser para re-compaginarlo en un medio no degradable, y eterno (2 Co 5:1; 1 Co 15). En la mente de Dios, el creyente llamado, justificado, transformado, y conformado a su imagen, es glorificado (Ro 8:30). Una ilustración puede servir de ayuda (Fig, 13.3).

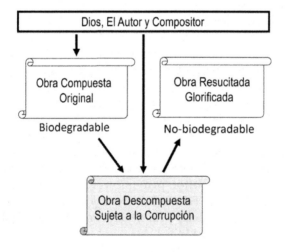

Figura 13.3. La Re-Composición del Ser Integral

17. El ser enmarcado por Dios en su diseño original: En síntesis, y abarcando todo lo dicho hasta aquí, el ser en sí es más que la suma de sus partes, o de sus expresiones emergentes. El ser es considerado como un ser-en-relación a su postulador –sea consciente o inconsciente de ello; tal relación es denotada por un mover extático (un movimiento de acercamiento y amor hacia Dios) o apostático (alejamiento negativo de su fuente de origen y anclado). La posibilidad existe de ser actualizado y caber en el plan de Dios, o de desechar la voluntad de Dios para postular su propia existencia terrenal, con sus respectivas consecuencias. Teniendo en cuenta todos los factores mencionados en este capítulo, presentamos una figura en la cual el ser integral, dialógico (y trilógico) vive en el marco del tiempo entre lo eternamente pre-existente, y el porvenir, sintetizado en la Fig. 13.4:

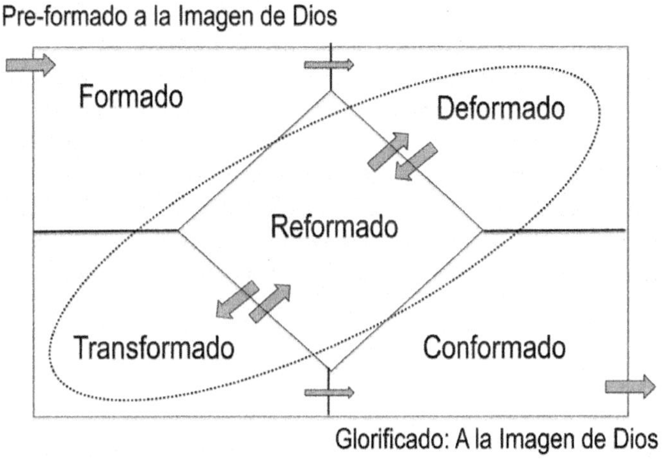

Figura 13.4. El Ser Dialógico: Antropología Bíblica

En cuanto a las consideraciones acerca de ser "preformado", las Escrituras declaran que Jesús es el cordero inmolado "antes de la fundación del mundo" por causa de la humanidad y su pecado. De manera que, Dios en su capacidad omnisciente, tuvo al ser humano en su designio, elaborado antes de la creación del mundo, actuando a la manera de un diseñador que tiene su obra de arte en su mente, y ha calculado de antemano todos los pormenores antes de actualizar su proyecto. De manera que, el ser humano no es una obra realizada al azar, sino un ente pre-formado en el diseño divino (Ef. 1:4). Luego, al actualizar su creación, Dios "formó" al ser del polvo (Gn 2:7) a su propia imagen y semejanza (Tselem Elohim, o Imago Dei). En lugar de atenerse al plan o a la voluntad expresa de Dios, el ser eligió el desobedecer transgredir tal voluntad. El ser cayó en pecado y ha sido objeto de cierta deformación. Su capacidad de actualizar la voluntad de Dos experimentó desavenencias y aberraciones, y tales distorsiones del ser deforme llegaron a ser su característica pecaminosa: El ser peca por ser pecador por naturaleza. Sin embargo, ha sido informado por Dios –acerca de su condición pecaminosa como así también de la gracia salvadora prometida a su favor (Gn 3:15). La simiente de la mujer lograría la redención del ser caído y deformado. En la obra de Cristo, el ser humano ha sido sustituido, expiado, redimido y provisto de salvación por gracia y mediante la fe (re-formado otra vez –renacido, regenerado). Al entrar al dominio divino, y siendo una nueva creación (2 Co 5:16-17), el ser es transformado a través de la renovación de su mente

(Ro 12:1-2), siendo conformado a la imagen de Jesucristo otra vez (Ro 8:29-30). Tal semejanza se logrará en Aquel Día, cuando Jesús aparezca otra vez (1 Jn. 3:1-2). El ser humano glorificado, entrará a la presencia eterna de Dios como el diseño de Dios lo ha decretado. En el presente, con tal esperanza, el ser humano debe vivir por la fe y desarrollar su derrotero bajo el sol.

Este capítulo ha tratado de presentar un panorama ontológico, existencial, relacional y fundacional a las deliberaciones a ser tenidas en mente en cuanto al acercamiento al ser humano en abordar sus dilemas, problemáticas y necesidades. Tener una vislumbre del ser humano visto desde el punto de vista trascendental amalgamado a sus problemáticas terrenales, permite una mejor definición del objeto de atención consejera. La persona que presta servicios al ser humano hecho a la imagen y semejanza de Dios –pre-formado, formado, deformado, informado, reformado, siendo transformado y conformado a la Imagen de Dios, puede tener mejores pautas acerca de la ubicación del ser en su saga o drama desarrollado debajo del sol. El invitar lo trascendental a lo trivial permite al consejero a tener una cosmovisión más metacognitiva de la realidad que embarga y aflige al ser que viene a pedir ayuda. El énfasis del libro es encomiar al lector hacia una definición de consejería que se asemeja más a los planos de un arquitecto que a la utilización de herramientas a ser usadas por una persona que edifica con ladrillos. Luego de entender los esquemas pertinentes a cada caso, también se enfatiza la necesidad de ser un buen colocador de ladrillos, puertas y ventanas, cañerías y demás pormenores que atañen a las labores de edificar o re-edificar las vidas de aquellos que se encuentran caídos, destrozados, agotados o sufren de trastornos emocionales.

Parte II

Conceptos y Paradigmas Subyacentes al Consejo

Esta sección trata con diversos modelos de integración bíblica-teológica-psicológica que han surgido en el campo de labor terapéutica entre cistianos dedicados a los esfuerzos de consejería y psicoterapia cristianas. El Capítulo 14 presenta una gama de paradigmas para situar el modelo matcognitivo-dialógico del autor en el Capítulo 15. Tal modelo da lugar a las consideraciones trialógicas en las cuales tanto los diálogos interpersonales entre consejeros y aconsejados cuenta con la presenciua real de la persona del Espíritu Santo como interlocutor, y los diálogos internos del ser −entre su naturaleza pecaminosa deformada y su naturaleza redimida siendo transformada y el Espíritu Sano que mora en su ser.

La dinámica del proceso terapéutico interactivo es presnetada en el Capítulo 16, seguido poe el diálogo efectivo que puede tomar lugar en las sesiones de consejería (Capítulo 17). Las variables del proceso de comunicación son analizadas para dar pautas de las dimensiones que entran en juego en la interacción funconal entre consejeros y aconsejados. Las personas que tal vez no hayan sido entrenadas como consejeros o terapeutas pueden prestar atención al Capítulo 18, donde un ejemplo de una sesión inicial en el proceso de consejería descripta. El Capitulo 19 trata con el asesoramiento de la persona que viene en busca de ayuda, desdee sus quejas o problemas iniciales, al recuento de sus síntomas, de las circunstancias que obligaron su petición de ayuda, de su historia personal, familiar, social, médica, etc., y otros factores importantes son abordados. Su estado mental y emocional son obejtos de escrutinio, y sus capacidades para lograr cambios son asesorados también, facilitando la formulación de su caso, y la disposición del mismo. El trazado de metas, objetivo a ser logrados mediante la intervención del consejo, y la apelación a estilos y estrategias en el campo de la consejería son objetos de consideración.

El Capítulo 20 trata con la necesidad de desarrollar la capacidad de escuchar con empatía, y de responder acertadamente, a fin de proveer una retroalimentación adecuada a las personas en necesidad de ayuda emocional. Por último, en el Capítulo 21, esta sección dedica esfuerzos al asesoramiento de los cambios posibles a ser efectuados, asesorados, y cotejados por las personas que aconsejan. Tales cambios involcran el carácter, la conducta, las relaciones, los sentimientos, etc. del ser, y son efectuados en formas diversas −rápida, pausada, o lentamente.

Capítulo 14

Paradigmas de Integración

Este capítulo trata con los paradigmas existentes en el campo de las labores psicoterapéuticas, postuladas y practicadas por académicos y terapeutas cristianos. Tales modelos en, alguna manera y hasta cierto grado, se aplican a las labores ministeriales en la consejería pastoral. Para nuestros propósitos, definimos "integración" como el esfuerzo de organizar las bases conceptuales, los principios postulados, y las prácticas derivadas de la teología bíblica y de la psicología clínica, con el propósito de cotejar, comparar, y adoptar un modelo que respete a ambas disciplinas, sujetas al escrutinio lógico como así también a la autoridad de la Palabra der Dios, vertida en las Escrituras e interpretada en su contexto. El compaginar, asesorar y dar crédito a los principios derivados de las bases epistemológicas –reveladas y empíricas–, sujetas a las interpretaciones guiadas por una hermenéutica cristiana evangélica, y por los resultados de las investigaciones no prejuiciadas contra la fe, puede dar lugar a ciertos modelos funcionales de integración conceptual. Los profesionales cristianos entrenados en instituciones que integran ambas disciplinas –la psicología y la teología– no son ajenos a tales modelos. La intención del autor es presentar tales paradigmas para fomentar perspicacia, ilustrar, encomiar, y desafiar al campo de labores ministeriales en los cuales la consejería se emplea como parte de sus trabajos, a fin de aumentar su conocimiento, y de reforzar su práctica sin desmerecer sino afianzar su entrenamiento teológico.

El Problema: La Tensión Entre las Disciplinas

Eclesiastés recalcó que "no hay nada nuevo debajo del sol". Pareciera ser que la tensión entre los acercamientos naturales y los que enfatizan la revelación escritural no es algo que ha surgido en los últimos años. La distancia entre ambas disciplinas ha frustrado a los proponentes de ambos lados –teólogos y psicólogos– en lo referente a las posibilidades de lograr establecer paradigmas válidos de integración. Tal distancia se debe a las diferencias epistemológicas –de dónde partimos en cuanto a la extracción y la provisión del conocimiento acerca de la realidad humana en el afán de establecer nuestras bases o premisas. Las fuentes son, por un lado, la revelación escritural a ser interpretada, y por el otro, el empirismo que subraya a las investigaciones y sus resultados. La epistemología (término que proviene del

Griego, *epistamai* –saber, recordar, entender, los cuales combinan la preposición *epi* –sobre, y el verbo *histamai* –causar a pararse, afianzarse, o basarse) trata con el problema de cuán fidedignas y veraces son las fuentes de información, y cuestiona si nuestros reclamos y postulados, o nuestras proposiciones y axiomas son justificables, se pueden defender lógicamente, o proveen las bases necesarias para su aceptación. En realidad, la epistemología apela a la virtud intelectual de lo que decimos.

La historia moderna ha mostrado que la psicología derivada de las bases naturales ha tratado a la religión como un tabú (Douglas, 1966). En su libro *Tótem y Tabú*, Freud (1913) trató con los orígenes de la religión a través de sus lentes psicoanalíticos, como así también en su libro *Moisés y el Monoteísmo* (1937), dando "explicaciones" interpretativas que descartaron lo revelado y enfatizaron lo evolutivo, natural, y subconsciente como aspectos subyacentes al desarrollo de las creencias religiosas nacidas de las necesidades humanas. Más aún, en su libro *El Futuro de una Ilusión* (1927) subrayó que la religión era una obsesión universal, considerada como la "neurosis de los pueblos." Si bien la teología, a través de los tiempos y las culturas, se ha dividido en una gran variedad de sistemas y postulados que surgieron y representan una gama dispersa entre extremos liberales y fundamentales, la psicología no se ha quedado atrás. La disciplina ha experimentado sus luchas internas, de carácter antagonista, con reclamos exclusivos por parte de personajes creativos y a la vez dogmáticos, contrarrestados con desafíos correspondientes con reclamos mas tentativos, dando lugar a sistemas alternativos caracterizados por redefiniciones y re-enmarcados constantes de sus postulados, en búsqueda de sus "verdades" múltiples y particulares.

También, la sima divisiva se debe a las diferencias que parten de la ontología (la naturaleza, la esencia) del ser (alguien creado con propósito, y esencialmente visto como la *Imago Dei* vs. algo naturalmente evolucionado, como un resultado al azar). Se agrega la problemática teleológica (sentido de rumbo, dirección o propósito): ¿Hacia dónde vamos? ¿Cuál es el fin de la existencia humana? ¿Vida eterna, o como dice el antiguo refrán, "muerto el perro, se acabó la rabia"? Este capítulo trata de enfocar en los problemas que se encuentran en el camino que amalgama lo revelado y lo empíricamente conjeturado, cuando se pretende integrar aspectos teológicos y psicológicos.

En sus escritos sagaces y aguzados, Thomas Szaz (1978) ha enfatizado que la contrición, la confesión, las oraciones, la fe, la resolución interna, y otros elementos de la religión han sido expropiados y re-nombrados o etiquetados de nuevo como "psicoterapia", y que los ritos y otros elementos de la religión son considerados por los psiquiatras seculares como síntomas neuróticos, o peor aún, psicóticos. A su criterio, la psiquiatría no es a la psiquiatría secular no solo una ciencia que pretende ser una religión, sino más aún, una religión falsa que trata de destruir a la verdadera religión.

Los Reclamos de la Psicología

Un recuento de los reclamos de la psicología clínica moderna permite reconocer sus ansias de establecer criterios de definición, explicación, y solución a los problemas humanos. Sus postulados tratan de proveer bases para el entendimiento y el acercamiento hacia tales problemas, y dar pautas acerca de la etiología subyacente de lo considerado problemático. Al tratar de establecer su presencia en un contexto materialista, científico, tecnológico, y cada vez más complejo, las ciencias sociales tratan a lo teológico o lo escritural revelado con desdén. En el afán de establecerse empíricamente, los proponentes seculares –en su mayoría– desplazan, denigran, o relegan y rebajan la función de lo proposicional y narrativo en materia bíblica, porque tales postulados no caben en sus paradigmas basados en la medición, el control de las variables, y la predicción. Es como si la "ciencia" de la psicología tratara de "ganarse su pan" con reclamos considerados "sólidos" y "prácticos" en un mundo que trata de auto-postularse y definirse aparte de su Postulador. Extrañamente, algunos proveedores de salud mental asociados a las grandes universidades urbanas en USA han aceptado el budismo y sus prácticas meditativas, integrándolas a sus terapias analíticas, dialéctica, y conductistas. Tal vez es que el "zen" aspirado es esotérico, impersonal, y ofrece una espiritualidad sin un Dios personal –el cual demanda fe y obediencia a su voluntad, y un derrotero a ser transitado considerado muy angosto por aquellos que prefieren un amplio flujo esotérico– y permite un seudo-misticismo sin nadie a la vista a quien habrá que darle cuentas al final.

La psicología trata de enfatizar el cambio del ser humano basado en sus propios esfuerzos, aparte de cualquier ser supremo imaginario. El alma se extrajo de las proposiciones (y de las manos) de los religiosos, se ha redefinido como una propiedad emergente de las complejidades biosociales darwinianas, y se ha colocado en manos de los terapeutas seculares, sujeta al empirismo, y al estudio científico. El lector puede asesorar estos reclamos en las obras de Dennis Dennett (*Consciousness Explained*, 1991) entre otros investigadores en el campo de labor de la ciencia cognitiva.

La escuela psicoanalítica originada por Freud descartó a la religión como base, principio, estructura, y práctica eficaz en los asuntos relacionados al ser y al comportamiento humano. El conductismo de Skinner también descartó cualquier noción mentalista o espiritual. Los humanistas Carl Rogers, Gordon Allport, Abraham Maslow, y Rollo May, entre otros, no dieron lugar a los aspectos de la verdad revelada. Mas bien, dieron origen a la tensión entre ambas disciplinas, al procurar establecer "correcciones" y reemplazos seculares, enfocados sobre el fenómeno del ser humano, su naturaleza, y sus problemas. En alguna manera secundaria, consideraron a la religión como un ente positivo en cuanto a la provisión de un significado personal en la vida, especialmente en sus fases finales. Al sondear sus escritos, el lector puede apercibirse de las líneas paralelas que aparecen, tratando de postular principios y procesos de intervención que se asemejan a los acercamientos cristianos, pero que niegan la eficacia de la fe activa en Dios, y descartan lo revelado como tal. Algunos como Rogers y May, fueron entrenados en seminarios para luego abandonar su fe, enfatizando su esfuerzo humano en lograr la actualización de sus dotes naturales. Tal actitud pedante y postura antagonista son los factores que muchos cristianos rechazan como elementos enemigos de la fe. Con razones propias, muchos cristianos rechazan a los principios psicológicos de las corrientes humanistas, ya que juzgan como algo innecesario el prestar atención a los postulados de aquellos que han abandonado su fe y sus raíces ortodoxas.

Debido a las aprehensiones de muchos cristianos, quienes consideran a la psicología como un ente extraño o enemigo, es necesario establecer ciertas premisas para considerar si una integración conceptual es posible. Así como el término "religión" abarca una cantidad enorme de definiciones y significados personales, sociales, culturales, etc., el término "psicología" también "goza" de los mismos privilegios y aberraciones. Bobgan y Bobgan (1987) en su obra, *Psychoheresy: The Psychological Seduction of Christianity* (Psico-herejía: La Seducción Psicológica del Cristianismo) argumentan acerca de la imposibilidad de integrar la psicología y otras ciencias sociales con la teología. Otros escritores, aún cuando no postulan sus axiomas en tal sentido extremo, lo hacen con aprehensión hacia la materia (McArthur, 2009, en su libro *El Ministerio Pastoral: Como Pastorear Bíblicamente*. Ciertas medidas de aprehensión y defensividad merecen ser atendidas; por otra parte, no tiramos al bebé junto con el agua de la bañadera al terminar de asearlo. Podemos preservar asuntos esenciales luego de cotejarlos; examinarlo todo, y retener lo bueno.

La Posibilidad de Integración

¿Es necesario o factible integrar? Si bien la psicología ha tratado a la religión con desdén, por otra parte, la religión organizada (y entre nosotros, mucha religión "desorganizada", si se incluyen a los diversos grupos independientes, de discipulado semi-despótico y otros grupos afines idiosincráticos o casi-cultistas) ha tratado a la psicología como un ente negativo desde su introducción. Tal punto de vista se desarrolló como una reacción a los ataques filosóficos, y a las acusaciones que surgieron de los reclamos de las ciencias naturales y sociales. Los aspectos evolutivos, deterministas, reduccionistas, y materialistas dejaron muy poco para ser considerado digno de rescate o apreciación dentro del campo de la teología y de la práctica eclesiástica. En los Estados Unidos, comenzando medio siglo atrás, dos corrientes de pensamiento animaron a los movimientos denominados "consejería bíblica" por un lado, e "integración teológica-psicológica" por el otro. Como ya hemos visto en el capítulo introductorio, el movimiento de consejería bíblica apareció para contrarrestar las corrientes seculares de la psiquiatría analítica y la psicología secular. Tal movimiento ha crecido hasta hoy, teniendo proponentes tales como Adams (1970), quien señaló su advertencia acerca de tergiversar la verdad bíblica con el pensamiento secular. Roberts (1993), Mc Arthur (1996), y Powlison (2010) también han enfatizado las bases escriturales exclusivamente, rechazando las influencias de índole secular.

En este escrito, la posibilidad de integración se postula, con ciertas precauciones acerca de los modelos o paradigmas a ser utilizados a tal fin. La tarea no es fácil, ya que la psicología es un acercamiento que enfatiza la conducta humana desde un punto de vista científico, empírico, fenomenológico, y cultural, basado sobre el conocimiento y el entendimiento saturado de prerrogativas contextuales extraídas de las vicisitudes "debajo del sol". La teología, por otra parte, trata de enfatizar acercamientos acerca del hombre desde el punto de vista revelado, dado axiomáticamente por un Creador que reclama derechos de diseño, propósito, función, y destino acerca del ser humano. Tal conocimiento debe ser extraído a través de la exégesis e interpretado a través de la hermenéutica. Tales procesos, a su vez, son saturados por la relatividad cultural, la tradición denominacional o eclesiástica, y la experiencia personal. Con tales advertencias, podemos alegar que existen varios paradigmas de integración.

Actualmente, varios textos tratan con la materia desde diversos ángulos, presentando varios paradigmas e interaccionando entre autores en manera abierta, honesta, y dedicada. Los escritos de Entwistle (2010), Johnson (2010), y Collins (2010) son ejemplos de tales esfuerzos. Si se tiene en mente la gran cantidad de escritos y modelos propuestos, se puede compaginar una especie de meta-análisis (investigando las investigaciones que existen en el campo) para agrupar en factores más cohesivos los estilos, las maneras, o el énfasis adjudicado a los paradigmas. Entre tales, tenemos los siguientes:

1. Clement y Warren (1974) han proporcionado cuatro tipos de integración: Integración conceptual-teórica; integración a través de la investigación empírica; integración en la práctica profesional; e integración personal.

2. Carter y Narramore (1976); Carter (1996) también han provisto cuatro agrupaciones: El cristianismo contra la psicología, con cristianos conservadores militantes; el cristianismo filtrado por la psicología, la mayoría de las propuestas provienen de aquellos animados con una teología liberal; un paradigma paralelo, en el cual ambos, el cristianismo y la psicología, aparecen como importantes pero esencialmente separados; y el cristianismo integrando a la psicología a través de la investigación, la conceptualización, la práctica, y lo personal.

3. Crabb (1977) a su vez agrupó tales paradigmas de integración teológica-psicológica en cuatro categorías: (1) Esferas de investigación separadas pero iguales al entrar en un proceso de asesoramiento paralelo; (2) una ensalada mixta, hecha con ambos factores como ingredientes, considerándolos iguales y mezclados; (3) reclamos exclusivo por parte de una disciplina subyugando o descartando a la otra, considerando la Biblia como fuente exclusiva y suficiente para lidiar con los problemas humanos de toda clase, y colocándola sobre los resultados de las investigaciones empíricas, sujetas a su "molde" o patrón asesor; y (4) "despojando a los Egipcios de su oro" para construir un santuario para Dios —usando los conceptos o estrategias derivados de la psicología secular que son consistentes con las Escrituras, con las cuales se filtran los despojos y se utilizan de manera funcional para Dios y su obra.

4. Otro meta-análisis ha resultado en las agrupaciones realizadas por Johnson y Jones (2000) con las siguientes rubricas: (1) niveles explicativos (científicos-metafísicos) representados por Bube (1994), y Myers (2000); (2) integradores quienes han redefinido las bases de la psicología secular, considerada cristiana luego de ciertos ajustes (Collins, 2000); (3) una psicología netamente cristiana, basada en las interpretaciones y los principios escriturales (Roberts, 2000); y (4) la perspectiva denominada exclusivamente como una "consejería bíblica" (Powlison, 2010). Últimamente, Johnson ha agregado una quinta dimensión, propuesta por Coe & Hall (2011) a la cual se denomina (5) paradigma transformador, en el cual se postula una especie de guía espiritual en el Espíritu con tinte monástico o solipsista.

5. El autor propone una integración metacognitiva-dialógica en esta obra, extraída de las bases escriturales, e integrada a los principios psicológicos asesorados y considerados a la luz de tal perspicacia espiritual, involucrando a la persona, la presencia, y el poder del Espíritu Santo —el redentor, transformador, y conformador del ser— en el proceso de crecimiento hacia el prototipo de su carácter, conducta, e influencia —Jesucristo mismo.

Los debates entre las dos polaridades —consejería bíblica y consejería integrada, han generado muchas publicaciones y esfuerzos dedicados a refinar el pensamiento cristiano en cuanto a esta materia. Últimamente, se ha trabajado sobre las bases de desarrollar una psicología cristiana distintiva, sustancialmente basada sobre las teología bíblica, la teología histórica y las Escrituras mismas, con agregados axiomáticos de fe, investidos del Espíritu regenerador y reestructurador (Véase Roberts, 2000; Johnson, 2007, 2011; Coe & Hall, 2011).

Los diferentes caminos para escalar la montaña desafiante son los que presentamos a continuación:

- Paradigma conciliador —disminuyente de las diferencias y enfatizando lo comúnmente funcional sonsacado de ambas disciplinas
- Paradigma que considera ambas disciplinas en forma paralela
- Paradigma estratificado —con niveles de análisis, una disciplina supeditando a la otra
- Paradigma incorporativo
- Paradigma reconstructor
- Paradigma transformador
- El autor presenta su versión metacognitiva-dialógica, transformadora y conformadora en capítulos posteriores

Presentamos una reseña breve de tales paradigmas, con alusiones a personas proponentes, conceptos y posibilidades de integración, teniendo en cuenta dos factores: (1) el discernimiento para llegar a entender "cómo" la psicología y la teología se relacionan —el análisis de las dimensiones de las materias, los diferentes niveles significativos, y la iluminación del Espíritu, quien da dones de discernimiento espiritual, pueden trabajar en forma integral; (2) el deliberar sobre tales asuntos con diálogos internos, considerando temas psicológicos-teológicos —asesorando con la mente abierta las posibilidades, en un proceso metacognitivo donde uno se considera como un participante-observador de sus propios razonamientos.

1. Paradigma conciliador o disminuyente de las diferencias: Un modelo que ha sido pionero en el campo de integración, al cual aluden los meta-análisis mencionados, se basa en la aceptación de ambas disciplinas sin necesariamente lidiar con los pormenores de la epistemología, la erudición teológica, o las ramificaciones extensas nacidas de los postulados de los campos a ser integrados. En cierta forma, se requiere una especie de disminución de los reclamos de ambas disciplinas a favor del empleo práctico en la conducción de la terapia o el consejo. Algunos escritores coma Paul Tournier (1963, 1964, 1968) al discutir la relación entre la teología y la psicología, han propuesto la noción que el conflicto entre la teología y la psicología es más aparente que real. El resultado de enfatizar las distinciones resulta en una malinterpretación de los asuntos, y los teólogos y psicólogos no deberían luchar los unos contra los otros sino mas bien, tratar de ayudar a la gente necesitada con métodos de escuchar, consolar, y guiar provenientes de ambas disciplinas. Si se centra en la persona que busca ayuda, se toman en cuenta los factores, principios, o avenidas que ayuden desde ambas esferas. Clyde Narramore (1972) ha sido considerado un pionero en USA, quien trató de combinar aspectos rogerianos con tinte psicoanalítico con las Escrituras con los principios teológicos; en alguna manera sus atentados iniciales pudieran ser vistos como amalgamados y paralelos a los esfuerzos de Tournier. Este modelo pareciera ser una simplificación prematura en cuanto al acercamiento a la materia, evitando el choque, o los reclamos de ambas disciplinas en cuanto a prioridad epistemológica o autoritativa.

2. Modelo paralelo: Este paradigma permite el flujo simultáneo y paralelo entre la teología y la psicología a manera de las vías de un ferrocarril. Paul Meehl, quien fue presidente de la Asociación de Psicología de Estados Unidos (APA) y ministro luterano, discutió asuntos tales como la sanidad por medio de la fe, la culpabilidad humana, la psicopatología, el determinismo, la gracia, la fe y la personalidad, en su libro *What Then is Man?* (Meehl, 1958). En su tratado, las preguntas de la posibilidad de integración abundaron, pero las respuestas no. Los resultados de las consideraciones presentaron líneas paralelas de pensamiento teológico y psicológico, yendo ambas en la misma dirección y uniéndose en el infinito, con algunos durmientes conectores a lo largo del camino. Tal paralelismo no es necesariamente integración, pero más bien el trazado de conceptos, términos, explicaciones, y postulados que corren distintivamente a su propio modo, tratando de honrar ambas materias. Tal respeto mutuo es notable, pero deja al lector o practicante en dudas acerca de la posibilidad de integración conceptual.

3. Niveles de análisis: El Dr. Bube, de persuasión presbiteriana y profesor en la universidad de Stanford, California, en su libro *The Human Quest* (1971) presentó dos tesis centrales a su obra: (1) El universo existe momento a momento solamente par el poder creativo y preservador de Dios; y (2) existen varios niveles en los cuales la realidad enfocada puede ser descripta. Una descripción exhaustiva que parte de un nivel de análisis no necesariamente descarta descripciones que parten de otros niveles. En otra obra, *Putting it All Together*, Bube (1994) amplió sus consideraciones presentando seis paradigmas de integración entre la ciencia y la teología. Niveles elevados, trascendentales, o espirituales, tratan con cuestiones de significado primario, pero no son ni más ni menos importantes que las descripciones provenientes de niveles menos elevados, tales como la física, la bioquímica, o la fisiología. Basado en tal acercamiento, Bube consideró innecesario el debate acerca del hombre: Si es una máquina orgánica resultante de ciertos procesos, o una persona creada por Dios. Puede ser entendido solo cuando se lo describe como ambas, funcionando a niveles biofísicos, biológicos, bioquímicos, de acuerdo a las leyes que gobiernan tales cosas naturales, y al mismo tiempo considerando su personalidad creada a la imagen y semejanza de Dios.

Si bien la ciencia no puede dar soluciones a todos los interrogantes del universo, tampoco la teología pretende dar respuestas a todas las preguntas debajo del sol. La Biblia no nos proporciona nociones de física, termodinámica, hidráulica, o la mecánica de los mecanismos, ni tampoco ecuaciones de cálculo infinitesimal y derivadas que nos permitan calcular asuntos pertinentes al lanzamiento de un cohete al espacio para escudriñar un planeta. El rompecabezas integrador no se junta automáticamente, pero se logra a través de un trabajo sintético, realizado por la acción conjunta de científicos y teólogos. Sin embargo, las dificultades interdisciplinarias abundan, y al tratar de juntar elementos de varias ramas notamos la gran variedad de debates interminables en las definiciones, conceptos, interpretaciones, etc.

En su obra *Psychology Through the Eyes of Faith,* Jeeves & Myers (2002) se refieren a la realidad analizada a varios niveles. Su persuasión es más liberal, y permite ciertas perspectivas que muchos integracionistas no aceptan, debido a sus interpretaciones fundamentales consolidadas. Desde esta perspectiva, el ser humano puede ser abarcado desde el nivel elemental y concreto de la física, la química, y la biología; luego desde niveles más conceptuales como la psicología, la sociología, y la filosofía; por último, su definición puede partir desde las abstracciones de la metafísica y de la teología. Desde lo simple a lo complejo, tales niveles permiten definiciones que si bien pueden tener su validez particular, pueden integrar a las demás en conjunto.

En este paradigma, la fe puede motivar a la ciencia, investigando el mundo creado para discernir las cosas mientras se reconocen los límites del esfuerzo empírico. También, la fe puede ser desafiada por medio de un escrutinio escéptico de los reclamos axiomáticos derivados de sus bases. La fe y los valores de ambos, investigadores y terapeutas, también se inmiscuye en su tareas en forma tácita, penetrando sus postulados, sus enseñanzas, sus investigaciones, y su práctica. La psicología que proviene de una persona que integra conscientemente su fe y su ciencia es ofrecida a la iglesia, no como un enemigo, sino como una ayuda para esclarecer los entes a través de los cuales las personas observan sus propios seres, a otras personas, y al mundo creado. Las descripciones acerca del ser son cotejadas de ambos lados, la fe y la ciencia, buscando las maneras en las cuales ambas disciplinas se integran.

4. Modelo incorporativo: Carter y Mohline (1976) trataron de proveer un modelo que presentó un armazón complejo con ambas disciplinas. Toda verdad (si verdaderamente es la verdad, redundantemente hablando) es verdad ante Dios; la revelación general (psicología) no contradice a la verdad revelada (especial) pero se integra en armonía. El problema reside en el punto de partida, en el hecho de aceptar o rechazar a un ser supremo que percibe y define la realidad creada en términos absolutos: Dios, quien ha declarado la verdad en dos expresiones: general y particular. La teología representa el destilado de la revelación de Dios –de sí mismo hacia el hombre en manera lingüística, conceptual, y cultural, enfocando sobre el hombre en su naturaleza y su destino. La psicología como ciencia trata con las estructuras y los mecanismos que actúan dentro de los procesos del ser (biológicos, fisiológicos, cognitivos, emotivos, motivacionales, sociales) por medio de los cuales el hombre funciona, y los métodos utilizados en asesorar tal funcionamiento.

El enfoque de las explicaciones es diferente: La psicología es descriptiva, clínica, enfocada sobre el desarrollo humano, y experimental. La teología es bíblica, sistemática, histórica, y sociocultural. Las construcciones teóricas parten de diferentes bases, con apelaciones a distintas autoridades. El nivel explicativo es diferente: La teología parte de la metafísica mientras que la psicología es basada en explicaciones de investigaciones empíricas o científicas. El significado provisto se basa en atribuciones desde diferentes puntos de vista. La epistemología es distintiva: La teología apela a bases reveladas consideradas como Verdad, mientras que la psicología apela a las evidencias arrojadas por las investigaciones científicas en busca de la verdad. La naturaleza del conocimiento influye en las apelaciones a la autoridad que sanciona lo considerado verdadero, en las elaboraciones de tal verdad y en las consecuencias de las aplicaciones de tal verdad.

Pareciera ser que la psicología en este modelo es destinada a "la cama teológica de Procusto" (una palabra deformada del griego Προκρούστης –estirador). En la mitología griega, Procusto alojaba a viajeros solitarios como huéspedes en camas de hierro. Mientras dormían, los ataba a las esquinas de la cama y los amordazaba. Si eran muy altos, los acostaba en una cama corta y les cortaba los pies, las manos o las partes del cuerpo que sobresalían; si eran bajos, los acostaba en una cama larga, y los estiraba a martillazos hasta que cupiesen. De todos modos, las personas cabían, pero morían en el proceso. Algunos esquemas integradores tratan de amoldar sus conceptos y sus principios (como así también a las personas siendo aconsejadas) a sistemas dogmáticos que, o son fundamentalmente muy ajustados o liberalmente muy holgados, forzando sus teorías a tales moldes prefabricados (sistemáticos) con el resultado de conseguir algo menos de lo deseado –la persona es amoldada, editada, reducida, o aniquilada en el proceso. El modelo jerárquico (con una disciplina subordinando y ajustado a la otra a sus moldes) en cierta manera impone o fuerza sus interpretaciones –sean obvias o tácitas. Además, no es muy claro cómo tal modelo funciona en realidad si las bases no son esclarecidas como siendo pertenecientes a una sola premisa (bases bíblicas o investigación empírica/conjetura filosófica), o a dos bases epistemológicas (bases bíblicas y datos derivados de la investigación empírica/conjetura filosófica). El asunto se complica aún más, si se toma en cuenta la diversidad de interpretaciones hermenéuticas a las cuales las Escrituras han sido sujetas, y a la naturaleza de la ciencia (en cuanto a su carencia de certeza debido al constante reajuste a los descubrimientos corrientes).

Sin embargo, en el modelo incorporativo, cabe un paradigma funcional, etiquetado por

Crabb (1977) como "despojando a los Egipcios" de su oro para edificar un santuario para Dios (Éxodo 3:22). En tal paradigma, el punto de partida es la Biblia como guía infalible inspirada, la revelación inequívoca contra la cual se asesora todo concepto psicológico. Al cotejar cualquier proposición, postulado, o principio, se acepta lo que pareciera ser genuino y brillar, y se eliminan los elementos opacos que no se ajustan o que se oponen a las Escrituras. Su acercamiento ha sido provocativo, pero Crabb no aclaró mucho sus premisas ni presuposiciones, como tampoco dio a entender "cómo" el despojo de los egipcios debe ser hecho. El oro de los egipcios es oro, y sirve para construir un santuario para Dios. Sin embargo, recordamos que no es oro todo lo que reluce. Es difícil definir los lentes a través de los cuales la extracción del significado de las Escrituras se aplica como una matriz en decidir qué aspectos de las investigaciones se "despojan" y adoptan funcionalmente, y cuáles aspectos se rechazan.

Este modelo filtra, reduce, y adapta una materia hacia la otra –terapeutas y teólogos traducen su entendimiento de lo psicológico a vocablos o conceptos teológicos y vice versa. Cuando se trata de asimilar y acomodar un postulado de psicología al entendimiento consolidado ortodoxamente, y tal ejercicio no es factible, la tendencia es la de descartar lo psicológico como un ente hereje. Imaginemos a Linneaus, el clasificador taxonométrico por excelencia, siendo cristiano creacionista, y encontrándose frente a un insecto que pareciera dar crédito a Darwin y desafiar a sus categorías y su fe: ¿Qué hará tal hombre? ¿Cambiará sus categorías y ampliará su clasificación? ¿O, cuando le sea posible hacerlo, lo pisará, para deshacerse del problema? Tanto teólogos como psicólogos a menudo pisan y descartan a los insectos extraños que no caben en sus moldes.

Otro modelo que cabe en este paradigma es el propuesto por Tan (2011). El lugar preponderante de las Escrituras es enfatizado como así también la teología bíblica. El modelo es centrado en Cristo, buscando la influencia del Espíritu Santo (Tan, 1991, 2001). Tan acepta las deliberaciones de aquellos que promueven el consejo netamente bíblico y la psicología redefinida como siendo cristiana en su contenido, sus postulados, y sus aplicaciones (Powlison, 2000; Roberts, 2000; Mc Minn & Phillips, 2001; Johnson, 2007, 2011; Moriartly, 2010; Worthington, 2010; Entwistle, 2010). Sus consideraciones hacen un puente entre los consejeros bíblicos y los que integran. También, enfatiza la integración intrínseca, incluyendo la espiritualidad en Cristo y en el Espíritu Santo, siguiendo el énfasis de Malony (1995) en la cual la integración es basada en principios (teóricos-conceptuales e investigativos), profesionales (clínicos, prácticos); y personales (intrínsecos, en un entorno de espiritualidad). La definición del ser humano en el sistema de Tan se enmarca en los siguientes postulados: (1) las necesidades psicológicas y espirituales incluyen seguridad, amor, significado, y esperanza; (2) el problema básico es el pecado –aún cuando no todo el sufrimiento es debido al pecado personal; (3) la meta suprema del ser es conocer a Dios y gozar de salud espiritual; (4) emociones problemáticas se relacionan con la conducta y el pensar problemáticos; sin embargo, los factores biológicos por un lado, y los demoniacos por el otro, no son descartados; y (5) la persona es integral, con dimensiones físicas, mentales, emocionales, sociales, y espirituales.

5. Modelo reconstructor: La re-edificación de la psicología: Gary Collins (2000) propuso un acercamiento a la integración aclarando que si bien los teólogos tratan de ser veraces en la declaración de sus premisas y las bases de sus creencias, los psicólogos en ocasiones no necesariamente dan a entender desde qué bases parten, dejándolas subyacentes a sus labores. Sin embargo, acercamientos cognitivos y metacognitivos, tratan por lo menos de educar a los clientes en cuanto al modelo teórico a ser seguido en sus trabajos. Los psicólogos en general son conocidos por su acercamiento (declarándose freudianos, lacanianos, rogerianos, etc.). Sin embargo, en la realidad los terapeutas seculares raras veces dan a entender el origen filosófico de sus teorías (basadas en alguna creencia, agnósticas o ateas. Se espera que el terapeuta cristiano lo haga. La ética profesional demanda que los pacientes o clientes sepan sobre qué bases la persona que ayuda está asentada. De manera que, los terapeutas-teólogos deben declarar sus premisas, y su postura (sea Calvinista, Wesleyana, Arminiana, etc.) para dar a entender la clase de acercamiento que tomará lugar, y dar la oportunidad al a persona creyente para que pueda decidir si entrar en tal proceso o no hacerlo.

Muchas veces se da por sentado que el cristiano que ayuda tiene una teología cabal (no-adulterada u ortodoxa); también, en el ambiente secular, se cree y espera que el terapeuta, aunque sea cristiano, sea neutral, científicamente objetivo, como una persona que no tiene prejuicios Sin embargo, enfatizamos con Collins el hecho que la neutralidad absoluta es un mito, y que las presuposiciones tácitas de las personas subrayan sus escritos y sus trabajos aún cuando no las nombren por nombre. El paradigma de Collins comienza por declarar la existencia de Dios, la revelación en la Biblia (verdad declarada) y en la naturaleza (verdad descubierta). La reestructuración y reedificación de la psicología se basa sobre las siguientes premisas:

a. *Empirismo expandido*: La verdad aparece no solo de las investigaciones controladas, pero a través de la deducción lógica, de la revelación bíblica, de la intuición, y el estudio de las humanidades.

b. *Determinismo y libre albedrío*: Ambas alternativas aparecen en las Escrituras en paradoja, con énfasis exegético de tipo calvinista y arminiano en tensión creativa propulsando a los esfuerzos hermenéuticos. Ambos elementos existen también en el campo de la psicología (libertad vs. determinismo; principios epigenéticos vs. variaciones debidas al medio ambiente) y hay razones naturales y lógicas, como también escriturales para considerar las paradojas de la fe.

c. *Absolutismo bíblico*: Los sistemas modernos construyen sobre las bases del relativismo cultural y social. El proponente evangélico trata con absolutos escriturales y principios que guían el entendimiento de la conducta humana. En aquellas materias que la Biblia no enfatiza absolutos, se trata de establecer criterios de conducta éticos, morales, y prácticos que estén de acuerdo al espíritu de la revelación general.

d. *Reduccionismo modificado*: En el acercamiento de Collins, se trata de estudiar al ser humano en unidades fragmentarias, pero teniendo en mente que el todo es más que la suma de sus partes. Es decir, el estudio de la naturaleza humana y sus actuaciones deben ser vistos desde ambos ángulos —focal e integral— óptimamente integrados, resultando en un enfoque logrado con a través de la interacción entre las parcialidades enfocadas y la visión global, y no reduciendo el ser o su conducta a partes infinitesimales disgregadas.

e. *Sobrenaturalismo cristiano*: Se acepta el concepto de que el mundo es un sistema ordenado, pero se va más allá. Se acepta el hecho que Dios creó todas las cosas, y que las mantiene y sustenta con su poder sobrenatural. La presuposición de lo sobrenatural hace que la conducta humana no solo sea vista como motivada o reforzada por agentes naturales, sino por su dependencia en comunión con el postulador de la existencia humana. "No solo de pan vivirá el hombre."

f. *Antropología bíblica*: A diferencia del humanismo que enfatiza que el ser humano es naturalmente bueno y moralmente neutro, el cristianismo afirma que es creado a imagen y semejanza de Dios, pero que ha caído en el pecado. A pesar de ello, es amado por Dios quien lo hace retornar a través del arrepentimiento, la obediencia y la fe. Los que nacen de nuevo, crecen de nuevo y son resocializados por Dios.

Tales bases han sido postuladas en el atentado de "redefinir" a la psicología desde el punto de vista cristiano, y pueden servir en el desempeño de las labores realizadas por terapeutas cristianos. Sin embargo, tales premisas no necesariamente son aceptadas en el ámbito secular. De manera que, existen dos versiones paralelas y muchas veces antagonistas de psicología, cristiana y secular.

6. *Modelo Transformador.* Este paradigma es un atentado a redefinir las maneras en las cuales se trata de redescubrir y rediseñar las maneras tradicionales de pensar en la psicología en relación al cristianismo. Tal esfuerzo es basado en la dirección espiritual en la cual la persona es renovada en el Espíritu, tanto en la realidad tangible como así en la realidad aceptada por fe (Coe y Hall , 2011). En este esquema, las cosas espirituales no necesariamente caen "fuera de la ciencia" porque simplemente no se pueden medir con los aparatos que a nivel presente son inadecuados. A la manera de Collins en el modelo anterior, Coe y Hall instan a descubrir "de nuevo" una psicología que no parte de las premisas o los métodos acostumbrados, y que se centra en la realidad definida por Dios.

Las verdades aprendidas en fe y experimentadas en el espíritu son: (1) Que Dios existe (Heb 11:1-2); (2) que somos creados a su imagen para regir, entender y relacionarnos apropiadamente a la creación como seres fundamentalmente relacionales (Gn 1:26; 2:18); (3) que somos pecadores salvos por gracia a través de la obra de Cristo terminada en la cruz (Ro 5:6-10); (4) que ahora somos nuevas criaturas en Cristo (2 Co 5:17); (5) y al ser relacionales, nuestro cometido final es el de amar a Dios y a nuestro prójimo, y glorificar a Dios para siempre (1 Co 10:31); (6) que tal posibilidad se logra solamente al ser transformado a la imagen de Jesucristo a través del llenado del Espíritu Santo para que la vida en si sea para la gloria y propósito de Dios (Ef 3:17-19; 5;18); y (7), que Dios ha tomado un cuidado especial en revelar estas verdades en las Escrituras, y en parte, en la experiencia del creyente.

Partiendo de las bases de interpretación que consideran las Escrituras como la Palabra de Dios revelada, las posturas axiomáticas enmarcan la creación y la existencia del ser, y la elaboración de un paradigma científico basado en tal epistemología y ontología es vertido en una integración psicológica transformacional. Desde el punto de vista proposicional, este paradigma se asemeja más a un credo que subraya la formación del carácter cristiano en busca de una integración psicológica derivada de las consideraciones que parten de la psicología del desarrollo humano, de la teoría del apego interpersonal de Bolwby (1971, 1975, 1981, 1984), y de la neurobiología interpersonal (Siegel, 1999). Hall (2004) ha postulado una teoría acerca de las representaciones interpersonales implícitas, consideradas básicas al desarrollo del ser humano en su contexto social. Hall afirma que las personas son motivadas principalmente y se desarrollan dentro de un contexto relacional significativo. Los hispanos-latinos evangélicos han dado mucho énfasis a tal factor en maneras innatas, y culturalmente sintónicas. La agenda propuesta en la integración transformacional presenta al consejero como una especie de guía espiritual. Desde la perspectiva del autor, Hall y Coe parecieran re-enmarcar lo que muchos monásticos y místicos han practicado en la antigüedad, partiendo de la experiencia subjetiva individual para asesorar y guiar a las personas, compartiendo en forma inter-subjetiva proveyendo una dirección espiritual. Se trata de encauzar la psicología –redefinida a través de los lentes de la fe, y partiendo desde la experiencia personal en el Espíritu.

En la experiencia del autor, quien ha ministrado por varias décadas en el ambiente hispano-americano en USA, pareciera ser que aún sin enfatizar una sofisticación académica, muchos discipuladores pentecostales y carismáticos han actuado sobre tales bases y actualizado este paradigma, al darse a la tarea de guiar a los creyentes en su crecimiento. Tal vez lo han hecho intuitivamente, basados en sus deseos de lograr mejores niveles experienciales de santidad, de vivir la vida en el Espíritu, y de realizar un conocimiento de lo trascendental a través d la lectura de las Escrituras, de ayunos, oraciones, y dedicaciones personales a Dios ante un altar (definido como la parte delantera de un edificio dedicado al culto), entre otras prácticas. Todo ello, logrado sin aludir a ninguna especie de jerga filosófica, experimental, o académica. Más aún, lo han hecho en comunidades pobres, carentes de recursos u oportunidades, a pesar de contratiempos, y de críticas de otras denominaciones –lo han hecho contra viento y marea, y a su propio modo. Por otra parte, tales movimientos pudieran ser guiados y encomiados hacia la adquisición de un mejor conocimiento y entendimiento acerca del ser humano, de su desarrollo, de su problemas psicológicos, y de sus necesidades personales e interpersonales.

La Postura del Autor

La posición tomada por el autor es integradora. Como el título del libro lo indica, se trata de proveer un consejo integral. Aceptando todos los postulados del paradigma transformador descrito en el modelo anterior, y sin dejar a un lado las contribuciones positivas del campo investigador, se busca integrar en forma conceptual y práctica. Por muchos años el autor ha enfatizado tales premisas bíblicas y teológicas, sin desmerecer los atentados de las ciencias sociales en proporcionar datos y entendimiento en cuanto a los postulados enunciados en su antropología bíblica: (1) La creación del ser humano, formado a la Imagen de Dios, según su diseño eterno, proactivo y pre-formador; (2) la caída en el pecado y sus consecuencias (el ser deformado); (3) la redención y sus alcances reformadores a través de la fe y la obediencia; (4) la transformación del ser (nueva creación en cuanto a carácter, conducta, e influencia) a través del Espíritu Santo; y (5) el ser conformados a la imagen de Jesucristo, animado de la esperanza de una redención final y de su glorificación ante Dios.

Integración Personal –Transformadora-Conformadora-Renovadora– Asesorada Metacognitiva y dialógicamente. En la perspectiva del autor, el ser humano puede ser visto no simplemente como un ente a ser estudiado al nivel espiritual, pero también como un ente finito que se desarrolla, logra ciertos objetivos, y fenece en el espacio y el tiempo. El ser es visto como un sujeto, un organismo dinámico, en proceso. En el paradigma propuesto, la integración se vislumbra como un proceso en el cual las dos disciplinas deben enfocar sobre el ser desde ambos niveles de análisis: Teológico y psicológico. En tal paradigma, se reconoce la omnisciencia divina y su plan eterno, alegando al hecho que Dios abarca la existencia humana en su voluntad. A tal fin, el acercamiento adquiere una perspectiva metacognitiva (llegando a saber que uno sabe, procesar sus procesos, ser objetivo acerca de su estado subjetivo, investido del Espíritu quien in-merge y provee sensaciones, impresiones, pensamientos, motivaciones, sentimientos, y voluntad al ser dialógico a manera de triálogo –infundiendo su iluminación y perspicacia a los diálogos internos del ser, y animando a su retórica persuasiva interna, guiando en forma personal al ser en desarrollo.

El panorama teológico acerca del ser integral ha sido delineado anteriormente ya, y aquí se repiten los conceptos en forma breve, abarcando al ser en su derrotero ante Dios:

1. Dios ha *pre-formado* al ser antes de crea su universo; es decir, el ser estaba en la mente del autor antes de realizar su composición.

2. El ser ha sido *formado* por Dios –en Génesis, como también en el vientre humano, es moldeado por Dios en cuanto a diseño y propósito es analizado desde sus bases subyacentes en cuanto a sus niveles ascendentes desde lo orgánico a lo supra consciente.

3. La naturaleza (esencia, ontología, subestructura) del ser ha sido *deformada* por el pecado en su carácter, su conducta y sus capacidades relacionales. Tal naturaleza está sujeta a las posibles manifestaciones psicopatológicas debidas a las influencias ecosistémicas, genéticas, y sociales, actuando a diferentes niveles de interacción.

4. El ser ha sido *informado* por Dios (en su revelación particular, las Escrituras) acerca de su condición pecaminosa por un lado, y de las buenas nuevas de redención por el otro; tales proposiciones proveen pautas de significado, dirección, diseño, y propósito al ser.

5. El ser es *reformado* al entablar una relación con su creador, mediante la obra de Cristo en la cruz, aceptada por fe y en obediencia a la voluntad expresa de Dios. Tal experiencia es cotejada e interaccionada en el proceso de resocialización secundaria (crecimiento espiritual) en cuanto a los pensamientos, percepciones, emociones, y voluntad, empeñadas en actualizar tal reforma del Espíritu; tal cotejado se realiza primariamente en el proceso de discipulado cristiano. La terapia puede servir de ayuda adjunta o copartícipe en el derrotero del ser, empleada cuando sea necesaria a lo largo del proceso resocializador.

6. El ser tiene el potencial de ser *transformado* en su carácter, conducta, y relaciones, por la obra santificadora del Espíritu, con la ayuda de aquellos que ministran la Palabra y proveen pautas de modelaje social. Tal transformación es factible dentro de un proceso de crecimiento espiritual cotejado, en el cual la resocialización es fomentada a través de la relación con un mejor Padre, con la guía de la Palabra, el poder y la presencia de la persona del Espíritu Santo, el aprendizaje observacional (siendo expuesto a modelos dignos de imitación), y la comunidad de fe que promueve la gracia, la misericordia, el amor, la justicia, y demás cualidades funcionales enmarcadas en la libertad cristiana.

7. El ser es desafiado en su derrotero, a ser *conformado* a la imagen de Jesucristo (la redención total a ser efectuada), en un proceso ascendente –aunque caracterizado por altibajos– de actualización de tal potencial, un devenir hacia el prototipo ideal. La renovación del ser es un proceso en el cual lo entrópico recibe el llenado del Espíritu para mantener y acrecentar su fe y su obediencia a Dios. Tal proceso no es estático, sino dinámico; no es que el ser ha de alcanzar un nivel de actualización o perfección en su existencia terrenal, pero sí es un proceso hacia la meta final –la glorificación del ser redimido a la semejanza de Jesucristo (1 Jn 3:1-3; Ro 8:28-30).

Al presentar este paradigma, el autor reconoce que ahora "vemos por espejo, como en oscuridad" y solo en el futuro marcado por "Aquel día" veremos plenamente, como lo recalcó Pablo a los Corintios (1 Co 13). Los reclamos de esta integración deben ser humildes y reconocer que aunque mucho se ha revelado y asesorado empíricamente, Dios se reserva el derecho de dejarnos con ansias de saber cabalmente. Aún cuando podemos apreciar la calidad y la envergadura de instituciones de alto grado, podemos ver sus fallas en permanecer fieles a su cometido ortodoxo el sentido teológico, y en su adherencia a las Escrituras a través del tiempo. La universidad de Harvard comenzó siendo una escuela preparatoria para ministros del evangelio. Su emblema o logo original enfatizó tal filosofía, en el cual tres libros con los caracteres en latín decían VE-RI-TAS (Verdad). El logo tenía dos libros abiertos, dirigidos hacia el observador, y un tercer libro cuyo contenido no era disponible o accesible, mostrando su tapa al observador. Tal logo enfatizó el hecho que, aunque tenemos bastante conocimiento empírico de la realidad o de la verdad, Dios se reserva el derecho de poseer la verdad final y absoluta. Además, la inscripción sobre el logo decía *Christo et Ecclesiae* (Cristo y la Iglesia). Al correr el tiempo, y siendo sujeta a las corrientes liberales, la universidad de Harvard cambió su logo, haciendo que los tres libros del emblema estén abiertos totalmente hacia uno, enfatizando la erudición humana —como que ya lo sabemos todo, y que no necesitamos de ninguna revelación por parte de Dios. Además, se eliminó el escrito latino *Christo et Ecclesia*, para no ofender a otras religiones o persuasiones. El logo emblemático es un reflejo del proceso paulatino de acomodo, asimilación, y equilibrio adaptivo experimentado por muchas instituciones que han sido amoldadas a las corrientes de este *aion*, y en la actualidad, prefieren prescindir de la revelación divina y ceden a la tentación de confiar en su propio alcance sofisticado.

Paradigmas Implícitos-Explícitos de Integración

Aparte de tener paradigmas "en tubos de ensayo" o entretenidos en la mente, podemos considerar los aspectos prácticos —qué es lo que se aplica en la oficina o el lugar donde se aconseja. Se trata de vislumbrar en qué manera la teología, la fe de ambos participantes, y los principios psicológicos se integran a la hora de proveer consejo terapéutico. Tal integración practica ha sido denominada "profesional" (Tan, 2001); "integración en la oficina terapéutica" (Hall & Hall, 1997); e "integración práctica de la psicología-teología" (Anderson, Zuehlke & Zehlke, 2000). Lo que actualmente se denomina consejería cristiana es visto como un paradigma Cristo-céntrico, basado en la Biblia, y guiado por el Espíritu (Tan, 2001).

Se ha señalado que la consejería desde este ángulo es una especie de trabajo consagrado, en el sentido de enfatizar la necesidad de tener un terapeuta con ciertos rasgos —con fe sincera y profunda, poseyendo una cosmovisión cristiana, quien aconseja con excelencia, supeditado al Espíritu Santo, motivado y guiado por los valores cristianos, y empleando métodos, estrategias, y objetivos que revelan su ética cristiana.

En esta materia, la pregunta es, ¿Cuán explícito debe ser el consejo dado? Dos modelos (o más bien polaridades de un continuo) han aparecido, con diversos autores abogando por una consejería explícitamente integrada por un lado, e implícitamente integrada por el otro. En las consideraciones de Tan (1991), la integración implícita se define como un acercamiento tácito, velado, e indirecto en la consejería, donde el consejero no inicia la discusión de los asuntos religiosos o espirituales en forma abierta, ni tampoco usa los recursos espirituales en forma sistemática. Simplemente permite que tales asuntos surjan y sean tratados sin necesariamente forzarlos.

En la polaridad explicita, el consejero emplea un acercamiento directo, y sistemáticamente trata con los asuntos problemáticos utilizando los recursos espirituales (la oración, la Palabra, la comunidad de creyentes). El consejero que trabaja desde esta posición se siente libre de conectar a la persona a recursos espirituales, y puede asignar ejercicios espirituales que ayuden a la persona a afianzarse, a cambiar, a consagrarse, etc..

La Integración Implícita

La integración conceptual trata de presentar principios, postulados, y premisas nacidas de las extracciones exegéticas y hermenéuticas aplicables en las investigaciones pertinentes en las esferas teológicas y psicológicas, proporcionando una vislumbre adecuada y un despliegue paradigmático obvio de tal proceso. En la integración implícita, las premisas no se postulan, sino que aparecen veladas o tácitas, y las siguientes maneras y prácticas se aplican:

- ✓ La persona que aconseja no inicia las discusiones pertinentes a la fe, ni a las cosas espirituales; si la persona problemática trae tales asuntos a la sesión, la persona consejera atiende a las mismas pero sin tomar control de la sesión animada de un estilo "predicador"
- ✓ No utiliza los recursos espirituales directamente –tales como la oración, o las Escrituras, sino que utiliza principios abstractos, extraídos, y compaginados, basados en las Escrituras, y su oración es susceptiva, silenciosa, o tácitamente alojada en sus actitudes
- ✓ Depende intencionalmente del Espíritu para la guía y dirección en la sesión, y su presencia sanadora obrando en el caso de la persona problemática. Sin embargo, no verbaliza sus intenciones sino que las deja tácitas
- ✓ La integración implícita parece aplicarse a casos discretos –tal vez la persona no es creyente, ha dejado a un lado su caminar con Dios, o es rebelde y manifiesta cierta hostilidad hacia las cosas espirituales. A veces, la persona manifiesta deseos de entablar conversaciones que tienen que ver con la fe y las prácticas cristianas, pero la iniciativa es de su parte, no proveniente de la persona que aconseja, quien se presta a escuchar y atender al necesitado, y a fomentar el diálogo en forma socrática, no directiva
- ✓ La integración implícita pareciera ser más adecuada entre los terapeutas que trabajan dentro de sistemas psicoanalistas o psicodinámicos, ya que tales acercamientos requieren que el terapeuta sea neutro y no-directivo

La Integración Explícita

En esta manera de integrar, ambos participantes entran en diálogo con la expectativa que su fe, sus convicciones, sus valores, y su dependencia en la Palabra y en el Espíritu Santo, son factores aceptables. Además, la esperanza de ambos es que sean parte, o que estén compenetrados en un diálogo en sus interacciones. La persona terapeuta en este caso es libre para verbalizar sus preguntas (indagadoras, promotoras, o penetrantes) como así también sus respuestas (empáticas, de soporte, interpretativas, o afirmativas) proporcionadas en una manera directa, en la cual la integración bíblica-teológica-psicológica toma lugar a lo largo del proceso de comunicación. En esta manera de integrar, los siguientes factores se notan:

- ✓ La persona terapeuta usa los recursos espirituales tales como la oración y las Escrituras en la consejería; es consciente de la presencia del Espíritu en la sesión

✓ Trata con la problemática de la persona, incluyendo los asuntos de conducta, los procesos emocionales y cognitivos, como así también los asuntos espirituales compenetrados en la vida del ser humano. La consejería en este caso es un diálogo interpersonal en el cual las creencias, los valores, las practicas, las preguntas, y todo lo relacionado a la necesidad siendo atendida, recibe su influjo cristiano en forma más directa

✓ La persona terapeuta debe esclarecer y establecer una especie de convenio o contrato con la persona que busca ayuda, en lo referente a la conducción de las sesiones animadas de esta manera de integrar. La expectativa ministerial es que las personas que aconsejan sean explícitas en sus atentados integradores, pero de cualquier manera, es ético y apropiado hacer saber a la persona en busca de ayuda que la intención, el propósito, y la tonalidad de las sesiones serán enmarcadas en tal proceso

✓ Se fomenta la integración de las cosas espirituales en la vida intima de la persona siendo atendida. Se toca el desarrollo de su espiritualidad, su carácter e influencia en necesidad de alineado con Dios, su vida de consagración, su oración, su lectura bíblica, y sus ejercicios espirituales. La terapia en este caso es copartícipe con el proceso de discipulado

✓ Pareciera redundante el decirlo, pero la persona terapeuta que pretende hacer uso de una integración explicita debe estar preparada en ambas disciplinas. Su teología y psicología deben estar compenetradas a un buen nivel de conocimiento, entendimiento, y sabiduría. Una persona no puede aconsejar a este nivel y seguir este paradigma sin tener sus bases establecidas y afirmadas de antemano. Si tales bases teológicas-psicológicas son precarias o inexistentes, es necesario que se declare tal condición, o que se refiera a la persona a otros proveedores de ayuda que tengan una mejor preparación

Es de notar que los términos utilizados en la integración (implícita-explicita) no son mutualmente exclusivos, sino polaridades en un continuo dentro del cual hay mucha variabilidad, dependiendo del grado de conocimiento, de la situación que se presenta, del nivel espiritual tanto de la persona que aconseja como el de la persona que busca ayuda, y de lo expresado en cuanto a las intenciones de conducir las sesiones desde un ángulo preferido.

Síntesis

En el campo de labores terapéuticas cristianas, se ha notado una corriente saludable, apropiada, y necesaria, que enfatiza a la persona, la presencia, y el poder del Espíritu Santo. Lo que en tiempos pasados era relegado a las proposiciones doctrinales sin necesariamente actualizar su realidad existencial, ahora pareciera ser el denominador en común que muchos proveedores de diversas persuasiones –protestantes (evangélicos carismáticos y conservadores) y católicos –siendo abiertos al mover del Espíritu, han adoptado como algo deseable, funcional, y hasta normativo. La integración –sea conciliadora, paralela, incorporativa, reconstructiva, estratificada, o transformadora– debe ser vista como un atentado a lidiar con dos disciplinas en alguna manera que su producto, sea algo que provea mejores bases para actualizar una teología práctica. Tal teología bíblica, saturada del Espíritu, es aplicable en la hora de prestar servicios de consejería cristiana integral.

Capítulo 15

Un Modelo Metacognitivo-Dialógico

Como hemos visto anteriormente, la integración bíblica-teológica-psicológica ha sido motivo de muchas investigaciones y trabajos que han resultado en una gama de posibilidades. Hemos notado el énfasis demostrado hacia las Escrituras, hacia el Espíritu Santo, dando lugar a la oración y a los ejercicios espirituales para crecer en profundidad en el conocimiento y obediencia de Dios.

Para la orientación pastoral, enfatizamos la teología bíblica sistemática con su expresión práctica integrada, con principios derivados y aplicados en el seno de la comunidad cristiana, sin desmerecer las teorías psicológicas subyacentes a los problemas emocionales y psicológicos acoplados a los problemas de índole espiritual. Aprendemos del estilo utilizado por el apóstol Pablo cuando escribía con motivos de enseñanza y aplicación práctica en el discipulado. En sus cartas a los Efesios (capítulos 1-3) y a los Romanos (capítulos 1-11), se da a la tarea de presentar una teología cabal, profunda, y desafiante, para luego establecer los principios aplicables a la conducta y al carácter debidamente. Las consideraciones prácticas siguen, con mandatos concretos derivados de tales principios e interpretaciones de la voluntad de Dios.

La persona que aconseja debe reconocer que aunque no tenga una revelación directa y apostólica en cuanto a cómo hacer su trabajo, puede derivar conceptos y principios de las Escrituras a fin de elaborar un modelo conceptual de acción ministerial. Tal paradigma puede reflejar valores éticos y morales basados en la Biblia, y adoptar doctrinas fundamentales aplicables a la consejería en forma concreta. Así como la fe sin obras es muerta (Stg 2:17), una teoría integradora sin aplicación práctica carece de significado en la hora de terapia.

Este modelo se deriva de la consideración de los temas bíblicos que tratan acerca de (1) la *presencia divina del Espíritu Santo* y (2) la *coparticipación divina-humana* en los asuntos terrenales en necesidad de atención e intervención, (3) la adopción de una postura metacognitiva; (3) con *énfasis trinitario;* y (5) *trialógico*. La relación entrelazada de tres entidades (consejero-aconsejado-Espíritu) en el proceso de ministrar con conciencia plena de hacerlo "ante Dios", es un enfoque esencial, establecido como fundamento en el ministerio terapéutico integral. Aunque el título del capítulo involucra el tema dialógico –entre dos personas, o la persona desde dos posiciones nternas en diálogo– también se trata de enfatizar el trálogo mencionado.

Trasfondo del Acercamiento Cognitivo

Entre las terapias más efectivas en el tratamiento de condiciones depresivas y ansiosas, se encuentra la terapia cognitiva. Tal acercamiento ha recibido la atención de investigadores quienes han probado su eficacia con evidencias empíricas. Investigaciones hechas en el campo de la depresión y de la ansiedad han comprobado la eficacia de la terapia cognitiva, la cual en combinación con la farmacoterapia ha dado resultados positivos en el tratamiento de millares de personas en USA y empleada en varios países.

Las Escrituras declaran en Proverbios 23:7 que, *"Así como el hombre piensa en su corazón, así es él"*. Los diálogos internos de los salmistas han sido registrados en la literatura Hebrea como expresiones del corazón y de la mente, reflejando sus estados de ánimo, sus emociones, sus dilemas y demás pormenores de la vida. La literatura poética de los Hebreos abarca un período desde doce hasta cinco siglos antes de la era Cristiana.

Por otra parte, los griegos y sus escritos poéticos han sido tomados como base para argumentar el desarrollo de la retórica interna (Nienkamp, 2001). El concepto denominado "retórica" se ha ampliado, y su definición como "el poder de persuadir a otros" por medio de la palabra se ha vertido en una definición más amplia. La retórica interna se define como el poder de persuadirse a uno mismo a través de sus propios diálogos internos, sus deliberaciones mentales. Homero ha sido tomado como la fuente clásica para los postulados teóricos de la retórica. Junto a su *Odisea*, la *Ilíada* se encuentra entre las obras más antiguas de la literatura en la civilización occidental. Su aparición se fija en el siglo VIII AC.

Los retóricos tenían la responsabilidad de utilizar el lenguaje para persuadir a la gente con sus discursos morales, éticos, políticos y civiles. Isócrates argumentó que el objetivo de la filosofía era la aplicación práctica de la sabiduría, siguiendo el énfasis de Aristóteles, a contraposición de Platón, quien abogó por la naturaleza epistémica en la cual la verdad debe ser buscada como ente digno de escrutinio sin necesariamente tener aplicaciones pragmáticas. Para Isócrates, la palabra —sea expresada verbalmente o empleada en el pensamiento filosófico, es el vehículo usado en la retórica para persuadir. El uso elocuente del orador y el uso privado por parte del filósofo pensador, ambos denotan deliberaciones mentales -sean externas o internas. Las mismas pruebas y los mismos argumentos utilizados para persuadir a otros pueden ser utilizados para persuadirse a uno mismo.

En su obra *Internal Rhetorics* Jean Nienkamp (2001) argumenta y enfatiza la noción que los escritos de Homero proveen narrativos que revelan una "retórica interna", con diversos tipos de razonamiento utilizados por los héroes protagonistas de las odiseas antiguas. Cuando tales héroes, al verse frente a frente a las vicisitudes negativas, atravesando peligros y tiempos difíciles, al enfrentar vicisitudes y desafíos a su ser, apelaban a su retórica interna para animarse a tomar ciertas decisiones. También, enfatiza la noción que el desarrollo del diálogo interno ocurre dentro de un contexto social. Los héroes mencionados por Homero son Odiseo, Menelao, Agenio y Héctor, y sin excepción, todos emplearon diálogos internos, relacionados y sujetos a las fuerzas sociales de su época, basados en premisas culturales —valores, expectativas, normas y deberes, los cuales representan voces colectivas introyectadas a la mente de las personas que se dirigen hacia sí mismas. Tales voces son presentadas en diversos estilos y funciones: racionalizan, debaten, aprueban, desafían, etc. al ser dialógico, y éste a su vez se dirige a las voces de la audiencia —vista como "presencia en ausencia" traídas a su mente e interaccionadas. Es digno de notar que, cuando los héroes se sienten solos, rodeados de enemigos en el medio de una batalla y sin tener a otra persona con la cual hablar, se dirigen a sí mismos con retórica interna para deliberar, animarse, cobrar ánimo y utilizar sus propios argumentos para persuadirse a pelear, a huir, o a retraerse.

De la misma manera, los poetas hebreos que datan desde el siglo XI hasta el V antes de la era cristiana, registraron sus salmos, proverbios y prédicas (Eclesiastés), empleando retórica interna en sus deliberaciones ante las pruebas de la vida. Sean lamentos, admoniciones, exhortaciones o alabanzas, sus escritos dan a entender aspectos metacognitivos empleados en maneras persuasivas —hacia otros y hacia sí mismos.

Los pensadores griegos del siglo V y sus sucesores, enfatizaron aspectos cognitivos delineados en sus filosofías. Aristóteles dejó sus legados empiristas —las noción del intelecto recibiendo impresiones a manera de una *tabula rasa* donde los agentes socializadores escriben sus caracteres y la suma de los mismos llega a formar parte del desarrollo del intelecto humano como resultado del aprendizaje social. Platón dejó su legado "innato" al enfatizar nociones acerca del conocimiento y las ideas ontológicamente "embutidas" en el ser, a ser desarrolladas en los liceos entrenadores de sus facultades y dotes naturales. Los estoicos enfatizaron más tarde el rol de la percepción en la atribución de significado a la realidad. Epícteto, un filósofo y esclavo romano, enfatizó en 70AC el hecho que las cosas que nos pasan no son el problema que nos perturba, sino nuestra percepción acerca del significado de las mismas. La manera cognitiva de pensar, razonar, procesar, y atribuir significado a lo que nos pasa, es esencialmente el mecanismo que nos perturba.

Por su parte, los escritores del Nuevo Testamento, nos han dejado un legado escritural para recapacitar acerca de la mente y sus facultades y disposiciones. La mente natural es expuesta en contraposición a la mente renacida, renovada y capacitada para entender las cosas de Dios, animada y dirigida por el Espíritu Santo hacia un funcionamiento adecuado para entender la voluntad de Dios y vivir dignamente en este mundo. Los escritos neo-testamentarios recalcan las facultades mentales que deben ser dirigidas hacia lo deseable (Filipenses 4), a ser renovadas (Ro 12:1-2; Ef 4:23), a enfocar sobre las cosas trascendentales (Col 3:1,2), a ser ceñidas para trabajar con ahínco, enfoque y dirección (1P 1:13), y alinearse con la mente de Cristo (1 Co 2:16; Fil 2:5).

En su tiempo, San Agustín se dio a las deliberaciones mentales, vertidas en sus *Confesiones*, caracterizadas por una retórica interna. Su análisis introspectivo demuestra un sondeo profundo, con reflexiones dialógicas y metacognitivas denotando su escrutinio propio con descripciones subjetivas y retórica interna.

Los filósofos que aportaron a los conceptos cognitivos tomados como bases para nuestras deliberaciones terapéuticas son muchos. Hegel (1770-1831) se asocia al pensamiento dialéctico en el cual la secuela tesis-antítesis-síntesis ha llegado a ser una fórmula cognitiva tomada como base para terapias dialécticas-conductivas (Marsha Linehan, 2011). También sus categorías cognitivas fueron tomadas por Rogers, Maslow, Allport entre otros humanistas para enfatizar los potenciales innatos del ser humano capaces de ser actualizados. La escuela empirista Británica ha contribuido con sus aportes (David Hume, James Mill, John Stuart Mill, John Locke, del siglo XVIII), los cuales han sido tomados como bases por Skinner, Lazarus, Stuart y otros conductistas.

En Europa, el desarrollo de la psicología comenzó con Wilhelm Wundt, el fundador del primer laboratorio psicológico a fines del siglo XIX. Desde sus principios, la psicología enfatizó los aspectos cognitivos en sus consideraciones acerca del procesado de información y el desarrollo de los problemas humanos. Siguiendo la líneas investigativa acerca de los procesos cognitivos, Helmholst, Ebbinghaus, Sir Frances Galton y Titchener aportaron sus contribuciones. En el comienzo del siglo XX, los escritos de Vaihinger (1911) enfatizaron aspectos constructivos en la elaboración de narrativos ficcionales por personas creativas. Entre las personas que atravesaron por las peripecias del nazismo, Otto Selz (1924) ha sido "redescubierto" como un predecesor de la terapia cognitiva en Amsterdam; otro investigador que enfatizó aspectos cognitivos fue Kohler (1917), quien se dedicó a investigar la mentalidad de los simios en Tenerife y se consideró como uno de los propulsores de la terapia Gestalt. Por su parte, Piaget (1937), en Suiza, se dedicó a escritos relacionados al desarrollo cognitivo del ser humano. Jacques Lacán (1966), en Francia, re-interpretó a Freud en sus obras psicoanalíticas, dando importancia al poder de la palabra como vehículo de expresión, de significado y como agente de persuasión y sanidad. Lacan consideró al subconsciente como siendo estructurado, similar a un lenguaje adquirido. Lev Vigotsky (1978) enfatizó la internalización del lenguaje social por pate del ser en desarrollo; tal retórica interna guía el sentido de "ser".

Adler (1927, 1931) se desprendió de Freud y de su psicoanálisis para incluir asuntos racionales cognitivos en sus postulaciones analíticas. Sus escritos han sido tomados y elaborados en USA por Ellis (fundador de la terapia racional emotiva) y Beck (fundador de la terapia cognitiva). También, en USA, Tolman (1932, 1938, 1948) postuló "mapas cognitivos" en los cerebros de ratas en Berkeley, California; Chomski (1950) en MIT, enfatizó la gramática generativa en el desarrollo del lenguaje verbal. Por su parte, Frankl (1959) fundó su sistema terapéutico enfatizando el significado de lo que acontece en la vida del ser –la logoterapia, o la terapia en busca de significado. Luego de su liberación del campo Nazi, se trasladó a USA para seguir con sus contribuciones.

Además de las corrientes filosóficas que saturaron al campo psicológico, las investigaciones científicas han proporcionado contribuciones muy importantes. Miller (1951) en Princeton se dedicó a las tareas de indagar acerca del procesado de información cognitiva, desarrollando modelos de tales procesos. Newell y Simon (1956, 1957) en Carnegie Mellon, también se dedicaron a la tarea de investigar asuntos de inteligencia artificial empleados en la solución a problemas de índole cognitiva a través de computaciones. En sus investigaciones, la intuición ha sido enfocada como un proceso cognitivo, definido como el sintetizado o conglomerado de innumerables transacciones cognitivas que resultan en un conocimiento abstraído, automático, implícito, tácito y personal . Miller, Galanter, y Pribram (1960) siguieron la misma línea, enfatizando sistemas de retroalimentación cognitiva en el procesado de información. McLelland y Rumelhart (1986) en Stanford investigaron asuntos de procesado paralelo y distribuido en sus atentados a esclarecer las maneras en las cuales el cerebro trabaja cognitivamente. Stenberg (2006) se dio a los estudios de los procesos cognitivos, produciendo libros de texto valiosos en el campo teórico aplicado a las experiencias clínicas. En resumidas cuentas, son muchas las investigaciones que han aportado a nuestro conocimiento acerca de cómo el ser humano procesa información.

Entre los fundadores de sistemas de terapia, Albert Ellis (1959) postuló su Terapia Racional Emotiva, basando sus ideas en Adler y sus contribuciones. Se le da crédito por enunciar los pensamientos automáticos que afligen sistemáticamente a personas afligidas, quienes necesitan trabajar sobre tales procesos cognitivos para tener una mejor existencia racional. Aarón Beck (1976) se considera el fundador de la terapia cognitiva propiamente dicha. Otros contribuyentes en el campo son Albert Bandura (1994) y su énfasis en el aprendizaje observacional y el desarrollo de la eficacia propia. Donald Meichenbaum (1996) ha provisto nociones tales como la "inyección del estrés" o la preparación proactiva cognitiva para enfrentar de antemano los desafíos de la vida a través del entrenamiento terapéutico. Dan McAdams (2008) ha provisto nociones relacionadas a la terapia narrativa, empleando los diálogos o libretos de las personas para asesorar ayudar a las personas a re-escribir, a re-compaginar o cambiar sus narrativos internos. Por su parte, Marsha Linehan (2011) ha desarrollado la terapia dialéctica conductiva para tratar con personas de carácter bordeando la psicosis ("borderline"o trastorno fronterizo) y suicidas, tomando de la filosofía hegeliana y de las meditaciones budistas del Zen para ayudar a las personas en lo referente a su enfoque mental, el control de sus respuestas y su re-procesado de información cognitiva. Volviendo al cauce occidental y empírico, en años recientes, el énfasis hacia lo metacognitivo ha cobrado auge. El conocimiento, las experiencias y las estrategias cognitivas han sido abordadas por varios investigadores (Flavell, 1979; Nelson, Atuart, Howard & Crawley, 1995). Adrián Wells (1995, 2011) ha desarrollado la denominada terapia metacognitiva, en la cual el énfasis se centra hacia los estilos de pensar, a los procesos involucrados en las deliberaciones internas de las personas sujetas a vicisitudes depresivas, ansiosas y otras condiciones problemáticas. Su énfasis sobre la concentración mental acoplada al desprendimiento autónomo consciente se considera una especie de objetividad intencional bajo el control cognitivo del ser, quien al ser suscitado por alguna demanda desafiante puede permanecer en calma y ejercer su eficacia para responder concentradamente en lugar de reaccionar automáticamente.

Hermans (1993) ha originado la noción del ser dialógico –el ser que dialoga internamente en manea constante. Su nomenclatura ha dado ímpetu al autor en presentar sus nociones del ser dialógico desde el punto de vista cristiano (Polischuk, 1998). Tal perspectiva considera al ser humano como dotado de retórica interna, capaz de dialogar con Dios, con otras personas en su mente y consigo mismo. Más aún, la noción ha sido ampliada por el autor hacia la formulación del ser "trialógico" capaz de relacionarse consigo mismo (en sus conjeturas dialógicas internas), con otros seres y con el Espíritu Santo quien mora dentro de su ser (mente y corazón). Tales diálogos animados de retórica interna ocurren al mismo tiempo –en forma paralela, con funciones distribuidas, sin perder su enfoque, y sujetos a la regulación intencional del ser. Estas nociones serán objeto de consideración, elaboración y aplicación en la terapia metacognitiva dialógica propuesta por el autor.

Premisas en el Acercamiento Cognitivo

Beck comenzó por investigar la noción acoplada al psicoanálisis en sus postulaciones, enfocando sobre el rol que la ira almacenada, la frustración no expresada o internalizada termina por deprimir a la persona. Desde tal perspectiva, la depresión era vista como ira internalizada, expresada en el autocastigo personal cargado de culpabilidad, vergüenza y desasosiego. En sus atentados a esclarecer tal hipótesis, Beck se dio a la tarea del escrutinio del contenido de millares de pacientes cuyos sueños eran registrados, buscando temas tales como la agresión, los asuntos inconclusos con temas de frustración introyectada, o con ira almacenada, vertidos en maneras subconscientes. Lo que en realidad encontró en sus investigaciones fue otra temática: Un análisis del contenido de los narrativos de los pacientes reveló que tres factores aparecían vez tras vez, condensados en percepciones negativas. De tales resultados postuló su "tríada depresiva" en la cual las percepciones negativas (1) de sí mismo, (2) del mundo que rodeaba a la persona, y (3) del futuro de las personas, eran asociadas con sus estados y sentimientos depresivos. De allí surgió la necesidad de cambiar los postulados terapéuticos, dando origen a la terapia cognitiva.

El acercamiento cognitivo consta de un proceso que sistemáticamente se acerca a las maneras de pensar, razonar, atribuir significado a la realidad, atesorar memorias con valores y creencias subyacentes –todos estos procesos, son asesorados, captados, desafiados, y colocados en otro marco de referencia. La noción básica se constituyó en la formulación de las relaciones entre los pensamientos y las emociones: Si la persona cambia su manera der pensar, invariablemente sus emociones cambian. La fórmula simple fue elaborado con sistemas mas aguzados y refinados no solo por Beck, sino por su hija, la Dra. Judith Beck. Desde entonces, varios modelos variantes de tal acercamiento han aparecido, con énfasis en lo cognitivo-conductivo, con terapias dialécticas-conductivas, y más recientemente, con la terapia metacognitiva de Adrián Wells.

Si bien la terapia cognitiva enfatizó y se centró en el contenido de la mente –en sus pensamientos, razonamientos, percepciones, atribuciones, etc., la terapia metacognitiva enfoca sobre los estilos empleados en el procesado de la información. El ser metacognitivo involucra la capacidad de pensar acerca de sus pensamientos, de asesorarse de sus procesos cognitivos como si uno fuese un participante y observador al mismo tiempo. El proceso metacognitivo adquiere varias tonalidades, enfocando sobre el desarrollo de el desencaje cognitivo-emocional y la adquisición de objetividad sin perder el enfoque, la atención o el control de las percepciones. Es decir, la persona demuestra la capacidad de mantenerse quieta, apercibida, perspicaz y enfocada al mismo tiempo –sin perder los estribos, sin apelar a la huida o a la pelea al ser impactado por estímulos desafiantes, es algo que se elabora en esta terapia.

Si este acercamiento se encuadra en un marco cognitivo del pensamiento, podemos alegar a las dos clases popularizadas por el psicólogo Daniel Kahneman (2011) de Princeton, ganador del premio Nobel de economía en 2002. Su libro *Thinking, Fast and Slow* (Pensar, Rápido y Pausado) da a entender que ambos –el pensar rápido y el lento son necesarios, pero cumplen diferentes funciones. El pensar rápido, ligero o instantáneo es automático, emotivo, y se deriva de la capacidad del organismo a responder adaptativamente a las exigencias del momento. El pensar lento o pausado es deliberado, sistemático, racional y permite el razonamiento adecuado para funcionar a largo plazo. Ambos pueden ser óptimamente empleados, como así también ser empleados en maneras disfuncionales o problemáticas.

Una capacidad crucial del sistema de pensamiento lento (racional, deliberado, complejo, solucionador, etc.) es la adopción de "sets" o conjuntos aglomerados y sintetizados de tareas a realizar, los cuales sobrepasan a las respuestas habituales. El cambio de tareas cognitivas es difícil debido a que nuestra mente se acostumbra a funcionar en determinadas maneras, enfocando y replicando las actuaciones corrientes en forma acostumbrada. El realizar otra tarea que se inmiscuye a la anterior desafía al status quo y necesita más atención. El mantener varias tareas mentales al mismo tiempo demando cierta energía y atención, como en el caso de un malabarista jugando con cinco naranjas en el aire sin hacer caer ninguna al suelo. Sin embargo, aún tal acto llega a ser codificado, esquematizado y replicado sin aparentes esfuerzos con el tiempo y adquiere un carácter automático. Si mientras caminamos con un amigo lo desafiamos a multiplicar en su mente 34x47 notamos por lo menos dos cosas: Nuestro amigo se detiene para calcular, ya que caminar y calcular es más desafiante que cualquier tarea por separado. También, aún cuando se detiene con la finalidad de concentrarse, es simplemente difícil hacer tal cálculo en la mente, ya que requiere un proceso lento de multiplicación comparado al esfuerzo de calcular 2x2. La habilidad de controlar la atención no es simplemente una medida de inteligencia, pero de eficiencia tal control, ejemplificado por la capacidad requerida de los controladores de tráfico aéreo en las torres de los aeropuertos, o en la destreza de un piloto de la fuerza aérea en combate.

En el caso de un piloto de la fuerza aérea en acción guerrera, el pensamiento rápido es lo mejor que puede ser activado. El piloto vuelve a su casa porque ha sido capaz de actuar basado sobre ambos, el pensamiento calculado, deliberado, estratégico y solucionador de dilemas, como así también su pensar automático, condicionado e intuitivo. También el esquiador experto, el tenista de renombre atacando a la pelota que se le viene, o un jugador de fútbol internacional, todos emplean el pensamiento rápido para salir con vida, ganar un trofeo o ser reconocidos como los mejores atletas. El pensar deliberado, paradigmático, filosófico, académico o proactivo lleva a logros en todas las esferas de la vida humana que requieren lógica, entendimiento cabal, decisiones sabias y resolución de problemas a largo plazo.

Sin embargo, el pensamiento rápido empleado bajo circunstancias menos favorables puede llevar a decisiones incautas, a errores en cálculos peligrosos, o a cometer atrocidades bajo impulsos emocionales. Lo mismo sucede con el pensamiento lento. Si bien es necesario para las deliberaciones filosóficas, teológicas o científicas que dan lugar a teorías, a sistemas o logros académicos e investigativos, tal clase de pensamiento puede conducir a la persona a desarrollar problemas graves. Por ejemplo, una persona que cavila, rumia, se entrega al re-masticado mórbido, lúgubre y negativo de sus penurias puede llegar a ser suicida; otra persona que se entrega a pensamientos repetitivos, obseso-compulsivos y devastadores vive torturada por sus propias conjeturas.

El dominio propio requiere atención y esfuerzo. La acumulación de tal esfuerzo y atención puede desgastar las energías emocionales de la persona, y reducir su capacidad para mantenerse en la línea, ser fiel a su cometido, o perseverar en alguna tarea demandante. El evitar un pensamiento tentador, el inhibir una respuesta emocional a un evento conmovedor, el trata de impresionar a otros, o responder amablemente a la conducta nefanda de otra persona —todas estas circunstancias involucran conflictos y la necesidad de suprimir una tendencia natural de carácter negativo. Según Kahneman (2011), el desgaste emocional promueve actitudes y conducta indebidas —tales como el reaccionar agresivamente a una provocación, el gastar impulsivamente en cosas que no son necesarias, o abandonar el cometido hacia una meta deseable. El desgaste emocional se correlaciona con el consumo de glucosa (nivel de azúcar en el cerebro) en el proceso biológico que acompaña las demandas emocionales, y se relaciona a los errores en el razonar intuitivo de la persona. Ambos procesos desgastan energía; y tal desgaste aumenta la posibilidad de cometer errores en el juicio diario. Varios experimentos han demostrado que la intuición no siempre es la base para hacer decisiones verídicas, razonables o funcionales. Se necesita de un razonamiento más pausado, adecuado y concentrado para lograr funcionar cognitivamente en forma debida.

La terapia cognitiva ha enfocado sobre tales condiciones, con énfasis hacia el contenido de los eventos y de los procesos que llevan a las problemáticas depresivas, ansiosas, y muchas otras manifestaciones de psicopatología. En los procesos metacognitivos, se trata de ir más allá de tales intervenciones concretas. Se postula que la persona puede llegar a entrenar sus capacidades de atención, selección e interpretación de los eventos considerados desafiantes, estresantes o problemáticos que la asedian. En cierta manera, el acercamiento metacognitivo busca lograr desarrollar la vislumbre objetiva y concentrada en el asesoramiento de los estilos empleados en las condiciones mencionadas. Se trata de entrenar al ser a tener una vista panorámica de sus propios procesos como si fuese "desde arriba", empleando una observación que abarca sus antecedentes, reacciones, enfoque, moderación y control de respuestas, y los posibles resultados de sus respuestas a los desafíos.

En resumen, los aspectos psicológicos metacognitivos tienen cierta resonancia con las nociones escriturales de elaborar y ejercer el dominio propio (considerado un aspecto del *fruto* del Espíritu –no un don; por lo tanto, debe ser elaborado en coparticipación entre el ser y el Espíritu al forjar su carácter y sus rasgos personales). Tal dominio propio involucra la capacidad de estar o permanecer quietos ante las vicisitudes y permanecer en fe, para luego enfocar y responder a los desafíos con calma, paz, tranquilidad y sosiego en lugar de desaforarse, perder su control o actuar impulsivamente. El controlar su lengua (Stg 3:1-18), el sujetar su propio espíritu (1 Co 14:32) , el enfocar su atención a las cosas deseables (Fil. 4:8) , y el ceñir los lomos de su entendimiento (1P 1:13) –todas estas alusiones escriturales se refieren a la capacidad de ejercer el dominio propio ante las exigencias desafiantes de la vida. Para eso la investidura del Espíritu es proporcionada a la mente y al corazón del ser, para andar en novedad de vida y no estar supeditado a las reacciones naturales como para establecer un estilo de vida. Según el apóstol Juan (1Jn 3:9) *"el que es nacido de Dios no peca"* (es decir, no se da a la práctica del pecado en forma rutinaria, como si tal fuese su característica esencial) *"porque la simiente de Dios está en él".* La alusión a la simiente nos hace pensar en la Palabra viva y eficaz que debe ser alojada y morar, tener amplio lugar (Col 3:16) para así coparticipar intrínsecamente con los procesos cognitivos, emotivos y motivacionales del ser.

Podríamos decir que el ser re-formado, re-nacido, renovado y siendo transformado y conformado a la semejanza de Cristo puede pecar por accidente (aunque muchas veces tales accidentes son planeados de antemano por la mente carnal, afectada por los vestigios del ser deformado, no necesariamente sujeta al Espíritu en manera constante) en pugna interna y activada dialéctica y dialógicamente entre su condición natural y su condición redimida (Ro 7:9-23). Tal retórica interna es el objeto de atención en lo referente al consejo suministrado al ser dialógico, quien puede entablar su conversación explícita o tácita no solo con el consejero, sino también con el Espíritu quien mora en su interior a fin de reforzar su capacidad de activar y emplear su eficacia o su dominio propio. De manera que, aún cuando el ser dialógico redimido hubiese pecado, tiene un abogado en Cristo ante Dios (1 Jn 2:1), y un intercesor dentro de su ser –el Espíritu quien redarguye, exhorta, produce arrepentimiento y labra su carácter, haciendo posible el retomar del cauce y el "andar en el Espíritu" con un sentido de rumbo (Gal 5:16) y de cadencia (Gal 5:25).

Síntesis de las Premisas Metacognitivas

Podemos sintetizar las premisas subyacentes al acercamiento metacognitivo--dialógico

- La percepción y la experiencia cognitiva en general son procesos activos que involucran escrutinios inspectores de la realidad externa e introspectivos de la realidad interna al ser;
- Las percepciones y atribuciones de significado a la realidad representan una síntesis del procesado de estímulos internos y externos.;
- La manera en la cual el procesado e interpretación de una situación son dadas a conocer por parte del ser son evidentes en general en la expresión de sus ideas e imágenes;
- El procesado cognitivo de la persona se constituye en un flujo consciente que puede toma varias formas: rumia, re-masticado, conjeturas, formulación de hipótesis, etc., las cuales denotan su configuración cognitiva acerca de sí mismo, de su mundo y de su experiencia temporal (su pasado y su futuro);

- Las alteraciones en el contenido de las estructuras cognitivas subyacentes del ser procesador afectan sus estados emocionales y el repertorio de su conducta;
- A través de la terapia cognitiva (y metacognitiva), la persona puede apercibirse de su capacidad metacognitiva de pensar acerca de sus pensamientos, de procesar y llegar a ser consciente de sus propios procesos disfuncionales, sus distorsiones y aberraciones;
- La corrección de tales procesos pueden dar lugar a mejoras clínicas en su estado de ser, en sus emociones y decisiones.

Ejemplos:

Una persona depresiva puede mantener posturas, actitudes y nociones negativas, pesimistas, martirizantes o degradantes de sus capacidades a pesar de tener evidencias positivas y contrarias a su experiencia emocional o cognitiva. Su atención hacia los asuntos negativos trabaja de manera selectiva, dando más lugar a los factores negativos que se combinan para formar esquemas interpretativos de lo que ocurre en su vida y a su alrededor, conceptualizando su situación como pesarosa, desesperanzada o carente de significado. Las experiencias actuales parecieran resonar, tener afinidad y estar a tono con experiencias pasadas de clase depresiva, percibidas como siendo similares a tales esquemas consolidados en sus memorias y conducta condicionada. La persona desarrolla cierta consistencia en sus maneras de abordar situaciones, de interpretar datos, o de atribuir significado a los eventos en manera negativa predictible.

- Los esquemas cognitivos consolidados son mecanismos básicos en el filtrado de experiencias, en el moldeado de ideas, imaginaciones, actitudes y en el repertorio de respuestas habituales

- Los esquemas consolidados pueden permanecer latentes, yacentes en el subconsciente por mucho tiempo, para ser suscitados por evocaciones específicas (estímulos negativos, experiencias desafiantes, situaciones similares) en el presente

- El estrés, las separaciones, las pérdidas de diversa índole, pueden "gatillar", evocar, suscitar o provocar las reacciones negativas que llevan al estado depresivo, ansioso, desesperanzado, etc.

- Una vez activado, un esquema habitual negativo dirige el derrotero y la cadencia del proceso que anima o distorsiona las maneras de procesar la realidad; la persona experimenta intrusiones y filtrados que se sobreponen y desplazan a sus pensamientos racionales, funcionales y adaptativos con la irrupción de elementos negativos distorsionados, idiosincráticos y disfuncionales
- Un proceso de generalización ocurre, con el desparramo o extensión de resultados o efectos negativos que pueden abarcar muchas esferas de la vida del ser —una gama de síntomas puede aparecer, con la pérdida del control voluntario de la eficacia en resolver problemas, de pensar razonablemente, o hacer dediciones correctas;

- Los pensamientos y estilos automáticos adquieren un carácter regidor, dirigiendo y controlando a los procesos cognitivos, emocionales, motivacionales y conductivos del ser. Tales procesos automáticos corresponden a la categoría del pensamiento rápido, intuitivo, emotivo y reactivo del ser;

- En su característica básica, el pensamiento rápido y automático resiste a los cambios o a los atentados de ser alterados debidos a su atrincheramiento, consolidación o arraigado. Necesitan ser re-procesados a través de un entrenamiento metacognitivo para llegar a ser encauzados hacia mejores respuestas a los desafíos que producen trastornos emocionales.

Ejemplos de tales pensamientos, o más aún de estilos automáticos se pueden vislumbrar en los diferentes trastornos emocionales, apareciendo como reacciones de huida, de escape o evitación de lo que acosa. Tal vez, reacciones de pelea son suscitadas también, con expresiones agresivas, retaliación, ataque o conducta vehemente irracional. Tales reacciones automáticas, condicionadas, a su vez se conectan y apelan a procesos elaborados, consolidados metacognitiva y tácitamente a esquemas subyacentes. Tales esquemas se vierten en estilos de pensar, razonar, interpretar y atribuir significado, con características estereotipadas, repetitivas, automáticas y acopladas a los tipos de trastornos mentales. Los estilos subyacentes pueden ser observados y asesorados en los siguientes casos:

- En la depresión: Los estilos cognitivos son caracterizados por la cavilación mórbida, la rumia, o el re-masticado de eventos negativos pasados; también la obsesividad con asuntos que producen culpabilidad, vergüenza, pérdida de estima propia o de amor propio llega a ser un estilo de procesar; los pensamientos de desesperación, de letargo y desgano, de suicidio, suelen aparecer tácita y automáticamente;

- En la ansiedad: Los estilos observados son el monitoreo de peligros, la anticipación de lo catastrófico, la exageración de los desafíos, la preocupación con pormenores que perturban su paz, y los mecanismos auto-confirmadores de carácter negativo y anticipatorios;

- En los desórdenes de estrés postraumático: Los estilos de procesar se describen como la evocación de imágenes, de memorias negativas, traumáticas; la rumia, el re-masticado de experiencias negativas, la obsesividad con el deseo de protección, la súper-vigilancia, etc.;

- En desórdenes psicóticos: Las percepciones distorsionadas —alucinaciones auditivas, visuales; delirios de grandeza, de persecución; confabulaciones que involucran elaborados que van más allá de los datos reales, etc., son estilos que se establecen y afectan las emociones y conducta.

En todos los procesos mencionados, existe la predisposición hacia lo negativo, lo disfuncional, lo aberrante, lo degradante, etc. Tal habituación del procesado erróneo de la realidad mantiene las creencias de la persona en su validez, en lo axiomático de sus pensamientos, razonamientos, atribuciones y actitudes, aún en la presencia de factores que no corroboran tales veredictos. Lo errores sistemáticos en el procesado cognitivo han sido objeto de escrutinio para Adler; Luego, Ellis los sistematizó en expresiones categorizadas en su terapia racional emotiva. Lo mismo hizo Beck en su terapia cognitiva. Un repaso de lo ya elaborado en otros capítulos puede servir de ilustración:

- *Inferencias arbitrarias*: Arribando a una conclusión que parte de evidencias tomadas caprichosamente, arbitrariamente o selectivamente, excluyendo evidencias que pudieran contrarrestar tal conclusión

- *Abstracción selectiva*. Enfocando sobre detalles tomados fuera de su contexto, ignorando otros factores más preponderantes o importantes, y conceptualizando la situación en base de fragmentos seleccionados –subconsciente o conscientemente

- *Pensamiento absolutista*: Procesado dicótomo, polarizado hacia extremos, sin modulación ni regulación; razonando en blanco negro sin zonas grises

- *Estereotipado*: Generalizando al extremo, categorizando y amoldando el pensamiento hacia conclusiones generales en bases a particularidades aisladas, sin necesariamente corresponder a razonamientos lógicos

- *Exagerado o magnificación* de asuntos desafiantes, evaluando la realidad en forma que excede lo normal o lo definido como común y corriente. Dando demasiado valor a eventos, gente o desafíos que en realidad no merecen tal atribución

- *Minimización o disminución* de sus propias facultades ara hacer frente a las vicisitudes a os desafíos de la vida. Devaluando su ser y sus dotes cuando en realidad no hay necesidad de hacerlo

- *Personalización*: Predisposición a tomarse las cosas en manera personal, con atribuciones ilógicas o irracionales en sus conexiones o correlaciones

Tales errores sistemáticos, automáticos y consolidados aparecen en la escena cuando el ser desafiado procesa sus experiencias, al planear y ejecutar tales planes, al tomar decisiones acerca del curso de acción a ser tomado, o el tomar iniciativas en abordar un asunto. También entran en juego cuando la persona se da al discernir propiamente un asunto, o al conducirse apropiadamente en una dada ocasión. La comparación de hechos, ideas o razones para arribar a una conclusión, no escapan de tales filtros cognitivos. El ser capaz de cumplir con sus obligaciones familiares, ocupacionales o académicas, puede ser afectado por tales maniobras cognitivas estereotipadas.

Hacia Una Consejería Metacognitiva

Considerando eventos provocadores de reacciones automáticas, de pensamientos y diálogos internos naturales y cargados de esquemas de ansiedad o depresión, suscitados por tales eventos, el autor propone un modelo que trata con los estilos subyacentes a tales reacciones automáticas. Siguiendo el pensamiento de Adrian Wells (2011), el modelo trata de asesorar y atender a los estilos de pensar y sentir que se han esquematizado metacognitivamente y solidificado al punto de actuar como resortes, gatillos o propulsores de las reacciones automáticas.

La terapia cognitiva enfatizada por Beck (1976, 1987, 2005) el contenido de las creencias y los pensamientos determina el tipo de problema mental experimentado. Pensamientos acerca de algún peligro promueven la ansiedad; pensamientos acerca de alguna pérdida llevan a la persona hacia la depresión. El modelo metacognitivo postula que el contenido de los pensamientos en sí no necesariamente evoca la ansiedad o la depresión. De otra manera, porque todo ser humano experimenta tales pensamientos tarde o temprano, todo ser humano debería ser catalogado de ansioso o depresivo. El problema emocional no se debe a la presencia de tales pensamientos sino a la manera de procesar y responder a tales experiencias cognitivas, y verse atrapado en metanarrativos basados en las experiencias negativamente procesadas y consolidadas. En este modelo, los procesos metacognitivos (el procesar nuestros procesos, el pensar acerca de nuestros pensamientos) son los elementos del mecanismo que da lugar al desarrollo de la ansiedad y de la depresión.   Esta obra trata de concientizar al lector acerca de la manera de procesar los eventos que provocan al ser a reaccionar automática y corrientemente a sus propias conjeturas, al re-masticado de sus problemas. Los diálogos internos del ser suscitados por tales eventos provocativos tienden a ser negativos y automáticos, evocando reacciones de huida o de pelea. La manera metacognitiva –el pensar acerca de sus pensamientos negativos y sus procesos repetitivos, es intencional en el proceso de investir con poder a la persona ansiosa o depresiva, y asesorarla en su capacidad de indagar y dialogar consigo misma, y apelar al Espíritu que mora en su ser. A su vez, un nivel subyacente a tales procesos metacognitivos es la base ontológica del ser –su sub-estructura, compenetrada por el Espíritu y saturada con/amalgamada a la Palabra que mora abundantemente en la mente y el corazón. Tales niveles subyacentes a las reacciones naturales permiten la posibilidad de entablar triálogos durante la sesión, practicando la presencia real del Espíritu presente, como ya lo hemos recalcado. Un modelo metacognitivo permite la sensación, el apercibimiento, la percepción, la convicción y la fe de actuar en la presencia real del Espíritu sin menguar su atención o enfoque a la persona y a sus dilemas. Un esquema que sintetiza estas consideraciones es presentado en la siguiente figura (Fig. 15.1):

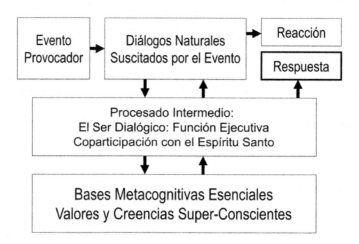

Figura 15.1. Esquema Metacognitivo de Procesado

En síntesis, hemos denotado los factores que entran en juego en el modelo presentado en esta obra: Aspectos trilógicos y metacognitivos. El acercamiento va más allá de simplemente atender a las quejas, las cuestiones y problemáticas que se presentan en las sesiones terapéuticas en la superficie. Se trata de indagar, asesorar, enfocar y cambiar los estilos de pensamiento y razonamiento empleados, subyacentes a las emociones desplegadas y a los conflictos experimentados por la persona en busca de ayuda. Se trata de asesorar y cambiar las interpretaciones y atribuciones de significado a la realidad, las cuales entran en juego en maneras distorsionadas, aberrantes y poco funcionales. La persona que aconseja puede entrenar sus sentidos, percepciones y perspicacia en lograr estar a tono con los procesos cognitivos subyacentes, y adquirir objetividad acerca de los procesos subjetivos, procesando en paralelo el contenido y los procesos que entran en juego durante el diálogo terapéutico.

El planeo proactivo de la intervención antecede a las deliberaciones en consejería; las quejas principales, los problemas a ser abordados se establecen, y luego de asesorar e indagar suficientemente, se arriba a una impresión o diagnosis del caso. Luego de tal conceptualización, se planea la intervención en la cual los objetivos a ser realizados se concretizan. Al entablar la relación terapéutica, se enfatiza la adquisición de estrategias a ser utilizadas, especialmente las maneras de captar, asesorar y reestructurar los pensamientos os estilos empleados por la persona en sus deliberaciones mentales. Las estrategias de relajamiento, de enfoque desprendido, del logro de eficacia propia, la anticipación o inyectado del estrés y otras estrategias se elaboran y refinan. La utilización de tales estrategias particulares son monitoreadas, para lograr un refinado de las mismas. Luego, se enfatiza la optimización del empleo de tales estrategias, afianzando y encomiando la capacidad de la persona en manejar sus problemas y resolverlos. Las estrategias utilizadas se evalúan en vista a las consecuencias debidas a tales esfuerzos, a los logros de la persona. Tal vez sea necesario recapitular y trazar mejores planes y estrategias, y para ello, se trabaja en conjunto, colaborando en el proceso.

En cuanto a los componentes del tal proceso metacognitivo, una ilustración puede esclarecer los conceptos propuestos. Antes de darnos a la tarea de aconsejar, debemos asesorarnos de las variables que entran en juego antes de comienzar con el planeo proactivo de la intervención terapéutica. Debemos asesorarnos primero antes de asesorar a la persona y guiarla en el proceso de adquisició de las estrategias a ser empleadas, y su refinado a lo largo de la intervención. Luego de asesorar el problema principal, e investigar debidamente los pormenores que llevaron a la persona a pedir ayuda, la tarea de acoplarse a la persona y trabajar en conjunto es esencal. Los datos recogidos, provistos de perspicacia y de una impresión diagnóstica pertinente y adecuada permiten postular ciertos blancos u objetivos a ser logrados mediante la intervención. Si uno no sabe hacia dónde se dirige, no llegará a un destino adecuado. La dmonición de Jesús nos recuerda que si un guía ciego trata de guiar a otro ciego, ambos caerán en un hoyo. Es necesario tener una vislumbe clara, global y particular de la persona, de su problema, de su contexto problemático, de la relación a ser establecida, y contar con la presencia de Dios en la intervención.

Las estrategias a ser utilizadas se relacionan a tales objetivos y propósitos de la intervención, elaborados en conjunto con la persona que busca ayuda. Luego, se busca implementar tales estrategias particulares al caso, con el encomio hacia el monitoreo de las mismas. A lo largo del proceso terapéutico, se busca optimizar las contingencias a fin de lograr los mejores resultados. La intervención se constituye en un proceso de colaboración empírica, con retroalimentación continua. La evaluación de las estrategias y sus resultados es esencial. Luego de tales procesos, tal vez haya que recapitular y seguir afinando las metas, las estrategias, o acudir al empleo de otros sistemas o servicios de ayuda. Un diagrama ilustrativo puede servir de ayuda (Fig. 15.2)

Figura 15.2. Los Componentes Metacognitivos del Consejo Integral

En este acercamiento, el consejero establece un esfuerzo colaborador con la persona que busca ayuda. Su postura es educativa, proveyendo instrucciones, guía y retroalimentación al ser necesitado. Su objetivo es el de proveer perspicacia y a encomiar a la persona a desarrollar sus capacidades de aprendizaje en cuanto a captar, desafiar y modificar sus procesos cognitivos que pudieran estar distorsionados, manifestar un carácter negativo, y estar apresados en estilos disfuncionales. Es necesario tener una vislumbre del estado mental de la persona, y para ello se necesita de la empatía, como ya se ha enfatizado. Es necesario "entrar en la mente" de la otra persona para poder ver su mundo y asesorar sus procesos cognitivos:

1. Su atención a los eventos, a los desafíos –cabales, parciales, adecuados, distorsionados, negativos, etc.
2. Sus pensamientos, razonamientos y percepciones de la realidad –lógicos, irracionales, idiosincráticos, particulares, distorsionados, negativos, etc.
3. Sus interpretaciones y atribuciones de significado a la realidad –particular, estereotipada, idiosincrática, distorsionada, etc.
4. Su juicio –razonable, adecuado, irracional, inadecuado, etc.
5. Sus memorias –a plazo corto y de largo alcance, dentro de límites normales o fallando; cargada de emociones negativas, nostalgia, etc.
6. Su capacidad de aprendizaje –dotes y facilidad para captar, desafiar, modular o cambiar sus propios procesos cognitivos, emocionales y motivacionales

En vista a tales consideraciones, el consejero puede estructurar la sesión inicial para tener una vislumbre del paradigma personal que se presenta en el caso. Las percepciones subjetivas, las conjeturas, las interpretaciones, etc. de la persona entran en juego. Las observaciones registradas son filtradas por los estilos de la persona y se acoplan a sus sentimientos negativos, a las creencias erróneas, a los estilos disfuncionales, etc. los cuales aparecen en la escena y deben ser registrados en un panorama al alcance del consejero. Además, se asesora la motivación hacia los cambios: Se sugiere que el consejero haga un asesoramiento de la motivación de la persona, haciendo ciertas preguntas iniciales:

- ✓ Tiene Ud. la motivación, el deseo de cambiar?
- ✓ ¿Tiene la disposición, la voluntad de hacerlo?
- ✓ ¿Tiene Ud. la capacidad de cambiar? ¿Cuenta Ud. con sus dotes, habilidades o los rasgos necesarios para efectuar el cambio?
- ✓ ¿Figura tal disposición, voluntad y plan en su agenda para realizar este proceso ahora?

El consejero refuerza tales anhelos, disposición y colaboración para luego trazar planes de intervención. Para ello, da lugar al narrativo de la persona, a su queja y a su historia.

La queja inicial se vuelca en expresiones del ser: Se trata de aguzar su propia definición de lo que lo embarga, molesta, abruma o desafía. Por ejemplo, *"Me siento deprimido..." "No tengo ánimo para nada, y a veces no tengo deseos de seguir viviendo..."* O, *"Tengo ataques de pánico cuando estoy en lugares cerrados, o en medio de un gentío..."* Luego de lograr tal definición del problema, proveer sus descripciones en cuanto a los pormenores que rodean al problema expuesto. Preguntas surgen, tales como: *"¿Con qué frecuencia tiene Ud. tales pensamientos...? ¿Cuán intenso es el sentir? ¿Dónde ocurren tales experiencias? ¿Cuánto dura su ataque de pánico?"* Etc.

Los síntomas se acoplan a la historia del problema, al narrativo del desarrollo de la condición. Por ejemplo, síntomas físicos o fisiológicos pueden ser abordados: *"¿Ha estado comiendo bien? ¿Qué de su apetito? ¿Tiene problemas con el sueño? ¿Cuánto duerme por noche?"* "Ud. ha mencionado ciertos dolores musculares, *"¿Dónde los experimenta? ¿Cuán frecuentemente... con qué intensidad... cuánto duran?"* Se trata de establecer la frecuencia, intensidad y duración de tales síntomas para tener una línea de base y ver si tales síntomas entran en la definición de una impresión o una diagnosis dada.

En manera especial, siendo que se trata de un acercamiento cognitivo, se asesoran los síntomas relacionados al pensar, razonar, atribuir, etc. Por ejemplo, se indaga, *"¿Ha experimentado dificultades en su atención hacia algunos asuntos importantes en su vida? ¿Ha manifestado problemas en su concentración mental?"* También, *"¿Ha tenido algunos lapsos en su memoria? ¿Tiene dificultades en retraer eventos de su pasado reciente? "¿Encuentra dificultoso el aprender cosas sencillas, nuevas...?"*

Es necesario asesorar la necesidad de enfocar sobre los eventos traumáticos y evocadores de la angustia, del estrés, de la ansiedad o asociados a la depresión manifestada. Al hacerlo, asegurar a la persona que para ello se han reunido y tratan con la consejería, apuntando a la necesidad de soluciones

Se enfoca sobre el contenido de los pensamientos expresados, sobre los razonamientos vertidos, las interpretaciones adjudicadas por la persona y las percepciones provistas en las interacciones en el asesoramiento. Tal contenido puede ser abstraído, sistematizado y vertido en una lista por el consejero que asesora los procesos cognitivos en juego. El consejero metacognitivo actúa a manera de asesor, entrenador, o mentor hacia la persona, permitiendo la identificación, el asesoramiento, y el desafío de los pensamientos expresados a fin de cambiarlos para tratar con sus emociones y motivaciones y cambiarlas a su vez . El entrenamiento en la atención o el enfoque específico hacia los factores que necesitan ser controlados, cambiados o modulados se logra al guiar a la persona a colaborar consigo misma, entrenándose en su capacidad para lograr elaborar su enfoque aguzado.

Se trata de guiar a la persona a enfocar sobre un evento/estímulo provocador mientras excluye a otros elementos de la situación (a propósito) para fomentar su "garra" o capacidad de mantener su atención sobre el asunto que quiere controlar. Fomentar la capacidad de distinguir entre asuntos claves, focales, superficiales, e inconsecuentes. Entrenar su percepción de la realidad en maneras objetivas, con la capacidad de describir su propia condición en una manera desprendida pero enfocada. En otras palabras, fomentar su capacidad de ser objetivo acerca de su subjetividad –algo metacognitivo (asesorar sus propios procesos para entablar diálogos internos o emplear su retórica persuasiva interna)

El acercamiento metacognitivo va más allá de los eventos concretos: Enfoca sobre los estilos empleados por la persona en sus razonamientos, interpretaciones, conjeturas, atribuciones y pronunciamientos. Es decir, partiendo del contenido de los procesos cognitivos, el consejero se da a la tarea de sondear y descubrir las maneras empleadas por la persona en arribar a sus expresiones o verbalizaciones. Lo hace a través de un proceso socrático, haciendo preguntas que guían y llevan a la persona a apercibirse de sus propios estilos de pensamiento empleados en sus luchas mentales, en sus angustias, su ansiedad o depresión.

Se debe asesorar y entrenar a la persona a tener una vislumbre "desprendida y enfocada" a la vez, acerca de sus procesos y estilos cognitivos empleados en sus razonamientos e interpretaciones, en sus adjudicaciones de significado a lo que le pasa. De esa manera, la persona puede verse a sí misma desde otro ángulo y tener mas objetividad en tratar con su problema. También se debe asesorar y entrenar a la persona en su capacidad de mantener dos o más asuntos paralelamente, cambiando de enfoque sin perder de vista lo que ha dejado a un lado para atender a los asuntos del costado. Tal capacidad permite la flexibilidad mental necesaria para no "ahogarse en un vaso de agua" ni perder los estribos en situaciones dificultosas y desafiantes.

En cuanto al ser dialógico, entrenar a la persona a captar, asesorar y vislumbrar el panorama de sus propias voces internas –de su retórica interna, del proceso dialéctico en el cual la pugna entre lo natural/deformado/caído/carente de poder y lo investido por el Espíritu, el nuevo ser, o la nueva naturaleza, toma lugar. El diálogo interno suscitado o provocado ante las vicisitudes puede ser asesorado y elaborado. La dialéctica y dialógica puede recibir, no solo la ayuda de la voz externa del consejero, sino más aún la intromisión, investidura o "inmergencia" del Espíritu Santo actuando como interlocutor. La persona, el poder y la presencia del Espíritu no son conjeturas ficcionales del ámbito evangélico, sino la realidad dentro de la cual el ministro consejero actúa para ayudar en el proceso del manejo del estrés, de la ansiedad o de la depresión que desafían al ser.

Es necesario entrenar a la persona en su eficacia propia para manejar su estrés. Lo denominado "dominio propio" (visto como uno de los aspectos del fruto del Espíritu Santo en Gálatas 5:22-23) es el poder o la capacidad de ejercer un dominio moderador, regulador, metacognitivo y metaemotivo sobre sus respuestas al estrés de la vida sin perder su aplomo ni anonadarse ante las exigencias. Es la capacidad de hacer frente a las vicisitudes sin huir ni atacar indebidamente, sino manteniéndose en calma, en paz y en control de sus respuestas. Tal capacidad *no es un don*; es un fruto. Y como fruto, necesita labrado, nutrición, dedicación, mantenimiento y refuerzo .

En el flujo de la experiencia, cuando un evento provocador suscita las reacciones automáticas, la persona está sujeta a la vicisitud en una forma habitual, replicando sus maneras inadecuadas o disfuncionales. La terapia metacognitiva-dialógica puede ayudar a la persona a moderar, regular y cambiar tales reacciones, logrando respuestas mas elaboradas, sujetas al dominio propio o a la eficacia propia de la persona. Para ello, se presta mucho esmero y dedicación a la elaboración de la regulación interna de los procesos subyacentes. El entrenamiento en la adopción de una postura objetiva, y de un enfoque desprendido y a la vez plenamente consciente, son elementos necesarios para lograr establecer bases firmes desde las cuales la persona pueda contrarrestar las reacciones automáticas suscitadas por un evento desafiante. Es muy importante el ayudar a la persona a desarrollar una perspectiva metacognitiva, la cual permite vislumbrar el problema objetivamente, su ser como alguien que reacciona naturalmente, la presencia de Dios y su poder, quien puede investir a la persona a permanecer en fe, y verse no sólo sujeto a las circunstancias, sino también ante la presencia de Aquél quien puede ayudar a enfrentar las situaciones apremiantes.

Se trata de no solo captar los estilos negativos de pensar, razonar, atribuir significado a los eventos negativos, etc., sino también elaborar nuevos estilos de pensar, razonar y atribuir significado y responder más adecuadamente a los desafíos. La esencia del tratamiento metacognitivo consiste en investir a la persona a ser capaz de captar, asesorar, y definir primero sus estilos metanarrativos —esquemas consolidados, repetitivos, y alojados en su ser— los cuales de una manera anticipada y acondicionada, predisponen a la persona a mermar su fe, a verse incompetente, y a derrotarse a sí misma antes de enfrentar sus desfaíos. Si la persona logra procesar sus propios procesos, y captar sus estilos negativos, se le insta al monitoreo de sus propios diálogos internos —sus conjeturas, su rumia, sus ansiedades anticipadas, sus pensamientos obsesivos, etc.— y al asesoramiento de su capacidad de emplear su retórica persuasiva interna —de hablarse a sí mismo de una manera positiva, con fe y arrojo, acoplando su voz a la voz de las Esctituras que moran en su ser— y con valor y fe, lograr desafiar a lo que le sucede en el momento. El diálogo intrapsíquico, la retórica interna utilizada, es acoplada a la postura desenganchada o desprendida, la cual proporciona un paragolpes o un amortiguador contra el estrés y permite aguzar la intencionalidad de responder con dominio propio. (Fig. 15.3).

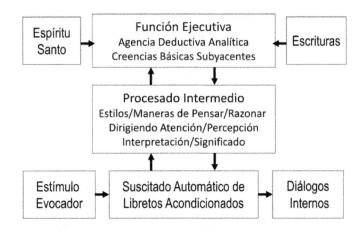

Figura 15.3. El Control Ejecutivo Metacognitivo y los Procesos Subyacentes

La capacitación del Espíritu Santo y la Palabra que mora en el ser, como agentes que parten desde un plano superior o trascendental, pueden infundir e investir al mecanismo ejecutivo-metacognitivo de la persona, ayudándole a responder en lugar de reaccionar a las vicisitudes De tal manera que, la persona puede basarse en la presencia, el poder y la persona del Espíritu, quien trae a la mente del ser la Palabra viva, y como base de fe y conducta, infunde y enviste con poder a las funciones ejecutivas y metacogntivas del ser (el diagrama es invertido en la Figura 15.4 para indicar tal fenomenología).

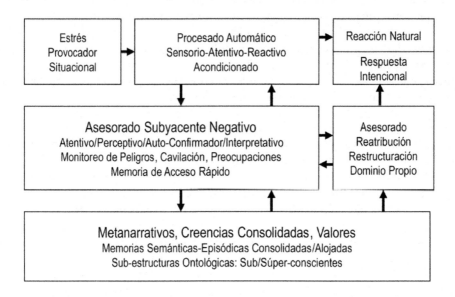

Figura 15.4. Reacciones Naturales y Respuestas Intencionales

Tal vez el lector considera obvio el hecho que es Dios quien enviste a la persona con poder, pero en realidad tiene dificultades en actualizar, incorporar, o establecer tal hecho en maneras concretas. El modelo metacognitivo-dialógico busca entablar una afinidad real con la persona y la presencia del Espíritu Santo, quien se inmiscuye y coparticipa en los procesos reguladores, moduladores, y controladores de la agencia ejecutiva del creyente. Lo hace capacitado al ser a "desengancharse" o desacoplarse de sus procesos automáticos, suscitados por estímulos provocadores o estresantes, para luego conectarse o acoplarse a un proceso investido de poder hacia la regulación, modulación, y control de las respuestas elaboradas, conscientes, racionales, y adecuadas. La finalidad de este acercamiento es la de apoyar, encomiar y afianzar el dominio propio de la persona en sus respuestas a los desafíos. Para una mejor vislumbre de estos procesos, un esquema amplificado es presentado, en el cual el estilo automático acondicionado de reaccionar incluye el moniotoreo y procesado de eventos y entes provocadores, la rumia, las preocupaciones anticipadas de catástrtrofes posibles, etc. Tal estilo puede ser interrumpido a través del monitoreo consciente y el control intencional investidos de fe y confianza, expresiones del fruto del Espíritu que mora en el ser.

Apelando al estilo metacognitivo "desacoplado", caracterizado por un alto nivel de apercibimiento y concentración, a la vez de permanecer bajo control y en calma, el ser puede observar, asesorar, y apelar al enfoque de sus mecanismos de pelea, y utilizar sus recursos, regular y dirigir sus respuestas en forma proactiva y bajo el control o dominio propio. La Figura 15.5 presenta en forma esquemática tales procesos.

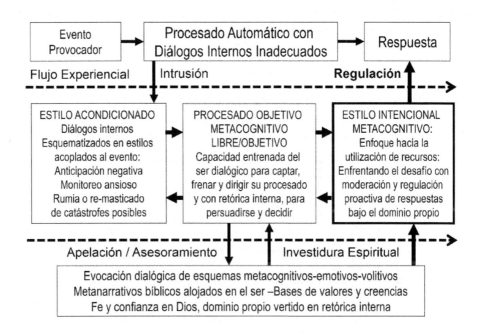

Figura 15.5. Modelo Metacognitivo de Procesado

El diagrama permite ver el proceso metacognitivo y dialógico en el flujo del tiempo, desde el impacto de un evento desafiante que produce estrés, con las reacciones automáticas evocadas, animadas con el pensamiento rápido, con la subsiguiente manera de captar, parar, encarrilar y proceder con un estilo metacognitivo controlador, regulador e intencional. El consejero asesora a la persona a ir en profundidad sondear niveles más subyacentes a los eventos automáticos. La persona puede enfrentar el desafío deliberadamente, con moderación y regulación, sonsacando de su anclado en sus bases ontológicas, sus metanarrativos consolidados y amalgamados a sus valores y creencias, y a su fe y confianza en Dios. La madurez de la persona entra en juego, y cuanto más arraigada está en Dios, en las Escrituras, en la comunión con el Cuerpo de Cristo, y en su vida de devoción y oración, más posibilidades tiene de actuar en manera dominada, efectiva y saludable.

Un Modelo Integrador Paradigmático

Tal vez el lector se sienta abrumado por la cantidad de diagramas en este capítulo. La intención es proveer una gama de posibles ilustraciones al respecto, para captar las complejidades de los procesos del ser humano. El siguiente diagrama es un modelo integral, el cual servirá de base a las consideraciones pertinentes al tratamiento de las crisis, de la ansiedad, de la depresión, y del proceso del perdón, entre otros temas. Por empezar, cualquier estímulo (evento o situación) que provoca al ser a reaccionar en forma natural (peleando o huyendo), es aumentado por la predisposición de la persona y sus experiencias pasadas a emplear estilos acondicionados de reaccionar. Tal reacción natural y automática puede ser cambiada (regulada y controlada con eficacia) por medio del empleo de una estrategia metacognitiva-dialógica. A tal fin, se postula un mecanismo de desacoplado y frenado (al estilo de un embrague que desencaja o desconecta un motor de un tren delantero de tracción, o una caja de transmisión automática), a la manera de un servomecanismo regulador, el cual es investido por el Espíritu Santo y la Palabra alojada en el ser. (Fig. 15.6).

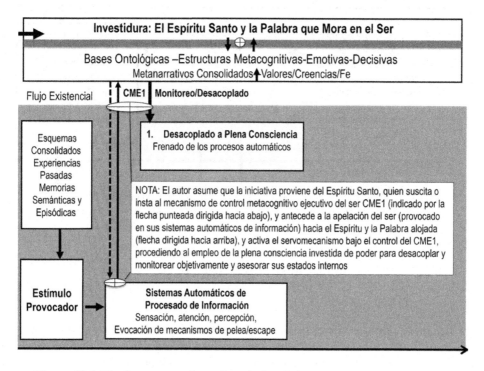

Figura 15.6. Un Servomecanismo Regulador de los Procesos Metacognitivos

Para una mejor comprensión de tal servomecanismo, otro diagrama ilustrativo puede servir de ayuda. Definimos un servomecanismo metacognitivo como un sistema de procesado automático utilizado para corregir el procesado cognitivo y conductivo del ser, por medio de un circuito retroalimentador, el cual emplea el apercibimiento, la sensación, la atención, y la percepción acerca de los procesos en necesidad de corrección, regulación, y ajuste. Como se indica en la nota del diagrama (Fig. 22.6), la persona es incitada por el Espíritu a ejercer su dominio propio en lugar de reaccionar naturalmente a las vicisitudes de la vida. Luego de ser incitado "desde arriba", la persona puede apelar al Espíritu y a la Palabra infundida/alojada en su ser, desacoplando y frenando sus procesos automáticos (CME1). Luego, le es posible entrar en un estado dialógico deliberativo, objetivo, y asesorar su estado interno, para entonces apelar al servomecanismo otra vez (CME2) y dirigir sus diálogos intencionales con Dios, con sus introyecciones (la presencia de otras personas en su mente). Allí es donde las deliberaciones, la rumia), las consideraciones ponderadas, las evocaciones y quejas contra sus opresores, enemigos, amigos, etc. toman lugar. Ejemplos escriturales de tales diálogos irascible con Dios se encuentran en los Salmos imprecatorios (imprecar: proferir palabras con que se expresa el vivo deseo de que alguien sufra mal o daño).

El ser creyente puede darse al diálogo con el Espíritu Santo –tácito o a consciencia plena– para deliberar, quejarse, asesorar, desafiar, pedir, interceder, etc., y luego emplear el control metacognitivo ejecutivo (CME3) con la intención de cambiar su tono y dirección: pasar del diálogo a la retórica interna, persuadiéndose a sí mismo a ejercer su dominio propio. Cabe decir que tal proceso no es lineal, sino paralelo, y aún convoluto, yendo cíclicamente del diálogo a la retórica y viceversa (indicado por las flechas yendo en ambas direcciones, hacia abajo y hacia arriba, asociadas al CME3). Finalmente, la retórica interna persuasiva del ser creyente le permite regular, controlar, decidir, y actuar, basado sobre los principios racionales y espirituales, siendo investido del Espíritu y de acuerdo a la Palabra que mora en su ser. Un diagrama ilustrativo puede servir en captar tales procesos (Fig. 15.7).

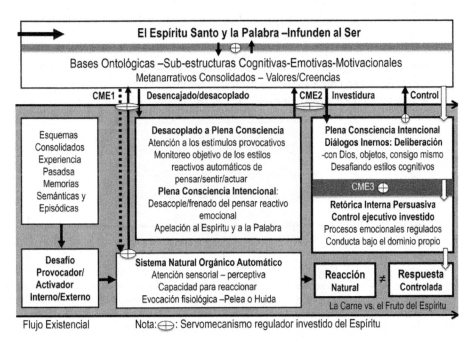

Figura 15.7. Un Modelo Metacognitivo-Dialógico Paradigmático

Ayudas Adjuntas

El autor reconoce que todos los diagramas presentados pueden llegar a abrumar a una persona que desea aconsejar adecuadamente y hacerlo de una manera simple. Las muchas ilustraciones representan aspectos de investigación e integración bíblica, teológica, y psicológica, apelando a sistemas de control retroalimentador y proactivo en busca de cierta lógica explicativa del proceso de ayuda integral. Tal acercamiento reconoce la realidad de lo simplemente difícil que es representar un modelo que le haga justicia a las las numerosas complejidades del ser humano. Aún más difícil es diagramar la presencia, la persona, y el poder del Espíritu en coparticipación con lo humano, y las maneras de influir y afectar a los procesos cognitivos-emotivos y conductivos del ser integral. Lo que se ha tratado de presentar es simplemente un atentado precario, parcial, visto "como en un espejo y en oscuridad", carente de los recursos humanos necesarios para describir, explicar, o captar la realidad espiritual en su esencia y en sus efectos. Los temas abordados en esta obra buscan suscitar y provocar al diálogo positivo, investigativo y funcional, animado de la esperanza de ver más y mejores paradigmas a ser desarrollados en este cxampo de labor.

Otros aspectos de la terapia o consejería metacognitiva-dialógica involucran asignaturas, paradigmas y actuaciones concretas. Entre tales posibilidades, se enfatizan:

1. El desarrollo de una escala subjetiva del estrés, para ubicar los diferentes eventos, situaciones, personas, etc. que producen estrés en la persona. Definir y rubricar tales ítems en una lista, asignándoles un cierto valor, para luego colocar a los mismos en una escala ascendente –del 1 al 100, con puntajes subjetivos relacionados a cada uno de los ítems. Tal escala sirve de esquema o bosquejo para trazar desafíos a ser logrados sistemáticamente en un proceso paulatino de desensibilización y de crecimiento en la eficacia propia en el manejo del estrés. Por ejemplo, Ud. puede ayudarle a la persona a compaginar una escala subjetiva de sus reacciones a los desafíos:

Identifique las situaciones en las cuales Ud.sufre de ansiedad, tensión o estrés que desafían a su ser. Defina y especifique tales ocasiones en forma concreta. Luego, asígnele un puntaje subjetivo a su criterio, con valores del 1 al 5:

1. Situación ......
2.
3.
4.

Nivel de estrés, con ansiedad, temnsión emocional:

1	2	3	4	5
Ausencia total de Estrés: Relajado	Estrés Experimentad o a Nivel Bajo, Controlado	Estrrês Experimentado con Ansiedad y Tensión leve	Estrés Experimentado con Mucha Ansiedad	Estrés Experimentado con Ataques de Pánico

2. El rol de las asignaturas para ser desarrolladas en la vida cotidiana, en el hogar, el trabajo o la escuela. En conjunto y en colaboración, se pueden trazar "deberes" para que la persona tenga más estructura, con asignaturas concretas que se acoplan a lo que se trata en consejería en la oficina.

3. El entrenamiento en algún ejercicio de relajamiento muscular y mental es aconsejable. La meditación cristiana, el enfoque hacia la oración sosegada, pueden actuar como agentes de control del sistema nervioso autonómico –regulando las actividades automáticas del organismo. El poder controlar su tensión muscular, su respiración, su presión arterial, o los latidos de su corazón, son factores que tienen correlaciones saludables en el campo de la fisiología, al mismo tiempo que permiten a la persona a verse más sosegada, en paz y en meditación espiritual. Es otra manera de ver el dominio propio, o la capacidad de controlar su ser. Tal capacidad entra en juego en el atentado de contrarrestar las reacciones automáticas de pelea/huida, el pensamiento rápido, o el accionar irracional.

4. El entrenamiento en el manejo del estrés a través de "inyecciones" anticipadas del mismo es esencial. Se entrena a la persona a vislumbra los asedios, las peripecias, los desafíos que le esperan antes que pasen, para desarrollar las defensas adecuadas de antemano para enfrentarlas. Tal proceso demanda un inyectado cognitivo y emotivo de las posibilidades que aguardan, para desarrollar la fe, la perspicacia, las respuestas de antemano –algo así como "poner la cara para ir a Jerusalén" antes de ser crucificado. Es armarse del pensamiento que podemos sufrir, para preparar nuestra mentes hacia el sufrimiento y vencer.

5. Paradigmas proactivos, diseñados para evitar recaídas en los casos de adicciones, hábitos atrincherados, o asuntos atrapantes de los cuales la persona ha sido liberada. Tales modelos se pueden emplear con esquemas cognitivos-conductivos-emotivos para evitar la repetición de lo adictivo, o de lo atrapante. Se logra a través del trazado de todas las eventualidades, secuencias, o circuitos repetitivos que, en cierta forma predictible, funcionan en manera lineal o paralela para afianzar los hábitos indeseables. El poder trazar tales conexiones e intervenir con alternativas, con intromisiones positivas planeadas de antemano, o con conductas recíprocamente inhibidoras, permite evitar tales recaídas. Una ilustración puede esclarecer este proceso (Fig. 15.8).

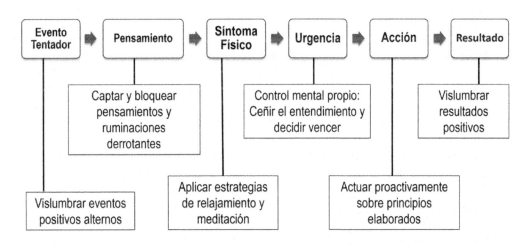

Figura 15.8. Programa de Prevención de Recaídas

6. Ayudar a la persona a desarrollar la capacidad de reestructurar y re-atribuir significado a las cosas que pasan, sin negar la realidad. Es decir, asesorar a la persona en la capacidad de re-enmarcar, re-asignar, re-definir la realidad para darle un significado que esté a tono con su fe, sus esperanzas, sus convicciones. El asirse de lo trascendental, el aferrarse a Dios por la fe, y ver las cosas que suceden como contingencias en las manos de Dios, quien a través de las mismas, conforma al ser a la semejanza de Cristo. A manera de ilustración, si una pieza musical ha fallado en logar su cometido artístico, la persona puede re-componerla, por así decirlo, al colocar las notas, sus valores, sus silencios, etc. en otra forma, para que la música sea exitosamente adecuada. La creatividad decae en situaciones pesarosas, pero puede ser enaltecida aún en la ansiedad o la depresión, si la persona permanece en su "retraimiento enfocado" o es capaz de desacoplarse de su arrastre negativo, enfocar sobre el proceso en marcha, y estar quieto a la vez. Sin huir ni atacar, la persona puede permanecer como un observador objetivo de su proceso, para luego enfocar y actuar con una respuesta adecuada y

moderada.

7. La creación de nuevas memorias —el hacer cosas buenas, dignas, libres, etc. en el presente para que mañana sean recordadas como buenas memorias. Como se ha aludido en otros capítulos de esta obra, tales acumulaciones de eventos positivos registrados llegan a formar una especie de "interferencia retroactiva" o paragolpes contra las memorias negativas del pasado. Al mismo tiempo, funciona como trampolín para saltar hacia el futuro con mejores augurios

Por supuesto, el consejero perspicaz en lo cognitivo, ajustará el nivel de su intervención a la capacidad de la persona siendo ayudada. Se asesorará de las dificultades que pudieran aparecer en el proceso, para modular y regular su propia intervención. Las dificultades en la concentración, la atención, la interpretación, la atribución de significado, la capacidad de aprender, etc., deben ser tenidas en mente. Los sentimientos de ser abrumados, apabullados, destruidos, etc., pueden ofuscar a las capacidades cognitivas.

Integración Conceptual y Práctica

Esta obra enfatiza la presencia de Dios en el acto y proceso de ministrar. No se trata de promover solo los dones del Espíritu en operación, notada en muchos círculos cristianos. La expresión de tales dones no debería ser algo simplemente sensacional, eufórico o denotativo, de cuán carismática es la comunidad en acción. A criterio del autor, el ministrar en el Espíritu es realizar que la persona, la presencia, y el poder del Espíritu, actúan en la vida personal (Rom 8:26-27). La persona que ora/alaba/da gracias en el Espíritu se edifica a sí misma (1 Cor 14:4; Eph 6:18; Jud 1:20). Sin embargo, al entablar contacto y relacionarse con otras personas, debe usar de su entendimiento cabal para edificar a los demás, a fin de que la comunidad crezca, madure, sea discipulada, actúe en manera ética y moral, y sea de bendición mutua. El Espíritu Santo actúa en conjunto, inmiscuyéndose en los pormenores de las relaciones interpersonales. De manera que, el realizar que uno está en la presencia de Dios, ante la persona y el poder del Espíritu Santo, permite la perspectiva metacognitiva-dialógica que permea todas las actividades ministeriales, vistas como siendo desarrolladas dentro del marco de referencia de las Escrituras (la Palabra viva y eficaz de Dios), con su Autor presente en el acto de leer, oír, acatar, y obedecer su voluntad, en el contexto de la comunidad de fe (el Cuerpo de Cristo).

Tal presencia divina se postula en las tratativas interactivas o relacionales entre los que ministran y los que son ministrados. Aún en el caso de juzgar y decidir asuntos comunitarios, la promesa es *"Donde hay dos o tres reunidos en mi nombre, allí estaré en medio de ellos".* De manera que, la presencia divina es postulada como siendo real, vigente y actuante. El Dios vivo activamente y realmente presente es el agente de cambios, de sanidad y de salud. La conciencia de estar en la presencia del Espíritu Santo supera al movimiento experiencial que simplemente enfoca sobre la persona como una entidad a ser ayudada en un marco natural, de alguna manera clínica, con ciertas estrategias y técnicas.

La presencia del Espíritu Santo coparticipa con las personas en relación terapéutica. Este modelo cuenta con el hecho que el aconsejar es un ministerio realizado en la presencia de Dios. El tema de la presencia de Dios corre a través de las páginas del Antiguo y del Nuevo Testamento. Al lector contemporáneo, el narrativo que presenta a figuras ejemplares como Moisés, Josué, o Pablo, quienes experimentaron tal presencia al ministrar pareciera ser algo irreal, fuera de serie, y hasta mitológico. Es algo que pareciera no aplicarse al creyente de la actualidad. Uno le que Moisés fue llamado por Dios desde una zarza ardiente, para luego recibir el mandato *"Yo te envío..."* (Ex 3:10); acoplada a tal llamado, la promesa le fue dada, *"Mi presencia irá contigo..."* (Ex 3:12). De manera que, podemos sonsacar del narrativo subsiguiente que es Dios quien envía las plagas, quien los saca con mano fuerte de Egipto, quien provee maná en el desierto, quien les da agua de la roca, y los guía a través de su peregrinaje. Si bien Moisés era su siervo, Dios fue el que obró las maravillas y logró que el éxodo se realice. En coparticipación con Dios, Moisés usó su vara, mantuvo sus brazos en alto, y actuó como "socio" terrenal con el Dios eterno, omnipresente y omnipotente, pero realmente fue Dios quien les dio la victoria en sus guerras y desafíos de toda índole.

El lector asiente al hecho que el ministerio de Moisés fue energizado por la presencia de Dios; y que por estar en su presencia, su rostro se tornó refulgente, irradiando la gloria de Dios (Ex 34:28). Tal gloria (aún perecedera) fue una especie de anticipo de la gloria del Nuevo Pacto a ser desplegada luego de la ascensión de Jesucristo, el derramamiento del Espíritu Santo, y vertida en la comisión de los siervos de tal pacto (2 Co 3:18). En realidad, todo ministerio transformador depende de la presencia de Dios. El estar en su presencia y ministrarle, hace que seamos ministros que funcionan y sirven ante su presencia a favor del pueblo. El principio sigue en pié, desde el Antiguo Pacto hasta el Nuevo: Primero, se ministra al Señor de la casa; luego, a la casa del Señor.

El establecimiento del camino antiguo, a través del Tabernáculo, del Arca del Testimonio, del sacerdocio levítico, fue enmarcado en la promesa de Dios, de morar entre ellos y ser su Dios (Ex 29:45-46). La promesa de su presencia es recalcada una y otra vez (Ex 33:14). Tal presencia distingue al pueblo de los demás pueblos de la época. Tal presencia continuó en el trabajo de Josué, el sucesor de Moisés. A Josué se le prometió, *"Esfuérzate y ése valiente... Así como estuve con Moisés, estaré contigo.... no te dejaré ni te desampararé"* (Jos 1:5). Tal afirmación es lo que necesitaba una persona que debía calzar las sandalias del líder más grande de la historia del pueblo.

Es significativo el reconocer que la presencia de Dios supera a la presencia corporal de Moisés, dando pautas de conforte, aliento y dirección. Más allá de las penurias, de la nostalgia y del temor del sucesor, la presencia de Dios es prometida como el mayor factor, el aliciente para seguir el derrotero ministerial trazado por Dios. Dios es quien va delante del pueblo, partiendo las aguas del Jordán como lo hizo con el Mar Rojo, e introduciéndolos a la tierra prometida. Aún cuando el pueblo coparticipó al dar siete vueltas y tocar sus trompetas, fue Dios quien derribó los muros de Jericó, y entregó a los moradores de la tierra en sus manos. El narrativo, vez tras vez, presenta el cuadro de la coparticipación divina-humana en la conquista, el establecimiento del pueblo, y la realización de la voluntad de Dios en la tierra.

El Nuevo Testamento presenta al modelo ejemplar –Jesucristo, quien es mayor que Moisés y Josué, ejemplificando su ministerio en la presencia del Padre, en comunión continua. Claramente, se nos presenta el tema de la afinidad entre Jesús el hombre y Dios el Padre celestial obrando en conjunto. El Hijo no actúa independientemente; sino que, constantemente y consistentemente actúa en sintonía real con el Padre. No busca el ser original, *avant garde*, extravagante, o "fuera de serie" sino que imita, obedece, y actúa como el Padre le ha dotado (Jn 5:19; 30; 8:28-29). Jesús les dice a sus discípulos que permanezcan en Él, porque sin Él, nada pueden hacer (Jn 15:5). Once veces en el pasaje de Juan 15 el "permanecer" aparece como un verbo clave. Al verlos cabizbajos, ansiosos y perplejos luego del anuncio de su ascensión hacia el Padre, les recuerda que no los dejará en condición de huérfanos. Les promete que estará con ellos hasta el fin, aún cuando no lo perciban con los ojos naturales. Les promete otro Consolador, el Paracleto —uno llamado a nuestro lado para ayudarnos en todo tiempo, el Espíritu Santo (Jn 14-16).

La presencia del Espíritu Santo en la vida y en el ministerio de Jesús es recalcado en los evangelios. El Dios trino aparece (en Lc 3:21), cuando el Hijo es bautizado. El Padre "desde arriba" es quien lo valida, y el Espíritu se posa "sobre su ser". Lleno del Espíritu Santo, es guiado al desierto (Lc 4:1) para ser tentado; vuelve en el poder del Espíritu a Galilea (Lc 4:14), para comenzar su ministerio. En su prédica en la sinagoga de Capernaum, al leer Isaías 61:1-2, el Espíritu unge su ser. Luego, se regocija acerca de lo que los discípulos hacen en su nombre, lleno del gozo del Espíritu (Lc 10:21). Podemos decir con Pedro, que todo el ministerio de Jesucristo fue caracterizado por la presencia y la unción del Espíritu Santo (Hch 10:38). Se entregó al Padre en obediencia, por el poder del Espíritu (Heb 9:14), y fue levantado de los muertos por el Espíritu (Ro 6:4). Exaltado y sentado a la diestra del Padre, derramó el Espíritu sobre los discípulos (Hch 2:4), para darles poder para ministrar en su nombre (Hch 2:33). Siempre en triálogo, y siempre trinitario.

Si bien Jesucristo es el Hijo de Dios y no hay posibilidad de comparaciones humanas que se equiparen a su ser y ministerio, tenemos el caso de los apóstoles como ejemplos humanos quienes obraron en su nombre, con la virtud y la presencia del Espíritu Santo sobre ellos. El ministerio del apóstol Pablo es un ejemplo claro. Su servicio era siempre hacia Dios, contando con la presencia del Espíritu Santo en sus actividades, en coparticipación con el Cristo resucitado y con la comunidad de creyentes. Su definición propia —su identidad, residió en Cristo. Pablo utiliza la expresión "en Cristo" 120 veces en sus escritos. La unión vital con Jesucristo es declarada vívidamente en pasajes tales como Gálatas 2:20, y I Tesalonicenses 2:13. Pablo tenía conciencia real acerca de sus palabras a los Corintios, consideradas como provenientes del Señor mismo (1 Co 14:37). Les recuerda a los mismos que el Espíritu es dador de los dones a ser utilizados en la iglesia para provecho de todos (1 Co 12:4-6). Todos los dones debían ser utilizados en la comunidad, no como expresiones aisladas, individualistas o jactanciosas, sino como algo participativo en el Cuerpo de Cristo, bajo el tutelaje del Espíritu Santo.

Tal coparticipación con el trino Dios debe ser un reflejo de la Trinidad misma; al tener diferentes dones, pero el mismo Espíritu; al ejercer diferentes ministerios, pero provenientes del mismo Hijo; y efectuar diferentes operaciones, pero bajo los auspicios del mismo Padre (1 Co 12:4-6) reflejan el hecho que las actividades ministeriales cuentan con la presencia, el poder y la guía divina en las actuaciones humanas. Las obras de la Trinidad en el mundo son indivisibles, como lo expresó San Agustín (*Opera Trinitatis ad extra sunt indivisa*).

Ministros de Un Nuevo Pacto

La persona que aconseja se considera como un ministro del Nuevo Pacto. Como tal, extrae sus premisas básicas de las consideraciones bíblicas (Jeremías 31, Hebreos 8, 10). En síntesis, lo extraído de tales escrituras apunta hacia una persona de carácter y ministerio que imita a Dios (Ef 5:1-2). En cuanto a carácter ministerial, como ministro de un Nuevo Pacto, se espera que uno demuestre sus virtudes, siendo (1) *siervo*, y no manipulador o perteneciente a alguna clase elitista (Ro 1:1; Fil 1:1); (2) *amoroso*, no simplemente rogeriano en su calidez aceptante positiva; (3) *sabio*; no solo perspicaz o conocedor de la materia (Ef 5:1-2); (4) *transparente* y *abierto* y en lugar de impresionar con profesionalismo defensivo (2Co 4:2); (5) *íntegro y fiel*, y no simplemente siguiendo un código de ética profesional (2Ti 3:14-15).

En cuanto a su trato hacia la persona problemática, uno tiene en mente su mayordomía ante Dios a favor de su semejante. Siendo hijo amado de Dios y andando en amor (Ef. 5:1-2), uno quiere imitar a Dios en sus maneras de tratar a la persona como Dios lo ha tratado a uno: (1) unilateralmente; (2) incondicionalmente, en amor; (3) proactivamente, teniendo en mente a la persona antes que esta tome alguna iniciativa o que esté apercibidas de lo que uno puede ofrecer; (4) con gracia, ofreciendo lo que la persona ni siquiera merezca; (5) con misericordia, no tratando abrupta o callosamente a la persona, aun cuando lo merezca; (6) fomentando el perdón y el olvido, a la manera que uno ha sido perdonado y libertado; (7) guiando a la intimidad con Dios, con sus semejantes; (8) incitando a la renovación y trasformación del ser; (9) actuando en el Espíritu -alojado en la mente y el corazón , no en tablas de piedra.

Las premisas de fe del consejero deben ser establecidas. Sus creencias y valores en cuanto a Dios, al Espíritu Santo, a la naturaleza de la persona siendo ayudada y al ministerio. Tales premisas incluyen la fe en un Dios que existe y actúa, que irrumpe lo ordinario con lo extraordinario, lo natural con lo sobrenatural. Siempre actúa a favor de los suyos, y aún cuando permite los desasosiegos o pruebas, permanece fiel a su diseño y cometido final. El invitar lo trascendental a lo trivial y lo eterno a lo pasajero, es actualizar la presencia de Dios en el aquí y el ahora existencialmente, concretizando tal presencia en la hora de consejería. El Dios de la historia se hace presente en el espacio y tiempo asignados al propósito de ayudar a las personas en necesidad.

Este modelo práctico y personal es dialogante. Las dimensiones mencionadas interaccionan entre sí. Las partes "conversan" entre ellas como si un diálogo interno sucede dentro de la persona que aconseja, y tal proceso no solo es deseado, pero enfatizado dentro de la actuación coma terapeuta. Es como "escuchar con el tercer oído" o el "leer entre líneas" mientras el proceso sigue su marcha. Es ser un participante y un observador al mismo tiempo, teniendo en mente no sólo el contenido, pero también el proceso de comunicación verbal y no-verbal. Con el correr del tiempo, crece la fe en el proceso, y se deja intuitivamente que las cosas sucedan en el transcurso de la terapia.

La Terapia o Consejería Administrada

El consejo terapéutico integral es un diálogo entre dos personas en relación ante el Espíritu (por lo tanto, un triálogo). Para lograr entenderse y darse a conocer, volcar inquietudes y problemas, proporcionar respuestas y demás, se necesita comunicar. Como hemos visto en capítulos anteriores, la comunicación es un proceso global que encierra aspectos inconscientes, susceptivos, atención, percepción, atribución de significado, razonamiento, memorias y otros factores cognitivos, emocionales y volitivos. El consejo terapéutico integral es un diálogo entre dos personas en relación ante el Espíritu (por lo tanto, un triálogo). Para lograr entenderse y darse a conocer, volcar inquietudes y problemas, proporcionar respuestas y demás, se necesita comunicar.. Las variables que entran en juego en el proceso verbal son: (1) quien habla –la fuente de la comunicación; (2) que es lo que dice –el contenido de la verbalización; (3) a quien se lo dice –el que recibe lo que se dice; (4) cual es el efecto de lo que se dice –el resultado; (5) como se dice–el estilo, la manera de decir las cosas; (6) por que se dice lo que se dice –motivo, intención, propósito; (7) cuando –el tiempo apropiado; y (7) lugar –donde se establece la comunicación.

Tales variables interaccionan en manera cíclica en las consideraciones terapéuticas. Cuando decimos "manera cíclica, enfatizamos que las variables se acoplan, se suman, se siguen y se repiten vez tras vez dentro de una dada sesión terapéutica. Uno se apercibe metacognitivamente de sus bases, de sus estrategias, del trasfondo de la otra persona, de sus limitaciones, y de las definiciones de Dios acerca de tal individuo.

La persona del Espíritu Santo es considerada como una presencia real, no un concepto. Su presencia es poderosa para salvar, sanar, libertar, corregir las deficiencias, alienar la mente, el corazón, y la voluntad de la persona hacia el bien, Como lo enfatizo Adams (1971), hay tres personas envueltas en la consejería, y se debe tener tal conciencia al trabajar en la presencia del Espíritu Santo, apelando tacita, implícita o explícitamente a su persona, no solo a su poder. El consejero depende de tal persona, presencia y poder. Se debe tener en mente que, entre un sinnúmero de actividades, procesos y coparticipaciones, el Espíritu enseña y guía (Jn 14:16-17), convence de pecado (Juan), e intercede en las horas cruciales (Ro 8:26).

Las Escrituras son la guía básica de fe y conducta y son eficaces en proveer dirección y cadencia en la resolución de problemas personales, interpersonales y situacionales. La autoridad de las Escrituras es incuestionable, y sin ellas no hay posibilidad de hacer afirmaciones ni postular premisas veraces "ante Dios". La Biblia no es simplemente un punto de vista entre muchos, pero la Palabra de Dios, revelada e inspirada. La experiencia corrobora la autoridad de la Palabra, como así la tradición. La razón añade entendimiento a tal autoridad. La Biblia no se nos ha dado en un vacío, pero tampoco es considerada como un conjunto de dictámenes a ser colocados paralelamente al humanismo o al secularismo. Es la revelación en un tratado de redención dado a la comunidad de fe, que atestigua su autoridad a través de la razón, de la experiencia y la tradición, acopladas a la inspiración del Espíritu Santo.

Tal vez las interpretaciones de la Biblia cambian con las épocas, las experiencias humanas, la nueva lógica o perspicacia nacida dentro de la comunidad de fe, pero en sí, la Palabra permanece para siempre. El consejero sonsaca exegéticamente y hermenéuticamente las verdades escriturales, para aplicar principios de intervenciones –no se trata de apabullar con versos a la persona, sino trazar bien la palabra de verdad (2Ti 3:16-17). El escuchar con atención y el proveer un ambiente terapéutico al aconsejado, ambos necesitan el establecimiento de las bases escriturales, la Palabra viva, la encarnación de los dictámenes de Dios que se deben hacer concretos en las consideraciones.

La oración es parte integral del consejo terapéutico pastoral. El consejero apela a la oración, no como un talismán o un abracadabra, pero come el vehículo comunicador, dialogante por excelencia, apelando a Dios por la persona –intercediendo, pidiendo por perspicacia y sabiduría, aovando por la sanidad interior o física de la persona, ofreciendo gracias y reconocimiento, modelando la manera de dialogar con Dios. En el caso de profesionales con credenciales y trabajando en diversos ambientes, es necesario tener un consentido informado, un contrato estipulado en cuanto al uso de la oración y la Palabra. En el caso de la consejería pastoral, tales recursos son obviamente presentes, y no hay que pedir permiso para utilizarlos. Sin embargo, cabe lo tentativo, la perspicacia, el respeto y la sabiduría de saber cuándo y hasta donde el consejero puede hacer uso de la oración y la Palabra. Tal asunto depende de la alianza terapéutica establecida, las expectativas de la persona, el nivel espiritual de la persona y su disposición a ser ayudado espiritualmente.

Profundizando en el proceso de invitación de lo transcendental a lo trivial en nuestras sesiones de consejería, denominamos "triálogo" al proceso comunicativo entre la persona en busca de ayuda, el consejero y el Espíritu Santo presente en la hora de terapia. Las premisas de fe siempre subrayan la actuación y el espíritu de la letra siempre permea las tratativas. El vislumbrar el trasfondo de la persona o su biografía, y las limitaciones de la persona, proveen el marco de referencia para trabajar con el contenido de la terapia. El tener en mente lo ontológico y no solo lo fenomenológico, provee razones para ir rads allá de las apariencias, de los síntomas, a las raíces de los problemas y a su solución más favorable a la luz de las definiciones de Dios acerca del ser humano, sin espiritualizar ni negar los problemas.

Aparte de ser un modelo cíclico y dialogante, también es un modelo dialéctico. Las partes se anteponen unas a otras. Uno puede ver la tensión dialéctica entre las premisas de fe y la experiencia biográfica de la persona. Uno también puede ver la tensión entre las premisas de fe y las limitaciones de la persona; entre la ontología del ser y su condición biográfica con limitaciones debidas a la mala administración de las decisiones en la vida.

En síntesis, la integración práctica y existencial en el momento terapéutico es un proceso que encierra consideraciones cíclicas o repetitivas, incluyendo el diálogo (o triálogo) entre los participantes, las variables comunicativas en interacción, la tensión dialéctica entre lo psicológico y lo teológico, y entre todas las partes que componen la experiencia. Nos referimos a las interacciones cíclicas cuando durante el desarrollo de las funciones de terapia volvemos vez tras vez a las premisas de fe, a los acercamientos empleados, a la biografía, a las limitaciones de la persona, y a la ontología que va más allá de la fenomenología. Las interacciones dialogantes tienen que ver con la conversación que transcurre durante la consejería, dando rienda suelta a la intuición, a la fe, al Espíritu Santo en coparticipación con la perspicacia al considerar las variables mencionadas (personas en relación, asesoramiento del problema, de la persona, las bases sobre las cuales se trabaja, los límites del encuentro). Las interacciones dialécticas nos hacen ver con humildad que las partes en tensión, lejos de ser amalgamadas en un todo, siempre suscitan y provocan a actuar con perspicacia, proveyendo un ambiente creativo y desarrollador.

La formación de carácter que puede tomar lugar en esta clase de intervención metacognitiva-dialógica en cierta manera se asemeja a las etapas o derroteros enunciados por cristianos que a través de las edades trataron de buscar el camino de la perfección a través de la purgación o vaciamiento de lo indebido, a saber: (a) el reconocimiento de la condición pecaminosa, depravada del ser creado a la Imago Dei; (b) la confesión contrita de su vulnerabilidad pecaminosa y sus consecuencias en la manifestación de los problemas; (c) el reconocimiento de la responsabilidad humana en abandonar los intentos naturales que siempre buscan el hacer su propia voluntad, contraria a Dios, y depender de Dios para su salvación, crecimiento y actualización de potenciales.

Luego, se buscaba la iluminación divina que trasciende el entendimiento humano, hecha posible a través de la recepción humilde y dependiente de la fuente espiritual, (a) con el diálogo con el Espíritu Santo, el guía, maestro, labrador de carácter y conducta; el reconocimiento de la responsabilidad humana en creer en el perdón y en la gracia ofrecidos; (b) el reconocimiento de la responsabilidad de aceptar el poder ofrecido, a fin de obedecer a los designios del creador y sustentador de la vida humana; (c) el entendimiento, o perspicacia espiritual que permite al ser conducirse de acuerdo a normas y principios establecidos por Dios, sin ser atrapado en las vicisitudes, las corrientes del cosmos o el *zeitgeist* actual.

Por último, se buscaba la unión con Dios en comunión, con aspectos de (a) salud, salvación, integración del ser; (b) estar en paz con Dios, con el prójimo y consigo mismo; (c) ser lleno del Espíritu; y (d) experimentar la renovación de la imagen divina en el ser, con capacidades relacionales en fe y amor, y características intrínsecas o "frutos" de carácter spiritual.

Este paralelo entre el camino de los místicos antiguos y el proceso terapéutico enunciado aquí es posible solamente dentro del marco de referencia de la psicología cristiana. El humanismo, el conductismo, el movimiento psicoanalítico, el existencialismo, y el "cientismo" (haciendo de la ciencia un dios) se limitan, electivamente, a excluir la dimensión religiosa. Sin embargo, con mente, afectos y voluntad renovados, las personas aconsejadas pueden lograr adquirir más capacidad para vivir de acuerdo a sus propósitos. El modelo conceptual definido en este capítulo es una especie de esquema a ser procesado en forma paralela integradora, con varios niveles de análisis a ser tenidos en conjunto al actuar terapéuticamente.

Conclusión

El modelo personal presentado en este capítulo es un paradigma que ha sido empleado por el autor en muchos casos a los cuales tal acercamiento se ha aplicado en sus labores psicoterapéuticas. Tal vez sea necesario ajustarlo, editarlo, y adaptarlo a las actuaciones pertinentes a la consejería pastoral. En tales casos, se enfatiza la necesidad de recapitular los conceptos, las ilustraciones, y las proposiciones, para entonces trazar mejores esquemas, planes, y estrategias pastorales particulares. Escudriñando y desarrollando actividades en ambas esferas, la teológica y la terapéutica, el autor ha tratado de proveer pautas acerca de lo que significa, en su definición, administrar un consejo integral. Lo que se ha postulado en estas páginas se deriva de las bases teológicas y de los principios psicológicos que han dado lugar a un modelo integral, resultando en un acercamiento metacognitivo-trialógico en su naturaleza y su función.

Capítulo 16

La Dinámica del Proceso Interactivo

El arte de aconsejar puede ser visto como un evento, como una actividad espontánea, o como un proceso en desarrollo durante un cierto tiempo y un determinado lugar. Para nuestros propósitos, es funcional considerar la interacción terapéutica como un proceso. No podemos negar que mucho de lo denominado "consejo" se desarrolla en manera espontánea, informal, personalista e intuitiva, respondiendo a las necesidades críticas y apremiantes. Tal proceso encierra eventos singulares, pocas veces aislados, y a menudo encadenados en alguna manera sistemática. Sin embargo, la efectividad del consejo reside en la relación establecida entre personas que demuestran confianza, honestidad y motivación, con el desarrollo de perspicacia que dirige hacia la experiencia de algún cambio en el ser, en sus relaciones, en su crecimiento o libertad.

Cuando una persona se dirige a otra a fin de recibir consejo, la primera etapa consiste en el establecimiento de la relación terapéutica. Tal relación se distingue de otras formas o maneras de interaccionar, debido a que responde a la necesidad de prestar ayuda emocional, psicológica, o espiritual en un sentido aguzado, concentrado y con un propósito sanador. Las personas entran a la relación con ciertas expectativas que van más allá de la amistad, de la camaradería, o de un encuentro social. Tales expectativas se vuelcan en un marco de referencia problemático y en búsqueda de soluciones o estrategias en el manejo de los problemas traídos a consideración.

La Sesión Inicial

Muchas personas experimentan dificultades en aceptar el hecho que necesitan ayuda. Ven a la consejería como un recurso negativo que no quieren emplear, ya que tal reconocimiento, a su criterio, representa una falla en su fe, en su espiritualidad, o en su capacidad de hacer frente a las vicisitudes de la vida y valerse por sí mismos. Si logran aceptar el hecho que necesitan cierto tratamiento, hay que brindarles un clima apropiado, para reconocer su asertividad, encomiar su decisión, y afianzar su dignidad de personas creyentes con respeto. Es necesario proveer un ambiente adecuado en el cual la empatía, el concernir cálido y respetuoso, la genuinidad desplegada en aceptar y validar sus experiencias, y la familiaridad con la cual uno puede hacerles sentir cómodos y abiertos en su presencia, son factores que expresan verbalmente y conductivamente la postura, la disposición, y la actitud de amor que debe caracterizar a la persona que ministra en el campo de labor de la consejería cristiana.

Estableciendo un Ambiente Apropiado al Asesoramiento

En primer lugar, la persona terapeuta necesita establecer un clima adecuado para proporcionar ayuda emocional-espiritual. La disposición hospitalaria permite establecer un clima adecuado para entablar una relación terapéutica. La percepción metacognitivas registra el impacto del Consejero supremo, quien a través de su Espíritu, le recuerda a la persona que aconseja sus propias palabras: "El que a mí viene, en ninguna manera le echo fuera" (Jn 6:37). El aceptar, hacer sentir en casa a la otra persona, validar su ser, y prestar atención, son factores esenciales en el proporcionar un ambiente cálido, y permiten establecer una relación terapéutica. El asesoramiento del problema comienza con respeto, atención, y sin mostrar prejuicios o condescendencia. Tal disposición, acoplada a un ambiente receptivo, es esencial para luego poder enfocar y decidir un curso de acción. Para ello, se debe prestar atención a las necesidades de las personas, vertidas en expresiones de angustia, o traducidas en quejas, problemas o demandas. Un sinnúmero de preguntas surgen en la mente del consejero, quien tiene que asesorar la condición y el problema en cuanto a los diferentes niveles de entrada que se presentan.

El Desarrollo de la Sesión Inicial

La sesión inicial tiene como meta establecer una alianza terapéutica que facilite un proceso en el cual, el encuentro entre las personas sea de ayuda, de encomio, de sostén, de instigación de esperanzas, de búsqueda de integración escritural-espiritual a los pormenores de la vida y sus problemas, entre otras perspectivas. La sesión inicial parte de la remisa que alega que todo ser humano tiene necesidades. Tales necesidades pueden ser de carácter físico, social, emocional, o espiritual. Cada persona necesita actualizar sus necesidades de albergue, de pertenencia, de calidez emocional, aceptación, estima, respeto, amor, etc. Si tales necesidades no son satisfechas, las expresiones de frustración, desilusión o angustia aparecen en la escena. Tales expresiones a menudo son vertidas en quejidos que expresan ciertas injusticias, o un sinnúmero de peripecias que acosan a sus vidas. Si las quejas son desechadas o ignoradas, la personas "aumenta el volumen" de sus expresiones y demandan atención, rezongan, insultan, etc. Si externalizan tales expresiones, pueden hacerlo en forma adecuada o inadecuada, funcional o patológica. A veces, las personas que sufren "tragan" sus expresiones para luego amargarse, contraer algún síntoma psicosomático, o deprimirse. Al acudir a sesiones de asesoramiento o consejos, las personas deben saber que tienen toda la libertad de expresión, y que pueden arrojar sus quejas sin temor a ser juzgadas al hacerlo, a fin de recibir la ayuda adecuada.

Las necesidades presentadas. La sesión inicial, aparte de establecer un contacto mutuamente respetuoso, aceptador, y esperanzado, debe dar lugar a las expresiones angustiosas, a las quejas de una persona, ya que las mismas representan necesidades que no han sido atendidas apropiadamente, o que no han sido reconocidas o solventadas. Tal falta de satisfacción o de estabilidad personal o interpersonal puede ser expresada por la persona en maneras leves o vehementes. Por otra parte, la persona puede haber sido sometida a abusos, a necedades o situaciones pesarosas que degradaron su ser. Las sensaciones o percepciones de factores que arruinaron la vida se traducen en quejas actuales, buscando su alivio. En el asesoramiento del problema expresado, no solo el tipo de dilema pero su intensidad, la frecuencia con la cual los eventos pesarosos ocurren, la duración del problema y su significado deben ser tenidos en mente. La persona que aconseja debe vislumbrar las experiencias que interrumpieron o cambiaron el significado de lo que su aconsejado experimenta –la pérdida de sus esperanzas, de su fe o de sus relaciones. En la práctica, se apela a una manera conveniente de agrupar las quejas, los sinsabores, las expresiones de angustia, etc. en dos categorías amplias: excesos y deficiencias en actitudes o conducta.

Conducta o actitudes excesivas: Los excesos representan aquellos aspectos de conducta, actitudes o experiencias que suceden demasiadas veces, consideradas innecesarias o apareciendo por encima de lo esperado, adecuado o considerado normativo. Se toma en cuenta la frecuencia (conducta repetidamente nociva, cantidad de insultos, injurias, desavenencias, etc.). También se toma en cuenta la intensidad, el volumen, o la fuerza de los excesos. Las quejas que denotan las necesidades de descanso emocional o físico, el experimentar alivio de las tensiones, o la resolución del estrés, representan la presencia de sobrecargas en los sistemas emocionales, cognitivos o físicos de la persona. Típicamente, las personas se quejan de que sus ansiedades, depresiones, o vicisitudes les molestan muy a menudo. Si las quejas tratan con asuntos interpersonales, se alega que "la otra persona" hace lo malo demasiadas veces (abusa, viene borracho, tira la ropa sucia por toda la casa, maldice, insulta, etc.).

Deficiencias: Cuando las quejas de las personas reflejan la falta de atención, esmero, cuidado, o satisfacción de algunas necesidades básicas, tales expresiones se consideran como deficiencias en la conducta, actitudes o experiencias. Típicamente, una persona se queja porque no le han dado tiempo, cariño, atención, dinero, oído a sus males, etc. El déficit emocional se refleja en quejas personales, con expresiones que denotan la falta de alegría, de paz, de prosperidad, de amistad, de aliento, etc. Se hace un asesoramiento acerca del nivel de funcionamiento cognoscitivo; por ejemplo, si se notan ciertos trastornos evidentes en los pensamientos, los razonamientos, y se da la manifestación de delirios, notándose una incongruencia entre los pensamientos y las emociones, tales síntomas pueden reflejar procesos psicóticos que necesitan una atención mayor. Se asesora cómo la persona funciona dentro del marco de referencia real a contraposición de lo delirante, confabulado o paranoico. Se nota si existe una aberración cognitiva, emocional o conductiva de carácter grosero, bizarro o inadecuado en la conducta, la apariencia o las expresiones verbales de la persona. Se asesora acerca de la estabilidad emocional, en cuanto al afecto, al modo de sentir, a las expresiones exageradas, a los altibajos o los cambios repentinos en las emociones de la persona.

Conceptualizando el Problema. La conceptualización del problema de entrada se hace a través de la observación, del asesoramiento objetivo de las expresiones de las quejas presentes, de la presencia o ausencia de aberraciones, de las tendencias agresivas, autodestructivas o suicidas, y de la presentación de manierismos o señas particulares que atraen atención. Se exige la percepción adecuada y la capacidad de observación, el análisis de la situación y la atribución de cierto significado a lo presentado en forma verbal y conductiva.

Las demandas: Las demandas de una persona en necesidad representan quejas con volumen incrementado, o peticiones con tinte más vehemente. En el fondo, representan las necesidades sin atender, las tratativas incompletas, los anhelos sin satisfacción, o las esperanzas quebrantadas de la persona. Muchas veces representan las expectativas indebidas, irracionales, inadecuadas de la persona que ha empleado una lógica idiosincrática o un razonamiento particular no compartido con sus semejantes significativos. Es necesario atender a las demandas con cierto grado de objetividad y asesorarse de lo que representan. Es muy importante escuchar con atención a las mismas, empleando un escrutinio racional, dando cabida a lo afectivo y sondeando el significado de lo que manifiestamente se pone "sobre la mesa" a manera de quejas con volumen aumentado.

El trasfondo de las quejas o problemas: Al asesorar las quejas, se tiene en mente los factores antecedentes significativos que aparecieron en la vida de la persona con problemas. Se indaga acerca de quién o qué pareciera mantener la conducta inadaptada, inadecuada o aberrante de la persona. La persona terapeuta buscará el contexto dentro del cual las quejas aparecieron, los factores que permitieron la continuidad de la conducta, actitud o experiencia en cuestión. El conocimiento del estado denominado "pre mórbido" es esencial, ya que se debe tener en mente el nivel de funcionamiento anterior, las respuestas utilizadas en busca de soluciones, las estrategias empleadas en el pasado y la capacidad cognoscitiva-afectiva de la persona anterior al desarrollo de las quejas. Es muy importante el ubicar con cierta precisión los eventos precipitantes y su conexión con las manifestaciones problemáticas actuales.

- ✓ *"¿Qué es lo que a su criterio trajo esta situación?" "¿Qué es lo que causó tal problema, exceso. o falta?"*
- ✓ *"¿Desde cuándo sufre Ud. de esta ansiedad/depresión/angustia malestar"?*
- ✓ *"¿Puede Ud. recordar un tiempo en que no haya tenido este problema?*
- ✓ *"¿Cuán a menudo se encontró en la misma situación?" "¿Qué o quién pareciera mantener o afianzar los problemas?"*

Al indagar los modos en que las personas o eventos significativos se asocian a las dificultades de la persona, se asesora acerca de los factores que mantienen o refuerzan la conducta y las actitudes problemáticas. Es demasiado fácil arribar a conclusiones incorrectas, ya que se trata de las percepciones de una persona en problemas, con una visión dada e idiosincrasia particular, dando valor y atribuyendo significado a la realidad desde su punto de vista. Las nociones precedentes deben ser tomadas como hipótesis o pistas tentativas. La discriminación y separación de lo espurio, de lo considerado problemático, de aquello que es genuinamente relevante en materia de antecedentes, es un punto esencial en las etapas principiantes en la intervención terapéutica.

¿Qué es lo que se Espera Lograr?

El determinar lo que la persona desea obtener de la intervención terapéutica es importante. Algunos aspectos escondidos o secundarios pueden desviar al inocente o crédulo en manera tangencial. El ajustarse al objetivo de la intervención es una proposición importante, ya que se debe enfocar en manera precisa sobre las quejas, los antecedentes y el desarrollo de los problemas como así también a las expectativas con respecto a la intervención.

Luego de asesorar cuánta rigidez, cuántas defensas, resistencias u hostilidades pueden estar presentes, debidas a la angustia, ansiedad o ira entretejidas en las quejas, se trata de indagar sobre las esperanzas y anhelos depositados en la intervención. La persona que aconseja debe preguntarse: "¿Puedo darle a esta persona lo que necesita?" "¿Puedo atender a sus expectativas con cierta eficacia?" Si no es así, "¿Puedo conectar este caso con el terapeuta adecuado, o hacer una derivación a un profesional experto?"

En cuanto al estilo, algunas personas en problemas desean tener un oyente atento, empático y abierto, y pueden encontrarse con un/a terapeuta locuaz, activo/a y dado/a a la dirección o guía. O tal vez, la persona en necesidad busca guía, dirección y activación de procesos, y se encuentra con un oyente pasivo y proveedor de un ambiente cálido pero sin efervescencia. Se desea una buena relación interpersonal que tome en cuenta tales factores.

Asesoramiento de Atributos Positivos

Para poder construir con ciertas bases fundamentales, la persona que aconseja debe asesorarse de los puntos fuertes de la persona problemática. El sondeo de habilidades, de recursos y de atributos positivos presentes en la persona proporciona las bases para construir mejores estrategias y establecer alternativas en la búsqueda de soluciones. A veces, se debe atender a asuntos preliminares antes de proceder a asuntos que necesitan atención más adecuada, larga o pronunciada. Por ejemplo, una persona extremadamente apocada o tímida necesita trabajar sobre su sentido de inferioridad, su falta de asertividad, o su sentido de eficacia antes de emprender un programa activo de liderazgo social. Una persona que desee alcanzar cierto grado de éxito en sus empresas, pero se siente deprimida, necesita trabajar sobre su ánimo, sus maneras de conducirse en la actualidad, antes de emprender cosas mayores. El desarrollo de ciertas actitudes, de ciertas percepciones y motivaciones puede anteceder a la búsqueda de logros elevados.

El Establecimiento de un Contrato Terapéutico

El proceso busca el enfocar sobre los asuntos importantes, considerados como problemas principales o quejas iniciales que denotan la necesidad de atención. Luego de establecer el problema, se indaga acerca de su emergencia, desarrollo e historia. Se presta atención a los síntomas acoplados al problema y su historia. Luego de esclarecer tales asuntos, se busca la exploración de alternativas en el acercamiento terapéutico. El proceso involucra la vislumbre de cambios —de pensamientos y sentimientos; de acción, y la resolución de conflictos personales e interpersonales. Luego, sigue el asesoramiento de las metas en el proceso, con el trazado de objetivos (abstractos vs. concretos), y las maneras de establecer criterios para saber hacia dónde ir en el derrotero de la intervención terapéutica y el logro de los objetivos propuestos.

Se establecen criterios de efectividad, para asesorar los cambios adecuados, en términos de variables definidas: (a). La frecuencia de conducta problemática; (b).la intensidad de la conducta problemática; (c) la longevidad del problema como medida que se acrecienta o disminuye en función del trabajo terapéutico; (d) los cambios de actitudes, valores, creencias, como así también los cambios en el sentir, las emociones o en los síntomas expresados; los cambios caracterológicos, ontológicos o esenciales son extremadamente importantes, difíciles de lograr; los cambios en las relaciones en cuanto a su afabilidad, empatía, reciprocidad, mutualidad, etc. son tenidos en mente.

Sea que se establezca un arreglo tácito, sobreentendido, verbal, o se apele a un convenio más concreto y definido, es preciso arribar a algún acuerdo en cuanto al procedimiento a seguir. Se puede estipular una especie de contrato en el cual se busca afianzar ciertas expectativas, cuyos componentes pueden ser delineados de la siguiente manera:

- ✓ ☐ Número de sesiones
- ✓ Horarios y duración de las sesiones
- ✓ Lugar conveniente, de no conducir la sesión en una oficina
- ✓ Personas a estar presentes en la sesión
- ✓ Maneras de abordar el problema
- ✓ Recursos a ser utilizados
- ✓ Expectativas, esperanzas, definiciones, alcances, y limitaciones

De esta manera, se provee un marco de referencia para las tratativas. Se tiene en mente que tal contrato no es rígido ni conclusivo, pero más bien direccional y tentativo. Es mejor tener cierta idea de lo que se pretende hacer y ciertas avenidas a seguir para lograr una mejor manera de ayudar en la búsqueda de soluciones. "Si uno no sabe hacia dónde ir, probablemente no llegará a tal destino". También si la persona que ayuda está apurada en hacerlo, debe recordar que la aceleración es buena si uno sabe a dónde va; de otra manera, si no tiene rumbo, se desorienta y se encuentra perdido más rápido al acelerar.

El Objetivo Terapéutico Enfocando a la Persona

Teniendo en mente todo lo dicho hasta aquí, la intervención terapéutica busca no solo asesorar el problema y sus pormenores, pero también tener en cuenta el nivel de entrada de la persona en cuanto a su entendimiento o perspicacia en cuanto a su ser, tanto en su definición sustancial, ético-moral, como así también relacional y funcional. Al asesorar el problema y a la persona que manifiesta tal problema, tener en mente hasta qué punto las distorsiones existen, sean de carácter neurótico, psicótico o caracterológico, siendo estas aberraciones del diseño original, de la capacidad de realización de potenciales o de actualización del ser. Se busca proporcionar oportunidades para el encuentro del ser con el Ser: A través de la introspección, de la búsqueda personal del ser en cuanto a los eventos que a través del desarrollo humano han influido en las distorsiones en expresión, funcionamiento y relaciones del ser. La "recapitulación" o el re-vivir de las experiencias traumáticas, las crisis, los eventos que a través de la socialización estamparon sus marcas y en cierta forma arruinaron las posibilidades de desarrollo óptimo, son traídas a luz en un proceso de purgación, de catarsis, de vaciamiento o de análisis introspectivo.

Es necesario proporcionar oportunidades para que la perspicacia, la intuición, el entendimiento propio y contextual ayude a la persona a situarse dentro de un marco favorable para el desafío al status quo, resistir al moldeo de las presiones ambientales, asesorarse de los determinantes culturales y crecer hacia el patrón proporcionado en las revelaciones del diseñador o postulador del ser en relación a su Creador. Durante el proceso terapéutico que permite la purgación, la catarsis, o la predisposición de "verter la basura que estorba" desde el pasado y desde adentro del ser en su ontología, en su percepción propia y en sus relaciones, se permite que la iluminación de Dios actúe en forma integral. *"En tu luz veré la luz"* cantó David, y así también se espera que la perspicacia y la iluminación del Espíritu de Dios coparticipen en un proceso sanador. El conocer la verdad liberta, y permite el crecimiento espiritual.

También es necesario proporcionar ocasiones en las cuales la renovación mental, la transformación del ser ocurra paulatinamente, en un proceso de alineamiento del ser (su natura, su hipóstasis) en éxtasis hacia Dios y hacia los semejantes. Se busca encarar las aberraciones obvias o distorsiones patológicas debidas a los efectos de la herencia y del medio ambiente.

La Instigación de Esperanzas

Este punto es considerado por algunos como la esencia del cambio terapéutico (Lazarus, 1983; Frank, et al, 1978; Clinton & Ohlschlager, 2002). Se presenta la noción que la gente no busca terapia para el alivio de síntomas específicos, sino que buscan ayuda porque están desmoralizados. Las personas sin esperanzas no tienen una visión positiva del futuro; las esperanzas falsas no dan solución sino que parecieran intensificar los problemas. La capacidad de inspirar esperanza en manera legítima es un aspecto crucial en el arte de aconseja. Si la persona viene con problemas, sus percepciones, atribuciones, razonamientos y juicio no necesariamente conducen a un sentido de esperanza. Las condiciones depresivas o ansiosas pueden distorsionar las percepciones, las atribuciones de significado a los eventos, y permitir el desosiego del ser en problemas. El consejero respetuoso de tales estados emocionales y capaz de entender sus ramificaciones cognitivas y emocionales, puede apelar al infundir esperanzas basadas en las Escrituras, en la activación de las capacidades de la persona en cuanto a enfrentar las vicisitudes, y en su guía espiritual emocional en le caso.

La persona problemática, si acude a pedir ayuda, lo hace con cierta expectativa, traducida en la esperanza de encontrar alguna solución. Las respuestas iniciales del consejero son muy importantes, ya que representan el primer punto de apoyo, el contacto inicial con las posibilidades de solución. Pareciera ser, como algunos afirman (Lazarus, 1983) que las frases explícitas, orientadas hacia las metas, son las más eficaces en abordar situaciones críticas. Por ejemplo, se puede decir,

"Algunas de las cuestiones serán fáciles de abordar, mientras que otras no. Si tomamos un paso a la vez, abarcando cada problema en manera concreta y separada, para luego ver los principios que se pueden utilizar, podemos asegurarnos que Ud. puede hacer frente a cada aspecto de su situación..."

Es preciso dar a entender adecuadamente lo que se espera realizar en las sesiones, para no dar esperanzas falsas ni disminuir las posibilidades de ayuda. En casos en los cuales la persona que aconseja siente negativamente cierto pesimismo acerca de las condiciones presentadas, deberá estar a tono con sus propios sentimientos, cuidando de no transmitir desesperación a la otra persona. Es mejor dar a entender que si bien no se enfatiza un optimismo acérrimo en el caso, se enfatiza la posibilidad de tratar de abordar el problema desde otro punto de vista, o referir el caso a personas más experimentadas en el asunto. De tales consideraciones nacen las posibilidades de formular una impresión adecuada y funcional del problema y de la persona, y de considerar cierta diagnosis en mente, para trazar metas y objetivos para la intervención con el consejo.

El sondeo dinámico de la historia provee el trasfondo necesario para situar a la persona en su desarrollo y contexto cultural y social. El acercamiento conductivo puyede tratar de abordar y solventar situaciones de carácter crítico, concreto, o enfocado hacia los problemas que atormentan o disminuyen la capacidad humana de vivir como Dios ha diseñado. Otros acercamientos buscan situar a la persona en el presente mientras vislumbran la necesidad de enfrentar ciertas peripecias veinderas, y dar lugar a la extensión hacia un futuro más apropiado.

La Relación Terapéutica y sus Desafíos

Por muchos años el autor ha entrenado psicólogos (en su práctica o *internship*) en el Hospital General de Massachusetts, asociado con Harvard Medical School. Ha sido fascinante ver el encomio, la determinación, la abnegación de tales personas hacia sus trabajos, y uno pudiera atribuir el éxito de la empresa a ciertos factores que entran en juego: el carácter, la personalidad, los estudios cursados anteriormente y su calidad, y las técnicas o estrategias psicoterapéuticas utilizadas hasta el momento. Luego, la disposición a aprender, a ser profesionales, a dedicar esfuerzos para aumentar su caudal de conocimiento clínico y práctico. Una pregunta surgió vez tras vez en la supervisión de los tales: "A tu criterio, ¿Qué es lo que realmente ayuda/trabaja/es efectivo y permite la recuperación de la salud mental, la libertad emocional o el crecimiento de las personas necesitadas?" Invariablemente, las respuestas han sido: "Una buena relación terapéutica… el promover perspicacia y entendimiento… el analizar al ser a fin de lograr tener libertad de acción sin defensas indebidas", etc. Lo que más predominó en tales conversaciones, era el hecho de que al establecer una buena relación terapéutica, el trabajo comenzaba a tomar su verdadera forma. Además del tinte psicoanalítico, otros enfoques acoplados (cognitivos, conductivos, sistémicos, grupales) también necesariamente se apoyaban en establecer la relación terapéutica primero, antes de atentar lograr cualquier cometido.

Como ya lo hemos dicho, en acercamientos psicoanalíticamente orientados, el establecer una buena relación es lo más fundamental y necesario. Teniendo en cuenta que tal acercamiento toma años, tal relación se establece en los primeros meses. Es fácil ver medio año o hasta un año pasar hasta que la relación se establece, para luego trabajar con el material presentado, dando lugar a la transferencia y al análisis de la misma. Tal trabajo se realiza a largo plazo, con libertad de expresión y con interpretaciones por parte de la persona terapeuta, a fin de proporcionar perspicacia libertadora de afectos, voluntad y conducta.

Acercamientos no-directivos (como el de Rogers) presentan otras alternativas, ya que la disposición franca y con empatía permite el establecimiento de la relación en manera más rápida. La calidez, la aceptación y el encomio hacia una relación intensa fomentan la disposición abierta, cándida y reveladora. La mayoría de las terapias modernas, de enfoque directo, sea de carácter conductivo, cognitivo, existencial, o narrativo, buscan el establecer cuanto antes el ambiente o el clima emocional adecuado a la brevedad posible.

La persona en busca de ayuda necesita encontrar un clima emocional aceptador, de calidez no-posesiva, de empatía y de abertura sin prejuicios. El ser aceptado proporciona un sentido de sanción que permite bajar las barreras y adoptar una actitud abierta. Luego de establecer una relación que pretende proporcionar hospitalidad, se anima o refuerza la posibilidad de compartir verbalmente y conductivamente alguna faceta o experiencia de vida, algún problema, alguna queja, alguna petición o demanda pertinente. En terapia analítica o psicodinámica, la relación terapéutica es considerada sanadora, con interpretaciones acerca de la transferencia positiva (o a veces negativa) del paciente al terapeuta. En otras clases de terapia, aunque no se defina en sí tal relación, ni se analice la transferencia, el fenómeno parece ocurrir de todas maneras, no importa cualquier sea la orientación. En resumen, la relación es importante.

Al principio, un acercamiento tentativo por parte de la persona que busca ayuda es natural, ya que no es fácil confiar en otra persona, sea conocida o desconocida. Si la persona que proporciona consejo terapéutico es conocida, sea por su actuación, por recomendación, por el "halo" o prestigio que le antecede, o por sus credenciales establecidas, la relación es facilitada por el efecto social de tal percepción. A veces, se torna difícil acercarse en manera terapéutica a personas muy allegadas o cercanas, debido a la dificultad presentada en cuanto a ser objetivos o imparciales al escuchar. Además, el temor al rechazo, a la crítica implícita (a veces explícita), al temor de ser utilizado por el consejero como ilustración (si es consejo pastoral, verse en el sermón del domingo; si es autor, en las páginas de su próximo libro), insta a la persona a prefiere acudir a una persona objetiva, neutral o profesional.

Si la persona que aconseja es desconocida, o no cercana, la persona que busca ayuda consciente o inconscientemente buscará ver si tiene un terreno sobre el cual arrojar sus necesidades. Tal estilo tentativo, como dijimos, es natural y debe ser respetado. El recibir información es un privilegio, y las respuestas que denoten respeto, aceptación y validación llegarán a facilitar el proceso de afinidad social o interpersonal.

La Adquisición de Perspicacia Propia

El éxito en el proceso puede ser asesorado en términos de la adquisición de nuevos esquemas conceptuales por parte del aconsejado, por medio de los cuales el entendimiento del comportamiento y la elección de alternativas de solución toman lugar. La perspicacia, la intuición, la introspección y la disposición a emplear estrategias o maneras eficaces de enfrentar los problemas, son marcas de aprovechamiento del proceso de ayuda terapéutica.

Debemos tener en cuenta el hecho que no hay moldes fijos ni modelos perfectos, pero que una gran flexibilidad es deseada en el arte de aconsejar, a fin de desarrollar la perspicacia propia. El entendimiento en sí no cura, pero ofrece la oportunidad y las bases para el empleo de alternativas que permiten experimentar la libertad emocional para elegir respuestas adecuadas. Al permitir el desarrollo de una mejor visión de las circunstancias, de uno mismo, de las relaciones, y ver sus corrientes subyacentes y "los hilos sobre y detrás de los títeres," se da la oportunidad para hacer mejores decisiones. La perspicacia es una especie de *kairos*, o de experiencia en un tiempo apropiado para abrir os ojos, pare ver, para entender, para tener un momento de lucidez y grabar indeleblemente la verdad que liberta. La retórica interna del ser ayuda en generar tal momento kairótico, animada de una persuasión dialógica intrínseca que fomenta y produce tal experiencia.

Al principio, la persona que aconseja trata de "entrar" al mundo del aconsejado y ver desde tal punto de vista la situación. La perspectiva, desde tal punto de vista, puede ser difusa, compleja, vaga, equivocada, oscura, etc. Con tal "visión" la persona problemática puede tomar rumbos equivocados, hacer decisiones incorrectas, o impulsivas. Para poder ayudar a tal persona, se debe facilitar un entendimiento más dinámico, más claro, más constructivo. Desde los principios esenciales de empatía, se debe proceder al esclarecimiento más cabal, al entendimiento más perspicaz, a la iluminación de los hechos y de sus bases. Sentimientos, sensaciones, actitudes y acciones, deben ser asesoradas en sus maneras primitivas, burdas, sin refinar, como partiendo de bases irracionales, o reacciones impulsivas. El filtrado de tales procesos debe ser asesorado en cuanto a los motivadores de la conducta, a los activadores de las reacciones, y a las motivaciones subyacentes que pueden estar distorsionadas por la ansiedad, la depresión, el estrés, las heridas emocionales, la ira, etc.

El entrar al mundo del aconsejado proporciona un sinnúmero de desafíos, ya que se trata de no sobreponer ni de etiquetar *a priori*, sino más bien objetivamente tratar de ver la realidad sin prejuicios. El compartir las cargas, el entender las luchas mentales, requiere la sintonización profunda, el atentado hacia la exactitud en cuanto cómo la persona siente, piensa, juzga y actúa dentro de su marco de referencia. Luego, se trata de ir más allá de tal percepción y entendimiento. Si se ve solo el mundo del aconsejado, tal vez no se percibe más allá de las alternativas que tal persona formula.

La persona en problemas tiene una interpretación implícita del mundo que la rodea y de las circunstancias, y en manera distorsionada puede errar en sus atentados de establecer soluciones. Tal persona necesita expandir su percepción, afinar su entendimiento, esclarecer sus confusiones, desarrollar perspicacia, y establecer su capacidad para enfrentar sus dilemas. La persona que aconseja debe valerse de recursos en la provisión de respuestas a las interacciones en el proceso, pudiendo recurrir a ciertos principios en el arte de aconsejar:

La Vulnerabilidad Demostrada en el Proceso Terapéutico

En sus consejos a Timoteo, Pablo recalcó: *"Ten cuidado de ti mismo y de tu doctrina, porque haciendo esto, a ti mismo te salvarás y a los que te oyeren."* La gran mayoría de las personas que acuden en busca de ayuda lo hacen motivadas por su deseo de cambiar algo, resolver cuestiones, aliviar cargas, sanar heridas emocionales, crecer, y demostrar interés genuino en ser atendidas. Sin embargo, hay ciertas manifestaciones patológicas que entran en juego:

1. El ser susceptible a la patología. Existen posibilidades de expresión de asuntos caracterológicos provenientes de personas cuyo desarrollo, herencia y ambiente han producido personalidades con problemas en cuanto a estructura, funcionamiento y defensas. Entre las tales, las manifestaciones caracterológicas pasivas agresivas, narcisistas, histéricas, psicópatas o sociópatas que pueden suscitar reacciones negativas en la persona terapeuta, las cuales necesitan atención analítica, perspicacia y sabiduría en el manejo de las repuestas, estrategias y probables soluciones. Varias posibilidades de vulnerabilidad pueden presentarse, como en los siguientes casos:

- La posibilidad de ser incautos hacia personas manipulativas, y enredarse inadvertidamente sin ver su patología caracterológica;

- La posibilidad de querer complacer a personas que se aprovechan de la ingenuidad y de la buena fe demostrada hacia ellas, con alegaciones críticas y apelaciones manipulativas;

- La posibilidad de ir más allá de las responsabilidades de un consejero, para ser atrapado por las expectativas indebidas de las personas problemáticas y dependientes;

- La posibilidad de responder a las maneras seductivas manifestada por personas histriónicas, cuyos límites no se desarrollaron adecuadamente, y que apelan a la sensualidad o sexualidad como medio inconsciente de atracción, refuerzo, aprobación, validación o cualquier otra necesidad básica. Si se sospecha de cierta deshonestidad inconsciente o manipulación consciente, se debe confrontar las dudas al respecto, con tacto y asertividad. Se tiene en mente que las personas que verdaderamente desean ser ayudadas, raras veces son demandantes, deshonestas o manipulativas a sabiendas.

Si se asesora que la manipulación, lo seductivo, las demandas y expectativas inadecuadas son parte integral de la persona que ni siquiera se da cuenta de cómo utiliza sus relaciones, el terapeuta debe mantener la objetividad y utilizar sus recursos y estrategias terapéuticas para establecer criterios de realidad, responsabilidad e interpretar lo que está sucediendo. Entre tales acercamientos, se emplea el trazado de límites, confrontando en manera asertiva sin desmerecer o tildar, sino llamando las cosas por su nombre, haciendo explícito lo que se manifiesta implícitamente, e interpretando la conducta con perspicacia a fin de descifrarla y abordarla en manera objetiva y educativa, entre otras posibilidades.

2. La transferencia. Cuando se propone exponer un área de negación en la persona que busca ayuda, o cuando se pretende desafiar una creencia anormal arraigada, o se trata de influir sobre la dirección de una conducta, la confrontación aparece. Lo que determina el "cómo" uno confronta —qué es lo que influye en la selección, la dirección y el asesoramiento de las respuestas dirigidas hacia lo que la otra persona necesita ser o hacer, es denotado por el examen de las preconcepciones, las actitudes subyacentes, y los valores del terapeuta.

La transferencia experimentada por parte del consejero (comúnmente llamada contratransferencia a la transferencia de la otra persona) se refiere al fenómeno de ser vulnerable a las demandas emocionales de la situación terapéutica, ser suscitado o evocado en asuntos referentes a sus propios dilemas sin resolver, a sus niveles subconscientes, cognitivos y evaluativos. Un psicoanalista diría, que la confrontación proviene de la contratransferencia, la cual a su vez proviene del Id, del Yo y del Súper Yo del terapeuta. Las personas aconsejadas pueden traer asuntos dependientes sin terminar y necesidades de índole tal que evocan sentimientos, emociones, ideas y reacciones en la persona que aconseja. Como toda persona humana tiene asuntos sin terminar que se arrastran del pasado, tales asuntos pueden ser evocados subconscientemente en el proceso terapéutico. Tal fenómeno se da cuando la persona que pretende ayudar se ve evocada en sus propios procesos sin terminar y utiliza la sesión como medio de finalización, de redención o de expiación propios. Roles, funciones, libretos o papeles salvadores, paternales, maternales, redentores, o de actualización propia en cuanto a la satisfacción de verse respetados, amados, erigidos en algún pedestal, o simplemente ser acariciados en el ego, pueden entrar en juego. Un análisis crítico del ser propio es necesario, can visión objetiva de tal fenómeno aludido en esta ocasión.

Existen varias fuentes de contratransferencia: (1) Los procesos primarios o subconscientes, la colección de los apetitos y deseos, ansiedades y temores subyacentes que empujan "desde atrás" (provenientes del pasado, de los deseos primitivos sin refinar, o del "Id") y proporcionan dirección a lo que se hace y dice en la sesión. (2) Los procesos secundarios o socializados, racionales, que en forma habitual y preferida proporcionan estilo y forman las respuestas del terapeuta (provenientes de las deliberaciones del "Yo"). (3) La conciencia y los valores espirituales proveen directivas, prohibiciones e imperativos a las respuestas dadas (provenientes del Superyó, el conglomerado de las introyecciones socializadas y lo considerado ideal por el ser). La sustancia o contenido de la contratransferencia es determinada por las memorias, las expectativas, las percepciones, las fantasías propias y las experiencias de la persona que responde a la necesidad de ayuda. Lo que hacemos es una especie de reclamo sobre aquellas porciones de la vida de la otra persona que nos desafía, incita o suscita en el interaccionar.

Según Adler, un psicoanalista bostoniano y mentor del autor en sus trabajos en el Hospital General de Massachusetts, existen cuatro tipos de contratransferencia. En primer lugar, se da el caso en el cual el fenómeno es complementario. Es decir, pacientes sumisos, acatadores, sin mucha asertividad ni empuje, buscan ser ayudados por personas fuertes, dogmáticas y proveedoras de opiniones. En tal caso, la contratransferencia parece ser diseñada a complementar los problemas de la persona siendo aconsejada. Por ejemplo, personas iracundas y tempestuosas encuentran solaz en un/a terapeuta organizado/a y calmo/a. Personas rígidas encuentran alivio en terapeutas con caracteres abiertos y flexibles.

En segundo lugar, la contratransferencia puede ser antagonista. Los sentimientos negativos se suscitan en la persona que aconseja, llegando a ser crítico acerca de la persona problemática en respuesta a las características, los rasgos, las actitudes o la conducta que a nivel subconsciente desafían al consejero en sus atentados de conectar, de ayudar. El antagonismo puede ser sutil, expresado en maneras irrespetuosas, con justicia-propia, indiferencia o cierto criticismo velado hacia el estilo de vida, el pensamiento o las acciones de la persona que busca ayuda. Tanto las expresiones de un lado como las interpretaciones, apoyo, retroalimentación por el otro, no afinan, no concuerdan y llegan a ser tirantes.

La contratransferencia paralela se da en los casos en los cuales la persona que busca ayuda, en sus deliberaciones, toca elementos análogos presentes en la vida de la persona que aconseja: Si ambas personas sufren de los mismos problemas, luchan con los mismos hábitos o experimentan las mismas dificultades en la vida, llegan a compartir subconscientemente sus defensas. Ambos pueden emplear la negación, la racionalización o la intelectualización, etc. Por otra parte, el consejero sin necesariamente estar consciente de lo que hace, evita el tratar asuntos pertinentes y paralelos a sus propias problemáticas personales. O bien puede excusar asuntos patológicos en terapia para no enfrentar su propia condición. La consecuencia en terapia es que el remedio ofrecido por el terapeuta no es mejor que la enfermedad tratada. En tales casos, la confrontación es raramente empleada, sino que la conversación se vuelve gentil, suave y con excusas que apoyan mutuamente las anormalidades en ambos lados de la ecuación.

La posibilidad existe de experimentar una contratransferencia tangencial. Los asuntos traídos a ser considerados en alguna manera no son abordados adecuadamente debido a que no hay afinidad, siendo desviados, y la relación terapéutica pareciera estar fuera de tono. Las respuesta o retroalimentación dada a la problemática parece estar fuera de foco; los atentados de ayuda se vuelven fútiles, perimetrales y tangenciales. No existe un encuentro funcional entre las mentes de ambas personas. A veces tal fenómeno ocurre cuando personas de diferentes culturas, teologías, entendimiento espiritual, nivel de entendimiento, etc., entran en juego.

En todo caso, hay que tener ciertas pautas en mente: Se debe asesorar si las necesidades personales interfieren con el proceso y la relación terapéutica. También se presta atención al hecho que las sesiones terapéuticas no se consideran como el lugar y tiempo apropiados para atender o satisfacer las necesidades personales del consejero. A veces, el consejero puede notar que da más tiempo del debido a personas consideradas atractivas, o que rechaza inconscientemente a personas consideradas indeseables; también, puede reflexionar sobre la posibilidad de dar lugar a la fantasía entre las sesiones, relacionada a alguna persona en su práctica. El deseo de ser aprobado con afecto positivo por parte de la persona siendo aconsejada resulta en la pérdida de la objetividad del consejero.

Muchas veces, tales tendencias aparecen leves, o fuertemente acentuadas en forma esporádica en las personas que aconsejan, y deben ser reconocidas como en necesidad de atención apropiada. Es deseable y aconsejable el renovar la mente a diario, a practicar una especie de limpieza cotidiana a fin de preservar la objetividad, la sobriedad moral y ética, la disposición de respeto a la persona encuadrada dentro de la realidad terapéutica. A veces, el hablar de tales asuntos con una persona coadjutora, o con colegas que comparten tales experiencias (sin necesariamente revelar la identidad o los pormenores de las personas) ayuda en la disipación del estrés, de las sobrecargas o de los posibles yerros en el arte de aconsejar.

En este capítulo se da mucho énfasis al asunto de la contratransferencia, porque se tiene en mente en primer lugar el impacto que las atenciones e intervenciones indebidas y los yerros terapéuticos tienen sobre la salud emocional de los pacientes. Si se desvía el foco de atención del paciente o aconsejado hacia el terapeuta o consejero, se desvirtúa el proceso y cambia su significado. Si se satisfacen las necesidades del terapeuta más que las de la persona siendo aconsejada, no solo es una falta de respeto, pero también una cuestión de falta de ética profesional o ministerial.

3. *La posibilidad de proyecciones propias hacia otros.* Si la persona que aconseja está atravesando por cierto problema en particular en su propia vida, se recomienda que no trate de ayudar a otros mientras está pasando por circunstancias adversas muy paralelas a la de la persona que viene en busca de ayuda. La subjetividad, o el estar embargado de las mismas emociones, o ser afligido con las mismas necesidades o tensiones que el aconsejado hará que el terapeuta pierda su objetividad y en lugar de intervención terapéutica habrá una afinidad mórbida (paralela al dicho de ser "hermanos en desgracia") que si bien equipara a dos personas y las pone a un mismo nivel, pierde la eficacia en cuanto a la percepción o la posibilidad de ver soluciones, de emplear alternativas, o de utilizar recursos disponibles.

Se debe asesorar si existe la proyección, con atribuciones de sentimientos, pensamientos o acciones a la persona siendo aconsejada, cuando en realidad la cuestión existe dentro del marco de referencia del terapeuta. También se debe asesorar la posibilidad de que se emplee la negación, evitando cuestiones importantes y pasando por alto asuntos cruciales, simplemente porque los tales "pegan demasiado cerca" del espacio vital de la persona consejera. El grado de resistencia no solo puede ser manifestado por la persona problemática, siendo ambivalente en su compartir, pero puede también ser manifestado por el terapeuta (evitando abordar temas candentes cercanos a sus dilemas, o asuntos análogos a los propios) en el proceso interactivo.

4. *La sexualidad de la persona terapeuta.* Cuando dos personas se relacionan a menudo, tienen un mismo propósito y tratan de asuntos profundos o íntimos en forma asidua, cabe la posibilidad del desarrollo de sentimientos de calidez, empatía y afecto mutuo. El afán de ayudar a una persona necesitada que se apega, aferra, proyecta deseos de ser amparada, protegida, vindicada, o "redimida" de alguna manera, puede evocar sentimientos salvíficos en el consejero; tales sentimientos se extienden al campo íntimo cuyos límites se tornan difusos y se desvanecen. Si las personas tienen el mismo trasfondo, son del sexo opuesto y se relacionan por un tiempo prolongado, los sentimientos mencionados traen consigo la posibilidad de suscitar sensaciones y sentimientos sexuales que no se planearon ni esperaron al comenzar las tareas de consejería.

La atracción sexual posible entre dos personas en relación terapéutica no puede ser ignorada. Lo que se dice aquí se aplica a ambos sexos en ambos lados de la tratativa terapéutica —sea el o la terapeuta, sea el consejero o la consejera, el aconsejado o la aconsejada. Si se niega, racionaliza o intelectualiza el asunto, ciertas dificultades pueden aparecer, especialmente si la persona siendo aconsejada es atractiva; o si existe la seducción inconsciente, o a veces consciente por parte de la persona necesitada hacia la persona que aconseja. Si la persona demanda demasiada atención emocional, con señas visibles de necesidad afectiva, tal factor puede tentar a la persona que presta ayuda a brindar servicios más especiales o ir más allá de la cuenta. A veces, el contenido de las conversaciones en las sesiones que tratan con la intimidad pueden suscitar los sentimientos sexuales en una o en ambas partes. También, si las personas en relación terapéutica no están satisfechas en cuanto a sus propias necesidades de intimidad o de satisfacción sexual, las tentaciones se acrecientan.

Las señales externas de peligro se manifiestan cuando se fomenta una dependencia creciente con demandas de tiempo y atención. A veces, los elogios, las alabanzas y afirmaciones constantes hacia la persona que ayuda, si bien representan aspectos de agradecimiento o reconocimiento, pueden dar lugar a la elaboración de anhelos, proyecciones, ilusiones o pensamientos que van más allá de lo necesario. Las personas problemáticas pueden proveer quejas continuas acerca de su soledad y su necesidad de compañía, con invitaciones sutiles acerca del anhelo de gozar de cierta afinidad emocional no solo en las sesiones, sino también en los períodos entre sesiones, a manera de "presencia en ausencia".

Las personas siendo ayudadas pueden dar pautas de su agradecimiento con dádivas, regalos o atenciones especiales, las cuales dan a entender que tienen en mente a su terapeuta en forma pronunciada o ahondada. En terapia psicoanalítica, tales regalos aparecen como inauditos y son interpretados por el analista. Si tales objetos son aceptados incautamente con cierta correspondencia efusiva, o con alegaciones veladas con tinte sensual por parte de la persona que aconseja, tales atenciones dar lugar a interpretaciones e ilusiones indebidas que pueden llevar a un aumento en la tentación a conducirse indebidamente.

El contacto físico —dando abrazos, besos, tocando en alguna manera leve o más intensa, aún cuando pudiera ser algo culturalmente sancionado, practicado y hasta cierto punto esperado, debe ser asesorado; hay que tener en mente la intensidad, la duración y la frecuencia de los contactos, considerando el hecho que las personas en necesidad pueden manifestar un grado más acentuado de vulnerabilidad, de debilidad o no tener sus límites o demarcaciones a nivel adecuado. Muchas caídas morales se deben al envolvimiento seductivo que a sabiendas o en ignorancia, se ha fomentado —queriendo o "sin querer".

Nuestra cultura hispana nos hace más cercanos física y emocionalmente. Nos hace conscientes del valor de ser simpáticos, agradables o hasta deseables. A veces, las maneras de actuar idiosincráticas, los atuendos, o cualquier manifestación externa puede dar a entender que existe un propósito de agradar o el de ser reconocidos. Tal manifestación no necesariamente se tilda como algo pecaminoso, pero debe ser asesorada debido a la predisposición de evocar la transferencia positiva de una o ambas partes. Si se asesora que existen influencias sutiles que traen consigo el peligro de hacer olvidar técnicas y estrategias, teorías y propósitos terapéuticos a cambio del logro de experiencias sensuales, bonitas y "acariciadoras del ego", debe recurrirse al frenado de lo inadecuado, apelando a los esfuerzos espirituales y al sentido común para mantener el dominio propio.

5. El cuidado propio. Las relaciones terapéuticas, como hemos visto, dan lugar a los desafíos personales. El atender a la necesidad propia de aseo mental, de renovación cognitiva-afectiva y de salud espiritual es recomendable, a fin de evitar las fallas en cuestiones sexuales, éticas y morales. A manera de protección, de anticipo y de prevención, se presentan los siguientes factores:

Salvaguarda espiritual. La renovación constante, con la restructuración de la mentalidad acerca de uno mismo, de su papel, de sus relaciones íntimas ante Dios, de su cuidado ético, moral y espiritual de permanecer en la verdad, hará que se mantengan los límites adecuados en las relaciones terapéuticas. La lectura asidua de las Escrituras en lo referente al carácter, la conducta y la influencia esperada en un discípulo y colaborador de Dios en asuntos humanos es imprescindible. La oración es necesaria, en cuanto encierra aspectos de confesión, de pedido de ayuda y fortaleza, con propósitos de alineado y manutención de las buenas costumbres sobrias. El aseo mental a través de la oración, la meditación y la dedicación a renovar la mente permite un tratamiento de los ensueños, de las fantasías que bordean aspectos de lascivia, y enfoca sobre lo que es apropiado y digno de respeto.

Prestar atención a las señales obvias. Como ya se ha estipulado anteriormente, hay que prestar atención a las señales que parecieran indicar que existen peligros por parte de la situación emocional en necesidad de ayuda, y por parte de la condición emocional/mental de la persona que ayuda.

Establecer metas, límites y expectativas apropiadas. Si se presta atención al trazado de límites emocionales y sociales adecuados, se evitan muchos problemas. Debe decidirse la frecuencia de las sesiones o interacciones, el lugar y la duración de las mismas. Debe decidirse la calidad de relación interpersonal, con objetividad y asesoramiento en cuanto al contenido de las sesiones y al proceso en sí. Debe prestarse atención al fenómeno de la transferencia y de la contratransferencia.

d. Mantener en vista las posibles consecuencias de cada acción. Las implicaciones de cada relación, de cada acto, deben ser tenidas en mente. Es deseable recordar que no vale la pena vender la primogenitura por un plato de lentejas, simplemente porque a uno lo tomó el hambre por sorpresa (a veces, planeamos el tener hambre!). El ser prevenido significa medir las posibles consecuencias de las acciones, teniendo en mente lo que costó alcanzar el grado de reputación, de confiabilidad, el logro de credenciales y el establecimiento de su carrera a través del tiempo –¿por qué fracasar? Aparte, tener en mente las posibles consecuencias devastadoras en diferentes hogares, en la comunidad, en la vida de tantos seres queridos que forman parte de ambos sistemas en relación, como para ser sobrios y velar en contra de las acechanzas tentadoras.

Aun más, es necesario tener en mente la cuestión teológica: El cristiano vive ante Dios y dará cuenta de su mayordomía. El errar al blanco propuesto par Dios en materia sexual, recibe mucha atención en las Escrituras, y Dios espera una fidelidad abnegada por parte de aquellos que pretenden servirle y ayudar a las personas en su nombre. El vivir con responsabilidad implica que cada día se debe elegir el hacer el bien y el evitar lo malo. Si la relación terapéutica se establece apropiadamente, la confianza surge y las manifestaciones de los problemas son vertidas en el proceso de comunicación, luego del nivel de entrada se busca la continuidad en el proceso. Luego de sondear los asuntos, de ver las potencialidades de la persona, sus recursos espirituales, intelectuales y emocionales, se establecen cursos de acción que buscan resolver los problemas.

El proceso terapéutico abarca el contacto, el desarrollo de la relación y las formulaciones de las cuestiones a ser resueltas. Una especie de "contrato" implícito se desarrolla, en el cual las personas se comprometen a trabajar sobre cuestiones que necesitan ayuda, solución o mejora. Las hipótesis son formuladas luego que un buen proceso de comunicación permite el verter de las cuestiones, con maneras deductivas e inductivas que proporcionan ideas, bases para razonamientos, percepciones y formulaciones con énfasis en la liberación de afectos, la comunicación empática del sentir, con la esperanza de efectuar cambios duraderos del carácter, la conducta y el desarrollo de las personas que buscan ayuda.

Capítulo 17

El Diálogo en el Consejo

El objetivo de una intervención terapéutica es el proporcionar una oportunidad para que el cambio apropiado de actitudes, conducta, pensamientos o sentimientos tome lugar. El proceso de ayuda, en manera concreta, busca el integrar funcionalmente el pensar, sentir, juzgar y actuar de las personas en relación. Explorando un problema, entendiendo sus ramificaciones y demandas, tomando en cuenta los pensamientos y sentimientos, se busca el producir cambios en la conducta de las personas. Las etapas del proceso de ayuda podrían ser descriptas de la siguiente manera:

- Prestar atención
- Escuchar con empatía
- Responder acertadamente, con genuinidad
- Establecer un diálogo sin prejuicios, proporcionando un ambiente libre y honesto
- Facilitar el proceso de cambio, ayudando en la elección de programas de estrategias a ser desarrolladas en el proceso de adaptación
- Proporcionar alternativas, maneras de responder a los problemas y buscar soluciones
- Al comunicar, estar atento a la posibilidad de entablar un triálogo, contando con la presencia de Dios

La persona que proporciona consejos, debe evitar el caer en moldes o sistemas rígidos, estereotipados, mecánicos o rutinarios. Más bien que técnicas prefabricadas, se busca el desarrollar habilidades flexibles, abiertas e intuitivas, con un buen trasfondo o conocimiento acerca de la naturaleza humana, su desarrollo, sus defensas, sus potencialidades, y su interacción con la gracia de Dios. Es necesario apercibirse del proceso de comunicación entre personas, algo crucial en el desarrollo de la relación terapéutica. Es necesario estar abierto a la presencia de la persona y del poder del Espíritu Santo actuando como el sanador de las problemáticas humanas.

Como ya se ha considerado en los capítulos anteriores, es posible fomentar un triálogo en el cual, el consejero no trabaja solo, sino con la ayuda divina presente. Tal aspecto metacognitivo puede ser aprendido, elaborado y perfeccionado con la experiencia en sesiones de consejería, con supervisión y retroalimentación por parte de buenos mentores.

Observando el Proceso de Comunicación

El aconsejar involucra un diálogo interpersonal. La intención, calidad y movimiento de tal proceso puede asumir varias formas. En su esencia, el flujo del diálogo incluye una gran variedad de estilos, embargados de intenciones, propósitos, y resultados, desde los destructivos hasta los encomiadores y edificantes. Aún cuando las intenciones de una persona pudiesen ser adecuadas, los filtros existentes en ambos lados de la sima interlocutora pueden distorsionar el flujo, con un impacto indeseable. Los diferentes estilos dialógicos pueden ser diagramados de la siguiente manera (Fig, 17.1):]

Figura 17.1. Asesorando el Estilo, la Intención y la Calidad del Diálogo

El proceso de comunicación entre dos personas relacionadas terapéuticamente puede ser definido por las siguientes variables: "¿Quién le dice qué, a quién, cómo, dónde, cuándo, y con qué efecto?" Veamos tales variables.

1. ¿Quién pide ayuda? ¿Quién ayuda? *¿Quién* es la persona que busca consejo? *¿Quién* es el consejero?: La fuente de comunicación se tiene en mente. Por un lado, la fuente de comunicación es la persona que viene en busca de ayuda. ¿Quién es esta fuente de información? Se asesora desde dónde parte, cuál es su posición en el conjunto –pareja o familia, individuo, miembro de un grupo, etc.; también, ¿con qué autoridad, persuasión o convicción lo hace, y cuan fidedigna o veraz es su persona? Si la persona viene rodeada de un conjunto, es necesario apercibirse de la persona que toma la iniciativa y de aquellas que permanecen silenciosas, taciturnas, pasivas o agresivas. Es necesario asesorar desde qué punto de vista la persona comunica y con qué bases lo hace. En ocasiones el marido es el único que habla; a veces el marido es el que no habla. Otras veces, la madre habla por todos; y a veces un hijo es el que transmite todos los mensajes.

Es muy útil asesorar tales factores para hacer las intervenciones adecuadas. Su nivel cognoscitivo, intelectual, como así también su estado emocional debe ser asesorado a fin de enfocar hacia su mensaje o verbalización. Su entendimiento del problema, su perspicacia y sus maneras de atribuir significado a la realidad deben ser tenidos en cuenta, para entender el lenguaje y filtrar el significado a pesar de las distorsiones debidas a las crisis, las vicisitudes y las presiones apremiantes que en muchas maneras se infiltran en el proceso. Es necesario no formarse estereotipos ni clichés acerca de las personas, aun cuando se atribuyan ciertas características a ciertas personas en forma típica, cultural o predeterminada.

Por otra parte, cuando el terapeuta o la persona que aconseja responde, se vuelve en una fuente de comunicación. ¿Desde qué premisas parte, y cuan fidedigno es? En cuanto a su conocimiento, perspicacia, o sabiduría en tratar la materia traída a consideración, ¿cuán aguzada es su compenetración y experiencia? ¿Se lo considera un perito en la materia? ¿Se lo respeta como autoridad en su campo de labor? ¿Cómo lo definen y consideran sus aconsejados —un amigo, guía, confesor, mentor, etc.? Si la persona que aconseja tiene en mente que como "fuente" de información se le escudriña, tal escrutinio se debe a que las personas que quieren ser ayudadas, enfocan sobre su persona en función de las siguientes variables:

Grado de experiencia personal. A veces, la persona siendo ayudada tiene preguntas acerca del grado de experiencia demostrado por su ayudador/a, sea ministerial, terapéutica, hogareña o de otra índole. A veces, la persona está interesada en saber si su terapeuta ha pasado por ciertas experiencias en particular, o si ha demostrado un ministerio eficaz. En algunas ocasiones, quieren saber si posee un grado de experto en materia del problema tratado, si ha cursado estudios, o si tiene las credenciales adecuadas. No se trata de ser defensivo, pero más bien responder con ética, adecuadamente y sin sobrecargar a la persona con los atributos que uno piensa poseer. Tampoco se trata de desviar la atención hacia los logros o el grado de erudición en la materia, sino simplemente responder apropiadamente a fin de no poder estorbos en el proceso.

Grado de honradez, confianza y fidelidad. Si una persona viene a confesar ciertos problemas, a abrir su corazón y verter sus cuitas, es necesario para tal persona saber que no esté tirando sus perlas a entidades que no merecen recogerlas. Se necesita de humildad, valor y abnegación al venir a pedir ayuda. Por eso, se debe demostrar el respeto más profundo hacia tal persona, presentando honradez, ética, fidelidad y seriedad al proceso. Las cualidades esperadas deben ser demostradas, ya que la persona viene con ciertas preguntas implícitas (a veces, muy explícitas), acerca del consejero: Si es digno de confianza, si tiene una reputación ética, moral, social y espiritual. Tal vez la persona ha sido defraudada por muchas otras, o tal vez ha experimentado malas experiencias por parte de otros terapeutas, pastores o consejeros/as, lo cual demanda ciertas precauciones de su parte.

Grado de disponibilidad. Muchas veces, la expresión franca del necesitado aparece como una petición acerca del grado de amor, empatía y aceptación hospitalaria que se ofrece, debido a muchas peripecias negativas experimentadas y en necesidad de sanidad. A veces, el rechazamiento, el descartado o la carencia de disponibilidad de personas significativas se nota en las peticiones de ayuda. En cierta forma, hay que expresar y acertadamente establecer criterios que den a entender el grado de disponibilidad existente. En muchas ocasiones, se promete mucho y no se cumple con el contrato inicial, con las consiguientes desilusiones, aún en el proceso terapéutico. Tanto la persona siendo aconsejada como el que aconseja son fuentes de información y comunicación recíproca, con ciertos filtros a ser descifrados y con sus maneras de escuchar y de responder con más certeza.

2. ¿Qué dice la persona? *¿Qué es lo que se dice en la sesión?* El contenido de la comunicación puede ser analizado. Al aconsejar, se debe prestar atención al sistema, y ver quiénes son los que escuchan. Se asesora si el escucha está abierto o cerrado a los mensajes dirigidos a su ser; se investiga si su nivel de captar está a tono con lo que uno le dice, y si responde adecuadamente o se desvía, desvaría o bloquea lo que se le comunica. Es necesario ver si las palabras de uno se dirigen siempre a las mismas personas en un sistema, o si se desvían en manera indirecta a través de cierta "triangulación". A veces, una esposa puede dirigir la palabra hacia el consejero pero en realidad dice algo indirecto al marido, el recipiente real, tomando al consejero como

una pared para hacer rebotar y re-dirigir su mensaje en forma indirecta.

Cuando la persona en busca de ayuda comunica sus problemas o necesidades, su mensaje a menudo está entrelazado con emociones muy fuertes, con situaciones apremiantes de estrés que pueden interferir con su semántica, retórica, gramática y estilo de comunicar. Más aun, la intercalación de diferentes temas, la mezcla de diferentes aspectos de un mismo asunto, hace que el contenido a veces sea difícil de catalogar o escudriñar. Lo que ya hemos dicho en cuanto al arte de escuchar con atención y empatía, se recalca en una manera singular en esta ocasión. Al prestar atención al contenido, la persona escucha puede analizar todas las verbalizaciones y hacer deducciones de cada expresión, y luego puede sintetizar en forma inductiva todas las averiguaciones esparcidas, a fin de hacerse de hipótesis que guíen sus actuaciones como oyente-respondiente. Como nivel de entrada, no debe descartarse ningún aspecto de la comunicación verbal y no verbal, prestando oído a los mensajes que pueden asumir varias formas y tener varios tonos:

a. Mensajes cognoscitivos. El contenido está cargado de pensamientos, razonamientos, atribuciones, actitudes expresadas, mecanismos defensivos vertidos en forma verbal, tales como la racionalización, la intelectualización, la negación o la proyección.

b. Mensajes emocionales. El contenido revela sentimientos, emociones vertidas en forma verbal, o actuaciones durante la sesión en las cuales se nota el modo depresivo, ansioso, rabioso, iracundo, perplejo, tenso, etc., de la persona.

c. Mensajes conductivos. El contenido se centra en el asesoramiento de la conducta o las actuaciones de la(s) persona (s) durante la sesión, o alegaciones al margen de aquellas cosas hechas por el individuo con fines de dar un mensaje: (1) Un grito de ayuda, como son los gestos suicidas, los atentados abusivos contra sí mismo, el descuido propio en cuanto al aseo, comida, sueño, etc. (2) Las actuaciones idiosincráticas, singulares, como para atraer cierta atención consciente o inconsciente. Aberraciones de una vida normal, que demandan que se preste cuidado a tales cambios inverosímiles. (3) Reportes de conductas inadvertidas, inconscientes, que perturban a la persona y demandan atención.

Si se presta oído al contenido del mensaje, se puede asesorar si lo que se dice es convencional, ritual, estereotipado o idiosincrático; se busca información factual, explorando e indagando cuestiones para formar impresiones, ideas e hipótesis para responder con certeza. Sobre todo, se enfoca hacia el sentir de la persona a fin de responder con empatía. Por parte del consejero, se debe enfatizar que el contenido de su comunicación debe ser simple, accesible a su interlocutor, sin jergas o sin "pasarle por encima" a las facultades cognitivas de tal persona. Aun cuando el contenido es de carácter espiritual debe ser vertido en semántica y significado interpretado a la altura comprensiva de las personas que no tiene su preparación teológica ni su entendimiento psicológico.

Cuando la persona que aconseja proporciona cierta guía, o algún encomio, soporte o consuelo, ¿Qué es lo que dice? Las respuestas del consejero deben ser escrudiñadas a fin de asesorar la calidad, el estilo, el tenor, y la funcionalidad en cuanto a suscitar aun más la motivación de seguir indagando y verbalizando por parte de la persona siendo aconsejada. Ya hemos tratado con las repuestas perspicaces en el capitulo anterior. Lo que sigue a continuación en forma esquemática, es la presentación de posibilidades:

a. Respuestas evaluativas. La provisión de respuestas evaluativas se da si existe el concernir con lo correcto, con lo adecuado por parte de la persona que viene en busca de guía, dirección o esclarecimiento. El criterio básico a seguir es el de considerar si tales respuestas son pedidas por la otra persona y no provistas por el consejero sin que se le pida. Es necesario cotejar la posibilidad de ver más allá de las quejas, de las demandas, de las manifestaciones críticas y desbordantes de la persona, y comprobar que existen necesidades profundas a las cuales hay que responder con sobriedad, calidez, empatía y amor. Al captar el estilo, al ir más allá de las cortinas de humo, de los avances inmediatos del contenido del mensaje verbal, la persona terapeuta puede averiguar acerca de las intenciones, de las motivaciones, de las necesidades sin resolver y seguir la veta de oro entre los escombros y las rocas ásperas que encierran lo que se busca entender.

b. Respuestas interpretativas. Al darse este tipo de retroalimentación, la intención es la de "abrir el entendimiento" de la persona abrumada o problemática. Es arrojar luz en asuntos oscuros. Se trata de reestructurar, de educar, o de corregir algo que en manera mutua se define como deficiente, aberrante o carente de funcionalidad. Tales respuestas buscan desarrollar la perspicacia, el entender las raíces de un asunto problemático, o las motivaciones subyacentes a la conducta que embarga a la persona.

c. Respuestas de apoyo. Se proporciona aliento, reafirmación o consuelo, con sostén hacia la persona problemática. Las respuestas tratan de proveer significado a las incógnitas y la reducción del dolor o del sufrimiento emocional. También buscan el encomiar lo deseable, el reforzar de lo adecuado.

d. Respuestas indagadoras. Al proporcionar cierta retroalimentación, a veces se pretende buscar más información acerca de los asuntos problemáticos. Si la sesión no arroja muchos datos considerados necesarios, o si la apersona permanece en la superficie de sus problemas, se trata de indagar el asunto a fondo o de promover una discusión más acertada de los eventos y de los procesos que parecerían ser básicos al entender del problema en cuestión.

e. Respuestas afirmativas. Tales respuestas demuestran atención debida a la persona y a su situación, proveyendo algún refuerzo positivo hacia sus esfuerzos, encomiando sus aspectos funcionales, correctos, aceptables o dignos de reconocimiento. La afirmación del proceso terapéutico y el refuerzo positivo ayuda a proseguir con las indagaciones, el esclarecimiento y la búsqueda de soluciones.

f. Respuestas esclarecedoras. Al proporcionar respuestas claras, se busca iluminar, corregir, enderezar o alinear algún aspecto problemático para que la persona tenga mejores bases y entendimiento para hacer mejores cambios o elecciones. Se trata de fomentar la perspicacia, el entendimiento, para así dar lugar a la sabiduría. Tales respuestas pueden expresar lo que es implícito, haciendo un sumario o síntesis del material básico. También pueden identificar ciertos temas prevalecientes. A veces, pueden ayudar en el arribo hacia conclusiones a las premisas o conjeturas expresadas por la persona. Las respuestas perspicaces permiten el desarrollo de marcos de referencia alternativos de los sentimientos, los pensamientos y los razonamientos de la persona.

3. ¿A quién se dirige? La cuestión trata con el recipiente de la comunicación. Ya hemos visto las dos caras de la moneda en cuanto a las fuentes de las verbalizaciones y de los mensajes no verbales –la persona problemática y la que aconseja. Lo mismo sucede en el caso del recipiente del mensaje o contenido. La persona en problemas debe ser asesorada en su capacidad receptiva, en su condición o estado físico, emocional y espiritual. Su capacidad física, social, intelectual y espiritual deben ser captadas para tener una vislumbre del estilo a ser empleado, la retórica pertinente y el formato de las respuestas a ser administradas en cada caso.

Tales variables pueden actuar como filtros distorsionantes o ser avenidas funcionales a una buena comunicación. Cuando la persona terapeuta responde y trata a la persona aconsejada como a un recipiente, debe tener en cuanto su nivel de entrada, su sofisticación y entendimiento, a fin de llegar con su comunicación. A veces, el uso de ilustraciones y metáforas es necesario, a fin de apelar al hemisferio derecho cerebral, al lado efectivo e icónico de la persona, a fin de grabar ciertas cápsulas que encierren mas allá de lo que palabras abstractas puedan dar a entender. El uso de analogías, de ilustraciones, de recursos ya disponibles en el repertorio de la persona, es aconsejable. Al tratar con personas ilustradas en las Escrituras, es importante llegar can el lenguaje y el espíritu de la letra, con el significado parafraseado y apelativo corriente, a fin de dar a entender respuestas significativas y certeras al sentir y pensar de la persona y su necesidad.

Enfocando sobre la persona que presta ayuda (consejero/a, terapeuta), como recipiente de la comunicación, necesariamente demanda ciertos rasgos, actitudes y conducta de su parte. La persona que ayuda debe ser empática, incondicional en su aceptación de la persona problemática y sus verbalizaciones, genuina en su actitud de oyente, y congruente en su actuación. Debe mantener una actitud abierta, sin defensas y sin prejuicios. Debe estar al tanto de sus propios filtros, sintonizar a sus propios sentimientos e ideas, y responder con certeza, objetividad y calidez no-posesiva. Debe utilizar su propia persona en relación como una especie de "agente terapéutico" y no solo ser una máquina dispensadora de buenas intenciones.

En cuanto al contenido escritural que pudiera darse en las sesiones de consejería, no es funcional el considerar tal variable como algo sobreentendido, ya que diferentes personas tienen maneras diversas de interpretar, apelar, utilizar y apropiarse de la letra. Es muy importante sondear, averiguar, apercibirse y asesorar que y cómo la persona entiende, en lugar de pretender saber certeramente lo que la persona extrae y aplica de las Escrituras. En lugar de imponer o de predicar en la sesión terapéutica, es imperativo el dar lugar a las expresiones de la persona en cuanto a su perspicacia espiritual y su entendimiento. Luego, es necesario responder a tal expresión con indagación, confrontación, corroboración y utilización funcional de la letra en cada caso, recordando que ninguna escritura es dada para interpretación particular. Se busca ayudar a la persona a llegar a conocer la verdad que liberta.

El consejero como recipiente debe asesorar su propia manera de escuchar –atenta, activa, interesada, prestando oído a lo que se dice en forma empática y no dejar que sus propias cuitas o contratransferencia impidan que la comunicación sea eficaz. Sus sentimientos, sus propios asuntos pendientes, o su desvío hacia otras materias o asuntos, deben ser asesorados metacognitivamente a fin de permanecer en la línea.

4. ¿Cómo se dicen las cosas? Esta cuestión trata con el estilo de la comunicación. El estilo de la persona aconsejada puede ser cognoscitivo o afectivo, integrado o fragmentario. Puede ser de tinte negativo o positivo, directo o indirecto. Al escuchar con atención, se puede asesorar si la persona habla en forma acusativa, demandante, exhortativa, pedante o iracunda. A veces, el tenor o la manera de comunicar ponen en defensiva al oyente, con consecuencias indeseables en el arte de aconsejar. Si se tiene en mente que la naturaleza humana bajo tensión o estrés es capaz de regresar, de ser demandante, histérica, obsesiva, compulsiva, o asumir cualquier otro estilo que amedrenta o suscita las defensas del terapeuta, se enfatiza la actitud objetiva y calma a fin de lograr filtrar los mensajes adecuadamente. Detrás de los insultos, del dolor, de las quejas, de las demandas, de las manifestaciones críticas y desbordantes de la persona, existen necesidades profundas a las cuales hay que responder con sobriedad, calidez, empatía y amor. Al captar el estilo, al ir más allá de las cortinas de humo, de los avances

inmediatos del contenido del mensaje verbal, la persona terapeuta puede averiguar acerca de las intenciones más profundas, de las motivaciones subyacentes, de las necesidades sin resolver. Como lo hemos dicho antes, se trata de seguir la veta de oro entre los escombros y las rocas ásperas que encierran lo que en verdad se busca entender.

El estilo de la persona que viene en busca de ayuda puede ser pasivo o activo. Hay personas que son mas retraídas, vergonzosas, tímidas o apocadas. Tales personas no necesariamente vuelcan mucho contenido, y necesitan ser encomiadas, respetadas en sus maneras, en sus silencios, en sus formas precarias. El respeto terapéutico, la calidez brindada, la abertura y el refuerzo positivo de cualquier atentado a comunicar logran dar lugar a medidas progresivas de expresión por parte de tales personas. Por otra parte, habrá un número de personas que vienen con una avalancha de palabras, o una especie de "logorrea" que en muchas ocasiones, suele velar necesidades y representa un sinnúmero de defensas contra el dolor emocional o la búsqueda de razones a los problemas que los acosan. Muchas personas vienen con un balance adecuado entre su necesidad de hablar y apelar a sus defensas en no hacerlo, y necesitan sentirse adecuadamente seguras, libres y encomiadas a lograr establecer una comunicación óptima a fin de explayarse, enfocar en sus problemas, desahogarse, verbalizar sus sentimientos y pensamientos y lograr vislumbrar sus soluciones.

La persona terapeuta puede utilizar estilos directivos o no directivos, con intensidad variada en cuanto a tintes emocionales, cognoscitivos, espirituales y conductivos en cuanto a verbalización y actuación no-verbal en las sesiones. Desde el método socrático, en el cual se abarca un asunto a través de una guía no-directiva o conductiva, llevando a la persona hacia el descubrimiento de la verdad par sí misma a través de la retroalimentación debida, hasta los métodos directivos empleados por personas que prescriben conductas y "deberes" a sus aconsejados, los estilos varían de persona a persona. Cada persona desarrolla su estilo propio, y al ser auténticamente dada a la conversación e interacción emocional, puede retroalimentar a su interlocutor en maneras diversas

5. ¿Dónde ocurre la comunicación? *¿Dónde se comunica?* Esta cuestión trata con el lugar donde la comunicación ocurre. Para lograr entablar una relación terapéutica adecuada, es necesario que la misma se desenvuelva en un ambiente conductivo a la quietud, a la reflexión, a la confianza y a la objetividad. Es necesario proporcionar un ambiente en el cual la persona aconsejada se sienta segura, libre para expresarse abiertamente, y tener la certeza de que su comunicación será salvaguardada en forma integral, responsable y éticamente confidencial.

Es cierto que a veces un consejo vital parece desarrollarse en cualquier lugar disponible, si las dos personas se encuentran con el propósito de hablar, desahogarse, confesar algunas cuestiones o cualquier otra clase de interacción emocional. Tales personas pueden reunirse bajo un árbol, o en un café, o en la silla de un barbero. En muchas ocasiones, pastores o ministros se dan a la tarea de atender cuestiones emocionales de los feligreses o personas en necesidad en pasillos de iglesias, en la vereda luego de alguna función o servicio, o en los hogares de las personas visitadas. Sin embargo, el tener oficinas apropiadas, o lugares designados como espacios para encuentros de consejo, proporciona seriedad, ética, confidencialidad y seguridad.

El lugar adecuado debe proporcionar salvaguardas, silencio, límites o demarcaciones físicas contra la posibilidad de ser escuchados por transeúntes, oyentes curiosos o personas que inapropiadamente puedan estorbar el proceso. En nuestras comunidades, los chismosos nunca faltan. El lugar puede ser simple, contando con muebles adecuados para que las personas se sientan "hospedadas" y confortables al propósito que les anima.

6. ¿Cuándo se dicen las cosas? El tiempo en relación al proceso terapéutico es esencial. En cuanto a la variable temporal, se puede decir que (1) existen tiempos óptimos en los cuales el consejo es apropiado y proporciona mejores resultados. (2) El consejo debe ser apropiado a lo largo de cierto tiempo adjudicado en manera proporcional a la naturaleza del problema. Hacemos crecer hongos en dieciocho horas, y calabazas en tres meses, pero para hacer crecer un árbol de caoba hace falta más tiempo.

Si se empuja a una persona a recibir consejo cuando esta no esté convencida de su valor, su eficacia o su necesidad, la relación terapéutica se parece a la de un dentista: Es como arrancar muelas, cosa que a nadie le gusta sino solo al masoquista. Sin embargo, muchas veces se presenta la ocasión en la cual la persona es traída a la presencia del terapeuta con ciertas amenazas *("Si no vas a terapia, te divorcio")*, o ciertos canjes o regateos *("Si vas a ver a tu consejero, te dejo mirar TV y salir con tu novia")*. Muchos maridos son arrastrados a las oficinas de consejo, cuando los tales no tienen la intención de hacer ver sus vulnerabilidades, sus debilidades o sus faltas. También muchos adolescentes son empujados y dejados en presencia de terapeutas que se ven en la situación de "vender" la idea (como la idea de convencer a un niño que la espinaca es exquisita o que el aceite de hígado de bacalao le va a gustar).

En materia motivacional, se debe asesorar: ¿Está esta persona lista, preparada, abierta, deseosa de ser ayudada? ¿Tiene la disposición, la capacidad de trabajar con el asunto que la embarga? ¿Es esto lo que tiene en mente, en su plan y agenda? Aún Jesús dijo *"Muchas cosas tengo que deciros, pero ahora no las podéis sobrellevar...."* Supo asesorar la capacidad de sus discípulos en entender y atesorar sus verdades y enseñanzas, y no forzó el asunto. Muchas veces es necesario y conveniente establecer una especie de pre-consejo, o de preparación hacia intervenciones terapéuticas que desensibilicen a la persona reacia, o simplemente hacer una especie de contrato bilateral, condicional, en el cual se establecen los pormenores de la necesidad de intervención basados en las quejas del sistema, a fin de proporcionar consultas que tomarán lugar en una, dos, tres, o cuantas sesiones sean necesarias, a cambio de ciertos privilegios o realización de expectativas deseadas por parte de los componentes.

En cuanto a la longevidad de la relación terapéutica, varía de acuerdo a la naturaleza del problema. Las crisis demandan atención rápida, y la intervención es de corta duración. Problemas más establecidos demandan más continuidad y más sesiones. Problemas de carácter crónico, caracterológico, de hábitos, de estilos neuróticos, demandan muchas sesiones y se espera la intervención profesional que suplemente al consejo directo y de corta duración. Problemas de carácter psicótico demandan intervención farmacológica, con especialistas en tales materias. Si se trata de crecimiento espiritual, la atención es prolongada, ya que el desarrollo humano es lento y demanda continuidad, paciencia y persistencia.

Terapias de corto plazo. A veces, el establecer una serie de reuniones (tres, seis, doce, o las que sean apropiadas) sirve de estructura para el planeo, enfoque, asignación de energías y esfuerzos debidos con cierta estructura que permite el desarrollo del proceso terapéutico. Las terapias de límite fijo y de corta duración han aparecido en la escena luego que los prospectos de psicoterapia analítica de larga duración han probado estar fuera del alcance de la mayoría de las personas de recurso precarios, con mentalidad pragmática y con deseos de interacción activa por parte de los terapeutas. Tales terapias se establecen a lo largo de unas ocho a doce sesiones.

El enfoque de las primeras sesiones se centra en la definición del problema y sus pormenores, en el establecimiento de metas adecuadas, y luego se procede en forma intensiva a lo largo de las siguientes sesiones. A veces, se crea ansiedad activamente, con el propósito de hacer resaltar la necesidad de intervención cognoscitiva, afectiva y conductiva, con la adición de interpretaciones analíticas condensadas, a fin de provocar a la persona a resolver cuestiones, a establecer perspicacia, y a desarrollar soluciones a sus problemas. Se da lugar al proceso de terminación en las dos o tres últimas sesiones, con la recapitulación de lo transcurrido en cuanto a contenido y a proceso, a fin de cerrar con buena síntesis y encapsulación de los logros, aparte de resolver cuestiones transferenciales que suceden en la relación.

7. ¿Qué pasa luego de comunicar? *¿Cuáles son los efectos de la comunicación?* Al mantener un asesoramiento objetivo del transcurso de las intervenciones terapéuticas, la persona que aconseja puede tener cierta vislumbre de la efectividad del consejo empleado. La efectividad es medida en diversas maneras por diversas personas. A veces, se tiene en mente la frecuencia de cierta conducta (Antes mentía mucho, ya miente menos, o ya no miente en lo absoluto). En otras ocasiones se tiene en mente la intensidad de un problema (Antes lo escuchaban todos los vecinos, ahora solo los de casa, cuando grita). También se tiene en mente la longevidad de un problema (Hace un año que no toma, gracias a su cambio).

Muchas veces, los cambios son imperceptibles, como en el caso de un crecimiento espiritual continuo, o en el desarrollo de confianza propia, de eficacia en actuaciones sociales, o en el garbo creciente en una persona vergonzosa. Cambios menores son asesorados solo en función del tiempo prolongado, en un proceso de retroalimentación objetiva, teniendo en mente las líneas de base desde las cuales se partió.

En muchos círculos cristianos, se esperan milagros, sanidades espontáneas y actuaciones sobrenaturales como si tales cosas fuesen el pan de cada día. Sin desmerecer la fe ni la esperanza de los creyentes, podemos afirmar que si bien Dios actúa en forma sobrenatural, extraordinaria y kairótica, también se hace presente en los procesos naturales, ordinarios y cronológicos de la existencia humana. No se debe olvidar que lo que parece "natural" (como la salida del sol, el reverdecer en la primavera, etc.) son realmente actos de un Dios que no solo ha creado el universo, sino que lo mantiene y sustenta con el poder de su palabra. El hecho que Dios no anuncie el nacer de cada día con la trompeta de un arcángel no significa que su presencia no esté inmanentemente presente en su creación. El terapeuta consciente del poder de Dios no le pondrá trabas a la acción del Espíritu Santo en sus actuaciones en el aquí y el ahora, bajo el sol, sino que celebrará con aquellos cuya fe los hace sanos, libres y actualizados. Pero también tendrá la empatía suficiente para tratar con casos que desafían la razón, la lógica o la fe, y que permanecen como incógnitas a ser descifradas por Dios en la eternidad. Tales casos merecen atención en amor, con objetividad y abnegación. Se espera la participación divina también en los tales, aun cuando no se presten para testimonios exuberantes sino más bien demanden paciencia y tolerancia hacia la ambigüedad.

En fin, cuando se asesora el efecto de la comunicación, se tiene en mente el posible resultado en términos de movimientos en un sistema, si las personas se acercan o se alejan, si se aman más o menos, si se provocan a las buenas obras o no. Se averigua si hay cambios estructurales en la familia, en la persona, si hay diferencias en los límites o demarcaciones establecidas entre semejantes, o en la fortaleza de sus convicciones. Se asesora si hay incrementos en la perspicacia, en la actuación en libertad, en el entendimiento y en la ejecución sabia de las decisiones de las personas. Cambios de toda especie son tenidos en mente, con ciertas maneras anticipadas de atestiguar cuanto, hasta que punto, cómo, o cuando algunas variables deben cambiar.

Capítulo 18

El Proceso de Asesoramiento Metacognitivo

Antes de darnos a la tarea de aconsejar, debemos saber qué es lo que aflige a la persona. Al hacerlo, debemos partir desde una perspectiva que nos permita ver la realidad a ser confrontada desde un punto de vista superior –una visión trascendental, definida por Dios– sin menguar nuestra atención a la realidad concreta siendo abordada y asesorada naturalmente, debajo del sol. El tener una perspectiva metacogntiva –global, objetiva, superior, arquitectural– que no pierde de vista la definición de la realidad que parte "desde arriba" nos permite ver y captar no solo la miseria humana, pero también tener conciencia plena de actuar en la presencia de un Dios quien está en control de las circunstancias. A pesar de experimentar la carencia de energías disponibles para solventar muchas de las vicisitudes debajo del sol, la fe nos permite permanecer metacognitivamente apercibidos de la presencia del Espíritu enviado de parte de Jesucristo, quien tiene todo poder en el cielo y en la tierra. Con tal perspectiva espiritual-natural, podemos atender las necesidades de una persona, una pareja, o una familia, y preguntar, ¿Cuál es su dilema? ¿Cuál es su condición emocional espiritual? Para arribar a una diagnosis adecuada, se necesita tener una percepción del asunto en forma cabal. ¿Por dónde empezar? ¿De dónde viene el entendimiento? ¿Cómo compaginar los datos a fin de tener una conclusión lógica, con discernimiento? Si no sabemos qué es lo que tratamos, ¿Cómo lo hemos de tratar? ¿Qué estrategias, recursos, dotes o dones se necesitan para lograr tener una vislumbre clara y acertada de los problemas?

Fuentes de Conocimiento

De dónde extraemos el conocimiento acerca del ser humano que nos permite asesorar la realidad que nos confronta? La epistemología personal y subyacente, consciente o tácitamente adoptada, entra en juego. En una forma metacognitiva, podemos hacer el esfuerzo de pensar acerca de cómo pensamos, y procesar nuestros procesos al considerar cuales son las bases para nuestras deliberaciones racionales. Entre las fuentes de conocimiento tenemos (1) la revelación de Dios en las Escrituras; (2) la intuición y la perspicacia espiritual –natural, e investida del Espíritu Santo quien mora en el ser y da pautas, revela, enseña, y guía a toda verdad; (3) la tradición acerca del comportamiento humano, copilada a través de las generaciones; (4) la observación clínica y los datos empíricos basados en las investigaciones; (5) el sentido común; y (6) el conocimiento existencial de la persona.

Tales fuentes de conocimiento son funcionales a nuestra tarea como consejeros. En este capítulo se da énfasis a la revelación de Dios y la observación clínica, habiendo dado pautas acerca de la posible integración de ambas avenidas en esta obra. Es necesario también apelar a la necesidad de que persona terapeuta tenga sentido común, y que tener cierto conocimiento acerca de las nociones terapéuticas, de cómo se ha tratado con las condiciones humanas problemáticas, etiquetadas o diagnosticadas a través de las tradiciones e investigaciones humanas. También es de esperarse que haya crecido espiritualmente en su carácter y estatura espiritual, y que se haya preparado en alguna forma en el acercamiento y trato de sus semejantes, a fin de desarrollar una intuición y perspicacia espiritual adecuadas.

La revelación de Dios: En círculos cristianos, se enfatiza la revelación como base para el entendimiento de las personas. Si bien la antropología, la sociología y la psicología nos dan pautas de la conducta humana y de sus desórdenes, de la patología y las disfunciones, tales ciencias sociales no tratan con lo que se entiende por la "imagen de Dios", el pecado, ni la redención y la restauración del ser. Tales acercamientos no tratan con la antropología bíblica propuesta en esta obra. Las Escrituras proporcionan expresiones creativas, definitivas, consecuentes, y teleológicas acerca de la naturaleza humana, de su diseño, significado, y propósito. También presentan la caída en el pecado y sus consecuencias, cosa que niegan las ciencias sociales. La redención y la consecuencia de la misma son temas que van más allá de ser completamente analizados, o de buscar el logro de una actualización propia a través de esfuerzos analíticos o existenciales.

El derrotero cristiano involucra la lucha continua entre las posibilidades de santificación en contraposición a "los deseos de la carne" –de la naturaleza pecaminosa inclinada hacia la desobediencia, el pecado y el mal. La capacidad en incapacidad –postulada anteriormente– nos permite lidiar con las consecuencias negativas, y de ver a la persona como un ser capaz (a pesar de su naturaleza caída), o con el potencial de responder, no solo a las estrategias terapéuticas comunes, pero también a la gracia de Dios en fe, y acudir al poder de Dios, quien no desecha la condición humana sino que ha provisto los medios para su redención.

La perspicacia espiritual de la persona que aconseja es una variable crucial. Su intuición, su entendimiento cabal, y su sabiduría espiritual son atributos sumamente deseables. Los Proverbios del Antiguo Testamento recalcan que, sobre todas las cosas, hay que desear la sabiduría. La sabiduría es entendimiento y perspicacia bien empleados. El entendimiento humano se basa en discernir los hechos reales, en elaborar una percepción adecuada y en establecer atribuciones precisas de la realidad. Cuanto más se posee y elabora tales atributos, más se facilita la lógica necesaria para arribar a las conclusiones diagnósticas. Al principio, cuando se asesora de todos los datos, de las expresiones problemáticas, se necesita una lógica deductiva-inductiva. Es decir, se toman las expresiones globales, difusas, o categóricas en forma discerniente, indagadora, penetrante, y analítica. Luego, se conglomeran o agrupan los temas, los factores comunes, los temas y los asuntos en forma inductiva-sintética. De esa manera, se elabora el material deductiva-inductivamente a fin de lograr tener un mejor entendimiento. La intuición es considerada en ciertos círculos como la síntesis de conocimiento amplio adquirido con anterioridad, considerado experto y arraigado, y que no requiere una elaboración mayor de ensayos y errores. Es el resultado de la experiencia que en una manera eficaz ha sido consolidada. La intuición o perspicacia aparece como algo instantáneo, sin debate ni duda, y que sobrepasa las deliberaciones necesarias, comunes en el caso de los inexpertos o principiantes.

La Observación Clínica

La observación clínica puede enfocar sobre (1) el problema presentado, descripto en síntomas; (2) el contexto asociado que rodea al problema; o (3) la persona que trae el problema (sus estructuras, procesos y eventos cognitivos, emotivos, y conductivos). Tal observación tiene un trasfondo metacognitivo que abarca a la persona y a su situación , y provee la oportunidad de servir a tal ser humano como alguien digno de ser atendido, como una expresión de la imagen de Dios –aún en su estado precario, caído, anormal, o distorsionado.

Al observar, es necesario prestar atención a los aspectos físicos obvios, aparentes y singulares de la persona. La postura, las expresiones faciales, los gestos, la vestimenta, y su aseo personal, deben ser tenidos en cuenta. En condiciones depresivas, la persona no tiene el deseo de "presentar su mejor cara" ni ganas de arreglarse. En condiciones histriónicas, las maneras de portarse y de vestir pueden ser extravagantes. En condiciones psicóticas, el aseo, la vestimenta, la postura y las acciones pueden reflejar expresiones peculiares. Al observar a la persona mientras provee información, se pueden notar aspectos motores o corporales con cierta atención. A veces, la persona muestra temblores, gestos faciales, se come las uñas, aprieta sus dientes y los hace crujir, o cualquier otra manifestación de tensión, ansiedad o agitación. Por otra parte, puede ser que la persona demuestra rasgos letárgicos, dando pautas de depresión o estupor.

El enfoque: Al problema o a la persona? En ocasiones, las personas interesadas en la consejería enfocan especialmente sobre los problemas a fin de abordarlos debidamente. Para ello, se dan al estudio de la psicología anormal, o de la psicopatología, con sus definiciones, rubricados, etiquetados y categorizaciones de las enfermedades mentales y de los problemas emocionales del ser humano. Al enfatizar tal temática, muchas veces se pierde de vista a la persona. En realidad, uno trata con las personas que vienen con problemas, y no simplemente con sus problemas. Aunque el conocimiento, la perspicacia, y la sabiduría en definir y diagnosticar las enfermedades mentales y los problemas emocionales son factores cruciales, debemos enfatizar el enfoque hacia las personas a las cuales prestamos nuestros servicios. En este modelo, la atención se centra sobre el encuentro entre dos (o más, como en el caso de parejas, padres e hijos o familias) personas estableciendo un diálogo terapéutico. Para simplificar, enfocamos sobre el consejo administrado a una persona problemática. Una figura puede ilustrar la necesidad de un enfoque adecuado (Fig. 18.1).

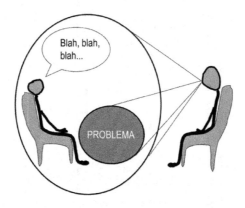

Figura 18.1 . Enfoque al Problema y a la Persona

La intervención puede comenzar con la premisa: *"Esta persona es una criatura de Dios con la cual estoy tratando. Esta persona experimenta dificultades y necesita ayuda. Me presto para el servicio con la confianza que el Espíritu Santo está presente en la hora terapéutica. En primer lugar, debo tener una visión global de esta persona".* Al mismo tiempo, la persona consejera debe reconocer que el ser humano necesitado de ayuda puede tener problemas que parten de diversos niveles. Tales niveles estratificados abarcan desde lo físico y biológico hasta lo metafísico y espiritual". No se trata de negar la posibilidad de que las causas de su problema puedan ser de carácter genético, biológico, fisiológico o bioquímico. Aún cuando uno no sea versado en tales materias, no debe descartar la posibilidad de que tales entes causativos puedan estar presentes. Por otra parte, la gama de problemas psicológicos que se asocian con aberraciones en el pensar, razonar, atribuir significado o establecer criterios de juicio no deben ser descartados tampoco. Asuntos espirituales entran en juego, y los tales pertenecen a la esfera pastoral por excelencia. Para ello, el consejero puede estar mejor preparado que los profesionales seculares, y aún mejor si se educa en asuntos correspondientes a las esferas o a los niveles anteriormente mencionados.

Así como escrudiñamos a la persona en su estado natural (social, cultural), es importante dar lugar al sondeo de la esencia del ser, a la postulación de la persona en dos estados: natural y en Cristo. En su estado natural, el ser humano es sujeto a las vicisitudes del cosmos bajo Satanás y a las tentaciones. Tratando con el pecado, cabe la pregunta: ¿En qué forma la caída en el pecado y el errar continuamente al blanco distorsionan las definiciones, la naturaleza del ser, su actuación, características y propiedades? A través de la historia de la iglesia, los cristianos han luchado con tres áreas que parecieran dominar a la naturaleza caída: (1) La ambición y el amor al dinero; (2) la lascivia, la concupiscencia y el abuso del sexo; y (3) la vanagloria y el abuso de poder o control entre humanos. Los atentados monásticos se dirigieron a tales problemas, con votos de pobreza, castidad y obediencia para contrarrestar las tendencias de la naturaleza caída. La figura siguiente presenta los diversos niveles de análisis al entrar al proceso de asesoramiento (Figura 18.2).

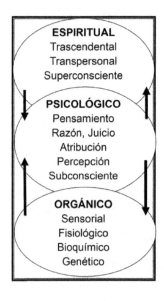

Figura 18.2. Niveles de Análisis del Ser

A pesar de la importancia de tales factores, el concepto de "pecado" encierra más que tales categorizaciones problemáticas, enfatizando el hecho que cualquier desobediencia de acción, actitud o disposición que viola o falla en conformarse a la voluntad de Dios, "erra al blanco" o "transgrede" la ley de Dios. Las premisas de fe incluyen la doctrina de depravación humana y la consiguiente necesidad de redención, gracia y misericordia por parte de Dios. La persona que aconseja es un vehículo de tales expresiones sanadoras y de la posible restitución y crecimiento.

Las premisas acerca del humano también encierran la obra de Cristo hacia la misma y sus efectos en la persona. La redención ha sido efectuada. Los aspectos salvíficos son tenidos en cuenta, asesorando a la persona en cuanto a esta variable. No solo el nacer de nuevo, pero el "crecer de nuevo" se tiene en mente, y en materia de resocialización, se asesora el nivel de crecimiento, de madurez, de santificación lograda en el Espíritu hasta el momento. Se tienen en cuenta las barreras a la actualización de los potenciales y los impedimentos en el proceso de lograr un avance o cierta libertad .

¿En qué forma la redención altera el carácter, la conducta, las percepciones, la naturaleza y las definiciones del ser? El ser debe ser visto a la luz de su capacidad relacional con Dios quien lo postuló, y en su capacidad relacional a otras criaturas y realidades extra-ordinarias o espirituales. Las ha colocado en la tierra para hacer su voluntad, y quiere que participen con El en creatividad, en actos redentores, y que vivan en comunión y amor.

Del Asesoramiento Cognitivo al Metacognitivo

La persona que aconseja tiene en vista a la persona y a su problema. Es capaz de captar y asesorar el punto de vista de la persona necesitada, y tiene en mente su definición, su queja o necesidad. Hemos mencionado la necesidad de demostrar empatía para captar los pensamientos, los sentimientos, las motivaciones y estar a tono con ella. El proceso metacognitivo demanda una percepción mayor, asesorando no solo el contenido de la temática, sino también el proceso interactivo que toma lugar entre ambas personas. Tiene un panorama amplio de la situación que abarca a la persona, su problema, y el proceso interactivo. Además, la persona que aconseja "se sale" del marco subjetivo, por así decirlo, asesorando no solo al problema y a la persona problemática, sino que se considera a sí misma, monitorea sus reacciones y respuestas, y sus intenciones en proveer su retroalimentación.

En forma metacognitiva y metaemotiva uno piensa acerca de lo que piensa y siente. Se asesora del sentir acerca de sus pensamientos y emociones, y es capaz de ser objetivo acerca de su propia subjetividad. En lugar de permanecer "atrapado" por la situación, por el problema que atiende, o por la persona que acude a pedir ayuda y sus quejas, peticiones o demandas, uno percibe desde un punto de vista desacoplado y súper-consciente a la vez, logrando vislumbrar el proceso que toma lugar, y asesorar sus reacciones, sus sentimientos, y su procesado continuo sin perder de vista o desatender a la persona a su lado. Tal postura metacognitiva permite un mejor cuadro de la situación global. Uno puede procesar "en paralelo" ambos procesos, el interactivo y su propia dinámica al mismo tiempo. Tal vez al principio, sea difícil para una persona siendo entrenada y llevando a la práctica estos principios el poder lograr procesar en paralelo, o de estar atento a sus propios procesos. Con la práctica y la experiencia, estas cuestions llegan a ser más factibles y producir efectos satisfactorios. La figura 18.3 es ilustrativa de tal proceso metacognitivo-dialógico.

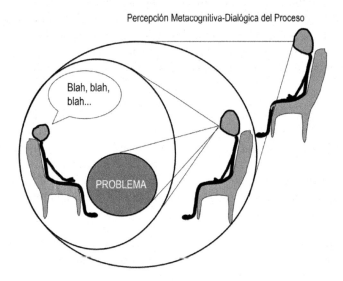

Figura 18.3 . La Percepción Metacognitiva-dialógica del Proceso

Niveles de Enfoque a la Problemática en el Asesoramiento

Habiendo hecho una reseña de los diferentes conceptos acerca de los acercamientos terapéuticos en capítulos anteriores, el autor propone un esquema que toma en cuenta los factores cognoscitivos, afectivos y volitivos, con subrayados fenomenológicos, ontológicos, y eventuales. Al observar las peticiones, las quejas, o las demandas de una persona necesitada de ayuda, el acercamiento terapéutico trata de enfocar sobre las variables que se agregan para formar el complejo a ser tratado. Como lo hemos considerado ya, se observan los síntomas, las expresiones verbales, las expresiones corporales no verbales, la apariencia física, las manifestaciones obvias de conducta social, entre otras variables. Se presta atención a los afectos y sentimientos expresados. Se presta oído a los estilos de pensamiento, de razonamiento y de conjeturas que llegan a expresarse en pronunciamientos, actitudes y creencias que denotan ciertos valores. Se asesora hasta qué punto la realidad se mezcla con la ilusión, lo irreal, las confabulaciones, y otras maneras aberrantes de procesar cognoscitiva y afectivamente.

Al enfocar el nivel de entrada, se trata de prestar atención a eventos, a procesos y a estructuras que subrayan la expresión de la necesidad a ser tomada en cuenta. La intervención terapéutica se efectúa a diferentes niveles, que pueden ser categorizados en manera singular como también integrada.

1. Eventos Cognoscitivos-Afectivos. El asesoramiento de la persona que trae el problema puede comenzar a este nivel, con su consecuente intervención terapéutica que abarca los eventos cognoscitivos y afectivos, a los cuales se suman los espirituales y volitivos. Definimos como "evento" el actuar en un tiempo y espacio determinados, circunscriptos a la actualidad experimentada por la persona. Los "eventos privados" abarcan el ambiente percibido de un individuo, en términos de pensamientos, sentimientos, imágenes y sensaciones. Se consideran "eventos" los pensamientos que se suscitan por alguna razón o estímulo, las ideas que surgen al momento, o las percepciones y otras manifestaciones cognoscitivas concretas y actuales. También nos referimos a cápsulas de sentimientos expresados o emociones vertidas en manera corriente, sean calculadas o manifestadas como acciones espontáneas. Las demostraciones de conducta en el aquí y el ahora se suman a la definición de "eventos": cualquier acontecimiento observable, medible, empíricamente alcanzable; son los frutos observables y las obras manifiestas.

Los "pensamientos automáticos" (Beck, 1976) se consideran eventos medibles (lo que viene a la mente en cuanto a expresiones caracterizadas por demandas de "deber" o "necesidades imperiosas" que son difíciles de desechar). Tales eventos representan la base de una especie de "diálogo interno" que incorpora atribuciones y evaluaciones de uno mismo y de las tareas a desarrollar. El individuo no responde a un ambiente "real" sino más bien a su ambiente percibido, y sus reacciones no son simplemente automáticas, pero como lo subrayó Bandura (1978) en su principio de determinismo recíproco, los pensamientos acerca de los estímulos determinan cuáles de ellos son advertidos, cómo se los advierte, cuanto se los valoriza, y cuánto tiempo son recordados. Las personas desarrollan maneras habituales de pensar, de tener creencias automáticas o involuntarias, como si hubieran reforzado ciertos conjuntos de ideas, atribuciones, pensamientos, sentimientos, y reacciones que, encapsulados y establecidos en manera idiosincrática, aparecen en la escena como eventos cognoscitivos-afectivos de carácter espontáneo y automático. Tales eventos pueden influir en cuanto a la manera en la cual las personas se sienten y actúan cuando se encuentran con problemas.

Las distorsiones en la percepción y en la atribución de significado de la realidad, debidas a la personalización, a la exageración, a la generalización excesiva, a la polarización hacia referencias absolutas, influyen en la organización de la realidad, en la manera en la cual las personas validan su experiencia y en sus habilidades de responder y resolver eventos problemáticos.

Las voces introyectadas del pasado, las demandas, expectativas, e insinuaciones, categorizadas en roles o papeles a jugarse en la vida, representan clichés o estereotipos que las personas refuerzan a lo largo de su existencia. Los ideales del ego sumados a las voces introyectadas de aquellas personas que socializaron en la infancia, y siguieron ejerciendo cierto dominio o autoridad establecida en la conciencia, saturan la mente y corazón de las personas que experimentan dificultades en asesorar hasta qué punto tienen la libertad de pensar y sentir por sí mismas.

Ejemplos de eventos cognoscitivos-afectivos. Traemos una memoria del pasado al presente que estorba en la meditación o contemplación de un asunto de importancia actual. Frente a una decisión, las voces de algún personaje especial aparecen fuertemente para desafiar, censurar, debatir, o contrarrestar las ideas, los razonamientos, o las facultades decisivas del momento. Dudas, argumentos, y desafíos de toda índole, aparecen entremezcladas, añadiendo a la confusión, a la incertidumbre o a la ansiedad de no saber claramente qué decisión tomar. A veces, nos llenamos de ansiedad sin tener una razón obvia, ni tener un estimulo concreto que la suscite. Nos preocupamos anticipadamente, con memorias de fracasos, incapacidades, derrotas, o actuaciones que no nos proporcionan ni gloria ni esperanza. Nos llenamos de ira contra una persona, sea que tengamos bases conscientes para hacerlo o no. Experimentamos vergüenza al ser descubiertos en una falla en público. Somos atraídos hacia una persona por alguna característica dada, a veces inconsciente o automáticamente. Desarrollamos prejuicios raciales, sociales, eclesiásticos, aún cuando nos gloriamos de ser imparciales, objetivos o racionales.

En síntesis, los eventos cognitivos-emotivos son manifestaciones de conductas humanas consideradas como elementos singulares, primarios, concretos y circunscriptos en espacio y tiempo como componentes relativos de la experiencia humana global. Mucho de lo que ocurre en el ambiente terapéutico se dedica a cambiar estos eventos. Las intervenciones cognoscitivas y conductivas, los consejos prescriptivos, concretos, y "al punto", tratan de contrarrestar alguna conducta indeseable, o algún síntoma concreto en la vida del ser que pide ayuda.

2. Procesos Cognitivos-Afectivos . La intervención terapéutica abarca los procesos cognitivos-afectivos, a los cuales se suman los espirituales y volitivos. Definimos como "proceso" la manifestación organizada de los eventos cognitivos-afectivos, siguiendo ciertas maneras asociadas, sistemáticas, dirigidas con cierto rumbo y cadencia. Los procesos tratan con la interacción de pensamientos y de razonamientos, de juicios y pronunciamientos, de percepciones, de atribución de significado a la realidad, y de la consolidación de memorias y aspectos de aprendizaje cognitivo. Tales aspectos organizados, concadenados y desarrollantes, pueden manifestarse de manera limitada o extensa en cuanto a tiempo, pueden variar en su consolidación o fluidez, en su flexibilidad o rigidez, y en su intensidad.

La manera en la cual las personas procesan la información que les llega a través de los sentidos en forma corriente, automática o inconsciente, puede ser vista como siguiendo ciertas líneas y empleando los siguientes mecanismos: (a) La búsqueda de información; (b) el empleo de inferencias y atribuciones de significado; (c) se apela al almacenaje de la información; (d) se emplea la retroalimentación, recuperación y actualización mnemónica; (6) y se apunta a la integración de los eventos y procesos presentes. Más aún, en el acercamiento metacognitivo-dialógico el autor propone el enfoque que va más allá del contenido de los eventos mentales considerados en el asesoramiento; el enfoque se aguza hacia los *estilos* de pensar, razonar, atribuir significado a las experiencias, y sus correspondientes esquemas –la rumia, el re-masticado de penurias, vicisitudes, problemáticas, etc., el monitoreo de los entes amenazantes provenientes del medio ambiente, etc. Todos estos estilos parecieran atrincherarse y consolidarse en los procesos que subyacen a las consideraciones eventuales que aparecen en la superficie. Los diálogos internos, la retórica intrínseca utilizada por la persona en sus argumentos, sus razones, sus atribuciones, sus conjeturas y cavilaciones, son objeto de escrutinio dialógico en la consejería. De acuerdo a la temática trialógica, se considera la presencia real del Espíritu actuando como interlocutor, tanto en el ser entablando diálogos internos entre su ser conflictivo y su ser esperanzado, como también en las deliberaciones entre la persona en problemas y la persona que aconseja.

El conocimiento personal o tácito (Polanyi, 1962) de tales procesos y la habilidad de controlarlos representa lo que denominamos "meta conocimiento", un fenómeno que permite una conexión entre aquello que está fuera de lo consciente y aquello que está al acceso del asesoramiento, investigación y entrenamiento racional. Lo que comúnmente llamamos intuición puede ser fromulado cmo el coniocimiento abstracto, tácito y personal que emerge como resultado de innumerables experiencias que han sido consolidadas y sintetizadas, para ser consoliudadas en cápsulas abstractas subyacentes al nivel obvio, activo, o consciente. Tal conocimiento condensado y almacenado por el ser llega a ser automático, rápido y aparece en la escena ante las dificultades que suscitan o evocan las reacciones a los desafíos. Otra manera de analizar los procesos que entran en juego en el despliegue integral del ser humano es esquematizada en la figura (Fig. 18.4).

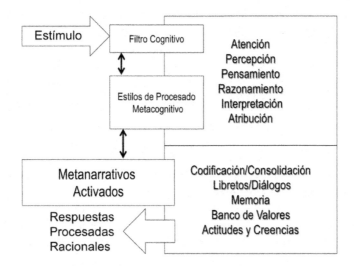

Figura 18.4. Esquema Metacognitivo

La mayoría de las veces, no estamos conscientes de cómo asesoramos, seleccionamos o atendemos a los eventos cognoscitivos-afectivos. Pareciera ser que selectivamente buscamos información que sea consistente con nuestras creencias, nuestros valores, y nuestras maneras de confirmar nuestras premisas básicas acerca de la realidad. Flavell (1979) escribió acerca de procesos metacognitivos, apuntando hacia las maneras en las cuales las personas selectivamente perciben, recuerdan e interpretan la experiencia a fin de confirmar o desaprobar sus hipótesis acerca de la realidad. Rosenthal (1992) investigó el fenómeno denominado "auto-cumplimiento de profecías". Tal investigador alegó que, sin necesariamente estar conscientes de sus actuaciones, las personas llegan a guiar su conducta en maneras que permiten la confirmación de sus expectativas o de sus hipótesis.

Nuestras creencias se atrincheran, y nuestras premisas básicas acerca de los demás, de la realidad externa, y de nosotros mismos, conducen a actuaciones que engendran reacciones en otras personas que a su vez, confirman nuestras expectativas. Conforme a nuestra fe negativa, nos es dado el cumplimiento de nuestra profecía tácita. En maneras auto-confirmadoras, las personas llegan a reforzar sus procesos, consolidando sus avenidas de búsqueda, atribución, consolidación, memorización y retroalimentación de la información cognitiva y afectiva. Por ejemplo, podemos emplear ciclos de auto derrota en interacciones interpersonales cuando: (a) Buscamos información acerca de nuestra aceptación por parte de otros, con proyecciones de actitudes negativas y rechazadoras hacia los demás; (b) confirmamos nuestra percepción que somos indeseables hacia otros a través de retroalimentación filtrada por nuestra imagen negativa y por nuestras atribuciones; (c) presentamos nuestras defensas y nos retraemos de otros a fin de no ser rechazados; (d) comprobamos que no nos buscan, no nos quieren, no nos aceptan, etc.

Personas con estrés, con depresión, o con ansiedad, pueden generar interacciones que dan lugar a respuestas y a retroalimentación cognitiva-afectiva de modo tal que corroboran sus procesos negativos y de derrota. Los procesos cognoscitivos siempre se entrelazan con los emocionales o afectivos, para bien o para resultados negativos. La variedad de tales resultados depende de las deliberaciones mentales a nivel de procesos subyacentes a las actuaciones obvias. Por ejemplo, el desarrollo de una actitud perdonadora antes de perdonar, o de la disposición a saturar con ira o enojo las tratativas para entablar un argumento, o de permear con amor las deliberaciones cognoscitivas caracterizadas por la gracia y misericordia demostradas en una tratativa, son ejemplos de tales procesos entrelazados o amalgamados.

El lograr entender cómo las personas funcionan en cuanto a sus razonamientos, dónde basan sus premisas, por qué se sienten como se sienten, son objetivos de la consejería que va más allá de los eventos y trata de sondear hacia las causas, las raíces, los factores subyacentes de la conducta aparente y visible. La teoría psicodinámica considera a los mecanismos de defensa como agentes y mecanismos de cambios perceptuales que ayudan al ego a neutralizar los impulsos instintivos intolerables. La teoría cognitiva-emotiva usa el concepto de reacciones de defensa para denotar un conocimiento simple y directo del hecho empírico, alegando que las personas pueden encerrarse y abrumarse a sí mismas, y de etiquetar equivocadamente sus respuestas afectivas, perdiendo su objetividad y su contacto consigo mismas. De esa manera, pueden atribuir falsamente sus propios sentimientos a otros a través del mecanismo de proyección, o desplazar su agresión. El buscar entender cómo los procesos inconscientes difieren de los conscientes y de los no-registrados, el sondear los diferentes grados de autoconciencia, y el de tratar de ver en qué manera los estímulos subliminales afectan los pensamientos, sentimientos y conducta, es enfocado desde un punto de vista que va mas allá de los eventos. Se tienen en mente los procesos y los estilos empleados.

El desarrollo espiritual se considera una serie de procesos, no simplemente un evento. El crecer de nuevo es una sucesión de eventos en el fluir del tiempo. La adquisición de perspicacia e intuición espiritual, el crecimiento en la fe y la adquisición de los valores, maneras de ver, pensar y sentir de Cristo, son considerados coma parte de un proceso de crecimiento y madurez espiritual. El llegar a ser una persona con carácter perdonador (más que simplemente contar eventos considerados coma perdonadores).

Un ejemplo escritural puede iluminar nuestra consideración: Luego de escuchar a Jesús en sus diálogos acerca de la justicia del Reino, y ver que el Señor no rebajaba sino que exaltaba las expectativas acerca de la conducta humana, Pedro se acercó con la pregunta: "Señor, ¿Hasta cuántas veces perdonaré a mi hermano? ¿Hasta siete?" Pedro tenía en mente la frecuencia de los eventos, las ocasiones concretas de perdonar. La respuesta de Jesús enfocó más allá de la frecuencia de eventos; tuvo en mente a los procesos subyacentes al acto de perdonar, y le respondió: "Hasta setenta veces siete". En otras palabras, "Pedro, desarrolla una actitud perdonadora, considera el costo de perdonar conscientemente, elabora una disposición que parta de tu carácter, y que se luego se ejemplifique en acciones o eventos".

La intervención terapéutica busca el indagar acerca de tales procesos, enfocando sobre los deseos, aspiraciones, motivaciones y activadores de la conducta humana. Trata de entender las maneras en la cuales las conexiones son hechas, las atribuciones a la realidad se efectúan, y las respuestas se suscitan. El enfoque en tales intervenciones busca cambiar los estilos de pensar, razonar, argumentar, debatir, asesorar, etc. la realidad en lugar de reaccionar automáticamente. Podemos hacer una lista de pensamientos asociados, sets o esquemas cognoscitivos como ejemplos de procesos cognitivos:

- ✓ Razonamientos inadecuados, negativos, inapropiados
- ✓ Asesoramientos faltos
- ✓ Percepciones ilógicas, distorsionadas, negativas
- ✓ Pronunciamientos idiosincráticos, irrazonables, erróneos

✓ Juicios equivocados, distorsionados, negativos
✓ Atribuciones ilógicas, particulares, negativas
✓ Procesos psicológicos no conscientes
✓ Reacciones de defensa, mecanismos de evitación
✓ Etcétera

Hemos considerado dos niveles de acercamiento: Los eventos y los procesos. El sondear e indagar más profundamente la problemática humana revela que tales eventos y procesos "nacen" desde un nivel más esencial, subyacente u ontológico del ser.

3. Estructuras cognoscitivas-afectivas. A nivel más profundo o analítico, la intervención terapéutica trata con las estructuras cognitivas y afectivas, a las cuales se suman las espirituales y volitivas. Definimos a las "estructuras" como siendo los bloques fundamentales que se establecen durante el desarrollo humano, especialmente en la niñez y luego se consolidan como esquemas arraigados a través de la socialización formal y la experiencia personal. Tales unidades conglomeradas básicas son desarrolladas a través de la interacción biológica-social-cognoscitiva-afectiva-volitiva del ser. Las premisas básicas que aparecen como conocimiento personal o tácito entran en esta definición. Tales creencias se consideran básicas, saturadas de valores esenciales y como teniendo significado arraigado en el desarrollo humano a través del derrotero socializador primario. Tales estructuras influyen en las maneras habituales de procesar eventos. También, influyen en las maneras corrientes de construir las percepciones de uno mismo, de los demás y del mundo que rodea a la persona. Los esquemas que implícitamente operan a nivel inconsciente, con interdependencia constante, pueden considerarse como estando organizados jerárquicamente. Valores morales, éticos y espirituales saturan tales esquemas, y se les asigna cierto valor primario. Valores culturales, tradicionales, familiares, entran en juego también. Luego, valores personales, idiosincráticos aparecen en la escena.

Algo sucede cuando la persona es "re-formada" a través de la conversión a Dios. Lo natural recibe el influjo del Espíritu, quien actúa como agente re-socializador de la persona, efectuando cambios deseables que abarcan su ser -desde sus estructuras hasta sus procesos y eventos. La realidad espiritual se entreteje o entrelaza a tales componentes, se compenetra y afecta los fundamentos de la persona a través de un "nacer de nuevo". La persona puede "crecer de nuevo" y adquirir nuevos modelos de ser y actuar, de acuerdo a las estipulaciones y las intenciones de Dios y su Palabra, investida del Espíritu transformador.

Las estructuras cognitivas-afectivas pueden engendrar eventos y procesos, pero a su vez pueden ser desarrolladas, modificadas, re-estructuradas por eventos y procesos de carácter cotidiano, actual y corriente. En casos específicos, cuando se da un énfasis especial, las estructuras en necesidad de cambio son la meta principal de la psicoterapia. El asesoramiento con enfoque analítico hacia tales estructuras puede seguir las siguientes líneas:

✓ Identificación de los estímulos que evocan eventos y procesos. Análisis deductivo de la realidad que permea las consideraciones
✓ Categorización de la información recibida, con retroalimentación a fin de elevar el nivel de entendimiento, con la consiguiente búsqueda de mayor información analítica. Empleo de consideraciones inductivas, permitiendo la conglomeración de la información en unidades que permiten interpretaciones a nivel más abstracto, profundo o elevado, con más perspicacia y entendimiento de la realidad

✓ Énfasis hacia las funciones de (1) codificación; (2) representación; (3) interpretación; (4) inferencia; (5) procesos de mediación y atribución de significado de la realidad

✓ Establecimiento de puentes de contacto, asociaciones de las diferentes unidades consideradas, llenando los vacíos inconscientes con información al alcance, suscitada a través de la intuición, perspicacia, interpretación o entendimiento más cabal de la realidad.

✓ Selección de estrategias para obtener información ms adecuada y pertinente para seguir hacia una psicosíntesis que permita vislumbrar c6mo las estructuras fueron colocadas y como las tales funcionan en relación a los procesos y eventos en la vida del individuo.

Tales estructuras o esquemas se extienden no solo hacia la persona que procesa la realidad en cuanto a su propia percepción, imagen y estima, pero también influyen en la atención a los estímulos y a la estructuración de datos recogidos, añadiendo importancia y filtrando la realidad. Tales estructuras pueden estorbar en la vida emocional y espiritual, dando lugar a malinterpretaciones, a desvíos, al evitar de oportunidades para crecer, o a conductas que son aberrantes o patológicas. Como lo hemos indicado, las bases y premisas son axiomáticamente arraigadas a través del desarrollo primario en el hogar con modelos paternales ejemplares, sean estos buenos, regulares o indeseables. A tal socialización primaria sigue la socialización secundaria con experiencias escolares, con estampados e influir de maestros, modelos, héroes, amigos, y otros personajes significativos. La suma total de las "voces introyectadas" llega a formar parte del caudal consciente y aun del inconsciente, con el estampado de valores, actitudes, y creencias de orden primordial.

Los seres humanos al crecer desarrollan una disposición hacia el atender selectivamente a ciertos eventos que suceden a su alrededor, con necesidad de regularidad, y expectativas acerca del medio ambiente, lo cual establece y refuerza sus atribuciones hacia la realidad que manipulan desde nacer. La mente se desarrolla a través de la interacción entre el sujeto que percibe y el medio ambiente considerado objeto de sus consideraciones. El desarrollo de la moralidad y de la ética, y la ilustración de la conciencia, reciben el impacto de tal interacción. Las categorías de pensamientos, o los "filtros" a través de los cuales la persona observa a su mundo e interpreta la realidad, entran en nuestra definición de "estructuras". La suma total de los esquemas consolidados y vertidos en metanarrativos subyacentes, alojan el narrativo personal del ser, su historia, sus experiencias, registradas y grabadas en memorias implícitas, semánticas, y episódicas.

El estrés de la vida puede "gatillar" al ser a nivel concreto, sensorial, atentivo y perceptivo. Tales registros son elaborados en procesos intermediarios –pensar, razonar, atribuir significado, acoplar un código emocional, darle un valor mral etc. – y tales procesos se asocian a las estructuras subyacentes que, si han sido mal alineadas o colocadas negativamente, permiten que los filtros negativos, auto-confirmadores, selctivos, predeterminados, etc., actuando como reguladores y afianzadores en el procesado de información cognitiva, entren en juego. La personba pyede reaccionar a los estímulos externos o a sus propios estímulos internos. Tales respuestas o reacciones al estrés de la vida pueden responder a los programas de predisposiciones perceptuales latentes, que bien pueden empujar a la persona a conducirse con cierta patología. Un resumen de los niveles de análisis elaborados hasta aquí es esquematizado de la siguiente manera (Fig. 18.5)

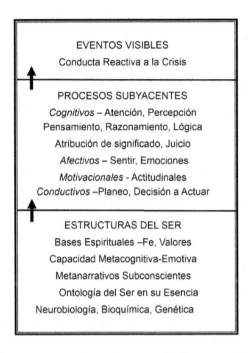

Figura 18.5. Niveles de Entrada en Asesoramiento

La intervención terapéutica busca el lograr alinear o re-incorporar los valores, reestructurar las percepciones de la realidad y desafiar los clichés y estereotipos mentales. En términos escriturales, llamaríamos a tal reestructuración "la renovación del entendimiento". La consejería trata de apuntar hacia maneras nuevas de basar los procesos cognitivos-afectivos y volitivos, para que estos lleguen a ser más funcionales y adecuados a los propósitos de Dios. Se busca cambiar: (1) actitudes básicas; (2) valores desarrollados; (3) creencias erróneas, negativas; (4) premisas tácitas, establecidas en forma irracional; (5) introyecciones profundamente arraigadas; (6) esquemas cognoscitivos-afectivos caracterológicos; etc. Los cambios en las estructuras ocurren cuando se permite el descubrimiento de la verdad que liberta, de la perspicacia que da lugar a la experiencia activa, cuestionando las estructuras cognoscitivas-afectivas antiguas que no necesitan ser garantizadas por vida. La adopción de nuevas maneras adaptivas de procesado de eventos e información, con nuevas atribuciones de significado a la realidad, es la meta funcional de la terapia.

El Problema Presentado: ¿Por Dónde Comenzar?

Como punto de partida, se asesora si el caso es individual, de pareja, o de familia. Antes de arribar a una impresión o diagnosis, se establecen criterios para definir el problema en su esencia, su abarque, su longevidad, sus ramificaciones, sus efectos y demás pormenores. El consejero competente emplea sus dotes terapéuticas, descriptas en capítulos anteriores. Lo hace escuchando a un alto nivel de atención, con empatía, concernir positivo y genuinidad. Trata de captar y tener una buena percepción de la realidad —definida por la persona problemática. Trata de unirse a la persona que narra su historia, y lograr una atribución adecuada de significado a la misma. Lo hace enfocando sobre la persona y su problema, adoptando una actitud y postura abierta y receptiva. Se acerca a la persona manteniendo su enfoque, su mirada y atención con una postura calma y objetiva, e invitando al diálogo.

Una pregunta importante es, ¿Quién ha referido a la persona?: Para ubicar el caso en perspectiva, debemos saber de dónde parte el referido, quién o quiénes son los que traen el caso para ser ayudado. ¿Viene la persona por su cuenta, motivada en si misma? ¿Lo trae un familiar, sea el cónyuge, los padres, los hijos, los hermanos, o los amigos? ¿Es una agencia, tal como la policía, la corte judicial, la escuela, un hospital, o una clínica? ¿Cuál es su estado civil (soltero/a; casado/a; viudo/a, etc.)? ¿Dónde reside la persona? ¿Es un domicilio permanente, o precario? Además, si la persona es referida por otro profesional, o por alguna agencia, ¿cuáles son las cuestiones, las preguntas que acompañan al caso? ¿Qué es lo que busca resolver o cambiar? ¿Qué es lo que necesita atención?

El asunto mayor, la queja principal

Al entablar un diálogo con la(s) persona(s) que acuden en busca de ayuda, se enfoca sobre su problema principal, sobre su queja mayor. En alguna manera, se trata de enmarcar tal problema en las palabras de la(s) persona(s) misma(s). Se pueden citar sus palabras, tales como, *"Me siento depresivo, angustiado al extremo; he considerado quitarme la vida..."* O, *"mi novio me ha dejado por mi mejor amiga, y me siento defraudada, traicionada por ambos...".*

Podemos traducir tales quejas o definiciones problemáticas en nuestras propias palabra también, especialmente si la persona no es muy precisa en sus expresiones o si su narrativo puede ser resumido a un problema abarcado por una definición concreta y acertada. En esta parte inicial, se pregunta, *"¿Por qué viene hoy? ¿Qué es lo que ha sucedido últimamente como para resolver el pedir ayuda?".*

Varios factores entran en juego en la búsqueda de una impresión que defina al problema. Entre los tales, las señales o impresiones percibidas en el proceso interactivo denominadas "síntomas" pueden ser de carácter físico, cognitivo, emocionales o relacionales. La persona puede expresar, *"Hace una semana que no tengo apetito. He perdido varios kilos durante el mes pasado. No puedo conciliar el sueño tampoco. Siento que mis músculos están tensos y a veces me agito sin poder relajarme. Arrastro los pies cuando camino, no tengo energías ni puedo hablar como siempre, sino que mis palabras como que se retrasan".* Este ejemplo apunta hacia varias manifestaciones físicas, las cuales en forma agregada presentan un panorama depresivo. Además, la conducta general del individuo debe ser observada: ¿Existe una manifestación visible de angustia, de dolor? ¿Se nota alguna manifestación de frustración, de ira, o de agresividad? ¿Manifiesta la persona señales de ineficacia, de torpeza, de letargo? ¿Se observa alguna manifestación de conducta aberrante o anormal? En fin, las observaciones de la conducta externa o el despliegue de lo obviamente fisiológico o conductivo se registran.

Las personas tienden a hablar de sus emociones, sus acciones o sus pensamientos, o de los eventos que les han sucedido. Su narrativo revela qué es lo que les ha pasado, quién está involucrado, qué es lo que han hecho, y cómo se sienten. Es importante para el consejero utilizar preguntas de indagación de carácter amplio y abierto, y no utilizar preguntas angostas y cerradas. Por ejemplo, puede preguntar *"¿Cómo se siente"?* en lugar de *"¿Se siente usted afligido o depresivo?".* También, *"¿Qué es lo que lo trae a buscar consejo?"* en lugar de *"Usted debe sentirse bastante miserable como ara venir a pedir consejo, no?"* Además, puede preguntar *"¿Qué pasó durante su episodio de pánico... dónde se encontraba... con quién estaba...?"* en lugar de *"¿Por qué piensa usted que ese ataque de pánico le pasó?".* Todas esas preguntas, como ejemplos entre muchas otras, representan una indagación que parte desde una postura de investigación factual objetiva, descriptiva – caracterizada con cuestiones que empiezan con "Qué, cuándo, dónde y cómo" y no "Por qué". Mientras la persona se expresa, el consejero necesita dialogar tácitamente y preguntarse:

- ✓ ¿Qué temas se presentan?
- ✓ ¿Cuál es la queja principal, el asunto mayor?
- ✓ En cuanto a la veracidad del narrativo: ¿A qué punto la persona está diciendo la verdad, o vierte su impresión de la realidad, o presenta conjeturas? ¿Cuán confiable es el narrativo?
- ✓ ¿Qué es lo que la persona desea que el consejero capte y entienda, por sobre todas las cosas?
- ✓ ¿Qué es lo que está en juego, qué es lo más importante, o lo más afectado?
- ✓ ¿Cuáles son los síntomas del problema?

Se averigua acerca de qué clase, cuándo y cómo los síntomas fisiológicos aparecieron, tales como las variaciones en el apetito y el sueño; se observa si la persona manifiesta heridas o lastimaduras, o expresa dolores espontáneos o crónicos, tensión muscular, problemas médicos recientes o del pasado que se relacionan a las quejas principales actuales. También se asesora acerca de los síntomas psicológicos –distorsiones en el pensar, razonar, atribuir significado a la realidad, juicio, capacidad de aprendizaje, problemas con memoria, percepciones, y sentimientos o emociones relacionadas al problema.

Luego de prestar atención y dedicar tiempo a definir el problema en manera específica o concreta, debemos asesorar su origen y desarrollo. Es interesante citar a Kleinman (1978, p. 256), un psiquiatra y antropólogo, quien hizo estudios comparativos a través de las culturas, para averiguar y constar las perspectivas culturales acerca de los problemas, vistas desde el punto de vista de las personas cuestionadas:

- ✓ ¿Qué es lo que Ud. piensa ha causado su problema (enfermedad)?
- ✓ ¿Por qué comenzó cuando comenzó?
- ✓ ¿Que es lo que su problema (enfermedad) le causa a Ud.?
- ✓ ¿Cómo trabaja su problema (enfermedad)?
- ✓ ¿Cuán severo es su problema?
- ✓ ¿Será su problema (enfermedad) de corta o larga duración?
- ✓ ¿Qué clase de tratamiento debería Ud. recibir?
- ✓ ¿Cuáles son los resultados que espera Ud. recibir a causa de tal tratamiento?
- ✓ ¿Cuáles son las mayores dificultades que su problema (enfermedad) le ha causado?
- ✓ ¿Qué es lo que Ud. más teme acerca de su problema (enfermedad)?

El hacer tales preguntas permite el desarrollo de perspicacia, entendimiento y sabiduría acerca del nivel explicativo de la persona en su contexto cultural, y sus atribuciones a las causas, los efectos, y las ramificaciones de sus problemas. Al mismo tiempo establece una buena alianza con la persona, ya que le da pautas de su interés, su curiosidad, su empatía, y su humildad, al mostrar respeto a su cultura y su capacidad descriptiva. Aparte, otras preguntas son apropiadas, y tratan con los pormenores del desarrollo del problema en una forma un poco más distanciada, tales como:

- ✓ ¿Cuándo apareció el problema por primera vez? ¿Dónde tuvo su origen?
- ✓ Qué factores aparecen como instigadores o provocativos del problema?
- ✓ En qué manera se desarrolló el problema desde su comienzo hasta este día?
- ✓ Es el problema concretamente recluido a cierta esfera, o abarca a la persona en manera global?
- ✓ ¿Cuál es la frecuencia del problema, en cuestión? ¿Cuán a menudo sucede, aparece, afecta al ser?
- ✓ ¿Cuánto ha durado el problema? ¿Ha aumentado o disminuido su nivel?
- ✓ ¿Qué pareciera incrementar, o menguar su nivel problemático?¿Quienes ayudan a aliviar el problema, y de qué manera? ¿Quiénes parecieran aumentar agregar dificultades a la persona?
- ✓ ¿Qué remedios, soluciones, o recursos se han empleado, y con qué resultados?
- ✓ Etc.

Tales indagaciones ayudan a colocar al problema en su contexto espacial y temporal, y permiten asesorar las posibles contribuciones negativas o positivas que atañen al caso.

El Trasfondo de la Persona

Es necesario tener un cuadro, un marco de referencia o contexto para aconsejar. Para ello, extraemos datos suministrados por la persona para compaginar su historia y trasfondo contextual. Tal historia tiene varias categorías, las cuales no necesariamente se aplican en su totalidad, pero en alguna manera particular son de importancia: La historia familiar, social, educativa, ocupacional –de trabajo o empleo, médica, psiquiátrica, religiosa o espiritual, aparecen como componentes del contexto. Luego, es necesario asesorar su trasfondo cultural –entre hispanos y latinoamericanos existe una gran variedad cultural. Cada nacionalidad, grupo étnico y cultural representa un contexto importante dentro del cual la persona se desarrolló, adquirió valores y actitudes, preferencias y costumbres, y ha sido influenciado por su cosmovisión –en términos de economía, política, leyes, artes, recreación, etc. Su estado social y situación vital deben ser tomados en cuenta –nivel de riqueza vs. pobreza; sofisticación académica vs. carencia de recursos y logros; participación en la comunidad/sociedad vs. aislamiento, retraimiento; salud mental vs. patología, etc. El trasfondo familiar entra en juego – el sistema, los componentes, los limites generacionales, el nivel de diferenciación logrado en su desarrollo cognitivo y emocional del sistema, etc. En lo personal e individual, la fe y la práctica de la persona –creyente, simpatizante, agnóstico, apóstata, etc. Tal información es esencial para formular ideas, hipótesis acerca de lo que acosa a la persona y cómo la persona trata de resolver su problema, y sobre todo, para trazar un plan de avance hacia las metas establecidas en conjunto. La historia familiar nuclear y extendida permite situar al individuo en su contexto sistémico y comprender los efectos de los procesos de cambios, comunicación, estructuración de papeles dentro del hogar, y la ubicación y función de tal individuo en su familia.

La historia familiar: Incluye los datos de abuelos, padres, hijos (un árbol genealógico de tres o cuatro generaciones sitúa a la persona en su contexto); su estado socioeconómico, educativo, ocupacional, agregan a los pormenores. La posición de la persona en el sistema, entre sus hermanos, en la familia extendida, con sus relaciones a los parientes, puede arrojar cierta luz en su sociabilidad, mutualidad, diferenciación, individuación y límites generacionales. Los niveles de unidad, de mutualidad y de estabilidad familiar proveen perspicacia en cuanto al ambiente, al clima emocional y espiritual del sistema. La demostración de afecto y de disciplina administrada, y los modelos interactivos o comunicativos, también agregan al panorama contextual.

Las relaciones hacia los padres, hacia los hermanos, y hacia los compañeros de juego y de escuela a veces dejan rastros característicos de una disfunción interpersonal. Las separaciones, las muertes, los divorcios, y demás crisis hogareñas, producen ansiedad, tratativas incompletas, rasgos de despecho, y un sentir de rechazamiento. Las maneras de ser disciplinado y reforzado, y las reacciones a tales tratos, son importantes. El clima emocional del hogar de origen es importante, en términos de contacto interpersonal, cariño, y seguridad; por otra parte, los efectos de la carencia de tales factores pueden notarse, o si hubo violencia, abuso o denigración personal de cualquier especie.

Los eventos principales añaden a la información esencial, teniendo en mente los agregados familiares, las separaciones, los nacimientos y los fallecimientos, y sus efectos en el presente del individuo. También se tiene en mente las introyecciones familiares, los legados de las familias disfuncionales, las "voces" grabadas en manera profunda que afectan la conciencia y la memoria del individuo que trata de vivir en libertad y sin culpabilidad. El número y la calidad de amigos de infancia y de adolescencia son indicativos de la sociabilidad de la persona. La relación hacia el sexo opuesto, las experiencias sexuales tempranas, y la adopción o el rechazo de las normas paternales, son factores a ser asesorados. La autonomía y el deseo de independencia, la mutualidad y el deseo de afiliación, se pueden investigar, derivadas de las expresiones provistas, o a través de la indagación con preguntas pertinentes al tema.

La historia personal: El trasfondo de la persona incluye su desarrollo en su contexto familiar, y su educación (elemental, secundaria, o universitaria, si se aplica). Se asesora el clima del hogar (expresiones de afecto o su ausencia; rigidez o flexibilidad en los tratos, roles, estructuración y procesos), comunicación (clara o difusa, confusa), encomios o degradaciones, codependencias, coaliciones, triángulos, etc. También se incluye el recuento de las dificultades o problemas en su crecimiento físico, en sus relaciones sociales y en sus trabajos. Se ha de notar cualquier experiencia traumática que hubiera tomado lugar; se registran sus crisis, sus reacciones a las dificultades, y su manera de manejar el estrés. Por otra parte, también se registran sus logros y sus experiencias significativas de carácter positivo. Las relaciones tempranas en el hogar, en la escuela, en los estudios superiores, pueden anotarse. Se asesora si hubo noviazgos, roturas de relaciones, casamientos, separaciones, divorcios, o cualquier peripecia pertinente a la historia social.

Las preguntas acerca de la violencia doméstica y el abuso —físico o sexual, o de negligencia, aún cuando son íntimas y a veces difíciles de sondear, representan un factor muy esencial en la indagación. Se registra si hubo alguna dificultad en el desarrollo de la imagen propia, de la estima o de la eficacia en la conducción de sus actividades principales. Se asesoran los datos que tratan con las dificultades conductivas que pudieran haber sido manifestadas (uso de fuerza, abusos, peleas, etc.). La historia personal también incluye las enfermedades mentales —si las hubo, su naturaleza o diagnosis; si la persona usó medicinas, si fue hospitalizada, etc. El uso de alcohol o de drogas también se registra, y su posible conexión con el presente en cuanto a posibles abusos o adicciones. También se registran las preguntas relacionadas a los aspectos médicos y a las enfermedades físicas. Las enfermedades y las hospitalizaciones de la niñez o juventud a veces producen traumas, fobias y ansiedad en las personas.

La historia educacional y ocupacional da pautas del funcionamiento pragmático del individuo. Se trata de descubrir si hubo problemas escolares, desventajas o dificultades en el aprendizaje, fobias o problemas de ajuste. Se trata de asesorar acerca de los logros y de los fracasos en las ocupaciones o trabajos realizados hasta el presente. Las razones por las cuales la persona tuvo que cambiar de trabajo, a veces reflejan problemas y conflictos repetitivos con superiores, con colegas o con las expectativas del trabajo. La educación pobre, la falta de habilidades, de oficio, hace que muchas personas sean desechadas. Es difícil para las tales el conseguir posiciones que les den prestigio, estima propia o un sentido de entereza o valor personal. La historia social, interpersonal, se entrelaza a la historia médica, psicológica y espiritual. De tales factores, aparecen elementos sobresalientes y activadores de la conducta, de la emoción y de las expresiones verbales.

La historia espiritual es parte del asesoramiento. Si la persona es conocida al consejero por pertenecer a la misma comunidad, tal asesoramiento se tiene por sentado, aunque se puede investigar más a fondo su historia: El narrativo de su conversión, su participación en la comunidad, su crecimiento, entendimiento, perspicacia y madurez espiritual son asesorados. Se trata de ver si la persona íntegra los aspectos de su fe a su vida cotidiana, si utiliza las Escrituras en forma adecuada en el labrado de su carácter y conducta, como también su relación al Espíritu Santo.

Las relaciones actuales. Es muy importante el asesorar que clase de relaciones existen al presente en la vida del individuo. Si la persona tiene relaciones íntimas, o si las perdió, y cómo las tales influyen en su estado mental. Si la persona vive en aislamiento, puede empeorar su condición psicológica y espiritual. La calidad y la gama de amistades necesitan ser vista en el contexto de las sensaciones, emociones y pensamientos de la persona.

La iglesia como comunidad sanadora no se puede pasar por alto; hay que aclarar que no toda comunión es sana o positiva, dada la gama de expresiones particulares que saturan el ambiente religioso en el cosmos, desde las congregaciones excelentes hasta las cultistas y controladoras de la mente. En maneras saludables y sanas, una buena congregación y su función denominada *koinonía* representa una base de relaciones interpersonales. Tal comunión hace que muchas personas tengan un contexto clave para su sanidad emocional, recibiendo y dando mutuamente sus energías, anhelos, ambiciones, esperanzas, encomios, desafíos en un contexto desarrollante.

Enfoque Integral: Deductivo-Inductivo

Al asesorar un caso, el consejero parte desde un punto de referencia —sea que se le presenta (1) una categoría ya asignada por la persona misma ("estoy depresivo"), o definida por otras personas que acompañan a la persona en necesidad ("mi hija se siente ansiosa"), o (2) la persona presenta muchos datos particulares expresando sus síntomas, sus quejas, o sus pormenores en necesidad de ser diagnosticados. En el primer caso, si la persona se queja de su depresión, hay que averiguar todos los datos que puedan aplicarse a tal categoría, diagnosis o conjetura. Se apela a un método deductivo, "desde arriba" o analítico, en el cual se trata de sondear todos los pormenores que atañen al caso. En el segundo caso, si la persona presenta un sinnúmero de síntomas y datos sin saber cómo definir su situación, se apela a un método inductivo con el propósito de arribar a una impresión o diagnosis del caso. Tales procesos pueden ser ejemplificados en el siguiente diagrama (Fig. 18.6):

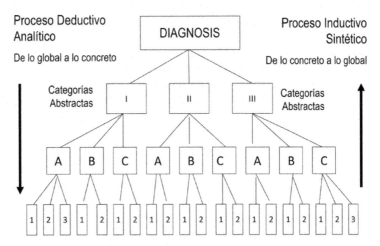

Figura 18.6. Procesos Deductivos-Inductivos en Asesoramiento

El Asesoramiento del Estado Mental

Esta sección trata con el estado y funcionamiento de la persona en cuanto a los procesos cognitivos, emotivos, conductivos y relacionales. El estado mental de la persona que necesita ayuda terapéutica se infiere de las expresiones de la mente, de los aspectos cognitivos, emotivos y conductivos. ¿Cuál es la apariencia de la persona al asistir a la sesión? ¿Demuestra un aseo de higiene o cuidado personal? ¿Tiene algunas señas particulares visibles? ¿Cuál es su postura, su actitud, su disponibilidad? ¿Cuán cooperativa es la persona? ¿Demuestra alguna conducta aberrante, poco común o fuera de serie? Tales observaciones simplemente se registran para tener un cuadro inicial de la persona en su apariencia, postura, actitud y cooperación.

Se asesoran los síntomas físicos o fisiológicos —tales como dolores corporales (de cabeza, de espalda, etc.), tensión muscular, temblores, diarrea, vómitos, alteraciones gastrointestinales, pérdida de fuerza y brío, etc. Por otra parte, se asesoran los síntomas emocionales —si experimenta sentimientos de ansiedad, de terror, de miedo; o de depresión, angustia, pesar; o de ira, enojo, etc. También se asesoran los síntomas cognitivos, si hay aberraciones en el pensar, el razonamiento, el juicio, decisiones, etc. Especialmente, si la persona experimenta el oír voces (alucinaciones auditivas), o el ver cosas que otros no ven (alucinaciones visuales); o si divaga con confabulaciones, proyecciones paranoicas, o distorsiones en su procesado intelectual. Los síntomas relacionales se toman en cuenta, si la persona es huraña, se aísla, experimenta fobias o aprehensiones de carácter social; si vive en rencillas continuas, en pugnas con sus semejantes, o cualquier dato importante para el asesoramiento inicial.

El Funcionamiento Cognitivo

Se asesora el funcionamiento intelectual, pertinente a la mente y sus procesos, y la capacidad de escrutinio propio de la persona. A nivel obvio, consciente, reflejado en expresiones que se captan directa y empíricamente, se asesoran las siguientes categorías:

Pensamiento: ¿Es organizado o desorganizado? ¿Tiene un sentido de rumbo, o es desorganizado, tangencial? ¿Son sus pensamientos claros, nítidos, aguzados, o confusos, obtusos? ¿Caen tales pensamientos dentro del sentido común, o son idiosincráticos, fuera de lo común? Etc. Citamos varios ejemplos de problemas cognitivos: Desórdenes de pensamiento, con fracturas entre lo cognitivo y lo emocional, y con aberraciones, distorsiones y escapes tangenciales en casos que sufren de esquizofrenia, paranoia, psicosis, o enfermedades bipolares. Las distorsiones en el pensamiento también se notan en las condiciones depresivas y ansiosas, caracterizados por expresiones negativas de sí mismo, del entorno y del futuro. La falta de atención y concentración en el pensar son características de los desórdenes de la hiperactividad, el autismo, o el síndrome de Asperger. Como ejemplo, la persona puede dar pautas tales como, *"Siento ciertos desvaríos y a veces me imagino cosas —que no mis familiares dicen que no existen. No me puedo concentrar ni prestar atención a lo que se me dice. Me cuesta hacer memoria, y no puedo acordarme hasta de las cosas esenciales. A veces me siento en control del mundo entero y no puedo frenar los arranques de mis pensamientos y razonamientos, con un sinnúmero de ideas que atraviesan mi mente".*

¿Cómo asocia la persona sus pensamientos? ¿Existen divagaciones en el fluir de las ideas? Los pensamientos y razonamientos pueden dar señales de ser tangenciales, desviados, cíclicos, repetitivos, perseverantes, ilógicos, fuera de serie o secuencia, "sueltos" o desorganizados, entre otras posibilidades de disfunción cognitiva. En cuanto a contenido, ¿Cual es la temática de los pensamientos? Se indaga acerca de las preocupaciones, las ambiciones, las ilusiones, los anhelos, etc. ¿Es el contenido considerado normal o hay evidencias de patología? Entre las desviaciones de lo normal notamos las sospechas indebidas, la paranoia, las ideas mórbidas, fuera de la de realidad, las obsesiones, las fobias, etc. En casos extremos, hay ideas suicidas o expresiones homicidas.

Los pensamientos automáticos negativos (acondicionados, asociados a eventos o procesos traumáticos, catastróficos, denigrantes, abusivos, etc.) que yacen en el pre-consciente y afloran rápidamente al ser gatillados por un sinnúmero de estímulos evocadores de carácter negativo, pueden ser captados, asesorados, desafiados, y reemplazados con pensamientos más adecuados, funcionales, y positivos. Tales pensamientos están asociados con metanarrativos subyacentes en alguna forma latente, potencial, y legan a ser evocados y expresados sin que la persona haya tenido un plan o agenda al respecto. La terapias cognitiva y metacognitiva tratan con tales asuntos.

Razonamiento: ¿Es la persona lógica en su presentación? ¿Sigue un tema con premisas y conclusiones? ¿Es demasiado concreto, y no capta las abstracciones o es híper-abstracto, metacognitivo, bordeando en confabulaciones? ¿Sigue cierta lógica tenida en común o se desvía hacia lo idiosincrático? ¿Mantiene una línea de razonamiento, o se desvía por tangentes a la deriva? ¿Es su pensamiento fluido y mantiene un buen ritmo al expresarse? ¿Utiliza la persona algún neologismo, o conceptos híper-abstractos, o demasiado concretos? El grado de madurez de la persona se vislumbra en su razonamiento. Las personas que carecen de capacidades abstractas dan a entender un razonamiento concreto, reactivo y sujeto a las circunstancias. Las enfermedades que revelan desavenencias en lógica incluyen las psicosis, la depresión aguzada, y los ataques de pánico, entre otras, siendo afectadas en el procesado cognitivo de la realidad con estilos irracionales.

Los pensamientos y razonamientos encadenados en narrativos reflexivos, deliberados, pueden ser vistos o definidos como "diálogos internos" del ser, o como libretos personales que se dan a conocer en forma obvia, o como diálogos interactivos con la persona que aconseja sirviendo de interlocutor. Los metanarrativos (narrativos agregados en temas repetitivos, consolidados, atrincherados, y no tan obvios al consciente) necesitan ser enfocados objetivamente, con la persona siendo asesorada y encomiada a entablar un proceso analítico, indagando con escrutinio intrapsíquico propio, para ser capaz de apercibirse, captar, y asesorar sus estados subjetivos. Los metanarrativos (como la rumia, el re-masticado de memorias o de eventos negativos, el monitoreo de posibles entes desafiantes al ser, la obsesividad centrada sobre problemáticas negativas, etc.) pueden ser suscitados y asesorados en conjunto, para luego poder regularlos, moderarlos, o controlarlos en las intervenciones metacognitivas-dialógicas durante las sesiones.

Atención y concentración: ¿Puede la persona mantenerse en la línea de su razonamiento sin fluctuar, distraerse o desviarse? ¿Es la persona capaz de relatar eventos en forma sucesiva, mantener avenidas paralelas en su narrativo, y enfocar sobre sus asuntos en manera coherente? ¿Manifiesta algunos rasgos de falta de enfoque? En la terapia metacognitiva, se trata de fomentar el ejercicio del dominio propio (la eficacia propia o el control mental de su ser),el cual ayuda a la persona a enfocar su atención hacia los aspectos globales y focales de un asunto, a dirigir su atención intencional hacia metas deseadas, a dirigir su mente a propósito hacia la elaboración de una respuesta (en lugar de reaccionar rápida y automáticamente), y enfocar sobre algo funcional, positivo, y mantener tal concentración bajo su libre albedrío.

Percepción: ¿Se mantiene la persona en el marco de referencia de la realidad, abordando los temas en manera coherente, o demuestra aberraciones en su percepción? Las distorsiones perceptivas no solo se asesoran históricamente, sino también en el transcurso de la sesión. ¿Experimenta delirios de grandeza, de paranoia, o de control? ¿Experimenta alucinaciones auditivas o visuales? ¿Experimenta sensaciones irreales acerca de su ser, o del mundo que lo rodea? ¿Reclama tener contacto con lo extra-sensorial? Etc. Las enfermedades mentales dentro de la gama de las psicosis son afectadas en la percepción (esquizofrenia, paranoia, depresión bipolar con tinte maníaco o altamente depresivo, entre otras). En cuanto a la percepción y a las atribuciones de significado a la realidad, se asesora la capacidad de estar apercibido y mantenerse dentro del marco de referencia considerado normal. Las aberraciones en esta categoría incluyen las ilusiones, las alucinaciones auditivas, visuales y sensoriales. Delirios de grandeza o de persecución, aparecen como conectados a procesos psicóticos en los cuales la realidad es distorsionada.

Tanto la terapias cognitiva como la metacognitiva tratan de asesorar las percepciones de la persona, a fin de ayudarle a definir, desafiar y cambiar sus atribuciones y significado, para así afectar las emociones asociadas a las mismas en forma positiva. Se trata de afianzar a la persona en su capacidad de ejercitar su control metacognitivo-ejecutivo con el propósito de regular, dirigir, y guiar sus propios procesos hacia una manera funcional de responder a sus desafíos.

Juicio: Se asesora la capacidad de la persona demostrada en su pensar, razonar y hacer decisiones racionales. Se asesora su manera de juzgar eventos, desafíos, conducta y sensaciones con atribuciones adecuadas de la realidad vigente. ¿Es capaz de pronunciar un juicio certero al decidir sobre un curso de acción? ¿O da pautas de no usar su sano juicio en tomar medidas de seguridad, en hacer lo correcto, o en disponer de asuntos en forma racional? ¿Se puede confiar en su manera de actuar? ¿Puede hacerse cargo y ejercer el manejo de su vida cotidiana, de sus desafíos? Enfermedades mentales tales como la esquizofrenia, la paranoia, la discapacitación mental, entre otras, afectan negativamente el juico de la persona. Las distorsiones también puede aparecer en las interacciones dialogantes, al conversar en la sesión. Es el juicio cabal, certero y adecuado, o erróneo, fuera de serie, o sin base lógica. La habilidad de comparar y asesorar las alternativas en la vida, en hacer decisiones o tomar un rumbo adecuado es asesorada: ¿Puede la persona hacer y llevar a cabo sus planes? ¿Puede la persona tomar iniciativas proactivamente? ¿Es capaz la persona de distinguir acertadamente entre sus opciones? ¿Se comporta en forma debida, adecuada, social? ¿Qué de su sentido de responsabilidad, de cumplir con sus obligaciones familiares, académicas, sociales, económicas, etc.?

La terapia metacognitiva trata de reforzar la capacidad de la persona en entablar no sólo diálogos internos (deliberaciones, rumia, vaivenes en sus convicciones, dudas, remasticado, monitoreo de entes desafiantes a su ser, etc.), sino también de evocar su retórica interna (persuasión propia, bajo su dominio propio) animado de una conciencia plena, siendo investido con poder para hacerlo.

Memoria: Se asesora la memoria a corto y a largo plazo. Se trata de ver si hay lapsos o aberraciones como las que aparecen en las demencias, en la enfermedad de Alzheimer, la amnesia, o en las disfunciones cerebrales que afectan a la memoria. También se indaga acerca de la memoria a largo plazo, al sondear la historia, los recuentos del pasado, y la información necesaria para realizar una tarea de asesoramiento histórico. Pareciera ser que las memorias inmediatas y las de corto plazo son más afectadas inicialmente, para luego revelar disfunciones más profundas en general. ¿Cuál es la habilidad de la persona en recordar los eventos del pasado remoto? ¿Tiene certeza acerca del pasado reciente? Por ejemplo, se nota la manera en la cual las fechas o los detalles de la vida (especiales y particulares) son registrados.

La necesidad de asesorar las memorias negativas del ser es imprescindible. Cabe decir que existen memorias implícitas las cuales son difíciles de sondear, ya que permanecen subyacentes, registradas tempranamente, aún cuando la persona no habrá tendio la capacidad cosnciente o abstracta de catalogarlas o tener cnciencia plena de las mismas. La terapia metacognitiva trata ls tales memorias atrincheradas, negativas, contraproducentes, etc., que afligen al ser, buscando remediar su estado de ánimo presente con la convicción de ver su pasado como algo que ha sido tratado por Dios, echado al olvido, o redimido. Muchas veces, las memorias latentes o implícitas afloran, siendo evocadas por los procesos analíticos conducidos en libertad, sobrepujando las censuras y las defensas. Sea que tales memorias están asociadas a eventos, procesos, o traumas causados por otras personas, o memorias que afligen y abaten al ser mismo, quien cometió yerros y pecados dignos de castigo, la persona en consejería puede enfrentar tales memorias, y tratar con ellas metacognitivamente, dialogando no sólo consigo mismo, sino también con el Espíritu Santo quien ora en su ser, actuando como interlocutor –Aquel que convence de pecado, de justicia, y de juicio, y a su vez aplica la gracia y la misericordia de Dios en el proceso del perdón y el olvido divinos.

En resumidas cuentas, durante las interacciones interpersonales que ocurren en las sesiones iniciales, se asesora la capacidad metacognitiva de la persona a fin de establecer ciertos criterios en cuanto a (1) su control ejecutivo-metacognitivo, a (2) su capacidad de desenganche o desacoplado de los procesos automáticos reactivos, evocados o suscitados por estímulos negativos, y a (3) su capacidad de regulación y control de sus procesos cognitivos bajo el mando de su consciencia plena, investida con poder (infuso por la Palabra y el Espíritu que moran en su ser, alojados en sus metanarrativos, valores, y creencias).

El Funcionamiento Emocional

Se asesora si el afecto de la persona es apagado, elevado, experimenta vaivenes, altibajos o permanece en su estado dado; si tal estado de ser es afectado por emociones que embargan a la persona, tales como la ansiedad, las preocupaciones desmedidas, el pánico, la depresión, la ira, la angustia, o cualquier otra manifestación. También se asesora si el afecto se correlaciona con el pensamiento, o si hay discrepancias entre el pensar y el sentir. Las emociones negativas incluyen la ira, el disgusto, la ansiedad, el pánico, la vergüenza, la culpabilidad, la tristeza, la angustia, el desgano, etc. y tales estados forman parte del asesoramiento mental. Como ejemplo, la persona puede compartir sus problemas e incluye frases tales como, *"Me siento triste, de tono gris o sombra, y nada me alegra. No siento satisfacción en la vida, y pareciera que nada me importa. De vez en cuando tengo arranques de valor y encomio, pero luego decaigo y me siento atrapado"*. Al asesorar, preguntamos, ¿Es el afecto aplastado, aminorado, carente de emoción? ¿Es el afecto inapropiado para la ocasión? Las observaciones y el asesoramiento pueden revelar el estado depresivo, angustiado, pesaroso, ansioso, o deprimido del ser. Se pregunta si tal estado ha sido manifestado por mucho tiempo o ha aparecido en días recientes. Expresiones de frustración, de ira, de desesperanza, desilusión, también se notan en el presente. El tono, la intensidad y el repertorio de las emociones o los afectos dan pautas de sentido subjetivo, de sensaciones de pesar, de esperanza o falta de la misma, de brío y fortaleza, o de letargo y desgano. A veces, se nota un disloque entre lo que se dice y lo que se siente: La persona se ríe mientras cuenta la ocasión de la muerte de un familiar; o se larga a llorar mientras expresa algo positivo. La intensidad de tales emociones debe ser asesorada, ya que la gama de posibilidades es extensa, desde los sentimientos leves hasta la devastación total de la integridad personal.

Otros Factores

Orientación. Se asesora si la persona se ubica en cuanto a saber dónde está, que día es, y quiénes son las personas que la rodean. ¿Sabe la persona quién es el que le habla, o quiénes son las personas a su alrededor? ¿Sabe la persona dónde se encuentra, y se orienta en cuanto a lugares? ¿Es consciente del tiempo? Distorsiones y anormalidades se presentan cuando la persona está desorientada en cuanto a su propio ser, o confusa hacia sus semejantes o en cuanto al tiempo o lugar. Muchas situaciones psicológicas pueden desorientar a la persona, perdiendo el juicio, el razonamiento cabal y las percepciones reales; cuánto más desorientada se siente la persona, más problemático es su estado mental.

Posibilidades suicidas u homicidas. Por último, para finalizar el asesoramiento del estado mental, se indaga acerca de la posibilidad de que la persona sea suicida u homicida. Pareciera ser drástico el preguntar acerca de tales temas, pero si hay razones de sospechar que la patología es grave y la persona manifiesta una depresión profunda, tiene alguna enfermedad terminal, o experimenta condiciones psicóticas, entre otras condiciones desafiantes, es probable que sea un riesgo el ignorar tal asesoramiento. Tales datos proporcionan al consejero una línea de base o un punto de partida para efectuar su intervención.

Los Síntomas Espirituales

Esta categoría demanda una perspicacia por parte del consejero en cuanto al asesoramiento de asuntos considerados propiamente espirituales. Por ejemplo, la persona puede alegar, *"No tengo deseos de orar ni de leer la Biblia. Cuando voy a la iglesia, me fastidia el sermón; me parece que todos me observan con desdén. Me molesta cuando cantan, y me parece que no vale la pena insistir en tantas ofrendas. Es como si voces me hablaran y me acusaran de toda clase de atrocidades"*. Tales expresiones son comunes entre personas que han perdido sus ansias de adorar, alabar, estar en comunión o de mantenerse fuertes espiritualmente. Sin embargo, en cuanto a impresiones y diagnóstico, caben las conjeturas y se postulan varias hipótesis: La persona experimenta (1) un ajuste reactivo a cierta situación apremiante de la vida, con emociones mixtas; (2) una depresión reactiva; (3) una fase depresiva, parte de un síndrome afectivo bipolar con tintes psicóticos leves; (4) estrés agudo y agotamiento, en sus fases subsiguientes a las iniciales de la fatiga emocional y cansancio moral; o (5) aspectos de una guerra espiritual combatiendo su fe, sus anhelos de servir a Dios o de permanecer en comunión.

Es notable que muchas personas vengan con un sentido de culpabilidad por no ser perfectos, por no estar en el centro de la voluntad de Dios, o en sus propias atribuciones piensan que han cometido el pecado imperdonable. Muchas personas que buscan la santidad y experimentan luchas con la pornografía, las adicciones, y las tentaciones carnales, acuden a la consejería como último recurso porque sus propias estrategias les han fallado y están cansados de ciclos repetitivos.

Los monjes de Alejandría del siglo IV experimentaron luchas mentales intensas, cargadas de pensamientos pecaminosos, y llegaron a la conclusión que "el demonio del mediodía" los acosaba con "acedia" (o *accidia, tristitia, melancolía*), una especie de letargo o pereza espiritual (tal vez *in* sinónimo de la depresión). Se basaron en sus interpretaciones del Salmo 91:6, y atinaron a resolver sus sentimientos con dos estrategias: el elevar sus cánticos a Dios, y el darse a la jardinería en medio del desierto. Con el correr del tiempo, los pensamientos pecaminosos fueron encauzados hacia la categorización de los pecados mortales, con la pereza espiritual figurando entre los tales. Las tareas descentradas de su concernir propio hacia la alabanza a Dios, y la ocupación de sus energías en cultivar algo verde en medio del desierto, les ayudaron a salirse del cauce depresivo. La diagnosis en sí pudo haber sido equivocada, pero el remedio empleado fue eficaz de todas maneras. Si bien el llegar a una diagnosis cabal es difícil, y aún terapeutas con experiencia a veces deben hacer varios asesoramientos para llegar a una definición precisa, ciertas nociones globales pueden servir como guía para la formulación de planes en busca de soluciones funcionales.

Entre los posibles síntomas espirituales, el asesoramiento puede revelar los siguientes:

✓ Signos de inmadurez espiritual, reflejados en el pensar, sentir, o en la conducta desplegada como manifestaciones de un carácter carente del fruto del Espíritu
✓ Conducta aberrante obvia, pecaminosa, ofensiva, agresiva, pedante
✓ Frialdad, falta de celo, fervor, dedicación a Dios, a las cosas espirituales
✓ Desgano, acedia, pereza espiritual, desilusión con las cosas de Dios
✓ Falta de fe, ansiedad angustiosa, dudas acerca de la presencia, provisión, o protección divinas
✓ Procrastinación o postergación habitual de las cosas pendientes, los ejercicios espirituales tales como la lectura de la Palabra, la oración, o la adoración
✓ Quejas, rezongo, altercación presuntuosa con Dios, demandas manipulativas
✓ Alejamiento de la comunidad de fe, aislamiento, recelo, aprehensión hacia los miembros del Cuerpo de Cristo
✓ Luchas mentales acerca del amor y la gracia de Dios, dudas con respecto a la salvación

✓ Temor a haber perdido la salvación, de haber pecado contra el Espíritu Santo
✓ Etc.

No se trata de juzgar a la persona que manifiesta tales síntomas, sino de comprender el por qué de tales manifestaciones, a fin de abordar la consejería en forma integral.

La Formulación del Caso

Una vez lograda la indagación acerca de todas las categorías enunciadas, se aglomeran los datos en forma abstracta o sintética, para interpretar la información copilada y compaginar un narrativo –una formulación hipotética del caso. Tal proceso se enmarca en cierto modelo, sea analítico, conductivo, sistémico, cognitivo o ecléctico. Es como presentar una explicación del caso en términos de sus causas, desarrollo, manifestación, repercusiones y abarque. También, se presenta una descripción del carácter de la persona, de sus límites personales y sistémicos, y de las defensas empleadas en sus esfuerzos para contrarrestar su problema o ansiedad. Se dictamina tentativamente su capacidad para hacer frente al problema, basada en la síntesis de todos los factores presentados.

En cuanto a la formulación del problema las personas terapeutas expertas pueden llegar a diagnosticar los problemas de las personas que acuden a pedir consejos durante la primera sesión, o en pocas sesiones subsiguientes. Las personas principiantes suelen tener más dificultades, ya que necesitan tomar más datos y hacer más proposiciones, formular más hipótesis a fin de llegar a alguna conclusión tentativa acerca del asunto. Sin embargo, se espera una especie de formulación global acerca de las cuestiones problemáticas a fin de trazar ciertos planes o metas para encuentros subsiguientes.

Una impresión inicial trata con la definición del problema en sí: ¿Es el problema personal o interpersonal? ¿Es el problema crítico o crónico? ¿Es el problema algo que necesita atención personal o matrimonial? Debe venir toda la familia? ¿Es un problema que demanda sostén o perspicacia? ¿Es un problema que demanda pocas o muchas sesiones? ¿Es un problema neurótico, psicótico o caracterológico? Etc.

Tal vez sea difícil lograr establecer ideas claras acerca del problema básico, y aún más, asesorar los factores que dan origen y contribuyen a las dificultades, ya que en los contactos iniciales se trata de presentar un ambiente adecuado con empatía, calidez emocional y aceptación. Para llegar a tener una perspicacia e intuición cabal a fin de diagnosticar la situación o la persona que trae el problema, hace falta mucha experiencia clínica. Al principio de un contacto entre la persona que viene pidiendo ayuda y la persona que aconseja se enfatiza la relación adecuada y el ambiente acogedor, sin negar la importancia de la posibilidad de establecer algún criterio diagnóstico. Este tema se trata en el capítulo siguiente en forma adecuada.

La formulación hecha por expertos se centra en alguna explicación del caso en términos analíticos, psicosociales, conductivos, biológicos o espirituales, los cuales compiten en el campo terapéutico en cuanto a cuál es la mejor manera de ver y explicar las causas de los problemas.

- *Causas psicodinámicas* —esta filosofía enfatiza el papel que los procesos subconscientes juegan en los pormenores de los problemas humanos, con la falta del Yo en actuar propiamente y regular las luchas o tensiones internas en conflicto. El acercamiento psicoanalítico nació de tales premisas

- *Causas psicosociales* —este marco de referencia enfoca sobre las tratativas sistémicas familiares enmarañadas en maneras disfuncionales, con las estructuras sociales patrocinando los problemas que se suscitan entre los componentes en interacción. La terapia familiar sistémica, marital, grupal, se centra sobre tales premisas

- *Causas conductiv*as —este sistema de pensamiento enfoca sobre las aberraciones de la conductas del ser humano debido a procesos de acondicionamiento y aprendizaje, al establecimiento de hábitos inadecuados y a distorsiones conductivas-cognitivas que acarrean los problemas mentales. El tratamiento conductivo-cognitivo se presta a la ayuda de tales casos

- *Causas biológicas* —esta manera de pensar, caracterizada por la psiquiatría actual y las ciencias médicas en general, se basa en el principio que el ser humano es un organismo evolutivo y que sus pensamientos, emociones y conducta son las manifestaciones de procesos biológicos, fisiológicos y bioquímicos que necesitan ser regulados para alcanzar un buen estilo de vida. La farmacoterapia es un ejemplo del tratamiento basado sobre este punto de vista

- *Causas espirituales* —este sistema de pensamiento enfoca sobre la dimensión religiosa o espiritual de las personas, y considera que tales causas entran en juego en la manifestación de problemas emocionales. La recomendación de ejercicios disciplinas espirituales, aún en los medios seculares, es algo que actualmente se practica. El cristianismo ha abogado por tal reconocimiento, desde los acercamientos sofisticados hasta el exorcismo de los demonios, vistos como causas primarias de muchos trastornos mentales

La persona que presta ayuda desde un punto de vista cristiano puede prepararse en cuanto a establecer posibles conexiones entre todos los factores que entran en juego en el asesoramiento del caso —los síntomas presentados, la historia, el estad mental, y todos los pormenores que atañen a la problemática en cuestión. De tal caudal de datos, puede emplear el método inductivo y lograr compaginar ideas, nociones o hipótesis acerca de las posibles causas y ramificaciones del problema. La formulación de un caso es en realidad una explicación lógica acerca de cómo y por qué la persona está en la condición problemática actual. Es en realidad el proceso de establecimiento de una visión amplia, seriamente integradora, abierta y guiando hacia la excelencia en diagnosticar, y no encerrarse en explicaciones que a veces, llegan a ser moldes muy estrechos y dogmáticos que no permiten alternativas sabias en el postular las causas de los problemas.

La Impresión Clínica o Diagnosis

La palabra "diagnosis" proviene del Griego (*διάγνωσις*) y significa "discernimiento", o identificación de la naturaleza y la causa de lo que ocurre y aparece a la vista, determinando las relaciones entre las causas y los efectos asesorados. En el asesoramiento de un caso, luego de recopilar todos los datos y darles un significado explicativo, se busca definir el problema en una impresión inicial, o una diagnosis que encierre los factores correspondientes a los patrones o las normas que categorizan a los problemas mentales o emocionales. En el ambiente pastoral, no se enfatiza tanto la diagnosis clínica, y ciertas categorías globales bastan para denotar un problema. En el ambiente clínico, existen normas con categorías y definiciones codificadas tales como el *Diagnostic and Statistical Manual of Mental Illness (DSM 5)* utilizado en hospitales, clínicas y práctica privada, cumpliendo requisitos demandados por los seguros médicos y sociales. Otras normas existen, tales como el ICD-10 (*International Classification of Diseases*, en su 10ª. Edición), de carácter global e internacional.

Aunque pastores y líderes cristianos que tratan con personas en consejería no necesariamente tienen el entrenamiento ni las credenciales para diagnosticar a las personas que acuden con sus necesidades, tales personas pueden asesorarse de la gama de condiciones psicopatológicas categorizadas y vertidas en los manuales mencionados.

La Disposición del Caso a Ser Aconsejado

Luego de presentar una impresión o de establecer una diagnosis, se dispone del caso en maneras adecuadas. Esto es, se delinea el procedimiento a seguir luego del asesoramiento inicial. Se establece el tipo de intervención a seguirse en el transcurso de la consejería o terapia –individual, de pareja, de familia; intervención integrada entre el consejo y la farmacología (medicamentos prescriptos por un profesional psiquiátrico); intervención paralela entro lo individual y consejo familiar o de pareja. También se elige el tipo de consejo a ser proporcionado –espiritual con integración cognitiva, emocional, conductiva, sistémica, analítica o ecléctica. Se indica el tiempo que durará la intervención, sea de corto plazo o de larga duración, dependiendo de la impresión/diagnosis, de la severidad del problema, de la disposición de la persona, etc.

Los Objetivos de la Intervención

Es necesario tener metas, objetivos o blancos hacia los cuales se dirige el consejo. Tales metas se trazan en conjunto, entre la persona siendo aconsejada y la persona que aconseja, para tener afinidad en el trabajo en cuanto a dirección y cadencia del consejo. Es bueno vislumbrar cómo hemos de medir el alcance o el logro de tales objetivos o metas. En qué forma podemos estipular nuestras metas, concretizadas en conducta observable (en términos de frecuencia, intensidad, duración, consecuencias), para hacer una comparación entre la línea de base actual y presente, y los resultados de tales definiciones concretas al final de la intervención. Por ejemplo, si una persona ha sido asesorada y su condición es juzgada como una reacción de ajuste a problemas hogareños que han suscitado peleas, desavenencias, o altercados que terminaron en agresividad, y la persona busca ayuda a fin de remediar su condición, los objetivos pueden ser elaborados en conjunto:

1. Objetivo 1. Desarrollar más eficacia en controlar las expresiones de ira
2. Objetivo 2. Establecer nuevos hábitos en asertividad, canalizando la ira en maneras adecuadas (hablar la verdad en amor; no reaccionar automáticamente, sino regular sus procesos y responder con dominio propio, etc.

Luego, para cada objetivo, trazar maneras en las cuales tales metas habrán de lograrse, con ciertas medidas concretas en mente. Por ejemplo, relacionando las estrategias a los objetivos mencionados arriba:

- Ayudar a la persona a desarrollar estrategias para controlar sus expresiones iracundas, tales como el relajamiento progresivo, el procesado metacognitivo de sus reacciones, y la necesidad de emplear técnicas metacognitivas, captando y elaborando sus diálogos internos para modularlos, persuadirse a sí mismo con retórica interna, y controlarlos
- Ayudar a la persona a practicar expresiones asertivas, a ejercitar sus capacidades para responder en lugar de reaccionar, a hablar la verdad en amor, interponiendo mejores pensamientos con más control cognitivo y expresiones de conducta afable

Conclusión

El asesoramiento cabal es esencial antes de emprender la intervención terapéutica metacognitiva, la cual puede proporcionar alternativas a las maneras en las cuales las personas enfrentan sus problemas, sean éstos de carácter personal intrapsíquico, interpersonal o situacional. Se trata de lograr cambios funcionales en el proceso de adaptación. Se trata de trabajar con Dios en sus maneras diversas y con su gracia multiforme. Tales maneras pueden ser descriptas como: (1) creativas; (2) redentoras; (3) sostenedoras; o (4) renovadoras. Tales manifestaciones de la obra de Dios pueden ser una especie de guía o prototipo en las interacciones terapéuticas que se traducen en una manera apropiada a las necesidades de perspicacia, sostén, cambios, o adaptación a las exigencias de la vida cotidiana. Se busca el enfoque hacia los pensamientos, sentimientos y conducta a fin de buscar soluciones a los problemas presentados.

En cuanto a aplicaciones prácticas de este modelo conceptual, se puede alegar que el énfasis hacia los eventos produce una especie de acercamiento conductivo, práctico en términos de observación de conducta actual, medible en términos de frecuencia, intensidad, duración y consecuencias. Los cambios a ser efectuados son definidos en manera concreta y los objetivos a ser trazados asumen también una vislumbre definida y concreta. Intervenciones en tiempos de crisis, ayudas instantáneas breves, atención a catástrofes, o respuestas simples a indagaciones singulares, se dan en tales casos. En cuanto a enfoques acentuados hacia los procesos más allá de los eventos, los acercamientos terapéuticos pueden asumir formas de terapia cognoscitiva-conductiva, racional-emotiva, terapias directivas o no-directivas con carácter más prolongado, apuntando hacia las maneras en las cuales la persona razona, atribuye significado a la realidad, hace sus juicios, da énfasis a ciertos valores, etc., con cambios más radicales y permanentes.

Si se pretende abarcar las estructuras más allá de eventos y procesos, el acercamiento asume formas más profundas, analíticas, y prolongadas. La terapia metacognitiva dialógica busca reestructurar no solo los eventos, sino también los procesos y los estilos subyacentes a los eventos, empleados en las actuaciones y tratativas del ser; sobre todo, el énfasis se centra en cambiar las estructuras del ser para que éstas se ajusten al diseño de Dios. La restructuración de las bases fundamentales necesariamente enfoca sobre la resocialización y la re-incorporación de esquemas, valores, modelos o estilos de vida. Se trata de ayudar a ser problemático con entendimiento y perspicacia metacognitiva y analítica que permitan el asesoramiento de su funcionamiento —desde sus bases históricas, dinámicas, inconscientes, a la incorporación de la actualidad en términos de entendimiento y sabiduría en el vivir cotidiano, promoviendo su libertad y capacidad de elección consciente ante Dios.

Capítulo 19

Escuchando y Respondiendo Metacognitivamente

Hemos tratado en parte con la persona del consejero, sus motivaciones, su preparación y sus actitudes en el desarrollo de sus funciones. Este capítulo trata con sus habilidades. Mucho se ha escrito sobre la materia, y existen listas de habilidades consideradas como esenciales, con preferencias asignadas de acuerdo a lo que cada autor ha considerado como básico, importante o deseable. En este capítulo, enfatizamos el escuchar con empatía y el responder con perspicacia. En muchas instituciones de enseñanza ministerial se da énfasis al hablar de la persona: El preparar mensajes o estudios para predicar o enseñar, el mostrar una buena homilética, o el expresarse adecuadamente. El objetivo de muchos principiantes es llegar a ser un Crisóstomo moderno, el ser tildado como un orador con "boca de oro" o ser reconocido por su estilo retórico. Muy pocas veces se enfatiza el arte de escuchar. Sin embargo, el primer paso para entender a cualquier persona que se relaciona con nosotros, es escuchar su historia, el atender a sus quejas o necesidades, o el prestar oído a su problemática. Especialmente cuando enfrentamos a personas que han experimentado pérdidas enormes o catástrofes devastadoras, debemos saber que lo que ayuda inicialmente no es un discurso acerca de su sufrimiento, o racionalizaciones teológicas tratando de explicar su condición. Lo que ayuda es prestar presencia, escuchar su dolor, permitir sus expresiones y dar lugar a la empatía.

Rogers (1967) estudió por muchos años el impacto que la empatía, la calidez no posesiva y la genuinidad tienen sobre las personas que necesitan ayuda. Tal "trípode terapéutico" llegó a ser la base de muchas consideraciones, ya que se demostró que las relaciones entre pacientes y terapeutas mejoraban y las personas tenían una mejor disposición hacia la salud y se recuperaban mejor cuando tales variables entraban en juego. Por otra parte, si los terapeutas no mostraban las cualidades mencionadas, los pacientes empeoraban a su vez. Aunque las características, disposiciones y actitudes del consejero no "causan" los efectos de los pacientes, demuestran que su presencia positiva está directamente relacionada con resultados deseables en las personas ministradas. Existe una correlación positiva entre las características deseables del consejero y la salud emocional de sus aconsejados.

Kohut (1978) enfatizó la empatía como el aceptar, confirmar, entender al ser humano como un eco evocado por su condición, una especie de nutriente emocional que sostiene las relaciones humanas. Para Kohut, la empatía es un valor, una convicción, una filosofía relacional, o una causa casi-religiosa aún en el mundo secular. Covey (1989) colocó a la empatía como uno de los siete hábitos de las personas exitosas. Goleman (1998) la ubicó en el centro de la inteligencia emocional. Egan (2002) la definió como una orientación primaria y un valor clave en el proceso de ayuda.

En primer lugar, el establecer una buena relación terapéutica demanda la atención esmerada hacia las personas a ser servidas. Se busca el establecer contacto con orientación abierta. El clima emocional mejora cuando se busca establecer una relación recíproca. Una buena comunicación demanda dos partes en sintonización de pensamientos y sentimientos. El atender demanda orientación hacia el mundo de la persona que viene en busca de ayuda. Tal demostración adopta varias formas, desde los saludos iniciales hasta el lenguaje utilizado, la atención a las distinciones culturales y el interés por las cosas idiosincráticas y particulares. Tomando en cuenta el trípode terapéutico, podemos elaborar sobre tales variables en forma integradora:

La Empatía

El consejero debe asesorarse si sus maneras de escuchar son acertadas o si son carentes de empatía. En la mayoría de las relaciones sociales, existe cierto escuchar "convencional" sin compromiso, envoltura o compenetración en los asuntos de la otra persona. Es lo que se espera en materia de sociabilidad, a fin de no ser tildado de rudo o falto de sofisticación. Además en el ministerio terapéutico, se puede llegar a desensibilizarse al punto de tratar a los semejantes como si fuesen objetos de su atención, en forma obligatoria, rutinaria o carente de empatía. La empatía es la habilidad de caber en los zapatos de otra persona, o como se ha dicho varias veces, la capacidad de "calzar los mocasines de tu hermano y caminar un par de millas en ellos". Se considera la capacidad de mirar a través de los ojos y sentir a través del corazón de las otras personas, atribuyendo significado a la realidad desde tal punto de vista o percepción. Para ello se necesita dedicación y esmero, can un enfoque genuino hacia la otra persona a fin de captar sus sentimientos e ideas, y vislumbrar su actuación en sentido cabal.

"El sentir que hubo en Jesús": El desarrollar "la mente de Cristo" o "el sentir que hubo en Jesús" es un modelo de empatía. A criterio del autor, tal actitud involucra ciertas bases, actitudes, orientación y disposición hacia otras personas.

1. En primer lugar, el sentir que hubo en Jesús puede ser visto en el abandono consciente de las prerrogativas propias, con la disposición de elegir el asociarse con la otra persona partiendo desde una posición de fortaleza, gracia y amor. Es una elección libre de "vaciarse" a uno mismo, sujetándose a las circunstancias vigentes según la necesidad de la otra persona. Es el ejercicio de abandono de las prerrogativas de uno para supeditarse a las necesidades de otra persona sin perder su sentido de integridad. Uno no se aferra a su estado condición como excusa para no prestarse en solidaridad con otra persona, a la semejanza de Jesucristo, quien no se aferró al ser igual a Dios como algo excusable para evitar ir a la cruz, sino que se anonadó a sí mismo al encarnarse por nosotros. Las prerrogativas de conocimiento, poder, y virtudes personales, en lugar de ser un estorbo, llegan a ser las bases para la orientación en gracia hacia la otra persona, para dar lugar a la solidaridad y el acomodo relacional con propósito salutífero.

2. La percepción de equidad y reciprocidad en relación a las personas a ser servidas, y la capacidad bilateral-condicional necesaria para lograr relaciones entre semejantes, deben dar lugar al anonadamiento sin perder la integridad del ser de la persona que pretende caber en los zapatos del que sufre, que está en crisis, o que está confusa y necesita ser escuchada. De tal manera que, animada de gracia y poder, la persona que aconseja es capaz de prestar servicio unilateral-incondicional. Partiendo desde su ser, sin prejuicios y sin esperar recompensa alguna, realiza que el dar más que el recibir es posible cuando se tiene en mente el objetivo terapéutico de centrarse en la otra persona y sus necesidades, sin perder las nociones propias de objetividad, integridad y capacidad de ayuda. El pretender relacionarse terapéuticamente demanda el asesoramiento del nivel cognoscitivo, afectivo, conductivo y espiritual de la otra persona, para establecer una relación que va más allá de lo bilateral, condicional y equitativo. Si las pruebas de la vida disminuyen a la persona, o si su perspicacia es menor de lo esperado, existe un consiguiente deterioro de las facultades o niveles mencionados. La empatía del consejero es su capacidad de suspender conscientemente sus expectativas de equidad, con el anonadamiento y amor necesario para ofrecer en forma unilateral e incondicional una relación terapéutica con respeto al ser humano, que aun disminuido, refleja la capacidad de responder a la gracia y amor ofrecidos.

3. La disposición de suspender juicio y pronunciamientos también entran en juego, ya que la empatía busca el ofrecer gracia y misericordia. La gracia ofrece lo que la otra persona no merece, y la misericordia no retribuye a la persona lo que ésta pudiera merecer. La empatía es un proceso adaptivo de identificación (diferente a la retórica que amonesta) en el cual la solidaridad humana prevalece, con el desarrollo de tolerancia hacia la ambigüedad, la paciencia hacia la naturaleza caída, y la fidelidad al cometido de amar a pesar de no ser tratado con reciprocidad. Lo que distingue a la persona que aconseja del aconsejado no es un factor presente en la capacidad extraordinaria o sobrehumana del consejero, pero simplemente la gracia y el amor de Dios que lo animan a ayudar.

4. El sentir que hubo en Jesús también puede ser demostrado en la calidad de relación positiva hacia su creación y hacia los semejantes hechos a Su Imagen, sin perder de vista la capacidad de redención, renovación y restauración del ser humano. De la misma manera, con el mismo propósito, con la misma meta, con la misma dedicación redentora, renovadora y sustentadora, la persona consejera se presta al proceso terapéutico. Su disposición y servicio en amor simplemente reflejan su entendimiento de la mente y corazón de Jesús en su manera de ser y actuar como ayudador.

Escuchando con Atención

El consejero tal vez trate de captar tanto los pensamientos y sentimientos del aconsejado, que su escuchar se vuelve crítico, sin calidez o cuidado sincero. No significa esto que el consejero se apegue en forma abrumadora al contenido de la sesión problemática, ahogándose en la muchedumbre de dilemas, llegando a ser entremezclado en su envolvimiento extremo o dependiente de la persona. Es decir, el consejero no debe sacrificar su afecto y demostración de cuidado en su afán de ser investigativo, científico o crítico, o compenetrado en sus ansias de "editar" las versiones brindadas por la otra persona. Varias actitudes pueden estar presentes en la persona que aconseja, proporcionando ayudas o impedimentos en el afán de hacer una buena tarea. Podemos mencionar las siguientes:

1. *Actitud prejuiciada.* A veces, el trasfondo del consejero, su historia propia, su teología o su entrenamiento, hacen que su escuchar se vuelva dogmático, cerrado, con presuposiciones formadas de antemano. Tal manera de escuchar es inadecuada, atrapando o moldeando a la persona en sus conjeturas propias y no permite el desenlace de un proceso libre y verdaderamente terapéutico. El resultado del escuchar filtrante hace que el consejero forme opiniones, hipótesis y arribe a sus propias conclusiones, dando soluciones a su manera, sin necesariamente estar a tono con su aconsejado.

2. *Actitud selectiva.* El escuchar puede también ser selectivo o parcial, y el consejero puede sintonizar solamente hacia aquellos aspectos que le convengan, que le gusten o que le interesen. El "escuchar a medias" responde a este estilo, en el cual el consejero presta atención solo a las cosas que sobrepasan sus vallas establecidas selectivamente, y responde solo a lo que le incita y no a la totalidad de la comunicación. Una especie de mecanismo al cual denominamos "prejuicio auto-confirmador negativo" entra en juego, sonsacando, extrayendo y compaginando una imagen pre-programada como síntesis de todos los datos acumulados en forma parcializada y que representa una versión elaborada en bases tenidas *a priori*.

3. *Actitud abierta.* Las maneras productivas envuelven el escuchar con atención, propósito e intención, con la sintonización a los pensamientos, sentimientos y la conducta del individuo. Tal escuchar empático demanda la suspensión de juicio, siguiendo la corriente de la persona. El consejero trata de caber en la mente y el corazón de la persona, aunque sea por el momento que dura la relación terapéutica.

4. *Actitud indagadora respetuosa.* En el escuchar con empatía se requiere el adquirir la perspicacia y responder con entendimiento, parafraseando con significado los asuntos que atañen a la conversación. La dinámica en el proceso de interacción se tiene en cuenta, con el consejero actuando como participante-observador, demostrando respeto por la persona. Escuchar demuestra respeto por el tiempo y el espacio vital de la persona. También demuestra el reconocimiento de las ideas y de los sentimientos de la persona como siendo válidos. El concernir por el valor de las prerrogativas, de las opiniones y de las percepciones de la persona agrega a la demostración de empatía y calidez por parte del consejero.

Escuchar con empatía no es tan fácil para muchas personas. Especialmente, si tales personas están acostumbradas a hablar, a dar opiniones, a predicar, a tener respuestas predeterminadas y estereotipadas. En síntesis, el escuchar con atención demanda:

1. *Sintonización a los sentimientos propios.* Al aconsejar, experimentamos emociones y sentimientos cuando escuchamos. Nuestras propias emociones pueden prevenir o impedir el escuchar con denuedo y atención. Si los sentimientos que nos embargan son muy fuertes, pronunciados, o se inmiscuyen en el proceso, nuestra atención, concentración y enfoque pueden desviar nuestra tarea. Sin embargo, una buena sintonización a nuestros dilemas emocionales al escuchar permite darnos pautas de lo que la otra persona experimenta.

Expresión de los sentimientos propios. Al proveer retroalimentación verbal y no-verbal (actitud, postura), enviamos mensajes emocionales en forma directa, subliminal, tácita o indirecta. De manera tal que si hay discrepancia entre lo que sentimos y lo que expresamos, podemos fomentar la malinterpretación y la confusión en el proceso. La manera y el contenido de lo expresado deben ser apropiados, para no desviar el enfoque hacia nosotros mismos y volvernos en el objetivo de la intervención.

2. *Sintonización a los sentimientos de la otra persona.* Prestar atención a todos los detalles, a todas las señales verbales y no verbales sin ser selectivos. Luego, del contenido global y periférico podemos extraer los aspectos salientes e importantes, a fin de captar la esencia del mensaje. La selección se hace siguiendo ciertas líneas naturales, apegadas al contenido esencial. Tal sintonización hace que las interpretaciones sean más adecuadas y acertadas en cuanto a retroalimentación en comunicación.

3. *Responder a los sentimientos de la otra persona con perspicacia y entendimiento.* Sin ignorar, sin menguar o minimizar, sin cambiar ni resolver tales sentimientos, se debe aceptar a los tales a fin de responder con certeza. La utilización de lógica analítica y sintética, de las maneras deductivas e inductivas, con intuición y sensibilidad, hará que demos pautas de haber captado la esencia del sentir de la otra persona.

La empatía y el escuchar con atención son adquiridas con la experiencia, ya que al principio, los terapeutas están tan compenetrados en el proceso y tan conscientes de sí mismos, que raras veces pueden tener la soltura y solvencia de prestar atención al medio ambiente sin estar autoconscientes. Sin embargo, hay estudios que demuestran que el nivel de empatía es elevado en los principiantes, a comparación con terapeutas expertos, ya que los principiantes tratan de realizar un trabajo excelente y ponen toda su energía y atención en el proceso. Si la ansiedad o el estrés aparecen en medidas elevadas, pueden impedir el fluir del proceso y rebajan la efectividad terapéutica.

Midiendo el Nivel de la Empatía

Muchas personas genuinas y sinceras fallan en ser buenos escuchas. En su afán de hacer una buena tarea, dan lugar a la ansiedad y tratan de corregir todas las deficiencias presentadas con sus respuestas apuradas. Tal vez en el afán de suavizar el dolor emocional de la otra persona, o en el momento crítico, tratan de proveer opiniones, guía y dirección como una solución rápida aún antes de escuchar la historia cabalmente o en su totalidad. En muchos casos, cuando la persona viene a buscar ayuda, no solo quiere un consejo directo, pero también busca un encuentro con otra persona que entienda, tenga empatía, y le de atención a su persona, no solo a sus problemas.

Si la pregunta surge en la mente de la persona que aconseja: "¿Cuán empática es esta persona consejera?, un asesoramiento observacional puede ser realizado. En las prácticas comunes destinadas a preparar terapeutas, con estudiantes jugando papeles (roles) en tríadas terapéuticas (consejero-aconsejado-observador), las personas que observan deben asignar puntajes a las expresiones de la persona que aconseja, y de acuerdo al criterio de la escala provista, asignar un ranking del 1 al 5, de acuerdo a la conducta desplegada (respuestas/consejos/retroalimentación, etc.) por la persona que ayuda actuando como consejero/a. De manera subjetiva, si la pregunta es hecha por la persona misma, ¿Cuán empático/a soy?" tal persona puede hacer una investigación propia al respecto. Tomando la escala provista a continuación, partiendo desde la torpeza o falta de empatía (1) hasta la empatía más acertada (5), un puntaje es asignado a su nivel, marcado en algún lugar de la misma:

1. Ignora los sentimientos de la persona, y proporciona respuestas inadecuadas. Muestra un entendimiento pobre de sentimientos obviamente expresados verbal y no-verbalmente.

2. Responde con cierta certeza a los sentimientos obvios, pero falla en reconocer los afectos velados, tácitos; anticipa hasta cierto punto el contenido emocional de carácter tenue.

3. Tiene certidumbre acerca de lo obvio; demuestra sensibilidad, aunque no muy a tono con las emociones tenues. Sin embargo, no reconoce la intensidad de los mismos, por lo tanto no da lugar al avance en la indagación terapéutica. Sus interpretaciones a veces dan en el blanco, a veces le erran.

4. Tiene un sentido acertado acerca de los sentimientos obvios y escondidos, tenues o velados, y se asesora de su intensidad. El consejo se desarrolla hacia adelante en manera adecuada, fluida y acertada; ofrece explicaciones e interpretaciones que son tomadas por la otra persona como retroalimentación que permite una mayor perspicacia, entendimiento y una mayor búsqueda interior.

5. Se desenvuelve con una certeza impecable, con un entendimiento cabal; tiene precisión en su retroalimentación y la comunicación totalmente ayuda a la persona a entender sus asuntos. Ud. cabe en los zapatos de la otra persona.

A menudo, en las clases de entrenamiento de consejeros o terapeutas, se recomienda formar grupos de tres personas, con los papeles a jugarse de la siguiente manera: (1) Una persona en busca de ayuda terapéutica; (2) una segunda persona actuando como consejera o terapeuta; y (3) una tercera persona observadora, teniendo en mente la escala mencionada arriba –registrando niveles de empatía del 1 al 5 como referencia. Al jugar sus roles, la persona en busca de ayuda se sienta en una silla, vuelca su historia (real o ficticia) mientras que la persona consejera sentada a su lado o enfrente escucha, proporcionando luego respuestas consideradas empáticas. Mientras la relación terapéutica se desarrolla por un espacio de media hora (tiempo flexible), la persona observadora (sentada aparte para no inmiscuirse o impedir el flujo del proceso) anota un puntaje adecuado a cada respuesta de la persona terapeuta y registra sus observaciones. Luego, al fin del ejercicio, la persona observadora provee retroalimentación a la persona que aconsejó, a fin de asesorar cómo ha transcurrido la interacción. Tal interacción puede durar unos diez a quince minutos. Es también interesante y deseable indagar acerca de cómo la persona aconsejada se sintió con las actitudes y respuestas demostradas por la persona que le aconsejó, y que dé pautas acerca de lo que le ayudó en el proceso, o lo que no fue provechoso en el ejercicio. Es deseable que las tres personas tomen turnos y jueguen los tres papeles, a fin de sacar un mejor provecho de su entrenamiento práctico, aprendiendo a escuchar con atención y de responder con certeza emocional.

La persona que observa puede utilizar la siguiente escala para asesorar el nivel de empatía demostrado por la persona que brinda consejos, asignando un puntaje y registrando sus calificaciones a lo largo de la experiencia en juego, de acuerdo a sus observaciones:

1	2	3	5	5
Ausencia total de Empatía	Empatía Demostrada a Nivel Básico	Empatía Demostrada a Nivel Adecuado	Empatía Demostrada a Nivel Superior	Empatía Demostrada a Nivel Excelente

Al comienzo de una sesión, la pregunta surge: ¿Qué pasó en la vida del ser problemático? El escuchar con esmero, atención y empatía facilita la producción del narrativo de la persona. El estado presente de la persona en problema debe ser narrado por la persona, y para ello nuestra ayuda es esencial. ¿Cómo ayudar a la persona a relatar su historia? Para arribar a cualquier solución, debemos postular el problema primero. Para postular el problema, debemos prestar atención y captar todas las variables en el caso. A través del diálogo, facilitamos las expresiones al dar a entender que escuchamos con atención, con empatía, sin juzgar, sin desmerecer ni tildar a la persona.

Es necesario ayudar a la persona a atravesar sus puntos ciegos, sus defensas, sus aprehensiones y temores, para enfocar sobre las oportunidades de hacer algo acerca de su dilema. El fomentar la perspicacia de la persona es sacarlos de sus conjeturas, callejones sin salida, puntos ciegos, o encajonamiento en su dilema. El entender sus luchas y sus perplejidades ayuda a la persona a confiar en el proceso y ser animada a contemplar alternativas.

Luego de penetrar, prorrumpir o inmiscuirse en los asuntos cruciales, el consejero puede ayudar a la persona a elegir el problema a ser tratado, a extraer del panorama problemático los asuntos importantes a ser abordados y dejar a un lado minuciosidades o trivialidades que no vienen al caso. Es necesario asesorar si la persona está lista para avanzar, decidida a cambiar, y tiene la entereza o energía para hacerlo. Luego de escuchar y sondear, investigar e indagar, el consejero lleva a la persona a definir su problema, a constatarlo desde su punto de vista, y manifestar sus ansias de solventar alguna parte o el todo de su dilema. Para ello, las respuestas dadas por el consejero son importantes en cuanto dirigir a la persona hacia el derrotero que lleva a las soluciones posibles.

¿Cómo podemos saber si lo que intentamos decir es captado por la otra persona en su sentido cabal, adecuado, o acertado? ¿De qué manera podemos asesorar si el mensaje ha sido fielmente descifrado y entendido en su totalidad? El procesado de información es afectado por los filtros cognitivos, emocionales, motivacionales y situacionales presentes en el proceso interactivo entre dos personas. La persona problemática vuelca su historia, sus quejas, sus problemas hacia el consejero. Lo hace a través de su fenomenología, de sus filtros. La persona que escucha, tiene sus propios filtros a la vez. Su disposición, su estado de ánimo, su perspicacia, su empatía, etc. entran en juego. Dos sistemas de filtros aparecen como interpuestos entra ambas personas, y pueden distorsionar, menguar, desviar o malinterpretar los mensajes y la retroalimentación. En manera esquemática, presentamos la siguiente figura para ilustrar el desafío que la comunicación presenta, ya que dos personas, con dos sistemas de filtrado se entrelazan en diálogo. Lo que aparece como un doble filtro en el proceso de comunicación, es esquematizado en la figura siguiente, para ilustrar la necesidad de fomentar el asesoramiento cabal de lo que se dice y lo que se responde (Fig. 19.1).

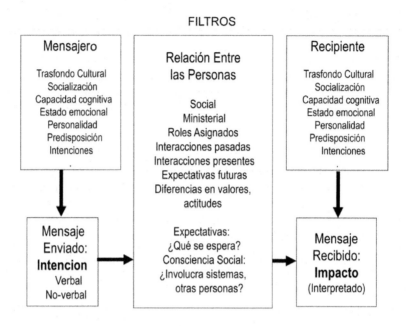

Figura 19.1. Variables en el Proceso del Filtrado de Comunicación

Es necesario asesorar tales filtrados para estar a tono, captar las intenciones, y el significado de lo que se arroja o vuelca en el encuentro. El diagrama simple presentado puede ser ampliado y elaborado más acertadamente, teniendo en cuenta otras variables, tales como la relación entre el consejero y el aconsejado – su afinidad cultural y espiritual, su confianza mutua, las capacidades cognitivas, emocionales, sociales y conductivas de ambos, el que envía el mensaje y el receptor. Además, el estado de ánimo que embarga a ambas personas, tal vez en una manera diferencial, y otros factores situacionales que se inmiscuyen en la comunicación.

Respondiendo con Perspicacia

Si bien por un lado el escuchar con atención y con empatía es algo básico en el proceso de consejería, el complemento directo involucra el responder con perspicacia. La retroalimentación hacia la persona que viene a pedir ayuda es sumamente importante, tanto en lo verbal como lo postural. La comunicación es una avenida de dos manos, uno da y recibe; escucha y responde. Las fallas pueden surgir de cualquier lado, sea la falta de escuchar con atención y empatía, o la falta de buenas respuestas o retroalimentación. Podemos hacer una breve reseña acerca del responder apropiado, perspicaz y acertado:

✓ *Expresando lo que es implícito.* Las expresiones primitivas, burdas, incongruentes o vagas de la persona problemática deben ser asesoradas con empatía. Se debe prestar atención a los procesos subyacentes, a las expresiones que denotan temáticas de necesidades sin resolver, de asuntos inconclusos que prorrumpen a la superficie, y a las maneras concretas que proporcionan en manera disgregada un sinnúmero de conflictos presentes. Lo oscuro, lo encubierto, lo inconsciente, lo tácito o implícito, puede ser sonsacado, interpretado a la luz de una percepción más global, abstracta, abarcadora o integradora por parte del consejero. Al principio, las interpretaciones deben ser tentativas, ya que mucho material se necesita para hacer una simple síntesis de las expresiones, de las quejas, de las demandas, y de las cuestiones de la persona en problemas. Los descubrimientos hechos por la persona que escucha con empatía e interpreta, no necesitan ser directamente impuestos o prematuramente volcados sobre la persona que no tiene la capacidad (intelectual o emocional) de captar, debido a las distorsiones provocadas por la ansiedad, la depresión, el estrés o cualquier otra emoción. Se guía a tal persona a un proceso de entendimiento, y en manera abierta, calma, objetiva y acertada, se proporciona luz, o se esclarece lo implícito, lo velado o lo confuso.

✓ *Encapsulando lo expresado.* La persona en problemas trae muchas ideas, sentimientos, acciones y pronunciamientos en manera fragmentada, desparramando sus quejas y necesidades. Tal material necesita asumir cierta posesividad, y adquirir una forma más global a fin de proporcionar mejores augurios de solución. La síntesis de lo desparramado se logra a través del enfoque sobre pensamientos y sentimientos esparcidos, con énfasis hacia el agrupamiento de temas, trayendo los asuntos hacia un foco más cabal.

✓ *Identificando temas.* La identificación de temas emocionales se logra a través de la síntesis del encapsulado de los asuntos esparcidos. Los asuntos inconclusos que se repiten, las expresiones estereotipadas, los complejos obsesivos, las compulsiones, se pueden encapsular a fin de enfocar sobre objetivos concretos y específicos a ser tratados en la relación terapéutica. El asesorar que existen ciertos sentimientos, y el sondear hasta darles una identidad, y de ver la conexión con ciertas causas que promueven tales sentimientos, permite la identificación de temas emocionales en terapia.

✓ *Ayudar a la persona a usar su imaginación y su fe para vislumbrar posibilidades de solución a su problema.* Permitir la diferenciación entre lo que se puede y no se puede hacer, y aceptar las cosas que no son tan cambiables con alternativas en cuanto a respuestas, acomodo, asimilación o equilibrio emocional ante tales dilemas. Ayudar a la persona a ir más allá de su mentalidad atrapada y embutida en su problema y miseria, desarrollando esperanzas.

✓ *Ayudar a la persona a elegir objetivos y metas realísticas y desafiantes.* Tales objetivos representan posibilidades en cuanto a vislumbrar alguna solución a su problema, permitiendo el arribo a ciertas conclusiones. Se dice que Sócrates nunca les decía la verdad a sus discípulos, pero que les proporcionaba ocasiones óptimas y los provocaba a descubrir la verdad, aunque él pudiese haber estado tentado a decírsela de entrada. En cierta manera, la persona terapeuta proporciona ocasiones para que la persona en problemas "descubra" la verdad en lugar de simplemente darle admoniciones, mandamientos o clichés estereotipados. De tal manera, lo que es aprendido, descubierto o logrado en manera cognitiva-emocional es "propiedad" de la persona. Muchas veces, la persona problemática tiene premisas o bases que se expresan tácita o implícitamente en sus quejas y en sus demandas, pero sin necesariamente estar al tanto de sus conclusiones lógicas. Tales desavenencias se deben a los mecanismos de defensas naturales, presentes en el subconsciente de la persona, o a las distorsiones causadas por los problemas que influyen sobre sus filtros cognitivos-afectivos. La persona terapeuta puede proporcionar maneras retroalimentadoras que permitan el arribo a conclusiones lógicas, a la conexión de los asuntos que aparecen vagamente asociados, o a cierta psicosíntesis. Se busca el conectar los datos proporcionados, a manera de "puentes entre las islas". En lugar de fragmentación, confusión o disgregado de material emocional, se tiene en mente el arribo a cierta integración cohesiva y estructura funcional, lograda a través del escuchar paciente, objetivo, empático y desvinculado de dogmatismo o presiones mecánicas. Es como una especie de "estudio inductivo" a la personalidad, a sus defensas y a sus expresiones.

✓ *Desarrollar alternativas.* Si se presentan los mismos datos a varias personas asesorando el caso, es probable que cada una de ellas arribe a cierta conclusión particular aparte de las generalidades que puedan darse en el caso. Con los mismos datos proporcionados en la relación terapéutica, una persona puede tener una visión problemática, oscura, carente de esperanza o de solución, mientras que la persona que ayuda puede presentar ciertas alternativas que desafían a tales conclusiones. A veces, la persona problemática no cambia su conducta y termina en el mismo lugar, porque "las huellas son profundas" después que le dio vuelta al asunto docenas de veces, siempre de la misma manera. Si la persona usa los mismos moldes, utiliza los mismos recursos, o emplea las mismas reacciones a los problemas, es muy probable que termine en el mismo punto de partida, repitiendo su derrota. Haciendo sugerencias, y más aun, permitiendo que tal persona desarrolle nuevos marcos de referencia, se busca el proporcionar un desafío al status quo, a enfocar sobre nuevas perspectivas acerca de la realidad. Se busca el "renovar la mente" a fin de permitir la atribución de un nuevo significado a la realidad y de ver desde otro punto de vista la solución factible a los problemas.

✓ *Ayudar a la persona encontrar incentivos que le ayuden a dedicarse de lleno a cambiar su agenda –* su conducta, sus actitudes, o aun su carácter. El llevar a la persona a preguntarse *"¿Qué es lo que yo estoy dispuesto a hacer para conseguir lo que quiero ver realizado? ¿Qué precio estoy dispuesto a pagar para ver una solución a mi problema?"* Sin un cometido esencial por parte de la persona, sin una disposición definida de su parte, no se puede llegar a ninguna conclusión o solución. Sin una determinación fuerte, los mejore anhelos vertidos en la sesión terminan por ser "buenas ideas" que nunca se realizan. El consejero ayuda a la persona a vislumbrar sus objetivos, a ver las posibles avenidas a ser tomadas, a mantener un rumbo definido hacia la meta, y estar compenetrado en sus propios esfuerzos en alcanzar tal meta.

✓ *Respondiendo con encomio hacia implementación de soluciones.* Esta etapa es más avanzada y presupone que la persona ha definido su problema, ha indagado y esclarecido sus ramificaciones, y ahora es dirigida a buscar soluciones. Se trata de estimular a la persona a pensar, razonar, buscar alternativas y ver que hay varias maneras de avanzar hacia los objetivos establecidos. Luego, se trata de ayudar a la persona a elegir la estrategia o el camino que mejor se acomoda a su estilo, a su manera de ser, a sus aptitudes o posibilidades. Más aún, se trata de ayudar a la persona a elaborar su propio plan de avance, organizando sus acciones para lograr sus propósitos. El responder con empatía, con encomio y con refuerzo positivo fomenta o proporciona el soporte, la guía y el empuje necesario a la persona en su cometido hacia la resolución de sus dilemas.

✓ *Confrontando.* Por último, es necesario adquirir la sabiduría necesaria en respuestas confrontadoras. Muchas veces en consejería se da la ocasión de confrontar a la persona al notar discrepancias entre sus valores y conducta, entre sus emociones y su pensamiento, entre lo que dice y hace. Muchas veces la persona necesita ser confrontada para moverse de su estado pasivo a cierta actividad saludable. El confrontar es desafiar el *status quo*. Sin embargo, todo desafío brindado a la persona cuando se emplea una respuesta confrontadora necesariamente debe partir de la premisa paulina: Hablar la verdad en amor. En el espíritu de ayudar, manifestar cuidado y genuinidad en el aceptar y validar a la persona en lugar de simplemente apabullarla con un consejo áspero o dogmático.

Un Proceso Metacognitivo-Metaemotivo

En el Capítulo 16 hemos considerado al ser humano en forma trialógica. El escuchar y responder teniendo en cuenta la presencia del Espíritu Santo involucra el prestar atención y abrirse a la guía y dirección de la persona presente, al Espíritu Santo como interlocutor. Un esquema de tal posibilidad es presentado (Fig. 19.2) en el cual,

1. El problema es visto desde el punto de vista de la persona necesitada. Se tiene en mente su definición, su queja o necesidad.

2. El problema es visto desde el punto de vista del consejero. La empatía es esencial para captar los pensamientos, sentimientos, motivaciones y luchas de la persona.

3. El problema de la persona y la persona que lo rae son vistos por el consejero. Se trata no solo de definir el problema en conjunto, mutuamente, sino también de prestar atención al ser que sufre.

4. El consejero se asesora no solo del contenido del problema, sino también está al tanto del proceso de la persona —su sentir, pensar, condición, y comunicación— verbal y no-verbal, de las acciones y reacciones de la persona, etc. Tiene un panorama amplio de la situación que abarca a la persona y su problema.

5. El consejero "se sale" del marco subjetivo, por así decirlo, asesorando no solo al problema y a la persona problemática, sino que se considera a sí mismo en relación a la persona, y se apercibe de sus respuestas y retroalimentación, de sus reacciones emocionales, de sus pensamientos y razonamientos, etc. En forma metacognitiva y metaemotiva (piensa acerca de lo que piensa y razona; se asesora del sentir acerca de sus emociones, etc.) es capaz de ser objetivo acerca de su propia subjetividad, y permitir un mejor cuadro de la situación global.

6. El consejero entabla un diálogo con el Espíritu Santo tácitamente, paralelamente a su diálogo con la persona; en tal diálogo puede interceder, pedir ayuda, buscar guía, etc., mientras el proceso se desarrolla, en forma paralela. Espera que el Espíritu Santo también entable un diálogo con la persona problemática.

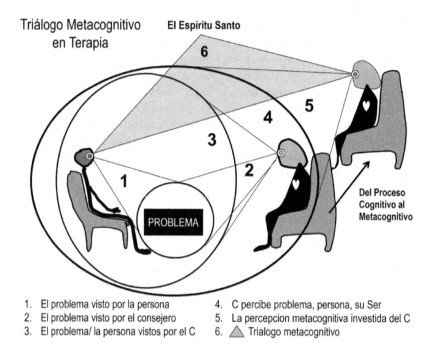

Triálogo Metacognitivo en Terapia

El Espíritu Santo

PROBLEMA

Del Proceso Cognitivo al Metacognitivo

1. El problema visto por la persona
2. El problema visto por el consejero
3. El problema/ la persona vistos por el C
4. C percibe problema, persona, su Ser
5. La percepcion metacognitiva investida del C
6. Trialogo metacognitivo

Figura 19.2. El Proceso Metacognitivo Trialógico

A veces tal proceso es reconocido por ambas personas; la mayoría de las veces, el consejero está más apercibido que la persona problemática de tal triálogo. El ser dialógico da lugar al Espíritu para que pueda guiar y dirigir la sesión, convencer o redargüir a la persona, proveer una palabra de sabiduría o de ciencia al consejero, proporcionar discernimiento, o simplemente actuar en forma tácita en la interacción. El reconocer, actualizar e invitar a su persona y presencia es el privilegio del consejero o de ambas personas en el proceso comunicativo. Tanto el escuchar como el responder con empatía, como hemos visto en este capítulo, demanda cierto entrenamiento bajo supervisión y provisto de retroalimentación por un mentor.

Capítulo 20

La Utilización de las Escrituras en el Consejo Integral

La función terapéutica proporciona oportunidades para escuchar, atender a las necesidades de carácter emocional y espiritual, y responder a las mismas en el proceso de consejería integral. Se trata de aprovechar la oportunidad de utilizar todos los recursos disponibles en tal proceso. Se supone que la persona que aconseja tiene nociones de vida basadas en su relación a Dios, en su fe y en su arraigamiento en las Escrituras, en la oración, en la comunión, y en la participación de la vida comunitaria con otras personas que profesan su fe en Dios. La persona en necesidad, por otra parte, puede tener las mismas bases de existencia a diferentes grados, o puede tener otras premisas que no necesariamente sean paralelas a las de su terapeuta.

En el ámbito secular, se ha experimentado una evolución diversificada en cuanto a las consideraciones "mentales" o "espirituales". Si bien la psicología etimológicamente se derivó de conceptos tales como la "curación de almas", con el tiempo llegó a ser el tratado acerca de estructuras y funciones irracionales, inconscientes y subjetivas, para luego progresar hacia "la ciencia que trata con la conducta de los organismos". Con el correr del tiempo se dio menos énfasis a lo mental y lo espiritual, favoreciendo el énfasis hacia lo empíricamente medible -los factores fisiológicos, biológicos, hereditarios, conductivos y sociales-ecológicos. Se ha dado preeminencia a lo contextual, a lo ambiental en combinación a lo hereditario, con la exclusión de lo considerado esotérico o espiritual.

En las últimas décadas, la relación entre la espiritualidad y la salud mental ha sido objeto de investigación (e.g., Larson, 1986; Koening, 1998; Larson, Swyers & McCullough, 1998; Chamberlain & Hall, 2000; Plante & Sherman, 2001; Hill & Pargament, 2003). La Asociación Psicológica Americana (APA) le ha proporcionado un momento de fuerza al movimiento que relaciona la religión, la espiritualidad, y la salud, dedicando una sección especial a tal temática en las investigaciones y en la práctica terapéutica. (*American Psychologist*, Enero, 2003). Investigadores hispanos/latinos han contribuido con sus aportaciones, arrojando datos pertinentes a las poblaciones que acuden a los servicios de salud mental (e.g., De La Cancela, 1985; Baez & Hernandez, 2001; Falicov, 2009). Los resultados de tales investigaciones han mostrado cierta consistencia en los datos logrados, dando a entender una relación positiva entre la espiritualidad y la salud mental. Esta obra enfatiza la utilización de las Escrituras, consideradas la Palabra viva de Dios que entra en diálogo con la persona consejera quien la aloja, medita sobre ella, consolida sus principios, y los arraiga en sus estructuras ontológicas. Tales bases permiten que la palabra que mora en su ser le provea entendimiento, erspicacia y sabiduría en el proceso de aconsejar.

Las investigaciones hechas en cuanto a religión, espiritualidad, y salud mental han empleado métodos correlacionados, los cuales no implican causación. El hecho de tener respuestas positivas o negativas en las encuestas no prueba que se ha hallado o definido el mecanismo causativo de tales medidas. Por qué y cómo la salud mental o las aberraciones se relacionan a ciertas prácticas necesita de estudios más sofisticados, basados en paradigmas más elaborados. Por lo tanto es necesario elaborar modelos que permitan ser asesorados y científicamente comprobados. En la actualidad, los aspectos cualitativos y testimoniales de las experiencias personales y comunitarias son los que dominan el panorama, como así también los estudios comparativos correlacionando las variables. Sin embargo, dado el caso que la correlación es obviamente repetida vez tras vez, a criterio del autor, se puede afirmar que la espiritualidad se relaciona a la salud mental en maneras definidas, atestiguadas por los datos demográficos y las innumerables experiencias vertidas en reportes pastorales, asambleas denominacionales y reportes organizacionales relacionados al crecimiento de la iglesia hispana-latina evangélica. Este capítulo trata directamente con la posibilidad de utilizar las Escrituras como fuente de verdad revelada, a ser administradas sabiamente en el consejo integral.

Recursos Utilizados en Acercamientos Terapéuticos

En círculos terapéuticos, se enfatizan los recursos presentes en la persona siendo aconsejada, en su contexto inmediato, en su contexto global, y en la sociedad que lo rodea. De manera que, se trata de asesorar a qué grado tales variables participan en el proceso de sanidad emocional, y en la solución de los problemas. En cuanto a lo individual, se trata de utilizar:

1. Las estructuras y los procesos espirituales-cognitivos. Se tiene en mente el grado de crecimiento espiritual caracterológico, y del asesoramiento acerca de la realidad, del entendimiento, de la percepción y la perspicacia intelectual-espiritual de la persona. Se trata de ver su capacidad de conectar su historia con su condición presente, y entender el impacto de la socialización y de las experiencias en su vida. Se busca utilizar su capacidad intelectual, su razonamiento, su capacidad de entendimiento y juicio, y de visión futura.

*2. Las estructuras y los procesos emociona*les. Se busca utilizar la capacidad afectiva, o la sensibilidad emocional de la persona. Se enfatiza la aceptación de la realidad de las emociones negativas, como también se busca establecer criterios de cambio hacia las emociones más positivas, integrando el afecto con lo cognitivo y lo volitivo.

3. Los procesos motivacionales-volitivos y la capacidad decisiva. Se trata de ver a qué grado la persona se adhiere a sus convicciones, y en qué manera utiliza tales convicciones en sus decisiones. Se enfatiza la necesidad de consistencia, de mantenimiento de conducta deseada, de rechazamiento de los malos hábitos y de la conducta indeseable.

4. La capacidad relacional. Se busca indagar, asesorar, y establecer el nivel social, y reforzar la capacidad relacional positiva, el establecimiento de buenos contratos o pactos con los semejantes, el establecimiento de límites adecuados y apropiados dentro de la familia, de las amistades y de las situaciones de trabajo. Se trata de utilizar las afiliaciones como soporte moral, emocional y social, a fin de proporcionar un marco de referencia sanador. Se busca el incrementar la capacidad de diferenciación e individuación dentro de la mutualidad social, en vista a las relaciones sanas en lugar de la deshumanización debida a las manipulaciones situacionales pesarosas presentes en ciertos casos (debido a los vicios, las drogas, el alcohol, los abusos físicos, el incesto, etc.) en los cuales los límites interpersonales no son respetados y se fomenta un sistema disfuncional. Se busca enfatizar la ética social, y la atención a la vida moral aceptable dentro del contexto de la persona.

5. Recursos institucionales. Aparte de escuchar y responder, y de proporcionar oportunidades terapéuticas relacionales, a menudo se apela a la intervención adjunta necesaria, tal como los recursos médicos, farmacológicos, o la hospitalización psiquiátrica. En tales casos, personas que tratan con aspectos físicos, bioquímicos, fisiológicos, o neurológicos, participan en el entendimiento y en la aplicación de soluciones a los problemas emocionales. Muchos casos de depresión, ansiedad extrema, y estrés, son atendidos temporalmente en contextos controlados, seguros, hasta que la persona vuelve a funcionar normalmente. Casos de esquizofrenia, o psicosis de diversa índole, son tratados con más atención y con mayor frecuencia en tales instituciones, contando con tiempos más prolongados. En muchos casos, el mantenimiento de una vida funcional es posible a través de tratamientos farmacológicos por vida, acoplados a las terapias que emplean soporte emocional, consejos, y participación social.

Todos estos factores son tenidos en mente, y deben ser asesorados conscientemente. A tales factores integramos la utilización de las Escrituras, consideradas como un recurso básico y primordial en la consejería integral.

Las Escrituras Vistas Desde un Ángulo Metacognitivo-Dialógico

La persona que conoce a Dios y oye su palabra viva, sabe que en esencia, las Escrituras no se consideran una especie de "objeto" sagrado, mágico, o ente a ser utilizado como un talismán para el beneficio manipulativo del ser humano. Las Escrituras se consideran la revelación de Dios, y sus expresiones fueron primeramente grabadas en piedra, luego escritas en pergaminos y papiros, copiadas y embellecidas en los monasterios, para ser finalmente impresas por Guttenberg en 1454. En la actualidad, una proliferación de numerosas versiones digitales de la Biblia existen, disponibles en una gran variedad de lenguajes, y editadas en varios tipos de formatos. Como expresiones de un Dios viviente, la Palabra de Dios es eterna, aunque se nos ha dado en el espacio y el tiempo para nuestro provecho. Tal Palabra trasciende los medios en los cuales aparece, y debe ser oída, leída, atesorada en la mente y en el corazón, y digerida al punto de interpenetrar las estructuras y los procesos cognitivos-emotivos del ser. Al estar alojada, puede inmiscuirse, coparticipar, y afectar al ser en su fuero interno.

Al estar interpenetrada con las sub-estructuras esenciales u ontológicas del ser, y coparticipar en los procesos cognitivos-emotivos, motivacionales y volitivos, las Escrituras se constituyen en el agente de investidura de la capacidad humana para poner su fe en acción. Desde tal ángulo es que la Palabra redarguye, exhorta, enseña, limpia, y guía ("desde adentro" por así decirlo) al ser humano en hacer la voluntad de Dios y ser una persona que imita a Dios, andando en amor. El ser humano puede memorizar, meditar, rumiar, reflexionar, y dialogar con la Palabra viva de Dios. Las Escrituras pueden (y deben) ser parte intrínseca de las deliberaciones intrapsíquicas, de los diálogos internos, y de la retórica interna del ser. Luego de haber dado las tablas de piedra, y proporcionado los escritos de Moisés y de los profetas, la promesa del Padre ha sido: "Pondré mis leyes en sus corazones; sobre sus mentes las escribiré"

(Jer 31:33). De modo que, el autor postula una manera metacognitiva-dialógica de utilizar las Escrituras en la consejería, llegando a ser un ministro del Nuevo Pacto, del Espíritu, un agente de bendición, de reconciliación, de salud, y de sanidad.

Las funciones útiles de las Escrituras. En sus consejos dirigidos a un discípulo joven, el apóstol Pablo le recalcó el valor de la Palabra de Dios: "Toda Escritura es inspirada por Dios, útil para enseñar, para redargüir, para corregir, y para instruir en justicia, a fin de que el hombre de Dios sea perfecto, enteramente preparado para toda buena obra" (2Ti 3:16). Que toda Escritura sea útil no significa que nosotros la utilicemos debidamente en forma automática o utilitaria. Recordamos las palabras de Jesús registradas en el evangelio de Lucas, "Así también vosotros, cuando hubiereis hecho todo lo que os es mandado, decid: Siervos inútiles somos, porque lo que debíamos hacer." (Lk 17:10). Sin embargo, aunque a veces nos sentimos inútiles, podemos usar las Escrituras como las expresiones útiles de Dios, siempre y cuando tengamos el espíritu de la letra en mente y corazón. Teniendo en mente las nociones metacognitivas-dialógicas expuestas es que podremos "utilizar" las Escrituras en forma debida. Tales nociones son:

1. Tener una visión metacognitiva: saber que sabemos que *la Palabra es útil*; pensar acerca de cuán veraces y afirmativos nuestros pensamientos son en relación al poder socializador, formativo, y labrador de las Escrituras que actúa en nosotros al transformar, moldear, afirmar, e investir nuestras estructuras mentales (ontológicas, epistemológicas y teológicas); cómo nuestra experiencia personal y nuestros valores, actitudes, y carácter han sido impactados por las Escrituras.

2. Asiduamente procesar nuestros procesos internos —cognitivos-emotivos-volitivos— en coparticipación con la Palabra que redarguye, educa, instruye, y labra, para asesorar nuestro estado de ser, nuestra condición ante Dios, y alinear nuestro carácter y conducta con su voluntad; tener perspicacia metacognitiva acerca de cómo nuestro pensar, razonar, percibir, deliberar, atribuir significado, pronunciar veredictos, etc. son procesos afectados por las Escrituras.

3. Dialogar con la Palabra viviente de Dios —alojada en nuestras estructuras y copartícipe con nuestros procesos— y con el Espíritu Santo que mora en nosotros, y así nutrirnos de toda palabra que sale de la boca de Dios; adquirir conocimiento, entendimiento, y sabiduría escritural para poder guiar, amonestar, exhortar, consolar, etc. a otras personas.

4. Encarnar la Palabra —actualizar su contenido, significado, intención, y propósito; llegar a ser cartas vivas, expresiones concretas de Dios, leídas por todos.

El ser expresiones vivas de la gracia de Dios nos permitirá ser utilizados por el Espíritu (más que "utilizar" las Escrituras) en triálogo terapéutico entablado con las personas aconsejadas. Consideramos a las Escrituras no como una adición, una herramienta, un medio, o un manual de estrategias en nuestro ministerio. La Palabra llega a ser una propiedad intrínseca y emergente que primeramente nos nutre, limpia, labra y enviste a nosotros, para luego ser de ayuda y poder transmitir, participar, investir, y bendecir a las personas a las cuales ministramos con poder. A la luz de tales principios es que podemos interpretar tal pasaje, el cual nos da a entender cuatro funciones esenciales en el ministerio pastoral y de consejería. Veamos tales funciones útiles:

1. *Enseñanza.* Mucho de lo que sucede en el consejo tiene un énfasis psico-educativo y puede recibir el influjo de lo escritural para tener un mayor impacto espiritual en cuanto a

labrar vidas, discipular, o dar consejos que eduquen a la persona en cuanto a la Palabra y la voluntad de Dios en el desarrollo y transcurso de sus vidas y sus vicisitudes.

2. Redargüir: La Palabra penetra y provee convicción de pecado, apelando a la conciencia y a la necesidad de confesión, de reconocimiento, de remordimiento, de arrepentimiento, y a la búsqueda de perdón y restitución.

3. Corrección: La Palabra presenta las proposiciones verdaderas de Dios, el camino recto, y la voluntad expresa de Dios. Todo desvío, o yerro equívoco, es confrontado con lo absoluto y esperado por Dios. La corrección del carácter, de la conducta, de las motivaciones, y de las expectativas que entran en juego en las relaciones, es efectuada al dar lugar a la Palabra de Dios –no como un ente legalista ("árbol de ciencia") sino como un principio de disciplina en amor ("árbol de vida"). Claro está, hay que sonsacar la verdad y no torcerla con nuestras interpretaciones personales idiosincráticas. Pablo le recuerda a Timoteo: "Ten cuidado de ti mismo y de tu doctrina, porque haciendo esto te salvarás a ti mismo y a los que oyeren" (1 Ti 4:16).

4. Instrucción en justicia: La Palabra es útil para enseñar en forma global, abarcando el carácter, la conducta, y las motivaciones; aquí se agrega el énfasis de instruir (labrar, equipar, dar pautas, entrenar) a la persona *en justicia* –la justica según Dios, en demostrar rectitud, ser y hacer lo correcto ante su presencia, sin jactarse en su propia justicia

Aparte de las cuatro funciones mencionadas en tal texto clásico, las Escrituras se consideran esenciales en la actualización de las siguientes funciones:

5. Guía, iluminación: La Palabra actúa como ente esclarecedor, penetrante ante la oscuridad ambiental, la ignorancia espiritual, las tentaciones a los desvíos, o los tropiezos en el derrotero cristiano. El terapeuta que aloja la Palabra ampliamente, podrá dar consejos sabios. "Lámpara es a mis pies tu palabra y lumbrera a mi camino" (Sal 119:105).

6. Nutrición: Pablo enfatizó a los Corintios acerca de la necesidad de crecer para poder comer "vianda sólida". Pedro, por otra parte, animó a los creyentes más tiernos (recién convertidos) a alimentarse de leche espiritual. Eso sí, advirtió que tal nutriente debía ser "Leche espiritual no adulterada" (1P 2:1-3). Es decir, la palabra pura, sin agregados reducidores, aguados, o disminuidos en su poder alimentador. También, la necesidad de proveer una palabra pura en relación a la toxicidad de las doctrinas erróneas que desvirtúan y corrompen las buenas costumbres, y arruinan el acatamiento pleno y veraz de la voluntad de Dios.

7. Limpieza: La Palabra es un agente de limpieza necesario al caminar en un mundo terroso. Jesús recalcó a sus discípulos en Juan 13 la necesidad de "lavar los pies" los unos a los otros. También, en su metáfora acerca de la vid verdadera (Jn 15), Jesús dio pautas de podar (cortar lo excesivo, inútil, contraproducente) los pámpanos, de limpiar su vida, para que demos fruto. "Vosotros estáis limpios por la palabra que os he hablado" (Jn 15:8). Aunque estamos limpios, al caminar por este mundo, nos ensuciamos diariamente y a menudo debemos interceder, corregir, o limpiar nuestro andar. Debemos hacerlo en amor: los unos a los otros, con la Palabra viviente de Dios. El salmista nos da pautas: "¿Con qué limpiará el joven su camino? Con guardar tu palabra." (Sal 119:9).

8. Escrutinio cabal, penetrante: Al aconsejar con la Palabra, podemos interceder y apelar a la utilidad provista en cuanto a la perspicacia necesaria, al entendimiento cabal de lo esperado por

Dios, para dejar a un lado las necedades, lo negativo, las disfunciones, y las aberraciones a las cuales somos propensos, y hacer caso a la voluntad de Dios. "La palabra de Dios es eficaz, más cortante que toda espada de dos filos; y penetra hasta partir el alma y el espíritu, las coyunturas y los tuétanos, y discierne los pensamientos del corazón." (Heb 4:12). Aún cuando en las sesiones de consejería la persona llegue a volcar y confesar sus cuitas y yerros, tratando de purgar sus delitos, la Palabra puede ir más allá de los esfuerzos humanos en adquirir la visión, la perspicacia, o el entendimiento debido, para purificar su ser, iluminando y redarguyendo a la persona, quien, confesando y creyendo en la gracia y el perdón de Dios., puede experimentar el perdón, la limpieza, y la libertad del pecado

Todos los puntos mencionados deben ser cotejados dentro de la manera en la cual entendemos y aplicamos las Escrituras. Si bien Dios nos ha dado su revelación, es la interpretación humana la que puede desviar, disminuir, desvirtuar o tergiversar el sentido, el tono, la intención, o la voluntad de Dios. A través de la exégesis podemos extraer el significado, y luego a través de la hermenéutica podemos ver cómo interpretamos las Escrituras. La Palabra revelada es interpretada, para luego ser aplicada. Las maneras en las cuales tal aplicación toma lugar depende del grado de conocimiento que la persona que aconseja tenga de la Palabra, de su erudición y pensamiento teológico, y de su perspicacia en el arte de aconsejar. Qué pasajes se aplican, a qué problemática, y cómo se vierten hacia la persona en interacción, son variables que no se replican de una experiencia a otra, sino más bien son expresiones que nacen de la compenetración profunda de las Escrituras en la mente y el corazón de la persona consejera. El consejo paulino, "La Palabra de Cristo more abundantemente en vuestros corazones..." precede a su apelación referente a amonestar o a exhortar con toda sabiduría (Col 3:16). Los filtros naturales de la cultura, la socialización, la educación, la perspicacia personal, y las capacidades cognitivas (razonamiento, lógica, retórica, semántica y expresividad) son factores que entran en juego en la consejería. El siguiente esquema puede arrojar luz acerca de lo que estamos diciendo (Figura 20.1).

Figura 20.1. La Palabra y el Consejo

La consejería bíblica integral apela a la utilización de las Escrituras como un recurso espiritual, considerándolas como una parte esencial de la intervención terapéutica pastoral, como así también de la psicoterapia administrada por personas cristianas entrenadas en ambos campos, la teología y la psicología clínica. En estos acercamientos, se da lugar a las disciplinas espirituales tales como la lectura de las Escrituras, la oración, la meditación, la comunión de los componentes de la comunidad, y el ejercicio de los dones proporcionados a la comunidad. En la denominada Terapia Cristiana Cognitiva Conductiva (Tan, 2007b; Tan & Johnson, 2005; Garzón, 2005) la integración entre la psicología y la Biblia es más explícita que en el ámbito secular. Las personas que buscan tal terapia lo hacen porque quieren tener pautas bíblicas en el manejo de su estrés y buscar cierto conforte, tener una guía para sus vidas, lograr el esclarecimiento de sus perplejidades, la corrección de sus equívocos, o la restructuración cognitiva de sus estilos negativos; o tratan de ver un cambio en su carácter o su conducta, o experimentar una limpieza mental, o una sanidad interior (Jn 15:3; Sal 119:9, 11; Heb 4:12; 1P 2:2; etc.).

Como ya se ha mencionado, la utilización de tales recursos no es un "abracadabras" automático, ni tampoco una especie de talismán o lámpara de Aladino cuyo uso proporciona una respuesta mágica a los anhelos del usuario. El consejo terapéutico que incluye tales disciplinas busca el asesoramiento de la condición problemática, del trasfondo de las necesidades a ser atendidas, los sentimientos de la persona en necesidad, sus actitudes y valores, y su percepción en cuanto a los recursos a ser utilizados. Al emplear recursos tales como la oración o las Escrituras, se da la oportunidad de conversar acerca de los pensamientos, los sentimientos, y las actitudes relacionados con los mismos. A veces, hay que investigar si existe cierta lógica idiosincrática, subrayada con interpretaciones privadas, autísticas, o convenientes. Se asesora acerca de las distorsiones debidas a la socialización, a la cultura, a la patología presente, a las necesidades apremiantes, o a la proyecciones personales de diversa índole. También, se asesora acerca de la disposición abierta o cerrada de las personas, de su orientación hacia Dios.

La motivación e intención en utilizar la Biblia en el consejo es facilitar y no impedir que las personas "posean" sus sentimientos y pensamientos acerca de sus problemas, y que demuestren responsabilidad por sus acciones en lugar de racionalizarlas o negarlas. En situaciones apremiantes, es muy tentador el espiritualizar las condiciones, evitando aceptar responsabilidades de actuar en forma debida, correcta, o demandada por Dios. Sin negar la influencia genética y social de muchas aflicciones humanas, podemos alegar que a veces, es fácil echarle la culpa a la herencia y al medio ambiente en lugar de aceptar responsabilidades por yerros propios o fallas en obedecer a los mandamientos de Dios.

Por otra parte, muchas personas se dan a culpar a Satanás por todas las peripecias, enfermedades, o desatinos experimentados en sus vidas. Tales personas han sido socializadas o enseñadas de alguna manera idiosincrática, o han desarrollado su propia interpretación teológica en la cual su responsabilidad mengua a favor de atribuir toda vicisitud a las huestes espirituales demoníacas. No cabe duda que tales influencias existen y presentan sus desafíos al ser humano. Sin embargo, muchas de las cuestiones problemáticas se deben a la carencia de sentido común, a las malas costumbres, a los hábitos adictivos, a las elecciones pobres sin sabiduría, o –hablando en términos generales– a la mala mayordomía de la persona. La persona terapeuta puede asesorar el grado de responsabilidad humana que entra en juego al enfrentar la persona a sus desafíos cotidianos.

Apelando a las Escrituras

La utilización de las Escrituras (o el apelar a las mismas, vertiendo su verdad en expresiones terapéuticas) en el consejo es un factor preponderante ya que la Palabra de Dios se considera la base de fe y conducta del creyente. Representa un caudal de información, de asesoramiento, de guía, de corrección, y de cotejado con el diseño y la voluntad de Dios para el ser humano en cuanto a su carácter, su conducta, y sus relaciones maritales, familiares, y comunitarias.

Es digno de notar la manera en la cual Jesús apeló a las Escrituras vez tras vez. Lo hizo al corregir las enseñanzas erradas de los Fariseos (intérpretes de las Escrituras) en cuanto al divorcio (Mt 19:3-12); lo hizo al derrotar a Satanás en el desierto, desafiando y corrigiendo las interpretaciones y aplicaciones satánicas de las Escrituras (Mt 4:4, 7, 10). En especial manera, utilizó las Escrituras como base para su conversación con los dos caminantes a Emmaús. Apeló a los escritos de Moisés, a todos los profetas (Lc 24:27), y a los Salmos (Lc 24:44), para declarar a través de las Escrituras todo lo referente a su persona y obra. Es notable que Lucas alega a la noción que Jesús apareció "en otra forma" y que los ojos de ellos "estaban velados" para que no lo perciban directamente (16:16). Es decir, el texto alega a la presencia de una doble barrera perceptiva, como para indicar que es a través de la Palabra que Jesús se reveló a los discípulos abrumados y depresivos, ansiosos y desesperanzados. Si Jesús hubiera desplegado su persona resucitada en forma esplendorosa, ellos no tendrían la oportunidad mayúscula de reconocer o ver a Jesús a través de todas las Escrituras. El Señor se reveló luego de haberles ofrecido el mayor estudio bíblico de la historia, al partir el pan, para luego desaparecer de su vista. La conclusión de los dos transeúntes fue: "¿No ardía nuestro corazón en nosotros, cuando nos abría las Escrituras?". Un principio emerge de estas consideraciones: No se trata de solo leer las Escrituras y tener un conocimiento cabal de las mismas; es necesario experimentar la revelación divina proporcionada en gracia por el Autor, una abertura perceptiva espiritual, para poder ver la realidad escritural concerniente a las cosas de Dios. Jesús "les abrió el sentido" a su discípulos, "para que entendiesen las Escrituras" (Lc 24:45). Es necesario descorrer el velo (según Pablo a los Corintios 3:12-18) para lograr captar la realidad de Dios revelada en Jesucristo, y a cara descubierta, alinear nuestro ser contemplando la faz del Señor, para ser transformados a su semejanza.

La Apelación a las Escrituras en Varias Formas

1. Directa. A veces, en el transcurso de la conversación o interacción verbal, la persona que aconseja hilvana las expresiones escriturales como parte de su intervención, en forma natural y corriente. Sin necesidad de citar capítulos ni versos, las expresiones son dadas en manera intercalada e integral. En tiempos de crisis, duelo, pérdidas, catástrofes, o problemas agudos, muchas personas reciben alicientes cuando reciben la Palabra intercalada con el consejo, como parte vital, lógica, y adecuada dentro de la comunicación que asegura que tal intervención toma en cuenta la presencia y la Palabra de Dios. La persona que aconseja, al verter las expresiones escriturales, trae a memoria, recuerda, asegura, soporta, apoya, encomia, consuela, o edifica a la persona en necesidad de afirmación y sostén espiritual.

En la citación directa de las Escrituras, la persona que aconseja debe asesorarse que su exégesis es seria, que toma la Palabra de Dios en forma adecuada, veraz, y de acuerdo a los buenos principios de erudición. Se dan muchos casos en los cuales las personas que utilizan las Escrituras literalmente "no han hecho sus deberes" previos, y dan a entender sus propias filosofías apoyadas por lo que *a ellas les parece* que "Dios dice". Aparte, los principios de hermenéutica deben ser respetados, ya que en muchas ocasiones las personas pueden utilizar reglas propias de interpretación y no atenerse al sentido gramático-histórico-contextual de las Escrituras. El uso directo puede incluir la alusión hecha hacia el texto sin necesariamente citar el capítulo y versículo. Debemos recordar que tales numeraciones no aparecen en el texto original, sino que han sido agregadas más tarde. Si se trata de dar pautas para que la persona coteje o aprenda más acerca del pasaje por su cuenta, es otra cosa: se puede aludir al texto en su contexto citando su ubicación en las Escrituras.

2. Indirecta. En muchos casos, las expresiones escriturales se dan en forma indirecta, asumiendo formas metafóricas, alegóricas, o simbólicas, a manera de ilustraciones análogas, o aspectos que en manera figurada se proporcionan como marco de referencia para la intervención. Si bien hemos señalado la importancia de la exégesis y de la hermenéutica en la citación directa de la Biblia, hacemos aún más énfasis en el caso de las alusiones indirectas. La extracción del significado y la aplicación de las Escrituras deben seguir el espíritu de la letra en su intención y propósito, sin perder de vista los principios globales y particulares, gramático-históricos contextuales desde los cuales las alegaciones son hechas. Es decir, aún cuando las Escrituras se aplican figuradamente, su significado original no debe ser alterado, ni tampoco la intención que figura detrás de las citaciones.

Aprendemos de las investigaciones en el campo de la fisiología, la neuroanatomía, y de las funciones cerebrales, que el hemisferio derecho es activado en el caso de tratar con estímulos espacio-temporales, ilustrativos, imaginativos, creativos, metafóricos, alegóricos, o artísticos. También tiene preferencias musicales y filosóficas en sus funciones orientadoras, directrices, procesadoras o productivas de respuestas. Tal hemisferio aparece como un ente especial en las investigaciones realizadas en el campo de la neurobiología interpersonal, procesando los factores emocionales, la empatía, el apego, y el concernir mutuo. El izquierdo parece entretener funciones más abstractas, matemáticas, o científicas. Tal hecho nos hace recordar que el empleo del "espíritu de la letra" con tinte global puede ser un recurso que funciona en maneras poderosas en cuanto al poder sanador de la Palabra alojada en la mente y el corazón del ser humano. Sea que uno escudriñe las Escrituras académicamente –estudiando su contenido, su semántica, su retórica, su organización gramática y su significado real– o que se acerque a las Escrituras en forma meditativa o devocional, y enfoque sobre su significado en oración, alabanza, adoración, y acción de gracias, las Escrituras operan sobre los procesos cognitivos, afectivos, y motivacionales del ser con el poder de alinear, corregir, confrontar, educar, guiar, o labrar su vida espiritual, aumentando su fe y sus convicciones. Después de todo, "la fe viene por el oír, el oír la Palabra de Dios" (Ro 10:17).

Cuando la persona terapeuta utiliza las Escrituras en forma figurada o simbólica, debe recordar que la Palabra es viva y no muerta; activa y no pasiva; renovante y no mecánica, y que al citarla uno tiene en mente al Autor y su presencia en el acto de emplearla. Tal conciencia abre el sentido del ser, los ojos del entendimiento, y actualiza el potencial sanador de Dios. Es digno de considerar de tal manera el poder de la Palabra viviente que redarguye más acertadamente al ser, a distinción de apelar a versos bíblicos para confrontar, apabullar, juzgar, o condenar a una persona. Además, el aludir a las Escrituras como árbol de vida sobrepasa a la lectura o a la citación escritural hecha en forma ritual, o carente de vida en las tratativas terapéuticas.

Lo que es sonsacado exegéticamente e interpretado hermenéuticamente puede ser encapsulado o traducido en manera imaginativa o artística al ser utilizado como medio de sanidad, guía, o corrección en terapia. La Palabra expresada indirectamente en manera figurada, metafórica o imaginativa puede ser captada, aprendida, y retenida en manera más entrañable en personas cuyas preferencias o dotes naturales los predisponen a procesar la realidad en forma emotiva, artística, filosófica, o sensitiva, a comparación con las verbalizaciones lógicas o razonamientos abstractos que apelan mejor al hemisferio izquierdo. No se trata de enfatizar demasiado estas conjeturas diferenciales, sino simplemente afianzar el hecho que la palabra puede ser dada directa o indirectamente, con sentido real o metafórico, citada literalmente o empleando parábolas como lo hizo Jesús.

Enseñando muchos años a nivel pos-grado en el Gordon Conwell y estar rodeado de personas que enfatizan la predicación expositiva (como lo han hecho y hacen mi colegas, los doctores Haddon Robinson, Walter Kaiser, Scott Gibson, David Wells, Doug Stuart, Eldin Villafañe, Alvin Padilla, entre otros), lo sensibilizan a uno a estar apegado a la letra y sondear su significado conscientemente en lugar de predicar temáticamente y decir a su manera lo que Dios muchas veces no dijo. Sin embargo, luego de pasar toda una vida predicando de esa manera, uno se da ciertas libertades de aplicar las Escrituras en formas indirectas, figuradas, o metafóricas, con narrativos e ilustraciones que presentan la verdad en manera penetrante a las facultades humanas sin menguar su énfasis proposicional y expositivo.

En la experiencias del autor, ha notado que en su juventud, al predicar y enseñar 623 veces en Nueva York en un lapso de dos años en muchas iglesias hispanas, (tenía la costumbre de anotar el lugar, la fecha, y el título del sermón, para no repetir los mensajes) empleó ambas formas en sus sermones: Citaciones escriturales directas, con enseñanza didáctica, desmenuzando el texto en maneras expositivas por un lado, y empleando figuras, narrativos, ilustraciones, metáforas y similitudes en maneras temáticas por el otro. Luego de ausentarse por veinticinco años y cursar estudios en la costa oeste, volvió a predicar en algunas de tales iglesias neoyorkinas. Las personas ya ancianas que lo habían escuchado en el pasado, fueron capaces de citar sus ilustraciones en manera singular, concreta, y vivaz, demostrando una memoria extraordinaria, mientras que los conceptos más teológicos o abstractos no se registraron ni consolidaron tan lúcidamente en sus mentes.

La persona que aconseja, puede presentar tales expresiones a través del transcurso de las intervenciones terapéuticas en casos que necesitan atención más prolongada, más allá de las crisis. La reflexión y la alusión hacia los conceptos o las ilustraciones se hacen en manera integral, asesorando el nivel de entendimiento y de captación de la persona. Si se emplean demasiadas metáforas, analogías, o alegaciones indirectas, se corre el riesgo de confundir a la persona, obligándola a "interpretar" constantemente el consejo brindado, esforzando sus capacidades, y aumentando el estrés innecesariamente. El empleo de tales expresiones en manera adecuada permite cierta facilitación del proceso, dando lugar al establecimiento de bases ilustrativas y de mayor entendimiento de las verdades escriturales vistas como recursos para establecer soluciones a los problemas.

3. *La utilización de principios escriturales.* Cuando la palabra de Dios mora en uno abundantemente (Col 3:16), las innumerables expresiones bíblicas se aglomeran en encapsulados abstractos que sintetizan o encierran verdades organizadas temáticamente en su mente. En manera sintética, y basada en lógica inductiva, la persona que aconseja puede dar a entender principios escriturales que denotan temáticas amplias, tales como la gracia, el perdón, la restitución, la posibilidad de vencer por fe, la acción sanadora del Espíritu, etc. En lugar de citar una cadena de versos y de "predicar" durante la sesión de consejo, se apela a la intuición inductiva, a la presentación de principios derivados de todo el consejo de Dios, extraídos a través de la exégesis, aplicados hermenéuticamente en forma práctica y corriente en la intervención. Un principio bíblico es un concepto derivado de las Escrituras —sedimentado, catalizado, aglomerado, compaginado abstractamente a nivel supra-racional y metacognitivo— y llega a ser un ente tácito, personal e intuitivo derivado de todo el consejo de Dios, arraigado

profundamente en la mente el corazón. Al utilizar las Escrituras a este nivel, el consejero tiene en mente su aplicación a un nivel más elevado o más profundo, que no sólo se basa en el conocimiento de las Escrituras, pero se añade la perspicacia y el entendimiento de las mismas, el sentido, el significado, y la adjudicación de la intención de las expresiones de Dios. En manera dialógica, tal proceso puede ser definido como "el adquirir la mente de Cristo" y su intención sanadora.

La sabiduría espiritual que emplea tal conocimiento y entendimiento cabal va más allá de bombardeos textuales fundamentalistas que, sola y exclusivamente, enfatizan lo escritural en forma literal. Como ya lo hemos establecido, es esencial conocer la Biblia en su totalidad; es necesario alojar el texto en la mente y el corazón. Tales datos son básicos a las consideraciones extraídas en forma abstracta, o en la formulación de principios escriturales a ser aplicados. Lo que aquí se recalca es que las Escrituras pueden ser utilizadas en diversas maneras, sin dejar a un lado la verdad revelada, o el estar anclados en su contenido y significado.

En todos los casos, se busca utilizar tales recursos sin disminuir el sentido de iniciativa, de responsabilidad y de fortaleza en las personas, especialmente en aquellas que tienen tendencias dependientes y carecen de eficacia personal. Se apela a la fe y a la confianza en Dios, en su Palabra como base firme en cuanto a la definición del sentido de la vida, y a su participación en la existencia humana bajo el sol. Se busca activar la fe y a obedecer en fe a los empujes divinos expresados en la revelación particular de las Escrituras, ya que como hemos citado, la *"fe viene por el oír, y el oír la Palabra de Dios".*

Aplicaciones Concretas en Situaciones Particulares

Existen varios tratados prácticos que catalogan situaciones con sus correspondientes citaciones escriturales. A veces, tales tratados se asemejan a un recetario que en manera simple y concreta, presentan el dilema (por ejemplo, la depresión) y a su lado colocan pasajes de la Biblia que parecen dar la respuesta, y a manera de asociación o correlación se encadenan las categorías con sus consiguientes apelaciones escriturales. Como método y estrategia, ayudan a muchas personas a ver la aplicación revelada a los dilemas humanos. Sin embargo, el utilizar tales métodos o estrategias pareciera menguar el hecho que "toda Escritura es útil…" (2 Tim 4:16) y que como ya lo hemos enunciado, la Biblia puede ser utilizada en forma directa, indirecta, literal, figurada, metafórica, apelando a principios abstractos, a temáticas, o aludiendo a sus bases en maneras dialogantes en las sesiones de terapia.

En esta obra, hemos aludido a dos maneras de procesar: deductiva e inductivamente; una es considerada analítica, mientras que la otra es sintética. La lógica analítica y deductiva parte de conceptos, principios o temas, distingue y desmenuza y realiza un estudio minucioso, examinando a los componentes y sus respectivas propiedades en forma descendente, arrojando derivados que se desprenden de tal procesos y dan a entender manifestaciones concretas en sub-categorías hasta llegar a los elementos concretos. Tal proceso es guiado por ciertos lentes categóricos que a plena consciencia (a veces tácita e inconscientemente) guían el proceso hacia sus derivados, aplicaciones, o encuentran los pormenores que corroboran o "prueban" alguna hipótesis, temática intencional, o dogma tenido *a priori* (de antemano). Los sermones expositivos y el consejo analítico caen en esta categoría. Por ejemplo, deducimos que Juan 3:16 es el verso más grande de la Biblia. ¿De dónde sacamos esa conclusión? Lo hacemos porque el verso dice: (1) "Porque…" (la causa más grande); (2) "de tal manera…" (la manera más grande) ;

(2)"amó..." (el amor mayúsculo); (3) "Dios..." (el ser más grande); (4) "al mundo..." (el objeto más grande a ser amado); (5) "que dio..." (la dádiva más grande); (6) "a su Hijo Unigénito..." (el hijo más grande); (7) ""para que..." (la razón más grande); (8) "todo aquél..." (la invitación más amplia); (9) "que en Él cree..." (la fe más grande); (10) "no se pierda..." (la pérdida más grande); (11) "mas..." (la conjunción comparativa más importante); (12) "tenga vida eterna" (la posesión más grande, la vida más excelente).

Por otra parte, la lógica inductiva-sintética comienza desde abajo, colectando información o data particular, y luego asciende y agrupa los pormenores, compaginando temas, abstrayendo, buscando denominadores en común, elaborando principios y categorías abstractas. Tal lógica tiende a funcionar sobre las bases del filtrado auto-confirmador, incluyendo data que –a propósito o inadvertidamente– corrobora o prueba las nociones que guían "desde abajo" tales procesos. Los sermones tópicos y el consejo basado en colecciones empíricas de data caen en esta categoría. Una ilustración puede servir a tal nociones

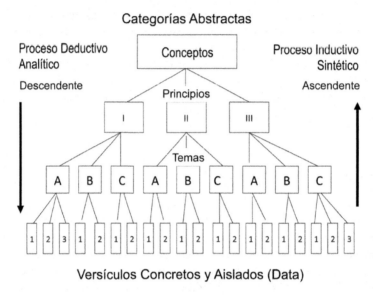

Figura 20.2. Interpretando las Escrituras Deductiva e Inductivamente

Ejemplos de Aplicaciones Concretas

En este capítulo reconocemos el valor de presentar temáticas con sus correspondientes recursos escriturales a fin de facilitar la labor de principiantes o personas que no han tenido la oportunidad de foguearse en estudios más acertados de la Palabra. Corremos el riesgo de ser personas que apelan a textos aislados, o a veces, a la manera de un albañil, apilamos y colocamos ladrillos haciendo una pared con textos bíblicos para contrarrestar algunas dificultades en la vida de la persona desamparada, proveyendo cierto albergue escritural. El siguiente es simplemente un ejemplo (no exhaustivo) de tal acercamiento:

Si la temática en el consejo es la depresión, los textos que pudieran aplicarse en las indagaciones y las respuestas se encuentran en el AT: Dt 31:8; 33:27; 2 S 22:17-22; 22:29; 1R 19:4; y 19:5-13; Ec 9:4; Sal 9:9; 27:14; 31:23-24; 38:5-8; 42:11; 43:5; 34:18; 55:4-8, 22; 126:5; 134:7-8; 147:3; Is 26:3-4; 35:10; 53:4; entre muchas otras. Por otra parte, en el NT tenemos los siguientes pasajes: Mc 9:23; Ro 4:18-22; 15:13; 2 Co 7:6-7; Stg 4:10; 1 P 4:12;13; 5:7; 2 P 2:9, etc.

Muchos de estos acercamientos se caracterizan por la presentación de versos considerados adecuados, y siguen la línea pragmática: "Cómo vencer la depresión...", "Cómo tratar a la mujer...", "Diez pasos y referencias bíblicas para recibir bendiciones...", etc. En muchas maneras, tales métodos apelan al antídoto bíblico con referencias hacia el gozo, la fortaleza, la libertad, el poder de Dios en contrarrestar los embates depresivos, sean éstos de carácter natural, o vistos como provenientes del enemigo, etc. Sondeando la Biblia, los consejeros encuentran tales pasajes como Neh 8:10; Sal 25:7; 30:5; 34:17; 55:18, 22; 94:19; 119:28; 147:3; Isa 40:31; 41:10; 43:2; 51:11; 60:1; 61:3; Pr 17:22; Lc 18:1; Ro 8:38-39; 2 Co 1:3-4; Fil 4:8; 1 P 4:12-13; 5:6-7; y muchos otros.

La utilización de textos explicativos, denotativos, connotativos, o enfocados a soluciones por pate de Dios son recursos buenos e innegables. Como Spurgeon dijo, "La Biblia es un león; no la defienda tanto, sino suéltela". Sin embargo, muchas veces los textos son arrojados hacia la persona esperando que obren por sí solos, sin ser acompañados con la atención y dedicación a la persona que sufre. Las interacciones consejeras pueden utilizar las Escrituras en forma dialógica, administrando la Palabra de una manera mancomunada, empática, y sostenedora. A veces tales escrituras parecieran ser utilizadas en un sentido triunfalista, con empuje y brío, pero sin empatía, lo cual se encuadra en el texto bíblico que dice, "el que canta canciones al corazón del afligido, es como el que quita la ropa en tiempo de frío o como el que echa vinagre sobre la lejía o el jabón..." (Pr 25:20). Antes de apabullar o verter textos a granel hacia el afligido, hay que escucharlo, entenderlo, sondear acerca de sus sentimientos, pensamientos, razonamientos, y juicio, para unirse a su dolor primero, y luego abordar su tema, utilizando las Escrituras en forma sensitiva, dialogante, y no pedante.

Las Escrituras Utilizadas en la Terapia Metacognitiva-Dialógica

El uso de las Escrituras es muy apropiado y funcional en el caso de tratar personas con este acercamiento, el cual enfoca sobre las estructuras, los procesos y los eventos cognitivos-conductivos en necesidad de atención. Esta terapia alega que los problemas emocionales como la depresión y la ansiedad, entre otros, se deben a los estilos metanarrativos compaginados por pensamientos negativos automáticos experimentados como luchas mentales, a razonamientos irracionales e inadecuados, a la vislumbre pesarosa y catastrófica de la realidad, a las distorsiones en las atribuciones de significado a los eventos, a las proyecciones, a las conjeturas sin base, al sentir negativo hacia sí mismos, hacia el futuro, y aún hacia Dios. "Así como el ser piensa en su corazón, así es" (Pro 23:7). O, dicho de otra forma, somos afectados no tanto por las cosas que pasan, sino por nuestras atribuciones de significado a las mismas.

En tales casos, las personas son asesoradas en cuanto a captar sus pensamientos, razonamientos y percepciones negativas que bien pueden aparecer en manera automática, irritante y obsesiva. El terapeuta trabaja con la persona ayudando en la captación, la definición, el apresar de tales procesos cognitivos a fin de desafiarlos con preguntas: "¿Sobre qué bases piensas o dices eso?", "¿Dónde está la evidencia para corroborar tal cosa?", "¿Habrá otra manera de ver el asunto?", "¿Cuán racional es lo que piensas?", "Si la conclusión de tu argumento es cierta, ¿Qué es lo que tal cosa significa para tu vida?". Además de tales preguntas que aún en el ámbito secular se hacen, el cristiano agrega: "¿Qué es lo que la Biblia dice acerca de tal asunto?", "¿Qué es lo que Dios puede decir de tal cosa?", "¿De dónde parte tal interpretación?", etc. Para una mejor lectura de tal acercamiento, el lector puede indagar los escritos de Hurding (1992); Kruis (2000); Miller (2002); Miller & Miller (2006); Clinton & Hawkins (2007); Hutchinson (2005); Osborne (2006); Monroe (2008); McKnight (2008) y Takle 2008).

En todo caso, para evitar el empleo idiosincrático o equívoco de las Escrituras, el terapeuta debe indagar acerca de sus intenciones y motivaciones: ¿Por qué apelo a este texto en esta ocasión, con esta persona? ¿Por qué aconsejo que lea este y no otro párrafo? ¿Qué es lo que espero lograr (¿compungir, provocar al amor y a las buenas obras, arrepentimiento, cambio, consagración, paz, fuerza moral, etc.?). ¿Cómo he de saber si la persona capta las intenciones o el propósito del texto? ¿Y qué si la persona malinterpreta al texto? ¿Qué salvaguardas existen para asesorar que lo aplica debidamente? Estas y muchas otra preguntas son necesarias, siempre y cuando se emplee el uso de las Escrituras en la consejería.

Los acercamientos cognitivos de carácter cristiano alegan que la restructuración, re-enmarcado, y reemplazo de los pensamientos y razonamientos negativos, dirigidos hacia una mente más positiva y animada por la fe, puede ayudar a la persona en la resolución de su depresión, su ansiedad, sus condiciones obseso-compulsivas, sus dudas acerca de su estado ante Dios, etc. En tales casos, lo que es distorsionado, indebido, o disfuncional en el pensar, razonar, o atribuir significado, puede ser captado, desafiado, corregido, alineado, y esclarecido para lograr más libertad emocional, mejores premisas y conclusiones, con resultados emocionales más adecuados.

De acuerdo al modelo cognitivo, (1) cualquier evento provocador incita a la persona a reaccionar en forma natural, acostumbrada, y negativa; (2) la persona emplea pensamientos, razonamientos, memorias, etc. de carácter negativo; (3) lo cual produce emociones y conductas negativas; (4) la intervención terapéutica se dirige a tales procesos cognitivos y metacognitivos (pensar acerca de sus pensamientos y estilos de procesado); y (5) tales restructuraciones, re-enmarcados, o renovaciones mentales, pueden ayudar a la persona a salirse de sus problemáticas mentales y experimentar la libertad emocional. La persona consejera actúa como asesora de los procesos que toman lugar, guiando al ser necesitado a lo largo de la intervención. A tal fin, es importante que la persona en busca de ayuda sea guiada hacia la posibilidad de captar los elementos esenciales del proceso, para que sea capaz de funcionar por su propia cuenta, además de ser asesorada durante las sesiones de consejería.

Un esquema puede ilustrar estos principios, derivados de la terapia cognitiva (Beck, 1976; Beck, 2005). El diagrama es una síntesis de las muchas publicaciones que han vertido datosrecogidos en las investigaciones realizadas por el Dr. Aaron Beck y sus colaboradores, quienes han sido promotores del acercamiento cognitivo en e trtatamiento de la depresió, de la ansiedad, y doe otros síndromes clínicos. Judith Beck, por su parte, ha contribuido también a este acercamiento clínico con sus publicaciones (Beck, 2005). Desde el punto de vista cristiano, los pensamientos del ser humano investido de poder, y coparticipando con la Palabra viviente alojada, pueden ser cotejados, asesorados, y guiados con propósitos contrarrestantes, siendo investidos de un control metacognitivo proactivo y actuando de manera sobrepuesta a las conjeturas negativas, a la rumia carente de fe, o a las maneras autoderrotantes del ser en sus reacciones naturales. La persona que aconseja puede actuar en manera coadjutora, asesora, guiando en el proceso de captación, asesoramiento, desafío, y eemplazo de los pensamientos negativos, animando a la persona en problemas a emplear su perspicacia y en forma proactiva reemplazar, restructurar, o sobreponer mejores pensamientos que desalojen y venzan a sus diálogos negativos internos. La figura siguente puede servir de ilustración al acercamiento cognitivo (Fig. 20.3).

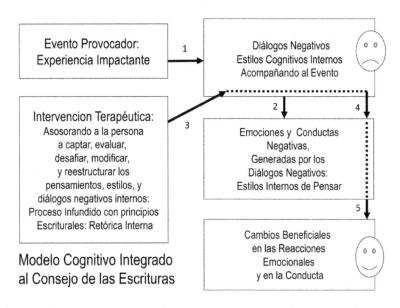

Figura 20.3. El Acercamiento Cognitivo Infundido con las Escrituras

El esquema es una ilustración del acercamiento cognitivo. A este acercamiento podemos agregar el acercamiento *metacognitivo*, el cual va más allá del contenido de la mente, de sus pensamientos y eventos/procesos espontáneos o esporádicos. Se enfatiza un paradigma metacognitivo que trata con los *estilos pensativos, procesadores, y atributivos de significado* empleados por la persona. El acercamiento metacognitivo tiene la intención y el propósito de ayudar a la persona a *pensar acerca de sus estilos de pensamiento,* a procesar sus propios procesos internos, subjetivos, por medio del empleo de una postura objetiva, empleando un desacoplado intencional que mantiene una plena consciencia del fluir de las experiencias, de los procesos que ocurren en el fluir de su momento existencial, sin necesariamente reaccionar o perder los estribos. Llamamos tal proceso con un nombre: "Control ejecutivo Metacognitivo", el cual se compara analógicamente a un mecanismo desacoplador (una especie de embrague entre el motor y la caja de engranajes de un automóvil estándar –no automático) que permite el control del movimiento animado de un momento de fuerza, y dirigirlo hacia una condición neutra en la cual la persona elige cambiar la marcha (apelando a la caja con engranajes asociados a la velocidad del automóvil). La persona utiliza su control ejecutivo-metacognitivo para ejecutar su intención: (1) aminorar la velocidad y parar la marcha, embragando para estacionar; (2) desde un punto neutro, retroceder; (3) si así lo elige, costear sin engranar –si va cuesta abajo; o (4) engranar una velocidad adecuada (acoplar el motor al tren delantero por medio de un engranaje adecuado), y proceder hacia adelante. La persona permanece en control de su maquinaria, y no se considera sujeta a las vicisitudes mecánicas de su vehículo. En otras palabras, ejercita su dominio propio y realiza sus intenciones de acuerdo a su elección y voluntad. Si bien reacciona al principio a las vicisitudes ambientales, conduce su conducta hacia respuestas adecuadas para llegar a su derrotero.

La persona que experimenta un desafío, o es tentada, en lugar de ceder automáticamente, puede permanecer en un estado objetivo, y asesorar sus sensaciones subjetivas, los pensamientos suscitados automáticamente en su mente, las emociones que embargan su corazón, las reacciones fisiológicas de su cuerpo, y sus ansias de atacar o escapar de la situación. Desde un punto de vista metacognitivo-ejecutivo-dialógico, y animado con retórica interna persuasiva, la persona es capaz de actuar en plena consciencia y regular o controlar sus respuestas. En el paradigma del consejo integral, el autor enfatiza el factor más crucial en el diálogo interno: la apelación al Paracleto que mora en el ser, y a la Palabra viva de Dios, alojada en la mente y el corazón. Como lo dice el Salmo 119:11, "En mi corazón he guardado tus dichos,para no pecar contra ti". La persona creyente puede entablar un diálogo interno e interaccionar con las Escrituras como fuente de poder, limpieza, instrucción, guía, perspicacia, y sabiduría –no como un ente adherido o acoplado funcionalmente, sino como un ente arraigado y amalgamado a su ser ontológico, permeando sus valores, creencias y actitudes básicas. Si la Palabra de Cristo "mora abundantemente" en el ser (Col 3:16), la persona es capaz de emplear un diálogo sabio, no sólo con otras personas, sin consigo misma.

Tal es la base metacognitiva que esencialmente aloja a los metanarrativos consolidados del ser, basados en la fe depositada en Dios y su Palabra. Tales bases deben ser tenidas en mente en la consejería desde el ángulo cristiano. La persona que aconseja actualmente dialoga con la Palabra viviente –no citando inscripciones hechas en un ente inerte o un objeto estático, sino interaccionando con su Autor, captando el espíritu de la letra, y respondiendo en fe a la misma. Si la persona que busca ayuda tiene las mismas bases, el diálogo terapéutico se torna en una interacción trialógica en la cual ambas personas están conscientes, y apelan a la persona del Espíritu presente, como así también a las Escrituras alojadas que proveen guía al proceso. El autor no está en contra de citar versos bíblicos en la consejería que busca conectar situaciones concretas con versos concretos, sino que anima al lector a compenetrarse en una manera más profunda en las Escrituras, para que la Palabra de Dios pueda tener amplio lugar en su fuero interno, afectar sus estructuras y procesos cognitivos-emotivos-volitivos, y así poder ser de ayuda a las personas que necesitan el consejo adecuado. Un esquema ilustrativo propuesto por el autor puede servir en la vislumbre de tal utilización posible:

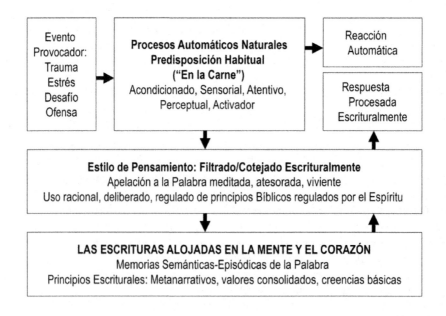

Figura 20.4. La Utilización de las Escrituras en Consejería

La terapia metacognitiva, como ya se ha enfatizado, trata no sólo con los pensamientos automáticos, sino con los estilos de pensamiento involucrados en el procesado de la depresión y de la ansiedad. Tales temas han sido objeto de investigación por parte de Wells (2010) y su terapia metacognitiva. Su método puede ser cotejado y analizado en relación a su posible valor y aplicación en el campo de la consejería integral. En el acercamiento propuesto por el autor, no se desmerecen tales investigaciones y escritos sobre la materia, sino que se escudriñan, cotejan, y analizan en cuanto a su posible introducción, o su función en el campo de la terapia o consejería metacognitiva integral.

El consejo integral se dedica al enfoque metacognitivo del procesado de pensamientos, razonamientos, percepciones, memorias, atribuciones, juicio, motivación, y demás estilos cognitivos. Además, se enfoca sobre lo emocional, o lo sensible, manifestado en los procesos afectivos que embargan a la persona problemática. También se asesoran sus motivaciones y deliberaciones al hacer decisiones. Se tiene en mente su estado espiritual, su adherencia a la fe y a la voluntad de Dios, y a su conocimiento y perspicacia espiritual. El pensar y razonar acerca de lo que lo embarga a uno, y el procesar sus propios procesos, se denomina un acercamiento metacognitivo.

Conclusión

En este modelo, la consejería trata con los *estilos* cognitivos-emocionales-motivacionales subyacentes, tales como la rumia, el re-masticado de asuntos inconclusos y las memorias negativas traídas al presente; se enfoca sobre los procesos híper-alertas y súper-sensitivos, las cavilaciones y las conjeturas, los pensamientos y los razonamientos automáticos de carácter obseso-compulsivo, etc., que entran en juego en el subrayado de las emociones y conductas anormales y problemáticas. Si la persona se apercibe de tales procesos de una manera metacognitiva, tiene mejores posibilidades de cambiar y reestructurar a los mismos, estableciendo una mejor eficacia propia en el dominio de su ser y de sus reacciones.

Las Escrituras entran en el proceso dialógico del ser, inmiscuyéndose y afectando sus deliberaciones —redarguyendo, alineando, corrigiendo, elaborando, enseñando, guiando, etc. sus maneras de pensar, sentir y decidir. La Palabra se torna en una fuente de limpieza interna, actuando en forma retórica o persuasiva —corrigiendo, guiando, encomiando, fortaleciendo, etc., al ser interior del aconsejado. Ha sido la promesa del Padre: la provisión de un Nuevo Pacto en el cual Dios aloja su Palabra en las mentes y los corazones de las personas que creen y se ajustan a su voluntad (Jer 31, Heb 8, 10). En resumidas cuentas, la utilización de las Escrituras en consejería es vista como algo esencial, saludable, funcional, y práctico. El consejo integral corrobora el establecimiento del Nuevo Pacto en sus actuaciones prácticas y corrientes, dando lugar a los factores trascendentales en las tratativas terapéuticas. La invitación de lo trascendental a lo trivial hace que las cosas "debajo del sol" adquieran o cobren un significado real, encuadrado en las Escrituras vivientes de Dios rigiendo la vida humana.

Capítulo 21

Asesorando el Proceso de Cambios

En su esencia, la consejería involucra el proceso de cambios de carácter, conducta e influencia personal e interpersonal. En sus labores, el terapeuta, apunta hacia la meta de ayudar a las personas a reconocer la necesidad de realizar algún cambio: Sea el cambio personal –su carácter o alguna condición que lo perturba, o relacional –problemas interpersonales en necesidad de reconciliación, ajuste, o acomodo, tales cambios se vierten en objetivos a ser tratados en consejería. La persona puede sentir la necesidad de cambiar su carácter, su conducta o su influencia, en vista a la vislumbre de mejorar su persona, teniendo en mente las demandas y el prototipo mayor –el autor y consumador de la fe cristiana ejemplificados en las Escrituras. En maneras concretas, las quejas y peticiones que aparecen en la escena de la consejería se vierten en expresiones tales como:

- *"Quisiera cambiar de carácter; mis amigos me dicen que soy muy pendenciero, agresivo y que necesito desarrollar más paciencia y ser más amable con mi cónyuge"*
- *"Me siento depresivo; quisiera sentirme mejor, más feliz y gozar de la vida en lugar de vivir atrapado en mi culpabilidad, mi vergüenza, y mis derrotas"*
- *"Mi esposa dice que yo no soy muy sensitivo ni atento a sus necesidades de comunicación; quisiera tratar de cambiar en tales cosas"*
- *"Nuestro matrimonio ha decaído en cuanto a la mutualidad, a la intimidad y a la comunicación; ya no somos los de antes y pareciera ser que no queremos proseguir juntos; pero hemos decidido a tratar de cambiar en esos asuntos... a ver qué pasa"*
- *"Por muchos años he sido atrapado por el vicio de la bebida; quisiera dejar de tomar y ser sobrio"*
- *Etc.*

Tales peticiones son comunes, y en todos los casos, reflejan la necesidad de cambios – sean propulsados por otras personas alrededor, o por las convicciones propias del individuo que pide ayuda. Las intervenciones en consejería toman tales peticiones y tratan de abordar los asuntos teniendo en mente cambios que permitan un mejor vivir. Desde el punto de vista del consejero o discipulador, el cometido final en el proceso de transformación (cambio radical de estructuras y funciones o metamorfosis, aludido en Ro 12:1-2) es el de llegar a ser conformados a la imagen de Jesucristo (Ro 8:29). Con tal mira, todo cambio personal e interpersonal puede ser alineado en sus particularidades concretas teniendo en mente un modelo bíblico extraído y elaborado a través de la exégesis y la hermenéutica, y encuadrado en expresiones comunitarias. Aparte de cambios personales aislados, el carácter de aquellas

343

personas ejemplares y su conducta influyente en la comunidad también son dignos de ser imitados. Es interesante notar la retórica interna del individuo expresada en sus quejas iniciales, ya que ésta revela sus intenciones de cambiar o de resistir a tal necesidad.

Los cambios diarios, paulatinos y progresivos no son absolutos sino relativos a la medida de base inicial y cotejados con una meta en mente. A pesar de los atentados a ser transformados a la imagen de Jesucristo, las personas sujetas al cosmos, a la entropía, a las corrientes actuales y a las presiones culturales ambientales, son propensas a las desviaciones, a las aberraciones y a los errores personales e interpersonales que obligan a la necesidad de establecer criterios de renovación constante. Debido a muchos factores personales, relacionales, ambientales, y a las presiones de este siglo que moldean al ser, la necesidad de cambios es evidente y es necesario prestar atención al proceso de transformación personal a través de la renovación mental, especialmente cuando las estructuras, los procesos y los eventos manifestados por la persona se vuelven rígidos, inconsecuentes, estáticos o inoperativos.

Las Preguntas Iniciales

En primer lugar, al entablar una conversación que trata con la necesidad de cambios – sean personales o interpersonales, situacionales o de otra índole, se establecen ciertos criterios que aseguran una intervención más apropiada:

- *¿Qué es lo que se desea cambiar?* La pregunta es esencial, ya que se trata de asesorar la necesidad de cambio debido a que en la vida del ser problemático, algo no funciona bien, "la cosa no camina", sus propósitos no se realizan, o sus metas no son logradas. Esta pregunta inicial se dirige a la razón por la cual la persona viene en busca de consejo

- *¿Por qué se busca el cambio?* ¿Cuál es la motivación de la persona? ¿Qué es lo que anima tal decisión? Luego de asesorar la necesidad de cambiar –sea un cambio personal (del carácter, la conducta, de alguna aflicción interna), o interpersonal (conflictos matrimoniales, familiares), o situacional (ocupacionales, ajustes a las peripecias), es necesario indagar acerca de las motivaciones que mueven a la persona a pedir consejo a fin de cambiar algo

- *¿Quién es la persona que busca o promueve el cambio deseado?* –la necesidad de cambio puede ser anhelada por la persona en sí, o recomendada (o demandada) por su cónyuge, sus padres, sus hijos, algún familiar, o algún amigo que desean ver mejores resultados en la vida del ser

- *¿Cuál es el grado, el nivel del deseo de cambiar?* –desde un sentir leve, hasta las ansias hondas, se asesora el empuje emocional en este proceso

- *¿Tiene la persona la capacidad de cambiar?* En este proceso, se necesita establecer la realidad en cuanto a los factores presentes en el carácter, las dotes, la disposición concreta y las capacidades de la persona que desea cambiar. No se trata de un anhelo simple, sino de la dedicación de todas las facultades –cognitivas, emocionales y volitivas de la persona para efectuar un cambio. Especialmente si se trata de cuestiones de carácter, o de actitudes o valores, a comparación con un simple cambio conductivo. Recordemos las palabras (parafraseadas) de Jesús, *"¿Quién de vosotros, al querer edificar una torre, no se sienta primero y cuenta los gastos… a no sea que empiece y no la pueda terminar?"*

- *¿Cuáles son las expectativas, las esperanzas, o los resultados tenidos en mente* vistos como consecuencias del cambio a ser realizado?

El acercarse al proceso con tales preguntas en mente puede dirigir las intervenciones iniciales de las sesiones de consejería.

Tipos de Cambio a Ser Efectuados

La persona que aconseja puede asesorarse del proceso de cambio con las preguntas enunciadas como guía para su intervención terapéutica. Tales preguntas tienen que ver con un escrutinio de las motivaciones, las capacidades y las posibilidades concretas de logros esperados. Si uno ora por lluvia, hay que ver si compra un paraguas de antemano. En las cuestiones teológicas acerca de la persona creada como Imago Dei, hemos enfocado sobre el hecho que el ser ha sido formado por Dios, deformado por el pecado, renacido, regenerado o reformado por el Espíritu, pare ser transformado y conformado a la imagen de Jesucristo. Todas estas categorías involucran cambios. Partiendo de tal premisa, el cambio de carácter y conducta puede tener varias definiciones. Cambiar significa:

1. Regenerar. Actualizar un nuevo comienzo, una nueva creación en lugar de emparchar, retocar o producir cierta manicura en el ser. Un cambio de mente (*metanoia*) radical, de ciento ochenta grados en el carácter, en la dirección de su vida y en la conducta del ser. Si bien el generar es dar comienzo a una entidad, el re-generar es volver a darle una forma más adecuada si la forma original se descompaginó. Un nuevo comienzo (un nuevo nacimiento) necesariamente implica la necesidad de una nueva socialización. El adquirir un nuevo estilo de ser, de pensar, de sentir, de actuar, de relacionarse, son consecuencias de haber sido regenerado. Mucho de lo que sucede en el consejo tiene que ver con las maneras en las cuales las personas son cotejadas, asesoradas y animadas a proceder en su resocialización hacia mejores maneras de ser y de actuar.

2. Re-estructurar. Cambiar las bases, las estructuras mentales, emocionales y volitivas en su esencia ontológica, haciendo que sean más apropiadas y funcionales a los propósitos, a las metas, a los estilos, a las habilidades propuestas por Dios en la vida del ser humano. Las estructuras cognitivas, emocionales, volitivas y motivacionales son propensas a amoldarse a las presiones ambientales y a desmoronarse o decaer. La necesidad de restructuración es evidente cuando las relaciones se descomponen, se desmoronan, o decaen debido a las fallas en sus bases estructurales —sus valores, actitudes o creencias en decadencia. A veces, las estructuras sistémicas experimentan desafíos —debido a la muerte de un miembro de la familia, al nacimiento de un niño, a la separación o al divorcio, y el sistema necesita una restructuración adecuada, con soportes, ayudas, asesoramiento y guía hacia la sobrevivencia, la asimilación de nuevas maneras de solventar las dificultades provenientes de los cambios. El consejo muchas veces se dirige a la restructuración natural del sistema matrimonial o familiar.

3. Reformar. El reformar es dar una forma más apropiada a una entidad que se desvió de su cometido, o que perdió su forma original, tratando de volver al cauce apropiado, a la forma debida, o al diseño adecuado. Al considerar los desvíos, las desavenencias o torceduras en el carácter y la conducta humana debido a las presiones del cosmos y de sus propias maneras pecaminosas, la persona puede ser encomiada a cambiar sus estructuras, sus funciones, sus procesos y sus actuaciones con la intención de volver al cauce o de mejorar su ser y actuar según la voluntad de Dios. El consejo sirve de encomio, de refuerzo, de desafío, de retroalimentación en el proceso reformador, ayudando a la persona en sus esfuerzos a tal fin.

4. *Transformar:* Cambiar radicalmente (metamorfosis) la forma interna de las bases éticas, morales, espirituales y sociales, alineándolas con el diseño original de Dios y con el propósito para el cual el ser existe, para luego actuar sobre ellas y asemejarse a lo esperado o deseado por Dios. La persona que ha experimentado la salvación y desea crecer, necesariamente se enfrenta a la necesidad de transformación radical de sus estructuras mentales, sus hábitos naturales, su carácter y temperamento, sus relaciones y demás pormenores en la vida cotidiana. Tal transformación no se debe al esfuerzo propio, sino a su coparticipación con el Espíritu Santo en lograr los cambios debidos en su ser y hacer. El ser humano, por más decente, abnegado, honrado o bueno que sea, siempre necesita ser transformado hacia un cometido mayor: el parecerse a Jesucristo. De manera tal que la meta ideal siempre desafía al ser. Muchas de las sesiones empleadas en el consejo pastoral son dedicadas a tal fin, de acuerdo a los anhelos de las personas en sus esfuerzos hacia la perfección, hacia la madurez espiritual, hacia su crecimiento en carácter, en conducta, en influencia o en la utilización de sus dones.

5. *Restablecer o restaurar:* Volver a colocar las cosas en su lugar cuando se considera que éstas han cambiado hacia un rumbo o ritmo equivocado, o que han errado al blanco. El mismo Señor resucitado, hablando a la iglesia en Apocalipsis 2:1-7, les recuerda que, a pesar de tener muchas buenas cualidades, han perdido su primer amor. El llamado al arrepentimiento y a la restitución de sus primeras obras era clave y esencial para su salud espiritual. También, la analogía del profeta en restaurar los altares caídos para volver a ofrecer sacrificios a Dios es un ejemplo de la necesidad de restablecer las maneras y las estructuras correctas en vivir para Dios y servirle. De la misma manera, muchas alianzas matrimoniales y familiares necesitan restaurar sus bases, sus primeras obras, su amor y fidelidad, su atención y esmero en servirse mutuamente. El consejo matrimonial y familiar se dirige a esta clase de cambios.

Por otra parte, muchas personas que han caído en pecado, que han sido puestas en disciplina en la comunidad, necesitan ser restauradas a través de los procesos pertinentes en la congregación local. Mucho de lo que se establece en el proceso de restauración tiene que ver con el consejo administrado a la persona, aplicado por varias sesiones en el caso de un miembro que se arrepiente de su pecado y desea ser restaurado; también, se emplea en la restauración de una pareja que ha fallado en alguna manera a su pacto. En ocasiones, un pastor que ha caído en aspectos morales, necesita ser asesorado en consejería por un tiempo (algunas organizaciones han establecido un espacio de dos años), tratando con su persona, su desarrollo personal y relacional, sus tentaciones, etc., y su necesidad de volver a ejercer su ministerio a través del proceso restaurador.

6. *Renovar:* Proporcionar algo nuevo a lo existente, a lo ritual sin vida, a lo acostumbrado y carente de vigor. Dentro de esta categoría se incluyen (a) el *remodelar o retocar* lo existente, cambiar las apariencias con ciertos cambios funcionales para que se atengan a las expectativas deseables, a los fines trazados; y (b) *reconstruir* –tirar abajo lo inadecuado, letárgico, decaído, etc., y hacer algo nuevo cuando se considera que la actualidad es pesarosa, inadecuada o completamente fuera de tono con lo deseado; y (c) *re-organizar,* compaginar de nuevo algo que

no funciona, que no produce los resultados esperados, o que no lleva a las metas.

7. *Revitalizar:* Inyectar o proporcionar una nueva visión, un espíritu nuevo a la cosa, para aumentar el vigor, el celo, las ansias de trabajar o de alcanzar metas.

Al hacer un análisis estructural o funcional del ser en busca de cierta consulta objetiva para lograr funcionar mejor, se asesora la necesidad de aplicar uno o más de los conceptos presentados. Hasta qué punto hay una necesidad de afinación y cuándo hace falta desmoronar la cosa y empezar de nuevo, son cuestiones de grado de logros funcionales, de resultados corrientes, de satisfacción personal o de otras variables aplicables en cada caso.

Asesorando el Proceso de Cambios

Toda persona que se dedica a la tarea de formar vidas, de discipular, de enseñar, pastorear, o realizar cualquier clase de ministerios, tarde o temprano postula preguntas acerca del fruto o las consecuencias de sus labores. Si se desea asesorar un cambio o resultado eficaz del consejo terapéutico, tal deseo involucra las observaciones concretas o empíricamente objetivas. Se trata de enfocar a las variables que dan a entender en forma real lo que se tiene en mente en ideas abstractas; el "cambio" de cualquier conducta puede medirse con resultados tales como:

- La variación en los *antecedentes* o condiciones necesarias antes que el cambio efectivo tome lugar;
- La *frecuencia* con la cual la conducta enfocada ha sido desplegada (por ejemplo, aumento del nivel de conducta en casos de deficiencias; o disminución de conductas innecesarias, lo considerado excesivo;
- La *intensidad*, el nivel o el alcance del cambio realizado (por ejemplo, más cariño, más afecto, más dedicación, por un lado, y menos querellas, menos insultos, etc. por el otro);
- El tiempo o la *longevidad* del proceso que tomó lugar;
- Las *consecuencias* del cambio en la vida del ser, en su ambiente o sus relaciones.

Si se trata de crecimiento espiritual, es difícil verter las variables dependientes y concretizar las definiciones aplicables, ya que varias definiciones de lo que es "ser espiritual" abundan y difieren entre los definidores. Sin embargo, una consideración funcional de las cinco variables mencionadas (antecedentes, frecuencia, intensidad, duración y consecuencias) pueden aplicarse flexiblemente a tales niveles de logros o alcances espirituales –sean de carácter (santificación, dedicación), conducta (oración, lectura de las Escrituras, ayunos, alabanza) o relaciones (amistad, compañerismo, dedicación a la obra social, ayuda al pobre, etc.).

En resumidas cuentas, los cambios que una persona experimenta en sus acciones naturales pecaminosas, conducta reprobada, carácter pendenciero, agresivo, maltratador, abusivo, etc., se evidencian en (1) la conducta observable de la persona; y (2) en su carácter personal. Si bien es más fácil cambiar la conducta que el carácter, ambos son considerados en la consejería como objetivos o metas a lograrse.

El Enfoque del Cambio

Los cambios pueden ser estructurales o funcionales; personales o interpersonales. En nuestra obra, enfocamos sobre cambios personales e interpersonales.

Cambios personales. Como lo hemos mencionado ya, los cambios personales involucran el carácter, la conducta y la influencia de la persona que tiene la disposición, la voluntad, la capacidad y el deseo de cambiar. Cada persona que desee transformarse a fin de alinearse con las demandas de Dios, debe experimentar cambios cognoscitivos, afectivos, conductivos y crecimiento espiritual o madurez. La renovación mental necesaria, la disposición de entrega continua a la voluntad de Dios, la abnegación de permanecer en fe y de desafiarse constantemente hacia a la madurez, son factores personales que necesitan transformación constante. La coparticipación con el Espíritu que trabaja hacia el propósito de alinear el carácter y la conducta del individuo es esencial. Las personas cambiantes harán que el grupo tenga un momento de fuerza vital que permita cambios estructurales adecuados a las necesidades vigentes.

Cambios interpersonales. Muchas necesidades relacionales aparecen en el campo de labor terapéutico. Cuando hace falta cambiar los objetivos, las intenciones, o la conducta o actitudes que afectan la mutualidad de un matrimonio, o el sistema familiar, hace falta una restructuración conjunta. Cuando se trata de mejorar la comunicación, los refuerzos mutuos, la resolución de conflictos, o la estabilidad y satisfacción del matrimonio o la familia, se apela a los estilos, las maneras, la motivación y la participación de todos en el proceso. Estos cambios apelan a la manera de relacionarse, de conducirse, y de establecer nuevas pautas de comunicación, apoyo, y sostén mutuo. Se espera que todos ganen con tales cambios, y que nadie se sienta defraudado.

Los Factores que Afectan los Cambios

Entre muchos posibles factores que parecen afectar los cambios en el carácter, la conducta o las relaciones interpersonales, podemos notar los siguientes:

- *Ejercicio y mantenimiento de poder o control.* El poder (capacidad de efectuar logros, de controlar, de manejar asuntos, el ejercicio de autoridad) dentro de la concentración matrimonial, familiar o comunitaria es algo a ser asesorado. La influencia social, la autoridad presente entre maridos y mujeres, entre padres e hijos, o entre semejantes de cualquier clase, entra en juego en asuntos conflictivos y en los procesos de cambio. El poder —sea éste delegado, adquirido, elegido o proyectado, puede ayudar o impedir en los procesos de cambio. Las luchas por el poder egoísta impiden los cambios positivos. El ejercicio de servir el no al otro en amor para hacer lo que Dios desea en cada vida es la medida de poder espiritual enfatizado en el consejo pastoral;

- *Energía movilizadora disponible.* El grado de abnegación, de apego hacia los objetivos y la dinámica del conjunto matrimonial, familiar, grupal o comunitario, afectan la dirección y el rumbo de los cambios. De dónde procede tal momento de fuerza, y a cuánto se moviliza hacia los cambios necesarios, en qué manera se responde a tales empujes, tiene que ver con el abarque del cambio;

- *Procesos inadecuados de comunicación.* Maneras y estilos de decir las cosas, presentar argumentos (cómo se presentan los datos); las fuentes de la comunicación (quiénes son); el contenido de la comunicación (qué se dice); hacia quiénes se dirigen los argumentos y exhortaciones (recipientes); los resultados de la comunicación, los efectos de la misma. El tiempo, la oportunidad para los mensajes cambiantes, también tienen que ver con el proceso;

- *Percepciones idiosincráticas.* El proceso de cambio es afectado por la manera en la cual la realidad es definida, la visión, entendimiento, perspicacia, e interpretación, con la adjudicación de significado a los cambios;

- *Afinidad o mutualidad en el trazado de metas.* Blancos y objetivos personales vs. grupales, conflictos de intereses, desavenencias entre las expectativas, visión y empuje de los componentes. Si las personas participan mutuamente en el trazado de metas, se dan más al esfuerzo de lograrlas en lugar de forcejear y tratar de manipular a su favor;

- *Recursos disponibles.* ¿Con qué se cuenta para realizar los cambios? ¿Quiénes participan, a qué altura, con qué costo y esperanzas? El asesoramiento de las personas, de los mecanismos de ayuda, de los equipos de sostén, de las finanzas, del grado de conocimiento, de los dones y ministerios presentes, etc. es necesario para tener en mente el contexto dentro del cual los cambios pueden o deben ser realizados;

- *Tipo de estructura u organización matrimonial, familiar o grupal.* Los cambios estructurales y funcionales deben tener en cuenta el tipo de estructura que existe en el matrimonio (igualitario o jerárquico), la familia (tradicional, jerárquica, igualitaria, con rigidez o flexibilidad, etc.) o el grupo siendo aconsejado. El tipo de estructura u organización que se presenta en las sesiones de consejería puede asumir varias formas:

- *Tradicional:* Las personas solidifican, "acorralan" y mantienen sus roles, funciones, perspectivas, actuaciones, e interacciones dentro de un sistema caracterizado por demarcaciones rígidas, con un sinnúmero de regulaciones internas que rigen la conducta de cada miembro. La tradición impera y califica al espíritu del matrimonio, la familia o grupo. Este estilo es muy difícil de cambiar, debido al apego que se tiene hacia la tradición, esté de acuerdo a las Escrituras (interpretadas adecuadamente) o no. Cualquier cambio es visto como una afrenta, un desafío o una rebelión a lo establecido. Los cambios efectuados son más bien evolucionarios; si se atenta a cambiar las cosas de manera drástica, tal aspecto es visto como una revolución y las personas, sus procesos pueden sufrir daños muy fuertes;

- *Caudillista:* El matrimonio o la familia cuenta con una persona que jerárquicamente marca el compás de todas las actividades, de los objetivos, etc. Tal persona provee el tenor, el espíritu del grupo. Como el de arriba manda a los de abajo, se crea un sistema despótico donde se aspira a llegar lo más alto posible y ejercer cierto control, muchas veces a expensas de su pareja o su familia, que se sienten menoscabadas, rebajadas o manipuladas. Los cambios en tal estilo son difíciles de lograr, especialmente si la persona se escuda con versos escriturales interpretados a su manera, o considera a su semejante como un objeto o entidad funcional que satisface su narcisismo. A menos que el caudillo no otorgue las oportunidades de cambio, pocas esperanzas existen para los componentes bajo su mando;

- *"Igualitario y actualizador del ser propio o siendo mutual con otros"*. El conjunto matrimonial o familiar tiende a ser democrático, igualitario y funcional. Tal vez sea reaccionario a cualquier clase de autoridad, y se postula en un estilo libre, donde cada miembro trata de seguir sus propios dictámenes sin desmerecer a los demás. Los cambios dentro de este estilo son "pro-volucionarios", planeados, comunes, esperados, y hasta normalizados. Tal estilo permite mucha flexibilidad, pero muchas veces termina en desorganización o caos, debido a que cada uno puede "correr para donde se le dé la gana";

- *Sistémico funcional.* El conjunto –sea el matrimonio o la familia, se orienta a través de objetivos, con procesos de entrada, elaboración y transformación de recursos con metas definidas y fomentando resultados proactivamente trazados; el ente funciona como un sistema guiado por varios procesos delineados, en lugar de enfatizar funciones o líneas de ejecución burocrática. La información es esencial para la vida y las funciones del sistema matrimonial o familiar. Los cambios dentro de este estilo son planeados mutuamente, proactivamente, y tratan de involucrar a ambas partes en el proceso. No se apela a jerarquías sino a la distribución de funciones, papeles, asignaturas y deberes con respeto mutuo.

La Dinámica del Proceso de Cambios

La naturaleza nos enseña que todas las cosas creadas experimentan cambios. Si bien en el diseño divino hay una fuerza creativa que sostiene al universo y permite que siga su marcha y el desarrollo vital de las cosas, a pesar del hecho que la creación "gime" esperando su redención (Ro 8:19-22). La entropía nos hace ver que todas las cosas decaen hacia un letargo mortal. Hay cambios evolutivos que a través del tiempo nos hacen ver variaciones paulatinas de formas y funciones bajo el sol. Aún el plasma del sol cambia constantemente. El universo es un sistema dinámico. Los sistemas familiares y matrimoniales, a pesar de ser vitalizados por Dios, experimentan la entropía natural al ser sujetos a un cosmos que necesita redención. En cuanto a cambios matrimoniales, familiares o grupales, podemos definir tales procesos en tres maneras: Cambios evolutivos, revolucionarios y "provolucionarios".

1. Cambios evolutivos. La evolución es un proceso lento, en el cual los cambios pasan desapercibidos, lentamente y sin riesgos aparentes. Sin darse cuenta, las estructuras van cambiando y los procesos experimentan acomodos a las presiones ambientales, a las voces de los componentes del grupo, a las exigencias demandantes del *status quo*. Sin embargo, la mayoría de las personas bajo tales cambios, no experimenta la vislumbre de un grado de diferencia tal que les haga festejar éxitos, ni tampoco se apenan porque no existe una percepción drástica que les estremezca. La mayoría de las personas piensan pasar a un mejor mundo sin ver mucho cambio en sus estructuras.

Boring, un historiador de la psicología experimental, dijo que la ciencia nunca avanzaría si los científicos no murieran. Es decir, los que descubren algo, piensan que nadie va a descubrir más allá de lo que ellos hicieron, o por lo menos, no lo harán dentro de los límites de su percepción. Los descubridores de hoy se vuelven en piedras de tropiezo si no tienen la suficiente humildad de reconocer a los nuevos talentos que aparecen dentro de su propio horizonte. Los "rebeldes" y radicales de hoy se vuelven en los conservativos del mañana. Tal es el cambio evolutivo. Muchos "renovadores" de ayer se han estructurado en el presente, cosa que parecería una herejía mencionar cuando estaban proclamando sus maneras nuevas, pujantes y no-convencionales en los días pasados.

Cuando yo era niño, el jugar a la pelota era pecado en mi iglesia. Mi padre era un pastor evangélico que siempre hizo alarde de sus hijos y los presentaba como ejemplos a sus conocidos, esperando que nunca nada de su conducta diese a entender algo contrario a sus expectativas. Para mí, aún como niño, no tenía sentido el ver a Dios como un ogro que no quería que yo jugase a la pelota. Por eso, yo me escapaba por la ventana para poder jugar con mis amigos, para luego volver por la ventana y lavarme las rodillas verdes de grama para no desilusionar a mi padre. Luego de muchos años, la misma iglesia tiene equipos de fútbol y ni recuerda los días en los cuales uno perdía la salvación por culpa de un cuero redondo inflado. Tal cambio ha sido evolutivo. En el pensar de Jung, muchos hombres se vuelven un poco más sensitivos al envejecer; por otra parte, las mujeres se vuelven más asertivas en lugar de permanecer dóciles y sumisas. Tales cambios son tan graduales que las personas ni los notan mientras ocurren.

Cambios revolucionarios. Los cambios revolucionarios rara vez conservan todos sus resultados, ya que por la manera pujante, la desubicación del status quo hace que muchos sufran pérdidas mientras que otros celebran sus logros. El vino nuevo rompe los odres viejos y mucho se derrama. Las personas no están preparadas para recibir cierta información que les viene "como un mazazo" desde arriba. Si no existe una concientización previa, si no se sensibiliza hacia las posibilidades futuras, los cambios drásticos raras veces producen un acomodo total del sistema que los experimenta. Por el contrario, las divisiones emocionales, cognitivas y conductivas llegan a ser mas la regla que la excepción.

Jesús tuvo "muchas cosas que decir" pero se las tuvo que aguantar con sus discípulos, ya que reconoció que ellos "no las podían sobrellevar." Según su percepción, los discípulos no estaban a la altura de comprender ni atesorar lo que El quiso darles en tal momento. Llegaría la hora en la cual ellos podrían recibir tal información, y a tal fin esperarían ser capacitados por su Espíritu. A los que ya querían restituir todas las cosas y sentarse a sus lados para gobernar Israel, los tuvo que frenar con el dicho de que no les tocaba a ellos averiguar tales cosas, sino el de ser fieles al cometido de predicar, enseñar y obedecer los dictados de fe.

Si las personas en consejería no tienen paciencia hacia lo evolucionario y optan por algo más rápido, más revolucionario, será propenso tal vez abogar por cambios rápidos y radicales. Hay casos en los cuales los cambios deben ser drásticos y rápidos: El caso de abuso sexual de un niño, donde hay que actuar en forma protectora y poner límites físicos y emocionales para luego trabajar con las partes necesitadas de ayuda. Casos de peligros registrados en la vida de seres sujetos a la ira de alguna persona, a las peleas desordenadas, al potencial homicida o destructor, necesariamente demandan intervenciones de tipo crisis, con la expectativa de cambios radicales en el sistema matrimonial o familiar. Sin embargo, si se trata de cambios radicales y drásticos adoptados por un miembro en las maneras de comportarse afecta al sistema. Cambios repentinos e inesperados entre maridos y mujeres, entre padres e hijos, muchas veces lleva a las roturas en las relaciones, a divorcios, a separaciones o a forcejeos emocionales.

Cambios planeados (provolucionarios): Una tercera avenida, categorizada como un cambio realizado a través de un proceso gradual, planificado y asesorado a través del derrotero de su origen, su desarrollo, su manutención y su dirección hacia el futuro. No es tan lento como el cambio evolutivo, ni tan rápido como una revolución. En tal caso, el consejero busca el entablar una conversación asesora, indagadora, con cuestiones y motivaciones que provoquen a las personas a ver la necesidad de cambios paulatinos sin perder su estabilidad. Esta clase de cambios puede asegurar que todas las partes estén de acuerdo, tengan una interdependencia positiva en cuanto a sus metas y logros , como también mantener su armonía, paz y mutualidad.

Tal vez el consejero perspicaz pueda captar la necesidad de cambios lentos y paulatinos (como el ajustarse a una catástrofe que arrojó un saldo nefando en el ser), o de cambios radicales (como en el caso de una persona que abusa a su cónyuge). En el caso de cambios planeados, el consejero puede anima a las personas a ser proactivas, a vislumbrar el proceso como una oportunidad para hacer las cosas diferentemente y consolidar los logros efectuados en maneras funcionales.

Esquemas de Cambios Evolutivos

Las observaciones recogidas con respecto a sistemas en necesidad de cambio nos dan a entender que si los tales son graduales, aún cuando no son tan visibles, pueden ser objetivamente asesorados. Se puede conjeturar hacia los procesos que entran en juego en los cambios evolutivos, revolucionarios y programados gradualmente. En los cambios evolutivos, los siguientes pasos se notan:

- El apercibimiento de las necesidades de las personas, del grupo o de las estructuras;
- La colección de información pertinente;
- El análisis de la situación teniendo en mente las necesidades, la información, los recursos y la energía existente;
- La diagnosis de la situación, con percepción de la condición en cuanto a haberes y faltas;
- El establecimiento de propósitos, blancos y objetivos;
- El planeamiento de actividades correspondientes a los objetivos, metas y propósito;
- Las acciones a ser tomadas en manera paulatina, lenta y acomodadora, asimiladora, a fin de mantener un equilibrio sin roturas innecesarias;
- La estabilización del sistema matrimonial o familiar a medida que los cambios graduales se experimentan;
- La evaluación de los resultados de los procesos de cambios y los nuevos estados alcanzados;
- Los procesos de retroalimentación y continuación de lo evolutivo aparecen como adecuados y funcionales a los propósitos enunciados.

Esquemas de Cambios Graduales

En los sistemas matrimoniales y familiares, los cambios provolucionarios a realizarse no son tan lentos ni tan apurados, a menos que se den casos de abuso que necesitan atención crítica inmediata, pero más bien planeados adecuadamente. Tales cambios envuelven la creatividad, la dedicación y el empeño de los componentes. Se espera que los miembros de una familia estén animados de un sentir conjunto, que busca la planificación de los procesos de ajuste, acomodo, asimilación y equilibrio con nuevas expectativas. Ejemplos de cambios evolutivos se dan en casos de ajustarse a una enfermedad crónica que afecta a la familia; el ajuste al nacimiento de un niño con un síndrome anormal; el decidir quedarse en un matrimonio estable pero infeliz, donde el cónyuge no manifiesta ni deseos ni intenciones de cambiar; el enviudar joven y decidir quedarse soltero, etc. En tales casos, los siguientes pasos se toman:

- El apercibimiento de valores grupales de la personal el matrimonio o la familia
- El esclarecimiento de tales valores
- La visión del potencial al cual se apunta
- La colección de información pertinente en el presente
- El establecimiento de objetivos con la participación conjunta de los componentes
- El planeamiento de actividades con la participación en el trazado, planeamiento, y refinado de objetivos personales y grupales
- La movilización de recursos y acomodo de las partes hacia los objetivos
- La toma de los pasos esenciales hacia el cumplimiento de los objetivos
- La estabilización de los logros y el acomodo o ajuste a los nuevos niveles de pensamiento, sentimiento, conducta y definición
- La evaluación de lo alcanzado inmediatamente, a largo plazo y del potencial a seguirse
- La retroalimentación del proceso, reforzamiento de lo logrado con revitalización constante
- La percepción conjunta positiva de la actitud renovadora que permite equilibrios sin rigidez, o de cambios graduales y paulatinos sin roturas

La Función del Consejero en el Proceso de Cambios Graduales

La persona consejera, en estos esquemas, actúa como agente de cambio, compenetrado en la visión y percepción de los conflictos abordados, sensibilizando a los componentes hacia lo deseable y funcional. También actúa como activador y motivador de conducta ejemplar, a ser seguida en amor sin destrozar el vínculo de paz o armonía presente en el conjunto. En resumen, se puede decir quela persona que proporciona este ministerio: (1) Asesora la situación actual en contraposición con los modelos escriturales, interpretando la voluntad de Dios en la actualidad y teniendo en mente la condición reinante; (2) diagnostica la situación; (3) asesora la capacidad de la persona, de la pareja, de la familia o del conjunto con referencia a la necesidad de cambio y hacia la oportunidad para el mismo; (4) asesora la motivación existente en la(s) persona(s) hacia los cambios; (5) sesora los recursos que se poseen para realizar las tareas y mantener la armonía del conjunto; (6) equipa a los componentes hacia la edificación, no simplemente al derrumbe de estructuras, con percepción funcional y adecuada a los propósitos de Dios; (7) facilita y capacita a los componentes hacia la realización de los objetivos; (8) facilita las relaciones en amor entre los componentes, con funciones de nutrición, encomio, sostén, ayuda, salud mental, espiritual y fuerza moral; (9) guía a los componentes del grupo a través del proceso de cambios, desde el principio hasta la realización de los objetivo; y

(10) asesora la eficacia y comunica las medidas de alcance apropiadas a fin de hacer partícipes a los miembros del conjunto de la percepción de los logros y alcances en común.

Resistencia a los Cambios

Aún cuando los cambios se consideren deseables, aconsejables, imprescindibles o urgentes, habrá resistencias a los tales, dada la inercia de las estructuras, procesos y hábitos humanos. Es paradójico que, la persona que busca ayuda quiere cambiar, pero al mismo tiempo resiste al cambio, por las exigencias que tal cambio involucra. Una especie de momento de inercia actúa sobre el ser, con entropía y desgano actuando como barreras o impedimentos a su intención de cambiar. Tal inercia puede responder a las siguientes variables:

- *Miedo a lo desconocido*. El *status quo* parece más ventajoso y seguro. "Más vale lo malo conocido que lo bueno por conocer" pareciera aplicarse en tales casos. La ansiedad de arrojarse a un proceso demandante de abandono de su voluntad, o el dejar algún vicio, alguna adicción, provoca tensión emocional en el ser acostumbrado a sus rutinas;

- *Contentamiento*. La habituación del ser humano se da en las esferas fisiológicas, psicológicas, sociales y relacionales. Tanto el cuerpo como la mente se acostumbran a lo rutinario con saciado, acomodo y equilibrio, al punto de no querer arruinar ese balance homeostático. En muchas de las interacciones terapéuticas, se nota que la persona problemática parece sentirse tranquila con la condición actual, manteniéndose en el mismo sitio porque el cambiar demanda mucho. Hay cierta ganancia secundaria en permanecer en el *status quo* porque las personas alrededor de uno se han acostumbrado a tratarlo en maneras acostumbradas y estereotipadas. En muchos casos, la persona aún cuando quiere cambiar, trata de no apesadumbrarse debido a las exigencias o demandas de una restructuración;

- *Conflicto de interés*. Los cambios son desafíos a las tradiciones, a las maneras nostálgicas, y representan cierta rotura con el pasado, con lo estable, con lo que se ha aprobado. El aferrarse a lo que siempre existió -lo cual representa esfuerzos y tiempo almacenado, no concede mejoras de ninguna especie, ya que ve la restructuración como algo que juzga el parecer, las afirmaciones consolidadas y la actuación del pasado. La resistencia a los desafíos a cualquier condición en necesidad de cambios se puede originar en las personas individuales que sienten peligrar su estabilidad y se ven en la necesidad de salvaguardar al *status quo*. El desafío personal a enfrentar nuevas condiciones necesita mentes y corazones renovados, y a veces tal condición no aparece como una disposición previa al proceso de cambios deseados;

- *Factores subconscientes*. Aún cuando a persona desee cambiar, puede ser que sus asuntos subconscientes le impidan reconocer la necesidad de cambios. Los asuntos inconclusos del pasado, sus complejos sin resolver, los motivos fuera de su alcance consciente (ocultos y atrincherados en sus defensas —negación, justificación, racionalización, represión, etc.), su carencia de perspicacia o reconocimiento, son ejemplos de tales bloqueos al proceso de cambios.

Respuestas a las Resistencias Hacia los Cambios

Al intentar realizar cambios, sean éstos personales, grupales o estructurales, se da un encuentro con las resistencias debidas a los factores ya mencionados. El responder a tales bloqueos, resistencias o impedimentos, puede adquirir maneras apropiadas o inapropiadas.

Maneras Inapropiadas. Si se carece de amor y perspicacia espiritual, las maneras en las cuales los cambios se ejecutan pueden ser inapropiadas. Si se carece de paciencia o longanimidad adecuada, y se pretende cambiar a los individuos o al grupo, se fuerza algo que debería ser aceptado en amor y desarrollado en manera adecuada. Si se pretende cambiar a las estructuras o a los procesos disfuncionales, se da lugar a las pugnas y contiendas que no aprovechan. Simplemente, se logra lo siguiente:

- Defensas y mantenimiento del *status quo* sin dar lugar a la creatividad y oportunidad de transformación;
- Argumentación en defensa de la inercia, valorando más las costumbres, las tradiciones y usanzas que impiden las oportunidades de impacto, crecimiento o renovación adecuada;
- Amenazas hacia los elementos renovadores o en procesos de cambios estructurales propios o interpersonales;
- Censura o crítica hacia la otra persona, o mecanismo de ayuda en el proceso de cambios sin valorar el objetivo de los mismos, ni las intenciones acompañantes;
- Control o atentados a suprimir toda actividad que parezca subversiva al *status quo*, o cualquier insinuación al respecto, con la manipulación de los procesos de información;
- Castigos o medidas de represión psicológica, física, dogmática o desecho de elementos o mecanismos que pudieran dar lugar a los cambios esperados

Maneras Apropiadas y Eficaces. Si se tiene en mente la mutualidad de la pareja o familia y la diferenciación de cada individuo, se respeta a cada componente y se da lugar al interaccionar mutuo. Si se da lugar a la participación conjunta en las decisiones, y se respeta al Espíritu con el cual se trabaja, se proporciona el clima para las maneras eficaces de responder a los cambios deseables. Las maneras apropiadas toman las siguientes características:

- Confianza en las motivaciones, cometidos y propósitos personales, grupales y estructurales;
- Aceptación de los cambios como deseables, operacionales, funcionales o pragmáticos con miras al bienestar del grupo o de las personas a ser servidas;
- Búsqueda de unanimidad de mentes y corazones en el proceso;
- Envolvimiento de los componentes, quienes no se sienten forasteros a los procesos de cambios, sino más bien participantes en conjunto;
- Búsqueda de la paz y el amor del conjunto a medida que se avanza hacia la realización de los potenciales, con la dedicación de los participantes Demostración de empatía, calidez, respeto y honra mutua, dando lugar a la edificación en amor;
- Refuerzos positivos mutuos entre los componentes.

La persona que aconseja, si es perspicaz, toma nota de las reacciones, las respuestas, las decisiones tomadas por la persona, y tiene en mente los factores involucrados en el proceso. Da tal manera, es capaz de seguir afinando o aguzando las metas que dirigen el proceso, y los logros en la consejería administrada.

Conclusión

En este capítulo, hemos presentado una serie de esquemas a fin de proporcionar las premisas sobre las cuales descansan los procesos de cambios estructurales, grupales, y personales. Tales procesos pueden dar lugar a la revitalización constante de las relaciones, permitiendo al consejero ser funcional en la realización del plan de Dios para las personas en conflicto, en medio de un cosmos que presiona hacia la sedimentación estructural, y la mortificación de la vitalidad personal e interpersonal. La persona consejera puede actualizar su función terapéutica al apercibirse de los factores que entran en el proceso de cambios, de las resistencias hacia los mismos, de los elementos efectivos o inefectivos en el proceso, y tener ciertas nociones del grado de cambio y de la cadencia o ritmo del mismo. Sea el cambio deseado de carácter evolucionario, revolucionario o provolucionario, la persona puede vislumbrar la posibilidad de hacer una mejor tarea en administrar el tiempo dedicado a tales tipos der cambio, la dedicación personal a las vidas de sus aconsejados, y a los recursos disponibles. Puede vislumbrar los cambios necesarios para lograr o preservar cierta armonía en un sistema matrimonial, familiar o grupal, y al mismo tiempo ser capaz de realizar cambios radicales en los caracteres, la conducta y las relaciones entre las personas. Puede también darse a la tarea de asesorar un alineado de las personas, las relaciones, y las estructuras de la comunidad de fe con los propósitos de Dios revelados en las Escrituras.

Parte III

La Praxis del Consejo Integral Metacognitivo

Esta sección enfoca sobre la aplicación del paradigma metacognitivo-trialógico, derivado de la integración conceptual basada en una teología evangélica y la psicología clínica. Varios aspectos conceptuales son adoptados, tomados de las investigaciones realizadas en el campo del desarrollo humano, de la ciencia cognitiva, de lo conceptos del ser dialógico, y de la retórica interna del ser.

Luego de presentar las bases y los principios de la consejería, y considerar los procesos, los paradigmas y sus aplicaciones, nos damos a la tarea de dar pautas de lo que se puede o debe hacer en cuanto a los asuntos discretos a ser tratados. Problemas específicos tales como la depresión y la ansiedad son abarcados más detalladamente, en capítulos dedicados a tal propósito. El consejo en casos de duelo también recibe atención, ya que representa una gran parte del trabajo de consejería pastoral. Casos complicados son presentados, para sensibilizar a las personas prestando servicios en cuanto a tales posibilidades a ser ministradas con el consejo.

Los trabajos con parejas y familias reciben atención, dedicando capítulos a tal fin. Debido a las diversas interpretaciones que se dan en el campo de labores entre culturas hispanas que experimentan problemáticas de negligencia o abuso y violencia doméstica, se dan pautas acerca de doctrinas bíblicas a ser corregidas y no malinterpretadas consideradas como base para prolongar cierta opresión o subyugación conveniente a la cultura. El perdón entre semejantes es abarcado como un proceso que necesita una atención debida, con el apoyo de investigaciones, principios bíblicos y teológicos, sin menguar el énfasis terapéutico necesario para realizar una labor justa, adecuada y de acuerdo a la voluntad de Dios.

Por último, se dan pautas en cuanto a las labores que tratan con condiciones percibidas sin esperanza, situaciones crónicas y desafiantes a las labores de consejería. El libro termina con una extensa bibliografía de las obras citadas, que han servido en una manera funcional en el desarrollo de todas las temáticas de esta obra.

Capítulo 22

Intervenciones en Tiempos de Crisis

Muchas personas que de otra manera nunca hubieran acudido a la oficina de un consejero, lo hacen porque han experimentado una crisis grave en sus vidas. Para poder ayudar a las personas en crisis, la persona que aconseja necesita tener una buena vislumbre acerca de las maneras, los estilos, o las estrategias a ser usadas en tales ocasiones.

La Crisis Definida

Una crisis es un evento que produce un estado temporal de desequilibrio o desorganización personal, en el cual las capacidades humanas de manejar el estrés, de resolver su dilema, o de permanecer en una postura de fe y de eficacia personal experimentan desavenencias. El término es utilizado para denotar la reacción de una persona a un desafío en su vida cotidiana. La crisis es un punto transitorio de carácter desafiante en el cual la persona experimenta ansiedad, la cual obliga al ser a enfrentar su desafío y pelear, o a retraerse y huir. Una crisis también se define como un evento oportuno para crecer o menguar en sus capacidades personales en el manejo del estrés, para verse como un héroe, o sentirse un cobarde. En términos médicos representa el punto en el cual la persona comienza a sanarse o a morir.

En breve, el concepto crisis puede ser visto como una emergencia debida a la combinación de eventos inesperados, los cuales demandan una acción inmediata. Es un momento decisivo en el cual las cosas pueden ser abordadas de una manera especial. En la mayoría de los casos, las personas experimentan cambios en el desarrollo sus funciones, en la estructura de sus personas, en el manejo del estrés, y en la utilización de sus defensas y sus estrategias de solución.

Las teorías de intervención en tiempos de crisis fueron desarrolladas en USA por Gerald Caplan y Erich Lindemann, dos psiquiatras de Harvard, en ocasión del desastre que conmovió a la ciudad de Boston en 1943. Un incendio en el cabaret Coconut Grove arrojó un saldo de varios muertos, y la atención prestada a los sobrevivientes de la crisis dio lugar a las intervenciones de tipo crisis. Las reacciones de duelo de los sobrevivientes y de los familiares de las víctimas, fueron observadas a través del tiempo, con referencia a ciertas etapas por las cuales las personas atravesaron en su reacción a la tragedia. Algunas personas se adaptaron a las pérdidas luego de cuatro a seis semanas de trabajo intensivo de pesar, duelo, o luto. Otras personas desarrollaron síntomas psicosomáticos y psiquiátricos, o experimentaron una etapa prolongada de duelo sin resolver. En muchos otros casos, se ha descubierto que durante una crisis, las personas experimentan cambios en el desarrollo de sus funciones, en el empleo de sus procesos cognitivos, emocionales, y conductivos, y en la utilización de sus mecanismos de defensa contra la ansiedad y la depresión. Cuando las estrategias usadas en abordar la crisis fallan, las personas experimentan desavenencias y cambios psicológicos que pueden durar una semana, o prolongarse a un mes, sin por ello representar señales de trastornos psicológicos mayores o perennes. Tales reacciones se consideran manifestaciones de ajuste y adaptación a las exigencias de los problemas aparentemente insolubles (Caplan, 1961; 1964).

Cuando se trata de una crisis marital, el evento/proceso se refiere a un punto crucial en el cual el matrimonio que experimenta tal golpe emocional se encuentra en el cruce de dos caminos: puede enfocar y dirigirse hacia un mayor crecimiento y enriquecimiento, o experimentar desasosiego y dolor, yéndose por un derrotero hacia la separación o el divorcio. Una crisis de carácter imprevisto puede causar otras crisis adyacentes. Muchas crisis de carácter catastrófico tienen la capacidad de inmiscuirse en las maneras relacionales de una pareja y crear crisis matrimoniales, probando sus capacidades de resolución y su disposición interpersonal en cuanto a su flexibilidad, su comprensión, su apoyo mutuo, y su ajuste hacia las exigencias y pruebas de la vida.

Las Causas de las Crisis

Una reseña de los escritos que trata con esta materia nos permiten identificar las clases de crisis: crisis situacionales o accidentales, crisis de desarrollo, y crisis existenciales. Cuando la pérdida —sea ésta situacional, personal o interpersonal es considerada mayor, o como estando más allá de las posibilidades de ajuste, la necesidad de ayuda del tipo crisis se tiene en mente en cuanto a intervención terapéutica. La crisis puede ser el resultado de varios factores (Burgess & Baldwin, 1981). Las posibles causas que aparecen en las sesiones de consejería incluyen,

- ✓ Pérdidas mayores: La separación de seres queridos a través de la muerte,
- ✓ Pérdidas debidas a causas interpersonales: La separación obligada entre cónyuges, el divorcio, o el alejamiento de un miembro a regiones geográficas distantes; la rotura del hogar debido a la conducta nefanda de un miembro cuyas consecuencias afectan al sistema
- ✓ El descubrimiento de algún abuso físico o sexual cometido dentro del sistema familiar
- ✓ Pérdidas de seguridad personal, tales como la carencia de alojamiento debida a un desalojo forzado, las pérdida de un trabajo o de una ocupación, o la pérdida de confianza y confiabilidad debido a la infidelidad conyugal
- ✓ Catástrofes que ocurren en la vida del ser, tales como un accidente, la discapacitación de un ser querido, los efectos de un terremoto, etc.
- ✓ Los peligros y consecuencias del mal social: los abusos y vejaciones en contra de familiares cometidas por entes guerrilleros, secuestradores, opresores, etc.

Los Factores Presentes en Una Crisis

Las crisis aparecen en la escena humana demostrando una variedad enorme de posibilidades y de temáticas. Sin embargo, los escritos pertinentes a este tema nos permiten agrupar los elementos comunes presentes en una crisis de la siguiente manera:

1. *Un evento o una ocasión de peligro.* El acontecimiento propulsa una reacción en cadena de varios acontecimientos los cuales terminan en una crisis definida. Por ejemplo, un joven quien se entrena arduamente para llegar a ser el mejor jugador de fútbol de escuela, descubre un tumor en su espina dorsal que lo deja en una condición precaria e imposibilita el logro de sus sueños.

2. *Un estado de vulnerabilidad.* En la mayoría de las crisis se nota cierta vulnerabilidad en la persona que la atraviesa. Aún personas maduras, capaces, y aguerridas, puede tener momentos de vulnerabilidad que los hacen más propensos a dudar, a experimentar la ansiedad, y no estar preparados para manejar el desafío que los golpea.

3. *Un factor precipitante.* Al sondear los pormenores de una crisis, se nota que aún cuando muchas peripecias y factores se agrupan y aglomeran, los cuales contribuyen al desasosiego y a la calamidad que culminan en una crisis discreta, siempre existen elementos particulares que finalmente, al aparecer, catalizan todos los factores para que tal crisis ocurra.

4. *La crisis en pleno.* Finalmente, cuando la persona se considera incapaz de manejar la situación apremiante, la crisis en pleno ocurre. Varios síntomas aparecen en la escena, tales como las reacciones fisiológicas caracterizada por el estrés, la tensión muscular, la sensación de desmayo, las palpitaciones del corazón aumentadas, los dolores de cabeza y de espalda, la náusea, los vómitos, etc. A las manifestaciones fisiológicas se agregan los síntomas de la ansiedad, el pánico, y la depresión, entre muchos otros. El sentimientos de haber fallado en evitar la crisis, y de tener que afrontar ciertas consecuencias negativas, se agregan a la desesperación del ser. Las personas pueden optar por emplear conductas agitadas tales como pelear, caminar sin rumbo, beber, tomar drogas, o cometer actos irracionales por un lado, o por el otro actuar pasivamente, con letargo, desgano y desesperanza. Hay quienes no quieren despertar, y se quedan en la cama durmiendo excesivamente, o se apegan a sus computadores, o a la televisión por muchas horas, tratando de negar la realidad que los apremia. Algunas personas reaccionan a las crisis en manera irracional, desmedida, o neurótica. Realizan que sus energías han sido disminuidas y que sus maneras de abordar la situación no están a la altura acostumbrada, desaforándose, o actuando en maneras no acostumbradas.

Haciendo un resumen de lo dicho hasta aquí, la reacción de una persona en crisis se manifiesta no solo en sus expresiones verbales, pero también en síntomas psicológicos, físicos, o psicosomáticos. Tales síntomas aparecen inmediatamente luego de haber sido impactada y reaccionado a lo sucedido, aunque a veces suelen demorar o retrasarse en su aparición. Es normal el notar signos de agotamiento o de agitación, acoplados de la necesidad de hablar del asunto y ser escuchado. La falta de fortaleza, de energía, o la sensación de flaqueza, son dimensiones reactivas registradas comúnmente. Los sistemas musculares son afectados, asesorados en cuanto a la tensión y a los dolores experimentados. Los aspectos gastrointestinales también son afectados, resultando en diarrea o en indigestión. La falta de apetito, o la bulimia, suelen ocurrir en algunos casos. El sueño es afectado, con el insomnio registrado en la mayoría de los casos, aunque a veces, hay personas que sufren de trastornos de hipersomnia también. Se dan casos extremos en los cuales lo sensorial y lo cognitivo son afectados, con la percepción distorsionada y el razonamiento volviéndose idiosincrático, con tinte irracional. Pareciera ser que la predisposición caracterológica y genética de la persona tienen algo que ver con tales reacciones, y tal vulnerabilidad se manifiesta en tiempos de crisis. El sentido de culpabilidad aparece como síntoma común, a veces acoplado con hostilidad, irritación o enojo contra la vida, contra Dios, contra los semejantes. Todo esto se puede considerar como un síndrome de ajuste, o una reacción a la crisis.

Estableciendo una Alianza

La persona en crisis puede ser considerada a tres niveles de análisis: Una dimensión volátil y a la vista (lo que se nota en cuanto a las reacciones de ansiedad, el pánico, con síntomas de toda clase). A un nivel subyacente a las dimensiones visibles, se asesoran sus procesos cognitivos y emotivos (pensar, razonar, interpretar, atribuir significado, juzgar, sentir, etc.). A nivel profundo, se asesora su parte fundamentalmente "sólida" (por así decirlo), la cual representa la dimensión ontológica, caracterológica, o estructural del ser: la persona en su esencia.

La intervención en tiempos de crisis demanda el aferrarse a la dimensión "sólida" del la persona —sus bases esenciales— o a la constitución de su personalidad, la cual que permanece como siendo asentada o consolidada, a pesar de los vaivenes manifestados en la superficie o en los eventos críticos. A este punto, cuanto más espiritualmente madura o crecida en su carácter es la persona, más fortaleza y aguante puede demostrar en su encuentro con la crisis y sus respuestas a la misma. La persona consejera debe asesorar la realidad intrapsíquica del individuo, de los rasgos caracterológicas de la persona, y de su manera habitual de responder, para poder aliarse con lo que aparece como sólido, básico, objetivo, o estable, evidentemente presente, aún en tiempos de angustia y estrés. Si la persona es inmadura, carente de perspicacia o de sabiduría espiritual, se debe considerar su capacidad de responder al asesoramiento, reflejada en sus peticiones y en su nivel de entrada, para entonces enfocar hacia tal nivel: sea que apele a los procesos cognitivos-conductivos, proveyendo ánimo y cooperación, o a la guía concreta, con consejos directos y de apoyo.

Las Etapas de una Crisis

Si bien la crisis es experimentada como un evento impactante y existencial, para nuestras deliberaciones podemos vislumbrarla en un proceso con varias "etapas". La persona en crisis raramente se detiene a analizar su experiencia, y el propósito de este capítulo no es de animar ni sugerir al consejero a que le presente una cátedra académica o cognitiva, ni que categorice la experiencia existencial del ser.. Como hemos visto, las crisis pueden ser definidas en etapas o períodos sucesivos (a veces intrincados, cíclicos). Algunos investigadores (Caplan, 1961, 1964) han dividido la crisis propiamente dicha en cuatro fases:

1. La subida de tensión de afecto negativo y la desorganización de la conducta que sigue el impacto de la condición pesarosa. La persona durante esta fase acude a su manera usual de resolver situaciones, a algo que ha trabajado en el pasado.

2. Si la situación no se ha resuelto satisfactoriamente, la tensión aumenta y la situación empeora.

3. La tensión alcanza un punto donde los recursos internos y externos de la persona son movilizados. A este punto, la situación puede mejorar. La persona es dispuesta a emplear métodos de emergencia y busca soluciones rápidas.

4. Si el problema continúa, y no se encuentra una solución inmediata, una desorganización mayor ocurre, con señales de crisis.

Lo que se presenta en estas páginas es simplemente un paradigma para establecer un mejor entendimiento del evento-proceso a ser tratado.

-   *El impacto de la crisis.* La fase inicial de una crisis es relativamente breve. La persona reconoce inmediatamente que debe enfrentar un evento mayor. El impacto produce una acción repentina que dura unas pocas horas o pocos días, dependiendo de la naturaleza del evento y de las características de la persona. El impacto puede ser resumido al espacio y el tiempo pertinente a la persona y a su situación, o puede prolongarse como en el caso de una separación o un divorcio. El impacto produce una reacción de pelea o de huida, debido a que ambas son maneras características de responder al estrés.

-   *Retraimiento y confusión.* Luego del breve período definido como la fase inicial, la persona experimenta un sentido de confusión, y por lo general se retrae como para atrincherarse y cobrar ánimo. Esta fase puede durar varios días, o aún varias semanas. Tal estado es caracterizado por el declinar de la energía emocional, acompañado con los diálogos y debates internos filosóficos y teológicos, tratando de encontrar cierto sentido a la situación. En esta fase puede aparecer la depresión, mezclada con la ansiedad, y un sentido de desgaste emocional. La tendencia de la persona es la de negar sus sentimientos porque pareciera ser que el surgimiento y aumento de las emociones negativas es más evidente. La ira y la maledicencia a menudo surgen y aumentan, lo cual en el caso de un cristiano sincero produce cierta culpabilidad y vergüenza, al reconocer la presencia de tales emociones y su efecto embargador. Emociones secundarias acopladas a las reacciones emocionales primarias (sentir culpabilidad por experimentar la ira) también aparecen en la escena. La tendencia innata del ser es la de defenderse "a zarpazos" para sobrevivir la crisis. Entre las defensas empleadas, aparecen la negación, la supresión, la represión, y la racionalización, actuando como barreras para salvaguardar su integridad emocional y espiritual.

-   *El ajuste a la crisis.* El tiempo de ajuste a una crisis es de más duración, comparado al período de impacto y a la fase de la confusión y retraimiento. El acomodo a las circunstancias vigentes, la asimilación de todo lo ocurrido, y el equilibrio que se trata de establecer con las nuevas oportunidades y situaciones presentadas, lleva su tiempo. Aún cuando la ansiedad y la depresión permanecen a cierto grado, se nota la aparición de actitudes más positivas y funcionales. Éste es un tiempo en el cual se "despegan" o sueltan (por así decirlo) las conexiones o las ataduras nostálgicas acopladas a las pérdidas innegables, y se acepta la realidad de tales pérdidas, tratando de trazar maneras más funcionales y optimistas en enfrentar el presente y el futuro. El apego a otros objetos de afecto es facilitado por el proceso de despegue emocional, sin experimentar un sentido de culpabilidad o de traición a la persona desaparecida.

- *El restablecimiento del ser.* Este período ofrece la oportunidad para la reestructuración y la renovación de la mente y del ser de la persona que superó la crisis. En cierta manera puede recolectar y cotejar los sucesos en una manera metacognitiva, atribuyendo un sentido mejor a la realidad que ha experimentado. Puede ponerle un nuevo marco de referencia a su existencia ante Dios, como que ha aprendido algo esencial por medio de la crisis, y en todo y por todo haber sido enseñado verdades innegables. El autocastigo, la culpabilidad, la vergüenza, la desazón, y la desesperanza, ahora pueden ser puestas a un lado, fomentando un sentido nuevo de ver las cosas y de enfocar al futuro con aplomo.

Durante la fase del impacto, la persona es disminuida en su competencia, en comparación a sus maneras habituales de conducirse, o de responder a los desafíos. Si la tendencia habitual de la persona es proactiva y luchadora, así como enfrenta todos sus problemas, de la misma manera tratará de enfrentar la crisis. Si la persona habitualmente se retrae, o se vuelve pasiva, tal será su tendencia de responder a la crisis. Todas las investigaciones al respecto demuestran que el confrontar y pelear produce mejores resultados que el evitar o huir. Durante la fase inicial del impacto, las capacidades cognitivas de la persona son afectadas. El pensar y razonar, el atribuir significado y juzgar, son afectados con cierta desorientación y menguado, como si el sistema en su totalidad ha experimentado un desajuste, con una rebaja de energías y de capacidad de respuesta. Mucho de lo que un/a consejero/a proporciona en esa fase no se registra debidamente en la mente de la persona. Pareciera que sus filtros no le permiten captar totalmente las sugerencias proporcionadas en el consejo. Tal vez un sentido de embotamiento –apocamiento, culpabilidad, y vergüenza mezclados– también se inmiscuye en las facultades de la persona que atraviesa la crisis. Por eso en la etapa inicial, el consejero debe mostrar perspicacia y paciencia, sensibilidad, y empatía, al tratar de proveer apoyo y sostén, y sugerencias en cuanto a la resolución de la crisis. Los aspectos distintivos en el razonamiento y en las expresiones durante la segunda fase pueden ser categorizados en la siguiente manera:

- Confusión: *"No sé qué pensar, mi mente está en blanco y no sé por dónde empezar"*
- Urgencia: *"Necesito ayuda ya mismo"*
- Ansiedad: *"No sé que hacer; no puedo controlar nada; no puedo predecir mi futuro"*
- Perplejidad: *"Yo nunca me sentí de esta manera; no me reconozco en mis reacciones"*
- Peligro: *"Tengo miedo, no sé lo que va a ocurrir, tal vez algo trágico…"*
- Desesperanza: *"No puedo hacer nada; nadie me puede ayudar, aún dudo que Dios me libre de esto"*
- Malestar: *"Me siento mal, como que voy a desfallecer"*
- Apatía: *"De nada vale tratar; el hacer algo es un ejercicio en futilidad*
- Embotamiento: *"Me siento apagado, disminuido, embotellado, encajonado..."*
- Desesperación: *"Tengo que hacer algo, pero no sé qué hacer"*
- Desgaste: *"Estoy totalmente destrozado, no sé si puedo proseguir"*

- Depresión: *"Me veo sin esperanza; me siento terrible; no tengo futuro"*
- Autocrítica: *"Esto me pasa por ser necio y no haber prevenido mejor"*
- Fatalismo: *"Dios me está castigando; pasó lo que tenía que pasar"*

El consejero perspicaz debe realizar que tales expresiones son muy comunes en esta etapa de la crisis, y no juzgar a la persona en tal estado. Debe aprender de los amigos de Job, quienes por siete días se sentaron silenciosos en su presencia sin proferir una sola palabra, respetando su dolor, su perplejidad, y su estado de ánimo. Tal vez la persona consejera puede tentativamente acercarse y reflejar sobre las peripecias con la persona en crisis, alegando al hecho que es natural el sentirse atrapado por las circunstancias, experimentar el desespero, y tratar de hacer algo, pero estar confuso en cuanto a cómo proceder. El haber observado varias situaciones de crisis, nos permite reflejar sobre los atentados de ayuda provistos por familiares y amigos de la persona. Las expresiones de soporte moral y físico se notan en la fase del impacto, con las contribuciones concretas de dinero, con comida preparadas, tarjetas, y flores, tiempo dispensado, y oraciones, etc. Luego de varias semanas, tales manifestaciones concretas de ayuda decrecen y en el transcurso del tiempo, y normalmente disminuyen al punto que la persona se ve aislada, y cuestiona su capacidad de ajuste. El consejo pastoral no solo se dirige a la persona en crisis, sino a sus familiares y amigos recordándoles de la necesidad de soporte moral y de sostén concreto aplicables a cada caso.

El papel que la fe y la esperanza juegan en la crisis es muy vital; especialmente en la tercera fase (el ajuste a la crisis) es muy importante apoyar y encomiar a la persona en sus convicciones y creencias. Un acercamiento de apoyo —en lugar de exhortaciones o prédicas— es funcional. El asesoramiento del carácter espiritual y psicológico de la persona puede darle pautas al consejero acerca de las bases que la persona demuestra poseer, para acoplarse al ser en crisis a ese nivel y promover el funcionar de la persona en una manera eficaz. Se debe recordar que en esta etapa las personas necesitan aumentar la consistencia y la perseverancia de su fe, afianzarse en la comunidad, y permanecer abiertos al buen consejo que las amistades sabias a su alrededor les puedan brindar. Las personas pueden estar más abiertas a adquirir perspicacia espiritual, y ahondar sus valores y creencias en esta fase.

El consejo en la etapa final (el restablecimiento del ser luego de la crisis) enfoca sobre la necesidad de animar a la persona a enfrentar nuevas posibilidades, con nuevas personas y lugares, y nuevas actividades como para crear y establecer un caudal de nuevas memorias. El consejo también apela a la reflexión, a la acción de gracias, al reconocimiento de Dios como el que ha ayudado durante todas las fases a la persona a permanecer de pie y con su frente en alto. Muchos ejemplos de tales reflexiones encontramos en los Salmos en las Escrituras (las expresiones insultantes, quejosas, lamentables), donde los cantores no niegan sus peripecias ni evaden las circunstancias pesarosos a las cuales han sido expuestos. En su desorientación, los poetas no niegan sus sentimientos, sino que expresan sus emociones libremente, postulando el hecho que la presencia de Dios ha sido real durante todas sus vicisitudes, y finalmente dan gracias y gloria a Dios, culminando con alabanzas al re-orientarse hacia su soberana voluntad.

Pasos Concretos en Intervenciones Críticas

Los escritos en la materia indican que la intervención tipo crisis puede seguir ciertas líneas determinadas, las cuales se aplican flexiblemente a cualquier situación, las cuales pueden adaptarse más particularmente a situaciones específicas en cada caso. Los pasos presentados a continuación son adaptados de varios autores (Puryear, 1979; Clinton & Ohlschlager, 2002), a los cuales el autor integra sus nociones y proporciona un derrotero a seguir.

- *Iniciar la intervención inmediatamente.* Si la situación es crítica, representa cierto peligro para la persona que tiene que ser atendida inmediatamente. Sea que la persona acuda al consejero, o el consejero atienda a una situación crítica a la cual lo han llamado a intervenir (en el caso de un consejero pastoral, en un hogar o en un hospital), el encuentro no debe ser demorado. Las personas no pueden tolerar una crisis aguda por mucho tiempo sin hacer algo para remediar la situación. El sentido de urgencia caracteriza la etapa inicial, de impacto. Se trata de evitar que las peripecias o el desastre se desborden, o adquieran proporciones que lleguen a estar fuera de las posibilidades o del alcance funcional adecuado.

- *Al iniciar la intervención, hay que usar de cierta cautela.* El consejero se da a la tarea de indagar acerca de la crisis para tener una mejor vislumbre de la persona y su situación, y es natural que surjan sus preguntas. No solo se trata de hacer preguntas empáticas, sino también se debe evitar el hacer ciertas preguntas innecesarias. Por ejemplo, es mejor no preguntar *"¿Cómo se siente usted?"* sino, editar sus palabras: *"¿Qué pensamientos han surcado su mente al tener que enfrentar esta situación?* Y luego, *"¿Cuál ha sido su reacción al evento?"* Tales preguntas evitan las reacciones perplejas del ser en crisis –quien espera que la persona que ayuda tenga una idea cabal de lo que ella obviamente siente– y evitar la expresión casi superflua y redundante de las respuestas obvias de sentimientos y emociones negativas que abruman a la persona. El consejero presta soporte, asegurando o confortando a la persona, sin proporcionar premisas indebidas o promesas que no pueden ser realizadas. Es decir, se mantiene en la realidad y no tanto en el idealismo, aunque busca reforzar la fe de la persona, y la certidumbre de contar con la presencia de Dios en la situación.

- *Identificar el problema que asedia a la persona.* Enfocar y colocar el problema en perspectiva, y mantener la calma al hacerlo. La severidad del problema puede asesorarse al considerar el abarque, la intensidad, los posibles efectos, y las repercusiones del mismo. Se espera que la persona que aconseja permanezca objetiva y predispuesta con alternativas de acción. Se trata de asesorar la situación de manera tal que el problema sea enfocado particularmente, y que también sea visto como parte de un esquema contextual. Luego, que pueda ser disgregado en unidades más básicas y descriptas en maneras que puedan ser enfocadas más específicamente, capaces de ser puestas en términos que permitan acciones inmediatas y concretas, para asegurar a la persona que no está sola ni desamparada. El estado mental de la persona debe ser asesorado, especialmente su estado de alerta, y su capacidad de comunicar su dilema en manera coherente. Al tratar de investigar las causas de la situación, el consejero puede preguntar, *"¿Me puede decir qué es lo que ha pasado?"* o también, si las causas no son obvias ni aparecen a la vista claramente, *"¿Puede decirme más detalladamente lo que a su criterio pareciera haber ocurrido?* Aunque parezcan obvias, tales preguntas pueden ayudar a la persona a comenzar a relatar su crisis.

- *Permitir el desahogo emocional de la persona en crisis.* Una persona en crisis tiende a cuestionar todas las cosas: su problema, sus recursos, sus familiares, a Dios, a su voluntad, y a cualquier entidad asociada en su mente perpleja y desilusionada.

Cuando la crisis es debida a alguna decisión, descuido, o equívoco personal, la persona tiende a autocastigarse con un sentido de culpabilidad, vergüenza, y odio propios. Cuando la crisis se debe a causas ajenas al ser, la persona trata de ver alguna causa que la originó, y a menudo ve a Dios como alguien quien pudiera haber prevenido tal cosa, pero que sin embargo lo ha desamparado, o dejado a la merced de las peripecias. De cualquier manera, no es necesario prohibir las expresiones de quejas, desahogos, o lamentos de la persona bajo tales circunstancias. Al escuchar tales expresiones, debemos recordar que la honestidad en el desahogo registrado en muchos Salmos figura como un factor patente en las Escrituras, y que los lamentos y las quejas vertidas ante Dios se incluyen en el legado inspirado. Los Salmos "insultantes" (69 y 109, se consideran expresiones pertinentes a tal categoría, como así también los Salmos 5, 6, 11, 12, 35, 37, 40, 52, 54, 56, 58, 69, 79, 83, 137, 139, y 143) insertados en las Escrituras como un testimonio acerca de la naturaleza del ser humano experimentando las crisis con un sentido de desorganización personal, haciendo reclamos ante un Dios soberano. A veces evitamos, ignoramos, o manicuramos tales expresiones, como si estuviesen fuera de serie o equivocadamente adoptadas en la Biblia. Pero están ahí, como un registro de la capacidad humana de reaccionar y volcar su contenido negativo ante Dios. La noción contextual es que aún las quejas y los lamentos llevan en sí la constancia de una relación íntima, de personas entrelazadas en un pacto, lo cual permite el desahogo honrado y esperanzado del componente humano desorientado por las vicisitudes de la vida, con la experiencia de la aparente ausencia de Dios, y de no ser atendidos como se esperaba. Todo eso, acompañado de la reorientación hacia el reconocimiento de la soberanía de Dios, y de la alabanza a su nombre, a pesar de las dificultades. Los Salmos representan diálogos ejemplares con Dios y consigo mismo, acompañados de retórica interna, por media de la cual la persona aún en crisis atina a darle gloria a Dios a pesar de la angustia experimentada.

- *Reducir la ansiedad*: Luego de establecer contacto, asesorar la situación, y permitir el desahogo de las emociones, el trabajo del consejero es ayudar a la persona a reducir su ansiedad, la cual acompaña o se manifiesta a causa de su sensación de no tener control, ni poder predecir lo que va a suceder en su futuro inmediato. El evitar una catástrofe es primordial; no se trata de forjar carácter ni efectuar cambios terapéuticos a largo plazo, sino atender a lo inmediato, proveyendo guía en referencia a los pasos concretos a ser tomados. Al presentarse como una persona que escucha, sostiene, y es solidaria en su apoyo, el consejero ayuda en establecer prioridades en el manejo inicial de la crisis: Trata de esclarecer los puntos que pueden ser resueltos en contraste a lo que no se puede resolver (si ha habido una pérdida mayor); al establecer tal diferencia, permite abordar los asuntos concretos y alcanzables del problema. Se eligen aquellos aspectos que están dentro de las posibilidades del alcance, y de la capacidad de manejo de la persona. Si la persona es coherente y capaz de relatar su pesar, y verter los pormenores de la crisis, se le puede ayudar a explorar alternativas en búsqueda de soluciones alternativas. Luego de considerar sus expresiones, se puede proceder con tales alternativas: *"Además de lo que hemos considerado, puede pensar en ver otras posibilidades?"* O se presta apoyo: *"Ud. ha manifestado un tremendo aguante y fe... veamos lo que podemos abordar ahora..."*

- *Tomar acción*. La persona en crisis puede estar desorientada, confusa y carente de perspicacia en sus percepciones, atribuciones y sus resoluciones, o en decidir en cuanto a las acciones a ser tomadas. Necesita saber que se puede hacer algo inmediato, concreto, significativo, y orientado con cierto rumbo funcional. Para eso, el consejero se brinda para proveer cierto marco de referencia objetivo, racional, espiritualmente acertado, y guiar el proceso hacia la activación de las capacidades de la persona para responder a su situación. En su acercamiento, el consejero no estorba al proceso haciendo preguntas que no vienen al caso (tales como el trasfondo social, las minuciosidades de la historia educativa, etc.) sino que apunta a los factores preponderantes de la crisis. El escuchar con atención a las descripciones provistas por la persona es importante, para captar el problema en forma acertada. La crisis puede relacionarse con varios factores causantes o contribuyentes, pero la persona que la experimenta puede fallar en reconocer tal conexión. El consejero se une a la persona, inclusive en sus preguntas: "Qué *podemos* hacer ahora... cómo *podemos* atravesar esta situación?" Se enfoca sobre objetivos concretos, sobre recursos disponibles, y sobre las posibles consecuencias o los efectos de cada alternativa.

- *Establecer objetivos concretos*: Al asesorarse de la posibilidad de alianza con la persona, el consejero puede ayudar a verter el problema en palabras claras y concretas. Su intervención puede encomiar y hacer que la persona pueda utilizar algún aspecto de su ser o de sus dotes, de las capacidades que posee –rasgos de carácter, procesos cognitivos- emocionales, o su prontitud en accionar su conducta funcional– dentro de las alternativas posibles. Mientras el consejero interviene, puede hacer una reseña de las maneras concretas de poner en acción los medios disponibles que existen dentro de la condición crítica. También puede anticipar las posibles barreras o impedimentos que puedan aparecer al tomar iniciativas y actuar en base a las alternativas disponibles. Cuanto más concretos sean los objetivos trazados inicialmente, mejor se maneja la crisis.

- *Asegurar que hay refuerzos, apoyo, y sostén alrededor de la persona en crisis:* La persona que aconseja brinda presencia y refuerzo positivo. Pero no es bueno que esté sola en la línea de trabajo. Puede asesorar si hay medios facilitadores y personas familiares o amigas, u otras conexiones posibles, para apelar a los recursos humanos disponibles. En todos los casos, se enfatiza la necesidad de tener recursos, además de prestar ayuda espontánea en el evento de la crisis. También, es necesario mantener el contacto emocional y la posibilidad de apoyo continuo a través de las etapas iniciales. Por eso, la persona consejera establece alianzas no sólo con la persona en crisis, sino también con los recursos sociales disponibles y al alcance de la persona.

- *Proporcionar encomio hacia el fortalecimiento de la persona* –de su estima y eficacia propia. El consejero no debe hacer lo que la persona puede hacer por sí misma. Es decir, no se disminuye a la persona en su capacidad personal sino que se le refuerza el sentido de hacer algo para solventar la crisis. La necesidad básica de ser rescatados aparece muy a menudo; aun así, al ayudar a la persona se le encomia y reconoce en sus capacidades y posibilidades en conjunto. En situaciones de estrés, la persona puede experimentar ansiedad o depresión, y es menester darles apoyo hasta que desarrolle mejores estrategias o avenidas para tratar con la situación pesarosa. En las crisis, se puede encomiar a la persona a desarrollar más fortaleza, aludiendo al hecho de que si enfrenta la situación realísticamente, tanto su aguante como su capacidad de sobrellevar sus cargas pueden aumentar. La percepción propia de su capacidad de lucha es fortalecida al observar su propia conducta funcional durante tales situaciones.

La experiencia clínica nos da a entender que si una situación crítica no es tratada realística y adecuadamente, las reacciones inadecuadas de las personas tienden a menguar su nivel de funcionamiento emocional, y disminuyen su estima propia. Por otra parte, las reacciones adecuadas permiten un aprendizaje existencial que fomenta el desarrollo de las capacidades solventes de la persona, proporcionando una mejor postura al enfrentar otras crisis. La resolución positiva de una crisis aumenta la capacidad personal de tratar constructivamente con situaciones similares en el futuro. La manera en la cual la persona responde a su crisis es crucial y significativa. La búsqueda de soluciones, el empleo de estrategias metacognitivas y dialógicas (procesar sus procesos, y entablar diálogos con Dios y consigo mismo, aparte de procesar y dialogar con la persona que aconseja), y la resolución de la crisis, son factores constructivos que permiten el crecimiento de la imagen, la estima, y la eficacia propias del ser.

Recursos y Referencias Aplicables

El prestar ayuda en tiempos críticos demanda atención esmerada, empatía acertada, y alternativas rápidas de acción. Las personas que trabajan en situaciones de crisis necesitan estar informadas con respecto a los recursos disponibles en el entorno de las personas afectadas, tales como la comunidad cristiana, las agencias de ayuda del vecindario o la región geográfica, los profesionales que trabajan en la salud mental, los servicios sociales, los hospitales, etc., a fin de facilitar las actuaciones terapéuticas que necesitan ayuda especial –médica, psiquiátrica, escolar, legal o administrativa. En diferentes ocasiones, se necesita tener una especie de fondo de recursos disponibles, con referencias acerca de servicios sociales estatales, ayudas comunitarias, clínicas, servicios de abogacía, de medicina, de ayuda psiquiátrica, y otros afines. Se recomienda a la persona que aconseja a tener acceso y apelar a los recursos presentes en la comunidad, tales como los servicios sociales a los niños, adolescentes, adultos y ancianos; los servicios de albergue (hogares temporales, alojamientos de emergencia) para mujeres abusadas; los recursos comestibles, y de vestir; los servicios de asistencia médica; los programas de nutrición; los programas de natalidad, maternidad, educación paternal; etc. Los recursos psicológicos y psiquiátricos se emplean en el caso de crisis de salud mental, y se recurre a facilidades con hospitalización voluntaria e involuntaria. En fin, los recursos mencionados no son exhaustivos, pero simplemente representan una manera de abarcar las posibles agencias, asociaciones y alternativas existentes en la comunidad. Sin embargo, no se trata de desplazar ni "barrer" el problema hacia otras personas o agencias. Se trata de alinear cualquier otro recurso aparte de los esfuerzos proporcionados en la intervención terapéutica.

Reacciones Anormales a las Crisis

Como lo hemos expresado, cuando las personas experimentan crisis, su capacidad de ajuste y su estabilidad pueden llegar a ser desafiadas, con cambios inesperados. Las decisiones personales tomadas en tales ocasiones, la búsqueda de alternativas, y el empleo de estrategias posibles en solucionar, aliviar, o sobreponerse a las crisis, dan a entender la capacidad, la madurez, y la fortaleza personal demostrada por la persona en crisis. En realidad, las crisis reflejan las habilidades o alternativas que las personas poseen en sí mismas, y su efectividad en la utilización de los recursos a su disposición. Es posible estimular el crecimiento emocional y espiritual de las personas expuestas a situaciones de desafío, ayudándoles a descubrir maneras constructivas de enfrentar sus vicisitudes. Basados en el concepto de homeostasis –la capacidad inherente de los organismos de mantener su balance a través de estrategias adaptivas ante los cambios desafiantes– se trata de movilizar y estabilizar los recursos emocionales de la persona que experimenta un desequilibrio a su balance emocional. Desgraciadamente, a pesar de las buenas intenciones y de las intervenciones apropiadas, habrá casos que van más allá de lo esperado, o de ser resueltos adecuadamente. Se dan casos en los cuales la reacción a la crisis es excesivamente mórbida, prolongada, o retardada, llegando a ser considerada anormal, y en términos clínicos y se debe asesorar:

- ✓ Si existe una reacción exagerada con síntomas acentuados (físicos, tales como tensión y dolores musculares, de cabeza; problemas gastrointestinales; etc.); cognitivos-emotivos, tales como la depresión, la ansiedad, pensamientos mórbidos, negativos, sentido de culpabilidad y de vergüenza, etc.) que sobrepasan los límites temporales (duran más de un mes)

- ✓ Si la persona adquiere síntomas o características de otra persona que falleció, o desapareció –imita los rasgos de la persona desaparecida– como si estuviese "copiando" los síntomas de la persona difunta o alejada. Pareciera ser que subconscientemente "trae" o hace presente a la persona ausente en sus manifestaciones sintomáticas con tinte expiatorio

- ✓ Si la persona experimenta problemas psicosomáticos que resultan en diagnosis médicas, tales como las úlceras, los dolores funcionales, o problemas respiratorios, etc.

- ✓ Si la persona altera sus relaciones con sus familiares y amigos en forma drástica, volviéndose aislada, huraña, pendenciera, irascible, etc.

- ✓ Si la persona se vuelve hostil hacia otras personas, actuando de una manera particular, con proyecciones indebidas, dividiendo o separando a sus semejantes, como si quisiera ver que su pesar y frustración son en alguna manera proyectadas, compartidas, o experimentadas por aquellos que la rodean

- ✓ Si la persona experimenta una desorientación con respecto a la realidad, a manera psicótica, con delirios, paranoia, desórdenes de pensamiento, conducta irracional, etc.

- ✓ Si la persona se aísla y cambia drásticamente sus maneras interpersonales, a manera de un sabotaje a su vida social, dando indicaciones defensivas y anticipadas de rechazo, a fin de no ser rechazada por otras personas

- ✓ Si existe una depresión agitada, en la cual la persona es hiperactiva pero apesadumbrada, actuando sin rumbo aún cuando lo hace vertiginosamente

- ✓ Si existen tendencias de suicidio, con alusiones, planes vagos, amenazas, o intentos

La necesidad de atención es obvia, con énfasis primario hacia las intervenciones rápidas con tinte sostenedor. Luego, se necesita atender a la persona con un enfoque a largo plazo, para proveer un contexto de reestructuración, sanidad interior, y fomento de un estilo de vida adaptado a las circunstancias. Como lo hemos indicado, la crisis da lugar a ambas posibilidades: al peligro de sucumbir y desmoronarse y a la oportunidad de crecer y adquirir más eficacia propia en el manejo del estrés. El afán de las personas que aconsejan es el de proveer un buen sentido de rumbo y cadencia a las personas, y yendo más allá de sus crisis, a un estilo de vida adecuado que se extiende a lo largo de su existencia debajo del sol.

El Manejo de la Crisis Desde un Punto de Vista Metacognitivo

Un entendimiento cabal de las Escrituras acoplado a una buena teología nos hace recapacitar sobre la función que muchas crisis tienen en la vida del cristiano siendo conformado a la imagen de Jesucristo. Los eventos críticos son parte de la vida originados desde un punto de vista trascendental mayor, y aparecen en la vida como parte del diseño de Dios (Ro 8:28-30). A cuantos Dios llamó, les fijó un destino conveniente en el cual todas las cosas ayudan a bien, y las peripecias les son dadas no para destruirlos sino para que sean conformados a la imagen de Jesucristo. Por otra parte las crisis emergen como una progresión natural de la creación sujeta a la vanidad y a la entropía debido a la maldición pronunciada al comienzo. También, las crisis aparecen a causa de la depravación humana actuando en un cosmos sujeto a Dios este siglo. Sin embargo, en todas estas consideraciones, reconocemos la soberanía de Dios en su universo.

Según Proverbios 16:9, Dios es un Dios de propósito y tiene un sentido de dirección y de cadencia, aún cuando nosotros no entendemos su mente y diseño. Las crisis pertenecen a tal diseño en una manera que a veces es incomprensible a la mente humana (Pr 30:3-4). Las escrituras afirman que el hecho que en todo y por todo podemos ser enseñados, como lo recalca el apóstol Pablo (Fil 4:13). Los grandes héroes de la fe atravesaron innumerables crisis ambientales, de desarrollo, y existenciales, registradas a través de las escrituras. Abraham, siendo viejo, debió creer que sería el padre de un hijo prometido por Dios; su esposa en Sara se rió, pero tuvo que enfrentar la misma realidad; ambos sufrieron como advenedizos, sin hijos, para luego de tener a Isaac; tal vez su mayor crisis fue la de recibir el mandato de Dios, de sacrificarlo sobre un monte. La respuesta a tal crisis lo hizo a Abraham el padre de todos los creyentes, un prototipo de fe. El creyente, aún cuando no se ve incluido en la lista de los héroes de la fe (Hebreos 11), puede atinar a apelar al diálogo interno, implícito, con el Espíritu Santo, como así también interaccionar y dialogar en su fuero interno con la Palabra que mora en su ser, para actualizar una respuesta a sus crisis basado en un paradigma metacognitivo-dialógico, expuesto en el siguiente esquema. Si la Palabra mora abundantemente, la persona puede amonsetrase a sí misma con toda sabiduría (Col. 3:16). Una ilustración es provista, para vislumbrar el proceso metacognitiv-dialógico desarrollado en esta obra en forma gráfica (Fig 22.2).

El modelo tiene el objetivo de ilustrar la necesidad de actuar en base a la investidura del Espíritu, cuyo fruto —el amor— no solo incluye el gozo y la paz, sino también la bodad, benignidad, y fe (o fidelidad). Un atributo esencial que forma parte de tal fruto es el dominio propio o la templanza. El dominio propio es definido en psicología como la eficacia propia del ser (Bandura, 1976), un rasgo que denota la capacidad cognitiva-emotiva-conductiva de la persona para efectuar sus propósitos, y responder a los desafíos conscientemente, en lugar de reaccionar automáticamente. Basado en la Escritura, y armado de la capacidad de ejercer su eficacia (dominio propio), el creyente puede enfrentar la crisis desde un plano superior, y verse

371

en Cristo, amparado e investido por Dios, quien le permite atravesar las circunstancias asido de la fe en su presencia y su poder.

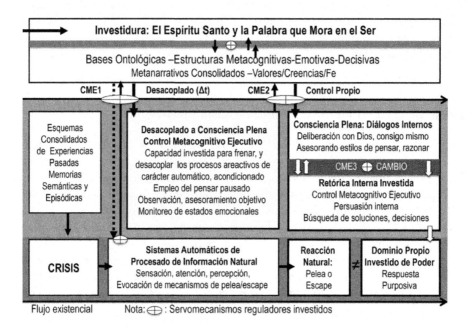

Figura 22.2. Un Modelo Metacognitivo-Dialógico de Enfrentar Una Crisis

El diagrama muestra el flujo existencial en el correr del tiempo, desde el impacto de una crisis, hasta la reacción vs. la respuesta a la misma. Los procesos que entran en el impacto del estrés provocador de la crisis, y las respuestas de la persona (una reacción natural vs. una respuesta bajo el dominio propio). El impacto de la crisis evoca o suscita reacciones naturales –atención, sensación, procesado automático de información neural mediado por la corteza prefrontal, la amígdala, el sistema límbico, con ramificaciones en el sistema nervioso autonómico, el cual evoca las sensaciones y reacciones fisiológicas– y suscita el pensar rápido y emocional. Además del impacto presente, el estímulo estresante evoca las asociaciones alojadas en los esquemas consolidados en los metanarrativos subyacentes de las experiencias pasadas de la persona (las memorias semánticas y episódicas de otras crisis atravesadas en el pasado), lo cual aumenta el momento de fuerza negativo que impacta al ser.

El nivel medio muestra los procesos que comunican, acoplan, o desacoplan a otros procesos que interaccionan entre el nivel natural bajo y el nivel elevado (mente, corazón, espíritu definido como "el ser interior"), representado por las bases ontológicas, o las estructuras cognitivas, emotivas, y volitivas del ser. Éstas estructuras esenciales pueden ser investidas del la presencia de la persona y el poder del Espíritu, quien mora en el ser interior. También, la investidura de la Palabra viviente de Dios se inmiscuye y coparticipa como la voz interlocutora de Dios en el interior del ser, alojada en los metanarrativos renovados, consolidados, y alojados a nivel esencial (constituyentes de los valores, las creencias y la fe de la persona). Siendo investido "de lo alto" permite al ser apelar a tal investidura, para ejercer el dominio propio, e irrumpir y frenar sus procesos automáticos a través del mecanismo denominado "control metacognitivo ejecutivo (CME). Por ser utilizado en primer lugar, lo denominamos CME1. Tal apelación metacognitiva a su CME1 permite al ser observar, asesorar, y monitorear sus estados internos, sus reacciones, su etiquetado emocional, y lograr frenar sus reacciones automáticas, las cuales son captadas luego de haber sido evocadas, y en movimiento. Tales reacciones, por ser naturales y automáticamente acondicionadas por las experiencias y por las predisposiciones de la persona, son experimentadas y captadas luego que han empezado a correr por su cuenta. En términos de lapsos reactivos entre un estímulo provocador y una reacción al mismo, unos 150 a 300 milisegundos representan promedios registrados en estudios realizados en el campo de investigación psicofísica. Es decir, antes que sepamos o decidamos responder, ya estamos reaccionando.

Permítame el lector emplear un estilo metafórico. Un gaucho corriendo a caballo, atraviesa un pueblito a todo galope. Otro gaucho le grita: ¿A dónde vas tan ligero? El gaucho a todo galope le contesta, "No sé ... a donde el caballo me lleve, porque perdí las riendas!" El ejercitar su control metacognitivo ejecutivo es retomar las riendas de una crisis, y guiarla a un lugar y destino seguro. Aunque la crisis nos desboca el caballo y a veces perdemos el control, la cuestión es retomar las riendas del asunto que nos desafía y volver a nuestro cauce normal. Del gaucho a todo galope, podemos pasar al porteño guiando su automóvil, forcejeando sus maniobras metacognitivas contra el tráfico desafiante de la ciudad. Si consideramos la mecánica de su automóvil (estándar, a cambios) al ser confrontado por un peligro en su camino, captado en el flujo caótico del tráfico, el porteño debe apretar el embrague – desacoplar el motor del tren delantero– y frenar el vehículo sucesivamente, para así evitar el peligro, y luego engranar una velocidad adecuada para proseguir en su derrotero.

Conclusión: Instigación de Fe y Esperanza

El ejemplo mayor de lo que se considera una crisis es representado en el narrativo que relata la oración de Jesús en el huerto de Getsemaní, al confrontar el pecado de toda la humanidad siendo cargado sobre su persona, para luego morir en la Cruz como el representante y sustituto de todo pecador. Puso su rostro 'como un pedernal" para hacerle frente a tal crisis, y nada lo disuadió de hacer la voluntad de su Padre. Tal respuesta a las demandas de Dios consiguió la salvación de toda humanidad, a ser obtenida por aquellos que depositan su fe en El. La mayoría de sus discípulos tuvieron que enfrentar muchas crisis incluyendo muertes horrendas en manos del imperio romano. La iglesia ha sido saturada con historias de crisis por las cuales atravesaron muchos de sus héroes a quienes llamamos apóstoles, profetas, evangelistas, pastores y maestros.

En toda ocasión, la oportunidad se brindó para elegir al responder a los desafíos de la vida, y es a través de tales decisiones que las personas forjaron su futuro, aumentando su fe, y creciendo en su estatura espiritual. La fe no crece un ambiente de placer, sino a través de las pruebas y las vicisitudes de la vida. Hay tres ocasiones en las Escrituras del Nuevo Testamento que nos hacen ver que el ser quebrantado produce resultados deseables ante Dios. Un alabastro lleno de ungüento, al ser roto, exhala una fragancia que llena la casa. Un grano de trigo que cae a tierra y muere, produce mucho fruto. Vasos de barro al ser quebrantados, dejan relucir el tesoro que contienen. El ser tratados por Dios y quebrantados ante su presencia a través de las crisis, produce cierta calidad en el carácter, cierto tono en la vida espiritual acrecentada, y riquezas de carácter espiritual en la persona. En sí, las crisis no producen tales efectos, sino que son las respuestas de la persona ejerciendo su dominio propio, investido del Espíritu Santo y basado en las Escrituras, lo que permite lograr tales resultados.

En cualquier situación terapéutica, las cosas van mejor si se establece un clima emocional de esperanza. El alivio posible del sufrimiento se basa en la perspectiva futura de que las cosas pueden cambiar. En el peor de los casos, la teología de la esperanza mantiene que Dios está en control del futuro y que al fin y al cabo dará sus razones —si es necesario, ya que en una condición glorificada en su presencia, todas nuestras crisis terrenales palidecerán y serán echadas al olvido.

En el establecimiento de una actitud esperanzada, la persona consejera puede compartir sus ideas, o su perspicacia espiritual, basadas en la naturaleza inmutable de Dios, y a la confianza de acercársele confiadamente para pedir socorro. La instigación de fe en un Dios que permanece fiel, quien sostiene, fortalece, e invita hacia una relación personal íntima, es esencial. Las Escrituras son las bases eficientes y comprehensivas para evocar, aumentar y establecer la fe: La fe viene por el oír, y el oír la Palabra de Dios. La utilización de las Escrituras es esencial en el establecimiento de la fe y la esperanza. También, se trata de ayudar a las personas en crisis a través de la provisión amable y empática de cierta objetividad que se demuestra por parte de la persona que ayuda, debido a que las crisis suelen afectar el estado cognitivo y emocional de las personas haciendo que muchos pensamientos se vuelvan ilógicos, irrazonables o distorsionados.

Por último, se necesita mantener el contacto con la persona en crisis, y no dejar las cosas al azar. El contacto se puede mantener a través de llamadas por teléfono, skype, o medios electrónicos (si existe tal posibilidad) con gentileza, respeto y sostén. También se puede recurrir a grupos visitadores o a personas que personalmente presten presencia sostenedora. Se afianza y corrobora el hecho de que la persona no está sola, ni carece de atención espiritual y emocional comunitaria, aparte de la pastoral.

Capítulo 23

Tratando Personas con Ansiedad

En su definición general, la ansiedad es un ente muy complejo, cuya etiología desafía a los investigadores, y cuyo tratamiento ha recibido un gran número de atención en cuanto a acercamientos, estilos, estrategias y modalidades. Una palabra de advertencia es necesaria: Un capitulo breve no le hace mucha justicia al problema, y el lector no debe pensar que porque leyó unas páginas dedicadas a tal problema esta netamente preparado para abordar casos desafiantes. Puede cotejar con manuales de psicopatología (DSM IV-TR) y escritos referentes al tema en el campo terapéutico. Sin embargo, aquí se trata de ilustrar o proveer ciertas pautas acerca de la problemática de la ansiedad desde el punto de vista del consejo terapéutico integral. Por otra parte, el consejero cristiano debe estar compenetrado aún más en las innumerables referencias bíblicas que tratan con la ansiedad y la función que la fe juega en contrarrestar tal estado.

En términos generales, la ansiedad es vista como *un estado subjetivo del ser, o una sensación experimentada por la persona cuya fisiología, mente y conducta aparecen como perturbadas, "fuera de serie" o carentes de poseer una sensación de control o seguridad personal.* La ansiedad es considerada como una condición de ser, experimentar, pensar, sentir y conducirse en maneras que, agregadas en conjunto, son descriptas como un desorden (algo descompaginado, fuera del orden común). Tal condición se debe a factores biológicos, cognitivos, emotivos y conductivos que entran en juego al enfrentar desafíos al ser. La persona se ve al descubierto, sin defensas adecuadas para solventar las demandas de su ambiente, y considera que no tiene la capacidad o eficacia para responder adecuadamente. La falta de control sobre las circunstancias, la percepción anticipada de posibilidades o consecuencias negativas, agregadas a la incertidumbre acerca del futuro, produce miedo en general o aprehensión en particular, circunscripta a los eventos provocadores de su condición.

La diferencia entre el miedo y ansiedad estriba en el foco de atención, percepción y atribución de significado a los eventos; el miedo generalmente se asocia a factores concretos o abstractos, pero enfocados o descriptos por la persona empleando categorías discretas. La ansiedad es un miedo difuso, "esparcido" y acoplado a posibilidades negativas relacionadas al presente, anticipando experiencias negativas en un futuro incierto, o a consecuencias acarreadas del pasado. El miedo es la emoción suscitada por algún desafío definido, una amenaza al bienestar o la seguridad personal, provocando un estado de tensión y alarma. La ansiedad es una sensación generalizada de ser amenazados, desafiados inminentemente, o sujetos a circunstancias impredecibles que elevan las defensas personales y promueven la urgencia de escapar o evitar el ser atrapados o destruidos.

El miedo y la ansiedad se entrelazan a menudo: El miedo o temor a la muerte esclaviza al ser que titubea, consciente de su falta de seguridad (Heb 2:15), y produce la ansiedad en el vivir cotidiano (1 P 5:7). Tal vez, el miedo a la muerte se constituye en el mayor factor subyacente a muchas ansiedades manifestadas por el ser humano. Las fobias, y especialmente la agorafobia, se relacionan a la ansiedad de la separación de objetos primarios considerados protectores, nutritivos, sostenedores, encomiadores, proveedores de seguridad, etc. La simbiosis vislumbrada en persona neuróticas se relaciona a su temor de perder objetos de anclado o seguridad personal.

La ansiedad experimentada por muchas personas que vienen en busca de ayuda se relaciona a sus luchas cotidianas. El estar "afanosos" o el congojarse por el vestir, el albergue y el comer, es presentado por Jesús como pertinentes a las ansiedades básicas del ser humano (Mt 6: 25-34). Es significativo que Jesús les recordó a sus propios discípulos, quienes tuvieron su compañía y fueron testigos de su poder, sus sanidades y milagros, su provisión de seguridad y sustento, a no congojarse tanto por sus necesidades diarias, antes bien buscar *primeramente* el Reino de Dios y su justicia. Las cosas triviales —comida, sustento, albergue, y vestido, son secundarias a buscar primordialmente el estar encuadrado en la voluntad de Dios.

Muchas personas ansiosas al punto de ser diagnosticadas con algún desorden sufren de estima propia baja, de imagen pobre, y de falta de eficacia. En tales estados, quisieran ser diferentes y demostrar más aplomo o control propio. Sin embargo, debido a su ansiedad, tratan de aparentar o dar una impresión aceptable a las personas en sus círculos sociales. La ansiedad de ser vistos en su estado real, clara y honestamente, provoca sus defensas. Tal ansiedad se resume en breve en una frase: Si tú me conoces realmente, no me vas a querer ni aceptar.

Teológicamente hablando, el ser caído de su estado original apela a sus defensas: Adán y Eva se cubrieron con hojas de higuera para no ser vistos en su desnudez, y debido a su vergüenza (la sensación negativa de ser descubiertos y vistos en su precariedad, su condición imperfecta), apelaron a cubiertas o máscaras para no ser conocidos en su ser real, carente de perfección y sujeto al pecado. Ambos emplearon una especie de confesión tacita en su postura defensiva: *"Si tú me conocieras realmente, no me aceptarías honestamente; de modo que, permíteme presentarme con un disfraz. La hojas de higuera permiten que me presente con el fin de ser aceptado".* La ansiedad provoca mecanismos de defensa en el ser humano, tales como la negación, la racionalización, la proyección, la represión, etc. Tales mecanismos tienen como finalidad el mitigar la ansiedad.

Clasificaciones del Desorden Denominado "Ansiedad"

Podemos considerar los desórdenes de la ansiedad como uno de los grupos más diversos entre los problemas tratados en psicoterapia, abarcando una gama amplia de manifestaciones clínicas. Los desórdenes son clasificados de acuerdo a sus síntomas peculiares, agrupados en las siguientes categorías:

- Desórdenes de ansiedad generalizada.

- Ataques de pánico –con o sin agorafobia.
- Fobias - especificas, relacionadas a entes provocativos de reacciones negativas (perros, arañas, puentes, elevadores, agujas, etc.), social (temor a las ocasiones interactivas en público, en grupos), y agorafobia (miedo a encontrarse en lugares públicos, abiertos, congestionados).
- Desórdenes obseso-compulsivos.
- El desorden de estrés pos-traumático.
- Ansiedad relacionada a enfermedades físicas.
- Ansiedad acoplada a una enfermedad mental.
- Reacciones de ajuste a las vicisitudes o desafíos de la vida con ansiedad como característica acoplada.
- Ansiedad existencial, ontológica o espiritual.

Si consideramos todas las variedades de la ansiedad mencionadas, y las agrupamos tomando en cuenta los síntomas manifestados, podemos enfocar la atención hacia cuatro categorías en especial:

- Síntomas fisiológicos acoplados al sistema nervioso central –la tensión muscular, la agitación, los dolores musculares, la fatiga, etc.
- Hiperactividad autonómica –taquicardia, arritmias, falta de aliento; sensación fría en las extremidades, mareos, parestesias (hormigueo o cosquilleo en las extremidades), sequedad bucal, estómago revuelto, sensaciones frías en el cuerpo, o calor, etc.;
- Expectativa exagerada –procesos cognitivos aumentados de anticipación de alguna desgracia, de presagio negativo, nerviosidad, preocupación, miedo, etc.;
- Vigilancia y escrutinio –postura híper-alerta, dificultades en la concentración, insomnio, irritabilidad, impaciencia, etc.

Las categorías presentadas a continuación no son proporcionadas como moldes para catalogar a las personas, ni mucho menos diagnosticarlas en bases a tales datos – precarios y elementales – sino que son informativos suministrados como ayudas en el entendimiento de los factores que entran en juego al tratar de asesorar las condiciones problemáticas. Consejeros y pastores que no tienen el entrenamiento clínico pueden por lo menos tener una idea de lo que los etiquetados significan en el campo clínico, y de ser desafiados a proseguir en su capacitación.

La Ansiedad Generalizada

La categoría que ha recibido más atención entre las condiciones que caben dentro del problema de la ansiedad ha sido la denominada ansiedad generalizada. Tal condición se diagnostica cuando la persona experimenta la presencia de tres o más factores, tales como:

- Tensión emocional, como estando al borde de un abismo;
- Falta de aliento, respirar rápido, hiperventilación
- Mareos, sensaciones de desmayo
- Irritación, fácilmente provocada por cosas triviales o minuciosas

- Tensión muscular
- Estremecimiento involuntario
- Sueño perturbado (tiene dificultades en conciliar el sueño, o reporta un dormir insatisfecho).
- Apetito variable, desgano en el comer, o usando el comer como un aliciente
- Fatiga debida al desgaste de energía empleada en sus luchas mentales
- Dificultades en concentración, o reporta que su procesado mental experimenta lagunas que interrumpen su campo cognitivo, o como que su pantalla está en blanco
- Expectativas anticipadas, aprehensivas, vigilantes, a veces catastróficas
- Fe disminuida o afectada por dudas, embates o desafíos a sus convicciones y creencias
- Pensamientos negativos relacionados con el futuro incierto

La ansiedad generalizada no es asociada a ningún factor en particular. Las causas provocadoras de las reacciones de la persona no aparecen a la vista, ni son fácilmente reconocidas. Es como un estado permanente de anticipación negativa, caracterizada por un concernir problemático, la carencia de paz y sosiego, y un sinnúmero de cuestiones y preguntas repetitivas que tienen que ver con la falta de seguridad, de protección o de certidumbre. Las manifestaciones fisiológicas acopladas a los pensamientos negativos, percepciones distorsionadas, adjudicaciones de significado mórbido, y actitudes temerosas, son procesadas en forma autoconsciente, que llegan a cobrar un momento de fuerza que abruma a la persona. La preocupación y ansiedad excesiva es crónica, ocurre la mayoría de los días a lo largo de seis meses o más, y no se limita a una esfera o actividad, sino que se relaciona a un número de situaciones, eventos o actividades, tales como la escuela, el trabajo, y las oportunidades sociales.

Ataques de Pánico: Con o Sin Agorafobia

El consejero que atiende a una persona que manifiesta períodos discretos de miedo intenso o desasosiego en la ausencia de un peligro real, y comparte la experiencia de sufrir de un miedo atroz que se desarrolla abruptamente y alcanza su intensidad mayor dentro de los 10 minutos, con la sensación de perder el control emocional de su ser, probablemente sufre de ataques de pánico. Para asegurarse que tal condición realmente existe y merece una diagnosis clínica, los profesionales en el campo de la psicología y psiquiatría necesitan asesorar la presencia de ciertos factores. A saber, tal diagnosis va acompañada de cuatro (o más) de los siguientes síntomas:

- Palpitaciones, embates cardíacos, ritmo acelerado (arritmia del corazón)
- Sudor frio, sin ser asociado al ejercicio corporal o a esfuerzos físicos
- Temblor, estremecimiento involuntario
- Falta de aliento
- Sensación de ahogo
- Dolor del pecho, o malestar, desazón
- Náusea o malestar abdominal
- Mareo, desmayo, o sensación de vértigo

- Sentido de distorsión en la percepción: el mundo parece irreal
- Despersonalización (distorsión en su auto registro, sentirse como desprendido de sí mismo)
- Miedo a perder control o a volverse insano
- Temor a morir
- Parestesias (sensación de hormigueo)
- Escalofríos o sofocos

Entre la gama de posibilidades, si aparecen cuatro o más síntomas mencionados, si el fenómeno es recurrente, y se da inesperadamente, es probable que la persona sufra de ataques de pánico. También, siguiendo el asesoramiento, se indaga que por lo menos por un mes luego del ataque, los siguientes síntomas persisten:

- Concernir persistente o anticipación negativa de tener otro ataque o más

- Concernir y preocupación acerca de las implicaciones de los ataques en si vida persona, social, y ocupacional

- Cambios significativos en la conducta debidos a los ataques –evitando personas, lugares, o restringiendo su participación en reuniones, servicios, sociales, o en asuntos relacionados al trabajo o a la escuela

El concernir acerca del ataque es variable; algunos reportan la ocurrencia del ataque durante o en asociación a un peligro real, inminente. Otros experimentan tales ataques sin ninguna conexión a eventos o situaciones discretas. Es importante distinguir la presencia del temor a lo verdaderamente peligroso en contraste a los ataques "fuera de serie" o sin base. Los ataques relacionados a situaciones especificas (a las cuales la persona es predispuesta y anticipa de antemano la posibilidad de su ocurrencia), pueden ser suscitados por la presencia de cualquier componente o estimulo fóbico de las situaciones estresantes asociadas con los ataques en el pasado. La calidad de vida en general es pobre, debida a la ansiedad constante de volver a sufrir el pánico indecible. Tales condiciones causan muchas visitas a las salas de emergencias, sin encontrar nada físico subyacente que pudiera ser el origen los problemas.

La agorafobia (del griego, *"temor al mercado"*) es un temor a frecuentar o encontrarse en lugares públicos. La ansiedad de estar en un sitio en el cual no hay escape pronto, tal como un gentío, un puente, un túnel, viajar en avión, etc., provoca las reacciones escapistas. Los ataques de pánico muy a menudo manifiestan esta fobia acoplada. La situación angustiosa es evitada o atravesada con temor elevado o con preocupación y anticipación de perder el control en público. La ayuda de alguna compañía es esencial. Se nota la falta de eficacia en el manejo del estrés, con la urgencia de evitar, buscar un escape, o asirse de alguien para sentirse seguro, protegido y afianzado.

La Ansiedad Relacionada a Otras Condiciones

La ansiedad puede relacionarse a una enfermedad médica y acoplarse en forma secundaria a ciertas patologías tales como los desórdenes endocrinológicos, gastrointestinales y metabólicos. También se relaciona a problemas cardiovasculares, circulatorios, respiratorios y neurológicos. El contraer una enfermedad infecciosa como el SIDA también se asocia con manifestaciones ansiosas.

La ansiedad también aparece entrelazada a otras condiciones mentales tales como la depresión agitada, los desórdenes de estrés postraumático, las condiciones bipolares (especialmente durante la fase maniaca), los desórdenes severos de personalidad y la esquizofrenia.

Las reacciones de ajuste a las circunstancias pesarosas pueden manifestar síntomas de ansiedad, la cual desaparece cuando la persona se ubica en su ambiente y equilibra su estado emocional, acomodando y asimilando sus procesos de ajuste. La duración de tal condición raramente excede seis meses, con el retorno de la persona a su nivel normal de funcionamiento.

Las Fobias

Las fobias representan un sinnúmero de posibilidades en las cuales la ansiedad es enfocada sobre entidades, situaciones, objetos, y desafíos de toda índole. La mayoría de las veces el temor es irracional, desmedido e idiosincrático. Las reacciones de huida o escape caracterizan la conducta fóbica, donde se trata de evitar el confrontar lo que activa o estimula la ansiedad. A su vez el evitar constante refuerza el miedo irracional de la persona y solidifica o atrinchera a la condición. A veces los ataques de pánico ocurren simultáneamente con la manifestación de ciertas fobias, complicando la diagnosis y el tratamiento. Como hemos mencionado un en esta categoría caben la fobia social, la fobia simple y la agorafobia. El temor acentuado y persistente, siendo excesivo e irracional, es suscitado por la presencia o la anticipación de un objeto específico (un animal, un puente, el viajar en avión, etc.), o por una situación (el observar una aguja, o sangre, o realizar la presencia de microbios, etc.). El ser expuesto al estímulo fóbico provoca una ansiedad inmediata, y puede tomar la forma de un ataque de pánico conectado en manera anticipada a una situación de las mencionadas.

Otros Desórdenes de Ansiedad: Trastorno Obseso-Compulsivo

La ansiedad se relaciona a condiciones que involucran desórdenes de pensamientos y acciones; los tipos comunes de obsesiones incluyen pensamientos repetitivos acerca de ser contaminados (por ejemplo, el ser contagiados al tocar objetos, el entrar en contacto con gérmenes presentes en el ambiente), de dudar excesivamente (de no haber cerrado la puerta, de haber dejado una olla hirviendo, de no haber pagado la cuenta, etc.), de haber causado algún accidente (de haber envenenado a alguien sin querer, de haber atropellado a alguien sin darse cuenta, etc.), de ceder a impulsos irracionales (como el desnudarse en público, el herirse a sí mismo, el tener sexo con un familiar inapropiadamente) etc.). Otros pensamientos obsesivos enfocan sobre la necesidad de simetría, de ver las cosas paralelas, perpendiculares, o equidistantes en cierto orden; también incluyen pensamientos irracionales o imágenes que tratan de hacer sentido de números, letras, frases o canciones. Los resultados de las investigaciones indican que la mayoría de los pacientes son acosados por más de un tipo de obsesión.

Los aspectos compulsivos se refieren a acciones tomadas repetitivamente y sin sentido. Los pacientes reportan diversos problemas que tienen que ver con el asesoramiento constante o el cotejado repetitivo de su conducta y de sus expectativas, de la necesidad de estar seguros acerca del medio ambiente para no experimentar la ambivalencia o la ansiedad que proviene de su inseguridad. Las personas pueden lavarse las manos repetidamente (más de una docena de veces) para estar seguros que no están contaminados. En la mayoría de los casos las personas que sufren de las compulsiones demuestran una necesidad de ser asegurados y convencidos de haber hecho lo correcto. En muchos casos las personas tratan de guardar o atesorar cosas inconsecuentes, llegando a ocupar la mayor parte del espacio de sus habitaciones con cosas que no tienen una finalidad concreta. La necesidad de orden y de simetría se despliega en actos compulsivos al corregir y alinear cuchillos, tenedores y cucharas a la mesa, o en corregir el alineado y nivelado de cuadros colgados en una pared, ya que cualquier distorsión en el medio ambiente produce ansiedad. Se nota la poca tolerancia hacia la ambigüedad y la frustración, apelando a correcciones repetitivas a fin de sentir cierto alivio en los actos repetitivos para controlar el medio ambiente. En muchos casos las personas experimentan luchas mentales con ambos factores presentes –pensamientos abrumadores de tipo obsesivo y la urgencia de cometer actos repetitivos de carácter compulsivo.

Los modelos psicoanalíticos tradicionales han enfocado sobre estas condiciones con la interpretación que tales síntomas resultan de los atentados a controlar impulsos sexuales o agresivos los cuales son inaceptables a la persona. En este modelo, el llevar a cabo las compulsiones tiene como finalidad el neutralizar la ansiedad que emerge de las situaciones desafiantes, provocando ideas y pensamientos irracionales sintomáticos.

Los modelos conductistas atribuyeron los problemas a la adquisición y el mantenimiento de la ansiedad y de la conducta evasiva a través del acondicionado de la conducta irracional en la cual estímulos neutrales tales como un pensamiento, una imagen, una situación o un objeto son acoplados a un estímulo que produce el miedo o la ansiedad. Se dan casos en los cuales a persona puede aceptar el hecho que sus compulsiones mentales son irracionales, pero la mayoría de las veces, carece de tal perspicacia, siendo consistente con su lógica idiosincrática .

¿Cuáles Son las Causas de los Desórdenes de la Ansiedad?

Como en todo caso clínico, es más fácil describir una condición que explicar sus causas. Muchas teorías han aparecido, desde la psicoanalítica clásica, hasta la genética, con nociones conductistas, cognitivas, sociales, interpersonales, existenciales y espirituales dispersadas entre los reclamos de investigadores, teólogos y filósofos.

La Teoría Psicoanalítica y la Ansiedad

La teoría psicoanalítica ha enfatizado las causas de la ansiedad como siendo relacionadas a las experiencias primarias y primitivas, a la socialización y a las experiencias de pérdidas o separación de las bases de su seguridad. El temor a perder el objeto de afecto, a tener que luchar como Edipo por el objeto de su afecto y tener que resignarse al no poder vencer, entre otras ideas que con el correr del tiempo han sido refinadas o abandonadas por sucesores y analistas. La represión de la sexualidad y el desplazamiento de la energía libidinal hacia los síntomas ansiosos ha sido objeto de muchas conjeturas, y pareciera ser la médula del sistema en cuanto al análisis de la persona ansiosa en sus ansias de ser libre para actuar sobriamente.

Lo que aparece como un foco de atención desde esta perspectiva es la ansiedad de separación –sea de un objeto de afecto, de seguridad, de la vida misma, la cual se constituye como base para la ansiedad y las fobias. La diferencia entre la preocupación anticipada y los ataques de pánico ya había sido señalada por Freud en 1894. Anna Freud (hija de Segismundo) se dedicó a esclarecer los mecanismos de defensa del Yo, considerados como procesos protectores del ser en contra de la ansiedad abrumadora. En todo caso, las defensas del Yo aparecen para mitigar o resguardar la ansiedad. Un esquema es presentado, en el cual lo analítico y cognitivo son integrados:

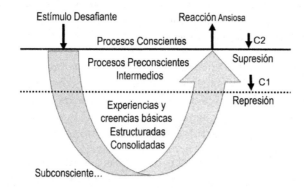

Figura 23.1. Mecanismos de Defensa

Un estímulo provocador suscita las reacciones de la persona en forma automática. Tal reacción envuelve procesos preconscientes y subconscientes, activando las defensas del ser. La defensa denominada "represión" es una barrera entre lo subconsciente y lo preconsciente, de modo que la persona no capta tal censura subyacente. Si tal defensa es suficiente, la persona no registra la ansiedad real; si la fuerza del estímulo provocador vence tal barrera, una segunda defensa aparece, la supresión –una barrera consciente y voluntaria que trata de "ponerle una tapa al la olla" que hierve, por así decirlo. Si el estímulo es mayor que ambas defensas y las sobrepuja, se nota la reacción obvia traducida a cierto síntoma de ansiedad.

La ciencia cognitiva ha redefinido el subconsciente freudiano con el término "superconsciente": Es la capacidad metacognitiva del cerebro de compaginación o de consolidación de información integral (agregando los registros del organismo procesador de información desde lo captado y procesado por el organismo en forma automática adaptiva, hasta lo consciente derivado de la atención, percepción, y atribución de significado, con resultados de conocimiento categórico, tácito y personal). El resultado que emerge y aparece en el procesado actual y presente pareciera emanar "desde atrás" del flujo consciente sin necesariamente realizar de dónde o cómo viene. Tal vez, lo que llamamos "intuición" o "sexto sentido" es simplemente la actualización de las potencialidades metacognitivas y súper-conscientes humanas creadas por Dios, las cuales aún a pesar de la caída en pecado y sus efectos, permanecen como dotes latentes a ser desarrolladas a través de una mayordomía consciente del ser cognitivo.

Las experiencias registradas por una persona a lo largo de su desarrollo pueden influir en su predisposición a la ansiedad y al pánico. Experiencias múltiples de trauma durante el desarrollo del niño, tales como la muerte de un padre, ser expuesto a abuso físico o sexual, entre muchos otros factores, aparecen en la historia de personas que sufren de ansiedad; también aparecen datos acerca de un apego inseguro a sus padres (Borkovec, 1994). El desarrollo de anticipaciones/aprehensiones, de conflictos inconscientes acerca de la dependencia y la ansiedad de la separación, la inhibición de ira, el enojo internalizado, y los conflictos presentes pueden activar las fantasías catastróficas que subyacen a la ansiedad y el pánico.

Perspectivas Biológicas

En la consejería cristiana, se da énfasis a los factores espirituales, emocionales, cognitivos y conductivos. Los factores biológicos no son comúnmente abordados por personas que no han sido entrenadas en las disciplinas correspondientes. Este párrafo es simplemente ilustrativo de lo que pudiera entrar en acción en los casos de ansiedad. Desde la perspectiva biológica, Klein (1980) realizó estudios con antidepresivos administrados a personas ansiosas, estableciendo un criterio: Aquellas personas que sufrían de ataques de pánico, mejoraban con la medicina; las que tenían agorafobia o preocupación anticipatoria crónica, no mejoraban tanto. Barlow, (2002) consideró a los ataques de pánico y a la ansiedad crónica como variantes del miedo o temor como emoción. El miedo reside en el ser como parte de su estructura mental, y sirve de agente adaptivo, como un sistema de alarma en producir respuestas de escape o pelea al enfrentar eventos de carácter desafiante o destructivo. Cuando tales alarmas son activadas en la ausencia de gatillados específicos, son considerados "alarmas falsas" o ataques de pánico espontáneos, debidos a cierta vulnerabilidad innata presente en la persona.

Algunos estudios han enfatizado a la ansiedad como una enfermedad, con tratamientos farmacológicos como remedio a la misma (Sheehan (1986). Las predisposiciones genéticas y fisiológicas con avenidas neurales, a través del tiempo y la experiencia, han sido programadas a actuar en forma automática —escapando o huyendo vs. haciendo frente y peleando. Los desbalances bioquímicos en el cerebro, la presencia o ausencia de niveles adecuados de neurotransmisoras que facilitan las reacciones automáticas son considerados factores asociados a la ansiedad. Las explicaciones biológicas se valen de investigaciones enfocadas sobre varias estructuras cerebrales en el sistema límbico, las cuales han sido asociadas como regiones activadas durante los ataques de pánico. No existe un modelo unificado. La amígdala ha sido el foco de estudios: Coordina las diferentes neurotransmisoras supuestamente envueltas en los ataques, y las activaciones del sistema nervioso autonómico, facilitando las respuestas conductivas mediadas por el mismo. Varios circuitos neurales en el cerebro han sido objeto de atención, tales como el "circuito neurológica del temor", cotejado con la administración de medicinas que tienen que ver con los mecanismos de transmisión de ciertas neurotransmisoras (serotonina) que hipotéticamente entran en juego en las condiciones ansiosas.

Estudios realizados en el campo revelan que hay un incremento de cortisol y de concentraciones de catecolaminas en los estadsos de estrés y de híperexcitación. El sistema noradrenérgico se correlaciona con los estados de ansiedad y sus síntomas. La disregulación del sistema hipotalámico conectado a la glándula putuitaria y al eje adrenocorticoide, con deficiencias y alteraciones del sistema serotonérgico y glucocorticoide han sido relacionados a la ansiedad (e.g.,). En años recientes, muchas investigaciones se han realizado en esta esfera con el propósito de esclarecer los factores neurobiológicos que entran en juego y se asocian a las condiciones ansiosas (e.g., Devar & Stravinsky, 2001; Stein, 2009; Amiel et al., 2009; Martrin et. al., 2010; Lanzenberger y asociados, 2010). Cabe decir que aún cuando los estudios parecieran corroboar tales correlaciones, los mecanismos causativos necesitan más esclarecimento.

Perspectivas Conductivas

Aparte de lo fisiológico, bioquímico, y neurobiológico, se ha dado énfasis al acondicionamiento de la conducta desplegada en situaciones de pánico. Algunos factores internos de la persona han sido acoplados en el establecimiento de las conexiones entre estímulos y respuestas, a manera del perro de Pavlov que fue condicionado a salivar al sonar de una campana. En este modelo, las alarmas y las respuestas a la ansiedad son aprendidas. La vulnerabilidad a reaccionar se debe al desarrollo de la persona y sus peripecias: experiencias negativas se asocian con las conexiones condicionadas y llegan a formar parte de un repertorio esquematizado y repetitivo, el cual se atrinchera y consolida con el correr del tiempo. También, teniendo en cuenta el acondicionamiento basado en los principios de refuerzo a la conduta percibidos de antemano, como Skinner enfatizó, parecieran afirmar que muchas condiciones ansiosas se deben a la anticipación de la persona, dedicada a monitorear sus posibles peligros de antemano. De tal manera que, la percepción anticipada de los desafíos, predispone a la persona a experimentar ansiedad aún antes de enfrentarlos. El reduccionismo conductista pareciera ser una simplificación del problema complejo siendo considerado. Por ello, en lugar de enforcar discretamente sobre factores particulares, se debe prestar atención al influir multidimensional e integrado sobe la materia.

Modelos Cognitivos

Los modelos cognitivos aparecieron en la escena (Clark, 1986; Beck, 1977, 2005) enfocando sobre los procesos involucrados en la atención, la percepción, y a la atribución de significados a los eventos. Se ha dado énfasis a la malinterpretación de las sensaciones fisiológicas corporales experimentadas por la persona ansiosa. Acoiplados a tales sensaciones, los pensamientos "catastróficos" han sido considerados como los contribuyentes responsables en evocar la ansiedad. Las sensaciones normales (somáticas o psicológicas) presentes en el enfrentamiento a los desafíos (palpitaciones, mareos, tensión muscular, etc.) se originan en el interior del ser, y son registradas e interpretadas fenomenológicamente en forma exagerada, hasta catastrófica, por la persona. En el modelo cognitivo, la persona comienza ante una situación de desafío; tiene la percepción acerca de la situación, basada sobre creencias arraigadas y premisas básicas. Asesora el peligro percibido, en contraposición a su estimación acerca de su eficacia propia. Las atribuciones negativas acerca de su carencia de recursos propios, del ambiente desafiante, y del futuro incierto, se acoplan a las experiencias acondicionadas y memorias negativas del pasado. Si el peligro es afirmado, la inseguridad es evocada, con reacciones ansiosas. Esta clase de razonamiento ha dado origen a las terapias cognitivas, con buenos resultados (Taylor, 2000) como también tales terapias han sido criticadas (Roth et al, 2005). Un diagrama que sintetiza las investigaciones de Beck (2005) al respecto puede facilitar estas nociones:

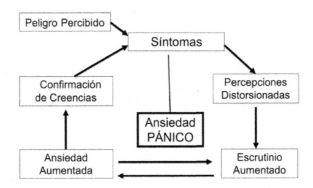

Figura 23. 2. Conceptualizando la Ansiedad Cognitivamente

El acondicionamiento del temor, debido al aprendizaje temprano, pareciera establecer esquemas y mecanismos de auto derrota de antemano. Por otra parte, la percepción de consecuencias negativas, vistas en manera anticipada puede también suscitar conductas ansiosas. El atrincherado de pensamientos negativos, castigadores y las percepciones y atribuciones incorrectas de la realidad, la anticipación catastrófica y el estado mental predispuesto al temor se acoplan a las memorias negativas que se inmiscuyen en el presente y actúan como entes facilitadores proactivos de defensas de escape. Las creencias básicas se desarrollan y consolidan para luego afectar los procesos intermediarios tales como el pensar, razonar, percibir, atribuir significado ala realidad, pronunciuar juicios, etc. La terapia cognitiva-conductiva asume que tales valores básicos, si han sido distorsionados negativamente, causan la patología del ser, o por lo menos, impactan el surgir de la ansiedad, la depresión, el estrés, etc. Los pensamientos negativos acerca de algún eligro evocan la ansiedad; aquellos que tiene que ver con pérdidas, evocan la depresión.

Más allá de captar eventos y contenido particular en manera cognitiva, un modelo metacognitivo puede servir para esclarecer el asunto. Para el beneficio del consejero que quisiera emplear una hipótesis metacognitiva acerca de los procesos causativos de la ansiedad, el autor presenta un paradigma elaborado sobre las bases de las investigaciones de Wells (2008), quien a su vez, tomó las nociones de Beck (2005), el proponente de la terapia cognitiva de la ansiedad. En el acercamiento metacognitivo, los pensamientos en sí no son los que causan la ansiedad, sino las maneras en las cuales la persona procesa sus pensamientos son los causantes. La manera (¿cómo?) la persona reacciona a sus deliberaciones, conjeturas, rumia, monitoreo de peligros, etc., se considera el mecanismo que provoca a la ansiedad. Es decir, es *el proceso metacognitivo de procesar sus procesos* lo que causa el malestar. De otra manera, toda persona humana debería ser catalogada de ser ansiosa, ya que toda persona tiene pensamientos provocadores de ansiedad, y sin embargo la mayoría de las personas reaccionan de una manera funcional, sin necesariamente acudir a pedir ayuda terapéutica.

El autor ha trabajado en muchos casos con ansiedad (generalizada, ataques de pánico, agorafobia, reacciones de ajuste con ansiedad) en el Hospital General de Massachusetts en Boston así como también en su práctica privada, empleando métodos y estrategias de carácter analítico, cognitivo, y metacognitivo. La elaboración del paradigma presentado en estas páginas se debe a tales labores clínicas y académas. Un diagrama que abarca los eventos provocadores, los procesos internos y las estructuras subyacentes del ser que entran en juego en el experimentar y reaccionar a la ansiedad, son delineados con el propósito de presentar un panorama metacognitivo, a fin de esclarecer el asesoramiento y guiar e proceso de consejería (Fig. 23.3).

Figura 23.3. Modelo Metacognitivo de la Ansiedad

En este paradigma, la ansiedad es suscitada por un evento provocador; la atención, percepción e interpretación del impacto provocan una reacción filtrada a través de procesos que responden a esquemas aprendidos, acondicionados y automáticos. Estos procesos a su vez son afectados por estilos de pensamiento, razonamiento y procesos tales que afectan al ser: Predisposiciones negativas hacia cualquier impacto nocivo; disminución de sus facultades, de su eficacia propia, de su estado y definición personal y espiritual; el monitoreo excesivo y exagerado de los posibles desafíos y entes amenazantes, el anticipo ansioso de lo que puede suceder, y las proyecciones de catástrofes posibles, saturan la mente negativa en sus conjeturas, deliberaciones y juicio. Tales procesos intermediarios a su vez, se relacionan con las bases, creencias y valores consolidados –el fondo de memorias semánticas y episódicas negativas, los metanarrativos distorsionados y la disminución del ser ontológico.

Causas Existenciales

Entre las causas existenciales, se nota que el ser actuando dentro del cosmos, bajo el sol, está sujeto a la entropía, a la posibilidad de "no ser" y en sus consideraciones y conjeturas, desarrolla "angst" (angustia existencial) de carácter ontológico, esencial o pertinente a su ser. El ser experimenta en el presente (aquí y ahora) las sensaciones incompletas del pasado, la culpabilidad de no haber hecho lo bueno, o el haber hecho lo malo; también experimenta el futuro en manera anticipada, con tinte catastrófico y negativo. De modo que, el presente es "achicado" o comprimido por la intrusión del pasado y del futuro. El ser, aún cuando sabe que hay posibilidades de vivir libre y en victoria, de tener "vida abundante", considera lo ideal en contraposición a lo real. La carencia de perfección y las ansias de remediar tal condición, pueden entablar luchas internas con sentido inadecuado ante tales demandas, causando culpabilidad y ansiedad. El pasado negativo y el futuro incierto se ven como inmiscuidos en el paréntesis del presente, atrapando al ser en sus conjeturas, temores y carencia de control. Un diagrama puede ilustrar estos conceptos (Fig. 23.4)

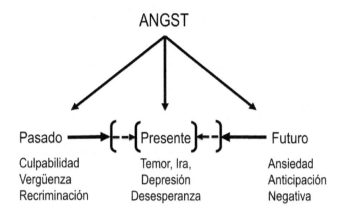

Figura 23.4. La Ansiedad Existencial

Entre las causas espirituales, la ansiedad es vista como la condición de no tener acceso a toda la información necesaria para estar a tono con Dios, vivir en paz, de estar sobre las circunstancias vigentes y proclamar victoria continua sobre las vicisitudes. Al no verse en control de las circunstancias apremiantes, ni tener el poder predecible acerca del futuro, el ser se ve sujeto a la condenación, a las consecuencias de su estado, o no tan amparado por Dios. En tales asuntos, a contraposición del ser humano, Dios es omnisciente, omnipotente, y tiene el futuro asegurado y efectuado en sus manos. El estar apegados, creer en su presencia y poder, y actualizar la noción de que Dios toma cuidado del ser, debería eliminar todo vestigio de dudas, y proveer paz –sobrepujando todo entendimiento. Sin embargo, el ser humano experimenta la ansiedad –definida dentro de este razonamiento como la ausencia o falta de fe en el cuidado, la protección, la guía, la voluntad y el diseño de Dios. En realidad, el no tener fe deshonra a Dios, ya que pone en duda su voluntad y su amparo.

Al ignorar o dejar a un lado la soberanía de Dios, el no dar crédito a su control sobre todas las vicisitudes y eventos, y de no contar indudablemente con su cuidado, se consideran una afrenta a Dios –quien no miente, quien ha asegurado que El tiene el futuro de sus hijos en mente, que está preparando un lugar mejor para ellos, etc. El temor a la separación eterna de Dios (especialmente en sistemas arminianos, semi-pelagianos) provoca ansiedad ontológica, existencial, de carácter constante y lleva a un sinnúmero de atentados a ser perfecto en su ser y sus obras, con la consecuente frustración de no alcanzar una medida de perfección adecuada. Solo personas narcisistas, o legalistas embargados ciegamente en su justicia propia pueden atinar a pensar que han arribado a cierta altura de perfección ante Dios. El resto, sabe que es solo por gracia que uno alcanza la salvación y el eterno destino junto a Dios.

Entre los factores a ser tenidos en mente, se debe asesorar la teología de la persona que viene a buscar ayuda. Muchas veces, una teología precaria o desvirtuadora de la gracia y el poder de Dios aparecen en la escena. El temor de haber ofendido a Dios, de haber pecado contra el Espíritu Santo, provocan a la ansiedad existencial; el temor a ser juzgados, a perder la salvación, a no ser raptados (concepto que alude a la noción que los creyentes serán arrebatados en la segunda venda de Cristo), etc. anima a muchas personas a trabajar con ahínco su propia salvación, sin estar seguros de la misma, llegando a manifestar características obseso-compulsivas. El consejo dirigido a tales personas tiene que ser sensitivo, empático, con gracia y sabiduría, proveyendo pautas de la gracia de Dios, de su soberanía e investidura para capacitar al ser ha ser y hacer su voluntad.

En el pensamiento psicodinámico, la separación de entes vitales es la causa de la ansiedad primordial. La pérdida de seguridad, de apego, de protecciómn, de sostén, etc. tiene como base subyacente la pérdida del objeto relacional principal del ser. Existencialmente hablando, la pérdida de significado en la vida, o el "no ser" caracteriza al temor a la muerte, lo cual provoca la ansiedad existencial que obliga al ser a tomar medidas heroicas, y a negar su realidad finita, precaria, entrópica y feneciente. La búsqueda de un significado en la vida caracteriza mucho del afán de las personas que no tienen una certidumbre de su derrotero o significado bajo el sol. El angst abarca al ser en manera global –desde su pasado hasta su futuro– e inunda su presente con incertidumbre y desasosiego. la persona que sabe y está segura que Dios lo ha salvado, regenerado, justificado, santificado y asegurado en su futuro, tiene paz y puede repetir con Pablo, "Para mí el vivir es Cristo y el morir es ganancia" En realidad, el que está listo a morir, sabe vivir como Dios manda. El que no está listo, tampoco vive una vida de paz y bienestar.

El Acercamiento Terapéutico a la Ansiedad

Dependiendo de la filosofía de acción y el modelo adoptado por las personas que ayudan, los acercamientos al tratamiento de la ansiedad son postulados. Los que parecieran dar más resultados son aquellos que utilizan un modelo cognitivo-conductivo-emotivo, dando lugar a lo neuropsicológico y bioquímico. Al iniciar la intervención, se debe establecer una buena alianza. Luego, asesorar a la persona y a su problema. Se comienza por asesorar el problema en sí. ¿Cuál es la queja principal? ¿Cómo la describe la persona? ¿Cuáles son sus manifestaciones? El enfoque puede abarcar las expresiones de la persona, sus quejas y definiciones; se notan los síntomas que han aparecido y que perturban al ser. Se indaga acerca del desarrollo del problema y sus manifestaciones. Se debe escuchar con atención al narrativo, en busca de datos pertinentes a la ansiedad. Se traza una historia –personal y familiar –genética (si tiene familiares que sufren de ataques de pánico, de ansiedad), se indaga acerca de su socialización (desarrollo infantil sistema familiar, interacciones, legados); y datos de su historia médica (si hay factores que se acoplan con su ansiedad), psicológica (trastornos mentales, predisposiciones cognitivas o emocionales de la persona a la ansiedad). Se incluyen los asuntos relacionados a los problemas que provienen del pasado.

Se asesora el estado mental de la persona. Tal asesoramiento mental, descripto en el capítulo 18 puede ser repasado a tal fin, antes de comenzar la intervención. Teniendo en mente el problema descripto, su desarrollo y sus síntomas, se enmarca a la persona en su contexto histórico, y se asesora de su estado mental, para llegar a formular una impresión. Tal proceso lleva a establecer un cuadro que describe a la persona y su problema –llamémoslo una diagnosis- se trata de asesorar que clase de ansiedad es la que se tiene a su disposición.

Ampliando la figura anterior (Fig. 23.4) podemos esclarecer los factores pasados, presentes y futuros que entran en juego, afectando los eventos, los procesos, y las estructuras del ser. Un análisais del diagrama puede ayudar a vislumbar metacognitivamente el contexto temporal del ser y sus problemas (Fig. 23.5).

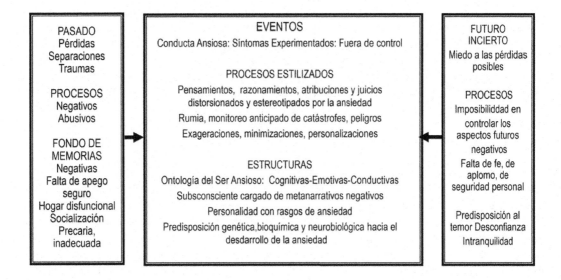

Figura 23.5. Los Factores as Ser Asesorados en las Condiciones de Ansiedad

Es bueno introducir esperanzas en el proceso de ayuda, con la salvaguarda que uno no promete más de lo debido, sino que se basa sobre las posibilidades razonables que se presentan, sin dudar de la presencia y poder de la persona del Espíritu santo en la sesión. Se apela a tal convicción y se apoya sobre tal realidad, para dar pautas de fe y esperanza, de sosiego y tenacidad para enfrentar las luchas de la persona. Es bueno aclarar que si bien uno no puede prometer tanto, Dios promete y no miente —seguridad, paz, futuro en su presencia, presencia en la dificultades, etc. Las Escrituras son las bases para aferrarse a las promesas de Dios y hacer frente a la ansiedad con fe.

Tal vez, el consejero sabio y conocedor de sistemas de acercamiento, puede introducir un modelo de acercamiento —cognitivo, conductivo, existencial, etc., integrado a la consejería pastoral-bíblica.

Al comenzar el consejo terapéutico, se busca establecer un "umbral" de entrada— Una línea de base desde la cual partir, una medida personal del estado ansioso y lo que provoca al mismo (en trabajos clínicos, se acostumbra en el acercamiento cognitivo-conductivo a elaborar una escala subjetiva de ansiedad (ESA) = del 0 al 100, asignando valores a situaciones percibidas como ansiosas). El consejero puede trabajar en conjunto con la persona para lograr definir las circunstancias, los eventos que provocan estrés y ansiedad, para luego adjudicarles cierto nivel, establecer puntos de partida y con tales datos, elaborar metas y objetivos a ser logrados. En forma cognitiva, se pueden asesorar los esquemas personales tenidos en mente por la persona ansiosa —compaginaciones o narrativos encapsulados por la persona cuyo contenido encierra imágenes, recuerdos, memorias almacenadas de eventos, para luego ver como tales eventos son acoplados a las reacciones acostumbradas a los mismos. El contenido cognitivo de las preocupaciones, ansiedades, aprehensiones, anticipaciones y conjeturas se registran (tal proceso se considera una especie de "control cognitivo" de sus problemáticas — basado en el hecho que mayor es el que define que lo que es definido).

Al definir sus problemas en forma empírica, uno concretiza sus variables en términos empíricos (en intervenciones clínicas, se trata de establecer criterios "medibles" en cuanto a la frecuencia (cuantas veces la ansiedad es experimentada), la intensidad (cuan fuertes son las sensaciones, emociones, síntomas experimentados), y la duración (¿Cuánto dura el ataque de pánico, el estado ansioso?). También se notan los antecedentes (¿Qué pasó antes del ataque, antes de sufrir el estado ansioso? ¿Quién estaba presente? ¿Que es lo que la persona hacía, dónde estaba? etc.). También ha de notarse las consecuencias del episodio o estado ansioso – ¿Qué resultados se han acarreado? ¿Quién se ha acercado o alejado de la persona? ¿Qué clase de emociones resultaron? ¿Cuán débil o destrozada emocionalmente se siente? Etc.

Es aconsejable cotejar y asesorar los posibles factores de vulnerabilidad presentes en la persona. A veces, rasgos de personalidad se asocian con la ansiedad –obsesiva, compulsiva, dependiente, etc., y tales pueden ser asesorados para establecer criterios de ayuda. *"Uno debe saber con qué bueyes va a arar su campo".* Siguiendo el camino metafórico, *es más fácil desarraigar un hongo que un roble.* Los asuntos ansiosos experimentados por una persona fuerte, de carácter maduro y eficaz, son fácilmente aconsejados hacia la resolución de sus dilemas; si se trata de una persona que a nivel caracterológico es problemática, la ansiedad se hace presente y acentúa en manera diferente, ya que la persona tiene rasgos más perennes y arraigados que contribuyen a sus dilemas ansiosos y son más difíciles de desarraigar.

Antes de aconsejar y dirigir a la persona hacia ciertas conductas, actuaciones o estrategias de hacer frente a la ansiedad, se deben tener en cuenta los desafíos presentes en el medio ambiente o contexto de la persona (referente a su pasado, su presente y su futuro). Un narrativo o historia de los métodos empleados por la persona en el pasado en cuanto al control de sus reacciones, la administración de sus capacidades de manejo del estrés, o el sucumbir a la ansiedad, son de ayuda al consejero. No es necesario repetir esquemas y estrategias que no han trabajado. El hacer lo mismo y esperar resultados diferentes es una señal de necedad y un ejercicio en futilidad. ¿Cuáles han sido las estrategias funcionales o ineficaces empleadas por la persona en el pasado? ¿Qué alternativas se buscan ahora? ¿Qué es lo que se tiene a disposición? ¿Cuál es la motivación de la persona?

Un análisis motivacional puede ser funcional al propósito del consejo: ¿Está lista la persona a trabajar en su favor? ¿Está dispuesta? ¿Tiene la voluntad para hacerlo? ¿Qué medida de fe demuestra? ¿Qué recursos espirituales existen a su disposición? Durante el curso del consejo, se asesoran las explicaciones dadas por la persona, para indagar acerca de las posibles causas –vistas desde su perspectiva. Luego, considerar alternativas y presentar esquemas de ayuda basadas en estrategias y técnicas derivadas de la palabra de Dios, interpretada y aplicada en forma funcional y contextual. Las estrategias derivadas del campo de investigación pueden ser integradas a las expresiones e interacciones basadas en el consejo Bíblico y la experiencia ministerial.

Cualquier atentado a ayudar a la persona necesariamente debe incluir tanto los eventos como los procesos y las estructuras que entran en juego en las reacciones ansiosas. El consejero perspicaz no se conforma con prestar servicios a nivel superficial, sino que entra al terreno de los procesos cognitivos subyacentes a las reacciones automáticas, a fin de proporcionar perspicacia en el asesoramiento, la captación, el desafío de los procesos automáticos, y su reemplazo con estilos más adecuados: El llegar a ser más objetivos acerca de su subjetividad, el emplear procesos metacognitivos (pensar acerca de sus estilos de pensamiento), apuntando hacia los procesos negativos mencionados (delineados en el diagrama) en necesidad de modulación, control y dominio propio, en coparticipación trialógica

-con la persona ansiosa y el Espíritu Santo que enviste con poder para afrentar la ansiedad y permanecer en calma, en control de sus respuestas y ejercer su fe y esperanza al enfrentar y vencer su ansiedad.

En sus principios básicos, un esquema del tratamiento integral de la ansiedad puede se esquematizado de la siguiente manera (Fig. 23.6).

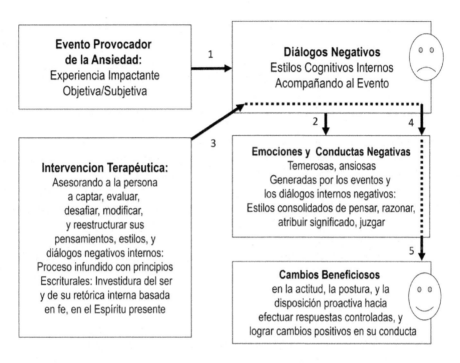

Figura 23.6. Modelo Cognitivo en el Tratamiento de la Ansiedad

El diagrama muestra un proceso en el cual (1) la persona es impactada por un evento, y desarrolla diálogos internos de carácter negativo acoplados al procesado del evento; (2) tales procesos cognitivos afectan sus emociones y reacciones ansiosas; (3) el consejero busca ayudar a la persona a captar, evaluar, desafiar, modificar y reestructurar sus diálogos negativos; lo hace con principios escriturales, animando, invistiendo, infundiendo la posibilidad de ejercitar fe, confianza, y aumentar la eficacia propia en coparticipación con el Espíritu Santo presente; (4) enfocando especialmente no sólo sobre los pensamientos negativos que suscitaron las emociones negativas, sino sobre sus estilos de pensar, razonar, conjeturar, y de preocuparse por cosas que no puede predecir ni controlar; el contenido de los diálogos se asesoran, a fin de captar los estilos que embargan a sus diálogos internos negativos y ansiosos; el fin es el de reestructurar a los tales, y cambiar hacia una retórica interna personal animada, infundida e investida de la palabra y del Espíritu, para contrarrestar los embates negativos de la mente propia, animando la fe y la esperanza de lograr vencer a su ansiedad; y (5) finalmente, tal proceso apunta al cometido de cambiar las actitudes, las decisiones a emplear mejores estrategias de logros, las reacciones emocionales, y el planeo de la conducta proactiva del individuo.

El caudal de los principios basados en las Escrituras pertinentes a la ansiedad es utilizado en el 4° paso, luego de asesorar los estilos y los esquemas empleados por la persona. Dentro de este acercamiento, se trata de presentar posibilidades cognitivas y conductivas de aminorar, disminuir, y administrar la ansiedad personal –métodos de relajamiento, de sosiego, de establecimiento de calma y tranquilidad. Se fomenta la práctica de estrategias y habilidades adaptivas durante la sesión y se recomienda la necesidad de trabajos prácticos o asignaturas entre sesiones. Podemos delinear maneras, estrategias y avenidas a ser empleadas en esta clase de consejo. Algunas son más clínicas, y otras más pastorales.

Captando y evaluando pensamientos negativos. El consejero indaga acerca de los procesos cognitivos (atención, percepción, pensamiento, razonamiento, atribución de significado, memorias) para lograr captar y entender empáticamente sus teorías implícitas, sus ideas irracionales o disfuncionales, sus atribuciones negativas, para asesorar el significado personal e idiosincrático de la persona. Define en conjunto sus pensamientos automáticos –indeseables, negativos, castigadoras, impredecibles y repetitivos a fin de guiar en su restructuración mental.

Captando, evaluando y regulando los estilos empleados en e procesado de los eventos desafiantes que conducen a la ansiedad. Los procesos cognitivos del pensamiento, el razonamiento, las interpretaciones, las atribuciones de significado a la realidad apremiante y sus emociones relacionadas, pueden ser amoldados en estilos tales como (1) el monitoreo de los entes desafiantes; (2) la súper-vigilancia en busca de elementos auto-confirmadores de sus preocupaciones de carácter anticipado y catastrófico; (3) la rumia o el re-masticado de las fallas del pasado en abordar semejantes desafíos; y (4) el auto-castigo por no tener fe o dudar de las provisiones de Dios, rebajando su estima, su valer o su eficacia propia. Un esquema de tal intervención puede arrojar luz sobre este proceso y acercamiento:

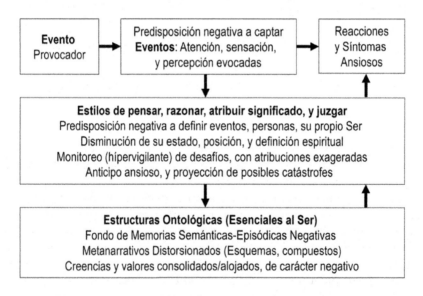

Figura 23.7. Modelo Metacognitivo de la Ansiedad

El diagrama permite ver la posibilidad de ayudar a la persona a captar, desafiar y regular sus procesos intermedios (entre lo automático arriba, y los valores y creencias a nivel ontológico abajo. Se trabaja sobre los estilos condicionados y habituales, sobre las reacciones automáticas para desarrollar nuevas maneras de responder.

Definiendo los procesos problemáticos. En su trabajo cognitivo, el consejero ayuda a la persona a etiquetar, o rubricar las distorsiones mentales negativas, causantes de mucha ansiedad. Si la persona puede definir en términos concretos su ansiedad, puede hacer algo para formular sus estrategias de lucha, de pelea por su bienestar; puede orar más acertadamente ("con entendimiento") y confiar más apropiadamente en Dios.

Desafiando y cuestionando los procesos cognitivos negativos. Las intervenciones cognitivas en esencia, enfocan sobre las cuestiones de evidencia (hecho vs. ficción) –se evocan las expresiones de la persona, para luego en forma socrática preguntar, desafiar o disputar amablemente sus razonamientos, para alinear, corregir distorsiones, y poner a luz las posibles malinterpretaciones, adjudicaciones o atribuciones exageradas o catastróficas que parecieran apresar a la persona. Es como reducir el tamaño del agente estresante, y aumentar el tamaño de la persona que procesa. La ansiedad muchas veces aumenta el peligro en la vista del ser, y disminuye sus capacidades de enfrentarlo. El estrés se asemeja a un león, y uno se ve como un mosquito. Si la persona puede reducir cognitivamente su ente desafiante (de un león a un mosquito) o hablando metafóricamente, reducir un monte a una llanura como el profeta en el Espíritu le recalcó a Zorobabel: "*¿Quién eres tú, o gran monte? Delante de Jehová serás reducido a llanura! No con ejércitos no con fuerza… mas con mi Espíritu ha dicho Dios*" –Zacarías 4:6) y aumentar su capacidad de enfrentamiento (en lugar de verse del tamaño de un mosquito hasta verse como un león), podrá enfrentar su desafío con mas fe y arrojo. La persona que aconseja puede asesorar si existe un mecanismo cognitivo conocido con el término "prejuicio negativo auto confirmador" que predispone a la persona a pensar en su contra o a confirmar sus dudas, actuando en manera subconsciente como para cumplir su profecía negativa. Tal mecanismo debe ser cambiado hacia una mirada de fe, enfocando hacia lo que Dios puede hacer, hacia lo bueno, lo noble, digno de alabanza, etc. (Fil 4:8).

Re-atribuyendo significado a los eventos y procesos. La re-atribución de significado a la realidad es esencial. La persona ansiosa ha distorsionado sus procesos, como en el caso de la depresión (véase el capítulo correspondiente, ya que tal proceso es paralelo al descripto aquí), y necesita cambiar sus atribuciones, alinear sus percepciones y redefinir su realidad –en otras palabras, de renovar su mente (Ro 12:1-2), para transformar su ser ansioso en un ser de fe y verse investido de poder para pelear en contra de su ansiedad (atacar a la ansiedad en lugar de ser atacado por la misma). El apóstol Pablo, desde la cárcel, escribe a los Efesios, definiéndose como "prisionero de Jesucristo (no del César), por cuya causa estaba en cadenas (Ef 4:1). En lugar de dar rienda suelta a la ansiedad, Pablo re-atribuyó un significado más real a su condición y pudo desde su prisión alentar a los libres.

El desarrollo de respuestas alternativas es parte del proceso. En lugar de pensar catastróficamente, se anima a la persona a formular razonamientos más racionales y conclusiones más atenuadas. El re-asesorar el problema en forma realista, es ejemplificado por Jesús en su consejo de sentarse y contar sus monedas antes de edificar su torre. En lugar de llevarse por impulsos emocionales, irracionales o incautos, es deseable contar con el riesgo a ser tomado al enfrentar sus desafíos y examinar las consecuencias de sus actos. De tal manera, la persona llega a diferenciar entre la realidad y las nociones "ficticias" o vertidas a manera de fantasía, para basarse en lo que realmente sucede, lo que actualmente ocurre, y no lo que pudiera pasar en su conjetura elaborada catastróficamente. La persona se da a describir en lugar de conjeturar; se mantiene en la razón en lugar de ser irracional. El fundador de la logoterapia, Viktor Frankl, ha dejado nociones transformativas, existenciales, en las cuales la persona puede transformar una tragedia en una comedia. Tal cambio se realiza cuando se re-escribe el tercer capítulo de su obra (los griegos tenían tres movimientos en sus escritos; lo que diferenciaba las tragedias de las comedias, era la manera en la cual terminaba el tercer capítulo). Desde este punto de vista, el consejo es una especie de edición al escrito original, con el consejero actuando como editor/mentor y ayudando a la persona a escribir su ultimo capitulo con otro énfasis —más positivo, más funcional. Es como tornar la adversidad en ventaja, la crisis en oportunidad; la ansiedad como un trampolín para saltar por la fe hacia una mejor resolución de confianza en Dios y acción de gracias de antemano, proactivamente dándole la gloria a Dios por su liberación.

Guía en la elaboración de nuevas asociaciones. El consejo fomenta la asociación guiada —el acoplar las situaciones concretas de la persona a las promesas y a la palabra de Dios —de aliento, de socorro, de manutención, de cuidado, etc. Las Escrituras que se aplican para meditar y orar escrituralmente son empleadas en forma dialógica y existencial. No se trata de repetir escrituras como si fuese un "mantra" o algo mecánicamente empleado. Se trata de realizar la conexión verdadera y vital con el Espíritu Santo, presente en toda ocasión y dialogando con el ser ansioso.

Intervenciones paradójicas. Cuando se encuentra resistencia a los cambios, y la persona se aferra a sus nociones idiosincráticas, tal vez el consejero puede emplear ciertas maneras paradójicas. Tal intervención busca editar las situaciones atrincheradas en la mente de la persona y volcarlas en libretos paradójicos a propósito (exagerando y "empujando" a propósito las posibles consecuencias del miedo manifestado por la persona hasta los límites catastróficos, viendo los posibles resultados mientras conversan en un ambiente tranquilo, sosegado y relajado) para luego volcar un narrativo más adecuado, racional, y soluble. Si la persona es capaz de vislumbrar y anticipar las peores posibilidades y afrontarlas en su mente, es capaz de ver soluciones más factibles a su problema.

Vislumbrar la presencia de Dios. El consejo busca animar a la persona a realizar la presencia de Dios —como Jacob en Beth-El (dondequiera que se encuentre la persona, puede "estar en la Casa de Dios", aún en la intemperie rocosa, donde cuatro elementos se integran en el espacio y el tiempo: la tierra, el cielo (con ángeles subiendo y bajando), el pasado (el Dios de Abraham e Isaac) y el futuro (las generaciones prometidas). El eterno "YO SOY QUIEN SOY" y su presencia trasciende el espacio el tiempo, y asegura al temeroso Jacob de su poder sustentador y protector. Como principio escritural, la persona puede recordar que Dios es quien cambió el carácter esencial de Jacob, y lo redefinió de acuerdo a su voluntad: de Jacob (suplantador/engañador), a Israel (un príncipe de Dios quien lucha y vence). El ser ansioso puede abandonarse al cuidado de Dios, quien todavía restaura, renueva, y redefine al ser humano. El aconsejar no es predicar; sin embargo, dialogando en manera copartícipe con el ser ansioso, puede animar a la persona a presentarse ante el mismo Dios para ser re-definido en su carácter ansioso, y en sus actitudes y estilos ansiosos de procesar la realidad. En una manera metacognitiva-dialógica, la persona puede realizar, "saber que sabe" tal cosa. Puede —a consciencia plena— abrirse y permitir la introducción de tal presencia a su lugar actual y considerar sus actuaciones en un tiempo "kairótico", significativo y trascendental. De tal manera, introduce lo espiritual, trascendental, y extraordinario al paréntesis del presente ordinario y trivial, haciendo un alto en el camino común y corriente de la vida debajo de sol, vivida en el cronos que siempre corre.

La realidad espiritual es tan real como la física, de manera que el invitar lo transcendental a lo trivial no es algo místico ni surrealista; es simplemente dar crédito a la persona, presencia y poder del Espíritu Santo transformador y dador de fe y de capacidad para vencer la ansiedad. No es cuestión de inventar, fabricar o elaborar tal presencia; es simplemente creer que está ahí como lo ha prometido, y arraigarse en fe en tal persona, presencia y poder. El traer a memoria y utilizar las Escrituras pertinentes dentro de tal paréntesis es esencial, teniendo en mente que el Autor está ahí para respaldarlas. La figura esquemática presenta un antídoto a la ansiedad, de carácter espiritual y basado en fe, realizando la presencia real de Dios. El paréntesis existencial "comprimido" por el pasado y el futuro es ensanchado o expandido en la experiencia investida del Espíritu que mora en el ser, quien actualiza y extendiende la sensación de paz, de amor y gozo en el presente, como así también apela al perdón y la restauración pertinentes al pasado y promueve la fe y esperanza en relación al futuro (Fig. 23.8). Tal liberación y actualización existencial es representada con un paréntesis expandido de tono gris en la figura.

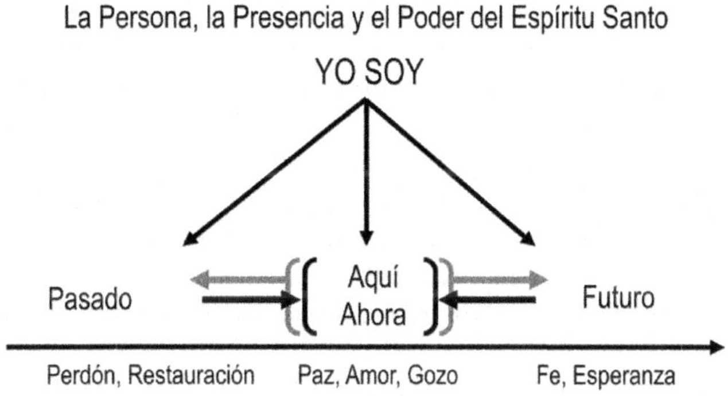

La Persona, la Presencia y el Poder del Espíritu Santo

YO SOY

Pasado	Aquí Ahora	Futuro
Perdón, Restauración	Paz, Amor, Gozo	Fe, Esperanza

Figura 23.8. Respuesta Espiritual a la Ansiedad

La Adquisición y el Fomento de la Eficacia Propia

El fomento de la eficacia propia. El consejo promueve factores en la adquisición y fomento de la eficacia propia. El psicólogo Bandura (1997) de la universidad de Stanford, ha proporcionado detalles voluminosos de sus investigaciones en el tema de la eficacia propia. Si bien hablamos cognitivamente de la imagen propia (lo que describimos acerca de nuestro ser) o afectivamente acerca de la estima propia (cómo nos valoramos, o qué sentimos hacia nuestro ser), el complemento a tales nociones es la eficacia propia —la capacidad de hacer las cosas bien, de optimizar nuestras maneras de actuar, de ser competentes y eficaces en el manejo del estrés de la vida. Para lograr afianzar tal eficacia propia, notamos las siguientes variables, (1) el control de las reacciones viscerales, automáticas, a través del entrenamiento progresivo en relajamiento, la desensibilización a través del entrenamiento o la educación del sistema nervioso autonómico; la adquisición de técnicas de relajamiento progresivo del sistema muscular y de los pensamientos ayuda en el manejo de la ansiedad; (2) el aprendizaje de estrategias de control de respuestas conductivas de pelea, de lucha contra la ansiedad, bajo el tutelaje de un buen mentor; (3) la retórica interna, o la persuasión propia por medio de los diálogos internos positivos, encomiadores, asertivos, o pronunciamientos de fe, partiendo desde una postura investida de poder y embargada escrituralmente con la Palabra de Dios; y (4) el aprendizaje observacional, vicario, siguiendo el ejemplo de buenos modelos que desafían a la ansiedad en manera digna de ser imitados.

Tales factores pueden ser utilizados en el consejo terapéutico, ayudando a la persona ansiosa a controlar sus sensaciones fisiológicas a fin de lograr un apaciguado de su tensión corporal, fomentando la tranquilidad mental y el sosiego espiritual logrado a través de la disciplina de la meditación en la Palabra, el relajamiento muscular a través del abandono de la preocupación constante y catastrófica, disponiendo de sus miembros ante la presencia de Dios como un ente dedicado, "derramado como libación" (expresión paulina referente al sacrificio sobre el altar como ofrenda agradable a Dios). Veamos algunas de las estrategias para establecer, fomentar y acrecentar la eficacia propia en el manejo de la ansiedad.

La inhibición recíproca de la ansiedad a través del relajamiento. Si la ansiedad es abrumadora o se experimentan ataques de pánico, se puede apelar a métodos conductivos acoplados a los cognitivos. Hace ya un tiempo que Jacobson (1929, 1938) y luego Wolpe (1958; 1990) enfatizaron el principio de la inhibición recíproca entre dos estados: El relajamiento y la ansiedad no pueden habitar el mismo sistema al mismo tiempo: Un estado excluye al otro. La conducta, el pensamiento y las emociones se entrelazan profundamente. A veces las distinguimos simplemente para ser más enfocados. El consejo fomenta ambas, la desensibilización fisiológica y conductiva, y el desarrollo de imágenes adecuadas y positivas reemplazantes de las imágenes inadecuadas y negativas –al crear nuevas memorias, éstas llegan a ser un "paragolpes" protector contra el pasado y sus memorias nefandas (actuando como una interferencia retroactiva) y facilitan un avance hacia el futuro. El lector puede cotejar el diagrama expuesto en el capítulo acerca del tratamiento de la depresión con respecto a tal proceso. En manera específica, la inhibición recíproca se utiliza en las técnicas de desensibilización sistemática, detalladas a continuación.

La desensibilización sistemática. El proceso de desensibilizar a una persona es el acoplar el relajamiento profundo a la visualización de lo temible, intermitentemente, a fin de condicionar al ser a permanecer calmo mientras enfrenta los eventos indeseables posibles. Esta es una técnica empleada por terapeutas clínicos. Primero, se define el evento o las circunstancias que provocan ansiedad, y se insta a la persona a visualizar el evento en su mente. Luego, se entrena en relajamiento muscular y mental hasta lograr controlar su fisiología (practicando técnicas de relajamiento por espacio de media hora, una o dos veces por día, a lo largo de cuatro a seis semanas). El objetivo de tal entrenamiento es el de lograr un estado calmo bajo el control voluntario de la persona –en referencia al sistema muscular que automáticamente entra en tensión bajo condiciones de ansiedad. Tal entrenamiento es esencial para desarrollar la "respuesta de relajamiento" (aprendida, en contraposición a las reacciones naturales de huida o pelea), a ser utilizada en lugar de evitar o pelear el estrés provocador. Una vez logrado establecer la respuesta de relajamiento, a sabiendas y a propósito, luego de relajarse por media hora, se insta a la persona a traer su imagen visualizada (provocadora de la ansiedad) por espacio de un minuto, y encarar las dificultades que suscitan sus reacciones ansiosas. Luego de tal acoplado, se insta a la persona a relajarse otra vez, hasta conseguir un estado calmo. Se repite el procedimiento hasta que la persona se desensibiliza a los estímulos provocadores y no reacciona en su presencia, sino que se mantiene calma. En forma gradual y sistemática, las visualizaciones intercaladas con el relajamiento hacen que el sistema orgánico experimente una sensación de acostumbramiento, de saciado, y se desensibilización bajo su control. Se insta a la persona a transferir tal aprendizaje a los eventos concretos que producen su ansiedad, con asesoramiento a lo largo del proceso.

Tal vez, aspectos de este proceso pudieran ser adaptados en los casos de consejería pastoral, con la salvaguarda que el consejero sepa lo que hace. El entrenamiento en tales estrategias es recomendado, si se da la ocasión, para no ir más allá de su entrenamiento, su capacidades o prácticas éticas. De otra manera, se puede consultar con profesionales terapeutas entrenados a tal fin. Las Escrituras dan muchas pautas en cuanto al cuidado de Dios "Estad quietos, y ved la salvación de Dios". Tal dicho se registra en ocasiones en las cuales el pueblo de Israel enfrentaba a sus enemigos abrumadores. En lugar de estar ansiosos o desaforarse, o de tratar de usar algunas estrategias activas, se les instaba a permanecer calmos y con fe en medio de una situación desafiante. El saber que Dios pelea por uno trae cierta paz mental.

El entrenamiento en el "inyectado del estrés". Tratar de hacer algo cuando se tiene un ataque de pánico durante su golpe devastador es muy difícil. Se debe entrenar a la persona de antemano a evitarlo o controlarlo. De manera que, el consejo busca prevenir más que curar. El "arreglar un techo que gotea en un día soleado" es una metáfora que nos da a entender que en tiempos más objetivos y calmos es que hay que prevenir, anticipar o inyectar el estrés para contrarrestarlo debidamente.

El apóstol Pedro enfatizó el principio de inyección anticipada del sufrimiento antes que sea enfrentado (1P 4:1-2), para que el creyente adopte una mente lista al sufrimiento, para no ser necio sino precavido contra lo que pudiese venir. Jesús hizo justamente tal cosa: Preparó de antemano a sus discípulos para enfrentar muchas peripecias a las cuales serian expuestos. En psicología clínica, tal proceso se denomina "entrenamiento basado en la vacunación en contra del estrés" que pudiera venir, para prepararse de una manera mejor a enfrentarlo. McGuire (1964) postuló principios y enfatizó tal proceso; Meichembaum (1988, 1993) elaboró más detalladamente cómo se efectúa tal estrategia. Es decir, uno se inyecta la posibilidad de sufrimiento y desarrolla defensas y estrategias cognitivas, emocionales, espirituales y conductivas a fin de no ser necio ni desprevenido. Se prepara con sus convicciones, argumentos, principios escriturales, consejos adoptados proporcionados por mentores o pastores, maneras aprendidas a través de la observación de buenos modelos, etc. Tal repertorio de factores se aloja, establece y consolida en las bases ontológicas o esenciales, y subyace o subraya a los procesos empleados en el momento de las pruebas. También, el Espíritu recuerda de las cosas que uno puede decirse a sí mismo en diálogos internos, o pensar y hacer en tales momentos provocativos de la ansiedad.

La retórica interna. La capacidad metacognitiva de pensar acerca de sus pensamientos y de procesar sus procesos, permite el desarrollo de la voz interna —actuando como agente ejecutivo interno, como partiendo "desde arriba" y con la investidura del Espíritu, que bien puede contrarrestar a las voces negativas, pesimistas, problemáticas que promueven la ansiedad. El modelo expuesto en el Capítulo 19 da pautas teóricas y prácticas de cómo lograr tal capacidad a través de un entrenamiento o disciplina personal, dando crédito a ejercicios de atención, percepción, relajamiento muscular intensivo, postura desprendida consciente, activación de la capacidad de enfoque mental dirigido con metas proactivas, etc.

Los Salmos presentan muchas ocasiones en las cuales el salmista se habla a sí mismo – sea para animarse, desafiarse, recriminarse o lamentarse ante Dios. El leer todo el volumen de los Salmos con la intención de captar tal retórica interna (la cual anteceda por varios siglos a Homero, quien 850 años antes de Cristo presentó nociones de retórica interna. Sus narrativos presentan a varios héroes quienes al enfrentar vicisitudes y desafíos, se dirigían a sí mismos en su *Odisea* y su *Ilíada*). El cristiano que lee, memoriza y recita los Salmos puede hacerlo con una nueva perspectiva, aguzada por el énfasis metacognitivo: Puede pensar acerca de sus propios pensamientos, asesorar sus emociones, y estar consciente de hablar con el Espíritu Santo que mora en su ser a través de diálogos o triálogos internos.

El hablarse y persuadirse a uno mismo con una voz benevolente, positiva, asertiva, y proporcionada de poder por el Espíritu Santo, puede actuar a manera de consejero interno, empleando la misma retórica que uno emplearía en animar, consolar, afirmar o desafiar a otra persona en ansiedad. Tal acercamiento da crédito al ser dialógico (en realidad, trialógico, ya que la naturaleza humana precaria y el ser redimido y proporcionado de poder pueden establecer diálogos internos con el Espíritu, quien actúa como interlocutor y apacigua las luchas, las cuitas, y las conjeturas que provocan la ansiedad. Re-dirige el monitoreo interno de las posibles ideas catastróficas que surgen, y la rumia o re-masticado de asuntos y conjeturas que provocan ansiedad. Lo hace en un diálogo interno con el ser, y trayendo a mente las Escrituras que moran en su mente y corazón, atesoradas en abundancia como para dar pautas sabias "desde adentro" (Col 3:16). Uno practica el consejo *noutético* dentro de su fuero interno.

Luego de lograr afianzar la eficacia propia, se continua reforzando positivamente los hábitos de libertad emocional logrados al emplear la fe, al actuar positivamente, al relajarse progresivamente ante las pruebas, y al no reaccionar sino responder con sabiduría. Es importante el reconocer la necesidad de captar las voces de los diálogos internos, los estilos de pensamiento que se repiten, acosan, perturban, y desaniman al ser. La manera de procesar tales estilos metanarrativos es considerada como el proceso que evoca, fomenta, y alimenta a la ansiedad, ya que el procesar sus procesos es algo que se torna obsesivo, repetitivo, y animado de circuitos de retroalimentación negativa que se refuerzan constantemente. El resultado de tales procesos cíclicos, convolutivos, no presenta muchos alicientes o esperanzas positivas al ser conjetural que dialoga de tal manera sin cesar. Tal vez es funcional el presentar ora vez un diagrama básico que enfoca sobre la capacidad dialógica del ser, a fin de fomentar el cambio de sus voces internas hacia una retórica persuasiva más funcional (Fig. 23.9).

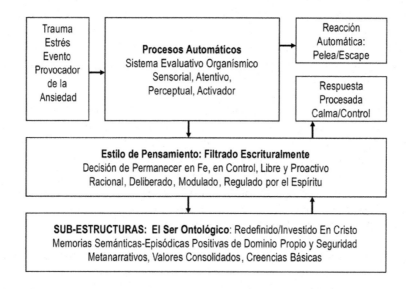

Figura 23.9. El Ser Dialógico-Metacognitivo Ante la Ansiedad

Yendo en rofundidad, podemos presentar una manera de visualizar el empleo de un paradigma metacognitivo-dialógico en un diagrama más elaborado y complejo (Fig. 23.10).

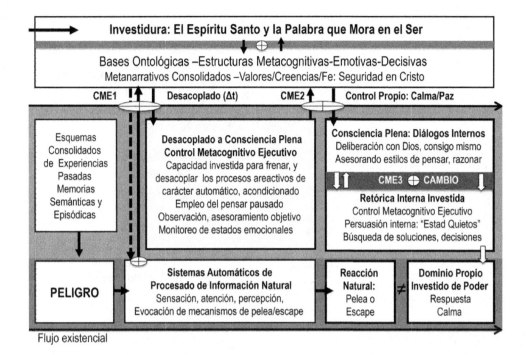

Figura 23.10. Un Modelo Metacognitivo-Dialógico de Responder a la Ansiedad

El lector notará que el paradigma es similar al diagramas presentado en el capítulo anterior, donde se trató con las crisis en una manera similar. Siguiendo el mismo modelo, podemos ilustrar la necesidad de cambiar las reacciones negativas a la ansiedad por respuestas calmas, controladas, bajo los auspicios del Espíritu Santo, quien enviste la eficacia de la persona en responder y estar a tono con sus propósitos en lugar de ceder a sus impulsos automáticos y naturales. El entrenamiento en el monitoreo, la regulación, y el control del sistema nervioso autonómico, es de ayuda a la persona en el sentido de lograr acondicionarse a permanecer en calma, en paz, y adoptar una postura a consciencia plena que le permite observar, monitorear, asesorar, y emplear su pensar deliberado para luego tomar decisiones controladas e intencionales, investido del poder del Espíritu Santo para responder a la ansiedad en lugar de estar supeditado a sus reacciones naturales y automáticas.

El diagrama recalca la necesidad de responder metacognitiva y dialógicamente a los impulsos del Espíritu y de la Palabra alojada, para entrar en un proceso retroalimentador que enviste a su ser, de modo que pueda desacoplar sus procesos automáticos —ya suscitados y en movimiento reactivo— manifestados fisiológica y emocionalmente. El ejercer tal dominio propio es dar crédito a la capacidad de responder con paz y en calma, debido al empleo del control metacognitivo ejecutivo (CME) ya elaborado anteriormente. El lector es invitado a considerar y ser capaz de seguir una lógica que emplea elementos de ingeniería que involucran sistemas de control retroalimentador —el cual provee señales al ser con el fin de asesorar y corregir su flujo— y sistemas promotores de pro-alimentación o control anticipado —los cuales emplean procesos decisivos, reguladores, animados de dominio propio— ilustrados en el siguiente diagrama (Figura 23.11).

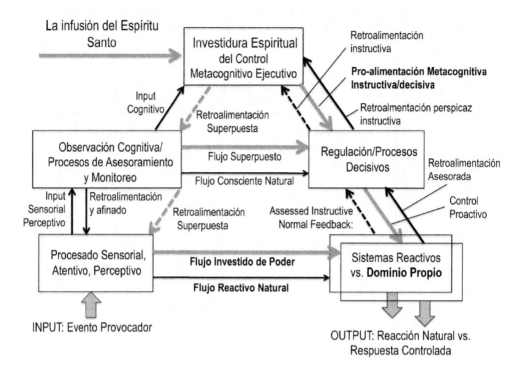

Figura 23.11. Sistemas Cognitivos y Metacognitivos de Responder vs. Reaccionar

El diagrama puede ser visto desde tres niveles de acercamiento. Desde abajo, el flujo natural ocurre entre un estímulo o evento provocador impactando al ser (input), y su reacción natural (output). El empleo de un acercamiento cognitivo apela al procesado del input sensorial perceptivo del ser, el cual es guiado hacia s la observación cognitiva, empleando procesos de asesoramiento y monitoreo desde una postura cognitiva desprendida, pero a plena consciencia. El flujo natural asesorado puede ser regulado, y guiado hacia la elección de respuestas adecuadas y bajo el control cogntivo de la persona, cambiando la reacción automática hacia una respuesta controlada. El acercamiento metacognitivo va más allá, y busca establecer una plataforma superior desde la cual la persona puede procesar sus propios procesos (y en el caso del creyente, apelar al Espíritu Santo y a la Palabra que mora en su ser en forma dialógica, y así coparticipar con tales agentes de investidura o poder). De tal manera que, la persona ejercita su control metacognitivo-ejecutivo para sobreponer su flujo decisivo, investido, y proactivo al flujo natural, para lograr regular, controlar sus reacciones, y ejecutar su voluntad con dominio propio para respinder al desafío. En lugar de reaccionar natural y automáticamente, la persona decide responder con aplomo y templanza, a plena consciencia, y ejerciendo su capacidad investida. Tal vez, el lector pueda correlacionar este proceso con la noción paulina de responder con dominio propio –un elemento del fruto del Espíritu Santo (Gal 5:22-23) producido en coparticipación con el ser humano creyente investido de poder.

La utilización de mentores ejemplares. En sus estudios, Bandura no solo recalcó el entrenamiento del sistema autonómico nervioso a través del relajamiento progresivo y el hablarse a uno mismo, sino también la utilización de buenos mentores y de modelos ejemplares para permitir un aprendizaje social, observacional y vicario. En este caso, la persona que aconseja puede actuar como ambos –mentor/a y modelo ejemplar. La relación terapéutica puede proporcionar a la persona un buen asesor o guía, quien le puede dar pautas acerca de la posibilidad de utilizar los recursos espirituales a su disposición, y cómo asesorar, definir, desplazar prácticamente, y concretamente "echar" su ansiedad sobre Dios. Además, le puede proporcionar ánimo y encomio hacia el confiar en Dios y en su presencia, provisión, y poder. La persona que aconseja consejero puede reforzar la capacidad de diálogo entre la persona y Dios, como para dirigir su voz interior hacia sí mismo y calmar sus voces ansiosas (a manera del Salmo 42). Puede practicar el diálogo deliberativo, interno, mencionado en esta obra, como precursor al dialogo con el Espíritu que mora en su ser, realizado como un ejercicio disciplinado, y establecido como una dimensión corriente de comunión con Dios en el estilo de vida del ser. El consejero llega a ser un modelo digno de ser imitado, a la medida que él o ella viven en paz y sosiego ante Dios, venciendo sus propias ansiedades.

La biblioterapia. Uno de los aspectos terapéuticos importantes a ser tenidos en mente en consejería cristiana es el de lograr que la persona emplee una especie de "biblioterapia" en la cual la lectura de las Escrituras, de libros afines (con los cuales el consejero está de acuerdo, de teología adecuada, de temas pertinentes de tono devocional, educativo o de crecimiento personal); se trata de no patrocinar libros triunfalistas que no dan lugar a cuestiones complejas acerca del sufrimiento, de la voluntad permisiva de Dios, o de problemas relacionados a la teodicea (resumida en una frase: "Si Dios es bueno, justo y todopoderoso, por que sufre el justo?"). Si la Palabra "mora" en el ser (Colosenses 3:16), tal persona puede emplear su propia exhortación y encomio encarnados en forma dialógica, "desde adentro".

Estableciendo mejores hábitos. En un acercamiento conductivo acoplado al consejo integral (espiritual, cognitivo, metacognitivo, dialógico, y analítico), el consejo puede servir de asesoramiento al establecimiento de buenos hábitos, de horarios cotidianos que permitan a la persona tomarse recreos, esparcimiento, escuchar música (tal vez, para ayudar a un estado calmo, sosegado, y tranquilo, es preferible escuchar música acústica –al estilo de David y su arpa– y menos metálica o electrónica con cadencia o ritmo pujante, la cual tiende a suscitar o energizar al ser hacia estados más activos), emplear algún sistema de relajamiento, de contemplación o meditación, y gozar de amistades positivas. Todo ello permite que la persona adquiera tres capacidades que contrarrestan a la ansiedad: (1) El fomento del conocimiento cabal, adecuado y acerca de los factores que se inmiscuyen en tal condición, y de sus propias capacidades para responder (eficacia propia); (2) el control de las reacciones rápidas y automáticas, desarrollando respuestas metacognitivas adecuadas, moderadas, y reguladas a propósito; y (3) la fe activa necesaria para poder predecir que va a salir con victoria en lugar de sucumbir ante la ansiedad.

Tareas o eventos que producen desafíos, estrés y ansiedad, pueden planearse en forma graduada, desde los eventos fáciles de lograr, hasta más difíciles, con asesoramiento acerca del manejo de las respuestas a la ansiedad, cotejadas en conjunto semanalmente. El consejo descripto no es un proceso espontáneo, o dejado al azar, sino planeado, sistemático, con retroalimentación, asignaturas, y más allá de ejecutar eventos, es un proceso de crecimiento en eficacia, control y capacidad propios, y de ejercitar la fe en manera concreta y sistemática.

Conclusión

El tratamiento de la ansiedad involucra el fomento del crecimiento espiritual y la perspicacia de la persona –su fe, su esperanza, sus convicciones acerca del cuidado, del amor, de la gracia y de la misericordia de Dios, y realizar su presencia en las dificultades. El empleo de principios y conceptos cognitivos es funcional en cuanto al desafío de los pensamientos negativos, de los razonamientos atrapantes, de las percepciones distorsionadas, de las memorias que se entrometen al presente, de la anticipación catastrófica del futuro, y demás procesos en necesidad de restructuración y cambio hacia un estilo más positivo. Cabe el desafiar las atribuciones negativas y las interpretaciones idiosincráticas o personales que la persona pueda tener acerca de Dios, de las Escrituras, o de su voluntad. El consejero asesora la cosmovisión de la persona en particular, en relación a la gracia, el cuidado y la provisión de Dios. Recordar que Dios tiene contados los cabellos de nuestras cabezas; que alimenta a las aves, y que viste a los lirios del campo. En su agenda, valemos mucho más que tales expresiones de su creación.

Capítulo 24

El Tratamiento de Personas que Sufren de Depresión

Como un tema cuya realidad es palpable, y cuyo impacto es innegable –a juzgar por sus efectos en la vida de muchas personas que sufren de tal condición– la depresión representa un desafío a los reclamos de victoria, de vida abundante, y demás proposiciones positivas o triunfalistas enfatizadas en algunas esferas cristianas. Este capítulo representa un tratado conciso y abreviado de la materia, actualizado con aportes de las investigaciones hechas al respecto en las últimas décadas, con nociones metacognitivas y dialógicas que pudieran ser empleadas en el tratamiento terapéutico de tales condiciones. Las perplejidades de la vida debajo del sol son muchas, y los desafíos proporcionados por los problemas que el ser humano atraviesa suscitan preguntas básicas. ¿Por qué se deprime la persona justa y buena? ¿Por qué se deprimen los cristianos espirituales y dedicados a hacer el bien? ¿Dónde está Dios cuando las cosas van mal, y uno quisiera vencer sus vicisitudes? ¿Por qué es tan difícil vivir sobre las circunstancias sin sentirse acongojado, o experimentar el letargo espiritual?

Definiendo la Depresión

La depresión es un problema complejo que representa una variedad de manifestaciones o síntomas, desde una tristeza leve hasta la angustia profunda. Es factible que toda persona humana se deprime de vez en cuando, y en la mayoría de los casos tal estado es de breve duración, y su intensidad no es muy profunda, lo que permite que la persona vuelva a su estado considerado normal. Cuando la depresión alcanza niveles más profundos y representa aspectos clínicos más severos, la persona necesitada una atención más esmerada y apropiada. La persona deprimida puede verse tan desposeída, incompetente o ineficaz que a menudo recurre a pensamientos suicidas como escape de sus problemas. Pareciera ser que la persona no tiene la capacidad de gozar placeres en la vida ni tiene paz; sus pensamientos son negativos y sus atribuciones a la realidad experimentan distorsiones; su razonamiento se encierra en maneras idiosincráticas, solipsistas y auto castigadoras. Es como si la persona cavase una fosa para enterrase a sí mismo, aislarse del mundo y luego quejarse de su soledad.

Enfoques bíblicos han sido proporcionados por Adams (1970), Powlison (2008), y Lambert (2012), entre otros, utilizando las Escrituras en los casos de depresión. Años atrás, el autor ha publicado un libro breve, La Depresión y su Tratamiento (Polischuk, 1992). En el campo clínico, muchas investigaciones se han dedicado al problema, con modelos diversos y recomendaciones en cuanto a los acercamientos a ser utilizados en su tratamiento. El enfoque cognitivo-conductivo ha probado ser uno de los más eficaces en el tratamiento, aparte de la medicina en casos mayores de depresión (Beck, 2005; Dobson & Dobson, 2009; Knaus, et al., 2006; Ramírez Basco, 2007; Wells, 2008; Wenzel, et al., 2008).

Históricamente hablando, pensadores cristianos han dejado muchas conjeturas e ideas al respecto de la depresión. Tal hecho, en gran parte, se ha debido a que las causas y el desarrollo de la depresión han permanecido complejos y desafiantes, y la carencia de entendimiento de los problemas depresivos ha provocado las malinterpretaciones. Aún en la actualidad se dan ocasiones en las cuales los dictámenes simplistas son pronunciados por personas que de manera dogmática presentan veredictos tales como:

- La depresión es el resultado de haber pecado
- La depresión representa la falta de fe en Dios
- La depresión es consecuencia de la falta de fe y de no vivir en victoria.
- La depresión es el castigo de Dios hacia la desobediencia de la persona.
- La depresión es un síntoma de la carencia de espiritualidad.
- La depresión es una consecuencia de ser afligido por los demonios.
- Etc.

Tales expresiones, aunque aparentan tener aspectos verdaderos (si se las confina a un marco de referencia estrictamente idiosincrático, solipsista o simplista) puede promover la postulación de soluciones o consejos proporcionados como consecuencia de estar basados sobre tales conjeturas. El ignorar la complejidad de la depresión da lugar a consejos tales como:

- *"Si usted aumenta su fe, no se sentirá deprimido*
- *"Si usted se dedicara a orar más, y a leer la Palabra, eso aumentaría su fe y no experimentaría la depresión"*
- *"Si usted incrementa su espiritualidad y reclama la victoria continua, nada ni nadie provocará sus sentimientos depresivos"*

Por supuesto, en el campo de la consejería, se espera que el lector proveedor de servicios o estudiante de esta materia no caerá en posturas y conjeturas que pudieran insultar a la persona que sufre. Este capítulo trata de sensibilizar a las personas terapeutas y presentar nociones que ayuden en su entrenamiento hacia la provisión de servicios hacia las personas depresivas.

Trasfondo del concepto. Muchas personas en la antigüedad experimentaron la depresión, a juzgar por las expresiones vertidas en los términos utilizados tanto en las Escrituras como en los primeros siglos de la era Cristiana. Un repaso breve de las expresiones poéticas de los salmos arroja luz sobre esta material:

- *"¿Por qué te abates, oh alma mía, y te turbas dentro de mí? Espera en Dios, porque aún he de alabarle."* (Salmo 45:5)

- *"Estoy hundido en cieno profundo, donde no puedo hacer pie. He venido a abismos de aguas, y la corriente me ha negado. Cansado estoy de llamar, mi garganta se ha enronquecido. Han desfallecido mis ojos esperando a mi Dios."* (Salmo 69: 2, 3)
- *"El escarnio ha quebrantado mi corazón, y estoy acongojado. Esperé quién se compadeciese de mí, y no lo hubo. Y consoladores, y ninguno hallé."* (Salmo 69:20)
- *"Me quejaba, y desmayaba mi espíritu. No me dejabas pegar los ojos; estaba yo quebrantado, y no hablaba. Consideraba los días desde el principio…"* (Salmo 77: 3-6)
- *"Se llenó de amargura mi alma, y en mi corazón sentía punzadas…"* (Salmo 73:21)

Muchos otros pasajes denotan los síntomas depresivos experimentados en ocasiones humanas de desasosiego, desesperanza, dolor y pérdidas. En el siglo IV, el término utilizado fue *acedia* –el pecado de la pereza spiritual. Desde la perspectiva monástica, fue algo definido como uno de los ocho pensamientos considerados inadecuados por monjes en Alejandría, registrado por Evagrius y Casiano. Vale decir que la "pereza espiritual" ha sido asociada con el pecado de falta de fe y ánimo. Los monjes culparon a Satanás por tal condición, basados en el Salmo 91, llamando la asedia como "el demonio del mediodía" porque los monjes comunitarios experimentaron los peores síntomas por la mañana hasta el mediodía de cada día. Aparte de sus oraciones, los monjes descubrieron que dos factores les ayudaban a salir de sus depresiones hondas: Los cánticos repetitivos y el ejercicio corporal al dedicarse a sus jardines para matizar el panorama desierto de su monasterio. Con el correr del tiempo, la acedia o asedia fue colocada entre los siete pecados mortales por Gregorio el Grande (Siglo VI). Otros términos utilizados por los cristianos para denotar las condiciones depresivas fueron *Tristitia y Melancolía,* dando a entender las emociones tristes y melancólicas que acompañaban a la depresión.

La edad medieval enfatizó la demonología, incluyendo *acedia, tristitia o melancolía* entre las aflicciones demoníacas, con tomos dedicados a la categorización de los demonios. Era necesario llamarlos por nombre para que salgan; de modo que, la depresión tuvo su propio demonio denominado "Belfegor". Durante el Siglo XII los conceptos biológicos aparecieron, atribuyendo causas naturales al problema.

Entre los Puritanos, la pereza espiritual fue considerada un pecado, por no estar capacitado para trabajar sin cesar; tal pecado era castigado en el cepo, exponiendo a la persona públicamente con un cartel colgado a su cuello (hasta que la esposa de Cotton Mather, un ministro cristiano de la época colonial, sufrió ella misma de tal "pereza espiritual", obligando al pastor a cambiar su actitud y práctica. Pareciera ser que cuando la calamidad pega muy cerca de uno, su filosofía y sus razones explicativas cambian. Hasta nuestros días, las conjeturas acerca de las causas de la depresión han permanecido, a pesar de los avances científicos e investigativos del campo clínico que han arrojado luz acerca de las complejidades envueltas en la interacción de la genética, el medio ambiente, el desarrollo de la persona, sus maneras de responder a las vicisitudes, y los pormenores de la vida y sus desafíos.

La Depresión Vista Desde el Punto de Vista Clínico

Los conceptos claves a ser tenidos en mente por el consejero en estas condiciones, en términos de sus síntomas y manifestaciones, deben basarse en su asesoramiento y observación perspicaz. Se debe prestar atención a los varios síntomas -físicos, emocionales, cognitivos, relacionales y espirituales.

Entre los síntomas físicos se debe observar la gama de posibilidades, tales como:

- Pérdida de apetito (anorexia), o comer de más (bulimia)
- Insomnio o el dormir excesivo
- Pérdida o aumento de peso (sin intención)
- Retardo psicomotórico, fatiga, o agitación
- Falta de energía, ánimo disminuido, falta de iniciativa
- Disminución o pérdida del deseo sexual
- Agitación, irritación, impaciencia

Entre los síntomas emocionales, se debe asesorar la presencia de los siguientes factores:

- Expresiones de tristeza desmedida, de desasosiego, o angustia mental anormal, más allá de la pesadumbre cotidiana experimentada por la mayoría de las personas
- Interés disminuido en las actividades diarias, desgano, pérdida de placer, generalmente asociada con experiencias negativas
- Sentido de culpabilidad, asignándose responsabilidad aún por aquellas cosas que escapan a su control o jurisdicción
- Odio hacia sí mismo, hacia su condición, o envidia de otras personas
- Ansiedad y aprehensión hacia la vida, hacia el futuro; incertidumbre que fomenta la pérdida de fe
- Sentimiento hondo de desgano existencial
- Desesperanza y desilusión, con pensamientos suicidas

Entre los síntomas cognitivos se asesoran los siguientes factores:

- Falta o pérdida de la atención y la concentración mental
- Percepciones distorsionadas —alucinaciones, delirios (Manía)
- Atribuciones negativas a la realidad —empleo de filtros negativos auto-confirmadores
- Problemas con la memoria —a corto plazo, también a largo plazo
- Pensamientos negativos acerca del contexto actual, del futuro, y de su persona —su identidad, estima, y eficacia
- Conjeturas, confabulaciones, cuestionando a Dios, a otras personas y sus motivos

Se asesoran las relaciones mantenidas por la persona, o la falta de sociabilidad:

- Alejamiento, aislamiento, o retraimiento de las amistades; se nota una disminución en la sociabilidad de la persona
- Alejamiento o retraimiento de la comunidad de fe

Es necesario hacer un asesoramiento del estado espiritual de la persona, sin juzgar ni recriminar —simplemente ubicar a la persona en su condición actual ante Dios:

- Si ha experimentado pérdidas en su fe —convicción, confianza, o esperanza

- Si hubo disminución en su vida de oración, meditación, o práctica existencial de la presencia de Dios —en comparación a sus líneas de base comunes o rutinarias
- Si hubo disminución en su lectura de las Escrituras —en comparación con sus maneras habituales
- Si ha experimentado una disminución en su alabanza, su adoración o su servicio a Dios
- Si ha experimentado cambios en su teología personal o filosofía subyacente – volviéndose más determinista, o fatalista, o cuestionando todas sus creencias en general

Todos estos factores deben ser cotejados, agrupados, y amalgamados. Luego, en forma abstracta, deben ser compaginados en una perspectiva global acerca de su estado. Tal proceso ayuda en la formulación de una impresión (o diagnosis, en el campo clínico), para luego verter el caso en forma descriptiva y explicativa. Tal perspectiva permite el trazado de planes de intervención y acción hacia la persona, ayudando en la elección de acercamientos, y del tipo de consejo a ser administrado.

Clasificaciones en el Campo Clínico

La depresión no es un ente simple, ni se define como algo global, sino que se manifiesta en una diversidad multiforme. Los consejeros pastorales no se dan a la tarea de diagnosticar tales casos, cosa que los psiquiatras y psicólogos acostumbran a hacer. Sin embargo, un conocimiento general puede ayudar en sus tareas como consejeros en casos apropiados. Entre las posibles clasificaciones en el campo clínico, figuran las siguientes:

- Desorden de des-regulación disruptiva del temperamento (mal modo)
- Desorden bipolar (depresión con manía intermitente) la cual a su vez es clasificada como "Tipo I " y "Tipo II" según el nivel de severidad de las manifestaciones maniacas
- Ciclotimia (una especie de depresión bipolar pero más leve
- Desorden depresivo mayor (unipolar: solamente manifestando la polaridad depresiva)
- Desorden depresivo persistente (Distimia, o depresión más leve, pero de larga duración —dos años o más)
- Desorden disfórico premenstrual
- Reacción de ajuste a la vida con manifestaciones depresivas
- Depresión secundaria, acoplada a una enfermedad física
- Depresión relacionada a una etapa de la vida (menopausia)
- Síndrome afectivo estacional —relacionado a la carencia de luz diurna solar, principalmente observada en algunas personas susceptibles a los cambios fisiológicos experimentados en el ajuste a las estaciones de otoño e invierno

El lector puede notar que la gama de clasificaciones es muy extensa, y sobrepasa los límites de esta capítulo en cuanto a la descripción de todas las posibilidades depresivas existentes. Lo que se enfoca en estas páginas es simplemente una reseña de asuntos mayores en este campo de investigación y tratamiento. Los interesados en proseguir con su entrenamiento clínico en la materia son animados a vislumbrar posibilidades de conseguir la educación adecuada y la supervisión bajo personas con credenciales y experiencia en el campo de labores clínicas. De otra manera, pueden derivar a las personas deprimidas a profesionales expertos, y establecer un trabajo conjunto sin desatender las necesidades espirituales y comunitarias de tales personas.

Criterios Aplicables en Casos de Desórdenes Afectivos Mayores

Como ejemplo de lo que se necesita agrupar para diagnosticar un desorden depresivo mayor (unipolar), la persona terapeuta debe tener en mente los siguientes factores: La condición es caracterizada por una vulnerabilidad hacia la depresión, cuyos episodios pueden aparecer intermitentemente durante toda la vida. Hay que asesorar si actualmente existe o si ha ocurrido ya un episodio mayor. Esta condición no se debe confundir con los desórdenes esquizoafectivos, donde cierta depresión acompaña a la psicosis, ni estar superpuesta a una condición esquizofrénica, o a los desórdenes de delirios, o psicóticos. También debe notarse la ausencia de episodios maníacos, ya que tal factor calificaría al desorden como siendo bipolar.

Los criterios clínicos para diagnosticar una depresión mayor, según el Manual de Estadísticas y Diagnósticos de las Enfermedades Mentales (Diagnostic Statistical Manual, 5ª edición, o DSM5), o su alternativa, la clasificación internacional de los desórdenes (International Classification of Disorders, 10ª edición, o ICD-10) se enfocan sobre la presencia notable de cinco de nueve posibilidades o síntomas, los cuales deben estar presentes para asegurar la diagnosis. Los síntomas deben estar manifestarse durante dos semanas consecutivas y representan cambios drásticos en el funcionamiento, comparados con la historia previa al episodio. Por lo menos uno de los síntomas es (1) modo depresivo, o (2) pérdida de interés o de placer.

- El modo depresivo ocurre la mayor parte del día, indicado en reportes subjetivos proporcionados por la persona, u observados por otras personas .
- La disminución acentuada en el interés o el placer en todas (o casi todas) las actividades, la mayor parte del día, casi todos los días (datos reportados por la persona o por aquellos que observan a la persona).
- La pérdida significativa de peso (sin estar de dieta) (cambio de más del 5% del peso corporal en un mes), o falta de apetito casi todos los días.
- Insomnio o el dormir excesivo casi todos los días.
- Agitación o retardación psicomotora, casi todos los días (observada por otros, no simplemente un sentido de letargo o inquietud).
- Fatiga o pérdida de energía casi todos los días.
- Sentido de inutilidad, de culpabilidad excesiva, o inapropiada (que puede ser delirante) casi todos los días (no meramente acusaciones propias o culpabilidad acerca de estar enfermo).
- Capacidad racional disminuida, falta de concentración, indecisión, casi todos los días (reporte subjetivo u observado por otros).
- Pensamientos recurrentes de suicidio o muerte (no simplemente miedo a la muerte), planes suicidas o atentados suicidas.

Para ser considerado como un episodio depresivo mayor, los síntomas no deben caber en los criterios de un episodio mixto (maníaco-depresivo), y deben causar un estrés significativo, o impedimentos en las esferas sociales, ocupacionales, u otras áreas importantes de funcionamiento. Además, se asesora a que los síntomas no se deban al uso de sustancias químicas, ni sean secundarios a una enfermedad médica.

En cuanto al Desorden Bipolar, Tipo I, su característica principal es la presencia de períodos discretos de episodios maníacos (o hipomaníacos en el caso del Tipo II). Un episodio maniaco se define como un período de tiempo en el cual un modo anormal existe: persistentemente elevado, expansivo e irritable, que dura por lo menos una semana (si hay que hospitalizar a la persona, cualquier duración es tenida en cuenta). Durante tal período de tiempo, tres o más de los siguientes síntomas deben estar presentes a un nivel significativo:

- Grandiosidad o sentido de estima propia elevado
- Reducción en la necesidad de sueño
- Incrementación en el hablar, con estilo comprimido, apurado
- Experiencia subjetiva de tener pensamientos huidizos, desbordados, o experimentar la dispersión de ideas
- Desvío de la atención hacia asuntos triviales, inconsecuentes, o externos; con distracción o falta de concentración
- Incrementación de actividades animadas hacia metas rígidas y demandantes: sociales, ocupacionales, o sexuales
- Dedicación excesiva a actividades que buscan satisfacer el placer (hedonismo), y que tienen el potencial de acarrear consecuencias dolorosas o indeseables (gastando dinero en compras excesivas, extravagantes; indiscreciones sexuales; inversiones en negocios necios, etc.

Además, se nota si existen problemas en el trabajo, en la escuela, o en las funciones sociales; la presencia de episodios psicóticos generalmente requiere una hospitalización para controlar la condición, a ser seguida con medicamentos y terapia. Las investigaciones dedicadas a descubrir y aplicar medicinas para contrarrestar las dimensión maniaca y sus manifestaciones psicóticas por un lado, y la depresión acentuada por el otro, representan un desafío constante en el campo de la psiquiatría. La esperanza es la de descubrir los mecanismos subyacentes que entran en juego en los desequilibrios bioquímicos asociados a tales estados emocionales, cognitivos, y conductivos.

Hemos tocado la punta de un témpano que aflora a la superficie de nuestro territorio psicopatológico en referencia a la depresión. Un tratamiento cabal de la materia, con sus múltiples etiquetados y rúbricas, sus causas, y los acercamientos disponibles, escapa el enfoque de este capítulo. El enfoque global a lo comúnmente denominado "depresión" es presentado con la mira de sensibilizar a las personas ajenas a las labores clínicas, pero envueltas en el ministerio o servicio a muchas personas que sufren de tal condición sin tener mucha información al respecto. Teniendo en mente que un poco de información puede ser dañina, al proporcionar ciertas pautas incompletas y precarias que no alcanzan a descifrar las complejidades del problema en cuestión, se enfatiza la cautela y la humildad de reconocer los alcances y límites aplicables en las labores de aconsejar, proporcionando ayuda de acuerdo los criterios éticos enunciados en esta obra. El capítulo final trata con el tema de la ética profesional/ministerial aplicable a la consejería.

Posibles Causas de la Depresión

Los estados depresivos representan un problema multidimensional. Sin embardo, en cuanto a su definición genérica, algunos factores etiológicos parecieran ser responsables de tales estados Hemos mencionado las conjeturas y postulaciones que caracterizaron a las explicaciones etiológicas en el pasado, las cuales enfatizaron las causas demoniacas, pecaminosas, y la falta de fe, entre otras. Aunque en algunos círculos cristianos tales atribuciones permanecen en pié, y no se descartan fácilmente, en la actualidad se consideran otras posibles contribuciones al problema, visto desde varios ángulos:

1. Causas físicas: Genéticas, biológicas, bioquímicas o fisiológicas; incluso algunas condiciones médicas pueden afectar el modo afectivo del ser
2. Causas psicológicas: Cognitivas, emocionales, conductivas, sociales, o existenciales
3. Causas espirituales: Carencia de fe y esperanza, dudas acerca de la provisión de Dios, teología pobre o inadecuada, perfeccionismo, autocastigo, masoquismo espiritual, sentido de opresión, etc.

Las investigaciones realizadas en el campo genético revelan que la depresión unipolar tiende a aparecer en grupos de familiares relacionados en manera directa (parientes cercanos). Sin embargo, no hay evidencias contundentes acerca de la exclusividad genética en contraposición al medio ambiente en cuanto a factores causativos. Si se consideran la equivalencia perfecta entre sujetos de investigación que posean una similitud en todas las variables genéticas y ambientales a ser tenidas en mente, los mellizos representan la mejor posibilidad de comparar el efecto de ambos factores –genéticos y ambientales– en la manifestación de un problema a ser asesorado empíricamente. Un mellizo es el perfecto control y la base de comparación en referencia a su contraparte. Mellizos que han crecido juntos en el mismo ambiente y aquellos que han crecido aparte (debido a alguna dislocación social) han sido asesorados en su concordancia con respecto a la manifestación de algún problema mental. En el caso de la depresión, mellizos gemelos han demostrado una concordancia mayor que mellizos fraternales, sea que crecieron juntos o aparte, lo cual proveyó cierto soporte a la influencia genética causativa. Sin embargo, porque la concordancia no es total, el medio ambiente es considerado un factor esencial también. Los factores genéticos se han investigado en casos bipolares. Aparte de los mellizos gemelos, los familiares cercanos de los que sufren depresión bipolar tienen niveles más altos de concordancia comparados a controles o a familiares de depresivos unipolares. La incidencia de la depresión bipolar comparada a la población general es de 5 a 10 veces mayor (5-15% vs. .5 -1.5%).

Los factores neurobiológicos investigados apuntan hacia el posible desbalance o desequilibrio bioquímico en las neurotransmisoras, los déficits y las fallas en la regulación de tales sustancias orgánicas en el cerebro. También, se asocian al sueño anormal y a los ritmos anormales. El sistema endocrinológico (que incluye las secreciones de las glándulas tales como el hipotálamo, la pituitaria, la tiroidea, etc.) parecen entrar en juego, afectando las condiciones depresivas. Muchas investigaciones se realizan en el campo de las neurotransmisoras –la dopamina, la serotonina, especialmente– dedicando esfuerzos a vislumbrar la utilización de mejores medicamentos antidepresivos para aliviar tales casos. Los inhibidores selectivos de la recaptación de la serotonina (ISRS) son agentes compuestos usados como antidepresivos en el tratamiento de la depresión. Se cree que tales compuestos incrementan la acción de la serotonina al impedir su recaptación (un fluir retropropulsor hacia la célula presináptica) en el transcurso de la transmisión bioquímica que conlleva los impulsos neurales que atraviesan la hendidura o sima sináptica llevando su carga para unirse al receptor postsináptico. Las complejidades bioquímicas son desafiantes, y exceden a las intenciones de este capítulo. Aquí simplemente mencionamos la importancia de tales investigaciones en lo que se refiere a la depresión, tratada con agentes fármacos.

Factores múltiples que posiblemente contribuyen al riesgo de experimentar la depresión incluyen el medio ambiente caracterizado por el estrés, los sistemas familiares carentes de socialización adecuada, traumas, pérdidas de toda índole, toxicidad ambiental, etc. Estadísticamente hablando, las mujeres sobrepasan a los varones en los índices demográficos. También, la historia previa de haber sufrido la condición aparece como una vulnerabilidad hacia la depresión en el futuro.

En los casos del síndrome afectivo estacional, las causas parecieran ser ecosistémicas, asociadas a las latitudes geográficas, con mayores incidencias en países nórdicos, descendiendo hacia la línea ecuatoriana. Tal vez, el procesado de la luz solar diurna por el organismo humano tiene que ver con ciertas disfunciones psicosomáticas, incluyendo la depresión. El mediado de las impresiones y transformaciones se realiza a través de luz impactante y el desbalance bioquímico en el procesado del organismo humano.

En cuanto a los aspectos psicosociales, los factores de riesgo pueden ser múltiples: La pérdida de los padres; la separación de los padres; los modelos de socialización disfuncional; traumas y abuso físico o sexual, etc. Los eventos desafiantes que producen estrés pueden ser combinados al desarrollo de una personalidad inadecuada, en cuanto a su estructura, funcionamiento y defensas para producir cierta incapacidad en el manejo de las pruebas de la vida con su consecuente depresión. A veces, la clase social, la pobreza, o el ecosistema negativo, aún cuando no son causas en sí, contribuyen a cierta desesperanza acondicionada, a una filosofía inadecuada de empuje y asertividad para contrarrestar los embates de la vida de una manera satisfactoria.

Aún cuando no se acepten las premisas clásicas, no podemos prescindir de las interpretaciones psicoanalíticas con su énfasis sobre el desarrollo infantil con el apego de la criatura a sus objetos primarios y la ansiedad debida a la separación que parece permear tales consideraciones; o la relación de objetos y su impacto en el desarrollo de la individuación, de la diferenciación y de las defensas adecuadas. Siguiendo la línea freudiana, por mucho tiempo se pensó que la depresión es causada por la ira introvertida hacia el yo, no teniendo una expresión mayor o adecuada hacia objetos fuera de sí mismo. La ira almacenada e introyectada se traduce en aspectos depresivos con injurias narcisistas difíciles de compensar. La pérdida de la estima propia, el desarrollo de una imagen inadecuada, la ansiedad y el temor a pérdidas consecuentes por parte de la persona desamparada, forman parte del repertorio interpretativo aplicables a los estados depresivos

Entre los pensadores cristianos, Lloyd-Jones (1965) trató con la materia de la depresión espiritual. Una de las muchas alusiones a las Escrituras es hecha al Salmo 42, en el cual las voces introyectadas en forma negativa y solipsista no tienen una respuesta mancomunada, llevando a la persona a una angustia existencial de carácter espiritual. Tales voces, sin embargo, reciben el aliciente y la ayuda desde una perspectiva metacognitiva, superior. La voz dialógica del ser angustiado, investida de poder proveniente del Espíritu de Dios, puede acallar a las voces negativas introyectadas, y proveer fe y esperanza al ser, ayudándole a salir de su hondonada. La angustia existencial es tratada internamente con fe y esperanza, con el ser asido de Dios, quien proporciona poder para volver al cauce del estado normal. El cambio de los diálogos deliberativos, rumiantes, conjeturales y negativos ("Por qué te abates, oh alma mía, y te conturbas dentro de mí?"), hacia una retórica interna investida de poder ("Espera en Dios . . . aún he de alabarle!"). El autor ha tratado con este tema en sus escritos (Polischuk, 1992, 1998). Otros autores trataron con la depresión como un factor que se inmiscuye en el ministerio cristiano (Hart, 1984), y como subyacente a muchas dificultades en la vida de los hombres cristianos (Hart, 2001).

Aconsejando a la Persona Deprimida

El proceso de ayuda a una persona que se siente deprimida, necesariamente debe tener en cuenta su estado de ánimo, y su condición pesarosa y desesperanzada. Aún cuando el consejero quisiera animar a tal persona, debe evitar "cantarle canciones al corazón afligido" (Pr 25:20). Como hemos visto en capítulos anteriores, es necesario demostrar la empatía –la capacidad de sentir con la persona y ver las cosas desde su punto de vista– para efectuar un acercamiento sensible. El consejero también debe demostrar una calidez no-posesiva, respetando la condición en la cual la persona se encuentra, y prestando oído a sus quejas sin juzgar su estado de ánimo. El consejero en su afán de ayudar, puede incurrir en el error de empujar demasiado, de animar a la persona prematuramente, citando escrituras o predicándole acerca de vivir en victoria. La falta de perspicacia lleva a encuentros que fracasan en su cometido por la carencia de empatía, de amor respetuoso hacia ser desanimado, de paciencia hacia el ser lúgubre, de bondad hacia el decaído, y de longanimidad hacia la persona que "arrastra sus pies" en lugar de correr su carrera cristiana.

El Acercamiento Inicial. En primer lugar, es necesario adoptar una actitud y postura de aceptación y respeto a la persona. Luego, asesorarse del sentir de la persona, y escuchar con atención a sus quejas y expresiones relacionadas a su estado. Tal vez, es necesario no hablar tanto, sino de permanecer abierto a las expresiones de la persona. Los amigos de Job, mencionados anteriormente en esta obra, demostraron respeto por el dolor de su amigo, y por siete días permanecieron en su presencia callados, atónitos, y perplejos. Luego, trataron de consolarlo con filosofías y expresiones estereotipadas, compaginadas en forma lineal, atribuyendo causas y efectos indebidamente, sin tener todos los pormenores o las variables que entraban en juego en el panorama existencial de Job. A causa de sus opiniones estereotipadas e interpretaciones prefabricadas acerca de su miseria, tales amigos consejeros frustraron al más paciente de los humanos. El primer deber en aconsejar es oír y entender a la persona. Recordar que las Escrituras dicen que *"al que responde palabra antes de oír, le es fatuidad y oprobio"* (Pr 18:13).

La persona deprimida tiende a desparramar sus problemas y enredarse en un sinnúmero de conjeturas mentales. Es necesario determinar un foco de atención concreta e inmediata para trabajar sobre el asunto de entrada. Establecer cuáles son los síntomas a ser tratados, las quejas a ser atendidas, o los puntos de enfoque concreto a ser delineados. Tal proceso ayuda en el consejo –cuanto más severa es la depresión y la persona se siente apesadumbrada, incapaz, o incompetente, mas trabajo conductivo es necesario: Se sondean los factores obvios que afligen a la persona, incluyendo los aspectos estresantes relacionados a su hogar, su trabajo, sus relaciones, y especialmente a cualquier clase de pérdida. En tales casos, se busca activar a la persona en la realización de tareas programadas en forma sistemática, prestando atención a sus hábitos -comidas, sueño, tareas cotidianas, higiene, salubridad, etc., como así también el mantenerse conectado a la familia, a los amigos, y a la comunidad. Las investigaciones recientes enfatizan el ejercicio corporal –aeróbico o cardiaco del sistema muscular, produciendo endorfinas en el cerebro, las cuales afectan los estados de ánimo. Si la depresión es más leve, se aplica el tratamiento cognitivo de entrada.

El Empleo de Preguntas en el Consejo

Uno de los recursos en esta clase de terapia es la utilización de preguntas. Las preguntas son importantes y para recoger datos que facilitan la impresión o la diagnosis en el caso. El consejero tiene datos biográficos de trasfondo, pertinentes al contexto en el cual el problema se suscitó y desarrollo, importantes la formulación del problema a ser tratado. Las preguntas se dirigen a obtener todas las variables que definen al problema y sus síntomas y lograr tener una imagen adecuada de la persona y sus peripecias. También son funcionales en la adquisición de perspicacia en reconocer el carácter y la conducta de la persona, sus reacciones y motivaciones, y sus estilos en cuanto al manejo del estrés. Las preguntas indagadoras permiten sondear sus valores y actitudes fundamentales, como así también las conexiones entre tales bases y la reacciones depresivas. Es como abrir la caja de engranajes que conectan al motor con la tracción en las ruedas y vislumbrar los mecanismos en necesidad de arreglo.

A través de las preguntas el consejero puede asesorar el nivel intelectual, la capacidad cognitiva, el estado emocional, la objetividad y el procesado en general. Las preguntas pueden ayudar a traducir los conceptos vagos o abstractos en expresiones concretas a fin de tratar discretamente las ramificaciones del problema. También pueden ayudar en las decisiones a ser tomadas y en la elección de las avenidas de trabajo a ser empleadas en las sesiones de consejo. Las preguntas con carácter guiador pueden ayudar a la persona a seleccionar y enfocar sobre las tareas a ser realizadas, o el empleo de alternativas en su repertorio de respuestas a la depresión. Tales preguntas pueden proveer un sentido de dirección a la persona, considerando las consecuencias de sus actos, tanto sus conexiones disfuncionales como aquellas conductas que fomentan más libertad y sosiego.

El consejero puede cuestionar a la persona con empatía, *"¿Qué es lo que ganas al quedarte en la cama todo el día?¿Cuáles pueden ser las consecuencias de levantarte, desayunar y caminar un par de kilómetros?"* También las preguntas enfatizan el valor de la conducta adaptiva: *"¿Tienes miedo de perder algo? Tal vez no tienes nada que perder, o ¿tal vez tus cadenas?¿ Cuáles son las ventajas de arriesgar el ser desaprobado o desafiado si te pones firme y asertivo?"* Muchas otras preguntas pueden surgir en el transcurso de la conversación terapéutica.

A menudo, las personas traen preguntas relacionadas a ciertas Escrituras. Las respuestas de la persona consejera pueden atender a las mismas, y también hacer preguntas que incluyen principios escriturales: *"¿Cómo entiendes este pasaje…?" "¿Qué es lo que a tu entender Dios quiere decir con este escritura?" ¿Será que el mismo Espíritu que se posó sobre los autores e incubó los escritos con su inspiración, está presente en el momento de leer la Palabra como para entenderla en su intención original?" "¿Y qué si pedimos la iluminación del Espíritu Santo aquí y ahora para aplicar este escritura a tu condición?"*

Las preguntas pueden inducir a la persona a examinar sus criterios, su manera de pensar, sentir y actuar cotejadas ante la presencia del espíritu Santo, con la intención de renovar la mente y transformar su ser. Pueden actuar en forma desafiante a sus pensamientos negativos automáticos y re enmarcarlos en forma funcional y adecuada. Es como sacudir al "ser viejo" y atrapado en sus conjeturas naturales y revestirse de un "ser nuevo" (Efesios 4:22-24) animado por la Palabra y el Espíritu de Dios. Si la persona en forma defensiva apela a su condición débil, inconsecuente, abrumada y depresiva, en forma empática el consejero puede preguntar, *"¿Cómo es que te defines en tu estado de ánimo? ¿Cómo te quisieras definir en Cristo? ¿Cómo lograr el ajuste de tu condición a la posibilidad de verte amparado, resguardado, investido del Espíritu para aumentar tu fe y tu capacidad de acción? ¿Puedes aceptar la gracia de Dios y no llamar tan inmundo lo que Dios ha limpiado?"*

El uso de preguntas en lugar de predicación o exhortación puede resultar en mejores tratativas en el consejo. Hay tiempo para predicar desde el púlpito, "desde arriba", y tiempo de sentarse a la misma altura y con empatía entrar al mismo mundo del depresivo a fin de ayudar "desde el costado" y a veces, "desde abajo" como siervos.

El uso de preguntas puede contrarrestar la tendencia de la persona depresiva en encerrarse prematuramente en sus argumentos negativos, abriendo la oportunidad para la consideración de alternativas. La depresión hizo que Elías se vea sólo en contra del mundo pagano. Dios le hizo ver que había 7000 otras personas que no doblaron sus rodillas a los dioses paganos. (1R 19:14-18). La depresión afectó al profeta con hípersomnio y con pensamientos suicidas corriendo del peligro en lugar de enfrentarlo, escondiéndose en una hendidura en las rocas. El silbo apacible de la voz de Dios lo tornó de vuelta a su camino profético y Dios le proporcionó la energía para afrontar las vicisitudes y vencerlas. Es digno de recordar que Santiago califica a Elías como un hombre semejante en sus pasiones a todos nosotros (Stg 5:17). De manera que hay esperanza para el deprimido. Aún cuando se enfatizan las preguntas, el uso excesivo e inapropiado de las mismas puede asemejarse a una inquisición o a un escrutinio casi policial. El uso moderado y adecuado provee oportunidades de logros terapéuticos.

El Acercamiento Cognitivo-Conductivo-Emotivo

Las investigaciones hechas con respecto a la depresión han demostrado que el acercamiento cognitivo-conductivo es el más eficaz en el campo psicológico. Acoplado a las medicinas antidepresivas, tal eficacia aumenta aún más. Los consejeros pastorales pueden beneficiarse en aprender principios derivados del campo clínico que apelan al tratamiento desde el punto de vista cognitivo.

Entre muchas otras posibles maneras de ayudar a la persona deprimida, este capítulo enfoca sobre un modelo propuesto por el autor, al cual denomina metacognitivo-dialógico, expandiendo sobre el acercamiento cognitivo-conductivo-emotivo que guía las consideraciones que siguen. La premisa mayor presentada por este acercamiento (Beck, 2005) es que los pensamientos y estilos cognitivos negativos de carácter automático son responsables de evocar, suscitar o alterar las emociones, dándoles un tinte negativo, desesperanzado, y descorazonado. El nivel automático de reacciones a los estímulos que evocan a tales pensamiento deriva su activación de los estilos que subyacen, con esquemas que, a su vez, se basan en creencias arraigadas desde el pasado. Beck presenta los valores o creencias básicas subyacentes como afectando a las creencias y afirmaciones internas intermediarias, las cuales son activadas o suscitadas por los desafíos del estrés de la vida. La situación pesarosa provoca la activación de pensamientos automáticos negativos, almacenados en el repertorio o el fondo de memorias de la persona. Al ser activados en forma automática, tales pensamientos provocan las sensaciones y los sentimientos depresivos.

Según la teoría cognitiva, la depresión se debe a las atribuciones negativas de una persona acerca de la realidad –del mundo que rodea a la persona, del futuro incierto, y de su propia persona, con pérdida de identidad, estima, y eficacia (Beck, 2005). También, se debe al aprendizaje de la inutilidad propia e ineficacia personal, que emergen y afectan al presente. Tal estado mental no atina ni trata de contrarrestar las pruebas de la vida, ya que no vislumbra un éxito posible. El tratar de solucionar vez tras vez un problema atrapante, y no logar una solución, afecta al ser paulatinamente, desanima al ser, al punto de verse inútil, incapaz, debilitado por sus vicisitudes, y dejar de luchar. Tal desesperanza aprendida atrapa y moldea a los procesos cognitivos de la persona deprimida, al punto de no permitirle desafiar sus circunstancias. A tal punto, la persona se da por vencida, sin siquiera atinar a hacer algo por sí misma (Seligman, et. al., 1995).

Las Creencias Básicas: Tácitas, Personales y Arraigadas

Las creencias fundamentales influencian el desarrollo de las creencias intermediarias de una persona, compuestas de actitudes, ideas, y reglas preconcebidas. A su vez, las creencias intermediarias filtran el procesado cognitivo e influencian las maneras en las cuales la persona ve e interpreta una situación. Las creencias fundamentales se consideran un conjunto de narrativos compuestos, o agregados semánticos y episódicos recogidos consciente y subconscientemente en el transcurso del flujo existencial del ser. El registro, la codificación, el almacenaje, y la consolidación de los datos provenientes de una vasta gama de experiencias pasadas es agrupado en encapsulados abstractos, consolidados y alojados en las sub-estructuras cognitivas-emotivas subyacentes del ser. A los "narrativos híper-abstractos acerca de varios narrativos discretos y temáticos" los denominamos "metanarrativos" esenciales (ontológicos), súper-conscientes (vistos desde el punto de vista de la ciencia cognitiva) o subconscientes (vistos desde un ángulo psicoanalítico). Tales metanarrativos son activados a través del impacto de los estímulos desafiantes provenientes de las vicisitudes presentes. Tales metanarrativos se consideran las bases o el terreno desde donde emergen, parten, y entran en juego los procesos cognitivos-emotivos que se manifiestan finalmente en los estados depresivos. Luego de establecer una relación terapéutica adecuada, la persona que aconseja puede indagar, haciendo preguntas al respecto.

- ¿Cuáles son las quejas principales de la persona, en sus propias palabras?
- ¿Qué síntomas ha experimentado la persona? (Físicos, emocionales, cognitivos, conductivos, relacionales)
- ¿Cómo es que el problema se ha desarrollado? (Una historia breve de los sucesos que obligaron a la persona a acudir y pedir ayuda)
- ¿De qué manera se ha mantenido o aumentado el problema? (Los factores que han aumentado la frecuencia, el caudal, la intensidad, la duración de las reacciones y de los síntomas)
- ¿Qué pensamientos han surgido en la mente de la persona, acoplados a sus vicisitudes? (Asociados a eventos discretos, a situaciones pesarosas, a las pérdidas, etc.)
- ¿Qué emociones han aflorado, asociadas a los eventos negativos? (Ansiedad, culpabilidad, temor, ira, rabia, desgano, desesperación, desilusión, tristeza, depresión, etc.)
- ¿Qué estilos de pensar caracterizan su recuento de los hechos, de sus reacciones, y emociones? (Rumia acerca de sucesos pesarosos, remasticado de eventos negativos, monitoreo de peligros, ansiedades anticipadas, sentido de culpabilidad, etc.)

De tales consideraciones, se extraen y afinan las nociones, las ideas, y los pensamientos que embargan a la persona. Es muy importante asesorar sus pensamientos automáticos negativos, los cuales aparecen sin que la persona los traiga a propósito, ni tienen un sentido funcional, sino más bien atrapan, atormentan o abruman al ser. Más aún, se asesoran los estilos cognitivos (rumia o re-masticado de asuntos negativos del pasado, el monitoreo de sus autocastigos, su sentido obsesivo de culpabilidad, etc.) que subrayan a las expresiones automáticas. Se asesoran los diálogos internos del ser, en cuanto a su contenido, su fuerza, e intención. Se notan los diálogos entre las voces negativas, críticas, intropunitivas o autocastigadoras, y condenadoras, a contraposición de las expresiones del ser ideal quien "no debería" alojar tales expresiones. Tales pensamientos y estilos negativos se asocian con el problema experimentado al punto de amalgamarse a las maneras de razonar, atribuir significado y sentir emociones al respecto. El texto bíblico nos recuerda que así como la persona piensa, tal la persona es.

El consejero indaga acerca de otros síntomas asociados con los pensamientos y estilos negativos, tales como las reacciones fisiológicas, las sensaciones corporales, y especialmente la conducta: ¿Qué es lo que la persona hace cuando piensa negativamente y se siente derrotada, abrumada o incapaz de hacer algo? Al analizar más profundamente las conexiones cognitivas de la persona, se trata de ver la manera en la cual los pensamientos, los razonamientos y las atribuciones que aparecen a la vista se conectan con las actitudes básicas o arraigadas en la persona. Las percepciones y las atribuciones son procesos que emplean ambos, los datos introspectivos, y aquellos sujetos a la inspección. Cómo la persona juzga una situación depende de sus filtros, sus pensamientos, e imágenes acumuladas y almacenadas en un "terreno fenomenológico" que encierra sus predisposiciones personales y sus esquemas o "moldes mentales".

En cuanto al flujo de los procesos cognitivos, se trata de asesorar si los pensamientos negativos vienen del pasado, o se relacionan a sus ansiedades futuras, o a sus perspectivas del presente. Tal vez la persona experimenta culpabilidad y vergüenza que provienen de su pasado: el haber hecho cosas indebidas o pecaminosas; el no haber hecho lo correcto; el sentirse expuesto en su precariedad o carencia de logros arrastrados al presente, etc. O tal vez se conectan con el futuro, con la ansiedad de no saber, controlar, ni predecir lo que le espera.

En manera especial, se enfoca sobre el procesado de información personal y social. Se trata de vislumbrar si la persona incurre en utilizar pensamientos, razonamientos, y atribuciones automáticas encerradas en veredictos, axiomas, o proposiciones que guían sus atribuciones a la realidad y encaminan sus reacciones, respuestas, y estilos de actuar. Tales pensamientos han sido denominados irracionales y negativos (Ellis, 1975; Beck, 1977) y como respondiendo a clichés negativos de carácter auto confirmador, empleados por la persona deprimida (Meichembaum, 1977). Tales clichés atienden, seleccionan, y atrapan idiosincráticamente los datos registrados y procesados, e inadvertidamente lograr cumplir las profecías negativas en su contra en forma automática, repetitiva, y aparentemente dogmática o inflexible. Tal es la razón por la cual la persona mantiene sus actitudes de derrota, las cuales producen su angustia emocional, y lo mantienen encerrado en sus conjeturas, falta de fe, o de esperanza. *"De nada vale patear cuando la metida (de pata) es honda"*. Entre tales pensamientos irracionales automáticos aparecen:

1. *La atención selectiva hacia los datos negativos.* El enfoque idiosincrático es colocado sobre los datos o estímulos que confirman su hipótesis personal, descartando otros factores presentes en la situación, a pesar de evidencias plenas hacia lo contrario.

2. *Las generalizaciones abstractas.* La persona compagina un conjunto compuesto de todas las posibilidades al alcance de su procesado, estableciendo clichés y estereotipos irracionales basados en su interpretación idiosincrática. Establece normas generales o conclusiones globales basadas sobre eventos singulares, para luego aplicar tales normas a situaciones en general, extendiéndose aún hasta las situaciones que no tienen nada que ver con sus problemas actuales.

3. *El procesado polarizado hacia extremos.* La persona ve las cosas "en blanco y negro", sin dar lugar a zonas grises; tales esquemas representan bases invariables, inflexibles, y dogmáticas de razonamiento, sin dar lugar a pensamientos o nociones que puedan esparcirse a lo largo de una gama de posibilidades. Se da el caso de manifestar pensamientos absolutistas vs. relativos o flexibles (*"Soy un cobarde" vs." Tal vez soy más temeroso que otras personas"*); invariables vs. variables (*"Estoy siempre acongojado"* vs. *"Mi pesar varia de situación a situación"*; primitivos e irreversibles vs. maduros, reversibles (*"Estoy depresivo y nada se puede hacer" vs. "Puedo aprender a enfrentar mi situación y vencer mi depresión"*. Las personas depresivas tienden a categorizarse, etiquetarse, juzgarse, y condenarse a sí mismas con tales pensamientos.

4. *La personalización.* La persona tiende a atribuir un significado personalizado a los eventos que ocurren en su entorno, basada en una lógica irracional, solipsista, autoconfirmadora, y expiatoria hasta cierto punto. Las atribuciones aparecen en expresiones idiosincráticas, conectando causas y efectos que no tienen nada que ver con su responsabilidad en controlar los eventos que suceden a su alrededor. Para tal persona, si un árbol se cae en el bosque, la pregunta (clásica en la filosofía empírica) no es si habrá hecho algún ruido. La persona piensa y está convencida que el árbol se cayó *por su culpa*, por algo que ha hecho, o por no haber hecho algo para prevenir su caída de antemano.

5. *El engrandecimiento expansivo de la percepción negativa atribuida a los factores desafiantes.* La persona manifiesta la tendencia cognitiva atributiva de agrandar el significado, la magnitud, el poder destructivo, etc. de los eventos, o de las personas que le deparan desafíos, lo cual produce y catapulta su ansiedad o estrés. Es el estilo utilizado en tomar un asunto y desarrollar una "bolas de nieve" cognitiva-emotiva que rueda vertiginosamente y destruye lo que existe debajo de su recorrido, exagerando el poder y el peligro que los eventos, o las personas poseen, vistos como agentes causativos de sus pesares o sinsabores. "Huye el impío cuando nadie lo persigue".

6. *El menguado o minimización de los factores positivos.* La persona manifiesta una tendencia cognitiva atributiva de achicarse a uno mismo frente a las pruebas de la vida, disminuyendo su capacidad, o su eficacia en hacer frente a sus desafíos, y pelear por su vida; es el menguado de su estima propia o la rebaja indebida de su imagen.

7. *Las reacciones cognitivas estereotipadas.* La persona manifiesta la tendencia de responder de la misma manera a los estímulos que suscitan sensaciones o emociones depresivas. En los círculos de los grupos de los Alcohólicos Anónimos, existe un dicho popular, parafraseado: "Hacer repetidamente lo mismo y esperar resultados diferentes es un signo de insensatez".

Los esquemas y estilos mencionados pueden permanecer latentes o inactivos por mucho tiempo, para aparecer en la escena cuando son evocados, o provocados por algo en el presente, dando lugar a ideas, imágenes, reacciones, y procesos depresivos. El estrés, las pérdidas, las separaciones, o cualquier desafío, tienen el poder de "gatillar" o evocar tales esquemas y estilos subyacentes. Una vez que el proceso cobra fuerza, tales esquemas dirigen el fluir y el tono de las respuestas, sobrepujando las capacidades racionales, como si fueran un *coup d'etat* ("golpe de estado"). Como argentino, el autor ha presenciado tales golpes de estado, mediante los cuales militares han desplazado presidentes electos y han gobernado por su cuenta y a su manera al país, sobrepujando a los procesos constitucionales. Los esquemas y estilos automáticos, metacognitivos, al tomar las riendas mentales por su cuento, guían intrusiva y negativamente a la persona en sus respuestas, y afectan sus estados mentales-emocionales-volitivos. El efecto de la generalización ocurre, a manera contagiosa y esparcida, para afectar todos los procesos del ser depresivo, afectando las reacciones fisiológicas. Los síntomas aparecen como evidencias visibles y medibles de tales procesos orgánicos y psicológicos, siendo sujetos y a la merced de los estilos y procesos automáticos descriptos. En síntesis, la persona depresiva tiende a regresar emocionalmente, manifestando una predisposición a sentirse menoscabada, achicada, incapaz de hacer frente a sus desafíos, y volverse codependiente.

El autor propone un acercamiento metacognitivo a la depresión, en el cual la persona que presta su ayuda actúa como un asesor y guía empático en el desarrollo y la capacitación de la persona deprimida. Lo hace con respeto, teniendo en mente las cualidades y capacidades de la persona para atender, captar, realizar, asesorar, y pensar acerca de sus pensamientos y razonamientos negativos. Lo hace socráticamente –haciendo preguntas que animan, desafían, abren avenidas, permiten la reflexión, etc. – con el propósito de investir y encomiar a la persona a que llegue a sus propias nociones y conclusiones acerca de sus procesos negativos, a fin de asesorarlos, desafiarlos, y cambiarlos.

Acercamiento Metacognitivo

Si bien el acercamiento cognitivo enfoca sobre los eventos y pensamientos negativos que provocan los sentimientos negativos y las emociones depresivas del ser, el énfasis metacognitivo enfoca sobre los procesos y los estilos de pensamiento subyacentes a las reacciones automáticas. Las maneras en las cuales la persona reacciona y atribuye significado a sus propios diálogios negativos internos son consideradas vista como elementos que invitan, elaboran, dan su tono, su fuerza, y afectan a la persona que procesa sus pensamientos en forma negativa, la cual aumenta, refuerza y consolida su ansiedad. Definimos otra vez a los procesos metacognitivos que emplean una postura proactiva y alimentan de antemano o se sobreponen a los procesos negativos como una especie de mecanismos mentales que animan a la persona a ser objetiva acerca de su subjetividad, explorando y escrudiñando sus propios procesos "desde arriba" (por así decirlo).

El acercamiento metascognitivo-dialógico anima y trata de investir a la persona a emplear su capacidad de pensar acerca de sus propios pensamientos y razonamientos, notando sus diálogos internos, y su retórica personal. El acercamiento busca animar la facultad pertinente al ser quien funciona en forma ejecutiva, legislativa, y judicial, ejerciendo tales prerrogativas con el fin de asesorar sus propios procesos cognitivos en forma consciente, lógica, y deliberada. De tal manera que, puede no solo asesorar, sino decidir y regular sus respuestas en lugar de ser un autómata predestinado a reaccionar como un ente sujeto a las vicisitudes. La terapia metacognitiva-dialógica enfoca sobre tales facultades para investir al ser, animándolo a desarrollar y consolidar su eficacia propia, o su dominio propio. A tal fin, la persona, la presencia, y el poder del Espíritu Santo es copartícipe en el proceso de sanidad y liberación, estableciendo diálogos internos, animando la retórica persuasiva "desde adentro" del ser, y dando pautas metacognitivas acerca de cómo tal proceso puede llevar a la sanidad y liberación de sus aflicciones. También, en manera dialógica-metacognitiva, el ser puede cambiar lo que es posible cambiar y llegar a aceptar lo que fuese incambiable, permaneciendo en fe a pesar de las circunstancias negativas que lo rodean y desafían. El dominio propio acrecentado es el fruto del Espíritu Santo, actuando en conjunto con la disposición y la voluntad del ser.

En el caso de la depresión, es muy interesante enfocar no sólo sobre lo que sucede a simple vista, pero sondear los procesos subyacentes a lo que sucede en el plano obvio. Es decir, se enfoca sobre la rumia (un rumiante es un animal que digiere alimentos en dos etapas: primero mastica y consume su alimento, y luego lo vuelca y vuelve a re-masticar; el material casi-digerido con la agregación de saliva es remasticado para lograr extraer todos los nutrientes del mismo). Tal proceso de re-masticado de eventos y memorias negativas ocurre en la mente de una manera constante y causa sensaciones de pesar, desánimo y pérdida de esperanzas en la persona que cavila y mórbidamente se encierra en sus conjeturas. Otros estilos de razonamiento negativo y atribución de significado a los eventos son empleados, enfocado sobre el sentido de culpa o de vergüenza, el apocamiento y el autocastigo. Personas retraídas, sensitivas, dadas a la introspección, y con un sentido aguzado de responsabilidad, a menudo experimentan culpabilidad por no haber hecho algo más, por no haber sido contundentemente perfectas, o por no haber dedicado más esfuerzos en lograr sus metas en la vida. El autocastigo de tales personas aumenta su sentido de incapacidad, de imperfección, y de encierro en atrapaduras conjeturales. Las conclusiones resultantes, cargadas con desesperanza, desilusión, y desgano, llevan a un encierro propio, atrapando al ser en su sistema solipsista.

Es notable que la mayoría de las veces, las personas buscan una causa a su depresión, como si un agente, un evento, o una situación en paricular causara tal condición. Y a menudo, tal es el caso, como por ejemplo la pérdida de un ser querido, de una casa, de una posición, etc. Sin embargo, a menudo ignoramos las complehidades presentes en un síndrome depresivo, tales como el imbalance bioquímico —neurotransmisores tales como la serotonina, la dopamina, entre otros agentes— o condiciones fisiológicas o médicas —problemas con la tiroide, entre otras condiciones— o el uso de algunas medicinas. Aún si consideramos las causas cognitivas, el procesado de información es algo complejo, ya que no se trata de relacionar simplemente un pensamiento causante con sus efectos directos de una manera lineal. Sin embargo, para simplificar, supongamos a continuación que un evento causativo provoca al ser hacia el sentirse depresivo.

El evento provocador suscita la predisposición acondicionada del ser, evocando su atención hacia sus sensaciones fisiológicas, elevadas automáticamente. Su procesado e interpretación inicial gatilla sus reacciones negativas y depresivas, las cuales son aumentadas por el empleo de los estilos de procesado metacognitivo. La predisposición negativa de la persona de procesar los eventos, las personas, y su propio ser, conducen al remasticado (rumia) de su estado depresivo, y a menudo tal proceso es teñido con un sentido de culpabilidad y vergüenza. Las estructuras ontológicas del ser, la dimensión en la cual el fondo de memorias semánticas y episódicas negativas permanecen consolidadas, y permean sus metanarrativos distorsionados, afectan sus creencias, valores, y actitudes. Una figura puede ilustrar en forma más eficaz tales procesos intermedios –entre los eventos provocadores y sus reacciones automáticas, y los valores básicos encapsulados en los meta-narrativos afectados ontológicamente a nivel sustancial (Fig. 24.1).

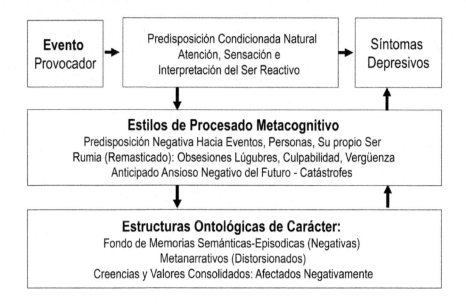

Figura 24.1. Modelo Metacognitivo de la Depresión

Según el diagrama, la persona recibe el impacto de los eventos o desafíos negativos, vistos a la superfiucie como siendo agentes causativos de los eventos reactivos, y "desde abajo" los empujes subyacentes de sus estructuras que emergen subconscientemente, resultando en un proceso metacognitivo que influye, afecta, y resulta en un estado depresivo existencial, cuyos síntomas aparecen finalmente en la escena. Los arrastres negativos de su pasado, cargado de derrotas o fallas, y las ansiedades anticipadas acerca de su futuro incierto y desesperanzado, se agregan para catapultar las sensaciones, los pensamientos, los razonamientos, las atribuciones, y el juicio negativos. Las peripecias asumen una magnitud catastrófica en la mente del ser, con el agrande de los eventos destructivos, y el menguado de su propia eficacia, reduciendo su capacidad o eficacia propia, necesaria para desafiar y salir de su estado depresivo.

Aparte del trazado de las actividades a ser desarrolladas por la persona por su propia cuenta, el consejo busca aumentar la capacidad efectiva de la persona en el manejo del estrés, en lograr un relajamiento progresivo y el control de sus aspectos fisiológicos, la de sensibilización hacia el impacto de los eventos que producen la depresión, la inyección anticipada del estrés y el manejo de las circunstancias apremiantes, entrelazado con la identificación, la evaluación, el desafío, y la restructuración de sus procesos cognitivos. La re-atribución de significado, el transformar posibles tragedias en posibles comedias, el re-trazado de las imágenes negativas hacia la creación de memorias positivas, son parte del proceso cognitivo en terapia. También lo es la disminución del exagerado o agrandado de las percepciones de los factores considerados estresantes, y el aumento de las disminuciones personales de su imagen, estima y eficacia. La incrementación de la capacidad de controlar y predecir sus respuestas a las peripecias negativas es un foco esencial en este tipo de terapia. El incrementar el dominio propio, algo importante en el consejo, puede ser diagramado en un modelo metacognitivo, ya familiar al estudiante o al lector de esta obra.

Estructurando el Consejo Metacognitivo-Dialógico

En las primeras sesiones de asesoramiento, se trata de establecer una vislumbre de los esquemas y estilos cognitivos-emotivos y conductivos empleados por la persona. Tal proceso se logra a través de preguntas, indagaciones, diálogos y narrativos expresivos de las quejas, los síntomas, el desarrollo del problema, la historia personal y familiar, etc. Luego de asesorar el paradigma cognitivo personal y reconocer las quejas y expresiones, cotejar los síntomas y el desarrollo del problema, el consejero entra al mundo personal y subjetivo del ser deprimido, sondeando las creencias, los fundamentos, las actitudes y las percepciones negativas del ser, quien a menudo se considera disminuido, rechazado, aislado, defectuoso, depravado, destinado a la perdición, etc. Se trata de captar los diálogos internos, la retórica negativa del ser, y sus esquemas y estilos negativos subyacentes. El consejero puede entretener la noción de que tales expresiones han atrapado a la persona por cierto tiempo y que representan ataduras opresivas, denigrantes y devastadoras. En cuanto a lo que rodea y permea el ambiente natural sin descartar los aspectos espirituales, vale decir que Satanás se vale de tales posturas para afligir al depresivo con luchas mentales y tentaciones hacia su autodestrucción. Se ha de notar el procesado inadecuado e ineficaz, los pensamientos automáticos y estereotipados, a fin de ayudar a la persona a enfrentarlos y desafiarlos para establecer mejores criterios de fe y de esperanza.

Luego de establecer el procesado de la persona, y tener una buena vislumbre de los pensamientos, los razonamientos, las atribuciones y los juicios negativos, el consejero se da a la tarea de ayudar a la persona de la siguiente manera:

- Reconocer sus pensamientos negativos, asociados a los eventos, a las expectativas, al pasado, etc. "Colocar sus procesos cognitivos y emotivos sobre la mesa" por así decirlo, a manera de confesión, de purgación, y compartir, verter todo hacia afuera — en forma subjetiva, tratar su subjetividad como ente a ser escrudiñado desde un plano superior

- Asesorar sus propios diálogos internos, los cuales aparecen como deliberaciones, interacciones internas entre su ser castigador, crítico, legalista, etc., y su ser ideal, quien trata de ser y hacer lo debido ante Dios, ante sus semejantes, y ante su propio ser

- En forma metacognitiva, pensar acerca de sus estilos de pensamiento; y procesar sus procesos objetivamente, con la ayuda del asesor, guía, educador socrático, o terapeuta empático –quien no está presente para juzgar, o tildar, o menoscabar a la persona depresiva, sino para escuchar, recoger data, animar, encomiar, y guiar hacia un proceso honesto y sincero desarrollado ante la presencia de Dios

- Llegar a tener una vislumbre de sus estilos de pensamiento negativos, y de llamar las cosas por su nombre, definiendo sus procesos (mayor es quien define a lo que es definido, ya que le proporciona cierto control cognitivo-emocional)

- Escrudiñar tales pensamientos, estilos de pensar, razonamientos, atribuciones, y juicios, para asesorar su realidad, su veracidad, sus efectos, sus ramificaciones

- Establecer diálogos internos deliberativos, intencionales, y dirigir a los tales hacia un razonamiento más adecuado, apropiado

- Confrontar y desafiar tales pensamientos, razones, esquemas, y estilos en forma conjunta. Tal proceso metacognitivo-dialógico permite una especie de control cognitivo, en el cual la persona "tiene a sus procesos cognitivos y los utiliza" en lugar de ser atrapado por ellos

- Guiar a la persona a re-enmarcar sus pensamientos y sus estilos de pensar, para lograr redefinir y reestructurar su estado mental, a fin de promover su actitud e intención positivas.

- Recordar que se cree en Dios con la mente y el corazón, pero también se confiesa tal creencia con los labios. De manera que, se encomian las posibles alternativas en el pensar de la persona acerca de sí mismo, de su pasado tratado por Dios, y de su futuro como estando en las manos de Dios.

- También, se encomia al ser a emplear su retórica interna para persuadirse y expresar y ejercitar sus facultades para luchar u vencer su opresión espiritual, actualizando el hecho que su presente existencial cuenta con la presencia y el poder de la persona del Espíritu liberador y transformador

La retórica interna de la persona puede ser empáticamente investida con poder –el ser apoyado y encomiado por la persona que ayuda, pero aún más, apelando al Espíritu Santo que mora en el ser, y a la Palabra alojada, desde la cual los principios de vida, libertad, liberación, y sanidad emergen
Se anima al ser a trazar metas concretas –diarias, semanales, y a largo plazo, que guíen su conducta concreta, con aspiraciones a desarrollar un mejor estilo de vida. La persona que aconseja debe apoyar y encomiar la capacidad de la persona para pelear en lugar de estar encerrada en sus propias maniobras mentales. Lo dicho acerca del triálogo se aplica (la presencia del Espíritu Santo es realizada, invocada y permitida en cuanto al desafío de la mente en necesidad de renovación y restructuración).
Como se ha enfatizado, más allá del contenido de tales pensamientos, la terapia metacognitiva dialógica enfoca sobre los estilos empleados en el procesado de la información que afecta a la persona. Los pensamientos y razonamientos, las interpretaciones y atribuciones se canalizan en estilos definidos, repetitivos, automáticamente alojados y actuando como entes subyacentes a las reacciones automáticas del ser. También, se canalizan en diálogos internos o la retórica intrínseca de la persona. Como ya lo hemos indicado anteriormente, enfocar a los estilos es más profundo que abarcar el contenido de la mente y el proceso de escrutinio es más bien metacognitivo, utilizado para lograr captar, asesorar, definir, desafiar luego regular los procesos negativos con un enfoque eficaz, relajado, desprendido y concentrado a la vez, sin apelar a la necesidad de escapar, huida o el evitar los asuntos que desafían al ser. Los estilos subyacentes a las emociones depresivas se pueden catalogar de la siguiente manera:

- La rumia o el re-masticado de las conjeturas y problemática mórbida
- El cavilar acerca de asuntos que provocan culpabilidad y vergüenza

- El preocuparse del futuro en forma negativa
- El auto-castigo por verse incapaz, incompetente, carente de eficacia propia
- El arrastrar asuntos del pasado en forma obsesiva
- El temor a ser abandonado por Dios

Tales estilos se inmiscuyen en los procesos cognitivos, alterando las maneras racionales, efectivas o funcionales de pensar, sentir y actuar del ser. La intervención terapéutica se centra en tales procesos subyacentes, para poder combatir la avalancha negativa que abruma al ser. Un esquema permite vislumbrar esquemáticamente lo dicho hasta aquí (Fig.24.2). El diagrama permite ver las maneras de utilizar las creencias y los valores básicos, ontológicos y subyacentes a las consideraciones intermedias, donde los estilos arraigados, consolidados, repetitivos y elaborados pueden ser re-dirigidos, moderados, regulados y afinados hacia mejores respuestas a la depresión. El ser humano procesa sus pensamientos en forma rápida (automática, reactiva, emocional) y lenta (deliberada, racional, sistemática, lógica). Se instruye a la persona a desarrollar la capacidad de captar sus reacciones automáticas. Para lograr tal control, se insta a la persona a entrenar sus facultades cognitivas para que adopte una postura desprendida, objetiva y metacognitiva; tal postura se define como "el estar quietos" y considerar la realidad sin reaccionar (ni pelear ni huir). Luego, dentro de tal experiencia y con tal postura, enfocar hacia las posibles alternativas en moderar, regular y elegir una respuesta más adecuada y funcional a lo que lo provoca negativamente. En lugar de emplear el pensamiento rápido, las reacciones automáticas negativas (eventos mentales y pensamientos acerca de sí mismo, del futuro, del mundo que lo rodea), la persona es entrenada en el desacoplado a plena consciencia, y luego en el enfoque mental aguzado e intencional, para regular y responder de una manera que indica que su dominio propio ha sido ejercitado.

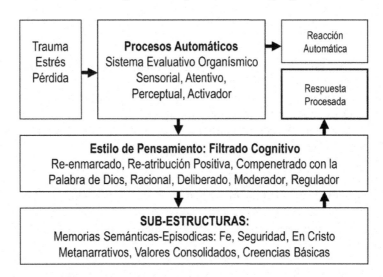

Figura 24.2. Respuestas Metacognitivas a la Depresión

El dominio propio como fruto del Espíritu Santo (Gal 5:22-23) debe ser fertilizado, regado, y cultivado (por así decirlo), para que sea actualizado en lugar de ser una doctrina de adorno en su ser. Es muy crucial e importante el recalcar la utilización de las Escrituras alojadas en el fuero interno del ser, la Palabra que mora en su corazón y su mente. La Palabra no es letra muerta a ser utilizada como una mantra o un abracadabra, sino que es "viva y eficaz, más penetrante que toda espada de dos filos, y que alcanza hasta partir el alma . . . y discierne los pensamientos y las intenciones del corazón" (Heb 4:12). El poder de la Palabra y de su Autor, acoplados al ser que por fe cree, se aferra, y lucha en establecer su libertad, son elementos esenciales en la consejería cristiana. Un diagrama más elaborado puede esclarecer la utilización de la consejería metacognitiva-dialógica, proporcionando un modelo de acercamiento que puede ser útil en guiar las perspectivas, las intervenciones, el empleo de preguntas pertinentes, la retroalimentación, y el encomio hacia la actualización de los potenciales presentes en la persona (Fig. 24.3).

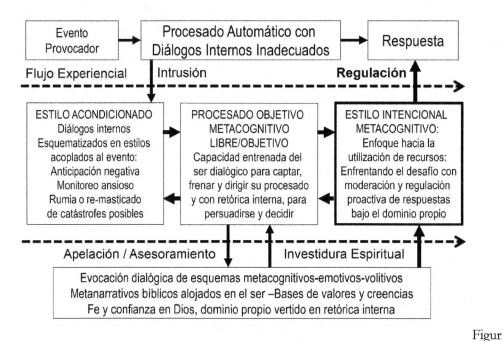

Figur
a 24.3. Modelo Metacognitivo del Fomento del Dominio Propio

El animar a la persona a emplear su fe y a desafiar su condición se basa en la premisa de vivir como si uno estuviese sano cuando aún no lo está. Dios *"llama las cosas que no son como si fuesen"* (Ro 4:17), y proporciona poder para que el ser humano animado de la fe en su poder y presencia desafíe sus circunstancias agravantes. Recordemos que los que han recibido abundancia de la gracia y la justicia como un don, *"reinan en vida por Jesucristo"* (Romanos 5:17). El incrementar la voz interior (la retórica interna aludida en esta obra) en términos de su poder, tono y capacidad auto-estimuladora tiene sus bases en el Salmo 42, donde el cantor se pregunta en un diálogo interno, *"¿Por qué te abates o alma mía, y te conturbas dentro de mí?"* El salmista se responde a sí mismo y se persuade con una voz investida de poder para calmar sus conjeturas internas.

La utilización de los Salmos en la consejería con personas deprimidas ha sido enfatizada por el autor en sus talleres pastorales por mucho tiempo. El lector interesado en tal temática puede cotejar la tesis doctoral de Javier Gómez Marrero, supervisada por el autor (Gordon Conwell Theological Seminary, 2012). También puede ver las obras de Powlison (2005) y Lambert (2012) al respecto. El permitir que las Escrituras alojadas "hablen desde adentro", acopladas al hablarse a uno mismo con una voz objetiva, pausada, animada de fe y de valor, investida por el poder del Espíritu Santo, puede contrarrestar los embates de las luchas negativas internas. También es necesario que la persona reconozca sus logros en lugar de desmerecerlos, y dé gracias a Dios por los mismos, planeando ante Dios la ejecución de su conducta dentro de un marco de referencia encuadrado en la palabra de Dios.

En lugar de dar ocasión a los pensamientos negativos automáticos re-masticados o al monitoreo excesivo de entes desafiantes en su mente, la persona emplea un desenganche consciente (el pensar rápido, refinado a través del entrenamiento y la disciplina autoconsciente que trae a la mente la proposición de Dios arraigada profundamente en las creencias y los valores escriturales: "Estad quietos y conoced que Yo Soy Dios" (Cr 20:17; Sal 46:10). Luego del desenganche consciente, la persona emplea su estilo aguzado e intencional para dirigir, moderar, regular, y responder proactivamente. El lograr afianzar el dominio propio permite a la persona a hacerle frente a sus propias conjeturas, rumias, re-masticados, pensamientos obseso-compulsivos, etc., ya que la voz interior armada de retórica interna, animada e investida del Espíritu, puede dialogar internamente consigo, o trialogar entre sus luchas mentales negativas, sus polaridades dialécticas y el Espíritu que mora en su ser.

El lector puede repasar lo dicho en materia del modelo metacognitivo dialógico, el cual enfatiza la capacidad investida del ser creyente para captar, monitorear, asesorar, desafiar y regular sus estilos de pensar y procesar sus diálogos nternos, sus atribuciones a las experiencias negativas, y a emplear su retórica interna para persuadirse a luchar, a estar en paz, o a confiar en un Dios que permanece en su trono. Desdse una perspectiba objetiva, consciente, y apoyada por el buen consejop, la persona puede adquirir la capacidad de enfrentar sus vicisitudes con aplomo y no verse tan frágil, indefenso, o incompetente. Un diagrama, adaptado de los capítulos anteriores, y aplicables al tratamiento de la depresión, es delineado a continuación (Fig. 24.4).

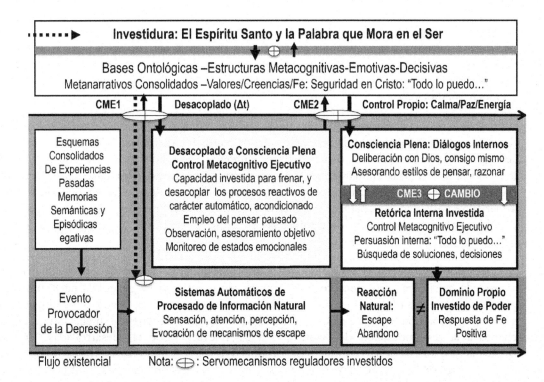

Figura 24.4. Modelo Metacognitivo-Dialógico Aplicable a la Depresión

Establecer Objetivos y Metas

Luego de aguzar el entendimiento de los síntomas y pensamientos, razones, atribuciones y procesos a ser enfocados, se trata de establecer objetivos o metas para la intervención. A veces, se enfoca sobre los síntomas afectivos –tristeza, pérdidas, apatía o ansiedad que acompañan a la depresión. Se enfoca sobre los síntomas físicos y relacionales –el no comer bien, el no dormir bien, el no ejercitarse, y demostrar pasividad, el dormir excesivo, el quedarse en la cama para no enfrentar el día, el retraerse socialmente, el aislarse, etc. También, los aspectos motivacionales –si la persona tiene deseos de pelar, de cambiar algo, o de darse por vencida y abandonar la lucha. En tales casos, se trata de prevenir los pensamientos o planes suicidas.

En todo caso, se enfoca sobre los procesos cognitivos a fin de definirlos, controlarlos, desafiarlos y reemplazarlos con mejores procesos. El fin es de reestructurarlos y darles un mejor derrotero y apuntar hacia una mejor finalidad. La atención y concentración demostrada, las atribuciones y entendimiento de la realidad, los juicios pronunciados, la memoria desplegada, son focos de atención. Como ya lo hemos mencionado, el enfoque mayor es sobre los aspectos negativos en necesidad de captación, desafío, cambios y reestructuración, a fin de renovar la mente (Ro 12:1-2; Ef 4:23; Fil 4:8).

Antes de trazar tales metas u objetivos concretos, es necesario formular una especie de idea, de hipótesis guiadora de la intervención. Tal noción se basa en las expresiones, conjeturas, experiencias o recuentos de la persona, ayudada por el consejero. Una vez lograda, tal hipótesis guía las consideraciones en el consejo, sin encerrar a la persona en un molde, sino más bien tener un sentido de rumbo y cadencia en el trabajo terapéutico. Las ideas o nociones a menudo son revisadas y afinadas, perfeccionando el aguzamiento acerca de las cuestiones abordadas en el consejo. Basado sobre los pensamientos, sentimientos y conducta de la persona, el consejero tiene una vislumbre de las malinterpretaciones, de los errores en el procesado cognitivo, demostrado en las inconsistencias lógicas, en la teología precaria o carente, en las atribuciones idiosincráticas y demás posibilidades en el procesado cognitivo-conductivo-emocional.

Los temas que emergen de tales nociones son tenidos en mente como líneas de base desde las cuales se parte hacia la resolución de los conflictos mentales. A lo largo del consejo, se asesora si la dirección o la cadencia del ritmo interactivo son adecuadas. Se sondea acerca de los valores y creencias fundamentales vez tras vez, conectando tales bases a las actitudes mediadoras y conectadas con las respuestas o reacciones actuales de la persona. Se trata de afinar la puntería hacia los blancos establecidos: Cómo captar, desafiar y cambiar los procesos cognitivos y la conducta a fin de cambiar las emociones depresivas y el estado de ánimo en general.

El consejero evita el etiquetado o el pronunciamiento axiomático hacia la persona, trabajando sin juzgar ni desmerecer a la persona sino con respeto guiándola hacia un mejor procesado. Es necesario ajustar el nivel de actividades conductivas en cuanto a los objetivos de activación del accionar de la persona, al mismo tiempo de mantener las metas cognitivas en cuanto a la re-adjudicación de significado a las nuevas conductas desarrolladas. En este acercamiento, los cambios conductivos producen un nuevo repertorio de actividades, las cuales deben ser encomiadas y redefinidas como deseables, productivas y funcionales en producir cambios de actitudes hacia uno mismo, con redefiniciones de sus capacidades y logros, mejorando su imagen, estima y eficacia.

Tales consideraciones objetivas permiten el cambio de las emociones asociadas con su definición propia y sus percepciones subjetivas. En este proceso, el consejero es un guía espiritual, un asesor de procesos, un agente de apoyo y de encomio, un maestro educador de estilos de pensar, sentir y actuar. Tales funciones son realizadas a manera socrática, no directiva (a menos que la persona necesite de guía concreta, necesitado un acercamiento más directivo), apelando a las Escrituras, al Espíritu Santo y a la comunidad de creyentes actuando como contexto de apoyo y nutrición espiritual.

Como educador-guía, el consejero dirige el flujo de las conversaciones con expresiones cortas, concisas, simples y directas, estableciendo listas en conjunto, objetivos tales como:

"Sería bueno escribir una nota personal para tener sus objetivos en mente para esta semana". "Tenga la amabilidad de colectar y escribir una 'Lista de metas a ser logradas'".

Guiando a la persona en sus pormenores básicos puede incluir su madrugar, su desayuno, su ejercicio, sus tareas, etc., y luego la atención hacia las cosas más desafiantes, sociales u ocupacionales del día y de la semana. Es importante recalcar el establecimiento de buenos hábitos a pesar de cómo la persona se siente. Se empieza por actuar, para cambiar pensamientos y sentimientos.

Luego, se refinan las metas. Si la persona realiza sus tareas y reporta el logro de su lista inicial, se refine la lista de deberes o asignaturas. El consejero puede encomiar y reforzar tales logros: *"Lo que ha logrado es prometedor y lo ha hecho muy bien. Ahora, ¿qué si repasamos la lista y agregamos tareas y metas más desafiantes?".* Se continúa estableciendo objetivos en forma colaboradora, con guía y dirección hacia el cumplimiento de metas graduales ascendentes. Luego, se anima a la persona a trazar sus propios objetivos y proseguir en sus logros, con reconocimiento de sus esfuerzos. Las metas pueden involucrar el establecimiento de nuevas memorias. El pasado puede ser lo que aflige al deprimido, y tal persona necesita elaborar nuevas experiencias de carácter positivo. Las investigaciones al respecto muestran que la memorias negativas no decaen como consecuencia de negar la realidad o de no utilizar la mente, sino que tales memorias son sobrepujadas por el almacenaje de memorias nuevas.

En cuanto a la renovación y reestructuración mental, se anima a la persona a establecer nuevas maneras de pensar y definir su estilo de vida. Se trata de anticipar las posibles luchas, con una especie de inyección de estrés, como lo hizo Jesús hacia sus discípulos (Marcos 13). El Señor anticipo la caída de Pedro (Lucas 26:31-34), con su gracia y perdón recalcados de antemano para re-establecer al apóstol caído (Juan 21). Pedro aconseja a los creyentes a desarrollar una mente lista a experimentar sufrimientos (1 Pedro 4:1,2), y de ceñir los lomos del entendimiento, o prepararse para trabajar o luchar en forma anticipada (1 Pedro 1:13). Muchas escrituras animan al ser humano a ser sobrio (Efesios 5:14-17) y a velar (1 Pedro 4:7), a prepararse (Efesios 6:10-18), a anticipar, a planear hacer el bien (Hebreos 13:16), a enfocar sobre lo positivo (Filipenses 4:8), a poner la mira en las cosas superiores (Colosenses 3:1, 2), a renovar la mente (Romanos 12:1,2), a provocarse al amor y a las buenas obras (Hebreos 10:24), etc. El capítulo dedicado a la utilización de las Escrituras en el consejo puede ser repasado para estas ocasiones.

A través del consejo, se asignan ejercicios, tareas y eventos de carácter positivo, para ser registradas por la persona en forma sistemática. Luego, se repasan tales experiencias a fin de elaborar nuevas perspectivas, actitudes y sentimientos relacionados a las mismas. Lo que la persona hace hoy, mañana será una buena memoria. Tal acumulación de memorias consolidadas actúa como un "paragolpes" contra las memorias negativas del pasado, como una amortiguación e inhibición retroactiva. También funciona como una plataforma, un hincapié o un trampolín para propulsarse o saltar hacia adelante, actuando en forma proactiva, facilitando la reestructuración cognitiva. La renovación y la restructuración mental pueden seguir el siguiente modelo, diagramado para su mejor entendimiento (Fig. 24.5).

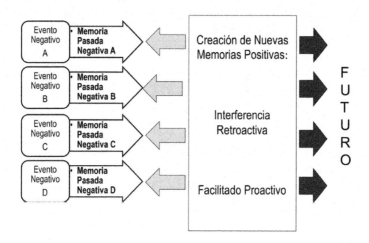

Figura 24.5. Estableciendo Nuevas Memorias

La Retroalimentación en el Consejo

El autor considera necesario tener más de una sesión de consejería cuando se aconseja a una persona deprimida. En tales casos, el uso de la retroalimentación es esencial. El consejero puede preguntar en sesiones subsiguientes,

— *"Quisiera saber cómo te has sentido durante la última sesión. Puede darme una breve reseña de lo que has hecho, lo que has pensado y cómo te has sentido hasta ahora".*

— *"¿Has realizado algunas de las tareas asignadas? Si no lo has hecho, cuáles han sido las causas o las razones?*

— *"Tal vez en mi afán de ayudarte, he empujado asuntos para los cuales no has estado preparado. ¿Podemos corregir la lista de metas o logros en cuanto su nivel o a las expectativas de realización?*

— Al final de la sesión también se puede preguntar,

— *"De todo lo que hemos hablado hoy, ¿Qué es lo que resalta en tu mente? ¿Qué es lo que te llevas de esta sesión que te puede ayudar durante esta semana? ¿Qué es importante para tu persona recordar y consolidar?"*

— *"¿Hay algo que te ha molestado o perturbado de todo lo que hemos tratado? ¿Qué quisieras tratar en las sesiones subsiguientes?"*

Las investigaciones clínicas al respecto de la terapia cognitiva demuestran que las personas que cumplen con sus asignaturas y realizan sus tareas planeadas en forma sistemática logran salir de su depresión en mejor forma. Repasar las asignaturas entre sesión y sesión es muy funcional y adecuado en el consejo pastoral.

La Pro-alimentación Acoplada a la Retroalimentación: Ser Proactivo vs. Reactivo

En forma diagramática, podemos vislumbrar el proceso de ayuda como coadjutor de las capacidades de la persona en emplear sus circuitos cognitivos de asesoramiento, monitoreo, y captación de las señales que aparecen como consecuencias de sus esfuerzos. Llamemos a tales observaciones una especie de circuito de retroalimentación. La persona puede ser asesorada en su capacidad de captar las consecuencias o los resultados de sus esfuerzos, y considerar su efectividad o sus fallas. Usualmente, la retroalimentación recibida y provista de significado por la persona deprimida no es positiva, debido a los filtros negativos de sus percepciones y atribuciones. La persona no vislumbra muchos cambios positivos, ya que sus esfuerzos arrojan un saldo poco encomiador, al considerar las señales negativas que aparecen como consecuencia de tratar de remediar, de vencer, o de aliviar su depresión, y realizar que las cosas no caminan bien, o que los resultados no aparecen como la persona espera que sean. El captar señales negativas tiene que ver con el circuito retro-alimentador que indica a la persona la necesidad de hacer algo más que simplemente reaccionar a sus circunstancias. La figura siguiente ilustra los circuitos retro-alimentadores (Fig. 24.6).

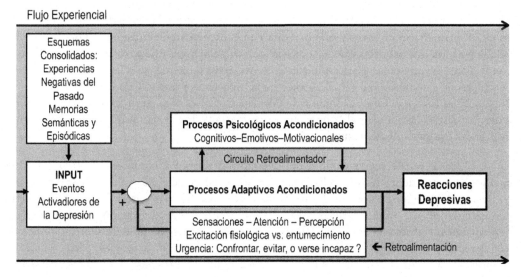

Figura 24.6. Circuitos Retro-alimentadores en la Depresión

Muchas persona se sienten víctimas de las circunstancias apremiantes y depresivas, y no atinan a forcejear, ni a pelear por lograr tener una mejor experiencia. Es necesario asesorar a la persona en cuanto a su disposición y ánimo antes de entrar a un proceso es de ayuda, y ver si la persona tiene la capacidad de verse metacognitivamente, y de ser motivada a ayudarse a si misma. Además, es necesario asesorar si la persona apela a su fe, a la persona y al poder del Espíritu Santo, y a la Palabra que mora en su ser, ya que en tal caso la persona puede ser ayudada en el proceso de visualizar y actualizar su potencial para contrarrestar su estado de ánimo a través del empleo proactivo de estrategias de pelea, y no de victimización. La investidura espiritual, acoplada a sus ansias de vencer su condición abrumadora, pueden actuar en forma integral. El empleo de su persuasión interna investida – animada del Espíritu, y saturada de la Palabra viva de Dios – puede ser encomiada hacia el ejercicio consciente, racional, y metacognitivo de su control ejecutivo, con una consciencia plena de ser investido de poder para contrarrestar su depresión.

Si bien es necesario tener una buena vislumbre de las señales negativas provenientes de las experiencias sensoriales, fenomenológicas, y subjetivas, acopladas a los metanarrativos del pasado que conllevan aspectos desesperanzados y degradantes (alojados en memorias implícitas, semánticas, y episódicas), es aún más necesario el animar a la persona a re-agruparse y a ejercitar su fe para lograr salir de la hondonada depresiva. El apoyo prestado en tales casos es esencial para que la persona sea animada a indagar, analizar, y lograr adquirir perspicacia acerca de los pormenores de las afliciiones que subrayan a sudepresión. Luego, siguiendo con tal apoyo, la persona puede ser animada a emplear estrategias y métodos metacognitivos-dialógicos para lograr experimentar la libertad de acción, y de afianzar sus esperanzas y suscitar sus propias fuerzas para ayudarse a si misma.

Tal vez, la persona sea capaz de seguir la lógica expuesta en este modelo metacognitivo-dialógico, el cual ilustra los circuitos retroalimentadores que desafían a la persona a hacer algo, a pesar de sus actitudes y percepciones negativas. En tal caso, es necesario animar a tal persona a adoptar y ejercitar una actitud proactiva hacia el empleo de sus esfuerzos animados de fe, de esperanza, y de encomio espiritual. El ejercicio del control metacognitivo-ejecutivo es postulado como una posibilidad bajo los auspicios del Espíritu Santo, y de la Palabra alojada en el ser, para afianzar e investir a la persona con la capacidad de enfrentar su depresión. Tal vez, la persona que aconseja puede sonsacar ciertos principios y desarrollar un mapa cognitivo con la ayuda de esquemas gráficos ilustrativos. El lector debe juzgar si las lustraciones complejas de este capítulo están al alcance de la persona depresiva. O por lo menos, el lector puede captar las intenciones y el tenor de tales ilustraciones para su propio beneficio, a fin de tener una visión "arquitectural" que va un poco más allá de colocar ladrillos aislados en su afán de edificar a la persona depresiva.

El lector puede seguir el flujo del diagrama descripto a continuación (Fig. 24.7), en el cual los aspectos depresivos se relacionan con los eventos activadores de su estado de ánimo, sobrecargados e inmiscuidos con las memorias y las experiencias pasadas, las cuales catapultan los efectos de las circunstancias negativas presentes. Las sensaciones, la atención, las percepciones, y atribuciones de significado del ser, siendo negativamente teñidas, se acoplan a los procesos psicológicos cognitivos, emotivos, y motivacionales, los cuales son acondicionados negativamente, suscitando reacciones depresivas. Los metanarrativos del pasado, embargados de diálogos internos negativos (rumia, recuento y re-masticado de experiencias registradas en memorias semánticas y episódicas de carácter negativo, etc.), se acoplan a las reacciones naturales y entran en juego en los circuitos retro-alimentadores que mantienen al estado depresivo vigente.

El diagrama indica que, "desde arriba", el influjo del Espíritu Santo y de la Palabra que moran en el ser interior pueden activar el control metacognitivo-ejecutivo de la persona, evocando o suscitando sus diálogos internos (o aún el triálogo que toma lugar entre el ser deprimido, el ser investido de fe, y el Espíritu Santo), en una forma desacoplada de las circunstancias, manteniendo una consciencia plena al hacerlo. La persona puede llegar a ser objetiva acerca de su subjetividad, y de procesar sus propios procesos. De tal manera, y con tal consciencia plena, el diálogo interno negativo puede ser llevado a un mejor derrotero: siendo animado de las promesas de Dios, de su presencia, de su alivio, de su encomio, etc., para lograr realizar un estado de calma, de paz, y aún de gozo en el Señor, a pesar de las circunstancias vigentes. Luego, siendo investido, el ser interior puede apelar a su retórica interna, animada e investida del poder proactivo del Espíritu, y en coparticipación con el mismo, desafiar sus circunstancias y actuar "como si fuese" libre aún cuando no se sienta en tal estado.

Dios llama las cosas que no son como si fuesen, y anima al ser humano a ejercitar su fe, a verse "en Cristo" y acoplarse al Cristo resucitado quien lo anima a proceder en su derrotero

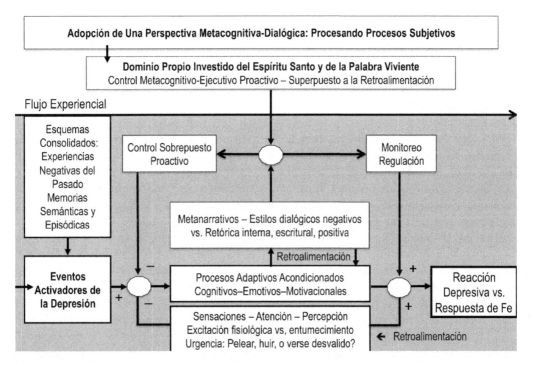

Figura 24.7. Control Metacognitivo-Ejecutivo Proactivo, Superpuesto a la Retroalimentación

El autor reconoce que tal modelo puede desafiar a la sensibilidad del lector: Es acaso un modelo idealista, o trata de algún modo "psicologizar" a las cosas espirituales? En realidad, a criterio del autor, el modelo ofrece una ilustración abstracta, integral, e interpretativa de las interacciones que toman lugar entre lo natural y lo sobrenatural, entre las proposiciones de Dios y las investigaciones humanas. Después de todo, Dios no se ofende si usamos nuestra mente en escudriñar la realidad humana, y tratamos de ayudar a las personas depresivas de la mejor manera posible, en su nombre y con su ayuda.

La Utilización de Personas Significativas Como Apoyo y Sostén

La persona que aconseja debe animar a la persona necesitada a permanecer anclada en una comunidad de fe, y participar de los asuntos que atañen a la congregación. El gozar de la comunión, y participar de la alabanza y del servicio, harán que la persona se sienta acobijada, perteneciendo al cuerpo de Cristo y permaneciendo conectada en lugar de verse aislada o inconsecuente. El orar los unos por los otros, el sobrellevar las cargas los unos de los otros, el amarse los unos a los otros y muchos otros factores calificados por la expresión "los unos a los otros" en el Nuevo Testamento, han sido constituidos como una gran parte del diseño de Dios para el ser humano. Así como hay personas que lo enferman a uno, hay personas que promueven su sanidad.

Cabe una advertencia. El consejero debe juzgar hasta qué punto las personas que rodean al depresivo –cónyuges, familiares o amigos, disminuyen o aumentan su estado de ánimo depresivo. Tal vez es bueno anticipar los posibles factores negativos, para preparar a la persona y neutralizar las posibilidades de desvíos proporcionados por personas codependientes, juzgadoras, chismosas, proveedoras de opiniones y malinterpretaciones, de dogmas y pronunciamientos sin base, etc.

Notas Adicionales

El énfasis de este capítulo ha sido cognitivo, conductivo y emotivo, integrado a lo espiritual. No se descarta la terapia que enfoca sobre asuntos psicoanalíticos, ya que el sondeo del pasado y el entendimiento de la persona desde ese ángulo pueden proporcionar datos valiosos acerca de su funcionamiento. Tampoco se descartan otros acercamientos pragmáticos al problema. Especialmente nos referimos a la utilización de la medicina, de los agentes antidepresivos que ayudan en las condiciones de desórdenes mayores de depresión, en situaciones en las cuales los pensamientos o atentados suicidas son posibles , o en las condiciones bipolares con tinte maníaco o psicótico. El cotejar tales condiciones y referir a la persona a los profesionales adecuados es parte de la atención integral al ser humano. Con respeto a los pastores y consejeros que difieren de esta opinión, el autor considera que Dios se puede valer no sólo de sus actos milagrosos, sino también de la mayordomía consciente del ser humano investigador que proporciona agentes de ayuda a las condiciones disfuncionales partiendo desde bases fisiológicas o bioquímicas. Tal intervención no descarta la oportunidad de emplear un consejo integral, con bases teológicas y psicológicas cotejadas a la luz de las Escrituras.

Capítulo 25

El Tratamiento de Personas en Procesos de Duelo

El consejo administrado en círculos ministeriales y terapéuticos a menudo es dedicado a la atención de personas que experimentan pérdidas y atraviesan por un proceso de duelo y sufrimiento. La dificultad humana en comprender los diseños y las actividades de Dios en la muerte se acopla a la problemática de entender su presencia y actividad en el sufrimiento humano. El problema del sufrimiento ha sido tratado en un capítulo anterior, y puede ser cotejado al enfrentar situaciones descriptas en este capítulo.

Consideraciones Básicas en el Duelo

Al perder un ser querido, pertenencias o estados de salud, las personas experimentan reacciones naturales –sensaciones fisiológicas, pensamientos abrumadores de carácter negativo, y emociones negativas acopladas –especialmente la tristeza, la depresión, la ansiedad y el agobio. La conducta de la persona en duelo es alterada en formas diversas; algunas personas demuestran una necesidad dependiente o de apego profundo, debido a la disminución de su sentido de seguridad personal. Otras personas demuestran retraimiento y tendencias hacia el aislamiento, actuando con desilusión, aprehensión y recelo en sus relaciones. Dependiendo de la magnitud del trauma, de los síntomas desplegados por la persona, y de la longevidad del proceso, consideramos el proceso de ajuste y resolución a dos niveles: El duelo considerado normal, y el considerado anormal o patológico. Este capítulo enfoca sobre las consideraciones a ser tenidas en mente al proporcionar consejos en situaciones de duelo normal.

Reseña del "trabajo de resolución del duelo". El fundador del psicoanálisis, Freud, enfatizó el concepto del "trabajo de resolución del duelo" como una tarea específica, un proceso que debe ser abordado y finalizado por la persona que experimentó una pérdida antes de comenzar nuevas relaciones o establecer nuevas tareas en el vivir cotidiano. En sus escritos (Freud, 1917-1949) delineó dos fases en su modelo: Inicialmente, la persona experimenta deseos profundos de mantener sus lazos con la persona difunta, no queriendo abandonar el objeto perdido, intentando comprobar de diversas maneras la realidad de la pérdida, buscando insistentemente incluir a la persona en sus estructuras vitales (una especie de híper-conexión emocional vehemente). Al fallar en tales atentados, el sobreviviente llega al a realización inevitable que el mantener tales lazos es imposible, llevándolo a despegarse o retraer su energía libidinal de su objeto perdido (una especie de recogido del ancla, o desvinculación emocional), para luego re-invertir su energía en otras relaciones o en otros objetos. La tarea del duelo (o la melancolía a ser resuelta) es abordada paso a paso analíticamente, utilizando una gran cantidad de energía vital mientras se busca mantener la existencia o permanencia de la persona fallecida en su mente. Cada memoria asociada al pasado, cada esperanza que conecta su energía libidinal con el objeto ausente, es traída a luz y analizada, a fin de permitir la perspicacia y lograr una desvinculación parea efectuar el trabajo de resolución del duelo.

Freud enfatizó la naturaleza obsesiva y arraigada del proceso de duelo en su etapa inicial. Sus seguidores elaboraron otros aspectos del proceso, enfatizando la tendencia del ser doliente a internalizar aspectos de la persona fallecida hacia su propio ser, a alojar sus introyecciones en la estructura ontológica de su personalidad como para preservar la relación en manera continua y permanente. El término *internalización* es usado para denotar la tendencia del ser doliente a incorporar aspectos de la persona difunta a sus pensamientos, emociones y conducta. Los rasgos de la persona fallecida pueden ser internalizados por la persona sobreviviente como si fuesen sus propios rasgos, con cierta aclaración. Tales internalizaciones son una representación cognitiva-emocional incorporada de la persona fallecida, pero consideradas entidades separadas al ser. La introyección prolongada (vista en estados depresivos) puede fomentar cierta *identificación* con la persona ausente. La incorporación es vista como un mecanismo por medio del cual tal identificación toma lugar. El proceso es considerado "duelo normal" en sus primeras fases, permitiendo que la persona luego de aceptar paulatinamente la realidad sea capaz de dedicar sus energías a conectar con nuevas relaciones. Si la internalización continúa y es prolongada, puede ser considerada es como una falla en el proceso normal, llegando a ser patológica.

Por casi un siglo tal teoría ha imperado en los círculos psicoanalíticos enfocando sobre la híper-conexión e ignorando otros aspectos importantes en el proceso de duelo. Con el correr del tiempo, otras teorías han aparecido, enfatizando las alianzas o ligaduras continuas como contrarrestando la noción de la substracción y la re-inversión de energía libidinal con respecto al objeto de anclado. El ser doliente continúa incorporando al objeto perdido a las estructuras de su existencia a través de la construcción de representaciones mentales de carácter vital y significativo. La muerte de un ser querido no necesariamente termina una relación sino que la redefine o la reestructura en maneras que enfatizan el carácter de las relaciones simbólicas. Es una especie de mantener la "presencia en ausencia", en lugar de buscar una presencia física que la reemplace.

Nociones, Teorías e Investigaciones Acerca del Proceso de Duelo

Aparte de las postulaciones psicoanalíticas de Freud, otras teorías han aparecido en la escena, enfatizando "etapas" en el proceso. Entre ellos figuran Lindemann (1944), y Rando (1988). Elizabeth Kubler-Ross (1997, 2007, 2008) ha sido una terapeuta cuyas postulaciones acerca de las etapas en el proceso de duelo han sido ampliamente consideradas por aquellos que trabajan con personas en sus procesos de duelo. Las etapas, en su teoría inicial, se consideraron superpuestas, cíclicas, recurrentes, y experimentadas por la persona enfrentando a la muerte. Con el tiempo, tales etapas se aplicaron a los sobrevivientes de la persona difunta. La persona que ha recibido una diagnosis incurable, o que ve acercarse el fin de su existencia, apela a (1) la negación de la realidad de la pérdida; y (2) reacciona con ira o enojo acerca de la pérdida; luego (3) se da a cierto regateo, altercado, o negociación con la vida, argumentando con los eventos, los procesos, las personas que pudieran ser responsables, o con poderes mayores (Dios), etc.; al no encontrar una solución deseada a sus luchas y forcejeos, (4) experimenta la depresión; para finalmente (5) aceptar la realidad.

Tal vez el proponer fases o etapas ha servido como hincapié para fomentar nociones estereotipadas acerca del proceso predictible de duelo. El problema con acercamientos pragmáticos que estriban en adoptar esquemas o programas en forma mecánica (tales como "Primero viene la negación; luego la perplejidad; luego la búsqueda de respuestas; luego la desorganización emocional y el desespero, y finalmente la reorganización...."). Las evidencias derivadas de las investigaciones demuestra que el proceso no es tan predictible ni tan mecánico, y que existen muchas avenidas a ser tomadas por diferentes individuos en sus maneras de resolver su duelo.

Muchos consejeros apelaron a tales etapas en forma casi dogmática, y se han dado a guiar a las personas dolientes como si sus experiencias son universales, predictibles o inexorables. La experiencia clínica y pastoral testifica que el proceso raras veces se enmarca tan sistemáticamente, y que hay una variedad enorme en las maneras en las cuales las personas reaccionan al enfrentar su muerte, o a la muerte de un ser querido. Es bueno no ser tan dogmático ni mecánico en su trabajo, sino respetar la manera singular en la cual las personas reaccionan a sus pérdidas.

Entre las alternativas propuestas, Worden (2008) ha proporcionado pautas de ayuda pragmática a los consejeros, señalando las "tareas" que los sobrevivientes deben realizar para ajustarse a la vida a través de la experiencia del duelo. Tales tareas son: (1) Aceptar la realidad de la pérdida; (2) experimentar el dolor y sufrimiento sin negar, reprimir o suprimir sus emociones; (3) ajustarse a la vida sin la persona; e (4) invertir energías en hacer nuevos contactos y afiliaciones para proseguir su vida, ajustándose a las circunstancias. El mismo autor ha dedicado esfuerzos a los trabajos clínicos en el duelo experimentado por los niños cuando uno o ambos padres fallecen (Worden, 2001).

En lugar de etapas o tareas, otros que trabajaron en este campo postularon "fases" en el proceso. Bowlby (1980) enfatizó tres fases, basadas en sus observaciones acerca de la necesidad humana de apego o conexión a objetos de amor y cuidado, acopladas a la separación inexorable que ocurre entre seres humanos. Lo que se apega y afianza bien, y luego se separa bien, es funcional y adecuado, mientras que las distorsiones en el apego o en la separación entre las personas producen patología y disfunción en las relaciones.

Desde la perspectiva del apego (o vínculo emocional que desarrolla en niño con sus cuidadores o padres) la seguridad proporcionada e indispensable para el desarrollo de una buena personalidad, capaz de individualizarse y separarse debidamente (al casarse o independizarse), llega a ser un factor preponderante en la resolución del duelo. Si en lugar de seguridad se experimentó la ansiedad o temor debido a los vínculos disfuncionales o inadecuados, la persona que experimenta una separación debida a la muerte no se siente tan preparada para lidiar con su pérdida. Se siente ineficaz, incompetente, o precariamente dispuesto a tratar con la separación final. El ser realiza su carencia de seguridad, de solvencia, de significado y de valor para proseguir por su cuenta. La persona puede manifestar reacciones de protesta, seguidas por la desesperanza, la desorganización de sus defensas, y de sus estilos de actuar, debido a la realización que la persona difunta no volverá a ser su objeto de apego.

Sin embargo, el mismo Bowlby al final de su carrera, enfatizó la importancia de los vínculos continuos con la persona difunta. El dolor del duelo lleva a reformar las representaciones internas, los esquemas de apego, con cierta persistencia en la relación al objeto perdido. Muchos viudos o viudas alcanzan un estado mental en el cual tienen la presencia en ausencia del ser querido desaparecido, manteniendo su sentido de identidad asociada a tal persona, actualizando existencialmente tal continuidad. En sus investigaciones, Klas, Silverman, and Nickman (1996) observaron que el mantenerse conectado a la persona en maneras figuradas o simbólicas facilitó el proceso de adaptación, tanto de adultos como de niños, en su capacidad de ajustarse a los cambios experimentados por la partida del ser querido. Las "conexiones" proveyeron soporte y una especie de puente entre el pasado y el futuro.

La teoría del "apego" o la vinculación afectiva de Bolwby (1980) ha propulsado varias investigaciones (Sperling & Berman, 1994). Un aspecto de su teoría es que el infante se apega a su objeto maternal/socializador. El otro aspecto es el estilo de vinculación manifestado en diferencias individuales. El concepto de alianza entre el infante y el objeto de su vinculación han sido traducidos a esquemas denominados "vínculos seguros" y "vínculos inseguros" entre adultos que se relacionan íntimamente (Hazan & Shaver, 1987). Otros teoristas han catalogado tal concepto en estilos relacionales entre adultos caracterizados por rasgos de mutualidad, diferenciación, neuroticismo y seguridad (Bartholomew & Horowitz, 1991; Griffin Batholomew, 1994; Sperling & Berman, 1994; Hindy and Schwartz, 1994). Por ejemplo, el estilo de apego "ansioso, neurótico-romántico", tiende a crear alianzas caracterizadas por codependencia desesperada, fundida, insegura, entrelazada neuróticamente, y con ansiedad acerca de la separación. Tales factores afectan a la persona que pierde a su objeto, lo que resulta en un proceso de duelo devastador. En una encuesta realizada con estudiantes universitarios quienes registraron rasgos medibles de "apego ansioso", (una relación codependiente neurótica aún como novios) algunos jóvenes tuvieron más dificultades en ajustarse a la rotura de sus relaciones comparados a otros cuyos puntajes eran menos elevados en tal rasgo (Hindy & Schwarz, 1994). Tales observaciones corroboran la noción que las variables de personalidad y estilos relacionales afectan las maneras en las cuales las personas procesan su duelo al experimentar pérdidas del objeto de su concernir y atención.

Muchas críticas ha aparecido, desafiando al "trabajo de duelo" considerándolo una construcción mental que no ha sido corroborada por las investigaciones al respecto. La concentración en el "trabajo de duelo" fue revisada por Bonanno y Kaltman (1999) alegando que el acercamiento al tema debería ser más amplio, abarcando conceptos tales como (1) el origen y el significado adaptivo del duelo; (2) el mecanismo que inicia la respuesta del duelo; (3) el mecanismo que guía hacía la resolución del duelo; y (4) los factores diferenciales presentes en la variación de las respuestas manifestadas entre las personas dolientes.

Nuevas conceptualizaciones, paralelas a las etapas, fases o tareas en el proceso, han aparecido y tomado auge, dando énfasis a los procesos de reestructuración cognitiva, enfocando sobre la redefinición del significado de la vida, con mecanismos de procesado dual en acción tales como el proceso de olvido y el emprendimiento de nuevas tareas y nuevas relaciones.

Es digno de notar que tres años antes que Freud hubiera postulado el trabajo de resolución del duelo como originador de tal tesis, que Shand (1914) había ya propuesto nociones contrarias a la catarsis freudiana. En su estimación, la expresión abierta de las emociones negativas de la persona tendría efectos nocivos o contraproducentes en la resolución subsecuente de su duelo. En su lugar, el compartir sobrio y sincero de sus emociones con otras personas era más beneficioso. Las investigaciones empíricas han apoyado la importancia de tal distinción y han mostrado el valor positivo que el compartir y el abrirse con otras personas tienen (Bonanno & Keltner, 1997; Lepore, Silver, Wortman, &

Wayment,1996; Pennebaker, Mayne, & Francis,1997; Pennebaker & O'Heeron, 1984).

El modelo de Stroebe y Schut (1994, 1995, 1999) denominado "procesado dual" (o procesado doble en forma paralela), abogó por ambos factores, la reestructuración cognitiva y el reencuentro participante con el mundo exterior al ser doliente. Además, dos estilos de adaptación y resolución fueron presentados como funcionales en el proceso: el estilo o enfoque emotivo y el dedicado a solventar el problema. En realidad, este modelo puede ser visto como una recapitulación del manejo del estrés experimentado en general, utilizado particularmente en el proceso de duelo en el cual el ser es orientado en un proceso dual –hacia la consideración de su pérdida por un lado, y hacia la restauración de su vida por el otro. Tales factores duales se complementan, se alternan, se propulsan y actúan, a veces diferencialmente, y otras veces en interacción dinámica en el proceso de resolución y adaptación. En general, (a) el origen del duelo y su función adaptiva son factores dignos de atención; (b) los mecanismos que propulsan al duelo y generan sus componentes emocionales, cognitivos y conductivos deben ser tenidos en cuenta; y (c) los mecanismos que guían los cambios de tales componentes en el tiempo hasta la resolución del duelo, son factores aplicables a todos los casos. Un acercamiento idiopático o personalizado requiere la atención al ser que sufre en particular –a sus maneras de enfrentar la realidad, de adaptarse a ella, a su estilo de apego y diferenciación e individuación, a las variables de su personalidad y carácter, a las circunstancias de la pérdida, y al contexto cultural y situacional de su vida vista como el trasfondo en el cual su pérdida ha sido experimentada y enmarcada.

Es interesante notar que muchas veces, la persona en duelo trata de reemplazar a la pérdida con alguien semejante, o alguien que evoca sus sentimientos, conducta o respuestas en manera compensadora a la pérdida. Otras personas se retraen y aíslan, y no consideran alternativas en relaciones que pudieran satisfacer su vacío emocional. ¿Qué consejo dar a la persona que ha perdido a un ser querido? ¿Se le animará a proseguir, con la disminución del significado y valor emocional de la persona ausente, con su reemplazo inmediato? ¿O se afirmará la canonización de la persona, quien como "presencias en ausencia" se torna en una barrera que impide cualquier conexión íntima futura? Un estudio realizado por Archer (1999) entre personas que perdieron a su cónyuge arrojó resultados mixtos, dependiendo de las características individuales del ser que experimenta el duelo. Algunas personas que fueron capaces de establecer relaciones positivas luego de un corto tiempo de haber perdido a su cónyuge reportaron que tales conexiones facilitaron la resolución de su duelo. Otras necesitaron un lapso de tiempo más largo para resolver su duelo. Tal vez hay un tiempo óptimo que permite la adaptación del ser doliente, dependiendo de factores tales como los rasgos de la personalidad, los estilos de procesar cognitiva, emotiva y conductivamente su situación, el significado de su experiencia, o las maneras de interaccionar y aprovechar el apoyo brindado por personas a su alrededor. Pareciera ser que los extremos fallan en el proceso de duelo: El reemplazo inmediato con la supresión, represión, negación o reacción a la pérdida por un lado (adquisición de algo nuevo a través de un proceso de restauración extrema), o la canonización del difunto, venerando su memoria y estancándose en nostalgia, impidiendo el progreso de su proceso sanador.

Variables Situacionales en el Duelo

Las dos variables más importantes a ser tenidas en consideración son (1) el grado de anticipación de la pérdida y (2) las experiencias relacionadas a la muerte (trauma). El impacto de las pérdidas inesperadas en contraste a los desenlaces lentos debidos a situaciones terminales crónicas ha sido cotejado en el análisis de Bonanno y Kaltman (1999). El impacto tiende a ser mayor en el caso del duelo relacionado a la muerte súbita, aunque en algunos casos no se encontraron diferencias significativas (estadísticamente hablando). Qué factores entran en las explicaciones de tales condiciones no es algo que ha sido claramente postulado. Es interesante notar que el duelo anticipado pareciera ayudar en los casos que obviamente conducen al desenlace final, como lo apuntaron hace tiempo Lindemann (1944) y Bowlby (1980, 1981) al explicar las reacciones de duelo de padres cuyos hijos sufrían de enfermedades incurables.

La reducción del duelo luego de la muerte pareciera ser un resultado de tal anticipación premeditada y proactiva, actuando a especie de "inyección de estrés" adquirida de antemano, para ser inmunizado y desarrollar defensas cognitivas y emocionales contra el golpe verdadero. Sin embargo, tal pensar es conjetural; las evidencias no son tan conclusivas al respecto (Fulton, Madden, & Minichiello, 1996; Rando, 1988). Las teorías cognitivas acerca de la iniciación del duelo corroboran la noción que al anticipar los cambios que tendrán lugar al morir la persona son procesados –tácitamente, subconscientemente, o en alguna manera los pensamientos, razonamientos, atribuciones y actitudes, con sus emociones correlacionadas, son "incubadas" hasta gestar a su tiempo. El mundo interno de la persona se prepara para el desenlace, y cuando éste ocurre, la discrepancia entre lo que se anticipó y la realidad de la pérdida no es tan drástico ni impactante.

Ejemplos escriturales pueden ilustrar este punto: Jesús anticipó su muerte en repetidas ocasiones, preparándose a sí mismo a enfrentar su hora. También lo hizo al preparar anticipadamente a sus discípulos para tal hora. Consideremos que el apóstol Pablo también se inyectó tal estrés, al decir anticipadamente *"Ya estoy listo a ser sacrificado; he corrido la carrera, he peleado la batalla, he guardado la fe; ahora me espera una corona..."* (2 Tim 4:6-8). De la misma manera, el apóstol Pedro anticipó su muerte al escribir, *"En breve he de dejar este tabernáculo..."*(2P 1:13-15). El mismo apóstol les recordó a sus discípulos a no ser incautos o ser sorprendidos por el sufrimiento, sino más bien anticipar tal posibilidad. *"Armaos vosotros de este pensamiento..."* (1P 4:1-2) pareciera expresar la misma noción del inyectado del estrés –cognitiva y emotivamente anticipado, para estar listos a enfrentar las vicisitudes cuando éstas vengan.

La segunda variable mencionada –las circunstancias traumáticas contextuales de la muerte, se enmarca en las teorías cognitivas al considerar que el trauma ha violado las expectativas y presuposiciones básicas acerca de la seguridad, la predicción y la confiabilidad del mundo exterior. Es común considerar la muerte súbita como una aberración que viola tales expectativas, evocando el sentido de injusticia, de protesta contra lo considerado fuera de serie o inesperado. La persona, al no poder adjudicar un significado razonable a la circunstancia, reacciona con perplejidad, confusión y desazón. Al considerar la manera traumática en la cual la persona murió, trata de atribuir un sentido a la experiencia, buscando dónde enfocar el grado de responsabilidad que algún factor o agente externo tuvo, y encontrar algún factor o agente al cual culpar. Los pensamientos intrusivos, automáticos y negativos se acoplan a tales procesos de percepción y atribución de significado y actúan como mecanismos que sobrecargan el procesado de información.

En cuanto a la psicología diferencial y clínica, podemos alegar que las diferencias individuales de las personas tienen que ver con sus maneras de resolver o adaptarse en el proceso de duelo. Los factores que influencian la naturaleza, el curso del proceso y el grado de adaptación o resolución incluyen (1) aspectos demográficos –edad, sexo, estado social, cultura;

(2) experiencias pasadas –incluyendo aspectos positivos y negativos; (3) tipo de personalidad; (4) creencias religiosas –fe, convicción, teología personal; (5) prácticas de su fe o filosofía de vida, afectando su crecimiento en carácter y conducta, en el manejo del estrés; y (6) soporte social –comunidad, iglesia, círculos familiares y amistosos.

El Asesoramiento en General

El proceso de duelo es un proceso natural en el cual la persona tiene que aceptar la pérdida mayor. Incluye las tradiciones culturales y religiosas que honran a la memoria de la persona. La necesidad de los sobrevivientes es de tener personas alrededor: Los familiares y amigos compartiendo impresiones, memorias, recuerdos y experiencias de "presencia en ausencia". Los factores diferenciales que pueden entrar en juego incluyen (1) el desarrollo inadecuado en hogares que no han forjado caracteres de fe y madurez, de perspicacia y de fortaleza espiritual; (2) la historia personal marcada por pérdidas tempranas de familiares o amigos; (3) la tendencia hacia la hipersensibilidad; (4) la carencia de eficacia propia; (5) el desarrollo de un carácter dependiente, simbiótico, con temor a la diferenciación o individuación; (6) una teología pobre o distorsionada; (7) falta de crecimiento o madurez, con carencia de recursos espirituales para afrontar el estrés; (8) y muchos otros rasgos negativos que obstaculizan el manejo del duelo.

El proceso es diferencial y varía de persona a persona. Como promedio, la resolución adecuada del duelo entre las culturas hispanas tarda por lo menos un año. Se acostumbra a usar ropaje de color negro para indicar su luto; luego se cambian gradualmente los colores, aunque a veces se usa una cinta negra en el ropaje para denotar que la persona está procesando su pérdida. Si se prolonga demasiado (más de dos años) la falta de resolución se considera como una reacción patológica, aunque han surgido nociones explicativas que contradicen tal enunciado.

Factores a ser observados. El duelo se manifiesta en diversas formas; una de las más obvias es la manera de comportarse, de atender a sus necesidades diarias; también es la manera psicológica y emocional de funcionar. Los síntomas fisiológicos dan a entender aspectos de estrés, de reacciones involuntarias del sistema orgánico, la biología del ser. Por ejemplo, la tensión muscular, las dificultades en la respiración, el llanto efusivo, los problemas digestivos, entre otras manifestaciones, son expresiones psicosomáticas del procesado de los eventos, física y emocionalmente. La depresión que puede estar acoplada al proceso de duelo es una expresión psicológica y emocional, con acoplados fisiológicos y manifestaciones físicas. Los pensamientos y sentimientos negativos tales como la tristeza, la melancolía, o el desgano, son procesos cognitivos-emotivos. La ansiedad es también una expresión fisiológica, psicológica y emocional. La culpabilidad puede manifestarse como una sensación personal de haber fallado en hacer algo; es un estado que se basa en una lógica personal e idiosincrática, auto castigadora, que puede ser asesorada con empatía, con el propósito de guiar a la persona a una mayor libertad emocional.

El Asesoramiento de las Emociones

Muchas son las emociones que embargan al ser doliente. Una reseña de las mismas se ofrece simplemente para aguzar el asesoramiento de los efectos sobre la persona.

La Tristeza. Es la emoción más obvia en el proceso de duelo. El manifestar tristeza y angustia es lo más común, lo más familiar. Es lo esperado, de manera que si la persona no manifiesta tal emoción, pareciera ser que algo no funciona debidamente en su ser. La tristeza en su estado efusivo es acompañada por el llanto. Las lágrimas son una manifestación natural, fisiológica, del ser humano. Venimos a este mundo y es lo primero que hacemos para dar a entender que somos normales; luego lloramos mucho como niños; también como adolescentes, aún cuando nos tragamos las lágrimas a causa de nuestro orgullo creciente; al envejecer, las lágrimas afloran -a veces sin querer. Y al morir, esperamos que alguien nos llore. En resumen, vivimos en un valle de lágrimas hasta que el Señor venga otra vez. El Apocalipsis de Juan nos recuerda que El *enjugará toda lágrima* de los que le esperan (Ap 21:4). Mientras tanto, *bienaventurados son los que lloran, porque ellos recibirán consolación* (Mt 5:4). En Juan 11:35, se narra el hecho que *Jesús lloró* (sea cual fuese la interpretación de su reacción a la muerte de Lázaro). Los discípulos lloraron la muerte de Esteban, el primer mártir de la iglesia (Hch 8:2). El consejero anima y da lugar a tales expresiones, sin desmerecer, presionar, apurar las manifestaciones tristes, y sin tildar ni analizar a la persona. Simplemente, es testigo de la gracia y cuidado de Dios y observa cierta catarsis tomando lugar en el ser doliente.

El shock y la negación de la realidad. La muerte no planeada, no anticipada, provee una especie de "shock", o cual suscita la negación, la protesta, o el estoicismo, como defensas contra la ansiedad de aceptar la realidad del hecho. El consejero no debe apurar a la persona a aceptar la realidad de la muerte, sino que debe respetar su o nivel de avance hacia tal cometido. Cada persona tendrá su cadencia o son al atravesar sus circunstancias pesarosas.

La ira. Esta es una emoción que suele ir "por debajo" de las deliberaciones, las preguntas y las conjeturas. Es dirigida hacia los entes vistos como responsables por no haber evitado la muerte –hacia Dios, los médicos, el sistema de ayuda, o cualquier persona o entidad a la cual se proyecta culpabilidad. En forma velada (y a veces patente) la ira se dirige incluso a la persona que murió, por dejarlo a uno "sin pedir permiso" o dejarlo abandonado y a la deriva. La expresión paulina *"Airaos, no pequéis"* en la carta a los Efesios (4:26), no significa que el airarse en sí es pecado, o que hay que prohibir el enfadarse. Simplemente significa que al experimentar el auge de la ira, hay que buscar medios adecuados para expresar, canalizar, sublimar o resolver la emoción reactiva a las provocaciones de la vida en forma adecuada. El consejero que trata con la ira en casos de duelo debe tener paciencia al escuchar las expresiones de la persona sin juzgar, pero guiar a la persona a la resolución paulatina de tal emoción. Fisiológica y psicológicamente hablando, es preferible sublimar o traducir la emoción de ira –una especie de energía emocional-física hacia la asertividad y hacia conductas aguerridas y decisivas en forma apropiada en lugar de sofocarla, introyectarla o dejar que se filtre al carácter, amargando al ser y creando resentimientos internos.

La frustración. Esta emoción a menudo va acoplada a la desilusión y a la ira. La muerte es final; uno quisiera tener a la persona de vuelta pero no puede hacer nada al respecto. Antes de la resignación y el acomodo a la vida sin la persona, se experimenta la exasperación hacia las tareas de la vida, un enfado hacia las obligaciones, o hacia el hecho de haber sido privado de compañía y de bienestar.

El sentido de culpabilidad. Esta emoción aparece a menudo, siendo que la persona sobreviviente cuestiona lo que pudiera haberse hecho, con exclamaciones conjeturales tales como *"Si tan solamente yo hubiese…"* o, *"¿Qué hubiera pasado si yo hubiera…?"* Debido al hecho que tales preguntas no tienen una respuesta cabal o empírica, la persona puede encerrarse en círculos viciosos, obsesivos y recriminadores.

La depresión. En los casos de personas susceptibles a la depresión reactiva, tal condición aparece como una característica mayor del proceso de duelo. El desgano, la falta de placer, la disminución de energías físicas y emocionales, las dificultades en la atención y la concentración, los problemas con la memoria, el sentido de futilidad, entre otras características depresivas, son factores a ser atendidas en el acercamiento de ayuda. El capítulo que trata con la depresión puede ser de beneficio en el asesoramiento y atención en casos de duelo.

La ansiedad. Esta emoción es acoplada a las demás como parte integral del proceso. La separación final de un objeto de amor produce ansiedad. Un sentido de abandono, de desamparo o de alejamiento final merma las energía emocionales del ser doliente. El no poder controlar ni predecir eventos, el no tener un manejo debido de las circunstancias, la preocupación acerca del futuro, el lidiar con las dudas acerca de su seguridad, etc. son parte del proceso. Muchos síntomas psicosomáticos se deben al procesado de esta emoción. El capítulo que trata con la ansiedad puede ser cotejado en estos casos.

Otras Manifestaciones

Efectos físicos. La fatiga, la debilidad, la falta de aliento, el insomnio, la tensión muscular, la pérdida de apetito, la falta de ejercicio, etc. son factores a ser considerados. Los aspectos cognitivos incluyen los pensamientos nefandos, mórbidos, las cavilaciones, las obsesiones y las atribuciones negativas. Tales procesos deben ser cotejados y atendidos en forma empática, con paciencia y apoyo.

Las relaciones de la persona deben ser asesoradas, en cuanto a su retraimiento, aislamiento, o alejamiento de sus amigos o de la comunidad. Tal soledad puede ser un índice de problemas más graves. Los pensamientos suicidas pueden aparecer en personas que, al perder a un ser muy apegado y crucial en su manutención, proveedora de significado, no tienen ganas de seguir viviendo solos, embargados de nostalgia y tristeza.

El Consejo Relacionado a la Pérdida de un Ser Querido

La pérdida de un cónyuge es procesada en diversas maneras, dependiendo de varios factores: (1) La calidad de la relación; (2) la longevidad de la misma; (3) las circunstancias del desenlace; (4) la madurez espiritual, emocional y los rasgos de la persona sobreviviente; (5) el contexto de la persona sobreviviente –aislamiento o conectividad en sus relaciones en comunidad; su utilización del soporte a su disposición y su participación en la familia, sus amistades, y su iglesia.

El consejo en tales situaciones es raramente administrado en forma programada, repetitiva o estereotipada, ya que cada caso presenta desafíos singulares. El acercamiento se enfoca en manera tentativa, asesorando si hubo afecto, amor, respeto y honra en la relación, a diferencia de haber experimentado una vida de peleas, sinsabores, abusos o negligencia por parte del difunto. El duelo es más complicado en el segundo caso, ya que produce emociones ambivalentes de alivio por un lado, y de sentido de vacío a ser llenado por el otro.

El factor de la longevidad de la relación es importante. Si un cónyuge muere a los pocos meses o años de haber contraído enlace, el duelo es muy pesaroso; también, si la pareja ha vivido cuarenta años juntos, es muy difícil afrontar la separación. En ambos casos, se procede tentativamente, con empatía y apoyo, brindando presencia y sostén a la persona y respetar sus reacciones y su curso de acción.

Si la muerte fue causada por una enfermedad crónica y la persona duró un tiempo en su condición, el duelo es un proceso adyacente, paralelo y subsecuente –desde la diagnosis hasta el desenlace final, con cierta resignación al hecho de haber atravesado juntos con la persona difunta muchas de las peripecias a lo largo del camino. Enfermedades crónicas (Alzheimer, cáncer, condiciones degenerativas progresivas, entre otras) impactan a la familia en un sentido continuo, y el duelo se experimenta como un proceso superpuesto a la condición, y luego del desenlace, pareciera que cierto alivio se hace presente, mezclado con el dolor de la separación final.

En adición al golpe emocional, la muerte puede causar ansiedades financieras (si la persona difunta era la que sostenía a la familia). Las personas que aconsejan deben tener en mente tales asuntos concretos. La muerte obliga a la persona que queda sola a hacer ajustes mayores -en las tareas administrativas de su casa, de sus hijos, y sus obligaciones múltiples. Tal vez la persona viuda tiene que volver a trabajar, a relacionarse socialmente, o a empezar a redefinir su existencia sin su pareja. El asesoramiento en estos asuntos es parte componente del consejo, como así también el conectar la personas con agencias, profesionales o voluntarios dispuestos a asesorar en materias concretas.

La pérdida de un cónyuge anciano presenta ciertas dificultades. Los ancianos son más vulnerables a las pérdidas de su pareja, especialmente si la relación era excelente. Al perder una vida compartida, el sobreviviente tiene que enfrentar todas su actividades, sus eventos, sus relaciones, etc. en soledad. Tal soledad puede ser agravada si los amigos que quedan también mueren uno a uno, y el círculo se reduce paulatinamente, causando la ansiedad de la separación. Un sentido de ansiedad y depresión pueden fomentar el aislamiento, con nostalgia y sin mayor esperanza en el futuro, aparte de la fe y de la convicción de prepararse para ir a estar con el Señor. La conexión a grupos, la provisión de oportunidades sociales y de apoyo, son parte del consejo también.

La pérdida de un padre o una madre es procesada en diversas maneras. La calidad, la afinidad o mutualidad, la naturaleza de la relación, y otros factores entran en juego. Las bases cristianas proveen esperanza y aliento, y tal factor es importante en las consideraciones de apoyo y sostén. Se debe ayudar sin utilizar estereotipos o clichés al prestar servicios, y atender con respeto al dolor, la ansiedad o la depresión reactiva que pueda manifestarse. La persona que ayuda puede estar compenetrada en pasajes escriturales (tales como 1 Tesalonicenses 4), donde se dan ciertas pautas a "*no ignorar acerca de los que duermen, que no os entristezcáis como los otros que no tiene esperanza*" (v.13). Al enfatizar la venida de Cristo, el arrebatamiento y encuentro en las nubes con el Señor, la resurrección de los muertos y la vida eterna, Pablo provee una mirada trascendental para que los Tesalonicenses cobren ánimo y enfrenten la muerte y la separación temporal entre seres queridos con sobriedad, fe y esperanza. Sin embargo, tal admonición no resta a la actitud de respeto y de llorar con los que lloran sus pérdidas en forma natural.

La pérdida de un niño presenta desafíos especiales, con la angustia humana cargada con sensaciones de injusticia y perplejidad ante tales circunstancias. El proceso de duelo es complicado, debido al carácter inesperado, inexplicable y devastador de tal experiencia, rodeada de preguntas existenciales y teológicas. Los padres pueden atravesar por hondonadas saturadas de un sentido de injusticia. Las consideraciones giran alrededor de las perplejidades de la vida que les ha jugado una mala pasada, y que Dios ha permitido que tal cosa ocurra. De la fe y la convicción, las personas son tentadas a pensar en forma deísta –Dios, si bien originó las cosas en su voluntad y les dio su ímpetu, ahora pareciera estar ausente o alejado de la problemática por la cual atraviesan.

La pérdida de potenciales, de sueños y expectativas sin cumplir eleva el sentido de confusión acerca de la voluntad de Dios. Desde el punto de vista humano, tal experiencia es considerada una especie de sufrimiento sin sentido o sin significado aparente. Las cuestiones abundan, y las respuestas no surgen en el procesado racional. Los alicientes no suavizan el panorama macabro. Muchos padres se sienten responsables por no haber hecho algo para prevenir la pérdida, no importa cuán irracional es su lógica o su interpretación del evento. Esta clase de duelo suele estar acoplada a un sentido de culpabilidad por parte de los padres, quienes pueden desplazar su frustración, su dolor y su ira en forma introyectada, con recriminaciones y conjeturas. Debido a la tensión emocional, a la carencia de respuestas, a la inutilidad percibida, muchos matrimonios corren el riesgo de separarse. Las proyecciones y los desplazamientos de sus emociones y razonamientos, embargados de pesar y distorsionados en sus percepciones y atribuciones, contribuyen a su alejamiento mutuo. Esta clase de estrés merma o mengua su capacidad de tolerancia a la frustración, al dolor o a la ambigüedad. Las personas se vuelven híper-alertas y muy sensitivas a cualquier desavenencia, crítica o malentendido en sus interacciones. En la mayoría de los casos, los padres experimentan un sentido de pérdida personal, como que una parte vital de su definición o identidad ha desaparecido. Muchos padres se han dado a la tarea de sublimar sus energías, de desplazar su duelo hacia el servicio a otras personas, o a causas nobles y sociales que les den cierto sentido de valer y significado.

El consejero debe permitir las expresiones sin editarlas, suprimirlas o juzgarlas. Debe escuchar con paciencia y esmero, uniéndose a las personas en sus conjeturas para luego de un tiempo adecuado, dirigir la conversación y el tenor de su consejo a las esperanzas de vida, de reencuentro, de justicia y vindicación final. No debe "cantarle al corazón afligido" (Pr 25:20). Los Proverbios nos recuerdan que tal acercamiento irrita aún más al afligido y es carente de amor. La persona que ayuda en tiempos de duelo no se apura a sofocar las expresiones vehementes del doliente, ni se presta a divagar en conjeturas sin base, sino que se une al dolor y en silencio respetuoso presta su presencia empática, intercesora y de apoyo fiel.

Acercamientos Integrales

El consejo en casos de duelo necesariamente sigue las líneas escriturales –consolando a los afligidos (2 Co 1:3-7) teniendo en mente que Dios es el *Padre compasivo y el Dios de toda consolación*. Además, en maneras integrativas puede seguir líneas analíticas, conductivas, cognitivas y afectivas, con los factores espirituales tomando la prioridad. El consejero debe recordar que las investigaciones y postulaciones en este campo han sido debatibles. Tal vez el abogar por la existencia de fases o etapas en el proceso del duelo ha servido como hincapié para fomentar mitos acerca de lo predictible de tal fenómeno. Como ya lo hemos estipulado, el problema con acercamientos pragmáticos estriba en adoptar esquemas o programas en forma mecánica (tales como "Primero viene la negación; luego la perplejidad; luego la búsqueda de respuestas; luego sigue la desorganización emocional y el desespero, y finalmente la reorganización...."). Las evidencias derivadas de las investigaciones demuestran que el proceso no es tan predictible ni tan mecánico, y que existen muchas avenidas a ser tomadas por diferentes individuos en sus maneras de resolver su duelo. De manera que, el consejero se acerca a la persona sin moldes predeterminados.

En el modelo cognitivo (Brewin, 1996), la resolución del duelo se logra al emplear un proceso de reestructuración cognitiva de los pensamientos, los razonamientos y la atribuciones que componen el mundo interior del ser doliente. Se enfoca sobe las barreras, los desafíos o los obstáculos a ser vencidos antes de introducir, elaborar y consolidar nuevas circunstancias, nuevos eventos y nuevas personas a ser integrados en el mundo fenomenal en busca de resolución del duelo.

Los eventos difíciles abordados por el ser doliente y su relación a la salud emocional y psicológica –las atribuciones y evaluaciones subjetivas, son muy importantes en el procesado de los eventos relacionados a la pérdida. Como lo dijo Epícteto (70 AD), un filósofo estoico griego y esclavo de los romanos, *"No somos perturbados por las cosas en sí, sino por el significado que le atribuimos a las mismas"*. El asesorado subjetivo es el que proporciona sensaciones de estrés y de duelo, como excediendo las capacidades y los recursos de la persona en su adaptación a la pérdida y a su sentido de seguridad e integridad personal (Lazarus & Folkman, 1984).

Cuando el evento de la pérdida toma lugar, evoca el estrés emocional psicológico, y las defensas son instigadas. Las estrategias utilizadas en el manejo del estrés propulsan las energías de la persona a retraerse o distanciarse por un lado, a cambiar el significado de la situación (con recriminación, resignación o alivio), o a enfrentarla con arrojo y determinación a sobrevivir. El consejo cognitivo-conductivo que se aplica en el tratamiento de la ansiedad y el estrés, es adecuado para las condiciones de duelo.

Desde el punto de vista cristiano, la renovación de la mente y la reconstrucción de significado son aspectos de trabajo reconstructivo y adaptivo en el consejo. Entre las personas que han sugerido alternativas al proceso de duelo clásicamente promulgado, figuran Neimeyer (1998), quien ha enfatizado la reconstrucción de significado de la pérdida. Fowler (1981), a su vez, ha sugerido la noción que el modelo de procesado doble provee un marco de referencia para conceptualizar los cambios espirituales en las maneras adaptivas durante los traumas que rompen los moldes de las expectativas personales. Otros investigadores han enfatizado la relación entre el proceso logoterapéutico en el cual el significado de los eventos ayuda a las personas a evitar un duelo complicado (Currier, Hollans, & Neimeyer, 2006; Gillies & Neimeyer, 2006). La capacidad de poner sentido y encontrar un significado existencial con respecto a las expectativas personales destrozadas a causa del trauma es un factor crucial en la capacidad de restaurar el orden y la confiabilidad en la vida (Neimeyer, 2001).

Investigadores y terapeutas como Nolen-Hoeksema han sugerido que los que ayudan en estos procesos pueden guiar a las personas a crear un mejor significado relacionado a su pérdida. El consejero fomenta el procesado cognitivo adaptivo. Por ejemplo, puede sugerir o asistir a las persona a crear un fondo de ayuda a ciertas personas necesitadas, o dedicar algún memorial a nombre de la persona fallecida, proveyendo alternativas constructivas a sus procesos mórbidos, obsesivos y negativos relacionados a su duelo. Sin embargo, algunas personas se encierran en círculos obsesivos al tratar de canalizar sus energías en tales acciones, reforzando su incapacidad de resolver su duelo. El consejero debe tener la perspicacia para distinguir entre lo funcional o lo inadecuado de tales alternativas en el proceso.

Entre las consideraciones teológicas y escriturales el consejo apela a la conexión desde el pasado hacia el futuro, de lo terrenal a lo celestial. El anclar a la persona en tiempo y espacio puede ayudar en las deliberaciones, interacciones y guía. El saber que Dios está presente, que su Espíritu Santo en forma trialógica actúa en ambas personas relacionadas, proporciona al consejero la seguridad de actuar en el nombre del Consolador por excelencia. Jesús, al enfrentar a la muerte, recalcó, *"Yo soy la resurrección la vida. El que cree en mí, aunque esté muerto, vivirá"*(Jn 11:25). Si se apela a las Escrituras, a la fe y la esperanza, se busca la dirección y la cadencia respetuosa, la voz apacible y confortadora. Si se emplea la oración e intercesión, se hace a manera de diálogo, entablando una conversación sincera, empática, honesta y cuidadosa ante el Padre. Si se practica la presencia de Dios –como en el caso de Jacob en Betel: Se hace conciencia de los cuatro elementos se juntan en la casa de Dios: (1) El Dios de Abraham, de Isaac... del pasado (quien tiene a todas las personas que han fallecido en fe en su presencia y las considera vivas); (2) el futuro –demostrado en proveer la simiente de Abraham para salvar a la humanidad, y quien viene por segunda vez para resucitar a los muertos y transformar a los creyentes vivos; quien prepara un lugar para los creyentes en su presencia; (3) lo terrenal con todas su peripecias, inclusive la muerte transicional; y (4) lo angelical y celestial, como anticipo del porvenir asegurado.

Siguiendo la línea de razonamiento paulino, se tiene en mente la definición ontológica del ser humano redimido por la gracia de Dios. Tal ser está enmarcado en una nueva creación, es parte de la familia de Dios, del Cuerpo de Cristo, y existe en el aquí y el ahora mientras espera su redención final en la cual se reunirá con todos aquellos que pertenecen a la casa de Dios. Mientras tanto, el ser finito y mortal gime en conjunto con la creación gimiente; el Espíritu Santo se une al ser en necesidad y gime ante el Padre (Ro 8:18-26) esperando la redención final. Tal visión escatológica provee alicientes, esperanzas, significado y empuje hacia el futuro. En su estimación, Pablo recalcó: *"Para mí el vivir es Cristo y el morir es ganancia"* (Fil 1:21). También anticipó cognitivamente su derrotero: *"Sabemos que si esta habitación terrenal se deshiciere, tenemos de Dios un edificio eterno, no hecho de manos, en el cielo..."* (2Co 5:1). Su esperanza era no la de flotar como un espíritu desencarnado, sino la de ser revestido de un cuerpo glorificado. El repasar 2 Corintios 5 es esencial para tener pautas de postura, convicción y fe en cuanto a la esperanza de la vida verdadera para estar listo a cualquier eventualidad. No se trata de predicarle a la persona en duelo, pero si, de tener una postura dependiente de Dios y su Palabra, y estar basado en una teología de la muerte y de la resurrección para aconsejar en estas situaciones. Tales factores ayudan en las conversaciones de consuelo, de esperanza, de fe y de ánimo para proseguir en el camino cotidiano en vista al futuro. En tal relación terapéutica, el creyente que ha experimentado pérdidas, es respetado en su duelo y al mismo tiempo es apoyado en sus convicciones, para no entristecerse como los que no tienen las esperanzas cristianas o no creen en la Palabra de Dios, sino que puede alimentar su esperanza de una reunión final. Aún cuando no venera a su muerto, tampoco lo considera desaparecido para siempre (1 Ts 4:13-18).

El prestar presencia en situaciones de duelo manifiesta solidaridad, mancomunidad y sostén; tales factores establecen emociones positivas en el doliente aunque no son manifestaciones efusivas de carácter jovial. Se llora con los que lloran, pero aún en medio del dolor, caben las emociones positivas de aliento. Las emociones positivas trabajan a manera de "alivio" de las tensiones; como "sostén" y apoyo en los esfuerzos de persistir en la lucha. También actúan como "ente restaurador" de los recursos disponibles, y en la creación de nuevos recursos para seguir hacia adelante. (Lazarus, Kanner, and Folkman, 1980). Las consideraciones espirituales corroboran la importancia de apelar a la fe, a la esperanza, y a lo revelado por Dios en cuanto al desenlace de esta vida y la inauguración de la vida venidera. En una manera sanadora, la fe y las convicciones actúan como factores de esperanza, alivio, sostén y restauración.

Asuntos Concretos

Se debe comenzar donde la persona se encuentra: Escuchar —el pensar, el sentir de la persona. Luego, esclarecer los pensamientos y sentimientos sin juzgarlos, sin desmerecerlos ni desafiarlos con triunfalismo ni rudeza teológica. Hay que ser sensitivo y no decir mucho. No usar falsas promesas; ser realista pero empático a la vez, cuidadoso de no sabotear el duelo con posturas súper-espirituales. El llorar con los que lloran es un principio bíblico. En cuanto a la práctica de los principios y procedimientos enunciados, se debe:

- Ayudar a la persona a reconocer la pérdida. Luego, se ayuda a la persona a reconocer y expresar sus sentimientos.
- Asistir a la persona en su atentado a vivir sin la persona
- Facilitar el proceso de duelo y su resolución; proveer tiempo para que la persona "duela"
- Facilitar la conexión a los que viven, y aceptar las pérdidas (recoger el ancla y navegar otra vez)
- Interpretar la conducta "normal" (Posible culpabilidad, vergüenza de sentirse bien, o de proseguir con rutinas, o crear nuevas oportunidades, etc.)
- Dar lugar a las diferencias personales en cuanto al proceso
- Proveer un soporte, sostén continuo
- Examinar las defensas empleadas en resguardarse de la ansiedad, de la depresión
- Identificar si hay patología y referir a personas adecuadamente preparadas
- Utilizar las Escrituras, proveyendo aliento a su debido tiempo
- Dar pautas de la esperanza que hay en el evangelio
- Apoyar a la persona en su conocimiento, entendimiento y sabiduría en cuanto a la voluntad soberana de Dios
- Tener una teología de la muerte y resurrección, del alma y su destino, del ser integral, y "traducir" tal teología en manera práctica, conversacional, sin dar cátedras a la persona en duelo, sino siendo sabio en su interacción dialogante
- En el consejo pastoral, orar con la persona, en manera mancomunada, solidaria, empática y sacerdotal —abogando, intercediendo en amor, llevando las cargas, acoplándose junto al camino de la vía crucis.

¿Qué le Decimos a Una Persona en Duelo?

Los siguientes son posibles enfoques hacia la persona, dando consejos con sensibilidad y prestando atención empática a su estado y condición:

- Que busque personas que tienen empatía y le presten un concernir cálido.
- Que se rodee de amigos y familiares que entienden sus emociones y su pérdida
- Que se pliegue a grupos de sostén, compartiendo con otras personas quienes atraviesan experiencias de duelo
- Que exprese sus sentimientos libremente con personas abiertas
- Que atienda a su salud física, que coma bien, que duerma y descanse bien
- Que tenga asesoramiento médico regular

- Que esté apercibido/a del peligro de medicarse a sí mismo/a con alcohol o drogas
- Que acepte el hecho que la vida es para los que viven, y que lleva esfuerzo el comenzar a vivir otra vez y no ser atrapado por el pasado con sus nostalgias
- Que atesore recuerdos positivos en manera adecuada y aliciente
- Que no haga cambios drásticos o bruscos, sino que se tome tiempo para reflexionar y decidir adecuadamente acerca de vender cosas, mudarse, cambiar empleos, etc.
- Que se dé tiempo para ajustarse al nuevo estilo de vida
- Que sea paciente; el ajuste tarda meses o años, el absorber una pérdida mayor y el cambio de vida subsecuente
- Que busque ayuda emocional, pastoral, para experimentar apoyo, sostén, guía, aliento y nuevas perspectivas

Si el duelo es insoportable en su proceso natural, se insta a la persona a buscar ayuda profesional; el hacerlo es una señal de fortaleza, no de debilidad. Luego de atender a sus necesidades, a volver a reanudar sus tareas cotidianas, se insta a la persona a tratar de rehacer su vida, ayudando en el planeamiento de su futuro.

Duelo Anormal

Habrá alguna ocasión en la cual el consejero nota cierta cronicidad en el proceso de duelo, con aberraciones o disfunciones que van más allá de lo normal. Los factores a ser tenidos en mente en los casos de las reacciones de duelo de carácter patológico pueden ser mencionados. Al asesorar la naturaleza del proceso de duelo, se nota que el tiempo transcurrido entre la pérdida del ser querido y las manifestaciones anormales excede al año, y se notan acentuadamente como si el tiempo no hubiera pasado. Las reacciones pos-traumáticas son exageradas, con sollozos espontáneos suscitados por cualquier asociación o estimulo que evoca el trauma de la separación. A veces, se notan las reacciones psicóticas – delirios, alucinaciones auditivas (voces) o visuales (imágenes) irreales, asociadas a la persona difunta. La ansiedad se vuelve en ataques de pánico, y apresa a la persona en sus angustias mentales. Muchas veces la persona acude al uso o abuso del alcohol, o de drogas para negar la realidad o escapar de su miseria.

El duelo complicado tiene varias facetas que se asemejan al estrés postraumático, incluyendo el evitar situaciones personas, expectativas destrozadas, y experimentar flashbacks (escenas retrospectivas o memorias tipo relámpago automáticas). El uso de terapias cognitivas conductivas derivadas del tratamiento del desorden del estrés postraumático se aplica en tales casos. Con la adición de estrategias o avenidas utilizadas en el modelo de procesado dual, (Stroebe & Schut, 1999) y teorías psicosociales de transición (Parkes, 1993).

En casos de catástrofes o accidentes, el golpe de la muerte es muy traumático. En su trabajo entre los sobrevivientes de muchas personas que perecieron en un incendio en Boston, Lindemann (1944) ha provisto descripciones de lo que se considera un duelo anormal. Los pacientes manifestaron rasgos semejantes a los fallecidos, o conductas imitativas de las maneras de actuar de las personas antes de aparecer en la tragedia. La persona en duelo inadvertidamente caminaba como lo hacía la persona que falleció; al mirarse en el espejo, se veía reflejado a la semejanza de la persona ausente; o mostraba intereses alineados con los intereses de la persona difunta, dándose a actividades diferentes de los acostumbrados a su estilo. Las preocupaciones que embargaban al doliente se traducían a síntomas fisiológicos, emocionales, a rasgos de personalidad o a manierismos de toda clase. Tales fenómenos han sido interpretados como el desplazamiento de energía emocional hacia sus propios cuerpos en una manera identificada. Si el duelo es traumático, la ira y la culpabilidad complican el proceso de adaptación a la pérdida (Parkes, 1998).

En sus trabajos clínicos con pacientes, DeVaul (1976) describió a una mujer que manifestaba síntomas imitativos al de su esposo cada vez que el aniversario de su muerte ocurría. Sin tener ninguna patología orgánica, sufría de los síntomas de un ataque de corazón similares a los que resultaron en la muerte de su marido. También Worden (1991) ha reportado casos similares en su práctica. El autor ha tenido casos en los cuales la persona no asesoraba la realidad sino que permanecía en su propia lógica idiosincrática: "Ponía la mesa" con sus utensilios y tenía la esperanza que el difunto aparecería y se sentaría a comer, luego de dos años de desaparecido. La depresión excede al sentir natural de tristeza, agobio, letargo y desgano, volviéndose en estupor y futilidad general, de angustia ahondada y de pesar desmedido, al punto de no querer proseguir con su vida.

La persona capacitada y dispuesta a ayudar en tales materias se acercará pacientemente con el fin de lograr que la persona acepte la realidad y reestructure sus pensamientos, atribuciones y juicio. De otra manera, debe referir tales casos a personas profesionales y dispuestas a tratar medicamente tales condiciones, ya que pareciera ser que los factores bioquímicos se han acoplado a los cognitivos, emocionales y conductivos. Cuando la pérdida es incierta, como en los casos de personas desaparecidas (secuestradas), o caídas en batalla (guerras o guerrillas) cuyos cuerpos nunca han aparecido, tales casos distorsionan al duelo normal y representan un desafío al consejero que trata de consolar, de apoyar o ayudar en las esperanzas y fe de las personas sujetas a lo incierto, al sentido inconcluso de tales tratativas. El autor participó en el consejo pastoral de una familia cuya niña fue secuestrada, desaparecida y cuyo cráneo fue hallado luego de nueve años. El sepelio de tal niña se efectuó enterrando tal fragmento óseo, lo cual permitió poner cierta finalidad al proceso de espera, esclarecer su incógnita y calmar su ansiedad crónica provocada por tal evento. Solo la fe Cristiana y la esperanza en un Dios que vindicará su justicia al final de la historia humana pudieron sostener a tales personas. Condiciones de duelo anormal, patológico o desafiante a lo común y corriente necesitan un tratamiento más enfocado. Trataremos con este tema más ampliamente en el capítulo siguiente.

Capítulo 26

Tratando el Duelo en Casos Complicados

Hemos tratado con el proceso de duelo normal, y el consejo a ser proporcionado en tales casos. Otros casos son más complejos y demandan más atención, representando un desafío a la capacidad, al entrenamiento, y aún a la teología del consejero. Las investigaciones en este campo han arrojado evidencias que las reacciones de duelo a veces manifiestan algo mayor que una depresión simple, especialmente si han resultado de experiencias traumáticas. (Horowitz et al., 1997; Prigerson et al., 1995; Wortman, Silver, & Kessler,1993). Desde la perspectiva traumática, las pérdidas debidas a muertes violentas (homicidio) instigan reacciones similares a las encontradas en los casos de estrés postraumático (Figley, Bride, & Mazza, 1997; Horowitz, 1986; Janoff-Bulman, 1992; Raphael, Middleton, Martinek, & Misso, 1993; Stevens-Guille, 1999).

Un adagio antiguo dice, "Es mejor prevenir que curar". El autor ha paryicipado en encuestas y estudios con susl colegas del Gordon Conwell Theological Seminary, y ha publicado un articulo en conjunto con los Drs. Karen Mason y Raymond Pendleton (2011). Tal artículo trata con el conocimiento acerca del problema, el asesoramiento, y la posibilidad de prevención del suicidio por parte de pastores que trabajan con varias congregaciones de Nueva Ingalterra en USA. Es necesario tener cierto entrenamiento en esta esfera, para oder lograr asisitir a las personas que son propensas a los pesamientos, planes o atentados suicidas.

En la actualidad, una nueva diagnosis trata con el duelo complicado (DSM V, 2012). Tal diagnosis comparte varias categorías o síntomas con el estrés postraumático, tales como (1) la presencia de un evento necesario para suscitar reacciones de estrés; (2) la ansiedad de la separación; (3) fantasías que se entrometen automáticamente en la mente; (4) pensamientos destructivos relacionados a pérdidas, los cuales ocurren varias veces al día; (5) el evitar situaciones que suscitan recuerdos; (6) anormalidades en su funcionamiento diario –trabajo, escuela, relaciones; y (7) debe durar por lo menos seis meses.

El duelo considerado anormal o complicado es diferente de los procesos normales porque la persona que lo experimenta demuestra una incapacidad en proseguir su camino a causa de la pérdida. Tiene dificultades en reanudar sus relaciones sociales y pareciera ser que su agonía es interminable. Investigadores (Riggs, Byrne, Weathers, & Litz, 1998; McFarlane and Bookless, 2001) han proporcionado datos acerca de los efectos que el estrés postraumático tiene sobre los elementos cruciales en las relaciones íntimas y en la comunicación. En particular, se ha notado la irritación, la híper-excitación, la sensibilidad y el estrés asociado a la intumescencia emocional. Las personas son reacias a enfrentar situaciones altamente emocionales y huyen o evitan eventos, lugares o personas –cosa que afecta sus relaciones de pareja y crea conflictos (Evans, McHugh, Hopwood, & Watt, 2003).

En este capítulo, tratamos con casos que pudieran ser designados con tal nomenclatura, porque representan desafíos al duelo normal. Como ejemplos, presentamos el proceso de duelo en los casos de (1) suicidio; (2) aborto; y (3) desórdenes postraumáticos debidos a abusos físicos o sexuales. Tales materias han sido una especie de tabú para muchos consejeros en círculos cristianos. El riesgo de experimentar el duelo complicado es mayor cuanto más grande sea el trauma asociado al evento de la pérdida. Este capítulo, en breve, trata de presentar nociones que ayuden al respecto.

El Duelo en Casos de Suicidio

El duelo en casos de suicidio representa un desafío al consejero, ya que en la mayoría de los casos, la familia o las personas sobrevivientes se cargan de emociones negativas. El suicidio es uno de los procesos más difíciles de atravesar y aceptar, porque deja a los sobrevivientes con una sensación inconclusa, incierta y perpleja, con sentimientos profundos, mezclados, de culpa, de ira de vergüenza, y de dolor. Aparte, las conjeturas y deliberaciones mentales en cuanto a las creencias derivadas de las interpretaciones bíblicas y teológicas se hacen presentes. Tanto los sobrevivientes como los consejeros han sido socializados en cuanto a las posturas sobre el suicidio, y tales actitudes se inmiscuyen en el tono, el significado y las intenciones presentes en el consejo administrado.

En cuanto a los datos bíblicos, siete ocasiones de suicidio aparecen vertidas en los narrativos, sin comentarios ni ediciones. Simplemente, registran el hecho que tales eventos ocurrieron. Tenemos el caso de (1) Abimelech, quien ordenó a su asistente a sacar su espada y matarlo (Jueces 9:54); (2) Sansón, quien tiró la casa abajo, muriendo en el proceso (Jueces 16:30); (3) Saúl, quien cayó sobre su espada y se mató (1 Samuel 31:4); el siervo de Saúl, al verlo muerto, también se suicidó con su espada (1 Samuel 31:5); (5) Ahitofel, puso su casa en orden, y luego se ahorcó (2 Samuel 17:23); (6) Zimri, al ver que la ciudad había sido tomada, encendió a la casa real, muriendo en el fuego (1 Reyes 16:18); y (7) Judas, luego de arrojar las treinta piezas de plata, se ahorcó (Mateo 27:5). El hecho de tener tales narrativos no necesariamente presenta nociones de lo que le sucedió a tales personas. Solo en el caso de Judas se hace el comentario que "se perdió" porque en alguna manera, era "hijo de perdición" para que la Escritura se cumpliese (Jn 17:12; Hch 1:15-20).

En escritos no-bíblicos, se registra la historia de la conquista de la tierra santa por el imperio Romano. Josefo narra el suicidio de 960 personas israelitas en Masada, quienes defendieron la fortaleza en Israel que cayó bajo la siega de los romanos en el año 73. Prefirieron suicidarse a ser conquistados y ajusticiados por los romanos. En la ciudad fortificada de Gamla, los israelitas se despeñaron desde un precipicio en familias en lugar de rendirse a os romanos.

Las interpretaciones acerca del suicidio han variado, desde el comienzo de la era cristiana hasta hoy. Al principio, varias personas consideraron el suicidio como algo honorable, y más aun, deseable, para estar con el Señor en lugar de peregrinar en n mundo hostil. El consejero debe meditar y asegurarse de sus posturas en el caso de suicidios, de antemano y preventivamente, en caso que tenga que actuar en tal ocasión. El Antiguo Testamento declara que solamente Dios tiene el poder de dar vida o quitarla: *"Yo doy la muerte y doy la vida"* (Dt 32:39), y prohíbe matar a otro ser humano (Éx 20:13). En el Nuevo Testamento, Pablo alego al hecho que *"Ninguno de nosotros vive para sí mismo, ni muere para sí mismo. Si vivimos, para el Señor vivimos; y si morimos, para el Señor morimos. Así que, ya que vivamos o muramos, del Señor somos"* (Ro 14:7-8). San Agustín recalcó que los cristianos no tienen autoridad para cometer suicidio en ninguna circunstancia. Lo mismo hizo Tomás de Aquino. Calvino y los reformadores siguieron la misma línea de pensamiento. La iglesia Católica catalogó al suicidio como pecado mortal, con la condenación de la persona que se mata a sí misma. El catecismo de la Iglesia Católica en su tercera parte, segunda sección, artículo 5, tratando acerca del quinto mandamiento, dice lo siguiente acerca del suicidio:

- *2280 Cada cual es responsable de su vida delante de Dios que se la ha dado. Él sigue siendo su soberano Dueño. Nosotros estamos obligados a recibirla con gratitud y a conservarla para su honor y para la salvación de nuestras almas. Somos administradores y no propietarios de la vida que Dios nos ha confiado. No disponemos de ella.*

- *2281 El suicidio contradice la inclinación natural del ser humano a conservar y perpetuar su vida. Es gravemente contrario al justo amor de sí mismo. Ofende también al amor del prójimo porque rompe injustamente los lazos de solidaridad con las sociedades familiar, nacional y humana con las cuales estamos obligados. El suicidio es contrario al amor del Dios vivo.*

- *2282 Si se comete con intención de servir de ejemplo, especialmente a los jóvenes, el suicidio adquiere además la gravedad del escándalo. La cooperación voluntaria al suicidio es contraria a la ley moral.*

- *Trastornos psíquicos graves, la angustia, o el temor grave de la prueba, del sufrimiento o de la tortura, pueden disminuir la responsabilidad del suicida.*

- *2283 No se debe desesperar de la salvación eterna de aquellas personas que se han dado muerte. Dios puede haberles facilitado por caminos que Él solo conoce la ocasión de un arrepentimiento salvador. La Iglesia ora por las personas que han atentado contra su vida.*

-

Por otra parte, y desde el ángulo conjetural y ficticio, Dante, en su Divina Comedia, colocó a las personas que se suicidaron en el cuarto substrato del infierno, sin esperanzas de resurrección. De modo que, el consejero cristiano debe transitar esta senda con empatía, cautela, sin juicio ni condenación, pero tratando de trabajar con el destrozo causado por el suicidio.

Las Asambleas de Dios, una de las grandes denominaciones pentecostales en Latinoamérica, como también entre hispanos en USA, condena como inmoral matar a los débiles, los minusválidos, los discapacitados mentales, o los ancianos, sea realizado por un acto deliberado, o por medio de la coerción o ayuda a una persona en el acto suicida. Tal filosofía se basa en el hecho revelado que Dios es tanto el dador de vida como el árbitro de la misma. El suicidio informado y libremente escogido es visto como la usurpación final de la prerrogativa divina. En tal línea de razonamiento, los humanos no están autorizados a tomar su propia vida o la vida de los demás. En los casos de depresión y enfermedades mentales, las cuales son acompañadas de dolor emocional y físico, es fácil el dudar acerca de su habilidad de escoger libremente el suicidio. Es de notar que la mayoría de los suicidios ocurren durante tiempos de profunda depresión y mucho dolor físico, cuando el razonamiento y la responsabilidad personal son seriamente alterados y disfuncionales. Con tal salvedad, la denominación no tiene enunciados dogmáticos ni categóricos acerca de lo que ocurre en casos de suicidio, alegando a que las Asambleas de Dios no adoptan ni favorecen la creencia de que tales personas serán automáticamente perdidas para siempre. Es de notar que ls pastores y ministros de la organización, aparte de subscribirse a las creencias y las prácticas organizacionales normativas, tienen sus propias conjeturas, ideas, filosofías de accrcamiento al respecto de este tema.

Autores cristianos que trataron con este tema incluyen a Hewett (1980), Rauscher (2000), Stewart (2000), Powlison (2010), Mc Donald (2011). Los trabajos clínicos entre personas con tendencias suicidas revelan ciertas pautas acerca de su razonamiento. Al indagar acerca de tales tendencias, responden: (1) han considerado la pérdida de su dignidad; (2) sufren de un dolor intolerable; (3) no quieren convertirse en una carga para la familia; (4) tienen temor a vivir en un estado inválido o vegetal; o (5) aborrecen la idea de vivir una vida sin sentido. En muchas de tales respuestas se nota un factor en común: el temor al dolor o a la pérdida del control de su cuerpo o de su mente, por lo que a veces, en un momento de desesperación, pueden atinar a pensar que lo mejor sería quitarse la vida. El consejo terapéutico integral busca el fomentar la aceptación de su realidad, y de verse dentro de un contexto comunitario, en comunión o reconciliándose con Dios y con su prójimo, para experimentar sosiego, certidumbre, y enfrentar el desenlace de esta vida en paz y morir dignamente.

Factores Asociados al Riesgo de Cometer Suicidio

En realidad, no se puede predecir con certeza si una persona ha de suicidarse, pero se alega a ciertos riesgos considerados en la atención a personas cuyos rasgos, situaciones y relaciones parecieran aglomerarse en un momento de fuerza negativo, y producen ideas, planes o atentados a terminar con sus vidas. Entre los factores estudiados, tenemos los siguientes:

1. *Demográficos:* Las personas mayores o ancianas, que viven solas, aisladas o sin estar ancladas en una comunidad. Adolescentes idealistas quienes hacen pactos idiosincráticos entre si, al estilo de Romeo y Julieta.
2. *Médicos-mentales:* Las personas que han sido diagnosticadas con, o padecen de enfermedades incurables, o enfermedades mentales como la depresión o la psicosis, tienen un riesgo más elevado comparado a la población normativa. También los que abusan el alcohol y las drogas, en combinación con sus estados carentes en lo físico o mental, se añaden a este rubro.
3. *Planeo:* La elaboración de un plan de suicidio (lugar, medios a ser utilizados) es muy indicativa de las intenciones de la persona. El amenazar con suicidarse se considera un factor riesgoso.
4. *Letalidad:* La persona puede pensar en ingerir drogas, o el ahorcarse, o el emplear un arma para injuriarse de muerte; tales consideraciones son apelaciones de la persona a ciertos agentes letales. Personas con tinte histriónico, con problemas de carácter, tienden a emplear métodos más violentos (armas, sogas, tirándose de una azotea alta, o de un puente, etc.) que aquellas personas que se cortan las venas, o ingieren píldoras de drogas). A veces, los medios empleados dan a entender un pedido de socorro (que pudiera ser atendido, salvando sus vidas), comparado a métodos que no ofrecen tales oportunidades.
5. *Conducta inaudita:* Tal vez, en conversaciones veladas, la persona da señales de peligro, expresando pensamientos suicidas, o trayendo el tema del suicidio. La persona puede desprenderse de artículos personales, dando sus posesiones, o sus objetos de valor sin dar razones adecuadas, lo cual suscita las preguntas a su

alrededor. Tal vez la persona se da a la tarea de arreglar sus cuentas, haciendo un testamento repentinamente. O realiza cambios en su conducta –sea en el trabajo, o en la escuela, fuera de serie y cuestionada por sus compañeros. Muchas veces, se nota una conducta arriesgada en la conducción de su automóvil, o en la incrementación en el consumo de alcohol o drogas, en un aislamiento social.

6. *Pérdidas recientes*: La muerte de un familiar, de un amigo, puede elevar el riesgo en algunas personas. El divorcio o la separación también sin factores, especialmente en comunidades que demandan el aguante o no toleran ninguna clase de fallas en el matrimonio. La rotura de una relación íntima debe ser tenida en cuenta. La pérdida del estado social o económico, de un trabajo importante, a veces empuja a la persona a no ver alternativas, y tener que afrontar el descredito, la vergüenza del fracaso, etc.

El consejo proporcionado a los sobrevivientes de la persona suicida demuestra ambos criterios: (1) respeto por la vida y la dignidad de la persona humana, y (2) respeto por los sentimientos, indagaciones y problemáticas de los sobrevivientes. El proporcionar consejo durante los días que suceden al sepelio y primeras semanas es esencial. La persona en duelo necesita:

1. Lugares seguros, acogedores, tranquilos. Es necesario proveer tal ambiente, para ello el consejero debe tener a disposición los recursos disponibles en cada caso.
2. Personas sosegadas, seguras, acogedoras. Es necesario que el consejero se valga de otras personas de apoyo, que puedan sobrellevar las cargas en conjunto con los familiares y amigos.
3. Situaciones seguras y pacíficas. El consejero trata de asesorar cuán factible y disponible tales situaciones existen o están al alcance de las personas que sufren la pérdida.
4. Límites a sus divagaciones, conjeturas y preguntas. Es necesario que el consejero si bien por un lado permite el desahogo de las emociones, no dé mucho lugar a conjeturas que no tiene respuestas; especialmente a la divagaciones en cuanto al destino de la persona luego de su suicidio.
5. Apoyo y sostén para estabilizarse y proseguir con su derrotero cotidiano.

Las personas que aconsejan en estos casos deben tener ellas mismas oportunidades de reflexionar, de ser apoyadas por familiares y amigos, de establecer criterios de atención a su propio ser, para evitar el agotamiento emocional.

Tratando el Duelo en Casos de Aborto

Este proceso es complejo, porque desafía el sentido de justicia, de atribución de valor a la vida humana, de responsabilidad ante Dios, el dador y sostenedor de vida, y las dificultades en aceptar el hecho –considerado en una dada manera: trivial o trascendental, secular o Cristiana, natural o teológica. Además, dos factores ortogonales pueden postularse: En primer lugar, el asiento o base del control: ¿Quién últimamente tiene el control sobre lo engendrado? ¿La madre? ¿Ambos progenitores? ¿La Corte Suprema de Justicia? ¿Dios? Y en segundo lugar, el asiento o base de la responsabilidad: ¿Quién es responsable? Ante quien? ¿Cuál es el grado de capacidad racional, de juicio, de percepción de repercusiones del hecho, de dar cuentas ante entidades humanas o Dios? Ambos son factores que entran en juego al considerar cada caso.

Aparte: ¿Es la decisión motivada por: (1) la conveniencia? (2) razones económicas? (3) causas médicas de vida o muerte? (4) causas innobles –vejación, producto de un secuestro, de un abuso sexual por parte de un criminal psicótico, o incesto paternal o familiar? Además, ¿a qué punto el engendrado de la criatura se enmarca en lo declarado como voluntad de Dios para un matrimonio, en contraposición a condiciones forzadas, por parte de personas indeseables, irracionales o abusivas? ¿A qué punto una lógica intransigente se aplica, a comparación a una ética situacional enmarcada en interpretaciones de los principios enunciados por Dios?

Las particularidades de cada caso deben ser tenidas en mente. En el caso de una joven que ha tenido un aborto, se asesora de su condición y sentimientos: Si experimenta remordimiento o racionaliza su conducta; si demuestra un corazón contrito o si apela a excusas y defensas justificativas. Si niega la realidad del hecho, disminuyendo el significado ontológico, o acepta tal realidad buscando ser absuelta de su pesar, con la conciencia de haber hecho algo a ser recriminado ante Dios.

Se supone que las personas que han tenido un aborto, basadas en su filosofía naturalista, secular (apoyadas por una sociedad creciente en su apoyo a la terminación de la gestación, amparadas por las leyes vigentes y por la opinión pública, y respaldadas por movimientos liberacionistas que desmerecen cualquier atentado a enmarcar tal asunto en principios o dictámenes trascendentales, teológicos u ortodoxos), no necesariamente acudirán a pedir consejos o a trabajar en un proceso de duelo. El consejero atenderá los casos que tienen otra filosofía de vida, otras maneras de ver las cosas, y que acuden a pedir ayuda porque han sido redargüidas, y demuestran ciertas convicciones a pesar de haber hecho algo que no cabe en sus ideales.

Aparte de las conjeturas seculares y de los pronunciamientos políticos (nacidos de la abdicación de lo revelado, del abandono de las bases ontológicas y epistemológicas derivadas de las interpretaciones escriturales ortodoxas o fundamentales) se asesora el estado de su perspicacia, de su entendimiento y de sus razones de venir a pedir ayuda: ¿Cuál es su motivación? ¿Qué es lo que la mueve a entablar un diálogo? ¿Culpabilidad? ¿Vergüenza? ¿Necesidad de justificación? ¿Necesidad de confesión? ¿Liberación de su condenación propia? La persona que aconseja debe tener pautas acerca de las respuestas a tales cuestiones. Entre hispanos, Schipani (2001) ha proporcionado un tomo que trata con la consejería pastoral en tales casos.

Para la persona que sabe que ha violado sus propias convicciones, el aborto representa un estigma que acarrea culpabilidad, vergüenza, y ambivalencia combinadas. En su crisis, necesita ser guiada hacia el proceso de duelo por la pérdida, manteniendo una postura de gracia y misericordia. Es necesario establecer un contacto y una alianza en la etapa inicial. Las preguntas que se hagan, deben tener un tono empático y no-juzgador. El recoger los datos esenciales es funcional al establecimiento de un objetivo: El de ser tratada con gracia y misericordia, para experimentar el perdón y la restitución. El proceso involucra la confesión, el arrepentimiento y la fe de volver al cauce de la comunión con Dios, para ser restaurada.

Recursos Cristianos

Varios autores cristianos han dado pautas acerca de cómo aconsejar en casos de aborto (por ejemplo, Schipani, 2001; Powlison, 2008; O'Neil, 2005). La autora Burke (2002) ha sido influyente en el establecimiento de grupos de apoyo y sanidad para personas que experimentaron el síndrome "pos-abortivo". El ambiente secular ha reaccionado en contra de tales escritos, animado de la filosofía que resta el valor a la vida como dada y regida por Dios, al considerar solamente los aspectos políticos, legales, funcionales, convenientes o personales sujetos al libre albedrío de la persona que aborta.

La mayoría de los escritos cristianos, aunque no apoyan el acto en sí, recomiendan el tratamiento con gracia y misericordia hacia la persona, la cual debe enfrentar su situación a la luz de las Escrituras, ante la presencia de un Dios que es misericordioso, amplio en gracia.

¿Por qué es necesario recapitular el hecho de haber abortado? Pareciera ser cruel el revivir las memorias del trauma, pero es necesario que la persona declare, confiese, purgue sus sentimientos embotellados, martirizantes y agobiantes, para no solo sentir alivio catártico, sino demostrar su dolor por el hecho cometido ante un semejante que se une para interceder, orar y considerar el asunto ante la presencia del Espíritu Santo. La persona, presencia y poder de Dios está para tratar con su ser —no solo con sus emociones, o con sus memorias, sino con la intención restablecedora de su posición y su estado ante Dios. El ser perdonado por el juez absoluto vale más que cualquier aliciente humano proporcionado. El ser libre ante la presencia del sobreveedor absoluto, del dador y regidor de la vida, es esencial.

El consejo trata con las emociones de la persona, suscitadas por la recapitulación de su relato, del narrativo de los eventos que culminaron en el desenlace abortivo. La persona que aconseja ayuda en la identificación y la expresión de las emociones acopladas a la pérdida del potencial humano descartado. Se notan los pensamientos y los razonamientos empleados, las actitudes acompañantes y el estado de ánimo en general. Con aceptación y apoyo, se asesoran si los síntomas del denominado estrés postraumático se manifiestan. El lapso de tiempo entre el aborto y la sesión inicial ha de notarse, ya que a veces meses o años han pasado hasta que la persona acude a pedir consejo. Si la persona viene inmediatamente luego de su crisis, es común que sus sentimientos, emociones y conducta son más frágiles y que la persona es más propensa a reaccionar con vehemencia, culpabilidad, vergüenza o ansiedad acopladas a su duelo.

El consejo trata de desarrollar una objetividad acerca de lo proporcionado en el narrativo y en las expresiones emocionales de la persona. Se trabaja con las memorias penosas, a fin de saber qué es lo que se debe perdonar y echar al olvido. Se ha de recalcar que todo lo cometido por todo ser humano ha sido cargado sobre Aquel que llevó todos nuestros pecados y los clavó en la cruz. La declaración teológica basada en la expiación alega que no existe un solo hecho pecaminoso que no haya sido incluido en su sacrificio por nosotros, y que la gracia de Dios y su misericordia alcanza hasta los recónditos más bajos experimentados por el ser humano. El cliché se aplica: Dios aborrece el pecado pero ama al pecador. La persona que aconseja no dispensa "gracia barata" sino que apela a lo costoso del perdón de Dios: Le costó la vida al Hijo. De modo que, el manifestar gracia, misericordia, amor, perdón y aceptación hacia la persona contrita, no son elementos triviales dispensados como si fuesen emanaciones o dotes personales del consejero, sino como el servicio prestado en función de ser reconciliadores, embajadores de la gracia y el perdón de Dios. Si la persona experimenta tales procesos en compañía de un mero ser humano, puede vislumbrar que Dios, quien está por encima de la persona que aconseja, puede hacer un trabajo más excelente en restituir su alma, su espíritu, sus emociones, pensamientos, memorias y conducta actual.

Como hemos visto en capítulos anteriores, se recalca el hecho de tener en mente la presencia del Espíritu Santo al tratar de ser de apoyo a la persona. El proceso terapéutico debe proporcionar una secuencia de encuentros en lugar de ser una sesión aislada. Es menester asesorar semanalmente el estado, las emociones, los pensamientos y la conducta de la persona, en un proceso continuo y por espacio de seis meses a un año. Es necesario el tiempo de sanidad para afianzar, consolidar su ser y proveer límites seguros en el espacio vital de la persona. El consejo es un proceso, no solo un evento o un toque de ayuda. La interacción se torna en una presencia continua que asegura, refuerza y enviste a la persona con la convicción y actualización de su perdón, de su aceptación y validación, de su reencuentro con Dios y con la comunidad, y con la vida misma.

En el campo secular, existen versiones paralelas a las presentadas aquí; pero también existen otras maneras de ver las cosas. Las autoras Needle y Walker abogan por un acercamiento en el cual se desafía el "mito" del "síndrome de pos-aborto", alegando que es innecesario sufrir síntomas prolongados luego de la experiencia, con cierta preparación pre-abortiva para que se desensibilicen al hacer tal decisión (Needle & Walker, 2007). Otras terapeutas con las cuales el autor ha participado en sistemas seculares, quienes trabajaban asiduamente con personas que habían abortado, creyeron que es necesario que ellas realice un ritual –que asignen un nombre al feto muerto, y que conduzcan una especie de funeral virtual, para dar conclusión a un proceso que de otra manera, librado al azar, tiende a ser suspendido y representa una especie de tratativa inconclusa (el denominado efecto de Ziegarnick). La manera en la cual tal "ceremonia" se realizaba era cuestión de convicciones conjeturales tenidas por las diferentes terapeutas y sus estrategias de ayuda. No hay tantos datos empíricos que validen una práctica sobre otra. Tampoco no se registran comparaciones empíricas que hayan considerado los procesos de sanidad interior practicada en círculos carismáticos. Por lo tanto, se recomienda a los consejeros que no están compenetrados en la materia a no realizar actos para los cuales no se han preparado, o no haber sido supervisados en casos similares. No es sabio simplemente captar una onda y demostrar ansias de "pedir prestado algo" sin saber *cómo o por qué* trabaja (sus bases empíricas, ontológicas o reveladas) ni para qué usarlo (su función y utilización pragmática).

El consejero actúa como un "sanador herido" manteniéndose en la línea sin evitar el encuentro con el dolor, con la angustia o la desesperación. Debe tolerar la ambigüedad, lo disonante, lo paradójico en estos casos, sabiendo que por un lado, mantiene sus posturas teológicas y sus convicciones de fe, y al mismo tiempo es amplio en aceptar, tratar con el dolor humano, con las desventuras y los yerros de las personas. El texto de la epístola a los Hebreos 5 enfatiza que aquellos que ministran a favor del pueblo, deben recordar que ellos mismos están rodeados de debilidad. Por lo cual deben mostrar misericordia –una actitud y postura esencial para tratar con el pueblo. También, deben presentar sacrificios por ellos mismos (en reconocimiento de sus propios yerros, incapacidades y pecados) para luego ministrar a los demás.

Metafóricamente hablando (el que lee, entienda), el ministrar en casos de aborto no le da el poder a la persona que aconseja de golpear con las tablas de la ley sobre la cabeza de la persona aconsejada, sino de permitir que tal persona toque el borde de sus vestiduras para recibir cierta virtud sanadora y restauradora. Cualquier noción leve por parte de la persona lúgubre, angustiada, cercana a su condenación, que se asemeje a la exclamación *"Acuérdate de mí cuando vengas en tu reino…"* debe ser respondida a la manera de Jesús –"Hoy estarás conmigo…". En otras palabras, no cerrar las puertas de la comunión y de la vida perdonada, libre de cargas a la persona que en forma contrita, humillada, con arrepentimiento y remordimiento, se acerca por fe a ser restaurada. Sin menguar la justicia de Dios ni cuestionar s gracia, es aconsejable que la persona que busca ayuda de esta índole muestre los siguientes rasgos:

1. Un corazón contrito y humillado –reconocimiento de la realidad, sin defensas o excusas
2. Remordimiento por el pecado cometido –manifestar dolor por lo cometido
3. Arrepentimiento –cambio radical de orientación, derrotero, pensar y conducirse
4. Confesión ante Dios –en presencia de una persona solidaria
5. Aceptación de la gracia y misericordia de Dios, de su perdón y absolución
6. Disposición a enmendar sus valores, creencias, fe y conducta
7. Disponibilidad a ser redimida, reformada, renovada y restaurada a la comunión

Si la persona muestra tal actitud, postura, voluntad, disponibilidad y abertura sin defensas, y se da a un proceso sanador y restituidor, el consejo facilita grandemente tal proceso. Finalmente, el consejo busca establecer metas realistas, logros a corto y largo plazo, tales como:

1. Desarrollar una mente que refuerza las posibilidades de salud, de bienestar, de propósitos buenos en cuanto a las relaciones humanas y al desarrollo de una ocupación, carrera o estudios
2. Planear actividades semanales en referencia a las relaciones y al desarrollo de lo ocupacional.
3. Establecer hábitos para fomentar un crecimiento espiritual –oración, lectura de las escrituras; asistencia a grupos de apoyo, de estudio, de discipulado.
4. Ejercitarse físicamente para establecer control sobre su cuerpo en manera positiva.
5. Crear nuevas memorias positivas (actuando en el presente en forma proactiva, registrando el logro de actividades en conjunto con personas adecuadas, confiables) para contrarrestar las memorias negativas asociadas con el aborto
6. Tener una persona asesora, mentora o discipuladora con la cual relacionarse asiduamente y establecer líneas de base, objetivos y metas hacia el crecimiento personal, de carácter y conducta.
7. Desarrollar un sentido de control o dominio propio a través de algún proceso de relajamiento mental y muscular –tal como la meditación, el relajamiento progresivo de su fisiología, su respirar pausado y profundo, con la visualización de escenas pacificas, con imaginación enfocada hacia asuntos placenteros.
8. Evitar relaciones intimas prematuras (especialmente si la persona es soltera) por espacio de seis meses a un ano, dejando que su mente, alma y cuerpo sean restaurados hacia un sosiego, con sensaciones de paz y con la recuperación de su capacidad de sentir placer bajo su dominio propio

Partiendo de la base que considera al aborto como una causa que produce desavenencias, traumas y consecuencias negativas en la mente, el corazón y el alma de la persona cristiana, la recuperación debida a un evento de tal índole lleva tiempo y se demanda paciencia por parte de ambas partes. No solo la persona que busca ayuda, pero la persona que aconseja necesita reconocer realmente sus propios límites en cuanto al tiempo disponible, a la energía personal y la capacidad de trabajo; también se toma en cuenta el entrenamiento en la materia y su experiencia en estos casos. Al considerar tales variables, puede ser muy necesario el referir tales casos a otro profesional o una consejera madura, como así también trabajar con familiares y amigos de la persona e instruirlos en cuanto a encomiar, apoyar, guiar y restablecer a la persona en su sistema.

El Proceso de Duelo en Situaciones Postraumáticas

Las peripecias o traumas por las cuales algunas personas atraviesan pueden arrojar un saldo de reacciones postraumáticas que llevan en sí las características de duelo anormal. No solo en el caso de soldados que han atravesado por muchas atrocidades y han perdido amigos, compañeros de lucha o miembros de su propio cuerpo, pero otras personas sujetas a traumas tales como la vejación, el abuso físico o sexual. Las personas que han presenciado eventos horrendos (un hijo descubriendo a su padre que se suicidó, una madre descubriendo a su marido teniendo relaciones sexuales con su hija, etc., también son sujetas a traumas emocionales.

El abuso físico o sexual de una persona muchas veces trae consecuencias funestas, traumáticas, las cuales afectan al ser en muchas maneras negativas. Los sobrevivientes de tales experiencias pueden sufrir consecuencias muchos meses después de su ocurrencia, o aún después de muchos años. Tel fenómenos algo semejante a las experiencias postraumáticas de soldados de guerras que han sido objeto de traumas o que han visto atrocidades, cosas horrendas que se han grabado en sus memorias y aparecen como "flashbacks" o imágenes retrospectivas intrusivas en el presente. En el caso de abuso físico o sexual, la persona ha experimentado pérdidas: (1) de seguridad, al ser vejada y ultrajada en su confiabilidad; (2) de estima e imagen propia, al ser rebajada, degradada y desmerecida por sus abusadores; (2) de voz aguerrida y confiada, siendo apabullada, aplastada por personas abusivas y por circunstancias degradantes; (3) de inocencia y desarrollo adecuado en su crecimiento, al ser expuesto a condiciones y temáticas indebidas e inadecuadas a su edad; (4) de postura social, con apocamiento, retraimiento, vergüenza y culpabilidad indebidamente alojadas; (5) de paz y sosiego, al ser expuesta a la ansiedad, al terror o pánico; (6) de gozo o bienestar, al sufrir la tristeza de no haber tenido una niñez feliz, placentera o dichosa.

La psiquiatra Miller (2007) ha desarrollado un sistema de ayuda a personas que han experimentado traumas y su duelo se debe haber perdido el candor, el desarrollo natural y funcional, la oportunidad de ser socializado en un ambiente adecuado y funcional entre otras peripecias. En su esquema, el proceso se desarrolla de la siguiente manera:

- se guía a la persona a experimentar sus emociones reprimidas
- se insta a la persona a descubrir a su ser verdadero, aparte de haber sido ultrajado/a o definido or otras personas
- se insta a la persona a abandonar las nociones falsas y disfuncionales acerca de su persona, debidas al abuso o al trauma, y a redefinirse de acuerdo a una mejor postura
- se anima a la persona a confrontar a su pasado, especialmente a las personas que han hecho el daño y causado las pérdidas; se desafía a las imágenes y proyectadas en forma negativa, las cuales han llegado a ser parte intrínseca de las voces que atrapan, manipulan y degradan a la persona actual
- se ayuda a la persona en el desarrollo de un nuevo fundamento para su estima propia –basado en una mejor mage, a un sentido de pertenencia a una comunidad, y de ser eficaz en el manjo de su existencia
- se guía a la persona a satisfacer sus necesidades básicas y a lamentar y procesar el duelo relacionado a las necesidades que no pueden ser satisfechas
- se recapitulan todos estos pasos a través del proceso terapéutico hasta lograr que la persona se vuelva objetiva acerca de su subjetividad y postule su libertad emocional

Esta clase de duelo puede asesorarse cuando la persona está lista para trabajar sobre sus asuntos. A veces algún evento precipita el alza de las memorias reprimidas, y su aparición desafía a la represión y a la supresión, volcando hacia el consciente los eventos que causaron el daño. Tales eventos suscitan las memorias y las emociones profundas asociadas a los mismos, tales como el terror, la desesperanza, la ira y la ansiedad. A veces tales emociones sepultadas bajo las defensas de la persona afloran durante el tratamiento terapéutico cuando la persona es atendida a causa de sus síntomas. La libertad de las emociones fomenta no sólo el descubrimiento de la historia de la persona sino también el desarrollo de su ser verdadero.

El desarrollo del ser traumatizado (definido como un ser inválido o falso, disfuncional o precario) es caracterizado por la represión forzada de la persona en cuanto sus propias necesidades, y por su ambivalencia hacia las personas que supuestamente lo debían haber socializado en forma adecuada; el niño trata de asegurar el amor de sus padres o socializadores y en lugar de individuarse o diferenciarse, desarrolla un ser acomodado a sus manipuladores o abusadores. Es aprisionado en un proceso inconsciente al tratar de acomodarse y asimilarse a su ambiente; se torna cautivo de un proceso que busca satisfacer las demandas de las personas a su alrededor a fin de obtener su amor, su protección y cuidado. El consejo puede ayudarle a la persona a desafiar tal historia y sus consecuencias; puede de animar a la persona a conocer la verdad para ser libre.

Muchas veces el aceptar la verdad produce dolor emocional. Si la persona es capaz de aceptar la realidad en el proceso terapéutico de duelo y reconocer (1) que no fue amada por ser digna de amor; (2) o amada en la forma debida, incondicional y proactiva; (3) y que no fue aceptada en su propio ser, (4) sino que fue usada como objeto de manipulación y explotación, a través del proceso de duelo puede ver la oportunidad para ser libre de tal carga emocional. Puede aprender que su estima propia no se supedita a otras personas ni se debe a sus ansias de acomodarse a las exigencias externas disfuncionales. Tampoco se establece sobre las bases de sus logros, de su éxito o cualidades puestas al servicio de las personas que la maltrataron. El aceptar la realidad y reconocer que su ser ha sido sacrificado al servicio nefando de personas abusivas es muy traumático. Es una especie de re-traumatizado, ya que el experimentar de nuevo el impacto de las memorias del trauma original es asesorado en el presente en forma existencial. Sin embargo tal re-traumatizado es enmarcado en un ambiente seguro y con una persona confiable, tiene un propósito catártico y sanador, y no destructor ni masoquista. Sólo cuando la persona reconoce objetivamente la realidad de su pasado triste y traumático, y decide confrontarlo y desecharlo, es libre para actualizar a su propio ser más adecuadamente.

Más allá de la terapia enmarcada en términos humanos (basada en perspicacia adquirida en procesos transferenciales hacia un objeto resocializador), el consejero cristiano apela a una redención superior. El consejo apela a una redefinición del ser desde el punto absoluto y trascendental. Los objetivos del consejo secular son penúltimos y relativos a la vida debajo del sol. Los objetivos del consejo cristiano van más allá, haciendo hincapié en el hecho que el Espíritu Santo está presente para redimir, renacer, regenerar y restaurar al ser humano; esta para resocializar a la persona y redefinir se existencia humana, para transformar y renovar el carácter y la conducta de la persona, inmiscuyendo lo trascendental a lo trivial. La persona adquiere un sentido teleológico, dirigido hacia un futuro con esperanzas y fe, afirmando su esperanza de vida eterna en la cual todo lo nefando y traumático dejara de ser.

La Administración del Consejo

El administrar consejo en tales situaciones de duelo tiene dos finalidades: El de apoyar, sostener y ayudar a la persona a aceptar las perdidas con el fin de proseguir su derrotero; y el de fomentar una actitud y postura de fe y esperanza en un futuro mejor. Caro esta, no se trata de apurar el proceso, sino asesorar su desarrollo en el tiempo adecuado. En la mayoría de los casos, tal proceso dura de seis meses a un ano. Luego de las etapas iniciales, el proceso se torna en un restablecimiento del ser. Es análogo al renacer, al ser re-generado y re-definido como una nueva criatura (2Co 5:17) para volver a crecer y madurar espiritual y emocionalmente.. Es interesante notar que el apóstol Pablo ubica tal expresión en el contexto del verso anterior (2 Co 5:16): *"Desde ahora en adelante, a nadie conocemos según la carne (es decir, en su estado natural, sujeto al desarrollo dentro de una determinada familia y cultura cuya socialización primaria no es adecuada ante Dios).... De modo que el que está en Cristo (adoptado, renacido, amado, posicionado en paz ante Dios) es una nueva creación. Las cosas viejas pasaron, he aquí, todas son hechas nuevas").*

A través del proceso terapéutico, la persona puede experimentar en sí misma la necesidad de vivir de acuerdo a su ser verdadero, definido por Dios y proporcionado de poder para actualizar su voluntad. Los principios enunciados en Romanos 8 dan a entender que hay una nueva manera de ser redefinidos, aceptos, seguros y crecientes en fa y en carácter. La gracia de Dios le es más factible y accesible al comprender que no tiene que obrar, acomodarse o lograr el ser aceptado o amado por Dios en base a sus esfuerzos. Puede reconocer que Dios no sólo lo ha formado sino que puede actuar sobre su condición deformada, reformando (Ro 3-6) y transformando su ser (Ro 12:1-2), conformando su ser a la imagen de Jesucristo (Ro 8:28-30). El Espíritu Santo actúa como re-socializador de su nueva existencia. La verdad de Dios lo hace libre.

Muchas veces este trabajo de duelo permite a la persona a realizar no sólo las fallas de sus progenitores pero también las maneras en las cuales ha internalizado sus modelos destructivos, los cuales tienden a repetirse a través de las generaciones. La identificación cognitiva de tales procesos y esquemas no es suficiente. La persona debe experimentar la libertad emocional para romper con los moldes del pasado y crear nuevas memorias bajo los auspicios del Espíritu Santo. En muchas ocasiones las personas investidas de poder son capaces de confrontar a su pasado, y especialmente a las personas que los han abusado o traumatizado porque no se ven bajo su control ni jurisdicción. Se sienten libres y capaces de hablar la verdad en amor. Si tal encuentro o confrontación no es posible, la persona puede entablar diálogos con las voces y personas alojadas y arraigadas internamente, desafiando las consecuencias negativas y ejerciendo más control sobre sus reacciones al pasado.

Cuando el ser fragmentado se orienta hacia la integración, la persona puede experimentar una nueva gama de emociones que anteriormente han sido suprimidas o sofocadas -no sólo la ira o el miedo, la desesperanza o la ansiedad, sino también el gozo, el contentamiento, la paz, la excitación sexual, entre muchas otras. En lugar de rechazar lo que emerge como su ser verdadero, la persona paulatinamente aprende a escuchar su propia voz y a darse crédito en su crecimiento. En lugar de la negación, la racionalización, la represión o supresión, la idealización o la proyección, entre muchas otras defensas, la persona se vuelve más atenta a su ser interior y desarrolla su propia voz, sus propios juicios y decisiones. Es un proceso lento, y la persona en muchas ocasiones se desliza y vuelve a dar crédito a las voces negativas internamente arraigadas del pasado, y es apesadumbrada por la "presencia en ausencia" de las personas que la han manipulado, degradado o traumatizado. Sin embargo, a través de la perspicacia adquirida, la persona está en una mejor posición para diferenciar la realidad en contraposición de aquello que ha sido negativamente proyectado o asimilado aún cuando a veces disminuye el poderío de su voz o la realidad de sus nuevas atribuciones.

El aceptar al nuevo ser liberado y dejar a un lado al ser falso son componentes recíprocos del proceso de duelo. Al confrontar las imágenes internalizadas y acorralar los pensamientos negativos para luego desecharlos, el ser experimenta más control sobre sus procesos cognitivos y emotivos. En las terapias de estilo psicoanalítico se da mucho énfasis a la transferencia de la persona hacia el terapeuta para ser re-socializada en tal proceso. La transferencia contribuye al establecimiento de la estima propia y provee oportunidades en las cuales el terapeuta satisface las necesidades básicas de la persona -el ser aceptada, afirmada, respetada, provista de empatía y calidez emocional, etc. Sin embargo, a pesar de tantas posibilidades positivas, el terapeuta no puede últimamente satisfacer todas las necesidades de la persona. La búsqueda eterna de la madre perfecta, del padre perfecto o del ambiente perfecto, se torna en un proceso sobrecompensador obseso-compulsivo sin resolución final. El consejero cristiano desvía la atención de la persona hacia Dios, el único que puede satisfacer tales necesidades. En el consejo, el terapeuta actúa como un agente mediador, de reconciliación con Dios, proveyendo oportunidades para que un nuevo crecimiento tome lugar en la persona bajo los auspicios del Espíritu Santo.

Muchos obstáculos aparecen en el camino enmarcado en el proceso de duelo. El confrontar el terror de los traumas pasados evoca ansiedad, suscitando las defensas de la negación y la supresión. Las memorias nefandas evocan la vergüenza y la disminución de la estima propia, y tientan a la persona a no proseguir. A veces la persona se da una súper espiritualidad en la cual prefiere no entrar en un proceso sanador y bloquea su pasado sin resolverlo. El consejero astuto y sabio, sin desmerecer el poder de Dios sanador, debe ser capaz de guiar a la persona a una limpieza verdadera de los efectos del pasado. El consejero no debe interpretar el estoicismo de muchos creyentes como un signo de la gracia el poder de Dios, sino ayudar a la personas a reconocer su necesidad de sanidad paulatina, aún cuando Dios puede sanar instantáneamente. Tal vez muchas interpretaciones teológicas fomentan la negación del pasado, a estilo estoico o masoquista, cuando bien pudieran apuntar al proceso arduo de ver las causas que han causado el luto o el duelo de la persona. Tal vez la teología de la Cruz y del sufrimiento puede ayudar en esta labor, sabiendo que hay redención y salvación final. Dios puede irrumpir al presente con el futuro glorioso pero en gran manera ha dejado las cosas a ser cumplidas al final del recorrido humano por este mundo.

Luego que el proceso de duelo en el caso de desórdenes postraumáticos se encarrila hacia la libertad, el crecimiento de la persona, se insta a proseguir hacia la madurez espiritual. Las reacciones y respuestas a la vida por parte de la persona experimentan un cambio paulatino –de percepciones, de atribuciones, de restructuración de su motivación a vencer las vicisitudes, y de lograr vivir de una manera mejor. El autor ha desarrollado una especie de "escala" para medir la altura en la cual las respuestas a los embates de la vida traumática aparecen. De ser (1) víctima, la persona pasa a ser (2) un sobreviviente; luego, tiene la sensación de ser (3) una especie de mártir, cuya vida testifica no solo acerca de sus peripecias, pero de su capacidad de permanecer de pie; luego, se considera (4) una persona guerrera, vencedora de las circunstancias. A veces, se remonta a mejores alturas de logros, llegando a ser (5) un héroe o heroína, admirado/a por los que observan su testimonio y sus alcances. Finalmente, en algunos casos, hasta hay ciertas ramas del cristianismo que pudieran canonizar a la persona, llegando a ser un/a (6) santo/a (no perfecto). Tal persona vive sobre las circunstancias y nada lo amedrenta. Los que reciben la abundancia de la gracia y la justicia como un don, "reinan en vida por Jesucristo" (Romanos 5:17).

461

El lograr que la persona se vea libre de su victimización es algo deseado. Los demás niveles pueden o no pueden ser realizados; lo que vale es llevar a la persona a vislumbrar sus posibilidades de ser redefinida, resocializada por el Espíritu Santo, y gozar de las bendiciones de Dios en lugar de vivir atrapada por su pasado o por las circunstancias.

A veces, al aconsejar, se trata de dar pautas y principios de acción a manera de discipulado. Es tentador para pastores y teólogos el tratar de ver toda experiencia humana enmarcada en alguna categoría o principio bíblico. No se trata de encauzar o explicar los sucesos o las peripecias por las cuales la persona ha atravesado con moldes teológicos prefabricados y aplicados automáticamente, sino dialogar interpersonalmente a fin de llevar a la persona a un mayor entendimiento de la presencia, el poder y la voluntad de Dios al enfrentar su pasado. La persona que aconseja es una especie de perito arquitecto trabajando con el ser destruido en busca de la restructuración de su existencia. El perito arquitecto trabaja desde un punto de vista global, total o transcendental, sin perder de vista las minuciosidades o los detalles de lo que la persona reconstructora necesita hacer en el acto presente de labor mutua para lograr que su edificio sea cabalmente hecho. Parte de la labor incluye el remover escombros para luego edificar adecuadamente. Elementos tales como la ambivalencia, la incongruencia, la paradoja, la perplejidad y otros afines, se entrometen en el trabajo terapéutico. Los deslices, las recaídas hacia moldes antiguos, las predisposiciones que pudieran existir en los procesos cognitivos y afectivos —negativos, autoconfirmadores y denigrantes, aparecen a menudo. Si el consejero puede animar a la persona a tener fe y esperanza, a utilizar sus respuestas de pelea, su postura de guerra contra la insensatez de su pasado, y vislumbrar su reconstrucción paulatina, animado de la energía del Espíritu Santo, habrá logrado su cometido de ser un buen asesor y un agente de ayuda.

Evitando Traumas Vicarios

Muchas veces, aquellos que trabajan asiduamente con casos pesarosos o traumatizados experimentan una especie de trauma secundaria de carácter vicario. Es una especie de sensibilización emocional personal que afecta a su ser en forma impactante y negativa, con la manifestación de síntomas similares a los experimentados por las personas traumatizadas realmente. El asesorar y cotejar las reacciones personales al narrativo de la persona en necesidad, es esencial. También lo es el emplear una postura metacognitiva —el desarrollar objetividad acerca de su subjetividad, percibiendo y asesorando sus estados mentales o emocionales en forma reflexiva.

Cuando se escucha el narrativo con mucha empatía y ahínco, las personas que aconsejan tratan de no llenar sus mentes con imágenes o figuras muy gráficas o mórbidas, las cuales una vez alojadas y consolidadas, no desaparecen fácilmente de su memoria. Tal vez, para los no acostumbrados a estos procesos, es mejor ser globalmente tentativos en su enfoque inicial, y al mismo tiempo seguir la pista de los datos esenciales de las experiencias traumáticas para ser acertado en su consejo. Aun así, se trata de no ser "atrapado" en la historia de la persona como para acarrear todas sus cargas a su vida personal. Es lo que denominamos "congruencia" en un capitulo anterior -ser genuinos, honestos y empáticos en prestar atención y servicio, y al mismo tiempo tener límites o demarcaciones en cuanto a su ser, viéndose dentro de su propia esfera y examinar sus pensamientos y sentimientos meta cognitivamente, sin ser absorbido por las demandas emocionales de la otra persona.

El evitar ser sujetos a traumas vicarios involucra prestar atención a sus propias necesidades –físicas, emocionales, sociales y espirituales. Esto es, tomarse recreos, compartir esparcimiento con familiares o amigos, ejercitarse, y darse tiempo para meditar. Es aconsejable tener compañerismo y amistad con otros colegas que trabajan en el campo de labor, para tener un eco a sus empeños y no sentirse como un "llanero solitario". También, es recomendable que se dé un tiempo para practicar algún deporte, desarrollar hobbies, o buscar oportunidades distintas, singulares o alejadas de sus tareas rutinarias. La vida personal debe ser resguardada de las presiones o sobrecargas; para ello, es necesario renovar su mente y sus energías. A medida que ayuda a otras personas, la persona que aconseja en situaciones complejas y demandantes puede elegir el mantener un estilo de vida balanceada entre su trabajo, su familia, sus amistades y su recreación y esparcimiento.

Capítulo 27

Mediando Conflictos

A través de las páginas de este libro se ha enfatizado el acercamiento a los conflictos intrapsíquicos, intrapersonales o nacidos de las consideraciones internas de la persona. Este capítulo trata con los conflictos interpersonales, nacidos de las diferencias, las desavenencias o los malentendidos entre dos o más personas, manifestados en (1) tratos abusivos entre parejas o familiares; (2) procesos inadecuados de comunicación, caracterizados por quejas, insultos y negativismo; (2) el desarrollo de las acciones antagonistas, de peleas y rencillas; o (3) las actitudes negativas, el pensar y el sentir generados desde dos o más puntos de vista.

Las tareas de cuidado pastoral y suministración de consejos muy a menudo incluyen la tarea mediadora y reconciliadora entre personas que experimentan conflictos. Per mediación se indica la función terapéutica de una persona que al involucrarse con las personas en conflicto, se coloca "en el medio" de las partes en pugna. El mediador escucha, traduce, facilita, establece criterios, o se interpone en manera positiva entre las partes conflictivas a fin de lograr e la posibilidad de reconciliación y resolución. Sigue el principio paulino en 2 Corintios 5, donde se define a sí mismo y a sus colaboradores en el ministerio como una especie de embajador representando a Dios hacia las personas, y rogando a las personas que se reconcilien con Dios. Tal modelo se extiendo al trabajo de reconciliación entre parejas, familias y el Cuerpo de Cristo (el cual no padece de ausencia conflictiva entre sus miembros).

La Naturaleza y las Causas de los Conflictos

Definimos el concepto "conflicto" como la situación nacida de dos partes que se enfrentan y "chocan entre sí con fuerza", animadas de emociones y pensamientos negativos. El conflicto es una disensión, un desacuerdo, una desavenencia, una disonancia, o un complejo interpersonal caracterizado por el deseo de sobreponer, anular, mitigar o reducir a la persona que se antepone como antagonista, considerando su postura, conducta o influencia como algo a ser controlado. El conflicto puede ser obvio o velado; agresivo o pasivo, verbalizado o actuado en forma conductiva. Un conflicto lleva en si la generación de pensamientos, sentimientos y actitudes negativos nacidos de las necesidades a resolver, de las expectativas insatisfechas, o de las metas desniveladas o antagónicas de dos partes en contraposición.

En el asesoramiento de un conflicto, se observan y escuchan las peticiones o las quejas presentadas por las partes en pugna. En la mayoría de os casos, ambos lados del conflicto arrojan sus quejas, recriminaciones, acusaciones, etc., de una manera poco sistemática, organizada, o pausada. En realidad, las personas llegan a la sesión tratando de lograr que la persona que media se acople a su lado, para aliarse con la misma en contra de su adversario. Al asesorar tales situaciones, es necesario prestar atención a las quejas, las demandas, las peticiones, etc., teniendo en mente las necesidades subyacentes a tales expresiones. Un diagrama puede ayudar en tal acercamiento:

Figura 27.1. Niveles Ascendentes de Conflictos

El diagrama ilustra el hecho que muchos conflictos nacen porque las necesidades básicas de las personas (de amor, de respeto, de estima, de satisfacción, etc.) no han sido atendidas debidamente, o han sido desechadas en alguna manera. Una necesidad que no ha sido atendida normalmente resulta en una queja o un reclamo. Si tales quejas o reclamos no se atienden, las personas suelen acudir a pedir que se les otorgue sus reclamos; si tales peticiones son desvirtuadas o no atendidas, las demandas aparecen. Si las demandas no son atendidas, los insultos aparecen, y muchas veces se escalan a la violencia. En el asesoramiento de un conflicto interpersonal, se trata de ver la capacidad de las personas de vislumbrar el nivel de sus expresiones como también su capacidad de disminuir o aumentar su agresividad en los atentados a resolver sus conflictos.

Las Causas de los Conflictos

Las causas de los conflictos son muchas, por lo cual es necesario simplificar y presentar nociones ilustrativas más que exhaustivas. Causas obvias, tácitas, figuradas, proyectadas, prejuiciadas, reales o imaginarias, pueden ser postuladas. Las necesidades subconscientes de una persona pueden inmiscuirse o filtrarse desde el pasado irredento, precario o herido hacia el presente, y manifestarse en las quejas y demandas de una persona que sufre, que no está satisfecha en la relación. Las vicisitudes y peripecias pasadas, aún cuando han permanecido por mucho tiempo "debajo del nivel" flotante del témpano, emergen al ser provocadas por estímulos evocadores provenientes de tratativas presentes, de peleas actuales, y pueden servir a su vez de activadores de sentimientos de ira, angustia, frustración, entre otras. A veces, las causas no son tan obvias, porque nacen de complejos, de tratativas incompletas o de anhelos frustrados. Fallas en resolver tales cuestiones de antaño, o fallas en la socialización primaria de una persona, se inmiscuyen para crear estilos defensivos, arraigados en el ser como una especie de predisposición a repetir compulsivamente querellas, rencillas o peleas interminables sin enfocar apropiadamente sobre el origen de los conflictos.

Por otra parte, existen causas obvias y patentes, a la vista y que sin discusión, son asesoradas coma el origen de un conflicto. Si una persona se emborracha y hace coses nefandas, las cuales destruyen la paz y la armonía de un hogar, no hay que buscar muy lejos para ver la conexión entre tal conducta y sus ramificaciones conflictivas. Otra persona provoca con insultos y abusa físicamente a su esposa al no controlar sus impulsos emocionales, recibiendo de ella una respuesta policial, lo cual si bien resuelve el conflicto inmediato, no necesariamente los reconcilia. Una tercera persona quebranta su pacto de amor, teniendo relaciones infieles con un amante, creando un sinnúmero de sinsabores, peleas, alejamiento y hasta divorcio. Tales causas obvias de conflicto son simplemente ejemplos entre muchas otras cuestiones que aparecen en la oficina pastoral en busca de consejo.

En primer lugar, los conflictos emergen de situaciones en las cuales el espacio vital de una persona es infringido, sus derechos son pisoteados, menguados o invadidos; también, en segundo lugar, se suscita cuando el movimiento hacia un derrotero, hacia un objetivo, es bloqueado, impedido o estorbado por otra persona en relación. En tercer lugar, las situaciones que evocan el sentido de no ser escuchados, atendidos, valorados o apreciados, igualmente producen conflictos.

La violación de espacio intimo vital: Muchos conflictos matrimoniales nacen de "pisar sobre la línea" definida mutuamente como un espacio vital adecuado por dos personas, considerado por ambos como un espacio vital cuyos límites emocionales son exclusivos. El pronunciar ciertos votos ante un ministro en una boda, se constituye en un pacto con estipulaciones –privilegios y responsabilidades, con limites que demarcan un espacio intimo vital a no ser traspasado, trasgredido, o pisoteado. Una persona que se envuelve con un elemento extraño en forma desleal a su pacto, crea conflicto, actuando en contra de su pareja y en contra del diseño de Dios.

El bloquear el paso de una persona cuando ésta trata de alcanzar una meta, crea conflictos también. Si una persona trata de crecer –sea un crecimiento social, espiritual académico, económico, o de cualquier índole, y experimenta los impedimentos por parte de sus relaciones, tales como los bloqueos a sus ansias, esfuerzos o intenciones, evoca emociones negativas y también la necesidad de resolución. El presentar opiniones sin que se le pidan, o "empujar" actitudes o sugerencias a sus semejantes y recibir respuestas antagonistas, negativas o denigrantes, promueve la creación de conflictos.

Muchas personas que viven en una situación denominada "menos de lo deseado", aún así tratan de ser fieles, buenas y dadivosas hacia la otra persona que, a su criterio, ni merecen tales tratos. El rechazo de los avances bien intencionados de tal persona, quien desea bendecir de alguna manera a la otra persona, crea cierto vacío emocional. La persona que trata de dar continuamente, sin recibir nada de la otra parte, a menudo cambia su actitud –del complejo "salvador" pasa al complejo de "mártir", ya que el desecho de sus buenas disposiciones crea situaciones dolientes de resentimiento que se acumulan con el tiempo y con las repeticiones de tal estilo interactivo caracterizado por la futilidad. Muchas personas vienen a consejería por sentirse despechadas, como si no tuviesen valor ni ser dignas de respeto, a causa de ser maltratadas y de aguantar a su pareja. Necesitan apoyo, confianza y refuerzos en su ser para confrontar las situaciones nefandas y no almacenar ira o acumular sentimientos negativos en forma pasiva agresiva, los cuales aparecen en cualquier ocasión conflictiva que se brinda – como una pelea o discusión, que ofrece la oportunidad para que los asuntos inconclusos hagan acto de presencia. Los sentimientos heridos socavan las relaciones, con el alejamiento, la incomunicación, los despechos y las maneras negativas generadas por los asuntos inconclusos o las tratativas sin resolución.

Donde hay dos o tres reunidos en sus propios nombres, nace la posibilidad de conflicto. Las relaciones humanas llevan en sí la potencialidad de roces y fricciones nacidas de las diferencias en carácter, conducta o influencia interpersonal; tales fricciones fomentan la exasperación, la frustración y el malentendido, debido a los puntos de vista idiosincráticos, a las emociones, o al ejercicio de la voluntad que entran en juego. La presión de vivir constantemente en la presencia de seres que cotidianamente se incitan, provocan, refuerzan, y desafían, pero que a pesar de ello se necesitan, crea situaciones conflictivas. Cuanto más intimidad existe más posibilidades de recompensas o refuerzos positivos surgen, a la vez que aparecen las oportunidades para experimentar conflictos intensos. Las disensiones de personas que si bien, son sinceras, honestas, buenas y sensitivas, producen emociones negativas como la ira, el enojo, la frustración, la ansiedad, la depresión, y otros afines. El hecho de ser consagrados y de tener una visión espiritual no descarta la posibilidad de experimentar conflictos, como lo atestiguan las Escrituras en el caso de Pablo y Bernabé, quienes disputaron entre ellos acerca de la posibilidad de que Juan Marcos los acompañe en un segundo viaje misionero. La carta de pablo a los Corintios ataca las carnalidades –divisiones, borracheras, abusos, etc. de las cuales eran capaces estas personas. La Biblia presenta en todo su candor la realidad humana propensa a las disensiones.

Observando los Estilos Empleados en la Resolución de Conflictos

Las personas en conflicto apelan a sus estilos, estrategias o modos de resolver la situación, debido a un número de factores. Entre tales entran (1) la madurez espiritual; (2) las características personales que denotan el temperamento o el carácter de las personas en conflicto; (3) el trasfondo de la persona en cuanto a su socialización, al aprendizaje de diversos estilos o maneras de resolver los problemas en su hogar de origen; (4) el grado de flexibilidad, la tolerancia hacia la ambigüedad y la frustración; (5) las recursos cognitivos y emocionales de la persona, incluyendo su capacidad de perspicacia, entendimiento y sabiduría práctica; (6) el grado de rigidez o dogmatismo y apego a las normas, a los anhelos, a las necesidades apremiantes y a las valores que no pueden ser concedidos, menguados o sacrificados por la persona; y (7) las maneras habituales de enfrentar situaciones de tensión emocional y de tratar de arreglar los problemas. La lista no es conclusiva ni exclusiva, sino representativa de las muchas posibilidades de establecer y asesorar las variables que entran en juego en las situaciones conflictivas.

Conflictos Psicológicos Internos

Los estilos conflictivos han sido estudiados en el campo de la psicología social, dándonos a entender ciertas categorías o paradigmas, las cuales indican que una persona al abordar ciertos desafíos y tratar de elegir entre las posibles soluciones, caen dentro de los siguientes esquemas: (1) El elegir entre dos posibilidades, ambas positivas (acercamiento a una opción positiva vs. acercamiento a una alternativa, también positiva); (2) elegir entre una posibilidad positiva y otra negativa (acercamiento hacia una opción considerada positiva vs. alejamiento o escape de la otra opción, considerada negativa); y (3) escape o alejamiento de ambas posibilidades (alejamiento de una opción negativa vs. alejamiento de la otra opción, también considerada negativa).

Podemos considerar un ejemplo del primer caso. Una joven tiene a dos muchachos en mente para casarse, y los compara constantemente en sus deliberaciones mentales. El tener dos opciones, pero tener que casarse con solo una persona, crea conflictos en la joven que observa las características positivas de ambos y no sabe con cuál quedarse. Si las dos oportunidades son consideradas como un "avance hacia la meta" (el altar), en lugar de alejamiento o retroceso, el conflicto es entre dos entidades positivas. La resolución se logra con muchos debates mentales, sondeos acerca de las posibilidades de cada opción, con comparaciones de toda índole, para finalmente arribar a una solución que pareciera ser la mejor. En tal caso, la joven decide casarse con uno, considerado como la mejor opción; y, aunque tiene que dejar a un lado la posibilidad alternativa. Sin embargo, la joven sabe que, al fin y al cabo, ha hecho una buena elección (se ha acercado a su mejor opción, aunque de todas maneras, el acercarse a la segunda opción no era algo negativo).

En el segundo caso, la elección es entre una entidad es positiva y otra negativa. Si volvemos al caso de la joven, pero esta vez, las opciones son un muchacho excelente y otro no tan deseable, su conflicto es más fácil de resolver, ya que una posibilidad es de acercamiento, y la otra, de alejamiento. La joven decide correr hacia el altar con uno, y escapar del otro. En tal caso, los debates mentales y las comparaciones se resuelven siempre a favor de su elección óptima (acercamiento a la opción óptima vs. alejamiento de la opción indeseable).

En el tercer caso, la misma joven tiene el desafío presentado por dos muchachos aspirantes a casarse con ella. En su opinión, las características o dotes de tales posibilidades no son atractivas o positivas, y decide rechazar a ambos (evita a uno y evita al otro).

Conflicto Interpersonal

Si en lugar de un conflicto personal interno consideramos los estilos o modelos de resolución de conflictos interpersonales, en cuanto a sus posibles resultados, tenemos las siguientes opciones: (1) una persona gana y la otra pierde; (2) ambas personas pierden; o (3) ambas personas ganan.

1. En el primer caso, la persona que quiere ganar lo hace a cualquier precio; trata de probar su punto con argumentos, con lógica o con fuerza. Muchas relaciones se corrompen o arruinan si una de las dos partes siempre trata de ganar, y lo hace a costillas de su semejante, quien siempre se siente un perdedor. En tales casos, la persona que pierde experimenta y acumula resentimientos, elabora venganzas, o se sume en incapacidades o desesperanza. La persona que ambiciona a ganar cada argumento que se suscita en la relación, controlar el resultado de todo trato, el ejercer su dominio en toda ocasión, presta más atención a la adquisición de sus objetivos a manera egoísta, buscando satisfacer sus necesidades personales. Sin embargo, fomenta la actitud negativa, de resentimiento y despecho de la persona que siempre pierde a su lado. En este paradigma, la persona que aspira a ganar está más entusiasmada con utilizar la fuerza, los argumentos caracterizados por su "verdad idiosincrática", que vivir en amor, en paz o demostrar gracia o misericordia en su relación.

Por otra parte, la persona que pierde acostumbradamente en tal paradigma, lo hace abandonando sus derechos, sus necesidades, sus anhelos o sus metas. Muchas personas tímidas, carentes de asertividad, o incapaces de confrontar y expresarse en situaciones conflictivas, apelan a la huida o escape en lugar de confrontar, debatir o mantenerse sobre sus bases para altercar o resolver la situación. Pareciera ser que en tales casos, la persona tiene un bajo grado de tolerancia hacia la ambigüedad, y se siente incapaz de considerar disonancias o desavenencias sin desmoronarse emocionalmente. Su precariedad o falta de entereza hace que su ser sea sujeto a la manipulación, al control y al gusto y placer de la persona que la controla con su estilo vehemente. A veces, la persona que pierde lo hace por temor al abandono, las ansias de ser aceptada por la otra, en una especie de "contrato codependiente" establecido tácita o inconscientemente, indicando que la aceptación tiene el precio de la subyugación o el masoquismo.

La codependencia es el estado relacional en el cual una persona suele olvidarse de sí misma para centrarse en los problemas de la otra (su pareja, un familiar, un amigo, etc.). A menudo, es muy común que se relacione con gente "problemática", animada de motivaciones subconscientes de rescate, creando de este modo un lazo emocional que los una. Así es como el ser codependiente en toda situación conflictiva, al preocuparse por la persona problemática, se olvida de sus propias necesidades. También, cuando la otra persona no responde como la persona codependiente espera, ésta se frustra, se deprime y en su inseguridad y carencia de aplomo intenta controlar la situación aún más por medio de servicios subyugados. Con su constante atención y ayuda al necesitado, a pesar del conflicto la persona codependiente busca generar en su semejante la necesidad de su presencia, y al sentirse necesitada, cree y se asegura en su mente que de este modo nunca la van a abandonar.

Es muy común que en una relación conflictiva, la persona codependiente no pueda ver ni reclamar sus derechos o privilegios, ni poner límites a la carencia de atención hacia su persona, ni a los abusos experimentados. Es posible que resuelva el conflicto perdonándolo todo, a pesar de que la otra persona llegue a herirla de manera deliberada. Tal vez, la persona codependiente confunde la "obsesión" y "adicción" que siente por la otra con un inmenso amor que "todo lo puede y todo lo soporta", definido como "agape". A pesar de experimentar degradaciones, manipulación y conflictos constantes, tal persona ni considera la posibilidad de alejarse su relación enfermiza, por más insana que ésta sea. Muchas personas permanecen en relaciones deplorables y abusivas caracterizadas por tal estilo, como en los casos de tener un cónyuge alcohólico o abusivo. Con el correr del tiempo, se vuelven mártires, para luego experimentar problemas emocionales, tales como la depresión o la apatía.

2. En el segundo caso de resolución, ambas personas ganan. Este estilo es aconsejable, pero es el más difícil de lograr en la práctica, ya que demanda un número de variables, características y condiciones por parte de ambos lados del conflicto. Las personas se aman y confrontan, expresan sus derechos y privilegios. Se conceden terreno y ganan terreno, a medida que consideran mutuamente lo funcional de ser flexibles, acomodando sus demandas y sus ofertas, elaborando y equilibrando sus reclamos sin desmerecer, denigrar o forzar a la otra persona. En estos contratos, se intercambian las quejas, las demandas, las peticiones, los privilegios y las responsabilidades en manera equitativa y justa. El mediador de tal contrato puede actuar como un verdadero pacificador, estableciendo criterios que afirman el valor, los derechos y la capacidad abnegada, flexible y de ajuste de ambas partes. Se valoran las relaciones más que ganar argumentos, probar puntos o asegurarse el control. Este estilo promueve las relaciones positivas, refuerza las alianzas y salvaguarda la salud emocional de las personas.

3. En el tercer caso, ambas personas pueden perder algo como resultado del conflicto. Pueden menguar, rebajar, denigrar o perder su identidad, su integridad, su intimidad, o sus deseos de ser industriosos. Si el conflicto suscita respuestas, estrategias o estilos que estancan a las personas en sus respectivas posiciones, o produce el alejamiento emocional de las personas, ambas personas pierden —experimentan sensaciones negativas, sin resolución, frustración y alejamiento entre sí. En tales casos, el alejarse mutuamente fomenta la noción que los conflictos son contraproducentes y destructivos. De tal manera las personas tienen la sensación de caminar "en puntas de pie" o de atravesar su espacio vital hogareño como si fuese un campo minado por el enemigo.

Las tratativas negativas fomentan alejamiento, reproches, defensas y atrincheramiento entre conyugues, familiares y amigos. Gottman, en su "laboratorio del amor" en la universidad de Washington en Seattle, a través del estudio de 3.000 parejas a lo largo de estudios longitudinales (veinticinco años asesorando y siguiendo a tales parejas en sus investigaciones), ha establecido la proporción "5:1" —es decir, por cada expresión negativa, las parejas deben sobre-compensar con cinco expresiones positivas a su negativismo, si es que desean mantener sus relaciones amistosas y funcionales. Es necesario que el mediador de conflictos entre parejas o familias establezca ciertas pautas, o "reglas básicas" en la comunicación durante los atentados a resolver conflictos, tales como el ser más positivos y equitativos, el no ser tan negativos ni injustos en las expresiones, y el no proporcionar opiniones que nadie ha pedido.

Factores a Ser Considerados en Situaciones Conflictivas

En las relaciones matrimoniales, la mayoría de los conflictos representan aspectos perpetuos y repetitivos de estilos interpersonales que emergen de las diferencias en sus personalidades. Algunos de esos conflictos legan a consolidarse y atrincherarse en bloqueos que impiden el progreso hacia las metas y expectativas de la pareja. Algunos de los bloqueos dan lugar a los diálogos constructivos entre cónyuges, mientras que otros fomentan la destructividad matrimonial. Los conflictos que afectan negativamente a pareja parecen ser caracterizados por los siguientes factores: (1) El criticismo negativo; (2) la postura defensiva; (3) el desdén manifestado en forma obvia o tacita; y (4) el bloqueo a las tratativas de resolución.

El escalado de los conflictos caracteriza a parejas que se divorcian temprano en su derrotero, pero la ausencia de ambos, el afecto positivo y las expresiones negativas durante los conflictos, representa relaciones desencajadas o emocionalmente desconectadas las cuales afectan la estabilidad matrimonial. Se enfatiza la importancia de mantener el afecto positivo durante las tratativas conflictivas, ya que la satisfacción de observar tal actitud y conducta durante las querellas da pautas de estabilidad a la pareja.

Los conflictos tienen la capacidad de elevar la ansiedad, la tensión o el estrés. Las personas con menos tolerancia a la tensión emocional, o menos capacidad en el manejo del estrés, tienden a retraerse y ser subyugadas. Al considerar la probabilidad de no ser oídos en sus expresiones, acoplado al temor de ser "violados" por la ira de la otra persona, hace que ambas personas en conflicto se retraigan, no expresen sus sentimientos, y fallen en "hablar la verdad en amor". Es necesario que las personas que aconsejan en situaciones conflictivas tengan en mente una tratativa justa, cabal, que no desmerezca a ninguna de las dos partes, y no anime a la manipulación, aun cuando se trate de establecer principios bíblicos. Los excesos y las malinterpretaciones abundan en este terreno de consejería, debido a maneras las culturales de aconsejar a personas bajo situaciones de abuso, manipulación o denigración.

Las maneras simplistas de ver las cosas han hecho que muchos consejos sean dados a personas subyugadas, abusadas o maltratadas, alegando que tal sufrimiento es "para la gloria de Dios", con énfasis hacia la pasividad y la resignación de la persona subyugada, aumentando su sentido de esclavitud ante las circunstancias pesarosas o abusivas. El énfasis hacia el amar, perdonar, ser unilaterales o "quedarse en el molde" hasta que Cristo venga, ha hecho que pastores con buenas intenciones, erren al blanco en cuanto al consejo proporcionado. En lugar de confrontar a los abusadores, a veces se han forjado situaciones de refuerzo a las necedades, como si no hubiese un patrón, un modelo o un acercamiento que establezca normas justicieras, equitativas, adecuadas y funcionales en la resolución de conflictos en la cual ambas personas ganen, no solo la más pesada, aguerrida, vociferante o de carácter pendenciero.

La pregunta cabe: ¿Cómo bailar con un gorila? La respuesta es: Con cuidado. El consejero muchas veces ve la discrepancia entre los caracteres en conflicto –su estatura espiritual, su sensibilidad, su dedicación a Dios, sus rasgos personales, etc., y al considerar tales discrepancias, observa las maneras en las cuales una persona es zarandeada por la otra, y con diplomacia y tacto, media entre ambos sin permitir la disminución de la persona apabullada por su semejante sin empatía. Cabe la confrontación, el hablar la verdad en amor, y el consejo que enfatiza maneras más aptas y funcionales a ser empleadas en resolver conflictos.

Aún cuando en ocasiones conflictivas cabe el ceder, el dar la otra mejilla, o el caminar la segunda milla, la persona que aconseja necesita discernir las ocasiones en las cuales tales principios se aplican en lugar de hacer de ellos un cliché o un estereotipo dogmático que fomente abusos en las relaciones. Después de todo, el mismo Jesús, quien presentó la noción de poner la otra mejilla (ante el insulto de ser abofeteado) en lugar de fomentar la revancha, cuando experimentó tal insulto en la presencia de Caifás, el sumo sacerdote juzgando su persona antes de ser crucificado, en lugar de poner la segunda mejilla, Jesús contestó con aplomo, confrontando al abusador (Jn 18:22-23). Como no tenía problemas inconclusos con ira almacenada ni complejos subconscientes, Jesús pudo responder con libertad y aplomo. Es decir, no enseñó un masoquismo incauto, sino que apuntó hacia la flexibilidad y libertad con la cual se responde cuando hay verdad, paz, dignidad, garbo y entereza en su fuero interno. Hay lugar para el discernimiento acerca de las premisas a ser seguidas en cada ocasión, sin caer en moldes que matan y que finalmente, no logran establecer criterios de justicia o de esperanza. Hay lugar para hablar la verdad en amor, sin perder los estribos, y confrontar al que golpea y hiere.

Muchas veces la persona se aleja de un conflicto y se cubre de racionalizaciones basadas en el amor sacrificado, en lugar de trabajar sobre su persona para conseguir el crecimiento de su dignidad, de su respeto propio y de su definición como libre. Por otra parte, si la persona es madura, espiritualmente fortalecida y llena de la palabra de Dios y del Espíritu Santo, puede albergar una imagen propia adecuada; su estima propia y su eficacia personal son incuestionables. Tal persona puede elegir (1) confrontar al que insulta, hablando la verdad en amor, o (2) abandonar voluntariamente sus prerrogativas –no usar sus derechos, anonadándose a sí misma con la libertad manifestada por Jesús (hacemos hincapié en la *kenosis* de Jesús registrada en Filipenses 2) y cediendo en lugar de reclamar sus derechos o prerrogativas. Tal "abandono" voluntario o "pérdida" aparente o transitoria de derechos personales responde a una visión metacognitiva más trascendental, investida de poder y de gracia, animada por el dominio propio y actuando con misericordia. Tal postura parte desde una perspectiva diferente, ejerciendo una función ejecutiva superior con garbo y entereza en lugar de masoquismo o debilidad. Lo que a simple vista aparece como debilidad sumisa, es en realidad fortaleza consciente en el Señor. Tal mentalidad se logra metacognitivamente, siendo la persona objetiva acerca de sus procesos internos, al tanto de sus razones deliberadas y asesorando sus decisiones voluntarias, las cuales son accesibles a su propio escrutinio interno y a su discernimiento cabal. Como Lutero lo recalcó, *el cristiano es libre de todos y siervo de nadie, para luego llegar a ser siervo de todos y libre de nadie.* Con tal actitud, la persona es libre y puede ejercer su dominio propio en situaciones conflictivas, midiendo proactivamente los posibles resultados de las mismas.

Consideraciones en el Manejo y la Resolución de Conflictos

La persona que aconseja, actuando como un mediador pastoral, y trata de establecer vínculos funcionales entre partes en litigio o disensión, puede prestar atención a ciertos principios en la resolución de conflictos. Muchas avenidas han sido propuestas (Costa y Serrat, 1982; Goring, 1980; Augsburger, 1984; Griffith, 1991; Clinebell, 1969). Las consideraciones que siguen son una síntesis de tales propuestas, añadidas a las maneras empleadas clínicamente por espacio de varios años en estos trabajo.

1. *El conflicto es una crisis que ofrece oportunidades para crecer.* En lugar de ver lo negativo, lo destructivo, lo nocivo o lo indeseable de un conflicto, se encomia a la reestructuración de las atribuciones y de las percepciones que proveen un mejor significado a la realidad. El conflicto se constituye en una oportunidad para actuar con creatividad, con esmero, con energía y con discernimiento. Es una oportunidad para crecer, y el uso constructivo de las desavenencias permite a las personas desarrollar nuevas maneras de pensar, sentir, actuar y relacionarse. La persona que aconseja puede facilitar la modificación de las percepciones y de las atribuciones, y al desarrollo de estilos creativos y funcionales en el manejo de sus respuestas, apelando a la capacidad de la renovación mental de las personas en pugna.

2. *El conflicto promueve la necesidad de aceptar la realidad tal cual es.* La persona que aconseja puede proporcionar avenidas de esclarecimiento, de perspicacia y de aceptación de la realidad, ya que el conflicto proporciona oportunidades de redefinición o de identificación de las variables que entran en juego. En las experiencias personales al tratar con estos asuntos, encuentro que el ayudar a identificar las cuestiones es en gran parte la base para la formulación de soluciones y estrategias. El llamar las cosas por su nombre las desmitifica, y tal proceso es necesario en el caso donde las personas han perdido su objetividad debido a sus emociones candentes y a sus distorsiones afectivas. El conectar con las bases que suscitan los problemas, o las causas de los conflictos, permite enfocar concretamente sobre las quejas, los valores, las metas o las necesidades insatisfechas. Tal discernimiento es esencial para orar con entendimiento y para concretar soluciones más acertadas.

3. *El conflicto permite la expresión de las emociones, de los sentimientos embotellados.* La persona que aconseja puede tomar la oportunidad conflictiva para encomiar a la expresión de las emociones reprimidas, facilitando su canalización en formas o maneras adecuadas y apropiadas. En lugar de acusar, se enseña a reflejar y a expresar responsablemente las emociones coma siendo "poseídas" por la persona. Las emociones y los sentimientos son "propiedades" de la persona que se expresa. En otras palabras, en lugar de decir "Por tu culpa estoy deprimido", o "Tú me haces sentir miserable", se anima a la expresión de la queja en un vocablo que usa la primera

473

persona singular: "YO estoy deprimido por lo que pasa", o "Me siento miserable por estos hechos". El conflicto permite el crecimiento de la libertad emocional expresiva de las personas, con refinamientos y sensibilidad que acrecienta la intimidad en lugar de socavarla.

4. *El conflicto proporciona oportunidades para escuchar con empatía.* Las partes en pugna, al expresarse, dan a entender un buen número de cuestiones pendientes, de razones tácitas, de tratativas incompletas y de conflictos anteriores que no han sido resueltos. Aparte, dan a entender actualmente sus pensamientos, sentimientos y acciones. De tal manera, si se escucha con atención y respeto (sin juicio juzgador, sin ideas preconcebidas, o sin intereses creados), se puede asesorar objetivamente la gama y la intensidad de sus quejas o sus necesidades sin satisfacer. La persona que aconseja tiene un cuadro a su disposición que le permite "escuchar con el tercer oído", o "leer entre líneas" y apercibirse de tal sinnúmero de cuestiones. Tal discernimiento puede servir de base para las interpretaciones, para la retroalimenta y para la guía hacia mejores estilos y maneras de comunicarse y de restablecer la armonía entre las partes. Se encomia a las partes a escucharse con tal empatía, a "traducirse" mutuamente para ver a qué grado se entienden o cómo atribuyen significado a lo que escuchan. Aún cuando las personas no acepten los puntos de vista opuestos, o que no compartan las ideas, pueden establecer criterios de equidad y de libertad para escucharse y entender de dónde parten, con qué bases y lógica. Tal vez puedan con flexibilidad y sensibilidad arrimarse y proporcionar bases más afectivas para sus deliberaciones, para luego aceptar sus argumentos discrepantes con mas aceptación.

5. *El conflicto debe ser vertido en maneras concretas, a fin de identificar soluciones adecuadas.* Las posibles soluciones de un conflicto dependen de las maneras de definir el problema, de la capacidad emocional-intelectual-espiritual de las personas, y de la disposición de permitir que ambas partes ganen. Tal vez sea necesario traducir el conflicto en unidades concretas, alcanzables o definidas como cuestiones capaces de ser abordadas y resueltas en grados o niveles sucesivos, o programados. El alcanzar ciertas soluciones en áreas pequeñas que contribuyen al conflicto global sirve de aliento y motivación a proseguir hacia el todo. Las soluciones aparecen a medida que se va alcanzando la comunicación productiva, abierta, con la vislumbre que ambas partes ganan terreno al ceder ciertas demandas y al ofrecer ciertos privilegios en forma positiva, con buena fe. Los compromisos pueden reflejar la flexibilidad y la disposición a valorar la relación por encima de las cuestiones.

6. El *conflicto debe ser trazado dentro de un calendario o plan temporal.* La persona que ayuda en la resolución del conflicto como mediador, puede trazar ciertas avenidas y proveer ciertas pautas que apunten a una agenda con tiempos concretos, lugares y maneras de abordar las cuestiones. El proporcionar un marco de referencia permite la percepción de control y de pronóstico adecuados en lugar de dar rienda suelta a las cuestiones o de empujar una bola de nieve que se torna en una avalancha. Las personas que se comprometen seguir cierta línea de acción dentro de un tiempo y de espacios adecuados, tienen una mejor vislumbre de las posibles soluciones. La agenda sirve coma señalero, coma guía en el derrotero a seguir y provee una sensación de seguridad a los transeúntes.

7. El conflicto *abre* la *puerta para la intervención espiritual.* La persona que ayuda puede acudir a las dimensiones espirituales que proveen significado a la vida tales como las Escrituras, la oración, la comunión, la confesión y restitución, el perdón y el olvido, el amor y las buenas obras. Al orar juntas, las personas que conversan con Dios bajan sus defensas, se vuelven contritas, reconocen la necesidad de tratarse unas a otras como Dios las ha tratado en Cristo, y ablandan sus durezas. Las personas que sincera y francamente se abren, son

vulnerables y confían en tal proceso, llegan a renovar sus ansias de comunión entre sí. Por otra parte, si se emplea la oración coma una especie de "sermón de rebote" (aparentando hablar con Dios cuando realmente se tiene en mente a la otra persona que contribuyen at conflicto como oyente de las quejas y de los juicios de uno) o como una oportunidad para apabullar, juzgar, reprender o menguar a la otra persona, tal remedio es peor que la enfermedad que pretende sanar. El conflicto proporciona la oportunidad, pero las personas necesitan aprender a utilizar tal oportunidad como buenos mayordomos de sus relaciones.

Funciones Consejeras Orientadas Hacia el Objetivo de Resolver Conflictos

Muchas son las funciones de la persona que aconseja en situaciones conflictivas, con ciertos propósitos a ser logrados. Los investigadores y observadores han dejado un saldo de posibles papeles o roles a ser jugados en interacciones terapéuticas, como podemos notar:

1. *Asesor de la realidad.* La persona examina la naturaleza del conflicto, el alcance, el abarque y las ramificaciones del mismo; evalúa la validez de todas las ideas, las metas y los objetivos de ambas partes; asesora hasta qué punto se puede llegar, cuál es el nivel espiritual de los problemáticos, y cuál es su fe y visión.

2. *Indagador de opiniones e información.* El consejero indaga acerca de los datos, los hechos, las ideas y los sentimientos de las personas en conflicto para ayudar a las interacciones entre ambas.

3. *Evaluador.* Asesora y compara datos (quejas, peticiones, proposiciones, ofertas, demandas, y decisiones) proporcionados por las partes conflictivas; asesora sobre sus éxitos y fracasos; examina lo realizado y lo que debe suceder en el futuro; compara lo logrado con las metas propuestas y con un patrón o modelo superior.

4. *Diagnosticador.* La persona que aconseja hace resaltar las fuentes de dificultades, proporciona significado a los estorbos y a los males que acosan a las interacciones, a la formulación de objetivos y al funcionamiento de ambas partes en conflicto. Provee un etiquetado, una rúbrica, un concepto definidor o una diagnosis de la situación.

5. *Proveedor de opiniones e información.* El consejero escucha a ambas partes y luego de tener una buena impresión y desarrollar cierta perspicacia acerca del asunto, ofrece datos, opiniones e ideas, sugerencias e información necesaria para las interacciones entre las partes en conflicto y la realización de sus potencialidades de resolución.

6. *Iniciador.* Muchas veces las partes conflictivas experimentan bloqueos, estancamiento y letargo. El consejero propone metas y objetivos, sugiere tareas y origina acciones factibles a las personas en litigio.

7. *Coordinador.* La persona consejera muestra las relaciones entre varias ideas, acciones y procesos; actúa como puente de enlace y armoniza diferentes planes y propuestas nacidas de ambos lados.

8. *Guía.* La persona que aconseja provee dirección a las personas, ayudando a cada componente a descubrir su don, su ministerio, sus habilidades, sus funciones y su participación. Desarrolla planes acerca de cómo proceder y enfoca la atención hacia la posible solución a realizarse.

9. *Sintetizador.* La persona que aconseja provee cohesión a las ideas y a las acciones de las partes en conflicto, con la amalgamación de los esfuerzos hacia la unidad y la realización de potencialidades de armonía o resolución pacífica del problema.

10. *Estimulador.* La persona provee aliento y energía a la pareja, a la familia, a las partes en conflicto, estimulando y motivando a las personas a superarse, a alcanzar niveles más elevados de actuación interpersonal.

Funciones Orientadas Hacia el Logro y el Mantenimiento de Soluciones

Las funciones descriptas hasta aquí tratan con el logro de soluciones de las partes en conflicto. Además, debemos presentar aquellas funciones en la consejería necesarias para mantener los logros y las soluciones con vida, fuerza y continuidad. Tales funciones de mantenimiento, son descriptas a continuación.

1. *Alentador.* La persona que aconseja alienta a las personas a participar en unidad, dando reconocimiento a los esfuerzos personales de cada uno y a los logros en común. Refuerza las contribuciones, demostrando aceptación y apertura hacia las ideas, proyectos, planes y actividades de ambas partes del conflicto.
2. *Armonizador.* La persona que aconseja persuade a las personas conflictivas a analizar constructivamente las diferencias de opinión, la idiosincrasia personal de cada uno, los estilos de resolución y las discrepancias de índole temperamental, psicológica y espiritual, para así tratar de armonizar mentes y corazones y reconciliar diferencias.
3. *Aliviador de tensión.* Relaja las tensiones de las partes en pugna a través de la provisión de alivio emocional y oportunidades amenas, permitiendo y fomentando expresiones positivas para disminuir las fricciones. Tiene en mente la salud mental de ambas partes. Utiliza el sentido de humor constructivamente.
4. *Facilitador.* Muestra habilidades comunicativas y se asegura que ambos capten, entiendan y respondan a las ideas, sentir y acciones de la otra persona. Tiene en mente quién le dice qué, a quién, cómo, cuándo, y con qué efecto.
5. *Evaluador del clima emocional.* Da pautas a las partes en conflicto acerca de cómo se ven y cuál es el sentir mutuo, comunicando sus propios sentimientos y asesorando acerca del nivel de tensión, ansiedad, tristeza, depresión o cualquier otra emoción negativa; proporciona retroalimentación a ambas partes acerca de sus niveles positivos en cuanto a la paz, gozo, fortaleza emocional y satisfacción.
6. *Observador de procesos.* Observa no sólo los eventos y acontecimientos que suceden, sino que los entrelaza en procesos que dan a entender cómo tales eventos aportan a la salud de la relación. Tiene en mente la diferenciación (capacidad de establecer diferencias en el pensar y el sentir) de cada uno y su mutualidad (capacidad de disposición y entrega recíproca) hacia los demás. Observa la estabilidad de la relación y su flexibilidad; también asesora el proceso de comunicación y el establecimiento de papeles y asignaturas entre las partes. Observa y asesora los diferentes tipos de refuerzos administrados mutuamente.
7. *Proveedor de orientación.* Expresa las normas de la relación y asesora el alineamiento de los objetivos, accionar, ideales y anhelos de ambas partes con la dirección y bases motivacionales con las cuales la relación se originó y pretende funcionar. Actúa como modelo ejemplar en la realización de tales normas.
8. *Oyente retro-alimentador.* Escucha activamente y sirve como audiencia interesada hacia ambas partes del conflicto, sirviendo como eco a sus ideas, sentimientos, planes y acciones. Modela apertura, honestidad y vulnerabilidad adecuada para que las personas en conflicto lleguen a ser menos defensivas y más constructivas en sus relaciones.

9. *Establecedor de confianza.* Desarrolla la capacidad de tener fe positiva entre las partes conflictivas, el dar el beneficio de las dudas el uno al otro, y a reforzar un clima de apertura y aceptación.

10. *Mediador.* Promueve la discusión abierta de los conflictos, ayudando a su resolución; facilita la interacción de las partes en pugna, incrementando la cohesión.

Las funciones propuestas arriba no son exclusivas, sino simplemente dan pautas acerca de la posibilidad de lograr una mediación y de encomiar a las partes a solucionar sus conflictos y mantener sus logros. Tales funciones son enfatizadas aparte de considerar los rasgos, posición o estilos en la actuación ministerial del consejero. Podemos alegar que la mediación de conflictos por parte del consejero es la resultante de la combinación de varios factores mencionados, presentes en personas quienes además de poseer rasgos o dotes naturales, también desarrollan capacidades funcionales para dirigir el proceso de reconciliación entre partes en pugna.

Principios derivados de las investigaciones

Las investigaciones realizadas por personas como Gottman, Stuart, entre otros, demuestran que existen factores positivos que refuerzan a los matrimonios, los cuales pueden ser considerados por los consejeros que trabajan ayudando a las parejas. Los matrimonios que permanecen juntos por mucho tiempo se caracterizan por un acercamiento mutuamente benigno, permitiendo la influencia recíproca con respeto y flexibilidad. Las investigaciones con parejas hechas por Gottman revelan que las medidas fisiológicas (tales como la registrada en las funciones que dependen del sistema nervioso autonómico) son más bajas que las registradas por personas con conflictos y tensiones emocionales. Es decir, las personas permanecen mas calmas, no se agitan tanto, no se descontrolan, sino que ejercen cierto dominio propio al entablar tratativas.

Los matrimonios también parecen utilizar el humor en sus tratos cotidianos. Son capaces de transformar posibles tragedias en comedias con cierta restructuración cognitiva y de reflejar creativamente sobre sus posibilidades de solución más que explotar con sus tensiones. Los matrimonios que permanecen a lo largo del camino juntos manifiestan su afecto más corrientemente. El establecer un ambiente positivo se relaciona en manera general a la amistad conyugal, con manifestaciones del goce de la recreación, de las aventuras, con creatividad, romance, pasión y sexo. En cuanto a las expresiones de afecto, hay cierta variabilidad cultural. Estudios curiosos realizados por Jourard (1966) —quien comparó a las parejas sentadas en restaurants en Londres, Paris, Méjico y Gainsville revelaron que los cónyuges se tocan en alguna manera comunicativa mientras comen a la mesa, apuntando las veces que lo hacen en el espacio de una hora. Los ingleses no se tocan (0); los franceses lo hacen 115 veces; los mejicanos lo hacen 185 veces; y los americanos en Gainsville lo hacen 2 veces. Claro está, es un estudio parcial y hasta risueño, pero da a entender los aspectos culturales que aparecen en las relaciones íntimas y en su despliegue en público.

Las parejas que permanecen unidas a pesar de sus conflictos parecen menguar o bajar el volumen y el tono, o regular "hacia abajo" sus controles en cuanto a las emociones negativas que emergen de las peleas. En lugar de dar rienda suelta a sus emociones, con insultos o violencia, la pareja ejercita dominio propio y canaliza sus energías hacia una mejor manera de resolver sus cuestiones. Su acercamiento mutuo es caracterizado por suavidad en lugar de rudeza; por compromisos en lugar de forcejeos; con énfasis hacia lo común en lugar de enfatizar sus polaridades o discrepancias. Tratan de hacer obvias sus agendas tácitas; y "ponen en la mesa" los asuntos en lugar de esconderlos debajo del poncho. Las reparaciones de los daños emocionales causados son posibles debido al procesado de los incidentes pesarosos del pasado, dando lugar a mejores actitudes y sentimientos. El lema es, *"Hay que arreglar los agujeros del techo en un día soleado, no cuando llueve"*. Es decir, en tiempos de paz, con objetividad, se tratan los asuntos inconclusos, en lugar de tratar de arreglarlos durante la pelea, la cual evoca e invoca lo subjetivo, lo irracional o reaccionario y no permite una solución adecuada. *"No podemos cambiar un neumático desinflado a cien kilómetros por hora"*. Hay que parar el automóvil y hacer tal trabajo en un espacio y tiempo adecuado.

La satisfacción matrimonial también es acrecentada por la existencia de un espacio vital caracterizado por un caudal de significado compartido por ambos. Desde ese espacio íntimo parten las avenidas, los esquemas o derroteros de su vida interna, del compartir al nivel del espíritu en cuanto a sus ambiciones conjuntas, sus planes futuros y sus problemas cotidianos.

Además, las parejas que permanecen unidas manifiestan un ambiente relacional positivo, con una proporción de 5:1 en cuanto a expresiones: Cinco positivas a contraposición de una expresión negativa. Se recalca la importancia de aumentar el caudal de las expresiones positivas en lugar de ser negativos el uno hacia el otro. Las parejas que permanecen unidas son propensas a reducir el criticismo, las defensas, el desdén y los bloqueos. Posponen sus anhelos de persuadir, ganar sus argumentos o vencer en la pelea hasta que son capaces de comunicar su entendimiento mutuo del asunto que los separa, y dan a entender el entendimiento de sus diferencias o posturas en forma empática y cabal. Se entienden el uno al otro antes de argumentar. La psicología positiva de Seligman (2004), como así también el énfasis en las investigaciones acerca de las expresiones de afecto positivo de Driver (2006) y Gottman (2000) corroboran estas inferencias. Es necesario fomentar las conversaciones que reducen el estrés cotidiano, y tener en mente las maneras diarias y rutinarias en las cuales tales conversaciones ocurren. Richard Stuart recomienda a las parejas a tratarse continuamente como si fuese "una segunda cita romántica" que la pareja experimenta en lugar de sentirse saciados y aburridos.

En los tratos conflictivos, las parejas que permanecen fieles y constantes tienden a sobrepasar sus sentimientos negativos, no asociando las acciones negativas de su cónyuge en forma personal, pero diferenciando la cuestión de quién es responsable por tales actuaciones en manera objetiva e imparcial. Una especie de control personal de índole cognitivo-emocional guía la efectividad en las reparaciones de las situaciones problemáticas, sin necesidad de adjudicación personal por actos o actitudes desplegadas por la otra persona. El hablar la verdad en amor facilita tales interacciones efectivas en la resolución de situaciones problemáticas. En conclusión, los conflictos no necesariamente deben ser evadidos, pero administrados como oportunidades para la creatividad, la mayordomía y las ansias de crecer. Las personas que ayudan como mediadores, pueden aprender a utilizar sus estrategias y sus personas como agentes de cambio positivo, afectivo y funcional en la vida de las personas que vienen a buscar ayuda.

Capítulo 28

Consejería Matrimonial y Familiar

Al trabajar con matrimonios y familias, se tiene en cuenta la dinámica de los sistemas que van más allá del trabajo individual. La persona problemática se relaciona a otras con una variedad de procesos que necesitan ser vistos de forma interpersonal, sistémica y global. Hay varios factores que la persona que brinda consejos terapéuticos debe tener en mente al intervenir en sistemas conyugales o familiares. El tratar con dos o más personas presenta ciertos desafíos diferentes a los hallados en el trabajo personal individual.

El enfoque es sistémico, a ser procesado como un sistema conjunto y tratado en forma global, o enfocando sobre sub-sistemas (esposos, padres, hermanos entre sí), aparte de enfocar sobre un miembro dentro de su contexto en forma paralela, distribuida y compleja. El arribo a una diagnosis no es similar al etiquetado de una persona, sino que se ve al conjunto como un ente problemático. El foco es en las tratativas, las transacciones interpersonales, aunque cada individuo tenga sus propios problemas que contribuyen al conjunto. Más allá de la reflexión y de la postura no-directiva, la mayoría de los casos demanda más participación activa y directiva por parte del terapeuta. Se enfoca sobre arreglos, contratos o pactos entre los componentes; también se aplican ciertas medidas o sugerencias que van más allá de las sesiones, para lograr que las personas hagan sus "deberes" o asignaturas, dirigidas a procesos de comunicación, de dedicación mutua, de activación de conductas a ser probadas como nuevas maneras de actuar los unos hacia los otros entre sesión y sesión. Tales asignaturas o deberes son compartidos, cotejados, y provistos de refuerzo, de encomio y de afinado hacia las metas deseadas.

Las parejas y familias están sujetas a presiones, a demandas y expectativas que producen estrés, ansiedades y problemas experimentados en manera diferencial. Cada componente del sistema contribuye al conjunto en una variedad de maneras, y reacciona dentro de tal sistema en formas diferentes. Tales maneras a veces se compenetran, llegando a establecer moldes, esquemas, estrategias y hábitos poco funcionales, codependientes o destructivos.

Para analizar y asesorar una situación problemática entre parejas, el consejero debe tener un alto grado de imparcialidad, de equidad y de perspicacia en el discernimiento de los asuntos traídos a ser considerados, en cuanto a las estructuras subyacentes y a los procesos en interacción, y saber cómo trabajan tales sistemas familiares.

Modelos de Acercamiento

En el ámbito secular, la terapia marital o terapia familiar abarca más de dos docenas de acercamientos. Entre los fundadores de tales sistemas, Murray Bowen propulsó la teoría de sistemas familiares, seguida por acercamientos multigeneracionales; Salvador Minuchin es responsable por la terapia estructural; Jay Haley y Cloé Madanes enfatizaron un acercamiento estratégico, paralelo a la escuela italiana de Milán; Virginia Satir desarrolló la terapia conjunta entre parejas; Susan Johnson y Leslie Greenberg formularon su terapia enfocada en los procesos emocionales. John Gottman desarrolló un laboratorio de investigaciones empíricas enfocando sobre los factores funcionales entre parejas, con sistemas pronósticos y consejos directivos. Alan Gurman enfatizó la terapia integral, como lo hizo anteriormente Richard Stuart. Si agrupamos a las teorías, los sistemas y acercamientos en catgorías, como lo hicieron Yarhouse & Sells (2008); Golderberg et. al (2008); o Tan (2011), tenemos los siguientes modelos:

1. *Terapia de relación de objetos –analítica* (Scharff & Scharff, 1987, 1991). Esta terapia es psicodinámica, enfatizando la necesidad básica de tener relaciones satisfactorias con un objeto de amor, considerado como una introyección (una especie de memoria de objetos perdidos en la infancia, personificaciones prototípicas, o la necesidad de evocar entes u objetos que suplan la falta del cumplimiento de deseos de vinculación en la niñez). Tal internalización es traída hacia el presente en sus interacciones con otras personas en atentados a encontrar el cumplimiento de sus deseos, o el resolver de algún complejo. Tales "objetos" son traídos al presente, afectando las relaciones familiares, a veces en forma negativa. Las parejas y los miembros de una familia se relacionan inconscientemente los unos hacia los otros, basados en sus patrones o modelos que emergen de su niñez. El terapeuta enfoca sobre el sistema con el propósito de esclarecer, interpretar y proveer mejores bases para realizar cambios funcionales y efectivos en sus relaciones. El establecimiento de mejore límites, la adquisición de mejores intercambios mutuos, y la diferenciación adecuada en cada componente, son aspectos del trabajo terapéutico.

2. *Terapia experiencial* (Satir, 1964; Whitaker, 1989). Estos acercamientos enfatizan la necesidad que manifiestan las familias perturbadas a experimentar un crecimiento relacional más auténtico, más compenetrado y apropiado en cuanto a tratativas honestas, abiertas, funcionales y adecuadas. El establecimiento de la estima propia, la enseñanza correctiva del proceso de la comunicación, el modelado por parte del terapeuta en cuanto a tratos más adecuados, han sido algunos de los aspectos terapéuticos en este modelo.

3. *Terapia sistémica* (Bowen, 1978; Yarhouse & Sells, 2008). Bowen, el propulsor de este acercamiento, postuló que el sistema familiar cuenta con varios factores a ser tenidos en mente por el terapeuta. Entre los tales, la "triangulación" como un proceso sistémico se enfoca, representando una unidad básica y fuerte que se forma cuando las personas entran en pugna o en conflicto. Por ejemplo, si la madre y el padre están en pugna, uno de ellos busca aliarse con un hijo para apoyarse, tener una base y dejar al otro en el vértice del triángulo. Si dos hermanos se pelean, uno o el otro quieren aliarse con la madre o el padre, u otro/a hermano/a para tener una mejor base para vencer en sus deliberaciones. Se recomienda trazar un árbol genealógico para considerar todos los triángulos que puedan surgir, para ver en qué manera las personas forman coaliciones, o se agrupan con ciertos propósitos. Muchos esfuerzos en la terapia sistémica son dedicados a "des-triangular" a las personas a fin de que estas se comuniquen en diálogos más adecuados. También, este modelo enfatiza la diferenciación e individuación del ser dentro de la mutualidad del sistema. Los mapas familiares o árboles

genealógicos (a veces denominados genogramas) se trazan también para asesorar el sistema emocional nuclear, prestando atención a las formas de estructuración intergeneracional, para asesorar cómo las personas funcionan con sus moldes, esquemas y estrategias en su actuación cotidiana. Se asesoran los procesos proyectivos, manifestados en las maneras utilizadas por el sistema en elegir o delegar "chivos emisarios" a los cuales se desplazan o proyectan las faltas o las causas de los problemas. También se trata de ver la "graduación emocional" de los miembros en referencia a su familia de origen, para asesorar cuanto se arrastra del pasado. La graduación emocional es encomiada, para que los individuos sepan pararse sobre sus propios pies y se relacionen en mutualidad. La transmisión generacional es otro factor a ser tenido en mente, ya que el sistema presente arrastra vestigios del pasado de los componentes, y este acercamiento busca asesorar como la patología es transmitida de generación a generación.

4. Terapia estratégica (Haley, 1963; 1976; Selvini-Palazzoli, et. al., 1978). Este modelo es pragmático, desarrollado por Jay Haley, enfocando sobre la solución a los problemas actuales a través de la utilización de estrategias por parte del terapeuta. Las estrategias específicas pueden ser directas o indirectas, sin necesariamente sondear el pasado de las personas, ni las causas de sus problemas. El enfoque a las soluciones se asemeja al consejo pastoral directo en el cual no se presta mucha atención al desarrollo de las personas, a sus motivos inconscientes, al legado de las familias de origen, o ninguna cosa por el estilo. Simplemente, lo que uno ve, trata de arreglar.

5. Terapia estructural (Minucia, 1974). Este modelo fue desarrollado por Salvador Minuchin (nacido en Santa Fe, Argentina, quien estudió en Buenos Aires, para ser luego un médico con las fuerzas armadas de Israel, y luego volver a Argentina; y finalmente inmigrar a USA para fundar su terapia). Este modelo enfatizó las estructuras, la organización, los sub-sistemas familiares con el afán de corregir sus deficiencias. También enfocó sobre las reglas que rigen las funciones y los procesos del sistema, con atención a las normas, las coaliciones, las alineaciones dentro de los límites que encierran a la familia. Los terapeutas estructurales buscan el ayudar a las familias a liberarse de sus maneras rígidas, de sus esquemas repetitivos, de sus interacciones inadecuadas a través de la re-organización de sus estructuras y sus funciones.

6. Terapia cognitiva-conductiva (Jacobson & Margolin, 1979; Dattilio, 2009; Epstein & Baucom, 2002). Este modelo enfoca sobre los procesos cognitivos (pensamientos, razonamientos, percepciones, atribuciones, actitudes, etc.) acopladas a la conducta, con el propósito de corregir lo distorsionado, aberrante, idiosincrático, etc. que pudiera ejercer una influencia sobre las emociones y la conducta. Se establecen contratos, denominados *quid pro quo* (esto por aquello) como así también se busca el funcionamiento interactivo basado en la razón, en la conducta apropiada y en las tratativas mutuamente aceptadas por los componentes. Una versión cristiana apareció con los escritos de Tweedie (1976), cambiando el nombre a "terapia de pactos" en lugar de terapia de contratos.

7. Terapia constructiva social (Goldenberg & Goldenberg, 2008). El enfoque de esta terapia es posmoderno, con la alusión a las diferencias en la subjetividad y las percepciones culturales de las personas, dando lugar a las construcciones mentales y sociales que entran en juego. Se desvía de los absolutos y se enfoca sobre cierto tribalismo con una hermenéutica de participación en la cual la realidad se define en forma intersubjetiva en una dada cultura. Derivados de este modelo se encuentran en la denominada "terapia de enfoque a la solución" (Steve de Shazer, 1985, 1988, 1991; de Shazer & Dolanm, 2007).

8. *Terapia narrativa –posmoderna* (White & Epston, 2007). El énfasis de este acercamiento se centra en los narrativos o historias (o más bien, libretos) vertidos por los componentes de la familia, considerando que las recolecciones subjetivas de las personas guían su derrotero en alguna forma. Las estrategias enfocan la manera de re-escribir sus libretos, de componer un narrativo que se sobreponga y reemplace a los narrativos negativos del pasado. La exploración de nuevas posibilidades, de alternativas más creativas, con el terapeuta actuando como un editor o asesor del narrativo a ser vertido. La "externalización" es usada como medio –el considerarse como estando fuera de la línea de juego y verse jugar en el campo, para ser objetivo acerca de su subjetividad.

9. *Terapia enfocada emocionalmente.* Este acercamiento se basa en la teoría del apego o de vínculos afectivos propuesta por Bowlby, desarrollada por Leslie Johnson y Sue Greenberg en la década de 1980. El acercamiento considera a las emociones como aspectos centrales en la experiencia del ser en sus procesos adaptivos y disfuncionales, y en los procesos de cambios terapéuticos. Los cambios ocurren a través de el apercibimiento, la regulación, el reflejo y la transformación de las emociones que ocurren dentro del contexto de las relaciones afinadas empáticamente. Antes de poder cambiar de un estado, hay que arribar a tal estado; por lo tanto, se busca el experimentar las emociones primarias disfuncionales (tales como el temor, la vergüenza) antes de componerlas. Considerando que la mayoría de las terapias se basan en aspectos cognitivos (relacionados a la corteza cerebral), esta terapia enfoca sobre las emociones presentes en los vínculos primarios que surgen de las profundidades del cerebro. El objetivo es el de reparar, instigar y restaurar los vínculos funcionales entre parejas y familias. Los principios a ser tenidos en mente incluyen: (1) las relaciones son vínculos afectivos; (2) los cambios involucran una nueva experiencia del ser; (3) los esquemas rígidos crean y reflejan estados emocionales absorbentes o atrapantes; (4) la emoción es el blanco y el agente de cambio; (5) el terapeuta es un consultativo de procesos; (6) la pareja es vista como un sistema que trata de hacer lo mejor que puede dentro de sus circunstancias. La terapia se desarrolla con etapas de estabilización sistémica, reestructuración de vínculos, e integración de nuevas maneras de relacionarse.

10. *Derivados empíricos del laboratorio de Gottman.* Desde su "laboratorio del amor", Gottman (1999) ha postulado varios principios a ser utilizados, derivados de sus trabajos con 3.000 familias durante 25 años en la universidad de Washington. Según tal investigador, la mayoría de los conflictos maritales no se resuelven, sino que representan estilos interpersonales que emergen de las diferencias en caracteres, personalidad. Algunos conflictos llegan a entrelazarse destructivamente. Otros conflictos persisten y dan oportunidades para diálogos constructivos. Los conflictos se estancan no porque los cónyuges intercambian expresiones negativas de sus emociones, sino que representan el incremento de sentimientos menores que crecen y se acumulan, llegando a ser elementos destructivos, extremos en sus formas interactivas (criticismo, defensas, desdén y bloqueo).

El aumento y la magnitud de los conflictos puede caracterizar a las parejas que se divorcian tempranamente, pero la ausencia de afectos positivos y negativos durante los conflictos representa esquemas interactivos desenlazados, emocionalmente apáticos y destructivos que afectan la estabilidad matrimonial. La importancia del afecto positivo durante los conflictos es enfatizada. La satisfacción en las tratativas afianza la estabilidad de la pareja. Las parejas que permanecen unidas a lo largo del camino se caracterizan por acercamientos "suaves" recíprocos (estableciendo balances, animando, aceptando la influencia de su cónyuge. Tales acercamientos involucran interacciones neutrales, un nivel bajo de excitación fisiológica, humor y despliegue de afecto.

Es esencial establecer un ambiente positivo para asegurar cambios duraderos, mejorar la amistad, la intimidad, y desarrollar y gozar de sistemas afectivos positivos: Tener recreación, jugar, manifestar un sentido de humor, explorar juntos lugares, ser aventureros y experimentar romance, sexo, y pasión. Los procesos amistosos trabajan "sobrepasando" y yendo más allá de las impresiones (no interpretando ni considerando las acciones negativas o neutrales de su cónyuge en manera personal ofensiva) y controlan la efectividad y los umbrales en lo referente a reparar resultados de interacciones problemáticas (conflictos, incidentes que provocan remordimiento posterior). El establecimiento de un sistema o fondo caracterizado por un significado compartido facilita la estabilidad y la satisfacción. Los sistemas de interacción necesitan ser entendidos con perspicacia, ya que actúan bilateralmente y en manera circular; las variables en tal proceso involucran la presencia de conflictos, el establecimiento de la amistad (intimidad-afecto positivo), y de significado compartido.

En resumen, la terapia matrimonial según Gottman busca asesorar a las parejas a que lleguen a:

- Conocerse el uno al otro. Aprender todo lo posible acerca de lo que la otra persona desea, espera, rechaza, acepta, sueña, etc.
- Enfocar sobre las cualidades positivas de la otra persona, los sentimientos positivos mutuos, y los tiempos buenos compartidos (Proporción: 5:1 vs. .8:1)
- Interaccionar frecuentemente; compartir acerca de sus faenas diarias, sus pensamientos y experiencias
- Dejar que su cónyuge lo influencie: Compartir su poder, su autoridad o su influencia social.
- Distinguir los problemas en cuanto a la posibilidad de resolución: Resolver los problemas que pueden ser resueltos. Comunicar con respeto, usando lenguaje no-acusativo, no-juzgador, sin criticar aún cuando trata con asuntos que a su criterio necesitan ser confrontados. Tomarse un recreo cuando se ponen enojados. Establecer contratos –quid pro quo's
- Eliminar el bloqueo (Entender los sentimientos de su cónyuge los cuales impiden la resolución del conflicto)
- Crear significado compartido (derivado de valores, actitudes, intereses, tradiciones)

En forma muy breve, hemos abarcado a los sistemas prevalentes en el campo terapéutico entre parejas y familias. Tal vez la síntesis no hace justicia a los tales, pero hemos tratado de ser compactos a fin de proseguir con nuestras deliberaciones.

Estrategias y Técnicas Empleadas

En cuanto a estrategias y técnicas empleadas, Goldenberg & Goldenberg (2008) y Parrott (2003) nos han dejado una lista de las mayores avenidas utilizadas por terapeutas en el ámbito familiar:

1. El re-enmarcado del marco de referencia y de las percepciones tenidos por los miembros –se busca desarrollar una re-atribución de la realidad, a ser experimentada en mejores formas cognitivas-emocionales.
2. El establecimiento de límites o demarcaciones en el sistema.

3. El trazado de mapas familiares detallados, de tres o más generaciones.

4. El re-estructurado cognitivo de las aberraciones, distorsiones, pensamientos y percepciones negativas manifestadas por los componentes de un sistema.

5. Las preguntas circulares abarcando las funciones y los procesos a fin de esclarecerlos y trabajar estratégicamente en la resolución de conflictos. Tales preguntas tienen la finalidad de evocar asuntos, desafiar hacia la elaboración de alternativas y soluciones, y proporcionar maneras socráticas de descubrir tales avenidas.

6. Posibilidades de cambio positivo. La posibilidad de verse más allá de sus disfunciones, con la pregunta: *"Si yo tuviese una vara mágica y la muevo, y su matrimonio llega a ser lo más deseado por ambos mañana, que sería diferente entre Uds.?"*.

7. La externalización –la capacidad de desarrollar objetividad acerca de su subjetividad a fin de tener mejores perspectivas en hacer nuevos arreglos.

8. La atención a las emociones primarias, a los vínculos afectivos de las personas a ser reestructurados y mejorados.

Otros factores se añaden, pero estos pueden servir de base para vislumbrar el amplio panorama existente en este campo.

Acercamientos Cristianos

Las Escrituras nos proveen pautas de relaciones adecuadas enmarcadas en pactos realizados entre Dios y las personas humanas. También proporciona un énfasis particular hacia las parejas y familias según los propósitos e intenciones de Dios. La vida en conjunto es abarcada en pasajes tales como Efesios 5:1-6:4 y Colosenses 3:18-21, enfatizando relaciones análogas a las alianzas entre Dios e Israel, o entre Cristo y la Iglesia. El amor sacrificado, abnegado, respetuoso y fiel es descripto y presentado como la base de relaciones. Paradigmas cristianos basados en las Escrituras y derivados de la teología han aparecido, tales como los enunciados por Anderson & Guernsey (1985); Polischuk (1990); Balswick & Balswick (2006); Tan (2006); Thomas (2000), y Yarhouse (2008); entre otros.

Factores interactivos en sistemas familiares. Desde el ámbito cristiano, Jones y Butman (1991) analizaron los factores presentes en familias funcionales y fuertes, dando a entender que las tales (1) responden positivamente a los desafíos y las crisis; (2) tienen una cosmovisión bien articulada; (3) se comunican bien; (4) eligen el darse tiempo en conjunto a lo largo de una variedad de actividades; (5) hacen promesas y honran sus deberes mutuos; y (6) saben cómo expresar su amor y apreciación los unos a los otros. En el pensar del autor, el matrimonio y la familia existen y se mantienen porque una serie de factores entran en juego en la estructuración de sus relaciones y en el desarrollo de varios procesos de mantenimiento y de refuerzo mutuo. Integrando los aspectos psicológicos a los teológicos, los sistemas matrimoniales y familiares incluyen varios procesos, tales como:

1. La dependencia en Dios, su Palabra y su Espíritu Santo.

2. La diferenciación dentro de la mutualidad de los componentes, con la capacidad de negarse a sí mismo a favor de la mutualidad.

3. La transformación de los seres, con cambios estructurales y de procesos relacionales, donde hace falta la estabilidad del sistema y la flexibilidad con la cual los miembros cambian a la semejanza del modelo divino.

4. La comunicación, como parte vital en las tratativas entre los componentes – hablando la verdad en amor.

5. La estructuración de roles o papeles a ser desarrollados y jugados por los componentes, según el entendimiento escritural de los mismos.

6. La proporción de poder mutuo: La perseverancia y resistencia emocional-espiritual ante los embates de la vida.

7. La capacidad de perdonar, echar al olvido, y renovar su pacto.

8. La integridad personal y conjunta. El ser conformados a la imagen prototípica de Jesucristo por ambas partes.

El autor ha presentado su ponencia en un artículo (Polischuk, 1990) en el cual el pacto matrimonial es derivado del entendimiento del pacto realizado por Dios en Cristo. Tales conceptos han sido ampliados en otra publicación (Polischuk, 2015). En sí, a el Nuevo Pacto dado a Israel y a la casa de Judá (prometido en Jeremías 31, y actualizado en Hebreos 8, 10), tiene características tales como el imitar a Dios en sus actitudes y su obras, proporcionando a los seres humanos en relación la capacidad de ser capacitados en las maneras imitadoras de Dios (Efesios 5). Más adelante, en este capítulo trataremos con estos principios. De la literatura existente en el campo de las experiencias clínicas al respecto, integradas al pensamiento del autor, derivamos los siguientes procesos a fin de proporcionar entendimiento en el desarrollo de los trabajos entre parejas y familias.

La Dependencia de Dios en los Tratos Mutuos

La base relacional enfatiza que Dios ordenó las estructuras del matrimonio y sus funciones, como así también su voluntad para la familia. Creados por y para Dios, sus criaturas dependen de su aliento, de su Palabra y de su Espíritu. Si bien hombres y mujeres eligen el casarse, y lo hacen a sabiendas, dentro del círculo cristiano, se espera que los yugos sean iguales –la misma fe, las creencias y dependencia de Dios como bases para su desarrollo conjunto. Mucho se ha dicho en esta esfera, y se da por sentado que cualquier terapeuta cristiano que conoce las Escrituras, hará caso de sus advertencias, mandatos y empuje –no como un árbol de ciencia que mata, sino un árbol de vida que alimenta.

Es sabido que muchos maridos y mujeres se apoyan en versos bíblicos para manipularse, controlarse, y atraparse en legalismos que no parten de las intenciones de Dios, sino más bien, de sus interpretaciones particulares. La sabiduría y la compenetración en los principios bíblicos hará que tanto el consejero como los aconsejados tengan respeto por la voluntad de Dios revelada, y no fuercen las Escrituras a sus conveniencias propias.

El Proceso de Individuación Dentro de la Mutualidad

Este factor es muy importante, representando al ser que emerge de su contexto. Dos aspectos deben ser tenidos en mente: la *diferenciación* de cada persona y su capacidad para la *mutualidad*. Uno puede responder al llamado de su nombre personal (Juan -su nombre propio);

pero también en relación a la familia o de la pareja, tiene un cierto apellido (tal como Perez). Diversas culturas enfatizan a la familia como la entidad que se sobrepone al individuo (culturas asiáticas, hispanas); mientras que otras, enfatizan al individuo por encima a su familia (cultura norteamericana). En clases dictadas acerca de la psicología transcultural, en un test ficticio, he presentado a mis estudiantes con el siguiente dilema:

Ud. se encuentra remando en una canoa en un río infestado de pirañas, y lleva a su madre y esposa hacia la otra orilla. Mientras rema, descubre que la canoa tiene un agujero y el agua comienza a hundir a la canoa. Ni su madre ni su esposa saben nadar, y será cuestión de pocos minutos que las pirañas tengan un almuerzo fatal. Ud sabe que tiene muy poco tiempo para salvar a una de ellas. ¿A quién salvará? ¿A su madre o a su esposa?"

Es interesante notar que los estudiantes norteamericanos contestan que ellos salvarían a su esposa, porque consideran tal relación como principal sobre su madre. Los de origen africano, asiático o latinoamericano, contestan que ellos salvarían a su madre antes de salvar a su esposa. Al preguntar las razones sobre las cuales los hispanos basan su decisión, contestan, "madre hay una sola" pero "esposas a montones…" quienes pueden reemplazar a su cónyuge. Aparte de ser un chiste mórbido, el ejemplo sin embargo apunta a las diferencias culturales y a las expectativas de mutualidad y apego o vinculación a su familia de origen, o al énfasis que se le da a la individuación y diferenciación colocadas en polaridades opuestas.

El definirse como un ser perteneciente a un sistema y vinculado en mutualidad es un factor muy preponderante, pero no niega la necesidad individual de cada componente de sentirse y verse "graduado emocionalmente" o diferenciado en cuanto a los aspectos cognitivos (pensar, razonar, atribuir significado a la realidad, juzgar, considerados "propios" de la persona, aparte de los demás componentes del sistema) y a los aspectos emocionales (sentir propio). El desarrollar la capacidad de elegir, de tener la entereza de decidir rumbos a ser tornados y a expresar convicciones de voluntad propia, también son parte vital de tal proceso de individuación y diferenciación. Como lo recalcó Bonhoeffer, el teólogo alemán, una persona que puede pararse sobre sus propios pies está lista para la comunión, y los que viven en comunión puede pararse sobre sus propios pies.

La verdadera mutualidad se logra cuando los componentes del sistema están individualizados y eligen el darse el uno al otro sin reservas. La graduación emocional se ancla en la mutualidad conyugal o familiar. Tal vez, una interpretación contemporánea de Génesis 2, al hacer alusión al tema central del capítulo, *"Por eso, dejará el hombre a su padre y su madre, y se unirá a su mujer, y serán una sola carne."* El "dejar" no es simplemente mudarse a otra provincia o estado, o a otro continente, pero es diferenciarse, individualizarse, graduarse emocionalmente y pararse sobre sus propios pies, para hacer sus propias decisiones, basado en sus razonamientos y percepciones, en sus atribuciones y juicio propios. El unirse a su mujer alude al hecho de compenetrarse, fundir su existencia hipostática-extáticamente en unidad conyugal (un yugo entre dos partes) sin perder su integridad personal.

El proceso de crecimiento y desarrollo humano dentro de un sistema puede experimentar desequilibrios y aberraciones. Entre las posibles exageraciones dentro de tal proceso, podemos postular dos factores negativos. La persona que trata de diferenciarse en forma negativa, en contraposición a un sistema bastante rígido, a veces llega a aislarse y a separarse para no tener comunión. Muchas personas se alejan de sus sistemas de origen y no se comunican, porque no han sido dados el poder y la sanción para diferenciarse. En sistemas atrapantes, se fomenta inadvertidamente la ruptura de las relaciones ya que la persona que desea individualizarse, lo hace pagando un precio excesivo, con sentidos de culpabilidad nacidos de sus ansias de querer ser un individuo, apelando al aislamiento y a la protección de su autonomía.

El haber trabajado muchos años con un gran número de personas que se sintieron "ahogadas" o abrumadas por sus sistemas conyugales o familiares, me permite postular la noción que enfatiza la necesidad de sobrecompensación, de huida o escape, y ansias profundas de conseguir y mantener cierta libertad personal. Tal esfuerzo sobre-compensador a veces llega a tornarse en estilos defensivos y aislantes. Se dan casos en terapia de personas asfixiadas por las demandas de sus sistemas, quienes rompen con sus relaciones y huyen del sistema, "galopando hacia donde el caballo los lleva" y a veces perdiendo las riendas de su vida, sin tener control de su derrotero. A menudo, tales personas terminan entrelazadas en relaciones codependientes que repiten las experiencias pasadas, encerradas en moldes negativos.

El sistema familiar a veces fomenta el apego neurótico, el entrampamiento, o el enredamiento sistémico. La compenetración excesiva de las personas dentro de los espacios vitales del ser fomenta la pérdida de la diferenciación. El haber trabajado por mucho tiempo con personas ansiosas, fóbicas, con ataques de pánico y con miedos a la separación, me provoca a pensar en nociones analíticas que apuntan hacia la fuerza y el empuje de la necesidad inconclusa de tales personas en cuanto a ser aceptados y validados a cualquier precio. La persona que, debido a su ansiedad de verse separado de sus bases simbióticas, se vincula de una manera codependiente o se apega a otros sistemas en maneras insalubres, no realiza su graduación emocional, desarrollando ansiedades, fobias y aprehensiones hacia los desafíos de la vida y buscando siempre a alguien "mayor" que la proteja. Tal persona sacrifica su libertad y dignidad a favor de una codependencia, huyendo de las responsabilidades maduras y sobrias que caracterizan al ser emancipado que "deja a su padre y a su madre" para unirse consciente y deliberadamente con otra persona ante Dios; lo hace en forma libre y con ánimo presto.

Repetimos, la falta de diferenciación de la persona hace que pague un precio muy alto, que involucra el menguado o la rebaja de su libertad emocional-espiritual y la subyugación de su asertividad como intercambio por cierta seguridad personal. Sin embargo, el vivir en tal sistema no siempre produce ansiedad, debido al aprendizaje social que define al ser como atrapado en su sistema solipsista, a juzgar por la cantidad de casos que se entrelazan sin ninguna consideración de esta índole, y que parecen disfrutar de su vida a tal altura sin sondear ni desafiar su derrotero. Como decimos en nuestros países, "sarna con gusto no pica" y también, "un pez no sabe lo que es estar mojado", ya que nace, crece, vive y muere sin postular alternativas ni tener perspicacia acerca de su medio de vivencia.

En el ambiente cristiano, la individuación y la diferenciación cognitiva, afectiva y volitiva no tiende hacia al aislamiento, sino que brinda la oportunidad al ser para abnegarse, a y negarse a sí mismo a fin de lograr una mejor mutualidad (Fil. 2:). Es un ejercicio continuo de humildad, sin caer en el masoquismo, la fragilidad caracterológica, o la debilidad moral, sino dar muestras de entereza, integridad y abnegación a la semejanza de Cristo, quien voluntariamente, a consciencia, y con toda la intención de su amor, *se entregó a sí mismo* por su esposa. *"Así* (de la misma manera, se insta a los Efesios) *maridos, amad a vuestras mujeres".*

En un sistema normal o adecuado, se busca establecer un buen equilibrio entre la necesidad de mutualidad sin aprisionamiento, y la necesidad de diferenciación sin aislamiento. Si la persona que brinda consejos se asesora de tales factores en el proceso, tal consejero puede enfatizar los ingredientes necesarios para corregir las deficiencias, o para encomiar hacia el desarrollo de los factores necesarios para que el sistema tenga un mejor balance. En todo caso, el "dejar a padre y madre" y el "unirse a su conyugue" son los dos factores que entran en juego: la diferenciación (la graduación emocional del sistema familiar) y la mutualidad (la capacidad de unirse sin perder de vista su integridad personal). Como pareja, el matrimonio puede establecer sus límites exclusivos y vivir en intimidad dentro de los tales. Una ilustración tomada del campo biológico, con referencia a una célula viva y su membrana semi-permeable, puede ser de ayuda (Fig.28.1).

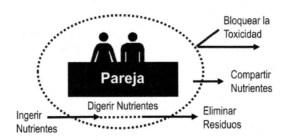

Figura 28.1 . Los Límites que Demarcan a una Pareja

La figura ilustra el hecho que el matrimonio necesita tener un espacio vital en el cual su intimidad se desarrolla. Es en tales demarcaciones que cinco procesos vitales y esenciales toman lugar: (1) Deben ingerir nutrientes para alimentar el sistema y sobrevivir; (2) deben bloquear cualquier clase de toxicidad nociva que pudiese arruinar su existencia conjunta; (3) deben digerir y elaborar los nutrientes ingeridos para mantener y revitalizar su estado; (4) deben eliminar los residuos que resultan de tal elaboración; y (5) deben compartir su energía, nutrientes, y elementos esenciales con otras células del organismo. Acoplado al reconocimiento y actualización de tales procesos, la pareja debe afianzar su unidad y mutualidad en amor, imitando a Dios en su pericoresis (la Trinidad danzando en coreografía íntima dentro de un perímetro exclusivo). Una ilustración puede ser de ayuda (Fig.28.2).

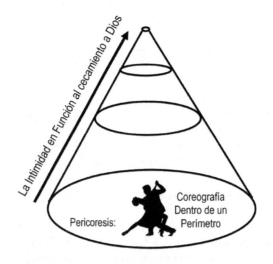

Figure 28.2. Pericoresis: La Intimidad Dentro de sus Límites

El Proceso de Cambios en el Sistema

Todo sistema viviente experimenta cambios. Inclusive, la conversión demanda un cambio radical de mente (*metanoia*); luego, el ser debe ser resocializado por el Espíritu, siendo transformado (*metamorfosis*) a través de la renovación de su mente (Ro. 12:1-2) y conformado hacia Jesucristo (Ro. 8:28-29). El proceso conyugal o familiar también experimenta cambios.

En el ámbito natural, tales cambios se deben a las etapas del desarrollo humano que involucran los nacimientos, la educación escolar, los casamientos, las muertes, etc., de los componentes. Aparte, muchas cosas inesperadas o vicisitudes catastróficas pueden agregarse, con la imposición de cargas y tensiones sobre el sistema. Las separaciones, los divorcios, los accidentes, las movidas a causa de las inmigraciones, el desplazamiento cultural al alojarse dentro de contextos diferentes o de culturas ajenas a las de uno, contribuyen a las tensiones que provocan cambios en las estructuras y en los procesos familiares.

En el caso de los cambios esperados, hace falta notar la presencia de dos factores esenciales para el ajuste adecuado. El primero es la estabilidad del sistema y de cada componente; el segundo factor es la flexibilidad necesaria para acomodarse a las situaciones inesperadas y asimilar lo necesario a fin de establecer un equilibrio. Los sistemas estables y flexibles permiten que cada componente desarrolle su diferenciación y mutualidad, su acomodo y ajuste a las cambios de la vida, como también a elaborar sus estrategias en el manejo del estrés cotidiano.

Cuando las desavenencias ocurren, y cuando el sistema no manifiesta una interacción óptima de tales factores en el proceso de cambios, los problemas se suscitan. A veces, el sistema empuja excesivamente hacia un extremo del factor *estabilidad*, llegando a ser muy rígido, o al otro extremo del factor *flexibilidad*, llegando a ser caótico o desorganizado. A fin de proteger el sistema de fuerzas externas o al tratar de subsistir en un ambiente tóxico, los componentes del sistema apelan al proceso de codificar, organizar y fijar los papeles de los componentes, los límites que abarcan y encierran al sistema, o las maneras relacionales. Tales atentados buscan establecer criterios muy rígidos a ser seguidos por los componentes. El sistema puede fomentar desde adentro un sentido de normas adecuadas o de legalismo atrapante (una especie de yugo), de encajonamiento asfixiante. Si la estabilidad se torna en rigidez, las estructuras y procesos del sistema se caracterizan por el dogmatismo, la disciplina férrea y los dictámenes inexorables, dando lugar a extremos rígidamente encajonados. Por otra parte, si el sistema empuja el péndulo hacia el extremo de la flexibilidad, se puede volver muy inestable, o muy desorganizado. El caos de muchos sistemas se debe a la falta de estabilidad y a la flexibilidad excesiva sin rumbo ni cadencia, y sin responsabilidad adecuada.

En síntesis, un sistema familiar puede manifestar aspectos de ser demasiado asfixiante en un extremo, y al mismo tiempo estar demasiado disgregado, confundiendo la flexibilidad con desorganización. En tal caso, la falta de modulación de los procesos emocionales y cognitivos, o los cambios de conducta, suceden dentro de un encajonamiento rígido con cierto esparcimiento caótico, disgregado dentro de sus muros. La persona que proporciona un consejo terapéutico necesita asesorar el grado de estabilidad y de flexibilidad en el sistema y en cada componente del mismo, para hacer una intervención más adecuada.

El Proceso de Comunicación: Hablando la Verdad en Amor

La comunicación dentro de un sistema es tal vez el proceso vital que mantiene las estructuras, soporta los procesos de cambios y de diferenciación, permitiendo a las personas entenderse, reforzarse, encomiarse, apoyarse, desafiarse mutuamente y crecer en armonía. Las fallas en este proceso hacen que las personas no se entiendan, no se ayuden a crecer mutuamente ni se proporcionen las oportunidades para vivir en paz y en felicidad.

La comunicación puede ser verbal o no-verbal; puede ser variada en cuanto a intensidad, frecuencia, estilo, maneras, etc., pero en forma global, debe asesorarse si es clara o difusa. La primera pregunta es si tal proceso es funcional a las relaciones, si existe como tal, o si las personas no se comunican. Este proceso puede ser asesorado en términos de los varios factores componentes. El consejero debe prestar atención al proceso, enfocando sobre lo que ocurre o deja de ocurrir cuando las personas se relacionan a través de la comunicación.

Hemos tratado el proceso en un capítulo anterior. Aquí se da una breve reseña. El proceso comunicativo se define en si como el atentado de conectar dentro del sistema, visto en el conjunto de las variables que actúan dinámicamente, tales como las mencionadas en el capítulo que trata con esta materia en particular:

1. ¿Quién es el que habla? —la fuente del mensaje
2. ¿Qué es lo que dice? —el contenido del mensaje
3. ¿A quién se lo dice? —el recipiente del mensaje
4. ¿Cómo lo dice? —el estilo empleado en proveer mensajes
5. ¿Por qué lo dice? —la motivación, la intención del mensaje
6. ¿Cuándo lo dice? —el tiempo del mensaje, la ocasión
7. ¿Dónde ocurre? —el lugar donde la comunicación se da
8. ¿Cuál es el efecto? —el resultado de la interacción comunicativa

El Proceso de Atribución/Distribución de Roles y Funciones

Al considerar un sistema dinámico, notamos que hay cierta distribución de funciones acompañando a ciertos papeles o roles a ser jugados para permitir la existencia y la permanencia del mismo. Tales funciones se desarrollan en forma cíclica, paralela, dinámica y sistémica, dentro de un contexto caracterizado por la flexibilidad, la mutualidad, la reciprocidad y el respeto de unas partes hacia otras. A veces, tales procesos se encauzan y solidifican en roles rígidos, proveyendo cierta anticipación y pronóstico repetitivo. En muchos casos, las actuaciones son rutinarias y llegan a ser muy estereotipadas y las personas actúan con asignaturas mecánicas en su ser y actuar. Sobre todo, en las culturas hispanas se han forjado asignaturas para hombres y mujeres, para padres e hijos que llevan cierta estampa de solidificación y rigidez, at punto de no tener reciprocidad o intercambios flexibles. La tradición muchas veces dicta tales consideraciones. Sin embargo, la vida moderna, urbana y las presiones debidas a las ocupaciones de todos los componentes, han forzado a los sistemas a desarrollar más amplitud y flexibilidad, permitiendo el intercambio de papeles.

Si la estructuración de papeles y limites personales e interpersonales es muy rígida, las componentes a menudo se rebelan, hacen cosas "por debajo del poncho" y se vuelven antagonistas. Las luchas por las definiciones, por quién es quién en la casa abundan entre las parejas y las familias. La persona que ayuda con el consejo terapéutico puede facilitar el entendimiento de las personas en pugna, con encomios hacia un grado óptimo de respeto, de reciprocidad, de mutualidad y de flexibilidad que permite que en el sistema, todos ganen y nadie pierda. Tal actuación no es nada fácil de lograr cuando la pareja está encajonada en moldes muy rígidos, o cuando la familia está estructurada en maneras muy inflexibles.

Con respecto a tales situaciones, el consejo puede dirigirse hacia la intención de Dios, quien desea la dignidad y la libertad emocional de cada persona que tiene valor en sus ojos. Con tal intención, se puede aludir al hecho de que Jesús fue el modelo de flexibilidad en asumir papeles y roles que en realidad, no les corresponden a un rey y Señor. El lavado de pies a sus discípulos (Juan 13), o el preparar un desayuno a personas que lo abandonaron y estaban pescando toda la noche (Juan 21), son ejemplos de tal actitud. Con respecto a la distribución de roles y asignaturas en el matrimonio y la familia, se debe enfatizar el tenor de las Escrituras que van más allá de lo que las tradiciones y las culturas hispanas han asignado a las personas. El cristianismo, después de todo, es un estilo de vida a ser seguido dentro de la comunidad de discípulos que quieren ser semejantes a Jesús.

Proporcionando Poder al Sistema: Perseverancia y Resistencia

El consejo terapéutico busca el apoyar, encomiar y proporcionar poder al sistema conyugal y familiar. Busca corroborar las intenciones de Dios, quien da poder para vivir según su diseño y su voluntad. Su poder es ilimitado y Dios da de acuerdo a su gracia y a la capacidad receptiva de las personas.

Definimos "poder" como la capacidad de hacer lo recto, lo adecuado y lo esperado en materia de logros, consecuencias o resultados en la vida cotidiana. No es asunto de manipular, de encajonar, reducir o denigrar a otro ser humano. El control en la filosofía del cosmos, de este siglo, es materia de lucha por el poder, por la supremacía, por el puesto Número Uno. Tal filosofía se filtra a los hogares, donde matrimonios y familias siguen los dictámenes del contexto cultural, tratando de establecer quién manda, quién está por encima o sobre todos, quién controla a los demás —sea visible o tácitamente; sea obvia o subconscientemente. Tal corriente produce luchas, conflictos, abusos, y destrucción.

El mundo en general, tiene una filosofía de "poder limitado" y por eso las personas se pelean por sacar provecho de cualquier ocasión que proporcione un poco de poder. Siguiendo las corrientes de este siglo, cuanto más uno se empeña en apoderarse del control posible que una situación proporciona, más personas uno quiere manejar bajo su poder. Si uno piensa que el poder es limitado, y que otros pueden llegar a tener más poder que uno, la lucha se torna fuerte por el control de lo limitado y por el ejercicio de la autoridad basada en la adquisición de tal poder.

Por ejemplo, el dinero representa una clase de poder en el cosmos; cuanto más uno tiene, más uno controla. La gente "respeta" al adinerado y le da más preferencia social, porque desde esa perspectiva mundanal se ha establecido la asociación entre el tener con el controlar. Sin embargo, en el sistema de Jesús, quien siendo rico, se hizo pobre a propósito, vemos un principio diferente. El poder no es necesariamente igualado a la posesión de bienes, sino a las características del ser, a la administración de los legados de Dios, quien viste a las flores del campo y alimenta las aves, y que desde su perspectiva, nos aconseja a "buscar primeramente el reino de Dios y su justicia", y confiar que "todas las demás cosas" han de ser añadidas como entes secundarios al ser primordialmente encuadrados en su voluntad.

En materia matrimonial y familiar disfuncional -en el ámbito relacional, emocional y decisivo, las personas tratan de conseguir su ubicación en las estructuras y ejercer sus funciones controladoras, empleando la violencia, la manipulación, la amenaza, el lavado de cerebro encajonando al semejante en un molde, y otras artimañas para controlar. Sin embargo, el poder emocional está íntimamente relacionado al carácter, la conducta y la influencia espiritual. Como Dios da (otorga, concede o enviste) poder para que seamos Sus hijos, el Espíritu de Dios da poder para que seamos testigos y trabajemos para Dios, el mismo principio se aplica en cuestiones interpersonales. Los componentes de un sistema conyugal, en lugar de pelear por "apoderarse" de la otra persona, o de controlarla, pueden aprender a proporcionar, otorgar o conceder poder el uno al otro. Pueden aprender a corroborarse, a encomiarse, a permitirse el desarrollo de sus personalidades, de sus frutos y sus dones personales, sin tener barreras o impedimentos debidos al temor de ser aplastados el uno por el otro.

El poder en el matrimonio debe ser visto como la energía suministrada por Dios para efectuar su voluntad —maridos amando a sus esposas como Cristo amo a la iglesia, al punto de dar sus vidas por ellas; esposas respetando a sus maridos como la iglesia lo hace hacia Cristo (Efesios 5). El poder no es subyugante sino actualizador de potenciales. El poder es dado a mayordomos en sus relaciones, a fin de hacer un buen trabajo como administradores de sus relaciones (y no dueños el uno del otro. Dios es el dueño de ambos, al cual se dará cuenta de tal mayordomía temporal en Aquel Día, cuando el Señor galardonará a sus fieles).

El consejero terapéutico puede proporcionar tal mensaje a los cónyuges y a las familias con los principios de las Escrituras, con su ejemplo propio, y con los alicientes y encomios debidos cuando las personas prueban tales avenidas con resultados más adecuados. También, puede enfatizar el fomento de la libertad emocional a ser desarrollada por las personas; puede reforzar la promoción de oportunidades para el crecimiento personal dentro de la mutualidad del sistema. Puede aclarar los conceptos de poder y control prevalecientes en el mundo a comparación de los principios escriturales, con la confrontación de la ansiedad provocada en las personas que sienten temerosas de ser apocadas, controladas, sobrepasadas o igualadas en comparación a otros en el sistema. La inseguridad personal y la falta de madurez, tanto como los complejos de inferioridad, a menudo son responsables por las luchas por el control y el ejercicio de la violencia doméstica. Son ejercicios muy pobres y precarios por asumir autoridad por la persona que siente que no la tiene. Tales cuestiones deben ser abordadas debidamente en el consejo terapéutico.

El honor, el respeto y la dignidad, son tres valores básicos para el hombre hispano; los tales también pertenecen a la mujer hispana. Sobre todo, en el cristianismo, el poder del Espíritu es suministrado a todos para vivir según Dios, no simplemente según la cultura. Hombres y mujeres son capacitados para servir a Dios y a su prójimo. De manera que, bíblicamente hablando, el proporcionar poder para realizar la voluntad de Dios en el matrimonio y la familia tiene mejores augurios de paz y felicidad que el luchar por el control y tomar versos aislados para manipular dentro de un sistema matrimonial o familiar.

La perseverancia y la resistencia a las corrientes destructivas de la cultura y del cosmos en general son dos factores que aparecen como consecuencia de ser investidos de poder. Ambos, marido y mujer pueden contrarrestar los embates del enemigo y hacer frente a sus vicisitudes con aplomo, con entereza y fe. En una figura esquemática, podemos vislumbrar el efecto de ser llenos, renovados e investidos con poder para contrarrestar los elementos tóxicos, nocivos o destructivos "desde adentro" del ser, desde las estructuras subyacentes, ontológicas, sustanciales protegidas por los procesos cognitivos, afectivos y volitivos del ser. La Figura 28.3 es una representación del consejo del apóstol Pedro: "Ceñid los lomos de vuestro entendimiento".

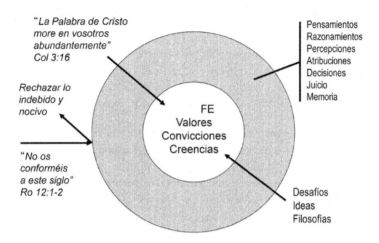

Figura 28.3: Un Cinturón Cognitivo-Afectivo Protector de la Mente Renovada

De acuerdo a las Escrituras, los maridos deben amar a sus mujeres como a sí mismos, y más aún, a darse a sí mismos por ellas. Es decir, ser unilaterales, incondicionales, proactivos, llenos de gracia y misericordia, invistiendo con poder, animando a la intimidad, perdonando y echando al olvido sus faltas. Como Cristo amó a su iglesia y se entregó a sí mismo por ella. Sin embargo, en la actualidad, si tenemos en cuenta las situaciones comunes y corrientes que aparecen en la oficina pastoral, la perseverancia y la resistencia o aguante se enfoca sobre la mujer. Especialmente entre las congregaciones que han enfatizado el poder o control masculino como cabeza del hogar, existe cierta correlación con el estilo de dar consejos a las mujeres que experimentan abusos y negligencia por parte de maridos que, aunque son cristianos, no han crecido a la altura de Jesucristo en su trato con su mujer.

Tradicionalmente hablando, al considerar la posibilidad de rotura matrimonial y el desbande de la relación, se apela a la mujer con ruegos (o mandatos) pastorales hacia el aguante, el martirio, con miras a ser la persona que constantemente persevere en la relación, a pesar de muchas tratativas nefandas, abusadoras o denigrantes que recibe. Poco se ha hecho en cuanto a confrontar al abusador, a ponerlo frente a la iglesia a dar cuentas de su mayordomía hogareña, a enmendar sus maneras de ser y actuar.

En realidad, la iniciativa en consejería debe enfocarse según Efesios 5, donde notamos que no es la iglesia la que encabeza el derrotero hacia la unidad, la intimidad, el amor, etc., sino que es Cristo quien toma la iniciativa. De la misma manera, si vamos a ser bíblicos, la iniciativa de amar y de darse a sí mismo, debe ser tomada por el hombre. Debe a seguir a Jesucristo en sus pisadas de fe y ser abnegado, sacrificado, y enaltecer a su esposa en lugar de denigrarla o rebajarla. No es de esperarse que la mujer aguante las necedades "en el nombre del Señor" sino que ambos vean un modelo más adecuado para sus tratos.

La Integridad Personal en el Matrimonio y la Familia

Los matrimonios y las familias permanecen unidos en el tiempo de su existencia si la integridad de sus componentes es salvaguardada, con tal atributo subyacente permeando las interacciones, funciones y estructuras de los sistemas en relación. La integridad es un rasgo que encierra atributos tales como la honestidad, la trasparencia, la equidad, la fidelidad, la sobriedad y la compostura de una persona. El lado negativo de la definición nos trae a la mente conceptos tales como el ser sin engaño, sin dobleces, sin pretensiones, sin hipocresía, sin malicia, y otros rasgos contraproducentes. En el establecimiento de pactos matrimoniales, se hacen votos con la esperanza que tales promesas han de ser cumplidas. La rotura de votos es lo que causa disensiones, peleas, heridas emocionales, desdén y las separaciones y los divorcios. El ser integro involucra atenerse a sus votos, a sus promesas y a sus cometidos.

Las relaciones que permanecen unidas y satisfechas a lo largo del tiempo demuestran en forma práctica la presencia de este factor. La integridad proporciona paz y tranquilidad en lugar de aprehensión, paranoia y desconfianza en los matrimonios. También asegura las esperanzas de permanencia futura en base a las actuaciones pasadas y presentes. La integridad es el terreno más firme para entablar conversaciones terapéuticas, sabiendo que lo que uno ve, escucha, asesora y desafía con sus consejos, es real.

Un repaso a la vasta literatura en la materia nos da a entender que los factores a ser considerados para mantener una relación renovada con satisfacción son muchos. Por ejemplo, Gottman (1999) enunció sus principios en su libro *The Seven Principles of Making Marriage Work*, basados sobre las observaciones hechas con matrimonios que son felices y estables comparados con aquellos que no lo son. Estos principios han sido retocados y vertidos en maneras más integradas por el autor, quien ha recogido experiencias a través de sus intervenciones con parejas por muchos años, y considera tales principios como maneras de actuar que refuerzan los aspectos positivos de la relación, y se dan aquí como directivas a los consejeros hacia los maridos y sus mujeres:

1. *Decida ser proactivo, creativo y dedicado en el establecimiento y adorno de su espacio vital íntimo.* A la manera de Dios, quien aún antes de la fundación del mundo nos tuvo en mente para bendecirnos, elabore anticipadamente en su mente y corazón una especie de mapa topográfico, o un terreno positivo imaginativo caracterizado por el amor, el bienestar y la satisfacción. Tal terreno existencial es definido como un lugar en su mente y corazón donde Ud. atesora información acerca de su pareja. La consolidación de tales cuadros, percepciones y memorias es crucial en realmente conocer a su conyugue, con sus anhelos, ambiciones, sueños, intereses, esperanzas, etc. y mantener la vitalidad e interés en una relación renovada.

2. *Establezca criterios positivos hacia la otra persona.* Considere su transformación hacia ser un cónyuge quien a través de la renovación de su mente, establece, nutre y renueva su admiración y contentamiento con su pareja. Piense, sienta y actúe en maneras que den a entender que Ud. tiene y mantiene una perspectiva positiva acerca de su conyugue, respetando y apreciando sus diferencias.

3. *Imitando a Dios como un hijo amado, establezca una relación hipostática-extática* (persona en movimiento positivo de amor hacia el objeto de su amor): Siempre mantenga una actitud y disposición de acercamiento positivo hacia su cónyuge, no huyendo, alejándose o ignorando su ser. Reconozca los momentos triviales, pequeños y cotidianos en la vida de su cónyuge para orientarse hacia los tales y mantenerse conectado en su derrotero conjunto.

4. *Reconozca que aunque Ud. buscó, eligió y decidió casarse con su pareja, Dios es quien ha hecho y provisto una contraparte para su vida, una ayuda idónea.* Permita que su cónyuge lo influencie para bien. Aún cuando Ud. mantenga su identidad y diferenciación, haga que la mutualidad sea real, dando lugar a los pensamientos, sentimientos experimentados y compartidos por su cónyuge. Si ambos dan lugar a tales influencias a través de la conexión emocional, ambos aprenderán a respetarse a un nivel más profundo.

5. *No se ponga el sol sobre su enojo.* Resuelva sus problemas que son posibles de resolver a plazo corto. Para ello, tenga en mente la posibilidad de establecer principios de resolución de conflictos cotidianos: A tal fin, suavice y ablande su ira, su reacción inicial al ser provocado; utilice el poder dado por el Espíritu para ejercer su dominio propio, su longanimidad, su paciencia y tolerancia, su capacidad para responder y no reaccionar ante las faltas cometidas. Aprenda a tomar iniciativa a reparar los daños y a recibir los atentados por parte de su cónyuge a restablecer la armonía; aprenda a establecer pactos y renovarlos paulatinamente, con compromisos, negociaciones y aun mas allá, poner los principios de un Nuevo Pacto en práctica.

6. *Venza sus bloqueos e impedimentos, sus estancamientos.* Los asuntos conflictivos no pueden ser abordados y resueltos a menos que ambos tengan una visión clara de sus diferencias, se toleren y traten de acercarse con apertura, flexibilidad y libertad, sin defensas ni atrincheramiento. Es necesario desarrollar su capacidad para arrepentirse, ser contrito, y reconocer su necesidad de restablecimiento de comunión. La comunicación a nivel más profundo puede llevarse a cabo si se adopta la disposición a desencajarse, a abrir sus mentes cerradas y a salir de sus trincheras para hacer un mejor pacto. Por lo menos, a efectuar un compromiso interino si no se arriba a una solución más permanente.

7. *Hable la verdad en amor.* La verdad sin amor mata; el amor sin verdad lisonjea y no trata con la realidad de las emociones heridas ni de los pensamientos afectados negativamente. Para comunicar a nivel profundo, hay que darse a la iniciativa de compartir, darse a entender, poner su persona a disposición y conectar con su cónyuge sin atentar amoldar, subyugar, vencer o denigrar a su semejante.

8. *Establezca y fomente un espacio vital en el cual se comparta lo significativo para ambos.* La mutualidad y la conexión íntima envuelven el compartir valores, actitudes, tradiciones, nostalgia, anhelos, símbolos y memorias. Es una especie de fondo en común desde donde ambos extraen sus haberes para gozar de sus esfuerzos mutuos. Si bien el matrimonio demanda mucho trabajo, el invertir energías para mantener y aumentar el caudal de lo significante produce ganancias positivas a ser gozadas.

9. *Mantenga su actitud perdonadora a nivel caracterológico, nacido de las estructuras subyacentes de su ser.* Desde su corazón y mente, renovados e investidos por el Espíritu, sea capaz de perdonar como Dios lo ha perdonado en Cristo. Más aún, sea capaz de arrojar al olvido los yerros cometidos, las desavenencias, no tomando en cuenta ni fomentando la amargura proveniente de asuntos sin resolver.

10. *Renueve su pacto matrimonial* —el cual ha sido ratificado ante Dios y muchos testigos, para experimentar la vitalidad matrimonial paulatina y constantemente, para mantenerse actualizado y vibrante.

Tales directivas no son exhaustivas ni conclusivas; son simplemente principios que pueden ayudar en las sesiones y dar cierta tónica a los esfuerzos dedicados a tal fin. Hacemos hincapié en tales consideraciones, para dar a entender que, desde el punto de vista cristiano, podemos ir más allá de los sistemas seculares de intervención y presentar mejores paradigmas.

El Nuevo Pacto Como Paradigma de Intervención

El Nuevo Pacto, además de establecer la redención de los seres humanos, puede ser considerado como un paradigma de relaciones matrimoniales por excelencia (Polischuk, 1990, 2015), dando a entender la manera de actuar de Dios, en relación a sus criaturas. Tal pacto ofrece pautas de cómo tratarse mutuamente en las relacione matrimoniales, imitando a Dios en maneras concretas. Es un modelo de tratativas que va más allá del antiguo pacto –un paradigma pedagógico, antecesor, a especie de preámbulo a la revelación final de Dios. Tal pacto se considera bilateral en su naturaleza (aún cuando fue dado unilateralmente por Dios a Israel), y condicional (con cláusulas de bendiciones y maldiciones supeditadas a la obediencia o desobediencia a Dios); enfatizó el amor mutuo y la justicia, permitiendo la retribución y la retaliación. El acto antiguo marcó el camino a la gracia de Dios, y en manera anticipada a lo que Dios ha de hacer con Israel y Judá, permite la extrapolación de sus cláusulas y premisas a ser actualizadas por aquellos que han sido llamados como pueblo de Dios, ajustándose a su voluntad.

Preámbulo: Estableciendo un Quid Pro Quo

Tal vez, debido a la precariedad humana, porque los seres en desgracia, en peleas y rencillas no pueden dar más de lo que se espera, se comienza por establecer un *quid pro quo* (esto por aquello), como Dios lo hizo con Israel en el antiguo pacto. A causa de la imposibilidad humana en imitar a Dios por su cuenta, se establecen normas bilaterales, condicionales y justas para que en el matrimonio, ninguno pierda sino que ambos ganen en sus tratos. El proceso de establecer un *quid pro quo* es como sigue:

1. Se comienza por asesorar las quejas, las cuales revelan necesidades o asuntos divisivos o problemáticos sin resolver. Se definen como conducta excesiva (cosas que el cónyuge hace de más, innecesarias, excesivas) o como un déficit (conductas que deberían existir pero que no se realizan, cosas que deberían pasar más a menudo, con mayor intensidad o por más tiempo). (Ejemplos de excesos: Insultos, tomar bebidas por demás, pelear, acusar, etc. Ejemplos de déficits: Carencia de encomios, alabanza, abrazos, cariño, atención, tiempo dedicado, etc.).

2. Las peticiones, anhelos, demandas o requisitos se vierten en expresiones concretas (por ejemplo: "Quisiera que me llames por teléfono al mediodía cada día", o "Quisiera que recojas la ropa tirada en el dormitorio y la coloques en su lugar". Excesos y déficits pueden ser encuadrados en peticiones en lugar de aparecer como quejas. Tal expresión rebaja las defensas y permite el escucharse mejor, y atender tales necesidades vertidas en cláusulas amables.

3. Luego de asesorar las quejas y verterlas en peticiones, se intercambian tales obligaciones y privilegios a través del consejero actuando como mediador de un

pacto. Las peticiones y demandas traducidas a conductas concretas pueden ser asesoradas con medidas de frecuencia (cuántas veces se conducirán de esa manera), intensidad (a qué altura, con qué volumen o dedicación lo harán), y duración (cuánto tiempo dedicarán a tales conductas). De esa manera, ambos tienen una vislumbre clara de lo que se espera de ellos por parte de su cónyuge.

4. El consejero "va y viene" entre ambos cónyuges a manera de mediador diplomático con sus respectivas peticiones, obligaciones y esperanzas, traduciendo expresiones en maneras positivas, con gracia y misericordia, y tratando de establecer un contrato equitativo, justo y satisfactorio para ambas partes.

5. Luego de sondear y esclarecer tales tratativas, el consejero puede ayudar a los cónyuges a comprometerse a realizar o cumplir con su convenio durante una semana, para ser asesorados en cuanto a cómo han cumplido con sus promesas, atendiendo a las peticiones de la otra persona, y dado privilegios a fin de satisfacer sus necesidades mutuas.

6. Un asesoramiento del intercambio de conductas dirigidas hacia el bienestar de cada uno permite el afinado y las correcciones necesarias para establecer mejores actuaciones, satisfacer los anhelos y dar lugar a la buena fe en sus relaciones. Se eliminan los asuntos negativos y se refuerza el proceder mutuo positivo. Se da lugar a la retroalimentación por medio del consejero, y se anima a seguir refinando el contrato tipo *quid pro quo*.

7. Se asesoran las conductas positivas por parte de ambos, y luego de comprobar la eficacia de los intercambios justos, equitativos y satisfactorios, se procede a ensanchar el terreno de intercambios, abarcando más y mejor los asuntos que necesitan arreglo, mejoras, renovación o restitución.

8. Si se enfoca sobre asuntos en necesidad de perdón, tal proceso puede ser cotejado por el consejero actuando como mediador y guiando a la pareja en sus tratos. El Capítulo 37 es dedicado a tal propósito y puede ser cotejado en tales intervenciones.

9. Luego de varias semanas de intercambios, tal vez la pareja está más dispuesta a ir más allá del *quid pro quo*, y establecer mejores bases para actuar a la manera de un nuevo convenio. El Nuevo Pacto se establece como paradigma real, más eficaz y deseable —así como el actuar en gracia y misericordia, con poder y virtud sobrepuja a los sistemas legalistas, obligatorios o bilaterales-condicionales.

La consejería cristiana en casos de matrimonios o familias no termina en un simple *quid pro quo*. Si bien tal contrato bilateral-condicional es necesario al principio, estableciendo una dialéctica entre la ley y la gracia, tal arreglo es simplemente un preámbulo a cosas mejores. Maridos y mujeres pueden tratarse como imitadores de Dios en Cristo (Efesios 5), y acatar los principios del Nuevo Pacto, siendo capaces de actuar a la manera de Dios. Para facilitar y actualizar tal posibilidad, el consejero debe afinar su teología y práctica con referencia al tal pacto, y establecer criterios en su trabajo.

Más Allá del Quid Pro Quo: El Nuevo Pacto

Así como la Ley antecede a la gracia, y el Antiguo Pacto al Nuevo, luego de establecer contratos bilaterales y condicionales entre cónyuges y familias basados en el *quid pro quo*, se debe tener en mente que existe la posibilidad de establecer criterios para una nueva manera de tratarse en las relaciones. El Nuevo Pacto ofrece las bases bíblicas y teológicas que permiten que las personas pueden imitar a Dios en sus tratos con los humanos. La consejería cristiana con matrimonios y familias puede realizarse con tales bases, con el consejero actuando a especie de "mediador" entre las personas en necesidad de establecer mejores pactos, basados en las siguientes premisas:

1. *La capacidad de ser unilaterales.* Maridos y mujeres pueden ser aconsejados a tomar iniciativas, sin esperar a que la otra persona haga algo, ni ser supeditados a las actuaciones de la otra persona. El enfoque es el de ser imitadores de Dios y actuar como Cristo lo hizo hacia su amada. En lugar de pedir, demandar o esperar que la otra persona haga algo, tanto el marido como la mujer pueden tomar iniciativas porque son capaces de hacerlo, y porque obedecen a un principio mayor que el simplemente justiciero, natural y bilateral. El consejero debe esclarecer tal diferencia, para no caer en el error de considerar las tratativas como obligaciones o deberes, sino como la concesión de privilegios administrados en gracia.

2. *La capacidad de ser y actuar en forma incondicional.* Tanto maridos y mujeres son aconsejados a actuar en maneras que reflejan su libertad de acción, su capacidad de imitara Dios en lugar de forzar fórmulas tales como "Si tú... entonces yo". Es decir, no solo timar iniciativas unilaterales, pero agregar e tono incondicional a sus tratativas mutuas. Tal postura y actitud liberta al que actúa conscientemente como investido del Espíritu para funcionar más allá de lo esperado, sin ser masoquista, débil de carácter o codependiente. La libertad de ejercer su dominio propio es factible en virtud de haber recibido el Espíritu de poder para vivir según la voluntad de Dios.

3. *La capacidad de ser proactivos y actuar libremente.* El Nuevo Pacto no nace espontáneamente o como una reacción a las necesidades humanas, sino que es el diseño de Dios desde antes de la fundación del mundo. Dios no actuó ni actúa de manera reactiva sino que es proactivo. De la misma forma, maridos y mujeres pueden aprender a ser proactivos en lugar de reaccionar a las circunstancias, a los desafíos. El planear el hacer el bien, el tener a la otra persona en mente antes que le pidan algo, es imitar a Dios quien dice "Antes que clamen, yo responderé". Tal capacidad puede ser aprendida, elaborada, reforzada y establecida como una actitud y postura consolidada, parte del carácter y de la ontología del ser. No se trata de "agregar" o de "colgar" frutos al árbol sino producirlos desde adentro.

4. *La capacidad de dispensar gracia.* Tanto maridos como mujeres pueden tratar a su cónyuge con gracia, dando a la otra persona lo que no merece. Es decir, en lugar de reaccionar a la conducta o a las actitudes de la otra persona, ser capaces de ofrecer privilegios y proporcionar conductas, actuaciones con gracia inmerecida. Tal actitud,

postura y conducta incita hacia el amor y a las buenas obras como consecuencia. En lugar de ajusticiar, vengarse o pagar mal por mal, la persona puede actuar en gracia a la manera de Dios, sin por ello sentirse débil masoquista o carente de carácter. Al contrario, al actuar e gracia consciente y libremente, lo hace como imitador de Dios.

5. *La capacidad de dispensar misericor*dia. Tanto maridos como mujeres pueden apelar a la misericordia como principio de arrojar al olvido las cuentas pendientes, no tomando en cuenta ni atesorando resentimientos que carcomen su espíritu. Si bien el actuar en gracia es proporcionar a la otra persona lo que no merece, el usar misericordia es no agar a la ora persona lo que merece. Tal postura, actitud y actuación debe ser esclarecida, adoptada consciente y voluntariamente, en libertad y sin ninguna presión. No se trata de negar la realidad, ni ser pasivo agresivo; se trata de usar su dominio propio renovado para no actuar en maneras justicieras sin misericordia. De otra manera, es simplemente una carga legalista que no ayuda mucho al ser que cavila, rumia y re-mastica las ofensas en su mente y corazón.

6. *La capacidad de dispensar perdón.* Como ya lo hemos mencionado muchas veces en esta obra, tal capacidad es altamente deseable, funcional y efectiva en la manutención y renovación matrimonial. El estudiante y lector son dirigidos al Capítulo 37 para cotejar más adecuadamente este proceso interactivo. El Nuevo Pacto, a diferencia del antiguo, ofrece tal promesa: *"Yo perdonaré sus pecados..."*. Dios lo hace unilateralmente, incondicionalmente, proactivamente, con raca misericordia. *"Perdonándoos los nos a los otros como Dos os perdonó en Cristo"* es el consejo paulino, a ser considerado en las intervenciones matrimoniales familiares.

7. *La capacidad de echar al olvido los yerros y las transgresiones.* Este es un punto importante, ya que comúnmente hablando, decimos "Te perdono pero no me olvido". El no tomar en cuenta los pecados y las ofensas de la otra persona parece una tarea imposible de cumplir. El no atesorar el resentimiento, la amargura, o las ansias de retaliación pareciera encerrar al ser ofendido en su propia cárcel (hasta que pague el último centavo). La rumia, el re-masticado de las ofensas, los pensamientos obseso-compulsivos de carácter negativo, son factores involucrados en el guardar rencor. La capacidad de olvidar es algo que depende de la investidura del Espíritu Santo, quien en manera poderosa puede permitir al ser a mantenerse desenganchado conscientemente de aquello que lo embarga, y ejercer dominio propio en forma metacognitiva, dialógica (y aún más trialógica, al entablar una dialéctica entre su ser ofendido, su ser investido y el Espíritu Santo en su fuero interno). El enfoque hacia la regulación, el control, y la ejecución de la voluntad investida del Espíritu para echar las ofensas al olvido, son posibilidades al alcance de la persona que crece, madura en su carácter y ejerce su dominio propio. El consejero debe afinar sus capacidades de ayudar e este punto muy crucial en las tratativas matrimoniales y familiares.

8. *La capacidad de fomentar intimidad.* Imitando a Dios en el Nuevo Pacto (*"Y todos me conocerán... seré propicio —estaré al alcance."*), las personas pueden desarrollar sus capacidades de conocer y ser conocidos sin defensas, sin máscaras ni pretensiones. La consejería trata con la intimidad –no solo sexual, pero también emocional y cognitiva, permitiendo a las personas a actuar en honestidad, abertura, sinceridad, apoyo, encomio y candidez mutua. El espacio vital interpersonal puede ser reforzado con la ayuda del consejero que anima a los cónyuges a tratarse en maneras

amables, sin barreras, ahondando su amistad y compartiendo juntos los aspectos de su vida íntima.

9. *La capacidad de proporcionar poder, de encomiar y actualizar a la otra persona.* En lugar de forcejear y buscar controlar o dominar, o en lugar de ejercer poder "sobre" el cónyuge, las personas en relación se proporcionan oportunidades para crecer, desarrollar sus facultades, ejercer su libertad y ser encomiados a actualizar sus potenciales. En lugar de poner cargas, son capaces de levantarlas y sobrellevarlas. En lugar de oprimir, son capaces de libertar. La consejería matrimonial ofrece muchas oportunidades para establecer este criterio, muy necesitado en hogares en los cuales los abusos, las manipulaciones, el "usar" a las personas es común. No es fácil desplazar asuntos culturales que han regido por siglos las interacciones entre semejantes. Sin embargo, el evangelio y el Nuevo Pacto dan mejores pautas de relaciones interpersonales que redimen a la cultura y le dan otro tono al matrimonio ya la familia.

10. *La capacidad de renovar su pacto.* Maridos y mujeres pueden ser guiados a re-establecer sus atenciones mutuas, a transformar su ser y renovar sus mentes para evitar el letargo, el saciado o el aburrimiento. A través de la consejería, la pareja puede aumentar el caudal y la excelencia, la calidad de sus maneras concretas de revitalizar sus actuaciones, siendo creativos y promoviendo su satisfacción mutua. No solo su estabilidad, pero su satisfacción son aspectos importantes en el matrimonio. Recordemos que tanto el cielo como el infierno son muy estables; lo que los diferencia es el nivel de satisfacción. De manera que, el mantener un matrimonio estable pero insatisfecho puede socavar las bases de su estabilidad a lo largo del camino. Es necesario abogar por una renovación en las demostraciones de cariño, de amor, concreto, de las buenas obras del uno hacia el otro.

Más allá del *quid pro quo*, o de los contratos humanos destinados a fallar debido a la naturaleza pecaminosa y a la imposibilidad de mantenerse dentro de los límites adecuados por su propia cuenta, se enfatizan los principios enunciado en este capítulo para ayudar en los asuntos terapéuticos relacionales. El autor reconoce que el desafío es alto, siendo que los humanos –aún redimidos, son aptos en transgredir y fallar en el cumplimiento de sus promesas. La dedicación a Dios como sacrificios vivos, la renovación constante, y la investidura del Espíritu son los factores que permiten que los principios de una nueva alianza puedan ser realizados.

Capítulo 29

Tratando con la Violencia Doméstica

El abuso o maltrato en situaciones de violencia doméstica es definido como un medio controlador, manipulador y degradante dirigido hacia un miembro de la familia por un abusador. Típicamente, las víctimas son mujeres, por lo menos en relaciones heterosexuales, aún cuando cualquier miembro del sistema familiar puede ser victimizado. El abuso puede comenzar con rebajas e insultos verbales y escala hacia lo emocional, psicológico, físico y sexual (Kroeger, 2001; Poling, 2003).

Juanita acude a su pastor y le confiesa que su marido la ha abusado severamente –física y emocionalmente. El pastor y los ancianos de la iglesia confrontaron al marido, con recriminaciones bíblicas; el marido prometió no golpearla ni insultarla. Se mudó a otro cuarto de la casa y no le habló por espacio de varias semanas. Tampoco se sentó a la mesa a comer con ella y sus hijos, y no participó en ninguna actividad familiar. El pastor y los ancianos quedaron satisfechos y se congratularon a sí mismos por su intervención, porque la familia vivía bajo el mismo techo y no se separaron. Ni el pastor ni los ancianos captaron el hecho que el marido simplemente se trasladó desde un punto abusivo a otro, bajo el mismo techo, y que continuó afligiéndola y en maneras pasivas agresivas, le hizo la vida infeliz a ella y a sus hijos. Ni el pastor ni los ancianos trataron de ver que el marido se asemeje a Cristo en su trato a su mujer (Efesios 5:25-30) en cuanto a amor y dedicación esmerada, o que en lugar de exasperar o tratarla con desdén lo haga con respeto mutuo y dignidad, ambos siendo coherederos de la gracia de Dios (1 Pedro 3:7). Juana aumentó su desdicha, considerando que aún la iglesia la había atrapado en un círculo abusivo.

Muchas acusaciones han surgido desde el campo feminista, alegando que la subordinación de la mujer (basada en interpretaciones de pasajes tales como Efesios 5:22-24) ha sido proclamada en formas desmedidas y tergiversadas, devaluando a la persona de la mujer, haciendo una caricatura de la voluntad de Dios en cuanto a su persona redimida. El ministerio dentro de la cultura hispana tradicionalmente ha enfatizado la dominación por parte del hombre como cabeza del hogar. Muchas veces la hermenéutica ha seguido líneas culturales, socialmente atrincheradas en esquemas y moldes que han permitido sistemas familiares disfuncionales marcados por ciclos de violencia, justificada en base a doctrinas expiatorias en las cuales el sufrimiento, la abnegación por parte de la mujer y su obligación de salvar a su marido con su conducta sumisa ha producido resultados poco deseables. La violencia ha sido justificada por muchos abusadores apelando al principio de mantener su cabecera o control a cualquier precio, inclusive el maltrato.

El consejo debe ser administrado con la conciencia de haber establecido normas que se ajustan al nuevo pacto, imitando a Dios y a Cristo en su trato con el ser humano. Interpretaciones más adecuadas y balanceadas hacia la equidad deben sustraer sus principios de pasajes escriturales –especialmente Gálatas 3:26-29, donde en Cristo, las distinciones y tiranteces desaparecen. Predicar, enseñar y aconsejar acerca de la equidad, la justicia, el amor, el respeto y la sujeción mutua entre cónyuges es lo deseable para lograr erradicar la violencia doméstica. El mismo balance se encuentra en Efesios 6: 1-4, haciendo referencia a las relaciones entre padres e hijos –honrar y obedecer a los padres por un lado, sin exasperar ni provocar a los hijos a la ira por el otro.

La Violencia: ¿Conducta Innata o Aprendida?

El consejo en situaciones de violencia doméstica parte desde la premisa mayor que estipula que el maltrato entre seres humanos no es un instinto natural que ha evadido al proceso evolutivo, ni es un reflejo a ser libremente expresado. Aún cuando desde el punto de vista ortodoxo el ser humano ontológicamente está predispuesto al mal, las experiencias disfuncionales tempranas de su desarrollo lo condicionan a adquirir valores, actitudes y conducta socializada hacia la violencia. El relato de Génesis 4 nos da a entender que Dios confrontó a Caín antes de matar a su hermano Abel: "... el pecado está a la puerta; con todo esto, a tu será su deseo, y tú te enseñorearás de él (a, a ti será sujeto)". La tendencia latente se manifiesta más acentuadamente bajo condiciones vigentes negativas, pero el ser humano tiene la responsabilidad de controlar su violencia. Además de la predisiposición del ser humano hacia el mal, la violencia se aprende observando cómo los agentes socializadores han actuado sobre el ser en desarrollo. El aprendizaje observacional o vicario se adquiere a través de la imitación de modelos –padres, hermanos mayores, familiares o vecinos quienes se relacionan ante la percepción observadora del infante y utilizado medios inadecuados para solventar sus rencillas, desacuerdos o conflictos. Los estudios sobre la violencia doméstica han arrojado datos acerca del hecho que tanto víctimas como agresores asumen con mayor permisividad la violencia porque crecieron en un contexto familiar en el cual ésta era una forma común de expresarse.

El escrutinio en casos reportados da a entender que la mayor parte de las mujeres maltratadas tuvieron experiencias abusivas en su familia: han sufrido la violencia de sus padres o han observado el sufrimiento de una madre maltratada. De modo que, adquirieron un rol pasivo de sumisión estoica y de sometimiento. La habituación y la desensibilización a este tipo de conducta han tomado lugar, razón por la cual han desarrollado una devaluación de su persona y se han adaptado a un continuo maltrato. En cuanto a los abusadores o maltratadores, tales personas también proceden, en su mayoría, de familias donde existían los malos tratos y han interiorizado la violencia como un instrumento de control y poder.

En ciertos círculos cristianos, se ha promulgado la noción que los problemas actuales son consecuencias de los pecados de sus antepasados (pecado generacional); sin ir muy lejos, aún cuando tal doctrina conjetural es debatible bíblicamente, es un hecho empírico que los modelos desplegados en hogares abusivos se repiten, perpetuando el denominado "ciclo de violencia" por el que niñas o niños que han sido maltratados, o han observado como testigos el maltrato paternal, acaban convirtiéndose ellos mismos en maltratadores. De esta manera, los modelos familiares son transmitidos a través de la socialización primaria, mucho antes que los niños sean expuestos a otras formas de aprendizaje social en cuanto a violencia.

Asesorando la Presencia del Abuso

Es probable que en círculos cristianos sea difícil aceptar el hecho que la violencia doméstica ocurre entre personas que supuestamente viven según los dictámenes de Dios. Sin embargo, se trata de tener congregaciones compuestas de seres humanos quienes aún no han alcanzado su perfección y pecan a menudo. La violencia doméstica no debe ser negada, minimizada, justificada, ni encuadrada en racionalizaciones teológicas. Si se acepta la posibilidad que tal mal existe, ¿Cómo asesorar si existe el abuso? En la mayoría de los casos, las experiencias abusivas permanecen veladas, encubiertas, y secretas. En muchas ocasiones de consejo, al entablar conversaciones con mujeres quienes acuden a pedir ayuda de diversa índole, se notan ciertos rasgos que dan a entender que sufren de condiciones abusivas por parte de sus maridos.

Una encuesta entre pastores en USA reveló que solo el 8% de los ministros han sido formalmente preparados para tratar con la violencia doméstica (Project RAVE, www.theraveproject.org). La gran mayoría proporcionan consejos basados en sus interpretaciones teológicas diversas. En muchos casos, el énfasis en la sumisión incondicional de la mujer ha resultado en la tendencia de negar la realidad del problema o culpar a la víctima del abuso en forma tácita. En las experiencias terapéuticas, muchas ocasiones se han dado en las cuales una mujer abusada reporta que al acudir a pedir ayuda en previas ocasiones, un pastor carente de empatía le ha dicho simplemente que "se someta" o que "ore más por su matrimonio".

Entre las poblaciones latinoamericanas, a menudo las mujeres vuelven a involucrarse en relaciones abusivas, y se quedan porque se les ha aconsejado a aguantar, a tener paciencia, a salvar a sus maridos, o a hacerlo por sus hijos. Raras veces se ha confrontado al abusador, apelando a su sentido de respeto, honor, dignidad o responsabilidad de seguir los pasos de Cristo hacia su esposa. En la mayoría de los casos, la carga se ha puesto sobre la persona que sufre el abuso, y se le aconseja que lo soporte para la gloria de Dios.

El énfasis fundamentalista contra el divorcio ha prestado más atención a la estabilidad del matrimonio que a su satisfacción o a su afinidad hacia el trato de Cristo hacia la iglesia como modelo. Pareciera ser que se olvida de un asunto importante, ya mencionado pero digno de repetir: El cielo y el infierno, ambos son muy estables; lo que los diferencia es el grado de satisfacción que caracteriza su ambiente. Muchos matrimonios cristianos "estables" se asemejan más al infierno que al cielo en la tierra. Su estabilidad se basa en el martirio silencioso de una persona maltratada que aguanta estoicamente su yugo.

El abuso o la violencia doméstica hacia las mujeres puede tomar diversas formas: Abuso físico, emocional, sexual, o relacionado al control de la persona –de su tiempo, su acceso a la solvencia personal (dinero, teléfono, automóvil, etc.), de sus actividades o relaciones.

El asesoramiento de cada caso demanda ciertas preguntas: (1) ¿Cuán a menudo el maltrato ocurre? (2) ¿Cuál es el grado o nivel de violencia desplegada? ¿Qué case de violencia es manifestada? ¿Cuándo empezó el maltrato, y cuánto ha durado tal condición? ¿Cuáles son las consecuencias del maltrato en la vida de la persona, del sistema familiar? Tales preguntas generales son seguidas de otras más articulares, dependiendo de cada caso.

Muchos casos de maltrato han comenzado antes que las personas contrajesen su matrimonio. El ser abusada antes del enlace es casi una garantía segura que el abuso continuará luego del mismo. En consejería pre-matrimonial, la pregunta "¿Se han dado ocasiones o circunstancias en las cuales uno o los dos han recurrido a la violencia, o experimentado alguna especie de abuso?" es muy indicativa de la probabilidad de que tal condición ocurra en el futuro.

El abuso al cual una persona puede ser sujeta a veces es manifiesto, grosero y descarado. Otras veces es sutil, artero y manipulado en forma velada. El abuso puede ser demostrado en maneras explosivas o ser introducido paulatina y gradualmente en una relación. Si bien en la mayoría de los casos son las mujeres quienes sufren como víctimas principales del abuso, no se descartan las ocasiones en las cuales los hombres también pueden ser abusados por sus esposas.

El primer paso en el asesoramiento del abuso es lograr su identificación. La tarea puede ser alusiva, debido a que puede manifestarse de distintas maneras. Se da una breve reseña de los distintos tipos de abuso:

- *Abuso físico* es el infringir daño, dolor o aflicción corporal a la persona para ejercer su dominio, control o manipulación. La persona que abusa puede apelar al uso de partes del cuerpo o de armas u objetos físicos para amenazar, castigar, dominar, contener, controlar o lesionar a otra persona.
- *Abuso emocional* es el uso de estrategias mentales (premeditadas o espontáneas) o juegos psicológicos manipulativos. Esto incluye factores de diversa índole, tales como el despliegue de ira o agresión, o el uso de la humillación, la intimidación, el asecho, la provocación del temor, el ejercicio de poder caprichoso y control posesivo. El objetivo de la persona abusadora es causar daño emocional, intimidar y controlar a la persona a través de sus emociones para mantenerla bajo su deseo.
- *Abuso social* involucra formas manipulativas de abuso para dominar, manipular o controlar las relaciones sociales de otra persona.
- *Abuso espiritual* es el ejercicio de actitudes y acciones degradantes, negativas, y burladoras contra los intereses o las prácticas de fe de otra persona. La persona inconversa o anticristiana puede manipular a su cónyuge haciendo hincapié o apalancarse utilizando sus convicciones en su contra; o el cristiano carnal utilizando escrituras en forma torcida para violar, desmerecer o controlar a la persona fiel.
- *Abuso sexual* es el uso de acciones sexuales forzosas que pueden dominar, manipular, amenazar, lesionar, corromper o controlar a otra persona en contra de su voluntad y violando su sentido de seguridad, bienestar o propiedad.
- *Abuso financiero* es el uso de dinero o cuestiones relacionadas con lo financiero para dominar, amenazar o controlar. Esto puede hacerse para desmerecer, menguar o dañar a otra persona o sacar provecho financiero de esa persona.

Otro paso importante en el asesoramiento es el de escrudiñar las nociones estereotipadas acerca del abuso. Uno de los mitos tenidos en mente entre el pueblo es que la violencia doméstica se da en familias de clase socioeconómica baja, de hogares con menores ingresos. Las investigaciones en este campo revelan que las víctimas de abuso vienen de todas las clases y condiciones sociales y económicas. La educación, la ocupación o carrera, su nivel de vida, y demás datos demográficos no se relacionan en forma directa al abuso. Un sentir prevalente entre las poblaciones hispanas es que las víctimas permanecen en sus relaciones abusivas porque les gusta ser abusadas: *"Sarna con gusto no pica"*; *"Mejor lo malo conocido que lo bueno por conocer"*; *"No hay mal que dure cien años"*, son expresiones comunes que revelan actitudes poco sofisticadas y hasta abusivas, echándole la culpa a la víctima que permanece en su estado atrapado.

Muchos son los refranes que parecieran encapsular una filosofía de vida popular y amoldar a las personas en un destino fatalista inexorable. En realidad, tal masoquismo no es adoptado ni satisfactorio para la mayoría (o todas) las víctimas de abuso doméstico. Muchas personas han sido acondicionadas o han aprendido a no forcejear debido a la inutilidad de sus esfuerzos continuos. Tal condición ha sido denominada "desesperanza aprendida" por Seligman, un investigador de la universidad de Pennsylvania. Su espinazo moral emocional ha sido quebrado y carecen de recurso personales para seguir peleando por su dignidad. Se les ha acondicionado a aceptar golpes, injurias e insultos a través del lavaje cerebral o mental usando contingencias negativas repetidamente hasta introyectar culpabilidad y asumir una postura sumisa (muchas veces corroborada por las culturas prevalentes). Son muchas las víctimas que aceptan el abuso como algo habitual en su repertorio cotidiano.

Las personas que aconsejan en situaciones abusivas deben asesorarse de la realidad que muchas personas permanecen juntas a pesar de ser víctimas de la violencia en repetidas ocasiones. Cabe la pregunta, ¿por qué no se separan? Varias razones han sido suministradas por tales víctimas:

- *"Me pega, pero es bueno. De vez en cuando se porta de tal manera que me hace olvidar del resto de mi tiempo triste"*
- *"Es que no puede vivir sin mí. Tengo miedo a que le pase algo, que tenga un ataque de nervios, o que se suicide, o que no va a poder trabajar como de costumbre o perder su trabajo"*
- *"Yo lo quiero, y a pesar de ser abusivo, el Señor lo puede salvar algún día"*
- *"No puedo subsistir sin él; necesito su ayuda económica; no sé si puedo sobrevivir sola con los hijos"*
- *"Los hijos necesitan un padre; más vale tenerlo de vez en cuando, que no tener padre del todo"*
- *"Si me separo, temo a las repercusiones —tal vez me mate, o se lleve a los niños, o me aceche día y noche porque es muy celoso"*
- *"Tengo esperanzas que todo va ir mejor en el futuro. El va a cambiar con el tiempo"*
- *"Trato de darle un poco de cielo aquí y ahora, ya que se pasará la eternidad en el infierno. Por lo menos, yo sé adónde voy y lo que me espera por ser mártir"*

Las expresiones mencionadas son simplemente ejemplos de las muchas razones dadas para quedarse en la relación. El convencimiento propio, la autosugestión, la fe y esperanza, la desesperanza aprendida, la mente acondicionada por las experiencias negativas, las predicaciones en contra del divorcio, los consejos dados por personas incautas, etc. se suman y aglomeran para producir un molde que mantiene a las víctimas en su encierro. En centros de ayuda, se acostumbra a preguntar, a indagar acerca de las relaciones para notar señales con referencia a los pensamientos y sentimientos de la persona, o a la conducta desplegada por su cónyuge. Como ejemplo, damos las siguientes sugerencias:

- ¿Se siente Ud. temerosa o intimidada por su marido con frecuencia?

- ¿Evita Ud. ciertos tópicos en sus conversaciones por temor a provocar a ira a su marido?
- ¿Siente Ud. que no puede hacer nada bien para su marido?
- ¿Piensa Ud. que merece el ser maltratada por su marido?
- ¿Cuán a menudo se siente como que está perdiendo su sentido, o anonadada, o depresiva?
- ¿Tiene Ud. la libertad de gozar de sus amistades, de sus familiares, sin reproches ni estorbos?
- ¿Experimenta humillación, críticas o amenazas por parte de su marido?
- ¿Ha tenido experiencias en las cuales se ha sentido avergonzada en la presencia de su familia sus amistades a causa de haber sido tratada en alguna manera denigrante por su marido?
- ¿Cuán a menudo ha experimentado ser rebajada, desmerecida, ignorada o ridiculizada por expresar sus opiniones o logros?
- ¿Ha sido Ud. culpada por haber provocado la violencia?

Además de asesorar el estado de la persona que pudiese experimentar abusos, es necesario indagar acerca de los pormenores de su pareja. En cuanto a su esposo:

- ¿Es su carácter o temperamento iracundo, pendenciero, violento, o impredecible?
- ¿La amenaza verbalmente? ¿Amenaza con llevarse a sus hijos o herirlos?
- ¿Amenaza con suicidarse si Ud. lo deja?
- ¿La aísla de sus amistades, de su familia?
- ¿Le prohíbe trabajar o estudiar, si Ud. lo desea?
- ¿La fuerza a tener relaciones sexuales? ¿La obliga a darle gustos que a su criterio son inaceptables?
- ¿Destroza sus posesiones, artículos personales, u objetos de la casa para amedrentarla?
- ¿Es excesivamente celoso o posesivo? ¿La interroga acerca de sus pormenores diarios?
- ¿Limita su acceso al teléfono, al dinero, al automóvil, o a cualquier recurso tenido en común?
- Etc.

El abuso de las esposas es utilizado por hombres o maridos para establecer su control sobre la víctima. Las tácticas utilizadas incluyen (1) la dominación; (2) la humillación; (3) el aislamiento; (4) las amenazas; (5) la intimidación; (6) la proyección de culpas; (7) la negación; y (8) la justificación "escritural" utilizando la Biblia indebidamente como agente de opresión subyugación.

La persona que abusa "necesita" sentirse en control de la relación, y en lugar de considerar a su cónyuge como una persona que pertenece a Dios, que ha hecho un pacto ante Su presencia, con votos de toda especie, la trata como su "posesión" y como objeto de su propia satisfacción. Le dice a su esposa lo que tiene que hacer; le pone límites a sus expresiones; demanda obediencia a sus deseos y caprichos, sin cuestionar; la trata de sirvienta, de niña, o de objeto conveniente a sus demandas. La persona abusiva humilla a su cónyuge, y hace todo lo posible para hacerle sentir rebajada, defectiva, incompetente, o inútil. Le hace sentir indeseable, llamándola por nombres derogatorios e insultando su carácter, su conducta, y avergonzándola en público para mantenerla bajo su mando y atrapada en sus maneras abusivas.

El abusador aumenta la codependencia de su cónyuge cortándola de comunión con sus familiares y amistades, y aislándola del mundo externo. Busca el separarla de su familia, para que no lo delate. Le prohíbe ir a trabajar o estudiar, para que no desarrolle sistemas de soporte sino que dependa de su persona para todo —económica, socialmente. La esposa debe pedir permiso para ir a cualquier función, o para ver a alguien, o para tener amistades.

El abusador se vale de amenazas para controlar, apaciguar, provocar a la ansiedad dependiente y amoldar a su esposa a su voluntad. Es muy común el amenazar con herirla, o herir a los niños, o a algún miembro de la familia. Se han dado casos en los cuales el abusador amenaza con suicidarse, echándole la culpa a su esposa;. También se han dado casos en los cuales el abusador ha reportado falsamente a su esposa a los servicios sociales con el fin de que tenga un prontuario negativo.

El abusador puede acudir a la intimidación, y lo hace con gestos, palabras o ejemplos observacionales en los cales rompe cosas de la casa, destroza pertenencias valiosas en su presencia. El mensaje que le da es claro: Si no se le obedece y sujeta, algo malo la ve a pasar. El abusador proyecta culpabilidad hacia su cónyuge por haberlo provocado, incitado o empujado hacia sus reacciones. Las personas manipulativas son muy sagaces en excusar sus acciones inexcusables, y lo hacen negando la realidad, racionalizando, proyectando y desplazando su sentido de responsabilidad. A veces, se excusan alegando que su conducta se debe a su infancia pesarosa, o al tratamiento que recibieron ellos mismos de sus padres abusivos. La cuestión es que siempre, la culpa es de la señora. Un segundo culpable, en los casos cristianos, es Satanás, al cual se le adjudican todas las acciones indebidas, como que el abusador nunca tiene la culpa.

Asuntos a Ser Considerados

Consejeros terapéuticos o pastorales deben concientizarse del alcance del problema de la violencia doméstica. Es un problema que no su publica mucho ni se trata en las convenciones regulares. No se puede ignorar o desechar, ni tampoco acudir a consejos sin base o estereotipados en moldes culturales que aceptan la subordinación masoquista de las personas.

- Se debe escuchar a la persona abusada con atención. Se evita el dudar, el negar o el disminuir el problema, aún cuando a la mayoría de las personas no les gusta reconocer que tales situaciones existen dentro de la comunidad
- Se busca la seguridad personal de la víctima de maltratos —física y emocional
- Se trata de actuar en conjunto con otras personas que ayudan en el caso —trabajar en equipo en lugar de hacerlo solos; se trata de atender asuntos espirituales; pero también asuntos emocionales, legales y financieros
- Las víctimas de abuso deben desarrollar y establecer su voz, al reconocer que han sido hechas a la imagen de Dios, redimidas e investidas como coherederas de la gracia, y son capaces de dialogar, pensar, razonar y sentir como personas —no simplemente como objetos de eco o de reflejo. Tal voz puede hacerse oír, pero

necesita ser afianzada, apoyada y reforzada hasta tener el volumen y el tono adecuado

- Las víctimas de abuso deben fijar límites en su espacio vital. Las personas abusadas tienden a verse indecisas en sus decisiones y convicciones, por haber estado bajo el control de personas quienes han hecho las decisiones por ellas. El haber crecido en una casa cuyos padres hablaron y decidieron por ella, para luego casarse y tener a un marido que habla y decide por ella, no han sido factores conductivos a su capacidad de pensar, razonar y decidir por su propia cuenta. El consejo perspicaz y de apoyo puede servir de encomio en el establecimiento de tales demarcaciones

- Las personas que aconsejan no rescatan ni asumen el control de la vida de las víctimas de abuso. Al contrario, envisten a la persona con su aliento, su encomio y su refuerzo positivo a fin de permitir el desarrollo de su voz, de sus decisiones, del control de su vida

- El consejo se brinda como fuente de sostén, de apoyo, de seguridad y guía hacia el camino a ser recorrido si hay separación, proveyendo no solo alicientes, pero un asesorado concreto en cuanto a la solvencia inmediata de las necesidades de albergue, comida, recursos, etc. La situación puede ser crítica, y se necesita apelar a un lugar seguro, a un alojamiento inmediato o temporal, hasta que en tal espacio y tiempo la persona pueda hacer decisiones sabias, salvaguardadas por la comunidad y por los servicios sociales disponibles

- Tal vez necesite atención médica, la cual debe ser obtenida en compañía de personas que sostienen y apoyan a la víctima. Los proveedores de tales servicios harán sus peguntas pertinentes, para también juzgar si es necesario establecer un espacio y tiempo seguros, o tomar medidas legales al respecto

- Si el matrimonio está separado, es factible que el abusador esté al acecho. En varios casos, el abusador ha cometido el homicidio de la persona que se alejó, tratando de vengarse de su acción. Es necesario establecer criterios de seguridad personal a fin de prevenir más atrocidades. La mayoría de las comunidades tiene acceso a órdenes judiciales restrictivas contra el acechador, las cuales pueden ser administradas por la corte de justicia; asuntos legales pueden ser involucrados en el caso para proteger a la víctima y asegurar su manutención

- Es el deber del ministerio y de la comunidad de fe el de abordar este tema candente. Al predicar, enseñar y discipular al respecto, se rompe el silencio que rodea tales condiciones, exponiendo el problema y tomando medidas para prevenirlo. Los principios bíblicos deben ser sonsacados de interpretaciones sabias, nacidas de una buena exégesis y aplicadas contextualmente en forma seria, en lugar de seguir tradiciones culturales acopladas en maneras distorsionadas

- Los que abusan no tienen excusas. Tales abusadores deben confrontar su responsabilidad, y no racionalizar ni justificar sus acciones

- Las intervenciones deben ser basadas en principios bíblicos que enfatizan el amor y la justicia, no solo la sujeción; se debe enfatizar el amor a ser desplegado, el deber de los maridos de ser semejantes a Cristo y actuar hacia sus esposas a la manera de su ejemplo —dando su vida por ellas, no abusándolas

- Si el abusador es parte de la comunidad y se sujeta a ella, las guías escriturales se puede aplicar de mejor manera. La exhortación y confrontación incluida en el consejo directo, el arrepentimiento del abusador acoplado su remordimiento y su dolor por haber cometido tal pecado, su confesión y búsqueda del perdón, preceden a la restauración de la persona abusiva. La reconciliación es un proceso largo y se debe enfatizar tal condición en lugar de apresurarse a forzar una unión que no permite la concientización y la demostración del carácter y conducta deseables

- Si el matrimonio ha de proseguir dentro de las enmarcaciones de la voluntad de Dios, el abusador debe dar pautas de cambio y abnegación hacia el efectuar un pacto nuevo. El capítulo del perdón se aplica, como también el capítulo que trata de la doctrina de la expiación y del Nuevo Pacto a ser restaurado

Afianzando a la Persona en Necesidad

A menudo las personas maltratadas sienten que merecen el abuso que reciben porque han sido convencidas de que el abuso es culpa de ellas. Los que aconsejan deben recalcar el hecho que tal mito no es cierto. El consejo busca afianzar a la persona desesperanzada y manipulada en sus creencias, proporcionado ciertas ponencias, alegando que nadie merece:

- Ser abusado física, emocional o verbalmente. Nadie merece ser insultado o tratado a los gritos sin ninguna razón aparente. No hay ninguna excusa que justifique el maltrato, sean drogas, alcohol, problemas financieros o problemas familiares
- Ser ridiculizada, denigrada, menospreciada, ni que se burlen de ella. Esto se aplica tanto en el hogar como en público
- Que le dañen sus posesiones (rompiendo platos, desgarrando ropa) o que le destruyan regalos proporcionados en alguna ocasión
- Que interfieran con su movilidad cuando no hay razones éticas o morales que impidan tal conducta. Usted no necesita que le digan cuándo puede y cuándo no puede salir de la casa, ir de compras o a cursar estudios
- Ser acosada o espiada si no existen razones lógicas, éticas o morales. Como persona adulta, usted tiene derecho a ir donde necesita debe ir, y pasar el tiempo de la forma adecuada que usted escoja
- Ser privada emocionalmente. Todos tienen necesidades emocionales: de amar, de ser amado, de cuidar y ser cuidado, de necesitar de otros y de ser necesitado por otros. Esto involucra más que una sola persona que exige su tiempo y atención
- Ser aislada. Usted merece tener una comunidad de personas alrededor suyo sin ser restringida o monopolizada por un cónyuge que domina su vida.

Se afirma a la persona al aconsejar, recordándole que tiene privilegios y derechos a ser actualizados como antídoto al ser abusada. Se proporciona una especie de voz, de guía, de principio a ser aceptado, consolidado y actualizado por la persona en un diálogo interno. El consejo puede modelar expresiones a fin de que la persona maltratada adquiera y haga crecer su propia voz y decirse en un dialogo interno:

- Tengo el derecho y el privilegio de ser tratada con respeto. Todas las personas son creadas a la imagen de Dios (Gn 2:26, 27) y tienen valor y dignidad
- Tengo el derecho y el privilegio de ser escuchada -tengo ideas y opiniones, y debo tener la libertad de expresarlas sin temor a represalias; puedo hablar la verdad en amor (Ef 4:25)
- Tengo el derecho y el privilegio de apelar a la comunidad de fe para que oigan y juzguen mi caso, según Mt 18:15-17

- No debería depender de una persona en mi vida para que satisfaga todas mis necesidades emocionales, ni que me separe de mi familia, de mis amistades buenas o del resto de la comunidad
- Tengo el derecho y el privilegio de ir de un lado a otro libremente, siendo una persona responsable y decisiva, viviendo dentro de los límites éticos y morales ante Dios
- Soy una persona; no un objeto. Tengo el derecho a mantener una identidad diferenciada, ya que daré cuentas personales ante el tribunal de Cristo (2 Co 5:10). Aún cuando he decidido ser una carne con mi cónyuge, tal mutualidad no destruye mi individuación –soy miembro del Cuerpo de Cristo, pero también miembro en particular (1 Co 12:27).

El ser dialógico puede entablar conversaciones internas, tales como las registradas en el Salmo 42:5, *"¿Por qué te abates, oh alma mía, y te conturbas dentro de mí?* La voz interior de la persona abatida, animada e investida por el Espíritu Santo y apoyada por el consejero, puede hablar con más fuerza, y retomar un derrotero racional y lógico. La persona que aconseja puede modelar sus diálogos para dar pautas a la persona abatida a dialogar consigo misma de una manera más funcional y libre. Como se ha enfatizado en capítulos anteriores, el diálogo interno de la persona abusada se anima y se vierte en la interacción terapéutica, llegando a ser un triálogo relacional entre la persona maltratada, el consejero, y el Espíritu Santo –su persona, presencia y poder redentor. El actualizar tal presencia, el ayudar y orar ante su persona, es un proceso terapéutico más efectivo que el hacerlo sin Él.

Sugerencias prácticas en el consejo

Las sugerencias provistas son recopiladas de varias guías suministradas por agencias y oficinas de ayuda que trabajan con las personas que experimentan situaciones de violencia doméstica. Tales consejos no garantizan seguridad ni libertad, pero proporcionan guías para mejorar tales situaciones.

- Identifique situaciones de riesgo que anteceden a la escalamiento de la violencia
- Identifique el nivel de agresividad, de fuerza utilizadas por la persona agresiva para poder anticipar el desenlace violento contra su persona o sus hijos; tenga en mente un lugar seguro al cual acudir
- Trate de tener avenidas de escape a ser utilizadas para evitar situaciones de abuso, alejándose de su cónyuge y resguardándose en un lugar seguro de la casa o tenga acceso a rutas de escape, yéndose a un lugar de rescate planeado anticipadamente
- De ser posible, tenga a mano un teléfono en todo momento y aprenda los números para llamar de memoria a los sistemas de ayuda pre-establecidos
- Tenga en mente los números de personas o de agencias de albergue para mujeres abusadas
- No tenga reparos ni temor de llamar a las agencias policiales si Ud. considera que su vida está en peligro

- Enseñe a sus hijos cómo obtener ayuda inmediata. Aún cuando ellos no deben involucrarse en las situaciones violentas entre Ud. y su cónyuge, ellos deben tener alguna contraseña planeada de antemano para indicarles que deben escapar de la casa o ir por ayuda
- Si sus hijos se manifiestan perplejos ante la violencia, enséñeles que ni Ud. ni ellos son culpables de tal violencia, y que deben buscar la seguridad y alejarse del abusador, al cual aman como hijos y se sienten culpables de abandonar
- No guarde secretos que pueden costarle la vida. Comunique y haga saber su situación a sus amigos o vecinos de confianza y desarrolle un plan y señales específicas que pueda usar para llamar la atención cuando necesite tal ayuda
- Planifique que haría si el abusador se entera de su plan, o que sonsaque a través de amenazas a sus hijos los detalles de su estrategia de escape
- Practique sus posibilidades de escape a salvo —sola, con sus hijos
- Etc.

Muchas otras sugerencias han sido utilizadas en este campo de labor, por lo tanto no son exhaustivas sino ejemplares. Las personas que aconsejan deben tener en mente las posibilidades de ayuda existentes en la comunidad, los albergues de refugio, el acceso al cuidado médico y psicológico, y otros pormenores. También se deben tener en cuenta las posibilidades de escape a la seguridad —ambientes rurales, urbanos, medios de locomoción, etc.

La Teología Aplicada: Conceptos Básicos

Esta obra enfatiza aspectos teológicos, ontológicos, psicológicos y prácticos. Tales bases permiten recapacitar sobre los principios hermenéuticos que en muchas ocasiones han sido el vehículo utilizado para justificar la violencia doméstica. Se han dado casos en que los textos bíblicos han sido utilizados para racionalizar actos violentos, enfatizando (1) la sujeción incondicional de la mujer y de los niños; (2) doctrinas de obediencia, servidumbre y sufrimiento expiatorio; (3) distorsiones de las doctrinas de la expiación y sufrimiento vicario; y (4) demandas de perdón y reconciliación forzada. Es necesario desarrollar una mente reflexiva y un acercamiento correctivo hacia tal hermenéutica, dando lugar a interpretaciones más cabales de la voluntad de Dios expresada en las Escrituras.

El consejo pastoral es funcional en la erradicación de la violencia doméstica. Es parte del ministerio predicador, educativo y discipulador, y no solo del consejo visto desde una perspectiva angosta. El consejo debe tratar con las distorsiones bíblicas y teológicas que han subrayado muchas culturas que han abogado por el dominio del hombre y sus reclamos —que su mujer y sus hijos le rindan obediencia incondicional, sumisión en todas las áreas de sus relaciones, y lealtad unilateral. El consejo necesariamente aboga por el establecimiento de un sistema mutuo, basado en el ejemplo de Cristo hacia la iglesia -su carácter fiel y amoroso, su sacrificio extremo por ella, y su cuidado presente y futuro.

El consejo a ser proporcionado es enfocado sobre la persona abusada; y como ya lo hemos establecido, no se debe forzar una terapia matrimonial prematura en tales casos, ya que los abusadores son muy propensos a disimular, a manipular, a cubrir sus acciones, a tratar de convencer con argumentos, usar sus debilidades como excusas, con apelaciones a las creencias y los medios espirituales, etc. Es necesario tener salvaguardas de seguridad y de bienestar, y trabajar con ambas partes en forma individual antes de tratar de establecer nuevos contratos o pactos entre cónyuges que experimentan situaciones abusivas y violentas.

La Separación y el Escape del Maltrato

En el ámbito terapéutico, se insta a las personas a recurrir a respuestas de pelea o de relajamiento ante las situaciones de ansiedad o estrés. Sin embargo, la reacción de huida o escape es más apropiada en casos urgentes de violencia doméstica. A menudo, la persona que aconseja se ve ante la encrucijada de guiar a la persona abusada hacia su seguridad y libertad, enfatizando su escape de la situación pesarosa en contra de las expectativas culturales a las cuales tal persona está sujeta –de quedarse y sufrir lo indecible a causa del evangelio. Si el consejo apoya el escape o huida de la víctima, ¿es tal consejo antibíblico? ¿O tendrá sus razones? Un repaso de pasajes escriturales puede dar pautas para elaborar una "teología de escape" que puede ilustrar este punto crucial:

- 1 Samuel 18:28 –Cuando Saúl intentó matar a David, David huyó
- 2 Samuel 13:19 –Cuando el hijo de David se rebeló y juntó un ejército para matar a su padre, David huyó
- Mateo 2:13 –Cuando Herodes trató de matar a los niños, un ángel le avisó a José para que tome a Jesús y a su madre y huyesen a Egipto
- Lucas 4:16-30 –Cuando la gente quería apedrear a Jesús en Nazaret, el Señor pasó por medio de ellos y no se dejó maltratar
- Juan 11:50-55 –Cuando los judíos buscaron como matar a Jesús, el evitó tal cosa, ya que vino a morir a propósito, y no ser asesinado
- Los Hechos 9:23-25 –Ante la hostilidad de los judíos, Pablo escapó de Damasco, bajado en una cesta, para no ser asesinado
- Los Hechos 19:3-31 –Pablo quiso enfrentar la horda de miles de Efesios quienes gritaban desaforados, pero sus amigos lo persuadieron a no hacerlo sino salir de la ciudad

De modo que, el guiar a una persona hacia su seguridad para no ser víctima fatal de la violencia puede seguir la misma línea de razonamiento, sin ofender ni a Dios ni a la iglesia. Es cosa de usar el sentido común.

La separación es necesaria en casos de violencia y abuso. Para ello, es imprescindible trazar un plan estructurado y no dejar tal separación al azar. Es necesario fijar un tiempo determinado (dependiendo del nivel de la violencia desplegada) –de tres meses, a seis meses o más). Durante tal separación, ambas personas reciben tratamiento individual, enfocando sobre las diferentes dinámicas en cada caso. El trazado de límites, salvaguardas, expectativas y deberes es esencial. La responsabilidad de asesoramiento mutuo es enfatizada, con guías concretamente trazadas, con metas y logros a ser obtenidos, y la búsqueda de cambios específicos visualizados en cuanto a la conducta, las actitudes y el carácter de las personas a ser reconciliadas. Por ejemplo: En el caso del abusador, el manejo del estrés, el manejo de la ira y sus manifestaciones, la adquisición de nuevas formas y maneras de reaccionar a las situaciones y eventos que provocan su ira, etc., son avenidas a ser utilizadas en el consejo. En el caso de las víctimas de abuso, se consideran asuntos tales como el entrenamiento en la fijación de límites; las posibles alternativas a ser desarrolladas en cuanto a actitudes y conductas codependientes; la necesidad de aumentar la asertividad y libertad emocional, la necesidad de establecer criterios de estima propia, etc. entre otros asuntos importantes. Se busca rodear a las personas de amigos que los mantengan en línea, que los asesoren en su progreso, que os apoyen en sus esfuerzos, etc.

Luego de trabajar por separado, mientras están en sus respectivos lugares, se inician las sesiones de pareja, instándoles a reunirse con una persona mediadora en el lugar de encuentro fijado, un ambiente de seguridad y objetividad, para tratar de establecer criterios y entablar un nuevo pacto entre ellos antes de juntarse. El asesoramiento de sus motivaciones es esencial: ¿Están listos para tratar de nuevo? ¿Tienen la disposición de hacerlo? ¿Lo hacen en libertad o bajo presión? ¿Tienen la capacidad de permanecer en fe y fidelidad? Muchas otras preguntas pueden suscitarse, y las personas que aconsejan deben tener la perspicacia de guiar a la pareja a reconocer que no se trata de remendar algo viejo, sino de crear algo nuevo. No se trata de volver a sondear sus cloacas, pero de cavar una fuente nueva que les provea una mejor satisfacción.

Luego de un tiempo (dependiendo del nivel de agravio, de necesidad de seguridad y restitución), si la pareja se junta en su lugar de costumbre y trata de rehacer su pacto, las sesiones de consejería cobran un tinte más específico. Así como la Ley fue puesta a manera de espejo para que el pueblo se vea en su estado precario, así también es necesario apelar a un *quid pro quo* para establecer criterios de seguridad y de justicia. No se debe dar lugar a interpretaciones que apelen a la gracia necesaria por parte de la persona abusada, dejando al abusador en control manipulativo –aún aferrándose de Escrituras malinterpretadas para oprimir y subyugar. Se trata de hacer convenios semanales con salvaguardas, ejercicios de mutualidad y respeto, acciones nuevas de carácter satisfactorio para ambos, estableciendo tratativas mutuamente aceptadas y reforzadas en manera positiva. El *quid pro quo* es una especie de preámbulo a mejores tratativas, al estableciendo de un mejor convenio. Se trazan objetivos concretos a ser asesorados en las próximas sesiones, y se sigue el asesoramiento como parte de un proceso restaurador, con las personas que median y aconsejan actuando como testigos de un nuevo pacto siendo restablecido sobre nuevas bases y con mejores promesas, esperando mejores resultados.

La Teología y el Cambio del Ser: ¿Puede un Abusador Cambiar?

Es importante no solo tratar con las víctimas en tales casos, sino de tratar con los abusadores. Tal tarea es más desafiante, debido a que el que maltrata es defensivo y reacio a confesar, arrepentirse, restituir los daños causados, y cambiar su conducta y actitud. La persona iracunda, agresiva o abusiva ha desarrollado su carácter y conducta a lo largo de su existencia, y no es cuestión de cambios manicuros o superficiales. Se trata de cambios radicales en su ser, en sus actitudes hacia el sexo femenino, hacia el valor de las personas mujeres como expresiones de la imagen de Dios, y como siendo iguales en valer, estado, posición y destino ante Dios. Se trata de desarrolla la "mente de Cristo" para considerar a los demás como objetos de respeto, y aún más, en el caso conyugal, de dar s vida por su prójimo cercano. Se trata de *"aprender a Cristo"* (no solo acerca o de Cristo –Ef 4:20), y funcionar a su manera –cognitiva, afectiva y conductivamente en las relaciones diarias.

La teología, el perdón y la reconciliación. Es imprescindible que el consejo pastoral no apure la cuestión del perdón, ya que tal dispensación de gracia y misericordia es un proceso, no un evento. Debido a la ansiedad pastoral, la necesidad de ver las cosas cambiadas y en su lugar, hace que mucho de lo considerado consejo pastoral presione a las víctimas abusadas a perdonar sin tener en cuenta que el cambio radical del carácter y de las actitudes de la persona abusadora toma mucho tiempo. No se duda de la gracia de Dios ni del perdón de Dios; lo que se tiene en mente es la incapacidad humana en el caso de violencia de efectuar cambios radicales a corto plazo en situaciones que merecen más consideración. ¿Cómo perdonar? En el capítulo 37 se dan sugerencias al respecto, basadas en la capacidad humana bajo los auspicios del Espíritu Santo, quien actualiza la potencialidad de imitar a Dios y perdonar a su manera – unilateral, incondicional, proactiva, con gracia y misericordia. Los pormenores del proceso pueden ser cotejados leyendo tal capítulo en esta obra.

La reconciliación es salvaguardada en el contexto comunitario. El perdón a ser enfatizado en casos de violencia doméstica no es solo un asunto matrimonial; es un proceso comunitario. *"Perdónanos nuestras deudas, así como nosotros perdonamos a nuestros deudores"* (Mt 6:12) tiene un tono comunitario, no aislado o solipsista. La persona abusada es miembro del Cuerpo de Cristo; si un miembro sufre, todos sufren (1Co 12:26). El perdonar, dejar libre de cargo, o restaurar, no son asuntos simplemente personales. El mandato y privilegio concedido por Jesús a sus discípulos –de atar y desatar en la tierra, tiene que ver con el consenso de la comunidad, actuando en la presencia del Espíritu Santo como sobreveedor. El caso a ser juzgado en Corinto (la persona inmoral que ofendió a las normas de la comunidad) necesitó de la iglesia y de Pablo (aún ausente). El juzgar tal caso, perdonar y restituir fue enmarcado en el contexto de la comunidad (1Co 5:1-5; 2Co 2:6-11). El rodear con seguridad y apoyo a la persona victimizada y el confrontar y traer a juicio a la persona abusadora, ambos son procesos comunitarios en necesidad de asesoramiento.

Cualquier atentado a lograr una reconciliación debe tener en cuenta cambios preliminares por parte no solo de la persona abusada, sino de la persona abusadora para salvaguardar es establecimiento de mejores bases para funcionar como pareja. Es menester que la persona abusiva obtenga un tratamiento adecuado en cuanto a su carácter y conducta, enfocando sobre su ira, su agresividad, sus maneras de resolver conflictos, sus apelaciones a las ansias de controlar, dominar, someter o tratar a su cónyuge como simplemente un objeto de satisfacción personal.

Conclusión

El consejo terapéutico enfatiza la noción que la mujer es coheredera de la gracia junto al hombre, y no su posesión (1P 3:7; 1Co 6:19-20). La violencia doméstica impide el mantenimiento de la intimidad; ésta requiere igualdad y mutualidad en un ambiente de respeto y honra, incluso la comunión sexual, la cual requiere un consentimiento mutuo (1Co 7:3-4). El consejo enfatiza el perdón y la reconciliación, pero sin presiones forzadas ni refuerzos de actos nefandos e indebidos. Si se insta a la víctima del abuso a perdonar, dejando libre de cargos al ofensor, tal entendimiento del perdón refuerza la opresión de la persona vulnerable y se hace cómplice de la violencia desplegada por el abusador. El consejo busca establecer justicia, equidad, mutualidad, respeto y honra –no solo perdón al ofensor. La renovación del amor y de las buenas obras es factible, siempre y cando se trabaje sobre bases exegéticas, hermenéuticas y teológicas renovadas y no amoldadas culturalmente.

La relación entre la verdad dada por Dios y las ideas teológicas desarrolladas a través de interpretaciones hermenéuticas es importante. Lo que está en juego no es solo la extracción de la verdad en sí (exégesis), sino los efectos que las interpretaciones o las estrategias interpretativas tienen en las maneras en que los creyentes forjan sus acciones, derroteros y objetivos. Aquellos que predican, enseñan o aconsejan, son responsables no solo de extraer la verdad escritural, sino de asesorarse acerca de qué y cómo los oyentes captan lo expresado, y cómo sus vidas son afectadas por la Palabra o los conceptos suministrados. De modo que por un lado, se pregunta ¿qué es lo que la Biblia dice acerca del perdón?; y por el otro, ¿qué diferencia tal verdad enunciada hace en la práctica cotidiana de la pareja siendo aconsejada? Para un mejor tratamiento de esta materia, consúltese el capítulo referente al perdón en esta obra.

Mucho del consejo involucra el crecimiento espiritual de las personas –tanto abusadores como víctimas, y la sujeción mutua al señorío de Cristo como base para todas las deliberaciones y actuaciones dentro del marco de referencia de un nuevo pacto. Se enfatiza el hecho que las relaciones humanas son simplemente una cuestión de mayordomía ante Dios, el dueño del ser humano (Ez 18:4; 1Co 3:16-17; 6:19-20). Cada ser humano dará cuentas a Dios de cómo ha tratado a su cónyuge, reconociendo el hecho que tal persona es propiedad del Señor, y cómo ha administrado sus relaciones y sus tratos cotidianos ante Dios. De manera que, es más ventajoso el tratar bien a su semejante en vista a ese día.

Se recomiendan devocionales en conjunto, estableciendo un triálogo bajo la persona, la presencia y el poder del Espíritu Santo. Se da lugar a lecturas de las Escrituras en manera habitual y cotidiana, considerando pasajes específicos a ser vislumbrados como bases de entendimiento mutuo, rodeados de oraciones en conjunto. La oración conjunta ayuda a establecer criterios de sumisión mutua, de respeto y honra ante Dios, de concientización hacia el ejercicio de una buena mayordomía relacional, y el logro de una mejor satisfacción –no solo de la estabilidad matrimonial.

Capítulo 30

La Doctrina de la Expiación y sus Aplicaciones:
¿Certeras o Equívocas?

Este capítulo trata con la aplicación de la teología a la práctica de terapias matrimoniales. La doctrina de la expiación y el Nuevo Pacto son consideradas como bases de interpretación y aplicación –usadas negativa y positivamente en el ambiente cristiano hispanoamericano. Muchos matrimonios fracasan –se deshacen emocionalmente, se separan o divorcian. En tales casos, el fracaso en guardar el pacto inicial es evidente. La invalidación del pacto original puede ser el resultado de la violencia doméstica, de los abusos emocionales, de la infidelidad, o de desajustes en la afinidad, la intimidad, o el manejo de los problemas cotidianos. Por otra parte, las relaciones pueden fracasar porque se les ha suministrado conceptos erróneos, tergiversados o mal aplicados, los cuales parten de interpretaciones teológicas en cuanto a la expiación.

La Doctrina de la Expiación y la Violencia Doméstica:

Es necesario tener una vislumbre acerca de la aplicación del entendimiento teológico a la vida práctica de la comunidad. Tal necesidad existe debido a la posibilidad desafortunada de emplear la teología o el entendimiento e interpretación bíblica en maneras equivocadas y hasta opresivas. Si la Biblia es la base de fe y conducta de la persona humana, debemos hacer todo el esfuerzo para establecer premisas que realmente se atengan a lo que Dios dijo, abordando el desafío del problema exegético y hermenéutico que siempre se hace presente al interpretar las Escrituras. Es decir, sonsacar lo que Dios realmente ha dicho, e interpretarlo dentro del contexto escritural dado, teniendo en mente que las doctrinas han sido interpretadas en forma variada a través de los siglos de la era cristiana. En muchos círculos eclesiásticos o religiosos se ha fomentado el legalismo, el misticismo, el estoicismo, la súper-fe, la súper-espiritualidad, el gnosticismo, la manipulación, el cultismo y otras aberraciones de la verdad.

También, en maneras tácitas, veladas o indirectas, se ha fomentado la denigración, el oprobio, el abuso y hasta la violencia entre personas en relaciones familiares o íntimas. Tales movimientos han tomado las Escrituras como base, pero las interpretaciones, predicaciones y enseñanzas en sus aplicaciones concretas han resultado en los desvíos de la verdad.

Una de las doctrinas que necesita atención en nuestra comunidad es la doctrina de la expiación. El lector puede preguntar por qué tal aclaración es necesaria. La respuesta es obvia: Muchas prácticas en nuestras culturas parecieran ser sancionadas, permitidas o respaldadas bíblicamente, cuando en realidad las interpretaciones de la Palabra han sido objeto de cierto acomodo cultural o de una contextualización que embute o encierra al texto para apoyar tales prácticas. En el pasado no muy lejano, algunos de los traficantes de esclavos leían las Escrituras mientras traían su mercadería humana en su viaje al nuevo mundo. Lo hacían para racionalizar sus acciones, aparentemente respaldadas por el hecho bíblico que Dios permitió la esclavitud en el Antiguo Testamento. Israel tenía esclavos; además, muchos patrones o amos neo testamentarios tenían esclavos. Onésimo era un esclavo de Filemón, a quien Pablo escribió su carta abogando por un trato misericordioso hacia el mismo. Pablo aconsejó a los esclavos Colosenses a "quedarse en el molde" (un argentinismo que se traduce como *aguantar, adoptar una actitud de aceptación a la realidad vigente*). En la actualidad, hemos sido concientizados y estamos conscientes como para "hacer algo" en lugar de quedarnos en el molde. De otra forma, al no hacer nada, es como si participásemos pasivamente en fomentar estructuras indeseables por no tomar iniciativas para revocarlas. Si consideramos el mundo antiguo como contexto escritural, tanto la esclavitud como la subyugación y el maltrato de mujeres y niños prevaleciente en la época eran considerados algo normal entre los lectores y oyentes.

Las Escrituras compiladas y canonizadas en el tercer siglo como siendo la Palabra de Dios, han sido tomadas por muchos en nuestro tiempo como hincapié para seguir con la misma rutina cultural de tales tiempos, y afianzar las prácticas culturales contemporáneas aplicando interpretaciones bíblicas sin considerar los cambios contextuales. Al no hacer algo por muchas de las prácticas opresivas, subyugantes, denigrantes y aún violentas, han sido apoyadas con la doctrina de la expiación –a criterio del autor, erróneamente interpretada.

El vocablo "expiación" da a entender que si hay una deuda contraída, el pago de la misma debe efectuarse hasta el último centavo, como para saldar toda cuenta. El día de la expiación (Yom Kippur en Hebreo) ere el día en el cual los Israelitas reconocían y confesaban sus pecados y faltas, se privaban de sus necesidades, y ayunaban contritos y humillados ante Dios. En manera simbólica, todos los pecados de Israel eran colocados por el sacerdote sobre la cabeza de un chivo emisario y enviado al desierto, alejando el pecado del pueblo. Dentro del contexto teológico cristiano, la doctrina de la expiación describe la manera en la cual el ser humano puede ser reconciliado con Dios. Se refiere al acto de ser perdonados por Dios a causa de haber sido considerados, incluidos o recibido los efectos de la crucifixión de Jesús. En alguna manera, lo que el Hijo hizo, el Padre aceptó y estableció como base para la fe y la obediencia. La cruz ha hecho posible la reconciliación entre Dios y su creación. Jesús y su obra en la cruz figuran como el cumplimiento de nuestra expiación, librándonos del pecado ante Dios.

Variantes de la Doctrina de la Expiación

En el pensamiento cristiano, han aparecido cuatro teorías acerca de la expiación, relacionadas a la manera en la cual tal hecho o principio trabaja: la expiación es un medio de (1) influencia moral (2) rescate del pecado y la muerte; (3) satisfacción de ciertas demandas; y (4) sustitución penal con imputación de justicia.

Los padres de la iglesia enseñaron aspectos de la teoría de la influencia moral, en la cual el cambio positivo radical en el ser se debe a la influencia de la obra de Jesucristo, quien dio ejemplo y pautas de cómo vivir ante Dios una vida de obediencia y fe. Sus enseñanzas, sus ejemplos, la inspiración de su martirio, muerte y resurrección, la fundación de la iglesia, y legado del Espíritu Santo, se consideraron como puntos importantes en el trazado de las expectativas de Dios en cuanto al ser humano. Tal pensamiento dominó el panorama eclesiástico durante los tres primeros siglos. La responsabilidad de tener fe y obedecer se colocó sobre el ser humano, quien ahora tiene el ejemplo existencial y patente de lo que Dios espera, como así también la fortaleza brindada por Dios para realizar tal existencia. Tal pensamiento fue reemplazado por otros, pero cabe decir que resurgió a través del tiempo, teniendo personas como Tillich y otros teólogos considerados liberales, quienes han mantenido esa posición.

En segundo lugar, la interpretación que alega que la expiación es un medio de rescate (también conocida en cierta forma variante como la teoría *Christus Victor*) en la cual Jesucristo libera a la humanidad de la esclavitud bajo Satanás y la muerte, al dar su vida como rescate. La pregunta que surge de tal consideración es, ¿quién le debe qué a quién, y cómo pagar la deuda? ¿Cuál es el método de pago, la naturaleza del pago, y el precio del mismo? Si el pecado contrajo una deuda con Dios, el pago es dirigido hacia Dios. Si el ser humano no alcanza a reunir los requisitos adecuados, alguien tuvo que pagar en su lugar. Si Cristo pagó por nosotros ante Dios, nuestras deudas han sido saldadas. Si el pecado y la muerte reinaron sobre el ser humano, bajo el dominio satánico, la victoria sobre lo satánico consistió en intercambiar la vida perfecta, pura, sin mancha de Jesucristo por la vida conjunta de la humanidad imperfecta. Pero, repetimos, ¿a quién se le pagó? Obviamente, no a Satanás sino a Dios. De parte de Dios es que la gracia se da, considerando el sacrificio perfecto de Cristo como substituto redentor, liberando al ser de la muerte y el pecado ante Dios. Satanás no tiene reclamos contra tal hecho.

La variante *Christus Victor* considera que Jesucristo no ha sido utilizado como rescate sino como victoria sobre Satanás, liberando a la raza humana al vencer a su esclavizador. Este pensamiento cubrió mil años de historia, influenciando la teología cristiana, hasta que Anselmo desafió sus postulados. Repetimos: ¿A quién se le debía pagar? En este marco de referencia, propuesto por Anselmo en el siglo XI, la humanidad no le debe una deuda a Satanás, sino a Dios como soberano. Aún cuando un Dios soberano puede perdonar injurias o deudas en su capacidad innata y real, el hecho que el estado relacional ha sido transgredido, pisoteado y desobedecido, demanda el pago de tal insulto a Dios. El argumento de Anselmo fue que el insulto a Dios ha sido tan grande que solo un sacrificio perfecto pudo satisfacer sus demandas de justicia, perfección, impecabilidad y santidad. Jesucristo, siendo Dios y hombre, fue establecido como el sacrificio perfecto que agrado y satisfizo al Padre. La expiación es vista como la satisfacción de las demandas de un Dios quien castiga, y necesariamente Cristo se ofreció como substituto por nosotros ante Dios y satisfizo sus demandas. Con el advenimiento de la Reforma, el pensamiento cristiano enfocó el aspecto de la sustitución penal, algo jurídico y posicional.

Los reformadores elaboraron el pensamiento de Anselmo y fueron más allá de sus deliberaciones. Aparte de considerar el pecado como una afrenta a Dios, a su honor y dignidad, enfatizaron el principio que el pecado desafía, transgrede, y rompe la ley moral de Dios. Consideraron el texto de Romanos 6:23 (*la paga del pecado es la muerte*) como base de sus deliberaciones jurídicas, con la necesidad de sustitución penal, lograda por Jesucristo al interponerse entre Dios la humanidad como mediador, incorporando al pecador y muriendo en su lugar como un substituto. El ser humano pecador incurrió en la ira de Dios contra el pecado, la maldición y sus consecuencias, necesitando la obra de Jesucristo para su redención (Gálatas 3:13).

Pensadores como J. I. Packer (teólogo reformado) mantienen la noción que enfatiza a la substitución penal como la corriente central de la doctrina. Sin embargo, agregan aspectos de *Christus Victor* y otros aspectos expiatorios (como la influencia moral, o aspectos vicarios) para "redondear" la figura. Además, en manera federal, así como Adán nos representó ante Dios, Jesucristo lo hizo en manera redentora –murió por nosotros, y en Cristo, estamos muertos al pecado (2 Co 5:14).

Por otra parte, en el ámbito ortodoxo griego o la iglesia católica, la expiación no es considerada como un cambio posicional, penal o jurídico, sino como un cambio en la naturaleza del ser, su condición moral transformada. La expiación se efectúa en el acto de ofrecer un sacrificio a Dios, el cual busca el cambio en la persona que ofrece. En tal pensamiento, Jesucristo murió no tanto para aplacar la ira de un Dios vengativo, o para evitar la ira de Dios, sino para cambiar a la persona para que se asemeje a Dios en su naturaleza. En el Catolicismo Romano, la expiación y la redención se intercalan, balanceándose con actos de reparación que se asocian a los sufrimientos y muerte de Jesucristo para el perdón de los pecados. Tales actos reparativos son el deber del cristiano, impuestos como la carga real sobre sus vidas. Es como apegarse y estar junto a las cruces paulatinas sobre las cuales el Hijo de Dios continua siendo crucificado.

La expiación desde tal punto de vista es un modelo o ejemplo moral en el cual lo que Cristo hizo es un prototipo de sacrificio, de abnegación, pero no necesariamente paga a un Dios castigador, ni sustituye a nadie ante su presencia, sino que da pautas de cómo comportarse en la vida ante Dios. Nada objetivo es logrado, sino que la expiación representa un empuje hacia la subjetividad del ser que quiere agradar a Dios y ahora tiene ciertas pautas para hacerlo. Este pensamiento apareció para contrarrestar la segunda manera de ver la expiación.

La problemática se da porque siempre existe la posibilidad de malinterpretar la doctrina, y aplicarla indebidamente con consecuencias negativas. Por ejemplo, al interpretar el significado de la deuda contraída y de su pago, la manera de pagar y los resultados del pago, puede surgir la tendencia consciente o inconsciente de presentar a un Dios cuya ira contra el pecado llega a constituirse en violencia en contra de la persona que paga (en esta doctrina, el Hijo es quien paga), haciéndolo sufrir hasta lo indecible. Al considerar la agonía, el sufrimiento, el dolor del Hijo yendo a la cruz hace que muchas personas consideren a Dios como carente de afecto o compasión hacia su propio Hijo. Siguiendo tal línea de razonamiento natural y sujeto a distorsiones humanas de los trascendental y divino, se juzga la acción del Padre como extrema, abusadora, o irracional. Se da lugar a cierto tinte masoquista, martirizante y de aguante por parte del que sufre la penalidad (como que Jesús "se quedó en el molde"), y se fomenta inconscientemente una actitud de resignación hacia lo que se le viene encima, fuera del contexto del plan divino e interpretado desde un ángulo totalmente diferente del diseño de Dios.

Tal caricatura del carácter de Dios, distorsiona su imagen hasta llegar a verlo como un Dios ogro, listo para arrollar y castigar toda ofensa, yéndose el intérprete por todas las tangentes imaginables en lugar de mantener su enfoque sobre el blanco central, el asunto de interés particular y especial, el objeto principal –el pecado. En la actualidad, el pecado ha sido negado, romantizado, disminuido en su significado, excusado y redefinido, como para no tener que tildarse de pecador. Considerando la parábola de los dos deudores, somos desafiados por Jesucristo en cuanto a nuestras maneras de ver la realidad. En comparaciones hechas entre deudas humanas y deuda ante Dios, nuestra percepción y atribución de significado siempre busca agrandar el daño que otros seres humanos nos causan, y disminuir las faltas que nosotros cometemos ante Dios. Aparte, como humanos, nuestra tendencia es la de considerar que lo que nosotros le debemos a Dios es minúsculo, y lo que Dios nos debe a nosotros es mayor.

Es difícil considerar el punto de vista de Dios, ignorando los aspectos trascendentales del significado de pecado y la necesidad de expiación. Humanos que parten desde sus bases particulares o idiosincráticas, toman las bases trascendentales definidas por Dios en relación a la santidad, perfección, obediencia a su voluntad, transgresión, y la necesidad de expiación –lo cual escapa a su entendimiento precario, y las aplican en manera distorsionada alegando que la violencia en contra su voluntad –o contra todo lo que pudiera ofender su sensibilidad, su deseo o su ambición, debe ser castigada, y que la persona castigada debe aguantar tal violencia ya que merece tal castigo. Además, debe verlo como algo realizado "para la Gloria de Dios". En tal caricatura, la imagen de un Dios castigador fomenta una estructura en la cual la violencia es justificada, incluyendo el abuso en los matrimonios y hacia los niños, con el agregado necio que alega que las personas que sufren tienen que seguir el modelo de aguante, de martirio y de abnegación silenciosa semejante a la de Jesús. Tal extrapolación le da excusas al abusador, y se constituye en una plataforma para justificar sus acciones.

Debemos ejercitar cierta cautela en cuanto a los resultados de nuestras predicaciones, enseñanza y consejo. Si en alguna forma inadecuada, presentamos a un Dios ogro, castigador, violento, y a su Hijo como sumiso, bueno, manso y obediente hasta la muerte, y muerte de cruz, podemos fomentar algo que no teníamos en mente. Si recalcamos que Cristo, como cordero que no abrió su boca, se dio a sí mismo por nuestros pecados, debemos vislumbrar que en consejo divino (aún antes de la fundación del mundo) trazó el plan, ejecutó tal designio y lo aplica al ser humano en una unión de amor, de justicia, de paz, de trato con gracia y misericordia. La Trinidad siempre trabajó, trabaja y trabajará en unidad, sin desavenencias ni altercados. Al nosotros interpretar y extrapolar indebidamente tal doctrina, podemos dar lugar a aberraciones en el entendimiento de la unión hipostática-extática de Trinidad. Tres personas relacionadas en amor eternamente. Sin embargo, en la economía de la salvación, el Hijo ha sido encarnado, murió y resucitó. Es difícil postular tales eventos y mantener la unidad indisoluble de la Trinidad; de otra manera tenemos tres dioses. Aparte, al enfatizar la deuda, la venida de Cristo, el pago en la cruz y los eventos relacionados a tal *kenosis*, es como si existieran pugnas, tiranteces o desavenencias entre las personas. Recordemos: Dios el Padre, Dios el Hijo y Dios el Espíritu Santo no están en pugna, ni difieren en su voluntad; no existe la posibilidad de tener a un Padre malo y un hijo bueno, quienes entran en una tratativa disfuncional de rescate a través de métodos violentos que presentan caricaturas de los designios divinos.

Volviendo a nuestro tema doctrinal aplicable a las situaciones culturales, la noción que Dios salva a través del castigo bien pudiera ser llevada al plano de las relaciones humanas, ofreciendo un cuadro que no necesariamente se ajusta a la aplicación cabal. En la carta a los Hebreos se da lugar al castigo como medio de corrección, y se recalca que al administrarlo, tal castigo no produce gozo sino dolor. Luego, el autor de la carta agrega la alegación de que Dios castiga al que ama, porque lo trata de hijo. Tal texto ha sido tomado como base para castigar en el seno familiar. Aún cuando pareciera atenerse a los principios bíblicos que enseñan a castigar, la mayoría de las veces la interpretación da lugar a conductas que terminan por maltratar o abusar a sus hijos o a su cónyuge. En tales casos, el abusador humano no puede compararse a un Dios bueno, justo, omnisciente, y amoroso. El humano no tiene la capacidad de amor y justicia, verdad y afecto, sabiduría, perspicacia y juicio cabal en administrar corrección perfecta. El ser humano no tiene el designio eterno y final en mente cuando aplica su manera de corrección en el presente, comúnmente en manera reactiva a lo que lo afrentó, desafió o desobedeció.

El escándalo de la cruz no puede ser esclarecido con lógica humana que pone a tela de juicio la bondad de Dios, su justicia o su amor. La expiación no debe ser un paradigma justificador de la violencia doméstica, racionalizando la esclavitud, la degradación, la manipulación y cosas por el estilo. La doctrina de la Trinidad ha sido considerada como esencial en materia de expiación: *Opera trinitatis ad extra nut indivisa* –la misión del Padre, del Hijo y del Espíritu ha sido ejecutada al unísono. Las personas no operan separadamente ni representan esferas autónomas de acción, sino que operan en unidad, mutuamente compenetradas. De otro modo, se enseña un énfasis separatista entre Padre-Hijo-Espíritu. El perdón de Dios, su gracia y su amor no necesariamente tuvieron que posponerse o esperar un turno cronológico hasta que alguien apacigüe la ira de Dios contra el pecado. Tal lógica temporal no se aplica a Dios. Sin embargo, debido al pecado humano, la forma específica del amor de Dios demostrada en la salvación tuvo que incluir la condenación y muerte en la cruz. El Hijo participó plenamente en lugar de ser victimizado por el Padre, como algunas caricaturas liberales enseñan, como si el ser humano con su entendimiento precario, parcial e inadecuado se de el lujo de juzgar los designios de Dios. Lo que nos salva no es tanto la violencia de la cruz, sino la sustitución penal que absorbió el impacto de la condenación, la ira de Dios contra el pecado. La salvación a través de la sangre de Cristo ha sido algo compaginado aún antes de la fundación del mundo, teniendo al objeto del amor de Dios en mente –el pecador. Tal consideración antecede a la razón o a las conjeturas humanas acerca de la posible victimización, o de la enseñanza hacia cierto masoquismo. Fue el Hijo quien recalcó que "*de tal manera amo Dios al mundo que ha dado a su Hijo unigénito ara que todo aquel que en el crea, no se pierda, mas tenga vida eterna* (Juan 3:16). Calvino, en sus discursos, alegó que Dios nos amó aun cuando aborreció el pecado en nosotros.

¿De Dónde Parte Nuestro Consejo?

Razones dadas en el fomento de las aberraciones debidas a una teología opresora. Si se aplica una teología culturalmente amoldada, sostenida por los usos y costumbres mas que por la revelación de Dios, las predicaciones y enseñanzas producen aberraciones en el desarrollo de la vida matrimonial y familiar. Partiendo de la larga historia cultural-teológica, de la teología nacida de las experiencias, contextualizaciones de las usanzas tribales afectando las interpretaciones, produce valores, actitudes, usos y costumbres que fomentan las excusas, la racionalización, la justificación, el ajuste, acomodo y asimilación de aberraciones y desvíos de la voluntad de Dios en cuanto a relaciones conyugales y familiares. Los mecanismos de defensa "bíblicos" pueden ser empleados por ambos, los abusadores y las víctimas.

Las reacciones de los abusados –sus razones, racionalizaciones, martirio, aguantes o resignación, se deben a la manera de interpretar y aplicar la doctrina, que tales casos, nacen de las circunstancias pesarosas del abuso y la violencia. En los tratos con las personas abusadas, especialmente las esposas hispanas, notamos las razones presentadas al preguntar por que se quedan en tales relaciones:

- Sentido de culpabilidad, por haber elegido a la persona equivocada; por no acatar las predicaciones que demandan que se quede a pesar del abuso, considerando el divorcio en sí como el peor de los males
- Sentido de vergüenza, por ser deshonrada, vituperada, rebajada ante los ojos de sus propios hijos, de la familia, de los amigos o de la comunidad
- Miedo a no subsistir económicamente y quedar atrapada
- Miedo a lo que dirá la comunidad, especialmente la iglesia
- Fallas en mantener la familia unida, o el matrimonio intacto
- Consistencia cognitiva: "Me quedo aunque esto me mate, porque así lo elegí yo"
- Emulación de los sufrimientos de Cristo, para salvar al marido –en la iglesia se recalcan muchos testimonios de esposas haber sufrido veinte años pero que al final el marido se salvó a causa de su martirio, abnegación, etc., correlacionando tal salvación con el sufrimiento redentor de la esposa
- Aguantar como Sara, obedecer en todo, a pesar del maltrato; porque se comieron la manzana, tienen que pagar las consecuencias
- Ser reducida al martirio, con auto convencimiento de merecer tal sufrimiento
- Ser reducida a la desesperanza acondicionada a través del control, las amenazas y el terror ejercido sobre ella
- Aislamiento sin tener soporte, quedando a la merced del abusador
- Elegir el "dar un poco de cielo" al abusador aquí y ahora, ya que de todos modos, tal persona ira al infierno por su crueldad mientras la esposa sufriente tendrá más recompensa en el cielo
- Obedecer a las presiones a permanecer juntos para guardar apariencias, para no hacer quedar mal a la comunidad
- Mantenimiento de la familia unida y protección de los niños, que de otra manera no tendrán "padre"
- Etc.

Qué hemos estado enseñando? A veces hemos enseñado que el dolor, la angustia, el sufrimiento, y sus consecuencias son consecuencia del ofrecerse a sí mismo como un chivo expiatorio, alegando al hecho de ser imitadores de Jesucristo. A veces se cita el ejemplo de anonadamiento, de abnegación, y de esmero salvífico como correlacionados a la obra de Jesucristo por la humanidad. Muchas mujeres se sienten mártires, más que víctimas, y tratan de salvar a sus maridos a través de sus actuaciones, de su penitencia, de su sumisión, entre otros factores. Es necesario recordar que, quien salva es Jesucristo; que el sufrimiento salvífico no es humano, pero del mediador entre nosotros y Dios. Si Jesucristo no salva al marido, no hay mujer en todo el planeta que lo pueda hacer mejor.

Los Pactos de Dios Como Modelos de Relaciones Humanas

Dentro del marco de referencia bíblico-teológico, existen paradigmas de relaciones entre Dios y los seres humanos que marcan el rumbo y el compás de las posibles interacciones en amor, justicia, paz y bienestar. Dios siempre ha tratado de relacionarse y de brindar su presencia en el pueblo (Ex 25:8). Para establecer tal unión y compenetración en la vida comunitaria, ha provisto pactos, convenios para asegurar que Sus intenciones y propósitos sean cumplidos para el bien de los seres humanos. Tales pactos pueden servir de ayuda en las deliberaciones y formulaciones de estrategias y rumbo a tomarse en el campo del consejo terapéutico.

Entre muchos pactos, dos sobresalen por su envergadura e importancia, y dan pautas de relaciones no solo verticales con Dios, sino también horizontales entre semejantes. Como paradigma de relaciones, el antiguo pacto sostuvo varias cláusulas que dieron a entender que las personas en relación debían tener ciertos principios en mente. Tales principios pueden set enunciados de la siguiente manera:

1. Una alianza bilateral: Dos o más partes entran en contrato, con promesas y recompensas; derechos y obligaciones por un lado, son equiparados con privilegios y alcances por el otro. Se establecen límites, expectativas y prerrogativas mutuas manifestadas en forma clara y directa. El contrato no es unilateral, o sea de una parte a la otra, sine que encierra a ambas partes en mutualidad. Dios grabó en piedra Sus mandamientos. Los israelitas prometieron a su vez: "todo lo que Jehová ha dicho, esto haremos".

2. Alianza condicional: Dado a las limitaciones humanas, las cláusulas son precedidas por condiciones a ser cumplidas para asegurar que el contrato sea justo. Una especie de *quid pro quo* (esto por aquello) se establece, con las condiciones establecidas de antemano para no tener sorpresas. Promesas y privilegios son acompañados por salvaguardas reflejados en una fórmula tal como "si esto se cumple. . . entonces aquello se aplica".

3. Alianza consecuente: Bendiciones y maldiciones son añadidas a las promesas y a las demandas. Si se cumple el contrato, los resultados de tal adhesión y obediencia se reflejan en bendiciones que siguen. Si el contrato se rompe, aún en lo más insignificante, el contrato queda nulo, y se necesita restablecer la armonía o la comunión a través de ciertas avenidas o mecanismos. La desobediencia acarrea un sinnúmero de maldiciones y resultados negativos.

4. Alianza equitativa y justa: En un contrato ideal, se busca que nadie pierda sino que ambas partes ganen. No se desea el malestar ni se busca el manipular, controlar ni desmerecer a la otra parte. Se fomenta el honor, el respeto y la dignidad. Inclusive, en el Antiguo Pacto, se dio permiso de retribución, con la ley del talión expresada en manera recíproca, condensada en una frase: "Ojo por ojo. Diente por diente". No es cuestión de cegar ambos ojos a la otra persona ni bajarle todos los dientes cuando uno es atacado. El trato al semejante estaba basado en el trato hacia uno mismo con justicia y equidad.

Sin embargo, tal contrato no fue efectivo para los seres humanos, quienes constantemente desobedecieron y no permanecieron fieles a Sus promesas. El contrato llegó a ser un agente opresor para tales personas, quienes experimentaron al Antiguo Pacto coma un yugo, se sintieron atrapados bajo la inflexibilidad de las tablas de piedra y carentes de poder para vivir según las demandas de la Ley. La letra las mató y los encerró bajo juicio y condenación. En realidad, tal pacto fue un preámbulo a mejores cosas. Dios trazó un Nuevo Pacto, basado sobre mejores promesas, un mejor sacrificio, oficiado por un mejor mediador y con mejores resultados. Sin embargo, el antiguo pacto sirve de ejemplo o paradigma en la observación de muchos matrimonios y familias que viven bajo tales circunstancias. Los contratos que comenzaron con brío y pompa, con bocinas y fiesta, llegaron a ser yugos y ataduras funestas donde la paz, el gozo y la felicidad han desaparecido.

La Necesidad de un Nuevo Pacto Como Paradigma de Relaciones

Cuando las promesas de los cónyuges han sido rotas, cuando el respeto y la dignidad han dado lugar al abuso y a la degradación, se necesita establecer un nuevo pacto. Cuando la obediencia a los deseos y los anhelos de la otra persona han dado lugar a la desobediencia, a la infidelidad o a la falta de lealtad, es necesario establecer un nuevo convenio. Cuando el encomio y el refuerzo han desaparecido y los cónyuges o los padres simplemente castigan, maltratan, insultan negativamente y no son capaces de proporcionar poder, un nuevo pacto es esencial. La necesidad de un nuevo pacto es obvia, y el terapeuta consejero puede servir como un representante del Gran Mediador, quien ha dejado principios de relaciones humanas en las Escrituras.

Muchas veces, al aconsejar, nos damos cuenta que la pareja no está en condiciones de establecer un nuevo pacto, ya que han gastado sus energías y sus estrategias en sus peleas, querellas y desavenencias. Han "caído de la gracia" o viven en desgracia, por lo tanto no tienen nada más que dar ni ofrecerse el uno al otro. Si se ofrece la oportunidad de establecer un nuevo pacto, tales personas sienten que no están a la altura debida para ser unilaterales, incondicionales, proactivos, con gracia y misericordia, etc. Todas estas virtudes se han esfumado, y necesitan ciertas normas para subsistir y mantenerse juntos, si es que no han decidido separarse de antemano. Tales personas pueden beneficiarse de un acercamiento dialéctico en el cual se comienza por proveer aspectos básicos del pacto original, donde se trata de ser bilateral, condicional, con justicia y equidad. Para tal fin se proveen normas básicas hasta establecer un (cacao seguro y permitir ir más allá, a establecer un mejor convenio.

Enfatizamos que se debe empezar por donde se puede, aún cuando no es realmente considerado algo óptimo; es simplemente la antesala del establecimiento de un mejor terreno para aconsejar y establecer un nuevo pacto, basado sobre mejores promesas y con mejores resultados. Dios juzgó necesario dar un pacto antiguo, como precursor al nuevo; el viejo testamento fue un "ayo" o la persona que trae al niño al maestro, el pedagogo servidor que permite el encuentro entre el discípulo y su Señor. De la misma manera, el que aconseja terapéuticamente, puede considerarse un ayudador en el proceso del encuentro entre las personas y el Autor del nuevo pacto, dando un paradigma de relaciones interpersonales en el aquí y el ahora.

Estableciendo Contratos Justos

Al aconsejar, se permite que las quejas aparezcan en la escena, ya que las personas deben tener la libertad de expresarse y de volcar sus inquietudes, sinsabores, anhelos y demandas. Las quejas, como ya se ha aclarado, representan necesidades sin resolver o sin satisfacer. Como tales, se dividen en las consideraciones acerca de lo que es excesivo y de lo defectuoso. Lo que sucede muy a menudo y que no debería existir en el carácter o la conducta de la persona, se considera "exceso", y lo que no sucede o existe pero que debería existir se considera como un "defecto". Tales quejas son traducidas por el consejero en términos de demandas, reclamos o peticiones a ser intercambiadas por la pareja o por las personas en una relación en pugna. Para tal fin, también se tienen en mente los privilegios a ser concedidos en recompensa o en intercambio por la satisfacción de las demandas o las peticiones. De tal manera, se establece un contrato precario en el cual las personas se intercambian derechos y obligaciones, demandas y privilegios. Hay necesidad de renovación continua de este *quid pro quo* porque los humanos siempre fallan en atenerse a todas sus promesas, y necesariamente deben rehacer sus contratos.

Con el correr del tiempo, luego de varias semanas, se presenta la noción de que tal sistema es muy legalista, y que finalmente no conduce a la satisfacción plena de los cónyuges o familiares, se necesita apuntar más alto, a la posibilidad de ir más allá de la letra, Se enfatiza el hecho de recibir poder y de desarrollar la capacidad de establecer mejores convenios, basados sobre mejores promesas. De la vida bajo obligación, se encomia a la vida de gracia, con privilegios concedidos e intercambios de provocaciones al amor y a las buenas obras.

Asesorando la prontitud, la disposición de las personas y su entendimiento de los principios bíblicos, se presentan las nociones de establecer un mejor convenio. Advertimos que, debido a la naturaleza o esencia de tal pacto –unilateral, incondicional, proactivo, partiendo de la gracia y la misericordia, que el promover tal convenio no es un permiso implícita o explícitamente dado ni por Dios ni por el consejero a personas abusadoras, violentas, o manipuladoras a ser utilizado en maneras inadecuadas para manipular, demandar, controlar, desmerecer o violar a su cónyuge en ninguna manera.

Principios a ser Considerados

Como ya lo hemos mencionado en capítulos anteriores, el promover una postura y actitud imitadora de Dios en Cristo demanda madurez espiritual, con la disposición de rendirse a Dios y acatar su Palabra y voluntad. No todas las personas que se definen como cristianas pueden estar a la altura de captar estos principios ni mucho menos ponerlos en práctica. En tales casos, lo que se aspira es establecer un contrato justo, bilateral y condicional como preámbulo anticipatorio a cosas mejores. Sin embargo, al considerar la posibilidad de tratar con personas que han crecido y están a la altura deseada, se enfatiza la posibilidad de actuar a la manera de Dios, imitando su estilo, delineado en principios sobrios.

1. *Se enfatiza el actuar unilateral:* Imitando a Dios, se anima a tomar la iniciativa en manera singular, se aconseja a ambos a no esperar que la otra persona tome el primer paso; también se requiere que las personas no se estanquen par falta de reciprocidad, sino a actualizar el potencial o la capacidad de ser libre para actuar, sin ser supeditado a la otra persona. Es decir, se aconseja a tomar la iniciativa de amar, de provocar al amor y a las buenas obras, a pesar de la otra persona o a pesar de no ver vestigios de mutualidad at principio. A menudo las personas en situaciones problemáticas esperan semanas, meses y hasta años sin tomar medidas de acción, porque esperan que la otra persona tome la iniciativa. En tales casos, la tirantez y las tensiones se establecen en posturas defensivas y las personas at acecho no se sienten capaces de actuar en formas que va mas allá de lo equitativo, de lo reciproco o bilateral. Si ambas partes en pugna reconocen sus defensas y sus posturas inadecuadas, y deciden ser unilaterales, las cosas cambian. El contrato se vuelve más maduro y equitativo cuando las personas provocadas at amor se tornan reciprocas y el pacto se restablece con posturas que parten de ambos lados; cada persona proactivamente decide ser unilateral, con la consiguiente tratativa bilateral como resultado.

2. *Es imprescindible desarrollar una postura y actitud incondicional.* En lugar de atraparse con fórmulas "Si tu. . . entonces yo. . .", se aconseja a tomar medidas incondicionales, basadas en la capacidad proporcionada por Dios. El imitar a Dios en tal actitud permite a la persona aconsejada a verse libre y no atrapada par las circunstancias, o por la falta de acción de la otra persona. El ser incondicional se basa en la fortaleza espiritual de una persona, y no es un signo

de flaqueza o de incapacidad. Al contrario, demuestra que la persona es capaz de sobrepasar sus ansias de revancha y no está supeditada a las injusticias que se pudieran aplicar. No quiero decir con ello que la persona carece de recursos emocionales o espirituales para confrontar la necedad o insensatez. La persona cristiana tiene derechos a ser asertiva y a reclamar sus privilegios, y a demandar que se le dé lo prometido en los votos matrimoniales.

En este pacto, aludimos al hecho de poder imitar en cierta manera a Jesús, quien en dadas ocasiones no reclamó sus prerrogativas, aún cuando tuna todo a su favor para hacerlo. Por otra parte, Jesús confrontó la insensatez, las aberraciones, las distorsiones culturales y las prácticas corrientes que no encuadraban en la voluntad del Padre. La postura y actitud unilateral e incondicional no debe fomentar el masoquismo de las personas en relación intima, ni tampoco permitir la victimización por parte de conyugues abusadores quienes emplean maneras manipulativas tratando de apoyarse en las Escrituras para oprimir, denigrar, cometer actos de violencia, con la justificación basada en una interpretación errada de la doctrina de la expiación realizada por Jesucristo. Tal expiación se efectuó en la cruz a través del sacrificio único, singular y perfecto de Jesucristo, con efectos perennes; tal doctrina no es la base para que una persona repita tal acto como si fuese salvífico de su cónyuge. El sacrificio de Cristo es más que suficiente para salvar a un marido perdido. No es necesario que le agreguemos algo a tal expiación. En resumen, la persona que es capaz de ser incondicional, también tiene la ventaja y el privilegio de asumir sus prerrogativas y derechos cuando sea necesario, y reclamar que el contrato sea fiel, justo y equitativo.

3. *La necesidad de desarrollar una actitud proactiva.* El antiguo pacto pareciera suscitar reacciones en las personas más que sus maneras proactivas. Sin embargo, Dios quien dio tal convenio, siempre fue proactivo. En el Nuevo Pacto, se notan más agudamente tales nociones. Dios tomó la iniciativa sin esperar que los seres humanos hagan algo. El enviar a su Hijo no fue una reacción al pecado humano, sino un plan trazado antes de la fundación del mundo. El bendecir de antemano y el fijar un destino conveniente para que los seres humanos redimidos se parezcan a Jesús, también es presentado en forma proactiva en las Escrituras. Así también, se aconseja a las personas en relación conyugal o familiar a que sean proactivas, a tomar iniciativas en lugar de simplemente reaccionar. El consejo terapéutico puede proporcionar alicientes y corroborar las esfuerzos que las personas hagan en provocarse al amor y a las buenas obras en forma proactiva. Se aconseja a planear el hacer el bien, de antemano, sin ser reclamados en hacer tales cosas.

4. *En lugar de abuso, negligencia o violencia, proporcionar poder y virtu*d. Como ya se ha indicado, no se trata de pelear por el control del poder en la casa, sino el proporcionar poder para que las personas se realicen, alcancen sus potenciales, y lleguen a un grado de mutualidad, respeto y encomio mutuo. Solo el que vive bajo el poder de Dios, es lleno del poder del Espíritu Santo, es capaz de proporcionar poder a los que le rodean. Lo que las personas humanas hacen en el plano natural es que tratan de ejercer su dominio y su control para subyugar y apoderarse de sus semejantes, utilizando medios manipulativos, violentos, o estratagemas para lograr colocarse en posiciones de poder y rebajar a las personas que le rodean. Dictadores, demagogos, manipuladores, y cónyuges abusadores tienen eso en común: parten de su narcisismo y siempre buscan el estar en control y encerrar a sus semejantes como objetos de su propia satisfacción y voluntad.

5. *Fomentar actuaciones en gracia y misericordia.* Es imprescindible el inhibir la violencia y el abuso mediante el establecimiento de actitudes y demostraciones de gracia y misericordia: Aún cuando en el Antiguo Pacto la gracia de Dios se manifestó hacia su pueblo, tal gracia y

misericordia se realizan o actualizan más plenamente en la administración de un Nuevo Pacto. Así como Dios obró hacia su pueblo Dios espera que su pueblo obre entre sí, mostrando gracia y misericordia los unos hacia los otros. Como Pablo lo recalca, debemos ser imitadores de Dios como hijos amados y así cumplir la ley de Cristo. El imitar a Dios es simplemente andar en amor –mostrar gracia y misericordia en el contexto del amor despegado en las tratativas relacionales en el matrimonio y la familia.

Podemos definir *gracia* como el acto de dar algo a alguien sin que lo merezca, ofrecer algo plenamente en una manera unilateral e incondicional. A la semejanza de Dios, quien nos ha dado la salvación, el perdón de nuestros pecados, y las promesas de sus riquezas en gloria sin que lo merezcamos, debemos imitar tal gracia al considerar al cónyuge como un objeto de amor en todas nuestras tratativas. Por otra parte de Dios no nos ha pagado conforme a nuestros pecados e iniquidades, sino que dejó ir, o pasó por alto a tales pecados. El no pagar mal por mal, el no ajusticiar a la persona que ha hecho el mal, el no proporcionar consecuencias negativas a una persona que merece un castigo por sus errores, es mostrar misericordia. De la misma manera entre cónyuges debemos mostrar misericordia al no pagar mal por mal, al no emplear la ley del talión, y a no ser vengativos. En ambos casos, no se trata de desvirtuar la justicia, la equidad ni la reciprocidad.

Se debe enfatizar el balance teológico y práctico a este punto, ya que Dios actúa en amor y justicia a la vez. Si se tuerce el sentido escritural, las malinterpretaciones nefandas de manipuladores pueden llevar a contratos desequilibrados donde solo una persona pone el esfuerzo y la otra se aprovecha de la misma (aún citando versos bíblicos), lo cual prueba que las mentes torcidas se valen de sus interpretaciones sin darse de lleno al cambio radical para ser imitadores de Dios; no desean ser unilaterales-incondicionales ni proactivos hacia la persona qua trata de salvar el matrimonio o la familia). Con tal salvaguarda, se enfatiza el hecho de recibir poder para imitar a Dios y actuar con gracia y misericordia.

6. *Usar cuidado en la promoción del perdón y el olvido.* En el caso de personas abusadas o violadas, hay que usar cautela en la proposición y en la administración del perdón y el olvido, para evitar una mayor victimización. Aún cuando se establecen normas y principios derivados del Nuevo Pacto para tratar con los yerros pasados y las transgresiones cometidas en las relaciones matrimoniales o familiares, en cuanto se refiere a la persona abusada, se deben establecer criterios de seguridad y de protección para que la persona se sienta amparada dentro de ciertos límites establecidos. Aquí cabe un punto de aclaración: Muchas personas tienen dificultades en perdonar. Y más aún, en olvidar. No debemos pasar ligeramente este punto, ya que se constituye en un área difícil de abordar, una especie de piedra de tropiezo en las relaciones humanas. Dios perdonó porque su justicia ha sido satisfecha, a través de la expiación de Cristo. Sus demandas fueron pagadas por su Hijo. El pago fue tan eficaz, que no hay necesidad de barreras ni de recuerdos, borrando todo vestigio que pudiera separar a las personas del amor de Dios, de su presencia y su comunión eterna. Basados en tal consideración, podemos alegar que el perdón entre humanos es un proceso, y que envuelve más que actos aislados o eventos especiales. Es un proceso cognitivo, emocional y volitivo. Tal proceso se desenvuelve vez tras vez, ya que la tendencia humana es la de siempre ofender o pecar contra su semejante (setenta veces siete). La persona que perdona, debe saber que es lo que se suelta o se deja ir, o se entrega en las manes de Dios.

La persona que perdona debe asesorarse qua el perdón es una actitud que se desarrolla en obediencia a Dios, con el poder suministrado por el Espíritu y ejecutado en la vida cotidiana entregada a Dios. No se fuerza ni se obliga, pero se invita a la percepción de imitar a

Dios, quien perdona totalmente. En cuanto a olvido, hay dificultades en el procesamiento humano, ya que los traumas, los abusos físicos o sexuales, la denigración, el oprobio, las catástrofes experimentadas en el ámbito matrimonial o familiar no se borran fácilmente. Tal vez lo que llamamos olvido es simplemente represión, una defensa para evitar que la ansiedad nos abrume.

Olvidamos no tanto porque no usamos nuestra mente, sino que lo hacemos al elaborar y establecer un caudal de nuevas memorias, más positivas y actuantes como una especie de paragolpes, un inhibidor retroactivo de las memorias negativas del pasado. El ser llenos del Espíritu Santo nos da poder para renovar la mente, para reestructurar nuestros procesos cognitivos, para vivir en libertad y paz, acoplándonos en coparticipación con Dios, quien nos ayuda a olvidar y escribir un nuevo libreto. Es mejor y preferible cavar fuentes nuevas de agua, de buenas aguas, en lugar de sondear cloacas que siempre hieden y nunca dejan de correr. Es mejor reforzar proactivamente las cosas buenas que se desarrollan en lugar de volver a escarbar las heridas y encerrarse en dolor, angustia y venganza. La persona que perdona se libera a sí misma, y lo hace como partiendo desde una base de poder y no de su fragilidad ni debilidad.

En el consejo pastoral, muchas veces se apunta solo a la persona que "debe" perdonar, sin confrontar debidamente a la persona que necesita pedir perdón. A tal persona se le aconseja que la confesión de faltas, de yerros y de pecados cometidos contra la otra persona es necesaria. Si se enfatiza el perdón y el olvido por una parte, también se enfatizan la confesión, la restitución y el establecimiento de buenas maneras de ser y de actuar hacia la persona ofendida. Después de todo, aún en el Nuevo Pacto, el pecador no es excusado su pecado, ni debe tomar a Dios por sentado. No debe pasar por alto su condición pecaminosa ante Dios, sino que debe arrepentirse, pedir perdón, buscando la absolución por la fe.

En relaciones humanas, es necesario que la persona infiel, que ha traspasado los límites de su pacto original, o que ha abusado, denigrado en alguna manera o causado heridas emocionales a la otra persona, se arrepienta y dé pruebas de tal arrepentimiento, confiese sus faltas, pida perdón, y esté listo para la restitución y la consolidación de una nueva manera de tratar con su semejante. El negar la realidad, el excusarse y el racionalizar-intelectualizar, con reclamos de vivir en un Nuevo Pacto, es simplemente una aberración. El consejo pastoral no puede sancionar sandeces ni apalancar excusas en el nombre de Dios. Al contrario, debe provocar a la verdad, a la honestidad y a la transparencia, a la restauración del pacto de amor, al empleo de la gracia y la misericordia, y luego al perdón y el olvido.

7. *El fomento de intimidad*: El Nuevo Pacto alega al hecho de conocer a Dios íntimamente, de tener acceso libre y de establecer una comunión honesta, abierta, honrada y sin defensas. Tal vulnerabilidad es recibida por Dios, el cual recompensa al contrito de espíritu, al manso de corazón, al humilde y al que confiesa su precariedad. Los cónyuges pueden aprender en emplear tales avenidas, y el consejero puede ayudar en el establecimiento de las factores que promueven o fomentan la intimidad, tales como la actitud abierta, la candidez, la honestidad, la honradez, la postura sin defensas desmedidas y el afán de conocer a la otra persona más de cerca. Tal intimidad ayuda en todos las aspectos de la relación, desde las sociales hasta las sensuales. Muchas personas tratan a sus cónyuges "como a un trapo de piso" pero esperan que tal persona sea cariñosa o atenta y que le complazca en todas sus necesidades corporales. Tales personas necesitan aprender que la intimidad es un proceso continuo, y una actitud que permea todas las actuaciones; especialmente, es la mejor preparación para la intimidad conyugal física. Todas las consideraciones mencionadas demandan un grado alto de

flexibilidad y de una disposición adecuada para "servirse el uno al otro" y para "provocarse al amor y a las buenas obras". Por un lado, tales exigencias son tomadas desde las bases escriturales y la persona que aconseja puede apelar a las premisas bíblicas para aconsejar, sabiendo que extrae las expresiones debidas en cuanto a relaciones, y estableciendo pactos mejores de los que el cosmos proporciona. Por otra parte, tales actuaciones pueden ser definidas como siendo racionales, funcionales, cognitivas-emotivas-conductivas y espirituales, representando alternativas a otros acercamientos dentro del campo psicoterapéutico. Lo que se enfatiza en estas páginas enfoca sobre el consejo terapéutico desarrollado por cristianos en diversas esferas, pero en forma acentuada, los que trabajan en el consejo pastoral como parte de sus funciones ministeriales en el Cuerpo de Cristo..

Hemos tratado dos doctrinas como bases para nuestras consideraciones: la expiación y el Nuevo Pacto. Es necesario que los consejeros ahonden sus conocimientos teológicos, que se asesoren de sus interpretaciones, y de las maneras en las cuales las doctrinas son aplicadas a la vida práctica de la comunidad. Recordemos los consejos de Pablo a Timoteo, un discípulo joven, "Ten cuidado de ti mismo y de la doctrina; persiste en ello, pues haciendo esto, te salvarás a ti mismo y a los que te oyeren" (1 Tim 4:16).

Capítulo 31

Tratando con el Perdón y el Olvido

"Porque yo perdonaré sus pecados, y de sus iniquidades no me acordaré jamás" (Hebreos 8:12)

La cuestión del perdón es un asunto relacional. Es la dispensación de gracia y misericordia por parte de un ser ofendido, acopladas su decisión de suspender sus prerrogativas de justicia y retaliación hacia la persona ofensora que ha incurrido en alguna violación, transgresión, o denigración de su ser, o de sus derechos personales. La necesidad de la administración de perdón se registra desde el comienzo de las relaciones entre Dios y sus criaturas en las Escrituras. El narrativo nos presenta a los seres humanos en calidad de transgresores de la ley de Dios, desafiando sus límites y haciendo su propia voluntad, desvirtuando su diseño y ofendiendo su ser. Tales actitudes, acciones y procesos necesitaron del perdón de Dios.

Definidos como pecadores por no haber acatado la voluntad de Dios, y siguiendo las sugerencias satánicas para ejercer su propia voluntad, los seres humanos incurrieron en el juicio divino y en la condenación consecuente a su desobediencia. Separados por la barrera del pecado, necesitaron de la redención, la restauración, y la aceptación por parte de Dios. El perdón de sus ofensas fue un requisito para ser restaurados a la comunión con Dios. La naturaleza o esencia del perdón (su ontología), como así también la descripción del proceso necesario y adecuado para efectuar el perdón (su fenomenología su aplicación práctica y funcional), son extraídas del narrativo bíblico para arrojar luz en las deliberaciones que tratan con la necesidad de perdonar entre humanos.

Desde ambos puntos de vista, el psicológico y el teológico, el perdón es una necesidad debido al hecho que los seres humanos no son capaces de permanecer constantemente en paz, sosiego, armonía o satisfacción mutua si algo divisivo se ha interpuesto entre las partes. Tarde o temprano, personas en relación fallan en satisfacer sus necesidades mutuas, o en demostrar el respeto mutuo de sus derechos y privilegios. Es cuestión de tiempo, pero la disposición abnegada de los unos hacia los otros experimenta la tendencia entrópica, letárgica o disminuyente que afecta el estado primario u original con el cual comenzaron sus relaciones. Debido a la naturaleza humana pecaminosa, tarde o temprano los yerros y las ofensas interpersonales suceden, con consecuencias de separación, alejamiento y enemistad. Así como en el caso del pecado ante Dios, que trae como consecuencia la separación y la enemistad, de la misma manera las tratativas humanas encierran la posibilidad de alejamiento y enemistad debido a las ofensas incurridas en las interacciones cotidianas.

El concepto "perdón" puede ser abarcado desde varias perspectivas o niveles de análisis: (1) desde el ángulo epistemológico –de dónde vienen los principios relacionados a tal noción, o cuáles son las fuentes de información pertinentes a las consideraciones psicológicas y teológicas del concepto; (2) el ángulo fenomenológico –las percepciones, las atribuciones de significado, las sensaciones y emociones relacionadas a los aspectos del perdón visto desde el punto de vista personal, subjetivo; (3) las bases ontológicas –la esencia del perdón, qué es el perdón en sus estructuras básicas o subyacentes a los procesos y a los eventos considerados como perdonadores; y (4) la praxis –el perdón en la práctica, y cómo el tal se realiza o dispensa en maneras concretas. Además, se trata de ver las razones y motivaciones que entran en juego en el acto o el proceso del perdón, como así también los obstáculos que aparecen como bloqueos o impedimentos a la dispensación del perdón. Por último, se investigan y asesoran las consecuencias de perdonar o el haber sido perdonados

La Epistemología del Perdón

Consideramos las fuentes del perdón como un concepto que se deriva desde ambos punto de vista, el natural y el revelado. Desde el ángulo natural, el concepto es derivado de muchas consideraciones clínicas y de las investigaciones en el campo de la psicología social. En la última década, muchos esfuerzos se han dedicado a la investigación acerca del perdón en la Universidad de Stanford, California. Se ha creado un instituto para tal fin, en el cual se conducen muchos estudios empíricos con resultados que arrojan luz acerca de los efectos del perdón en materia psicológica, fisiológica, médica y social.

Desde el punto de vista de la revelación, los datos son extraídos de las Escrituras, elaborados en una teología bíblica y sistemática aplicada a la práctica cristiana. Ambas disciplinas están interesadas en el mismo concepto, pero desde diferentes ángulos y con diferentes propósitos. Aún así, se interponen, y de vez en cuando se amalgaman o integran.

En el ámbito secular, muchos esfuerzos han sido dedicados para revivir el término o concepto del perdón como un proyecto válido de investigación, así también como un tópico de consideración en los esfuerzos terapéuticos y las tratativas relacionales en general. Malcolm & Gutenberg (2000) han recopilado y sintetizado la literatura disponible en los escritos clínicos, con sus alusiones fenómeno lógicas y empíricas, postulando cinco componentes que parecieran ser necesarios en el proceso del perdón. Tales factores son (1) el aceptar en el consciente las emociones profundas tales como la ira, la tristeza o la angustia; (2); abandonar o dejar a un lado las necesidades interpersonales nacidas de las tratativas incompletas y sus residuos emocionales; (3) una reestructuración mental o una adjudicación de significado diferente con respecto a la persona que ha ofendido, redefiniendo su ser; (4) el desarrollo de la empatía o por lo menos el desarrollo de la posibilidad de ver el proceso desde el punto de vista de la persona ofensora; y (5) la construcción de un nuevo narrativo acerca de si mismo y de la otra persona. Todos estos factores han sido relacionados a diferentes teorías enfatizando los efectos de un proceso adecuado en la dispensación del perdón, visto como consecuencias medidas en forma empírica –en términos de salud mental, salud física y bienestar personal.

La Esencia del Perdón

Considerando el perdón desde el punto de vista descriptivo, percibido por el ser que perdona, nos permite categorizar tal fenómeno en términos de su frecuencia: ¿Cuántas veces perdonaré a mi hermano que pecare contra mí?. También, considerarlo como un proceso basado en actitudes derivadas de los eventos ofensivos, en memorias re-masticadas y embargadas de emociones . La expresión de Jesús, "setenta veces siete" denota un proceso en el cual intervienen el pensar, razonar, debatir mental, atribuir significado, recordar, etc. como elementos constituyentes de una disposición continua hacia el perdonar. Más aún el perdón es una emanación de las sub estructuras o las bases subyacentes a tales procesos. La fenomenología que trata con las apariencias o las percepciones externas tiene sus conexiones con los procesos mencionados, pudiendo considerar al perdón en manera pensativa, emocional, decisiva, y animada con ciertas motivaciones presentes. Pero más aún, desde el punto de vista ontológico se considera al carácter perdonador de la persona (definida como una persona esencialmente perdonadora), no sólo a sus procesos o a los eventos perdonadores que pueden ser contados empíricamente a través de la frecuencia de su ocurrencia. El perdón, considerado desde varios niveles de análisis, puede ser abordado en el consejo a varios niveles de intervención, como se sugiere en el diagrama siguiente. Eventos, procesos y estructuras entran en juego, y la consejería puede abarcar tales niveles de análisis, adoptando métodos conductivos a nivel concreto, cognitivos-emotivos a nivel subyacente a la conducta, y analíticos de profundidad abordando asuntos de carácter o personalidad de la persona que deben perdonar. La Figura 31.1 es ilustrativa de tales dimensiones.

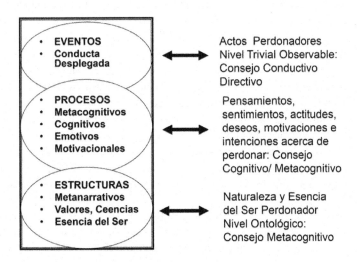

Figura 31.1: Niveles de Análisis y Acercamientos en el Consejo

En la actualidad, no existe una concordancia total entre aquellas personas que estudian al perdón en el campo de la investigación (Worthington, 1998a). Ejemplos de diversidad en la definición del concepto son dados por Enright y sus colegas (Enright, et al., 1998), quienes tratan al perdón como el acto voluntario de abandonar el derecho propio a guardar resentimiento, el juicio negativo y el actitud y la conducta indiferente hacia que el que ha ofendido injustamente. Al mismo tiempo, la persona fomenta las facultades y disposiciones hacia el ofensor aún cuando éste no las merece, tales como la compasión, la generosidad, y aún el amor. Mc Cullough et al. (2000) define al perdón como un cambio individual, pero social e intrínseco, que ocurre dentro de la persona hacia el ser transgresor, situado dentro de un contexto específico interpersonal. Luskin (2002) define al perdón como la sensación de paz que emerge cuando la persona considera a la ofensa en una manera menos ofensiva y toma responsabilidad propia por sus sentimientos, no siendo supeditado al transgresor, pero considerándose una especie de héroe en lugar de víctima en el narrativo que enuncia.

Otros investigadores han tratado de esclarecer la naturaleza del perdón, distinguiendo el concepto de otros postulados que no necesariamente se equivalen, presentando algunas consideraciones acerca de lo que el perdón *no es*. Enright y Coyle (1998) así también como McCullogh, Pargament y Thorensen (2000) han presentado la síntesis de lo que se ha escrito en material de diferenciación entre el concepto del perdón y la absolución, la justificación de las ofensas o la excusa y racionalización de los actos de la persona ofensora por parte del ofendido. Por otra parte, el olvidar (o reprimir como lo diría Freud) o el negar (en manera estoica) son aspectos de los mecanismos de defensa empleados por el ofendido para contrarrestar sus emociones (ansiedad, ira, maledicencia, revancha, etc.) y no deben ser confundidas con el perdón. En la esfera de trabajos terapéuticos seculares, la "reconciliación" entre el ofendido y el ofensor puede llegar a ser un componente en la resolución del dilema interpersonal durante el proceso del perdón, pero no es necesariamente un requisito o una demanda pertinente al proceso en sí.

El perdón pareciera ser un evento, pero considerado más profundamente a nivel ontológico, es un proceso que emerge de las consideraciones cognitivas tales como el pensar, razonar, atribuir significado, elaborar actitudes, recordar memorias, y otros afines como así también procesos emotivos tales como la sensibilidad en acción, las emociones suscitadas por las ofensas, los sentimientos pendientes acoplados a las tratativas sin resolver o los asuntos incompletos. Tales procesos emergen de las estructuras o de las bases subyacentes a las consideraciones entrelazadas en el proceso del perdón. La dignidad herida, el orgullo propio pisoteado, la estima propia rebajada y otros factores asociados a los golpes recibidos en el fuero interno, permiten la inclusión de elementos nocivos los cuales se entrelazan a los procesos de mediación y retribución alojados en las estructuras subyacentes del ser. La persona ofendida puede desarrollar ciertos mecanismos automáticos que, debido a la repetición y la recapitulación de lo que se le hecho en cuanto ofensas, solidifican y permean sus consideraciones y pueden afectar su estado de ser, su imagen y su estima propia.

La secuencia de los eventos negativos solidificados se codifica y se establece como un mecanismos que regula la atención, la percepción, el descifrado y la atribución de significado a los eventos actuales con cierta postura cargada de sensibilidad, aprehensión y cautela en las relaciones sociales. Es una especie de mecanismo de defensa contra la posibilidad de ser herido otra vez. De esa manera, otras personas que no tienen nada que ver con el pasado del ser ofendido a veces pueden "pagar por los platos rotos" –al proyectárseles los daños causados por otras personas en el pasado. En casos extremos de condiciones ofensivas de carácter traumático experimentadas, el síndrome definido como el "desorden de estrés postraumático" se manifiesta meses o aún años después que el trauma ha ocurrido en la vida de la persona. Las investigaciones realizadas en el campo de la psicología cognitiva nos dan entender que la memoria humana no es tan sólo semántica sino también episódica. Los episodios hondamente grabados con asociaciones de violencia, abuso, ofensas mayores al carácter del ser humano, se ahondan y establecen con más intensidad.

El perdón a nivel ontológico es una propiedad emergente del sujeto que a pesar de sus vicisitudes, es capaz de dejar ir o echar al olvido, a desechar las consecuencias nefandas de las ofensas y liberarse en lo profundo de su ser a través de la dispensación de gracia y de misericordia. Aún cuando no olvide de las peripecias pesarosas y ofensivas a las cuales ha sido sujeto, no las acarrea al presente como para que se inmiscuyan o que afecten su paz o su bienestar actual.

Algunos investigadores han postulado etapas en el proceso del perdón (Luskin, 2002), en las cuales (1) la persona experimenta pérdidas de estima, seguridad o paz, se siente iracunda, rabiosa y dolida, y trata de justificar sus connotaciones negativas y sus emociones; (2) luego de sentirse descorazonada o frustrada por un tiempo, la persona realiza que tales sentimientos embargan y paulatinamente socavan su estima, arruinan su estado de ánimo; al tiempo, decide tomar pasos para menguar su frustración y el impacto del mal hecho en su contra, tratando de ver el problema desde otra perspectiva –minimizando o suavizando sus heridas de alguna manera; (3) la persona se acuerda de cuán bueno era sentirse libre al perdonar, en paz y bienestar, desafiando a los clichés y estereotipos animados de revancha o retaliación. Se acuerda de haber elegido deliberadamente el "soltar" o dejar ir las cargas emocionales relacionadas con las ofensas en vista a los beneficios de estar en control de sus reacciones; y (4) la persona decide ser perdonadora a nivel caracterológico, ontológico o esencial, tratando con las ofensas como inconsecuentes en el establecer de su espacio vital, y se considera responsable por sus reacciones y respuestas a las ofensas, no supeditada al ofensor en ninguna manera, pero solidaria con el resto de la humanidad imperfecta. Se considera como estando al mismo nivel de todo ser humano cuyas acciones están basadas en sus intereses propios.

Los componentes del proceso perdonador han sido agrupados por Luskin de la siguiente manera: (1) Tomar las cosas menos personalmente; (2) asumir la responsabilidad de poseer sus propios sentimientos y emociones; y (3) narrar una historia intencional más positiva en lugar de una historia de victimización o martirio.

El análisis del autor acerca de los resultados de las investigaciones que el "instituto del perdón" de Stanford ha descubierto y sus proposiciones, son en realidad el re-descubrimiento de los aspectos positivos del perdón propiamente entendido en su esencia o a nivel ontológico, con resoluciones hechas en libertad –sin ser masoquistas, codependientes o débiles al administrar gracia y misericordia, partiendo desde la disposición a ejercer el dominio propio y la elección de no ser vencido de lo malo, sino vencer el mal con el bien (Romanos 13). Tales principios no son nuevos para el creyente sabio y entendido en las Escrituras y animado por el poder del Espíritu Santo, viviendo dentro de los términos de un Nuevo Pacto. El cristianismo ha enfatizado tales principios por espacio de dos mil años, aún cuando paralelamente a la verdad originalmente expresada por Dios en su Palabra, han aparecido y existido dentro de sus filas las aberraciones dogmáticas simplistas, las malas interpretaciones y las aplicaciones equivocadas de las Escrituras en cuanto al tema del perdón.

En el campo secular, tales principios de acción puestos en la práctica se derivan de la filosofía estoica acoplada al humanismo, con estrategias y técnicas terapéuticas cognitivas-conductivas tales como el reemplazo y la restructuración de los pensamientos y los razonamientos negativos por otros mejores, mas positivos; el re-enmarcado de las imágenes episódicas y el trazado de nuevas impresiones en su lugar; y la percepción proactiva de consecuencias positivas derivadas de las decisiones y los actos que uno se propone a establecer. De manera tal que, el ofendido no es ni víctima ni mártir; es un guerrero que pelea y vence, un héroe o un "santo secular".

En resumidas cuentas, la naturaleza del perdón es una experiencia doble: interpersonal e intrapsíquica. En términos interpersonales, tiene a otra persona considerada como transgresora. La parte ofensiva se establece como un componente del diálogo continuo – explícito o implícito, en presencia o en ausencia (el diálogo puede ser interno, con una gama de voces polifónicas en pugna en la mente del procesador) y tales consideraciones dialógicas residen en el ámbito social (externamente o internamente atendido y provisto de comunicación verbal o implícita. Así como el amor, la confianza, la empatía, la desconfianza y el odio necesitan a otras personas para existir y ser experimentadas, el perdón también es un fenómeno definido socialmente.

Por otra parte, el perdón es definido como un fenómeno intrapsíquico, elaborado hondamente en las estructuras del ser ontológico. La persona ofendida cavila, entretiene una vasta gama de pensamientos, razonamientos, atribuciones, memorias, sentimientos y emociones que en manera repetitiva, cíclica y dialógica, las cuales fomentan un momento de inercia cognitivo-emocional, llegando a martirizar o atrapar a al ser en su propia mente, a menos que decida el dispensar gracia y misericordia hacia el ofensor. El perdón es una materia personal, que emerge como resultado de las deliberaciones dialógicas internas, luego de haber reconocido el mal que lo agravó, la circunstancia que lo vituperó, o las injusticias cometidas en su contra.

Luego de aceptar y definir su realidad, y haber contado el precio emocional de arrojar a un lado la justicia propia, el orgullo, la vanagloria, los deseos de equidad, los derechos propios y cuantos otros afines que, aún cuando sean justos, verídicos y naturalmente aceptables, llegan a ser un impedimento en la dispensación del perdón, puede decidir perdonar.

La persona puede perdonar al ofensor aún en ausencia, porque ha entablado el diálogo pertinente a su caso, en su propia deliberación intrapsíquica, y con su retórica interna. Y lo hace, no como masoquista ni víctima; no como codependiente o débil, carente de asertividad, sino a sabiendas, ejerciendo su libre albedrío, investido de poder (en el caso secular, de su dominio propio, partiendo de su filosofía estoica y humanista; en el caso del cristiano, dependiendo del poder del Espíritu Santo quien vivifica y energiza su capacidad de imitar a Dios en la administración de su perdón). Antes de perdonar a alguien, se persuade a sí mismo a perdonar.

El Perdón Paradigmático: "Así como Dios os Perdonó en Cristo"

Desde una perspectiva cristiana, la cuestión del perdón del pecador se origina en la revelación de Dios acerca de su perdón con respecto al ser humano en necesidad. Hemos tratado con la condición humana luego de la *caída*, un evento paradigmático que constituyó a la raza humana como transgresora, errando al propósito y los objetivos de Dios en cuanto a realizar su voluntad en la tierra. La persona desobediente, transgresora, ofensiva y condenada a ser separada de Dios, necesitó de la gracia y de la misericordia dispensada para ser restaurada a su estado original de comunión con Dios. El estado natural de separación y condenación es presentado en las Escrituras como en necesidad de una obra expiatoria, justificadora y redentora. Para que el perdón de las ofensas fuese realizado, ha sido necesario un proceso por medio del cual el ser humano debía ser sustituido, y el sustituto en su lugar debía redimir a través del pago del precio aceptable ante Dios para ser libre de la pena de muerte, y de la eterna separación. El capítulo que ha tratado con la redención de la pobreza, de la esclavitud y de la muerte puede esclarecer este punto de una manera mejor.

El tema del perdón corre a través de las páginas de las Escrituras, enfatizando el trato misericordioso de Dios con respecto a la desobediencia humana, su derrota y degradación. La restauración hacia la comunión con Dios necesitaba del perdón divino, y a través de los medios de gracia y misericordia, del amor y la justicia, la restitución fue hecha posible porque el proceso y el acto del perdón y absolución tomaron lugar ante Dios. Los aspectos del perdón, acoplados a la disciplina y a las consecuencias negativas relacionadas a los yerros y transgresiones, también deben ser tenidos en consideración.

A través de la historia de los pactos hechos entre Dios y las personas humanas notamos que las criaturas siempre fallaron en acatar los términos establecidos por Dios. Los pactos hechos con Noé (Gn 9), con Abraham (Gn 17), con Israel como nación (Ex 19) y con David (2 Sm 7), demuestran que los seres humanos en particular y general fallaron en vivir de acuerdo a las ordenanzas de Dios y necesitaron del perdón de Dios. Aún cuando los pecados y la desobediencia humanas fueron castigadas, la gracia, la misericordia y el amor de Dios imperaron. Aún cuando las repercusiones de la desobediencia fueron tenidas en mente, el perdón (incluyendo la gracia, la misericordia y el amor de Dios, como así también su restitución y bendición) caracterizó las relaciones de Dios con sus criaturas. Finalmente, en el Nuevo Pacto Dios promete algo mayor, alegando que, *"de sus pecados y transgresiones, yo no me acordaré jamás* (Jer 31:34; Heb 8:12; 10:17).

El sacrificio de Cristo en la cruz es considerado como el sacrificio suficiente y eficaz – por el pecado, por la culpa, y logrando la paz con Dios. El pecador perdonado vuelve a gozar la comunión con Dios y puede administrar tal paz, comunión y amor a sus semejantes, de la misma manera que Dios lo ha tratado. Dios es el perdonador por excelencia, y Jesús es el epítome de la demostración de su gracia y amor. Luego de su resurrección y ascensión, Jesús derramó el espíritu Santo sobre sus discípulos, para que éstos tuvieran el poder de ser y hacer lo que Dios ha diseñado para sus vidas, su carácter y su conducta. La Trinidad siempre actúa en gracia. Como Bonhoeffer lo recalcó en su obra *El Costo del Discipulado*, la gracia de Dios no es barata sino muy costosa. El perdón eficaz del ser pecador por parte de Dios le costó la sangre a Jesucristo el Hijo. De la misma manera, el cristiano dispuesto a perdonar algún ofensor, necesariamente paga cierto precio. Su honor habiendo sido puesto en juego, su dignidad cuestionada o denigrada, su sentido de justicia que ha sido tergiversada, y muchos otros factores "costosos" pueden entrar en juego como para prevenir, obstaculizar, o impedir la dispensación de perdón. El perdón de Dios es paradigmático –digno de ser imitado. Tanto la carta a los Efesios (4:32) como a los Colosenses (3:13) recalcan el hecho que *Dios nos perdonó en Cristo*, y que nosotros debemos hacerlo de igual manera. El perdón "en Cristo" nos incluye a pesar de ser pecadores, rebeldes, obstinados, etc. Lo que facilita y apropia tal perdón es el arrepentimiento y la fe, y la obediencia a Dios. Lo que se enfatiza en el modelo del perdón es la manera de perdonar –*"como Dos os perdonó... así también..."*. Tal manera es unilateral, incondicional, proactiva, y animada con gracia y misericordia.

La noción del pecado (sea definido como una transgresión a las leyes de Dios o como el errar al blanco propuesto por Dios) recibe la atención constante en las Escrituras, debido a que el pecado hace una separación entre Dios y las personas humanas y se constituye en una barrera a su presencia, haciendo imposible el diálogo y la comunión. La entrada y las consecuencias evasivas del pecado han disminuido el potencial del ser para gozar de la vida diseñada por Dios –en paz, sin barreras, con tranquilidad y en comunión. También se inmiscuye en la manera en que los seres humanos se tratan mutuamente. Las discordias humanas, las animosidades interpersonales, los abusos y la violencia, aumentan la necesidad de dispensación de gracia y misericordia entre seres carentes de poder para perdonarse. Los humanos tienen la capacidad natural de herirse el uno al otro en maneras destructivas aún cuando entran en alianzas íntimas con esperanzas de bienestar y hacen votos de mutualidad, respeto y honra.

El tratamiento del perdón necesita la vislumbre contextual del pecado y sus efectos. Tal noción recibe atención y es tratada en capítulos anteriores en esta obra. Perdonar a la manera de Dios demanda gracia y misericordia por parte de un pecador perdonado hacia personas pecadoras. El perdón necesitó la cubierta expiatoria de Dios, tipificada en el AT con las ofrendas por el pecado, la culpa y la paz. Una trataba con la esencia del ser pecaminoso (reconociendo su naturaleza caída); la segunda con los resultados de sus acciones culpables (reconociendo sus obras ofensivas), y la tercera con la restitución de la amistad y la comunión con Dios (la posibilidad de reconciliación con el prójimo). Es significativo que el Nuevo Pacto ha sobrepasado al Antiguo en términos de sustancia y efectividad. Ha ido más allá de la equidad, de la justicia, y de la restitución. Predicho por Jeremías y aplicado por el autor a los Hebreos, el Nuevo Pacto tiene una mejor cubierta (actualmente, no solo cubre pero más aún, remueve al pecado a través del sacrificio de Cristo); también tiene un mejor sacerdote, y establece un mejor camino –nuevo y vivo a Dios. Los resultados del tal pacto son mejores, alcanzado por un mejor mediador entre Dios y los creyentes. Tal pacto ha sido descripto en esta obra como el mover unilateral, incondicional, proactivo de Dios, dispensando gracia y misericordia, perdón y olvido, dando poder para vivir como Dios manda y espera, promoviendo la intimidad con Dios. Es sobre la base de tales premisas que el mandato es dado a los creyentes a ser imitadores de Dios (Ef 5:1,2) y de perdonar a su manera. El ser humano perdonado y proporcionado con poder es invitado a vivir para la gloria de Dios en comunión y andar en amor. Desde tal postura es capaz de imitar a Dios en el ejercicio del perdón.

Praxis

Las admoniciones simplistas que muchas veces son proporcionadas por consejeros sin un entendimiento cabal teológico, ontológico o psicológico, representan maneras estereotipadas o basadas en conceptos culturales populares, y aún citando Escrituras, en lugar de ayudar pueden empeorar la situación. Por ejemplo, se emplean los mandatos extraídos de las Escrituras, tales como "poner la otra mejilla", o "caminar una segunda milla", tomados fuera del contexto cultural de la época neo testamentaria. Debemos ubicar tales expresiones en el contenido total de las Escrituras y su contexto, teniendo en cuenta las intenciones del Autor y su énfasis comparativo con el trasfondo del Antiguo Pacto y de las ordenanzas instituidas por los intérpretes religiosos que desvirtuaron las intenciones originales de Dios. El citar un texto en manera idiosincrática para aplicarlo en forma legalista, usando admoniciones categóricas hacia personas que están heridas, maltratadas y desesperanzada, puede ser más una carga que un agente liberador. Especialmente, si se aconsejan personas que han sido tratadas con injusticia y violencia. Aún cuando tales expresiones parten de Jesucristo, es necesario entender que su concernir era el liberar a las personas de sus enredos vengativos y darles poder para no estar supeditadas a los malhechores y a sus definiciones. Tales consejos necesitan ser enmarcados en el contexto en el cual Jesús los pronunció. Mandatos simplistas fallan en capturar y atender a las necesidades y los sentimientos complejos experimentados por las personas abusadas, heridas, o atrapadas en situaciones pesarosas. Las limitaciones del espacio de este capítulo no nos permiten elaborar un una teología del perdón exhaustiva. El lector es dirigido hacia compendios de teología sistemática para tratar más efectivamente con este asunto. En resumen, podemos enfatizar que el poner la otra mejilla o caminar una segunda milla no son ejercicios en masoquismo ni señal de debilidad sino de libertad emocional para responder con aplomo y dominio propio en lugar de reaccionar impulsiva o vengativamente.

Considerando Eventos, Procesos y Estructuras

En una ocasión, Pedro le preguntó a Jesús acerca de cuántas veces perdonar a un hermano que peca contra su persona. Hizo referencia a perdonar siete veces. La costumbre judía de su época era de perdonar tres veces a la misma persona en el curso de un día, y luego de reunir tal cantidad de ofensas, la persona se sentía en libertad de apelar a su retaliación. En cierta manera, Pedro dobló la cantidad y le agregó una más, pensando en un verdadero perdón o un perdón perfecto; sin embargo, la respuesta dada por Jesús fue "70 veces siete" –algo imposible de imaginar!.

La respuesta de Jesús enfocó sobre el perdón como un proceso, no como un evento. El proceso del perdón nace y parte del carácter de la persona, y es procesado a través del pensar acerca de los pensamientos acerca del evento ofensor, de los razonamientos acerca de los pormenores del caso, de los sentimientos generados por la ofensa, de las percepciones de la otra persona, de la naturaleza de la ofensa, de los efectos y ramificaciones de la ofensa, y cosas por el estilo. Finalmente, luego de emplear tales procesos metacognitivos, la extensión y administración del perdón se manifiesta como un evento –el acto de perdonar. Pero la cuestión no es simplemente contar empíricamente la cantidad o la frecuencia de las veces que uno perdona, o de tener en cuenta los "actos perdonadores" sino sondear y asesorar la actitud subyacente a tales eventos. Lo que Jesús tuvo en mente fue el carácter perdonador, desde el cual parten los procesos y finalmente los actos del perdón. Es decir, el perdón nace desde lo profundo del ser, desde sus raíces esenciales, para luego traducirse en procesos cognitivos-emotivos, amalgamados a los decisivos, subyacentes y previos a las manifestaciones evidentes de perdonar.

El proceso del perdón incluye elementos cognitivos y afectivos, el asesoramiento del daño causado y las connotaciones asociadas a las ofensas. La persona ofendida necesita tratar metacognitivamente con sus procesos mentales-emocionales –tales como la rumia o el re-masticado de los sucesos ofensores, o cierta obsesión o compulsión interna a repetir las memorias negativas asociadas a la ofensa, o el dolor y la aflicción de considerar cómo las ofensas han dañado a su ser. Los pensamientos automáticos que traen a la mente los eventos de dolor, humillación, degradación, sentido de injusticia, ira, maledicencia, etc., asociados con tales memorias negativas, necesitan ser puestos a la luz o a la conciencia de la persona ofendida. La persona que lidia con tales factores, debe aceptar la realidad del malestar causado, asesorar los daños causados, y saber lo que cuesta perdonar. Luego se abre a la posibilidad de unirse a Dios, a tener su mente y corazón investidos con el poder de Dios para actuar en gracia y misericordia y resolver en su ser el imitar a Dios en su actitud, postura y decisión de perdonar, aún antes de decidir actuar como perdonador.

Para no negar a realidad, ni barrer la basura debajo de la alfombra, las percepciones negativas y las atribuciones de significado correspondientes a las deliberaciones internas, como así también posible aumento de las repercusiones de las ofensas en la mente y el corazón de la persona, las cuales evocan emociones profundas, necesitan ser reconocidas y tratadas como antecedentes al acto de perdonar al ofensor. El mandato "perdonándoos los unos a los otros como Dios os perdonó en Cristo" (Ef 4:32; Col 3:13) llega a ser una realidad si se tiene en mente la ontología del perdón, el proceso del perdón nacido de las deliberaciones cognitivas-afectivas que emanan de las estructuras internas. Finalmente, de tales actitudes y procesos resulta la decisión de imitar a Dios y perdonar. Cabe decir que con el uso asiduo de tales facultades espirituales y metacognitivas, el creyente experimenta más y más su capacidad investida por el Espíritu de perdonar como si fuese su verdadera manera de ser y no algo forzado. Lo que llamamos "intuitivo" o "intrínseco" puede ser definido como el aglomerado sintético de innumerables conductas apropiadas llevadas a cabo asiduamente por el ser, llegando a ser estructuras, procesos y funciones corrientes y disponibles al responder con dominio propio. De tal manera que, el creyente puede perdonar "setenta veces siete" sin problemas, porque el sinnúmero de ocasiones brindadas para ejercer su capacidad imitadora de Dios han sido aglomeradas, sintetizadas, abstraídas y condensadas a su ontología del ser.

¿Cuál es la motivación para perdonar ? ¿Por qué debemos perdonar? ¿Cuáles son los resultados de perdonar? Estas preguntas tienen que ver con la motivación en el perdonar, como así también la práctica y los resultados del perdón. Una mirada perspicaz a los principios que guían los procesos mencionados puede darnos a entender las bases sobre las cuales podemos aconsejar acerca del perdón. En el ambiente secular los esfuerzos humanistas acoplados a la filosofía estoica y el psicología cognitiva y conductiva presentan modelos y paradigmas que se aplican al caso del perdón. El establecimiento de hábitos perdonador es pasados en actitudes reestructuradas y definiciones propias adecuadas, no supeditadas al ofensor, sino establecidas en la eficacia propia del ser y hacer lo que uno se propone, representan mucho de lo que se investiga y reporta en el campo secular. En el ambiente cristiano, sea desde el púlpito o del sillón consejero, simplemente se cita el mandato de perdonar porque Dios así lo manda.

A veces tales acercamientos simplistas no toman en cuenta la ontología y el proceso del perdón. Aún más, pueden fomentar una teología legalista que simplemente aplicar reglas y expresa mandatos categóricos sin tener en cuenta todos los factores mencionados en el proceso del perdón. La actitud legalista emerge del deseo mal dirigido de cumplir y obedecer las demandas de Dios, ignorando la manera en la cual Dios perdonó al pecador. Dios lo hizo luego de haber juntado el pecado de toda la humanidad, desde Adán hasta el último ser que habrá de existir, y cargando tal carga sobre los hombros de su propio hijo, a quien entregó a morir en la cruz para pagar por todos los pecados de la humanidad. La justicia de Dios fue satisfecha, al mismo tiempo que su gracia se derramó por los pecadores, el perdón.

El perdón no es un proceso leve, e inconsecuente, o fácil. Como ya lo hemos dicho, le costó la vida a Jesucristo. Por eso Pablo a los Romanos les escribe, diciendo, "si a su propio hijo no perdonó, sino que lo entregó por nosotros, ¿cómo no nos dará también con él juntamente todas las demás cosas?.

Cuando una persona perdona a su ofensor, la persona ofensora puede sentirse libre y feliz, agradecido por haber sido perdonado. Por otra parte, habrá personas ofensoras quienes permanecen obstinadas, rencillosas y en pugna, aún después de haber sido perdonadas. En casos de codependencia y de relaciones disfuncionales, la persona que ofende puede repetir sus ofensas en manera manipuladoras, estableciendo un círculo vicioso que denigra aún más a la persona que perdona. Los resultados en la persona siendo perdonada son difíciles de predecir.

Lo que nos interesa es ver qué es lo que pasa en el ser que perdona. Más allá de ser atrapada en círculos codependientes o viciosos, supeditada o sujeta a la persona ofensora, la persona que perdona puede hacerlo desde una postura libre e investida por Dios. Puede establecer su imagen y estima propia, ejercer su eficacia propia, y hacerlo a conciencia y en plena libertad. La persona que perdona no es definida por las circunstancias, las vicisitudes o las contingencias de naturaleza negativa. Tal persona imita a Dios y es definida dentro del marco de referencia de la voluntad de Dios, no sujeta a legalismos sino llena de la gracia de Dios. Como un ser libre e investido del poder de Dios el ser que perdona actúa unilateralmente, incondicionalmente, proactivamente, lleno de gracia y misericordia, ejerciendo su libertad y su estilo en vivir como Dios manda.

Tal conducta no debe confundirse con el masoquismo ni el estoicismo, sino como una propiedad que emerge del vivir en un Nuevo Pacto. Es el dominio propio como fruto del Espíritu Santo el que permite estar en control de sus reacciones y de sus respuestas. Es la disposición y el acto de creer que Dios es el juez perfecto y a su tiempo juzgará las intenciones del corazón y la conducta de cada individuo ante su presencia. Las enseñanzas de Jesucristo recalcan que la persona que no perdona es la que realmente permanece en una celda. Al no perdonar y guardar rencor, al atesorar los sentimientos heridos y pesarosos, y al alimentar la sed de venganza y retaliación, la persona se encierra en su propia cárcel. Tal enseñanza se registra en la parábola de los dos deudores (Mt 28:23-34; Lc 7:36-50). La falta de perdón alimenta la amargura y el resentimiento atrincherado, no resuelto, y afecta la capacidad de la persona de sentirse libre, en paz y en gozo. Las deliberaciones de la mente pueden asumir proporciones obsesivas, rumiantes y mórbidas, con un circuito de retroalimentación que se refuerza paulatina y constantemente trayendo a memoria vez tras vez los asuntos inconclusos en necesidad de resolución. El efecto Zeigarnik (1927) se hace presente: Es la tendencia de recordar los asuntos inconclusos que ejercen presión desde el pasado afectando el presente, demandando una resolución.

En la administración del perdón, el Antiguo Pacto demandaba justicia, restitución y respeto por el semejante. Se dan muchos detalles en cuanto a la necesidad de expiar o redimir las ofensas ante Dios como requisitos a ser perdonados. El mismo principio se aplicaba entre semejantes humanos, dando énfasis a la restitución y compensación de las partes ofendidas para luego reanudar la armonía, la paz y la amistad. De modo que el proceso del perdón incluía la compensación en reconocimiento de los males causados, y la restitución a la comunidad en el pueblo de Dios. Los tema de la justicia y de la equidad en el respeto mutuo estaban acoplados a la práctica y al concepto del perdón.

El Nuevo Testamento no invalida al Antiguo sino más bien realiza en mejor manera la intención de Dios en cuanto su pueblo. Dios provee su Espíritu Santo para beneficiar a su pueblo en cuanto a la obediencia a sus mandatos y al mejor trato entre semejantes. Como ya lo hemos señalado, al alojar la Ley en la mente y el corazón, Dios capacita al ser humano a actuar en manera unilateral e incondicional, proactiva y con misericordia, dispensando gracia en el ejercicio del perdón. Tal proceso y conducta sigue las líneas enunciadas en el Nuevo Pacto.

Si las premisas básicas de tal pacto son ignoradas, existe la posibilidad de actuar en justicia propia, basados en un concepto narcisista secundario en el cual la persona que perdona se considera magnánima, superlativa o descomunal. Sólo al considerar la manera en la cual Dios ha perdonado al ser humano permite a tal persona a ser humilde e imitar a Dios, no atribuyéndose características superlativas, sino actuando en mancomunidad, reconociendo que porque ha sido perdonada en gran manera, puede perdonar al ofensor humano. De manera que al perdonar no hay lugar para el orgullo espiritual sino un reconocimiento sincero y agradecido ante Dios, por haber sido capacitados para imitar sus caminos. Se tiene en mente que uno perdona a la manera que ha sido perdonado en Cristo.

Perdonar a la manera de Dios demanda una realización consciente de actuar teniendo en mente la realidad de los daños causados en su ser, estar apercibidos de las sensaciones que embargan su corazón, dejar a un lado la revancha o la sed de venganza, y ejercer su dominio propio. El perdón en el Nuevo Testamento es amplificado y redefinido en cuanto a la capacidad humana bajo los auspicios del Espíritu Santo. Una característica esencial de los términos del Nuevo Pacto es la que alega que Dios no se acuerda de nuestros pecados sino que los remueve delante de su presencia. Es una especie de olvido, de una amnesia retrógrada voluntaria por parte de Dios. No es que Dios no se acuerda de nuestros pecados, sino que elige el no tenerlos en mente, y en un acto magnánimo los remueve para que no se consideren una barrera ante su presencia. El ser humano necesita de Dios en su persona, de la investidura de tal clase de poder para lograr olvidar a propósito, dedicando su ser a la acción del Espíritu Santo quien puede actuar en proporcionar la capacidad de no volver a sondear los pecados cometidos contra su ser. El remover los vestigios de los episodios y de las memorias que causan dolor y angustia, ira y enojo, venganza y retaliación, desilusión y desesperanza, se logra con la coparticipación del Espíritu Santo y la voluntad humana de dejar a un lado y no acumular asuntos inconclusos negativos. La incapacidad humana es capacitada por Dios, quien proporciona poder para guiar los asuntos relacionales con sentido de rumbo y cadencia y para frenar las ansias de reclamar la justicia encerrada en el dicho "ojo por ojo, diente por diente".

Obstáculos al Perdón

Muchas variables entran en la ecuación del proceso del perdón: (1) el ofensor; (2) el ofendido; (3) la naturaleza de la ofensa; (4) la frecuencia de la ofensa; (5) la intensidad o profundidad de la ofensa; (6) el impacto de la ofensa en la vida del ser ofendido y sus ramificaciones; (7) la duración temporal de la ofensa -un acto aislado, un proceso crítico, o un proceso crónico; (8) el lapso de tiempo entre la ofensa y el procesado de la misma; (9) la actitud y conducta del ofensor -si existe el arrepentimiento, el reconocimiento del mal hecho, la disposición de pedir perdón, la capacidad de hacer restitución, etc.; (10) las repercusiones personales, familiares, y comunitarias, vistas desde el ángulo de la persona ofendida y de los que la rodean.

Otros obstáculos en el camino del perdón residen en la ansiedad o el temor anticipado de agravar la situación aún más, de reforzar conductas indebidas, o de simplemente dejar al ofensor sentirse libre y continuar su derrotero sin ser ajusticiado. Las características personales también entran en juego, tales como la falta de flexibilidad, de afabilidad, de bondad, de mansedumbre y templanza; entre otras. Personas con desórdenes de carácter tales como el trastorno fronterizo, el narcisismo, la personalidad obseso-compulsiva, etc., parecieran tener menos tolerancia a la ambigüedad y a la frustración, experimentando dificultades en perdonar.

El temor a patrocinar la conducta negativa por parte de los posibles ofensores o la ansiedad acerca de la posibilidad de tener que reconciliarse con un malhechor se constituyen en obstáculos por parte de la persona ofendida. Pareciera ser que el perdonar proporciona desafíos al ser porque tal vez brinda la oportunidad de volverse una víctima, un masoquista, o un objeto de manipulación. La aprehensión que surge a manera de defensa contra la probable insensatez de patrocinar, fomentar, o reforzar lo indebido actúa como una barrera hacia la dispensación del perdón.

El proceso del perdón también depende de la naturaleza de la injuria y sus efectos sobre la persona. Siendo herido profundamente demanda mucha energía a ser dispensada en el proceso, agregando insultos a la injuria. El orgullo propio, el miedo a perder terreno social, y la posibilidad de tener que afrontar la vergüenza de ser vituperado a los ojos de la comunidad, aparte de la pérdida de la dignidad propia, pueden bloquear la disposición a perdonar. El no resolver asuntos y encerrarse en su miseria fomenta cierto martirio y degradación propia, haciendo dificultoso el compartir su historia o el buscar ayuda. Es necesario animar a la persona a resolver sus cuestiones para lograr conseguir un grado de paz y bienestar, descargar sus penas, experimentar una catarsis y reanudar su marcha en términos más positivos. La consejería puede ser un factor esencial en el proceso de liberación, de afirmación y de reestructuración mental en el proceso del perdón.

Beneficios Derivados del Perdón

El perdonar es entablar tratativas interpersonales con ramificaciones internas. Tales tratos involucran cambios en las estructuras y los procesos cognitivos y emocionales que afectan la sensibilidad y los afectos de las personas. La necesidad de cambios de conducta se tiene en mente, con el trazado de nuevas maneras de actuar. Estos procesos pueden liberar a la persona ofendida, sea que el ofensor reconozca o no su parte, esté presente o ausente, vivo o muerto. Aún cuando la persona ofendida no puede controlar ni predecir lo que sucede a su alrededor, su mundo interior le pertenece y puede ejercer sus procesos cognitivos, emotivos y conductivos en lograr re-agruparse, renovarse y transformar aspectos de su propia realidad basados en su libre albedrío auspiciado por el poder del espíritu Santo.

Es necesario asesorar cómo el contexto comunitario afecta a la persona ofendida. Desde el ángulo interpersonal Worthington et al. (2000) ha contribuido al entendimiento de las intervenciones grupales en promover el perdón. El compartir experiencias en común, la solidaridad que refuerza el ser aceptado y validado en un grupo contextual fomenta la sanidad interior. La dinámica del grupo puede promover un momento de inercia y aumentar la capacidad de la persona para actualizar el proceso de su perdón sintiéndose reforzada por las voces sostenedoras y animadoras de su trabajo. La comunidad de discípulos puede fomentar un ambiente de seguridad y abertura, de confesión y de perdón.

Desde una perspectiva marital el perdón es un asunto crucial en la consejería. Existen muchas evidencias empíricas que apuntan al hecho de que el ajuste marital depende en gran manera de los procesos que una pareja utiliza para tratar con sus ofensas y su perdón (Baucom & Epstein, 1990). En el uso del proceso del perdón ha sido considerado por autores tales como Gordon y sus asociados (2000), alegando al hecho de que la terapia cognitiva conductiva y el acercamiento hacia la perspicacia analítica ofrecen importante contribuciones; sin embargo también nota que tales acercamientos son incompletos si fallan en abordar el tema de las respuestas de la pareja al sentirse traicionados el uno por el otro. Para corregir tal deficiencia los autores presentan un modelo que trata con el perdón que atañe a las parejas que han experimentado daños impactantes causados por su conducta infiel.   Su modelo se presenta en cuatro etapas:

- El uso del acercamiento cognitivo-conductivo para establecer límites, trazando las delineaciones de sus necesidades personales y de pareja; asesorar la administración de sus emociones, y la expresión e identificación de sus reacciones a sus conductas ofensivas.

- La terapia incluye una integración al énfasis analítico-introspectivo con el atentado de explicar el porqué de la infidelidad y examinar los asuntos actuales corrientes, los asuntos pertinentes al desarrollo de ambos, de asuntos del pasado que han contribuido a los eventos negativos; el tratamiento busca explorar los eventos en un clima neutral, de soporte y dentro de un proceso estructurado; también trata de establecer empatía y entendimiento mutuo entre los cónyuges para facilitar el proceso.

- El acercamiento se vuelve práctico al tratar de alterar o cambiar los esquemas interactivos y los intercambios acerca de los asuntos negativos y problemáticos que han sido reconocidos por la pareja como contribuyentes a sus eventos negativos. El proceso de reconocimiento de faltas, la confesión contrita, la demostración de arrepentimiento con remordimiento y expresiones de pesar por un lado, y el encomio hacia la gracia y la misericordia, la restitución y el renuevo de las cláusulas de un nuevo contrato por el otro, son asuntos a ser tratados.

- Finalmente el tratamiento enfatiza consideraciones presentes como también la vislumbre de tener un mejor futuro, planificando la creación de nuevas memorias de manera colectiva conductiva. Dependiendo del entendimiento, las decisiones y motivaciones de la pareja, la terapia puede ayudar en reedificar la confianza, la empatía y el amor en una relación renovada. Por otra parte, si la pareja decide separarse, lo hace con un pleno entendimiento de los factores que han contribuido a su separación.

Un Paradigma Práctico: el Nuevo Pacto en Acción

La pregunta en consejería cristiana siempre surge, ¿puede el ser humano imitar a Dios en cuanto a perdonar y dejar ir las ofensas que lo embargan ? ¿Puede una pareja considerar la posibilidad de conducirse ante la presencia del observador absoluto, el Espíritu Santo, quien es el juez perfecto de todas las tratativas y el que demanda obediencia a la voluntad de Dios, ante quien todo ser humano dará cuentas de su mayordomía consciente y deliberada en lo referente las relaciones matrimoniales?

Aún cuando es un proceso que demanda muchas energías emocionales, es preferible tener ambas personas en un tiempo y espacio determinados para entablar el proceso del perdón. La necesidad de entablar un diálogo con el ofensor es imprescindible; se trata de hacerle ver sus errores, confrontar sus actos y actitudes ofensivas, y de traer a cuentas los asuntos que han herido o maltratado a la persona ofendida. A veces la naturaleza de las ofensas es tan crítica o profunda, que demanda la presencia de otros testigos. La mayoría de los convenios humanos involucra la presencia de testigos. La necesidad de ser vistos, validados y reconocidos por algún semejante corre profundamente en fuero interno del ser humano. La necesidad de su nuestra historia, de presentar su narrativo a ser visto y considerado en presencia de un contexto interpersonal es innegable. En la dispensación del perdón de ofensas mayores, es muy difícil actuar en aislamiento y soledad, ya que se necesita un ambiente de seguridad, de equidad, de objetividad y de sostén para efectuar un proceso adecuado. La oficina de un consejero puede presentar ese contexto ambiental para que el proceso del perdón tome lugar. El ambiente óptimo se logra si ambas partes han decidido trabajar en conjunto con abertura, honestidad y responsabilidad ante la presencia de Dios

Perdonar a un ofensor puede llegar a ser un proceso penoso y desafiante, provocando la ansiedad y el temor a ser malentendidos. La presencia de testigos puede asegurar a la persona ofendida de que está actuando en manera funcional, adecuada y validada ante la presencia de Dios. Por otra parte permite salvaguardar un contexto que confronta, anima y guía al ofensor a proporcionar su parte en manera humilde, contrita y arrepentida en cuanto a su petición de ser perdonado. Más allá de ser un acto, se enfatiza que el proceso continúa con la vislumbre de restablecer confianza y de enmendar los daños causados a través de actitudes y conductas concretas, dirigidas hacia un mejor pacto y al restablecimiento de las intenciones originales de la pareja.

El perdonar en un acto solitario y aislado, puede llevar a la persona hacia el desvío o descarrilado de sus pensamientos y emociones, hacia percepciones propias negativas. El hacerlo en presencia del Espíritu Santo y de un consejero humano quien afirma al proceso y le da continuidad solidaria en el futuro inmediato, asegura un proceso consciente, deliberado y reconocido desde un punto de vista superior.

Analizando el Proceso del Perdón

Si expresamos el proceso del perdón en una frase, se leería de la siguiente manera: ¿Quién perdona a quién, cuándo, cómo, por qué, y con qué efecto? El consejero puede asesorar tales variables, y ayudar al perdonador desde una perspectiva metacognitiva-dialógica: Proveer asesoramiento acerca del procesar sus procesos, captar sus diálogos internos, y emplear su retórica interna para persuadirse a responder bajo su dominio propio.

1. ¿Quién es la persona que perdona? Es necesario asesorar sus características, su postura, sus actitudes, sus sentimientos y conducta. El consejero tiene en mente la capacidad cognitiva, afectiva y conductiva de la persona en el recuento de las ofensas traídas a consideración. Se nota su estado mental y espiritual en cuanto a su fragilidad o a su entereza, abertura o disposición cerrada; a su rezago o prontitud para entablar el proceso; y se asesora si está lista para efectuar una comunicación que permita el perdonar. Su crecimiento espiritual, su madurez y su entendimiento en materias escriturales se consideran como factores en el proceso. La definición propia de la persona es algo difícil de asesorar en una sesión inicial.

Por definición propia entendemos que la persona tiene una amplia comprensión de su ser (1) *formado por Dios a su imagen* y que ha sido (2) *deformada por el pecado* – es decir, distorsionada con consecuencias disfuncionales, en un estado depravado ante Dios; luego la certeza de haber sido (3) informada por la palabra de Dios y el espíritu Santo acerca de su condición pecaminosa y del Evangelio o las buenas nuevas de su salvación. También si ha sido (4) *reformada* –es decir, tratada por la gracia de Dios al ser regenerada, renacida y rescatada del poder del pecado para comenzar un nuevo derrotero ante Dios. La definición propia también incluye la vislumbre de ser (5) *transformada* por el espíritu Santo, coparticipando con Dios en el proceso santificador de su resocialización para hacer la voluntad de Dios; tal transformación se logra a través de la renovación de su mente y su actitud y acto de ofrecerse continuamente a Dios como sacrificio vivo. Finalmente tal definición de verse en Cristo incluye el ser (6) *conformada a la imagen de Jesucristo*, para lo cual Dios permite que todas las cosas ayuden a su bien, porque para tal propósito la persona ha sido llamada (Ro 8:28-30). Tal vez es mucho pedir, pero tales son las expectativas bíblicas en cuanto a la definición de ser perdonador a la imagen de Dios. Se afianza a la persona en Cristo, ante la presencia del Espíritu Santo ya que no puede efectuar el proceso del perdón por su propia fuerza. Psicológicamente hablando, se debe asesorar su dolor, su incertidumbre, su desilusión, su depresión, su ansiedad, y demás emociones que acompañan al proceso. Se debe asesorar su disposición y ánimo para entablar el proceso.

2. *El perdonar: ¿Es acaso un acto o un proceso?* El perdonar es una palabra de acción y como tal, *se basa sobre los pensamientos y sentimientos subyacentes.* Hemos tratado esta materia enfatizando que el perdón no es un acto sino una actitud y más aún, un proceso que nace de la propiedad emergente de las sub estructuras ontológicas o esenciales del ser humano. A nivel profundo el perdonar emana de la persona y no es tan sólo un acto exterior acondicionado de alguna manera. El perdonar también envuelve conceptos como la justicia, el hacer lo recto, el respeto y la dignidad; la dispensación del perdón parte desde la fortaleza de una persona que ejerce su dominio propio y su elección en brindar la absolución de los errores o de la maldad cometida en su contra. Es necesario asesorar la disposición, las actitudes y la decisión de entrar a un proceso por parte de la persona.

3. *¿A quién se perdona? Al transgresor:* se tiene en mente su persona en cuanto a su disposición y actitud, sus características temperamentales y su postura, sus percepciones, atribuciones y expresiones que dan entender su capacidad de arrepentimiento, remordimiento y abertura hacia la confesión. En cuanto a su persona: ¿Es madura o carece de madurez? ¿Es la persona competente o incompetente psicológicamente hablando? ¿Qué capacidad moral tiene? Hay actos cometidos por personas que funcionan por debajo de un nivel intelectual, moral o no están al tanto de lo que han hecho. Las palabras de Jesús desde la cruz, "Padre, perdónalos porque no saben lo que hacen" parecen desafiar el sentido común. Desde el punto de vista trivial, los judíos sabían cómo sentenciar a los que se creían mesías; los romanos sabían crucificar a los malhechores; esa era su especialidad. Sin embargo, desde el punto de vista trascendental ni los unos ni los otros sabían en realidad lo que estaban haciendo –crucificando al Hijo de Dios. Sus acciones eran reprobables, nacidas de la torpeza y dureza de corazón; estaban atrapados en sus culturas, tradiciones y respondían a sus maneras de actuar en un cosmos debajo de Satanás. Hablando técnicamente, ambos grupos ya estaban condenados en sus pecados, de manera que al juzgar, condenar, crucificar y mofarse, ellos siguieron sus dictámenes y pecaron a sabiendas (según el ángulo natural, trivial), o sin saber (según el punto de vista trascendental, proporcionado por Dios), dependiendo del ángulo de observación. Sea que supieron o no supieron, su conducta era reprochable de todas maneras.

Si la persona no es tan presa de las circunstancias, las catástrofes, o cualquier vicisitud que pudiera menguar su responsabilidad, se asesoran sus posturas y sus defensas -si existe la negación, la racionalización, la proyección de culpabilidad, las excusas, o la justificación de sus actos. Se asesora si la persona tuvo que ser convencida o si reconoció sus errores por su propia cuenta y se presenta para enmendar sus caminos. También se trató de sondear si la persona entabla el proceso con algún motivo creado o lo hace sinceramente con el afán de restituir la comunión, la armonía y la paz con la persona a quien ha ofendido.

4. *¿Cómo se efectúa el proceso?* Se asesora la manera en la cual las personas emplean la ocasión para resolver sus cuestiones o permanecer atrapados en su falta de perdón. Las transgresiones ahondan las percepciones de las ofensas y el dolor, evocando la ira, el enojo por un lado, y tal vez miedo y la ansiedad por el otro. El rumiar, el cavilar y entablar procesos mórbidos recapitulando los hechos negativos en su contra consolida la postura y actitud de

victimización y de oprobio, con desdé, desprecio y dolor almacenado, obstaculizando el perdón.

Si la persona decide perdonar, se nota si hay alguna estrategia empleada a tal fin. Worthington (2001) ha provisto paradigmas de perdón, alegando que existen cinco pasos a ser tomados por la persona ofendida: (1) Hacer un recuento del mal hecho en su contra; (2) desarrollar empatía —situarse en los zapatos de la otra persona (el ofensor) para rata de entender el por qué actuó de esa manera; (3) decidir ejercer la libertad de ofrecer el perdón como una dádiva; (4) decidir a perdonar con testigos, o hacer referencia pública su decisión de perdonar; y (5) mantener el perdón bajo control constante, sin menguar lo decidido y reforzar su actitud perdonadora. Tal vez es fácil proponer paradigmas; lo difícil es actuar sobre tales principios.

Tres preguntas pueden guiar estas consideraciones: (1) ¿Cuán seria es la ofensa? Se asesora el grado de transgresión cometido en contra de la persona herida. (2) ¿Cuán reciente es la ofensa? Tal vez la persona está emocionalmente sangrando de sus heridas, y no tan lista a perdonar. (3) ¿Es la persona ofensora alguien presente o ausente de la vida del ofendido? La persona ofensora puede ser parte del espacio vital de las relaciones de la ofendida; o puede haberse alejado; o fallecido. Se tratan de establecer criterios de cercanía, de lo inmediato; de lo actual o histórico.

Si ambas personas acuden al consejero, éste trata de brindar un ambiente de seguridad, salvaguardando el respeto y el honor de las personas y proporcionando oportunidades para que la comunicación entre ambos sea objetiva, honesta y sincera, hablando la verdad en amor. Se tiene en mente que la persona ofendida puede estar temerosa, emocionalmente destruida y frágil, iracunda y con sed de venganza, etc. Cualquiera que fuese su estado de ánimo y mental, se salvaguarda su integridad con la afirmación de la justicia que debe hacerse, acoplada a la necesidad de dispensar gracia y misericordia, luego de haber contado el costo del perdón. Se trata de evitar la admonición de perdonar como un acto legalista, forzado, o como un acto ciego que no respeta los sentimientos heridos o el carácter destrozado de la persona afectada. Se asesora si la persona está lista para efectuar tal evento; si ha elaborado lo suficiente el proceso del perdón en forma consciente y a sabiendas, tomando en cuenta todos los factores que le afectan emocionalmente y haber juntado todos los pormenores para tener una buena vislumbre de lo que se debe perdonar. Se le asegura a la persona que el efectuar el perdón no nace de su debilidad ni es una respuesta como mandato legalista, sino más bien una emanación de su capacidad de imitar a Dios y perdonar como todos hemos sido perdonados en Cristo. Se le asegura que el perdonar es factible al ser llenos del Espíritu y tener la energía y disposición necesaria, suficiente para efectuar tal proceso.

La persona que perdona debe estar apercibida en primer lugar del daño causado a su identidad e integridad, a su bienestar, a su esperanza y su confiabilidad, y a todos los pormenores asociados a su ser herido; también debe estar consciente de cómo la ofensa ha causado daños a sus esperanzas, a su sentido de intimidad y a sus relaciones futuras. En segundo lugar la persona debe apercibirse de sus reacciones al dolor emocional, al agravio cometido, para identificar sus propias defensas -los mecanismos que trabajan para contrarrestar su ansiedad tales como la racionalización, intelectualización, negación de la realidad, u otras maneras empleadas en lugar de activamente hablar la verdad en amor y confrontar los abusos y los agravios por parte del ofensor. En tercer lugar, teniendo tal asesoramiento cognitivo y emocional, empleando gracia y misericordia, con flexibilidad y dominio propio, perdonar y dejar las ofensas a un lado para extender la mano de compañerismo al ofensor. Tal acto es un acto de valentía y arrojo, de poder y dignidad, actuando a la manera de Dios en Cristo. Tal vez, es una vislumbre de perdonar como Dios nos perdonó en Cristo.

Habiendo considerado tal proceso, la necesidad aún existe de preparar a la persona para las repercusiones futuras, ya que la mente humana es muy propensa a recapitular y a volver a procesar las memorias negativas. El sentido de retaliación puede volver como sucede con los efectos posteriores a un terremoto, y los temblores pueden sucederse luego que la cosa mayor ha pasado. El preparar la mente para el posible sufrimiento futuro actúa como una inyección de estrés anticipado para preparar a la persona de antemano y a sabiendas a contrarrestar la posibilidad de ser torturado por sus memorias otra vez. También se asegura que la persona no desarrolle imágenes negativas de sí misma caracterizadas por la debilidad, el masoquismo o la codependencia.

En el consejo acoplado al proceso del perdón se tiene en consideración la posibilidad que la persona que perdona, se vea a sí misma como perteneciente a una estirpe superior. Es posible que elabore un concepto animado con cierta justicia propia, una súper-espiritualidad. O tal vez mantenga el control del evento perdonador a manera de una cuerda atado al cuello de la otra persona; lo deja ir, pero de vez en cuando tira de la cuerda para recordarle acerca de su perdón y controlar sus acciones en maneras manipulativas. La manera de perdonar de Dios es diferente: no sólo perdona y deja a un lado nuestros pecados, pero no se acuerda jamás de ellos. Éste es un punto muy difícil para los seres humanos, el imitar a Dios a tal punto, ya que recordamos bastante bien lo que se nos hace en manera negativa.

5. *Cuándo perdonar?* El tiempo adecuado para efectuar el proceso del perdón es un objeto de consideración. Se asesora si la ofensa es reciente o proviene del pasado. Se asesora si la persona está lista para perdonar o aún necesita trabajar en su mente con sus procesos cognitivos, emotivos y motivacionales. Se asesora si el ofensor es una persona disponible y está dispuesta a entablar el proceso. En interacciones matrimoniales o familiares, se trata de remediar situaciones críticas, a veces durante la misma crisis y a veces luego que la crisis ha pasado. Esto depende de la perspicacia y la sabiduría del consejero como también de la envergadura de la ofensa, de la naturaleza e intensidad del agravio.

En situaciones de abusos o de peligro, no se debe forzar un perdón prematuro sino que se debe lidiar con los eventos en una manera más adecuada, estableciendo primero la seguridad de las personas, y luego paulatinamente ver si el proceso del perdón cabe dentro de las posibilidades de las personas en problemas.

6. *¿Por qué perdonar?* Las razones para perdonar son enfatizados desde el ángulo escritural y residen en la imitación de ser hijos amados de Dios. Por un lado el imitar a Dios y perdonar a la manera que nos perdonó en Cristo, es algo abnegado y admirable. Por el otro, el que perdona es quien realmente se liberta a sí mismo de su propia cárcel. El no perdonar deja a la persona encerrada en su angustia y su ira, en sus asuntos inconclusos y en su sed de venganza. El perdonar remueve las barras de su propia celda y lo deja a uno en libertad como lo enseñó Jesucristo en la parábola de los dos deudores. El perdonar también incluye la posibilidad de restauración y restitución, de reedificación de relaciones encuadradas dentro de la comunidad cristiana.

7. *Los efectos y resultados del perdón.* Los resultados del proceso del perdón pueden ser vistos desde ambos lados, el perdonador y el perdonado. A veces las personas se distancian aún a

pesar del perdón, para no volver a infringir o afectarse negativamente. Otras veces, las personas se acercan aún más el uno al otro, comparado a lo que experimentaron en su intimidad inicial. Se asesora si el perdonador se siente libre para reanudar su marcha, y aún más si es capaz de ofrecer su mano en señal de compañerismo a la persona ofensora, pero se indaga para ver si es una realidad experimentada a nivel del espíritu o si es simplemente una defensa subconsciente empleada para convencerse a sí misma de que sus actos están basados en las demandas de la Palabra. Hay que ver si existen residuos que necesitan ser reprimidos o suprimidos, negados constantemente o si verdaderamente hay libertad emocional y espiritual.

¿Cómo Perdonar? Un Paradigma Concreto

En lugar de ser consumidos por la ira interna, por la actitud de resentimiento y ser atrapado en su propia celda, se aconseja perdonar las ofensas y al ofensor. Tal vez, se necesita de una práctica continua y concentrada al principio, ya que perdonar no es algo natural sino un proceso que se aprende y perfecciona. La repetición del proceso ayuda a consolidar la postura, la disposición y la capacidad para perdonar.

Los siguientes pasos representan una compilación derivada de las recomendaciones provistas por investigadores como Luskin (2001) y Harris et al. (2006) quienes parten desde el ambiente secular (el "Proyecto Perdón" del "Instituto del Perdón" de la Universidad de Stanford), como así también de los que han contribuido en sus escritos acerca del perdón y sus beneficios desde el ángulo teológico y pastoral como Chacour (1984); Elizondo (1986), Augsburger (1981, 1996, 2000), Smedes (1997, 2007), Worthington (2001), Volf (2005), entre otros. El autor ha proporcionado nociones del perdón como resultado de ser imitadores de Dios y actuar a su manera en el Nuevo Pacto –*de sus pecados e iniquidades, no me acordaré jamás* (Jeremías, Hebreos 8, 10). En manera concreta, se puede enfatizar un proceso cuyos pasos son:

- Diferenciar y comprender que perdonar no es olvidar. Tampoco significa dar permiso para que las ofensas continúen sucediendo. No significa que lo que le han hecho es aceptable. Perdonar es algo dirigido a la conducta ofensiva, considerada innecesaria, inaceptable, la cual no debe ser repetida. Se comienza por perdonar; luego, el olvidar es un proceso que depende de la consolidación de nuevas memorias positivas que reemplazan a las negativas, las cuales actúan como inhibición retroactiva de los recuerdos funestos del pasado, y como facilitación proactiva de nuevas posibilidades y maneras de ver las cosas.

- Reconocer que uno es perjudicado al no perdonar. Uno siente la rabia, ira, el enojo y las manifestaciones psicosomáticas relacionadas a la tensión y el estrés que acompañan a la falta de perdón y la repetición mnemónica de los que ha sucedido. Uno es quien repasa vez tras vez lo que uno quisiera decir, hacer contra la persona para castigarla. La falta de perdón fomenta amargura que perdura, arruinando la posibilidad de vivir en paz y gozar los placeres de la vida. Uno se encierra en su propia celda. Aparte, el no perdonar coloca a sus emociones bajo el control de la persona ofensora, permitiendo que la otra persona defina a su estado de ser y sentir. La mayor respuesta es permanecer en control de sus emociones y estar en calma.

- Hacer una lista de las acciones específicas a ser perdonadas. Definir qué es lo que realmente pasó, causando el dolor y el resentimiento. Tal recuento permite el control cognitivo de sus pensamientos, razonamientos, percepciones, atribuciones, juicio y memoria. Uno posee tales procesos; tales procesos no lo tienen o definen a uno. Mayor es el definidor que lo definido: Uno puede llamar las cosas por su nombre y adquirir más dominio propio para ejercer más control sobre las mismas.

- Reconocer su parte en cada punto de la lista. Tratar de ser objetivo al hacerlo. Hacerse preguntas: "Me he quedado en la relación cuando debería haberme ido?" "He fomentado, provocado o atraído en alguna manera las acciones negativas hacia mi persona?" Si hay algún vestigio o sensación de haber participado en alguna forma en el desarrollo de la ofensa cometida en contra de mi persona, Puedo aceptar tal posibilidad? Puedo asumir cierta responsabilidad? El hacerlo, me da cierta libertad para efectuar cambios en mis pensamientos y sentimientos y menguar mi sentido de victimización. (Este punto es difícil de esclarecer, ya que no se debe fomentar un sentido falso de culpabilidad debido a factores de personalidad –ansiosa o temerosa, no-asertiva, codependiente, auto castigadora, o masoquista). Hay que tener en mente que ciertas culturas y enseñanzas machistas fomentan el martirio de personas (con pre-textos bíblicos malinterpretados) quienes asumen un sentido apocado, sumiso, obediente y aguantador de necedades que Dios nunca sancionó ni designó en su voluntad en cuanto a relaciones humanas.

- Adoptar un grado de objetividad acerca de su subjetividad: Realizar la posibilidad (factible, probable) que la otra persona tal vez haya atentado a evitar la ofensa. Considerar la posibilidad que tal vez, la otra persona hizo todo lo que pudo para no actuar de la manera que lo hizo. Realizar que la otra persona es un ser humano falible, imperfecto. En lugar de pensar que uno nunca hará tal cosa, realizar que si uno estuviese en los zapatos de la otra persona, tal vez hubiera hecho lo mismo; que uno no está exento de pecar u ofender. Dar lugar a la posibilidad de considerar que tal vez el incidente no se refiere tanto a su persona, sino que parte de la otra persona, quien ha actuado en manera mal dirigida y ha empleado medios equivocados en saciar sus ansias o necesidades, violando las normas y expectativas de respeto a su persona y faltado a su dignidad.

- Realizar la futilidad de guardar rencor y atesorar ofensas. Tal vez en su percepción, el hacerlo castiga a la persona, pero raramente tal efecto es logrado. Tampoco asegura que la otra persona no repetirá sus ofensas. Tal vez el mantener el resentimiento tiene ciertas ganancias secundarias, tales como el fomentado de un sentido de martirio, o de llamar la atención negativa hacia sí mismo, o de torturar a la otra persona con sentidos de culpabilidad.

- Reconocer los esfuerzos realizados en el pasado con referencia a las interacciones con la persona que lo ha ofendido, asesorando tanto las interacciones positivas como las negativas, los eventos ofensivos, para luego discernir y retener un sentido de sobriedad, realizando que uno actuó en buena fe y que dio lugar a oportunidades para evitar las ofensas. Por otra parte, reconocer si sus actitudes o acciones contribuyeron o suscitaron la estalación de los eventos que provocaron las ofensas.

- Tener la disposición de perdonarse a uno mismo por haber actuado en cualquier manera que haya contribuido a las ofensas cometidas en su contra, a cualquier nivel de escrutinio o análisis. Discernir su propia contribución al sentirse ofendido –tal vez sus percepciones y atribuciones, o su amor propio herido, o su orgullo pisoteado, etc. Afirmar y efectuar el perdón propio, para ser libre de conjeturas o repeticiones obseso-compulsivas en su mente.

- En forma sistemática, expresar su disposición y dedicación a tratar con las ofensas de su lista, ejerciendo la libertad de perdonar y dejar a un lado sus demandas. Permitir el surgimiento de las emociones que acompañan tal proceso, sin racionalizar, suprimir ni negar su estado afectado por las mismas.

- Así como la sangre rociada sobre el propiciatorio del tabernáculo en el día de la expiación recordaba al pueblo del perdón de Dios por sus pecados, y el cargar tales pecados sobre un chivo emisario y enviarlos al desierto, tal vez es necesario tener una ceremonia adecuada, o un evento que se registre en la memoria con el fin de traducir objetivamente el perdón subjetivamente dispensado. Tal vez un acto simbólico registre la decisión de perdonar, de dejar a un lado el resentimiento, de soltar su sed de venganza. Visualizar una imagen puede ayudar –una ola arrastrando las impurezas hacia el fondo del mar; un chivo emisario cargando las ofensas y las lleva al desierto; el borrar las manchas con algún solvente poderoso; o juntar la lista de las cargas en una bolsa y quemarlas, desparramando las cenizas al viento, ante un precipicio, etc.

- Visualizar a la otra persona como siendo liberada y bendecida por su gesto y decisión; confiar que como resultado, la persona pueda cambiar, abandonar o prevenir las ofensas futuras.

- Prevenir el descarrilado hacia las dudas acerca de su perdón; asegurar que el evento perdonador es también un proceso en el cual uno sigue libre en su ser ontológico, en sus facultades básicas, en su carácter, y no vuelve a sondear el pasado en forma auto castigadora. Recordar que el dominio propio es fruto del Espíritu, y que tal poder refuerza la capacidad de hacer elecciones en cuanto a que y como pensar, regular sus emociones y hacer uso de su voluntad de mantenerse libre de amarguras o resentimientos. Tal actitud previene la proyección y el desplazamiento de asuntos inconclusos a otras personas que no tienen nada que ver con las ofensas cometidas por el ofensor, y asegura la potencialidad de establecer y mantener relaciones positivas con otras personas.

Un Acercamiento Metacognitivo-Dialógico

Más allá de terapias cognitivas-afectivas, se postula la necesidad de apelar a un modelo metacognitivo-dialógico, en el cual se enfoca sobre los procesos y estilos de pensamiento y razonamientos subyacentes a los actos perdonadores. El ser metacognitivo que dialoga "en sí mismo" y emplea una retórica interna para persuadirse de sus decisiones y convicciones, permite alcanzar cierta objetividad acerca de sus procesos subjetivos. Este acercamiento fomenta la capacidad de pensar acerca de sus propios pensamientos y su reflexionar, meditando y entablando diálogos internos a fin de alcanzar perspicacia acerca de sus propios valores, sus motivaciones y decisiones. En materia de perdón, se trata de elaborar maneras de contrarrestar el rumiar interminable, y las conjeturas acerca de las memorias nefandas y dolorosas. Se trata de tratar con su propio dolor, con los daños causados a su estima y valer, a su dignidad y honra. Se persuade a tratar con las emociones resultantes, los sentimientos de revancha o venganza, y decidir ser libre de tales encierros emocionales.

Un modelo metacognitivo puede ser delineado. El diagrama (Fig. 36.2) comienza por asesorar el costo del perdón, los daños causados al ser ofendido, las emociones evocadas, etc. en el recuento de las ofensas experimentadas. Adoptando una postura metacognitiva, y partiendo desde una posición unilateral, proactiva, e incondicional, investida de poder, la persona puede asesorarse de sus diálogos internos –suscitados, relacionados a su experiencia negativa – de una manera conscientemente desacoplada, activar su monitoreo y regulación bajo su control metacognitivo-ejecutivo, para luego persuadirse a sí misma a emplear el control de sus respuestas a la ofensa. Se presenta una secuela de eventos/procesos que en alguna manera lógica proporcionan un esquema de acercamiento. Sin negar, sin racionalizar, ni menguar el impacto del evento (o los eventos ofensores), y luego de contar el costo del perdón (que involucra el reconocimiento de los daños causados al ser, las consecuencias, las pérdidas de estima, seguridad, inocencia, paz, etc.), es que la persona puede darse a tal retórica persuasiva interna. Es necesario asesorarse que la persona sabe lo que hace y no se siente forzada a actuar, sino que tiene la fortaleza de entablar el proceso. No se trata de masoquismo ni estoicismo; no se trata de martirio tampoco. La persona investida del poder del Espíritu Santo es capaz de sobreponerse a las problemáticas y decidir el ser libre parea perdonar desde una posición de poder y bajo control. El esquema puede ayudar a vislumbrar tal proceso (Fig. 31.2).

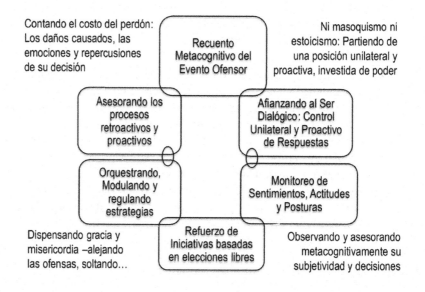

Figura 31.2. Factores Metacognitivos en el Proceso del Perdón

Cuando el consejero cristiano se encuentra frente al dilema de tratar de ayudar a personas que sufren de trastornos pos-traumáticos debido a las ofensas cometidas en su contra, tales casos ofrecen desafíos enormes en dispensar el perdón hacia el ofensor –sea un abusador sexual, una persona violenta que ha destruido su felicidad por muchos años, etc.. El asunto es muy complicado, debido a la naturaleza de la degradación profunda ocasionada al ser. Sin embargo, luego de tratar paulatinamente con todas las variables mencionadas en este capítulo, es factible que el proceso de ayuda en tales casos pueda tomar lugar. Un modelo metacognitivo puede servir de guía en tales casos:

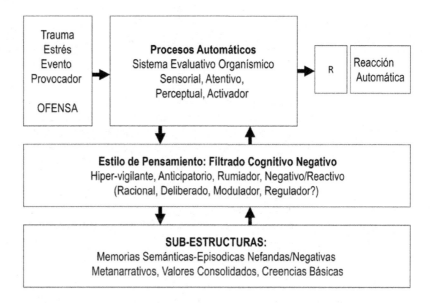

Figura 31.3. Modelo Metacognitivo del Proceso Ofensivo

El proceso del perdón desde un punto de vista metacognitivo-dialógico puede ser esquematizado en un fluir existencial que comienza con el impacto de una ofensa. La ofensa es registrada por el ser, quien no solo reacciona al evento/la situación/.la persona irritante, sino que recibe el caudal de sus asuntos subconscientes, de sus tratativas incompletas, de su pasado que se acoplan al estímulo presente, creando un momento de fuerza negativa. La reacción automática del organismo, acondicionado por las experiencias negativas, y actuando en base a la naturaleza humana que desde adentro reclama una reacción adversa, puede ser captada por el ser investido del Espíritu y de la Palabra que moran en el fuero interno. A diferencia de tal reacción natural, el ser investido del Espíritu, y animado por la Palabra que mora en su ser, es capaz de apelar a los procesos subyacentes bajo su dominio propio, los cuales son compenetrados y activados de manera tal que sus diálogos internos deliberativos experimentan el influjo espiritual que desplaza a las deliberaciones negativas, a las conjeturas ansiosas, a las luchas mentales enfocadas en la retaliación, a la sed de venganza, etc., y se canalizan hacia la confianza en Dios, a su juicio, a su retribución, etc.

Tanto los estilos de pensamiento que emergen de los narrativos subyacentes a las emociones suscitadas y a la conducta desplegada, como así también las estructuras ontológicas del ser perdonador, tienen el potencial de ser investidas de poder para contrarrestar las reacciones naturales. Dios no fuerza a la persona, sino que le invita a coparticipar en comunión, y es de tal manera que la disposición humana de rendirse a la volntad de Dios, de acatar su Palabra, y de ser abierta al Espíritu, permiten que su gracia, misericordia, amor, y poder se manifiesten en maneras concretas en las circunstancias que el ser humano atraviesa y acude a Dios por medio de la fe y la obediencia a sus designios. La diferencia entre una reacción automática y una respuesta controlada es un proceso diagramado a continuación. La figura que sigue puede ser cotejada con la anterior, para captar la distinción mencionada (Fig. 31.4).

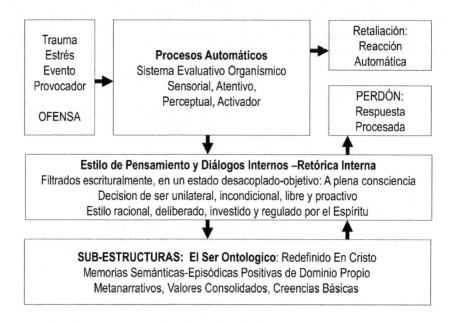

Figura 31.4. Reacciones Automáticas vs. Respuestas Controladas

Apelando a diagramas provistos en capítulos anteriores, el modelo metacognitivo-dialógico puede ser elaborado con respecto al proceso del perdón. Teniendo en mente la nomenclatura y los términos utilizados anteriormente, presentamos una variante a los esquemas ya expuestos. El control metacognitivo-ejecutivo investido del Espíritu y de la Palabra que moran en el ser entra en juego (CME1), y actúa sobre el proceso activado y en marcha del organismo, suscitando su capacidad para desacoplarse de lo que provoca a su ser, observar sin necesidad de reaccionar, permanecer consciente pero desactivado a la vez, para lograr un estado en el cual puede accionar metacognitivamente y frenar el momento de fuerza negativa natural (CME2). El ser acciona su control metacognitivo-ejecutivo (CME2), entrando en un estado de apelación al Espíritu y a la Palabra que moran en su ser ontológico, haciendo hincapié en sus metanarrativos consolidados, siendo investido de poder para contrarrestar sus ansias de reaccionar con retaliación.

Apelando al control metacognitivo-ejecutivo (CME3) la persona se da a la deliberación metacognitiva, a la reflexión desde unb plano superior, al monitoreo objetivo acerca de su subjetividad, y a la elaboración de sus diálogos internos. La capacidad de captar su propia experiencia subjetiva, de procesar sus propios procesos y asesorar la manera de entablar diálogos se consideran aspectos fundamentales en el acecamiento metacognitiv-dialógico. La persona perspicaz logra analizar el contenido de su propia mente, y vislumbrar que tales deliberaciones pueden asumir varias formas, tale como el permitir el recuento de los daños causados, el asesoramiento de lo que cuesta no pagar mal por mal, de la necesidad de imitar a Dios, de la injusticia cometida contra su ser, etc. Tales diálogos internos, entablados entre su ser vengativo y su ser perdonador, pueden ser inmiscuidos por el Espíritu Santo, llegando a entablar un triálogo con ambas partes en pugna. La persona debe ser abierta a tal posibilidad, permitir tal encuentro interno, y desear ser interpenetrado por el Espíiritu para lograr alinear sus pensameintos, razonamientos, percepciones, atribuciones, y juicios con la volntad de Dios.

Luego de tales deliberaciones, la persona investida "desde lo alto" por el Espíritu y la palabra, puede ejercitar su control metacognitivo-ejecutivo otra vez (CEM4), esta vez, para darse a la retórica interna, persuadiéndose a actuar como imitador/a de Dios. El diagrama ilustra tal proceso (Fig. 31.5).

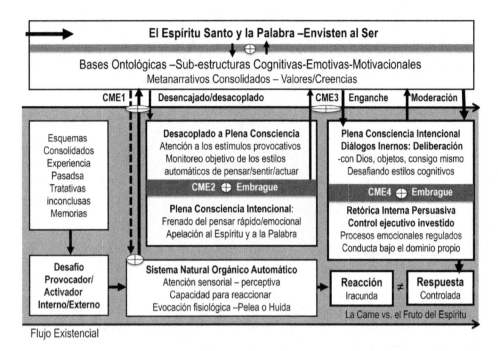

Figura 31.5. El Control Metacognitivo-Ejecutivo en Acción

El proceso del perdón puede recibir la guía terapéutica relacionada a las nociones dialógicas y trialógicas expuestas en capítulos anteriores. La persona puede ser guiada a contemplar sus dilemas dialécticos (pugnas internas) y dialógicos (conversaciones consigo mismo, y persuasión interna), invitando al Espíritu Santo en sus deliberaciones. La parte ofendida del ser –sus heridas profundas y sus ansias de justicia, retaliación o venganza por un lado, y la capacidad renovada del ser (renacido, reformado y siendo transformado) de imitar a Dios y perdonar por el otro, ambas deben ser aceptadas radicalmente.

El aceptar la realidad sin negar, reprimir, suprimir o súper-espiritualizar, permite que el proceso sea genuinamente investido por el Espíritu Santo en manera trialógica (la voz interna de la experiencia ofendida y doliente, con sed de retaliación y revancha por un lado; la voz de la función imitadora de Dios, tratando de perdonar por el otro; y la voz del Espíritu Santo inmergente trayendo las Escrituras a la mente, interaccionando con ambas funciones) para lograr liberar a la persona "desde adentro". El diálogo entre el ser ofendido y el ser investido del poder necesario para perdonar toma lugar, con la invitación y la coparticipación del Espíritu Santo, quien en forma trialógica capacita al ser a imitar a Dios –quien actúa sobre las bases de sus promesas: "de sus pecados e iniquidades, no me acordaré jamás". Al ser humano natural, estos principios parecieran ser idealistas y fuera de sereie. Sin embargo, lo que no es factible para el ser humano actuando sobre la base de sus procesos natrurales, sujetos a la vanidad, es posible para con Dios, quien desea proporcionar poder para que el ser humano viva por fe, actúe como un imitador de sus maneras de actuar, y actualize sus potenciales de ser y hacer la voluntad de Dios. Una figura ilustrativa de este proceso puede esclarecer este punto crucial (Fig. 31.6).

Figura 31.6. Esquema Metacognitivo-Trialógico en el Proceso del Perdón

Hemos considerado varias facetas del perdón; sin embargo el producto es más que la suma de sus componentes. El prestar atención al proceso integral del perdón es esencial aún cuando hemos disgregado sus variables en este capítulo.

Proporcionando Ayuda al Ofensor

En el entrenamiento de consejeros y terapeutas el autor ha desarrollado un paradigma invitando al ofensor a entablar un proceso adecuado y facilitar el perdón por parte del ofendido. El modelo tiene mente la realidad de las ofensas y la necesidad de sanidad emocional. Es de notarse que muchas veces en la consejería pastoral se enfoca especialmente sobre la víctima de las ofensas dejando al ofensor un lado. La realidad es que muchos ofensores no son accesibles al consejo ni quieren participar en el proceso de su perdón. Al tratar personas cristianas que han ofendido, y desean ser perdonadas, se les puede proporcionar un consejo adecuado siguiendo los principios enunciados a continuación .

Situando a la persona como una criatura de Dios que necesita imitar al Padre y caminar encuadrado en un Nuevo Pacto, es necesario animar a tal persona a tomar iniciativas unilaterales e incondicionales al acercarse a ser perdonados. Se le insta a ser proactivo y no reactivo a ciertas demandas. El ser proactivo y animado de una postura unilateral e incondicional, promueve el ambiente adecuado para que la persona ofendida puede extender la oportunidad para entablar el proceso del perdón. Veamos como tal proceso puede fomentar el perdón.

1. *Asesoramiento de la realidad.* El ofensor tiene que aceptar la realidad de haber hecho algo malo, de haber ofendido a la otra persona en cuanto a su actitud, su postura o su conducta pendenciera. Debe aceptar el hecho que debido a tal realidad, los aspectos relacionales de su pacto han sido afectados, violados o dañados.

2. *Responsabilidad.* Se asesora al ofensor a que acepte su responsabilidad en haber afectado, dañado u ofendido a la otra persona en lugar de excusarse o de emplear defensas a su favor. El mostrar la disposición de asumir los cargos que se han hecho en su contra, y de prestarse voluntariamente y abiertamente al proceso hacer entablado, facilita la administración del perdón a su favor.

3. *Pesar.* Se asesora que el ofensor sienta cierta congoja, pena o de pautas de lamentarse de haber hecho lo malo, de haber dañado o vituperado a la otra persona. El reconocimiento consciente de su actitud y de sus actos debe ser manifestado en alguna forma palpable.

4. *Remordimiento.* Se asesora si la persona que ha ofendido experimenta culpabilidad y vergüenza por lo cometido, y si su actitud representa verdaderamente una perspicacia adecuada acerca de los daños causados. Se nota si emplea sus defensas para mitigar o en alguna manera desmerecer los factores negativos que han rodeado a sus actitudes y conducta en necesidad de cambio.

5. *Arrepentimiento.* Se asesora si la persona ha tornado completamente su actitud y su conducta, y manifiesta un cambio radical opuesto a su postura y conducta anterior. Se buscan muestras palpables y visibles de tal cambio de mente. Se trata de ver hasta qué punto está dispuesto a enmendar sus caminos, a confesar sus faltas, y a acercarse sumiso y contrito a la persona ofendida y de una manera abierta, presentarse al proceso de ser perdonado. La persona debe facilitar el proceso al no emplear excusas sino confesar arrepentido y está listo a tratar con la realidad que ha causado.

6. *Restitución.* El restituir es hacer lo recto en lugar de seguir ofendiendo. Es necesario asesorar la capacidad de la persona en enmendar sus caminos y en pagar sus deudas, en prestar su vida y sus servicios de manera tal que le den entender a la persona ofendida que quiere restituir los daños a la medida que sea posible. Debe estar dispuesto a proveer no sólo lo que se espera de su persona, pero más allá de las expectativas de justicia o de equidad. En manera convincente debe darse al proceso ofreciendo pautas y demostraciones concretas y tangibles de haberse arrepentido y querer mejorar la situación.

7. *Restauración.* Se asesora si la persona está dispuesta y tiene la capacidad para ser restaurada a la comunión, haciendo esfuerzos para que la relación prosiga en un curso correcto y que vaya más allá de lo que el pasado ha demostrado. Debe estar dispuesta a reconstruir su pacto, a restaurar lo caído, a volver a las premisas con las cuales se inicio su pacto, a restablecer lo que se ha desvanecido en su amor y abnegación, en su dedicación y esmero, en su respeto y honra hacia su semejante ofendido.

8. *Renovación.* Se asesora si la persona está dispuesta a hacer las cosas nuevas, buscar creativamente el actuar en maneras renovadas hacia su semejante. Su pacto debe ser renovado, su mente renovada puede cambiar su ser y llegar a encuadrarse en un nuevo modelo de relaciones con la persona ofendida. Debe estar dispuesto a probar nuevas maneras de agradar, de servir, de atender las necesidades de su semejante, debe centrarse de su propio egoísmo y prestarse a la otra persona en amor. Debe estar listo a crear nuevas memorias, haciendo todo lo posible para que las actitudes y conductas presentes y futuras se registren en una manera positiva y adecuada, estableciendo mejores bases para mejores actuaciones interpersonales.

No Seas Vencido de lo Malo: Vence el Mal con el Bien

Terminamos este capítulo alegando que el perdón nacido de una actitud adecuada es un proceso que se efectúa con la ayuda y la energía del espíritu Santo entre personas que viven dentro del marco de referencia de un Nuevo Pacto. El perdón es factible, deseable, apropiado, y funcional en las tratativas humanas. Hemos tratado de presentar la epistemología, la ontología y la praxis concernientes al perdón, con las cuales nos acercamos a esta materia en el ámbito del consejo. Cerramos el capítulo con la admonición paulina, la de no ser vencido de lo malo, sino de vencer el mal con el bien.

Cómo lograr vivir en términos de libertad, dignidad, y ejercitar nuestro dominio propio al perdonar? La persona investida de poder puede ser guiada a ejercitar su dominio propio, y a emplear su control metacognitivo-ejecutivo para lograr sobrepasar sus reacciones naturales de retaliación y de venganza. El asumir una postura superior, y vislumbrar la realidad humana desde tal punto de vista, permite acoplarse con Dios, a imitar sus maneras de actuar –en gracia, y con misericordia, llenos de poder, capaces de ser proactivos, unilaterales, e incondicionales. Lo que pareciera ser algo inaudito en el ámbito natural, es posible bajo la investidura del Espíritu, quien proporciona poder para imitar a Dios –sin negar la realidad de las ofensas, o el dolor que resulta de haber sido heridos. El mal (las ofensas, las heridas emocionales causadas al ser) tiende a producir pensamientos, razonamientos negativos, cíclicos y repetitivos (la rumia, la cavilación, el recuento re-masticado de memorias negativas asociadas a los daños causados al ser). También evoca los sentimientos negativos (tristeza, angustia, depresión, vergüenza, ignominia, ira, maledicencia, etc.), acoplado a las reacciones fisiológicas (tensión muscular, respiración agitada, elevación de sustancias bioquímicas como el cortisol, la adrenalina, etc.). los cuales son reciclados y retroalimentados por la persona ofendida.

La función de los circuitos retro-alimentadores es la de proveer señales negativas a la persona que procesa su información cognitiva-emocional, dando pautas del estado de la persona en cuanto a las consecuencias, los resultados de sus reacciones. Por ejemplo, si una persona se mira en un espejo y ve que no está bien peinada, tal persona es desafiada por la imagen que percibe y trata de hacerle caso a las señales de retroalimentación negativas que recibe del espejo, corrigiendo las deficiencias obvias por medio de ciertos arreglos (peinándose) hasta lograr ver la imagenb deseada o apropiada. Si la persona, a pesar de lo que hace no logra conseguir un resultado positivo, se desanima (o en algunos casos, tiene la urgencia de romper el espejo porque le provee señales indeseables). Los circuitos retroalimentadores son adaptivos a las demandas o exigencias de los desafíos presentes, y pueden ayudar a la persona a enmendar, rectificar, alinear, o ajustar sus procesos cognitivos-emocionales y la conducta, a fin de lograr un resultado deseado. Por otra arte, tales circuitos proveen señales negativas que de una manera negativa, se repiten cíclicamente y se refuerzan a sí mismos, aumentando la capacidad de aumentar la ira, la tristeza, la sed de venganza, y un sinnúmero de malestares emocionales experimentados por la persona. Una persona herida emocionalmente que trata de sentirse mejor, y solo recibe señales negativas (percepciones negativas del futuro, del mundo que la rodea, de estar sujeta a la negligencia o al abuso continuo, y verse incapaz de remediar su situación), se da al a rumia, al re-masticado de sus penurias, a las conjeturas mórbidas, etc., y se aira y deprime aún más. Un diagrama puede ayudar a vislumbrar los procesos reactivos naturales a las ofensas (Fig. 31.8).

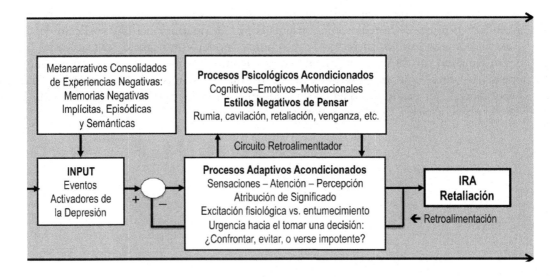

Figura 31.8. Reacciones a las Ofensas y Circuitos Retroalimentadores

La capacidad de emplear un control metacognitivo-ejecutivo proactivo, animado de una motivación unilateral e incondicional, puede sobrepujar a los circuitos de retroalimentación negativa, y lograr vencer el mal con el bien. La capacidad de sobrepujar y vencer las reacciones negativas, la sed de venganza o los efectos indeseables del impacto del mal, puede recibir el influjo del Espíritu Santo, y de la Palabra viviente que mora en el ser, para así afectar a sus procesos metacognitivos ejecutivos, logrando ejercer el dominio propio y responder con aplomo, entereza, y control. Un diagrama esquematizado del proceso puede ayudar al lector a vislumbrar tal posibilidad (Fig. 31.9)

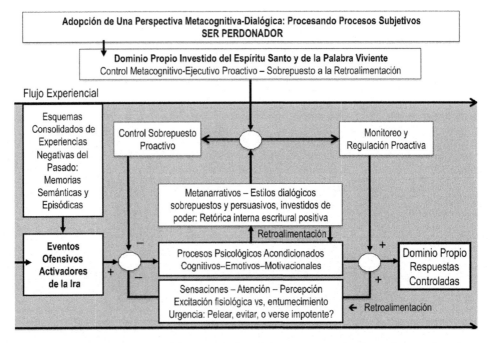

Figura 31.9. Control Metacognitivo-Ejecutivo Sobrepujante a las Reacciones Negativas

559

El ejercicio de la capacidad propia renovada, investida, y guiada por el Espíritu, es el resultado positivo de la redención consumada por el Mediador del Nuevo Pacto. Su Palabra nos insta a vivir bajo los auspicios de su señorío y poder —sin negar la realidad de las ofensas, pero tampoco sin vernos simplemente como víctimas, sobrevivientes, o mártires, sino como personas libres, con paz y disposición de definirse a sí mismos "en Cristo" y "más que vencedores" por medio de aquel que nos redimió, y nos invita a vivir una nueva vida, basada en un nuevo carácter, y con mejor conducta.

Capítulo 32

Intervenciones en Situaciones Crónicas

Las personas que atraviesan por dificultades de índole crónica o están discapacitadas en alguna manera profunda, requieren un proceso paciente, consciente e intencional por parte del consejero. El proveer cuidado de tipo crítico requiere atención inmediata y aún cuando el dolor o la problemática son profundos, el consejero pastoral tiene la oportunidad de atender inmediatamente y apelar a la ayuda divina en cuanto a sanidad y liberación, con la instigación de esperanza y fe. Pero cuando la enfermedad o la problemática aparece como incesante y crónica, tales condiciones demandan una postura diferente, sin menguar la noción de la presencia y ayuda divinas.

Condiciones Crónicas

Hay tiempos y condiciones percibidas por muchas personas como careciendo esperanza, como se da en los casos de enfermedades fatales, anormalidades biológicas y desordenes emocionales de carácter crónico. Las condiciones consideradas físicamente irreversibles no dan mucho lugar al optimismo ni a la esperanza. Entre las situaciones desesperanzadas, tenemos las siguientes: (1) Enfermedades progresivas (Alzheimer, cáncer, tumores cerebrales, etc.); (2) desórdenes de desarrollo humano (retardación mental; síndrome Down; autismo; etc.); (3) desórdenes emocionales orgánicos (senilidad, esquizofrenia crónica, etc.); y (4) situaciones de coma debidas a traumas. Además, otras consideraciones se agregan, tales como (5) los desórdenes de género y sexualidad, los cuales ofrecen desafíos a las corrientes ortodoxas por su aceptación y encomio en las culturas vigentes que se consideran "progresivas".

Investigaciones

Existe una vasta cantidad de estudios relacionados con las investigaciones empíricas realizadas en la esfera de las enfermedades crónicas y las ayudas posibles al aspecto. Aquí solamente presentamos ejemplos para enfatizar el hecho que tales condiciones necesitan la atención y la intervención por parte de aquellos que ayudan en el campo de la salud mental. Talbott y sus colegas (Talbott, et. al., 2006) han proporcionado un resumen de los tratamientos de enfermos mentales crónicos cubriendo cincuenta años de estudios relacionados a sus problemas. Los estudios en general dan a entender que la calidad de vida relacionada a la salud y bienestar en general son afectados por la presencia de enfermedades crónicas múltiples en el sistema familiar (Michelson et al., 2000).

Las investigaciones revelan los efectos y problemas secundarios relacionados a tales estados, con recomendaciones acerca del consejo a ser provisto (Grievnick, 2006; Robertson et al., 2009; Glueckauf et al., 2009; Barnes et al., 2010; Burns, 2010; Jason et al., 2010; Van Den Berg et al., 2010). Es un hecho empírico que una condición crónica no solo afecta a la persona que sufre, sino también a las personas a su alrededor, especialmente a los componentes de sistemas familiares. Los efectos de las condiciones crónicas sobre los cónyuges han sido investigados (Rossheim & McAdams, 2010), Un meta-análisis publicado por Sieh y sus colegas (Sieh, et al., 2010) ha revelado que los niños de padres que sufren de enfermedades crónicas, comparados a niños controles, sufren más consecuencias relacionadas a los problemas paternales, especialmente desórdenes de conducta; pareciera ser que los resultados negativos se correlacionan a las consecuencias de las fallas paternales y maternales en cuanto al suplir de sus necesidades emocionales debidamente. El sufrimiento crónico de los hijos, a su vez, afecta el funcionamiento emocional y conductivo de los padres (Houk, 2002).

Existe una correlación entre la cronicidad del sufrimiento experimentado por las personas y la disminución de su eficacia propia, de su capacidad de enfrentar las pruebas de la vida con aplomo y entereza. Los resultados obtenidos en investigaciones con referencia a este tema muestran cierta vulnerabilidad presente en las personas crónicamente enfermas cuando enfrentan traumas o crisis, a juzgar por las pruebas de calidad de vida relacionadas a la salud (Van Den Berg et al., 2006; Grievink, L, 2006). Ciertas conductas auto-injuriosas o suicidas se han relacionado a las enfermedades crónicas sufridas por niños y jóvenes (Barnes, et al., 2010). Existe la necesidad de apoyar y educar a padres cuyos hijos sufren de enfermedades crónicas; en tales casos, los padres son proporcionados de terapia filial, cosa que ayuda en su actitud con respecto a la aceptación de la realidad y reduce si nivel de estrés, cosa que facilita su capacidad para que puedan prestar mejor atención y cuidado a sus hijos (Tew et al. 2002).

Muchas condiciones crónicas han sido objeto de atención. Entre ellas, se dan los casos del sufrimiento de dolores crónicos. Las recomendaciones provistas en cuanto a la atención psicológica se han centrado en la utilización de terapias cognitivas conductivas para aliviar tales condiciones (Houk, M., 2002; Thorn, B. E., 2004; Walsh, D. A., 2010; Robertson, L. A. et al., 2009; Burns, S. T., 2010). Por su parte, investigadores como Robertson, y sus colegas, (Robertson et al. 2009), enfocaron sobre el dolor crónico con la terapia cognitiva conductiva integrada a la fe y a la religión.

Si bien es cierto que las correlaciones logradas en pruebas estadísticas no significan el establecimiento de causación, un estudio interesante enfocó sobre la asociación entre las enfermedades crónicas y las tendencias de jóvenes o aún de niños hacia el suicidio o el proporcionarse injurias corporales (Barnes, et al., 2010). Las condiciones percibidas sin esperanza afectan a las emociones tales como la depresión y la ansiedad, y parecen contribuir a las tendencias autodestructivas.

Asesoramiento

En primer lugar se debe asesorar en qué estado la persona se encuentra y cuál es su condición mental, su pensamiento y razonamiento al enfrentar un futuro incierto y afectado de manera crónica por sus dilemas. Se aconseja en aceptar a la persona y su condición en forma abierta y decidida, incluyendo la disposición a admitir sentimientos y emociones reales; muchas personas tienen dificultades en admitir pensamientos o sentimientos negativos en tales vicisitudes y no las aceptan como parte de su ser. Por ejemplo el admitir tener sentimientos de ira, enojo autocrítica, cuestionando y culpando a Dios por permitir la calamidad y juzgar sus caminos e intenciones, con la amargura de la soledad y de la desesperanza que acompaña tales condiciones.

Dios conoce los pensamientos y las intenciones de cada corazón y sabe acerca de los procesos incluidos en situaciones de desesperanza. De acuerdo al pensamiento teológico fundamental, dada su omnisciencia, nada sorprende a Dios, ni lo alarma o sobrepuja. En los mejores momentos, el ser humano está apercibido de la aceptación y del cuidado de Dios en cuanto a su ser en el desarrollo de la vida cotidiana ante su presencia y voluntad. Sin embargo es en las situaciones críticas o crónicas cuando la persona cuestiona a Dios y sus caminos, especialmente su voluntad en cuanto a su permiso a que las vicisitudes negativas sucedan en la vida. Tenemos el caso del apóstol Pablo, quien en sus aflicciones, oró intensamente para que Dios remueva un aguijón de su carne. La respuesta divina fue "Mi gracia es suficiente, mi poder se perfecciona en tu debilidad" (2 Co 12:1 -10).

A pesar de la evidencia bíblica hacia lo contrario, muchas personas declaran que si el que sufre tiene fe y ora, Dios lo sana. Sin embargo la fe no es fácilmente medible, sea en términos de cantidad ("Señor, auméntame la fe") o calidad ("Si tuviereis la fe como un grano de mostaza…"). La fe es una dimensión de la experiencia cristiana que trae a la persona a un lugar de estar abierta a la voluntad de Dios y considerar que Dios, quien es soberano, hará sentido al fin y al cabo, y proporcionará significado a las cosas conjeturales o insensatas asociadas con el sufrimiento. Dios es quien da la capacidad o la fortaleza de afrontar las condiciones crónicas.

El problema para muchos que sufren y para aquellas personas que les ministran es que las condiciones crónicas crean impaciencia y empujan expectativas poco realistas en cuanto a la sanidad inmediata. Vivimos en una época y cultura que demanda una gratificación instantánea y resultados inmediatos a la oración y a los esfuerzos de ayuda. Cuando oramos por un enfermo, esperamos que Dios los sane. No queremos otra respuesta ni vislumbramos otra posibilidad.

La tarea confrontando al consejero que trata de ayudar a personas que experimentan dolores crónicos o enfermedades sin resolución inmediata es la adopción de una postura que reconoce que toda sanidad es temporal. Aún cuando Dios en su misericordia sana en manera milagrosa, y citando ejemplos escriturales, aún cuando Jesús resucitó a Lázaro de los muertos, el ser humano inexorablemente e invariablemente ha de morir eventualmente. Tal premisa no significa que uno se retraerá de orar o que no hará esfuerzos en su cuidado pastoral, sino que aconsejará, ayudará, y orará por la sanidad de la persona. Pero si, reconocerá la finitud y la entropía, la precariedad y la inclinación humana hacia el decaimiento del funcionamiento físico de todo ser que vive en un mundo caído y sujeto a la vanidad.

La preparación adecuada para ministrar a las personas en situaciones crónicas definidas requiere la adopción de una teología que ilumine el existir con las condiciones que no podemos cambiar. Muchas instancias en consejería ofrecen perplejidades, como las situaciones en las cuales Dios no sana cuando oramos intercedemos o aconsejamos. Tales condiciones necesitan de una teología cabal, en la cual se considera la soberanía de Dios y la dispensación de su gracia en maneras especiales. El autor ha crecido y ministrado en ambientes en los cuales se ha orado por los enfermos como parte de las prácticas y expectativas denominacionales. En tales contextos, se han impuesto las manos sobre los enfermos, se ha ungido con aceite y orado por la sanidad y se ha reclamado el poder de Dios para liberar a las personas oprimidas. En muchas ocasiones Dios ha sanado, liberado y restaurado a las personas, quienes han dado testimonio de tales eventos. En otras ocasiones las personas necesitaron gracia y poder para aceptar el hecho de que su sanidad no sería efectuada en el tiempo particular en el cual se oró, se tuvo fe y se esperó de un resultado positivo.

Muchas personas acuden repetidamente y piden varias veces que se ore por ellas. La pregunta clave en tales instancias es, ¿Cuántas veces puede un ser humano pedir ayuda de Dios por la misma condición? La respuesta es, tantas veces como la persona lo necesite o el Espíritu lo anime a tomar tal decisión. A veces la persona experimenta un cambio gradual o una sanidad en proceso, como en el caso de los diez leprosos quienes clamaron a Jesús para ser sanados, al recibir la palabra de Jesús (*"Id, mostraos al sacerdote"*), obedecieron su mandato y experimentaron cambios a medida que caminaron hacia la meta de ofrecer un presente en gratitud a Dios (demandado por la Ley al ser limpios de la lepra) por ser libres de su aflicción (*"Fueron sanados en el camino…"*). De manera que existe la posibilidad de sanidad inmediata (de cambios drásticos y repentinos), y sanidad gradual o cambios a manera de proceso.

En su libro *Love Without Limits*, Lewis Smedes, quien fue un profesor del autor en el seminario de Fuller, trató con el significado del sufrimiento a largo plazo en el contexto de entender la realidad del amor de Dios en todas las circunstancias de la vida. Su énfasis ha reforzado el entendimiento de que la longanimidad o el sufrir a largo plazo, es fortalecer la templanza y el aguantar de las personas que sufren lo que en realidad no quieren aguantar. Las personas que crecen en su fe a menudo preguntan, "Si Dios me ama, ¿por qué me deja sufrir de esta manera?" Cada persona que ministra tarde o temprano se encuentra frente a las circunstancias en las cuales los cristianos que han crecido espiritualmente y madurado en su fe, a veces sufren diversas catástrofes o experimentan condiciones crónicas sin ser liberados o sanados. No por eso dejan de tener fe o de crecer en la gracia y el conocimiento de la voluntad de Dios.

Es posible desarrollar una teología bíblica acerca del sufrimiento crónico. Juan nos recuerda en su Evangelio que un paralítico junto al estanque de Bethesda, por 38 años trató de que alguien le ayudara a ser sano antes que Jesús le dirija la palabra *"levántate, toma tu lecho y anda"* (Juan 5:8). El evangelista Marcos narra la historia de una mujer con un flujo de sangre que buscó sanidad y ayuda de los médicos por muchos años. Cuando ella tocó el borde de las vestiduras de Jesús, virtud salió de él y la sanó. En tal caso, la historia terminó en un epílogo positivo. Pero, ¿Qué pasa si la persona no es sanada? ¿Quién es el culpable? ¿Qué es lo que ocurrió para que tal condición no sea resuelta? Tales preguntas han sido objetos de conjeturas y de aplicaciones basadas en las diversas teologías que tratan con el sufrimiento humano. La cuestión *teodicea* (el estudio de la divinidad basada en los principios de la razón), *si Dios es justo y soberano, amoroso, y capaz de solventar el sufrimiento, por qué no lo hace? ¿Por qué permite el sufrimiento del justo?*) no ha sido resuelta ni aceptada unánimemente por el cristianismo en manera universal.

Es obvio que Dios permite las condiciones crónicas. Aún cuando sabemos que la salud es una bendición de Dios, también reconocemos que las peripecias negativas ocurren simultáneamente, algo parecido a la ilustración que pinta un cuadro en el cual el trigo y la cizaña crecen juntos hasta el fin. La salud y la sanidad vienen de Dios, aún cuando médicos y medicinas pueden estar involucrados. En el capítulo relacionado a las contribuciones fisiológicas, neurológicas y bioquímicas hemos notado de que Dios se vale de la mayordomía consciente en cuanto a la elaboración y utilización de tales recursos en la sanidad de las personas. De manera tal que aún cuando en muchas tradiciones en nuestras culturas evangélicas se ha prescindido o aún prohibido el acudir a los médicos, en la actualidad hay cierta apertura e integración de las disciplinas médicas y sus tratamientos sin desvirtuar la fe, la oración, la imposición de manos, el ungimiento con aceite y las oraciones por la liberación de los que sufren.

Un estudio del libro de Job nos ayuda a entender que el príncipe de las tinieblas de este mundo, Satanás, puede tener influencias en la salud y la vida de los individuos. La existencia en un mundo caído y sujeto a la vanidad, con las intervenciones e infiltraciones de las fuerzas del mal hacia la vida de los seres humanos, nos hacen pensar en realidades que va más allá de la fenomenología y de lo empírico. Las enfermedades crónicas parecieran caber en el marco de referencia de un cosmos que todavía necesita redención. No siempre entendemos los propósitos de Dios. Su voluntad permanece misteriosa aún cuando tenemos una revelación suficiente para lograr nuestra salvación y reconciliación con Dios, nuestro acceso y nuestro servicio de alabanza y adoración a Dios, y para aumentar nuestra fe en el destino que nos ha preparado. Sin embargo, cuando Dios permite el acceso de Satanás a sus elegidos, la intención divina y soberana siempre permanece –el traer gloria a su nombre al final.

Tal vez en manera paradigmática y global, cuando se ministra a las personas en situaciones percibidas como desesperanzadas, es la de administrar la misericordia y la gracia de Dios suficiente para mantenerlas en fe y vislumbrar una redención final. Debemos recordar que la enfermedad y la muerte entraron a la creación prístina de Dios como consecuencia de la desobediencia de nuestros primeros padres. Pero la redención que Cristo trajo también alcanza hasta el último de los existentes en este mundo con una resolución final de liberación y glorificación, aún cuando no aparezca como posibilidad en el aquí y el ahora.

De vez en cuando, y bajo los auspicios de la voluntad de Dios, hay una irrupción kairótica al cronos, de lo celestial a lo terrestre, lo sobrenatural a lo natural, lo extraordinario a lo ordinario, y Dios sana aquí y ahora por la fe. Tales momentos pueden ser denominados "Betélicos" (permítame el lector acuñar tal expresión, proveniente del hebreo *Beth-El* = Casa de Dios), donde (como en el caso de Génesis 28), Jacob vislumbra la escalera con ángeles subiendo bajando, conectando lo terrestre a lo celestial, donde el pasado –el Dios de Abraham e Isaac) y el futuro (la promesa de la descendencia que, especialmente encarnada en Cristo, bendecirá a las naciones) se encuentran y catalizan en un tiempo cualitativamente distinto y poderoso para actualizar y efectuar el portento de la persona, el poder y la virtud de Dios proveyendo sanidad y liberación. Considerando tales tiempos kairóticos, es notorio que Juan, al introducir a Jesucristo como el Hijo de Dios, como el que re-genera y cambia (re-nombrando a Pedro, Jacobo y Juan como siervos de un Nuevo Pacto), hace una alusión directa al relato de Betel al definir a Natanael como *"un verdadero Israelita en el cual no hay engaño"* (en comparación con el israelita original, Jacob, cuyo nombre significaba "engañador", el cual fue cambiado a *Israel –príncipe de Dios*). En su recapitulación del Génesis, el narrativo de Juan enfatiza las palabras de Jesús a Natanael con el agregado que *"vería los cielos abiertos y a los ángeles subiendo y bajando"* (la misma escalera vislumbrada en Betel). Recalcamos el hecho que Dios tiene la soberana facultad de irrumpir en forma inmanente o inmergente nuestra vida trivial y natural bajo el sol.

La tarea del consejero es un privilegio concedido por Dios para prestar ayuda, a pesar del hecho de que no siempre puede aconsejar o dar soluciones concretas a las necesidades de las personas que vienen en busca de ayuda. Las personas que sufren necesitan un consejero que camina entre y entiende que Dios está siempre disponible hacia la ayuda de los que sufren aún cuando pareciera ser que no hay esperanza. El aprender a ser paciente, compasivo, buen escucha con una disposición de prestar oído a lo que la persona sufriente expresa en manera honesta hacia Dios, es una necesidad imperiosa. Tal clase de apertura hacia Dios y su voluntad es el principio del establecimiento de un diálogo investido del espíritu que trae conforte a las personas.

El apóstol Pablo nos recuerda que el Dios de toda consolación es el que provee la confianza para confortar a otros de la misma forma que nos ha confortado a nosotros (2 Co 1:4). El consejero no debe hacer promesas falsas acerca de su disponibilidad sino realista en el proporcionar de su tiempo y esfuerzos. Pastores que aconsejan pueden entrenar miembros de su congregación a ser sus coadjutores ayudantes. El doctor Siang-Yiang Tan (1991) ha proporcionado un excelente manual de entrenamiento para consejeros laicos; el autor también ha escrito un artículo a tal propósito, enfatizando la necesidad de entrenar y supervisar consejeros laicos en el seno de la iglesia (Polischuk, 2011). El consejero debe asesorarse de la posibilidad que otras personas no muy sabias alrededor del sufriente tal vez han contribuido a su tensión emocional con sugerencias (tales como que su falta de fe o de madurez espiritual han le acarreado las consecuencias negativas). El evangelio ofrece esperanza y tal esperanza se basa en la fidelidad de Dios. Es el espíritu Santo quien aumenta la fe y anima la esperanza de la persona activando su capacidad de hacer frente a las vicisitudes de la vida. Como proveedores de consejo, las personas que ayudan imparten y comparten el amor de Jesucristo por los que sufren, prestando sus ser y sus consejos a fin de proporcionar apoyo y sostén en tiempos difíciles.

Acercamientos a las Condiciones Crónicas

Los escritos provenientes del campo de labor terapéutica y del consejo pastoral presentan muchas nociones acerca de cómo ayudar en situaciones consideradas crónicas y desesperanzadas. Tal acercamiento puede seguir las siguientes líneas:

1. Prestar presencia. El acercamiento inicial enfoca sobre el unirse y estar ahí, presentes y solidarios con la persona afectada. Antes de asesorar, definir y aceptar la pérdida o la realidad de una situación pesarosa que no se solucionará inmediatamente, hay que demostrar empatía solidaria y mutualidad. Es menester el juntarse en a la persona a lo largo de su derrotero, especialmente en sus primeros atentados a cambiar algo de la situación y pacientemente mantener la comunión con la persona hasta que llegue al lugar y al punto de aceptar la realidad de las pérdidas o la catástrofe. La compañía sin cargo, sin expectativas o demandas algunas por parte de personas fieles quienes se retraen de hacer juicios, o de dar consejos abrumadores, es esencial en el proceso de la sanidad emocional en casos crónicos. El tiempo en el cual la persona llega a realizar que en realidad no habrá una sanidad ni una recuperación, o ningún cambio significativo en su condición, es de suma importancia. Los que han tratado con esta materia y con estas situaciones han denominado tal acercamiento como el "prestar un ministerio de presencia". A veces la carencia de palabras de aliento o promesas de recuperación pueden llevar al reconocimiento que una de las manifestaciones del Espíritu Santo es el de estar quieto y ver la salud de Dios desde un ángulo trascendental y eterno, aceptando su voluntad en el presente. El permanecer respetuoso ante el dolor humano es algo que le enseña al consejero a depender mucho más de la persona, la presencia y el poder del Espíritu Santo. El hacer acto de presencia es algo bíblico, basado en la premisa escritural propuesta desde el comienzo del Génesis. No es bueno que el hombre esté solo. Dios nos ha creado como criaturas sociales que necesitan funcionar dentro de sistemas relacionales, desde nuestro nacimiento hasta nuestra muerte.

2. Escuchar sin apresurarse a opinar, dar consejos o juzgar. Antes de aconsejar, hay que escuchar. Santiago, una persona muy allegada a Jesús y el primer obispo de Jerusalén lo dijo así (Santiago 1:19). El prestar ayuda terapéutica envuelve el escuchar sin opinar, sin juzgar, sin dar respuestas dogmáticas ni ilógicas. A veces, la presencia basta, para dar oído a las quejas y recoger los sentimientos abrumadores, pesarosos y negativos en forma catártica. Sin embargo, a veces el silencio es tomado y procesado en forma destructiva por algunas personas, quienes sienten una especie de conspiración en su contra o un rechazo a su persona. El hecho de haber sido golpeados por la vida crea cierta aprehensión o paranoia con tinte de persecución –sea vista por la persona como siendo satánica, divina, o circunstancial. El tener sensibilidad adecuada es crucial, y dar pruebas de "estar allí" con la persona, sin ser pedante, áspero, ni desprendido. A veces, es necesario ayudar a la persona a dejar a un lado sus demandas por recuperación, cuando éstas no están basadas en la realidad. El enfrentar la realidad cuesta mucho en casos obvios de situaciones irreversibles, y al tener en mente el estado emocional de la persona, disponer de solidaridad y empatía para estar frente a frente a tal realidad sin amedrentarse ni menguar la presencia emocional. El proveedor de cuidado y consejo pastoral puede ayudar a las personas a hacer las siguientes preguntas: ¿Puedo confiar en Dios? ¿De qué manera puedo glorificar a Dios? ¿Cómo me ajusto a un futuro que es diferente de lo que he esperado? ¿Tendrá Dios algún propósito incluido en lo que me está pasando? ¿Habrá algún significado derivado de lo que me ocurre, algo que Dios no me ha esclarecido o revelado aún?

3. Permitir las expresiones iniciales sin opinar ni debatir. El lograr juntarse y demostrar solidaridad en la desgracia para luego definir la situación y aceptar la realidad de la situación, son aspectos mayores al comienzo de la intervención. Acto seguido, se fomenta la expresión de las emociones de la persona, yendo más allá de las expresiones iniciales; especialmente, sus sentimientos negativos que surgen del dolor, de la catástrofe o de la anticipación de un sufrimiento que parecieran no tener fin. En todo caso, es muy difícil enfrentar la adversidad y ser paciente como para esperar y ver qué es lo que se desarrolla. Cuando hay pérdidas de salud, movilidad, capacidad cognitiva, o cuando se pierde una ilusión o la realización de un sueño, la respuesta natural está compenetrada de confusión, negación, torpeza mental, pérdida de fe, y otras reacciones a la calamidad. Las expresiones de la persona no son necesariamente cabales, sofisticadas o certeras. El consejo no necesariamente corrige, edita o impide tales expresiones, sino que con mansedumbre y paciencia escucha y trata de llevar a la persona a desahogarse para luego entrar en cierta razón, yendo hacia un estado apropiado que conduzca a la posibilidad de sobrepasar lo inmediato, en vista a los pasos a ser tomados a lo largo del camino. El consejero puede ayudar en volcar tales expresiones actuando en manera socrática, indirecta o reflectora, para esclarecer y verter las quejas y las ansiedades, dejándolas al descubierto para luego depositarlas ante Dios en oración conjunta. Es necesario transitar con la persona que sufre a lo largo de su derrotero, con empatía y apoyo, con cuidado y abnegación. No se trata de dar consejos prematuros ni de proveer promesas falsas que uno no puede efectuar; tampoco se trata de empujar a la persona a atribuirse culpabilidad por lo que le sucede. No se trata de apurar el asunto, ya que el proceso de duelo en caso de pérdidas mayores no es un evento sino una serie de ajustes al impacto proporcionado por la condición crónica.

4. Considerar el consejo como un proceso. Las condiciones crónicas no son eventos, ni algo estático, sino un proceso dinámico. Existen momentos de desilusión y desesperanza con interludios de fe y esperanza, de libertad y de visión futura. En las condiciones mencionadas, existe un lapso de tiempo en el cual el proceso de adaptación a las nuevas demandas de la vida requiere una asimilación y un acomodo, con un equilibrio que permite la aceptación de la realidad y la decisión de seguir hacia adelante. En algunos casos el proceso dura un par de años hasta que la persona se ve en la condición de no sólo ser bendecida sino el llegar a ser una bendición a otras personas. El consejero que se presta a ayudar en estos casos debe saber que la carrera es una maratón de muchos kilómetros, y no 100 metros corridos en diez segundos. Los que esperan milagros repentinos todo el tiempo, no tienen la paciencia de sufrir con los que sufren a largo plazo.

5. Ayudar al individuo a enfrentar y aceptar la realidad. Cuando la catástrofe pega, cuando la esperanza se va, la persona atraviesa un proceso de duelo como consecuencia de la pérdida experimentada. El aceptar la realidad de una condición desesperante no es fácil. La persona puede experimentar un golpe inicial, con negación de la realidad. A este punto, es difícil alcanzar a tal persona emocionalmente. Si se pretende brindar ayuda, se debe respetar el dolor humano y las defensas manifestadas en cuanto a la negación inicial de la realidad. Expresiones de negación se notan, tales como *"Esto no me está pasando a mí…. Esto es una pesadilla de la cual me tengo que despertar…").* La persona prefiere racionalizar o intelectualizar su problemática *("Esto debe ser una prueba…. Luego de la cual estaré entero, recuperado, de pie y como siempre…").* Habrá otras defensas, las cuales tienen como cometido el resguardar en contra de la aceptación de la realidad tal cual es. Se da lugar a cierta tendencia hacia el aislamiento del ser, o hacia el retraimiento de la persona. El consejero debe ser paciente y escuchar sin juzgar no debatir. Debe prestarse como un eco, recibiendo caudales de expresiones que denotan la dificultad de aceptar la realidad cruda y catastrófica. El proceso se asemeja al duelo por la pérdida de esperanza, con manifestaciones de enojo, ira, o el desplazamiento de cierta culpabilidad. La persona busca donde colocar las causas del infortunio. Al no encontrar causas aparentes, a veces vuelca su ira hacia adentro, con la consecuente depresión. El dolor sufrido, sin ventilación apropiada, sumado a la confusión, se traduce en rechazamiento propio y de los demás. Luego de mucho maniobrar emocional, de forcejeos cognoscitivos y afectivos, la persona experimenta el drenaje de sus energías, la depresión y ve su condición como carente de esperanza o solución. A esta altura, puede llegar a aceptar la situación tal cual es, o dejarse arrastrar por sus sentimientos y en forma inconsciente, fomentar el desarrollo de su condición crónica en forma patológica, con síntomas de depresión o inclusive el contemplar el suicidio como un escape.

6. Ayudar al individuo a confrontarse con Dios. La experiencia registrada por la persona es el lugar de partida. La revelación de Dios y su Palabra son esenciales, pero no deben ser empujadas sin antes palpar, asesorar, compenetrarse en la situación de la persona, y ver/sentir la realidad desde su punto de vista. El permitir el arrojar de las quejas ante Dios, y el ayudar a la persona a vaciar el contenido de sus amarguras y desilusión, de su desesperanza y su desplazamiento de culpabilidad, proporciona un ejemplo de gracia y de aceptación. La persona que aconseja en raras ocasiones puede responder al sinnúmero de preguntas que surgen, todas comenzando con "Por qué…?" "El Señor sabe" es tal vez la única respuesta en tal ocasión. En alguna manera profunda, el saber que el Señor sabe lo que le ocurre a uno, trae paz.

7. Ayudar a la persona a no centrar sus energías en culpabilidad propia y en autocastigo. El consejero debe asesorar la atribución causativa que la persona adjudica al problema. Habrá situaciones en las cuales, obviamente, una persona que ha actuado en forma reprensible, necia, irracional o inaudita, se acarrea las consecuencias de sus acciones. Por ejemplo, el beber demasiado y vivir borracho acarrea la cirrosis del hígado, que lleva a la muerte. También, el conducir un automóvil luego de haberse drogado con sustancias, y provocar un accidente en el cual la persona queda paralizada, son consecuencias directas de sus equívocos. Aún en tales casos, la persona puede ser llevada del autocastigo y culpabilidad hacia el perdón de sus pecados, su regeneración y restitución a través de la gracia de Dios. En casos en los cuales las causas y efectos no son tan obvios ni directos, es preferible dar lugar a la catarsis a través del vaciamiento del dolor, de la ira, y de los desplazamientos de energía emocional negativa con un terapeuta, que volcar hacia adentro un sentido de ser el causante de su problema, de su culpabilidad.

8. Ayudar a la persona a permanecer anclada en una comunidad. Es muy tentador para las personas que sufren el cortarse de comunión, el de apartarse de otros y sufrir en silencio. Pero Dios nos ha dado la comunidad, el cuerpo de Cristo, como un lugar de cuidado y nutrición espiritual y emocional. Debemos ser compasivos con las personas que sufren urgiéndoles a retornar a la comunidad para adorar, interceder, sostener y apoyar los unos a los otros. El consejo integral anima a las personas al retorno hacia una comunidad que pueda absorber sus cuestiones y luchas, y ofrecer el soporte necesario para subsistir. Podemos aprender de los consejeros que atravesaron por problemas crónicos. El Dr. Larry Crabb, autor de numerosas obras en el campo del consejo cristiano, cuando el mismo luchó con su cáncer, descubrió un sentido de esperanza dentro de la comunión y el cuidado de su comunidad cristiana. Una de sus obras, *Connecting (Conectando)*, trata de los beneficios derivados de la iglesia como una comunidad sanadora.

9. Ayudar en el desarrollo de una nueva identidad y de un nuevo significado de la realidad. El ayudar a dejar a un lado el pasado, el desprenderse de lo que pareciera aferrarse a la conciencia del individuo, es una tarea lenta y un proceso que demanda paciencia y restructuración cognoscitiva y afectiva. El dar lugar a nuevas experiencias y permitir que el tiempo y las nuevas maneras de relacionarse, de verse a sí mismo/a, ayudan a la formación de nuevos procesos y estructuras que asignan otro significado a la realidad. El problema de sentirse una carga debe ser enfrentado, y resuelto en interacción positiva, con afirmaciones de dignidad, respeto y honor al ser humano que lucha. El estar presente en el proceso, como testigo fiel en compañía del que sufre, proporciona un refuerzo positivo social y actúa como sostén temporal en tiempos de vicisitud.

10. El descentrado hacia otras personas. Una de las evidencias de la recuperación emocional y espiritual de la persona que sufre, es la manifestación de su disposición de servir y ayudar a otras personas. Cuando una condición crónica causa a la persona hacerse a un lado, las preguntas surgen: ¿Para qué sirvo? ¿Qué puedo hacer en esta condición? ¿Será que Dios puede usarme cuando estoy sufriendo de mi propia condición? La realidad es que muchos intercesores es en el reino de Dios han sido personas que efectuaron su ministerio en medio de sus luchas y condiciones. El caso de Roberto Fierro, un evangelista puertorriqueño a quien Dios usó portentosamente en sanidades y milagros a mediados del siglo pasado, en sus postreros años llegó a ser confinado a una silla de ruedas, desde la cual en sus últimas instancias, atendió y oró por enfermos que lo visitaron y acudieron a su presencia pidiendo oración, quienes fueron sanadas por Dios, mientras que él permaneció y murió en su silla. También se da el caso de Joni Ericsson, una joven californiana, quien sufrió un accidente catastrófico en el cual quedó paralizada. En los últimos 40 años ha ministrado y bendecido desde su silla a millares de personas afectadas por condiciones crónicas.

Aparte de ayudar a la persona que experimenta las pérdidas de esperanza, se presta atención a la familia o al sistema al cual el individuo pertenece. Tales personas muchas veces carecen de sostén y apoyo, y se sienten desamparadas en cuanto a la provisión de recursos.

Facilitar el acceso a recursos sociales, legales, médicos, económicos y de toda índole aparte de los recursos espirituales, emocionales y sociales provistos por la comunidad cristiana, son factores a ser tenidos en mente por el consejero de casos crónicos.

Parte IV

La Persona que Aconseja

La persona que aconseja puede asesorarse de su motivación al darse a la tarea de aconsejar. ¿Por qué hacemos lo que hacemos? ¿Cuáles son nuestras metas? En materia de motivación humana, no carecemos de empujes inconscientes, propósitos personales, o necesidades personales a ser resueltas a través de nuestras actuaciones con personas que nos necesitan. Tal vez, la necesidad de ser necesarios o significativos nos mueve a hacer muchas cosas en este campo de labor. El Capítulo 31 trata con tales asuntos. Por otra parte, el ser sinceros, abiertos, honestos, genuinos y dignos de confianza son facores esenciales en las tareas que involucran a personas en ne cesidad de ayuda. El Capítulo 32 se dedica a tales consideraciones.

Por último, la necesidad de demostrar una ética profesional y ministerial es de suma importancia, debido a los abusos, a la negligencia, a la conducta irresponsable que pudiera inmiscuirse en las tareas a ser desarrolladas. El Capítulo final le recuerda al lector de la gran responsabilidad involucrada en las tareas que tratan con personas que han sido heridas, maltratadas, abusadas, o denigradas en su fuero interno. El respeto, la honra y la dignidad con la cual las personas hechas a la imagen y semejanza de Dios deben ser tratadas es enfatizada.

Capítulo 32

La Motivación en el Consejo

En este capítulo, tratamos con la persona que realiza funciones terapéuticas o se relaciona con otras personas en calidad de consejero. Su llamado, motivación, preparación, atributos de carácter y desarrollo de funciones son tenidas en consideración. Más adelante trataremos de sus vulnerabilidades, su ética y sus relaciones. Por último, en el trataremos con su necesidad de renovación, para evitar agotamientos.

Llamados a Servir

El ser llamado a un ministerio es algo honroso. Las Escrituras registran el hecho de que Dios llama a las personas a ciertos servicios (Moisés, Jeremías, David, Pablo entre otras personas, son ejemplos del llamado de Dios a ser guías, profetas, apóstoles, pastores, etc.). Por otra parte, aún cuando no exista una voz audible, directa o definida, las personas pueden ser suscitadas o provocadas a responder a ciertas necesidades y sienten tal llamado en su ser. Como lo enfatizó Pablo al escribir a Timoteo, el apetecer un primado, un liderazgo, o una función servicial, es honroso (1 Ti 3:1). Con respecto a tal llamado, son varias las preguntas que surgen y que atañen a este tema:

- ¿Quién es el que llama? ¿Es acaso Dios, la imaginación vívida, o el deseo vehemente del ser?
- ¿Qué dice? ¿Cuál es el contenido del mensaje? ¿Proviene el llamado de la percepción de las necesidades humanas a la vista? ¿O el empuje proactivo hacia el suplir las necesidades desde el punto de vista de Dios?
- ¿Cuál es el estado mental de la persona que oye el llamado? ¿Cuál es la motivación que anima a tal llamado?
- ¿De qué manera la persona responde al llamado?
- ¿Cuales son las evidencias o los efectos de haber sido llamado?

Mucho se ha escrito acerca del llamado de Dios a las personas humanas, especialmente en el campo del ministerio. Desde las ideas místicas y extraordinarias hasta las comunes y ordinarias, una gama de interpretaciones y posibilidades han sido enfatizadas por diversos autores. Podemos abarcar este tema en sus formas generales y específicas, comunitarias y personales.

Llamado general. Según el apóstol Pablo, los Corintios fueron *"llamados a ser santos"* (1 Co 1:2); los Romanos también fueron *"llamados a ser de Jesucristo"* (Ro 1:6) y *"llamados a ser santos"* (Ro 1:7). A los Efesios, les recalcó que Dios los había tenido en mente antes de la fundación del mundo, y que a su tiempo, los llamó (Ef 1:1-4). Además de un llamado genérico, las intenciones de Dios pueden ser conocidas a través de sus expresiones proféticas. En Isaías, Dios llama al pueblo a arrepentirse cuando éste se desvía de su cometido –*"Venid y estemos a cuenta...."* (1:18). En manera general, las admoniciones a las iglesias del Asia Menor hechas por Juan en Revelación, repetidamente recalcan: *"Si oyeres hoy su voz, no endurezcáis vuestros corazones".*

Llamados particulares. En ocasiones, se da a entender que "Muchos son los llamados, pocos los escogidos" al diferenciar aquellas personas que habrán de acatar la voluntad de Dios como un remanente fiel. Los casos específicos de llamado son excepcionales, y no se deben considerar normativos, sino ejemplos de la voluntad soberana de Dios. En la mayoría de los millares de casos en los cuales las personas sienten el llamado a servir, no hay zarzas ardiendo, ni son derribados del caballo, ni oyen voces audibles en un templo. Casos como el de Moisés, de Pablo o Samuel, son excepcionales. Aún en el caso de los doce apóstoles, su llamado pareciera cobrar un auge creciente y paulatino, desarrollado en tres años de convivencia, expuestos a un aprendizaje observacional, para luego ser investidos del Espíritu Santo en Pentecostés y llegar a ser las personas que Dios había designado de antemano en su obra. El libro de Los Hechos registra el primer llamado a las misiones, con la alusión al Espíritu quien dijo: *"Separadme a Bernabé y Saulo para la obra a la que los he llamado",* (Hch 13:1-2-4). Las Escrituras registran el caso de ser llamados por Dios como niños, y es interesante ver el proceso de responder en tales narrativos. Samuel, quien fue dedicado por Anna al templo, no estaba a la altura cognitiva de responder debidamente. Un sacerdote anciano le indicó cómo debía hacerlo, guiando su respuesta (1 S 3:1-10). Jeremías sintió el llamado desde su edad temprana y puso excusas ante Dios, para ser corregido en sus percepciones acerca de su eficacia o capacidad propia para acatar la voz y hacer la obra de Dios. A veces, el llamado pareciera ser existencial, inmediato, y provocador de cambios radicales –Mateo, al ser llamado, se levantó y dejó de colectar impuestos para seguir a Jesús (Mt 9:9); Pedro y Juan, al ser llamados, dejaron sus redes para llegar a ser pescadores de hombres (Mr 1:16-20). Saulo de Tarso, al ser llamado, tuvo que rehacer su vida, su vocación rabínica y su derrotero para llegar ser el apóstol de Cristo a los gentiles (Hch 9: 1-6).

Respuestas diferenciales. A veces, el llamado de Dios no es acatado en forma automática, positiva u obediente –un par de ejemplos sirven para ilustrar: El joven rico, quien al ser llamado, no aceptó la oportunidad de unirse al plan de Dios sino que se alejó a causa de estar atrapado en sus convicciones y valores materialistas y en su voluntad propia. O la persona cuyo padre había muerto y recibió el llamado a seguir a Jesús, tuvo dudas y vacilaciones al respecto, debido a las cargas y obligaciones naturales de enterrar a su padre. No hay dudas que el llamado de Dios encuentra al ser en su ambiente, en su contexto, con sus demandas y obligaciones naturales, sujeto a sus pasiones y convicciones. Es el privilegio y la responsabilidad del ser de responder a la voz de Dios. Al hacerlo, dos clases de pensamiento entran en juego: El rápido y el pausado. Aquí hacemos alusión a la obra de Kahneman (2011) en cuanto a los estilos de pensar. En el caso de Mateo, Juan o Pedro, pareciera ser que el pensamiento rápido les propulsó a hacer una decisión crucial en un momento existencial o *kairótico.* En otros casos, el pensamiento racional, cronológicamente pausado, y conscientemente deliberado entró en juego. El contar el costo de su discipulado, como en el caso de la persona que ha de edificar una torre, o de la persona que sale a guerrear, se trata de emplear un pensamiento lento. En ambos casos, hay que contar con los elementos o los factores disponibles para hacer una decisión. El que edifica debe contar sus monedas y el que sale a guerrear debe contar sus soldados para hacer una decisión consciente y deliberada. Tal decisión es basada en un pensamiento racional, pausado y derivado de valores ontológicos, arraigado en fe y obediencia a Dios. Entra en juego cierta retórica interna (Nienkamp, 2001), donde la persona debate el llamado a la acción dentro de su mente y dialógicamente se persuade acerca de la posibilidad de edificar su torre o de salir a pelar su guerra.

El llamado y el ser dialógico. En esta obra, hemos definido al ser dialógico con la capacidad de entablar diálogos intra-psíquicos, animados de una retórica interna. Aquí el autor hace alusiones a las obras de Hermans (1993), Wiley (1994), Turner (1996), y Nienkamp (2001), además de su escrito sobre la materia (Polischuk, 1996). Hemos considerado el "hablarse a sí mismo" como algo corriente y natural, con diversas temáticas de carácter natural. Sin embargo, no siempre los diálogos son acertados, verídicos o positivos. A veces, se confunde el diálogo interno con la voz de Dios. No hay duda que Dios habló en el pasado y puede hablar hoy día. Sin embargo, no todo lo que pareciera ser un llamado de Dios necesariamente proviene de su parte. Hay "llamados" que parten de urgencias, necesidades, presiones, o tensiones a ser resueltas que nacen desde el fuero interno del ser. Una especie de llamado auto-sugestivo, propulsado por deseos, anhelos o intenciones internas pareciera dominar la situación –proveniente de la conciencia, de un sentido de urgencia, o de la subsconciencia compenetrada con asuntos problemáticos sin resolver. El ser dialógico puede ser sujeto a una interlocución que parte de sus internalizaciones –de las voces de su pasado, las cuales pueden ejercer cierto control o presión, con obligaciones, comandos, mandatos, etc. Las diversas voces pueden ser impactantes y dar la sensación y ser interpretadas como llamados desde una posición alterna del ser. La voz de otras personas de su pasado o socialización primaria pueden "hablar" como "presencia en ausencia"–padres, hermanos, familiares, amigos, etc., pueden ser captados por el ser dialógico y ser confundidas con algún aspecto de ser llamado hacia algún cometido, idea, misión u objetivo. Cargas impuestas por personas de autoridad en el pasado suelen experimentarse como dictados imperturbables en el presente, como voces imperativas que no admiten desafíos. Aún así, cabe la noción de ser llamados por Dios en alguna manera especial para realizar un ministerio de su agrado, acatado por el ser dialógico quien en forma obediente, sumisa y humilde, se ofrece como instrumento para hacer su voluntad.

Llamados delirantes, distorsionados. Existe la posibilidad de encontrar situaciones en las cuales una persona reclama tener un llamado "fuera de serie", cayendo en el terreno de la psicopatología. Habiendo trabajado por muchos años en este campo de labor, y asesorado en muchas situaciones clínicas en as cuales las personas necesitaron ser hospitalizadas a causa de sus psicosis, el autor hace alusiones al margen sin necesariamente rebajar la integridad de tales personas. En el extremo psicótico del ser dialógico, las distorsiones anormales debidas a desbalances bioquímicos, a los efectos de sustancias o a problemas cerebrales, pueden dar lugar a las alucinaciones (el oír voces o ver visiones), a los delirios (atribuciones propias de grandeza, o de persecución), o a las conjeturas desmedidas acerca de su ser. En ocasiones, y debido al contenido espiritual de la mente pre-mórbida, las personas pueden atribuirse rasgos o verse a sí mismos como profetas, agentes o testigos especiales de Dios. Procesando sus sensaciones, pensamientos, sentimientos y atribuciones idiosincráticamente, tales personas oyen y ven cosas dentro de su marco de referencia distorsionado. Tales voces pueden ser mandatos que ordenan, comandos destructivos y auto-flagelantes, o directivas acerca de misiones especiales como provenientes de parte de Dios.

Es notable realizar cuántos casos se dan en los cuales las personas con psicosis agudas, ataques maniacos, o paranoias, asumen un tinte híper-espiritual y actúan sobre tales dictados internos en maneras aberrantes y en necesidad de atención psiquiátrica. A veces, las voces apelan a realizar su propia voluntad; otras veces a hacer la voluntad de otras personas que han inculcado ciertos valores y expectativas. El contenido de las voces introyectadas puede mezclar clichés o estereotipos sonsacados idiosincráticamente de versos bíblicos con interpretaciones particulares, aludiendo a realizar una acción "especial" o descomunal, a una conducta idiosincrática, o a una visión particular y pertinente a la persona en cuestión. A pesar de los reclamos con tinte extraordinario y extravagante, es necesario reconocer que la persona afectada obedece a procesos distorsionados —erróneamente interpretados como si tales mandatos provienen de Dios. Con gracia y misericordia, con sobriedad y responsabilidad, con paciencia y longanimidad, tales personas necesitan ser ayudadas a encauzarse hacia una mejora en su funcionamiento emocional, cognitivo, conductivo y espiritual.

En resumen: Volvemos a nuestra premisa: Aquellas personas llamadas a ejercer un ministerio, pueden verse encuadrados en la voluntad de Dios —aún cuando no hayan visto zarzas ardiendo, o haber sido derribados de un caballo, o haber escuchado la voz audible de Dios. Tal vez han sido animados por una persona quien los invitó a participar de un servicio, o haber sido designados a servir a causa de ser personas llenas del Espíritu Santo y de sabiduría. Tal vez han sido designados por líderes a causa de su crecimiento espiritual y considerados como "ancianos" o sobreveedores de la grey. En todo caso, la persona llamada a ministrar y a dar consejos integrales, puede asirse de la noción que apetece una buena obra, para la cual puede ser entrenada, supervisada, animada y reforzada en sus ansias y anhelos de servir como consejera.

Motivación: Adecuada e Inadecuada

La necesidad de asesoramiento es innegable cuando se trata de averiguar por qué una persona quiere ser terapeuta o consejero. Algunas personas son "arrojadas al mar" por así decirlo, y se encuentran navegando en lugares que no necesariamente estaban en sus planes originales. Algunos consejeros cristianos, especialmente pastores, se encuentran rodeados de necesidades humanas a las cuales deben atender porque las personas han acudido espontáneamente en crisis o trayendo problemas críticos en sus vidas. Los pastores enfrentan muchas situaciones de esta índole, tratando de encontrar acercamientos, métodos y prácticas que les ayuden a salir del paso y ser capaces de hacer sus tareas. En muchas ocasiones se insta a acudir a algún manual, a algún folleto que comience con el título "Cómo aconsejar a ...". Tal recurso es como usar una muleta cuando se le rompe un pié, a manera de estrategia condensada y práctica. Sin embargo, el apelar a último momento y acudir a libros que son simplemente pragmáticos, o se dedican a prestar ayuda concreta sin necesariamente extraer de las bases bíblicas-teológicas con una buena dosis de entendimiento humano acerca del ser en problemas, no ofrece una vislumbre amplia, global y paradigmática que pueda aplicarse en forma experta o sabia. Pablo exhortó a los colosenses, *que la palabra de Cristo more abundantemente.... para que podáis amonestaros los unos a los otros en toda sabiduría*" (Col 3:16).

Motivaciones Adecuadas. El asesorar motivos es tarea difícil. El tratar de sondear y encontrar las causas de la conducta humana da pruebas de ser una tarea elusiva. Cuando tratamos de examinar las motivaciones en la tarea terapéutica, podemos postular ciertas nociones adecuadas, deseables y positivas.

- Un deseo sincero de ayudar a otros a resolver sus dificultades. El servir en amor es la base de actuaciones hacia las personas hechas a la semejanza de Dios. Aún en su condición pecaminosa, no dejan de ser el objetivo del ministerio. Se trata de ayudarles a encontrar el camino, para que conozcan a Dios;

- Una disposición a ser mediadores o facilitadores en los procesos de cambios deseados para que las personas crezcan y se parezcan al modelo diseñado por Dios. El prestarse a uno mismo como puente de enlace, representando la voluntad de Dios hacia la persona necesitada, es la base de tal motivación;

- El ser un canal por medio del cual se vierta la gracia y el amor de Dios a fin de reestructurar conceptos en relaciones humanas, proveyendo presencia y ejemplos vicarios que contrarresten cierta socialización inadecuada en la vida de un ser humano;

- El ser usado por Dios con efectos positivos en el cosmos es la base de tal motivación;

- El ser un medio de interacción funcional por medio del cual la interacción entre la fe, la disposición de la persona, la gracia y el Espíritu de Dios adquieran un momento de fuerza dinámico a fin de proporcionar el ambiente terapéutico donde la sanidad emocional ocurre;

- El presentarse disponible para la necesidad de otras personas es lo que se tiene en mente;

- El ser un mayordomo fiel de sus dones y atributos dados por Dios, a fin de comparecer delante de su presencia y dar cuenta fiel de su administración.

Tales motivaciones, entre otras posible, representan una mente sana, con intenciones enmarcadas en la voluntad de Dios, y libre para actuar en manera descentrada, enfocando hacia los demás como objetos del amor de Dios, verlos en Su presencia, y administrarles Su Espíritu. Por otra parte, pueden existir motivaciones que no son tan nobles, sinceras u honestas.

Motivaciones Inadecuadas. No todas las motivaciones humanas responden a los aspectos positivos mencionados arriba. A veces, no se reconoce la presencia de motivaciones equivocadas, y la falta de perspicacia personal por parte del consejero llega a ser un factor negativo y hasta nocivo en el proceso. Veamos las posibles distorsiones en las motivaciones humanas. A veces, se debe a motivos subyacentes que escapan el escrutinio consciente de la persona que aconseja. Cuando el terapeuta aconseja para satisfacer sus propias necesidades inconscientes, no es de mucha ayuda a las personas. Entre los factores inconscientes, podemos notar los siguientes:

- Carencia de un sentido de seguridad, de pertenencia y de satisfacción en relaciones interpersonales. Si el consejero no ha resuelto a cierto punto su necesidad de seguridad personal, se verá inconscientemente compenetrado en la actividad continua de comprobar su confianza o desconfianza en las actuaciones hacia sus aconsejados;

- Necesidades neuróticas sin resolver. Entre las motivaciones equivocadas, la necesidad de ser necesitado pareciera ser muy común. Si la persona no se da cuenta de sus propias necesidades de ser acepto y validado, o recibir refuerzos sociales, depende de sus aconsejados para sentirse rodeado de personas que lo necesiten, que le den compañía y le hagan sentirse acobijado emocionalmente. Tal consejero llega a ser un manipulador de personas quienes representan objetos de gratificación propia o reflectores del narcisismo del terapeuta. Si el consejero no se ha "graduado emocionalmente" de su familia de origen, no se ha diferenciado o individualizado al punto de tener cierta perspicacia acerca de sus límites emocionales, de las demarcaciones de su propio espacio vital, de sus estructuras y procesos cognoscitivos y emocionales, puede llegar a utilizar a sus aconsejados como una especie de familia extendida por medio de la cual continúa elaborando su propio sentido de aceptación, pertenencia y validación personal;

- Ansias de controlar, de dirigir o guiar a otras personas para verse realizado como líder, caudillo o "jefe" de las vidas bajo su jurisdicción;

- Narcisismo carente de perspicacia propia, utilizando a otras personas como reflejos de su ser, o expresiones de sus anhelos o voluntad. Las personas no son tomadas en cuenta o respetadas en sí, sino más bien como entes a suplir las necesidades del narcisista.

El consejero carente de perspicacia puede proyectar sus fantasías –tales como ser un rescatador de otros, de ser un salvador personal, de ser un restituidor o redentor, basadas en necesidades propias que no han sido satisfechas. Cuando tales rescates fallan a lo largo del camino, el consejero asume la responsabilidad que le pertenece propiamente al aconsejado, llegando a desarrollar complejos de culpabilidad. A su vez, animado de culpabilidad, trata de remediar sus sentimientos aumentando su intensidad y esfuerzo hacia los aconsejados, tratando de sobre compensar sus faltas y resolver sus sentimientos con más trabajo terapéutico. Inadvertidamente, el consejero proporciona una especie de enseñanza vicaria, observacional, en la cual sus aconsejados nunca resuelven sus dificultades, pero son reforzados en sus propios complejos de culpabilidad y necesidad de rescate. Tal proceso de consejería llega a ser una relación codependiente. El consejero debe asesorarse que no está proyectando sus propias obsesiones o compulsiones hacia los aconsejados, tratando que éstos le den pautas acerca de sus propias necesidades controladoras, expiatorias, redentoras o perfeccionistas. Su idealismo debe ser apercibido por su capacidad metacognitiva, observando sus propias actuaciones, relaciones, sentimientos y respuestas, para no tratar de amoldar a sus aconsejados en cajones muy estrechos y encarrilados que no permiten ninguna clase de desvíos. Las personas que vienen a pedir ayuda se constituyen en proyectos de elaboración de la satisfacción de las necesidades del terapeuta.

Carencia de Perspicacia en las Ansias de Controlar. Las necesidades humanas que vienen al encuentro del consejero proporcionan ansiedad, con la consiguiente percepción de falta de control y predicción. El consejero sensible se apercibe de su ansiedad, ya que no puede tener la solución inmediata al conflicto que se le presenta. El consejero que trata de solventar las ansiedades, puede verse envuelto en su propia necesidad de control, tratando de enderezar todas las cosas, proporcionando dirección a través de opiniones dadas sin que se le pregunte, o guiando en manera estructurada a su parecer, y a veces dogmática. Si los aconsejados carecen de recursos propios y están siempre buscando a personas que les digan cómo pensar y sentir, qué hacer y en qué manera, encontrarán en este tipo de consejero a su guía especial. A su vez, tales personas refuerzan las necesidades de control del consejero en forma retro alimentadora. Como un adagio español nos dice, "Dios los cría y ellos se juntan". En lugar de hacerlos crecer, el consejero inadvertidamente refuerza la dependencia continua de sus aconsejados, aún cuando se queje de su falta de madurez y crecimiento.

La necesidad de sanidad interior también se acopla a las necesidades inadecuadas. Toda persona humana trae consigo un sinnúmero de cuestiones sin resolver. Tales cargas pueden ser las heridas del pasado, las frustraciones familiares, las tratativas incompletas y los legados del pasado que necesitan atención personal, perdón y aceptación propia. Es necesario enfocar su atención hacia sus propios diálogos internos. Nienkamp (2001) alega al hecho que un retórico debe persuadirse internamente antes de poder persuadir a otros con su retórica. En la práctica del psicoanálisis, el terapeuta debe ser analizado antes de poder analizar a otros. En la mayoría de entrenamientos psicológicos, se enfatiza la necesidad de atención personal preliminar, a fin de evitar las contratransferencias que suelen ocurrir en la práctica de la psicoterapia. No así en el trabajo pastoral, que carece de estructuras, programas o prácticas que permitan la supervisión o el entrenamiento en consejería bajo tutores o personas maduras que lo han hecho por cierto tiempo.

Muchos consejeros se dan a la tarea de aconsejar a otros sin haber resuelto hasta cierto grado aceptable sus necesidades emocionales propias, y utilizan las intervenciones hacia otras personas como objetos que le proporcionan la oportunidad de sanidad interior propia. A veces, proyectan sus necesidades de expiación de culpabilidad. En otras ocasiones, pueden darse a la tarea de pacificar alguna figura paternal o autoritativa. También pueden llegar a expresar hostilidades inconscientes sin realizar que están proyectando su ira contra sus aconsejados.

Algunos consejeros tienen una historia de privación emocional, o un pasado marcado por los conflictos familiares, o son "niños adultos de alcohólicos" o de familias destrozadas con aberraciones emocionales, y traen inadvertidamente consigo muchas ansias redentoras a las situaciones terapéuticas. Si bien su empatía es excelente y su abnegación muy pronunciada, a veces pueden fallar en reconocer cómo los moldes antiguos, los legados de antaño y las conductas inadvertidamente estampadas en su ser interno se infiltran al presente y permean las intervenciones terapéuticas. Si no se aperciben de tales corrientes subterráneas en el proceso, terminan por atenderse a sí mismos más que a sus aconsejados.

Es muy factible que, debido a la falta de perspicacia, el consejero de rienda suelta a su necesidad de validación personal a través de la percepción de ser un ayudador de los seres necesitados, vistos como precarios en comparación. La derivación positiva que puede hacerse de la percepción propia, acumulada a través del proceso de ayuda a otros, debe notarse como "autoservicio" más bien que servicio. Si el consejero deriva su valor, su sentido de bienestar o su salud mental en contraste a sus aconsejados, y tales personas son su espejo reflejante y su patrón comparativo, sus bases no son colocadas a la medida de la plenitud de Cristo, pero más bien, se derivan de aspectos comparativos con la miseria humana, lo precario y lo problemático. Como lo predicó Spurgeon en uno de sus sermones a los afligidos, sólo un demonio se goza en el infierno cuando otro demonio tiene un traspié y cae por debajo de su nivel. Es una especie de consuelo mórbido. El asesorarse de sus propias motivaciones es esencial para desarrollar un proceso terapéutico sano, libre, ayudador y efectivo.

Preparación Ministerial

Así como el líder no nace, pero se hace la mayoría de las veces, también el consejero no lo es por dotes naturales solamente. Debe prepararse para sus tareas en forma sistemática a fin de conocerse a sí mismo, en sus capacidades e incapacidades. Fromm escribió acerca del proceso de aprender un arte como dividido en dos partes: El aprender cabalmente la teoría y el aprender cabalmente a practicarla. Aún cuando se tenga todo el enfoque terapéutico encerrado en formulaciones teóricas, y se entienda todo lo que concierne a las formulaciones de los investigadores en cuanto a personalidad humana, etapas de desarrollo y crecimiento humanos, conflictos interpersonales, dinámica de grupos, psicopatología, psicología social, diferencial, y aspectos diversos de sistemas terapéuticos analíticos, existenciales, conductivos y multimodales, se necesita de la práctica continua a fin de lograr amalgamar la teoría y la realidad en el arte de aconsejar.

La vida del consejero debe ser compenetrada con su afán de aprender a relacionarse terapéuticamente. Como algo básico, es necesario aprender a escuchar, a observar y a formular hipótesis acerca de la realidad que apremia a los aconsejados. El tener una disposición de ser discípulo es ser una persona que aprende constantemente. La actitud de orientación hacia la verdad, hacia la búsqueda de factores presentes en el proceso de cambios en los eventos, procesos y estructuras de las personas que vienen a ser aconsejadas, debe formar parte del núcleo central de la motivación y desarrollo de las funciones ministeriales en el arte de aconsejar.

La actitud de aprendizaje se verá recompensada con situaciones que brindan las oportunidades de observar, captar, asesorar, compenetrarse, discernir y aprender de todo estímulo que proporcione desafíos al terapeuta. No solo los buenos libros en la materia, pero las revistas de las ciencias sociales, las presentaciones en talleres, el roce con los colegas, la interacción con investigadores, la atención hacia los descubrimientos con el análisis crítico e investigativo, llegan a ser la ración diaria del afán terapeuta. La lectura continúa de las Escrituras, el afán de oír la voz de Dios, de compenetrarse en oración en su presencia, el roce con aquellos que investigan las cosas de Dios y dan sus vidas al servicio de la exégesis, de la hermenéutica y que se dan a verter sus investigaciones en materia espiritual, no pueden ser desapercibidos.

La formación académica formal ayuda en el desarrollo del consejero. Hoy día, se requiere más preparación formal en el campo de la ayuda terapéutica, con esenciales mínimos en cuanto al aprendizaje de la teología, de las ciencias sociales de la psicología (clínica, social, grupal, desarrollo humano, desarrollo de la patología, de la anormalidad, teorías de aprendizaje, de personalidad, de intervenciones terapéuticas variadas, etc.), la antropología, la sociología, y de las humanidades. Los consejeros podrán tener varios niveles de preparación (bachillerato, licenciatura, doctorado) y varios entrenamientos clínicos (hospitales, clínicas, centros de consejería, iglesias), pero como denominador común, tendrán la actitud de ser personas que continuamente están listas a prepararse y aprender de diversas maneras teóricas y prácticas. Es bueno y deseable que la persona que aconseja tenga cierta familiaridad con las siguientes materias:

- Principios básicos de consejería –los aspectos de escuchar con empatía, atención y respeto; genuinidad y certeza en responder con empatía; trazar límites a las actuaciones y estar meta-cognitivamente consciente del proceso, etc.;

- Desarrollo humano –los aspectos cognoscitivos, afectivos, etapas de desarrollo, factores genéticos, ambientales y sociales. Niñez, adolescencia, madurez, y ancianidad;

- Relaciones sociales –la dinámica de grupos, sistemas, la familia, su estructura, sus funciones, sus procesos de comunicación;

- La psicopatología –en alguna forma global, estar apercibido de las contribuciones de la psicología clínica, de los aspectos de desarrollo de la anormalidad, y de los desórdenes mentales tales como la depresión, la ansiedad, las psicosis, los desórdenes de carácter o los ajustes a problemas emocionales;

- Personalidad –su desarrollo, estructuras, y funciones; las defensas utilizadas y los estilos interpersonales de interacción actuando en diferentes casos;

- Asuntos culturales –el contexto ambiental en el cual las personas se desarrollan, viven y experimentan el estrés

Lo mencionado no es exhaustivo, sino que representa los aspectos mínimos requeridos en el entendimiento psicológico, social y ambiental acerca de las personas en necesidad de ayuda terapéutica. También, en el capítulo referente a las bases bíblicas y a los aspectos teológicos, se espera un entendimiento esencial del espíritu de las Escrituras y de la aplicación adecuada de las mismas en el proceso terapéutico.

Las comunidades cristianas tienen a su disposición personas que son dotadas de dones (*paraklesis*, en Ro 12:8). El paracleto por excelencia es el Espíritu Santo, como "alguien llamado al lado de uno para ayudar en todo tiempo." Sus dones a ciertas personas en la comunidad son de exhortación, consuelo, edificación, guía, amonestación y sostén. Aquellos que reciben dones de *paraklesis* son personas dotadas con carismas que les permiten ayudar en una manera más específica y especial a sus semejantes. El aconsejar es simplemente una parte vital del cuerpo, un complemento de las actividades y funciones de los componentes del grupo que buscan la expresión de la salud de Dios.

Aparte de la preparación formal y el ser dotado de dones, se necesita la preparación cotidiana, si la persona realiza actividades terapéuticas a diario. El prepararse para cada sesión necesariamente obliga a despejar su mente, a renovar sus ansias de ayuda, a proporcionar empatía para prestar un oído adecuado, y a mantener su objetividad sin arrastrar materias ni procesos de su propia vida o de otras sesiones de consejo con otras personas. La preparación a través del aseo mental diario se logra atendiendo a la necesidad personal de relajamiento y de descanso, con la atención a los aspectos interpersonales, familiares y extracurriculares de carácter positivo. Se logra a través de estar en la presencia de Dios y coparticipar con el Espíritu para que la renovación de la mente sea un proceso continuo.

Estabilidad y Flexibilidad

Habrá momentos en la vida de la persona que aconseja que el cansancio, el agotamiento, el estrés de su vida privada y relacional, o su interacción diaria hará que sus deseos, ganas de trabajar y sus motivaciones no sean necesariamente tan ideales como quisiera. Tales momentos necesitan ser encuadrados dentro de un marco de referencia mayor, básico y asentado con estabilidad, sin necesariamente desmerecer o desvirtuar sus actuaciones "a pesar de cómo se siente." Es decir, a veces se trabaja sin ganas, y a veces las motivaciones no son las más excelentes, pero no necesariamente son manifestaciones totales o definitorias de su persona o su obra. En tales instancias, se necesita la flexibilidad para "hacer contratos consigo" y rendir una actuación fiel al cometido básico, mayor, consistente con la vida global y no dependiente del momento crítico que bien puede representar aspectos menguados o disminuidos de la persona. La pregunta ética cabe: ¿Por qué se habrá de dar menos de lo que se debe dar, cuando la persona necesitada demanda el nivel óptimo de parte de los que ayudan? Por otra parte: ¿Se privará de ayuda a otra persona porque la persona que presta ayuda no está en su grado óptimo de operación?

Personas que aconsejan reconocen el dicho de Jesús de aquella persona que a medianoche, un amigo le cae de repente y no tiene qué darle de comer. La hora es crítica, el momento es inoportuno, y necesita buscar ayuda el mismo para poder ayudar a la otra persona. Así también, habrá momentos en los cuales la actuación en el proceso terapéutico se deberá a la gracia y misericordia divinas que se introduce a los elementos humanos precarios para hacer la voluntad de Dios, a pesar de la flaqueza o de la fragilidad humana en el arte de aconsejar.

Actitudes en las Funciones y los Roles a Desempeñar

El hacer un buen trabajo demanda atención a los objetivos en el proceso del arte de aconsejar. Es fácil desviar la visión de las metas si no se tiene en cuenta lo que la actuación terapéutica encierra. A veces, el consejero confunde sus actuaciones y llega a ser ineficaz. En el entrenamiento de consejeros profesionales, el autor ha notado los errores comunes cometidos por personas que, si bien estén ansiosas de funcionar con eficacia, no tienen las actitudes correctas en el desempeño de sus labores. Entre muchas orientaciones que interfieren con el proceso de ayuda terapéutica, se citan las siguientes:

Aconsejar no es simplemente confraternizar . La persona latinoamericana o hispana tiende a ser más personalista que profesional en sus actuaciones ministeriales. Tal característica es positiva en el trato con los semejantes y llega a ser una virtud en actuaciones terapéuticas. El compartir tiempo y experiencias es bueno y admirable, pero a veces no es terapia propiamente dicha. El aconsejar involucra centrarse sobre problemas, tener metas y enfocar sobre las razones del aconsejado. Aún cuando se haga en forma personalista, el enfoque abarca algo más allá de la tertulia informal. Como lo expresó José Hernandez en su Martín Fierro, *"No pinta el que quiere, sino el que sabe pintar".*

Hacer crecer, no simplemente "empujar". El ser impulsivo, apurado y orientado a eventos conductivos en lugar de tener un proceso de crecimiento en mente no necesariamente produce resultados. El estirar una planta de maíz creciente y tierno no hace que dé fruto anticipado. El consejo no debe ser algo impulsivo, pero algo que permite la espontaneidad dentro de un proceso premeditado. Es deliberadamente un proceso de ayuda paulatina, sistemática y eficaz a lo largo del tiempo. Hay momentos catárticos en los cuales la perspicacia y la sensación de liberación de afectos y el cambio de conducta ocurren esporádicamente, a corto plaza y en tiempo comprimido. Sin embargo, la mayoría de las veces, el arte de aconsejar se desarrolla sin prisa, sin impulsividad ni medidas drásticas, a menos que no sea una intervención tipo crisis.

Respetar a la persona sin catalogar. El ser carente de respeto hace que en lugar de mostrar consideración se busque el catalogar, categorizar, etiquetar, o amoldar a las personas en forma estereotipada, sin permitir el desarrollo de una buena intervención. Tal vez, con el paso del tiempo, aún los mejores pastores y terapeutas pueden llegar a catalogar, tratar a las personas como objetos de sus labores, disminuyendo su valor o dignidad. Las actuaciones en consejería se tornan automáticas y rutinarias. Si se tienen respuestas premeditadas y no se respeta al ser que viene en busca de ayuda ni se asesora el desarrollo de la percepción de los problemas, la intervención no es efectiva. Es más fácil catalogar a una persona y decir "Este es histérico que hierve y hecha espuma" y "aquel otro es un depresivo que marcha lento" y tratar de apaciguar a uno e inflar al otro, que prestar atención debida a sus necesidades en forma adecuada.

Mostrar neutralidad en lugar de juzgar. Si la persona que aconseja se apresura a pronunciar sus juicios y veredictos, se encuentra con las defensas de sus aconsejados que tratan de evitar el escuchar otro sermón, o de verse condenados. Los dictámenes dogmáticos, los pronunciamientos apresurados, el encierre en moldes premeditados, no contribuyen al crecimiento de las personas en necesidad de consejo. Aún cuando se trabaja con personas que han caído en sus niveles éticos o morales, se trata de tener la motivación correcta en ayudarles. No se trata de pasar por alto los pecados, ni tampoco se trata de emplear lentes de aumento sin misericordia, pero más bien el mostrar una actitud de gracia y objetividad sin estar ansiosamente listos a ser ayudantes de Dios como los que actúan a manera de preámbulo, juzgando al mundo antes de su tiempo.

Mostrar perspicacia y reflexión interpretativa antes de ser directivo. Si la persona que aconseja tiene ansias de forjar el carácter o la conducta de los aconsejados, o de ejercer autoridad espiritual para controlar a las personas, no tendrá paciencia a escuchar, sino se dará a la tarea de responder aún a las preguntas que no han sido hechas. Si el consejero confunde sus opiniones con la expresa voluntad de Dios, dará instrucciones sin siquiera asesorarse de los pormenores de los asuntos de sus aconsejados. El consejero debe asesorarse de los asuntos a fin de tener ciertas interpretaciones tentativas de la realidad, y desarrollar la perspicacia debida en todo lo referente a las personas que buscan ayuda, a fin de lograr abrir el entendimiento y promover la actuación más debida de las personas, en lugar de simplemente dictarles los deberes.

Tener un buen marco de referencia y límites dentro de los cuales se trabaja. El borrar las líneas demarcadoras, fallando en reconocer los límites permite el envolverse emocionalmente sin la objetividad deseada. La persona que aconseja, que trata con sus límites e incapacidades, y tiene en mente las demarcaciones cognoscitivas y afectivas entre su persona y la del aconsejado, no tendrá problemas en envolverse adecuadamente en la relación terapéutica. Por otra parte, la persona que falla en tales reconocimientos, tiende a confundirse con los problemas, deja de proporcionar objetividad, se enreda en los asuntos que pretende resolver y llega a ser ineficaz. Si la persona lucha con ciertos aspectos pecaminosos, problemáticos o ineficaces en su propia vida, tiene problemas en proporcionar objetividad en tales áreas cuando éstas son traídas por sus aconsejados. Los límites son importantes, especialmente en situaciones tales como:

- Los casos difíciles que demandan mucha dedicación y esmero, y que por su intensidad, envergadura o nivel traumático se derraman hacia la persona que aconseja. Por lo tanto, el consejero debe estar apercibido de la posibilidad de ser abrumado y debe asesorar objetivamente sus demarcaciones: Cómo mantener su espacio vital sin que se intoxique con lo que se le vierte, y cómo dar consejos que penetren las dificultades que apresan y se tornan en baluartes de desesperanza, de desasosiego, de pesar e incapacidad que rodean a la persona;

- Las proyecciones de rescate por parte de la persona que ayuda necesitan ser puestas en perspectiva, para no caer en trampas narcisistas, ilusorias o desmedidas en su compartir con la persona siendo ayudada;

- El tiempo dedicado en aconsejar, el número de visitas o sesiones, ambos deben ser cotejados en cuanto a las posibilidades factibles en la mayordomía del tiempo ministerial. Deben ser vistos como parte integral del planeo de la intervención, de un proceso que no pierde de vista los problemas y las posibles estrategias en búsqueda de soluciones, ni tampoco altera indebidamente el planeo proactivo del consejero;

- *Ser realista y tener una medida adecuada de idealismo.* El ser idealista sin dar lugar a una buena dote de realismo hace que la persona que aconseja, que vive en sus propios ensueños y proyecta su idealismo o su perfeccionismo hacia sus aconsejados, tarde o temprano se enfrente a las realidades proporcionadas por la naturaleza humana. Las cosas toman su tiempo, y hay que respetar los procesos de desarrollo y de crecimiento, sin forzarlos. Si bien uno siempre espera que los milagros ocurran, la mayoría de las veces se trata con aspectos naturales y ordinarios de la vida cotidiana. El sentirse a tono, con paciencia, tolerancia hacia la ambigüedad, a la frustración, con fe y esperanza, deben ser aspectos modelados por el terapeuta.

Los problemas deben ser vertidos a descripciones cabales, concretas, accesibles, factibles o compartidas a fin de ser realistas. Las estrategias deben ser trazadas teniendo en mente el alcance emocional, intelectual y espiritual de la persona. El apelar a la fe no descarta la necesidad de trabajar con responsabilidad en términos humanos. Los objetivos a ser alcanzados deben ser establecidos con claridad, a fin de proporcionar un sentido de dirección en el consejo. Deben ser alcanzables, medibles en alguna manera, sea objetiva o subjetiva, proporcionando un sentido de alcance, realización o acercamiento hacia lo deseado en cuanto a cambios. En cuanto a los límites del espacio vital de Jesús, los pecadores se sentían bien en su presencia, no rechazados ni juzgados. Las acusaciones injustas de las personas no le hicieron mucha mella, porque no tenía por qué defenderse, sabiendo quién era y a lo que venía. El proporcionó críticas duras solo para aquellos que tenían justicia propia y pensaban que no necesitaban de Dios ni de otros.

Autenticidad en lugar de artificialidad. Algunas personas que aconsejan se cargan de culpabilidad por no ser perfectos, por no tener todas las soluciones a todos los problemas de la vida. Tratan de no cometer errores, de estar siempre alegres, con bríos y felices, sonreír y presentar un cristianismo encerado con brillo deslumbrante. Tales consejeros tienen problemas en admitir su humanidad, y tratan de ayudar a los humanos en problemas, quienes inadvertidamente tienden a verse más rebajados en tales intervenciones. El ser auténticos ayuda a reconocer en humildad la condición de pecadores redimidos, perdonados y con la capacidad de entender a aquellas personas que sufren, luchan y caen en diversas tentaciones y problemas.

El ser abiertos en lugar de ser defensivos. Muchas veces en el proceso de ayuda, la persona que aconseja se ve desafiada, atacada o criticada. Si emplea sus defensas en lugar de ver qué es lo que tales sentimientos y percepciones significan, no lograr ayudar verdaderamente a la persona que viene a pedir consejo. Hay mucha transferencia negativa en el proceso de ayuda emocional hacia personas que han sido heridas, negadas, abusadas, y tratadas negativamente por sus semejantes en el pasado. Tales proyecciones y transferencias se dirigen inconscientemente por parte de la persona necesitada hacia una persona considerada segura, aplomada, capaz de soportar con garbo y aplomo a las avalanchas emocionales.

Si el consejero da pautas de no tener tales capacidades, su carencia de recursos emocionales produce más ansiedad en las personas aconsejadas y su manera defensiva produce más confusión, desacierto y sentimientos negativos. Por ello, mucho de lo denominado psicoterapia falla: por la carencia de perspicacia y aplomo, seguridad y límites cognoscitivos-afectivos adecuados por parte de la persona que aconseja, y por su manera defensiva cubierta con interpretaciones y proyecciones hacia la persona aconsejada.

Para concluir, alegamos al hecho de revisar nuestras motivaciones para hacer un buen trabajo. Pablo, escribiendo a los Filipenses, alegó al hecho que muchos, en su época, predicaban a Cristo –algunos por contienda, otros por vanagloria; otros, para añadir aflicción a sus prisiones. De modo que, la motivación no era necesariamente correcta. Sin embargo, Pablo se gozaba en el hecho que, de todas maneras, Cristo era predicado. Es bueno el asesorarse del por qué uno aconseja, para evitar hacerlo con motivos creados, sin sabiduría ni consciencia de hacerlo ante Dios. En manera positiva, hacerlo con la verdadera motivación, de hacer todo ante, por y para la gloria de Dios en favor de aquellos formados a su imagen, deformados por el pecado y la psicopatología, pero capaces de ser reformados, transformados y conformados a la imagen de Jesucristo. A tal tarea se dedica el consejero con la operación ante la persona, el poder y la presencia del Espíritu Santo.

Capítulo 34

La Genuinidad en el Consejo

Toda persona que aconseja necesita ser confiada por la persona que acude a buscar ayuda para que el proceso terapéutico tome lugar. Preguntamos, ¿Qué es lo que permite tal condición de confianza? El confiar no es algo automático sino una condición basada sobre los rasgos de carácter percibidos, atribuidos o que vienen acoplados a la persona en manera referencial. Las personas acuden a buscar ayuda con ciertas referencias acerca del consejero -su historia, sus actuaciones en el campo de labor, los resultados de su trabajo con otras personas, su establecimiento en la comunidad como persona digna de confianza con dotes adecuadas para aconsejar.

Las cualidades personales de la persona que aconseja son muy importantes para desarrollar un consejo efectivo. Por ejemplo, es de desearse que el consejero sea benigno, apacible, amable, demostrando el fruto del Espíritu (Gal 5:22-23). La demostración del *ágape* es esencial (1 Co 13). El don de ayudas entra en juego (Ro 12:8). El ser lleno de la Palabra para exhortar con sabiduría es esencial (Col 3:16; Ro 15:14). Esta lista no es conclusiva sino ejemplar.

Aún desde el ángulo secular, personas como Carkhuff (1971) han enfatizado la relación entre el consejero y su aconsejado como un factor esencial en la conducta de terapia efectiva. Carkhuff enfatizó seis condiciones cruciales a ser tenidas en mente para facilitar el proceso. Por parte del consejero, hace falta (1) la empatía o entendimiento; (2) el respeto o calidez aceptadora; (3) el ser concreto, específico en comunicar; (4) la genuinidad o el ser real y congruente; (5) la capacidad de confrontar o llamar las cosas por su nombre; y (6) la capacidad de actuar en lo inmediato, en el aquí y el ahora (realizar lo que sucede en la relación en manera metacognitiva). Tales condiciones se suman o agregan en la expresión paulina de "hablar la verdad en amor" para lograr edificar o efectuar cambios en la conducta o el carácter de la persona (Ef 4:15). En este capítulo, enfatizamos la condición esencial de ser genuinos o congruentes.

En las consideraciones del autor, las observaciones que siguen reflejan su pensamiento referente a la postura ministerial. En el afán de ser ministros impecables, de alcance espiritual e influencia, o simplemente ser reconocidos de alguna manera, podemos enfatizar cierta distancia social, o cierto reclamo acerca de ser llamados a ejercer un servicio desde un ángulo definido –a veces con reclamos de ser "ungidos", "llamados", "sobreveedores" o "separados" que no caben en el molde común, ni se dan a conocer en manera abierta. Pareciera ser que inadvertidamente o a propósito, se fomenta un aislamiento, un reparo que no permite traslucir lo personal, lo humano e imperfecto. De cierta forma las "hojas de higuera" tapan las desavenencias, los rasgos o factores que dan a entender su propia carencia de perfección. Pareciera ser que en el plano natural, el anonimato resguardado es preferible al ser descubierto en su precariedad humana.

El temor a perder su estatura espiritual, su poder social, o su influencia interpersonal promueve el establecimiento de barreras, defensas y resguardos. Por otra parte, no se aboga ni se trata de verter sus pormenores incautamente o sin reparos a las personas a las cuales uno ministra. No se trata de volcar sus propios desaciertos, descargando sus luchas particulares sin tener límites adecuados. En las actuaciones ministeriales de consejería, se trata de ser simplemente honesto, honrado, sincero y trasparente, al punto de dar pautas de la gracia de Dios actuando sobre su carácter y conducta en forma paulatina. La sabiduría a ser empleada en situaciones interpersonales de consejería demanda el balance entre el guardar sus pormenores privadamente y el dar información propia, entre lo considerado éticamente profesional y lo compartido personalmente. Se tiene mente el balance entre lo que se juzga como adecuado y lo que se considera indebido en cuanto a la postura, atención, esmero y dedicación de la persona que aconseja hacia las personas necesitadas.

Si el encuentro entre las personas es enmarcado en el anonimato, las personas no se conocen o no hubo ocasiones para que la confianza se establezca, la confiabilidad es un proceso- estado que emerge cuando por ambos lados se experimenta la empatía, la calidez, la aceptación y la genuinidad. En el afán de ayudar terapéuticamente, el consejero puede experimentar cierto desafío a su persona, e inadvertidamente proyectar características que exceden la realidad, cuyo propósito es el de establecer credenciales autoritativas. En tal caso, la genuinidad es cuestionable. Se supone que una persona que pretende ayudar, demuestre cierto grado de madurez, de estabilidad, de aceptación y una actitud sin prejuicios. Aparte, se espera que tenga cierto dominio propio o control sobre sus reacciones, sus pensamientos y sentimientos, a fin de presentar un clima de confianza. Se espera que cierto grado de madurez y salud emocional se trasluzca en la interacción. En el afán de influir con tales expectativas, es fácil caer presa de una actitud poco genuina, auténtica o real, dando lugar a lo aparentemente ideal, ficticio o pretensioso.

La genuinidad o congruencia se define como un estado de ser, a nivel ontológico. Tal estado se caracteriza por la experiencia del ser en la cual no hay mucha discrepancia entre lo ideal y lo real en cuanto al carácter y la conducta de la persona. Cuando las experiencias internas del ser no difieren de su propia imagen, su estima o su eficacia propia. La autenticidad y la trasparencia añaden a la definición. Podemos definir al terapeuta o consejero genuino como el siendo real, sin armaduras, sin defensas ni máscaras. El ser congruente es ser uno mismo, en libertad, honestidad y sinceridad. Es ser abierto, compartiendo su ser en forma apropiada, incluso sus pensamientos y sentimientos negativos.

El deseo genuino en relaciones terapéuticas es el de crear una atmosfera de invitación hacia el compartir experiencias, sentimientos y problemas con el propósito de ayudar en la búsqueda de soluciones. Se elimina la pretensión, el atentado a ponerse una mascara ("persona" en latín) como para jugar un papel que uno verdaderamente no es (como el actor o "hipócrita" del teatro griego). Cuando el consejero es congruente o genuino con su aconsejado, el aconsejado es encomiado y animado a ser más real, a reflejar sinceridad, y ser más abierto en su narrativo, a tono con sus propios pensamientos y sus emociones. Por lo tanto, la genuinidad es esencial para que el consejo sea efectivo.

Una palabra de aclaración es necesaria: El ser genuino o congruente no necesariamente significa que el terapeuta o consejero se da a conocer en forma inapropiada, compartiendo todos sus pensamientos o todas las emociones experimentadas durante la sesión. Hace falta un discernimiento y dominio propio para saber qué y hasta dónde compartir sus sentimientos o pensamientos. Por ejemplo, la persona que aconseja puede experimentar cierto grado de atracción sexual hacia la otra persona, o sentirse aburrido en la sesión, o sentir resentimiento e inclusive desdén por la persona. Sea cual fuese la causa de tales pensamientos y sentimientos, es más apropiado lidiar con los mismos en sus momentos de confesión y comunión con Dios, o a tratarlos en sesiones de supervisión con un terapeuta o consejero con el cual se consulta. De otra manera, el volcar tales consideraciones en las sesiones con la persona problemática puede provocar ansiedad, desdén o aprehensión en el aconsejado, cosa que derrota la intención terapéutica. Se debe tener en cuenta la personalidad, la capacidad, la madurez, el entendimiento y perspicacia espiritual de la persona siendo aconsejada, ya que tales factores también entran en juego en el compartir entre dos personas.

Es necesario tratar establecer un buen entendimiento interpersonal para lograr establecer un grado óptimo de trabajo terapéutico; habrá personas más particulares o incapaces de considerar el hecho que la persona que aconseja no es perfecta, ni tiene todos sus pormenores a tono con lo ideal. Tales personas no pueden aceptar el compartir del terapeuta porque no han logrado un grado de flexibilidad emocional o la capacidad de vivir con cierta incongruencia en un mundo imperfecto. Siempre buscarán que se les otorgue un consejo fijo, dogmático, ideal, o sin sombras de variación, partiendo de una persona perfecta con una receta o un molde que les dé soluciones concretas y pautas de seguridad. Si el lector desea compenetrarse más en este asunto, puede apelar a los escritos acerca de las prácticas clínicas empleando cierta diferenciación y sabiduría en cuanto con quiénes y hasta dónde se puede compartir lo personal. Como ejemplo, léase a Bozarth, Zimrting & Tausch (2002); Cain (2002); y Tan (2010).

El utilizar la congruencia y ser genuino en terapia es apropiado si tal desenvolvimiento o condición interpersonal ocurre espontáneamente y no planeada der antemano. Como regla general, la utilización de estrategias, técnicas o acercamientos en consejería deben nacer espontáneamente y darse a entender en forma genuina, consistente o congruente con el carácter, la conducta y las actuaciones del terapeuta. Para que tales procesos sean espontáneos, primero deben ser practicados, supervisados, repetidos, etc. hasta alcanzar cierta experiencia cabal.

Un ejemplo bíblico de honestidad, de transparencia y honradez encontramos en Natanael. Jesús dijo acerca de su persona: "He aquí un verdadero Israelita en el cual no hay engaño" (Jn 1:47). A comparación del primer Israel, cuyo nombre fue cambiado por Dios luego de tener un encuentro crucial (Jacob era su nombre al nacer, que significa ser un suplantador, o engañador). Tanto en el antiguo pacto como en el nuevo, Dios demostró su poder en redefinir a las personas, adjudicándoles una definición acertada acerca de su carácter renovado. Lo hizo con Abram (padre alto) redefiniéndolo como Abraham (padre de multitudes); Sara (mi princesa) llegó a ser Sarai (princesa en general), entre otras personas. Al narrar su evangelio, Juan nos recuerda que Jesús al venir a establecer un Nuevo Pacto, comenzó por llamar discípulos a los cuales redefinió en sus caracteres. Por ejemplo, redefinió a sus tres mejores amigos: Simón hijo de Jonás llegó a ser Pedro (piedra); Jacobo y Juan, fueron definidos como siendo Bonmaerges (hijos del trueno). A Natanael, simplemente lo denominó "un verdadero Israelita en el cual no hay engaño". Tal es la calidad de carácter que el definidor absoluto le adjudicó. El ser genuino, honesto, transparente, sin doblez o sin engaño, es lo más encomiador que pudiera haberse dicho de Natanael. También es lo más apreciado en cuanto a la definición de nuestra personalidad, de nuestro carácter o de nuestra manera de ser como consejeros.

Estableciendo Una Escala de Genuinidad

Así como se ha enfatizado la posibilidad de asesorar el grado de empatía demostrada por un terapeuta en acción, se aconseja hacer lo mismo en cuanto a se congruencia personal, su genuinidad. Para asesorar tal genuinidad, podemos elaborar una escala con ciertas definiciones o pronunciados categorizados en la siguiente manera: Al tratar de ser genuino, Ud.

1. Es muy defensivo, contradiciéndose en sus respuestas, y con el tono de su voz, sus maneras y sus gestos contradice sus verbalizaciones.

2. Responde con certeza, pero protegido en su papel de consejero, de ser espiritual o maduro, no dejando relucir sus fallas. Sus respuestas suenan bien, pero tienen una calidad dogmática, obviamente aprendida o ensayada y no tan espontánea.

3. Aunque da ciertas muestras defensivas, se comporta en forma profesional o como siendo removido de la situación, a veces trata de demostrar sus maneras abiertas, hospedadoras y aceptadoras.

4. No deja ver explícita ni implícitamente las evidencias de ser defensivo, ni de usar cobertura o fachadas de ninguna clase como para resguardar su persona.

5. Es libre para ser profundamente Ud. mismo/a. Las defensas son mínimas o no existentes, el profesionalismo da lugar al personalismo, sin fachadas ni pretensiones.

En esta escala, del 1 al 5, se trata de medir el grado de genuinidad demostrado por Ud. (o por la persona que aconseja en situaciones de entrenamiento usando tríadas terapéuticas). Asigne un puntaje del 1 al 5 que refleje sus observaciones de sí mismo (o las de la persona consejera en situaciones de entrenamiento)

1	2	3	4	5
Ausencia total de Genuinidad	Genuinidad Demostrada a Nivel Básico	Genuinidad Demostrada a Nivel Adecuado	Genuinidad Demostrada a Nivel Superior	Genuinidad Demostrada a Nivel Excelente

En el capítulo anterior se hizo una alusión a tríos terapéuticos practicando ejercicios en su entrenamiento como consejeros. Se recomienda añadir esta medida a la escala de empatía mencionada anteriormente, con la persona observadora teniendo dos líneas de base o clases de puntajes al hacer su observación y proveer retroalimentación. Repetimos el concepto aquí: Se recomienda que en la utilización de ensayos o entrenamientos con triadas terapéuticas, una persona juegue el rol de aconsejado, otra el papel de consejero, y una tercera puede actuar como observador de las interacciones que ocurren dentro de la sesión, para luego proveer sus observaciones o retroalimentación a la persona que juega el papel de consejero, utilizando las escalas propuestas.

El ser genuino también involucra la disposición a reconocer sus dotes, sus capacidades, sus potencialidades y sus rasgos personales. Por otra parte, también incluye el conocer sus propias limitaciones, sus incapacidades y sus propias luchas. Tales limitaciones pueden aparecer en los aspectos cognitivos o intelectuales, en cuanto a la carencia de conocimiento en dadas materias cruciales referentes al ser humano, sus aspectos psicológicos, físicos, anormales, o patológicos. O bien pueden darse en los aspectos emocionales, la capacidad de escuchar al dolor, las frustraciones, las quejas y los asuntos complejos que bien pueden desafiar al consejero en su propio fuero interno, inmiscuyéndose en sus procesos afectivos.

El entendimiento propio puede ser considerado como la base para entender a los demás, con la salvaguarda de no proyectar sus propias conjeturas, problemas o interpretaciones de la realidad hacia la otra persona. El entenderse a uno mismo es importante al abordar la problemática de los ajenos porque tal facultad denota la capacidad de ser objetivo acerca de su propia subjetividad. Por lo menos, se trata de refinar las percepciones adecuadas hacia su ser para luego atentar a entender a la otra persona. El sentir empatía hacia otros no es muy eficaz si las percepciones del consejero no son adecuadas. La habilidad de inferir el contenido específico de los pensamientos y sentimientos de la otra persona es esencial para que el entendimiento cabal aparezca en la escena.

El consejo dado será eficaz a medida que la persona que aconseja desarrolla perspicacia en sus percepciones cabales, y es capaz de relacionarse genuinamente con empatía, aceptando a la persona incondicionalmente para entablar el dialogo sanador. Demostrando su capacidad de hospedar al que viene en busca de ayuda, la persona que aconseja aumenta la probabilidad de hacer un buen trabajo. El factor terapéutico que se agrega a lo ya mencionado es tratado a continuación.

Cuidado, Concernir Positivo sin Posesividad

Otras de las cualidades a ser demostradas en la relación terapéutica es el concernir o la preocupación demostrada hacia la otra persona, tratándola como igual, digna de gracia, esfuerzo, tiempo y dedicación. Muchas veces, en el afán de dar consejos, el consejero puede tratar a la otra persona en maneras posesivas, como si la persona es una especie de "propiedad" u "objeto" a ser ayudado, restándoles su dignidad humana al hacerlo. Tal actitud demuestra la necesidad del consejero de considerarse imprescindible y de sentirse necesitado por la persona. El mostrar un concernir o una preocupación objetiva, respetuosa, cálida y empática sin posesividad, permite establecer un ambiente de camaradería en el trabajo, pero sin absorber a la persona hacia su manera de ayudar, ni sobrecargar o abrumar a la persona necesitada con su estilo posesivo.

La persona consejera no cataloga de antemano con el fin de definir a los necesitados a su modo, para luego aceptarlos condicionalmente. Tampoco basa su aceptación en el carácter moral o ético de aquellos que vienen a su presencia. A la manera de Jesús, desarrolla una actitud hospedadora que hace sentir en casa al pecador, al vil, al menospreciado y al problemático. Todo eso sin necesariamente sancionar ni desmerecer lo que es pecaminoso, ofensivo , inmoral, o carente de ética.

El tener una disposición de aceptación positiva es algo parecido a la actitud de David con respecto a las personas que se le acercaron cuando huía de Saúl. El primer ejército de David nos hace pensar en su estilo de liderazgo: Se le juntaron todos los tristes, deprimidos, endeudados y las personas problemáticas. David tenía un corazón "de acuerdo al corazón de Dios" y los aceptó en su estado natural, para luego dares un ejemplo de carácter y conducta en sus interacciones. Más aún, los encomió, guió y estableció como sus oficiales, labrando sus vidas en forma singular. Llegaron a ser héroes, y amigos que dieron sus vidas por David. Partiendo de su estado natural negativo, llegaron a ser personas ejemplares en la historia.

El concernir positivo logra suspender los moldes y clichés utilizados en el escrutinio común, sin necesidad de compromiso de los valores del consejero. Tal concernir, como hemos establecido, no "posee" a la persona, sino que respeta sus características cognoscitivas y emocionales, conductivas y espirituales.

En la observación de las actuaciones e interacciones en las sesiones, hemos mencionado la posibilidad de elaborar dos clases de escalas: (1) midiendo la empatía y (2) la genuinidad demostrada por el consejero. Agregamos ahora una tercera medida, para completar el "trípode" terapéutico mencionado. A tal escala podemos darle el nombre "Grado de concernir positivo y aceptación sin posesividad". Como ya lo hemos hecho con las dos anteriores, podemos tener una gama de posibilidades esparcidas en un continuo del 1 al 5, siguiendo las siguientes cláusulas:

Escala del Cuidado o Concernir Positivo

Al observar las actitudes demostradas por Ud. (o la persona que aconseja, en situaciones de entrenamiento en tríadas terapéuticas, Ud. actuando como observador/a) hacia la persona siendo aconsejada, y asesorar tanto las muestras evidentes de cuidado no-posesivo como las respuestas verbales siendo proporcionadas, asigne un puntaje colocando un tilde en el lugar correspondiente. Los puntajes del 1 al 5 reflejan la calidad de cuidado o concernir positivo en una forma empírica: Ud. (o la persona que aconseja):

1. Da un consejo directo, proporcionando guía y dirección, asumiendo responsabilidad por la otra persona, y considerando su naturaleza caída como en necesidad de enderezado. Sus respuestas son mecánicas, dogmáticas o predeterminadas.
2. Demuestra levemente una actitud positiva, un concernir abierto y sin prejuicios, aún cuando ignora a la persona o sus sentimientos hasta cierto punto, sin dar mucho crédito a la motivación o capacidad de la persona. Asume responsabilidad por la misma y su cuidado es posesivo.
3. Aún cuando se siente responsable por la persona, trata de darle cierto crédito, considerándola capaz de pensar, sentir y actuar por su cuenta.
4. Deja a un lado sus prejuicios, sus evaluaciones de los pensamientos y sentimientos de la persona, y su aceptación es más evidente, aún cuando demuestra que pone ciertas condiciones leves sobre la persona.
5. Su calidez no es posesiva, su aceptación es incondicional, y Ud. demuestra respeto por el valor y la dignidad de la otra persona. Deja a la otra persona en libertad para

ser él/ella mismo/a. En cierta forma, Ud. "hospeda" a la otra persona sin murmuraciones, dándole cabida en su espacio vital interpersonal.

1	2	3	4	5
Ausencia total de Cuidado	Cuidado Demostrado a Nivel Básico	Cuidado Demostrado a Nivel Adecuado	Cuidado Demostrado a Nivel Superior	Cuidado Demostrado a Nivel Excelente

Con esta medida, agregada a las anteriores, son tres las escalas que pueden ser utilizadas en las observaciones de los tríos terapéuticos a ser practicados, y en la provisión de retroalimentación a los que juegan el rol de consejeros. Las observaciones realizadas por la persona que asesora los papeles jugados por las otras do personas (consejero y aconsejado), pueden ser vertidas en puntajes registrando la empatía, la congruencia o genuinidad, y el concernir positivo sin posesividad. Tales medidas pueden dar pautas de progreso, avance o crecimiento en el arte de aconsejar.

Demostrando Una Actitud Hospedadora

En su entrenamiento de sacerdotes jóvenes, Henry Nouwen recalcó que entre los dones ministeriales importantes, el hospedar ocupa un lugar preponderante. Se basa sobre las palabras de Jesús: *"El que a mí viene, en ninguna manera le echo fuera"*. El hospedar es hacer que el más vil pecador se sienta en casa con el que representa a Jesús hoy día. Esta clase de hospitalidad no se refiere tanto al ofrecer albergue o comida al necesitado, sino mas bien el dar cabida emocional a las personas que se sienten forasteras, desamparadas, emocionalmente aisladas o carentes de pertenencia. Partiendo de tal definición, el consejero se mantiene abierto y permite a la otra persona hablar, comunicar y compartir sus cargas o problemas, sin presionar ni forzar las cuestiones. La actitud hospedadora permite mostrar interés y reforzar cualquier atentado de la otra persona hacia el sondeo, la perspicacia, el entendimiento, el cambio de pensar o sentir, el cambio en conducta deseada, o cualquier variable que intervenga en el proceso.

Al hacer "sentir en casa" a la otra persona, tal aceptación permite seguir el derrotero de los problemas presentados en forma confusa, difusa o caótica. El consejero logra mantener el foco y puede rastrear el rumbo de los dilemas, manteniéndose en el cauce de las tratativas que aparecen en la terapia o el consejo. Debido a tal enfoque, puede responder con empatía, genuinidad y aceptación positiva. A este punto, todas las variables mencionadas se agregan en forma global, íntegra. De modo tal que, la persona que aconseja demuestra las virtudes elaboradas en este capítulo en forma conjunta, siendo consciente de su persona, de su acercamiento, de sus estrategias, de su postura, de la utilización de su ser como agente de cambios y patrocinador de la salud espiritual y mental del aconsejado.

Desarrollar la Facultad de Ser Participante y Observador

La relación terapéutica demanda la participación relacional, la disposición activa y receptiva que proporciona mutualidad. Sin embargo, tal participación no descarta la necesidad de observación sincrónica, corriente y paralela al proceso de participación. La persona que aconseja mantiene una observación de sí misma —de sus reacciones, de sus respuestas, de sus pensamientos y sentimientos (su estado propio, su contratransferencia). También observa a la otra persona en su accionar, en sus actitudes y manifestaciones emocionales. Se asesora de la transferencia y de los posibles mecanismos de defensa que pudieran aparecer en la escena. En tercer lugar, se observa la tratativa en sí: Al entrar en relaciones terapéuticas, la persona que brinda su ayuda debe mantener su atención a dos niveles de interacción: contenido y proceso.

En cuanto a contenido, se enfatizan las actitudes y la disposición, las habilidades de escuchar atentamente, y de mantener el enfoque en los pensamientos, sentimientos y conducta del individuo siendo ayudado. Los temas, los problemas, los pormenores de los asuntos se tienen en mente, con la interacción presente, empática y la utilización de si mismo/a como agente terapéutico. En cuanto a proceso, se observa el fluir de la conversación, la vislumbre de la comunicación en cuanto a la fuente, el contenido, el estilo, la retroalimentación, como también a los efectos de la interacción. Se da lugar a las interpretaciones dinámicas, a las conjeturas acerca del significado de la relación transferencial, y de los efectos de la intervención en general. La comunicación es un proceso muy importante. Por lo tanto, trataremos con tal proceso en el capítulo siguiente.

Capítulo 34

La Ética en el Consejo

Este capítulo es una adaptación de trabajos previamente publicados; extrae su contenido y principios originalmente expuestos en la obra del autor, *Poniendo los Puntos Sobre las Íes* (Polischuk, 1997) y la misma obra re-diseñada y publicada como *Llamemos las Cosas Por Su Nombre* (Polischuk, 2006). La adaptación a la consejería es innegable y sirve como hincapié funcional a las actividades a ser realizadas en este campo de labor. Uno de los aspectos importantes del ministerio del consejo es el desarrollo y las funciones de la persona que aconseja, en términos de su carácter íntegro cuya ética no sea disputada ni dudada, ya que las personas a ser aconsejadas necesitan depositar confianza, ser respetadas en asuntos confidenciales, y verse seguras en la presencia de aquellas personas que ejercen alguna influencia interpersonal. Consideremos las situaciones que brindan oportunidades para establecer criterios de ética en cuanto a las relaciones entre consejeros y aconsejados, en sus interacciones y expresiones confidenciales, las cuales están basadas sobre las premisas de confianza, discreción, respeto, honra y dignidad mutuas.

Confidencialidad

Al hablar de confidencialidad, nos referimos al acto de proteger a las personas en el acto de confesar, de compartir y dar a entender pormenores de sus vidas y sus actuaciones consideradas íntimas, profundamente personales y capaces de suscitar sentidos de culpabilidad, vergüenza, autocastigo o cualquier sentimiento, emoción o consecuencia funesta a sus vidas. El proporcionar salvaguardas a tales confesiones hechas en particular, o expresadas en el transcurso de un proceso de consejo terapéutico, se constituye en un contrato implícito o explícito a ser respetado y personalmente obligado a la mayor integridad en cuanto a no descubrir, desparramar, divulgar, chismear o verter en cualquier clase de información inadecuada al respecto. Sea una conversación, una publicación, una predicación o una enseñanza, las alusiones hechas a los asuntos expresados o compartidos en confianza no deben ser expuestos indebidamente, sino respetados y protegidos con la mayor discreción y responsabilidad.

Un contrato terapéutico presupone una relación personal, sea profesional o personalista, enmarcada en el ámbito profesional o ministerial en el cual la persona que aconseja ejerce su servicio de ayuda. La persona que confía sus pormenores, cuitas, problemas y pecados, lo hace con la certidumbre que tal hecho (confesión, expresión o compartir) será mantenido en secreto en lugar de ser divulgado en maneras inapropiadas, contraproducentes, difamadoras o vergonzosas. La relación caracterizada por la intimidad, la abertura, la confianza y la honradez, ha sido tradicionalmente respetada por las autoridades seculares de carácter legal, considerando el privilegio de tal comunicación privada como algo intocable, salvaguardado por la sociedad y sus autoridades civiles.

Tanto en el antiguo Israel como en la iglesia primitiva, el chisme era condenado, considerándolo algo malicioso, destructivo (Lev 19:16; 2 Co 12:20; Ro 1:29; 1 Ti 5:13). La autoridad delegada de atar y desatar, de permitir o restringir ciertas conductas, ha sido tomada en diferentes maneras por los diferentes sectores del cristianismo (Jn 20:23; Mt 16:19). En principio, el liderazgo espiritual del Cuerpo de Cristo necesita vislumbrar la seriedad de tal delegación sin trivializar la confesión de faltas, errores, o pecados cometidos por "los unos a los otros" como lo recomienda Santiago, para orar y ser sanados. Tal confesión se realiza dentro del marco de referencia de la congregación, teniendo en mente la compenetración íntima de los discípulos involucrados en relaciones mutuas. La autoridad desplegada en la confesión y el perdón de los pecados se presenta unida al despliegue de restitución en público, para solventar asuntos comunitarios sin perjudicar ni degradar a las personas que confesaban sus faltas para ser perdonadas y restauradas.

Un Poco de Historia

Mucha discusión y diálogo tomó lugar durante los siglos subsiguientes a la iglesia primitiva, en cuanto a la cuestión si la iglesia era competente y autorizada a perdonar pecados confesados. La historia nos muestra que en el siglo IV la práctica de la confesión pública era una cosa establecida. Siguiendo la trayectoria eclesiástica, notamos que el acto de arrepentimiento, confesión y perdón fue sacramentado, llegando a ser un mandato, con leyes eclesiásticas que requerían que el sacerdote nunca revelaría lo que se le diría en materia de confesión. A menudo se da crédito al papa León el Grande (440-461) de haber instituido la confesión de pecados al sacerdote, denominándola una regla apostólica. En sus cartas, dio a entender que Jesús es el mediador entre Dios y los hombres, pero dio a los dirigentes de la iglesia el poder de imponer penitencias a los confesantes y admitirlos cuando eran purificados a través de la reconciliación. San Agustín (m. 450) consideró al pecado como algo drástico y devastador, en necesidad de tratamiento a través de los médicos del alma, quienes ministraban al enfermo utilizando la confesión para extirpar el mal. El cuarto concilio Laterano (1215) declaró como artículo de fe la necesidad de confesión., y legalizó la práctica –a ser hecha una vez al año por lo menos.

Originalmente, el sacerdote era la persona recibiendo las confesiones, con la imposición de penitencias públicas. Si lo consideraba necesario, enviaba al penitente rimero al obispo y al concilio (*presbiterium*); ellos decidían si el confesante había cometido un crimen tal que era necesario que confiese en público a la iglesia. Luego, el Miércoles de Ceniza, se imponía la penitencia pública y el pecador era excluido de la comunión por un espacio de tiempo y obligado a realizar ejercicios penitentes (*exomologesis*) tales como humillarse, ponerse "saco y ceniza", comer comidas precarias, ayunar y orar, postrarse a los pies de los sacerdotes y arrodillarse en presencia de aquellos que eran amados de Dios y pedirles que oren por él. Tal penitencia terminaba en la Semana Santa, el jueves, con un concilio determinando si los penitentes habían de ser restaurados y admitidos a la comunión, con una absolución pública. (Hanna, 1911).

En la iglesia oriental, el penitente atravesaba por cuatro etapas: (1) Se postraba en las gradas de la iglesia para implorar a los feligreses que atendían a los servicios; (2) buscaba las oraciones e intercesión de los feligreses que entraban al santuario; (3) se arrodillaba ante la congregación y se hacían oraciones por su alma; y (4) se restauraba su estado con la participación de la Eucaristía. En la iglesia occidental, la confesión tomaba lugar durante la Semana Santa, incluyendo la vestidura del penitente con pelos de cabra y esparciendo cenizas sobre su cabeza, para luego ser reconciliado en público durante el Jueves Santo, ser restaurado a la comunión y tomar finalmente la Santa Cena en comunidad. Con el correr del tiempo, tales actos dieron lugar a la confesión privada, efectuada en las Islas Británicas, llegando a ser la práctica oficial de la iglesia en el siglo IX.

En las islas Británicas el sínodo de San Patricio decretó que el cometer un pecado mortal debía ser penado un año por cada ofensa, para luego venir con testigos y ser absueltos por el sacerdote. El concilio de Eanham (1009) ordenó a las personas a confesar con frecuencia. Las leyes eclesiásticas enunciadas por el rey Canuto (1033) exhortaron a confesar privadamente sus pecados. La privatización de la confesión auricular se afirmó en el canon de la iglesia Anglicana (Canon 113, Código del 1603), con la expresa admonición al sacerdote a no divulgar el contenido, sea cual fuese, de la confesión.

En la iglesia Ortodoxa, la confesión tiene que ver más con el desarrollo espiritual que la necesidad de penitencia o corrección. El pecado es considerado no tanto como una mancha destructora sino como un error en necesidad de corrección. Se busca la asistencia de un guía espiritual, no tanto un confesor que absuelva. Es a esa persona que se comparten sus problemas, pecados, o necesidades de cualquier clase. En realidad, la confesión es hecha no tanto al sacerdote, sino a Jesucristo mismo, con el sacerdote actuando como testigo o guía de la misma. Sin embargo, lo que se confiesa a tal guía espiritual es protegido y regulado por el mismo sello confidencial aplicable a cualquier sacerdote recibiendo confesiones.

El Privilegio Ministerial

Lo que hoy se conoce como "privilegio ministerial" en referencia a las comunicaciones entre feligreses y clérigos ha sido la regla que ha regido las relaciones entendidas como confesionales o de carácter privado. En muchas maneras, tal principio ha sido traducido a toda manera de conversación entre los feligreses y el liderazgo, incluyendo las relaciones terapéuticas y la consejería pastoral. Aún cuando no es tan claro el principio a ser aplicado a relaciones grupales, es necesario atender a la posibilidad de incurrir en divulgaciones innecesarias o inapropiadas en casos que incluyen las visitaciones (en hospitales, hogares, cárceles, etc.) o en las administraciones de cualquier intercambio verbal dentro de los grupos congregacionales que enfatizan el compartir cargas, peticiones, y oraciones en general en las cuales la teología y praxis de "los unos hacia los otros" se aplica.

San Agustín dijo "Yo sé menos acerca de las cosas que he oído en las confesiones que lo que sé acerca de aquellas cosas de las cuales no sé nada". Aún cuando la práctica confesional confidencial y privada no tiene fundamentos bíblicos, sino que se basa en el establecimiento de las rutinas eclesiásticas basadas en la tradición histórica, pareciera ser una necesidad psicológica nacida de los principios de protección hacia la persona en sus derechos y privilegios sociales, pero supeditada a los principios elevados de salvaguardar la vida en contra de la destrucción homicida o suicida, tanto como el proteger contra el abuso y la negligencia considerada nociva.

Esto es, hay casos en los cuales la confidencialidad debe ser subyugada a la necesidad de intervención, como en los atentados al suicidio, al homicidio, o al abuso de niños o ancianos, en los cuales se toman medidas serias que van más allá del silencio que naturalmente se espera en casos confidenciales.

Criterio de Responsabilidad

Tal vez el estudiante, el lector, o el pastor tenga en mente las distinciones entre la psicoterapia, el consejo pastoral, y las confesiones a un sacerdote. Tales distinciones tienen su lugar, ya que existen normas éticas en cada caso. Sin embargo, tanto en la provisión de consejería, o en prestar servicios confesionales, o en atender a las peticiones confidenciales privadas o consideradas altamente protegidas por contratos implícitos o explícitos de silencio, las personas terapeutas, ministeriales o líderes deben mantener los criterios más elevados de integridad en su profesión y actuación. Deben ser sensitivos a la información y saber que llevan cargas pesadas de responsabilidad social debido a sus recomendaciones, a sus acciones públicas y ejemplares, las cuales tienen el poder de afectar a muchas personas. Deben ser alertas a las presiones organizacionales, sociales, personales y accidentales que pueden dar lugar al abuso de sus funciones y su influencia.

Las personas que reciben información personal confidencial, de carácter íntimo o particular, deben tener una plena conciencia de salvaguardar, proteger o ser fieles a su cometido de no divulgar innecesariamente ni destructivamente lo que se les confía. Las siguientes son las normas éticas que se aplican al consejo: (1) Saber guardar la palabra empeñada; (2) reconocer que si las personas han sido defraudadas, violadas en alguna manera emocional, o traicionadas en el pasado, tales personas necesitan restablecer un sentido de confianza, acercamiento y compartimiento de sus problemas; y (3) dar pautas de confianza, honor y dignidad. En consejería, es sumamente imprescindible el mantenerse ajustado a tales normas, y dar pautas a las personas acerca de tal postura y actuación. En resumidas cuentas, la persona consejera debe ser responsable por aquellos factores que están dentro de su control, jurisdicción, y obligación. Por otra parte, la persona que aconseja solo puede controlar los factores que caen dentro de la esfera de su responsabilidad. Es decir, uno/a no puede controlar aquello que escapa a su responsabilidad, ni tampoco ser responsable por aquello que está fuera de su control.

Criterio de Competencia

La persona consejera debe reconocer los límites de sus actuaciones en cuanto a cuán competente una persona es en materia de conocimiento experto, adecuado, apropiado a cada caso. Tal persona debe proveer servicios y utilizar estrategias para las cuales ha sido calificada por su entrenamiento y su experiencia. Debe utilizar métodos apropiados a su competencia habitual, con bases concretas en cuanto a preparación, investidura, sanción o acreditación. El hecho de ser un perito en una materia, no lo constituye un experto en materias no relacionadas a su experiencia. El conocer sus límites y el saber referir a personas adecuadas es muy esencial, para no convertirse en un "gurú" o en un "sabelotodo" buscando seguidores neófitos e incautos.

Se presentan casos en los cuales los problemas vertidos en las peticiones, quejas, demandas o reclamos de las personas que vienen a pedir alguna ayuda emocional de sus líderes exceden la competencia de los mismos. Entre muchas posibilidades, damos tres ilustraciones de este principio en operación:

1. Cuando las personas experimentan problemas sexuales y necesitan asesoramiento en su comportamiento, actitudes, experiencias o dificultades, se necesita asesorar el grado de afinidad en la materia. A menos que los que pretenden ayudar tengan conocimientos al respecto, formados en materia psicológica, fisiológica, médica, o dinámica interpersonal, los consejos proporcionados no pueden ir más allá de lo que se espera de sus conocimientos. Es decir, la ayuda se restringe a los aspectos espirituales, escriturales, culturales y de sentido común, sin menguar la eficacia ministerial en la suministración de consejos, pero tampoco sin atribuir capacidades expertas cuando éstas no existen en la materia.

2. Cuando se presentan condiciones de litigio en las cuales las personas se encuentran en coaliciones, disputas interpersonales que atañen a bienes raíces, propiedades o herencias, se necesita la ayuda capacitada de personas preparadas en leyes, en formalidades contractuales, o en asuntos mediadores.

3. Cuando existen problemas neuropsicológicos, bioquímicos, o de carácter físico, no se pretende ayudar cabalmente a menos que se tengan los conocimientos y los títulos legales necesarios para atender a tales situaciones. No se pretende descartar la oración por tales asuntos, ni tampoco el hecho de tener a un Dios que hace milagros y que puede sanar por la fe a los que se allegan a su misericordia. Se recalca simplemente el hecho de funcionar de acuerdo a los dones naturales socializados a través del estudio y la experiencia profesional, o espirituales (fe sanidades o milagros) con los cuales las personas líderes son dotados, a fin de no funcionar indebidamente

En tales casos, y en muchos otros de la misma especie, la persona que presta ayuda debe dar a entender su cualificaciones, sus credenciales, su capacidad, o su entrenamiento en la materia, sin hacer uso desmedido de su posición relacional.

Normas Éticas Prácticas

La persona que aconseja debe desarrollar normas elevadas de integridad en los asuntos referentes a la guía de las personas, a la administración de consejos (y en la administración de la predicación, de la enseñanza, del discipulado, de la visitación y el cuidado en general, si es una persona pastoral). Tales normas necesariamente deben incluir, entre otros principios:

1. *El uso adecuado de influencia social.* La utilización indebida e inapropiada de tal poder puede ser vista en la susceptibilidad en asuntos referentes a favores, sacando provecho de la relación con fines personales lucrativos, emocionales, o sociales, apuntando a cierto avance, ventaja o logro. La persona que aconseja debe evitar la utilización de fenómenos considerados "transferenciales" que se suscitan en relaciones prolongadas de carácter íntimo, con fines personales que manipulan, desmerecen, usan o abusan a las personas en forma incestuosa, narcisista, o sobrepujante.

2. *Intimidades sexuales.* Las personas líderes deben apercibirse de su conducta consciente, subliminal, verbal y no-verbal en materia de seducción, "flirteo" o persuasión sensual de cualquier tipo, siendo responsables ante Dios, la persona afectada, la iglesia y la sociedad por sus hechos e insinuaciones. Las consecuencias devastadoras de las intimidades sexuales entre el liderazgo y las personas pastoreadas, guiadas, discipuladas o relacionadas en alguna manera ministerial, son muy profundas y de alcance amplio como para ser descartadas, disminuidas o racionalizadas. Es de suma importancia para los consejeros el tener en mente que las personas no son objetos a ser explotados, disminuidos ni aventajados.

3. *Evitar la violación o la disminución de los derechos de las personas.* No solo en materia sexual, pero en materia intelectual, el consejero no busca disminuir las capacidades cognitivas del pensamiento, razonamiento, juicio, actitudes o valores tenidos en mente, sino que con respeto a la libre elección y a las decisiones que voluntariamente las personas realizan ante Dios, tales procesos pueden ser esclarecidos, afianzados, confrontados, exhortados, o intercambiados en cualquier tratativa cognitiva sin disminuir ni manipular a las personas. Tampoco busca la persona que proporciona consejos violar ni menguar los derechos de las personas problemáticas que vienen a pedir ayuda en cuanto a sus actuaciones sociales, si las tales son consideradas racionales, conscientes, apropiadas y caen dentro del marco de referencia aceptado por la comunidad como algo normativo, habitual y conductivo a la armonía y al bienestar de la persona y sus semejantes. Aún cuando se trata de promover el entendimiento acerca de lo que se busca en la promulgación, el mantenimiento, la predicación, la enseñanza de la doctrina Cristiana en cuando a la filosofía de vida y la práctica considerada normativa por el grupo, la consejería pastoral no busca fórmulas acaparadoras ni legalistas, sino que promueve la investidura del poder de Dios para que las personas realicen la voluntad de Dios. Las personas que aceptan a Cristo como Señor y dan pautas de obediencia a tal entendimiento, lo hacen en virtud a su capacidad de aceptación de la soberanía divina, con el entendimiento adjunto de considerar las admoniciones ministeriales y consejeras dirigidas hacia el cumplimiento de tal voluntad en lugar de ser tratadas como sujetos sin integridad ni libertad.

4. *La información privilegiada debe ser divulgada con consentimiento.* En casos que demandan la divulgación de información considerada confidencial, el consejero debe tener el consentimiento de la persona afectada, que comunica sus cuitas, problemas, sinsabores o dificultades. El consentimiento debe ser en forma escrita, a manera de contrato, con menciones claras y específicas en cuanto a la motivación y el propósito del consentimiento, la duración del permiso consentido, con las firmas de ambos como testigos. Es decir, el consentimiento no es global, ni perenne, sino restringido a la oportunidad, al propósito y al tiempo definido. Por ejemplo, un formulario que contenga una especie de contrato debe incluir los siguientes datos:

- ✓ La clase de in formación que ha de ser utilizada
- ✓ Dónde y bajo qué circunstancias se utilizara tal información
- ✓ El tiempo del permiso, hasta cuándo se podrá utilizar tal información (por ejemplo, tres meses, o seis meses)
- ✓ La manera en la cual la persona, si se arrepiente de haber dado tal permiso, puede revocar su consentimiento
- ✓ Qué pasos se deben seguir si el consejero desea utilizar tal información en alguna otra manera o en algún otro tiempo en el futuro

Tales casos o situaciones incluyen la necesidad de referir a la persona a un profesional (psicólogo, psiquíatra, trabajador social, abogado, etc.) y que necesariamente demandan ciertos datos a ser compartidos como bases para referir el caso. También incluyen situaciones en las cuales los datos suministrados son utilizados en alguna manera verbal, tales como una conferencia en la cual se alude al caso parcial o totalmente. En casos ilustrativos, como los talleres o las conferencias, se debe evitar la utilización de cualquier dato o referencia que identifique a las personas que proporcionaron material confidencial, a menos que se haya pedido un consentimiento adecuado. Es de muy mal gusto el exponer a personas cuyas vidas y problemas han sido vertidos en secreto, con el fin de hacer hincapié en las desavenencias para lograr impactar públicamente a la audiencia con una ilustración semejante. Lo mismo se aplica a los escritos de artículos o libros, en los cuales hay que "camuflar" los datos con otros nombres, lugares y fechas a fin de evitar la identificación de las personas en cuestión.

5. *No causar injurias, daños o perjuicios físicos o emocionales.* La persona que aconseja debe tener en mente el bienestar de las personas, aconsejadas, evitando cualquier situación maliciosa o perniciosa que cause daños físicos o emocionales. Hay situaciones en las cuales las personas consejeras, en su afán de crear fe, comunican ciertas actitudes y conductas que resultan en un malestar mayor en las personas quienes, debido a su confianza depositada en sus consejeros, actúan en forma irracional, nociva, contraproducente, o peligrosa contra su salud, bienestar, o juicio cabal. El fomentar tales conductas puede traer problemas legales, no solo éticos. Si presentamos casos hipotéticos para ilustrar este punto, podemos aludir a casos en los cuales las personas han sido encomiadas a desechar y no tomar sus medicamentos antidepresivos o antipsicóticos para luego tener atentados suicidas y terminar hospitalizadas. En materia emocional, muchas mujeres han sido aconsejadas a "quedarse en el molde" mientras sus maridos las han golpeado, abusado física, sexual, y emocionalmente, porque el "premio" esperado era que tales maridos algún día podrían convertirse. Mientras tanto, tales esposas sufren por muchos años no solo las injurias indecentes, pero son afectadas en muchas maneras que se traducen en cautiverios, masoquismo, repeticiones de círculos viciosos y legados a sus hijos de cierto pesimismo en la vida, conductas inoperativas y funestas pasadas a las generaciones futuras como modelos de tratativas familiares. Las convicciones abundan, ya que por un lado no se niega el poder de Dios en efectuar milagros, pero tampoco se descarta el raciocinio lógico y el sentido común esperado en el consejo proporcionado.

6. *Pronunciamientos público*s. Los anuncios, la propaganda, la divulgación de servicios prestados, de actuaciones prometidas y de aspectos promocionales de los diversos asuntos patrocinados por las personas terapeutas o consejeras deben servir el propósito de informar adecuadamente, de ilustrar cabalmente, de ayudar a las personas a establecer un entendimiento certero de lo que se promete y se espera. Las personas deben ser capaces de hacer elecciones informadas luego de considerar las representaciones objetivas, las calificaciones y la experiencia de las personas que anuncian sus funciones, ministerios y actuaciones en el consejo. Se debe usar discreción, integridad y buen gusto en los pronunciamientos de carácter público.

Dilemas en el Consejo: ¿Cuánto Dar a Entender, Compartir, Diseminar, y a Quién?

Muchas veces las personas que aconsejan se encuentran con situaciones en las cuales cierta información es requerida por otras personas o agencias, y es necesario revelar aspectos que bien pueden comprometer o violar los derechos relacionados a informaciones privadas y confidenciales. La siguiente lista no es conclusiva ni exclusiva, pero presenta ejemplos de algunos de los dilemas a ser resueltos:

- Un pastor refiere a un feligrés a un terapeuta, quien espera cierta información acerca de los pormenores de los problemas por los cuales se refiere a tal persona. La persona que aconseja tiene que salvaguardar la información que se le suministra por parte de la persona aconsejada, y solo puede compartir con el pastor aquello que en la discreción de la persona es adecuado

- Un consejero trabaja con un miembro a quien otro profesional atiende por asuntos emocionales o familiares y cierta información debe ser compartida por ambos a fin de tener una mejor perspectiva de los problemas siendo atendidos. La persona que aconseja es responsable de proteger la información vertida y mantenerse en la esfera y los límites abarcados por el permiso expresamente firmado por la persona aconsejada

- Un abogado requiere de un consejero ciertos datos informativos acerca de una persona que se está divorciando, o que está en litigio con su ex-cónyuge por la custodia de un niño, la información a ser proporcionada debe ser aprobada por la persona aconsejada, con su firma. El hecho que un abogado requiera o demande un prontuario acerca de la persona, no significa que hay que obedecer a su pedido. A veces, el juez de una corte puede demandar los ficheros o records de las sesiones de consejería de la persona en litigio, bajo pena legal. Solo bajo tales condiciones es que el consejero accede a la demanda

- Un consejero ayuda a una persona a resolver ciertas disputas o querellas que ésta tiene con un miembros de su iglesia, y cierta información de tal persona es comunicada en privado al consejero; el líder de la congregación se acerca para consultar al consejero con respecto a tal dilema porque el mismo ha afectado a la congregación y la información suministrada por la persona en consejería pudiera servir de ayuda para resolver las cuestiones comunitarias. Aún en tal caso, solo bajo la jurisdicción, permiso y firma de las personas afectadas es que tal información puede ser suministrada

- Se refiere y existe el traspaso de servicios de consejo prestados, o una persona deja su ocupación o servicio por cualquier cuestión y el nuevo consejero desea saber acerca de las cuestiones y de los problemas existentes en las personas a ser aconsejadas: Es necesario tener el permiso de la persona

- Se entrenan consejeros o ayudantes en la iglesia, y se les suministra información no solo acerca de asuntos generales o globales, sino también de asuntos particulares que envuelven a personas con sus asuntos concretos como ilustraciones o alegaciones al respecto: en tal caso se usa de discreción y se salvaguardan las comunicaciones para no caer en asuntos faltos de ética o aún legales;

- Pastores, ministros o consejeros hablan entre ellos/as, y "se les escapan" muchas novedades, asuntos y problemas que se encuentran en sus respectivas jurisdicciones, iglesias o trabajos: Tales situaciones deben ser evitadas

- Se trata de elegir oficiales de iglesia, cuyos pecadillos, pormenores o problemas que pudieran afectar sus funciones y la vida de la iglesia no son conocidos por la mayoría, sino por las personas que aconsejan (siendo miembros de la misma iglesia), quienes no pueden simplemente vetar en público o durante las elecciones a tales personas corriendo para tales cargos: en tales casos, el consejero no tiene la libertad para diseminar ni divulgar tal información

- Cuando se trata de informar al liderazgo congregacional acerca de personas que recientemente han sido elegidas a ciertos cargos organizacionales o congregacionales con las cuales ellos han trabajado o estarán trabajando: Tal información no se disemina sin la autorización de tales personas

- Cuando se toman datos de personas que acudieron a los consejeros con ciertos problemas, y tal información es utilizada en las ilustraciones de los sermones: El orador debe abstenerse de tal retórica

- Cuando se aconseja a personas cuyos problemas son paralelos, semejantes a los de otras que el consejero ayudó en el pasado, dando lugar a la tentación de referirse a las estrategias, maneras de solucionar asuntos o su éxito en tales intervenciones, aludiendo a los nombres de las personas y a sus problemas como bases comparativas en la situación presente: El consejero no es libre de traer nombres o personas como referencias testimoniales

- Cuando se aconsejan familias y se hace referencia otros miembros de la congregación, dando lugar a intercambios sociales y a referencias que pueden comprometer cierta información acerca de las mismas: El consejero debe evitar tales entrelazados

- Un pastor consejero deja una congregación y continúa relacionándose parcialmente con ciertas personas de tal congregación, haciendo más difícil el trabajo de la nueva administración: Tal relación debe respetar los nuevos límites que se establecen en la nueva administración y sus intervenciones, y no inmiscuirse en tales casos

- Una persona consejera es acusada de inmoralidad, y se debe tratar con el asunto. Si otros consejeros son involucrados en el proceso de investigación o de restauración: Es necesario establecer criterios éticos y legales acerca del caso: Por dónde empezar, con qué datos y a quiénes acudir para establecer un proceso de esclarecimiento, disciplina o pronunciar un veredicto adecuado

Tal vez el lector tenga sus propios casos, a ser compartidos en discusiones grupales o de entrenamiento al respecto. En la actualidad, las corrientes modernas proporcionan desafíos al consejero cristiano, cuestionando prácticas que tradicionalmente se han ejercido dentro de las tareas de aconsejar, acopladas al discipular, disciplinar, corregir y exhortar dentro del seno de la iglesia. Tales tareas involucran mucho de lo que se denomina información confidencial, confesión y compartir de intimidades dentro de los grupos que tratan de estar "unánimes y de una misma fe. Los dilemas se suscitan cuando por un lado, el afán de establecer criterios de mutualidad, abertura, honradez, vulnerabilidad con fines de compenetración en amor, y demás aspectos de la teología neo testamentaria que enfatiza la expresión "los unos a los otros", hace que se obtenga mucha información confidencial.

Por otra parte, el deber de salvaguardar a lo que se vierte confesionalmente o privadamente hace que existan situaciones en pugna, ya que el divulgar un secreto puede acarrear consecuencias indeseables no solo a la persona que lo comparte sino también al grupo. Aún más, el asunto se complica debido a que el cubrir ciertos pecados o cierta conducta secreta de un miembro puede afectar nocivamente a todo el Cuerpo, con el consiguiente dilema para la persona que está al tanto de tal secreto, y desea el bienestar de todo el grupo. Mucho más se podría escribir sobre esta materia. El estudiante hará sus decisiones en cuanto a prepararse en la materia de ética profesional, para no caer en desavenencias ni problemas que afecten a su trabajo humanitario.

Conclusión:

Hemos presentado brevemente nociones éticas en el campo de labor consejera, las cuales pueden ser ampliadas. Se insta al lector a proseguir refinando su perspicacia sobe estos asuntos, para ejercer una buena administración de su servicio a las personas problemáticas y a la comunidad a la cual pertenecen. Las organizaciones psiquiátricas, psicológicas y de trabajo social tienen códigos éticos, manuales y regulaciones de sus profesiones. Los que trabajan en el ámbito secular como terapeutas, están bastante compenetrados en estos asuntos. No solo su reputación personal entra en juego en todas sus actuaciones, pero también sus credenciales y su pertenencia a las organizaciones o asociaciones que validan sus trabajos. Se espera que los ministros y consejeros cristianos no se queden atrás en sus conocimientos sobre la materia.

Bibliografía

Acosta, Frank X., Yamamoto, J., and Evans, L. A. (1982). *Effective Psychotherapy for Low Income and Minority Patients*. New York: Plenum Press.

Adams, Jay E. (1981). *Capacitados Para Restaurar*. Buenos Aires: Editorial Portavoz.

Adams, Jay E. (1986). *How People Change*. Grand Rapids: Zondervan.

Adams,, Jay. E. (1986). Perspicacia y Creatividad en el Arte de Aconsejar. Barcelona: CLIE.

Adams, Jay. (2004). *La Páactica de Aconsejar*. Barcelona, España: CLIE.)

Agüero, E. (2001). Piscología y Trabajo pastoral, en Cuadernos de Teología, Vol. XVIII, pp.139–159. Buenos Aires: Isedet.

Aitken, K.J., & Trevarthen, C. (1997). Self-other organization in human psychological development.*Development and Psychopathology*, 9, 653–678.

Allport, Gordon. (1955). *Becoming*. New Haven: Yale University Press.

Alvarez, R. (1975). *Delivery of Services for Latino Community Mental Health*. Los Angeles: UCLA, Monograph 2.

Alves, Rubem. (1972). *A Theology of Hope*. Abbey Press.

Amiel, J. M.; Matthew, S.. J.; Garakani, A.; Neumeister, A. & Charney, D. S. (2009). Neurobiology of anxiety diorders, in *The American Psychiatric Publishing Textbook of Psychopharmacology* (4th ed.). Scharzberg, Alan F.; Nemeroff, Charles B. (Eds). Arlington, VA: American Psychiatric Publishing.

Anderson, Raymond. ed. (1979). *Theological Foundations for Ministry: Selected Readings for a Theology of the Church in Ministry*. Edinburgh: T&T Clark.

Anderson, Raymond (1982). *On Being Human*. Grand Rapids, MI: Eerdmans.

Anderson. N. (2000). *Christ Centered Therapy*. Grand Rapids: Zondervan.

Anderson, R. S. (2001). *The Shape of Practical Theology: Empowering Ministry with Theological Praxis*. Downers Grove, IL: InterVarsity Press.

Anderson, S.W., Bechara, A., Damasio, H., Tranel, D., & Damasio, A.R. (1999). Impairment of social and moral behavior related to early damage in human prefrontal cortex. *Nature Neuroscience*, 2(11),1032–1037.

Anthony, M. M. & Stein, M. B. (Eds.) (2008). *Oxford Handbook of Anxiety and Related Disorders*. Oxford University Press.

Archer, J. (1999). *The Nature of Grief: The Evolution and Psychology of Reactions to Loss*. New York: Routledge.

Archer, J. (200la). Evolutionary Social Psychology. En M. Hewstone & W. Stroebe (Eds.), *Introduction to Social Psychology: A European Perspective*, 3rd ed. (pp. 23-46). Oxford, England:Blackwell.

Archer, J. (200Ib). Grief From an Evolutionary Perspective. En M. S. Stroebe, W. Stroebe, R.

O. Hansson, & H. Schut (Eds.), *Handbook of bereavement research: Consequences, Coping and Care* (pp. 263–283). Washington, DC: American Psychological Association.

Augsburger, D. W. (1986). *Pastoral Counseling Across Cultures*. Philadelphia: Westminster

Augsburger, D. W. (1981). *Care Enough to Forgive –Care Enough Not to Forgive*. Regal Books.

Augsburger, D. W. (1996). *Helping People Forgive*. Westminster John Knox Press.

Augsburger, D. W. (2000). *The New Freedom of Forgiveness*. Moody Publishers

Bandura, A. (1986). *Social Foundations of Thought and Action*. Englewood Cliffs, NJ: Prentice-Hall.

Bandura, A. (1997). *Self-efficacy: The Exercise of Control*. New York: Freeman.

Barlow, D. H. (2004). *Anxiety and Its Disorders, Second Edition:*

Barnes, A. J.; Eisenberg, M. E.; Resnick, M. D. (2010). Suicide and Self-Injury Among Children and Youth With Chronic Health Conditions. *Pediatrics,* May 2010, Vol. 125 (5), pp. 889-895.

Barrientos, R. (1982). *Principios y Alternativas de Trabajo pastoral*. Miami, FL: Editorial Caribe.

Barth. K. (1962). *Church Dogmatics IV, 3, ii, The Doctrine of Reconciliation,* traducida al Inglés por G.W. Bromiley Edinburgh: T&T Clark.

Barth, M. (1974). *Ephesians*. Yale University Press.

Bartholomew, K., & Horowitz, L. M. (1991). Attachment styles among young adults: A test of a four-category model. *Journal of Personality and Social Psychology, 61,* 226-244.

Baumgartner, I. (2009). *Psicologia Pastoral*. Bilbao: Desclée De Brouwer.

Baxter, R. (1659). *The Reformed Pastor*. Original 1659. Carlisle, PA: Banner of Truth Trust.

Beaudoin, M. N. (2004). Stabilizing therapeutic progress with anchors to preferred selves. *Journal of Brief Therapies,* 3(2), 139–152.

Beaudoin, M. N. (2005). Agency and choice in the face of trauma: A narrative therapy map. *Journal of Systemic Therapies,* 24(4), 32–50.

Beck, A. T. (1976). *Cognitive Therapy and the Emotional Disorders*. NY: Meridian.

Beck, A. T., Rush, A.J., Shaw, B. F., & Emery, B. (1987). *Cognitive Therapy of Depression*. New York: The Guilfrod Press.

Beck, A., Emery, G. & Greenberg, R. (2005). *Anxiety Disorders and Phobias: A Cognitive Perspective*. Basic Books; 15th edition.

Beck, J. S. (2005). *Cognitive Therapy: Basics and Beyond*. NY: Guilford Press.

Beck, A. & Alford, B. A. (2009). *Depression: Causes and Treatment,* 2nd Edition. University of Pennsylvania Press.

Becker, E. (1973). *The Denial of Death*. New York: Free Press.

Bellah, R. N. (1985). *Habits of the Heart: Individualism and Commitment in American Life.* Berkeley, CA: University of California Press.

Benner, D. G. (1988). *Psychotherapy and the Spiritual Quest*. Grand Rapids, Mich.: Baker. Benner, D. G. (2003). *Strategic Pastoral Counseling: A Short-Term Structured Model*. 2nd. Ed. Grand Rapids: Baker Books.

Berkley, J. D (Ed.) (2007). *Leadership Handbook of Management and Administration*. Grand Rapids, MI: Baker Books.

Bernal, G. (2005). Cuban Families. *Ethnicity and Family Therapy*. M. McGoldrick, J. K. Pearce, and J. Giordano (Eds.). New York: The Guilford Press.

Berkhof, B. (1941). *Systematic Theology,* 4th ed. Grand Rapids, MI: Eerdmans.

Berkouwer, G. C. (1962). *Man: The Image of God.* Grand Rapids, MI: Zondervan.

Betancourt, E. 1980). *Manual Comprensivo de Psicología Pastoral*. Ponce, Puerto Rico: Editorial Evangélica.

Blumhofer, E., Spittler, R. P. & Wacker, G. A. (Eds.) (1999). *Pentecostal Currents in American Protestantism.* University of Illinois Press.

Bobgan, M. & Bobgan, D. (1979). *The Psychological Way –The Spiritual Way.* Minneapolis:

Bethany Fellowship.

Bobgan, M, & Bobgan, D. (1987). *Psychoheresy: The Seduction of Christianity.* EastGate Publishers.

Boff, L. (1988). *Trinity and Society.* Maryknoll, NY: Orbis Books.

Boisen, A. (1971). *The Exploration of the Inner World.* Philadelphia: University of Pennsylvania.

Bonanno, G. A., & Kaltman, S. (1999). Toward an integrative perspective on bereavement. *Psychological Bulletin, 125,* 760-776.

Bonanno, G. A., & Keltner, D. (1997). Facial expression of emotion and the course of conjugal bereavement. *Journal of Abnormal Psychology, 106,* 126-137.

Bonino, J. M. (1975). *Doing Theology in a Revolutionary Situation.* Fortress Press.

Bonino, J. M. (1977). *La fe en Busca de Eficacia: Una Interpretación de la Reflexión Teológica Latinoamericana de Liberacóon* (Agora). Ediciones Sígueme.

Borg, E. (2013). The role of mirror neurons in intentionality understanding: From empirical evidence to theoretical interpretation. *Consciousness and Cognition.* 22(3), 1122-1131. Amsterdam: Elsevier.

Boszormenyi-Nagy, I. Framo, J. L. 1965). *Terapia Familiar Intensiva.* México: Editorial Trillas.

Bowen, M. (1989). *La Terapia Familiar en la Práctica Clínica. Vol.I. Fundamentos teóricos. Vol. II. Aplicaciones.* Bilbao: Editorial Desclée de Brouwer.

Bowlby, J. (1960a). Grief and mourning in infancy and early childhood. *The Psychoanalytic Study of the Child, 15,* 9-52.

Bowlby, J. (1960b). Separation anxiety. *International Journal of Psycho- analysis, 41,* 89-113.

Bowlby, J. (1971). *Attachment and Loss: Vol.1. Attachment.* Harmonsworth, Middlesex, England: Penguin Books.

Bowlby, J. (1975). *Attachment and loss: Vol.2. Separation: Anxiety and Anger.* Harmonsworth, Middlesex, England: Penguin Books.

Bowlby, J. (1981). *Attachment and Loss: Vol.3. Loss: Sadness and Depression.* Harmonsworth, Middlesex, England: Penguin Books.

Bowlby, J. (1988). 1988. *A Secure Base: Parent-Child Attachments and Healthy Human Development.* New York: Basic Books.

Brown, H. O. (1977). *Death Before Birth.* Nashville,TN: Thomas Nelson.

Brown, W., Murphy, N., & Malony, H. N. (eds.) (1998). *Whatever happened to the soul?* Minneapolis: Fortress Press.

Bromiley, G. W. (1959). *Christian Ministry* Grand Rapids, MI: Eerdmans.

Bube, R. (1971). *The Human Quest.* Waco, TX: Word Books.

Bube, R. (1979). The significance of being human. *Journal of the American Scientific Affiliation.* March, 37–43.

Bube, R. (1995). *Putting it all together: Seven patterns for relating science and the Christian faith.* Maryland: University of America, Inc.

Bucer, M. (2009). *Concerning the True Care of Souls,* traducido al Inglés por Peter Beale. Carlisle, PA: Banner of Truth Trust; original 1538.

Bultmann, R. (1951*). Theology of the New Testament.* Vol. 1. NY: Harper.

Burgess, S. & McGee, G. B., eds. (1988). *Dictionary of Pentecostal and Charismatic Movements.* Grand Rapids, MI: Zondervan.

Burgess, S. (2011). *Christian Peoples of the Spirit: A Documentary History of Pentecostal Spirituality from the Early Church to the Present.* NY: NYU Press.

Burke, T. K. & Cullen, B. (1995). *Rachel's Vineyard: A Psychological and Spiritual Journey of Post-Abortion Healing: A Model for Groups.* Saint Paul's/ Alba House.

Burke, T. (2002). *Forbidden Grief: The Unspoken Pain of Abortion.* Acorn Books.

Burns, S. T. (2010). Counseling Adult Clients Experiencing Chronic Pain. *Journal of

Counseling & Development, Fall2010, Vol. 88 Issue 4, p483-490.

Cabot, R. C. (1908). The American Type of Psychotherapy. En W. B. Parker (ed.) *Psychotherapy: A Course on Readings in Social Psychology, Sound Medicine, ansd Sound Religion.* NY: Center Publishing.

Campbell, A.V. (1981). *Rediscovering Pastoral Care.* Philadelphia: Westminster Press.

Caplan, G. (1961). *An Approach to Community Mental Health.* New York: Gruner and Stratton.

Caplan, G. (1964). *Principles of Preventive Psychiatry.* New York: Basic Books.

Capps, D. (1981). *Biblical Approaches to Pastoral Counseling.* Philadelphia: Westminster Press.

Carkhuff, R. R. (1979). *The Skills of Helping.* Amherst, Ma: Human Resources Development.

Carter, J. D. (1975). Adam's Theory of Nouthetic Counseling. *Journal of Psychology and Theology,* 143-155.

Carter, J. D. y Narramore, B. (1979). *The Integration of Psychology and Theology: An Introduction.* Grand Rapids, MI: Zondervan.

Casas, J. M. and Keefe, S. E. (1978). *Family and Mental Health in the Mexican American Community.* Los Angeles: UCLA, Monograph No. 7.

Catell, R. B. (1970). *El Cuestionario de 16 factores de la Personalidad.* Traducido del Inglés, *Sixteen Personality Factor Questionnaire (16PF)* por Cristina del Castillo, Raul Mariscal, Luisa Morales y Armando Velasquez, 1980. Mexico: Editorial El Manual Moderno, S.A.

Chacour, E. (1984), *Blood Brothers.* Grand Rapids, MI: Zondervan.

Chwalisz, K. (2008). The future of counseling psychology: Improving quality of life for persons with chronic health issues. *The Counseling Psychologist,* Vol 36 (1), pp. 98- 107.

Cicchetti, D., & Tucker D. (1994): Development and self-regulatory structures of the mind. *Development and Psychopathology,* 6, 533–549.

Cicchetti, D., & Rogosch, F.A. (1997a). The role of self-organization in the promotion of resilience in maltreated children. *Development and Psychopathology,* 9, 797–816.

Clark, D. A. & Beck, A. (2009). *Cognitive Therapy of Anxiety Disorders: Science and Practice.* The Guilford Press.

Clinebell, H. & Clinebell, C. (1973). *Intimidad: Clave para la plenitud de la pareja.* Buenos Aires: Editorial La Aurora.

Clinebell, R. (1977). *Growth Counseling.* Nashville: Abingdon Press.

Clinebell, R. (1984). *Basic Types of Pastoral Counseling.* Nashville: Abingdon.

Clinton, T. & Ohschlager, G. (Eds.) (2002). *Competent Christian Counseling,* Vol. 1: Foundations and Practice of Compassionate Soul Care. WaterBrok Press.

Clinton, T., Sibey, G. (2012). Christian counseling, interpersonal neurobiology, and the future. *Journal of Psychology and Theology.* 40 (2), 141-145.

Coe, J. H., & Hall, T. W. (2010). *Psychology in the Spirit: Contours of a Transformational Psychology.* Colorado Springs, CO: IVP Academic.

Collins, F. S. (2007). *The Language of God: A Scientist Presents Evidence for Belief.* Free Press.

Collins, F. S. (2010). DNA: *The Language of Life: DNA and the Revolution in Personalized Medicine.* NY: HarperCollins.

Collins, G. R. (1976). *How to be a People Helper.* Ventura, CA: Regal.

Collins, G. R. (1986). *Innovative Approaches to Counseling.* Waco, TX: Word.

Collins, G. R. (1988). *Can You Trust Psychology?* Downers Grove, IL: Intervarsity.

Collins, G. (1992). *Consejeria Cristiana Efectiva.* Editorial Portavoz.

Collins, G. (2007). *Christian Counseling.* 3rd. Ed. Thomas Nelson.

Collins, G. (2010). *Psicología y Fe Cristiana: Cuatro Puntos de Vista.* Editorial Andamio.

Cosgrove, M. P. (1977). *The essence of human nature.* Grand Rapids, MI: Zondervan.

Cosgrove, P. y Mallory, J. D. (1982). *La Salud Mental: Un Enfoque Cristiano.* Miami: Editorial

Caribe.

Cozolino, L. (2002). *The Neuroscience of Psychotherapy: Building and Rebuilding the Human Brain.* New York: W. W. Norton.

Cozolino, L. (2006.) *The Neuroscience of Human Relationships: Attachment and the Developing Social Brain.* New York: W. W. Norton.

Cozolino, L. (2010). *The neuroscience of psychotherapy: Healing the social brain* (2nd ed.). New York, NY: W. W. Norton.

Crabb, L. J. (1977). *Principios Bíblicos del Arte de Aconsejar.* Barcelona: CLIE.

Crabb, L. J. (1987). *Understanding People: Deep Longings for Relationship.* Grand Rapids, MI: Zondervan.

Crabb, L. (1977). *Effective Biblical Counseling: A Model for Helping Caring Christians Become Capable Counselors.* Grand Rapids, MI: Zondervan.

Cross, W. E. Jr. (1978). The Thomas and Cross models of psychological nigrescence: A review. *Journal of Black Psychology, 5,* 13-31.

Cushman, C. (1995). *Constructing the Self, Constructing America: A Cultural History of Psychotherapy.* Boston: Addison-Wesley.

Damasio, A.R. (1998). Emotion in the perspective of an integrated nervous system. *Brain ResearchReviews, 26,* 83–86.

Damasio, A. R. (1999). *The feeling of what happens: Body and emotion in the making of consciousness.* New York: Harcourt Brace.

Damasio, A. R. (2010). *Self Comes to Mind: Constructing the Conscious Brain.* New York, NY: Knopf Doubleday Publishing Group.

Davis, J. J. (1984). *Foundations of Evangelical Theology.* Grand Rapids, MI: Baker.

Davis, J. J. (1993). *Evangelical ethics: Issues facing the Church Today.* (2nd. ed.). Phillipsburg, NJ: P&R Publishing.

Davis, J. J. (2010). *Worship and the Reality of God: An Evangelical Theology of Real Presence.* InterVarsity Press.

Devar, K. M. & Stravinsky, A. (2001). The quest for biological corelates of social phobia: An interim assessment. *Acta Psychiatrica Scandinavica,* Vol. 103(4), 244–251.

Dillard, J. M. (1983). *Multicultural Counseling.* Chicago: Nelson-Hall.

Dobson, J. (1970). *Dare to Discipline.* Wheaton: Tyndale.

Dobson, D. D. & Dobson, K. S. (2009). *Evidence-based Practice of Cognitive-behavioral Therapy.* New York: The Guilford Press.

Dunn, J. D. G. (1975). *Jesus and the Spirit: A Study of the Religious and Charismatic Experience of Jesus and the First Christians as Reflected in the New Testament.* Philadelphia: Westminster Press.

Ekman, P. (1992). Facial expressions of emotion: New findings, new questions. *Psychological Science, 3,* 34–38.

Eckman, P. (2007). *Emotions Revealed, Second Edition: Recognizing Faces and Feelings to Improve Communication and Life.* 2a. Edición. Holt Paperbacks.

Egan, G. (1986). *The Skilled Helper.* Monterey, CA: Brooks/Cole.

Elizondo, V. (1986). "I forgive but I do not forget" in C. Floristan and C. Duquoc, *Forgiveness,* Edinburgh: T.T. Clark.

Ellison, C. W. (1983). *Your Better Self.* San Francisco: Harper & Row.

Ellis, A. (1975). *A New Guide to Rational Living.* Wilshire Book Co.

Entwistle, D. N. (2010). *Integrative Approaches to Psychology and Christianity: An Introduction to Worldview Issues, Philosophical Foundations, and Models of Integration.* Cascade Books.

Erikson. E. H. (1964). *Insight and Responsibility.* NY: Norton.

Erikson, E. H. (1966). *Infancia y Sociedad.* Buenos Aires: Home.

Erickson, D. J.. (1987). *Christian Theology,* 2nd ed. Grand Rapids, MI: Baker Books.

Erickson, D. J. (1998). *Christian Theology.* Grand Rapids, MI: Baker.

Etkin, A. (2012). Neurobiology of anxiety: From neural circuits to novel solutions? *Depression and Anxiety,* Vol. 29(5), 355–358.

Evans, G. R. ed. (2000). *A History of Pastoral Care.* London: Cassell.

Fairbairn, W. R. D. (1952). *An Object-Relations Theory of the Personality.* New York: Basic Books.

Fairbairn, D. (2009). *Life in the Trinity: An Introduction to Theology with the Help of the Church Fathers.* Downers Grove, IL:IVP Academic.

Fairbairn, P. (1875). *Pastoral Theology: A Treatise on the Offices and Duties of the Christian Pastor.* Edinburgh: T&T Clark.

Falicov, C.J. (1984). Mexican Families, in *Ethnicity and Family Therapy.* (eds.) M. McGoldick, J. K. Pearce, and J. Giordano. New York: The Guilford Press.

Farnsworth, K. E. (1985). *Wholehearted Integration: Harmonizing Psychology and Christianity Through Word and Deed.* Grand Rapids, MI: Baker.

Fee. G. (1996). *Paul, the Spirit, and the People of God.* Baker Academic.

Fee, G. (2000). *Listening to the Spirit in the Text.* Grand Rapids: Eerdmans.

Fee, G. (2009). *God's Empowering Presence: The Holy Spirit in the Letters of Paul.* Baker Academic.

Ferrari, P. F., Tramacere, A., Simpson, E. A., & Iriki, A. (2013). Mirror neurons through the lens of epigenetics. *Trends in Cognitive Sciences.* (17) 9, 450-457. Amsterdam: Elsevier.

Flavell, J. H. (1963). *The Developmental Psychology of Jean Piaget.* Princeton, NJ: Van Nostrand.

Flavell, J. H. (1992). Cognitive Development: Past. Present and Future. *Developmental Psychology,* Vol. 28, 998-1005.

Fleck, J. R. y Carter, J. D. (Eds.) (1981). *Psychology and Christianity: Introductory Readings.* Nashville: Abingdon.

Fonagy, P., & Target, M. (1997). Attachment and reflective function: Their role in self-organization. *Development and Psychopathology,* 9, 679–700.

Fordyce, W. E. (1988). Pain and Suffering: A Reappraisal. *The American Psychologist.* 43, 4, 276–83.

Freud, S. (1957). Mourning and melancholia. In J. Strachey, *The Standard Edition of Complete Psychological Works of Seimund Freud* (Vol. 14, 239–260). London: Hogarth Press (Original publicado en 1917).

Freud, A. (1976). *El Yo y los Mecanismos de Defensa.* Buenos Aires: Paidós.

Fromm, E. (1950). *Psychoanalysis and Religion.* New Haven, CTL: Yale University Press.

Fromm, E. (1965). *Escape from Freedom.* NY: Avon Books.

Gallese, V. (2003). The Roots of Empathy: The Shared Manifold Hypothesis and the Neural Basis of Intersubjectivity. *Psychopathology,* 36: 171–80.

Gallese, V., Fadiga, V. L., Fogassi, L., & Rizzolatti, G. (1996). Action recognition in the premotor cortex. *Brain,* 119:593-609.

Gallese, V. Eagle, M.N., & Migone, P. (2007). Intentional attunement: Mirror neurons and the neural underpinnings of interpersonal relations. *Journal of the Ameican Psychoanalytical Association.* 55 :131- 176.

Gallese, V. (2007). Before and below 'theory of mind': embodied simulation and the neural correlates of social cognition. *Philosophical Transactions of the Royal Society,* 362 , 659-69.

Gallese, V. (2009, in press). 'Motor abstraction: A neuroscientific account of how action goals and intentions are mapped and understood'. *Psychological Research.*

Garcia-Preto, N. (1983). Puerto Rican Families, in *Ethnicity and Family Therapy,* (eds.) M. McGoldick, J. K., & J. Giordano. New York: The Guilford Press.

Gattinoni, C. (1977). Teología y psicología pastoral. *Psicología Pastoral,* Vol 1, pp. 4-7. Buenos Aires.

Gergen, K. J. (1991). *The Saturated Self: Dilemmas of Identity in Contemporary Life.* New York: Basic Books.

Glasser, W. (1965). *Reality Therapy.* NY: Harper and Row.

Glueckauf, R. L., Davis, W., Allen, K., Chipi, P.; Schettini, G., Tegen, L., Jian, X., Gustafson,

D. J., Maze, J., Mosser, B., Prescott, S., Robinson, F., Short, C.; Tickel, S., VanMatre, J., DiGeronimo, T. & Ramirez, C. (2009). Integrative cognitive–behavioral and spiritual counseling for rural dementia caregivers with depression. *Rehabilitation Psychology*, Vol 54(4), pp. 449–461.

Gonzalez, J. L. (1988). *The Theological Education of Hispanics*. NY: The Fund for Theological Education.

Gonzalez, J. L. (1990). *Mañana: Christian Theology from a Hispanic* Perspective. Nashville: Abingdon Press.

Gonzalez, J. L. (1996). *Santa Biblia: The Bible Through Hispanic Eyes*. Nashville: Abingdon Press.

Grenz, S. (2001). *The social God and the relational self: A Trinitarian Theology of the Imago Dei*. Louisville: Westminster John Knox.

Grievink, L. (2006). Health-related quality of life and mental health problems after a disaster: Are chronically ill survivors more vulnerable to health problems? *Quality of Life Research*, Vol. 15 (10), 1571–1576.

Fulton, G., Madden, C., & Minichiello, V. (1996). The social construction of anticipatory grief. *Social Science and Medicine, 43*, 1349-1358.

Griffin, D., & Bartholomew, K. (1994). The metaphysics of measurement: The case of adult attachment. In K. Bartholomew & D. Perlman (Eds.), *Advances in personal relationships*: Vol.5. *Attachment processes in adulthood* (pp. 17-52). London: Kingsley.

Grudem, W. (1994). *Systematic Theology: An Introduction to Biblical Doctrine*. Grand Rapids, MI: Zondervan.

Grudem, W. (2007). *Teologia Sistemática: Una Introducción a La Doctrina Bíblica*. Miami: Editorial Vida.

Gruenler, R. G. (2004). *The Trinity in the Gospel of John: A Thematic Commentary on the Fourth Gospel*. Wipf & Stock Publishers.

Grunlan, S. y Lambrides, D. (1984). *Healing Relationships: A Christian Manual For Lay Counselors*. Camp Hill, PA: Christian Publications.

Gutierrez, G. (1988). *A Theology of Liberation: History, Politics and Salvation*. Orbis Books.

Haffemann, S. J. (2011). *Suffering and the Spirit: En Exegetical Study of II Corinthians 2:14-3:3 Within the Context of the Corinhian Correspondence*. Wipf & Stock Publishers.

Haley, J. (1976). *Problem Solving Therapy*. San Francisco: Josey-Bass.

Haley, J. & Hoffman, L. (1968). *Techniques in Family Therapy*. NY: Basic Books.

Hall, G. S. (1917). *Jesus Christ in the Light of Psychology*. NY: Appleton.

Hall, T. (2004) Christian Spirituality and Mental Health: A Relational Spirituality Paradigm for Empirical Research. *Journal of Psychology and Christianity*. Vol. 23, No. 1,66-81

Hanna, E. (1911). The Sacrament of Penance. *The Catholic Encyclopedia*. New York: Robert Appleton Company.

Hansen, D. (1994). *The Art of Pastoring: Ministry without All the Answers*, Downers Grove, IL: InterVarsity Press.

Harris, A.H., Luskin, F.M., Benisovich, S.V., Standard, S., Bruning, J., Evans, S. & Thoresen, C. E. (2006). Effects of a Group Forgiveness Intervention on Forgiveness, Perceived Stress, and Trait-Anger. *Journal of Clinical Psychology*, Vol 62 (6), pp. 715-733.

Hart, A. D. (1995). *Adrenaline and Stress*. Thomas Nelson.

Hart, A. D. (2001). *The Anxiety Cure*. Thomas Nelson.

Hart, A. D. (2001). *Unmasking Male Depression: Recognizing the Root Cause to Many Problem Behaviors Such as Anger, Resentment, Abusiveness, Silence, Addictions, and Sexual Compulsiveness*. Thomas Nelson.

Haugle, K. C. (1984). *Christian Caregiving-A Way of Life*. Minneapolis: Augsburg.

Hazan, C., & Shaver, P. R. (1987). Romantic love conceptualized as an attachment process. *Journal of*

Personality and Social Psychology, 52, 511-524.

Hermans, H., Kempen, H., & van Loon, R. (1992). The Dialogical Self. *American Psychologist.* Vol. 47, 23–33.

Hesselgrave, D. J. (1984). *Counseling Cross-Culturally.* Grand Rapids, MI: Baker.

Hewett, J. H. (1980). *After Suicide.* Westminster John Knox Press.

Hiltner, S. (1958). *Preface to Pastoral Theology.* Nashville: Abingdon Press.

Hindy, C. G., & Schwarz, J. C. (1994). Anxious romantic attachment in adult relationships. In M. B. Sperling & W. H. Berman (Eds.), *Attachment in Adults: Clinical and Developmental Perspectives* (pp. 179–203). New York: Guilford Press.

Hoekema, A. A. (1986). *Created in God's Image.* Grand Rapids, MI: Eerdmans.

Holifield, E. B. (1983). *A History of Pastoral Care in America: From Salvation to Self-Realization.* Nashville: Abingdon Press.

Hollenweger, W. J. (1977). *Pentecostalism: Origins and Developments Worldwide.* Peabody, MA: Hendrickson Publishers.

Hollinger, D. P. (1983). *Individualism and Social Ethics: An Evangelical Syncretism,* Lanham, MD: University Press of America.

Hollingsworth, A. (2008). Neuroscience and spirituality: Implications of interpersonal neurobiology for a spirituality of compassion. *Zygon,* vol. (43), 837-860.

Hoppin, J. M. (1901). *Pastoral Theology,* 5th ed. New York: Funk & Wagnalls; orig. 1884.

Houk, M. (2002). *When You Have a Chronic Illness.* Augsburg Fortress Publishers .

Hughes, P. E. (1989). *The True Image: The Origin and Destiny of Man in Christ.* Grand Rapids, MI: William B. Eerdmans.

Hulme, W. E. (1981). *Pastoral Care and Counseling.* Minnesota: Augsburg Press.

Hunt, D y Mc Mahon, T. A. (1985). *The Seduction of Christianity.* Eugene, ORE: Harvest House.

Iacoboni, M., Koski, L., Brass, M., Bekkering, H., Woods, R. P.., Dubeau,M-C., Mazziotta, J. C., and Rizzolatti, G. (2001). "Reafferent Copies of Imitated Actions in the Right Superior Temporal Cortex." Proceedings of the National Academy of Sciences 98 (24): 13995–99.

Iacoboni, M., Woods, R. P., Brass, M., Bekkering, H., Mazziotta, J. C., and Rizzolatti, G. (1999). Cortical Mechanisms of Human Imitation. *Science,* 286 (5449): 2526–28.

Inglehart, R. & Oyserman, D. (2004) "Individualism, Autonomy, Self-Expression," en H. Vinken, J. Soeters, y Ester, eds. *Comparing Cultures: Dimensions of Culture in a Comparative Perspective.* Leiden: E.J. Brill.

Ingram, J. (1996). Psychological Aspects of the Filling of the Holy Spirit: A Preliminary Model for Post-Redemptive Personality Functioning. *Journal of Psychology and Theology,* 24, 104-113. Inhauser, M. & Maldonado, J. (1988). *Consolación y Vida: Hacia una Pastoral de Consolación.* Quito: CLAI.

Jackson, S. W. (1985). Acedia the sin and its relationship to sorrow and melancholia. In A. Kleinman & B. Good (Eds.) *Culture and depression.* Berkeley, CA: University of California Press.

Jacobson, E. (1938). *Progressive Relaxation.* 2nd edition. The University of Chicago. 1901).

Jason, L. A.; Roesner, N.; Porter, N.; Parenti, B.; Mortensen, J.; Till, L. (2010). Provision of social support to individuals with chronic fatigue syndrome. *Journal of Clinical Psychology,* March 2010, Vol. 66 (3), pp. 249-258.

Jeeves, M. A. (1997). *Human Nature at the Millenium: Reflections on the Integration of Psychology and Christianity.* Grand Rapids, MI: Baker Book

Johnson, E. L (Ed.). (2010). *Psychology & Christianity: Five Views.* InterVarsity Academic.

Johnson, F. (1985). The Western Concept of the Self. En A. J. Marsella et al. (Eds.) *Culture and Self: Asian and Western Perspectives.* NY: Tavistock

Jones, S. J. (1986). *Psychology and the Christian Faith.* Grand Rapids, MI: Baker.

Jones, S. L, & Butman, R. E. (1991). *Modern Psychotherapies: A Comprehensive Christian*

Appraisal. IVP Academic Press.

Kabat-Zinn, J. 2003. "Mindfulness-Based Interventions in Context: Past, Present, and Future." *Clinical Psychology: Science and Practice,* 10:144–56.

Kahneman, D. (2011). *Thinking, Fast and Slow*. Farrar, Staru & Giroux.

Karkkainen, V. M. (2002). *Pneumatology: The Holy Spirit in Ecumenical, International, and Contextual Perspective*. Grand Rapids: Baker Academic.

Kelly, G. A. (1953). *The Psychology of Personal Constructs*. NY: Norton.

Kirwin, W. T. (1984). *Biblical Concepts for Christian Counseling*. Grand Rapids, MI: Baker.

Klaus, W. J. & Ellis, A. (2006). *The cognitive-behavioral workbook for depression: A step-by-step program*. The New Harbinger Publications.

Klein, M. (2002). *Love, Guilt and Reparation: And Other Works*. Originalmente publicadas en 1921-1945. New York, NY: Free Press

Klein, M (2002). *Envy and Gratitude and Other Works*. Originalmente publicadas en 1946 – 1963. New York, NY: Free Press.

Kollar, C. A. (1997). *Solution-Focused Pastoral Counseling*. Grand Rapids, MI:Zondervan.

Kotesky, R. L. (1980). *Psychology from a Christian Perspective*. Nashville: Abingdon. Downers Grove, IL: InterVarsity Press.

Kubler-Ross, E. (1977). *On death and Dying*. New York, NY: Scribner.

Kubler-Ross, E. & Kessler, D. (2007). *On Grief and Grieving*. New York, NY: Scribner.

Kubler-Ross, E. & Myss, C. (2008). *On Life After Death* 2nd. Edition. Celestial Arts.

Kunst, J. & Tan, S. Y. (1996). Psychotherapy as "Work in the Spirit": Thinking Theologically About Psychotherapy. *Journal of Psychology and Theology,* 24, 284-291.

Lacan, J. (1966). *Escritos*. Buenos Aires: Siglo XXI Editores.

Lacan, J. (1987). *La Familia*. Buenos Aires: Ediciones Argonauta.

Lanzenberger, R.; Wadask W., Spindelegger, C.; Mitterhauser, M.; Akimova, E.; Mien, L; Fink, M.; Kleter, K. & Kasper, S. (2010). *International Journal of Neuropsuchopharmacology,* Vol 13(9), 1129–1143.

Lasch, C. (1979). *The Culture of Narcissism: American Life in an Age of Diminishing Expectations*. New York: Warner Books.

Latini, T. (2009). Grief Work in Light of the Cross: Illustrating Transformational Interdisiciplinarity. *Journal of Psychology and Theology,* Summer 2009, (37) 2, pp. 87-95.

Lazar, S. W., Kerr, C. E., Wasserman, R. H., Gray, J. R., Greve, D. N., Treadway, M. T.,   et al. (2005). Meditation experience is associated with increased cortical thickness. *NeuroReport,* 16(17), 1893–1897.

Lazarus, A. A. (1983). *Terapia Multimodal*. Buenos Aires, Argentina: Editorial IPPEM.

LeDoux, J. E. (1996). *The emotional brain*. New York: Simon & Schuster.

LeDoux, J. E. (2002). *Synaptic self: How our brains become who we are*. New York: Penguin Books.

Leon, J. A. (1980). *Psicología Pastoral Para Todos los Cristianos,* 6ª. Edición. Buenos Aires, Argentina: Ediciones Pleroma (Miami: Caribe). León, J. (2009). (13a.ed., 2009, Ediciones Kairos)

Leon, J. (1998). *Psicología Pastoral Para La Familia*. Grupo Nelson.

León, J. (2011). *Psicología Pastoral De La Iglesia*. Ediciones Kairos.

LeVine, E. S. and Padilla, A. M. (1980*). Crossing Cultures in Therapy: Pluralistic Counseling for the Hispanic*. Monterey, CA: Brooks/Cole.

Lindemann, E. (1944). Symptomatology and Management of Acute Grief. *American Journal of Psychiatry, 101,* 141–148.

Lloyd-Jones, D. M. (1965). *Spiritual Depression: Its Causes and its Cure*. Grand Rapids, MI: Eerdmans.

Luskin, F. (2001). *Forgive for Good: A Proven Prescription for Health and Happiness*. Harper One.

Luskin, F. M., Ginzburg, K., & Thoresen, C. E. (2005). The efficacy of forgiveness intervention in college age adults: Randomized controlled study. *Humbolt Journal of*

Social Relations, Vol 29 (2), 163–184.

Lutero, M. (1957). "Heidelberg Disputation," *Luther's Works*, vol. 31. Philadelphia: Muhlenberg Press.

Mc Arthur, J. (1996). *Una Nueva Mirada a la Consejería Bíblica.* Grupo Nelson

McArthur, J. (2009). *La Consejeria: Cómo Aconsejar Bíblicamente.* Grupo Nelson. Publishing.

Mahler, M. S., Pine, F. & Bergman, A. (2000). *The Psychological Birth of the Human Infant: Symbiosis and Individuation.* Basic Books.

Malina, B. M. (1981). *The New Testament World: Insights from Cultural Anthropology.* Atlanta: John Knox Press.

Maldonado, J. (2004). *Introduccion al Asesoramiento Pastoral de la Famili.a* AETH. Abingdon Press.

Malony, H. N. (1980). *A Christian Existential Psychology.* Washington, DC: University Press of America.

Malony, H. N. (1983). *Wholeness and Holiness: Readings in the Psychology, Theology of Mental Health.* Baker Publishing Group.

Malony. H. N. (1986). *Integration Musings.* Pasadena: Integration Press.

Malony, H. N. & Augsburger, D. W. (2007). *Christian Counseling: An Introduction.* Nashville: Abingdon Press.

Martin, E.; Ressler, K. J.; Binder, E. & Nemeroff, C. B. (2010). The neurobiology of anxiety disorders: Brain imaging, genetics, and psychoneuroendocrinology. *Clinics in Laboratory Medicine*, 30(4) 865–891.

Maslow, A. H. (1968). *Toward a Psychology of Being.* NY: Van Nostrand Reinhold.

Mason, K. E., Polischuk, P., Pendleton, R., Bousa, E., Good, R. & Wines, J. (2011). Clergy referral of suicidal individuals: A qualitative study. *Journal of Pastoral Care and Counseling*, (65) 3.

May, G. G.(1982). *Care of Mind, Care of Spirit.* San Francisco: Harper and Row.

McAdams, D. (2001). "The psychology of life stories." *Review of General Psychology 5(2)*, 100–122.

McAdams, D. (2006). *The redemptive self: Stories Americans live by.* Oxford University Press.

McAdams, D. P.; McLean, K. C. (2013). "Narrative Identity". *Current Directions in Psychological Science 22* (3): 233–238.

McDonald, V. (2011). *Logica Torcida: La Sombra del Suicidio.* Grief Pathway Ventures.

McDonnell, K. y Montague, G. T. (1991). *Christian Initiation and Baptism in the Holy Spirit: Evidence from the First Eight Centuries.* Collegeville, MN: Liturgical Press.

McGuire, W. (1964). Inducing resistance to persuasion: Some contemporary approaches.

McLean, K.C. & Fournier, M.A. (2008). The content and processes of autobiographical reasoning in narrative identity. *Journal of Research in Personality*, 42, 527-545.

McMinn, M. R. (1996). *Psychology, Theology, and Spirituality in Christian Counseling.* Tyndale House Publishers.

McNeill, J. T. (1951). *A History of the Cure of Souls.* NY: Harper & Row.

Meehl, P. (Ed.) (1958). *What, then, is Man? A Symposium of Theology, Psychology and Psychiatry.* St. Louis: Concordia.

Meichenbaum, D. (1977). *Cognitive-Behavioral Modification: An Integrative Approach.* Springer.

Meichenbaum, D. (1985). *Stress Inoculation Training.* Elmsford, NY: Pergamon Press.

Meichenbaum, D. (1993). Stress inoculation training: A 20-Year Update. In P. M. Lehrer R. L. & Woolfolk (Eds.), *Principles and Practice of Stress Management* (pp. 373~406). New York: Guilford Press.

Menzies, W. W. & Menzies, R. P. (2000). *Spirit and Power: Foundations of Pentecostal Experience.* Grand Raids: Zondervan.

Michelson, H.; Bolund, C.; Brandberg, Y. (2000). Multiple Chronic Health Problems areNegatively Associated with Health Related Quality of Life (HRQoL) irrespective of Age. *Quality of Life Research,* Vol. 9 Issue 10, pp. 1093-110.

Minirth, F. (1970). *Christian Psychia*try. Old Tappan, NJ: Ravell.

Mead, D. L. & Allen, D. J. (1978). *Ministry By Objectives.* Wheaton, IL: Evangelical Teacher Training Association.

Meier, P. D., Minirth, F. B. y Wichern, F. B. (1982). *Introduction to Psychology and Counseling.* Grand Rapids: Baker.

Menking, S. J. (1984). *Helping Laity Help Others.* Philadelphia, PA: Westminster.

Menninger, K. (1975). *Whatever Became of Sin?* NY: Hawthorn.

Menzies, W. (1983). *Bible Doctrines: A Pentecostal Perspective.* (Gen. ed.) Stanley M. Horton. Springfield, Missouri: Logion Press/Gospel Publishing House.

Menzies, W. W. & Menzies, R. P. (2000). *Spirit and Power: Foundationes of Pentecostal Experience.* Grand Raids: Zondervan.

Miller, W. R. & Jackson, K. A. (1985). *Practical Psychology for Pastors.* Englewood Cliffs, NJ: Prentice-Hall.

Minuchin, S. (1974). *Families and Family Therapy.* Cambridge: Harvard University Press.

Moltmann, J. (1997). *The Sources of Life: The Holy Spirit and the Theology of Life.* Minneapolis: Fortress Press.

Moltmann, J. (1993). *The Trinity and the Kingdom.* Minneapolis: Fortress Press.

Moreland, J. P. & Ciocchi, D. M. (eds.) (1993). *Christian Perspectives on Being Human.* Grand Rapids, MI: Baker Book House.

Morgan-Wynne, J. E. (2006). *Holy Spirit and Religious Experience in Christian Literature ca. AD 90-200.* U.K.: Paternoster.

Mosak, H., Maniacci, M. (1999). *Primer of Adlerian Psychology: The Analytic-Behavioral-Cognitive Psychology of Alfred Adler.* Routledge.

Mowrer, O. H. (1961). *The Crisis in Psychiatry and Religion.* Princeton, NJ: Norstrand.

Nakamura, H. (1964). *Ways of Thinking of Eastern Peoples.* Honolulu: University of Hawaii Press.

Narramore, C. (1960). *The Psychology of Counseling.* Grand Rapids: Zondervan.

Needle, R. & Walker, L. (2007). *Abortion Counseling: A Clinician's Guide to Psychology, Legislation, Politics and Competency.* Springer Publishing Company.

Nicholi, A. (1989). "The Therapist-Patient Relationship," in *The Harvard Guide to Modern Psychiatry.* Ed. A. M. Nicholi, Jr. Cambridge, Mass.: Belknap Press of Harvard

Oates, W. E. (1959). *An Introduction to Pastoral Counseling.* Nashville: Broadman Press.

Oates, W. E. (1986). *The Presence of God in Pastoral Counseling.* Waco, Tex.: Word.

Oberman , L.M. , Pineda , J.A. , & Ramachandran , V.S. (2007). The human mirror neuron system: A link between action observation and social skills. *Social Cognitive & Affective Neuroscience* 2:62–66.

Oden, T. C. (1982). *Pastoral Theology: Essentials of Ministry.* San Francisco: Harper.

Oden, T. C. (2009). *Classic Christianity: A Systematic Theology.* San Francisco: Harper One.

Oglesby, W.B. (1980). *Biblical Themes for Pastoral Care.* Nashville: Abingdon.

O'Meara, T. F. (1983). *Theology of Ministry,* New York: Paulist Press.

O'Neil, J. (2005). *You're Not Alone: Healing Through God's Grace After Abortion.* Faith Communications.

Padilla, E. R. and Padilla, A. M. (1977). *Transcultural Psychiatry.* Los Angeles: UCLA, Monograph No. 4.

Palomino, H. (1996). *Introducción a la Consejería Cristiana.* Asunción: Pistilli Producciones.

Pannenberg, W. (1998). "Excursus: The Place of Ecclesiology in the Structure of Dogmatics," *Systematic Theology*, v.3, pp.21-27. Edinburgh: T&T Clark.

Pearlman, M. (1981). *Knowing the Doctrines of the Bible*. Gospel Publishing House.

Pearlman, M. (1992). *Teología Bíblica y Sistemática*. Miami: Editorial Vida.

Pelikan, J. (1971). *The Emergence of the Catholic Tradition (100-600)*. Chicago: University of Chicago Press.

Petersen, D. & Bonino, J. M. (1997). *Not by Might Nor by Power: A Pentecostal Theology of Social Concern in Latin America*. Pater Noster Press.

Peterson, C., Maier, S. F. & Seligman, M. E. O (1995). *Learned Helplessness: A Theory for the Age of Personal Control*. Oxford University Press.

Piaget, J. & Inhelder, B. (1969). *The Child's Conception of Physical Causality*. NJ: Littlefield, Adams & Co.

Polanyi, M. (1962). *Personal Knowledge*. Chicago: University of Chicago Press.

Poling, J. N. (2003). *Understanding Male Violence*. St. Louis, MO: Chalice Press.

Polischuk, P. (1990). "Pastoral Care Among Hispanics", *Encyclopedia of Pastoral Care and Counseling*. Nashville: Abingdon Press.

Polischuk, P. (1990). "A New Covenant as a Paradigm of Family Progress" in *Judson Journal*. Andover Newton School of Theology, Newton Centre, MA.

Polischuk, P. (1991). "Hispanic Populations", in *Advances in Clergy Assessment*, Eds. R. Hunt & H. N. Malony, Nashville: Abingdon Press.

Polischuk, P. (1992). *La Depresión y su Tratamiento*. Barcelona: Editorial CLIE.

Polischuk, P. (1994). *El Consejo Terapéutico*. Barcelona: Editorial CLIE.

Polischuk, P. (1994). "Sufrimiento, Sanidad, Esperanza y Salud". Conferencia dictada en la Universidad de Harvard, Veritas Forum. www.veritas.org.

Polischuk, P. (1997). *Poniendo los Puntos Sobre las Íes: Consideraciones Acerca del Liderazgo de Grupos*. Miami: Editorial Vida/Zondervan.

Polischuk, P. (1998) "El fenómeno de la depresión" en S. Schipani & P. Gimenez (Eds.) *El Consejo Pastoral Entre los Hispanos*, Decatur, GA: AETH Publishers.

Polischuk, P. (1998). "Perspectives on the self: Substantial and dialogical considerations," in *Perspectives on Science and Christian Faith*. 50, (2), 95- 107).

Polischuk, P. (1999). "Whatever happened to the soul?" Review of the book by the same title, by H. N. Malony, W. Brown and N. Murphey (Eds.). *Perspectives on Science and Faith*.

Polischuk, P. (2006). *Llamemos las Cosas por su Nombre*. Miami: Editorial Vida/Zondervan.

Polischuk, P. (2006). "From the transcendent to the trivial: Stress-coping strategies for today's Hispanic pastor". *Enrichment*, a Journal for Pentecostal Ministry (Springfield, MO: Assemblies of God). Summer, pp.106-110.

Polischuk, P. (2007). "The healthy church: A commitment to loving and caring relationships". *Enrichment*. Springfield, MO: Assemblies of God. Summer, pp. 48-53.

Polischuk, P. (2011). "Training Laity for Pastoral Care and Counseling." *Enrichment*, Springfield, MO: AG publications.

Powlison, D. (2008). *Healing After Abortion*. New Growth Press.

Powlison, D. (2010). *The Biblical Counseling Movement: History and Context*. New Growth Press.

Polischuk, P. (2015). *The New Covenant as a Paradigm for Relations*. Eugene, OR: Wipf & Stock.

Powlison, G. (2010). *Grieving a Suicide: Help for the Aftershock*. New Growth Press.

Pruyser, P.W. (1976). *The Minister as a Diagnostician: Personal Problems in Pastoral Perspective*. Westminster John Knox Press.

Pugh, J. (2008). *Christian Formation Counseling: The Work of the Spirit in the Human Race*. Mustang, OK: Tate Publishing and Enterprises.

Purves, A. (2004). *Reconstructing Pastoral Theology: A Christological Foundation*. Louisville:

Westminster John Knox Press.

Purves, A. (2007). *The Crucifixion of Ministry: Surrendering Our Ambitions to the Service of Christ.* Downers Grove, IL: IVP Books.

Rae, S. B. & Cox, P. M. (1999). *Bioethics: A Christian Approach to a Pluralistic Age.* Grand Rapids: Eerdmans.

Ramirez Basco, M. & Rush, A. J. (2007). *Cognitive-behavioralTtherapy for Bipolar Disorder* (2nd. Ed.). New York: The Guilford Press.

Rauscher, W. V. (2000). *To Be or Not To Be.* Xlibris Corporation.

Restak, R. (2007). *The naked brain: How the emerging neurosociety is changing how we live, work, and love.* New York: Three Rivers Press.

Richards, L. O. & Martin, G. (1981). *A Theology of Personal Ministry,* Grand Rapids, MI: Zondervan.

Rieck, B. M. (2010). Transgressions, Guilt and Forgiveness: A Model of Seeking Forgiveness. *Journal of Psychology and Theology.* Vol. 38,(4), 246-254.

Riesman, D. (1966). *Individualism Reconsidered, and Other Essays.* New York: Free Press.

Rizzolatti, G., L. Fadiga,M. Matelli,V. Bettinardi, E. Paulesu, D. Perani, and G. Fazio. (1996b). Localization of grasp representations in humans by PET: Observation versus execution. In *Experimental Brain Research.* 111:246–252.

Rizzolatti, G., Sinigaglia, C., (2008) *Mirrors in the brain: How our mind share actions, emotions, and experience.* (Trans. F. Anderson). Oxford University Press.

Roberts, R. C. (1993). *Taking the Word to Heart.* Grand Rapids, MI: Eerdmans.

Roberts, R. C. (2007). *Spiritual Emotions: A Psychology of Christian Virtues.* Grand Rapids: Eerdmans.

Robertson, L. A.; Smith, H. L.; Ray, S. L.; Jones, K. D. (2009). Counseling Clients With Chronic Pain: A Religiously Oriented Cognitive Behavior Framework. *Journal of Counseling & Development.* Vol. 87 (3), 373–379.

Rogers, C. (1951). *Client Centered Therapy.* Boston: Houghton-Mifflin.

Rogers, C. (1961). *On Becoming a Person.* Boston: Houghton-Mifflin.

Rogers, C. R. (1967). *The Therapeutic Relationship and Its Impact.* Madison: University of Wisconsin Press.

Rosenthal, R. S. & Jacobson, L. (1992). *Pygmalion in the classroom.* New ork: Irvington.

Rossheim, B. N.; McAdams III, C. R. (2010). Addressing the Chronic Sorrow of Long-Term Spousal Caregivers: A Primer for Counselors. *Journal of Counseling & Development.* Vol. 88, (4), 477-482.

Russell, L. M. (1982). *Becoming Human.* Philadelphia: The Westminster Press.

Sanders, F. (2007). "The Trinity", J. Webster, K. Tanner, y I. Torrance, eds., *The Oxford Handbook of Systematic Theology.* Oxford: Oxford University Press.

Schore, A. N. (2003a). *Affect Dysregulation and Disorders of the Self.* New York: W. W. Norton.

Schore, A. N. (2003b). *Affect Regulation and the Repair of the Self.* New York: W. W. Norton.

Shand, A. F. (1914). *The foundations of character.* London: Macmillan.

Shawchuck, N. & Heuser, R. (1996). *Managing the Congregation: Building Effective Systems to Serve People,* Nashville: Abingdon Press.

Schleiermacher, F. (1966). *Brief Outline On The Study of Theology,* traducido al Inglés por Terrence N. Tice. Richmond, VA: John Knox Press, 1966; original 1830).

Schipani, D. (1974). La iglesia como comunidad terapéutica, en *Psicología Pastoral,* No.5, pp. 24-28. Buenos Aires.

Schipani, D. (2001). *Psicologia Pastoral del Aborto.* Editorial Kairos.

Scott, S. & Lambert, H. (2012). *Counseling the Hard Cases.* TN, Nasville: B&H Publishinhg.

Schrag, C. O. (1997). *The Self After Postmodernity.* New Heaven: Yale University Press.

Shapiro, D. (1965). *Neurotic Styles*. Basic Books.

Shatz, C. J. (1993). The developing brain. Mind and braiun: *Readings from Scientific American Magazine*. New York: Freeman/Times Books, 15-26.

Shedd, EW. G. T. (1873). *Homiletics and Pastoral Theology*. New York: Scribner, Armstrong & Co.

Sheehan, D. (1986). *The Anxiety Disease: New Hope for the Millions Who Suffer from Anxiety*. Bantam Books.

Shweder, R. A. & Bourne, E. (1982). Does the Concept of the Person Vary Cross-Culturally? A. J. Marsella et al. (Eds.). *Cultural Concepts of Mental health and Therapy*. Boston: Reidel.

Siegel, D. J. (1999). *The Developing Mind: How Relationships and the Brain Interact to Shape Who We Are*. New York: Guilford.

Siegel, D. J. (2006). "An Interpersonal Neurobiology Approach to Psychotherapy." *Psychiatric Annals* 36:248–56.

Siegel, D. J. (2007). *The Mindful Brain: Reflection and Attunement in the Cultivation of Well-Being*. New York: W. W. Norton.

Sieh, D. S.; Meijer, A. M.; Oort, F. J.; Visser-Meily, J. M. A.; Van der Leij, D. A. V. (2010). Problem Behavior in Children of Chronically Ill Parents: A Meta-Analysis. *Clinical Child & Family Psychology Review*, Vol. 13, (4), pp. 384-397.

Skinner, B. F. (1971). *Beyond Freedom and Dignity*. NY: Knopf.

Smedes, L. B. (1970). *All Things Made New: a Theology of Man's Union with Christ*, Grand Rapids, MI: Eerdmans.

Smedes, L. B. (1997). *The Art of Forgiving*. NY: Ballantine Books.

Smedes, L. B. (2007). *Forgive and Forget: Healing the Hurts We Don't Deserve*. Harper One.

Solomon, C. (1971). *Handbook of Happiness*. Wheaton: Tyndale.

Southard, S. (1982). *Training Church Members for Pastoral Care*. Valley Forge, PA: Judson.
    Sperling, M. B. & Berman, W. H. (Eds.). (1994). *Attachment in Adults: Clinical and Developmental Perspectives*. New York: The Guilford Press.

Stamateas, B. (1997). *Perversiones Sexuales: Un Mundo Oculto a la Luz de La Psicologia y la Pastoral*. Barcelona: Editorial Clie.

Stamateas, B. (2008). *Aconsejamiento Pastoral*. Barcelona: CLIE

Starbuck, E. (1901) *The Psychology of Religion*. NY: Scribner's.

Stedman, R. C. *Body Life* (Glendale, CA: Regal Books, 1972.

Stein, D. J., Hollander, E. & Rothbaum, B. O. (2009). *Textbook of Anxiety Disorders*. 2nd. Edition. American Psychiatric Publishing, Inc.

Sternberg, R. J. (2006) *Cognitive Psychology*. Belmont, CA: Thompson Wadsworth.

Stevenson, L. (1987). *Seven Theories of Human Nature*. New York: Oxford University Press.

Stewart, G . (2000). *Serie Bioética: Suicidio, Eutanasia*. Editorial Portavoz.

Strand, M. A. (1998). The meaning of personhood. in *Perspectives on Science and Christian Faith*. 50 (2). 88-94.

Strelan, P. & Covic, T. (2006). A Review of Forgiveness Process Models and a Coping Framework to Guide Future research. *Journal of Social and Clinical Psychology*, Vol. 25, No. 10, 2006, pp. 1059- 1085.

Stroebe, M. S., & Schut, H. A. W. (1999). The dual process model of coping with bereavement: Rationale and description. *Death Studies*, *23*, 197-224.

Stronstad, R. (1984). *The Charismatic Theology of St. Luke*. Peabody, MA: Hendrickson Publishers.

Sue, D. W. (2005). *Counseling the Culturally Different*. New York: Wiley.

Szasz. T. (1978). *The Myth of Psychotherapy*. Garden City: Anchor.

Switzer, D.K. (1974). *The Minister as Crisis Counselor.* Nashville: Abingdon.

Talbott, J. A. (2006). The chronic psychiatric patient: problems, promises and   perspectives, past, present and future. *Acta Psychiatrica Scandinavica* Vol. 113, pp. 101- 108

Tan, Siang-Yang, (1991). *Lay Counseling.* Grand Rapids: Zondervan

Tan, Siang-Yang (2011). *Counseling and Psychotherapy: A Christian Perspective.* Grand Rapids: Baker.

Taylor, T. (1989). *Sources of the Self: The Making of Modern Identity.* Cambridge, MA: Harvard University Press.

Terrell, C. J. (2007). A Discussion of Intentional Incarnational Integration in Relational Psychodynamic Psychotherapy. *Journal of Psychology and Christianity*, 26, 159-165.

Tew, K.; Landreth, G. L.; Joiner, K. D.; & Solt, M. D. (2002). Filial therapy with parents of chronically ill children. *International Jornal of Play Therapy.* Vol 11(1), pp. 79-100.

Thoresen, C. (2006) Effects of a group forgiveness intervention on forgiveness, perceived stress and trait anger: A randomized trial. *Journal of Clinical Psychology.* 62(6) 715-733.

Thorn, B. E. (2004). *Cognitive Therapy for Chronic Pain: A Step-by-Step Guide.* NY: The Guilford Press.

Thornton, E.E. (1964). *Theology and Pastoral Counseling.* Englewood Cliffs, NJ: Prentice Hall.

Thornton, M. (1958). *Pastoral Theology: A Reorientation,* London: S.P.C.K.

Thurneysen, E. (1962). *A Theology of Pastoral Care.* Richmond, VA: John Knox Press.

Tillich, P. (2000). *The Courage to Be.* (2nd Ed.) New Haven: Yale U Press.

Tinao, D. (1972). El psicoanálisis en psicología pastoral. *Psicología Pastoral,* Vol. 6, 23-26. Buenos Aires.

Tinao, D. (1976). *Simposio de Psicología Pastoral.* Buenos Aires: La Aurora.

Torrance, T. F. (1996). *The Christian Doctrine of God, One Being Three Persons.* Edinburgh: T. & T. Clark.

Tournier, P. (1957). *The Meaning of Persons.* NY: Harper & Row.

Tournier, P. (1962). *Guilt and Grace.* NY: Harper & Row.

Tweedie, D. F. (1961). *Logotherapy and the Christian Faith.* Grand Rapids: Baker.

Twelftree, G. H. (2007). *In the Name of Jesus: Exorcism Among Early Christians.* Baker Academic Press.

Van Den Berg, B.; Van Der Velden, P. G.; Yzermans, C. J.; Stellato, R. K.; Walsh, D. A. (2010). *Counseling Patients with Chronic Medical Conditions.* Springer Publishing Company.

Van Leeuwen, M. S. (1985). *The Person in Psychology: A Contemporary Christian Appraisal.* Eerdmans.

Vigotsky. L. (1978). *Mind in Society: The Development of Higher Psychologycal Processes.* Ed.   Michael Cole, Vera John-Steiner, Sylvia Scribner, and Ellen Souberman, Cambridge: Harvard University Press.

Villafañe, E. (1993). *The Liberating Spirit: Towartd a Hispoanic American Pentecostal Social Ethic.* Grand Rapids, MI: Eerdmans.

Vining, J. K. (1995a). *Pentecostal Caregivers: Anointed to Heal.* East Rockaway, NY: Cummings and Hathaways.

Vining, J. K. (1995b) *Spirit-Centered Counseling: A Pneumascriptive Approach.* East Rockaway, NY: Cummings & Hathaways.

Vinet, A. (1854). *Pastoral Theology: The Theory of the Pastoral Ministry,* tr. Thomas Skinner. New York: Ivison & Phinney.

Vining, J. K. & Decker, E. E. (Eds.). (1996). *Soul Care: A Pentecostal-Charismatic Perspective.* East Rockaway, NY: Cummings & Hathaways.

Vitz, P. (1977). *Psychology as Religion.* Grand Rapids: Eerdmans.

Vought, J. (1991). *Post-Abortion Trauma: Nine Steps to Recovery.* Grand Rapids: Zondervan.

Wagner, P. C. (1979). *Your Spiritual Gift Can Help Your Church Grow*. Ventura, CA: Regal Books.

Wagner, W. (1975). *The Sensation of Being Somebody*. Grand Rapids: Zondervan.

Watkins, M. (1986). *Invisible Guests: The Development of Imaginal Dialogues*. Hillsdale, NJ: Erlbaum.

Webb, S. C. (1970). *Revised Technical Manual: The Inventory of Religious Activities and Interests*. Princeton, NJ: Educational Testing Services.

Wells, A. (2008). *Metacognitive therapy for anxiety and depression*. New York: The Guilford Press.

Wells, D. F. (1994). *No Place for Truth. Or, Whatever Happened to Evangelical Theology?* Grand Rapids:, MI: Eerdmans.

Wells, D. (1995). F. *God in the Wasteland: The Reality of Truth in a World of Fading Dreams*. Grand Rapids, MI: Eerdmans.

Welter, P. (1978). *How to Help a Friend*. Wheaton, Ill.: Tyndale.

Wenzel, A., Brown, G. K., & Beck, A. T. (2008). *Cognitive Therapy for Suicidal Patients: Scientific and Clinical Applications*. American Psychological Association.

Westberg, G. E. (1979). *Theological Roots of Wholistic Health Care*. Hillsdale, IL: Wholistic Health Center.

Wilkinson, B. (2000). *The Prayer of Jabez*. Multnomah Books.

Williams, D. D. (1977). *The Minister and the Care of Souls*. New York: Harper and Row.

Wolpe, J. (1958). *Psychotherapy by Reciprocal Inhibition*. California: Stanford University Press.

Woodward, J. & Pattison, S. eds. (2008). An Introductionto Pastoral and Practical Theology", *The Blackwell Reader in Pastoral and Practical Theology*. Malden, MA: Blackwell Publishers. 1-22.

Worden, J. W. (2008). *Grief Counseling and Grief Therapy: A Handbook for Mental Health Practitioner*. 4th Edition. Springer.

Worden, J. W. (2001). *Children and Grief: When a Parent Dies*. The Guilford Press.

Worthington, E. L. Jr. (1982). *When Someone Asks for Help: A Practical Guide for Counseling*. Downers Grove, Ill: Inter-Varsity.

Worthington, E. (2001). *Five Steps to Forgiveness*. Crown.

Worthington, E.; Van Oyen Witvelt, C.; Pietrini, P; & Miller, A.J. (2007). Forgiveness, Health, and Well-Being: A Review of Evidence for Emotional Versus Decisional Forgiveness, Dispositional Forgivingness, and Reduced Unforgiveness. *Journal of Behavioral Medicine*, 30:291–302.

Wright, N. (2008). *Cómo Aconsejar en Situaciones de Crisis*. Zondervan. CLIE.

Wright, N. T. (2008). *Surprised by Hope:Rethinking Heaven, Resurrection, and the Mission of the Church*. New York: HarperCollins.

Yarhouse, M. A., Butman, R. E. & McRay, B. W. (2005). *Modern Psychopathologies: A Comprehensive Christian Appraisal*. IVP Academic.

Zaragoza, R. (2007). *Consejería Pastoral*. Buenos Aires: Grupo Editorial Lumen.

Zizioulas, J. D. (1975). Human capacity and human incapacity: Theological explanation of personhood. *Scottish Journal of Theology*. 26, 401-448.

Zizioulas, J. D. (1985). *Being as communion: Studies in personhood and the church*. New York: St. Vladimir Press.

Zizioulas, J. (2007). *Communion and Otherness*. London: T. & T. Clark.

Trasfondo del Autor

El Dr. Pablo Polischuk es oriundo de Argentina, y ha cursado estudios en la escuela Otto Krause en Buenos Aires, para luego asistir a la facultad de Ingeniería de Buenos Aires; mientras cursaba sus estudios, sintió el llamado al ministerio pleno, dedicándose al evangelismo en su país. Luego de contraer enlace con Frances Christine Alexander, se trasladó a Estados Unidos, donde prosiguió su ministerio en Nueva York y los estados del Este, trasladándose a California para asistir a la Universidad de California en Berkeley, cursando estudios en psicología clínica. Luego, a San Francisco State University con énfasis en la psicología experimental (Masters in Research Psychology). También estudió teología en el Fuller Theological Seminary (Masters in Theology), para luego cursar estudios en Fuller Graduate School of Psychology para obtener su PhD en psicología clínica. Prosiguió su entrenamiento clínico en Harvard Medical School como un Fellow en el departamento de Psiquiatría, y luego un instructor en el departamento de Psiquiatría Harvard Medical School, asociado como psicólogo al Massachusetts General Hospital de Boston. Se ha dedicado a ambos, a la profesión clínica y al ministerio.

El autor ha dictado numerosas conferencias en diferentes lugares de USA, tanto entre aquellos de habla inglesa como entre los de habla castellana. También ha predicado, enseñado, y dado cursos y talleres en varios países. En cuanto a lo pastoral, ha sido pastor en Templo Calvario, San Francisco, CA, y luego actuado como pastor interino en iglesias de Nueva Inglaterra tales como Cambridge Christian Center en Cambridge, MA; Iglesia Bautista Central de Cambridge, MA; Trinity Congregational Church en Wayland, MA; Trinity Church en Peterborough, NH, la histórica Park Street Church en Boston; Iglesia Cristiana Renacer en Everett, MA, y Union Congregational Church, Magnolia, Massachusetts.

En lo académico, el autor es actualmente profesor de Psicología y Consejo Pastoral en Gordon Conwell Theological Seminary, siendo el co-fundador del programa de consejería con énfasis en la salud mental y consejería familiar y matrimonial. Ha dictado cursos por treinta años en tal institución y supervisado seminarios clínicos preparando psicólogos al nivel de Masters. También ha servido como profesor visitante en Israel por varios años, hasta la actualidad, dictando cursos de posgrado en Israel College of the Bible, en Netanya y Jerusalén, preparando consejeros al nivel de Masters.

En lo clínico, ha estado involucrado en la preparación, entrenamiento y supervisión de psicólogos clínicos a nivel doctoral en el Massachusetts General Hospital de Boston, afiliado a Harvard Medical School como instructor. También ha participado en la fundación y asesoramiento de Karen Or, un centro de terapia en Jerusalén dedicado a prestar servicios de psicología y psiquiatría profesional desde el punto de vista de los seguidores del Mesías Jesús. Por espacio de tres décadas ha estado involucrado en la práctica privada como psicólogo clínico en South Hamilton y Cambridge, MA. Tales experiencias han enriquecido las exposiciones teóricas y las aplicaciones prácticas que se presentan en este libro, con énfasis a la integración bíblica-teológica-psicológica.

Como autor, ha publicado varias obras. Entre ellas, *La Depresión y su Tratamiento, El Consejo Terapéutico, Poniendo los Puntos Sobre las Íes* –reimpreso con el título *Llamemos las Cosas Por Su Nombre*, y capítulos y artículos en varios libros y jornales de habla inglesa y castellana. Otras obras en proceso de ser editadas para ser publicadas incluyen *The New Covenant as a Paradigm for Relations*, y *Metacognitive-Dialogical Therapy*.

CPSIA information can be obtained
at www.ICGtesting.com
Printed in the USA
LVOW04s1408240717

542437LV00006B/57/P

9 780692 340615